Oracle SQL
실전 튜닝 나침반

성능 최적화의 길을 안내하다

채윤수 지음

성능 최적화의 길을 안내하다
Oracle SQL 실전 튜닝 나침반

발　　행	2025년 7월 15일 1쇄 발행
저　　자	채윤수 지음
총　　판	신한전문서적
펴 낸 곳	(주)오픈메이드컨설팅
주　　소	서울시 성동구 광나루로 130, 1007호
	(성수동1가, 서울숲아이티캐슬)
전　　화	02-6310-6165
팩　　스	02-6310-1666
홈페이지	www.openmade.co.kr
I S B N	978-89-963840-6-9　93560
정　　가	48,000원

파본은 구입하신 곳에서 교환하여 드립니다.

이 도서의 저작권은 저자들에게 있으며 일부 혹은 전체내용을 무단 복제하는 것은 저작권법에 저촉됩니다.

Oracle SQL
실전 튜닝 나침반

성능 최적화의 길을 안내하다

> 들·어·가·며

SQL 튜닝, 데이터 성능 최적화의 핵심

현대의 데이터 환경에서는 속도와 효율성이 비즈니스 성과를 결정하는 중요한 요소입니다. 대용량 데이터를 다루는 애플리케이션이 늘어나고, 데이터 웨어하우스 및 클라우드 환경이 확대되면서 SQL 튜닝은 단순한 성능 최적화가 아니라 비즈니스의 경쟁력을 좌우하는 핵심 기술이 되었습니다.

약 10년 전에 "Oracle 실전 튜닝 기본 해법"이라는 책을 쓴 이후 오래간만에 다시 SQL 튜닝 책을 쓰게 되었습니다. "Oracle 실전 튜닝 기본 해법"은 총 12단원으로 구성을 했었습니다. 이번 책은 총 19단원으로 확장했으며 최근 가장 많이 쓰이고 있는 버전인 19c를 기준으로 작성했습니다.

SQL 개발을 몇 년씩 해왔더라도 SQL 튜닝이라는 주제 자체가 접근하기에는 쉽지 않은 것은 사실입니다. 실무에서 튜닝한 결과를 이용해서 개발팀 대상으로 SQL 튜닝 교육과 튜닝 사례 교육도 진행하면서 어떤 목차로 어떤 주제로 정리를 해야 접근하기가 쉬울지 생각을 많이 했습니다. SQL 초보자가 튜닝에 접근하기는 쉽지 않겠지만 SQL 스터디 및 개발 업무를 2~3년 이상 해온 사람이라면 이 책을 통해 어렵지 않게 접근할 수 있을 것이라 생각합니다.

AI 시대에도 튜닝 전문가의 역할은 중요하다

AI가 자동으로 실행계획을 분석하거나 튜닝을 시도해서 튜닝 결과를 추천할 수 있지만 모든 상황을 정확히 해석하진 못합니다. 복잡한 비즈니스 로직이나 데이터 모델은 전문가의 경험과 해석이 필수입니다. AI 기반 튜닝 도구(예 : Oracle SQL Tuning Advisor)는 성능을 개선하기도 하지만, 잘못 적용하면 성능이 악화될 가능성도 있기 때문에 전문가의 사전 검토와 사후 검증이 필요합니다. 복잡한 JOIN 및 분석 함수 등이 포함된 SQL은 자동 튜닝이 어려우며 고난이도 SQL은 여전히 전문가가 직접 다뤄야 합니다.

요약하자면 AI는 튜닝 전문가의 도구이지 대체자가 아니며 AI의 추천을 해석하고 책임질 사람은 여전히 튜닝 전문가입니다.

개발자와 튜닝 전문가는 AI가 추천한 튜닝 기법을 검증하고, 비즈니스 로직에 맞는 최적의 SQL을 설계해야 합니다. AI는 SQL 튜닝을 자동화할 수 있어도, 데이터 파티셔닝, INDEX 설계, OLTP 및 OLAP 환경별 최적화 전략을 자동으로 결정할 수 없습니다. AI 시대에도 튜닝 전문가가 데이터 모델을 이해하고, 최적의 SQL을 설계하는 역량이 필요합니다. SQL 튜닝의 원리를 이해하고, 자동화 도구와 협업하는 전문가로 성장해야 합니다.

이 책의 구성 및 특징

이 책은 Oracle 19c를 기준으로 SQL 성능 최적화에 필수적인 개념과 실전 튜닝 기법을 다룹니다.

수많은 SQL을 튜닝하다 보면 가장 많이 발생하는 성능 저하의 80%는 패턴이 한정되어 있습니다. 이 책은 실무에서 가장 많이 발생하는 성능 저하 패턴을 80% 해결하는 방법을 중심으로 정리하면서, 동시에 고급 튜닝 기법도 함께 소개하고 있습니다.

● SQL 튜닝의 기본 원리

☑ Oracle 기본 아키텍처 (1장)
☑ SQL 성능 최적화를 위한 원리 및 튜닝 도구 (2~3장)

SQL이 실행되는 방식과 성능 저하의 주요 원인을 파악하는 것이 튜닝의 첫걸음입니다. 이 장에서는 SQL 성능 최적화를 위한 기본 원리를 살펴보고 실행 계획을 분석하고 성능을 측정하는 다양한 튜닝 도구(DBMS_XPLAN_DISPLAY_CURSOR, SQL 모니터링 Report 등)를 다룹니다.

● SQL 실행 최적화 전략

☑ INDEX (4~5장)
☑ JOIN (6장)
☑ 서브쿼리 및 실행 계획 분리 (7~9장)

SQL 튜닝에서 가장 중요한 요소 중 하나는 INDEX 활용 방식입니다. INDEX를 어떻게 설계하고, JOIN 방식을 최적화하는지에 따라 성능 차이가 크며, 이를 최적화하는 전략을 다룹니다. 또한, 서브쿼리, 실행 계획 분리, 페이징 처리 최적화 기법을 상세히 설명하여 SQL 성능을 개선하는 방법을 제공합니다.

● **기타 SQL 튜닝 기법**

☑ PGA 튜닝 및 실행 계획 분석(10~11장)
☑ 데이터 반복 ACCESS 최적화(12장)
☑ 기타 응용 튜닝 및 옵티마이저 이해(13~14장)

    SQL 실행 중 불필요한 메모리 사용을 줄이고, 동일 데이터 반복 접근을 최소화하는 전략을 소개합니다. 그리고 옵티마이저의 기본적인 원리와 응용 튜닝에 대한 부분도 함께 다룹니다.

● **대용량 데이터 환경에서의 튜닝 및 실무 사례**

☑ Oracle 트랜잭션 및 Redo Log 튜닝(15장)
☑ 파티셔닝 및 Exadata Basic(16~17장)
☑ Oracle 성능 분석 및 실무 사례(18~19장)

    대용량 데이터 환경에서 파티셔닝은 필수적입니다. 그리고 대용량 데이터 환경에서 엑사데이터 활용이 증가하고 있습니다. 이와 관련해서 파티셔닝과 Oracle Exadata 활용에 대한 부분을 다루었습니다.
    그리고 SQL 튜닝 전문가는 SQL 튜닝 업무만 담당하지 않습니다. Database에 성능 문제가 발생하면 Database 전반에 걸친 성능 문제의 원인을 파악하고 분석하는 역할을 수행합니다. 이에 따라서 Oracle 성능 분석 기본 방법론에 대해서도 다루었습니다.
    마지막으로, 실무 사례를 통해 이론이 실제 업무에서 어떻게 적용되는지를 이해할 수 있도록 구성하였습니다.

SQL 튜닝의 길잡이, 나침반이 되다

    AI 시대가 되어 SQL 튜닝을 돕지만 튜닝 전문가의 역할은 계속 필요합니다. Oracle도 최근 버전인 23에서는 23ai로 출시를 했지만 튜닝의 본질은 변하지 않습니다. 이 책이 여러분의 SQL 성능 최적화 여정에서 확실한 나침반 역할을 하기를 바랍니다. SQL 튜닝 전문가로 성장하기 위한 여정을 지금 시작해 봅시다.

PART 01 Oracle 기본 아키텍쳐

- section 01 Oracle Database Architecture 16
- section 02 Memory Architecture 18
- section 03 Process Architecture 23
- section 04 Oracle Storage Structures 31

PART 02 Oracle 성능 최적화를 위한 기본 원리

- section 01 Oracle SQL 성능 최적화 개요 44
- section 02 DB 튜닝 핵심 원리 개요 46
- section 03 Library Cache 효율화 : SQL 파싱 부하 해소 47
- section 04 Database CALL 최소화 57
- section 05 I/O 효율화 66

PART 03 성능 튜닝 도구 및 실행 계획 분석

- section 01 DBMS_XPLAN.DISPLAY_CURSOR 74
- section 02 DBMS_XPLAN.DISPLAY_AWR 86
- section 03 SQL_MONITOR 89
- section 04 실행 계획 순서 기본 분석법 101
- section 05 실행 계획 순서 예외 사항 분석법 105

INDEX ACCESS PATTERN

- section 01 B-Tree INDEX 구조 ···································· 110
- section 02 INDEX RANGE SCAN ································ 114
- section 03 INDEX RANGE SCAN DESCENDING ············ 118
- section 04 INDEX UNIQUE SCAN ······························· 123
- section 05 INDEX RANGE SCAN(MIN/MAX) ················· 124
- section 06 ROWID ACCESS ······································ 125
- section 07 INDEX 컬럼 가공 ······································ 127
- section 08 CLUSTERING FACTOR ······························ 129
- section 09 FULL TABLE SCAN ··································· 138
- section 10 INDEX ACCESS 조건, FILTER 조건, 선택도 ···· 142
- section 11 INDEX SKIP SCAN ···································· 148
- section 12 INDEX INLIST INTERATOR ·························· 153
- section 13 INDEX FULL SCAN ···································· 156
- section 14 INDEX FULL SCAN(MIN/MAX) ····················· 160
- section 15 INDEX FAST FULL SCAN ··························· 164
- section 16 INDEX COMBINE ······································ 168
- section 17 INDEX JOIN ··· 173
- section 18 INDEX COMBINE과 INDEX JOIN의 차이점 비교 ·· 176
- section 19 INDEX FILTERING 효과 ······························ 179

INDEX 설계 전략

- section 01 선택도와 카디널리티 ································ 184
- section 02 INDEX 컬럼 입력, 삭제, 갱신 ······················ 186
- section 03 INDEX 선정 기준 ······································ 192
- section 04 테이블 유형별 INDEX 설계 기준 ·················· 202
- section 05 결합 컬럼 INDEX 특징 및 컬럼 순서 결정 기준 ·· 203
- section 06 INDEX 선정 절차 ······································ 223
- section 07 INDEX 설계 예제 ······································ 224

PART 06 JOIN

- section 01 NESTED LOOP JOIN ·· 228
- section 02 HASH JOIN ·· 236
- section 03 SORT MERGE JOIN ·· 253
- section 04 JPPD(Join Predicate Push Down) ····················· 260
- section 05 JOIN 순서가 성능에 미치는 영향 ······················ 276

PART 07 서브쿼리

- section 01 FILTER 서브쿼리 ··· 286
- section 02 EARLIER FILTER 서브 쿼리 ····························· 292
- section 03 NL SEMI / ANTI JOIN ····································· 295
- section 04 상관관계 서브쿼리(FILTER, NL SEMI JOIN) 활용 ········· 303
- section 05 HASH SEMI / ANTI JOIN ································ 315
- section 06 SORT MERGE SEMI / ANTI JOIN ····················· 321
- section 07 스칼라 서브쿼리 ·· 323
- section 08 비 상관관계 서브쿼리 ······································ 333

PART 08 실행 계획 분리

- section 01 CONCATNATION을 이용한 실행 계획 분리 ········ 340
- section 02 UNION ALL을 이용한 실행 계획 분리 ··············· 346

페이징 처리

section 01	부분 범위 처리, 전체 범위 처리	352
section 02	표준 PAGENATION 사용 방법	356
section 03	표준 PAGENATION 사용 - 최적의 INDEX 존재	358
section 04	표준 PAGENATION 사용 - 최적의 INDEX 없음	361
section 05	표준 PAGENATION 사용 - 처리 순서	365
section 06	PAGING 처리 응용	368
section 07	웹 게시판 형태에서 PAGING 처리	372

PGA 튜닝

section 01	SORT ORDER BY	384
section 02	SORT ORDER BY & SORT ORDER BY STEOPKEY (STOPKEY)	391
section 03	SORT GROUP BY & HASH GROUP BY	395
section 04	SORT UNIQUE & HASH UNIQUE	403
section 05	HASH JOIN, HASH SEMI JOIN & HASH ANTI JOIN	416
section 06	SORT MERGE JOIN, MERGE SEMI JOIN & MERGE ANTI JOIN	417

분석 함수와 실행 계획

section 01	WINDOW SORT	420
section 02	WINDOW SORT PUSHED RANK	422
section 03	WINDOW NOSORT	424
section 04	WINDOW NOSORT STOPKEY	425
section 05	WINDOW BUFFER	426
section 06	분석 함수 실행 계획 심화	430

동일 데이터 반복 ACCESS 튜닝

- section 01 서브쿼리 OR 인라인뷰를 통한 반복 ACCESS - 분석 함수 활용 ········ 438
- section 02 UNION ALL 반복 ACCESS - SQL 통합 ································· 443
- section 03 UNION ALL 반복 ACCESS - 카테시안 JOIN ························· 446
- section 04 UNION ALL 반복 ACCESS - 소계 처리 함수의 활용 ··············· 451
- section 05 UNION ALL 반복 ACCESS - WITH 문의 활용 ······················· 455
- section 06 UPDATE 문 서브쿼리 통한 반복 ACCESS - MERGE문 활용 ········ 460
- section 07 MERGE 대상 테이블 반복 ACCESS ····································· 463

기타 응용 튜닝

- section 01 여러 행 → 한 개의 행, 열로 묶기 ·· 468
- section 02 한 개의 행, 열로 묶인 데이터 → 여러 행으로 분리 ··············· 472
- section 03 행(ROW)간의 누적 곱 ··· 477
- section 04 카테시안 JOIN 응용 - 일, 주, 월 현황 ································· 481
- section 05 INDEX JOIN 응용 ··· 487
- section 06 OUTLINE 정보를 이용한 튜닝 ·· 492

옵티마이저

- section 01 옵티마이저란? ··· 502
- section 02 10053 Trace ·· 506
- section 03 Heuristic Query Transformation ····································· 519

PART 15
Oracle 트랜잭션과 Redo Log 튜닝

- section 01　Transaction ·· 540
- section 02　Redo & Undo ·· 544
- section 03　데이터 변경량과 Redo & Undo ·· 550
- section 04　튜닝 실무 사례 ·· 554

PART 16
파티셔닝

- section 01　개요 ·· 560
- section 02　기본 개념 ··· 562
- section 03　파티셔닝 유형 ·· 565
- section 04　파티션 KEY 전략 ·· 581
- section 05　파티셔닝 테이블의 INDEX ··· 596
- section 06　파티션 관리 ·· 604
- section 07　파티션 Pruning ··· 625

PART 17
Oracle Exadata Basic

- section 01　Exadata 개요 ·· 646
- section 02　오프로딩 ·· 649
- section 03　STORAGE INDEX ··· 662
- section 04　HCC (Hybrid Columner Compression) ························· 666
- section 05　SMART FLASH CACHE ··· 689
- section 06　병렬처리 ·· 702
- section 07　Exadata에서 개발 시 고려사항 ·· 720

PART 18 Oracle 성능 분석 기본 방법론

- section 01 성능 분석 방법론 개요 ······················· 726
- section 02 핵심 성능 데이터 이해 ······················· 731
- section 03 성능 분석 유틸리티 ························· 752
- section 04 기본적 성능 분석 ··························· 790

PART 19 튜닝 실무 사례

- section 01 Section 01. 관련단원 - 4. INDEX ACCESS 패턴 ········ 806
- section 02 관련단원 - 4. INDEX ACCESS 패턴 ················ 809
- section 03 관련단원 - 6. JOIN ··························· 812
- section 04 관련단원 - 6. JOIN(JPPD) ······················ 815
- section 05 관련단원 - 7. 서브쿼리 ······················ 819
- section 06 관련단원 - 6. JOIN, 7. 서브쿼리, 12. 동일 데이터 반복 ACCESS 튜닝 ·· 823
- section 07 관련단원 - 8. 실행 계획 분리 ·················· 827
- section 08 관련단원 - 6. JOIN, 8. 실행 계획 분리 ············ 831
- section 09 관련단원 - 7. 서브쿼리, 10. PGA튜닝 ············· 838
- section 10 관련단원 - 6. JOIN, 7. 서브쿼리, 10. PGA 튜닝 ······· 843
- section 11 관련단원 - 12. 동일 데이터 반복 ACCESS 튜닝 ······· 846
- section 12 관련단원 - 5. INDEX ACCESS 패턴, 9. 페이징 처리 ····· 852
- section 13 관련단원 - 9. 페이징 처리, 7. 서브쿼리 ············ 855
- section 14 관련단원 - 6. JOIN ··························· 858
- section 15 관련단원 - 6. JOIN(JPPD) ······················ 862
- section 16 관련단원 - 7. 서브쿼리 ······················ 866

Oracle 기본 아키텍쳐

Oracle SQL 튜닝을 위해서 처음으로 이해하고 지나가야 할 부분은
Oracle Database의 기본 아키텍처이다.
이번 단원에서는 아래와 같이 아키텍처의 기본적인 부분에 대해서
설명하도록 하겠다.

Section **01.** Oracle Database Architecture
Section **02.** Memory Architecture
Section **03.** Process Architecture
Section **04.** Oracle Storage Structures

Section 01 | Oracle Database Architecture

아래는 Oracle Database 서버의 구조를 나타낸 그림이다. Instance라 불리는 메모리 구조와 Datafile 등의 저장 영역 구조 등으로 구성된다.

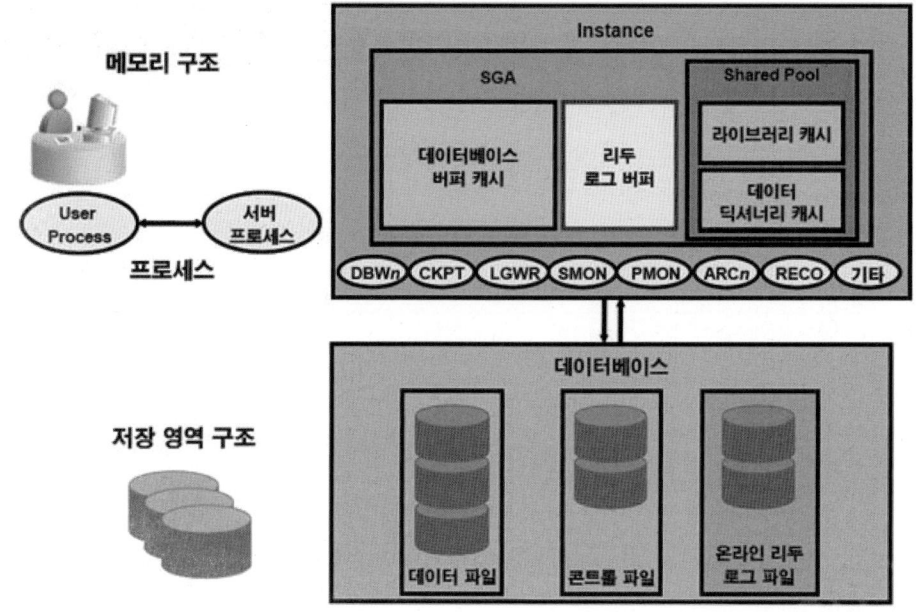

User 프로세스와 Database Instance 사이의 통신 경로를 연결이라고 하고 User 프로세스를 통해 이루어지는 Database Instance에 대한 특정 User 연결을 SESSION이라고 한다.

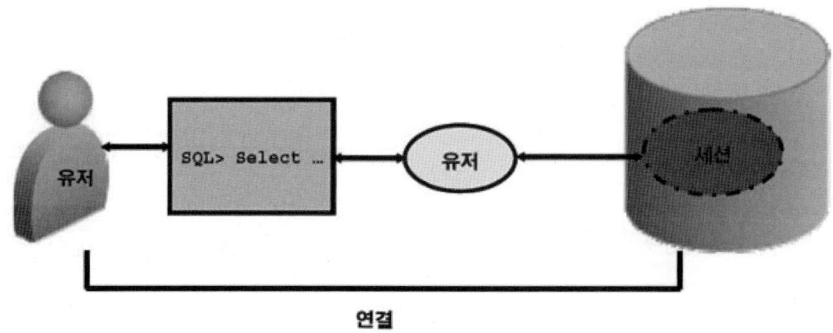

User가 User 프로세스(클라이언트 프로세스)를 생성하는 응용 프로그램을 시작하면 응용 프로그램에서 서버에 대한 연결 시도한다. 그리고 서버에서 응용 프로그램의 연결을 감지하고 User 프로세스 대신 서버 프로세스 생성되고 서버 프로세스에서 User가 실행한 SQL을 받아서 Database 서버에서 SQL문을 처리 프로세스를 가동한다.

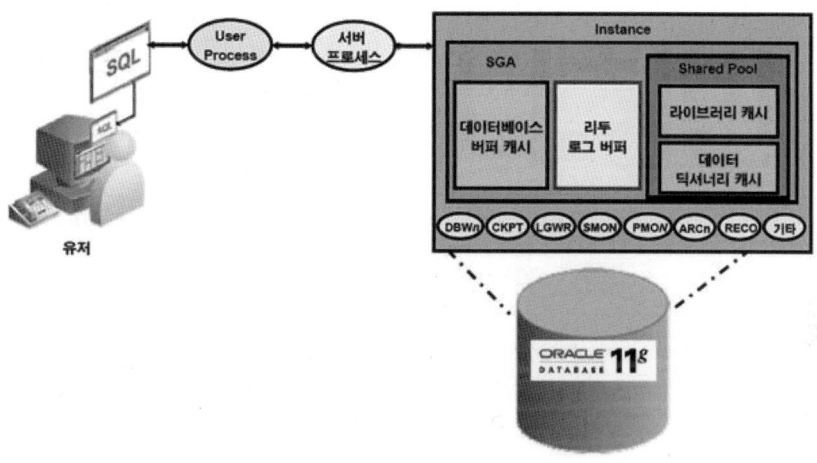

Oracle Database는 아래 그림과 같이 Single Instance 및 Multi Instance로 구성할 수 있으며 Multi Instance를 RAC(Real Application Cluster)라고 한다. Multi Instance로 구성하게 되면 하나의 Database를 각 Instance에서 공유를 하게 된다. Oracle을 사용하는 대부분의 기업들은 24시간 * 356일 무중단 가동을 위해서 RAC로 구성을 하며 보통 2 node(2개의 instance)로 구성을 하지만 3 node 이상으로 구성하는 경우도 있다.

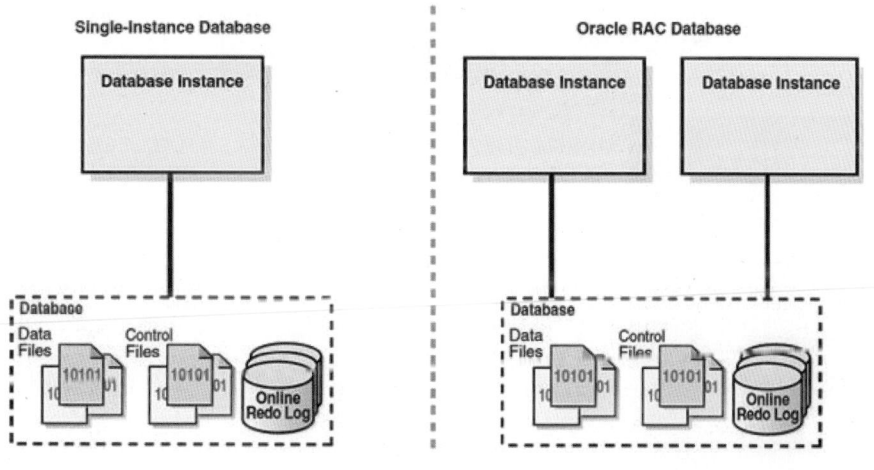

Memory Architecture

아래는 Oracle Database의 메모리 구조를 나타낸 그림이다. 메모리 구조의 각 영역에 대해서 하나씩 알아보도록 하자.

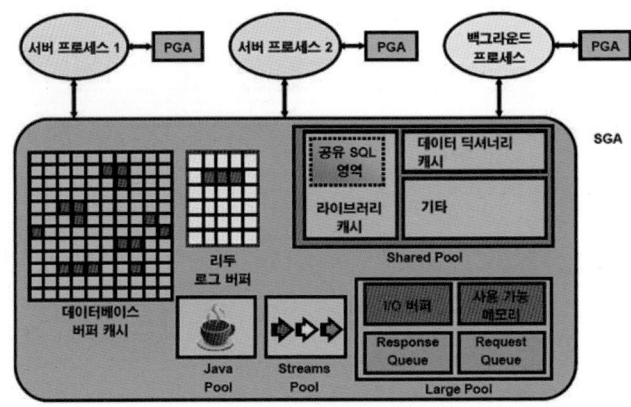

아래는 위 Oracle 메모리 구조에서 PGA에 대한 설명이다. Oracle은 전용 서버 모드와 공유 서버 모드가 있는데 대부분 전용 서버 모드로 사용되며 User 프로세스 당 서버 프로세스가 하나씩 생성되며 서버 프로세스마다 PGA가 할당된다.

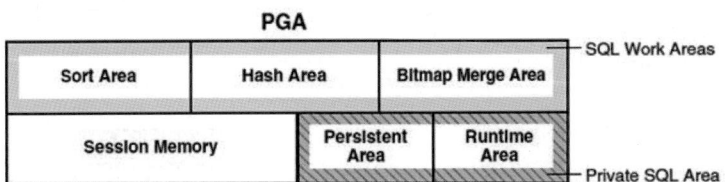

Private SQL Area	파싱된 SQL 문장을 가지고 있으며 서버 프로세스가 SQL 또는 PL/SQL 코드를 실행하면 바인드 변수 정보, 쿼리 실행 상태 정보 등을 위해서 Private SQL Area를 사용한다.
Runtime Area	쿼리 실행 상태 정보를 가지고 있다. 예를 들어 FULL TABLE SCAN 시 어느 부분까지 SCAN이 발생하고 있는지에 대한 정보가 될 수 있다.
Persistent Area	바인드 변수 정보를 가지고 있다. 바인드 변수는 SQL 문장 실행 순간에 공급된다.
SQL Work Areas	HASH JOIN, SORT MERGE JOIN 등 발생할 때 사용된다. PGA 튜닝 시에 관심을 가질 영역이 이 부분이다. PGA 튜닝은 [Part 10. PGA 튜닝]에서 자세히 다룬다.

아래는 Database Buffer Cache의 구조를 나타낸 그림이다. 자주 ACCESS 되는 block을 버퍼 캐시 안에 저장해서 물리적 I/O를 줄인다. 데이터 변경 시 Buffer Cache가 변경되고 백그라운드 프로세스 database writer (DBWn)에 의해 비동기식으로 data file에 쓰여진다. 좀 더 자세한 내용은 프로세스 아키텍처에서 설명한다.

Database Buffer Cache를 구성할 때 Default Pool, Keep Pool, Recycle Pool로 나누어 구성을 할 수도 있다. Default Pool에는 자주 사용되는 데이터는 오래 상주하게 되고 사용률이 낮은 데이터는 밀려나는 구조이다. Keep Pool은 가끔 사용되지만 Buffer Cache에 오랫동안 상주하도록 하기 위해서 구성하고 Recycle Pool의 경우 자주 사용되지만 바로 Cache에서 밀려나도록 하기 위해 구성하는 것으로 일반적으로는 Default Pool만 구성을 한다. Cache 당 Block Size도 여러 단위로 설정할 수 있지만 db_block_size 파라미터 값과 같은 Default로 대부분 설정한다.

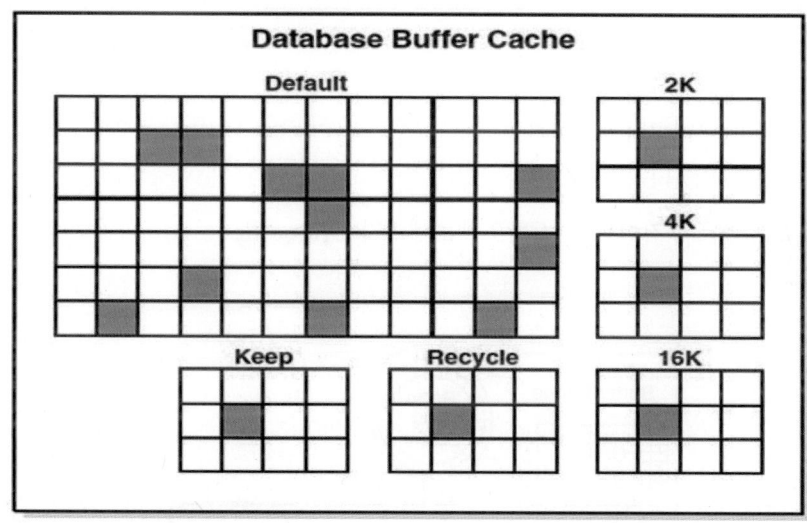

아래는 Buffer Cache를 탐색하는 과정을 그림으로 표현한 것이다.
SQL 문장을 실행하면 서버 프로세스는 해당 데이터를 찾기 위해서 Buffer Cache를 탐색하고 만약 Buffer Cache에 존재하지 않으면 Flash Cache 영역을 탐색한다. 만약 Flash Cache 영역에서도 데이터가 존재하지 않는다면 Disk에서 물리적 I/O가 발생하면서 데이터를 Buffer Cache 영역으로 적재한다.

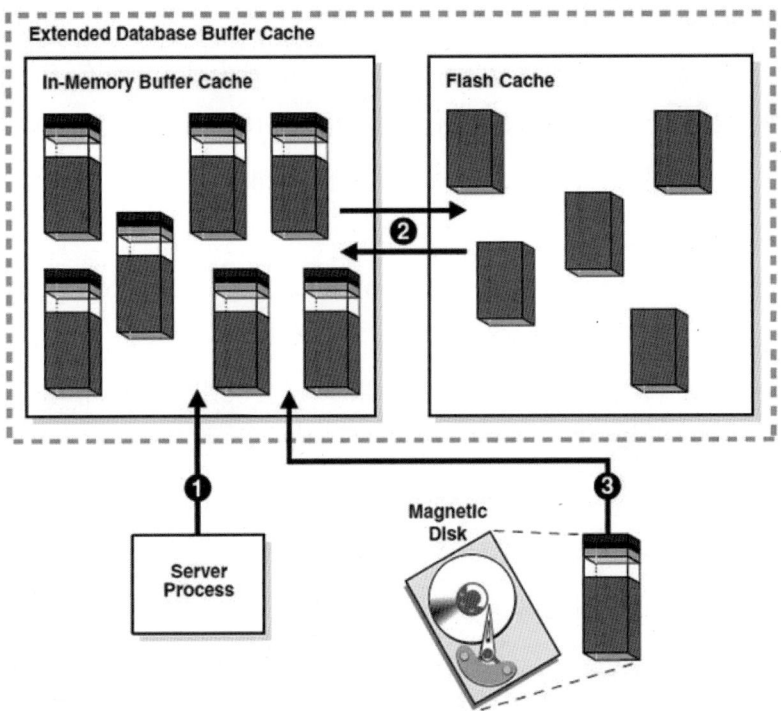

아래는 Redo Log Buffer에 대한 부분을 그림으로 표현한 것이다. 트랜잭션이 발생하면 서버 프로세스가 DB Buffer Cache에 변경을 가하기 전에 Redo Log buffer에 변경 사항을 먼저 기록하고 주기적으로 LGWR 프로세스가 Online Redo Log 파일에 기록을 하게 된다.

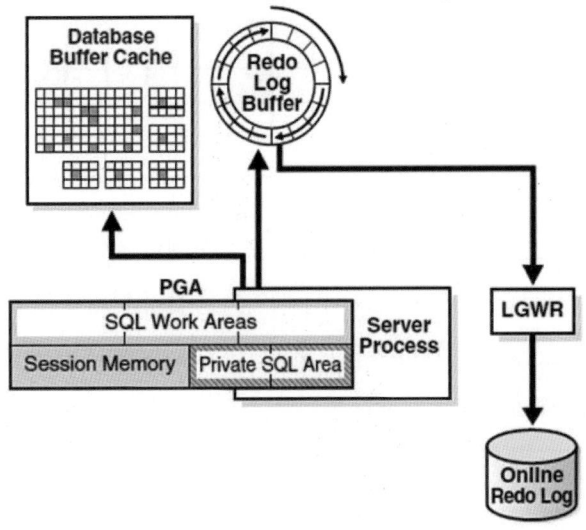

아래는 Shared Pool(공유풀)의 구조를 그림으로 표현한 것이다.

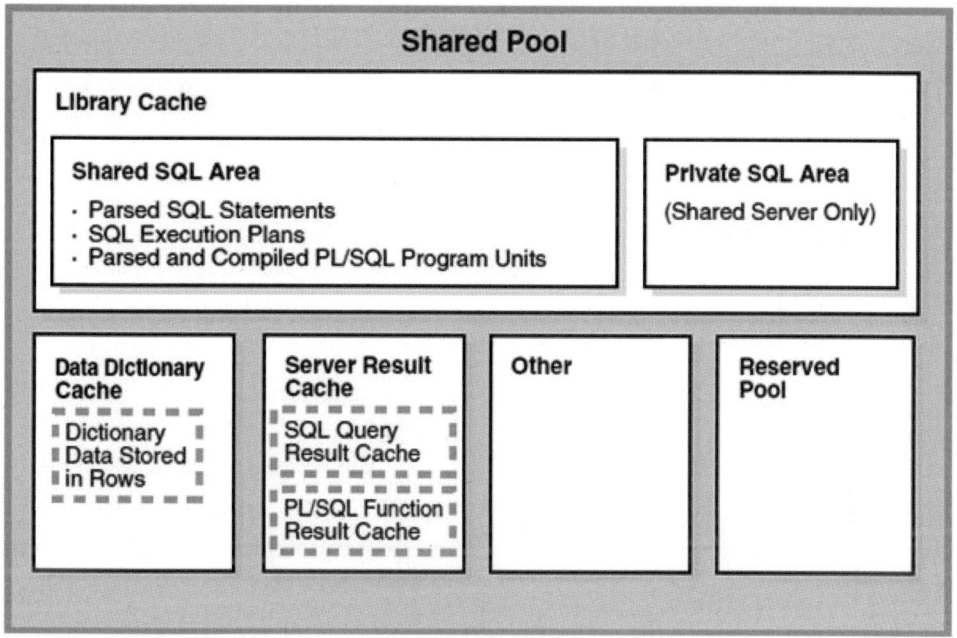

Library Cache는 SQL과 PL/SQL 실행 정보를 저장하는 영역으로 [Part 02. Oracle 성능 최적화를 위한 기본 원리]의 [Section 03. Library Cache 효율화] 부분에서 좀더 자세하게 다룬다. Data Dictionary Cache는 테이블 및 뷰 등의 DB에 대한 정보를 저장하며 Row Cache라고도 한다.

Result Cache는 쿼리의 결과를 저장했다가 I/O 없이 재사용되며 데이터 변경이 거의 없고 자주 수행되는 데이터 결과를 저장하는 영역이다. /*+ RESULT_CACHE */ 힌트를 사용하면 해당 SQL의 결과 데이터를 Result Cache 영역에 저장을 하고 같은 데이터를 요구하는 SQL이 반복 수행시에 I/O가 발생하지 않는다. 이 힌트가 사용되는 SQL의 기준은 변경이 거의 발생하지 않는 소량의 데이터에 대해서만 사용을 해야 효과가 있다.

Reserved Pool은 문장이 매우 긴 Large SQL과 PL/SQL 실행정보 저장한다.

아래는 Private SQL Areas and Shared SQL Area에 대해서 표현한 그림이다.
Shared SQL Area는 말 그대로 Library Cache에 저장되어 여러 클라이언트 프로세스들이 공유해서 재사용을 하는 영역이며 각 서버 프로세스에 할당된 PGA 영역에 Private SQL Area가 존재하며 공유가 되지 않는다.

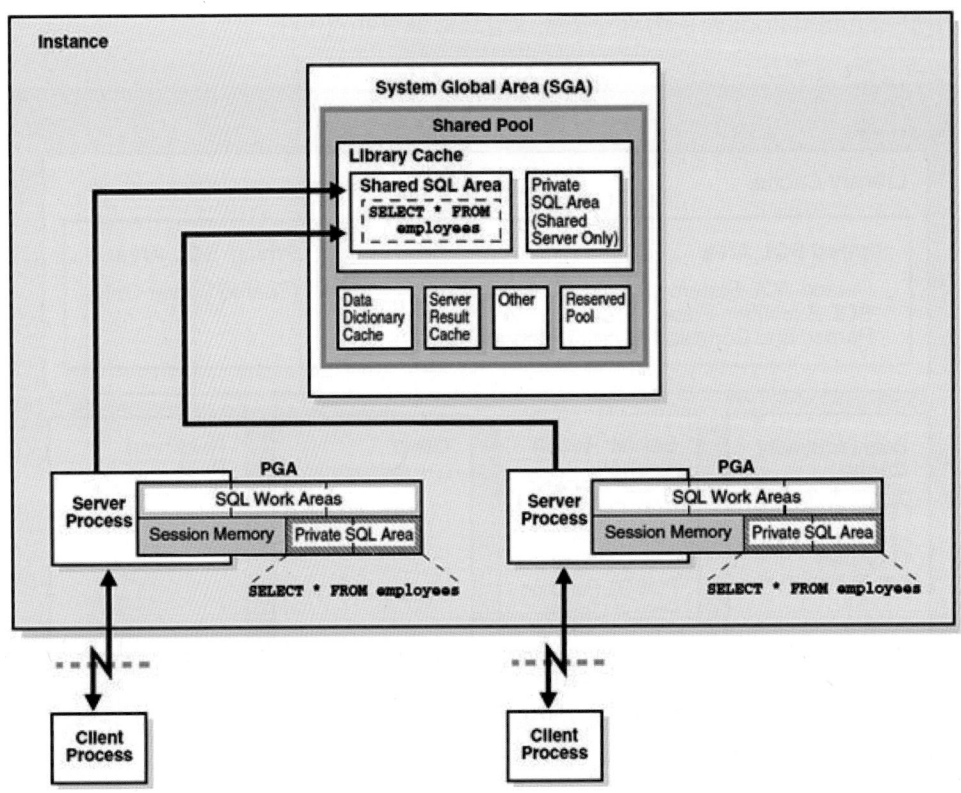

Section 03 Process Architecture

 프로세스의 구조

| User 프로세스 : Database User 프로세스가 Oracle Database에 연결될 때 시작
| Database 프로세스
  • 서버 프로세스 : Oracle Instance에 연결하며, User가 SESSION을 설정할 때 시작
  • 백그라운드 프로세스 : Oracle Instance가 시작할 때 시작

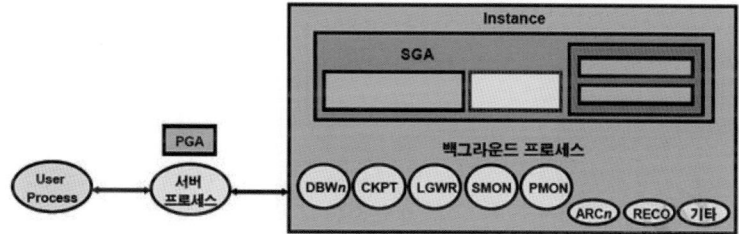

중요 백그라운드 프로세스에 대한 설명은 아래와 같다.

백그라운드 프로세스	설 명
Database Writer (DBWn)	Database 버퍼 캐시의 수정된(dirty) 버퍼를 디스크의 Datafile에 쓰는 역할을 담당하는 중요한 백그라운드 프로세스. LRU(Least-Recently-Used) 알고리즘을 사용하여 캐시의 버퍼를 관리한다. 가장 최근에 액세스한 버퍼가 가장 먼저 디스크에 기록되고 해제된다. DB_WRITER_PROCESSES 매개변수를 조정하여 시스템의 작업 부하 및 I/O 용량을 기반으로 DBWn 프로세스 수를 구성할 수 있다.
Checkpoint (CKPT)	데이터 일관성을 보장하고 Database의 효율적인 복구를 지원하는 중요한 백그라운드 프로세스이다. 이는 DBWn(Database Writer) 프로세스 및 기타 백그라운드 프로세스와 긴밀하게 작동하여 데이터 쓰기 및 Datafile UPDATE를 관리한다. Checkpoint라는 것은 버퍼 캐시와 Datafile이 동기화된 시점을 가리키며 장애가 발생하면 마지막 Checkpoint 이후 Redo Log 데이터만 Datafile에 기록함으로써 Instance를 복구할 수 있다.
Log Writer (LGWR)	Oracle Database의 중요한 백그라운드 프로세스로 Log Buffer의 내용을 Redo Log 파일에 기록하며 데이터의 내구성과 무결성을 보장하는 역할을 한다. LGWR(Oracle Log Writer) 프로세스는 Redo 항목을 디스크에 효율적으로 기록하여 모든 변경 사항이 지속적으로 저장되고 장애 발생 시 복구에 사용할 수 있도록 함으로써 데이터 무결성과 성능을 유지하는 데 중요한 역할을 한다.
System Monitor (SMON)	Instance 복구 및 공간 관리와 관련된 다양한 작업을 담당하는 중요한 백그라운드 프로세스이다. 장애 발생 후 Instance가 시작될 때 충돌 복구를 수행하는 역할을 담당한다. 필요한 Redo Log를 적용하고 Commit 되지 않은 트랜잭션을 Rollback하여 Database를 일관된 상태로 되돌린다. 그리고 더 이상 사용하지 않는 임시 세그먼트 정리, 여유 익스텐트 통합 등의 공간 관리 작업을 수행하여 TABLESPACE 내 공간 사용을 최적화한다.

Part 01 _Oracle 기본 아키텍쳐

Process Monitor (PMON)	프로세스 및 SESSION 관리와 관련된 다양한 유지 관리 작업을 담당하는 중요한 백그라운드 프로세스이다. PMON은 실패하거나 비정상적으로 종료된 사용자 프로세스를 정리하는 역할을 담당한다. 실패한 사용자 프로세스에 의해 진행 중이던 Commit되지 않은 트랜잭션을 Rollback한다. 이는 Database의 무결성과 일관성을 보장한다. PMON은 더 이상 사용하지 않는 네트워크 연결을 정리한다. 이는 효율적인 네트워크 리소스 활용을 유지하는 데 도움이 된다.
Archiver (ARCn)	Redo Log 파일이 꽉 차서 덮어 쓰여지기 전에 Archive log 디렉토리로 백업한다. Redo Log 파일의 아카이브를 관리하여 Database의 내구성과 복구 가능성을 보장하는 데 필수적이다.

Database Writer (DBWn)

| Database 버퍼 캐시의 수정된(Dirty) 버퍼를 디스크에 기록
| 다른 프로세싱을 수행하는 동안 비동기적, 체크포인트를 위해 주기적으로 동기화

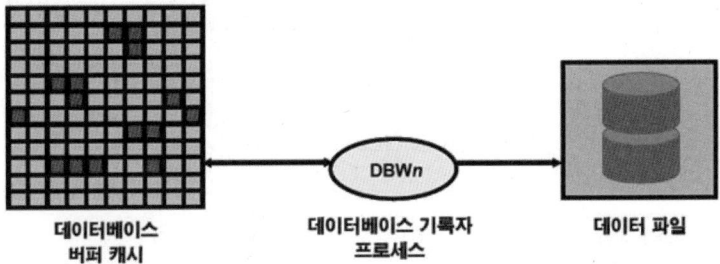

Log Writer (LGWR)

| Redo Log Buffer를 디스크의 Redo Log 파일에 기록
| LOWER 기록 시점
  - 프로세스가 트랜잭션 Commit 시
  - Redo Log Buffer의 1/3이 찼을 때
  - DBWn 프로세스가 수정된 버퍼를 디스크에 기록하기 전

System Monitor (SMON)

| Instance 시작 시 Recovery 수행
| 사용하지 않는 임시 세그먼트 정리

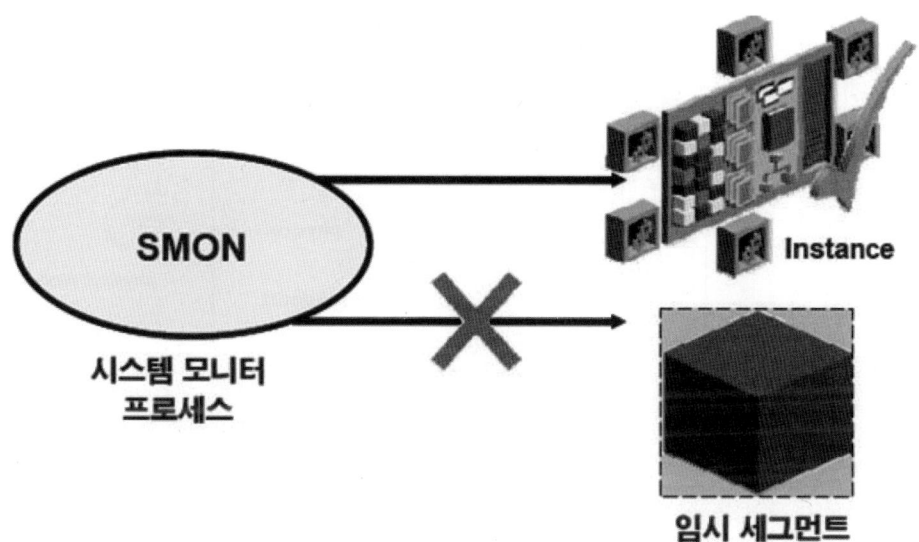

Process Monitor (PMON)

| User 프로세스가 실패할 경우 프로세스 RECOVERY 수행
  • Database 버퍼 캐시 정리
  • User 프로세스에서 사용하는 리소스 해제
| Idle SESSION 타임아웃에 대한 SESSION 모니터

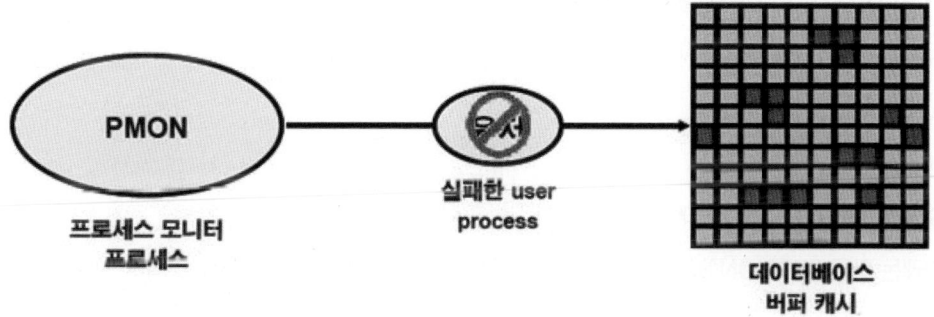

서버 프로세스

아래 그림은 서버 프로세스에 동작에 대해서 그림으로 표현한 것이다.

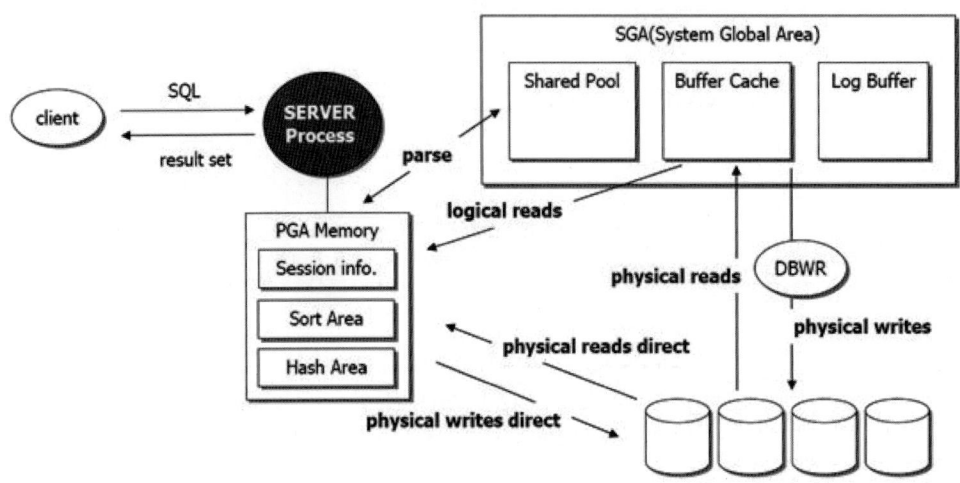

클라이언트가 SQL을 실행하면 서버 프로세스는 파싱을 하고 결과 데이터를 가져와서 클라이언트에 데이터를 전달한다.

SQL의 데이터가 Buffer Cache에 요청한 데이터가 존재하는 경우 Logical I/O라고 하며 만약 Buffer Cache에 존재하지 않는 경우 Disk로부터 데이터를 Buffer Cache로 적재 하는데 이를 Physical I/O라고 한다.

요청한 데이터를 Buffer Cache로부터 읽지 않고 직접 파일로부터 읽는 경우를 physical reads direct한다. 트랜잭션에 대한 데이터를 Writing할 때 일반적인 경우에는 Buffer Cache에 변경사항을 기록하는데 Buffer Cache를 경유하지 않고 직접 파일에 변경 사항을 기록하는 경우 physical write direct라고 한다.

Buffer cache의 변경 사항을 주기적으로 DBWR이 Disk로 기록을 하는데 이를 physical writes라고 한다.

SQL문 처리 프로세스에 대해서 살펴보자.
아래는 다른 SESSION에서 DML이 없는 경우로 5, 6, 7, 8, 9라는 데이터를 조회하는 SQL이다.

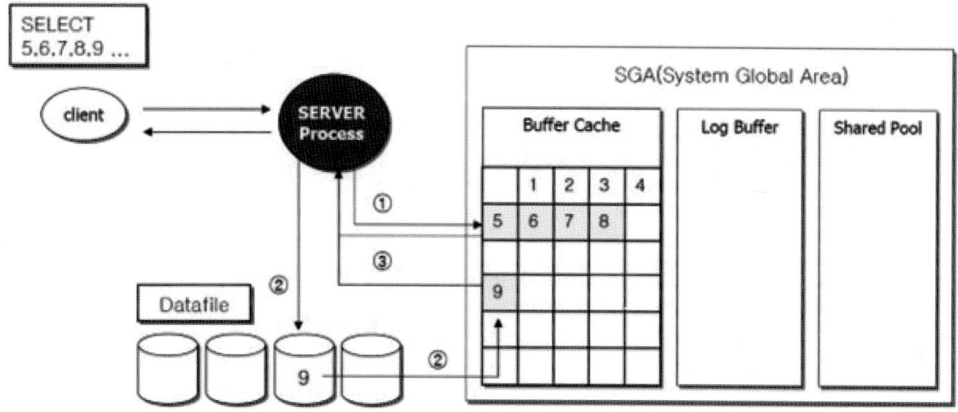

① Buffer Cache에서 해당 ROW를 찾는다.
② 만약 Buffer Cache에 없으면 Datafile에서 읽은 후, Buffer Cache에 Load 한다.(9번 데이터)
③ Buffer Cache로부터 읽어 들인다.

아래는 자신은 DML이 없고, 다른 SESSION에서 UPDATE 후 Commit 하지 않은 경우이다.

조회되는 1, 2, 3, 4, 5, 6, 8 데이터에서 1, 2, 3, 4는 Buffer Cache에 존재하고 5, 6, 7, 8 데이터는 다른 SESSION에서 UPDATE 후 Commit 되지 않은 상태이다.

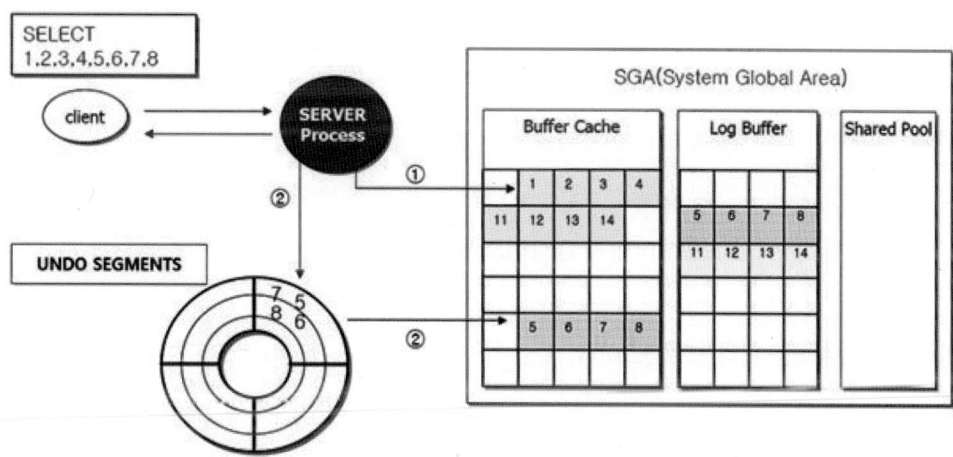

① Buffer Cache에서 해당 Row를 찾는다.

② 다른 SESSION에서 UPDATE 후 Uncommited 상태라면 Old Image를 읽기 위해서 CR Operation을 수행한다. Undo 세그먼트로부터 Undo Block을 읽고 Block을 새로운 VERSION으로 COPY한다.(위 그림의 5, 6, 7, 8 부분)

아래는 자기 SESSION에서 UPDATE 후 Commit을 하지 않은 상태에서 SELECT하는 경우이다.

조회되는 데이터의 11, 12, 13, 14가 자기 SESSION에서 UPDATE를 한 데이터이다.(Log Buffer 부분의 11, 12, 13, 14 부분)

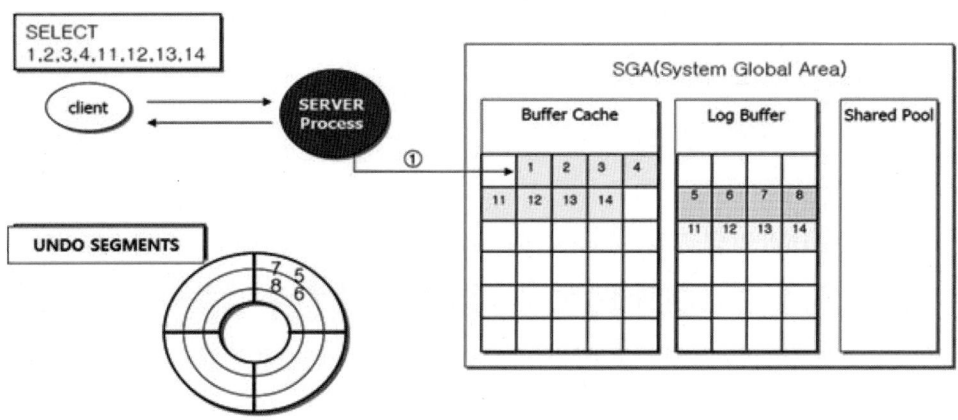

① Buffer Cache에서 해당 Row를 찾는다. 자기 SESSION에서 UPDATE 후에 Uncommited 상태라면 현재 Block을 읽는다. Commit이 되지 않았어도 Buffer Cache의 Block은 항상 마지막 DML의 결과현재 Block이 된다. 자기 SESSION에서 1값을 2로 변경한 후에 데이터를 조회하면 Commit하지 않았어도 2로 조회되는 것을 확인할 수 있다.

아래는 UPDATE문 처리 프로세스이다. 5, 6, 7, 8을 11, 12, 13, 14로 UPDATE 했다.

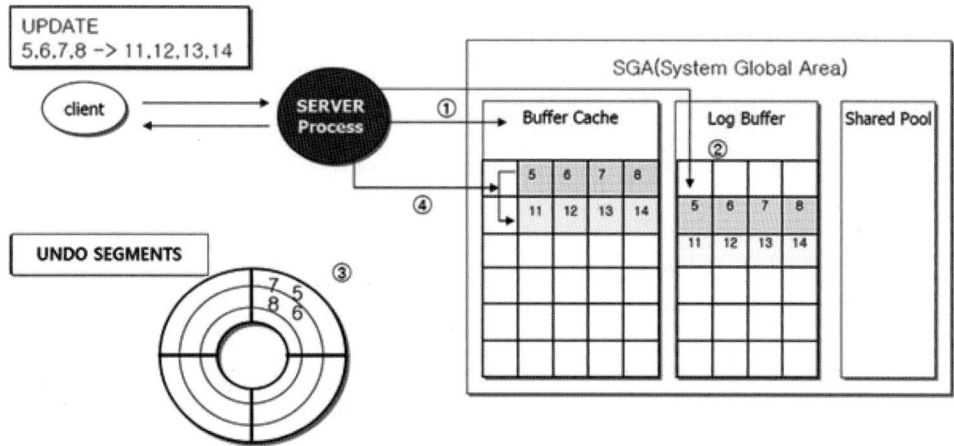

① Buffer Cache에서 해당 Row를 찾는다. 만약 없으면 Datafile에서 읽어서 Buffer Cache의 Data Block에 Load 한다.(Cache 후 Row Lock 설정)
② 변경 전 Old Image와 변경된 New Image에 대한 부분을 Log Buffer에 기록한다. (위 그림의 Log Buffer 부분)
③ Undo 세그먼트의 Undo Block에 Data Block의 Old Image를 기록한다.(5, 6, 7, 8)
④ Buffer Cache의 Data Block에 New Image를 UPDATE 한다.

아래는 INSERT문 처리 프로세스이다. 11, 12, 13, 14를 INSERT 했다.

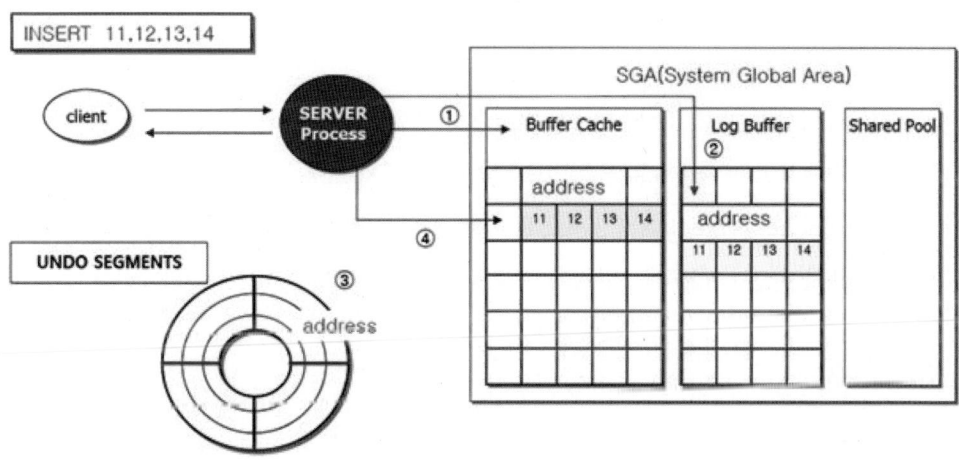

① 해당 데이터를 Buffer Cache에 Load 한다.(Load 후 PK존재 시 Row Lock 설정. 다른 SESSION에서 동일 PK값을 INSERT하는 경우 Lock 대기)
② INSERT 데이터 위치정보와 New Image를 Redo Log Buffer에 기록한다.
③ 대상 Row의 위치정보를 Undo 세그먼트에 기록한다.(Rollback 시 해당 Row의 위치정보를 찾아가서 DELETE)
④ Buffer Cache의 Free Block에 New Image를 기록한다.(Buffer Cache의 11, 12, 13, 14 부분)

아래는 DELETE문 처리 프로세스이다.

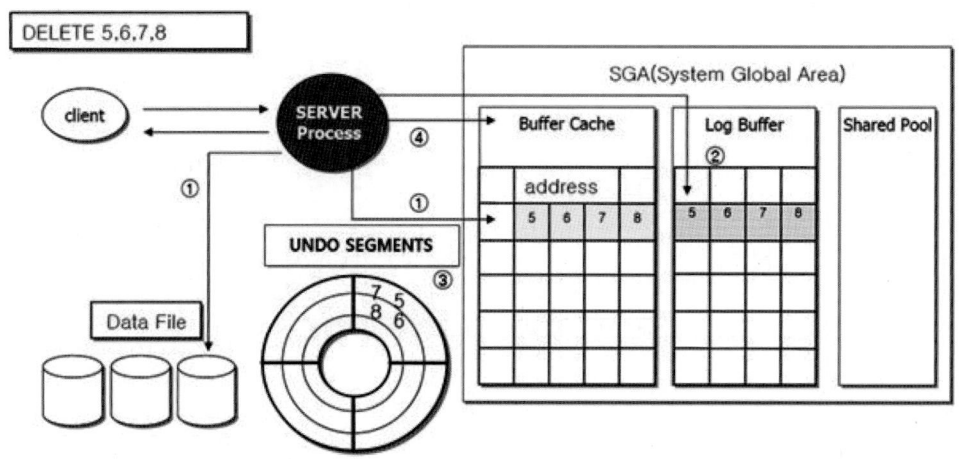

① 해당 Block을 Datafile에서 읽어서 DELETE할 대상 Row를 Buffer Cache에 Load 한다.(Cache 후 Row Lock 설정)
② DELETE 대상 Row를 Redo Log Buffer에 기록한다.
③ DELETE 대상 Row를 Undo 세그먼트에 기록한다.(Rollback 시 INSERT 처리)
④ Buffer Cache의 Block에서 DELETE 처리한다. 만약 Commit 처리를 하지 않고 Rollback을 하면 Undo 세그먼트에 저장된 DELETE 전 데이터를 INSERT한다.

Section 04 Oracle Storage Structures

Database 저장 구조는 아래와 같다.

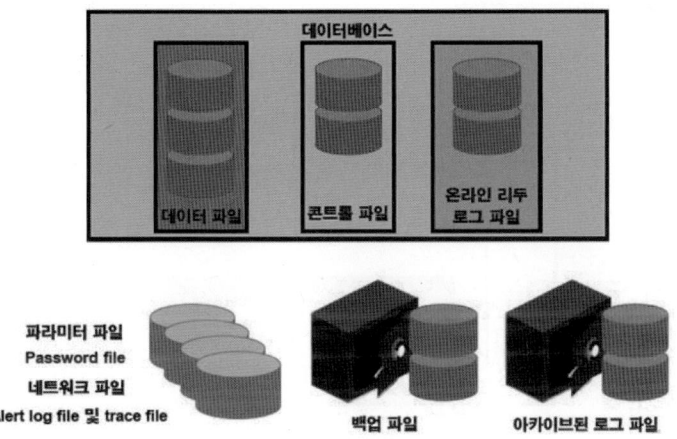

아래 그림은 Logical and Physical Storage 계층도이다.
TABLESPACE에는 여러 세그먼트가 존재할 수 있고 세그먼트는 여러 익스텐트로 구성되며 익스텐트는 많은 Block으로 이루어져 있다.

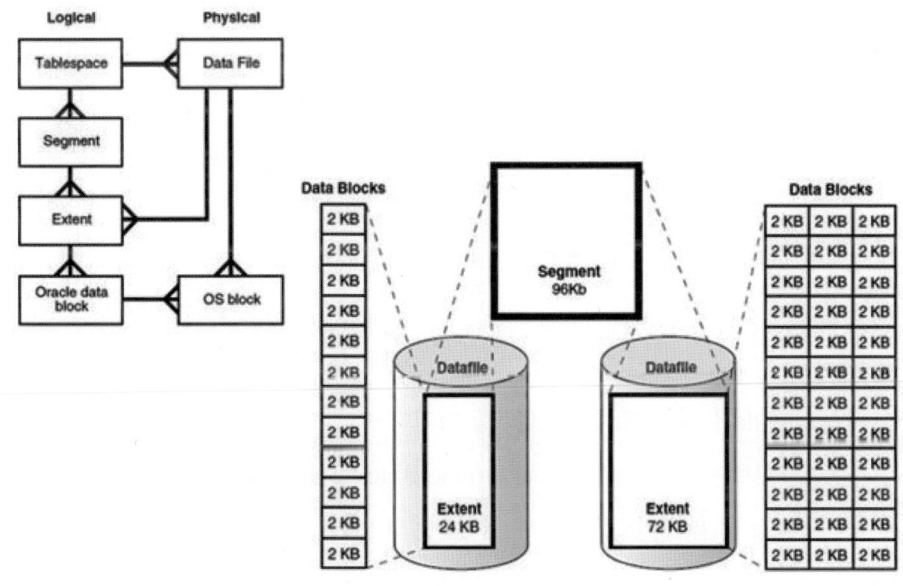

아래는 그림은 Database Object 관계도이다.

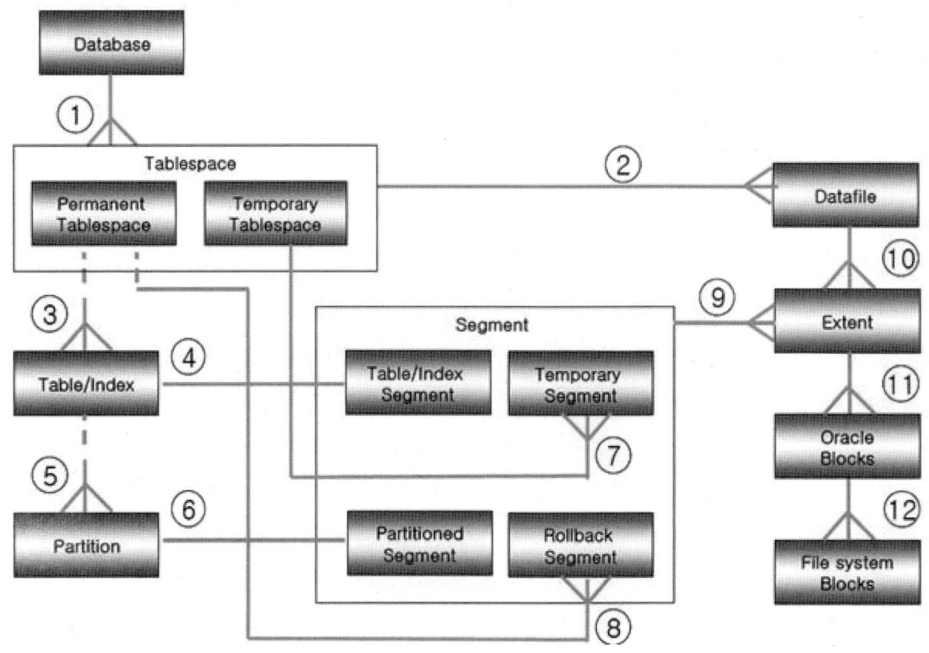

① Database는 한 개 이상의 TABLESPACE로 구성되어 있다.

② TABLESPACE는 한 개 이상의 Datafile로 구성되어 있다.

③ TABLESPACE에는 0개 이상의 테이블과 INDEX를 위치시킬 수 있다. TABLESPACE는 Permanent와 Temporary로 나뉘어진다.

④ 테이블과 INDEX는 물리적으로 하나의 세그먼트로 나타내어진다.(non-partitioned)

⑤ 테이블과 INDEX는 복수 개의 파티션으로 구성될 수 있다.

⑥ 테이블과 INDEX가 파티션되는 경우 각 파티션 당 물리적인 하나의 세그먼트로 나타내어진다.

⑦ TEMP 세그먼트는 Temporary TABLESPACE에 위치한다.

⑧ Rollback 세그먼트(Undo 세그먼트)는 Permanent TABLESPACE에 위치시킨다.

⑨ 세그먼트는 복수개의 익스텐트를 가진다.

⑩ 하나의 Datafile은 여러 개의 익스텐트를 가진다.

⑪ 하나의 익스텐트는 여러 개의 연속된 Oracle Block으로 구성된다.

⑫ 하나의 Oracle Block은 여러 개의 파일시스템의 Block으로 구성된다.

아래 그림은 Data Block의 구조를 표현한 것이다.

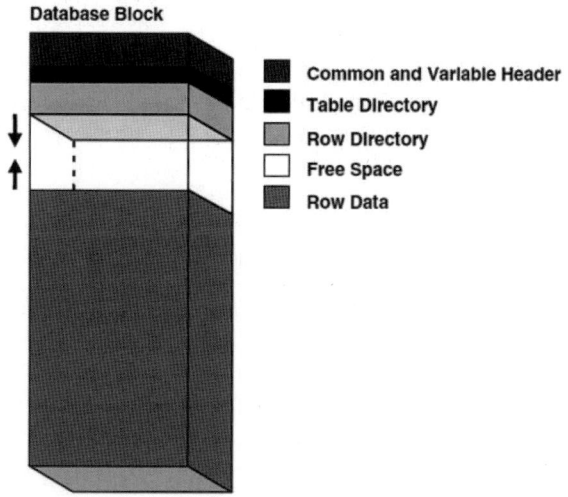

Oracle은 데이터를 Block 구조로 저장하며 위 그림의 각 항목에 대한 설명은 아래와 같다.

- Common and Variable Header : Block의 헤더(기본 정보 저장)
- Table Directory : Row들이 속하는 Table에 대한 정보 저장
- Row Directory : Row 정보를 저장(Row 위치값 포함)
- Free space : UPDATE 시 사용하기위해 미리 예약된 공간(PCTFREE)
- Row Data : 실제 Row 데이터 저장

아래 그림은 Data Block의 Row Format에 대해서 표현한 것이다.

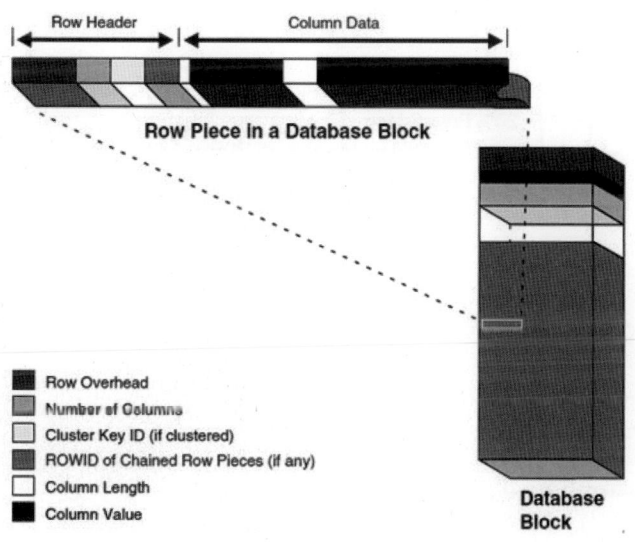

Part 01 _Oracle 기본 아키텍쳐

하나의 데이터를 Block은 여러 Row를 저장하며 위 그림의 각 항목에 대한 설명은 아래와 같다.

- ✓ Row Overhead : Row의 전반적인 정보를 저장. (Flag Byte: K(cluster key), D(deleted row), Lock Byte 등
- ✓ Number of Columns : 컬럼 개수 저장
- ✓ Cluster Key ID : 클러스터 Key일 경우
- ✓ ROWID of Chained Row Pieces : Chaine이 발생했을 경우
- ✓ Column Length : 컬럼 길이 저장
- ✓ Column Value : 컬럼 값 저장

Data Block에서 ROWID FORMAT는 아래와 같다. ROWID에 대해서는 [Part 04. INDEX ACCESS PATTERN]에서 추가로 다룬다.

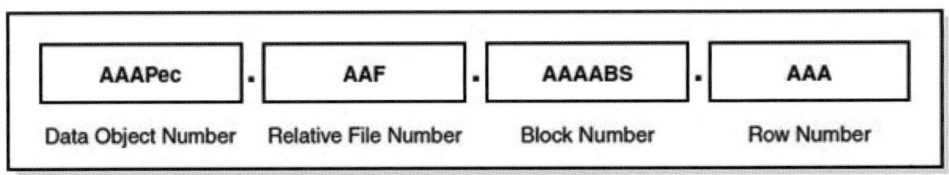

아래는 Data Block에서 PCTFREE에 대한 부분을 표현한 것이다.

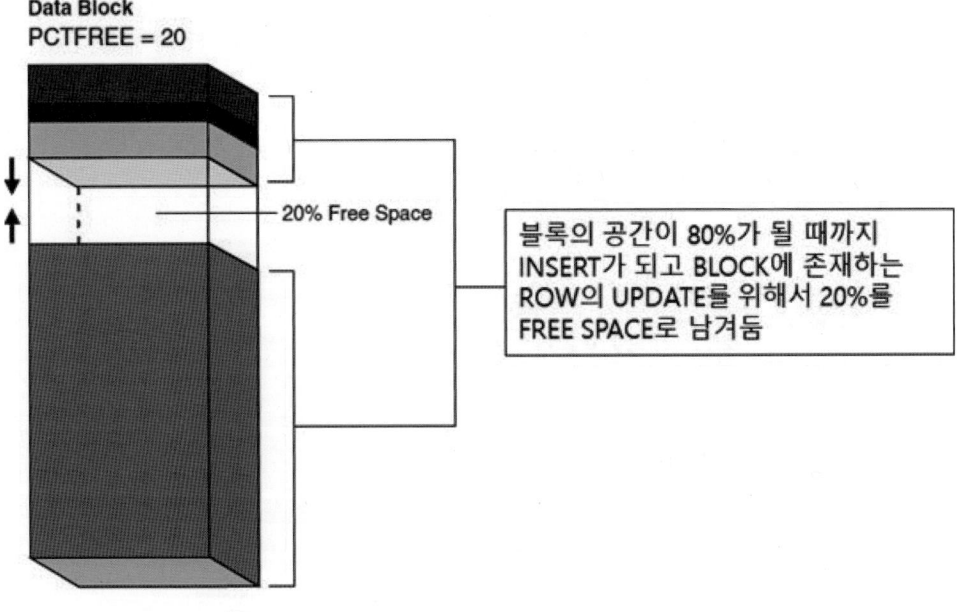

아래 그림은 Data Block의 Row Migration에 대한 부분을 표현한 것이다.

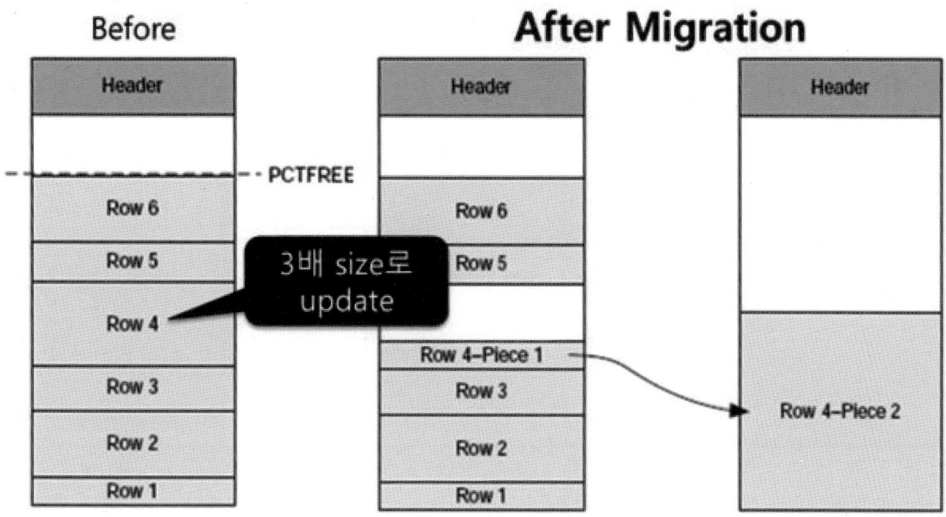

UPDATE 시 Row Migration이 발생할 수 있다. UPDATE 시 PCTFREE 공간이 부족할 경우 해당 Row를 새로운 Block으로 이동시킨다. Row 이동시 원래 Block에서 Row를 완전히 제거하지는 않으며, 새롭게 재배치된 Row에 대한 참조 주소를 남겨두어 원래 ROWID가 찾아올 수 있도록 한다.

Row Migration이 발생하는 경우 아래 그림과 같이 INDEX에 의해 테이블을 찾아가게 되면 I/O도 두 배가 되고 Row level lock도 두 배가 된다. 따라서 Row Migration이 발생하는 경우는 최대한 지양해야 한다.

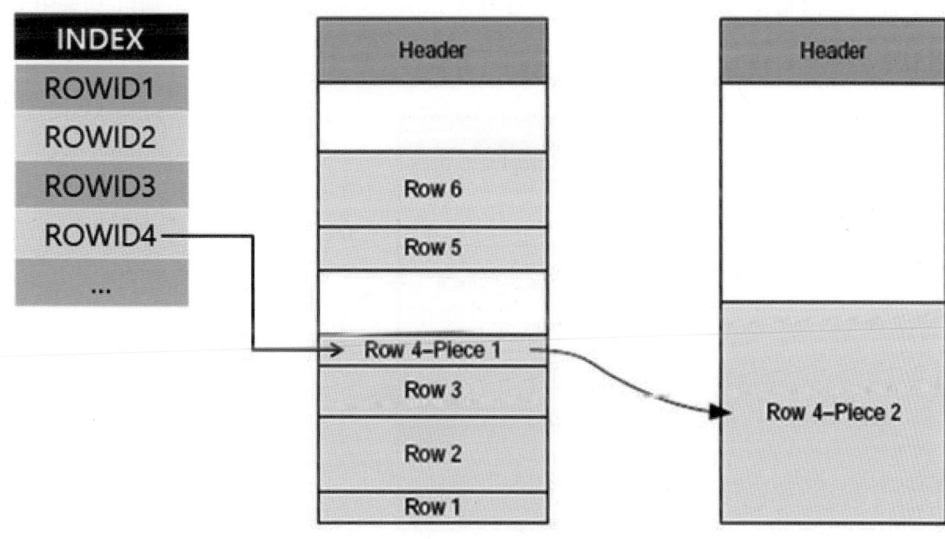

아래 그림은 Row Chaning에 대한 부분을 표현한 것이다.

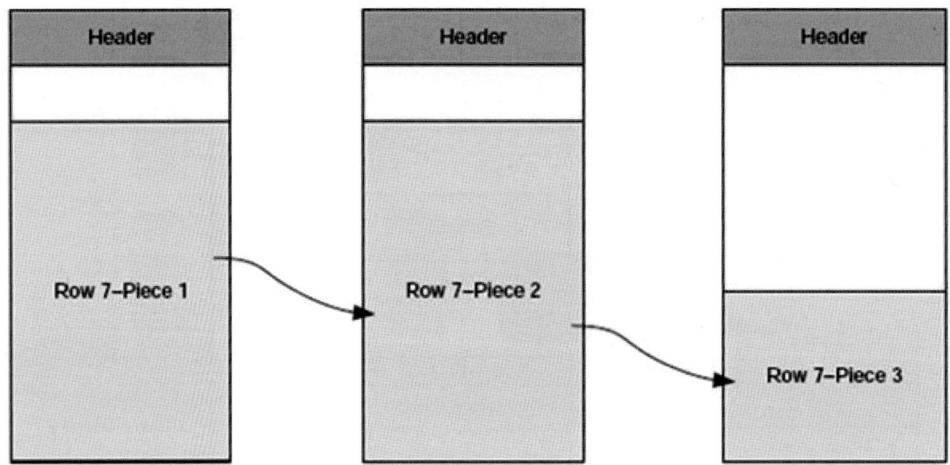

INSERT 시 싱글 Block에 들어가기에는 너무 큰 Row일 때 Row Chaining이 발생할 수 있다. Row 데이터가 하나 이상의 청크(Chunk)에 저장될 수 있는데 그것을 Row 조각(Row Piece)라고 한다. Row 헤더에 다른 Row 조각(Row Piece)에 대한 포인터를 포함하고 있다.

Oracle Database는 하나의 행 조각(row-piece)에 최대 255개의 열만 저장할 수 있다. 255개 이상의 열이 있는 경우, 그 이후의 열은 별도의 행으로 저장되어 주 행과 체인으로 연결됩니다. 이와 같이 동일한 Block에 2행으로 나누어 저장한 후에 행을 서로 연결하는데 이런 동작을 intra-block row chaining이라고 한다. intra-block row chaining이 발생을 하면 1행을 조회하기 위해서 추가적인 Block I/O가 발생하므로 쿼리 성능이 저하될 수 있다.

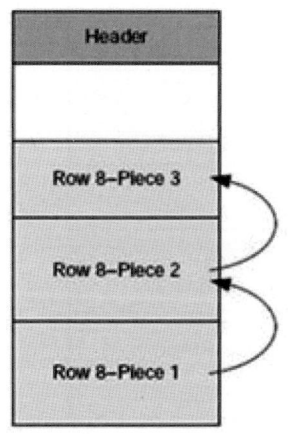

intra-block row chaining이 발생한 예를 확인해보도록 하자.

컬럼이 300개인 TAB1 테이블을 생성한 후 조회한 결과이다.

```
SELECT *
  FROM TAB1 A
 WHERE COL_001 = '1';
```

```
---------------------------------------------------------------------------
| Id | Operation                           | Name      | Starts | A-Rows | Buffers |
---------------------------------------------------------------------------
|  0 | SELECT STATEMENT                    |           |   1    |   1    |    3    |
|  1 |  TABLE ACCESS BY INDEX ROWID BATCHED| TAB1      |   1    |   1    |    3    |
|* 2 |   INDEX RANGE SCAN                  | TAB1_IX01 |   1    |   1    |    1    |
---------------------------------------------------------------------------
```

*로 조회한 경우 INDEX Level → TABLE Level로 ACCESS할 때 2 Block이 발생했다.

```
SELECT COL_045
  FROM TAB1
 WHERE COL_001 = '1';
```

```
---------------------------------------------------------------------------
| Id | Operation                           | Name      | Starts | A-Rows | Buffers |
---------------------------------------------------------------------------
|  0 | SELECT STATEMENT                    |           |   1    |   1    |    2    |
|  1 |  TABLE ACCESS BY INDEX ROWID BATCHED| TAB1      |   1    |   1    |    2    |
|* 2 |   INDEX RANGE SCAN                  | TAB1_IX01 |   1    |   1    |    1    |
---------------------------------------------------------------------------
```

45번째 위치한 컬럼을 조회하니 INDEX → TABLE ACCESS 할 때 1 Block이 발생했다.

```
SELECT COL_046
  FROM TAB1
 WHERE COL_001 = '1';
```

```
---------------------------------------------------------------------------
| Id | Operation                            | Name     | Starts | A-Rows | Buffers |
---------------------------------------------------------------------------
|  0 | SELECT STATEMENT                     |          |     1  |     1  |      3  |
|  1 |  TABLE ACCESS BY INDEX ROWID BATCHED | TAB1     |     1  |     1  |      3  |
| *2 |    INDEX RANGE SCAN                  | TAB1_IX01|     1  |     1  |      1  |
---------------------------------------------------------------------------
```

46번째 위치한 컬럼을 조회하니 2 Block이 발생했다. 이 의미는 46~300번(255)는 같은 Row이고 1~45번이 다른 Row로 쪼개서 저장되었다는 의미가 된다.

아래 그림은 논리적 저장 단위 중 하나인 익스텐트를 표현한 것이다. 익스텐트는 연속된 Block의 집합이다. 하나의 익스텐트는 여러 개의 Block으로 이루어져 있으며 DBA_익스텐트를 통해서 확인이 가능하다.

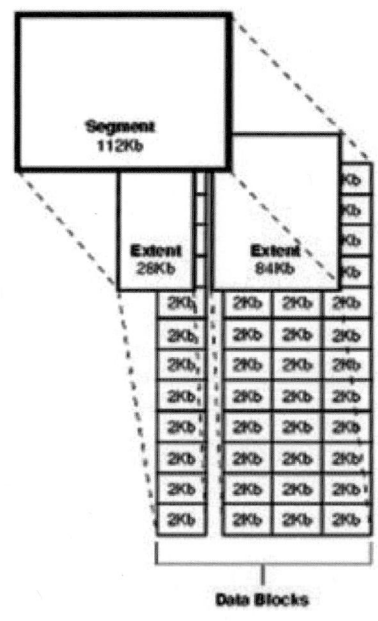

세그먼트는 여러 개의 익스텐트로 구성되어 있고 아래와 같이 세그먼트를 단일 또는 다중으로 생성할 수 있다. 파티션 테이블 또는 LOB 컬럼을 포함한 테이블을 생성하게 되면 다중 세그먼트로 생성이 된다.

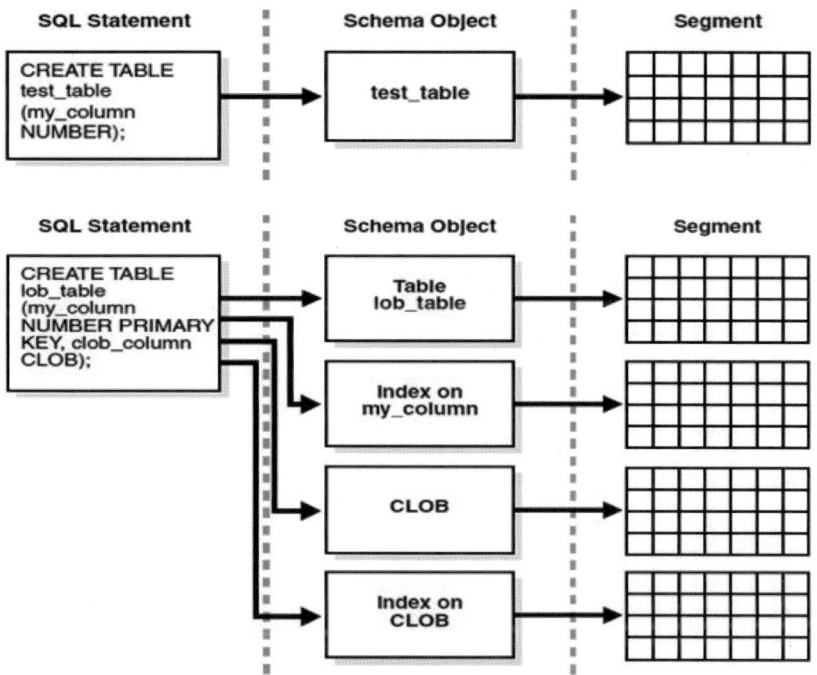

아래는 Data Files and Tablespaces와 관계를 표현한 그림이다.

TABLESPACE는 여러 Datafile을 가지며 TABLE, INDEX 등의 세그먼트는 하나 또는 여러 Datafile에 저장될 수 있다.

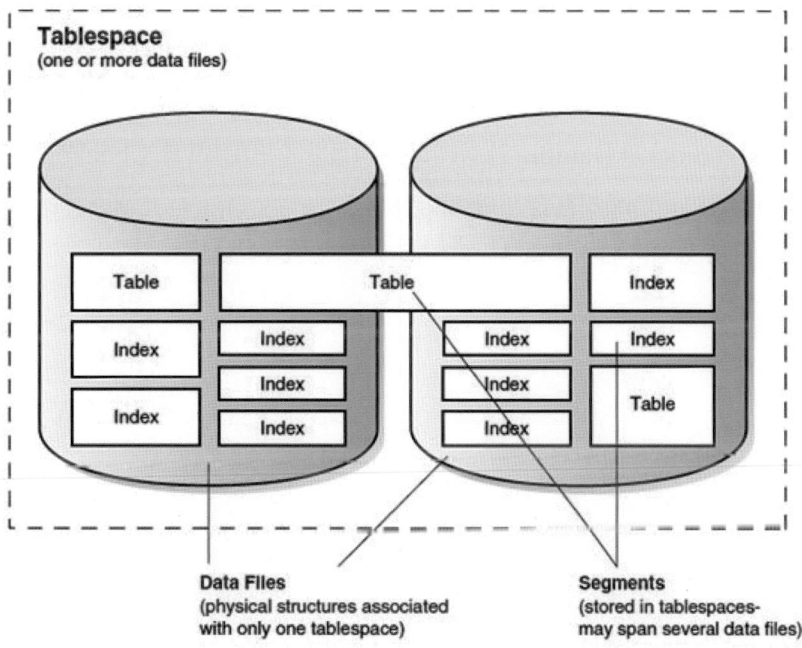

아래 그림은 Online Redo Log Files을 표현한 것이다.

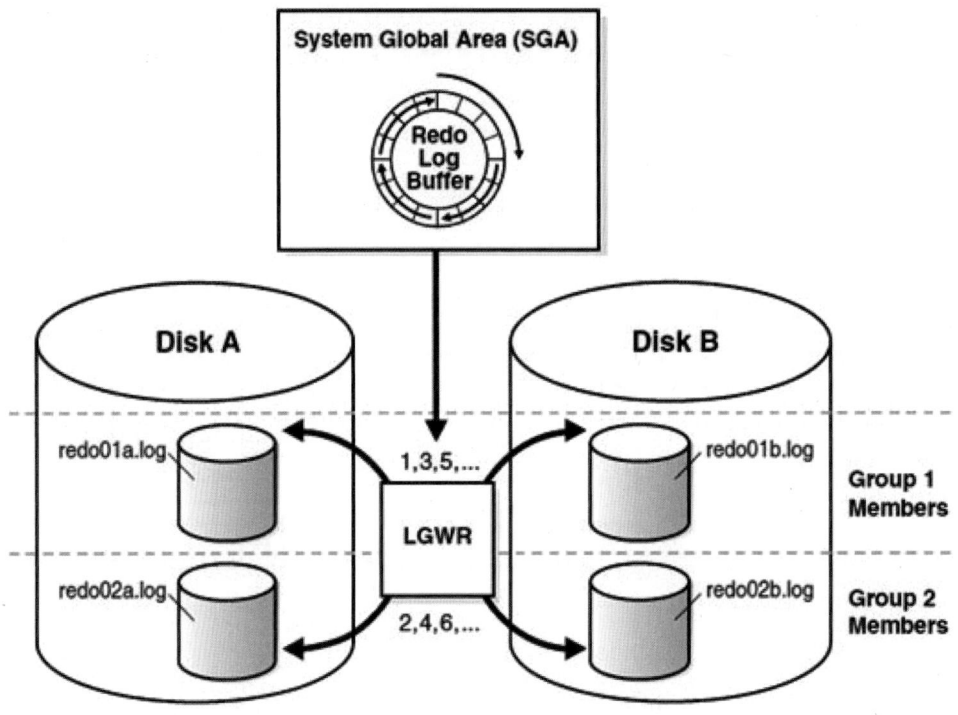

Online Redo Log Files은 이중화 되어 있고 DB 버퍼 캐시에 가해지는 모든 변경사항을 기록하는 파일이다. 대부분 DBMS는 버퍼 Block에 대한 변경사항을 건건이 Datafile에 기록하기보다 우선 로그 파일에 Append 방식으로 빠르게 기록하는 방식을 사용한다. 그러고 나서 버퍼 Block과 Datafile 간 동기화는 적절한 수단(DBWR, Checkpoint)을 이용해 나중에 배치(Batch) 방식으로 일괄 처리한다. [Part 15. Oracle 트랜잭션과 Redo Log 튜닝]에서 좀 더 자세히 다루도록 하겠다.

PART 02

Oracle 성능 최적화를 위한 기본 원리

앞 단원에서 정리한 Oracle 아키텍처에 대한
기본 내용을 바탕으로 Oracle 성능 최적화를 하기 위한
기본 원리에 대해서 알아본다.

Section 01. Oracle SQL 성능 최적화 개요
Section 02. DB 튜닝 핵심 원리 개요
Section 03. Library Cache 효율화 : SQL 파싱 부하 해소
Section 04. Database CALL 최소화
Section 05. I/O 효율화

Section 01 Oracle SQL 성능 최적화 개요

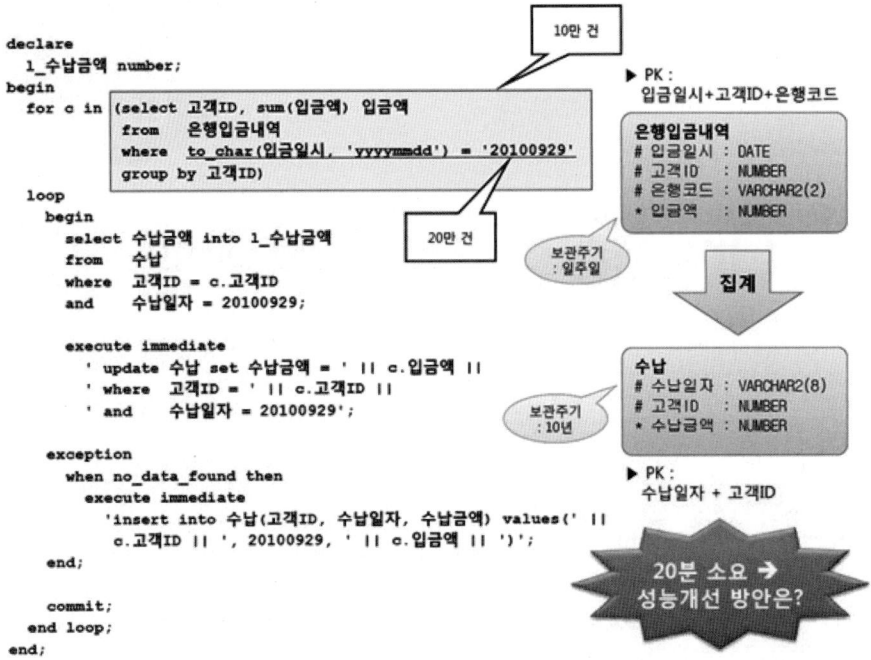

DBMS의 내부 처리과정을 표현한 것이다. 개발자가 아래의 왼쪽과 같은 SQL을 사용하면 옵티마이저는 개발자에게 오른쪽의 데이터를 출력해 준다. 개발자는 SQL을 통해서 Database에게 이러한 데이터를 출력해 달라고 요청을 하는 것이고 옵티마이저는 SQL을 통해서 요청받은 데이터를 내부 처리 과정을 통해서 데이터로 출력해 주는 역할을 하게 된다. 옵티마이저에 대해서는 [Part 14. 옵티마이저]에서 좀 더 자세히 다룬다.

위 그림의 블랙박스가 내부 아키텍처와 SQL의 수행 원리에 대한 부분이다. 그렇다면 우리가 내부 아키텍처와 SQL 수행 원리를 알아야 되는 이유는 무엇일까?

알아야 DB에게 효과적으로 일을 지시할 수 있기 때문이다.
알아야 문제를 해결할 수 있기 때문이다.
알아야 전문가로 성장할 수 있기 때문이다.

Oracle SQL 성능 최적화를 위해서는 Oracle 기본 아키텍쳐부터 시작해서 다양한 원리를 이해하고 있어야 한다.

대주제	소주제
프로세스	• 서버 프로세스 : 전용(Dedicated) 서버, 공유(Shared) 서버 • 백그라운드 프로세스 : SMON, PMON, DBWn, LGWR, ARCn, CKPT 등
메모리 구조	• 시스템 공유 메모리 : Buffer Cache, Shared Pool, Log Buffer 등 • 프로세스 전용 메모리 : PGA, UGA, CGA 등
파일 구조	• Datafile : Block, 익스텐트, 세그먼트, TABLESPACE와의 관계 • 임시 파일 • 로그 파일 : 트랜잭션 로그, Online Redo 로그, Archived Redo 로그
INDEX 구조	• INDEX 탐색 원리 • 다양한 INDEX 구조 • 다양한 INDEX SCAN 방식
JOIN 수행원리	• NL JOIN • Sort Merge JOIN • Hash JOIN
옵티마이저 원리	• 옵티마이저 종류 및 구성 요소 • 비용 계산 원리와 통계정보의 중요성 • 쿼리 변환

Section 02 DB 튜닝 핵심 원리 개요

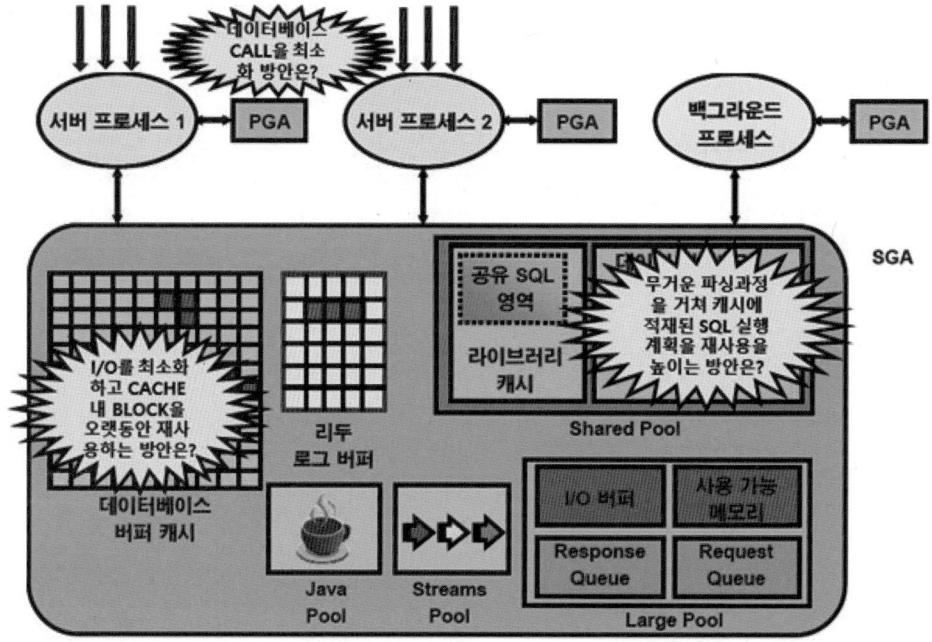

위 메모리 영역에서 튜닝 핵심 원리는 아래와 같다.

- Library Cache 효율화 : SQL 파싱 부하 해소
- 작업 요청 : Database CALL 최소화
- Database 버퍼 캐시 효율화 : I/O 효율화

위 주제에 개괄적인 내용에 대해서 단계적으로 알아보도록 하겠다.

Section 03

Library Cache 효율화 : SQL 파싱 부하 해소

이번 단원에서는 Library Cache영역의 재사용성을 높여서 무거운 파싱 부하를 줄임으로써 성능 효율화 하는 방안에 대해서 알아본다.

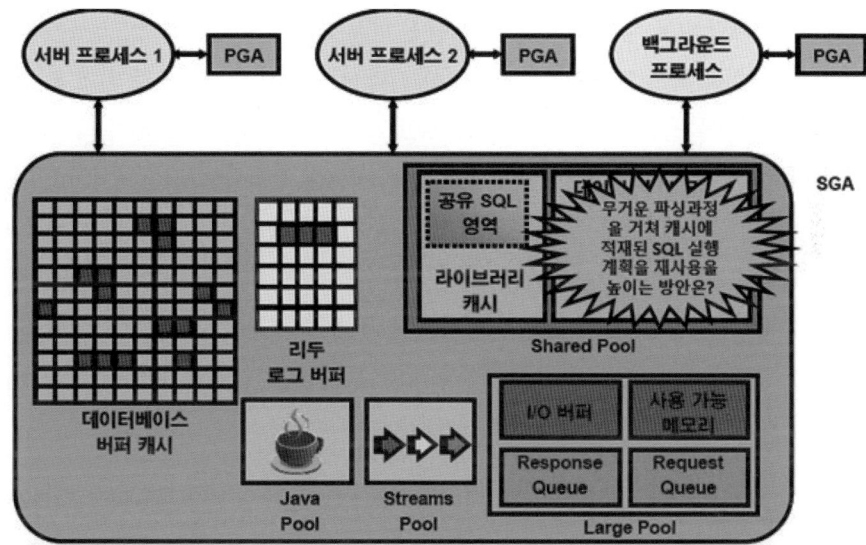

사용자가 SQL문장을 수행하게 되면 아래 그림과 같은 과정을 진행하게 된다.

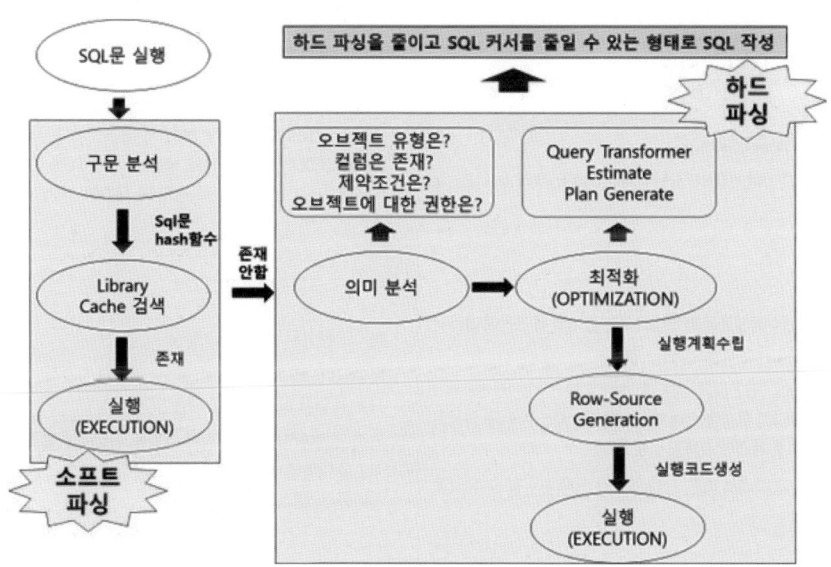

SQL 문장을 실행하면 옵티마이저는 SQL 문장에 오류는 없는지 구문 분석을 하고 SQL 문법상에 오류가 있다면 에러를 반환한다. SQL 구문에 문제가 없다면 SQL 문장을 HASH 함수를 적용해서 Shared Pool 영역의 Library Cache 영역에 동일한 SQL에 대한 실행 계획이 있는지 검색을 하고 존재한다면 바로 존재하는 실행 계획대로 SQL을 실행한다. 이것을 소프트 파싱이라고 한다.

만약 SQL문장이 Library Cache에 존재하지 않으면 의미 분석을 하고 최적의 실행 계획을 만들어 내기 위한 과정을 거치고(최적화) 실행 계획을 수립하고 실행 코드를 생성한 후에 실행을 하고 해당 SQL 문장 및 실행 계획 등을 향후 재사용성을 위해서 Library Cache에 저장한다. 이것을 하드 파싱이라고 한다. 하드 파싱 과정은 내부적으로 의미 분석을 위해서 딕셔너리 테이블을 조회하기 위한 내부 SQL도 수행해야 되고 최적의 실행 계획을 생성하기 위해서 어떤 순서로 JOIN하면 최적인지 INDEX를 사용해야 되는지 FULL TABLE SCAN을 사용해야 최적인지 다양한 각도에서 비용을 평가하는 과정을 거친다. SQL 문장이 길고 사용되는 테이블의 수가 많을수록 하드 파싱에 대한 비용은 더 높아진다. 하드 파싱은 이렇게 무거운 과정이기 때문에 SQL이 매번 수행할 때 마다 하드 파싱을 하게 되면 시스템에 큰 부하를 주게 된다. 따라서 기존의 구문 분석된 SQL 문을 재사용하여 CPU 사용량과 메모리 소비를 줄인다.

아래는 Dynamic SQL과 Static SQL를 비교한 내용이다.

Dynamic SQL	Static SQL
| ```
V_SQL := 'SELECT ORDER_DATE, CUSTOMER_ID
                , ORDER_MODE, ORDER_TOTAL
          FROM ORDERS A
          WHERE ORDER_DATE ='||V_DATE;

IF V_SCH_TYPE > 0 THEN
   V_SQL = V_SQL||CHR(13)||' AND ORDER_TYPE = ''P''';
END IF;
...
``` | ```
SELECT ORDER_DATE, CUSTOMER_ID
     , ORDER_MODE, ORDER_TOTAL
  FROM ORDERS A
 WHERE ORDER_DATE = V_DATE
   AND ORDER_TYPE = CASE WHEN V_SCH_TYPE > 0 THEN 'P'
                         ELSE ORDER_TYPE END
``` |
| • TEXT형 변수에 SQL문이 저장되어 조건에 특정 조건에 따라서 SQL 문장이 가변적으로 변하는 형태
• 특정 조건에 따라 다른 SQL로 생성이 되기 때문에 Shared Pool 메모리에 특정 조건에 따라 변형된 SQL 수 만큼 생성되며 다른 실행 계획이 사용될 수도 있다.
• 특정 조건에 따라서 다른 실행 계획을 사용해야 될 때 유리할 수 있다. | • 하나의 완성된 형태의 SQL문장
• Shared Pool 메모리에 하나의 SQL문으로 저장되기 때문에 모두 동일한 실행 계획을 사용한다.
• 특정 조건에 따라 다른 실행 계획을 사용해야 될 때 UNION ALL을 이용해서 실행 계획을 분리해야 하며 이로 인해 SQL이 길어질 수 있다. |

SQL을 Dynamic SQL 형태와 Static SQL 형태로 개발을 하게 되며 이 부분이 Library Cache 재사용성에 큰 영향을 주지는 않는다. Library Cache의 재사용성을 떨어뜨리고 하드 파싱을 다량으로 유발하는 것은 바인드 변수 처리 되지 않은 Literal SQL이다. 아래는 Liter SQL과 Bind 변수 처리 SQL에 대해서 비교한 내용이다.

Literal SQL	Bind 변수 처리 SQL
SELECT * FROM ORDERS A WHERE ORDER_DATE = '20150601'; SELECT * FROM ORDERS A WHERE ORDER_DATE = '20150602'; SELECT * FROM ORDERS A WHERE OFDER_DATE = '20150603';	SELECT * FROM ORDERS A WHERE ORDER_DATE = :Y_DATE;
• 들어오는 변수값이 상수로 되어 있기 때문에 동일한 SQL 문장임에도 옵티마이저는 다른 SQL로 간주해서 3개의 SQL이 Shared Pool 메모리에 생성된다. • 실행 계획을 공유하지 못하기 때문에 SQL 실행 시마다 하드 파싱으로 인한 부하가 발생한다. • 실행 수가 많을수록 실행 수만큼 하드 파싱 발생 및 이로 인해 Shared Pool 메모리에 실행 수만큼 SQL이 생성되기 때문에 실행 수가 많은 OLTP 환경에서는 악영향을 준다. • 과도한 하드 파싱으로 인해 Shared Pool ora-04031 error 발생할 수 있고 DB 장애로 발전할 수 있다. • 실행 수가 매우 낮으며 SQL의 전체 수행시간에 비해서 하드 파싱 시간이 매우 미미한 경우 사용할 때 유리할 수 있다.	• 들어오는 변수값이 바인드 처리가 되었기 때문에 하나의 SQL이 Shared Pool 메모리에 생성되며 실행 계획을 공유하게 된다. • 소프트 파싱 발생한다.

Bind 변수 처리를 하지 않았을 경우에 대해서 테스트를 통해서 확인해 보도록 하자. 아래는 PL/SQL 구문으로 작성한 것이다.

```
DECLARE
    V_SQL VARCHAR2(1000);
    V_ORDER_ST_DT VARCHAR2(8);
    V_ORDER_ED_DT VARCHAR2(8);
    V_EMPLOYEE_ID VARCHAR2(5);
    V_ORDER_TOTAL NUMBER;

    V_PAS_TM NUMBER;
```

```
    V_HDPAS_TM NUMBER;
BEGIN
 -- SQL 실행전 파싱 관련 통계 값 저장
  SELECT MAX(DECODE(STAT_NAME, 'parse time elapsed', VALUE))
       , MAX(DECODE(STAT_NAME, 'hard parse elapsed time', VALUE))
    INTO V_PAS_TM, V_HDPAS_TM
    FROM V$SYS_TIME_MODEL
   WHERE STAT_NAME IN ('parse time elapsed', 'hard parse elapsed time');

 --50000번 수행
  FOR I IN 1..50000
  LOOP
      V_ORDER_ST_DT := LPAD(TRUNC(DBMS_RANDOM.VALUE(2007,2010)), 4, '0')||
                       LPAD(TRUNC(DBMS_RANDOM.VALUE(1,12)), 2, '0')||
                       LPAD(TRUNC(DBMS_RANDOM.VALUE(1,25)), 2, '0');

      V_ORDER_ED_DT := TO_CHAR(TO_DATE(V_ORDER_ST_DT, 'YYYYMMDD') + 1, 'YYYYMMDD');

      V_EMPLOYEE_ID := 'E'||LPAD(TRUNC(DBMS_RANDOM.VALUE(0, 50000)), 3, '0');

 -- 실행할 SQL문 변수에 저장
     V_SQL := '
     SELECT /*+ BIND_TEST1 */ COUNT(*)
       FROM ORDERS A
      WHERE ORDER_DATE >= TO_DATE('''||V_ORDER_ST_DT||''', ''YYYYMMDD'')
        AND ORDER_DATE >= TO_DATE('''||V_ORDER_ED_DT||''', ''YYYYMMDD'')
        AND EMPLOYEE_ID = '''||V_EMPLOYEE_ID||'''';

 -- SQL 실행해서 결과값 V_ORDER_TOTAL에 저장
     EXECUTE IMMEDIATE V_SQL INTO V_ORDER_TOTAL;

     --DBMS_OUTPUT.PUT_LINE(V_ORDER_TOTAL);
     --DBMS_OUTPUT.PUT_LINE(V_SQL);

  END LOOP;
```

Library Cache에 저장된 SQL에 대한 문장 및 통계는 GV$SQL을 통해서 확인할 수 있다. 아래는 위 PL/SQL 구문을 수행한 후에 GV$SQL을 확인한 결과이다.

실행한 SQL 수만큼 하드 파싱 되어 같은 PLAN_HASH_VALUE에 대해서 다른 SQL_ID가 50000개가 생성된다. Shared Pool 메모리도 이 하드 파싱 SQL 하나로 인해서 약 150 MB 사용이 되었다.

	SNAP_DATE	SQL_ID	PLAN_HASH_VALUE	SQL_TEXT			실행수	결과건수
1	2015/10/12 16:35:50	b97bqa56fc00u	2309841087	SELECT /*+ BIND_TEST1 */ COUNT(*)	FROM ORDERS A	WHERE ORDER_DATE >= TO_DATE('20070118', 'YYYYMMDD')	1	1
2	2015/10/12 16:35:50	0mt4k6tz64020	2309841087	SELECT /*+ BIND_TEST1 */ COUNT(*)	FROM ORDERS A	WHERE ORDER_DATE >= TO_DATE('20090308', 'YYYYMMDD')	1	1
3	2015/10/12 16:35:50	9grwrj5h64025	2309841087	SELECT /*+ BIND_TEST1 */ COUNT(*)	FROM ORDERS A	WHERE ORDER_DATE >= TO_DATE('20080422', 'YYYYMMDD')	1	1
4	2015/10/12 16:35:50	0b20b7kf9h02n	2309841087	SELECT /*+ BIND_TEST1 */ COUNT(*)	FROM ORDERS A	WHERE ORDER_DATE >= TO_DATE('20080111', 'YYYYMMDD')	1	1
5	2015/10/12 16:35:50	4q6mt4cpqc059	2309841087	SELECT /*+ BIND_TEST1 */ COUNT(*)	FROM ORDERS A	WHERE ORDER_DATE >= TO_DATE('20090504', 'YYYYMMDD')	1	1
6	2015/10/12 16:35:50	cnapsygvh05z	2309841087	SELECT /*+ BIND_TEST1 */ COUNT(*)	FROM ORDERS A	WHERE ORDER_DATE >= TO_DATE('20081017', 'YYYYMMDD')	2	2
7	2015/10/12 16:35:50	g0ntp0166s06b	2309841087	SELECT /*+ BIND_TEST1 */ COUNT(*)	FROM ORDERS A	WHERE ORDER_DATE >= TO_DATE('20080320', 'YYYYMMDD')	1	1
8	2015/10/12 16:35:50	gyj86zq5as097	2309841087	SELECT /*+ BIND_TEST1 */ COUNT(*)	FROM ORDERS A	WHERE ORDER_DATE >= TO_DATE('20080115', 'YYYYMMDD')	1	1
9	2015/10/12 16:35:50	f0m53kxw04098	2309841087	SELECT /*+ BIND_TEST1 */ COUNT(*)	FROM ORDERS A	WHERE ORDER_DATE >= TO_DATE('20070315', 'YYYYMMDD')	1	1
10	2015/10/12 16:35:50	g8anb5qv000b6	2309841087	SELECT /*+ BIND_TEST1 */ COUNT(*)	FROM ORDERS A	WHERE ORDER_DATE >= TO_DATE('20071024', 'YYYYMMDD')	1	1
11	2015/10/12 16:35:50	70zz6nb5640bc	2309841087	SELECT /*+ BIND_TEST1 */ COUNT(*)	FROM ORDERS A	WHERE ORDER_DATE >= TO_DATE('20070318', 'YYYYMMDD')	1	1
12	2015/10/12 16:35:50	3j6wmvfbth0bd	2309841087	SELECT /*+ BIND_TEST1 */ COUNT(*)	FROM ORDERS A	WHERE ORDER_DATE >= TO_DATE('20080711', 'YYYYMMDD')	1	1
13	2015/10/12 16:35:50	fw4bcwkp0w0d5	2309841087	SELECT /*+ BIND_TEST1 */ COUNT(*)	FROM ORDERS A	WHERE ORDER_DATE >= TO_DATE('20080501', 'YYYYMMDD')	1	1
14	2015/10/12 16:35:50	0ncq95kcr4c0g9	2309841087	SELECT /*+ BIND_TEST1 */ COUNT(*)	FROM ORDERS A	WHERE ORDER_DATE >= TO_DATE('20071013', 'YYYYMMDD')	1	1
15	2015/10/12 16:35:50	dfxcgrtkh2w0gr	2309841087	SELECT /*+ BIND_TEST1 */ COUNT(*)	FROM ORDERS A	WHERE ORDER_DATE >= TO_DATE('20081104', 'YYYYMMDD')	1	1
16	2015/10/12 16:35:50	7yqhkmyjhc0hc	2309841087	SELECT /*+ BIND_TEST1 */ COUNT(*)	FROM ORDERS A	WHERE ORDER_DATE >= TO_DATE('20080910', 'YYYYMMDD')	1	1
17	2015/10/12 16:35:50	dmx5pvfd3n0ju	2309841087	SELECT /*+ BIND_TEST1 */ COUNT(*)	FROM ORDERS A	WHERE ORDER_DATE >= TO_DATE('20080409', 'YYYYMMDD')	1	1
18	2015/10/12 16:35:50	96c0ywq4dn0jv	2309841087	SELECT /*+ BIND_TEST1 */ COUNT(*)	FROM ORDERS A	WHERE ORDER_DATE >= TO_DATE('20070406', 'YYYYMMDD')	1	1
19	2015/10/12 16:35:50	dcfuwct4t80jw	2309841087	SELECT /*+ BIND_TEST1 */ COUNT(*)	FROM ORDERS A	WHERE ORDER_DATE >= TO_DATE('20081007', 'YYYYMMDD')	1	1
20	2015/10/12 16:35:50	5hhmtuh7qw0m3	2309841087	SELECT /*+ BIND_TEST1 */ COUNT(*)	FROM ORDERS A	WHERE ORDER_DATE >= TO_DATE('20080814', 'YYYYMMDD')	1	1
21	2015/10/12 16:35:50	8zx2c4kzu40mg	2309841087	SELECT /*+ BIND_TEST1 */ COUNT(*)	FROM ORDERS A	WHERE ORDER_DATE >= TO_DATE('20080523', 'YYYYMMDD')	1	1

SHARED_MEM_TOT(MB)	FREE(MB)
336	238.23

→

SHARED_MEM_TOT(MB)	FREE(MB)
336	74.09

SHARED POOL 메모리에 위와 같이 변수 값만 다른 SQL이 실행 수 만큼 생성됨

사용 가능한 공간(FREE(MB))이 74.09MB로 줄어들었다.

위 PL/SQL 구문을 Bind 변수 처리가 되도록 아래와 같이 변경해보자.

```
DECLARE
    V_SQL VARCHAR2(1000);
    V_ORDER_ST_DT VARCHAR2(8);
    V_ORDER_ED_DT VARCHAR2(8);
    V_EMPLOYEE_ID VARCHAR2(5);
    V_ORDER_TOTAL NUMBER;

    V_PAS_TM NUMBER;
    V_HDPAS_TM NUMBER;
BEGIN
```

```sql
-- SQL 실행전 파싱 관련 통계 값 저장
SELECT MAX(DECODE(STAT_NAME, 'parse time elapsed', VALUE))
     , MAX(DECODE(STAT_NAME, 'hard parse elapsed time', VALUE))
  INTO V_PAS_TM, V_HDPAS_TM
  FROM V$SYS_TIME_MODEL
 WHERE STAT_NAME IN ('parse time elapsed', 'hard parse elapsed time');

--50000번 수행
FOR I IN 1..50000
LOOP
   V_ORDER_ST_DT := LPAD(TRUNC(DBMS_RANDOM.VALUE(2007,2010)), 4, '0')||
                    LPAD(TRUNC(DBMS_RANDOM.VALUE(1,12)), 2, '0')||
                    LPAD(TRUNC(DBMS_RANDOM.VALUE(1,25)), 2, '0');
   V_ORDER_ED_DT := TO_CHAR(TO_DATE(V_ORDER_ST_DT, 'YYYYMMDD') + 1, 'YYYYMMDD');

   V_EMPLOYEE_ID := 'E'||LPAD(TRUNC(DBMS_RANDOM.VALUE(0, 50000)), 3, '0');

   -- SQL 실행시 아래와 같이 바인드 변수 처리
   V_SQL := '
   SELECT /*+ BIND_TEST2 */ COUNT(*)
     FROM ORDERS A
    WHERE ORDER_DATE >= TO_DATE(:V_ORDER_ST_DT, ''YYYYMMDD'')
      AND ORDER_DATE >= TO_DATE(:V_ORDER_ED_DT, ''YYYYMMDD'')
      AND EMPLOYEE_ID = :V_EMPLOYEE_ID';

   EXECUTE IMMEDIATE V_SQL INTO V_ORDER_TOTAL USING V_ORDER_ST_DT, V_ORDER_ED_DT, V_EMPLOYEE_ID ;

   --DBMS_OUTPUT.PUT_LINE(V_ORDER_TOTAL);
   --DBMS_OUTPUT.PUT_LINE(V_SQL);

END LOOP;

-- SQL 실행후 파싱 관련 통계 값 산출
SELECT MAX(DECODE(STAT_NAME, 'parse time elapsed', VALUE)) - V_PAS_TM
     , MAX(DECODE(STAT_NAME, 'hard parse elapsed time', VALUE)) - V_HDPAS_TM
  INTO V_PAS_TM, V_HDPAS_TM
  FROM V$SYS_TIME_MODEL
 WHERE STAT_NAME IN ('parse time elapsed', 'hard parse elapsed time');

   DBMS_OUTPUT.PUT_LINE(ROUND(V_PAS_TM/1000000, 5));
   DBMS_OUTPUT.PUT_LINE(ROUND(V_HDPAS_TM/1000000, 5));
END;
/
```

아래와 같이 하나의 SQL_ID만 생성되어 실행 계획을 공유했으며 실행수가 50,000이 되었다.

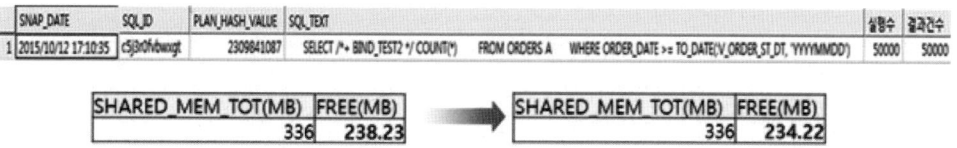

이번에는 Dynamic SQL을 Static SQL로 변경함으로써 Library Cache를 효율화 하는 방법에 대해서 살펴보자.

아래 SQL 문장을 보면 IN ( ) 조건이 1개~4개로 변하는 Dynamic SQL이다.

```
  SELECT EMPLOYEE_ID, FIRST_NAME
       , LAST_NAME, HIRE_DATE
       , SALARY
    FROM EMPLOYEES
   WHERE EMPLOYEE_ID IN (:V_EMPNO1);


  SELECT EMPLOYEE_ID, FIRST_NAME
       , LAST_NAME, HIRE_DATE
       , SALARY
    FROM EMPLOYEES
   WHERE EMPLOYEE_ID IN (:V_EMPNO1, :V_EMPNO2);


  SELECT EMPLOYEE_ID, FIRST_NAME
       , LAST_NAME, HIRE_DATE
       , SALARY
    FROM EMPLOYEES
   WHERE EMPLOYEE_ID IN (:V_EMPNO1, :V_EMPNO2, :V_EMPNO3);


  SELECT EMPLOYEE_ID, FIRST_NAME
       , LAST_NAME, HIRE_DATE
       , SALARY
    FROM EMPLOYEES
   WHERE EMPLOYEE_ID IN (:V_EMPNO1, :V_EMPNO2,:V_EMPNO3, :V_EMPNO4);
```

위 3개의 SQL을 아래와 같이 최대 변수 개수의 SQL 하나로 통합을 해도 동일하다. 변수가 1개만 들어오는 경우는 나머지 변수는 NULL이 되어 결과는 동일하다. 필자가 근무했던 SITE에서는 변수가 1개~1,000개 이상 들어오는 경우에 대해서 위와 같이 Dynamic SQL로 되어 있었으며 아래와 같이 개선함으로써 하나의 SQL_ID만 Library Cache에 존재하게 되었다.

```sql
SELECT EMPLOYEE_ID, FIRST_NAME
     , LAST_NAME, HIRE_DATE
     , SALARY
  FROM EMPLOYEES
 WHERE EMPLOYEE_ID IN (:V_EMPNO1, :V_EMPNO2,:V_EMPNO3, :V_EMPNO4);
```

이번에는 조회 조건이 가변적으로 들어오는 부분에 대해서 살펴보도록 하자.
아래 SQL 조건을 보면 ORDER_DATE는 필수 조건이고 ORDER_MODE와 CUSTOMER_ID, ORDER_STATUS 조건은 선택 조건이기 때문에 Dynamic SQL로 작성하였다.

```sql
SELECT *
  FROM ORDERS
 WHERE ORDER_DATE >= :V_ST_DT
   AND ORDER_DATE <= :V_ED_DT;

SELECT *
  FROM ORDERS
 WHERE ORDER_DATE >= :V_ST_DT
   AND ORDER_DATE <= :V_ED_DT
   AND ORDER_MODE = :V_ORD_MODE;

SELECT *
  FROM ORDERS
 WHERE ORDER_DATE >= :V_ST_DT
   AND ORDER_DATE <= :V_ED_DT
   AND ORDER_MODE = :V_ORD_MODE
   AND CUSTOMER_ID = :V_CUST_ID;
```

```
SELECT *
  FROM ORDERS
 WHERE ORDER_DATE >= :V_ST_DT
   AND ORDER_DATE <= :V_ED_DT
   AND ORDER_MODE = :V_ORD_MODE
   AND CUSTOMER_ID = :V_CUST_ID;
   AND ORDER_STATUS = :V_ORD_STAT;
```

위의 Dynamic SQL은 DEOCDE 함수를 이용해서 1개의 정형화된 SQL로 통합이 가능하다.

```
SELECT *
  FROM ORDERS
 WHERE ORDER_DATE >= :V_ST_DT
   AND ORDER_DATE <= :V_ED_DT
   AND ORDER_MODE = DECODE(:V_ORD_MODE, NULL, ORDER_MODE, :V_ORD_MODE)
   AND CUSTOMER_ID = DECODE(:V_CUST_ID, NULL, CUSTOMER_ID, :V_CUST_ID)
   AND ORDER_STATUS = DECODE(:V_ORD_STAT, NULL, ORDER_STATUS, :V_ORD_STAT);
```

하지만 위와 같이 1개로 통합하는 것이 정답은 아니다. 조회 조건의 선택도 및 INDEX 구성에 따라서 아래 또는 기존과 같이 실행 계획 분리를 위해 SQL을 분리해야 되는 전략도 필요하다. SQL 실행 계획 분리에 대해서는 [Part 8. 실행 계획 분리]에서 다룬다.

```
SELECT *
  FROM ORDERS
 WHERE ORDER_DATE >= :ST_DT
   AND ORDER_DATE <= :ED_DT
   AND ORDER_MODE = DECODE(:V_ORD_MODE, NULL, ORDER_MODE, :V_ORD_MODE)
   AND ORDER_STATUS = DECODE(:V_ORD_STAT, NULL, ORDER_STATUS, :V_ORD_STAT)
   AND :CUST_ID IS NULL
UNION ALL
SELECT *
  FROM ORDERS
```

```sql
WHERE ORDER_DATE >= :ST_DT
  AND ORDER_DATE <= :ED_DT
  AND ORDER_MODE = DECODE(:V_ORD_MODE, NULL, ORDER_MODE, :V_ORD_MODE)
  AND CUSTOMER_ID = :CUST_ID
  AND ORDER_STATUS = DECODE(:V_ORD_STAT, NULL, ORDER_STATUS, :V_ORD_STAT)
  AND :CUST_ID IS NOT NULL;
```

Section 04 Database CALL 최소화

이번 단원에서는 서버 프로세스의 Database CALL이 성능에 미치는 영향에 대해서 알아보고 최적화하는 방법에 대해서 살펴본다.

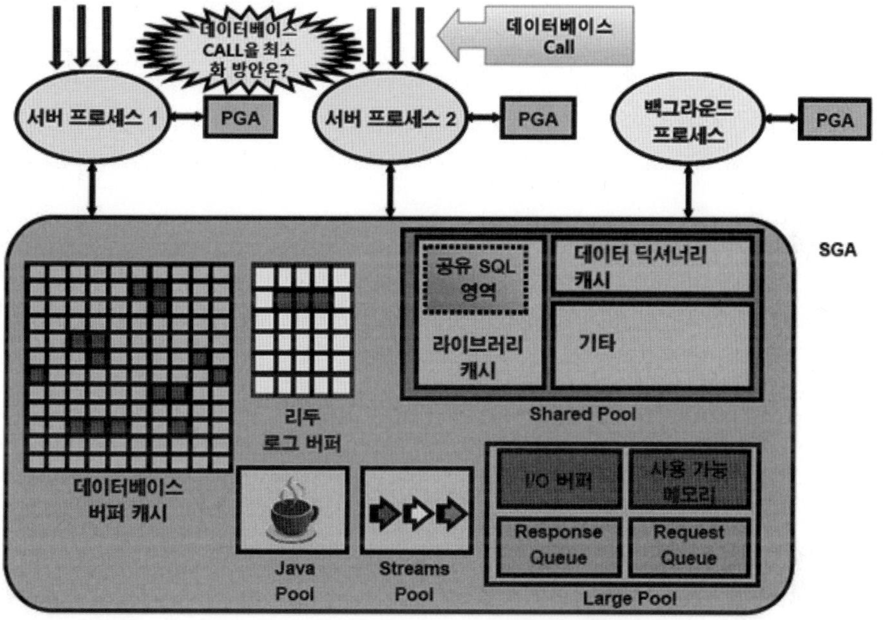

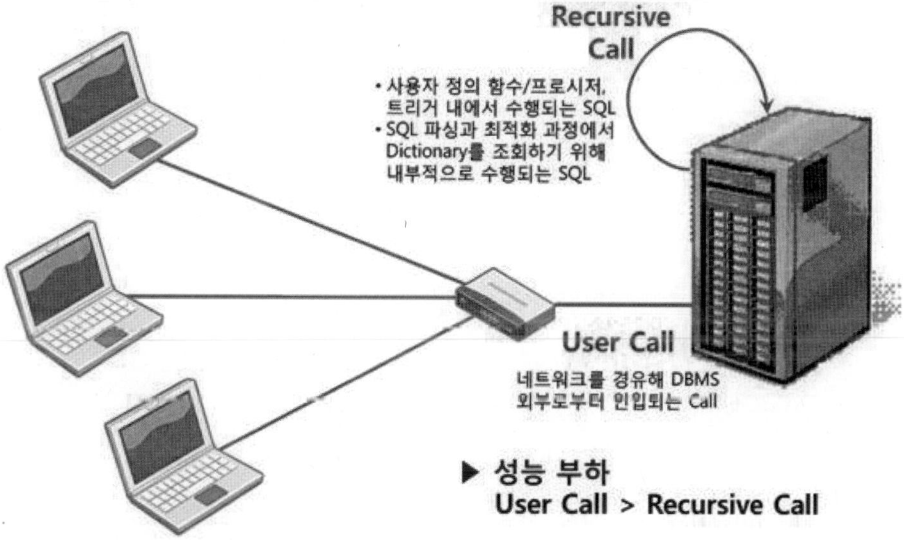

▶ 성능 부하
User Call > Recursive Call

- 사용자 정의 함수/프로시저, 트리거 내에서 수행되는 SQL
- SQL 파싱과 최적화 과정에서 Dictionary를 조회하기 위해 내부적으로 수행되는 SQL

User Call: 네트워크를 경유해 DBMS 외부로부터 인입되는 Call

이런 이야기를 들어봤을 것이다. 어플리케이션 프로그램 내에서 절차형으로 로직으로 짜지 말고 한 방 SQL로 짜보라는 이야기 말이다. 여기서 말하는 "방"이라는 의미는 Database CALL을 의미할 수 있다.

위 그림에서 표시된 Recursive Call이 없는 사용자 정의 함수 성능에 대해서 테스트해 보도록 하자.

요일을 반환하는 사용자 정의 함수

```sql
CREATE OR REPLACE FUNCTION
SF_GET_WEEKEND(V_DATE DATE)
RETURN VARCHAR2
AS
  V_RTN_VALUE VARCHAR2(10);
BEGIN

  IF TO_CHAR(V_DATE, 'D') = '0' THEN
    V_RTN_VALUE := '일요일';
  ELSIF TO_CHAR(V_DATE, 'D') = '1' THEN
    V_RTN_VALUE := '월요일';
  ELSIF TO_CHAR(V_DATE, 'D') = '2' THEN
    V_RTN_VALUE := '화요일';
  ELSIF TO_CHAR(V_DATE, 'D') = '3' THEN
    V_RTN_VALUE := '수요일';
  ELSIF TO_CHAR(V_DATE, 'D') = '4' THEN
    V_RTN_VALUE := '목요일';
  ELSIF TO_CHAR(V_DATE, 'D') = '5' THEN
    V_RTN_VALUE := '금요일';
  ELSIF TO_CHAR(V_DATE, 'D') = '6' THEN
    V_RTN_VALUE := '토요일';
  END IF;

  RETURN V_RTN_VALUE;
END;
```

아래와 같이 사용자 정의 함수를 사용한 결과 수행시간은 7초이다.

```sql
SELECT SF_GET_WEEKEND(ORDER_DATE) AS WEEKAND
     , COUNT(*) AS CNT
  FROM ORDERS
 GROUP BY SF_GET_WEEKEND(ORDER_DATE);
```
실행시간 7초

사용자 함수를 제거하고 사용자 정의 함수의 로직을 CASE WHEN으로 처리한 결과는 아래와 같으며 수행 시간은 1초로 크게 줄어들었다.

```sql
SELECT CASE WHEN TO_CHAR(ORDER_DATE, 'D') = '0' THEN '일요일'
            WHEN TO_CHAR(ORDER_DATE, 'D') = '1' THEN '월요일'
            WHEN TO_CHAR(ORDER_DATE, 'D') = '2' THEN '화요일'
            WHEN TO_CHAR(ORDER_DATE, 'D') = '3' THEN '수요일'
            WHEN TO_CHAR(ORDER_DATE, 'D') = '4' THEN '목요일'
            WHEN TO_CHAR(ORDER_DATE, 'D') = '5' THEN '금요일'
            WHEN TO_CHAR(ORDER_DATE, 'D') = '6' THEN '토요일'
             END WEEKAND
     , COUNT(*)
  FROM ORDERS
 GROUP BY CASE WHEN TO_CHAR(ORDER_DATE, 'D') = '0' THEN '일요일'
               WHEN TO_CHAR(ORDER_DATE, 'D') = '1' THEN '월요일'
               WHEN TO_CHAR(ORDER_DATE, 'D') = '2' THEN '화요일'
               WHEN TO_CHAR(ORDER_DATE, 'D') = '3' THEN '수요일'
               WHEN TO_CHAR(ORDER_DATE, 'D') = '4' THEN '목요일'
               WHEN TO_CHAR(ORDER_DATE, 'D') = '5' THEN '금요일'
               WHEN TO_CHAR(ORDER_DATE, 'D') = '6' THEN '토요일'
                END;
```
실행시간 1초

CASE WHEN 함수 호출 횟수를 줄이기 위해서 GROUP BY를 통해서 건수를 줄인 후에 CASE WHEN 함수를 사용한 결과이다. 요일은 일자에서 매핑되기 때문에 일자별로 GROUP BY를 통해서 건수를 줄인 후에 CASE WHEN 함수를 사용했다.

```sql
SELECT CASE WHEN TO_CHAR(ORDER_DATE, 'D') = '0' THEN '일요일'
            WHEN TO_CHAR(ORDER_DATE, 'D') = '1' THEN '월요일'
            WHEN TO_CHAR(ORDER_DATE, 'D') = '2' THEN '화요일'
            WHEN TO_CHAR(ORDER_DATE, 'D') = '3' THEN '수요일'
            WHEN TO_CHAR(ORDER_DATE, 'D') = '4' THEN '목요일'
            WHEN TO_CHAR(ORDER_DATE, 'D') = '5' THEN '금요일'
            WHEN TO_CHAR(ORDER_DATE, 'D') = '6' THEN '토요일'
       END WEEKAND
     , SUM(CNT) CNT
  FROM (SELECT TRUNC(ORDER_DATE, 'DD') AS ORDER_DATE
             , COUNT(*) CNT
          FROM ORDERS
         GROUP BY TRUNC(ORDER_DATE, 'DD'))
 GROUP BY CASE WHEN TO_CHAR(ORDER_DATE, 'D') = '0' THEN '일요일'
               WHEN TO_CHAR(ORDER_DATE, 'D') = '1' THEN '월요일'
               WHEN TO_CHAR(ORDER_DATE, 'D') = '2' THEN '화요일'
               WHEN TO_CHAR(ORDER_DATE, 'D') = '3' THEN '수요일'
               WHEN TO_CHAR(ORDER_DATE, 'D') = '4' THEN '목요일'
               WHEN TO_CHAR(ORDER_DATE, 'D') = '5' THEN '금요일'
               WHEN TO_CHAR(ORDER_DATE, 'D') = '6' THEN '토요일'
          END
```

실행시간 0.8초

참고로 아래는 위와 같은 형태의 SQL을 실무에서 개선한 후 CPU 사용률 결과이다.

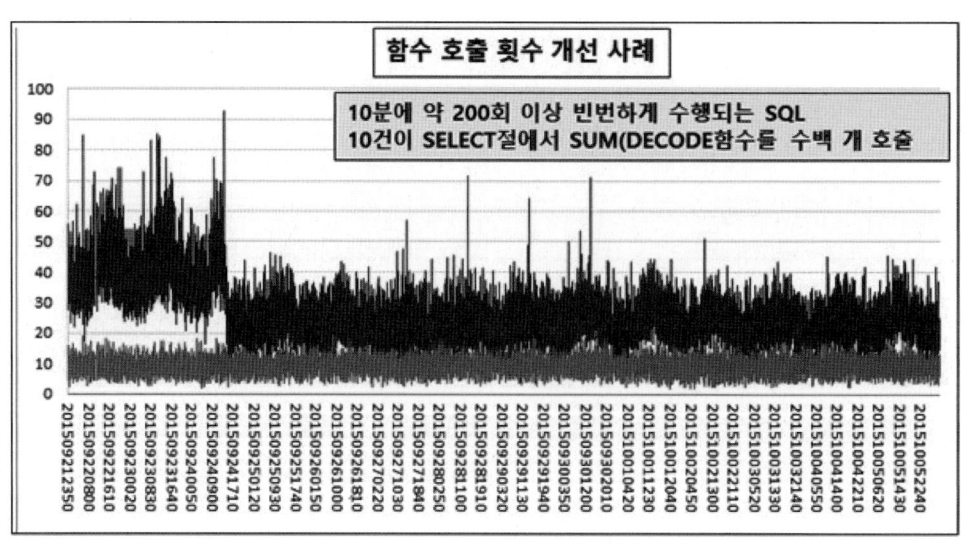

이번에는 Recursive Call을 포함하는 사용자 정의 함수 성능에 대해서 테스트해 보자.

아래 함수는 함수내에서 CUSTOMER 테이블이 조회되는 Recursive Call이 발생하는 사용자 정의 함수이다.

```
CREATE OR REPLACE FUNCTION
SF_GET_CUST_JOB_NAME(V_CUSTOMER_ID VARCHAR2)
RETURN VARCHAR2
AS
  V_RTN_VALUE VARCHAR2(40);
BEGIN

  SELECT CUST_JOB_NAME
    INTO V_RTN_VALUE
    FROM CUSTOMERS
   WHERE CUSTOMER_ID = V_CUSTOMER_ID;

  RETURN V_RTN_VALUE;
END;
```

300만 건 위 함수가 CALL 되면서 실행시간이 83초가 걸렸다. ORDER의 건수는 300만 건이다.

```
SELECT CUST_JOB_NAME
     , COUNT(*)
  FROM (
        SELECT SF_GET_CUST_JOB_NAME(CUSTOMER_ID) AS CUST_JOB_NAME
          FROM ORDERS A)
 GROUP BY CUST_JOB_NAME
```
실행시간 83초

사용자 정의 함수 대신에 스칼라 서브쿼리를 사용한 결과 실행시간이 7초로 크게 줄어들었다. Recursive Call을 포함한 함수를 제거한 것만으로도 속도가 매우 크게 개선되었다.

```sql
SELECT CUST_JOB_NAME
     , COUNT(*)
  FROM (
        SELECT (SELECT CUST_JOB_NAME
                  FROM CUSTOMERS
                 WHERE CUSTOMER_ID = A.CUSTOMER_ID) CUST_JOB_NAME
          FROM ORDERS A)
 GROUP BY CUST_JOB_NAME
```
실행시간 7초

CASE W 스칼라 서브쿼리 대신에 JOIN을 사용한 결과 실행 시간은 2.5초가 되었다. JOIN 및 서브쿼리 원리에 대해서는 뒤에 자세히 다룬다.

```sql
SELECT B.CUST_JOB_NAME
     , COUNT(*)
  FROM ORDERS A
     , CUSTOMERS B
 WHERE A.CUSTOMER_ID = B.CUSTOMER_ID
 GROUP BY B.CUST_JOB_NAME
```
실행시간 2.5초

사용자 정의 함수의 사용 기준은 아래와 같다.

Recursive SQL을 포함하지 않고 IF문에 의해 로직 처리된 FUNCTION의 경우 FUNCTION 대신에 CASE WHEN절 사용을 고려한다.

대량 데이터를 처리해야 되는 배치 SQL에서는 FUNCTION 사용을 지양한다. FUNTION 대신에 JOIN으로 처리한다. 처리 로직이 복잡하다면 SQL을 단계적으로 쪼개는 방향도 고려한다.

필요하다면 온라인 화면에서 적은 건수를 보여주는 경우에만 사용하도록 한다. 이때도 전체 건수를 대상으로 FUNCTION을 CALL하는 것이 아니라 화면에 보여주는 최종 결과 건수에 대해서만 FUNCTION을 CALL하도록 한다.

FUNCTION 사용이 필요하고 만약 FUNCTION의 입력되는 값의 종류가 매우 적다면 아래와 같이 스칼라 서브쿼리를 이용한 캐싱 효과를 FUNCTION CALL 발생을 획기적으로 줄일 수 있다. (SELECT FUNCTION_NAME(COL_NAME) FROM DUAL) ALIAS_NAME

아래는 사용 기준 예시이다.
페이징 처리된 최종 결과 건수인 10건에 대해서만 FUNCTION CALL이 발생하고 있다. 페이징 처리에 대해서는 [Part 09. 페이징 처리]에서 다룬다.

```
SELECT RN, ORDER_ID, ORDER_DATE, CUSTOMER_ID
     , SF_GET_CUST_JOB_NAME(CUSTOMER_ID) AS CUST_JOB_NAME
     , ORDER_TOTAL
  FROM (SELECT ROWNUM RN
             , ORDER_ID, ORDER_DATE
             , CUSTOMER_ID, ORDER_TOTAL
          FROM (SELECT ORDER_ID
                     , ORDER_DATE
                     , CUSTOMER_ID
                     , ORDER_TOTAL
                  FROM ORDERS
                 WHERE ORDER_DATE >= TO_DATE('20090805', 'YYYYMMDD')
                   AND ORDER_DATE <= TO_DATE('20090806', 'YYYYMMDD')
                 ORDER BY ORDER_DATE DESC)
         WHERE ROWNUM <= 10)
 WHERE RN >= 1;
```

이번에는 User CALL이 높은 경우에 대해서 성능 비교를 해보자.
아래와 같이 TB_SOURCE 테이블의 데이터가 컬럼으로 각 값이 들어가 있는 부분을 결재 방법에 따른 ROW로 변환하는 프로그램을 작성한 예이다.

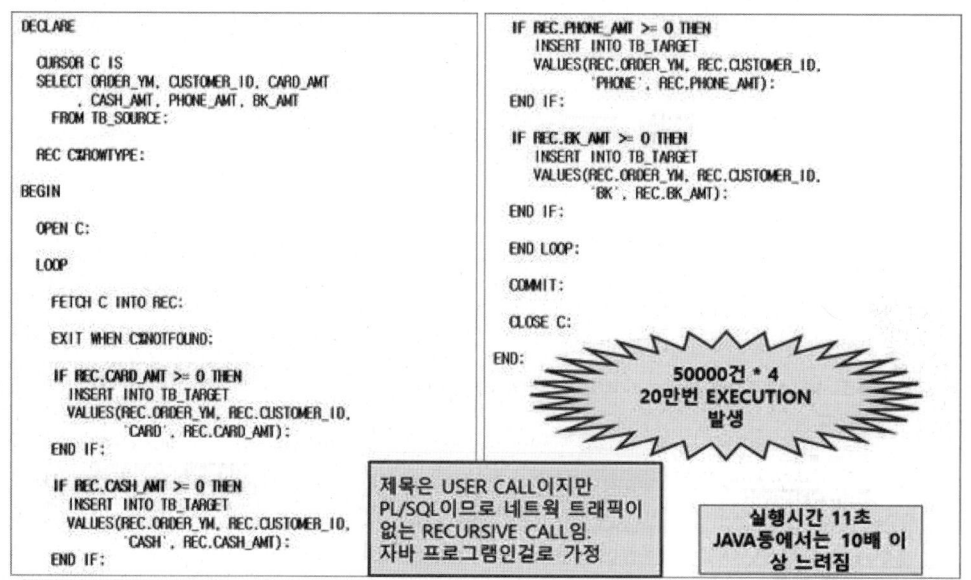

<TB_SOURCE>					
ORDER_YM	CUSTOMER_ID	CARD_AMT	CASH_AMT	PHONE_AMT	BK_AMT
200701	C00003	9700	100	2200	1000
200701	C00010	7200	5200	6400	5100
200701	C00011	3400	3100	5000	7600
200701	C00014	9000	6300	4600	5800
200701	C00018	5400	9800	1800	2600
200701	C00019	5900	2500	3800	2900
200701	C00021	1100	8600	2300	2600
200701	C00023	4000	7000	800	3600
200701	C00026	1200	4300	1500	5900
200701	C00029	4200	8800	8600	1000
200701	C00030	7400	1600	7700	900

<TB_TARGET>			
ORDER_YM	CUSTOMER_ID	결재방법	AMT
200701	C00003	BK	1000
200701	C00003	CARD	9700
200701	C00003	CASH	100
200701	C00003	PHONE	2200
200701	C00005	BK	6500
200701	C00005	CARD	9700
200701	C00005	CASH	500
200701	C00005	PHONE	9100
200701	C00007	BK	4500
200701	C00007	CARD	8500
200701	C00007	CASH	700
200701	C00007	PHONE	9700
200701	C00009	BK	1800
200701	C00009	CARD	3100

50000건 TB_SOURCE에서 TB_TARGET으로 INSERT → 20만건으로 변환됨

위와 같이 변환해서 적재하는 프로그램을 PL/SQL로 작성했으며 각 조건에 따라서 각 ROW로 분기가 된다. PL/SQL이기 때문에 Oracle 내부에서 수행이 되어 User CALL이 발생하지 않지만 JAVA 프로그램이 WAS를 통해 네트웍을 통해서 CALL이 발생한다고 가정을 해보자.

PL/SQL 구문으로는 11초가 발생했지만 네트웍을 통한 User CALL이 발생하는 경우 10배 이상 느려진다고 보면 된다.

```
DECLARE
  CURSOR C IS
  SELECT ORDER_YM, CUSTOMER_ID, CARD_AMT
       , CASH_AMT, PHONE_AMT, BK_AMT
    FROM TB_SOURCE;

  REC C%ROWTYPE;
BEGIN
  OPEN C;
  LOOP
    FETCH C INTO REC;
    EXIT WHEN C%NOTFOUND;

    IF REC.CARD_AMT >= 0 THEN
      INSERT INTO TB_TARGET
      VALUES(REC.ORDER_YM, REC.CUSTOMER_ID,
             'CARD', REC.CARD_AMT);
    END IF;

    IF REC.CASH_AMT >= 0 THEN
      INSERT INTO TB_TARGET
      VALUES(REC.ORDER_YM, REC.CUSTOMER_ID,
             'CASH', REC.CASH_AMT);
    END IF;

    IF REC.PHONE_AMT >= 0 THEN
      INSERT INTO TB_TARGET
      VALUES(REC.ORDER_YM, REC.CUSTOMER_ID,
             'PHONE', REC.PHONE_AMT);
    END IF;

    IF REC.BK_AMT >= 0 THEN
      INSERT INTO TB_TARGET
      VALUES(REC.ORDER_YM, REC.CUSTOMER_ID,
             'BK', REC.BK_AMT);
    END IF;

  END LOOP;
  COMMIT;
  CLOSE C;
END;
```

제목은 USER CALL이지만 PL/SQL이므로 네트웍 트래픽이 없는 RECURSIVE CALL임. 자바 프로그램인걸로 가정

50000건 * 4 20만번 EXECUTION 발생

실행시간 11초 JAVA등에서는 10배 이상 느려짐

위의 건수만큼 LOOP를 돌며 로직 처리한 프로그램을 아래와 같이 한 방 SQL로 바꿔보자.
20만번 CALL 되던 부분이 1번 CALL로 되면서 매우 크게 성능 개선이 되었다.

```sql
INSERT INTO TB_TARGET
SELECT ORDER_YM
     , CUSTOMER_ID
     , CASE WHEN RCNT = 1 THEN 'CARD'
            WHEN RCNT = 2 THEN 'CASH'
            WHEN RCNT = 3 THEN 'PHONE'
            WHEN RCNT = 4 THEN 'BK' END "결재방법"
     , CASE WHEN RCNT = 1 THEN CARD_AMT
            WHEN RCNT = 2 THEN CASH_AMT
            WHEN RCNT = 3 THEN PHONE_AMT
            WHEN RCNT = 4 THEN BK_AMT END AMT
  FROM TB_SOURCE
     , (SELECT LEVEL RCNT FROM DUAL CONNECT BY LEVEL <= 4);
COMMIT
```

1회 EXECUTION 발생

실행시간 0.3초

Section 05 I/O 효율화

이번 단원에서는 I/O를 최소화를 하기 위한 방안에 대해서 알아본다.

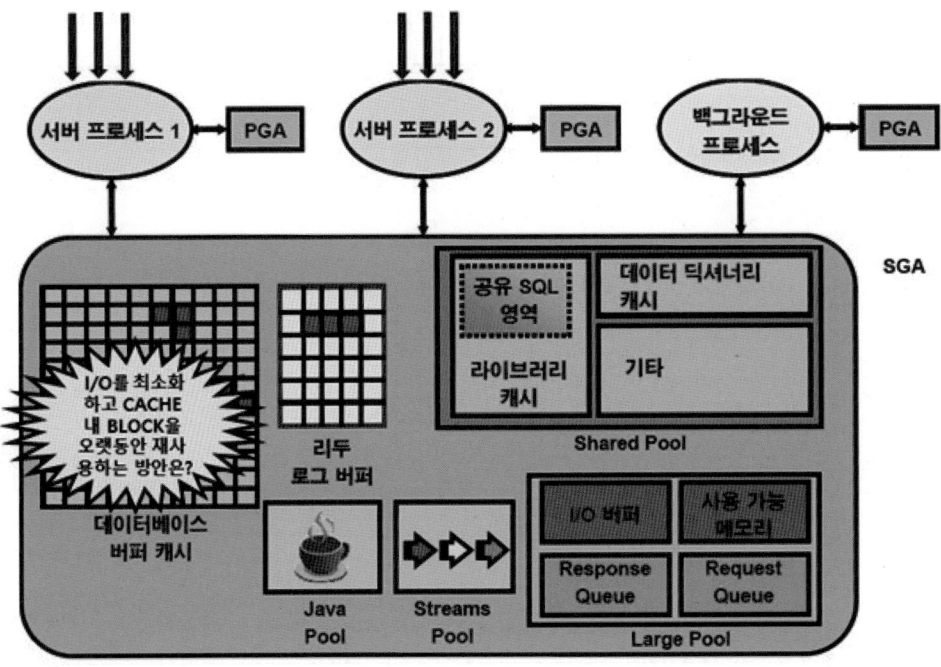

결과적으로 우리가 SQL 튜닝을 한다는 의미는 I/O를 최소화하기 위한 I/O 튜닝이다. Library Cache 효율화, Database CALL 효율화는 정해진 룰이 있으며 그 룰대로만 SQL을 작성하면 되고 I/O 효율화에 비해서 정해진 룰은 단순하며 이 책에서 다루고 있는 대부분의 내용이 I/O 효율화를 통한 SQL 튜닝에 대한 내용이다.

I/O는 아래와 같이 논리적 I/O와 물리적 I/O가 있으며 논리적 I/O에 물리적 I/O가 포함된다. 논리적 I/O는 Buffer Cache(메모리)에서 읽어 들이는 I/O이며 물리적 I/O는 메모리에 해당 데이터가 존재하기 때문에 Disk에서 발생하는 I/O이다. 물리적 I/O는 논리적 I/O에 비해 성능이 매우 느리다.

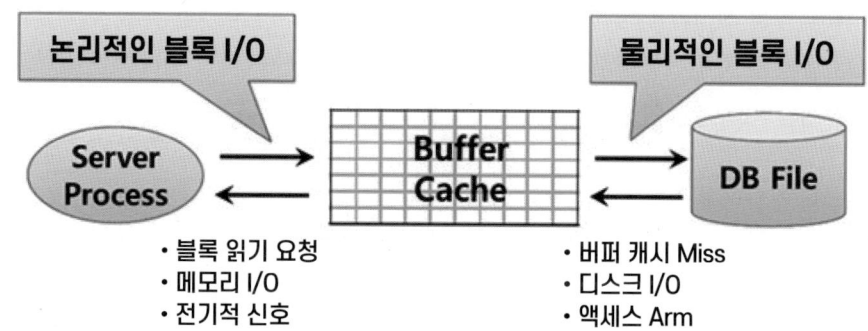

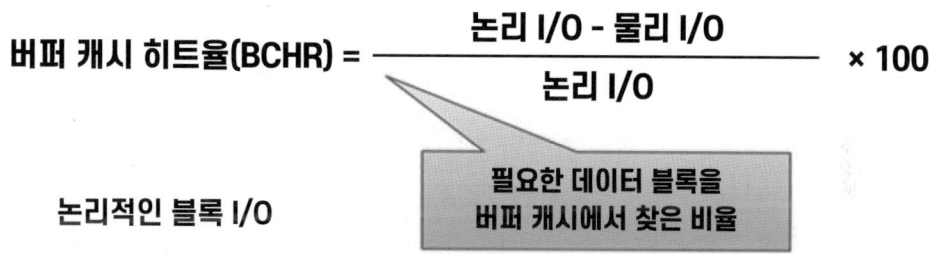

논리적인 블록 I/O를 줄여야 물리적인 블록 I/O도 감소

위의 공식은 버퍼 캐시 히트율로 전체 발생 I/O에서 Buffer Cache에서 조회된 비율이다. Buffer Cache 히트율이 높다면 성능상 좋다고 생각할 수도 있지만 그렇지 않다. 어떤 SQL의 I/O가 1,000,000만 Block이고 이 중 1,000 Block만 물리적 I/O가 발생했다면 Buffer Cache 히트율은 99.9%로 매우 높다. 하지만 이 SQL을 개선해서 10,000 Block I/O로 개선했는데 물리적 I/O가 100 Block이면 Buffer Cache HIT율은 99%로 이전보다 낮지만 이전 SQL의 성능이 좋다고 말할 수 없을 것이다. 비효율적인 실행 계획으로 수립되어 다량의 I/O가 발생하는 SQL의 경우 Buffer Cache HIT율은 높을 수도 있는 것이다.

I/O 효율화를 위해서는 기본적으로 SQL이라는 산을 넘어야만 한다.

RDB는 SQL로만 데이터 처리 가능  SQL 활용능력 = RDB 활용능력

SQL은 관계형 데이터 베이스에서 DB와 소통하는 언어이고 관계형 데이터 베이스는 각 데이터 집합 간에 관계를 가지고 있다. 결국 고급 SQL을 구사하기 위해서는 집합과 집합과의 관계를 이해하고 집합적 사고를 하는 것이 중요하다.

단순 SQL을 프로세스를 만들어서 절차적으로 처리할 때 단순 SQL처리하는 실행 계획은 단순하고 단위 SQL은 빠르게 처리될지 모르지만 프로세스를 따라서 단순 SQL이 복잡하게 다양하게 수행하다 보면 전체적인 처리시간은 오래 걸리게 된다. 앞의 User CALL 부분에서 예를 봐도 PL/SQL 로직을 이용해서 절차적으로 처리한 경우보다 절차적인 부분을 집합화시켜서 SQL로 한 번에 처리했을 때 빠르게 처리된 것을 확인했었다.

데이터 처리는 각 집합 간의 연산이다.

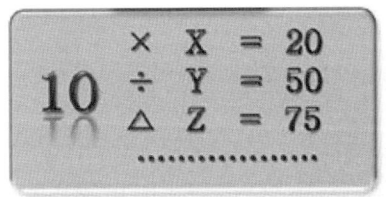

집합적 사고를 키우려면 단순한 SQL보다는 복잡하고 어려운 것을 SQL로 풀어내도록 노력하는 습관이 필요하다. 그리고 이때 반드시 필요한 것이 실행 계획을 해석하고 조절을 통해서 성능을 최적화하는 능력이다. 향후 이후 단원에서 이 부분에 대해서 자세하게 다룰 것이다. 다양한 여러 요구 사항에 대해서 SQL로 풀어내는 연습을 하고 다른 사람이 개발한 SQL들도 보고 그 SQL이 효율적으로 작성된 것인지 더 잘 작성할 수는 없는지 고민도 하면서 많은 다양한 SQL을 접하는 것도 필요하다. 또한 RDBMS(여기서는 Oracle)에서 제공하는 다양한 SQL의 기능을 익히고 이 기능들을 SQL 개발 시 활용하는 것도 필요하다.

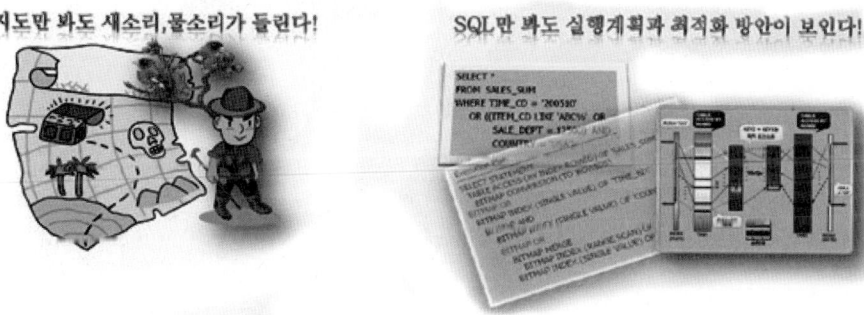

I/O를 효율화를 통해 SQL의 성능 최적화를 위한 기본 원리를 알아가는 여정을 떠나도록 하자.

- INDEX ACCSS 패턴 및 설계 원리
- JOIN 원리
- 서브쿼리 원리
- PGA 효율화 원리
- SQL 통합 및 분리를 통한 I/O 효율화 원리
- 집합적 사고를 통한 SQL 개발 응용
- 옵티마이저 원리
- DBMS의 기능을 최대한 활용
- ... 기타 등등

PART 03

성능 튜닝 도구 및 실행 계획 분석

현재 SQL을 튜닝하기 위해서 사용하는 도구 중에 가장 일반적으로 사용되고 있는 것이 DBMS_XPLAN.DISPLAY_CURSOR와 SQL 모니터링 Report이다. 아주 과거에는 10046 Trace에 의한 TKPROF를 많이 사용하기도 했었다. 10046 TRACE에 의한 TKPROF를 실무 환경에서 사용하기 위해서 TRACE 파일이 떨어지는 디렉토리에 대해서 Trace File에 ACCESS 할 수 있는 권한과 FTP 권한들을 부여받아야 한다. 이러한 권한들은 보안이 강력한 환경에서는 부여받는 과정이 쉽지가 않다. 그래서 이 책에서는 10046 TRACE에 대해서는 논하지 않는다.

필자의 경우 실무 환경에서 오직 DBMS_XPLAN.DISPLAY_CURSOR, SQL 모니터링 Report만 이용하고 있으며 가끔 DBMS_XPLAN.DISPLAY_AWR을 이용할 뿐이다. DBMS_XPLAN.DISPLAY_CURSOR 및 기타 성능 도구에 대해서 이번 장에서 알아보도록 하자.

그리고 튜닝을 함에 있어서 실행 계획 분석은 무엇보다도 중요하다. 실행 계획이 정확히 분석이 되어야만 정확한 튜닝이 가능하기 때문이다. 이번 단원에서는 실행 계획을 읽는 일반적인 규칙에 대해서 설명을 할 것이다. 간단한 실행 계획이든 복잡한 실행 계획이든 일반적인 규칙은 동일하다. 각 단원을 진행하면서 필요한 경우 실행 계획 순서를 표시를 통해 독자들의 이해를 돕도록 하겠다.

Section 01. DBMS_XPLAN.DISPLAY_CURSOR
Section 02. DBMS_XPLAN.DISPLAY_AWR
Section 03. SQL_MONITOR
Section 04. 실행 계획 순서 기본 분석법
Section 05. 실행 계획 순서 예외 사항 분석법

Section 01 DBMS_XPLAN.DISPLAY_CURSOR

DBMS_XPLAN.DISPLAY_CURSOR는 10g부터 지원되는 튜닝 도구이다.
아래는 DBMS_XPLAN.DISPLAY_CURSOR를 사용하기 위해서 필요한 권한이다.

```
GRANT SELECT ON V_$SESSION TO <USER_NAME>;

GRANT SELECT ON V_$SQL_PLAN_STATISTICS_ALL TO <USER_NAME>;

GRANT SELECT ON V_$SQL TO <USER_NAME>;
```

위 권한이 부여되었다면 아래와 같은 형태로 사용을 한다.

```
ALTER SESSION SET STATISTICS_LEVEL = ALL ;

<SQL 문장 실행>
[데이터를 끝까지 Fetch 시킨다]

SELECT *
FROM TABLE(DBMS_XPLAN.DISPLAY_CURSOR(NULL, NULL, 'ALLSTATS LAST -rows '));
```

ALTER SESSION SET STATISTICS_LEVEL = ALL로 선언하는 이유는 Oracle의 기본값은 TYPICAL로 되어 있기 때문이다. ALL로 옵션을 변경을 해줘야만 SQL에 대한 실행 통계를 볼 수 있다. SQL을 실행하게 되면 나오는 결과 데이터가 끝까지 Fetch 되어야 한다. 이는 10046 SQL Trace도 마찬가지이다.

[데이터를 끝까지 Fetch 시킨다는 의미는 작성된 SQL의 결과 데이터를 끝까지 출력한다는 의미이다. 예를 들어 Orange라는 툴을 이용해서 SQL을 실행하면 초기 100건에 대해서 데이터가 나오고 스크롤 바를 내려야만 다음 100건이 Fetch가 된다.

전체 데이터 건수가 10,000건 일 경우 10,000건의 마지막 데이터까지 나오게 해야 DBMS_XPLAN.DISPLAY_CURSOR를 실행했을 때 SQL의 실행 통계가 나오게 된다. 아래 그림은 데이터를 끝까지 Fetch한 예이다.

■ SQL PLUS 그림

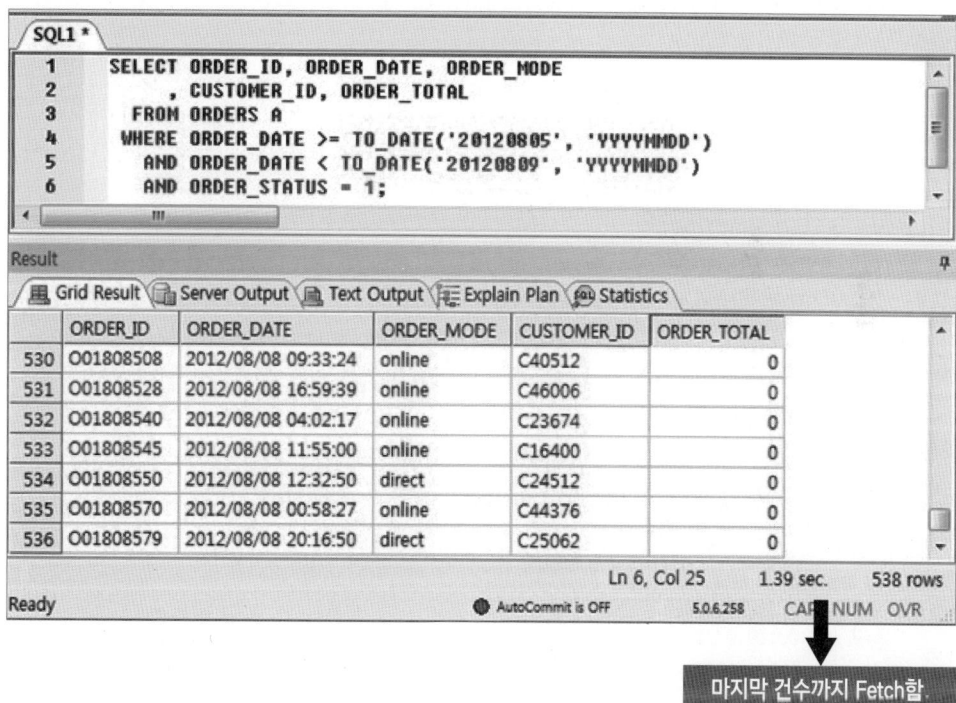

■ Orange 그림

마지막 건수까지 Fetch함.

위의 SELECT * FROM TABLE(DBMS_XPLAN.DISPLAY_CURSOR(..)) 문은 필자가 자주 사용하는 형태이다. DBMS_XPLAN.DISPLAY_CURSOR는 다양한 옵션을 지원하고 있다. 실제로 어떻게 사용하는지 아래 예를 보도록 하자.

```
ALTER SESSION SET STATISTICS_LEVEL = ALL ;

SELECT A.EMPLOYEE_ID
     , B.DEPARTMENT_NAME
     , A.FIRST_NAME
FROM EMPLOYEES A,
     DEPARTMENTS B
WHERE A.DEPARTMENT_ID = B.DEPARTMENT_ID;
```
<데이터를 끝까지 Fetch 시킨다>

```
SELECT * FROM TABLE(DBMS_XPLAN.DISPLAY_CURSOR(NULL, NULL, 'ALLSTATS LAST '));

/***********************DISPLAY_CURSOR 실행 결과***********************/
SQL_ID  fddtybufznbv9, child number 0
-------------------------------------
SELECT A.EMPLOYEE_ID       , B.DEPARTMENT_NAME       , A.FIRST_NAME FROM
EMPLOYEES A,     DEPARTMENTS B WHERE A.DEPARTMENT_ID = B.DEPARTMENT_ID

Plan hash value: 2853304240

---------------------------------------------------------------------------
| Id  | Operation                     | Name             | Starts | E-Rows |
---------------------------------------------------------------------------
|   0 | SELECT STATEMENT              |                  |     1  |        |
|   1 |  MERGE JOIN                   |                  |     1  |   642  |
|   2 |   TABLE ACCESS BY INDEX ROWID | DEPARTMENTS      |     1  |    27  |
|   3 |    INDEX FULL SCAN            | IX_DEPARTMENTS_PK|     1  |    27  |
|*  4 |   SORT JOIN                   |                  |    27  |   642  |
|   5 |    TABLE ACCESS FULL          | EMPLOYEES        |     1  |   642  |
---------------------------------------------------------------------------

-------------------------------------------------------------------
 A-Rows |   A-Time   | Buffers | Reads |  OMem |  1Mem | Used-Mem |

    642 |00:00:00.07 |     25  |    9  |       |       |          |
    642 |00:00:00.07 |     25  |    9  |       |       |          |
     27 |00:00:00.06 |     16  |    2  |       |       |          |
     27 |00:00:00.01 |      8  |    1  |       |       |          |
    642 |00:00:00.01 |      9  |    7  | 29696 | 29696 |26624  (0)|
    642 |00:00:00.01 |      9  |    7  |       |       |          |
-------------------------------------------------------------------
```

```
Query Block Name / Object Alias (identified by operation id):
-------------------------------------------------------------

   1 - SEL$1
   2 - SEL$1 / B@SEL$1
   3 - SEL$1 / B@SEL$1
   5 - SEL$1 / A@SEL$1
```

옵티마이저는 실행 계획을 생성하기 위해서 SQL을 QUERY BLOCK 단위로 나누는데 위 실행 계획의 ID 부분에 해당하는 QUERY BLOCK 명을 보여준다.

```
OUTLINE Data
-------------

  /*+
      BEGIN_OUTLINE_DATA
      IGNORE_OPTIM_EMBEDDED_HINTS
      OPTIMIZER_FEATURES_ENABLE('19.1.0')
      DB_VERSION('19.1.0')
      ALL_ROWS
      OUTLINE_LEAF(@"SEL$1")
      INDEX(@"SEL$1" "B"@"SEL$1" ("DEPARTMENTS"."DEPARTMENT_ID"))
      FULL(@"SEL$1" "A"@"SEL$1")
      LEADING(@"SEL$1" "B"@"SEL$1" "A"@"SEL$1")
      USE_MERGE(@"SEL$1" "A"@"SEL$1")
      END_OUTLINE_DATA
  */
```

옵티마이저는 실행 계획을 생성하면 내부적으로 SQL에 대한 힌트를 생성하는데 이것을 OUTLINE이고 하며 옵티마이저가 부여한 힌트의 집합인 OUTLINE을 보여준다.

```
Predicate Information (identified by operation id):
---------------------------------------------------

   4 - access("A"."DEPARTMENT_ID"="B"."DEPARTMENT_ID")
       filter("A"."DEPARTMENT_ID"="B"."DEPARTMENT_ID")


Column Projection Information (identified by operation id):
-----------------------------------------------------------
```

```
1 - "B"."DEPARTMENT_NAME"[VARCHAR2,30], "A"."EMPLOYEE_ID"[VARCHAR2,7], "A"."FIRST_NAME"[VARCHAR2,24]
2 - "B"."DEPARTMENT_ID"[VARCHAR2,5], "B"."DEPARTMENT_NAME"[VARCHAR2,30]
3 - "B".ROWID[ROWID,10], "B"."DEPARTMENT_ID"[VARCHAR2,5]
4 - (#keys=1) "A"."DEPARTMENT_ID"[VARCHAR2,5], "A"."EMPLOYEE_ID"[VARCHAR2,7], "A"."FIRST_NAME"[VARCHAR2,24]
5 - "A"."EMPLOYEE_ID"[VARCHAR2,7], "A"."FIRST_NAME"[VARCHAR2,24], "A"."DEPARTMENT_ID"[VARCHAR2,5]
```

위의 옵션대로 DBMS_XPLAN.DISPLAY_CURSOR를 실행한 결과이다. 실행 계획의 통계 항목을 다 보여주기 위해서는 지면이 협소하므로 두 번으로 나누어 출력했다. 우선 해당 SQL 문장에 대한 SQL_ID가 나오게 된다. 이 SQL_ID는 Shared Pool의 SQL Area에서 밀려나지 않아서 GV$SQL에 존재하는 한 아래와 같이 조회 가능하다.

```
SELECT *
FROM TABLE(DBMS_XPLAN.DISPLAY_CURSOR('fddtybufznbv9', NULL, 'ALLSTATS LAST'));
```

이 SQL_ID는 10g부터 등장한 개념으로 SQL 문장이 조금이라도 바뀌면 변경이 된다. 즉 문장 자체에 종속적이다. 9i까지는 HASH_VALUE만 관리되어 실행계획만 변경되지 않는다면 SQL이 변경이 있었는지 판단하기가 어려웠다. 또한 실행계획이 변경된다면 어떤 SQL 문장이 실행 계획이 변경되었는지 판단하기가 쉽지 않았다. 10g부터 SQL_ID가 관리되기 시작하면서 SQL에 대한 실행 이력 관리 등 여러 가지 유연함을 제공하게 되었다.

PLAN_HASH_VALUE는 실행계획에 종속적인 값이다. 같은 SQL_ID라도 즉 같은 문장이라도 이 PLAN_HASH_VALUE가 변경된다면 실행계획 자체가 변경이 된 것이다. 실무에서 가끔 발생하는 사례가 실행계획 변경으로 인한 성능 저하이며 SQL은 변경하지 않았는데 실행 계획만 변경되면 SQL_ID는 변경되지 않고 PLAN_HASH_VALUE 값만 변경된다.

Query Block Name은 옵티마이저가 실행 계획을 생성하기 위해서 SQL을 QUREY BLOCK 단위로 나눈다. 인라인 뷰가 많고 복잡한 SQL일수록 QUERY BLOCK은 더 많이 생성되게 된다. 위 실행 계획에 보면 id값 1 2 3 5 모두 Query Block Name은 SEL$1로 동일하다. 위 SQL 문장은 인라인 뷰가 없는 단순 SQL이기 때문에 Query Block Name은 하나로 나타났다. Query Block에 추가적인 내용은 [Part 07. 서브쿼리]에서 더 설명을 하도록 하겠다.

옵티마이저는 실행 계획을 생성하면 내부적으로 SQL에 대한 힌트를 생성하는데 이것을 OUTLINE이라고 한다. 간혹 튜닝하면서 OUTLINE 정보를 가지고 활용해야 될 경우도 생긴다. 이 부분에 대한 추가 설명은 [PART 13. 기타 응용 튜닝]의 [Section 06. OUTLINE 정보를 이용한 튜닝] 부분에서 하도록 하겠다.

Predicate Information 정보는 해당 컬럼의 조건이 ACCESS조건으로 사용되었는지 FILTER 조건으로 사용되었는지에 대한 정보이다. 왼쪽에 나타난 숫자는 실행 계획상의 ID 부분이다. ACCESS 조건 FILTER 조건에 대해서는 [Part 04. INDEX ACCESS 패턴]에서 다룬다.

Column Projection Information은 해당 위치에서 사용된 컬럼에 대한 정보이다. 왼쪽에 나타난 숫자는 실행 계획상의 ID 부분이며 그 ID 부분의 실행 계획 단계에서는 SELECT절 및 WHERE절에서 해당 컬럼만 사용했다는 의미가 된다.

■ 실행 계획상의 각 항목 설명

Id	순서대로 부여되는 번호
Operation	실행 Operation 명
Name	사용되는 Object 명
Starts	실행 횟수. 일반적으로 NESTED LOOPS JOIN이나 SORT MERGE JOIN에서 선행 데이터 건수가 해당 값이 된다. 이에 대한 부분은 JOIN 부분 설명할 때 설명하도록 하겠다.
E-Rows	실행 단계별 예상 건수. 옵션에 -rows를 사용하면 나타나지 않는다.
A-Rows	실행 단계별 실제 건수
A-Time	실행 단계별 걸린 시간. 누적 값이며 1/100초까지 관리가 된다. 누적 값이기 때문에 해당 라인에서의 수행 시간을 알고 싶다면 이전 단계의 A-time값을 빼야 한다.
Buffers	Logical I/O(Buffer Cache에서 읽어 들임) 통계이다. 해당 값은 읽은 **Block 수**이다. 역시 누적 값이기 때문에 **해당 라인에서의 Buffers를 알고 싶다면 이전 단계의 Buffers를 뺀다.**
Reads	I/O(Disk에서 읽어 들임) 통계이다. 해당 값이 높다면 당연히 Disk에서 읽어 들이는 비율이 높으므로 성능이 느릴 수 밖에 없다. 튜닝 할 때 주의해야 될 부분이 있는데 튜닝 전 튜닝 후 비교할 때 전체 Buffers는 튜닝 전 튜닝 후가 크게 차이가 나지 않는데 Reads 차이에 의해서 A-Times(실행 시간) 차이가 크게 날 수가 있다. 이런 경우는 튜닝 전후 Reads 비율을 비슷하게 해서 비교를 해야 더 정확하다고 볼 수가 있다. 일반적으로 튜닝 할 때 중요한 값은 이 Reads항목 보다는 Buffers 항목이다. Buffers는 결국 Reads도 포함하며 대부분 튜닝이 이 Buffers값을 얼마나 크게 줄일 수 있는가에 대한 부분이기 때문이다. Reads 역시 누적 값으로 표현이 된다.

OMem	SORT MERGE JOIN, HASH JOIN 등 PGA를 사용하는 Operation에서 OPTIMAL일 때 예상되는 PGA의 사용량이다. OPTIMAL이라는 것은 메모리에서 모두 처리했다는 뜻이다.
1Mem	SORT MERGE JOIN, HASH JOIN 등 PGA를 사용하는 Operation에서 ONE PASS일 때 예상되는 PGA의 사용량이다. ONE PASS라는 것은 해당 Operation처리시 PGA가 부족해서 Disk를 한번 경유해서 사용했다는 뜻이다. 0Mem과 마찬가지로 예상치이다.
Used-Mem	SORT MERGE JOIN, HASH JOIN 등 PGA를 사용하는 Operation에서 실제 사용된 PGA 메모리 양이다. 위의 실행 통계에서는 26624(0)와 같이 나타났는데 이것은 OPTIMAL로 수행되었다는 뜻이고 ONE PASS로 수행되면 (1)로 나타난다. 그 이상으로 수행되는 것을 MULTI-PASS 라고 하는데 이때는 (2) 이상으로 나타나며 이때부터 많은 성능 저하가 발생을 하게 된다. 가능하면 OPTIMAL로 처리되도록 해야 하며 최소한 ONE-PASS는 넘어가지 않도록 해야 한다. 이에 대한 부분은 [10. PGA 튜닝]에서 더 상세하게 논할 것이다.

위에서 실행 계획 통계에 나타난 항목을 설명했다. 이 외에 ADVANCED ALLSTATS LAST 와 같이 옵션을 추가하거나 파티션 테이블, Parallel SQL을 사용하도록 옵션을 사용하면 추가 항목이 나타나게 되는데 그에 대한 설명은 아래와 같다.

■ 실행 계획의 각 항목 설명 - 옵션 추가 사용 시

E-Time	Operation별 예상 실행 시간. 누적 값이다.
Cost	Operation별 비용. COST가 높을수록 성능 부하 부분일 확률이 높다.
Writes	ONE-PASS 이상으로 SQL이 실행되어 Disk에 쓰는 Block 수 WITH문을 MATERIALIZE로 사용 시에도 나타난다. WITH문에 대해서는 [PART 12. 동일 데이터 반복 ACCESS 튜닝]에서 자세히 다룬다.
Used-Tmp	ONE-PASS 이상으로 SQL이 실행될 때 나타난다.
Pstart	파티션 테이블을 SCAN 시 나타나며 시작 파티션 번호가 나타난다. ADVANCED 옵션 또는 PARTITION 옵션을 사용해야 나타난다.
Pstop	파티션 테이블 SCAN 시 나타나며 종료 파티션 번호가 나타난다.
TQ	Parallel로 SQL을 실행했을 경우 나타난다. ADVANCED 옵션을 사용해야 나타난다.
IN-OUT	Parallel로 SQL을 실행했을 경우 나타난다. Parallel 처리 방식이 나타난다.
Distrib	Parallel 처리 분배 방식이 나타난다.

다시 한번 정리를 하도록 하겠다. DBMS_XPLAN.DISPLAY_CURSOR 사용 형태는 아래와 같다.

```
SELECT *
FROM TABLE(DBMS_XPLAN.DISPLAY_CURSOR(<SQL_ID>, CHILD_NUMBER, <실행통계 FORMAT>))
```

〈SQL_ID〉에는 현재 Library Cache에 있는 SQL_ID가 들어가거나 NULL이 들어갈 수 있다. LIBARAY CACHE에 있다는 뜻은 V$SQL에 해당 SQL_ID가 존재한다는 뜻이다. NULL이 들어간 경우는 현재 SESSION에서 마지막으로 수행된 SQL의 통계를 보고자 하는 경우이다.

V$SQL에 있는 SQL_ID를 DBMS_XPLAN.DISPLAY_CURSOR를 이용해서 조회할 때에 SQL_ID가 **STATISTICS_LEVEL = ALL**로 수행되거나 **/*+GATHER_PLAN_STATISTICS*/** 힌트를 주고 실행하지 않는다면 각 실행 단계에 대한 항목의 통계 값(A-Rows나 Buffers 등)은 볼 수 없고 실행 계획만 볼 수 있다. 통계정보는 볼 수 없다고 하더라도 실제 돌아간 실행계획을 보는 것만으로도 의미가 있다. 실제 운영환경에서 보면 예상 실행계획과 테스트할 때 실행 계획과 운영 적용 시의 실행 계획이 다르게 나타나는 경우도 있기 때문이다.

〈CHILD_NUMBER〉에는 SQL_ID에 해당하는 CHILD_NUMBER 값이 들어간다. 하나의 SQL_ID에 대해서는 여러 개의 CHILD CURSOR가 생성될 수 있는데 이때 부여되는 값이 CHILD NUMBER가 된다. 이때 각각 CHILD_NUMBER에 대해서 실행 계획을 보고자 할 때 입력한다. 〈SQL_ID〉가 NULL이라면 CHILD_NUMBER 역시 NULL이다. CHILD_NUMBER 조회는 V$SQL의 CHILD_NUMBER 컬럼에서 조회할 수 있다.

〈실행통계 FORMAT〉에는 실행 계획 및 각 통계 항목에 대한 옵션값이 들어간다. 필자가 자주 사용하는 옵션은 **ALLSTATS LAST -ROWS**이며 간혹 여기에 +OUTLINE 사용하기도 한다. -Row는 E-ROWS 항목을 제거하라는 의미이며 +OUTLINE은 OUTLINE정보를 함께 보여달라는 의미이다.

아래는 GATHER_PLAN_STATISTICS 힌트를 사용한 예제이다.

```sql
SELECT /*+ GATHER_PLAN_STATISTICS SQL_ID(1)*/
       LAST_NAME, DEPARTMENT_NAME, SALARY
  FROM EMPLOYEES E, DEPARTMENTS D
 WHERE E.DEPARTMENT_ID=D.DEPARTMENT_ID
   AND D.DEPARTMENT_NAME='Administration';
```

<데이터를 끝까지 Fetch 한다>

```sql
SELECT SQL_ID,CHILD_NUMBER, SQL_TEXT
  FROM V$SQL
 WHERE SQL_TEXT LIKE '%GATHER_PLAN_STATISTICS%'
   AND SQL_TEXT LIKE '%SQL_ID(1)%'
   AND SQL_TEXT NOT LIKE '%V$SQL%';
```

위 SQL의 실행 결과는 아래와 같다.

```
SQL_ID            CHILD_NUMBER
--------------    ------------
a1sdhwwsbfj3p             0
```

실행 결과의 SQL_ID와 CHILD_NUMBER를 넣어준다.

```sql
SELECT *
FROM TABLE(DBMS_XPLAN.DISPLAY_CURSOR('a1sdhwwsbfj3p', 0, 'ALLSTATS LAST -ROWS'));
```

Id	Operation	Name	Starts	A-Rows	A-Time	Buffers
0	SELECT STATEMENT		1	642	00:00:00.01	25
1	MERGE JOIN		1	642	00:00:00.01	25
2	TABLE ACCESS BY INDEX ROWID	DEPARTMENTS	1	27	00:00:00.01	16
3	INDEX FULL SCAN	IX_DEPARTMENTS_PK	1	27	00:00:00.01	8
* 4	SORT JOIN		27	642	00:00:00.01	9
5	TABLE ACCESS FULL	EMPLOYEES	1	642	00:00:00.01	9

위와 같이 실행 계획과 각 Operation의 통계까지 나오고 있다. GATHER_PLAN_STATISTICS 힌트가 빠진다면 해당 항목에 대한 **실제 수행된 실행 계획**만 의미가 있다. GATHER_PLAN_STATISTICS 힌트를 사용할 경우에는 V$SQL을 조회해서 〈SQL_ID〉를 찾아야 하기 때문에 일반적으로는 처음 설명했던 **ALTER SESSION SET STATISTICS_LEVEL = ALL**을 사용한다.

아래는 〈실행통계 FORMAT〉에 들어갈 수 있는 항목들이다.

항목	설명
BASIC	operation명과 그 옵션만을 보여준다.
TYPICAL	partition과 parallel 사용과 같은 관련된 다양한 정보를 보여준다. 기본값임.
SERIAL	TYPICAL과 같으나 parallel 정보가 제외된다.
ALL	보여줄 수 있는 정보를 다 보여준다. Query Block Name / Object Alias section / the predicate section / the column projection section.
ADVANCED	ALL + outline 및 바인드 변수 정보 섹션을 보여준다.
ALLSTATS	모든 stat 정보를 보여준다.
MEMSTATS	hash-join, sorts 등과 같은 메모리 사용 operation에 대한 정보를 보여준다.
IOSTATS	커서 실행에 대한 I/O 통계를 보여준다.
LAST	최근에 실행된 커서에 대한 실행 통계를 보여준다.
OUTLINE	OUTLINE section을 보여준다 (실행계획에서 재생산될 힌트의 집합).
ALIAS	쿼리 블럭명 및 오브젝트 별칭에 대한 섹션을 보여준다.
PREDICATE	Predicate 섹션을 보여준다.
PEEKED_BINDS	bind 변수값을 보여준다.
PARALLEL	parallel execution의 정보를 보여준다.
PARTITION	partition pruning 정보를 보여준다. partition pruning은 [17.파티션 ACCESS 패턴]에서 다룬다.
BYTES	계산된 bytes수를 보여준다.(항목)
COST	옵티마이저에 의해 계산된 cost.(항목)

위 항목들 중에서 3번째 그룹에 있는 것들은 -ROWS와 같이 + - 해서 사용할 수 있다. 위 항목을 조합해서 사용한 예는 아래와 같다.

```
DBMS_XPLAN.DISPLAY_CURSOR(NULL, NULL, 'ALL');

DBMS_XPLAN.DISPLAY_CURSOR(NULL, NULL, 'BASIC');

DBMS_XPLAN.DISPLAY_CURSOR(NULL, NULL, 'TYPICAL');

DBMS_XPLAN.DISPLAY_CURSOR(NULL, NULL, 'ALLSTATS LAST -ROWS ');

DBMS_XPLAN.DISPLAY_CURSOR(NULL, NULL, 'ALLSTATS');

DBMS_XPLAN.DISPLAY_CURSOR
(NULL, NULL, 'ALLSTATS LAST -ROWS +PREDICATE +ALIAS +OUTLINE +COST +BYTES');

DBMS_XPLAN.DISPLAY_CURSOR(NULL, NULL, 'ADVANCED ALLSTATS LAST -ROWS +PREDICATE');
```

실제 튜닝을 할 때 사용되는 형태는 진한 부분의 4가지 형태와 같다. 위에 다양한 형태와 사용방법을 설명을 했지만 필자가 실무에서 튜닝을 할 때 자주 사용하는 형태는 아래와 같다.

```
ALTER SESSION SET STATISTICS_LEVEL = ALL ;

<SQL 문장 실행>
[데이터를 끝까지 Fetch 시킨다]

SELECT * FROM TABLE(DBMS_XPLAN.DISPLAY_CURSOR(NULL, NULL, 'ALLSTATS LAST -rows'));
```

필자는 주로 SQL 개발 툴로 Orange를 이용하지만 TOAD를 사용하는 개발자들도 있다. TOAD를 사용하는 경우에는 아래와 같이 SQL_ID를 찾아내서 사용을 해야된다.

```
1   SELECT /*+ GATHER_PLAN_STATISTICS SQL_ID(1) */
2          LAST_NAME, DEPARTMENT_NAME, SALARY
3     FROM EMPLOYEES E, DEPARTMENTS D
4    WHERE E.DEPARTMENT_ID=D.DEPARTMENT_ID
5      AND D.DEPARTMENT_NAME='Administration';
6
7   SELECT SQL_ID,CHILD_NUMBER, SQL_TEXT
8     FROM V$SQL
9    WHERE SQL_TEXT LIKE '%GATHER_PLAN_STATISTICS%'
10     AND SQL_TEXT LIKE '%SQL_ID(1)%'
11     AND SQL_TEXT NOT LIKE '%V$SQL%';
12
13  SELECT * FROM TABLE(DBMS_XPLAN.DISPLAY_CURSOR('a1sdhwwsbfj3p', 0, 'ALLSTATS LAST -rows'));
```

```
PLAN_TABLE_OUTPUT
SQL_ID  a1sdhwwsbfj3p, child number 0
-------------------------------------
SELECT /*+ GATHER_PLAN_STATISTICS SQL_ID(1) */     LAST_NAME,
DEPARTMENT_NAME, SALARY   FROM EMPLOYEES E, DEPARTMENTS D  WHERE
E.DEPARTMENT_ID=D.DEPARTMENT_ID    AND
D.DEPARTMENT_NAME='Administration'

Plan hash value: 2052257371

---------------------------------------------------------------------------------------
| Id | Operation           | Name        | Starts | A-Rows | A-Time      | Buffers | OMem | 1Mem | Used-Mem |
---------------------------------------------------------------------------------------
|  0 | SELECT STATEMENT    |             |    1   |    32  | 00:00:00.01 |    12   |      |      |          |
|* 1 | HASH JOIN           |             |    1   |    32  | 00:00:00.01 |    12   | 836K | 836K | 346K (0) |
|* 2 | TABLE ACCESS FULL   | DEPARTMENTS |    1   |     1  | 00:00:00.01 |     3   |      |      |          |
|  3 | TABLE ACCESS FULL   | EMPLOYEES   |    1   |   642  | 00:00:00.01 |     9   |      |      |          |
---------------------------------------------------------------------------------------
```

이제까지 설명한 내용들을 정리해서 잘 이해한다면 튜닝 할 때 강력한 도구가 될 것이라고 확신한다.

Section 02 DBMS_XPLAN.DISPLAY_AWR

DBMS_XPLAN.DISPLAY_AWR은 AWR에 저장된 SQL_ID의 실행 계획을 조회하는 기능으로 10g부터 지원되는 기능이다. AWR(Automatic Workload Repository)에 대해서 간략하게 설명하도록 하겠다.

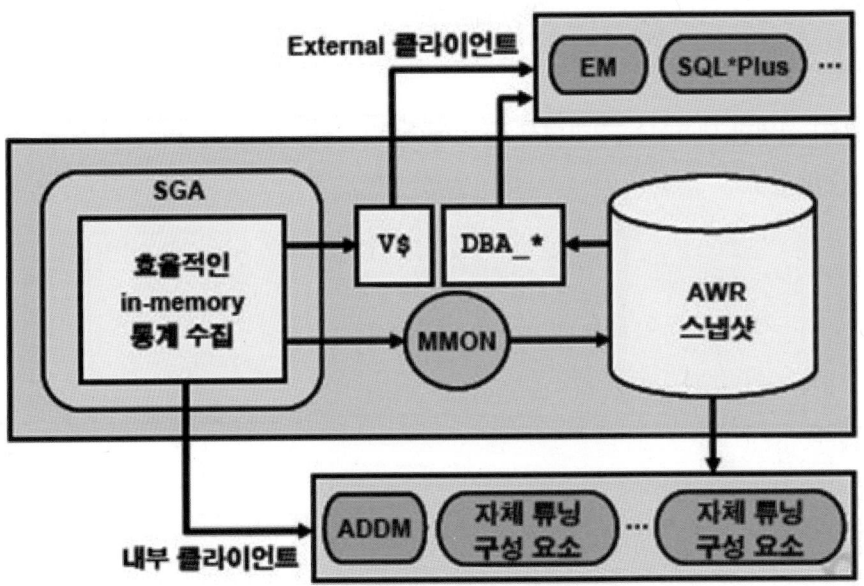

위의 그림은 AWR에 프로세스에 대해서 간단히 표현한 그림이다. AWR이라는 것은 한마디로 말해서 Oracle이 운영되면서 주기적으로 수집되는 각종 성능 관련 통계 데이터이다. 기본으로 1시간 단위로 수집이 되지만 성능문제의 빠른 분석을 위해서 10분 단위로 수집하는 것이 일반적이다.(10분 주기 수집이 최소 단위) AWR 데이터는 DBA_HIST_XXXX라는 데이터 딕셔너리 테이블에 관리가 된다.

예를 들어 V$SQLSTAT은 SQL의 실행에 대한 각 종 정보를 관리하는 다이나믹 퍼포먼스 뷰이다. 이 데이터는 Sampling이 되어 설정된 주기마다 MMON 프로세스가 딕셔너리 테이블 DBA_HIST_SQLSTAT로 수집을 한다. 이와 같이 주기적으로 SQL 실행 정보에 대한 데이터가 수집되어 있다고 하면 특정 시간 구간에서 어떤 SQL이 I/O가 많이 발생하고 많은 시간이 걸렸는지 찾아 낼 수가 있다. AWR에 대해서는 [Part 19. Oracle 기본 성능 분석 방법론]에서 추가로 설명할 것이다.

DBMS_XPLAN.DISPLAY_AWR은 AWR에 수집된 SQL_ID에 대한 실행 계획 정보를 볼 때 사용하는 것이다. 만약 특정 구간 사이의 TOP SQL을 튜닝 할 때 그 당시 수행된 실행 계획 정보를 보기 위해서 DBMS_XPLAN.DISPLAY_AWR은 사용된다.

아래 SQL을 보도록 하자.

```
SELECT A.SNAP_ID, B.BEGIN_INTERVAL_TIME
     , B.END_INTERVAL_TIME, A.SQL_ID
     , C.SQL_TEXT
  FROM DBA_HIST_SQLSTAT A
     , DBA_HIST_SNAPSHOT B
     , DBA_HIST_SQLTEXT C
 WHERE A.SNAP_ID = B.SNAP_ID
   AND A.SQL_ID = C.SQL_ID
   AND A.PARSING_SCHEMA_NAME = 'APP_USER'
   AND B.END_INTERVAL_TIME >= TRUNC(SYSDATE, 'IW') -7 --지난 주 월요일 이상
   AND B.END_INTERVAL_TIME < SYSDATE -- 현재까지


SNAP_ID   BEGIN_INTERVAL_TIME  END_INTERVAL_TIME    SQL_ID
--------- -------------------- -------------------- -------------
    1506  2013/02/27 14:00:14  2013/02/27 15:00:20  fna80909z5chv

SQL_TEXT
--------------------------------------------------------------------------
select s.serial#, p.spid, s.server from v$session s, v$process p where s.sid = 6
begin DBMS_APPLICATION_INFO.SET_MODULE(:Module,:Action); end;
```

결과 건수가 위와 같이 나온 이유는 필자의 PC에서는 수행된 SQL이 거의 없기 때문이며 운영환경에서는 훨씬 많은 SQL이 나오게 된다. 위의 SQL은 DBMS_XPLAN.DISPLAY_AWR 사용을 설명하기 위한 것이다.

AWR에서 추출된 SQL_ID를 아래와 같이 사용하면 당시 수행된 SQL 실행계획이 표현된다. 만약 해당 SQL_ID의 실행계획 변경이 발생해서 여러 개의 PLAN_HASH_VALUE가 존재한다면 PLAN_HASH_VALUE별로 실행계획이 여러 개 나오게 된다.

이 중에서 관련된 PLAN_HASH_VALUE만 보면 된다. 나오는 수치들은 큰 의미는 없으며 실제로 수행된 실행계획만 참조하면 된다. ADDM Report, AWR Report, ASH Report에 나오는 SQL_ID들도 AWR 데이터의 SQL이기 때문에 아래와 같이 동일하게 실행계획 조회가 가능하다.

```sql
SELECT * FROM TABLE(DBMS_XPLAN.DISPLAY_AWR(' fna80909z5chv'));
```

PLAN_TABLE_OUTPUT

SQL_ID fna80909z5chv
----
select s.serial#, p.spid, s.server from v$session s, v$process p where
s.sid = 63 and s.paddr = p.addr

Plan hash value: 836746634

Id	Operation	Name	Rows	Bytes	Cost (%CPU)
0	SELECT STATEMENT				1 (100)
1	NESTED LOOPS		1	165	0 (0)
2	MERGE JOIN CARTESIAN		1	83	0 (0)
3	NESTED LOOPS		1	39	0 (0)
4	FIXED TABLE FIXED INDEX	X$KSLWT (ind:1)	1	26	0 (0)
5	FIXED TABLE FIXED INDEX	X$KSLED (ind:2)	1	13	0 (0)
6	BUFFER SORT		1	44	0 (0)
7	FIXED TABLE FULL	X$KSUPR	1	44	0 (0)
8	FIXED TABLE FIXED INDEX	X$KSUSE (ind:1)	1	82	0 (0)

Section 03 SQL_MONITOR

SQL_MONITOR는 11g에서 추가된 튜닝 도구이다. 큰 특징은 아래와 같다.

DBMS_XPLAN.DISPLAY_CURSOR이나 SQL Trace의 경우는 마지막까지 데이터를 Fetch해야 실행 통계를 볼 수 있으나 SQL_MONITOR의 경우에는 실행 중인 SQL에 대해서 실행 계획의 어느 부분에서 성능 부하가 발생하는지 통계를 확인할 수 있다.

DBMS_XPLAN.DISPLAY_CURSOR이나 SQL TRACE의 경우는 Parallel SQL 사용 시 각 Parallel Process별로 성능 통계 값이 제공되지 않았다. 하지만 SQL_MONITOR의 경우는 각 Parallel Process별로 실행 통계 값을 제공한다.

SQL_MONITOR의 경우는 각 Operation에서 발생하고 있는 대기 이벤트를 표현해 준다.

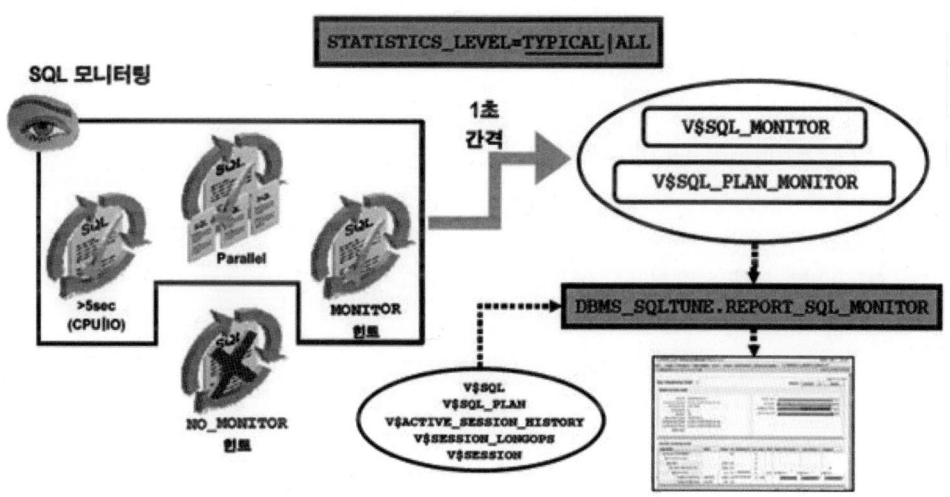

위 그림에서 표현되었듯이 CPU 또는 I/O 시간이 5초 이상 수행되거나 Parallel로 SQL이 수행되었거나 /*+ MONITOR */ 힌트를 기술한 SQL에 대해서 SQL 모니터링 대상이 되어 V$SQL_MONITOR로 조회할 수 있다. /*+ NO_MONITOR */ 힌트를 사용하면 모니

터링이 방지된다. STATISTICS_LEVEL 파라미터가 TYPICAL 또는 ALL일 경우 활성화되는데 일반 운영 환경에서 기본 값이 TYPICAL이므로 활성화된다.

SQL_MONITOR에 대한 통계는 V$SQL_MONITOR, V$SQL_PLAN_MONITOR를 통해서 확인할 수 있지만 11g에서 새로 제공되는 PACKAGE인 DBMS_TUNE의 REPORT_SQL_MONITOR() 프로시저를 통해서 출력할 수 있다.

그럼 사용 예를 보도록 하자.

5초 이상, Parallel SQL, /*+ MONITOR */ 힌트가 들어간 경우에 SQL 모니터링 대상이 되기 때문에 아래와 같이 장시간 수행되는 SESSION 1에서 SQL을 실행시킨다.

■ SESSION 1

```sql
SELECT /*+ MONITOR */
       TO_CHAR(A.ORDER_DATE, 'YYYYMM') ORDER_DATE
     , B.PRODUCT_ID, C.GENDER, D.DEPARTMENT_ID
     , SUM(A.ORDER_TOTAL) ORDER_TOTAL
  FROM ORDERS A, ORDER_ITEMS B
     , CUSTOMERS C, EMPLOYEES D
 WHERE A.ORDER_ID = B.ORDER_ID
   AND A.CUSTOMER_ID = C.CUSTOMER_ID(+)
   AND A.EMPLOYEE_ID = D.EMPLOYEE_ID
   AND A.ORDER_DATE >= TO_DATE('20100101', 'YYYYMMDD')
   AND A.ORDER_DATE <  TO_DATE('20120101', 'YYYYMMDD')
   AND D.HIRE_DATE  >  TO_DATE('20070101', 'YYYYMMDD')
 GROUP BY TO_CHAR(A.ORDER_DATE, 'YYYYMM')
        , B.PRODUCT_ID, C.GENDER, D.DEPARTMENT_ID
```

위 SQL은 수행 중이며 다른 SESSION인 SESSION 2에서 V$SQL_MONITOR를 조회한다. SQL이 5초 이상 수행되는 시점에 해당 SQL_ID가 들어오며 EXECUTING이 완료되었으면 DONE으로 들어온다.

SESSION 2에서 아래 SQL을 수행시켜보자.

```sql
SELECT SQL_ID
     , STATUS
     , INST_ID
     , MODULE
     , ACTION
     , LAST_REFRESH_TIME
     , PX_MAXDOP
     , BUFFER_GETS BUFFERS
     , ROUND(CPU_TIME/1000000, 5) CPU_TIME
     , ROUND(ELAPSED_TIME/1000000, 5) ELAPSED_TIME
     , DBMS_LOB.SUBSTR(SQL_TEXT, 100, 1) SQL_TEXT
  FROM GV$SQL_MONITOR
 WHERE USERNAME IN ('DEVSCH')
   AND MODULE = 'Orange for ORACLE DBA '
 ORDER BY LAST_REFRESH_TIME DESC;
```

조회 결과는 아래와 같다.

SQL_ID	STATUS	INST_ID	MODULE	ACTION	PX_MAXDOP	BUFFERS	CPU_TIME	ELAPSED_TIME
521x0p0vuzmjh	EXECUTING	1	Orange for ORACLE DBA	5.0.6 (Build:258)		23259	1.24801	1.43294
35d2t12bsayx7	DONE (FIRST N ROWS)	1	Orange for ORACLE DBA	5.0.6 (Build:258)		82333	6.83284	8.38288
96wtubsy3cnap	DONE (FIRST N ROWS)	1	Orange for ORACLE DBA	5.0.6 (Build:258)		21345231	28.61058	34.17466
8jzatqv0abfjd	DONE	1	Orange for ORACLE DBA	5.0.6 (Build:258)		12	0	0.00155
fh44h2tzh3kgs	DONE	1	Orange for ORACLE DBA	5.0.6 (Build:258)		19714860	29.21899	33.64023

GV$SQL_MONITOR.STATUS 값이 DONE으로 나타나면 실행이 끝난 SQL이며 EXECUTING으로 나타나면 현재 수행 중이라는 의미가 된다.

위 SQL은 Orange Tool에서 수행시킨 것이며 TOAD 등 툴도 마찬가지이다.

아래 역시 SESSION 2에서 수행시킨다. 성능 통계를 확인하고자 하는 SQL_ID를 입력해서 수행을 시킨다.

```sql
SELECT DBMS_SQLTUNE.REPORT_SQL_MONITOR(SQL_ID => '521x0p0vuzmjh',
                                       report_level => 'ALL ') AS TEXT
  FROM DUAL;

SELECT DBMS_SQLTUNE.REPORT_SQL_MONITOR(SQL_ID => '521x0p0vuzmjh',
                                       report_level => 'All ',
                                       TYPE => 'HTML') AS TEXT
  FROM DUAL;
```

DBMS_SQLTUNE.REPORT_SQL_MONITOR()로 반환되는 데이터 타입이 CLOB여서 DBMS_LOB 패키지를 이용했다. 파라미터를 받지 않았기 때문에 가장 최근에 수행 중인 SQL에 대한 실행 통계가 나오게 된다. SQL_PLUS에서 수행시키는 경우는 아래와 같이 사용한다.

아래는 위 DBMS_SQLTUNE.REPORT_SQL_MONITOR를 호출하는 SQL을 수행시킨 결과이다. 실행 계획 통계의 경우 한 줄로 보여야 하지만 지면관계상 잘라서 표현하였으니 참고하여 보기 바란다.

```
/************************SQL모니터링 Report 결과 시작********************************/
SQL Monitoring Report

SQL Text
------------------------------
-- 실행된 SQL 문장이 나옴

Global Information
------------------------------
 Status              :  EXECUTING
 Instance ID         :  1
 Session             :  APP_USER (4:1241)
 SQL ID              :  521x0p0vuzmjh
 SQL Execution ID    :  16777220
 Execution Started   :  07/13/2024 14:40:51
 First Refresh Time  :  07/13/2024 14:40:51
 Last Refresh Time   :  07/13/2024 14:41:00
 Duration            :  10s
 Module/Action       :  Orange for ORACLE DBA /5.0.6 (Build:258)
 Service             :  sdalove
 Program             :  OrangeMain.exe
 Fetch Calls         :  99

Global Stats
=================================================================================
| Elapsed  |  Cpu    |   IO    |  Other  |  Fetch  | Buffer |  Read  |  Read  |
| Time(s)  | Time(s) | Waits(s)| Waits(s)|  Calls  |  Gets  |  Reqs  | Bytes  |
```

| 7.36 | 5.96 | 1.31 | 0.09 | 99 | 82333 | 692 | 643MB |

SQL Plan Monitoring Details (Plan Hash Value=1659705607)

Id	Operation	Name	Rows (Estim)	Cost	Time Active(s)
→ 0	SELECT STATEMENT				8
→ 1	HASH GROUP BY		31104	77006	8
2	HASH JOIN		4M	50504	7
3	HASH JOIN RIGHT OUTER		433K	5087	1
4	TABLE ACCESS FULL	CUSTOMERS	50000	158	1
5	HASH JOIN		433K	3624	1
6	TABLE ACCESS FULL	EMPLOYEES	418	4	1
7	TABLE ACCESS FULL	ORDERS	666K	3616	1
8	INDEX FAST FULL SCAN	IX_ORDER_ITEMS_PK	20M	18692	6

Start Active	Execs	Rows (Actual)	Read Reqs	Read Bytes	Mem	Activity (%)	Activity Detail (# samples)
+2	1	9801					
+2	1	9801			3M	14.29	Cpu (1)
+2	1	5M				42.86	Cpu (3)
+2	1	463K					
+2	1	50000	21	4MB			
+2	1	463K					
+2	1	446	3	57344			
+2	1	667K	112	102MB			
+2	1	20M	556	536MB		42.86	Cpu (2)
							db file scattered read (1)

/******************************SQL모니터링 Report 결과 끝********************************/

위에 표시된 내용은 현재 실행중인 실행계획과 통계를 보여주고 있다. STATUS 값이 EXECUTING으로 나타난 SQL 이기 때문에 현재 수행중인 단계의 위치가 → 로 표시가 된다.

DBMS_XPLAN.DISPLAY_CURSOR에서는 Fetch가 끝나야만 정확한 통계치가 나오는데 위의 경우는 실행중인 각종 통계치가 표현이 된다. 위의 경우는 다른 SESSION에서 수행중인 SQL의 실행 계획 통계를 보기 위해서, 타 SESSION에서 실행 계획 통계를 조회했지만 SQL 실행 완료 후에 보고자 하는 경우라면 같은 SESSION에서 수행하더라도 무방하다.

SQL_MONITOR는 DBMS_XPLAN.DISPLAY_CURSOR에 비해서 한 가지 단점이 있는데 Operation 단계별로 Buffer(I/O) 발생량을 표시해주지 않는다는 것이다. 대신 Summary로만 표시를 한다.

이 SQL_MONITOR의 경우 Oracle Exadata에서 유용하게 사용된다. Exadata의 핵심 중 하나가 Smart Scan인데 Smart Scan에 대한 통계를 SQL_MONITOR를 통해서 확인 할 수 있다. Exadata에서 SQL 모니터링 Report 사용에 대한 부분은 [Part 17. Oracle Exadata Basic] 부분에서 다루도록 하겠다.

아래는 HTML옵션을 사용할 경우의 화면이다. 위 SQL 모니터링 실행 구문에서 TYPE을 HTML로 주고 수행을 하면 HTML형태의 데이터가 출력이 되고 이 데이터를 텍스트 에디터에 붙인 후 HTML 확장자로 저장한 후에 파일을 열면 아래와 같은 화면으로 나타난다. 좀 더 성능 통계에 대한 부분이 그래픽하게 볼 수 있다.

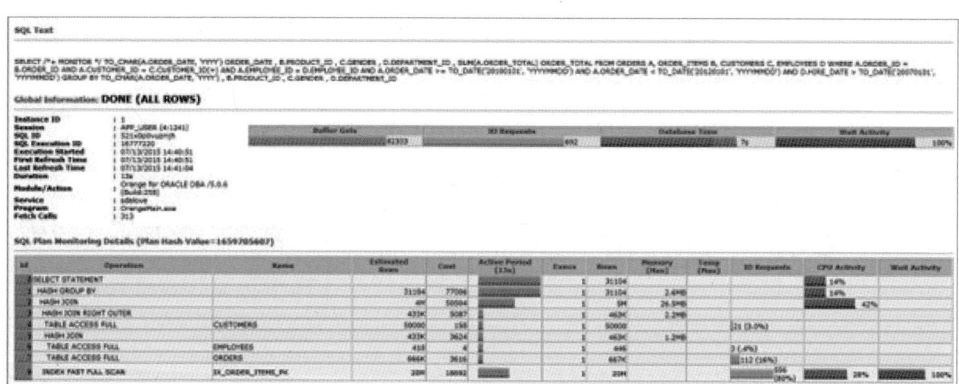

아래는 SQL 모니터링 Report 나오는 항목에 대해서 정리한 결과이다.

항목	설명
Status	DONE, EXECUTING 등 구분
Duration	SQL 수행 시간 + Fetch 시간. 건수가 많아서 Fetch 시간이 오래 걸리는 경우 ELPASED_TIME 보다 훨씬 커질 수 있다. PARALLEL(2)로 처리하는 경우 2개의 프로세스로 병렬처리 되기 때문에 ELAPSED_TIME 은 100초(두 병렬 프로세스의 합)이지만 Duration 값은 50초(체감 시간으로 나타날 수 있다).
Fetch Calls	결과 건수가 많은 경우 값이 증가한다. 결과 건수가 10만건이고 1회 Fetch당 100건이 Fetch된다면 이 값은 1000으로 나타난다.
Elapsed_time(s)	수행 시간. 해당 프로세스가 수행된 시간이며 병렬처리된 경우 각 병렬 프로세스 수행시간의 합으로 나타난다.
Cpu Times(s)	CPU 시간. 해당 프로세스가 사용한 CPU 시간이며 병렬처리된 경우 각 병렬 프로세스 CPU 시간의 합으로 나타난다.
.. Wait(s)	대기 시간
Buffer Gets	논리적 I/O 발생량
Read Reqs	물리적 I/O 요청 수
Read Bytes	물리적 I/O 발생량
Id	실행 계획 단계 번호
Operation	DBMS_XPLAN.DISPLAY_CURSOR의 Operation과 동일
Rows(Estim)	실행 단계별 예상 건수. DBMS_XPLAN.DISPLAY_CURSOR의 E-Rows와 동일
Cost	실행 계획 생성시 예상 비용
Time Active(s)	각 실행 단계별 수행 시간. 초 단위로 표시된다.
Start Active	SQL 실행 계획의 각 단계가 활성(active) 상태로 처음 시작된 시점. Start Active = 12라면 전체 SQL 실행 시작 시점으로부터 12초 후에 이 단계가 시작된다.
Execs	실행 수. DBMS_XPLAN.DISPLAY_CURSOR의 Starts와 동일
Rows(Actual)	실행 단계별 실제 건수. DBMS_XPLAN.DISPLAY_CURSOR의 A-Rows와 동일
Read Reqs	물리적 읽기 요청 횟수
Read Bytes	물리적 읽기 bytes 수
Mem(Max)	PGA 메모리 사용량
Temp(Max)	할당된 PGA 메모리 Overflow로 TEMPOARY TABLESPACE 사용량
Activity	(%)	실행 단계별 SQL 부하 점유율
Activity Detail(# samples)	실행 단계별 발생 WAIT EVENT

필자가 실무에서 SQL모니터링 Report를 사용한 예를 확인해보도록 하자.

```
SQL1 *
 1   SELECT SQL_ID
 2        , STATUS
 3        , INST_ID
 4        , USERNAME
 5        , MODULE
 6        --, LAST_REFRESH_TIME
 7        , PX_MAXDOP
 8        , BUFFER_GETS BUFFERS
 9        --, DISK_READS DISK_READS
10        , ROUND(CPU_TIME / 1000000, 5) CPU_TIME
11        , ROUND(ELAPSED_TIME / 1000000, 5) ELAPSED_TIME
12        , DBMS_LOB.SUBSTR(SQL_TEXT, 100, 1) SQL_TEXT
13     FROM GV$SQL_MONITOR
14    --WHERE MODULE LIKE 'Orange%'
15    ORDER BY LAST_REFRESH_TIME DESC;
16
17   SELECT DBMS_SQLTUNE.REPORT_SQL_MONITOR(SQL_ID => '28mcmfcx9vbbz', report_level => 'ALL') SQL_PLAN
18     FROM DUAL;
```

SQL_ID	STATUS	INST_ID	USERNAME	MODULE	PX_MAXDOP	BUFFERS	CPU_TIME	ELAPSED_TIME	SQL_TEXT
1 ct88827pj3nr1	EXECUTING	4		SQL*Plus		58299	3.85541	11.70824	SELECT 'T' || '^^' || 'Oracle_T
2 72ptbv1vpk6jt	EXECUTING	4		sas.exe		109806	15.08771	94.02383	SELECT T1.* FROM T_JFC_SA
3 gfqtmspv0hyx6	EXECUTING	4				7599746	71.22517	89.48892	DECLARE job BINARY_INTEG
4 0xjg7trzrqbmx	EXECUTING	4		JDBC Thin Client		63086	8.50971	60.02577	SELECT CASE WHEN 5 = -1
5 4q0k87611pgwp	EXECUTING	4				5722518	52.93995	59.43835	INSERT INTO TEMP_ADV_AN
6 129h58s3usttj	EXECUTING	4		JDBC Thin Client		62888	8.35473	59.73301	SELECT CASE WHEN 5 = -1
7 gk81hmarh0xw9	EXECUTING	4				5722542	52.94095	59.44101	DECLARE job BINARY_INTEG
8 c0dk1mar6yc6j	EXECUTING	4		httpd@l8apmsp (TNS V1-V3)		2504836	171.56992	191.91749	declare
9 c0dk1mar6yc6j	EXECUTING	4		httpd@l8apmsp (TNS V1-V3)		101249	6.64599	7.01005	declare
10 c0dk1mar6yc6j	EXECUTING	4		httpd@l8apmsp (TNS V1-V3)		1583307	101.80752	115.59352	declare
11 01juqtv7z6pft	EXECUTING	1				34504656	466.52008	825.95292	DECLARE job BINARY_INTEG
12 5qs683gum9j7t	EXECUTING	4		httpd@l8apmsp (TNS V1-V3)		2498088	171.38895	191.60097	
13 28mcmfcx9vbbz	EXECUTING	1		JDBC Thin Client	4	36131281	114.50759	239.2129	INSERT /*+APP = DATAMAR

위 결과에서 239초째 수행되고 있는 SQL_ID 28mcmfcx9vbbz를 확인한 결과이다.

/**************************SQL모니터링 Report 결과 시작*********************************/
SQL Monitoring Report

SQL Text

INSERT /*+APP = DATAMART OBJECT_ID = 5566*/...

Global Information

Status   : EXECUTING
Instance ID   : 1
Session   : ODI_WRK (12:4115)
SQL ID   : 28mcmfcx9vbbz
SQL Execution ID   : 16777421
Execution Started   : 07/13/2015 16:30:06
First Refresh Time : 07/13/2015 16:30:06
Last Refresh Time   : 07/13/2015 16:33:39
Duration   : 213s
Module/Action   : JDBC Thin Client/-

```
Service                                  : CYSZERO
Program                                  : JDBC Thin Client
PLSQL Entry Ids (Object/Subprogram)      : 201924524,1
PLSQL Current Ids (Object/Subprogram)    : 201924524,1
```

Binds

Name	Position	Type	Value
:B2	1	DATE	07/13/2015 12:00:00
:B1	2	DATE	07/13/2015 13:00:00
:B2	3	DATE	07/13/2015 12:00:00
:B1	4	DATE	07/13/2015 13:00:00

Global Stats

Elapsed Time(s)	Cpu Time(s)	IO Waits(s)	Application Waits(s)	Concurrency Waits(s)	Cluster Waits(s)	Other Waits(s)	Buffer Gets	Read Reqs	Read Bytes
211	99	101	0.00	0.00	6.99	4.54	30M	50471	409MB

Parallel Execution Details (DOP=4 , Servers Allocated=8)

Name	Type	Server#	Elapsed Time(s)	Cpu Time(s)	IO Waits(s)	Application Waits(s)	Concurrency Waits(s)	Cluster Waits(s)	Other Waits(s)
PX Coordinator	QC		211	99	101	0.00	0.00	6.99	4.54
p000	Set 1	1							
p001	Set 1	2							
p002	Set 1	3							
p003	Set 1	4							
p004	Set 2	1							
p005	Set 2	2							
p006	Set 2	3							
p007	Set 2	4							

| Buffer | Read | Read | Wait Events |
Gets	Reqs	Bytes	(sample #)
30M	50471	409MB	gc cr grant 2-way (5)
			gc current block 2-way (1)
			cell multiblock physical read (1)
			cell single block physical read (106)
		.	cell smart table scan (1)
		.	cell smart table scan (1)
		.	
		.	
		.	
		.	
		.	
		.	

SQL Plan Monitoring Details (Plan Hash Value=1590993543)

Id	Operation	Name	Rows (Estim)	Cost
0	INSERT STATEMENT			
1	LOAD TABLE CONVENTIONAL			
2	PX COORDINATOR			
3	PX SEND QC (RANDOM)	:TQ10004	2	405K
4	VIEW		2	405K
5	WINDOW SORT PUSHED RANK		2	405K
6	PX RECEIVE		2	405K
7	PX SEND HASH	:TQ10003	2	405K
8	WINDOW CHILD PUSHED RANK		2	405K
--생략				
→ 28	NESTED LOOPS		351	32
→ 29	PARTITION RANGE ALL		59	32
→ 30	TABLE ACCESS STORAGE FULL	TB_INPLANID	59	32
→ 31	PARTITION RANGE ALL		6	
→ 32	PARTITION LIST ALL		6	
→ 33	TABLE ACCESS BY LOCAL INDEX ROWID	TB_COMPONENT	6	

Oracle SQL 실전 튜닝 나침반

```
|     |    |                                   |                    |    |    |
| →34 |    |          INDEX RANGE SCAN         | TB_COMPONENT_IDX021|  6 |    |
|     |    |                                   |                    |    |    |
|     |    |                                   |                    |    |    |
| 35  |    |       PARTITION RANGE ITERATOR    |                    |  1 |  2 |
| 36  |    |       PARTITION LIST ITERATOR     |                    |  1 |  2 |
| →37 |    |    TABLE ACCESS BY LOCAL INDEX ROWID | TB_EVENT         |  1 |  2 |
|     |    |                                   |                    |    |    |
|     |    |                                   |                    |    |    |
| →38 |    |          INDEX RANGE SCAN         | TB_EVENT_PK        |  1 |  2 |
|     |    |                                   |                    |    |    |
| 39  |    |       PARTITION RANGE ITERATOR    |                    |  1 |  2 |
| 40  |    |         PARTITION LIST ALL        |                    |  1 |  2 |
--생략
```

Time Active(s)	Start Active	Execs	Rows (Actual)	Read Reqs	Read Bytes	Activity (%)	Activity Detail (# samples)
		1					
		1					
		1					
211	+3	1	396K				
211	+3	1	155K				
211	+3	37	155K	190	16MB	0.93	Cpu (1)
							cell multiblock physical read (1)
211	+3	155K	396K				
211	+3	3M	396K			1.86	Cpu (4)
211	+3	13M	396K	34189	267MB	42.79	gc cr grant 2-way (3)
							Cpu (16)
							cell single block physical read (73)
212	+2	13M	396K	12296	96MB	40.47	gc current block 2-way (1)
							Cpu (60)
							cell single block physical read (26)

```
     1 | +175 | 396K |      |      |     | 0.47 | Cpu (1)                           |
     1 | +174 | 396K |    0 |      |     | 0.47 | Cpu (1)                           |
   209 |   +5 | 396K |    0 | 2918 | 23MB| 7.91 | gc cr grant 2-way (2)             |
       |      |      |      |      |     |      | Cpu (12)                          |
       |      |      |      |      |     |      | cell single block physical read (3)|
   209 |   +5 | 396K | 148K |  878 | 7MB | 3.26 | Cpu (3)                           |
       |      |      |      |      |     |      | cell single block physical read (4)|
       |      |      |      |      |     |      |                                    |
       |      |      |      |      |     |      |                                    |
```

===

/********************SQL모니터링 Report 결과 끝********************************/

PARALLEL 힌트가 기술된 SQL이기 때문에 Parallel Execution Details 항목이 추가로 나타난 것이 확인이 된다. →로 표시된 부분은 현재 수행 중인 위치를 나타낸다. 실행 계획의 Activity(%) 항목에서 ID 33, 34를 확인해 보면, TB_COMPONENT 테이블에 대한 TABLE INDEX RANGE SCAN 작업이 전체 성능 부하의 약 83%를 점유하고 있음을 확인할 수 있다.

Section 04 실행 계획 순서 기본 분석법

아래 SQL을 통해서 실행 계획 순서를 파악해보도록 하자.

```
SELECT A.EMPLOYEE_ID
     , B.DEPARTMENT_NAME
     , A.FIRST_NAME
  FROM EMPLOYEES A,
       DEPARTMENTS B
 WHERE A.DEPARTMENT_ID = B.DEPARTMENT_ID;
```

Id	Operation	Name	Starts	A-Rows	Buffers
0	SELECT STATEMENT		1	642	25
1	MERGE JOIN		1	642	25
2	TABLE ACCESS BY INDEX ROWID	DEPARTMENTS	1	27	16
3	INDEX FULL SCAN	IX_DEPARTMENTS_PK	1	27	8
* 4	SORT JOIN		27	642	9
5	TABLE ACCESS FULL	EMPLOYEES	1	642	9

위 실행 계획을 Tree로 표현하면 아래와 같다.

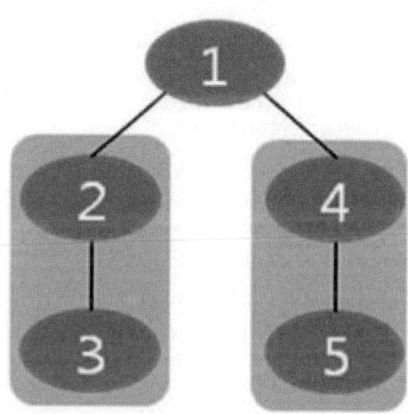

위 실행계획에서 Operation에 해당하는 MERGE JOIN, INDEX FULL SCAN 등은 이후 단원에서 자세하게 논의하게 될 것이다. 이번 단원에서는 실행계획을 읽는 순서만 염두 해 두면 된다.

실행 계획을 읽는 순서는 아래와 같다.

가장 안쪽 레벨에서 바깥쪽 레벨 순서로 읽는다. 같은 레벨이 있다면 위쪽부터 아래쪽으로 읽는다. 그리고 같은 집합이면 하나로 보고 안쪽에서 바깥쪽으로 읽는다. ID 2번과 3번이 같은 집합이므로 하나로 보고 ID 4번과 5번이 같은 집합이므로 하나로 본다. 그러면 가장 안쪽 레벨은 ID 2번과 4번이 된다.

위쪽인 ID 2번부터 시작을 하며 ID 3번이 같은 집합이므로 ID 3 → 2로 읽고 그 다음 ID 4번을 읽으려고 보니 같은 집합인 ID 5가 안쪽에 있으므로 ID 5 → 4의 순서로 읽은 후에 ID 1번 순서로 읽는다. 최종 순서는 3 → 2 → 5 → 4 → 1이다.

다른 형태를 보도록 하자.

```
SELECT /*+ LEADING(A B) USE_NL(B)*/
       A.EMPLOYEE_ID
     , B.DEPARTMENT_NAME
     , A.FIRST_NAME
  FROM EMPLOYEES A,
       DEPARTMENTS B
 WHERE A.DEPARTMENT_ID = B.DEPARTMENT_ID;
```

Id	Operation	Name	Starts	A-Rows	Buffers
0	SELECT STATEMENT		0	0	0
1	TABLE ACCESS BY INDEX ROWID	DEPARTMENTS	1	642	667
2	NESTED LOOPS		1	1285	25
3	TABLE ACCESS FULL	EMPLOYEES	1	642	15
* 4	INDEX UNIQUE SCAN	IX_DEPARTMENTS_PK	642	642	10

〈 실행 순서 : 3 → 4 → 2 → 1 〉

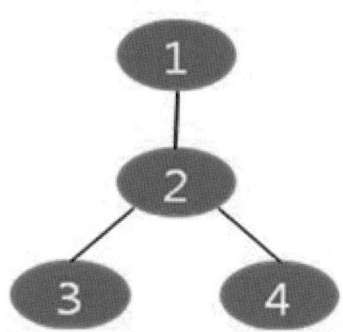

가장 안쪽 레벨에 ID 3번과 4번이 존재하며 ID 3번이 위에 있으므로 ID 3 → 4 순서로 읽는다. 안쪽 레벨부터 바깥쪽 레벨부터 읽으므로 그 다음 순서는 ID 2 → 1이 된다.

이번에는 약간 복잡한 형태를 살펴보도록 하자. 약간 복잡해 보이지만 읽는 순서는 동일하다. 아래 /*+ NO_UNNEST */에 대한 부분은 [Section 01. FILTER 서브쿼리]에서 다룰 것이다.

```
SELECT /*+ USE_NL(A B) */
       A.EMPLOYEE_ID
     , B.DEPARTMENT_NAME
     , A.FIRST_NAME
  FROM EMPLOYEES A,
       DEPARTMENTS B
 WHERE A.DEPARTMENT_ID = B.DEPARTMENT_ID
   AND A.EMPLOYEE_ID = 'E171'
   AND EXISTS (SELECT /*+ NO_UNNEST */ 1 FROM LOCATIONS C
                WHERE B.LOCATION_ID = C.LOCATION_ID
                  AND C.CITY = 'Roma');
```

```
-----------------------------------------------------------------------------
| Id  | Operation                     | Name           | Starts | A-Rows |Buffers |
-----------------------------------------------------------------------------
|   0 | SELECT STATEMENT              |                |      1 |      0 |      7 |
|*  1 |  FILTER                       |                |      1 |      0 |      7 |
|   2 |   NESTED LOOPS                |                |      1 |      1 |      5 |
|   3 |    TABLE ACCESS BY INDEX ROWID| EMPLOYEES      |      1 |      1 |      3 |
|*  4 |     INDEX UNIQUE SCAN         | IX_EMPLOYEES_PK|      1 |      1 |      2 |
|   5 |    TABLE ACCESS BY INDEX ROWID| DEPARTMENTS    |      1 |      1 |      2 |
```

```
|*  6 |       INDEX UNIQUE SCAN        | IX_DEPARTMENTS_PK |    1 |    1 |    1 |
|*  7 |    TABLE ACCESS BY INDEX ROWID | LOCATIONS         |    1 |    0 |    2 |
|*  8 |       INDEX UNIQUE SCAN        | IX_LOCATIONS_PK   |    1 |    1 |    1 |
```

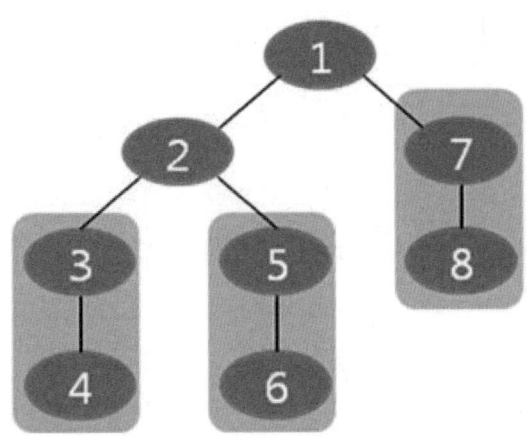

실행 계획이 좀 길어지기는 했지만 읽는 방법은 동일하다. ID 3, 4가 같은 집합이고 ID 5, 6이 같은 집합이며 ID 7, 8이 같은 집합이다. 같은 집합은 하나로 보면 가장 안쪽 레벨은 ID 3번과 ID 5번이 된다.

같은 레벨의 가장 위쪽인 ID 3번부터 시작하되 안쪽에 같은 집합이 있으므로 4 → 3 순서가 된다. 아래 쪽의 같은 집합인 6 → 5로 읽고 위에 레벨인 2번을 읽는다. 2번의 같은 레벨의 아래쪽인 7번을 읽되 같은 집합이 있으므로 8 → 7 순서로 읽는다. 같은 레벨을 다 읽었기 때문에 바깥쪽 레벨인 1번 순서로 읽는다. 최종 순서는 4 → 3 → 6 → 5 → 2 → 8 → 7 → 1이 된다.

몇 번 반복해보니 쉽지 않은가? 아무리 긴 실행 계획이라도 일반적으로 읽는 규칙은 동일하다. 위의 Tree도 이전 예제와 동일하게 읽으면 된다.

Section 05 실행 계획 순서 예외 사항 분석법

실행 계획 순서 분석에 있어서 기본적인 규칙은 있지만 예외도 존재한다. 예외 사항이란 HASH JOIN 할 때 BUILD INPUT에 의한 부분과 EARLIER FILTER 서브쿼리 등에서 발생하는 실행 계획 순서이다. 이 부분은 JOIN과 서브쿼리 부분에서 다룬다.

이 두 경우 실행 계획 순서에 대해서는 각 단원에서 다루겠지만 여기서도 간략하게 확인해 보고 넘어가도록 하겠다.

```
SELECT /*+ LEADING(B A C) USE_HASH(A C)
           SWAP_JOIN_INPUTS(C) */
       B.JOB_ID, C.GENDER
     , COUNT(*) ORDER_CNT
     , SUM(ORDER_TOTAL) ORDER_AMT
  FROM ORDERS A, EMPLOYEES B, CUSTOMERS C
 WHERE A.EMPLOYEE_ID = B.EMPLOYEE_ID
   AND A.CUSTOMER_ID = C.CUSTOMER_ID
   AND A.ORDER_DATE >= TO_DATE('20120101', 'YYYYMMDD')
   AND A.ORDER_DATE <  TO_DATE('20121101', 'YYYYMMDD')
 GROUP BY B.JOB_ID, C.GENDER;
```

```
| Id | Operation            | Name      | Starts | A-Rows | Buffers | Used-Mem  |
------------------------------------------------------------------------------------
|  0 | SELECT STATEMENT     |           |    1   |   48   |  20179  |           |
|  1 |  HASH GROUP BY       |           |    1   |   48   |  20179  | 2513K (0) |
|* 2 |   HASH JOIN          |           |    1   |  417K  |  20179  | 2247K (0) |
|  3 |    TABLE ACCESS FULL | CUSTOMERS |    1   |  50000 |    558  |           |
|* 4 |    HASH JOIN         |           |    1   |  417K  |  19621  | 1264K (0) |
|  5 |     TABLE ACCESS FULL| EMPLOYEES |    1   |   642  |      9  |           |
|* 6 |     TABLE ACCESS FULL| ORDERS    |    1   |  417K  |  19612  |           |
```

〈 실행 순서 : 3 → 5 → 6 → 4 → 2 → 1 〉

HASH JOIN할 때에 CUSTOMERS 테이블이 BUILD INPUT이 되면서 실행 계획 순서가 [ID 3]이 첫 번째가 된다. 자세한 내용은 [PART 06. JOIN]]의 [Section 02. HASH JOIN]에서 다룬다.

```
SELECT /*+ LEADING(A B) USE_NL(B) */
       A.ORDER_ID, A.ORDER_DATE,
       B.CUST_FIRST_NAME, A.ORDER_TOTAL
  FROM ORDERS A, CUSTOMERS B
 WHERE A.CUSTOMER_ID = B.CUSTOMER_ID(+)
   AND A.ORDER_DATE >= TO_DATE('20120101', 'YYYYMMDD')
   AND A.ORDER_DATE < TO_DATE('20120105', 'YYYYMMDD')
   AND EXISTS (SELECT /*+ NO_UNNEST PUSH_SUBQ */ 1
                 FROM EMPLOYEES C
                WHERE A.EMPLOYEE_ID = C.EMPLOYEE_ID
                  AND C.HIRE_DATE > TO_DATE('20070101', 'YYYYMMDD'))
```

Id	Operation	Name	Starts	A-Rows	Buffers
0	SELECT STATEMENT		1	3729	16021
1	NESTED LOOPS OUTER		1	3729	16021
2	TABLE ACCESS BY INDEX ROWID	ORDERS	1	3729	8524
* 3	INDEX RANGE SCAN	IX_ORDERS_N1	1	3729	5205
* 4	TABLE ACCESS BY INDEX ROWID	EMPLOYEES	1786	1245	5147
* 5	INDEX UNIQUE SCAN	IX_EMPLOYEES_PK	1786	1786	3361
6	TABLE ACCESS BY INDEX ROWID	CUSTOMERS	3729	3729	7497
* 7	INDEX UNIQUE SCAN	IX_CUSTOMERS_PK	3729	3729	3768

〈 실행 순서 : 3 → 5 → 4 → 2 → 7 → 6 → 1 〉

위 실행 계획은 EARLIER FILTER 형태의 서브쿼리 실행 계획이다. 일반적이라면 5번이 먼저 수행되어야 될 것 같지만 위의 서브쿼리에서는 메인 쿼리가 수행되고 INDEX만 가지고 FILTER 형태로 처리되는 형태이기 때문에 실행 순서가 3 → 5 → 4 → 2 → 7 → 6 → 1 이 된다. 자세한 내용은 [PART 07. 서브쿼리] [Section 02. EARLIER FILTER 서브 쿼리]에서 다루게 된다.

실행 계획 읽는 순서는 이후 단원에서도 필요할 경우 계속 표시를 해서 독자들이 실행 계획 읽는 순서에 대해서 익숙해지도록 하겠다.

PART 04

INDEX ACCESS PATTERN

SQL을 이용한 데이터 조회에 있어서 가장 일반적인 실행 계획 중의 하나가 INDEX와 관련된 실행 계획이다. 따라서 INDEX에 대한 이해는 필수라고 할 수 있다. 이번 장에서는 INDEX의 기본 구조 및 개념 그리고 실행 계획상의 주요 INDEX 관련 Operation과 수행 원리 및 활용 방안에 대해서 알아볼 것이다.

INDEX를 활용함에 앞서서 다음과 같은 질문을 할 수 있을 것이다.

- INDEX는 왜 사용할까?
- 어떤 INDEX를 사용해야 할까?
- INDEX를 어떻게 사용해야 할까?
- INDEX를 사용하는 것이 항상 유리할까?

Section 01. B-Tree INDEX 구조
Section 02. INDEX RANGE SCAN
Section 03. INDEX RANGE SCAN DESCENDING
Section 04. INDEX UNIQUE SCAN
Section 05. INDEX RANGE SCAN(MIN/MAX)
Section 06. ROWID ACCESS
Section 07. INDEX 컬럼 가공
Section 08. CLUSTERING FACTOR
Section 09. FULL TABLE SCAN
Section 10. INDEX ACCESS 조건, FILTER 조건, 선택도
Section 11. INDEX SKIP SCAN
Section 12. INDEX INLIST INTERATOR
Section 13. INDEX FULL SCAN
Section 14. INDEX FULL SCAN(MIN/MAX)
Section 15. INDEX FAST FULL SCAN
Section 16. INDEX COMBINE
Section 17. INDEX JOIN
Section 18. INDEX COMBINE과 INDEX JOIN의 차이점 비교
Section 19. INDEX FILTERING 효과

B-Tree INDEX 구조

INDEX란 무엇일까? 기술 서적들의 마지막 맨 뒤 부분의 색인이 있음을 독자들은 알 것이다. 색인은 키워드 별로 정렬이 되어 있기 때문에 우리가 찾고자 하는 키워드가 몇 페이지에 있는지 쉽게 찾아갈 수 있다. INDEX 역시 비슷한 구조라고 생각하면 된다.

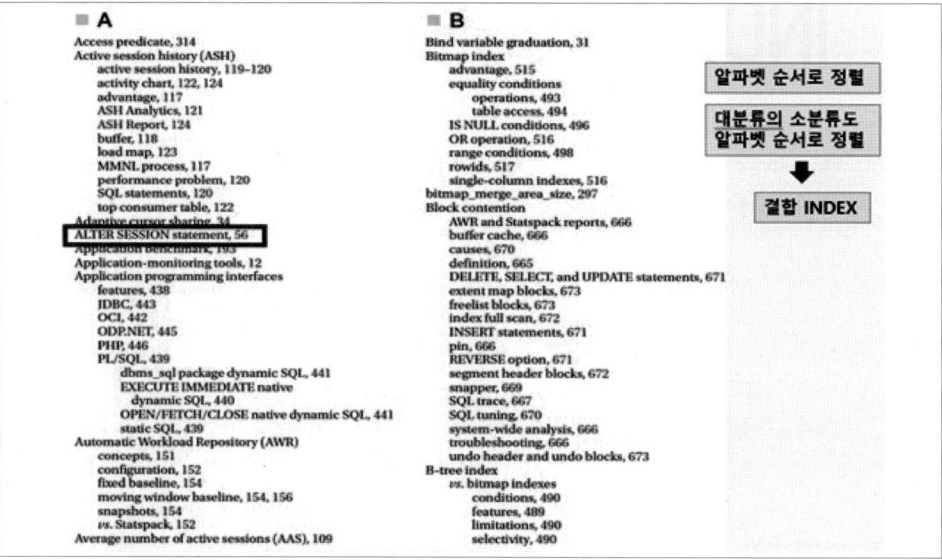

아래 그림은 SQL에서 가장 많이 사용하는 B-Tree(Balanced Tree) INDEX의 구조이다.

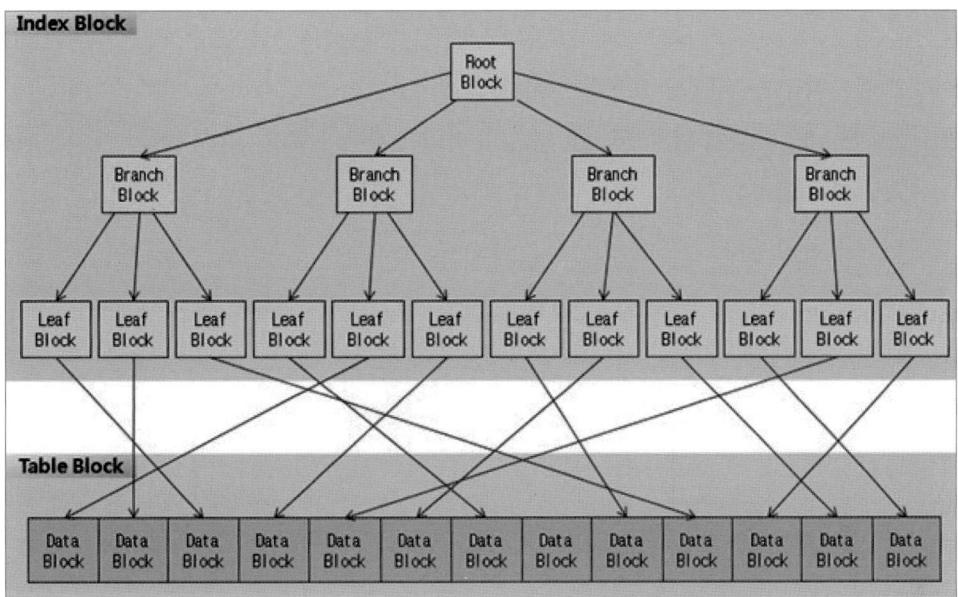

위 그림에서 INDEX Block이라고 표시된 부분이 B-Tree INDEX의 구조이다. B-Tree INDEX는 위 그림과 같이 Root Block, Branch Block, Leaf Block으로 구성된다. Root Block의 경우는 **[Branch Block의 Block 주소, INDEX 컬럼값]**으로 구성이 되고 Branch Block은 **[Leaf Block의 Block 주소, INDEX 컬럼값]**으로 구성이 되며 Leaf Block은 [테이블의 ROWID, INDEX 컬럼]으로 구성이 된다.

그리고 INDEX 컬럼은 해당 컬럼 값으로 정렬되어 있다. 만약 같은 값이 나오면 ROWID로 정렬이 된다. 아래 SQL에서 [TAB1] 테이블의 INDEX가 [COL1] 컬럼으로만 구성되어 있다고 했을 경우 SELECT절에는 COL2, COL3, CO4도 조회를 하고 있다. COL2, COL3, COL4의 경우는 INDEX에 존재하는 컬럼이 아니기 때문에 TABLE Block으로 ACCESS를 해봐야 한다. 이 부분이 위 그림에서 INDEX Block과 TABLE Block 사이에 있는 선이 되며 Index Leaf Block에 같이 저장되어 있는 ROWID를 가지고 찾아가게 된다.

```
SELECT * FROM TAB_1 WHERE COL1 BETWEEN :VAL1 AND :VAL2;
```

위 B-Tree INDEX 기본 구조에서 INDEX 관련 주요 Operation이 발생했을 때 어떤 방식으로 실행되는지 단계적으로 알아보도록 하겠다.

아래 그림은 INDEX 구조만 표현한 것이다.
Root, Branch Block에 하위 INDEX Tree의 범위가 관리가 되고 INDEX RANGE SCAN 시에 조회의 시작점을 찾아서 상위 ROOT → BRANCH → LEAF의 시작점부터 순차적으로 SCAN을 하게 된다.

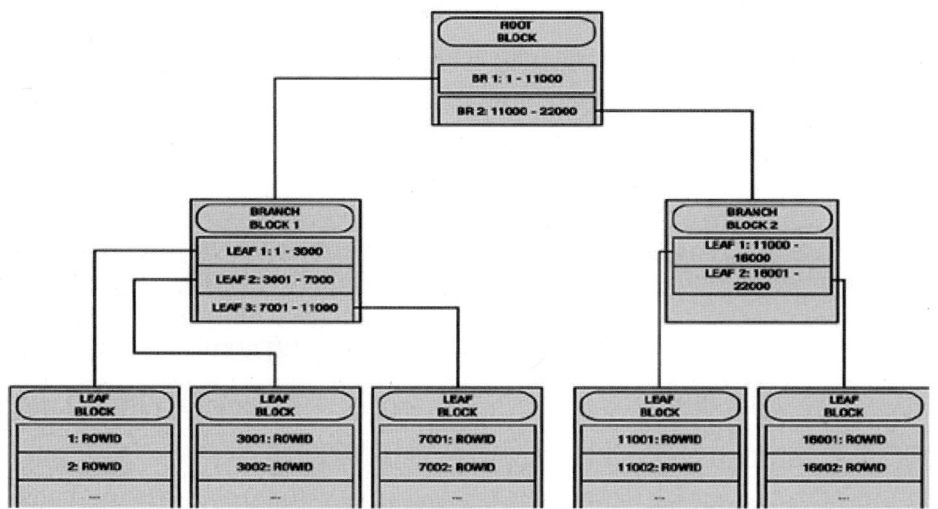

ROWID는 데이터가 테이블에 물리적으로 저장되어 있는 주소이며 아래와 같이 DBMS_ROWID 패키지를 이용해서 각 항목에 대해서 반환을 할 수 있다.

```
SELECT ROWID RID
     , DBMS_ROWID.ROWID_OBJECT(ROWID) AS OBJECT
     , DBMS_ROWID.ROWID_RELATIVE_FNO(ROWID) AS FILE_NO
     , DBMS_ROWID.ROWID_BLOCK_NUMBER(ROWID) AS BLOCK_NUM
     , DBMS_ROWID.ROWID_ROW_NUMBER(ROWID) AS ROW_NUMB
     , ORDER_ID
     , ORDER_DATE
     , CUSTOMER_ID
     , ORDER_TOTAL
  FROM ORDERS;
```

RID	OBJECT	FILE_NO	BLOCK_NUM	ROW_NUMB	ORDER_ID	ORDER_DATE	CUSTOMER_ID	ORDER_TOTAL
AAAT75AAGAAAAULAAA	81657	6	1291	0	O00000001	2007/01/01 23:54:54	C40892	0
AAAT75AAGAAAAULAAB	81657	6	1291	1	O00000002	2007/01/01 22:55:38	C27355	0
AAAT75AAGAAAAULAAC	81657	6	1291	2	O00000003	2007/01/01 23:46:45	C18574	0
AAAT75AAGAAAAULAAD	81657	6	1291	3	O00000004	2007/01/01 18:54:24	C40875	0
AAAT75AAGAAAAULAAE	81657	6	1291	4	O00000005	2007/01/01 03:16:36	C15767	0
AAAT75AAGAAAAULAAF	81657	6	1291	5	O00000006	2007/01/01 00:39:56	C37114	0
AAAT75AAGAAAAULAAG	81657	6	1291	6	O00000007	2007/01/01 13:37:44	C35666	0
AAAT75AAGAAAAULAAH	81657	6	1291	7	O00000008	2007/01/01 10:39:58	C10674	0
AAAT75AAGAAAAULAAI	81657	6	1291	8	O00000009	2007/01/01 01:04:35	C24719	0
AAAT75AAGAAAAULAAJ	81657	6	1291	9	O00000010	2007/01/01 21:55:13	C30785	0
AAAT75AAGAAAAULAAK	81657	6	1291	10	O00000011	2007/01/01 13:16:28	C09801	0
AAAT75AAGAAAAULAAL	81657	6	1291	11	O00000012	2007/01/01 21:25:29	C46315	0

오브젝트	파일	BLOCK_NUMBER	ROW 번호
AAAT75	AAG	AAAAUL	AAA

Section 02 INDEX RANGE SCAN

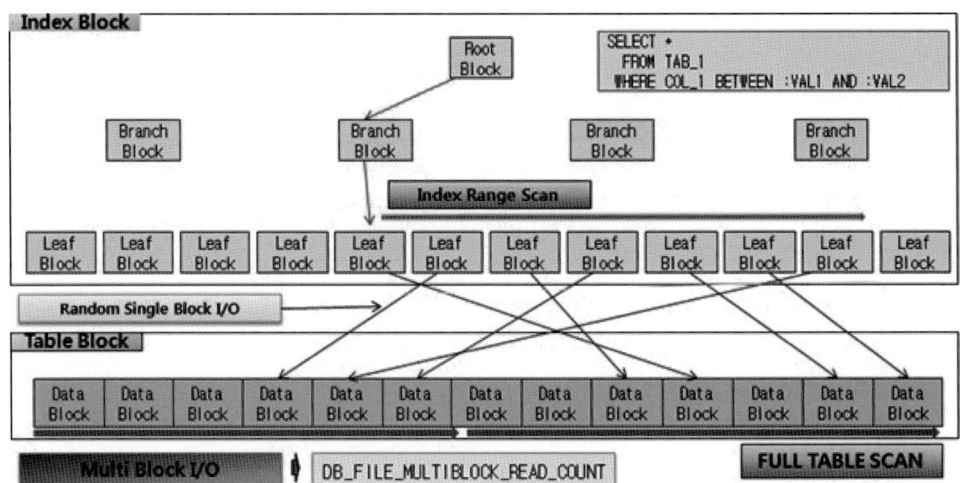

위 그림은 INDEX RANGE SCAN을 그림으로 표시한 것으로 COL1의 범위에 해당하는 시작점을 찾기 위해서 Root Block → Branch Block → Leaf Block으로 찾아간다. VAL2에 해당하는 값을 만날 때까지 Leaf Block을 순차적으로 읽어나가면서 ROWID를 가지고 테이블로 ACCESS한다. INDEX를 순차적으로 읽으면서 한 건씩 ROWID를 가지고 TABLE Block을 한 개씩 ACCESS 하기 때문에 이를 **Random Single Block I/O**라고 하며 실행계획 상에서 **TABLE ACCESS BY INDEX ROWID**라는 실행계획으로 나타난다.

INDEX RANGE SCAN에서 가장 성능 부하가 큰 부분은 위 그림에서 Random Single Block I/O라고 표시되는 부분으로 실행 계획 상에서 TABLE ACCESS BY INDEX ROWID로 나타난다고 이야기 했었다.

Random Single Block I/O는 INDEX Data를 연속적으로 읽으면서 한 건 한 건에 대해서 TABLE BlockK으로 ACCESS 하기 때문에 최악의 경우는 조회 건수 만큼 I/O가 발생하게 된다.(뒤의 장에서 알아보게 될 CLUSTERING FACTOR와 연관되어 있음)

한 Block당 저장된 건수가 평균 100건이며 1 Block Size가 8K라고 해보자. 총 데이터 건수가 1,000만 건이라면 데이터 사이즈는 약 80만KB(800MB)가 된다. 이때 저장된 총 Block 수는 10만 Block이 된다. 만약 50만 건 데이터를 INDEX RANGE SCAN하게 된다면 CLUSTERING FACTOR(Section 08. CLUSTERING FACTOR에서 자세히 다룸)가 매우 나쁠 경우 INDEX RANGE SCAN의 건수에 근접한 약 50만 Block I/O가 발생을 한다. FULL TABLE SCAN의 경우 10만 Block I/O가 발생을 한다. 게다가 FULL TABLE SCAN의 경우는 한번에 수십 Block을 MULTI로 SCAN하기 때문에 이렇게 넓은 범위 많은 건수를 읽을 경우는 INDEX RANGE SCAN보다 더 유리하다. 따라서 INDEX RANGE SCAN, FULL TABLE SCAN을 결정할 경우에는 데이터의 전체 건수 대비 조회 결과 건수, INDEX의 구성, 테이블 사이즈 등 여러 가지 사항이 고려되어야 한다.

위의 설명을 바탕으로 아래 그림을 보도록 하자.

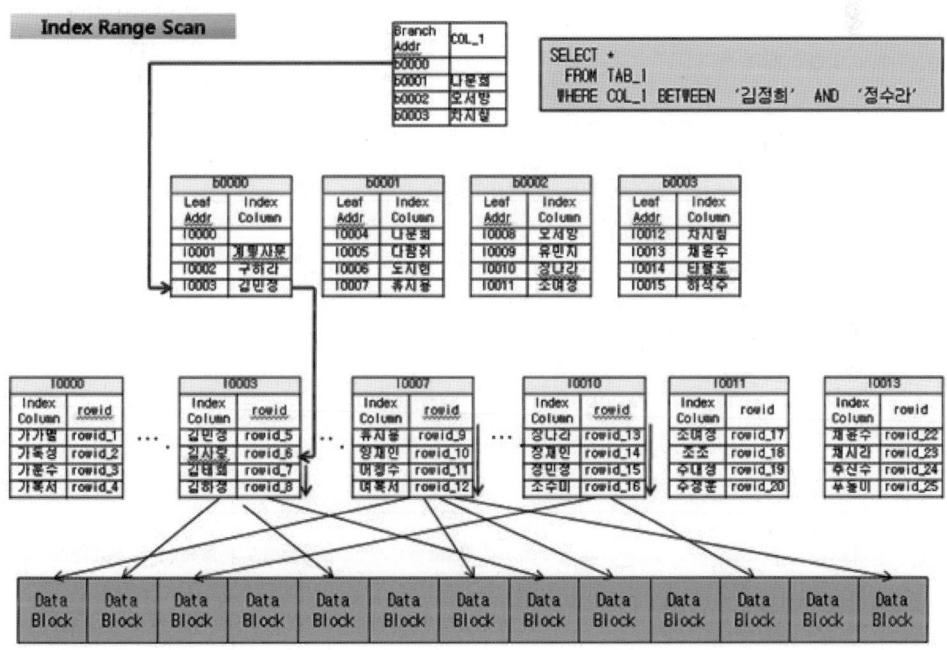

위 그림에서 Branch Addr이나 Leaf Addr의 경우는 가상의 값을 사용했다. 실제 Oracle에 저장될 때는 이와 같은 값으로 저장되지는 않으며 편의상 사용한 값이다.

위 그림의 내용을 설명하면 이렇다. TAB_1 테이블의 COL_1 컬럼에 INDEX가 존재하며

COL_1 BETWEEN '김정희' AND '정수라'와 같이 BETWEEN 조건으로 들어온 예이다.

Leaf Block의 시작점을 찾기 위해서 Root Block 부터 조회를 시작한다. '김정희'는 Root Block 상에서 '나문희' 보다 작기 때문에 Branch Block [b0000]으로 찾아간다. 여기서 '김정희'는 '계필사문'과 '김정희' 사이에 있으므로 '계필사문'에 해당하는 Leaf Block 인 [l0003]으로 찾아간 후 '김정희'보다 크거나 같은 '김태희'부터 INDEX Block을 순차적으로 읽으면서 ROWID를 가지고 Data Block을 찾아간다. 현재 위 예문 SQL에서는 [SELECT * FROM ..]와 같이 모든 컬럼 조회를 하기 때문에 INDEX에 없는 컬럼을 찾아오기 위해서 ROWID를 가지고 테이블로 ACCESS를 했다. 하지만 만약 INDEX 컬럼만 사용되고 있다면 TABLE Block을 ACCESS할 필요가 없다.

SQL에 대한 실행 계획을 살펴보도록 하사.

< ORDERS 테이블 현황>
날짜 범위 : 20090101 ~ 20121231
총 건수 : 3,000,000 건

<INDEX 현황>
IX_ORDERS_N1 : ORDER_DATE, ORDER_MODE, EMPLOYEE_ID

```
SELECT /*+ INDEX(A IX_ORDERS_N1) */
       ORDER_DATE, CUSTOMER_ID
     , ORDER_MODE, ORDER_TOTAL
  FROM ORDERS A
 WHERE ORDER_DATE BETWEEN TO_DATE('20120101', 'YYYYMMDD')
                      AND TO_DATE('20120102', 'YYYYMMDD');
```

Id	Operation	Name	Starts	A-Rows	Buffers
0	SELECT STATEMENT		1	1371	1235
1	TABLE ACCESS BY INDEX ROWID BATCHED	ORDERS	1	1371	1235
* 2	INDEX RANGE SCAN	IX_ORDERS_N1	1	1371	23

〈 실행 순서 : 2 → 1 〉

위와 같이 실행계획에 INDEX RANGE SCAN이라고 나타나며 TABLE ACCESS BY INDEX ROWID BATCHED는 위에서 설명한 INDEX Block → TABLE Block으로 ACCESS 하는 Random Single Block I/O를 나타내는 Operation이다. BATCHED 실행 계획은 Oracle 19c에서 처음 나타났다. 이 기능은 INDEX를 사용할 때 INDEX → 테이블로 ACCESS 하는 부분에 대한 성능 향상을 위해서 도입되었다. 여러 ROWID를 모아서 한 번에 접근하여 I/O 성능을 향상시킨다.

/*+ INDEX(A IX_ORDERS_N1) */와 같이 INDEX(테이블 별칭, INDEX 명) 힌트를 주면 INDEX RANGE SCAN 또는 INDEX FULL SCAN(뒤의 단원에서 설명함)으로 수행된다. 힌트가 없더라도 옵티마이저가 각종 통계 데이터를 이용해서 실행 계획을 세울 때 INDEX RANGE SCAN이 유리하다고 판단하면 위와 같이 수행된다.

TABLE ACCESS BY INDEX ROWID Operation 부분에 나타난 Buffers 항목의 값을 확인해 보면 INDEX RANGE SCAN 단계의 A-Row의 건수에 비례해서 발생했음을 알 수 있다. 이는 1,371건이 각각 1 Block씩 I/O를 발생시켰기 때문이다. 그런데 위에서 좀 의아해할 수도 있을 것이다. INDEX RANGE SCAN을 하게 되면 Single Block I/O가 발생하고 건 수 만큼 I/O가 발생한다고 했는데 위 실행계획을 보면 1,371건에 대해서 **1212(1235 -23)**[1] Block I/O만 발생했다. 이는 이번 단원의 중간쯤에서 논의되는 CLUSTERING FACTOR와 연관이 있으며 해당 단원에서 자세히 설명할 것이다.

아래 부분부터는 TABLE ACCESS BY INDEX ROWID BATCHED에서 BATCHED 때문에 실행 계획이 길어져서 페이지 공간에 제약이 따르므로 BATCHED 실행 계획은 필요한 경우에만 표현을 하고 생략을 하도록 하겠다.

---

[1] Buffers 통계는 누적 값이기 때문에 전 단계 값에서 빼야 한다. 따라서 1212이 해당 실행 단계의 값이 된다. 꼭 알아두기 바란다.

Section 03 INDEX RANGE SCAN DESCENDING

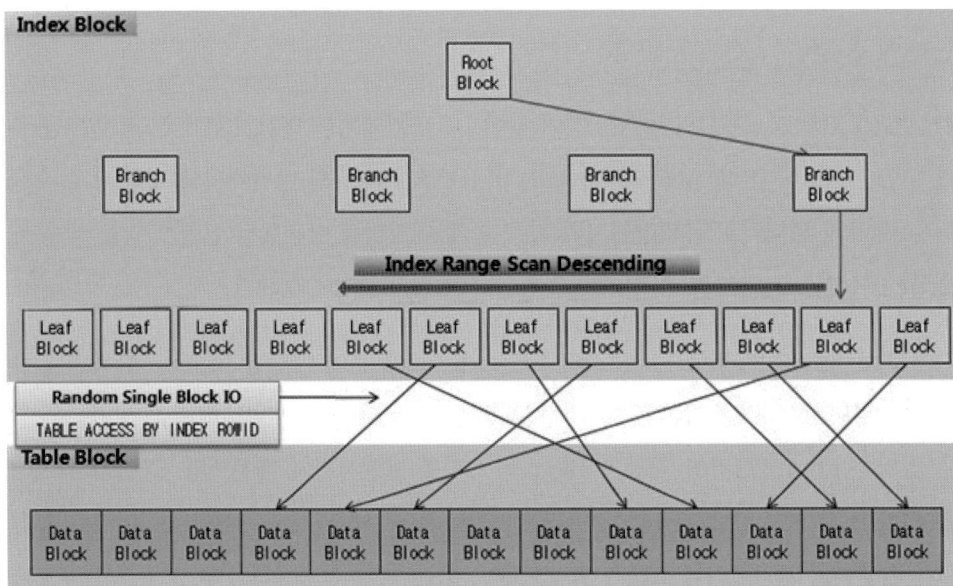

INDEX RANGE SCAN DESCENDING 실행계획의 특징은 INDEX RANGE SCAN과 동일하다. 다른 점이 있다면 INDEX를 역순으로 읽는다는 것이다.

아래 그림을 보도록 하자.

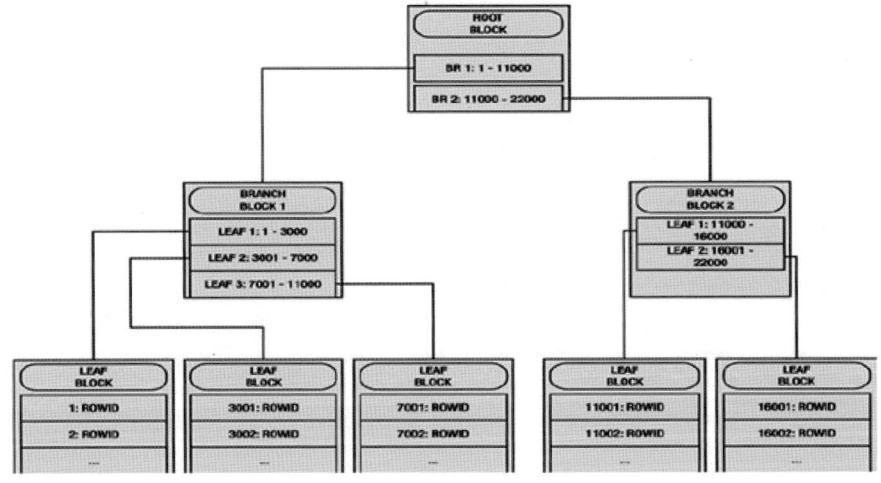

INDEX를 역순으로 읽을 때는 '정수라'가 INDEX의 시작점이 된다. '정수라'는 위 그림 Root Block에서 '오서방'과 '차지철' 사이에 존재하기 때문에 '오서방'의 Branch Block 주소인 [b0002]로 가고 '장나라'에 해당하는 Leaf Block 주소로 찾아가서 '정수라' 해당하는 값보다 작거나 같은 값부터 역순으로 순차적으로 읽으면서 ROWID를 이용해서 Data Block을 ACCESS 한다.

위 그림의 SQL에서 사용된 INDEX_DESC 힌트에 의해서 동작을 한다.
그럼 이 Operation이 사용되는 일반적인 형태에 대해서 알아보도록 하자.

<INDEX 구성>
IX_ORDERS_N1 : ORDER_DATE

```
SELECT /*+ INDEX_DESC(A IX_ORDERS_N1) */
       ORDER_DATE, CUSTOMER_ID
     , ORDER_MODE, ORDER_TOTAL
  FROM ORDERS A
 WHERE ORDER_DATE BETWEEN TO_DATE('20120101', 'YYYYMMDD')
                      AND TO_DATE('20120102', 'YYYYMMDD')
 ORDER BY ORDER_DATE DESC;
```

Id	Operation	Name	Starts	A-Rows	Buffers
0	SELECT STATEMENT		1	1371	1238
1	TABLE ACCESS BY INDEX ROWID	ORDERS	1	1371	1238
* 2	INDEX RANGE SCAN DESCENDING	IX_ORDERS_N1	1	1371	23

〈 실행 순서 : 2 → 1 〉

Operation에 [INDEX RANGE SCAN DESCENDING]이라고 나타났다.
/*+ INDEX_DESC(A IX_ORDERS_N1) */ 힌트를 제거해도 위 실행계획이 위와 같이 그대로 나타난다. 힌트를 기술한 이유는 힌트가 어떻게 사용되는지 나타내기 위해서이다. ORDER BY ORDER_DATE DESC가 있기 때문에 옵티마이저는 INDEX를 역순으로 읽으면서 ORDER BY에 의한 SORT(ORDER BY) Operation을 생략했다.

INDEX는 정렬되어 있기 때문에 INDEX 컬럼을 이용해서 정렬을 할 경우 SORT 부하를 피할 수 있다. SORT가 발생하면 USE-MEM 항목에 사용된 PGA량이 나타나게 된다. PGA 튜닝에 대한 내용은 [Part 10. PGA 튜닝]에서 자세하게 다루도록 하겠다.

ORDER BY ORDER_DATE DESC에 의해서 정렬이 보장되어야 되기 때문에 BATCHED 실행 계획이 나타나지 않았다.

그럼 INDEX RANGE SCAN DESCENDING의 활용 예를 살펴보도록 하자.

```
<INDEX 구성>
IX_ORDERS_N1 : ORDER_DATE

SELECT MAX(ORDER_DATE)
  FROM ORDERS
 WHERE ORDER_MODE = 'direct' ;
```

Id	Operation	Name	Starts	A-Rows	Buffers
0	SELECT STATEMENT		1	1	19620
1	SORT AGGREGATE		1	1	19620
* 2	TABLE ACCESS FULL	ORDERS	1	1499K	19620

ORDERS 테이블에서 ORDER_MODE 컬럼의 DISTINCT한 값의 종류는 2이다. [Section 14. INDEX FULL SCAN(MIN/MAX)]에서 배우겠지만 INDEX 컬럼이 ORDER_DATE로 구성되어 있기 때문에 ORDER_MODE 조건만 없다면 INDEX FULL SCAN(MIN/MAX) Operation으로 인해서 INDEX의 맨 마지막 Block만 SCAN하기 때문에 Buffers 수치가 매우 낮을 것이다. 하지만 ORDER_MODE 컬럼이 있기 때문에 FULL TABLE SCAN이 발생을 했다. 이 비효율을 해결하는 방법은 없을까?

여기서 사용할 수 있는 방법이 INDEX DESCENDING을 이용한 TOP N 쿼리를 사용하는 방법이다.

```sql
SELECT ORDER_DATE
  FROM (
       SELECT /*+ INDEX_DESC(A IX_ORDERS_N1) */
              ORDER_DATE
         FROM ORDERS A
        WHERE ORDER_DATE > TO_DATE('10000101', 'YYYYMMDD')
          AND ORDER_MODE = 'direct'
        ORDER BY ORDER_DATE DESC)
 WHERE ROWNUM <= 1;
```

Id	Operation	Name	Starts	A-Rows	Buffers
0	SELECT STATEMENT		1	1	4
* 1	COUNT STOPKEY		1	1	4
2	VIEW		1	1	4
* 3	TABLE ACCESS BY INDEX ROWID	ORDERS	1	1	4
* 4	INDEX RANGE SCAN DESCENDING	IX_ORDERS_N1	1	1	3

〈 실행 순서 : 4 → 3 → 2 → 1 〉

위 실행 계획을 보면 INDEX RANGE SCAN DESCENDING Operation이 발생하면서 COUNT STOPKEY가 발생했다. 이 부분이 WHERE ROWNUM <= 1에 해당한다. INDEX는 SORT가 되어 있으므로 거꾸로 읽으면 큰 값부터 읽게 된다. 따라서 ROWNUM <= 1에 의해서 만족하는 한 건만 읽게 되어 성능이 향상된다. 첫 번째 SQL과 같은 결과를 보여주지만 Buffers I/O 양은 많은 차이가 난다.

여기서 ORDER_MODE의 값이 두 종류이기 때문에 만족하는 데이터가 빨리 걸려들어 SCAN을 빨리 멈출 수 있었다. 만약 PK같이 선택도가 매우 낮은 조건인 경우는 조건에 만족하는 데이터를 추출하기 위해서 많은 양의 데이터 SCAN이 필요하기 때문에 성능이 매우 저하된다. 따라서 이런 경우는 사용에 주의를 해야 한다.

위 SQL에서 보면 ORDER BY ORDER_DATE DESC 문장을 써준 것을 볼 수 있다. 일반적으로 이 구문을 생략하는 경우가 있는데 Oracle에서 공식적으로는 ORDER BY를 기술하지 않으면 SORT를 보장하지 않기 때문에 반드시 기술해 주는 것이 필요하다. ORDER BY를 넣어 주더라도 ORDER BY 컬럼이 INDEX 순서와 같기 때문에 SORT는 발생하지 않는다. 정렬이 보장되는 경우에는 BATCHED 실행 계획이 나타나지 않는다.

TOP N 쿼리에 대한 내용은 [Part 07. 서브쿼리] 단원에서 좀 더 상세하게 다룰 것이다.

Section 04 INDEX UNIQUE SCAN

바로 아래 예제를 통해서 살펴보도록 하자.

<ORDERS 테이블 INDEX 현황>
IX_ORDERS_PK : EMPLOYEE_ID

```
SELECT /*+ INDEX(B IX_EMPLOYEES_PK) */
       B.EMPLOYEE_ID, B.FIRST_NAME
  FROM EMPLOYEES B
 WHERE B.EMPLOYEE_ID = 'E564' ;
```

Id	Operation	Name	Starts	A-Rows	Buffers
0	SELECT STATEMENT		1	1	3
1	TABLE ACCESS BY INDEX ROWID	EMPLOYEES	1	1	3
* 2	INDEX UNIQUE SCAN	IX_EMPLOYEES_PK	1	1	2

〈 실행 순서 : 3 → 2 → 1 〉

UNIQUE INDEX 및 PK INDEX의 모든 컬럼에 대하여 Where절에 = 조건으로 상수 및 변수가 들어올 때 발생되며 해당 조건을 만족하는 하나의 ROW만 SCAN하기 때문에 빠르게 처리된다. 주로 OLTP 시스템에서 건 단위로 처리하는 경우 나타나는 실행 계획이다.

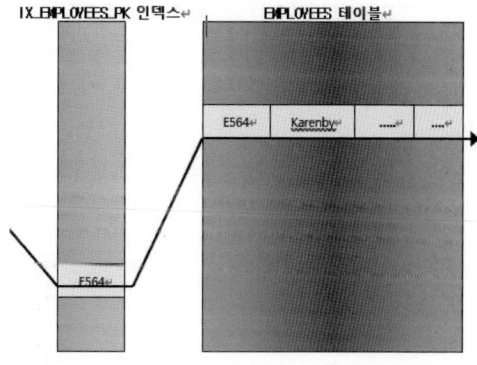

Section 05 INDEX RANGE SCAN(MIN/MAX)

바로 아래 예제를 통해서 살펴보도록 하자.

<ORDERS 테이블 INDEX 현황>
IX_ORDERS_N2 : EMPLOYEE_ID, ORDER_DATE

```
SELECT /*+ INDEX(A IX_ORDERS_N1) */
       MAX(ORDER_DATE)
  FROM ORDERS A
 WHERE EMPLOYEE_ID = 'E402';
```

```
-------------------------------------------------------------------------
| Id  | Operation                    | Name         | Starts | A-Rows |Buffers |
-------------------------------------------------------------------------
|   0 | SELECT STATEMENT             |              |      1 |      1 |      3 |
|   1 |  SORT AGGREGATE              |              |      1 |      1 |      3 |
|   2 |   FIRST ROW                  |              |      1 |      1 |      3 |
|*  3 |    INDEX RANGE SCAN (MIN/MAX)| IX_ORDERS_N2 |      1 |      1 |      3 |
-------------------------------------------------------------------------
```

〈 실행 순서 : 3 → 2 → 1 〉

INDEX 컬럼이 EMPLOYEE_ID, ORDER_DATE와 같이 구성이 되어 있고 INDEX 선두 컬럼이 조건절에 들어오며 두 번째 컬럼인 ORDER_DATE가 MAX 처리되었을 때 나타나는 실행계획이 INDEX RANGE SCAN (MIN/MAX) 이다. 조건에 해당되는 EMPLOYEE_ID = 'E402'에 대한 많은 ORDER_DATE 중에서 가장 끝에 있는 INDEX 값만 읽고 빠져나온다.

Buffers가 3인 이유는 Root Block, Branch Block, Leaf Block을 각각 한 Block씩 읽었기 때문이다.

Section 06 ROWID ACCESS

바로 아래 예제를 통해서 살펴보도록 하자.

```
SELECT *
  FROM ORDERS
 WHERE ROWID = 'AAAT75AAGAAAAULAAA';
```

```
-----------------------------------------------------------------
| Id | Operation                    | Name   | Starts | A-Rows | Buffers |
-----------------------------------------------------------------
|  0 | SELECT STATEMENT             |        |      1 |      1 |       1 |
|  1 |  TABLE ACCESS BY USER ROWID  | ORDERS |      1 |      1 |       1 |
-----------------------------------------------------------------
```

ROWID를 이용해서 바로 ACCESS하며 사용자가 직접 ROWID 조건을 기술했기 때문에 실행 계획상으로 TABLE ACCESS BY USER ROWID 나타난다.

가장 최근에 입사한 사원 정보를 부서별로 한 명씩 출력하는 프로그램을 만들어달라는 요구사항에 아래와 같이 SQL을 작성했다.

```
SELECT /*+ LEADING(VW_NSO_1) USE_NL(B) */
       B.DEPARTMENT_ID, B.EMPLOYEE_ID, B.FIRST_NAME, B.JOB_ID, B.HIRE_DATE
  FROM EMPLOYEES B
 WHERE B.EMPLOYEE_ID IN
       (SELECT SUBSTR(MAX(TO_CHAR(HIRE_DATE,'YYYYMMDD')||EMPLOYEE_ID), 9)
          FROM EMPLOYEES E
         GROUP BY DEPARTMENT_ID)
```

```
-----------------------------------------------------------------
| Id | Operation         | Name | Starts | A-Rows | Buffers |
-----------------------------------------------------------------
|  0 | SELECT STATEMENT  |      |      1 |     27 |      63 |
|  1 |  NESTED LOOPS     |      |      1 |     27 |      63 |
```

```
|   2 |   NESTED LOOPS               |                 |    1 |   27 |   36 |
|   3 |    VIEW                      | VW_NSO_1        |    1 |   27 |    9 |
|   4 |     HASH UNIQUE              |                 |    1 |   27 |    9 |
|   5 |      HASH GROUP BY           |                 |    1 |   27 |    9 |
|   6 |       TABLE ACCESS FULL      | EMPLOYEES       |    1 |  642 |    9 |
|*  7 |    INDEX UNIQUE SCAN         | IX_EMPLOYEES_PK |   27 |   27 |   27 |
|   8 |    TABLE ACCESS BY INDEX ROWID| EMPLOYEES      |   27 |   27 |   27 |
```

EMPLOYEES 테이블을 PK INDEX를 이용해서 한 번 더 ACCESS 하는 비효율이 발생했다. 이 부분은 아래와 같이 ROWID를 이용함으로써 INDEX UNIQUE SCAN 실행 계획을 제거할 수 있다. 위 실행 계획과 비교해 봤을 때 Buffers 통곗값이 63에서 31로 줄어든 것을 확인할 수 있다.

```
SELECT /*+ LEADING(VW_NSO_1) USE_NL(B) */
       B.DEPARTMENT_ID, B.EMPLOYEE_ID, B.FIRST_NAME, B.JOB_ID, B.HIRE_DATE
  FROM EMPLOYEES B
 WHERE ROWID IN
       (SELECT SUBSTR(MAX(TO_CHAR(HIRE_DATE,'YYYYMMDD')||ROWID), 9)
          FROM EMPLOYEES E
         GROUP BY DEPARTMENT_ID);
```

```
| Id | Operation                     | Name      | Starts | A-Rows | Buffers |
|  0 | SELECT STATEMENT              |           |    1   |   27   |   31    |
|  1 |  NESTED LOOPS                 |           |    1   |   27   |   31    |
|  2 |   VIEW                        | VW_NSO_1  |    1   |   27   |    9    |
|  3 |    HASH UNIQUE                |           |    1   |   27   |    9    |
|  4 |     HASH GROUP BY             |           |    1   |   27   |    9    |
|  5 |      TABLE ACCESS FULL        | EMPLOYEES |    1   |  642   |    9    |
|  6 |   TABLE ACCESS BY USER ROWID  | EMPLOYEES |   27   |   27   |   22    |
```

Section 07 INDEX 컬럼 가공

실무에서 튜닝을 진행하다가 보면 조건절에 들어오는 컬럼에 INDEX가 존재함에도 INDEX 컬럼을 TRIM(COLUMN_NAME), TO_DATE(COLUMN_NAME, 'YYYYMMDD')와 같이 가공하는 사례가 종종 발생하고 있다. 이로 인해 옵티마이저는 INDEX SCAN 대신에 FULL TABLE SCAN을 선택하게 되어 성능 저하가 발생하게 된다.

INDEX 컬럼 가공에 대한 부분은 SITE 내에서 SQL 개발 표준으로 정해서 이러한 실수로 성능 저하가 발생하지 않도록 해야 한다.

이번 Section에서는 컬럼 데이터 타입의 잘못된 설계로 인한 컬럼 가공으로 성능 저하가 발생되는 사례에 대해서 살펴보자.

<ORDERS 테이블 INDEX 현황>
IX_ORDERS_N3 : CUSTOMER_ID, ORDER_DATE

■ ORDERS 테이블 데이터 타입

컬럼명	데이터 타입
ORDER_ID	VARCHAR2(17)
ORDER_DATE	DATE
ORDER_MODE	VARCHAR2(6)
CUSTOMER_ID	**CHAR(7)**
EMPLOYEE_ID	VARCHAR2(7)
ORDER_STATUS	NUMBER
ORDER_TOTAL	NUMBER

```
SELECT ORDER_DATE, CUSTOMER_ID
     , ORDER_MODE, ORDER_TOTAL
  FROM ORDERS A
 WHERE RTRIM(CUSTOMER_ID) = 'C01492'
   AND ORDER_DATE BETWEEN TO_DATE('20120101', 'YYYYMMDD')
                      AND TO_DATE('20130101', 'YYYYMMDD');
```

```
| Id | Operation         | Name   | Starts | A-Rows | Buffers |
--------------------------------------------------------------
|  0 | SELECT STATEMENT  |        |   1    |   97   |  19621  |
|* 1 | TABLE ACCESS FULL | ORDERS |   1    |   97   |  19621  |
```

CUSTOMER_ID + ORDER_DATE의 복합 조건은 범위를 많이 줄여주는 똑똑한 조건이지만 RTRIM(CUSTOMER_ID)과 같이 INDEX 컬럼 가공으로 인한 FULL TABLE SCAN이 발생하고 있다. 왜 RTRIM 함수를 사용해야만 했을까?

위는 ORDERS 테이블 컬럼 데이터 타입을 나타내고 있으며 CUSTOMER_ID가 CHAR(7)로 잡혀 있는 상황이다. 조회조건에는 RTRIM(CUSTOMER_ID) = 'C01492'와 같이 6자리로 값이 들어오고 있는데 CUSTOMER_ID 컬럼의 데이터 타입은 CHAR(7)로 되어 있다. CHAR 데이터 타입은 고정형 문자 데이터 타입이기 때문에 ORDERS 테이블에 CUSTOMER_ID가 6자리로 입력될 때 맨 끝자리는 공백값이 들어가게 되어 CUSTOMER_ID = 'C01492'와 같이 조회를 하게 되면 결괏값이 나오지 않게 된다.

이는 전적으로 컬럼을 설계한 사람의 잘못이다. 이러한 부분은 당연히 데이터 타입을 VARCHAR2 형태로 변경을 하고 데이터를 다시 적재해야 되지만 업무상 힘들 수도 있다. 이럴 때는 임시방편으로 INDEX 컬럼을 가공하는 대신에 RPAD 함수를 사용해서 7자리로 저장되는 경우가 아니라면 맨 끝에 공백이 들어가도록 한다. 언젠가는 VARCHAR2로 바꿔야 한다.

```sql
SELECT ORDER_DATE, CUSTOMER_ID
     , ORDER_MODE, ORDER_TOTAL
  FROM ORDERS A
 WHERE CUSTOMER_ID = RPAD('C01492', 7, ' ')
   AND ORDER_DATE BETWEEN TO_DATE('20120101', 'YYYYMMDD')
                      AND TO_DATE('20130101', 'YYYYMMDD');
```

```
| Id | Operation                            | Name        | Starts | A-Rows | Buffers |
-----------------------------------------------------------------------------------------
|  0 | SELECT STATEMENT                     |             |   1    |   97   |   100   |
|  1 | TABLE ACCESS BY INDEX ROWID BATCHED  | ORDERS      |   1    |   97   |   100   |
|* 2 |  INDEX RANGE SCAN                    | IX_ORDERS_N3|   1    |   97   |     5   |
```

Section 08 CLUSTERING FACTOR

이번 장에서는 Section 02. INDEX RANGE SCAN에서 언급했던 CLUSTERING FACTOR 에 대해서 알아보고자 한다.

```
---------------------------------------------------------------------------
| Id  | Operation                           | Name         | Starts | A-Rows | Buffers |
---------------------------------------------------------------------------
|   0 | SELECT STATEMENT                    |              |      1 |  10000 |    9000 |
|   1 |  TABLE ACCESS BY INDEX ROWID BATCHED| ORDERS       |      1 |  10000 |    9000 |
|*  2 |   INDEX RANGE SCAN                  | IX_ORDERS_N1 |      1 |  10000 |     150 |
---------------------------------------------------------------------------
```

=> ID 1번에서 Buffers는 9000 - 150 = 8850

```
---------------------------------------------------------------------------
| Id  | Operation                           | Name         | Starts | A-Rows | Buffers |
---------------------------------------------------------------------------
|   0 | SELECT STATEMENT                    |              |      1 |  10000 |     800 |
|   1 |  TABLE ACCESS BY INDEX ROWID BATCHED| ORDERS       |      1 |  10000 |     800 |
|*  2 |   INDEX RANGE SCAN                  | IX_ORDERS_N1 |      1 |  10000 |     150 |
---------------------------------------------------------------------------
```

=> ID 1번에서 Buffers는 800 - 150 = 650

실행 계획을 보다 보면 TABLE ACCESS BY INDEX ROWID 부분의 Buffers 수치가 위 첫 번째 실행 계획과 같이 A-Rows 수에 근접하는 경우가 있고 위 2번째 실행 계획과 같이 A-Rows 수는 높지만 TABLE ACCESS BY INDEX ROWID 부분에서의 Buffers 수치는 낮은 경우를 볼 수 있다. 이것은 모두 CLUSTERING FACTOR와 관계가 있다.

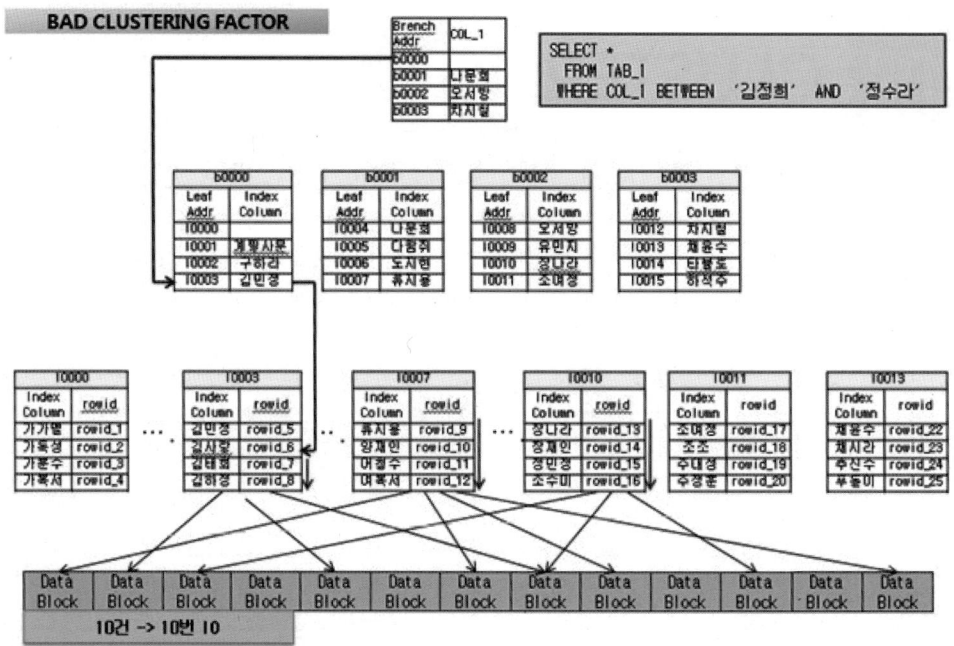

그렇다면 CLUSTERING FACTOR라는 것은 무엇일까? 이것은 데이터가 모여 있는 정도라고 표현하면 적당할 듯하다. INDEX SCAN 시에 INDEX에서 구한 ROWID로 테이블을 건건이 찾아갈 때 계속 동일 Block을 SCAN 할 확률이 높다면 CF(CLUSTERING FACTOR)는 좋다. 하지만 서로 다른 Block을 찾아갈 확률이 높다면 CF는 나쁘다. CF가 좋으면 Block I/O가 감소하고, 나쁘면 Block I/O가 증가한다.

위의 그림에서는 INDEX RANGE SCAN 시에 가리키는 ROWID의 Data Block 위치가 Random하게 왔다 갔다가 하고 있다. 이런 경우가 CLUSTERING FACTOR가 좋지 않은 예가 된다. 이때 Index Leaf Block에서 SCAN된 건 수 만큼 Buffers 수치(Block I/O)가 올라가게 된다.(위의 그림에서는 I/O는 9)

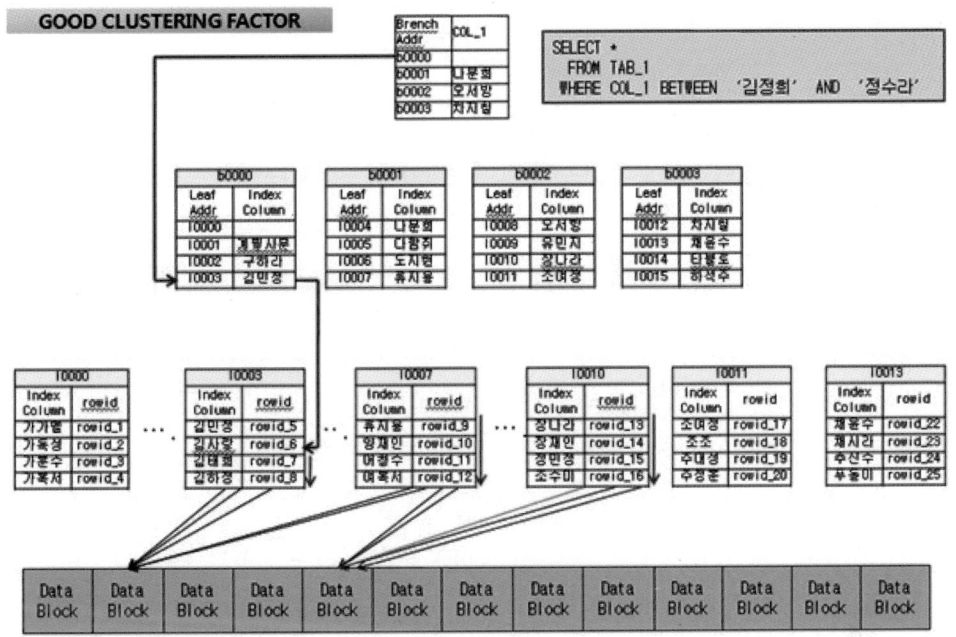

위의 그림에서는 INDEX RANGE SCAN 시에 가리키는 ROWID의 Data Block 위치가 연속적으로 같은 위치를 가리키고 있다. 이런 경우가 CLUSTERING FACTOR가 매우 좋은 예가 될 수 있으며 Buffers 수치는 2가 된다.

결국 CLUSTERING FACTOR가 가장 좋은 경우는 INDEX에 저장된 순서와 데이터 저장 순서가 완전 일치하는 경우이며 이때의 CLUSTERING FACTOR 값은 해당 테이블이 저장된 전체 Data Block 수에 근접할 것이다.

반대로 CLUSTERING FACTOR 가장 좋지 않은 경우는 INDEX 순서와는 상관없이 DATA가 이 Block 저 Block에 매우 Random하게 여기저기 흩어져 있는 경우가 될 것이다. 이때는 CLUSTERING FACTOR가 해당 테이블의 전체 데이터 건수에 근접하게 된다.

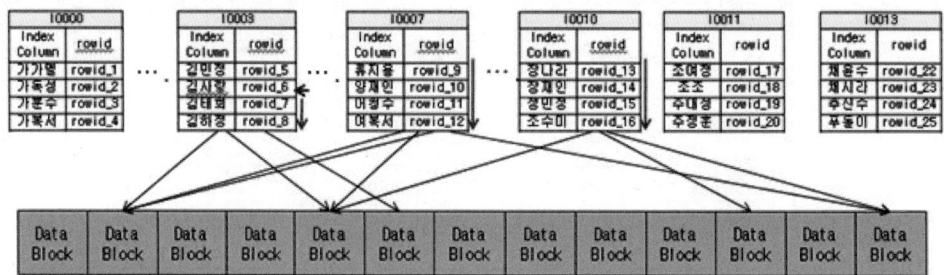

위 그림의 경우 Block I/O가 5로 보이지만 실제로는 10이 된다. 왜 그럴까? 이는 INDEX RANGE SCAN 시에 이전 ROW에 대해서만 캐싱해놓기 때문에 다음 INDEX Row가 다른 Data Block으로 ACCESS 하게 되면 그 전에 캐싱한 Block을 덮어쓰게 된다. 따라서 CLUSTERING FACTOR가 좋은 경우는 INDEX SCAN 시에 연속적으로 같은 Block을 ACCESS 하는 경우가 된다. 위의 경우에 논리적 I/O는 10 Block이지만 같은 Block을 반복 ACCESS 했기 때문에 물리적 I/O는 4가 될 것이다.

그렇다면 CLUSTERING FACTOR가 조회 조건에 대해 최상인 경우의 ORDERS 테이블의 복사본과 INDEX를 생성해 보도록 하자.

<ORDER_DATE의 CLUSTERING FACTOR가 최적인 테이블 생성>
```
--ORDER BY ORDER_DATE를 통해 데이터가 ORDER_DATE로 정렬이 되어 생성된다
CREATE TABLE ORDERS_CF
AS
SELECT *
  FROM ORDERS
 ORDER BY ORDER_DATE;

--ORDER_DATE 컬럼에 INDEX 생성
CREATE INDEX IX_ORDERS_CF_N1
ON ORDERS_CF(ORDER_DATE);
```

위와 같이 ORDERS_CLF 테이블에 ORDER_DATE로 데이터가 정렬이 되어 들어간 상태에서 ORDER_DATE 컬럼에 INDEX를 생성하면 테이블 저장 순서와 INDEX 순서는 일치한다.

아래 그림의 오른쪽은 Data Block을 나타내고 굵은 바깥 실선으로 묶인 것이 Block이라고 했을 때 INDEX 순서가 DATA 저장 순서와 일치하기 때문에 조회 시에 같은 Block을 ACCESS 하게 된다. 즉 CLUSTERING FACTOR가 최적이기 때문에 I/O가 매우 작게 발생할 것이다.

IX_ORDER_CF_N1 : ORDER_DATE	ORDER_ID	ORDER_DATE
2007/01/01 00:00:20	000000824	2007/01/01 00:00:20
2007/01/01 00:00:28	000000658	2007/01/01 00:00:28
2007/01/01 00:00:48	000000428	2007/01/01 00:00:48
2007/01/01 00:01:02	000000960	2007/01/01 00:01:02
2007/01/01 00:01:07	000000284	2007/01/01 00:01:07
2007/01/01 00:01:13	000000554	2007/01/01 00:01:13
2007/01/01 00:01:14	000001203	2007/01/01 00:01:14
2007/01/01 00:01:19	000000574	2007/01/01 00:01:19
2007/01/01 00:01:33	000000174	2007/01/01 00:01:33
..		
2007/01/01 00:38:27	000000395	2007/01/01 00:38:27
2007/01/01 00:38:39	000000300	2007/01/01 00:38:39
..	..	..

CLUSTERING FACTOR는 아래와 같이 조회가 가능하다.

```
SELECT A.TABLE_NAME, A.INDEX_NAME, A.CLUSTERING_FACTOR
     , A.NUM_ROWS, B.BLOCKS TABLE_BLOCKS
  FROM DBA_INDEXES A, DBA_TABLES B
 WHERE A.TABLE_NAME = B.TABLE_NAME
   AND A.OWNER = B.OWNER
   AND A.INDEX_NAME IN ('IX_ORDERS_N1', 'IX_ORDERS_CF_N1');
```

TABLE_NAME	INDEX_NAME	CLUSTERING_FACTOR	NUM_ROWS	TABLE_BLOCKS
ORDERS_CLF	IX_ORDERS_CF_N1	20409	3000000	19481
ORDERS	IX_ORDERS_N1	2616283	3000000	19481

좋은 CLUSTERING FACTOR는 TABLE Block 수에 근접하고 CLUSTERING FACTOR가 좋지 않은 경우는 테이블 전체 건수에 근접을 하게 된다.

아래 두 SQL은 같은 조건으로 ORDERS와 ORDERS_CF 테이블을 조회한 결과이다. INDEX RANGE SCAN의 건수가 TABLE ACCESS BY INDEX ROWID 발생했을 때 CLUSTERING FACTOR가 좋은 경우는 I/O가 매우 적게 발생했음을 볼 수 있다.

```
SELECT /*+ INDEX(A IX_ORDERS_N1) */
       TO_CHAR(ORDER_DATE, 'YYYYMM') ORDER_MM
     , COUNT(*) ORDER_CNT
     , SUM(ORDER_TOTAL) ORDER_AMT
  FROM ORDERS A
 WHERE ORDER_DATE BETWEEN TO_DATE('20110101', 'YYYYMMDD')
                      AND TO_DATE('20120101', 'YYYYMMDD')
 GROUP BY TO_CHAR(ORDER_DATE, 'YYYYMM');
```

```
------------------------------------------------------------------------------------
| Id | Operation                            | Name         | Starts | A-Rows |Buffers|
------------------------------------------------------------------------------------
|  0 | SELECT STATEMENT                     |              |     1  |    12  |  447K |
|  1 |  HASH GROUP BY                       |              |     1  |    12  |  447K |
|  2 |   TABLE ACCESS BY INDEX ROWID BATCHED| ORDERS       |     1  |  499K  |  447K |
|* 3 |    INDEX RANGE SCAN                  | IX_ORDERS_N1 |     1  |  499K  |  1325 |
------------------------------------------------------------------------------------
```

```
SELECT /*+ INDEX(A IX_ORDERS_CLF_N1) */
       TO_CHAR(ORDER_DATE, 'YYYYMM') ORDER_MM
     , COUNT(*) ORDER_CNT
     , SUM(ORDER_TOTAL) ORDER_AMT
  FROM ORDERS_CF A
 WHERE ORDER_DATE BETWEEN TO_DATE('20110101', 'YYYYMMDD')
                      AND TO_DATE('20120101', 'YYYYMMDD')
 GROUP BY TO_CHAR(ORDER_DATE, 'YYYYMM');
```

```
---------------------------------------------------------------------------------------
| Id | Operation                            | Name            | Starts | A-Rows |Buffers|
---------------------------------------------------------------------------------------
|  0 | SELECT STATEMENT                     |                 |     1  |    12  |  4725 |
|  1 |  HASH GROUP BY                       |                 |     1  |    12  |  4725 |
|  2 |   TABLE ACCESS BY INDEX ROWID BATCHED| ORDERS_CF       |     1  |  499K  |  4725 |
|* 3 |    INDEX RANGE SCAN                  | IX_ORDERS_CF_N1 |     1  |  499K  |  1325 |
---------------------------------------------------------------------------------------
```

ORDERS_CF 테이블의 CLUSTERING FACTOR가 좋은 IX_ORDERS_CF_N1 INDEX
에 EMPLOYEE_ID 컬럼을 추가해서 ORDER_DATE, EMPLOYEE_ID로 된 복합 INDEX
로 구성한다면 CLUSTERING FACTOR는 어떻게 될까?

일반적으로는 컬럼이 추가될수록 CLUSTOERING FACTOR는 나빠진다. 추가된 컬럼으
로 정렬이 되어 INDEX의 저장 순서와 테이블의 저장 순서가 틀려지게 되기 때문이다.

하지만 ORDERS_CF 테이블에서는 ORDER_DATE, EMPLOYEE_ID로 구성하더라
도 CLUSTERING FACTOR에 큰 변화는 없을 것이다. INDEX 컬럼인 ORDER_DATE,
EMPLOYEE_ID로 정렬이 되지만 ORDER_DATE 컬럼 자체가 시, 분, 초까지 저장하고
있기 때문에 하나의 ORDER_DATE 값에 대해서 다른 EMPLOYEE_ID를 갖는 경우가
거의 없어서 INDEX 내에서 정렬 순서가 위의 그림과 거의 일치한다. 아래는 ORDER_
DATE, EMPLOYEE_ID 컬럼으로 INDEX 생성해서 CF를 조회한 결과이다. 큰 차이가 없
음을 볼 수 있다.

```
TABLE_NAME   INDEX_NAME        CLUSTERING_FACTOR   NUM_ROWS
-----------  ---------------   -----------------   ---------
ORDERS_CF    IX_ORDERS_CF_N1         20550          3000000
ORDERS_CF    IX_ORDERS_CF_N2         20734          3000000
```

결론적으로 CLUSTERING FACTOR가 매우 좋은 INDEX의 컬럼이 UNIQUE에 가까울
경우에는 뒤에 컬럼이 추가되더라도 CLUSTERING FACTOR가 나빠지지 않는다.

이번에는 TO_CHAR(ORDER_DATE, 'YYYYMMDD')으로 된 FUNCTION BASED
INDEX를 생성해 보도록 하자.

```
CREATE INDEX IX_ORDERS_CF_N3
ON ORDERS_CF(TO_CHAR(ORDER_DATE, 'YYYYMMDD'));,
```

이 INDEX의 경우 CLUSTERING FACTOR는 어떻게 될까? 이때도 역시 CLUSTERING
FACTOR가 좋다. INDEX가 TO_CHAR(ORDER_DATE, 'YYYYMMDD')로 가공되어
일자로 저장되어 같은 값이 많이 존재하게 되지만 같은 값일 경우에는 ROWID로 정렬이

되기 때문에 ORDER_DATE로 구성된 INDEX와 INDEX 저장 순서가 크게 달라지지 않기 때문이다.

```
TABLE_NAME   INDEX_NAME        CLUSTERING_FACTOR  NUM_ROWS
-----------  ----------------  -----------------  --------
ORDERS_CF    IX_ORDERS_CF_N1              20550   3000000
ORDERS_CF    IX_ORDERS_CF_N3              20625   3000000
```

이번에는 INDEX를 TO_CHAR(ORDER_DATE, 'YYYYMMDD'), EMPLOYEE_ID로 생성을 해보자.

```
CREATE INDEX IX_ORDERS_CF_N4
ON ORDERS_CF(TO_CHAR(ORDER_DATE, 'YYYYMMDD'), EMPLOYEE_ID);
```

이 경우는 TO_CHAR(ORDER_DATE, 'YYYYMMDD')로 정렬 후에 EMPLOYEE_ID로 정렬하고 같은 값이 있을 경우 ROWID로 정렬한다. 이때 EMPLOYEE_ID로 정렬되면서 INDEX 순서와 테이블 순서가 틀려지게 된다. 따라서 CLUSTERING FACTOR가 나빠진다.

```
TABLE_NAME   INDEX_NAME        CLUSTERING_    FACTOR NUM_ROWS
-----------  ----------------  -------------  --------------
ORDERS_CF    IX_ORDERS_CF_N1         20550    3000000
ORDERS_CF    IX_ORDERS_CF_N4       2607223    3000000
```

INDEX를 설계할 때 CLUSTERING FACTOR가 좋은 방향으로 맞춰야 되는 것은 아니다. 실행 계획을 확인할 때 어떤 경우는 10,000건에 대해서 Single Block I/O가 높아진다면 9,000인데 어떤 경우는 100이라고 한다면 왜 이렇게 되었는지 이해하기 위한 Section라고 생각하면 되겠다.

간혹 이 CLUSTERING FACTOR의 개념을 이용해서 튜닝이 필요한 경우도 있기는 하다. 사용되는 테이블이 비 휘발성이고(트랜잭션량이 많지 않음) 특정 조회 조건으로 조회가 자주 발생하고 빠른 응답시간이 요구되는 경우가 있다고 한다면 테이블의 데이터를 조회 조건의 INDEX 순서에 맞추어 다시 적재하는 방법으로 해당 SQL의 성능을 높일 수 있다. IOT나 클러스터 테이블을 이용하는 것도 방법이 될 수 있다. 하지만 이런 튜닝 방법은 드물다고 보면 된다.

FULL TABLE SCAN

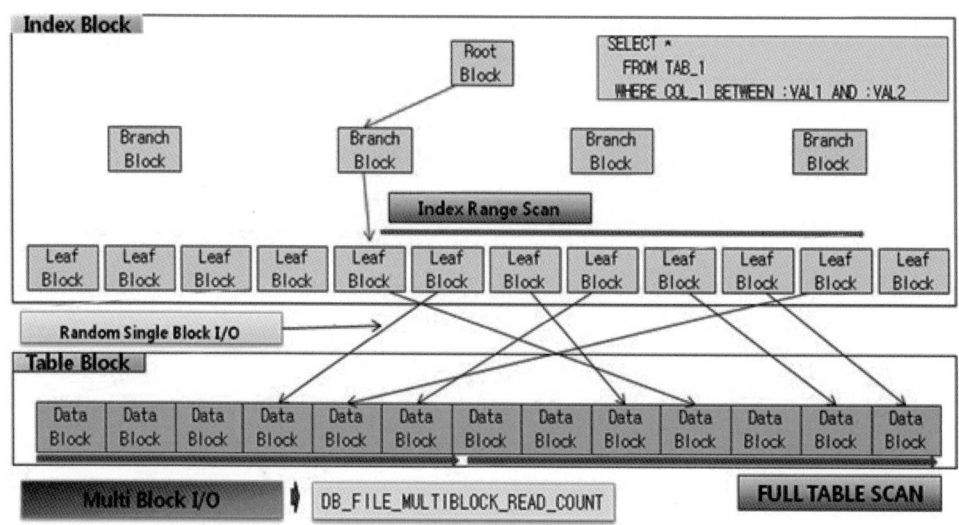

FULL TABLE SCAN은 TABLE Block 전체를 DB_FILE_MULTIBLOCK_READ_COUNT 파라미터 값에 비례해서 수십 Block씩 MULTI BLOCK으로 SCAN을 한다. 이때 SCAN 되는 구간은 HIGH WATER MARK까지이다. DB_FILE_MULTIBLOCK_READ_COUNT 파라미터 값은 일반적으로 16, 32, 64, 128과 같이 표시된다.

아무런 조건 없이 테이블을 SCAN하는 경우, INDEX가 생성되지 않은 컬럼에 대해서 조건이 발생하는 경우, INDEX가 생성되어 있더라도 옵티마이저가 FULL TABLE SCAN이 유리하다고 판단되는 경우 발생할 수 있다.

FULL TABLE SCAN이 발생하게 되면 HWM(High Water Mark) 이하의 모든 Block을 SCAN하게 된다. 만약 실제 데이터 건수는 작더라도 HWM가 크게 확장된 경우 많은 Block SCAN이 발생할 수 있다.

FULL TABLE SCAN은 주로 넓은 범위 조회나 배치 쿼리와 대량 건수 조회 시 사용될 수 있다.

INDEX RAGNE SCAN과 FULL TABLE SCAN의 성능을 비교해 보고 어떤 상황에서 INDEX RANGE SCAN이 유리한지, FULL TABLE SCAN이 유리한지 정리를 해보도록 하겠다.

<ORDER_ITEMS 테이블 현황>
ORDER_DATE 범위 : 2007-01-01 ~ 2012-12-31
총 건수 : 14,870,887 건
총 BLOCK 수 : 71,214 BLOCK

<ORDER_ITEMS INDEX 현황>
IX_ORDER_ITEMS_PK : ORDER_ID,PRODUCT_ID
IX_ORDER_ITEMS_N1 : ORDER_DATE

```
SELECT /*+ INDEX(A IX_ORDER_ITEMS_N1) */
       PRODUCT_ID
     , SUM(QUANTITY) QTY
     , COUNT(*)
  FROM ORDER_ITEMS A
 WHERE ORDER_DATE >= TO_DATE('20120501', 'YYYYMMDD')
   AND ORDER_DATE <  TO_DATE('20120601', 'YYYYMMDD')
 GROUP BY PRODUCT_ID;
```

위 SQL은 약 한 달 범위의 데이터를 조회하면서 INDEX 힌트를 기술함으로써 무조건 INDEX RANGE SCAN이 되도록 하고 있다.

아래 실행 계획을 확인해보도록 하자.

```
------------------------------------------------------------------------------------
| Id | Operation                     | Name             | A-Rows | A-Time      | Buffers | Reads |
------------------------------------------------------------------------------------
|  0 | SELECT STATEMENT              |                  |    288 | 00:01:41.03 |   196K  | 13700 |
|  1 |  HASH GROUP BY                |                  |    288 | 00:01:41.03 |   196K  | 13700 |
|  2 |   TABLE ACCESS BY INDEX ROWID | ORDER_ITEMS      |   209K | 00:01:40.85 |   196K  | 13700 |
|* 3 |    INDEX RANGE SCAN           | IX_ORDER_ITEMS_N1|   209K | 00:00:01.14 |    558  |   443 |
------------------------------------------------------------------------------------
```

위 실행 계획 통계를 보면 214016 (209 * 1024)건을 INDEX Block에서 조회를 한 후 테이블로 Single Block I/O를 하는 과정에서 200704(196K * 1024) Block I/O(Buffers : 196K)가 발생했다. 위의 경우는 거의 건수만큼 Buffers 통계치가 발생을 했으므로 CLUSTERING FACTOR가 매우 좋지 않은 경우가 될 것이다.

ORDER_ITEMS의 총 Block 수는 71,214 Block인데 발생 Block I/O는 200,704으로 3배가량 많다. Reads(Physical I/O)가 13,700 Block 발생하면서 A-Time 시간도 100초가 넘게 걸리고 있다. 아래 실행 계획과 같이 Reads의 수치가 줄어드니 A-Time가 매우 작게 나왔다. Memory(Buffer Cache)에서만 읽은 결과이다.

```
---------------------------------------------------------------------------------
| Id  | Operation                     | Name             | A-Rows | A-Time      | Buffers | Reads |
---------------------------------------------------------------------------------
|   0 | SELECT STATEMENT              |                  |    288 | 00:00:00.42 |   196K  |    7  |
|   1 |  HASH GROUP BY                |                  |    288 | 00:00:00.42 |   196K  |    7  |
|   2 |   TABLE ACCESS BY INDEX ROWID | ORDER_ITEMS      |   209K | 00:00:00.36 |   196K  |    7  |
|*  3 |    INDEX RANGE SCAN           | IX_ORDER_ITEMS_N1|   209K | 00:00:00.04 |    558  |    6  |
---------------------------------------------------------------------------------
```

위 SQL이 자주 수행되는 경우라면 Buffer Cache에서 읽을 확률이 높아져 속도는 빠르겠지만 종종 수행되는 경우라면 Buffer Cache에 존재하지 않을 확률이 높기 때문에 READS 수치가 높아져서 A-Time가 첫 번째 실행 계획과 같이 매우 늘어날 것이다.

위와 같이 INDEX RANGE SCAN에 대한 I/O가 TABLE 전체 Block 수보다 높을 경우는 I/O 관점에서 당연히 FULL TABLE SCAN이 유리하다. 아래는 FULL TABLE SCAN 시 실행 계획 통계이다.

```
---------------------------------------------------------------------------------
| Id  | Operation          | Name        | Starts | A-Rows | A-Time      | Buffers | Reads |
---------------------------------------------------------------------------------
|   0 | SELECT STATEMENT   |             |     1  |   288  | 00:00:07.95 |  70836  | 70831 |
|   1 |  HASH GROUP BY     |             |     1  |   288  | 00:00:07.95 |  70836  | 70831 |
|*  2 |   TABLE ACCESS FULL| ORDER_ITEMS |     1  |  209K  | 00:00:07.84 |  70836  | 70831 |
---------------------------------------------------------------------------------
```

INDEX RAGNE SCAN 할 때에는 Physical Reads의 비율이 전체 I/O의 1/16 수준인데 A-Time(수행 시간)은 100초 이상이었지만 FULL TABLE SCAN 시에는 PHYSICAL Reads의 비율이 99%인데 7.95초가 걸리고 있다. 이것은 Random Single Block I/O와 Multi Block I/O 차이라고 보면 될 것이다.

실무에서 튜닝을 하다가 보면 데이터 SCAN 건수가 굉장히 많은 SQL인데 강제로 INDEX를 사용하게 만들어서 성능이 많이 저하되는 경우가 종종 발생한다.

예를 들어서 INDEX RANGE SCAN과 FULL TABLE SCAN을 결정하는 기준으로 INDEX SCAN으로 조회되는 데이터 건수가 테이블 전체 건수의 1/20 이하이면 INDEX RANGE SCAN하는 것이 유리하고 그 반대면 FULL TABLE SCAN 하는 것이 유리하다는 일반적인 기준이 있을 수 있다. 하지만 상황은 환경에 따라 변한다. 테이블 건수가 10억 건인데 1/20인 5,000만 건을 INDEX RANGE SCAN을 한다면 굉장히 속도가 느릴 것이다.

INDEX RANGE SCAN, FULL TABLE SCAN의 선택 기준은 전체 테이블 Block 수 대비 INDEX RANGE SCAN에 대한 I/O 비율(CLUSTERING FACTOR가 영향을 미침)과 수행 빈도 및 수행 속도 등을 고려해서 결정하면 될 것이다.

Section 10
INDEX ACCESS 조건, FILTER 조건, 선택도

INDEX ACCESS 조건이라는 것은 INDEX SCAN 시에 SCAN 범위를 줄여주는 데 참여한 조건을 이야기하고 INDEX FILTER 조건이라는 것은 실제 SCAN 범위는 줄여주지 못하고 말 그대로 FILTER 역할만 하는 조건을 나타낸다.

INDEX 효율적인 SCAN 및 INDEX 설계를 잘하기 위해서는 INDEX ACCESS 조건, FILTER 조건의 이해는 반드시 필요하다.

아래 그림은 COL1, COL2, COL3, COL4로 구성된 복합 INDEX를 나타낸 것이다. 그림을 통해서 자세히 살펴보도록 하자.

여기서 =, IN 등의 조건을 점 조건, >=, <=, BETWEEN, LIKE 등을 선분 조건이라고 명명하도록 하겠다.

참고로 INDEX RANGE SCAN 시에는 아래 그림에서 표현한 보라색보다 한 Row SCAN 이 더 발생한다. 조회 조건에 해당하는 마지막 값인지 확인이 필요하기 때문이다. 따라서 아래 그림<1>에서는 보라색이 3칸이지만 실제로는 4칸 읽는다고 생각하면 될 것이다.

1. WHERE COL1 = '1' AND COL2 = 'A' AND COL3 = '나' AND COL4 = 'a'

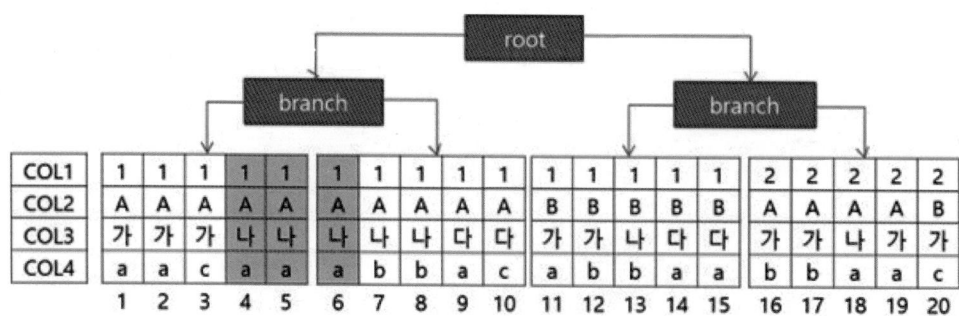

Index Root Block에서 위 조건에 해당하는 시작점의 주소를 가지고 Branch → Leaf Block으로 찾아간 후 위 조건에 해당하는 지점부터 SCAN이 발생하게 된다.

모든 조건이 =인 점 조건으로 들어오게 되면 모든 INDEX 조건은 ACCESS 조건이 되어 INDEX SCAN 범위를 줄여주는 역할을 하게 된다. 위의 그림에 표시한 것과 같이 불필요한 부분의 ACCESS는 없이 조건에 해당하는 INDEX 범위만 SCAN을 했다.

2. WHERE COL = '1' AND COL2 = 'A' AND COL3 = '나' AND COL4 >= 'a'

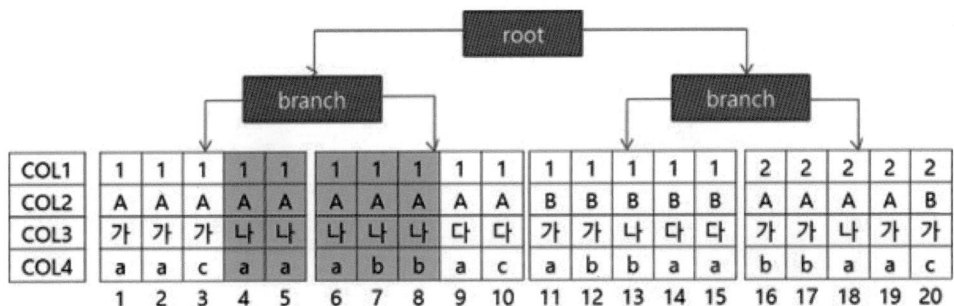

위의 경우는 COL1, COL2, COL3는 점 조건인 =로 들어오고 COL4는 선분조건으로 들어온 경우이다. 이때 Root Block에서 LEAF NODE의 시작점이 [1, A, 나, a]가 된다. 이때에도 모든 조건이 ACCESS 조건으로 참여하게 되어 필요한 부분만 SCAN을 하게 된다.

3. WHERE COL1 = '1' AND COL2 = 'A' AND COL3 BETWEEN '가' AND '다' AND COL4 = 'a'

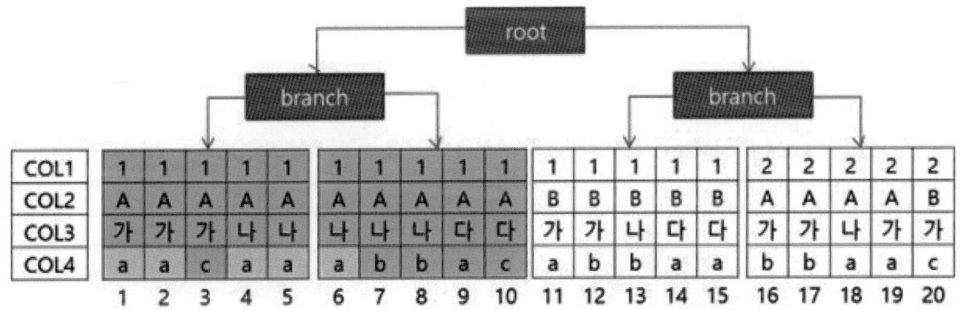

COL1, COL2는 = 의 점 조건으로 들어오고 COL3는 BETWEEN의 선분조건, COL4는 다시 점 조건으로 들어온 경우이다. 이때는 COL3가 BETWEEN 조건으로 들어오기 때문에 Root Block부터 조회된 Branch Block의 시작점은 [1, A, 가]가 된다. 이때는 COL1,

COL2, COL3까지는 ACCESS 조건으로 참여하지만 COL4는 FILTER 조건이 되어 SCAN 범위는 줄여주지 못하고 COL1, COL2, COL3까지의 SCAN된 범위에서 필터링하는 역할만을 했다. 이는 옵티마이저가 COL3의 경우 BETWEEN으로 가 ~ 다까지 모두 SCAN 후에 후행 INDEX 컬럼 조건으로 체크하기 때문이다.

BETWEEN, LIKE, >= 등의 선분 조건의 뒤에 들어오는 INDEX 컬럼에 대한 조건은 항상 FILTER 조건으로 참여하게 된다.

4. WHERE COL1 = '1' AND COL2 = 'A' AND COL4 = 'a'

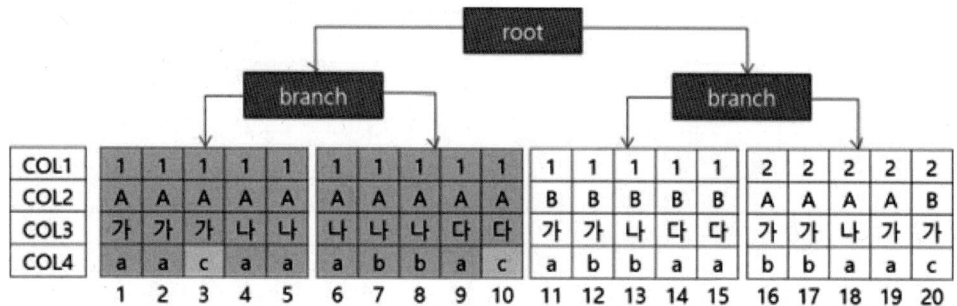

COL1, COL2는 '='의 점 조건으로 들어오고 COL3는 생략되고 COL4가 조건으로 들어온 경우이다. 이때는 COL3가 생략되었기 때문에 Root Block부터의 Branch Block의 SCAN 시작점이 [1, A]가 된다. COL1, COL2만 ACCESS 조건이 되어 CO1 = '1', COL2 = 'A'에 해당하는 전체 데이터 중에서 COL4 = 'a'로 필터링 조건으로만 참여하게 된다. 즉 INDEX의 중간 조건이 생략되면 이후 INDEX로 들어온 조건은 필터링 조건으로 참여하게 된다.

5. WHERE COL1 BETWEEN '1' AND '2' AND COL2 = 'A' AND COL3 = '가' AND COL4

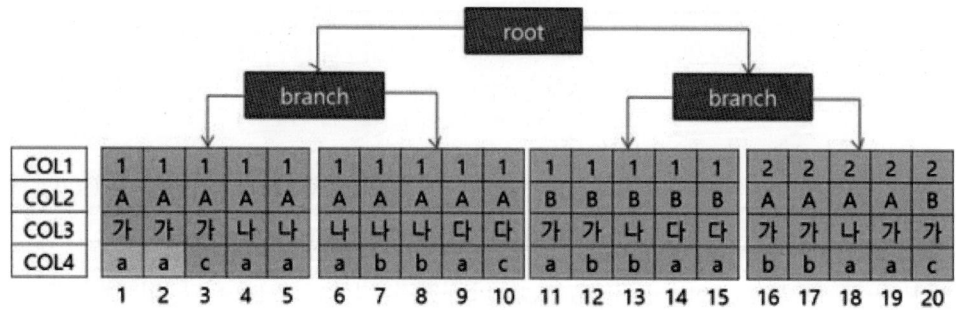

COL1, COL2는 '='의 점 조건으로 들어오고 COL3는 생략되고 COL4가 조건으로 들어온 경우이다. 이때는 COL3가 생략되었기 때문에 Root Block부터의 Branch Block의 SCAN 시작점이 [1, A]가 된다. COL1, COL2만 ACCESS 조건이 되어 CO1 = '1', COL2 = 'A'에 해당하는 전체 데이터 중에서 COL4 = 'a'로 필터링 조건으로만 참여하게 된다. 즉 INDEX의 중간 조건이 생략되면 이후 INDEX로 들어온 조건은 필터링 조건으로 참여하게 된다.

위 〈3〉번 항목에서 선분 조건 이후 INDEX 컬럼 조건은 모두 FILTER 조건으로 참여한다고 했었다. INDEX 선두 컬럼의 조건이 BETWEEN으로 들어왔기 때문에 ROOT NODE부터 Branch Block의 SCAN 시작점은 [1]이 된다. 즉 COL1에 해당하는 전체 데이터를 SCAN 후에 후행 INDEX 컬럼으로는 FILTER 역할만 수행되어 INDEX SCAN에 대한 비효율이 발생함을 볼 수 있다.

예를 들어 위와 같은 비효율이 발생하는 경우는 COL3과 같은 후행 INDEX 컬럼이 INDEX SCAN 범위를 크게 줄여주는 조건이나 INDEX 선두 컬럼이 거래일자와 같은 날짜 형태로 되어 있어 선두 컬럼이 범위 조회를 하게 될 때 발생하게 된다. 특히 날짜 조회 범위가 넓어질수록 비효율은 늘어나게 된다.

그렇다고 날짜 컬럼이 항상 INDEX 컬럼의 순서가 뒤에 위치해야 된다는 것은 아니다. 이 부분은 여러 가지를 고려해서 결정해야 된다.

INDEX 설계 전략에 대한 내용은 다음 Part인 [INDEX 설계 전략]에서 다룬다.

여기서는 INDEX SCAN 시에 어떤 조건이 ACCESS 조건이 되고 FILTER 조건이 되는지 확실히 이해하고 넘어가면 된다. 아래 예제를 통해서 확인을 해보도록 하자.

```
<ORDERS 테이블 INDEX 현황>
IX_ORDERS_N1 : ORDER_DATE, ORDER_MODE, EMPLOYEE_ID
IX_ORDERS_N2 : EMPLOYEE_ID, ORDER_MODE, ORDER_DATE


SELECT TO_CHAR(ORDER_DATE, 'YYYYMM') ORDER_MM
     , COUNT(*) ORDER_CNT
     , SUM(ORDER_TOTAL) ORDER_AMT
```

```
  FROM ORDERS A
 WHERE ORDER_DATE BETWEEN TO_DATE('20110101', 'YYYYMMDD')
                     AND TO_DATE('20120101', 'YYYYMMDD')
   AND EMPLOYEE_ID = 'E123'
   AND ORDER_MODE = 'direct'
 GROUP BY TO_CHAR(ORDER_DATE, 'YYYYMM');
```

<IX_ORDERS_N1 INDEX 사용>

```
---------------------------------------------------------------------------------
| Id  | Operation                            | Name         | Starts | A-Rows | Buffers | Used-Mem  |
---------------------------------------------------------------------------------
|  0  | SELECT STATEMENT                     |              |   1    |   12   |  2563   |           |
|  1  |  HASH GROUP BY                       |              |   1    |   12   |  2563   | 1012K (0) |
|  2  |   TABLE ACCESS BY INDEX ROWID BATCHED| ORDERS       |   1    |  403   |  2563   |           |
|* 3  |    INDEX RANGE SCAN                  | IX_ORDERS_N1 |   1    |  403   |  2174   |           |
---------------------------------------------------------------------------------
```

<IX_ORDERS_N2 INDEX 사용>

```
---------------------------------------------------------------------------------
| Id  | Operation                            | Name         | Starts | A-Rows | Buffers | Used-Mem  |
---------------------------------------------------------------------------------
|  0  | SELECT STATEMENT                     |              |   1    |   12   |   394   |           |
|  1  |  HASH GROUP BY                       |              |   1    |   12   |   394   | 1005K (0) |
|  2  |   TABLE ACCESS BY INDEX ROWID BATCHED| ORDERS       |   1    |  403   |   394   |           |
|* 3  |    INDEX RANGE SCAN                  | IX_ORDERS_N2 |   1    |  403   |    5    |           |
---------------------------------------------------------------------------------
```

IX_ORDERS_N1 INDEX는 위 SQL에서 BETWEEN 조건으로 들어오는 ORDER_DATE(주문일자) 컬럼이 선두 컬럼이다. IX_ORDERS_N2의 경우는 '='로 들어오는 EMPLOYEE_ID, ORDER_MODE가 선두 컬럼이다.

IX_ORDERS_N1 INDEX를 사용할 때는 ORDER_DATE만 ACCESS 조건으로 사용되어 ORDER_DATE 조건에만 해당하는 넓은 범위를 SCAN한 후에 ORDER_MODE,

EMPLOYEE_ID는 FILTER 조건으로 사용되었기 때문에 Buffers가 2,174이다. IX_ORDERS_N2 INDEX를 사용했을 경우는 3개 조건이 모두 ACCESS 조건으로 참여하게 되어 INDEX RANGE SCAN에서의 Buffers 값이 3이 되었다.

위 실행 계획에서 보았듯이 INDEX RANGE SCAN 단계에서 ACCESS 조건이 될 때와 FILTER 조건이 될 때 I/O는 차이가 있었다. 하지만 INDEX Level에서의 ACCESS, FILTER 효율이기 때문에 INDEX의 ROWID를 가지고 테이블로 ACCESS하는 TABLE ACCESS BY INDEX ROWID 부분의 Buffers 값은 389로 동일함을 알 수 있다.(2563 - 2174 = 394 - 5)

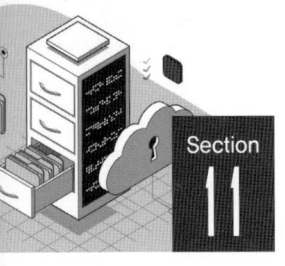

Section 11

INDEX SKIP SCAN

INDEX RAGNE SCAN의 경우는 조회 범위 시작점부터 ACCESS 조건에 만족하는 Index Leaf Block을 순차적으로 SCAN을 하며 필터링 조건은 INDEX SCAN 범위를 줄여주지 못한다고 위에서 설명했었다.

INDEX SKIP SCAN이라는 것은 조회 조건이 INDEX의 ACCESS 조건이 아니라 필터링 조건으로 들어오는 경우 ACCESS 범위에 해당하는 모든 INDEX Block을 순차적으로 SCAN 하는 것이 아니라 불필요한 Leaf Block은 SKIP해서 INDEX SCAN 범위를 줄여주는 Operation을 말한다.

아래 그림을 통해 자세하게 알아보도록 하겠다.

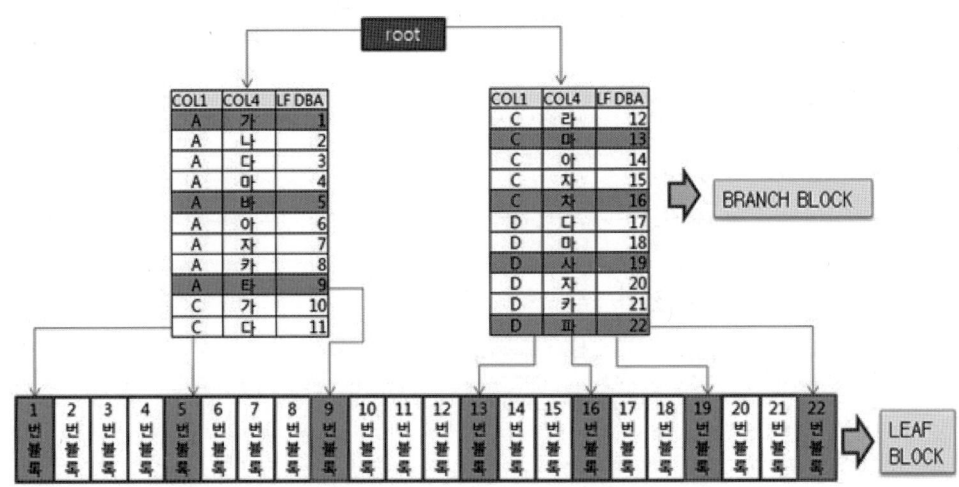

```
<사용 SQL>
SELECT * FROM SAMPLE WHERE COL4 = '사'
```

INDEX 컬럼은 COL1 + COL4로 되어 있으며 조회 조건은 COL4 = '사'로 들어오고 있다. 일반적으로 봤을 경우 INDEX의 선두 컬럼이 조회 조건에서 누락이 되었으므로 FULL

TABLE SCAN이 발생할 수 있다. 하지만 누락된 INDEX 컬럼이 DISTINCT한 값의 종류의 가지 수가 적을 경우에는 INDEX SKIP SCAN이라는 Operation이 발생 가능하다. 이것은 INDEX Branch Block의 정보를 이용해서 INDEX Leaf Block ACCESS를 SKIP 함으로 INDEX SCAN 범위를 줄일 수 있다.

INDEX SKIP SCAN을 하기 위해서 Index Leaf Block의 상위 NODE인 INDEX Branch Block에서 SKIP을 위한 정보가 필요하다.

위 그림은 누락된 INDEX 컬럼인 COL1의 DISTINCT한 값의 종류는 'A', 'C', 'D' 3종류이다. 위 그림에서의 INDEX SKIP SCAN 동작 방식을 아래와 같다. 그림에서 파란색으로 표시한 부분이 ACCESS BLOCK이 된다.

■ Index Leaf Block 방문의 기준은 DISTINCT한 값의 종류를 기준점으로 발생을 한다.

우선 INDEX의 시작점을 알기 위해서 무조건 첫 번째 Leaf Block은 1번 Block을 ACCESS 한다.

COL1 값이 A인 경우에 대해 COL2가 '사'인 경우는 '바'와 '아' 사이에 존재하기 때문에 '바'로 표시된 5번 Block을 ACCESS 한다. 6번 Block은 '아'부터 표시되기 때문에 '아' 이전인 '바'가 시작점인 5번 Block에 당연히 '사'가 존재하게 된다.

그다음 '타' 부분인 9번 Block을 방문하게 된다. 'A'와 'C' 사이에 다른 값이 존재할 수도 있기 때문에 COL1의 값이 변경되는 지점의 이전 Block은 방문을 해야 한다. 예를 들어 COL1의 'A'와 'C'에 'B'가 존재하고 COL4에 '사'가 존재할 수도 있기 때문이다.

위와 마찬가지로 COL1이 'C'에 해당하면서 COL4가 '마'인 13번 Block을 방문한다. 14번 Block인 '아'의 경우 시작 값이 '아'이기 때문에 '사' 값은 '마'보다 크거나 같으면서 '아'보다 작은 13번 Block에 위치하기 때문이다

COL1 값이 'C' → 'D'로 변경 부분인 16번 Block을 ACCESS 한다. 이도 역시 'C'와 'D' 사이에 'CD'와 같은 값이 있을지도 모르기 때문에 확인이 필요하기 때문이다.

그다음 19번 Block을 방문한다. '사'가 이 Block에 존재하기 때문이다.

마지막으로 22번 Block을 방문한다. 22번 Block은 'D'로 시작하기 때문에 해당 Block에 'E', 'F' 등 다른 값에 해당하는 COL4 = '사'가 존재하는지 확인해봐야 되기 때문이다.

위 예시에서는 COL1의 값이 종류가 3종류였으며 기본적으로 값의 변경 부분의 Block인 9, 16, 22 Block은 무조건 방문하게 된다. 만약 값의 종류가 100종류라고 한다면 100개의 Block을 방문할 것이다. 결국 값의 종류가 많으면 많을수록 방문 Block 수는 늘어날 것이다.

이 이유 때문에 INDEX SKIP SCAN은 조회 조건에서 누락된 INDEX 컬럼이 DISTINCT 한 값의 종류가 적을 때 사용해야 유용하다고 한 것이다. 만약 COL1이 UNIQUE에 가까운 값이라면 어떻게 될까? COL1값이 변할 때마다 마지막 Block을 방문해야 하므로 Index Leaf Block이 SKIP되는 효과는 없어지고 INDEX Branch Block에 대한 방문 비용만 높아져서 성능이 꽤 좋지 않게 될 것이다. 따라서 주의해서 사용해야 된다.

예제를 통해서 살펴보도록 하자.

< ORDERS 테이블 현황>
날짜 범위 : 20080101 ~ 20121231
총 건수 : 30,000,000 건
ORDER_STATUS DISTINCT VALUE : 10
ORDER_MODE DISTINCT VALUE : 2

<INDEX 현황>
IX_ORDERS_N3 : ORDER_STATUS, ORDER_MODE, EMPLOYEE_ID, ORDER_DATE

```
SELECT TO_CHAR(ORDER_DATE, 'YYYYMM') ORDER_MM
     , COUNT(*) ORDER_CNT
     , SUM(ORDER_TOTAL) ORDER_AMT
  FROM ORDERS A
 WHERE ORDER_DATE BETWEEN TO_DATE('20120101', 'YYYYMMDD')
                      AND TO_DATE('20120301', 'YYYYMMDD')
   AND ORDER_STATUS = '1'
   AND EMPLOYEE_ID = '105'
 GROUP BY TO_CHAR(ORDER_DATE, 'YYYYMM');
```

```
-----------------------------------------------------------------------------------
| Id | Operation                     | Name        | Starts | A-Rows |Buffers |Used-Mem |
-----------------------------------------------------------------------------------
|  0 | SELECT STATEMENT              |             |    1   |    2   |  1348  |         |
|  1 |  HASH GROUP BY                |             |    1   |    2   |  1348  | 517K (0)|
|  2 |   TABLE ACCESS BY INDEX ROWID | ORDERS      |    1   |   93   |  1348  |         |
|* 3 |    INDEX RANGE SCAN           | IX_ORDERS_N3|    1   |   93   |  1255  |         |
-----------------------------------------------------------------------------------
```

INDEX RANGE SCAN을 사용하게 되면 INDEX 컬럼 ORDER_MODE가 생략되었기 때문에 ORDER_STATUS 만 ACCESS 조건이 되고 EMPLOYEE_ID, ORDER_DATE는 FILTER 조건이 된다. 따라서 ORDER_STATUS가 '1'인 전체 데이터에서 EMPLOYEE_ID, ORDER_DATE 값으로 필터링했기 때문에 INDEX RANGE SCAN 부분의 Buffers가 1,255가 되었다.

INDEX SKIP SCAN으로 변경한 SQL과 실행 통계를 살펴보자.

```sql
SELECT /*+ INDEX_SS(A IX_ORDERS_N3 ) */
       TO_CHAR(ORDER_DATE, 'YYYYMM') ORDER_MM
     , COUNT(*) ORDER_CNT
     , SUM(ORDER_TOTAL) ORDER_AMT
  FROM ORDERS A
 WHERE ORDER_DATE BETWEEN TO_DATE('20120101', 'YYYYMMDD')
                      AND TO_DATE('20120301', 'YYYYMMDD')
   AND ORDER_STATUS = '1'
   AND EMPLOYEE_ID = '105'
 GROUP BY TO_CHAR(ORDER_DATE, 'YYYYMM');
```

```
-----------------------------------------------------------------------------------
| Id | Operation                     | Name        | Starts | A-Rows |Buffers |Used-Mem |
-----------------------------------------------------------------------------------
|  0 | SELECT STATEMENT              |             |    1   |    2   |   103  |         |
|  1 |  HASH GROUP BY                |             |    1   |    2   |   103  | 517K (0)|
|  2 |   TABLE ACCESS BY INDEX ROWID | ORDERS      |    1   |   93   |   103  |         |
|* 3 |    INDEX SKIP SCAN            | IX_ORDERS_N3|    1   |   93   |    10  |         |
-----------------------------------------------------------------------------------
```

조건에서 누락된 ORDER_MODE는 DISTINCT한 값의 가지 수가 2로 매우 적기 때문에 INDEX SKIP SCAN을 사용하게 되면 FILTER 조건으로 사용되었던 EMPLOYEE_ID, ORDER_DATE도 ACCESS 조건처럼 사용되어 INDEX SCAN I/O가 크게 줄 것이다.

위의 실행 통계를 보면 INDEX SKIP SCAN을 사용했을 경우 Buffers가 10으로 매우 낮아졌다. INDEX SKIP SCAN의 경우 역시 INDEX Level에서의 I/O와 연관이 된 것이며 TABLE ACCESS BY INDEX ROWID Operation의 Buffer 수는 INDEX RANGE SCAN에서와 동일하다.

위 테스트에서는 중간 컬럼이 생략된 경우이지만 선두 컬럼이 생략되어도 INDEX SKIP SCAN 사용이 가능하다.

참고로 옵티마이저가 잘못된 판단을 해서 INDEX SKIP SCAN으로 수행되면 악성이 됨에도 불구하고 INDEX SKIP SCAN으로 처리되는 경우가 아주 간혹이지만 발생을 한다. 그래서 어떤 SITE에서는 INDEX SKIP SCAN에 대한 기능을 OPIMIZER HIDDEN PARAMETER _optimizer_skip_scan_enabled = false로 성정을 해서 비활성화 시켜놓기도 한다. 이러한 경우에는 INDEX SKIP SCAN으로 처리가 필요한 경우에 아래와 같이 힌트를 사용해 주면 된다.

```
/*+ OPT_PARAM('_optimizer_skip_scan_enabled' 'true')
    INDEX_SS(A IX_ORDERS_N3 ) */
```

INDEX INLIST INTERATOR

INDEX INLIST INTERATOR 실행 계획은 OR 조건이나 IN 조건에 상수(변수)가 들어오면 발생하며 INTERATOR의 의미는 같은 일을 반복한다는 의미가 된다.

뒤의 Part인 [실행 계획 분리]에서 다룰 CONCATENATION 실행 계획과 비슷하나 UNION으로 풀리지 않고 반복 수행되며 수행 속도가 반복 횟수에 의해서 좌우된다.

INDEX INLIST INTERATOR Operation이 발생하는 예를 보도록 하자.

```
SELECT /*+ INDEX(B IX_EMPLOYEES_PK) */
       B.EMPLOYEE_ID, B.FIRST_NAME
  FROM EMPLOYEES B
 WHERE B.EMPLOYEE_ID IN ('E001', 'E003')
```

```
-------------------------------------------------------------------------------
| Id  | Operation                     | Name           | Starts | A-Rows | Buffers |
-------------------------------------------------------------------------------
|   0 | SELECT STATEMENT              |                |      1 |      2 |       6 |
|   1 |  INLIST ITERATOR              |                |      1 |      2 |       6 |
|   2 |   TABLE ACCESS BY INDEX ROWID | EMPLOYEES      |      2 |      2 |       6 |
|*  3 |    INDEX UNIQUE SCAN          | IX_EMPLOYEES_PK|      2 |      2 |       4 |
-------------------------------------------------------------------------------
```

INLIST INTERATOR 실행 계획으로 인해서 EMPLOYEE_ID 가 E001인 경우와 E003인 경우에 대해서 각각 INDEX Root → Branch → Leaf → TABLE ACCESS가 두 번 반복해서 발생했으며 그림으로 표현하자면 다음과 같다.

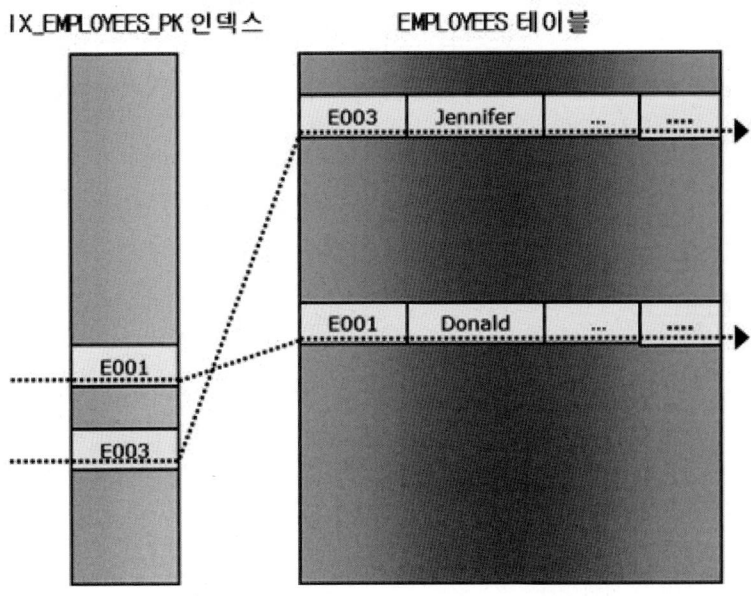

```
SELECT /*+ INDEX_DESC(B IX_EMPLOYEES_PK) */
       B.EMPLOYEE_ID, B.FIRST_NAME
  FROM EMPLOYEES B
 WHERE B.EMPLOYEE_ID IN ('E001', 'E003')
 ORDER BY B.EMPLOYEE_ID DESC
```

```
-----------------------------------------------------------------------------
| Id  | Operation                     | Name            | Starts | A-Rows | Buffers |
-----------------------------------------------------------------------------
|   0 | SELECT STATEMENT              |                 |      1 |      2 |       6 |
|   1 |  INLIST ITERATOR              |                 |      1 |      2 |       6 |
|   2 |   TABLE ACCESS BY INDEX ROWID | EMPLOYEES       |      2 |      2 |       6 |
|*  3 |    INDEX RANGE SCAN DESCENDING| IX_EMPLOYEES_PK |      2 |      2 |       4 |
-----------------------------------------------------------------------------
```

위와 같이 INDEX_DESC 힌트를 기술하게 되면 위와 같이 실행 계획이 나타난다. PK이기 때문에 앞에서는 INDEX UNIQUE SCAN으로 나타났지만 DESC로 SCAN 시에는 INDEX RANGE SCAN으로 나타나는 부분이 다르다.

아래와 같이 IN 조건의 개수가 많아질수록 INDEX Root → Branch → Leaf 반복 ACCESS는 비례해서 증가하게 된다. IN 조건의 개수가 8개이기 때문에 Starts 통계 항목값이 8이 되었다. 8번 수행되었다는 의미가 된다.

```
SELECT /*+ INDEX(B IX_EMPLOYEES_PK) */
       B.EMPLOYEE_ID, B.FIRST_NAME
  FROM EMPLOYEES B
 WHERE B.EMPLOYEE_ID IN ('E001', 'E003', 'E004', 'E005', 'E006', 'E008', 'E009', 'E010')
```

Id	Operation	Name	Starts	A-Rows	Buffers
0	SELECT STATEMENT		1	8	17
1	INLIST ITERATOR		1	8	17
2	TABLE ACCESS BY INDEX ROWID	EMPLOYEES	8	8	17
* 3	INDEX UNIQUE SCAN	IX_EMPLOYEES_PK	8	8	9

만약 IN 조건으로 들어오는 범위는 한정적이고 해당 범위 값을 알고 있다고 한다면 아래와 같이 INDEX RANGE SCAN으로 처리하는 것이 더 효율적이 된다.

```
SELECT /*+ INDEX(B IX_EMPLOYEES_PK) */
       B.EMPLOYEE_ID, B.FIRST_NAME
  FROM EMPLOYEES B
 WHERE B.EMPLOYEE_ID BETWEEN 'E001' AND 'E010'
   AND B.EMPLOYEE_ID NOT IN ('E001', 'E007')
```

Id	Operation	Name	Starts	A-Rows	Buffers
0	SELECT STATEMENT		1	8	9
1	TABLE ACCESS BY INDEX ROWID BATCHED	EMPLOYEES	1	8	9
* 2	INDEX RANGE SCAN	IX_EMPLOYEES_PK	1	8	3

INDEX FULL SCAN

INDEX FULL SCAN은 INDEX Leaf Block 전체를 순차적으로 ACCESS 하는 Operation을 말한다. 일반적으로 INDEX FULL SCAN Operation이 발생을 하게 되면 SQL 성능은 떨어지게 된다. INDEX 전체를 SCAN하기 때문에 당연한 결과이며 INDEX 데이터 건수가 많을수록 성능은 느려지게 된다.

INDEX FULL SCAN Operation이 발생하는 예를 보도록 하자

< ORDERS 테이블 현황>
날짜 범위 : 20080101 ~ 20121231
총 건수 : 30,000,000 건

<INDEX 현황>
IX_ORDERS_N3 : ORDER_STATUS, ORDER_MODE, EMPLOYEE_ID, ORDER_DATE

```
SELECT /*+ INDEX(A IX_ORDERS_N3) */
       TO_CHAR(ORDER_DATE, 'YYYYMM') ORDER_MM
     , COUNT(*) ORDER_CNT
     , SUM(ORDER_TOTAL) ORDER_AMT
  FROM ORDERS A
 WHERE ORDER_DATE BETWEEN TO_DATE('20120101', 'YYYYMMDD')
                      AND TO_DATE('20120301', 'YYYYMMDD')
 GROUP BY TO_CHAR(ORDER_DATE, 'YYYYMM');
```

```
---------------------------------------------------------------------------------
| Id  | Operation                            | Name        | Starts | A-Rows |Buffers |Used-Mem |
---------------------------------------------------------------------------------
|   0 | SELECT STATEMENT                     |             |      1 |      2 |  95810 |         |
|   1 |  HASH GROUP BY                       |             |      1 |      2 |  95810 | 893K (0)|
|   2 |   TABLE ACCESS BY INDEX ROWID BATCHED| ORDERS      |      1 |  81927 |  95810 |         |
|*  3 |    INDEX FULL SCAN                   | IX_ORDERS_N3|      1 |  81927 |  14315 |         |
---------------------------------------------------------------------------------
```

INDEX SKIP SCAN 단원의 예제 SQL에서 ORDER_STATUS와 EMPLOYEE_ID 조건이 빠진 형태이다. ORDER_DATE는 IX_ORDERS_N3 INDEX의 마지막 컬럼으로 되어 있다.

ORDER_DATE만 들어왔을 경우 INDEX RANGE SCAN이 되지 않는데 강제로 INDEX 힌트를 기술했기 때문에 INDEX FULL SCAN Operation이 발생했다. 전체 INDEX를 순차적으로 읽으면서 ORDER_DATE의 조건에 만족하는 ROWID만 테이블로 Single Block I/O가 발생하는 형태로 수행되었다.

INDEX FULL SCAN이 발생하는 경우는 INDEX로 SORT가 되어 있으면서 부분 범위 처리가 가능한 경우, INDEX 사이즈가 크지 않고 INDEX Level에서 건수가 크게 줄어드는 경우, 힌트를 잘못 기술하는 경우 등이 있다. 위 사례는 세 번째 예에 해당한다.

그렇다면 INDEX FULL SCAN은 전혀 불필요한 Operation일까? INDEX FULL SCAN이 유용하게 사용될 수 있는 경우를 알아보도록 하겠다.

아래와 같은 SQL 있다고 가정을 해보자. 테이블 현황과 INDEX 현황은 위와 동일하다.

```
SELECT ORDER_DATE, EMPLOYEE_ID, ORDER_MODE
     , ORDER_STATUS, ORDER_TOTAL
  FROM (
       SELECT ORDER_DATE, EMPLOYEE_ID, ORDER_MODE
            , ORDER_STATUS, ORDER_TOTAL
         FROM ORDERS A
        ORDER BY ORDER_STATUS, ORDER_MODE
               , EMPLOYEE_ID, ORDER_DATE)
 WHERE ROWNUM <= 1000;
```

Id	Operation	Name	Starts	A-Rows	Buffers	Used-Mem
0	SELECT STATEMENT		1	1000	19620	
* 1	COUNT STOPKEY		1	1000	19620	
2	VIEW		1	1000	19620	
* 3	SORT ORDER BY STOPKEY		1	1000	19620	158K (0)
4	TABLE ACCESS FULL	ORDERS	1	3000K	19620	

ORDER BY 후에 ROWNUM <= 1000 조건으로 1,000건만 끊어서 가져오고 있지만 ORDER BY의 SORT Operation이 발생을 했고 FULL TABLE SCAN으로 전체 데이터를 읽고 있다.

ORDER BY 기준은 IX_ORDERS_N3 : ORDER_STATUS, ORDER_MODE, EMPLOYEE_ID, ORDER_DATE와 동일한 것을 볼 수 있다.

INDEX는 해당 INDEX 컬럼으로 정렬이 되어 있다고 했었다. 그렇기 때문에 이럴 때 INDEX FULL SCAN을 사용하게 되면 SORT가 발생하지 않기 때문에 일부 데이터만 SCAN 후에 멈추기 때문에 비효율을 없앨 수 있다.

```
SELECT ORDER_DATE, EMPLOYEE_ID, ORDER_MODE
     , ORDER_STATUS, ORDER_TOTAL
  FROM (
        SELECT ORDER_DATE, EMPLOYEE_ID, ORDER_MODE
             , ORDER_STATUS, ORDER_TOTAL
          FROM ORDERS A
         WHERE ORDER_DATE > TO_DATE('1999', 'YYYY')
         ORDER BY ORDER_STATUS, ORDER_MODE
                , EMPLOYEE_ID, ORDER_DATE)
 WHERE ROWNUM <= 1000;
```

Id	Operation	Name	Starts	A-Rows	Buffers
0	SELECT STATEMENT		1	1000	1010
* 1	COUNT STOPKEY		1	1000	1010
2	VIEW		1	1000	1010
3	TABLE ACCESS BY INDEX ROWID	ORDERS	1	1000	1010
* 4	INDEX FULL SCAN	IX_ORDERS_N3	1	1000	17

위 실행 통계와 같이 INDEX FULL SCAN Operation이 발생을 하면서 SORT가 사라지고 조건절에 들어온 딱 1,000건만 읽었다. INDEX Level에서 조회된 순서로 정렬이 되어야 되기 때문에 BATCHED Operation은 나타나지 않았다.

조회 조건에서 WHERE ORDER_DATE > TO_DATE('1999', 'YYYY') 부분은 INDEX FULL SCAN을 강제로 사용하기 위해서 넣은 조건이다. ORDER BY절과 INDEX 순서가 동일하기 때문에 옵티마이저가 INDEX FULL SCAN을 선택했다. 조건이 ORDER_DATE로 들어왔다고 해서 ORDER_DATE로 정렬되는 것은 아니다.

Section 14 INDEX FULL SCAN(MIN/MAX)

INDEX FULL SCAN(MIN/MAX) Operation은 INDEX RANGE SCAN(MIN/MAX)와 비슷하다. INDEX RANGE SCAN(MIN/MAX)와 다른 점은 INDEX의 선두 컬럼이 조회 조건에 들어오느냐 아니면 아무 조건도 들어오지 않느냐의 차이이다.

```
<INDEX 현황>
IX_ORDERS_N1 : ORDER_DATE

SELECT MAX(ORDER_DATE)
FROM ORDERS;
```

```
-----------------------------------------------------------------------
| Id | Operation                  | Name         | Starts | A-Rows |Buffers |
-----------------------------------------------------------------------
|  0 | SELECT STATEMENT           |              |     1  |     1  |    3   |
|  1 |  SORT AGGREGATE            |              |     1  |     1  |    3   |
|  2 |   INDEX FULL SCAN (MIN/MAX)| IX_ORDERS_N1 |     1  |     1  |    3   |
-----------------------------------------------------------------------
```

INDEX Block에서 가장 큰 값의 Block만 ACCESS 해서 Buffers 수치는 3이다. 이는 INDEX의 Root, Branch, Leaf Block을 ACCESS한 숫자와 일치한다.

아래와 같은 SQL을 수행하면 어떻게 될까? FULL TABLE SCAN을 하게 된다. 아직 19c에서도 옵티마이저가 아래 SQL에 대해서 FULL TABLE SCAN을 발생시킨다.

```
SELECT MIN(ORDER_DATE), MAX(ORDER_DATE)
FROM ORDERS;
```

```
-----------------------------------------------------------------------
| Id | Operation          | Name   | Starts | A-Rows | Buffers |
-----------------------------------------------------------------------
|  0 | SELECT STATEMENT   |        |     1  |     1  |  19620  |
|  1 |  SORT AGGREGATE    |        |     1  |     1  |  19620  |
|  2 |   TABLE ACCESS FULL| ORDERS |     1  |  3000K |  19620  |
-----------------------------------------------------------------------
```

위와 같은 경우에는 아래와 같이 SQL을 사용해야 최적이 될 것이다.

```sql
SELECT MIN(ORDER_DATE), MAX(ORDER_DATE)
  FROM (
        SELECT MAX(ORDER_DATE) ORDER_DATE
          FROM ORDERS
        UNION ALL
        SELECT MIN(ORDER_DATE)
          FROM ORDERS);
```

```
-----------------------------------------------------------------
| Id | Operation                  | Name        | Starts | A-Rows | Buffers |
-----------------------------------------------------------------
|  0 | SELECT STATEMENT           |             |   1    |   1    |    6    |
|  1 |  SORT AGGREGATE            |             |   1    |   1    |    6    |
|  2 |   VIEW                     |             |   1    |   2    |    6    |
|  3 |    UNION-ALL               |             |   1    |   2    |    6    |
|  4 |     SORT AGGREGATE         |             |   1    |   1    |    3    |
|  5 |      INDEX FULL SCAN (MIN/MAX)| IX_ORDERS_N1 |   1    |   1    |    3    |
|  6 |     SORT AGGREGATE         |             |   1    |   1    |    3    |
|  7 |      INDEX FULL SCAN (MIN/MAX)| IX_ORDERS_N1 |   1    |   1    |    3    |
-----------------------------------------------------------------
```

아래와 같이 조건절이 들어가게 되면 어떻게 될까? IX_ORDERS_N1 INDEX 컬럼은 ORDER_DATE로만 되어 있기 때문에 INDEX만 SCAN 할 수가 없어서 FULL TABLE SCAN이 발생하게 된다.

```sql
SELECT MAX(ORDER_DATE)
  FROM ORDERS
 WHERE ORDER_MODE = 'online';
```

```
-----------------------------------------------------------------
| Id | Operation          | Name   | Starts | A-Rows | Buffers |
-----------------------------------------------------------------
|  0 | SELECT STATEMENT   |        |   1    |   1    |  19620  |
|  1 |  SORT AGGREGATE    |        |   1    |   1    |  19620  |
|  2 |   TABLE ACCESS FULL| ORDERS |   1    | 3000K  |  19620  |
-----------------------------------------------------------------
```

그렇다면 이럴 경우에는 어떻게 바꿔야 빠른 속도를 보장할 수 있을까? 윗부분은 [Section 03. INDEX RANGE SCAN DECESENDING]에서 다뤘던 내용과 같다.

ORDER_MODE는 'online', 'direct' 이 두 가지 값밖에 가지지 않는 선택도가 매우 높은 컬럼이기 때문에 결과 데이터에 50%의 확률로 걸려들게 된다. 이러한 사실을 이용해서 아래 SQL과 같이 변경할 수가 있다.

```
SELECT ORDER_DATE
  FROM (SELECT /*+ INDEX_DESC(A IX_ORDER_N1) */
               ORDER_DATE
          FROM ORDERS A
         WHERE ORDER_MODE = 'online'
           AND ORDER_DATE <= TO_DATE('9999', 'YYYY')
         ORDER BY ORDER_DATE DESC )
 WHERE ROWNUM <= 1;
```

```
-------------------------------------------------------------------------------
| Id  | Operation                       | Name         | Starts | A-Rows |Buffers |
-------------------------------------------------------------------------------
|   0 | SELECT STATEMENT                |              |      1 |      1 |      4 |
|*  1 |  COUNT STOPKEY                  |              |      1 |      1 |      4 |
|   2 |   VIEW                          |              |      1 |      1 |      4 |
|*  3 |    TABLE ACCESS BY INDEX ROWID  | ORDERS       |      1 |      1 |      4 |
|*  4 |     INDEX RANGE SCAN DESCENDING | IX_ORDERS_N1 |      1 |      1 |      3 |
-------------------------------------------------------------------------------
```

INDEX_DESC로 ORDER_DATE INDEX를 역순으로 SCAN하기 때문에 ORDER BY ORDER_DATE DESC에 의한 정렬은 발생하지 않았다.

ORDER_MODE = 'online' 조건은 선택도가 매우 높은 컬럼이었지만 만약 선택도가 더 낮은 CUSTOMER_ID 같은 조건이 들어오게 되면 어떻게 될까? 참고로 ORDER_MODE는 DISTINCT한 값의 종류가 2이지만 CUSTOMER_ID는 약 50,000이다. 이럴 경우에는 낮은 선택도로 결과 데이터에 걸려들 확률이 낮아지게 되기 때문에 INDEX RANGE SCAN량이 더 많아지게 된다.

```
SELECT ORDER_DATE
  FROM (SELECT /*+ INDEX_DESC(A IX_ORDER_N1) */
               ORDER_DATE
          FROM ORDERS A
         WHERE CUSTOMER_ID = 'C02239'
           AND ORDER_DATE <= TO_DATE('9999', 'YYYY')
         ORDER BY ORDER_DATE DESC)
 WHERE ROWNUM <= 1;
```

Id	Operation	Name	Starts	A-Rows	Buffers
0	SELECT STATEMENT		1	1	1601
* 1	COUNT STOPKEY		1	1	1601
2	VIEW		1	1	1601
* 3	TABLE ACCESS BY INDEX ROWID	ORDERS	1	1	1601
* 4	INDEX RANGE SCAN DESCENDING	IX_ORDERS_N1	1	1782	8

CUSTOMER_ID는 ORDER_MODE보다 선택도가 더 낮은 컬럼이다 보니 1,782번째 Block까지 SCAN을 해서야 만족하는 데이터를 만났다.

Section 15 INDEX FAST FULL SCAN

INDEX FAST FULL SCAN은 INDEX FULL SCAN과는 다르다. INDEX FULL SCAN은 INDEX 컬럼 외에 테이블 컬럼이 SQL에 포함되어 있어도 발생할 수 있지만 INDEX FAST FULL SCAN은 INDEX 컬럼만 SQL에 포함되어 있을 때 발생할 수 있다.

또한 INDEX FAST FULL SCAN은 FULL TABLE SCAN과 마찬가지로 Multi Block I/O를 한다. 그렇기 때문에 데이터 출력 순서를 전혀 보장하지 않는다.

```
<INDEX 현황>
IX_ORDERS_N3 : ORDER_STATUS,ORDER_MODE,EMPLOYEE_ID,ORDER_DATE

SELECT TO_CHAR(ORDER_DATE, 'YYYYMM') YYYYMM
     , COUNT(*) CNT
  FROM ORDERS
 WHERE ORDER_MODE = 'online'
 GROUP BY TO_CHAR(ORDER_DATE, 'YYYYMM');
```

```
-------------------------------------------------------------------------------
| Id  | Operation            | Name         | Starts | A-Rows | Buffers |Used-Mem |
-------------------------------------------------------------------------------
|   0 | SELECT STATEMENT     |              |      1 |     72 |   14289 |         |
|   1 |  HASH GROUP BY       |              |      1 |     72 |   14289 |2726K (0)|
|*  2 |   INDEX FAST FULL SCAN| IX_ORDERS_N3|      1 |  1500K |   14289 |         |
-------------------------------------------------------------------------------
```

INDEX 컬럼에 존재하는 컬럼만 SELECT절과 WHERE절에 사용했더니 옵티마이저는 INDEX FAST FULL SCAN으로 수행했다. INDEX 사이즈가 테이블 사이즈보다는 일반적으로 작으니 옵티마이저가 INDEX만 읽는 것으로 선택하는 것은 당연한 결과이다.

실무에서 튜닝을 하다가 보면 적절한 INDEX는 없고 그렇다고 해서 INDEX를 추가하거나 순서를 바꾸게 되면 다른 SQL에 많은 영향이 있는 상황이 발생할 수 있다. 이러할 때 INDEX FAST FULL SCAN을 이용할 수 있는 예를 들어보고자 한다.

< ORDERS 테이블 현황>
날짜 범위 : 20080101 ~ 20121231
총 건수 : 30,000,000 건

<INDEX 현황>
IX_ORDERS_N4 : ORDER_DATE, ORDER_ID, ORDER_MODE, CUSTOMER_ID

<가정>
현재 ORDERS 테이블의 컬럼은 7개이지만 70개라고 가정을 하겠다. 실무에서는 컬럼 수가 굉장히 많은 테이블이 꽤 존재한다.

```
SELECT TO_CHAR(ORDER_DATE, 'YYYYMM') YYYYMM
     , EMPLOYEE_ID
     , COUNT(*) CNT
  FROM ORDERS A
 WHERE ORDER_DATE >= TO_DATE('20100101', 'YYYYMMDD')
   AND ORDER_DATE <  TO_DATE('20120101', 'YYYYMMDD')
   AND CUSTOMER_ID = 'C02467'
 GROUP BY TO_CHAR(ORDER_DATE, 'YYYYMM'), EMPLOYEE_ID;
```

```
-----------------------------------------------------------------------
| Id | Operation         | Name   | Starts | A-Rows | Buffers | Used-Mem |
-----------------------------------------------------------------------
|  0 | SELECT STATEMENT  |        |    1   |   203  | 196200  |          |
|  1 |  HASH GROUP BY    |        |    1   |   203  | 196200  |1243K (0) |
|* 2 |   TABLE ACCESS FULL| ORDERS |    1   |   206  | 196200  |          |
-----------------------------------------------------------------------
```

INDEX가 ORDER_DATE, ORDER_ID, ORDER_MODE, CUSTOMER_ID로 구성되어 있으며 ORDER_ID, ORDER_MODE가 생략되어 있기 때문에 ORDER_DATE 범위만큼 INDEX Block을 SCAN 후 CUSTOMER_ID는 필터링하는 역할만 했다. 여기서 옵티마이저는 넓은 범위 SCAN이기 때문에 FULL TABLE SCAN을 선택을 했으며 실제로는 Buffers 수치가 19,620이지만 컬럼이 7개가 아닌 70개로 가정했기 때문에 Buffers 수치는 196,200이다.

넓은 날짜 범위를 SCAN을 한 결과 건수가 206건에 불과 하기 때문에 INDEX가 잘못되거나 신규 INDEX가 필요해서 INDEX 변경 및 추가를 하면 되지 않겠냐고 질문할 수도 있다. 하지만 실무 상황에서는 INDEX 변경 및 추가가 쉽지는 않다. INDEX 추가나 변경으로 인해 이 테이블을 참조하는 다른 SQL들의 실행 계획이 변경되어 성능에 영향이 갈 수 있다. 따라서 현 상황에서만 튜닝해야 되는 경우가 존재하기도 한다.

위의 경우는 전체 날짜 범위의 1/2에 해당하는 데이터를 SCAN을 하고 있고 CUSTOMER_ID로 조회한 결과 건수가 적기 때문에 이때 INDEX FAST FULL SCAN을 사용해서 성능 개선이 가능하다. SELECT절의 EMPLOYEE_ID가 INDEX 컬럼에 없기 때문에 바로 INDEX FAST FULL SCAN을 사용할 수는 없지만 아래와 같이 변형을 통해서 가능하다.

```
SELECT TO_CHAR(ORDER_DATE, 'YYYYMM') YYYYMM
     , EMPLOYEE_ID
     , COUNT(*) CNT
  FROM (SELECT /*+ NO_MERGE INDEX_FFS(A IX_ORDERS_N4) */
               ROWID RID
          FROM ORDERS A
         WHERE ORDER_DATE >= TO_DATE('20100101', 'YYYYMMDD')
           AND ORDER_DATE <  TO_DATE('20120101', 'YYYYMMDD')
           AND CUSTOMER_ID = 'C02467') Z,
       ORDERS A
 WHERE Z.RID = A.ROWID
 GROUP BY TO_CHAR(ORDER_DATE, 'YYYYMM')
        , EMPLOYEE_ID;
```

```
-------------------------------------------------------------------------------------
| Id | Operation                      | Name        |Starts|A-Rows|Buffers|Used-Mem |
-------------------------------------------------------------------------------------
|  0 | SELECT STATEMENT               |             |    1 |  203 | 18223 |         |
|  1 |  HASH GROUP BY                 |             |    1 |  203 | 18223 |1270K (0)|
|  2 |   NESTED LOOPS                 |             |    1 |  206 | 18223 |         |
|  3 |    VIEW                        |             |    1 |  206 | 18020 |         |
|* 4 |     INDEX FAST FULL SCAN       | IX_ORDERS_N4|    1 |  206 | 18020 |         |
|  5 |    TABLE ACCESS BY USER ROWID  | ORDERS      |  206 |  206 |   203 |         |
-------------------------------------------------------------------------------------
```

INDEX_FFS(테이블명, INDEX명)이 INDEX FAST FULL SCAN을 하라는 힌트이다. 인라인 뷰로 감싼 SQL 부분은 INDEX 컬럼만 사용하고 있기 때문에 INDEX FAST FULL SCAN이 가능하다. 그리고 ROWID를 가지고 JOIN을 하게 되면 TABLE ACCESS BY USER ROWID라는 Operation으로 나타난다.

Oracle은 실행 계획을 수립하기 전에 쿼리 변환이라는 것이 발생을 하는데, VIEW 또는 인라인 뷰가 해체되어 하나의 SQL로 병합되는 형태를 MERGE라고 한다. 위에서는 인라인 뷰가 독립적으로 수행이 된 후에 JOIN이 되게 하기 위해서 NO_MERGE라는 힌트를 사용했다.

참고로 NO_MERGE 힌트를 주지 않아서 VIEW MERGE가 발생하면 INDEX FAST FULL을 이용해서 개선할 수 없기 때문에 아래와 같이 이전 SQL로 쿼리 변환이 발생을 해서 기존 실행 계획과 동일하게 된다.

```
SELECT TO_CHAR(ORDER_DATE, 'YYYYMM') YYYYMM
     , EMPLOYEE_ID
     , COUNT(*) CNT
  FROM ORDERS A
 WHERE ORDER_DATE >= TO_DATE('20100101', 'YYYYMMDD')
   AND ORDER_DATE <  TO_DATE('20120101', 'YYYYMMDD')
   AND CUSTOMER_ID = 'C02467'
 GROUP BY TO_CHAR(ORDER_DATE, 'YYYYMM')
        , EMPLOYEE_ID;
```

위와 같은 튜닝 사례가 자주 발생하는 것은 아니지만 이 장에서는 INDEX FAST FULL SCAN이 튜닝에 사용될 수 있는 사례를 설명하기 위해서 사용한 것이다.

Section 16 INDEX COMBINE

INDEX_COMBINATION은 말 그대로 한 테이블 안에서 여러 INDEX가 있을 때 INDEX를 조합해서 사용할 수 있는 형태를 말한다. 아래 예제를 통해서 살펴보도록 하자.

< SALES 테이블 현황>
날짜 범위 : 20080101 ~ 20121231
총 건수 : 약 1800 만 건

<INDEX 현황>
IX_SALES_N1 : CUSTOMER_ID, ORDER_DATE
IX_SALES_N2 : EMPLOYEE_ID, ORDER_DATE
IX_SALES_N3 : PRODUCT_ID, ORDER_DATE

```sql
SELECT ORDER_DATE, CUSTOMER_ID
     , ORDER_QTY, ORDER_AMT
  FROM SALES A
 WHERE (PRODUCT_ID = 'P246' AND EMPLOYEE_ID = 'E412')
   AND ORDER_DATE >= '20120101'
   AND ORDER_DATE <  '20120601';
```

Id	Operation	Name	Starts	A-Rows	Buffers
0	SELECT STATEMENT		1	7	2106
* 1	TABLE ACCESS BY INDEX ROWID BATCHED	SALES	1	7	2106
* 2	INDEX RANGE SCAN	IX_SALES_N2	1	2009	102

SALES 테이블의 현황을 보면 EMPLOYEE_ID, ORDER_DATE 컬럼으로 구성된 IX_SALES_N2와 PRODUCT_ID, ORDER_DATE 컬럼으로 구성된 IX_SALES_N3가 각각 존재하지만 옵티마이저는 이 두 INDEX 중에서 INDEX SCAN 비용이 낮다고 판단된

IX_SALES_N2 INDEX를 선택했으며 INDEX Level에서 2,009건이 TABLE ACCESS 후 PRODUCT_ID 조건에 의해 대부분 필터링된 것을 볼 수가 있다.

9i까지는 AND-EQUAL이라는 Operation을 통해서 위 두 INDEX를 사용해서 Single Block I/O를 줄여줄 수 있었다. 10g부터는 AND-EQUAL은 폐기가 되었으며 각각의 INDEX를 사용하는 조합이 Single Block I/O를 줄여줄 수 있다면 INDEX_COMBINE Operation을 사용해서 가능하다.

```
SELECT /*+ INDEX_COMBINE(A IX_SALES_N3 IX_SALES_N2) */
       ORDER_DATE, CUSTOMER_ID
     , ORDER_QTY, ORDER_AMT
  FROM SALES A
 WHERE (PRODUCT_ID = 'P246' AND EMPLOYEE_ID = 'E412')
   AND ORDER_DATE >= '20120101'
   AND ORDER_DATE <  '20120601';
```

Id	Operation	Name	Starts	A-Rows	Buffers	Used-Mem
0	SELECT STATEMENT		1	7	326	
1	TABLE ACCESS BY INDEX ROWID	SALES	1	7	326	
2	BITMAP CONVERSION TO ROWIDS		1	7	319	
3	BITMAP AND		1	1	319	
4	BITMAP CONVERSION FROM ROWIDS		1	1	101	
5	SORT ORDER BY		1	2009	101	96256 (0)
* 6	INDEX RANGE SCAN	IX_SALES_N2	1	2009	101	
7	BITMAP CONVERSION FROM ROWIDS		1	10	218	
8	SORT ORDER BY		1	61650	218	1432K (0)
* 9	INDEX RANGE SCAN	IX_SALES_N3	1	61650	218	

INDEX_COMBINE 힌트에 의해 위와 같이 각각의 INDEX를 SCAN 후에 AND 조건이기 때문에 BITMAP 연산을 통해 공통된 ROWID만 테이블로 ACCESS를 했다. 여기서 추가적인 비용으로 ORDER BY Operation이 발생을 하게 되며 해당 INDEX로 조회되는 건수가 많은 경우 SORT 부하가 발생하게 된다.

INDEX_COMBINE(A)와 같이 힌트를 기술하면 옵티마이저가 최적의 INDEX 조합을 사용하게 된다. 만약 각각의 INDEX가 조회되는 범위가 너무 넓어서 INDEX RANGE SCAN 및 SORT에 대한 부하가 높다면 사용을 고려해 봐야 한다.

아래는 3개의 조건에 대해 3개의 INDEX를 BITMAP 연산을 한 예제이며 특정 INDEX 명을 주지 않았기 때문에 3개의 INDEX를 모두 사용한 것을 볼 수 있다. 옵티마이저가 INDEX 조합을 알아서 처리한 경우이다.

```sql
SELECT /*+ INDEX_COMBINE(A) */
       ORDER_DATE, CUSTOMER_ID
     , ORDER_QTY, ORDER_AMT
  FROM SALES A
 WHERE (PRODUCT_ID = 'P246' AND EMPLOYEE_ID = 'E412' AND CUSTOMER_ID = 'C03107')
   AND ORDER_DATE >= '20120101'
   AND ORDER_DATE < '20120601';
```

Id	Operation	Name	Starts	A-Rows	Buffers	Used-Mem
0	SELECT STATEMENT		1	1	338	
1	TABLE ACCESS BY INDEX ROWID	SALES	1	1	338	
2	BITMAP CONVERSION TO ROWIDS		1	1	337	
3	BITMAP AND		1	1	337	
4	BITMAP CONVERSION FROM ROWIDS		1	1	18	
5	SORT ORDER BY		1	259	18	47104 (0)
* 6	INDEX RANGE SCAN	IX_SALES_N1	1	259	18	
7	BITMAP CONVERSION FROM ROWIDS		1	5	101	
8	SORT ORDER BY		1	28248	101	676K (0)
* 9	INDEX RANGE SCAN	IX_SALES_N2	1	28248	101	
10	BITMAP CONVERSION FROM ROWIDS		1	7	218	
11	SORT ORDER BY		1	61650	218	1432K (0)
* 12	INDEX RANGE SCAN	IX_SALES_N3	1	61650	218	

세 개의 조합으로 사용된 결과가 이전의 결과보다 Buffers 수치가 더 안 좋아진 것을 볼 수 있으며 약 6만건 2만건에 대한 SORT 부하도 발생했다. 여기서 특정 두 INDEX만 사용하기 위해서 사용해야 될 INDEX를 힌트에 기술해 준다. 만약 이 힌트가 잘 동작하지 않는 경우는 아래와 같이 NO_INDEX 힌트를 사용하거나 INDEX를 사용하지 못하게 할 컬럼을 가공하는 방법이 있다.

```
SELECT /*+ INDEX_COMBINE(A) NO_INDEX(A IX_SALES_N3) */
       ORDER_DATE, CUSTOMER_ID
     , ORDER_QTY, ORDER_AMT
  FROM SALES A
 WHERE (PRODUCT_ID = 'P246' AND EMPLOYEE_ID = 'E412' AND CUSTOMER_ID = 'C03107')
   AND ORDER_DATE >= '20120101'
   AND ORDER_DATE < '20120601';

SELECT /*+ INDEX_COMBINE(A) */
       ORDER_DATE, CUSTOMER_ID
     , ORDER_QTY, ORDER_AMT
  FROM SALES A
 WHERE (TRIM(PRODUCT_ID) = 'P246' AND EMPLOYEE_ID = 'E412' AND CUSTOMER_ID = 'C03107')
   AND ORDER_DATE >= '20120101'
   AND ORDER_DATE < '20120601';
```

Id	Operation	Name	Starts	A-Rows	Buffers	Used-Mem
0	SELECT STATEMENT		1	1	122	
* 1	TABLE ACCESS BY INDEX ROWID	SALES	1	1	122	
2	BITMAP CONVERSION TO ROWIDS		1	3	119	
3	BITMAP AND		1	1	119	
4	BITMAP CONVERSION FROM ROWIDS		1	1	18	
5	SORT ORDER BY		1	259	18	47104(0)
* 6	INDEX RANGE SCAN	IX_SALES_N1	1	259	18	
7	BITMAP CONVERSION FROM ROWIDS		1	5	101	
8	SORT ORDER BY		1	28248	101	676K (0)
* 9	INDEX RANGE SCAN	IX_SALES_N2	1	28248	101	

참고로, 옵티마이저가 잘못 판단하여 INDEX COMBINE 방식으로 수행될 경우, 오히려 성능이 저하되는 악성 실행 계획이 될 수 있다. 그럼에도 불구하고, 매우 드물게 INDEX COMBINE으로 처리되는 사례가 발생하기도 한다.

그래서 어떤 SITE에서는 INDEX COMBINE에 대한 기능을 Optimizer Hidden Parameter인 _b_tree_bitmap_plans = false로 설정해서 비활성화 시켜놓기도 한다. 이러한 경우에는 INDEX COMBINE으로 처리가 필요한 경우에 아래와 같이 힌트를 사용해 주면 된다.

```
/*+ OPT_PARAM('_b_tree_bitmap_plans' 'true')
    INDEX_COMBINE(A) NO_INDEX(A IX_SALES_N3) */
```

Section 17 INDEX JOIN

어떻게 보면 이 부분은 단원 [Part 6. JOIN]에서 다뤄야 될 내용일 수도 있지만 INDEX에 대한 내용이므로 이번 장에 포함을 시켰다. INDEX JOIN은 INDEX끼리 JOIN 되는 형태이며 HASH JOIN 형태로 동작하기 때문에 HASH JOIN 장에서 다시 한번 설명하도록 하겠다. 또한 INDEX JOIN은 SELECT절과 WHERE절 컬럼이 모두 INDEX에 존재를 해야 한다.

아래 SQL 예를 보도록 하자.

< SALES 테이블 현황>
날짜 범위 : 20080101 ~ 20121231
총 건수 : 약 2900 만건

<INDEX 현황>
IX_SALES_N1 : CUSTOMER_ID, ORDER_DATE
IX_SALES_N2 : EMPLOYEE_ID, ORDER_DATE

```
SELECT ORDER_DATE, EMPLOYEE_ID, CUSTOMER_ID
  FROM SALES
 WHERE (EMPLOYEE_ID = 'E412' AND CUSTOMER_ID = 'C03107')
   AND ORDER_DATE >= '20120101'
   AND ORDER_DATE < '20120601';
```

→ 사용되고 있는 모든 컬럼이 INDEX에 존재함

Id	Operation	Name	Starts	A-Rows	Buffers
0	SELECT STATEMENT		1	3	277
* 1	TABLE ACCESS BY INDEX ROWID BATCHED	SALES	1	3	277
* 2	INDEX RANGE SCAN	IX_SALES_N1	1	259	19

Part 04 _INDEX ACCESS PATTERN

위 SQL은 SELECT절과 WHERE절의 컬럼이 IX_SALES_N1, IX_SALES_N2의 INDEX 컬럼의 합에 포함이 되고 있다(다른 표현으로…). 위 실행 통계에서는 IX_SALES_N1 INDEX만 ACCESS 했기 때문에 INDEX Level에서의 결과 건수 259건이 테이블로 Single Block I/O 후에 3건 빼고 모두 필터링이 되었다.

조회 조건의 경우 IX_SALES_N1, IX_SALES_N2 둘 다 ACCESS 조건으로 범위를 줄여줄 수 있고 SELECT절과 WHERE절의 컬럼이 모두 이 두 INDEX에 포함되어 있으므로 INDEX JOIN을 사용할 수 있다.

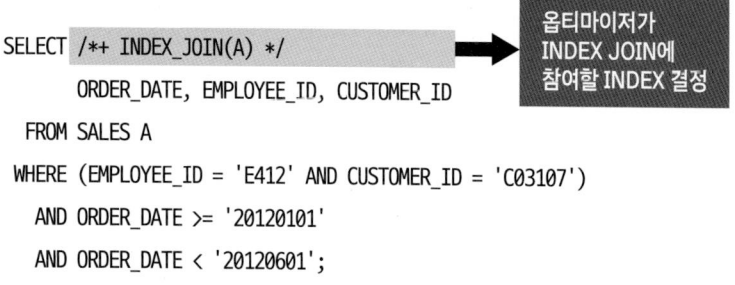

```
SELECT /*+ INDEX_JOIN(A) */
       ORDER_DATE, EMPLOYEE_ID, CUSTOMER_ID
  FROM SALES A
 WHERE (EMPLOYEE_ID = 'E412' AND CUSTOMER_ID = 'C03107')
   AND ORDER_DATE >= '20120101'
   AND ORDER_DATE <  '20120601';
```

```
---------------------------------------------------------------------------------
| Id  | Operation         | Name             | Starts | A-Rows | Buffers | Used-Mem |
---------------------------------------------------------------------------------
|   0 | SELECT STATEMENT  |                  |      1 |      3 |    120  |          |
|*  1 |  VIEW             | index$_join$_001 |      1 |      3 |    120  |          |
|*  2 |   HASH JOIN       |                  |      1 |      3 |    120  | 1198K (0)|
|*  3 |    INDEX RANGE SCAN| IX_SALES_N1     |      1 |    259 |     18  |          |
|*  4 |    INDEX RANGE SCAN| IX_SALES_N2     |      1 |  28248 |    102  |          |
---------------------------------------------------------------------------------
```

각각의 두 INDEX만 SCAN했기 때문에 테이블로의 Single Block I/O가 사라져 Buffers 수치는 개선이 되었지만 HASH JOIN으로 인한 PGA 사용량(Used-Mem)이 생겼다.

INDEX JOIN 실행 계획이 나타나면 가끔 성능에 좋지 않은 경우가 발생하기 때문에 잘 확인할 필요가 있다. 좋지 않은 성능이 나타났는데 실행 계획 제어가 되지 않을 때 아래와 같이 INDEX에 없는 컬럼을 포함시키거나 ROWID를 넣어주면 INDEX JOIN으로 수행되지 않는다.

```
SELECT /*+ INDEX_JOIN(A) */
       ROWID, ORDER_DATE, EMPLOYEE_ID, CUSTOMER_ID
  FROM SALES A
 WHERE (EMPLOYEE_ID = 'E412' AND CUSTOMER_ID = 'C03107')
   AND ORDER_DATE >= '20120101'
   AND ORDER_DATE <  '20120601';
```

```
---------------------------------------------------------------------------------
| Id | Operation                             | Name       | Starts | A-Rows | Buffers |
---------------------------------------------------------------------------------
|  0 | SELECT STATEMENT                      |            |      1 |      3 |     277 |
|* 1 | TABLE ACCESS BY INDEX ROWID BATCHED   | SALES      |      1 |      3 |     277 |
|* 2 |   INDEX RANGE SCAN                    | IX_SALES_N1|      1 |    259 |      19 |
---------------------------------------------------------------------------------
```

참고로, 옵티마이저가 잘못 판단하여 INDEX JOIN 방식으로 수행될 경우, 성능이 저하되는 악성 실행 계획이 될 수 있다. 그럼에도 불구하고, INDEX JOIN으로 처리되는 사례가 아주 간혹 발생하기도 한다.

그래서 어떤 SITE에서는 INDEX JOIN에 대한 기능을 Optimizer Hidden Parameter인 _index_join_enabled = false로 설정해서 비활성화 시켜놓기도 한다. 이러한 경우에는 INDEX JOIN으로 처리가 필요한 경우에 아래와 같이 힌트를 사용해 주면 된다.

```
/*+ OPT_PARAM('_index_join_enabled' 'true')
    INDEX_JOIN(A) NO_INDEX(A IX_SALES_N3) */
```

Section 18. INDEX COMBINE과 INDEX JOIN의 차이점 비교

INDEX_COMBINE과의 차이점으로 INDEX JOIN은 SELECT절의 컬럼과 WHERE절의 컬럼이 모두 INDEX에 존재해야 한다. 둘 다 INDEX Level에서 건수를 줄여 [TABLE ACCESS BY INDEX ROWID] Operation의 Single Block I/O를 줄일 수 있을 때 사용하면 유리하다.

그렇다면 이 둘 중에서 어떤 것이 더 유리할까? 결론을 이야기하자면 INDEX JOIN이 약간 더 유리하다. 테스트를 통해서 알아보도록 하자.

```
<INDEX 현황>
IX_SALES_N1 : CUSTOMER_ID, ORDER_DATE
IX_SALES_N2 : EMPLOYEE_ID, ORDER_DATE

SELECT /*+ INDEX_JOIN(A) */
       ORDER_DATE, EMPLOYEE_ID, CUSTOMER_ID
  FROM SALES A
 WHERE (EMPLOYEE_ID = 'E124' AND CUSTOMER_ID = 'C00968')
   AND ORDER_DATE >= '20110101'
   AND ORDER_DATE < '20111201';
```

```
---------------------------------------------------------------------------------------------
| Id | Operation        | Name            | Starts | A-Rows |   A-Time    | Buffers |Used-Mem |
---------------------------------------------------------------------------------------------
|  0 | SELECT STATEMENT |                 |    1   |    23  |00:00:00.01  |   106   |         |
|* 1 |  VIEW            | index$_join$_001|    1   |    23  |00:00:00.01  |   106   |         |
|* 2 |   HASH JOIN      |                 |    1   |    23  |00:00:00.01  |   106   |1197K (0)|
|* 3 |    INDEX RANGE SCAN| IX_SALES_N1   |    1   |   561  |00:00:00.01  |     5   |         |
|* 4 |    INDEX RANGE SCAN| IX_SALES_N2   |    1   | 27889  |00:00:00.01  |   101   |         |
---------------------------------------------------------------------------------------------
```

```
SELECT /*+ INDEX_COMBINE(A) */
       ORDER_DATE, EMPLOYEE_ID, CUSTOMER_ID
  FROM SALES A
 WHERE (EMPLOYEE_ID = 'E124' AND CUSTOMER_ID = 'C00968')
   AND ORDER_DATE >= '20110101'
   AND ORDER_DATE <  '20111201';
```

Id	Operation	Name	A-Rows	A-Time	Buffers	Used-Mem
0	SELECT STATEMENT		23	00:00:00.03	128	
1	TABLE ACCESS BY INDEX ROWID	SALES	23	00:00:00.03	128	
2	BITMAP CONVERSION TO ROWIDS		23	00:00:00.03	105	
3	BITMAP AND		1	00:00:00.03	105	
4	BITMAP CONVERSION FROM ROWIDS		1	00:00:00.01	5	
5	SORT ORDER BY		561	00:00:00.01	5	55296 (0)
* 6	INDEX RANGE SCAN	IX_SALES_N1	561	00:00:00.01	5	
7	BITMAP CONVERSION FROM ROWIDS		5	00:00:00.02	100	
8	SORT ORDER BY		27889	00:00:00.02	100	676K (0)
* 9	INDEX RANGE SCAN	IX_SALES_N2	27889	00:00:00.01	100	

위 SQL의 경우는 SELECT절과 WHERE절이 모두 INDEX가 있는 경우이며 비교하자면 INDEX JOIN이 좀 더 유리한 것을 알 수 있다. INDEX JOIN의 경우는 INDEX Level에서만 처리할 수 있기 때문에 [TABLE ACCESS BY INDEX ROWID] Operation이 발생하지 않아서 Random Single Block I/O 부분도 없다. INDEX COMBINE은 23건이 [TABLE ACCESS BY INDEX ROWID]가 발생하면서 Buffers가 INDEX JOIN보다 약간 더 높다. 또한 수행 시간에서도 INDEX JOIN이 유리한 것을 볼 수 있다.

이번에는 IX_SALES_N1 INDEX만 사용하는 경우를 같이 비교해 보도록 하자.

```
SELECT ORDER_DATE, EMPLOYEE_ID, CUSTOMER_ID
  FROM SALES A
 WHERE (TRIM(EMPLOYEE_ID) = 'E124' AND CUSTOMER_ID = 'C00968')
   AND ORDER_DATE >= '20110101'
   AND ORDER_DATE <  '20111201';
```

```
---------------------------------------------------------------------------------------
| Id  | Operation                            | Name       | Starts | A-Rows |   A-Time    | Buffers |
---------------------------------------------------------------------------------------
|   0 | SELECT STATEMENT                     |            |      1 |     23 |00:00:00.01 |     563 |
|*  1 | TABLE ACCESS BY INDEX ROWID BATCHED  | SALES      |      1 |     23 |00:00:00.01 |     563 |
|*  2 |  INDEX RANGE SCAN                    | IX_SALES_N1|      1 |    561 |00:00:00.01 |       6 |
---------------------------------------------------------------------------------------
```

IX_SALES_N1 INDEX만 이용하기 위해서 TRIM 함수를 이용해서 IX_SALES_N2 INDEX 컬럼을 가공했다.

Buffers는 INDEX JOIN보다 높지만 A-Time은 같은 것을 볼 수 있는데 A-Time의 경우 1/100초까지 표시된 경우이므로 좀 더 자세하게 비교를 하기 위해서 V$SQL을 이용해서 확인한 결과는 아래와 같다.

구분	PLAN_HASH_VALUE	실행 수	EXEC_BUFFER_GETS	ROWS	CPU_TIME	ELAPSED_TIME
INDEX_JOIN	3411863426	125	106	23	0.02009	0.02101
INDEX_COMBINE	3307649603	138	128	23	0.02792	0.02843
INDEX 1개만 사용	2774245971	131	563	23	0.00095	0.0017

위의 결과를 본다면 INDEX_COMBINE보다는 INDEX JOIN이 약간 유리한 것을 볼 수 있다. 그리고 INDEX_JOIN, INDEX_COMBINE 모두 CPU를 많이 사용하는 Operation 이므로 INDEX 1개를 사용해도 I/O(Buffers)에서 이 두 Operation과 크게 차이가 나지 않는다면 매우 빈번하게 사용되는 SQL일 경우에는 똑똑한 1개의 INDEX를 사용하는 것이 좋다. 위 통계에서 보다시피 INDEX JOIN, INDEX COMBINE 모두 ELAPSED_TIME 대비 CPU_TIME 비율이 높기 때문이다.

Section 19. INDEX FILTERING 효과

INDEX SCAN에서 성능 부하가 많이 가는 부분은 Operation 부분에서 TABLE ACCESS BY INDEX ROWID로 나타나는 Random Single Block I/O라고 이야기했었다. 이번 장에서는 Single Block I/O를 감소시켜 성능 개선하는 방법에 대해서 이야기하도록 하겠다.

```
<ORDER 테이블 INDEX 현황>
IX_ORDERS_PK : ORDER_ID
IX_ORDERS_N1 : ORDER_DATE

SELECT ORDER_ID, ORDER_DATE, ORDER_MODE
     , CUSTOMER_ID, ORDER_TOTAL
  FROM ORDERS A
 WHERE ORDER_DATE >= TO_DATE('20120805', 'YYYYMMDD')
   AND ORDER_DATE <  TO_DATE('20120809', 'YYYYMMDD')
   AND ORDER_STATUS = 1;
```

```
-----------------------------------------------------------------------------------
| Id  | Operation                            | Name        | Starts | A-Rows |Buffers |
-----------------------------------------------------------------------------------
|   0 | SELECT STATEMENT                     |             |      1 |    519 |   4929 |
|*  1 |  TABLE ACCESS BY INDEX ROWID BATCHED | ORDERS      |      1 |    519 |   4929 |
|*  2 |   INDEX RANGE SCAN                   | IX_ORDERS_N1|      1 |   5456 |     24 |
-----------------------------------------------------------------------------------
```

위 실행 계획을 보면 5,456건을 INDEX Block에서 읽으면서 ROWID를 이용해서 테이블로 Single Block I/O가 발생한 후에 약 90%를 필터링하고 있는 것을 볼 수 있다. INDEX Block에서는 ORDER_DATE 조건으로 5,456건을 읽고 테이블로 I/O가 발생한 후에 ORDER_STATUS 조건에 의해 90%를 필터링하고 있는 것이다. 만약 ORDER_STATUS 컬럼으로 필터링까지 INDEX Block에서 처리할 수 있다면 Single Block I/O가 줄어들어 Buffers 수치가 개선이 될 것이다.

IX_ORDERS_N1 INDEX를 ORDER_DATE, ORDER_STATUS로 변경한 후 실행 계획을 확인해 보도록 하자.

```
----------------------------------------------------------------------------
| Id | Operation                            | Name        | Starts | A-Rows | Buffers |
----------------------------------------------------------------------------
|  0 | SELECT STATEMENT                     |             |    1   |   519  |   489   |
|  1 |  TABLE ACCESS BY INDEX ROWID BATCHED | ORDERS      |    1   |   519  |   489   |
|* 2 |   INDEX RANGE SCAN                   | IX_ORDERS_N1|    1   |   519  |    32   |
----------------------------------------------------------------------------
```

INDEX RANGE SCAN 단계에서 ORDER_STATUS가 필터링이 되어 519건만 테이블로 Single Block I/O가 발생하면서 성능이 개선된 것을 볼 수 있다. 하지만 실무에서는 INDEX 컬럼 추가는 주의해야 한다. INDEX 컬럼 추가로 인해서 같은 테이블을 사용하는 다른 SQL의 실행계획이 변경될 우려가 있기 때문이다. 또한 위와 같은 방식으로 튜닝을 한다고 INDEX마다 SQL에서 조회되는 컬럼을 뒤에 막 추가하다 보면 INDEX 사이즈가 늘어나서 INDEX SCAN에 대한 I/O가 증가하게 된다. 따라서 위와 같은 방법은 꼭 필요한 경우만 사용하는 것이 좋은 방법이라 할 수 있겠다.

INDEX 설계 전략

SQL을 이용한 데이터 조회에 있어서 가장 일반적인 실행 계획 중의 하나가 INDEX와 관련된 실행 계획이다. 따라서 INDEX에 대한 이해는 필수라고 할 수 있다. 이전 장에서는 INDEX의 기본 구조 및 개념 그리고 실행 계획상의 주요 INDEX 관련 Operation과 수행 원리 및 활용 방안에 대해서 알아봤다면 이번 장에서는 최적의 INDEX를 설계하기 위한 전략에 대해서 알아보도록 하겠다.

◆ 언제 INDEX를 이용해야 하는가?
- 전체 테이블 건수 대비 선택하려는 건수가 적은 경우
- 테이블의 많은 건수를 처리하지만 INDEX만으로 처리할 수 있는 경우

◆ 언제 INDEX를 생성해야 하는가?
- 조회 컬럼 조건이 전체 건수 대비 선택하려는 건수가 적은 경우
- 테이블의 많은 건수를 처리하지만 INDEX만으로 처리할 수 있는 경우
- 위의 조건을 만족하면서 실행 빈도까지 고려되어야 함.

Section 01. 선택도와 카디널리티
Section 02. NDEX 컬럼 입력, 삭제, 갱신
Section 03. INDEX 선정 기준
Section 04. 테이블 유형별 INDEX 설계 기준
Section 05. 결합 컬럼 INDEX 특징 및 컬럼 순서 결정 기준
Section 06. INDEX 선정 절차
Section 07. INDEX 설계 예제

선택도와 카디널리티

아래 표는 DBA_TAB_COLUMNS에서 조회한 통계 정보 값이다. 옵티마이저가 최적의 실행 계획을 세우기 위해서는 테이블의 사이즈, 건수, 그리고 각 컬럼의 DISTINCT한 값의 종류 등을 알고 있어야 하는데 이 부분이 통계 정보로 수집되어 관리가 된다.

OWNER	TABLE_NAME	COLUMN_NAME	NUM_DISTINCT	NUM_NULLS
TEST1	TB_GLASS	LST_EV_TIM	4772	0
TEST1	TB_GLASS	AR_NM	7	0
TEST1	TB_GLASS	PRD_REQ_ID	0	35095
TEST1	TB_GLASS	STP_ID	13	0
TEST1	TB_GLASS	PRD_ID	4	0
TEST1	TB_GLASS	EQU_ID	51	855
TEST1	TB_GLASS	STP_STAT_SG	2	210
TEST1	TB_GLASS	GLS_STAT_SG	6	0
TEST1	TB_GLASS	GLS_ID	35095	0
TEST1	TB_GLASS	OBJ_ID	35095	0
TEST1	TB_GLASS	UPDT_TM	8344	175
TEST1	TB_GLASS	MDU_ID	1	175

OWNER	TABLE_NAME	NUM_ROWS	BLOCKS
TEST1	TB_GLASS	35095	4402

선택도라는 의미는 말그대로 선택될 확률이라는 의미이다. 선택도는 아래와 같이 계산이 된다.

단일 컬럼 선택도 : 1/NUM_DISTINCT
카디널리티 : (NUM_ROWS - NUM_NULLS) * 선택도

복합 컬럼 선택도 : 1/NUM_DISTINCT * 1/NUM_DISTINCT ..
카디널리티 : (NUM_ROWS - NUM_NULLS) * 선택도

위 표에서 GLS_ID의 선택도는 1/35095이 되고 TB_GLASS 테이블의 건수가 35,095인 것으로 봐서 UNIQUE한 컬럼이라고 판단할 수 있다. 여기에 선택도를 곱하면 1이 나오며 이 컬럼조건 =로 조회한 결과는 1건이 나오게 되며 이 건수를 카디널리티라고 한다.

결국 INDEX의 후보가 될 수 있는 컬럼은 선택도가 낮고 카디널리티가 낮은 컬럼이 될 수 있다. 이전 장에서 학습했듯이 카디널리티가 높으면 Random Single Block I/O도 비례해서 높아진다.

```
SELECT COUNT(*)
  FROM TEST1.TB_GLASS
 WHERE EQP_ID = 'B1ASY05N_Y11'
```

```
-----------------------------------------------------------------------------------
| Id  | Operation          | Name        | Starts | E-Rows | A-Rows |   A-Time   | Buffers |
-----------------------------------------------------------------------------------
|   0 | SELECT STATEMENT   |             |    1   |        |    1   |00:00:00.07 |   885   |
|   1 |  SORT AGGREGATE    |             |    1   |    1   |    1   |00:00:00.07 |   885   |
|*  2 |   INDEX RANGE SCAN | TB_GLASS_IX02|   1   |   671  |  108K  |00:00:00.05 |   885   |
-----------------------------------------------------------------------------------
```

위 SQL을 통해서 산출된 단일 컬럼 선택도와 카디널리티는 아래와 같다.

단일 컬럼 선택도 : 1/51

카디널리티 : (NUM_ROWS - NUM_NULLS) * 선택도
　　　　　= (35095 - 851) * 1/51 = 671 (E-Rows 값과 동일)

앞의 TB_GLASS 테이블의 컬럼 통계 정보를 보면 EQP_ID의 NUM_DISTINCT 값이 51이기 때문에 선택도는 51이 된 것이며 이에 따라서 카디널리디도 671이 나왔다. E-Row는 옵티마이저가 통계 정보를 이용해서 생성하는 값이며 A-Rows는 실제 수행한 결과 건수 값인데 차이가 많이 나는 것을 확인할 수 있다. 테이블 및 컬럼에 대한 통계 정보 값이 부정확하다는 것을 알 수 있다. 부정확한 통계 정보 값은 옵티마이저가 정확한 비용 계산을 할 수 없도록 해서 악성 실행 계획으로 생성되게 할 수도 있다.

Section 02 INDEX 컬럼 입력, 삭제, 갱신

아래 그림은 DML이 발생했을 때 INDEX에서의 데이터 입력, 수정, 삭제는 어떻게 동작하는지 표현한 것이다.

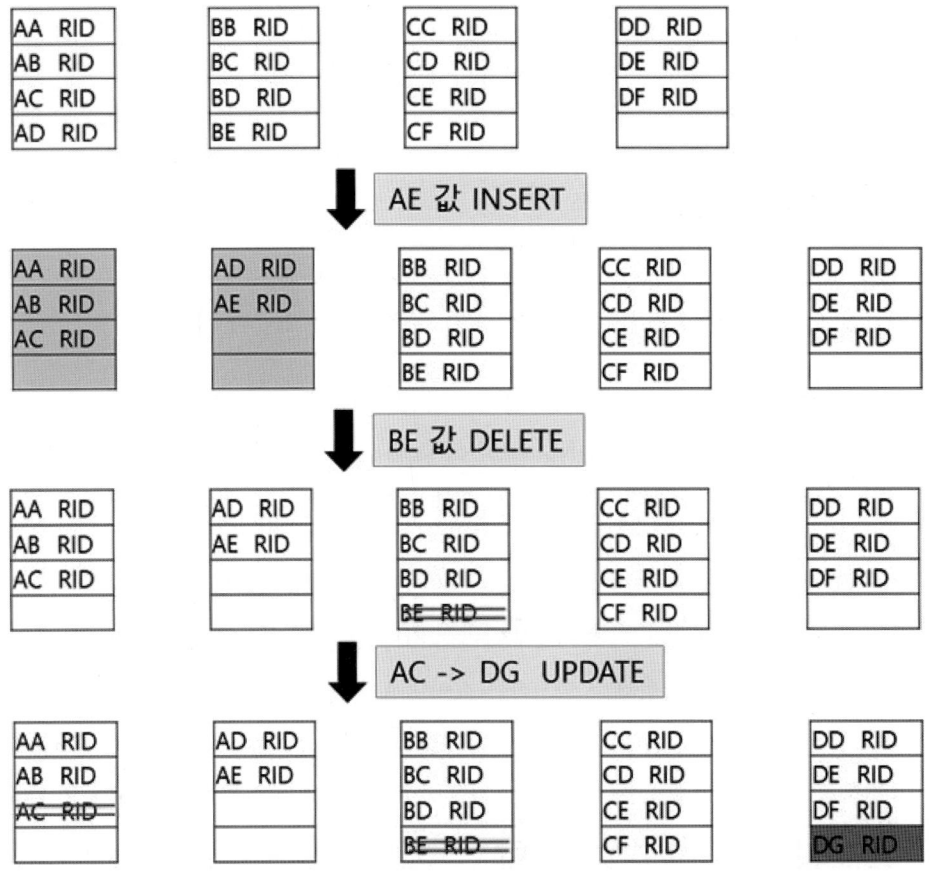

INDEX는 INDEX 컬럼 순서대로 정렬되기 때문에 INSERT가 발생하면 해당 위치로 찾아서 INSERT가 된다. AE 값을 입력하면 첫 번째 Block에 AD 밑에 INSERT가 되어야 하는데 해당 Block이 꽉 차 있기 때문에 INDEX Block Split이 발생하면서 데이터가 반반 나뉘어 들어가고 빈 공간이 확보된 후에 추가된 데이터가 INSERT 된다.

BE값을 DELETE 하게 되면 INDEX Block에서 바로 DELETE 되는 것이 아니라 DELETE 가 되었다고 표시만 된다. AC → DG로 UPDATE를 하면 AC가 DELETE 되었다고 표시가 되고 DG가 INSERT 된다.

INDEX 사이즈가 TABLE 사이즈보다 큰 경우가 발생하기도 하는데 DELETE, INSERT가 자주 발생하거나 UPDATE가 자주 발생하는 INDEX 컬럼의 경우가 그렇다. 위의 기본 내용을 바탕으로 테스트한 결과는 아래와 같다.

테스트용 테이블과 INDEX를 아래와 같이 생성했다. INDEX 생성 시 Block을 꽉 채우기 위해서 PCTFREE 0으로 했다.

```
CREATE TABLE TEST_OBJECT
AS
SELECT OBJECT_NAME
  FROM ALL_OBJECTS
 WHERE OBJECT_NAME >='A'
   AND OBJECT_NAME <='Z';

CREATE INDEX IX_TEST_OBJECT_N1
ON TEST_OBJECT(OBJECT_NAME)
PCTFREE 0;
```

아래 명령어를 이용해서 현재 INDEX의 구조를 확인한다

```
ANALYZE INDEX IX_TEST_OBJECT_N1 VALIDATE STRUCTURE;
```

LF_ROWS	LF_BLKS	DEL_LF_ROWS	PCT_USED
19729	76	0	99

INSERT문 실행했다. INDEX Block이 꽉 찬 상태이기 때문에 INDEX Block Split이 발생하면서 Leaf Block는 1 Block 증가했다. BLOCK Split으로 1 Block이 추가되면서 PCT_USED값이 97이 되었다.

```
INSERT INTO TEST_OBJECT VALUES('ACTION_TABLE_ABC');
```

LF_ROWS	LF_BLKS	DEL_LF_ROWS	PCT_USED
19730	77	0	97

UPDATE문을 실행했다. INDEX 컬럼 UPDATE는 DELETE INSERT로 동작한다고 위해서 설명했었다. 'ACTION_TABLE' 값은 DELETE 되었다고 표시가 되고 'EXU8TYPTU_ABC' 값은 INSERT가 되면서 해당 위치의 Block이 꽉 차 있기 때문에 BLOCK SPLIT이 발생하면서 Leaf Blocks 수가 78로 증가했다. BLOCK Split에 의해서 1 Block이 증가했기 때문에 PCT_USED는 96으로 되었으며 LEAF Row는 1건 증가했다.

```
UPDATE TEST_OBJECT SET OBJECT_NAME = 'EXU8TYPTU_ABC'
 WHERE OBJECT_NAME = 'ACTION_TABLE';
```

LF_ROWS	LF_BLKS	DEL_LF_ROWS	PCT_USED
19731	78	1	96

아래 SQL을 이용해서 임의 Block들의 데이터를 DELETE했다. 다른 값은 변함이 없으며 DELETE로 인해서 DEL_LF_ROWS 값이 증가했다.

```
DELETE TEST_OBJECT
 WHERE OBJECT_NAME IN (
        SELECT OBJECT_NAME
          FROM (SELECT ROWNUM RNUM, OBJECT_NAME
                  FROM TEST_OBJECT
                 ORDER BY OBJECT_NAME)
         WHERE MOD(RNUM, 100) = 5);
```

LF_ROWS	LF_BLKS	DEL_LF_ROWS	PCT_USED
19731	78	372	96

아래 SQL을 이용해서 DBA로 시작하는 모든 데이터를 DELETE 했다. LEAF ROWS 값이 줄어든 것이 확인되는데 DBA로 시작하는 데이터가 지워지면서 해당 Block의 전체 DELETE 된 경우 DELETE 되었다고 표시된 건수를 정리하여 LF_ROWS가 줄어든 것을 확인할 수 있다.

```
DELETE TEST_OBJECT
 WHERE OBJECT_NAME LIKE 'DBA%';
```

LF_ROWS	LF_BLKS	DEL_LF_ROWS	PCT_USED
19695	78	1935	96

위에서 DBA로 시작하는 데이터를 DELETE 했는데 여기서는 DBA로 시작하는 데이터를 INSERT 했다. DBA 순서의 INDEX Block으로 INSERT 될 때 DELETE 되었다고 표시된 Block이 정리되면서 DEL_LF_ROWS가 줄어들었고 LEAF ROWS도 줄어든 것이 확인된다.

INSERT INTO TEST_OBJECT VALUES('DBA_TABLE_ABCD');

LF_ROWS	LF_BLKS	DEL_LF_ROWS	PCT_USED
19541	78	1780	95

Z로 시작하는 값을 INSERT했다. ZBC로 시작하는 데이터는 Index Leaf Block의 오른쪽 가장 끝 Block에 INSERT될 확률이 높다. 따라서 LEAF ROWS만 증가했고 나머지는 변함이 없다.

INSERT INTO TEST_OBJECT VALUES('ZBC_TABLE_ABCD');

LF_ROWS	LF_BLKS	DEL_LF_ROWS	PCT_USED
19542	78	1780	95

아래는 테이블에 생성된 INDEX가 DML 성능에 미치는 영향에 대해서 테스트 한 것이다.

1. 테이블 생성

```
CREATE TABLE TEST_OBJECT
AS
SELECT OWNER, OBJECT_NAME, OBJECT_TYPE
     , STATUS, CREATED
  FROM TEST_OBJECT
 WHERE OBJECT_NAME >='A'
   AND OBJECT_NAME <='Z';
```

2. 데이터 INSERT

```
INSERT INTO TEST_OBJECT
SELECT OWNER, OBJECT_NAME, OBJECT_TYPE
     , STATUS, CREATED
  FROM TEST_OBJECT
 WHERE OBJECT_NAME >='A'
   AND OBJECT_NAME <='B';
```

```
---------------------------------------------------------------
| Id | Operation              | Name        | A-Rows |Buffers |
---------------------------------------------------------------
|  0 | INSERT STATEMENT       |             |      0 |   396  |
|  1 | LOAD TABLE CONVENTIONAL|             |      0 |   396  |
|* 2 | TABLE ACCESS FULL      | TEST_OBJECT |   1884 |   192  |
---------------------------------------------------------------
```

3. OBJECT_NAME 컬럼에 INDEX 생성 후 데이터 INSERT

```
-------------------------------------------------------------------------
| Id | Operation              | Name        | Starts | A-Rows | Buffers |
-------------------------------------------------------------------------
|  0 | INSERT STATEMENT       |             |    1   |     0  |   1779  |
|  1 | LOAD TABLE CONVENTIONAL|             |    1   |     0  |   1779  |
|* 2 | TABLE ACCESS FULL      | TEST_OBJECT |    1   |  1884  |    192  |
-------------------------------------------------------------------------
```

OBJECT_NAME 단일 컬럼 INDEX 생성후에 I/O가 증가했다.

4. [ONWER, OBJECT_NAME] 컬럼에 INDEX 생성 후 데이터 INSERT

```
-------------------------------------------------------------------------
| Id | Operation              | Name        | Starts | A-Rows | Buffers |
-------------------------------------------------------------------------
|  0 | INSERT STATEMENT       |             |    1   |     0  |   2923  |
|  1 | LOAD TABLE CONVENTIONAL|             |    1   |     0  |   2923  |
|* 2 | TABLE ACCESS FULL      | TEST_OBJECT |    1   |  1884  |    192  |
-------------------------------------------------------------------------
```

단일 컬럼 INDEX를 제거하고 두 개 컬럼으로 구성된 복합 INDEX 생성 후 단일 컬럼일 때보다 I/O 발생량이 컬럼 사이즈에 비례해서 증가한 것을 확인할 수 있다.

5. 위 두 INDEX 생성 후 데이터 INSERT

```
--------------------------------------------------------------------------
| Id  | Operation                | Name        | Starts |   A-Time   | Buffers |
--------------------------------------------------------------------------
|   0 | INSERT STATEMENT         |             |      1 |00:00:00.12 |    4297 |
|   1 |  LOAD TABLE CONVENTIONAL |             |      1 |00:00:00.12 |    4297 |
|*  2 |   TABLE ACCESS FULL      | TEST_OBJECT |      1 |00:00:00.01 |     192 |
--------------------------------------------------------------------------
```

위 두 INDEX를 모두 생성 후 I/O 발생량은 위 두 INDEX를 각각 생성한 I/O 발생량을 합산한 것과 비슷한 것을 확인할 수 있다. 즉 테이블에 생성된 INDEX 개수 및 컬럼 사이즈에 비례해서 INSERT 시에 I/O 발생량은 증가한다. 생성된 INDEX에도 해당 INDEX 컬럼에 대한 데이터가 INSERT 되기 때문이다.

Section 03 INDEX 선정 기준

■ 조회 컬럼 조건의 선택도가 낮은 경우

아래표는 ORDERS 테이블의 통계 정보이다.

TABLE_NAME	COLUMN_NAME	NUM_DISTINCT	NUM_NULLS	NUM_ROWS	BLOCKS	비고
ORDERS	ORDER_ID	2973939	0	2973939	19791	PK
ORDERS	ORDER_DATE	2941184	0	2973939	19791	2007/01/01 00:00:47 ~ 2012/12/31 23:58:50
ORDERS	ORDER_MODE	2	0	2973939	19791	
ORDERS	CUSTOMER_ID	50044	0	2973939	19791	
ORDERS	EMPLOYEE_ID	642	0	2973939	19791	
ORDERS	ORDER_STATUS	10	0	2973939	19791	1~10

• ORDER_ID = 조건인 경우 :

```
SELECT *
  FROM ORDERS
 WHERE ORDER_ID = '000000002';
```

```
--------------------------------------------------------------------------------
| Id | Operation                    | Name          | Starts | E-Rows | A-Rows | Buffers |
--------------------------------------------------------------------------------
|  0 | SELECT STATEMENT             |               |      1 |        |      1 |       4 |
|  1 |  TABLE ACCESS BY INDEX ROWID | ORDERS        |      1 |      1 |      1 |       4 |
|* 2 |   INDEX UNIQUE SCAN          | IX_ORDERS_PK  |      1 |      1 |      1 |       3 |
--------------------------------------------------------------------------------
```

ORDER_ID는 PK이며 ORDERS_ID 단일 컬럼 = 조회 조건으로 들어오는 경우 선택도는 1/2973939이며 카디널리티는 선택도 * 건수 = 1건이다. DISTINCT한 값의 종류가 매우 높은 선택도가 낮은 컬럼이 = 조건으로 들어오는 경우에는 조회되는 건수가 매우 적기 때문에 INDEX의 후보가 된다.

• ORDER_DATE >= AND ORDER_DATE < 범위 조건이 좁게 들어오는 경우

```
SELECT *
  FROM ORDERS A
 WHERE ORDER_DATE >= TO_DATE('20120215', 'YYYYMMDD')
   AND ORDER_DATE <  TO_DATE('20120216', 'YYYYMMDD');
```

```
-------------------------------------------------------------------------------
| Id  | Operation                    | Name         | Starts | E-Rows | A-Rows |Buffers |
-------------------------------------------------------------------------------
|   0 | SELECT STATEMENT             |              |      1 |        |   1360 |   1240 |
|   1 |  TABLE ACCESS BY INDEX ROWID | ORDERS       |      1 |   1358 |   1360 |   1240 |
|*  2 |   INDEX RANGE SCAN           | IX_ORDERS_N4 |      1 |   1358 |   1360 |     20 |
-------------------------------------------------------------------------------
```

ORDERS 테이블은 총 6년 치 ORDER_DATE 컬럼 일 단위로 2,191일 데이터 범위가 저장되어 있다. 조회 범위가 1일로 들어오는 경우 선택도는 1/2191이고 카디널리티는 선택도 * 건수 = 1,358건으로 적기 때문에 INDEX의 후보가 될 수 있다.

• ORDER_DATE >= AND ORDER_DATE < 범위 조건이 넓게 들어오는 경우

```
SELECT *
  FROM ORDERS A
 WHERE ORDER_DATE >= TO_DATE('20120215', 'YYYYMMDD')
   AND ORDER_DATE <  TO_DATE('20130215', 'YYYYMMDD');
```

```
-------------------------------------------------------------------------------
| Id  | Operation                    | Name         | Starts | E-Rows | A-Rows |Buffers |
-------------------------------------------------------------------------------
|   0 | SELECT STATEMENT             |              |      1 |        |   499K |   453K |
|   1 |  TABLE ACCESS BY INDEX ROWID | ORDERS       |      1 |   495K |   499K |   453K |
|*  2 |   INDEX RANGE SCAN           | IX_ORDERS_N4 |      1 |   495K |   499K |   6326 |
-------------------------------------------------------------------------------
```

조회 범위가 1년으로 넓게 들어오고 있으며 선택도는 365/2191이며 카디널리티는 365/2191*건수 = 495,430건이며 조회되는 건수가 많기 때문에 INDEX Level → TABLE 로 Single Block I/O 하는 단계에서 약 45만 Block I/O가 발생하게 된다. 테이블의 전체 Block이 19,620 Block이므로 이런 경우는 INDEX를 사용하는 것보다 FULL TABLE SCAN 하는 것이 유리할 수 있다.

■ 조회 컬럼 조건의 선택도가 높은 경우

• ORDER_STATUS = 조건이 들어오는 경우

```sql
SELECT EMPLOYEE_ID
     , COUNT(*)
  FROM ORDERS
 WHERE ORDER_STATUS = 1
 GROUP BY EMPLOYEE_ID;
```

Id	Operation	Name	Starts	E-Rows	A-Rows	Buffers	Used-Mem
0	SELECT STATEMENT		1		642	20036	
1	SORT GROUP BY		1	642	642	20036	24576(0)
2	TABLE ACCESS BY INDEX ROWID	ORDERS	1	297K	297K	20036	
* 3	INDEX RANGE SCAN	IX_ORDERS_N5	1	297K	297K	581	

ORDER_STATUS 컬럼은 NUM_DISTINCT값이 10이다. 즉 10가지 값을 가지고 있으므로 = 조건인 경우 선택도는 1/10이며 카디널리티는 1/10 * 2973939 = 297,394건이다. 약 30만 건에 대해서 INDEX → TABLE로 Single Block I/O 발생하면서 20,036 Block이 발생하고 있는데 건수에 비해서 Single Block I/O 값이 크게 낮은 이유는 CLUSTERING FACTOR 값이 낮기 때문일 것이다. ORDER 테이블의 전체 Block 수는 19,620이므로 INDEX를 이용하는 것보다 FULL TABLE SCAN이 더 유리할 수 있기 때문에 선택도가 낮고 카디널리티가 높은 컬럼의 경우에는 INDEX 후보에서 제외될 수 있다.

Id	Operation	Name	Starts	E-Rows	A-Rows	Buffers	Used-Mem
0	SELECT STATEMENT		1		642	19620	
1	SORT GROUP BY		1	642	642	19620	24576 (0)
* 2	TABLE ACCESS FULL	ORDERS	1	297K	297K	19620	

■ 선택도는 높지만 부분 범위 처리를 하는 경우

• ORDER_DATE >= AND ORDER_DATE < 범위 조건이 넓게 들어오는 경우

```
SELECT *
  FROM (SELECT *
          FROM ORDERS A
         WHERE ORDER_DATE >= TO_DATE('20110215', 'YYYYMMDD')
           AND ORDER_DATE < TO_DATE('20120215', 'YYYYMMDD')
         ORDER BY ORDER_DATE DESC)
 WHERE ROWNUM <= 100;
```

Id	Operation	Name	Starts	E-Rows	A-Rows	Buffers
0	SELECT STATEMENT		1		100	96
* 1	COUNT STOPKEY		1		100	96
2	VIEW		1	101	100	96
3	TABLE ACCESS BY INDEX ROWID	ORDERS	1	1358	100	96
* 4	INDEX RANGE SCAN DESCENDING	IX_ORDERS_N4	1	101	100	4

위의 경우도 조회 범위가 1년으로 넓게 들어오고 있지만 INDEX는 컬럼값 순서대로 저장되어 있기 때문에 ORDER BY ORDER_DATE DESC에 의한 SORT가 생략되어 부분 범위 처리로 100건만 SCAN하고 멈추었기 때문에 100건에 대한 Single Block I/O가 발생했다. 이와 같이 부분 범위 처리를 이용해서 데이터를 출력할 때 INDEX의 후보가 될 수 있다. 위와 같은 부분 범위 처리에 대해서는 [Part 9. 페이징 처리]에서 자세히 다룬다.

■ NL JOIN 시 후행 테이블의 JOIN 컬럼

```
SELECT B.ORDER_MODE , B.CUSTOMER_ID, B.EMPLOYEE_ID, B.ORDER_DATE
     , COUNT(*) CNT
  FROM SALES A
     , ORDERS B
 WHERE A.ORDER_MODE = B.ORDER_MODE
   AND A.CUSTOMER_ID = B.CUSTOMER_ID
   AND A.EMPLOYEE_ID = B.EMPLOYEE_ID
   AND A.ORDER_DATE = '20090101'
 GROUP BY B.ORDER_MODE , B.CUSTOMER_ID, B.EMPLOYEE_ID , B.ORDER_DATE;
```

• ORDERS JOIN 컬럼 INDEX : ORDER_MODE, CUSTOMER_ID, EMPLOYEE_ID

Id	Operation	Name	Starts	E-Rows	A-Rows	Buffers	Used-Mem
0	SELECT STATEMENT		1		1502	17400	
1	SORT GROUP BY		1	13496	1502	17400	96256(0)
2	NESTED LOOPS		1		14580	17400	
3	NESTED LOOPS		1	13496	14580	15033	
4	TABLE ACCESS BY INDEX ROWID	SALES	1	13496	14019	129	
* 5	INDEX RANGE SCAN	IX_SALES_N4	1	13496	14019	42	
* 6	INDEX RANGE SCAN	IX_ORDERS_N6	14019	1	14580	14904	
7	TABLE ACCESS BY INDEX ROWID	ORDERS	14580	1	14580	2367	

NESTED LOOP JOIN은 선행 테이블의 조회된 건수가 후행 테이블의 JOIN절로 공급되어 LOOP를 돌면서 JOIN되는 형태이다.(자세한 내용은 [Part 6. JOIN] 참조). JOIN 컬럼에 INDEX가 모두 존재하기 때문에 선행 데이터 건수가 해당 컬럼에 INDEX 조건으로 공급되었다.

• ORDERS JOIN 컬럼 INDEX : ORDER_MODE, EMPLOYEE_ID

Id	Operation	Name	Starts	E-Rows	A-Rows	Buffers	Used-Mem
0	SELECT STATEMENT		1		1502	870K	
1	SORT GROUP BY		1	13496	1502	870K	96256(0)
2	NESTED LOOPS		1		14580	870K	
3	NESTED LOOPS		1	13496	853K	18664	
4	TABLE ACCESS BY INDEX ROWID	SALES	1	13496	14019	129	
* 5	INDEX RANGE SCAN	IX_SALES_N4	1	13496	14019	42	
* 6	INDEX RANGE SCAN	IX_ORDERS_N3	14019	59	853K	18535	
* 7	TABLE ACCESS BY INDEX ROWID	ORDERS	853K	1	14580	852K	

JOIN 컬럼은 [ORDER_MODE, CUSTOMER_ID, EMPLOYEE_ID]이지만 INDEX는 [ORDER_MODE, EMPLOYEE_ID] 구성된 경우이다. 이 경우에는 선행 데이터의 건수가 ORDER_MODE, EMPLOYEE_ID 컬럼으로 INDEX RANGE SCAN이 된 건수가 테이블로 Single Block I/O가 발생한 후에 EMPLOYEE_ID 컬럼으로 필터링이 되는 비효율이

발생하게 된다. 위 실행 계획을 보면 ID 6번의 INDEX RANGE SCAN 시 약 853,000건이 조회되었고 이 건수가 Single Block I/O가 발생한 후에 EMPLOYEE_ID로 필터링 되면서 14,019건이 되었다. 따라서 NESTED LOOP JOIN에 참여하는 컬럼은 INDEX의 후보가 될 수 있다.

■ 테이블의 많은 건수를 처리하지만 INDEX만으로 처리할 수 있는 경우

TABLE_NAME	COLUMN_NAME	NUM_DISTINCT	NUM_NULLS	NUM_ROWS	BLOCKS
ORDER_ITEMS	ORDER_ID	2981120	0	29485083	165998
ORDER_ITEMS	PRODUCT_ID	288	0	29485083	165998
ORDER_ITEMS	ORDER_DATE	2967552	0	29485083	165998
ORDER_ITEMS	UNIT_PRICE	170	0	29485083	165998

```
SELECT TO_CHAR(ORDER_DATE, 'YYYYMM') ORDER_MM, PRODUCT_ID
     , COUNT(*)
  FROM ORDER_ITEMS
 WHERE PRODUCT_ID = 'P020'
 GROUP BY TO_CHAR(ORDER_DATE, 'YYYYMM'), PRODUCT_ID;
```

- IX_ORDER_ITEMS_N1 : PRODUCT_ID 인 경우

```
---------------------------------------------------------------------------------------
| Id | Operation                     | Name             | Starts | E-Rows | A-Rows | Buffers | Used-Mem |
---------------------------------------------------------------------------------------
|  0 | SELECT STATEMENT              |                  |     1  |        |     72 |  73616  |          |
|  1 |  SORT GROUP BY                |                  |     1  |  71280 |     72 |  73616  | 4096 (0) |
|  2 |   TABLE ACCESS BY INDEX ROWID | ORDER_ITEMS      |     1  |   102K |   102K |  73616  |          |
|* 3 |    INDEX RANGE SCAN           | IX_ORDER_ITEMS_N1|     1  |   102K |   102K |    230  |          |
---------------------------------------------------------------------------------------
```

PRODUCT_ID의 DISTINCT한 값의 종류는 288이므로 선택도는 1/288이고 카디널리티는 1/288 * 29485083 = 102,379이다. 선택도가 낮은 편이고 테이블의 전체 사이즈인 19,620 Block 대비 카디널리티가 높은 편이며 I/O 발생량은 73,616 Block이 발생했기 때문에 PRODUCT_ID 단일 컬럼으로는 INDEX의 후보가 되기 어렵다.

- **IX_ORDER_ITEMS_N1 : PRODUCT_ID, ORDER_DATE 인 경우**

```
-----------------------------------------------------------------------------------
| Id  | Operation          | Name              | Starts | E-Rows | A-Rows |Buffers |Used-Mem |
-----------------------------------------------------------------------------------
|   0 | SELECT STATEMENT   |                   |   1    |        |    72  |  345   |         |
|   1 |  SORT GROUP BY     |                   |   1    | 71280  |    72  |  345   |4096  (0)|
|*  2 |   INDEX RANGE SCAN | IX_ORDER_ITEMS_N1 |   1    |  102K  |  102K  |  345   |         |
-----------------------------------------------------------------------------------
```

SELECT절과 WHERE절의 컬럼이 모두 INDEX에 존재하는 컬럼이기 때문에 Random Single Block I/O에 대한 실행 계획인 TABLE ACCESS BY INDEX ROWID 가 사라지고 INDEX RANGE SCAN만 발생했다. 이로 인해서 73,616 → 345 Block으로 I/O 발생량이 크게 줄어들었으며 이와 같은 경우 INDEX 후보가 될 수 있다.

```sql
SELECT TO_CHAR(ORDER_DATE, 'YYYYMM') ORDER_MM
     , PRODUCT_ID
     , SUM(QUANTITY)
  FROM ORDER_ITEMS
 WHERE PRODUCT_ID = 'P020'
 GROUP BY TO_CHAR(ORDER_DATE, 'YYYYMM'), PRODUCT_ID;
```

```
-------------------------------------------------------------------------------------------
| Id  | Operation                     | Name              | Starts| E-Rows | A-Rows|Buffers|Used-Mem |
-------------------------------------------------------------------------------------------
|   0 | SELECT STATEMENT              |                   |   1   |        |    72 | 73616 |         |
|   1 |  SORT GROUP BY                |                   |   1   | 71280  |    72 | 73616 |4096  (0)|
|   2 |   TABLE ACCESS BY INDEX ROWID | ORDER_ITEMS       |   1   |  102K  |  102K | 73616 |         |
|*  3 |    INDEX RANGE SCAN           | IX_ORDER_ITEMS_N1 |   1   |  102K  |  102K |   230 |         |
-------------------------------------------------------------------------------------------
```

SELECT절에 QUANTITY 컬럼이 추가되면서 TABLE ACCESS BY INDEX ROWID 실행 계획이 다시 발생했다. 만약 실행 수 높은 SQL의 TABLE ACCESS BY INDEX ROWID 부분을 제거하기 위해서 INDEX를 [PRODUCT_ID, ORDER_DATE]와 같이 구성을 했지만 INDEX 에 없는 컬럼이 추가 되면 다시 Single Block I/O가 발생하기 때문에 이 부분은 주의해야 한다.

■ 컬럼 선택도는 높지만 선택도 낮은 특정 값만 조회 빈도가 높은 경우

아래 SQL을 이용해서 DISTINCT한 값의 종류가 두 가지이고 한쪽에 대부분의 데이터가 편중된 테이블을 생성했다.

```
CREATE TABLE TMP_ORDERS
AS
SELECT A.*
     , CASE WHEN MOD(TRUNC(DBMS_RANDOM.VALUE(1,1000000)), 100000) = 10
            THEN 'N' ELSE 'Y' END ORDER_YN
  FROM ORDERS A;
```

ORDER_YN	COUNT(*)
N	27
Y	2973912

```
SELECT *
  FROM TMP_ORDERS
 WHERE ORDER_YN = 'N';
```

```
-------------------------------------------------------------------------
| Id | Operation          | Name       | Starts | A-Rows | Buffers |
-------------------------------------------------------------------------
|  0 | SELECT STATEMENT   |            |      1 |     27 |   20236 |
|* 1 | TABLE ACCESS FULL  | TMP_ORDERS |      1 |     27 |   20236 |
-------------------------------------------------------------------------
```

DISTINCT한 값의 종류는 2로 선택도는 1/2로 매우 높지만 ORDER_YN = 'N' 조건으로 건수는 매우 적음에도 불구하고 FULL TABLE SCAN이 발생한다. 만약 이런 형태인 SQL 의 실행 수가 매우 높은 경우 아래와 같이 ORDER_YN 컬럼이 INDEX 후보가 될 수 있다.

⬇ ORDER_YN 컬럼 INDEX 생성

```
-------------------------------------------------------------------------------
| Id | Operation                    | Name           | Starts | A-Rows | Buffers |
-------------------------------------------------------------------------------
|  0 | SELECT STATEMENT             |                |      1 |     27 |      31 |
|  1 | TABLE ACCESS BY INDEX ROWID  | TMP_ORDERS     |      1 |     27 |      31 |
|* 2 | INDEX RANGE SCAN             | IX_TMP_ORDERS_N1|     1 |     27 |       4 |
-------------------------------------------------------------------------------
```

INDEX 생성으로 인해서 I/O가 크게 줄어들었으며 생성된 INDEX의 사이즈는 43MB로 확인이 되었다.

SEGMENT_NAME	SIZES(MB)
IX_TMP_ORDERS_N1	43

DISTINCT 값의 종류는 적기 때문에 선택도는 높지만 특정 값에 데이터가 몰려 있고 데이터 건수(카디널리티)가 적은 경우에 조회 빈도가 높은 경우에 대해서만 INDEX가 사용되도록 하고 건수가 많은 경우에는 FULL TABLE SCAN이 되도록 하기 위해서 아래와 같이 FUNCTION BASED INDEX를 생성한다. Y인 경우는 NULL이기 때문에 INDEX 사이즈는 0.06MB로 크게 줄어든다. 단일 컬럼 INDEX인 경우에는 NULL값은 INDEX에 저장하지 않기 때문이다.

```
CREATE INDEX IX_TMP_ORDERS_N1
ON TMP_ORDERS(CASE WHEN ORDER_YN = 'Y' THEN NULL ELSE 'N' END);
```

SEGMENT_NAME	SIZES(MB)
IX_TMP_ORDERS_N1	0.06

```
SELECT *
  FROM TMP_ORDERS
 WHERE CASE WHEN ORDER_YN = 'Y' THEN NULL ELSE 'N' END = 'N';
```

```
-------------------------------------------------------------------------------
| Id  | Operation                    | Name             | Starts | A-Rows | Buffers |
-------------------------------------------------------------------------------
|   0 | SELECT STATEMENT             |                  |      1 |     27 |      29 |
|   1 |  TABLE ACCESS BY INDEX ROWID | TMP_ORDERS       |      1 |     27 |      29 |
|*  2 |   INDEX RANGE SCAN           | IX_TMP_ORDERS_N1 |      1 |     27 |       2 |
-------------------------------------------------------------------------------
```

특정 값에 대한 조회에 대해서 조건절을 INDEX 생성할 때 사용한 FUNCTION 조건을 그대로 사용했다. 위의 경우는 DISTINCT한 값의 종류가 두 가지이지만 수십 가지가 존재하고 대량 건수에서 특정 몇 개 값에 데이터가 몰려 있는 경우에 TRIM(COLNUM_NAME)과 같이 INDEX를 생성해서 특정 적은 값에 대해서만 INDEX를 사용하도록 할 수 있다.

지금까지 INDEX 후보 컬럼 대상에 대해서 알아보았다.

테이블 유형별 INDEX 설계 기준

■ 기준 정보성 소형 테이블
- 수백 Block 미만의 테이블
- FULL SCAN, JOIN 시 FULL SCAN HASH JOIN을 해도 성능은 좋으나 실행 수가 매우 높은 SQL에서 참조되는 경우는 JOIN 컬럼 또는 조회 컬럼에 INDEX 생성이 필요하다.

■ ACCESS 빈도가 높은 중·대용량의 핵심 업무 테이블
- DB 내에서 사용되는 전체 SQL 중에서 사용되는 비중이 높다.
- 사용되는 SQL 수가 많고 다양한 ACCESS 패턴이 존재한다.
- INDEX 구조가 성능을 크게 좌우하므로 SQL의 ACCESS 패턴 분석 및 최적의 INDEX 설계가 필요하다.
- 대용량 데이터 테이블인 경우 INDEX 개수가 DML 처리 성능에 영향을 미치므로 INDEX 수를 최소로 유지하면서 성능을 최대로 하기 위한 INDEX 설계를 고려하여야 한다.
- 경우에 따라서 파티셔닝을 고려하여야 한다.

■ 트랜잭션 빈도수가 매우 높은 테이블(LOG성으로 조회보다는 적재 위주의 테이블)
- 초당 수천 이상의 트랜잭션이 발생한다.
- SQL에서 사용은 한정되어 있으며 사용 패턴이 정해져 있다.
- 적재 성능을 위해서 INDEX 생성을 최소화한다.

Section 05. 결합 컬럼 INDEX 특징 및 컬럼 순서 결정 기준

아래 내용은 [Part 4. INDEX ACCESS PATTERN]에서 정리한 내용이지만 INDEX 설계 시에 중요한 개념이므로 복습 차원에서 다시 한번 정리했다.

■ ACCESS 조건 FILTER 조건

INDEX ACCESS 조건이라는 것은 INDEX SCAN 시에 SCAN 범위를 줄여주는 데 참여한 조건을 이야기하고 INDEX FILTER 조건이라는 것은 실제 SCAN 범위는 줄여주지 못하고 말 그대로 FILTER 역할만 하는 조건을 나타낸다. INDEX 효율적인 SCAN 및 INDEX 설계를 잘하기 위해서는 INDEX ACCESS 조건, FILTER 조건의 이해는 반드시 필요하다.

아래 그림은 COL1, COL2, COL3, COL4로 구성된 복합 INDEX를 나타낸 것이다.
그림을 통해서 자세히 살펴보도록 하자.

여기서 =, IN 등의 조건을 점 조건, >=, <=, BETWEEN, LIKE 등을 선분 조건이라고 명명 하도록 하겠다. 참고로 INDEX RANGE SCAN 시에는 아래 그림에서 표현한 보라색보다 한 ROW SCAN이 더 발생한다. 조회 조건에 해당하는 마지막 값인지 확인이 필요하기 때문이다. 따라서 아래 그림⟨1⟩에서는 보라색이 3칸이지만 실제로는 4칸 읽는다고 생각을 하면 될 것이다.

1. WHERE COL1 = '1' AND COL2 = 'A' AND COL3 = '나' AND COL4 = 'a'

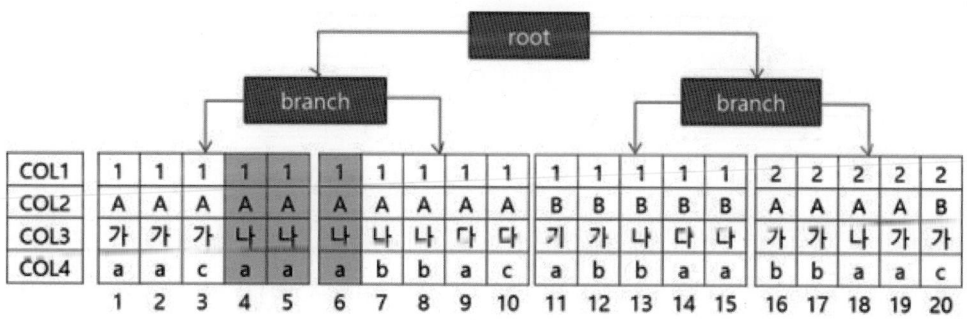

INDEX Root Block에서 위 조건에 해당하는 시작점의 주소를 가지고 Branch → Leaf Block으로 찾아간 후 위 조건에 해당하는 지점부터 SCAN이 발생하게 된다.

모든 조건이 =인 점 조건으로 들어오게 되면 모든 INDEX 조건은 ACCESS 조건이 되어 INDEX SCAN 범위를 줄여주는 역할을 하게 된다. 위의 그림에 표시한 것과 같이 불필요한 부분의 ACCESS는 없이 조건에 해당하는 INDEX 범위만 SCAN을 했다.

2. WHERE COL = '1' AND COL2 = 'A' AND COL3 = '나' AND COL4 >= 'a'

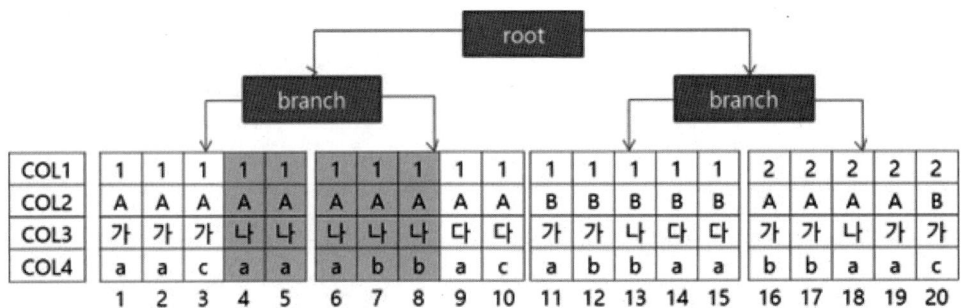

위의 경우는 COL1, COL2, COL3는 점 조건인 =로 들어오고 COL4는 선분조건으로 들어온 경우이다. 이때 Root Block에서 Leaf Block의 시작점이 [1, A, 나, a]가 된다. 이때에도 모든 조건이 ACCESS 조건으로 참여하게 되어 필요한 부분만 SCAN을 하게 된다.

3. WHERE COL1 = '1' AND COL2 = 'A' AND COL3 BETWEEN '가' AND '다' AND COL4 = 'a'

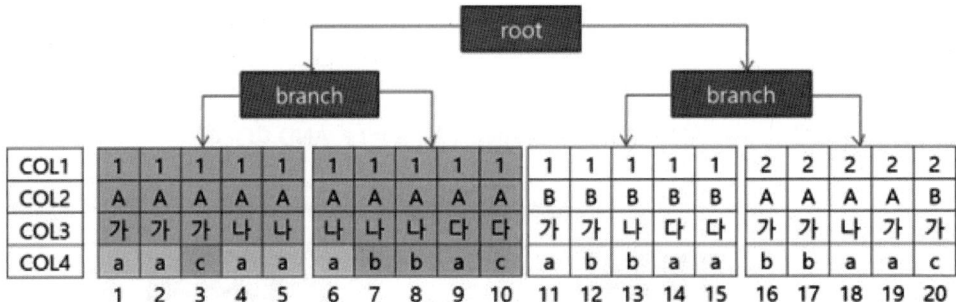

COL1, COL2는 = 의 점 조건으로 들어오고 COL3는 BETWEEN의 선분조건, COL4는 다시 점 조건으로 들어온 경우이다. 이때는 COL3가 BETWEEN 조건으로 들어오기 때문에 Root Block부터 조회된 Branch Block의 시작점은 [1, A, 가]가 된다. 이때는 COL1,

COL2, COL3까지는 ACCESS 조건으로 참여하지만 COL4는 FILTER 조건이 되어 SCAN 범위는 줄여주지 못하고 COL1, COL2, COL3까지의 SCAN된 범위에서 필터링하는 역할만을 했다. 이는 옵티마이저가 COL3의 경우 BETWEEN으로 가~다까지 모두 SCAN 후에 후행 INDEX 컬럼 조건으로 체크하기 때문이다.

BETWEEN, LIKE, >= 등의 선분 조건의 뒤에 들어오는 INDEX 컬럼에 대한 조건은 항상 FILTER 조건으로 참여하게 된다.

4. WHERE COL1 ='1' AND COL2 ='A' AND COL4 ='a'

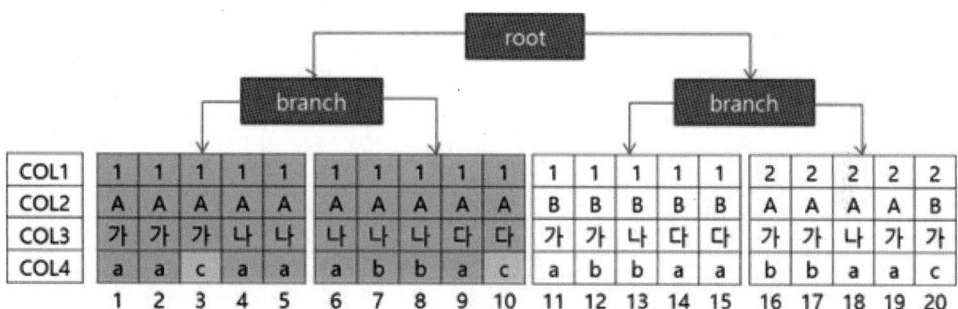

COL1, COL2는 '='의 점 조건으로 들어오고 COL3는 생략되고 COL4가 조건으로 들어온 경우이다. 이때는 COL3가 생략되었기 때문에 Root Block부터의 Branch Block의 SCAN 시작점이 [1, A]가 된다. COL1, COL2만 ACCESS 조건이 되어 CO1 = '1', COL2 = 'A'에 해당하는 전체 데이터 중에서 COL4 = 'a'로 필터링 조건으로만 참여하게 된다. 즉 INDEX의 중간 조건이 생략되면 이후 INDEX로 들어온 조건은 필터링 조건으로 참여하게 된다.

5. WHERE COL1 BETWEEN '1' AND '2' AND COL2 = 'A' AND COL3 = '가' AND COL4 = 'a'

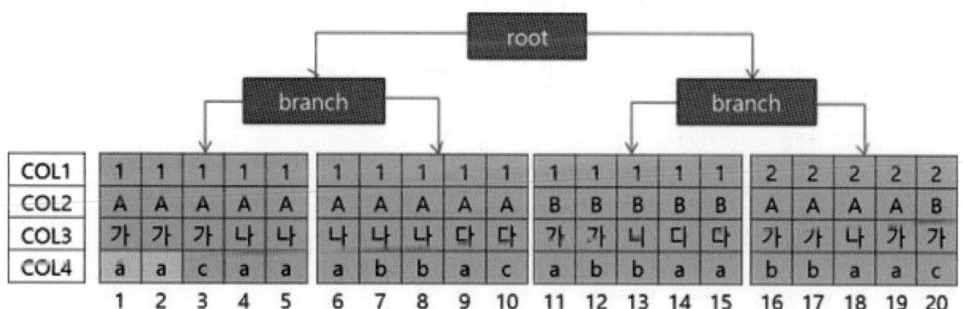

Part 05 _INDEX 설계 전략

위 〈3〉 번 항목에서 선분 조건 이후 INDEX 컬럼 조건은 모두 필터링 조건으로 참여한다고 했었다. INDEX 선두 컬럼의 조건이 BETWEEN으로 들어왔기 때문에 Root Block부터 Branch Block의 SCAN 시작점은 [1]이 된다. 즉 COL1에 해당하는 전체 데이터를 SCAN 후에 후행 INDEX 컬럼으로는 FILTER 역할만 수행되어 INDEX SCAN에 대한 비효율이 발생함을 볼 수 있다.

예를 들어 위와 같은 비효율이 발생하는 경우는 COL3과 같은 후행 INDEX 컬럼이 INDEX SCAN 범위를 크게 줄여주는 조건이나 INDEX 선두 컬럼이 거래일자와 같은 날짜 형태로 되어 있어 선두 컬럼이 범위 조회를 하게 될 때 발생하게 된다. 특히 날짜 조회 범위가 넓어질수록 비효율은 늘어나게 된다.

그렇다고 날짜 컬럼이 항상 INDEX 컬럼의 순서가 뒤에 위치해야 된다는 것은 아니다. 이 부분은 여러 가지를 고려해서 결정해야 된다.

여기서는 INDEX SCAN 시에 어떤 조건이 ACCESS 조건이 되고 FILTER 조건이 되는지 확실히 이해하고 넘어가면 된다. 아래 예제를 통해서 확인을 해보도록 하자.

```
<ORDERS 테이블 INDEX 현황>
IX_ORDERS_N1 : ORDER_DATE, ORDER_MODE, EMPLOYEE_ID
IX_ORDERS_N2 : EMPLOYEE_ID, ORDER_MODE, ORDER_DATE

SELECT TO_CHAR(ORDER_DATE, 'YYYYMM') ORDER_MM
     , COUNT(*) ORDER_CNT
     , SUM(ORDER_TOTAL) ORDER_AMT
  FROM ORDERS A
 WHERE ORDER_DATE BETWEEN TO_DATE('20110101', 'YYYYMMDD')
                      AND TO_DATE('20120101', 'YYYYMMDD')
   AND EMPLOYEE_ID = 'E123'
   AND ORDER_MODE = 'direct'
 GROUP BY TO_CHAR(ORDER_DATE, 'YYYYMM');
```

<IX_ORDERS_N1 INDEX 사용>

```
-----------------------------------------------------------------------------------
| Id | Operation                             | Name        | Starts | A-Rows | Buffers | Used-Mem |
-----------------------------------------------------------------------------------
|  0 | SELECT STATEMENT                      |             |      1 |     12 |    2563 |          |
|  1 |  HASH GROUP BY                        |             |      1 |     12 |    2563 | 1012K (0)|
|  2 |   TABLE ACCESS BY INDEX ROWID BATCHED | ORDERS      |      1 |    403 |    2563 |          |
|* 3 |    INDEX RANGE SCAN                   | IX_ORDERS_N1|      1 |    403 |    2174 |          |
-----------------------------------------------------------------------------------
```

<IX_ORDERS_N2 INDEX 사용>

```
-----------------------------------------------------------------------------------
| Id | Operation                             | Name        | Starts | A-Rows | Buffers | Used-Mem |
-----------------------------------------------------------------------------------
|  0 | SELECT STATEMENT                      |             |      1 |     12 |     394 |          |
|  1 |  HASH GROUP BY                        |             |      1 |     12 |     394 | 1005K (0)|
|  2 |   TABLE ACCESS BY INDEX ROWID BATCHED | ORDERS      |      1 |    403 |     394 |          |
|* 3 |    INDEX RANGE SCAN                   | IX_ORDERS_N2|      1 |    403 |       5 |          |
-----------------------------------------------------------------------------------
```

IX_ORDERS_N1 INDEX는 위 SQL에서 BETWEEN 조건으로 들어오는 ORDER_DATE(주문일자) 컬럼이 선두 컬럼이다. IX_ORDERS_N2의 경우는 '='로 들어오는 EMPLOYEE_ID, ORDER_MODE가 선두 컬럼이다.

IX_ORDERS_N1 INDEX를 사용할 때는 ORDER_DATE만 ACCESS 조건으로 사용되어 ORDER_DATE 조건에만 해당하는 넓은 범위를 SCAN한 후에 ORDER_MODE, EMPLOYEE_ID는 FILTER 조건으로 사용되었기 때문에 Buffers가 2174이다. IX_ORDERS_N2 INDEX를 사용했을 경우는 3개 조건이 모두 ACCESS 조건으로 참여하게 되어 INDEX RANGE SCAN에서의 Buffers 값이 3이 되었다.

위 실행 계획에서 보았듯이 INDEX RANGE SCAN 단계에서 ACCESS 조건이 될 때와 FILTER 조건이 될 때 I/O는 차이가 있었다. 하지만 INDEX Level에서의 ACCESS, FILTER 효율이기 때문에 INDEX의 ROWID를 가지고 테이블로 ACCESS하는 TABLE ACCESS BY INDEX ROWID 부분의 Buffers 값은 389로 동일함을 알 수 있다.(2563 - 2174 = 394 - 5)

■ 선택도

ORDERS 테이블의 DISTINCT한 값의 종류는 아래와 같다.

COLUMN_NAME	NUM_DISTINCT
ORDER_DATE	2941184
ORDER_STATUS	10
NUM_ROWS(건수)	2973939

```
SELECT TO_CHAR(ORDER_DATE, 'YYYYMM') ORDER_MM
     , COUNT(*) ORDER_CNT
     , SUM(ORDER_TOTAL) ORDER_AMT
  FROM ORDERS A
 WHERE ORDER_DATE BETWEEN TO_DATE('20110101', 'YYYYMMDD')
                      AND TO_DATE('20110201', 'YYYYMMDD')
   AND ORDER_STATUS = 1
 GROUP BY TO_CHAR(ORDER_DATE, 'YYYYMM')
```

< [ORDER_DATE] INDEX >

```
-------------------------------------------------------------------------------------
| Id | Operation                      | Name         | Starts | A-Rows | Buffers | Used-Mem |
-------------------------------------------------------------------------------------
|  0 | SELECT STATEMENT               |              |   1    |    1   |  20036  |          |
|  1 |  SORT GROUP BY                 |              |   1    |    1   |  20036  | 2048 (0) |
|* 2 |   TABLE ACCESS BY INDEX ROWID  | ORDERS       |   1    |  4248  |  20036  |          |
|* 3 |    INDEX RANGE SCAN            | IX_ORDERS_N4 |   1    |  297K  |   581   |          |
-------------------------------------------------------------------------------------
```

ORDER_STATUS의 컬럼의 선택도는 1/10이고 카디널리티는 선택도 * 건수 = 297,394이다.

선택도가 높고 카디널리티가 297,394건이기 때문에 해당 건 수만큼 Random Single Block I/O가 발생한 후에 ORDER_STATUS = 1 조건으로 4,248건 남기고 모두 필터링되는 비효율이 발생했다.

< [ORDER_STATUS, ORDER_DATE] INDEX >

```
---------------------------------------------------------------------------------
| Id | Operation                      | Name         | Starts | A-Rows | Buffers | Used-Mem |
---------------------------------------------------------------------------------
|  0 | SELECT STATEMENT               |              |    1   |    1   |   3809  |          |
|  1 |  SORT GROUP BY                 |              |    1   |    1   |   3809  | 2048 (0) |
|  2 |   TABLE ACCESS BY INDEX ROWID  | ORDERS       |    1   |  4248  |   3809  |          |
|* 3 |    INDEX RANGE SCAN            | IX_ORDERS_N4 |    1   |  4248  |     16  |          |
---------------------------------------------------------------------------------
```

위 조건에 대한 결합 INDEX [[ORDER_STATUS, ORDER_DATE]의 선택도는 1/10 * 31/2191이 되고 카디널리티는 1/10 * 31/2191 * 2973939 = 4,207건이 된다. 두 개 컬럼의 결합 INDEX로 선택도가 낮아졌기 때문에 INDEX 사용으로 성능이 효율적으로 되었다.

■ 결합순서의 관계

결합 순서에 대한 내용은 INDEX ACCESS 조건 FILTER 조건에 대한 연장선의 내용이다.

```
SELECT *
  FROM ORDERS
 WHERE ORDER_DATE  >= TO_DATE('20090101', 'YYYYMMDD')
   AND ORDER_DATE  <  TO_DATE('20090201', 'YYYYMMDD')
   AND CUSTOMER_ID = 'C48884';
```

< [CUSTOMER_ID, ORDER_DATE] INDEX >

```
-------------------------------------------------------------------------
| Id | Operation                     | Name         | Starts | A-Rows | Buffers |
-------------------------------------------------------------------------
|  0 | SELECT STATEMENT              |              |    1   |    2   |    6    |
|  1 |  TABLE ACCESS BY INDEX ROWID  | ORDERS       |    1   |    2   |    6    |
|* 2 |   INDEX RANGE SCAN            | IX_ORDERS_N4 |    1   |    2   |    4    |
-------------------------------------------------------------------------
```

CUSTOMER_ID	ORDER_DATE
...	...
C48883	2009/01/03 04:44:43
C48883	2009/01/20 14:10:13
C48883	2009/01/21 04:17:56
C48883	2009/01/26 19:00:05
C48884	2009/01/05 03:03:03
C48884	2009/01/21 08:17:18
C48885	2009/01/04 01:09:45
C48885	2009/01/08 15:29:32
C48885	2009/01/29 15:47:37
C48885	2009/01/29 16:28:57
C48886	2009/01/22 07:29:59
...	...

INDEX 구성은 [CUSTOMER_ID, ORDER_DATE]이며 조회 조건이 CUSTOMER_ID 점 조건, ORDER_DATE 선분 조건으로 들어왔기 때문에 두 조회 조건 모두 ACCESS 조건으로 참여하면서 INDEX Level에서 3건만 SCAN하고 멈췄다.(A-Row는 2건이지만 INDEX SCAN 시에는 C48885까지 확인해야 더 이상 C48884가 없다고 판단하고 SCAN을 멈추기 때문에 1건을 더 읽는다.

```
SELECT *
  FROM ORDERS
 WHERE ORDER_DATE >= TO_DATE('20090101', 'YYYYMMDD')
   AND ORDER_DATE <  TO_DATE('20090201', 'YYYYMMDD')
   AND CUSTOMER_ID = 'C48884';
```

< [ORDER_DATE , CUSTOMER_ID] INDEX >

```
---------------------------------------------------------------------------
| Id | Operation                    | Name         | Starts | A-Rows | Buffers |
---------------------------------------------------------------------------
|  0 | SELECT STATEMENT             |              |    1   |    2   |   162   |
|  1 | TABLE ACCESS BY INDEX ROWID  | ORDERS       |    1   |    2   |   162   |
|* 2 |  INDEX RANGE SCAN            | IX_ORDERS_N4 |    1   |    2   |   160   |
---------------------------------------------------------------------------
```

ORDER_DATE	CUSTOMER_ID
2009/01/01 00:00:32	C19822
2009/01/01 00:04:15	C46981
..	..
2009/01/22 07:29:59	C48886
2009/01/22 07:31:13	C48377
..	..
2009/01/26 21:15:47	C39921
2009/01/28 14:15:03	C48886
2009/01/28 14:16:16	C10014
2009/01/28 14:16:41	C21057
..	..
2009/01/31 20:34:56	C20046
2009/01/31 20:35:45	C11562
..	..

42609건 SCAN

INDEX 순서가 [ORDER_DATE, CUSTOMER_ID]이기 때문에 ORDER_DATE만 ACCESS 조건이 되어 INDEX Level에서 42,609건을 SCAN하고 2건 남기고 모두 필터링 되는 비효율이 발생했다.

■ 점 조건(=, IN)이 결합 순서에 미치는 영향

아래는 SALES 테이블의 각 컬럼에 대한 DISTINCT한 값의 종류 및 사이즈, 총건수 정보이다. SALES 테이블의 ORDER_DATE 값은 20080101, 20080102와 같이 일자 기준으로 집계된 데이터이다.

COLUMN_NAME	NUM_DISTINCT
ORDER_DATE	2173
ORDER_ID	2954752
ORDER_MODE	2
ORDER_STATUS	10
CUSTOMER_ID	50044
EMPLOYEE_ID	642
PRODUCT_ID	288
NUM_ROWS(건수)	29229360
BLOCK 수	209474

```
SELECT *
  FROM SALES
 WHERE EMPLOYEE_ID = 'E021'
   AND ORDER_DATE = '20080229'
   AND PRODUCT_ID = 'P093'
```

< [EMPLOYEE_ID, ORDER_DATE, PRODUCT_ID] INDEX >

```
--------------------------------------------------------------------------
| Id | Operation                    | Name        | Starts | A-Rows | Buffers |
--------------------------------------------------------------------------
|  0 | SELECT STATEMENT             |             |    1   |    2   |    7    |
|  1 | TABLE ACCESS BY INDEX ROWID  | SALES       |    1   |    2   |    7    |
|* 2 |   INDEX RANGE SCAN           | IX_SALES_N1 |    1   |    2   |    5    |
--------------------------------------------------------------------------
```

EMPLOYEE_ID	ORDER_DATE	PRODUCT_ID
..	..	..
E021	20080228	P186
E021	20080228	P192
E021	20080228	P208
..	20080228	P231
E021	20080229	P083
E021	20080229	P083
E021	20080229	P085
E021	20080229	P093
E021	20080229	P093
E021	20080229	P094
E021	20080229	P099
E021	20080229	P103

EMPLOYEE_ID, ORDER_DATE, PRODUCT_ID 조건이 모두 점 조건이기 때문에 모두 ACCESS 조건으로 참여하면서 조회 조건에 해당하는 건수만 SCAN이 되었다.

```
SELECT *
  FROM SALES
 WHERE EMPLOYEE_ID = 'E021'
   AND ORDER_DATE LIKE '2008%'
   AND PRODUCT_ID = 'P093';
```

< [EMPLOYEE_ID, ORDER_DATE, PRODUCT_ID] INDEX >

```
| Id  | Operation                    | Name       | Starts | A-Rows | Buffers |
|  0  | SELECT STATEMENT             |            |    1   |   32   |   69    |
|  1  |  TABLE ACCESS BY INDEX ROWID | SALES      |    1   |   32   |   69    |
|* 2  |   INDEX RANGE SCAN           | IX_SALES_N1|    1   |   32   |   37    |
```

EMPLOYEE_ID	ORDER_DATE	PRODUCT_ID
..	..	..
E021	20080120	P017
E021	20080120	P021
E021	20080122	P093
E021	20080122	P100
E021	20080122	P102
..	..	..
E021	20080122	P104
E021	20080122	P110
E021	20080122	P120
E021	20080127	P093
E021	20080127	P095
E021	20080127	P098
..	..	..

7745건 SCAN

ORDER_DATE 조건은 LIKE 선분 조건이기 때문에 EMPLOYEE_ID와 ORDER_DATE 만 ACCESS 조건으로 참여하면서 E021이면서 ORDER_DATE가 2008년인 7,745건을 SCAN하고 PRODUCT_ID 조건으로 32건 남기고 모두 필터링 처리되었다.

```sql
SELECT *
  FROM SALES
 WHERE EMPLOYEE_ID = 'E021'
   AND ORDER_DATE LIKE '2008%'
   AND PRODUCT_ID = 'P093';
```

< [EMPLOYEE_ID , PRODUCT_ID, ORDER_DATE] INDEX >

```
| Id  | Operation                    | Name       | Starts | A-Rows | Buffers |
|  0  | SELECT STATEMENT             |            |    1   |   56   |   60    |
|  1  |  TABLE ACCESS BY INDEX ROWID | SALES      |    1   |   56   |   60    |
|* 2  |   INDEX RANGE SCAN           | IX_SALES_N1|    1   |   56   |    5    |
```

EMPLOYEE_ID	PRODUCT_ID	ORDER_DATE
..	..	..
E021	P093	20071218
E021	P093	20071228
E021	P093	20080122
E021	P093	20080127
E021	P093	20080214
..	..	..
E021	P093	20080227
E021	P093	20080229
..	..	..
E021	P093	20090213
E021	P093	20090220
E021	P093	20090222
..	..	..

56건 SCAN

INDEX 순서를 [EMPLOYEE_ID, PRODUCT_ID, ORDER_DATE]와 같이 ORDER_DATE를 맨 끝으로 변경한 경우 모두 ACCESS 조건으로 참여하면서 조건에 해당하는 건수만 SCAN을 했다.

■ IN 연산자를 이용한 ACCESS 조건 처리

```
SELECT *
  FROM SALES A
 WHERE ORDER_STATUS BETWEEN 3 AND 7
   AND ORDER_DATE LIKE '200801%'
   AND PRODUCT_ID = 'P093';
```

< [PRODUCT_ID, ORDER_STATUS, ORDER_DATE] INDEX >

```
-----------------------------------------------------------------------
| Id | Operation                    | Name        | Starts | A-Rows | Buffers |
-----------------------------------------------------------------------
|  0 | SELECT STATEMENT             |             |    1   |   309  |   469   |
|  1 |  TABLE ACCESS BY INDEX ROWID | SALES       |    1   |   309  |   469   |
|* 2 |   INDEX RANGE SCAN           | IX_SALES_N1 |    1   |   309  |   166   |
-----------------------------------------------------------------------
```

50581건 SCAN

INDEX 두 번째 컬럼의 조회 조건이 BETWEEN 조건으로 들어오면서 PRODUCT_ID와 ORDER_STATS 컬럼만 ACCESS 조건으로 참여하면서 INDEX Level에서 50,581건을 SCAN해서 ORDER_DATE 조건으로 309건 남기고 모두 필터링이 발생했다.

ORDER_STATUS 컬럼의 DISTINCT한 값의 종류는 10가지이며 정해진 값이 존재하기 때문에 아래와 같이 IN 연산자를 이용한 점 조건으로 변경할 수 있다.

```
SELECT *
  FROM SALES A
 WHERE ORDER_STATUS IN (3, 4, 5, 6, 7)
   AND ORDER_DATE LIKE '200801%'
   AND PRODUCT_ID = 'P093';
```

```
-------------------------------------------------------------------------
| Id  | Operation                      | Name       | Starts | A-Rows | Buffers |
-------------------------------------------------------------------------
|   0 | SELECT STATEMENT               |            |      1 |    309 |     326 |
|   1 |  INLIST ITERATOR               |            |      1 |    309 |     326 |
|   2 |   TABLE ACCESS BY INDEX ROWID  | SALES      |      5 |    309 |     326 |
|*  3 |    INDEX RANGE SCAN            | IX_SALES_N1|      5 |    309 |      23 |
-------------------------------------------------------------------------
```

ORDER_STATUS 조건이 IN 조건으로 들어오면서 INLIST ITERATOR 실행 계획이 발생했으며 모두 ACCESS 조건으로 참여하면서 조건에 해당하는 건수만 SCAN이 발생했다.

```
SELECT *
  FROM SALES
 WHERE ORDER_STATUS = 1
   AND ORDER_DATE LIKE '200801%'
   AND PRODUCT_ID = 'P093';
```

< [ORDER_STATUS, ORDER_DATE, PRODUCT_ID] INDEX >

```
-----------------------------------------------------------------------
| Id | Operation                    | Name        | Starts | A-Rows | Buffers |
-----------------------------------------------------------------------
|  0 | SELECT STATEMENT             |             |    1   |   56   |   123   |
|  1 |  TABLE ACCESS BY INDEX ROWID | SALES       |    1   |   56   |   123   |
|* 2 |   INDEX RANGE SCAN           | IX_SALES_N1 |    1   |   56   |    68   |
-----------------------------------------------------------------------
```

INDEX의 두 번째 컬럼인 ORDER_DATE 조건이 LIKE로 들어오면서 ORDER_STATUS와 ORDER_DATE까지만 ACCESS 조건으로 참여했기 때문에 16,170건이 INDEX Level에서 SCAN되고 PRODUCT_ID 컬럼으로 56건 남기고 필터링이 되었다.

ORDER_DATE 컬럼은 일자로 저장되어 있기 때문에 날짜 기준 정보 테이블을 이용해서 아래와 같이 IN 조건으로 변경할 수 있다.

```
SELECT *
  FROM SALES
 WHERE ORDER_STATUS = 1
   AND ORDER_DATE IN (SELECT DATEID FROM STD_DATE WHERE DATEID LIKE '200801%')
   AND PRODUCT_ID = 'P093';
```

```
-----------------------------------------------------------------------
| Id | Operation                     | Name          | Starts | A-Rows | Buffers |
-----------------------------------------------------------------------
|  0 | SELECT STATEMENT              |               |    1   |   56   |   114   |
|  1 |  NESTED LOOPS                 |               |    1   |   56   |   114   |
|  2 |   NESTED LOOPS                |               |    1   |   56   |    59   |
|* 3 |    INDEX RANGE SCAN           | IX_STD_DATE_PK|    1   |   31   |     3   |
|* 4 |    INDE X RANGE SCAN          | IX_SALES_N1   |   31   |   56   |    56   |
|  5 |   TABLE ACCESS BY INDEX ROWID | SALES         |   56   |   56   |    55   |
-----------------------------------------------------------------------
```

서브쿼리를 이용한 IN 조건 사용으로 인해서 모두 ACCESS 조건으로 참여하면서 조회 조건에 해당하는 56건만 SCAN이 발생했다.

■ INDEX SKIP SCAN을 이용한 ACCESS 조건 처리

```sql
SELECT *
  FROM SALES
 WHERE ORDER_DATE LIKE '200801%'
   AND PRODUCT_ID = 'P093';
```

< [PRODUCT_ID, ORDER_STATUS, ORDER_DATE] INDEX >

Id	Operation	Name	Starts	A-Rows	Buffers
0	SELECT STATEMENT		1	589	987
1	TABLE ACCESS BY INDEX ROWID	SALES	1	589	987
* 2	INDEX RANGE SCAN	IX_SALES_N1	1	589	406

INDEX의 두 번째 컬럼인 ORDER_STATUS 조건이 생략되었기 때문에 PRODUCT_ID 만 ACCESS 조건으로 참여하면서 INDEX Level에서 101,433건이 조회되고 ORDER_DATE 조건으로 589건 남기고 모두 필터링이 되었다.

```sql
SELECT /*+ INDEX_SS(A IX_SALES_N1) */ *
  FROM SALES A
 WHERE ORDER_DATE LIKE '200801%'
   AND PRODUCT_ID = 'P093';
```

```
---------------------------------------------------------------------------
| Id  | Operation                    | Name        | Starts | A-Rows | Buffers |
---------------------------------------------------------------------------
|   0 | SELECT STATEMENT             |             |      1 |    589 |    630 |
|   1 |  TABLE ACCESS BY INDEX ROWID | SALES       |      1 |    589 |    630 |
|*  2 |   INDEX SKIP SCAN            | IX_SALES_N1 |      1 |    589 |     49 |
---------------------------------------------------------------------------
```

ORDER_STATS 컬럼의 DISTINCT한 값의 종류는 10으로 낮기 때문에 [Part 4. INDEX ACCESS PATTERN]에서 정리했던 INDEX SKIP SCAN 사용으로 ACCESS 조건처럼 처리되어 조회 조건에 해당하는 건수에 근접하게 ACCESS가 발생했다.

■ 부분범위 처리(페이징 처리)를 위해 SORT 생략이 필요

<바인드 변수>
:PAGE_NUM => 1
:ST_DT => '20080101'
:ED_DT => '20090101'
:EMPLOYEE_ID => NULL


```sql
SELECT ORDER_ID, ORDER_DATE, ORDER_MODE
     , CUSTOMER_ID, ORDER_AMT
  FROM (SELECT ROWNUM RNUM, ORDER_ID, ORDER_DATE
             , ORDER_MODE, CUSTOMER_ID, ORDER_AMT
          FROM (SELECT ORDER_ID, ORDER_DATE, ORDER_MODE
                     , CUSTOMER_ID, ORDER_AMT
                  FROM SALES A
                 WHERE ORDER_DATE >= NVL(:ST_DT, '19000101')
                   AND ORDER_DATE <  NVL(:ED_DT, '29991231')
                   AND EMPLOYEE_ID = DECODE(:EMPLOYEE_ID, NULL, EMPLOYEE_ID, :EMPLOYEE_ID)
                 ORDER BY ORDER_DATE DESC, ORDER_STATUS DESC)
         WHERE ROWNUM < :PAGE_NUM * 10 + 1)
 WHERE RNUM >= (:PAGE_NUM - 1) * 10 + 1
```

< [ORDER_DATE] INDEX >

```
-----------------------------------------------------------------------------
| Id  | Operation                  | Name  | Starts | A-Rows | Buffers | Used-Mem    |
-----------------------------------------------------------------------------
|   0 | SELECT STATEMENT           |       |    1   |   10   |  208K   |             |
|*  1 |  VIEW                      |       |    1   |   10   |  208K   |             |
|*  2 |   COUNT STOPKEY            |       |    1   |   10   |  208K   |             |
|   3 |    VIEW                    |       |    1   |   10   |  208K   |             |
|*  4 |     SORT ORDER BY STOPKEY  |       |    1   |   10   |  208K|83968 (0)|
|*  5 |      FILTER                |       |    1   |  4667K |  208K   |             |
|*  6 |       TABLE ACCESS FULL    | SALES |    1   |  4667K |  208K   |             |
-----------------------------------------------------------------------------
```

ORDER BY절에 ORDER_DATE DESC, ORDER_STATUS DESC와 같이 들어오지만 INDEX는 ORDER_DATE 단일 컬럼 INDEX이기 때문에 SORT를 생략할 수 없었으며 전체 건수인 약 46만 건을 SCAN하고 10건만 남기고 모두 필터링 된다.

< [ORDER_DATE, ORDER_STATUS] INDEX >

```
-----------------------------------------------------------------------------
| Id  | Operation                           | Name       | Starts | A-Rows | Buffers |
-----------------------------------------------------------------------------
|   0 | SELECT STATEMENT                    |            |    1   |   10   |    6    |
|*  1 |  VIEW                               |            |    1   |   10   |    6    |
|*  2 |   COUNT STOPKEY                     |            |    1   |   10   |    6    |
|   3 |    VIEW                             |            |    1   |   10   |    6    |
|*  4 |     FILTER                          |            |    1   |   10   |    6    |
|*  5 |      TABLE ACCESS BY INDEX ROWID    | SALES      |    1   |   10   |    6    |
|*  6 |       INDEX RANGE SCAN DESCENDING   | IX_SALES_N1|    1   |   10   |    4    |
-----------------------------------------------------------------------------
```

ORDER BY절에 기술되는 ORDER_DATE DESC, ORDER_STATUS DESC 컬럼이 모두 INDEX로 구성되면서 SORT가 생략되어 부분 범위 처리가 되기 때문에 10건만 SCAN이 되고 멈추는 형태로 실행 계획이 발생했다. 이 부분에 대해서는 [Part 09. 페이징 처리]에서 좀 더 자세히 다룬다.

■ Random Single Block I/O를 회피하기 위한 INDEX 컬럼 추가

<SALES INDEX 현황>
IX_SALES_N1 : ORDER_DATE

```
SELECT *
  FROM (SELECT *
          FROM SALES
         WHERE ORDER_DATE >= '20090101'
           AND ORDER_DATE < '20090201'
         ORDER BY ORDER_DATE DESC)
 WHERE ROWNUM <= 10;
```

```
-------------------------------------------------------------------------------
| Id | Operation                    | Name       | Starts | A-Rows | Buffers |
-------------------------------------------------------------------------------
|  0 | SELECT STATEMENT             |            |    1   |   10   |    6    |
|* 1 |  COUNT STOPKEY               |            |    1   |   10   |    6    |
|  2 |   VIEW                       |            |    1   |   10   |    6    |
|  3 |    TABLE ACCESS BY INDEX ROWID| SALES     |    1   |   10   |    6    |
|* 4 |     INDEX RANGE SCAN DESCENDING| IX_SALES_N1 |  1   |   10   |    4    |
-------------------------------------------------------------------------------
```

조회 조건과 ORDER BY절에 해당하는 컬럼이 INDEX 컬럼이기 때문에 SORT가 생략되어 부분 범위 처리가 되어 10건만 SCAN이 발생했다.

```
SELECT *
  FROM (SELECT *
          FROM SALES
         WHERE ORDER_DATE >= '20090101'
           AND ORDER_DATE < '20090201'
           AND CUSTOMER_ID = 'C48993'
         ORDER BY ORDER_DATE DESC)
 WHERE ROWNUM <= 10;
```

```
---------------------------------------------------------------------------------
| Id  | Operation                          | Name        | Starts | A-Rows | Buffers |
---------------------------------------------------------------------------------
|   0 | SELECT STATEMENT                   |             |      1 |     10 |   34159 |
|*  1 |  COUNT STOPKEY                     |             |      1 |     10 |   34159 |
|   2 |   VIEW                             |             |      1 |     10 |   34159 |
|*  3 |    TABLE ACCESS BY INDEX ROWID     | SALES       |      1 |     10 |   34159 |
|*  4 |     INDEX RANGE SCAN DESCENDING    | IX_SALES_N1 |      1 |   418K |    1169 |
---------------------------------------------------------------------------------
```

DISTINCT한 값의 종류가 50,000인 CUSTOMER_ID 조건이 추가되면서 SORT는 생략되어 부분 범위 처리가 되었지만 CUSTOER_ID에 만족하는 10건이 채워질 때까지 INDEX Level에 약 42만 건이 조회되고 테이블로 해당 건수 만큼 Single Block I/O가 발생했다.

<SALES INDEX 현황>
IX_SALES_N1 : ORDER_DATE, CUSTOMER_ID

```
SELECT *
  FROM (SELECT *
          FROM SALES
         WHERE ORDER_DATE >= '20090101'
           AND ORDER_DATE <  '20090201'
           AND CUSTOMER_ID = 'C48993'
         ORDER BY ORDER_DATE DESC)
 WHERE ROWNUM <= 10;
```

```
---------------------------------------------------------------------------------
| Id  | Operation                          | Name        | Starts | A-Rows | Buffers |
---------------------------------------------------------------------------------
|   0 | SELECT STATEMENT                   |             |      1 |     10 |    1529 |
|*  1 |  COUNT STOPKEY                     |             |      1 |     10 |    1529 |
|   2 |   VIEW                             |             |      1 |     10 |    1529 |
|   3 |    TABLE ACCESS BY INDEX ROWID     | SALES       |      1 |     10 |    1529 |
|*  4 |     INDEX RANGE SCAN DESCENDING    | IX_SALES_N1 |      1 |     10 |    1526 |
---------------------------------------------------------------------------------
```

CUSTOER_ID가 INDEX 컬럼에 추가되면서 INDEX Level에서 CUSTOMER_ID를 필터링 할 수 있었기 때문에 10건에 대해서만 Single Block I/O가 발생했다.

```
SELECT *
  FROM (SELECT *
          FROM SALES
         WHERE ORDER_DATE >= '20090101'
           AND ORDER_DATE < '20090201'
         ORDER BY ORDER_DATE DESC)
 WHERE ROWNUM <= 10;
```

Id	Operation	Name	Starts	A-Rows	Buffers
0	SELECT STATEMENT		1	10	7
* 1	COUNT STOPKEY		1	10	7
2	VIEW		1	10	7
3	TABLE ACCESS BY INDEX ROWID	SALES	1	10	7
* 4	INDEX RANGE SCAN DESCENDING	IX_SALES_N1	1	10	5

INDEX를 [ORDER_DATE, CUSTOMER_ID]와 같이 CUSTOMER_ID가 추가되었기 때문에 INDEX 사이즈가 증가했지만 ORDER_DATE만으로 구성되었을 경우 4 Block보다 1 Block 더 큰 5 Block이 발생했다. 만약 조회 패턴이 ORDER_DATE와 ORDER_DATE AND CUSTOMER_ID와 같이 ORDER_DATE가 필수 조건 CUSTOMER_ID가 선택 조건인 경우 [CUSTOMER_ID, ORDER_DATE] [ORDER_DATE, CUSTOMER_ID] 두 개의 INDEX를 구성할 필요 없이 CUSTOMER_ID가 필터링 조건으로 참여하지만 [ORDER_DATE, CUSTOMER_ID] 한 개의 INDEX만 구성하는 것이 유리할 수 있다.(INDEX의 개수는 DML 성능에 영향을 미침)

Section 06 INDEX 선정 절차

■ **해당 테이블을 ACCESS하는 SQL들의 조회 패턴 수집**
- 개발 단계에서는 개발되는 SQL에 대한 ACCESS 패턴을 수집하고 예상되는 조회 빈도에 대해서도 수집한다.
- 운영 단계에서는 현재 운영중인 SQL에 대한 ACCESS 패턴 및 조회 빈도에 대해서 수집한다.

■ **실행수가 높은 조회 패턴(CRITICAL ACCESS PATH) 조사**
- 핵심 테이블의 실행수가 매우 높은 SQL의 성능이 나쁘게 되면 DB부하가 높아지게 되므로 중요한 INDEX 후보가 될 수 있다.

■ **조회 조건 컬럼의 선택도 조사 및 INDEX 후보 컬럼 추출**

■ **조회 조건 GROUP화를 통한 INDEX 대상 컬럼 결정**

■ **단일 컬럼 INDEX 및 결합 INDEX 순서 결정**

■ **시험 및 생성 테스트**

■ **INDEX 생성 영향도 분석**

■ **일괄 적용**

Section 07 INDEX 설계 예제

아래는 SALES 테이블의 ACCESS 패턴 및 실행 빈도, 특이 사항들을 분석한 후에 분석한 결과에 맞추어 INDEX를 설계한 간단한 사례이다. SALES 테이블은 6가지의 ACCESS 패턴을 가지고 있으며 이 패턴 결과를 기준으로 3개의 INDEX를 선정했다. ORDER_DATE 의 조건은 실행수가 낮으며 EMPLOYEE_ID 컬럼의 경우 NDV가 288로 낮기 때문에 IX_SALES_N1 INDEX SKIP SCAN으로 처리하도록 했다. 만약 ORDER_DATE 단독 조건으로 들어오는 경우 실행수가 매우 높다면 별로의 INDEX 생성이 필요할 수 있다.

테이블명		SALES		총건수	29,229,360	보관주기	5년	파티션		파티션 KEY		
테이블 설명		판매이력관리								총 BLOCKS수		209,474

	ACCESS PATH								실행수 (일)	사용 INDEX	특이사항
	1		2		3		4				
	컬럼명	연산자	컬럼명	연산자	컬럼명	연산자	컬럼명	연산자			
1	ORDER_DATE	>=	ORDER_DATE	<=					144	IX_SALES_N1	단독 조건인 경우 최대 1일만 조회
2	ORDER_DATE	>=	ORDER_DATE	<=	CUSTOMER_ID	=			50000	IX_SALES_N2	
3	ORDER_DATE	>=	ORDER_DATE	<=	EMPLOYEE_ID	=			50000	IX_SALES_N1	
4	ORDER_DATE	>=	ORDER_DATE	<=	CUSTOMER_ID	=	PRODUCT_ID	=	5000	IX_SALES_N2	
5	ORDER_ID	=							1000	IX_SALES_PK	
6	ORDER_ID	=	ORDER_DATE	>=	ORDER_DATE	<=			10000	IX_SALES_PK	

	컬럼명	NDV	특이사항
1	ORDER_DATE	2191	일 평균 약 14000건임
2	ORDER_ID	2954752	
3	ORDER_MODE	2	
4	ORDER_STATUS	10	
5	CUSTOMER_ID	50044	
6	PRODUCT_ID	642	
7	EMPLOYEE_ID	288	

	INDEX명	현 INDEX 컬럼	특이사항
1	IX_SALES_PK	ORDER_ID, ORDER_DATE	
2	IX_SALES_N1	EMPLOYEE_ID, ORDER_DATE	
3	IX_SALES_N2	CUSTOMER_ID, ORDER_DATE, PRODUCTID	
4			
5			
6			

Section 01. NESTED LOOP JOIN
Section 02. HASH JOIN
Section 03. SORT MERGE JOIN
Section 04. JPPD(Join Predicate Push Down)
Section 05. JOIN 순서가 성능에 미치는 영향

PART 06

JOIN

SQL을 이용한 데이터 조회에 있어서 INDEX와 마찬가지로 JOIN에 대한 이해 역시 매우 중요하다. 아래 ERD와 같이 데이터 설계를 하게 되면 테이블이 독립적으로 존재하는 경우는 없으며 서로 관계를 가지고 있다.

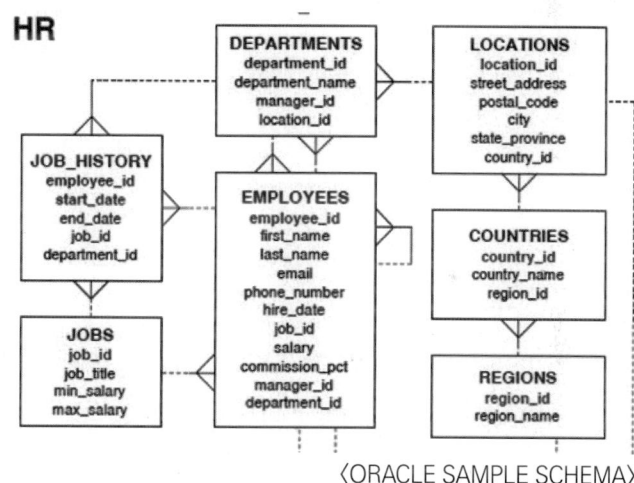

〈ORACLE SAMPLE SCHEMA〉

원하고자 하는 데이터를 출력하고자 할 때 관계가 있는 테이블과 테이블을 연결해서 보여주어야 된다. 이때 사용되는 방법중의 하나가 JOIN이며 관계형 Database의 SQL을 JOIN 없이 사용하는 경우는 거의 없다고 볼 수 있다. JOIN은 데이터 연결 방법에 따라 INNER JOIN, OUTER JOIN, SELF JOIN... 등 많은 개념이 있지만 이 책에서는 데이터 ACCESS 방법 측면에서 아래와 같은 내용을 다루게 될 것이다.

추가적으로 "TABLE ACCESS BY INDEX ROWID BATCHED"실행 계획에서 19c부터 나타나는 실행 계획인 BATCHED Operation 부분은 임의로 생략하도록 하겠다. BATCHED가 실행 계획에 붙음으로써 옆으로 길이가 길어지기 때문에 지면 공간에 제약이 생기기 때문이다. ORDER BY에 의해서 INDEX 순서와 동일하게 정렬이 되어야 되는 경우 및 INDEX UNIQUE SCAN 등을 제외하고는 19c에서 나타나는 BATCHED 실행 계획을 지면상 생략한 것으로 여겨주길 바란다.

Section 01 NESTED LOOP JOIN

```
SELECT TAB1.COL2, TAB2.COL3, TAB3.COL4
  FROM TAB1, TAB2, TAB3
 WHERE TAB1.COL1 = TAB2.COL1
   AND TAB2.COL2 = TAB3.COL3
   AND TAB1.COL1 BETWEEN VALUE1 AND VALUE2
```

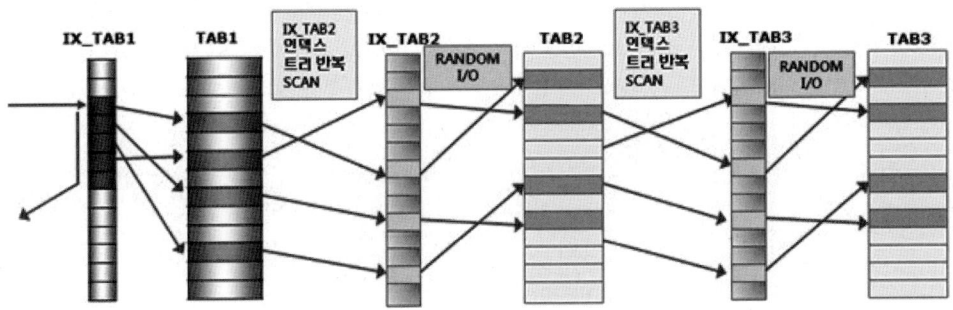

위의 그림은 NESTED LOOP JOIN의 ACCESS 패턴을 그림으로 표현한 것이다. 위에서는 3개의 테이블 JOIN에 대해서 표현을 했지만 JOIN 테이블 수가 늘어나도 같은 형태로 ACCESS를 하게 된다.

NESTED LOOP JOIN의 특징을 간단하게 정리하자면 아래와 같다.

- 먼저 수행되는 집합(Driving 또는 선행 테이블)의 처리 범위가 전체 일량을 좌우한다.
- 먼저 수행되는 집합(Driving)이 상수로 바뀌어 후행 테이블에 JOIN절 조건으로 공급된다.
- 후행 테이블은 계속 Loop를 돌면서 Driving 테이블의 상수 공급이 끝날 때까지 JOIN을 시도한다.
- JOIN되는 후행 테이블의 JOIN 컬럼에 INDEX가 존재해야 한다. INDEX가 없다면 후행 테이블 반복 FULL SCAN으로 성능에 매우 좋지 않다.
- TABLE로 ACCESS가 필요한 경우 Random Single Block I/O가 발생한다.
- 소량의 데이터 처리는 유리하며 대량의 데이터 처리(Batch)는 큰 부하가 발생한다.
- OLTP 시스템에서 주로 사용된다. 처리해야 되는 범위가 소량이며 부분 범위 처리 시 유리하다. 〈부분 범위 처리에 대한 것은 [7. 표준 PAGENATION] 단원 참고〉

위 그림에서 봤을 때 TAB1 부분에서의 데이터 건수가 많다면 후행 테이블과의 JOIN 횟수가 많아지기 때문에 먼저 수행되는 집합의 처리 범위가 전체 성능을 좌우한다.

〈DEPARTMENTS 데이터〉

DEPARTMENT_ID	DEPARTMENT_NAME	MANAGER_ID	LOCATION_ID
D01	Administration	200	L16
D02	Marketing	201	L16
D03	Purchasing	114	L07
D04	Human Resources	203	L29
D05	Shipping	121	L18
...			

```
SELECT /*+ LEADING(B A) USE_NL(A) */
       A.EMPLOYEE_ID, A.LAST_NAME
     , B.DEPARTMENT_NAME
  FROM EMPLOYEES A,
       DEPARTMENTS B
 WHERE A.DEPARTMENT_ID = B.DEPARTMENT_ID;
```

위 SQL은 DEPARTMENTS 테이블을 선행 테이블로 해서 SCAN하면서 EMPLOYEES 테이블과 JOIN 된다. DEPARTMENTS 테이블이 SCAN 되면 아래와 같이 B.DEPARTMENT_ID가 상수로 바뀌어 후행 테이블로 공급이 되며 DEPARTMENTS 결과 데이터가 모두 SCAN 될 때까지 반복된다.

```
SELECT /*+ LEADING(B A) USE_NL(A) */
       A.EMPLOYEE_ID, A.LAST_NAME
     , B.DEPARTMENT_NAME
  FROM EMPLOYEES A,
       DEPARTMENTS B
 WHERE A.DEPARTMENT_ID = 'D001';
```

그리고 위와 같이 A.DEPARTMENT_ID = 'D001'로 공급이 되기 때문에 DEPARTMENT_ID를 선두 컬럼으로 하는 INDEX가 존재해야 한다. 만약 EMPLOYEES 테이블의 DEPARTMENT_

ID 컬럼에 INDEX가 없다면 어떻게 될까? DEPARTMENTS의 결과 데이터 건수만큼 반복해서 FULL TABLE SCAN을 하게 될 것이다.

후행 테이블이 INDEX SCAN을 하기 때문에 사용된 INDEX 내에 SELECT절에서 참조하는 컬럼이 없다면 테이블로 ACCESS를 해야 한다. 이때 TABLE ACCESS BY INDEX ROWID Operation이 발생하기 때문에 Random Single Block I/O를 하게 된다.

INDEX 단원에서 설명을 할 때도 INDEX SCAN에서 가장 큰 부하 부분이 Random Single Block I/O 부분이라고 했었다. 따라서 대량 데이터 SCAN 시에는 INDEX SCAN이 불리하다고 했다. NESTED LOOP JOIN 역시 선행 테이블의 대량 데이터가 후행 테이블로 공급이 되면 많은 Random Single Block I/O로 성능이 떨어진다.

한 개의 테이블 INDEX RANGE SCAN의 경우에는 Root Block → Branch Block → Leaf Block까지 내려간 후 Leaf Block을 순차적으로 SCAN을 한다. NESTED LOOP JOIN의 경우에는 선행 테이블 결과 건수가 계속 상수로 공급되므로 반복적으로 Root Block → Branch Block → Leaf Block → TABLE로 Single Block I/O가 반복된다. 따라서 JOIN되는 건수가 많아질수록 성능은 떨어지게 되어 부분 범위 처리 시나 소량 데이터를 처리하는 경우에 사용할 때 유리하다. 그래서 일반적으로 OLTP 시스템에서 주로 사용하게 된다. 거래 내역, 주문 리스트, 게시판 등 한 페이지에 많은 건수를 보여줄 필요가 없이 특정 부분만 보여주는 시스템에서 유리하다고 할 수 있으며 대용량 BATCH 프로그램에서 사용 시 일반적으로는 성능이 많이 저하된다.

이제 NESTED LOOP JOIN의 실행 계획을 살펴보도록 하자.

```
SELECT A.ORDER_ID, A.ORDER_STATUS, A.EMPLOYEE_ID
     , B.PRODUCT_ID, B.QUANTITY
  FROM ORDERS A,
       ORDER_ITEMS B
 WHERE A.ORDER_ID = B.ORDER_ID
   AND A.ORDER_DATE >= TO_DATE('2012010100', 'YYYYMMDDHH24')
   AND A.ORDER_DATE <  TO_DATE('2012010101', 'YYYYMMDDHH24');
```

〈기본방식〉

```
----------------------------------------------------------------
| Id  | Operation                       | Name             | Starts |
----------------------------------------------------------------
|  0  | SELECT STATEMENT                |                  |   0    |
|  1  |  NESTED LOOPS                   |                  |   1    |
|  2  |   TABLE ACCESS BY INDEX ROWID   | ORDERS           |   1    |
|* 3  |    INDEX RANGE SCAN             | IX_ORDERS_N1     |   1    |
|  4  |   TABLE ACCESS BY INDEX ROWID   | ORDER_ITEMS      |   1    |
|* 5  |    INDEX RANGE SCAN             | IX_ORDER_ITEMS_PK|  56    |
----------------------------------------------------------------
```

〈 실행 순서 : 3 → 2 → 5 → 4 → 1 〉

위 실행 계획은 전통적인 방식의 NESTED LOOP 실행 계획이다.

TABLE ACCESS BY INDEX ROWID 부분이 INDEX RAGNE SCAN 바로 위에 오는 것을 볼 수 있다.

9iR2부터는 PREFETCH 방식이라고 해서 아래와 같이 NESTED LOOP ACCESS 메커니즘의 개선이 이루어졌다.

〈PREFETCH 방식〉

```
----------------------------------------------------------------
| Id  | Operation                       | Name             | Starts |
----------------------------------------------------------------
|  0  | SELECT STATEMENT                |                  |   0    |
|  1  |  TABLE ACCESS BY INDEX ROWID    | ORDER_ITEMS      |   1    |
|  2  |   NESTED LOOPS                  |                  |   1    |
|  3  |    TABLE ACCESS BY INDEX ROWID  | ORDERS           |   1    |
|* 4  |     INDEX RANGE SCAN            | IX_ORDERS_N1     |   1    |
|* 5  |    INDEX RANGE SCAN             | IX_ORDER_ITEMS_PK|  56    |
----------------------------------------------------------------
```

〈 실행 순서 : 4 → 3 → 5 → 2 → 1 〉

TABLE ACCESS BY INDEX ROWID 부분이 NESTED LOOPS 위에 오고 있다. 이 실행계획의 의도는 ROWID 조회를 병렬 Block 읽기로 일괄 처리해서 TABLE로의 Single Block I/O에 대한 성능을 향상 시키기 위한 메커니즘이라고 보면 된다.

ORDERS 테이블의 SCAN 결과와 IX_ORDER_ITEMS INDEX와 NESTED LOOP JOIN을 하고 병렬로 TABLE ACCESS BY INDEX ROWID 부분을 처리하는 실행 계획이라고 보면 될 것 같다. 이 실행 계획은 후행 테이블이 INDEX UNIQUE SCAN일 경우에는 나타나지 않는다. 만약 후행 테이블의 JOIN 결과가 1건이라면 병렬로 ACCESS 할 것이 없기 때문인 듯하다.

〈BATCHING 방식 - 11g〉

```
-----------------------------------------------------------------
| Id  | Operation                     | Name             | Starts |
-----------------------------------------------------------------
|   0 | SELECT STATEMENT              |                  |      1 |
|   1 |  NESTED LOOPS                 |                  |      1 |
|   2 |   NESTED LOOPS                |                  |      1 |
|   3 |    TABLE ACCESS BY INDEX ROWID| ORDERS           |      1 |
|*  4 |     INDEX RANGE SCAN          | IX_ORDERS_N1     |      1 |
|*  5 |    INDEX RANGE SCAN           | IX_ORDER_ITEMS_PK|     56 |
|   6 |   TABLE ACCESS BY INDEX ROWID | ORDER_ITEMS      |    377 |
-----------------------------------------------------------------
```

〈 실행 순서 : 4 → 3 → 5 → 2 → 6 → 1 〉

11g에서는 NESTED LOOP JOIN의 ACCESS 메커니즘을 BATCHING 처리 방식으로 한 단계 발전을 시켜 I/O 성능을 좀 더 개선했다.

우선 ORDERS 테이블과 IX_ORDER_ITEMS_PK와 NESTED LOOPS JOIN을 수행한다. 그렇게 되면 IX_ORDER_ITEMS_PK로부터 ORDER_ITEMS로 ACCESS 할 수 있는 일련의 ROWID가 만들어진다. 이후에 ROWID를 일괄로 묶어서 ROWID와 ORDER_ITEMS 사이에 두 번째 NESTED LOOPS JOIN을 하는 방식이다. 이러한 ROWID 일괄 처리 기법은 시스템이 테이블의 각 Block을 한 번만 ACCESS 하기 때문에 I/O 측면에서 향상이 이루어진다.

이와 같이 11g에서는 위 3가지 형태로 NESTED LOOPS JOIN의 실행 계획이 나타날 수 있으며 Oracle 11g부터 NLJ_PREFETCH, NLJ_BATCHING, NO_NLJ_PREFETCH, NO_NLJ_BATCHING 힌트가 추가되었다.

⟨BATCHING 방식 – 19c⟩

```
-----------------------------------------------------------------------
| Id  | Operation                            | Name              | Starts |
-----------------------------------------------------------------------
|   0 | SELECT STATEMENT                     |                   |      1 |
|   1 |  NESTED LOOPS                        |                   |      1 |
|   2 |   NESTED LOOPS                       |                   |      1 |
|   3 |    TABLE ACCESS BY INDEX ROWID BATCHED| ORDERS            |      1 |
|*  4 |     INDEX RANGE SCAN                 | IX_ORDERS_N1      |      1 |
|*  5 |    INDEX RANGE SCAN                  | IX_ORDER_ITEMS_PK |     56 |
|   6 |   TABLE ACCESS BY INDEX ROWID        | ORDER_ITEMS       |    570 |
-----------------------------------------------------------------------
```

NESTED LOOP JOIN은 일반적으로 INDEX RANGE SCAN과 함께 나타나기 때문에 19c에서는 INDEX RANGE SCAN 시에 추가된 BATCHED Operation이 나타난다. 위와 같은 일반 방식이든 PREFETCH 방식이든 BATCHING 방식이든 튜닝을 위해서 컨트롤할 일은 없다.

NESTED LOOP JOIN 시에 실행 계획이 위와 같이 나타난다는 것을 이해하고 실행 계획을 읽을 수만 있으면 된다. 단원 시작 부분에서 언급했듯이 BATCHED 실행 계획은 지면 공간 이유로 생략한다.

⟨ORDERS 테이블 현황⟩
날짜 범위 : 20080101 ~ 20121231
총 건수 : 30,000,000 건
INDEX : IX_ORDERS_N1 (ORDER_DATE)

⟨EMPLOYEES 테이블 현황⟩
총 건수 : 642 건
총 BLOCK 수 : 9 BLOCK

⟨CUSTOMERS 테이블 현황⟩
총 건수 : 50000건
총 BLOCK 수 : 572 BLOCK

```
SELECT /*+ LEADING(A B C) USE_NL(B C) */
       B.JOB_ID, C.GENDER
     , COUNT(*) ORDER_CNT
     , SUM(ORDER_TOTAL) ORDER_AMT
  FROM ORDERS A, EMPLOYEES B, CUSTOMERS C
 WHERE A.EMPLOYEE_ID = B.EMPLOYEE_ID
   AND A.CUSTOMER_ID = C.CUSTOMER_ID
   AND A.ORDER_DATE >= TO_DATE('20120101', 'YYYYMMDD')
   AND A.ORDER_DATE <  TO_DATE('20120701', 'YYYYMMDD')
 GROUP BY B.JOB_ID, C.GENDER;
```

Id	Operation	Name	Starts	A-Rows	Buffers	Used-Mem
0	SELECT STATEMENT		1	48	999K	
1	HASH GROUP BY		1	48	999K	2517K (0)
2	NESTED LOOPS		1	249K	999K	
3	NESTED LOOPS		1	249K	750K	
4	NESTED LOOPS		1	249K	501K	
* 5	TABLE ACCESS FULL	ORDERS	1	249K	19612	
6	TABLE ACCESS BY INDEX ROWID	EMPLOYEES	249K	249K	481K	
* 7	INDEX UNIQUE SCAN	IX_EMPLOYEES_PK	249K	249K	232K	
* 8	INDEX UNIQUE SCAN	IX_CUSTOMERS_PK	249K	249K	249K	
9	TABLE ACCESS BY INDEX ROWID	CUSTOMERS	249K	249K	249K	

〈 실행 순서 : 5 → 7 → 6 → 4 → 8 → 3 → 9 → 2 → 1 〉

위 실행 계획 통계에서 보면 선행 테이블 ORDERS 건수만큼 EMPLOYEES, CUSTOMERS 테이블로 NESTED LOOP JOIN으로 수행되고 있다. 참고로 Starts 항목의 수치를 보면 ORDERS 테이블의 결과 건수와 같은 것을 볼 수 있다. NESTED LOOPS JOIN에서는 후행 테이블의 Starts 항목에 선행 결과 건수가 표시되며 이것은 이 의미는 NESTED LOOPS JOIN은 선행 건수만큼 LOOP를 돌면서 JOIN을 반복 수행한다는 의미가 된다.

이 SQL의 문제점은 무엇일까? EMPLOYEES, CUSTOMERS 테이블이 소형 사이즈의 테이블임에도 많은 건수가 NESTED LOOPS JOIN으로 수행되면서 많은 Single Block I/O

가 발생했다는 점이다. 후행 테이블의 사이즈가 소형임에도 선행 테이블 데이터가 많아서 NESTED LOOPS JOIN에 의한 Single Block I/O가 높아진다면 어떻게 해결해야 될까?

[Part 06, Section 02. HASH JOIN]과 [Part 07, Section 07. 스칼라 서브쿼리]에서 설명하도록 하겠다.

Section 02 HASH JOIN

```
SELECT /*+ USE_HASH(A B) */
       A.ORDER_DATE, A.EMPLOYEE_ID, A.CUSTOMER_ID
     , B.UNIT_PRICE * B.QUANTITY SALES_AMT
  FROM ORDERS A, ORDER_ITEMS B
 WHERE A.ORDER_ID = B.ORDER_ID
   AND A.ORDER_DATE >= TO_DATE('20120701', 'YYYYMMDD')
   AND A.ORDER_DATE <  TO_DATE('20120702', 'YYYYMMDD')
   AND B.ORDER_DATE >= TO_DATE('20120701', 'YYYYMMDD')
   AND B.ORDER_DATE <  TO_DATE('20120702', 'YYYYMMDD');
```

```
----------------------------------------------------------------------
| Id  | Operation                      | Name              | Starts |
----------------------------------------------------------------------
|   0 | SELECT STATEMENT               |                   |      1 |
|*  1 |  HASH JOIN                     |                   |      1 |
|   2 |   TABLE ACCESS BY INDEX ROWID  | ORDERS            |      1 |
|*  3 |    INDEX RANGE SCAN            | IX_ORDERS_N1      |      1 |
|   4 |   TABLE ACCESS BY INDEX ROWID  | ORDER_ITEMS       |      1 |
|*  5 |    INDEX RANGE SCAN            | IX_ORDER_ITEMS_N1 |      1 |
----------------------------------------------------------------------
```

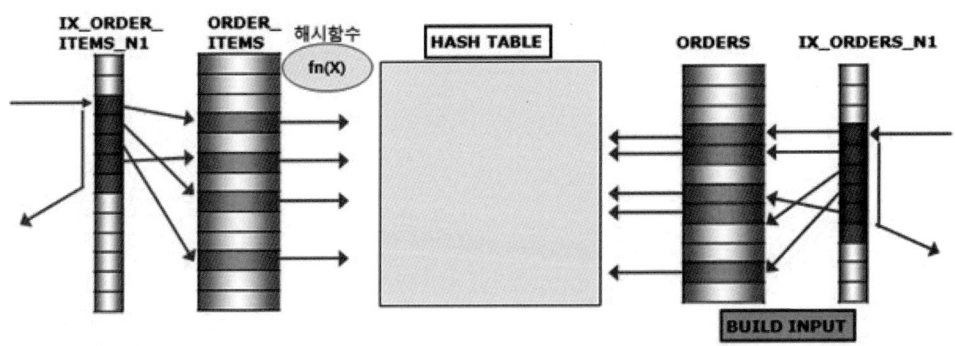

위의 그림은 위 SQL에 대한 HASH JOIN 수행을 그림으로 표현한 것이다. 위 그림을 바탕으로 HASH JOIN의 특징은 다음과 같다.

NESTED LOOP JOIN에서의 Single Block I/O가 부담스럽거나 SORT MERGE JOIN에서의 정렬(SORT) 작업이 부담스러울 때 사용하면 유리하다.

선행 (BUILD INPUT) 테이블인 ORDERS를 PGA 메모리에 HASH 테이블로 생성 후 후행 테이블 ORDER_ITEMS를 SCAN하면서 PGA에서 컬럼 매핑하는 방식으로 수행된다.

연산자의 제약 : JOIN 조건이 '='(Equal) 조건에서만 가능하다.

먼저 처리되는 집합(Driving)이 상대적으로 소량일 때 성능이 극대화된다. 적은 건수의 테이블이 HASH 테이블로 생성되어야 한다.

메모리 내에서 수행할 때 빠른 속도 보장하며 메모리 사이즈를 초과할 경우 Disk와 Swapping 발생 시 성능이 저하된다.

연산에 의한 JOIN이기 때문에 I/O 발생량이 큰 차이가 나지 않는 경우 CPU_TIME이 NL JOIN에 비해 높을 수 있으며 큰 건수가 HASH 테이블로 생성될 경우 메모리(PGA) 사용량이 올라간다. 조회 빈도(실행 수)가 매우 높은 온라인 프로그램에 사용 시 HASH JOIN으로 처리하는 경우와 NESTED LOOP JOIN으로 처리하는 경우 I/O 발생량이 큰 치아가 없는 경우에는 HASH JOIN의 경우 HASH 함수 의한 연산으로 인한 CPU 시간을 좀 더 사용하기 때문에 일반적으로는 NESTED LOOP JOIN으로 처리하는 것이 유리할 수 있다. 이 부분은 아랫부분에서 테스트를 통해서 확인해 보도록 하겠다.

초대용량 테이블을 JOIN해야 되는 경우 사용. 대량의 데이터 처리, Batch 처리, 테이블 FULL SCAN 시 유리하다.

HASH 테이블로 생성되는 JOIN KEY의 중복 값이 많을수록 HASH KEY 충돌로 성능이 저하된다. HASH KEY는 JOIN절의 '=' 부분에 해당하는 값을 기준으로 생성이 된다. 같은 값이 1,000개가 되면 같은 HASH KEY가 1,000개 이기 때문에 하나의 HASH BUCKET에 1,000개의 HASH KEY가 연결되어 HASH 테이블을 조회할 때마다 1,000번 ACCESS하는 비효율이 발생한다. 뒤에서 예제를 통해서 이해를 돕도록 하겠다.

[Section 01. NESTED LOOP JOIN]의 마지막 SQL을 HASH JOIN으로 수행시켜 보도록 하자.

```
SELECT /*+ LEADING(A B C) USE_HASH(B C)
           NO_SWAP_JOIN_INPUTS(C) */
       B.JOB_ID, C.GENDER
     , COUNT(*) ORDER_CNT
     , SUM(ORDER_TOTAL) ORDER_AMT
  FROM ORDERS A, EMPLOYEES B, CUSTOMERS C
 WHERE A.EMPLOYEE_ID = B.EMPLOYEE_ID
   AND A.CUSTOMER_ID = C.CUSTOMER_ID
   AND A.ORDER_DATE >= TO_DATE('20120101', 'YYYYMMDD')
   AND A.ORDER_DATE <  TO_DATE('20121101', 'YYYYMMDD')
 GROUP BY B.JOB_ID, C.GENDER;
```

Id	Operation	Name	Starts	A-Rows	Buffers	Used-Mem
0	SELECT STATEMENT		1	48	20179	
1	HASH GROUP BY		1	48	20179	2527K (0)
* 2	HASH JOIN		1	417K	20179	24M (0)
* 3	HASH JOIN		1	417K	19621	24M (0)
* 4	TABLE ACCESS FULL	ORDERS	1	417K	19612	
5	TABLE ACCESS FULL	EMPLOYEES	1	642	9	
6	TABLE ACCESS FULL	CUSTOMERS	1	50000	558	

〈 실행 순서 : 4 → 5 → 3 → 6 → 2 → 1 〉

HASH 테이블로 생성되는 테이블을 BUILD INPUT이라고 한다. 위 SQL에서 사용한 힌트 NO_SWAP_JOIN_INPUTS(C)는 CUSTOMERS 테이블이 BUILD INPUT이 되지 않도록 하는 힌트이며 SWAP_JOIN_INPUTS의 반대가 된다. Used-Mem 항목에 HASH JOIN 시 사용된 PGA 메모리 사용량이 나타난다. HASH JOIN 순서는 아래와 같다.

1. ORDERS를 HASH 테이블로 생성
2. EMPLOYEES를 SCAN하면서 1번에서 생성된 HASH TABLE SCAN. 이 결과가 HASH 테이블로 생성된다.
3. CUSTOMERS SCAN하면서 2번 결과에서 생성된 HASH TABLE SCAN

EMPLOYEES 테이블과 CUSTOMERS 테이블과 많은 건수 NESTED LOOPS JOIN 시 Buffers가 999K였는데 HASH JOIN으로 수행되면서 20K로 크게 개선이 된 것을 볼 수 있다. 하지만 ORDERS의 많은 결과 건수가 HASH 테이블로 생성이 되면서 PGA 사용량에 비효율이 발생했다. 그리고 ORDERS와 EMPLOYEES의 JOIN 결과가 다시 HASH 테이블로 생성되면서 다시 PGA 사용량 비효율이 발생하고 있다. 위에서 작은 사이즈의 테이블이 HASH 테이블로 생성되어야 한다고 설명했었다. HASH 테이블로 생성되는 테이블이 BUILD INPUT이라고 했었으며 SWAP_JOIN_INPUTS라는 힌트에 의해 BUILD INPUT으로 생성되도록 할 수 있다.

```
SELECT /*+ LEADING(B A C) USE_HASH(A C)
           SWAP_JOIN_INPUTS(C) */
       B.JOB_ID, C.GENDER
     , COUNT(*) ORDER_CNT
     , SUM(ORDER_TOTAL) ORDER_AMT
  FROM ORDERS A, EMPLOYEES B, CUSTOMERS C
 WHERE A.EMPLOYEE_ID = B.EMPLOYEE_ID
   AND A.CUSTOMER_ID = C.CUSTOMER_ID
   AND A.ORDER_DATE >= TO_DATE('20120101', 'YYYYMMDD')
   AND A.ORDER_DATE <  TO_DATE('20121101', 'YYYYMMDD')
 GROUP BY B.JOB_ID, C.GENDER;
```

Id	Operation	Name	Starts	A-Rows	Buffers	Used-Mem
0	SELECT STATEMENT		1	48	20179	
1	HASH GROUP BY		1	48	20179	2513K (0)
* 2	HASH JOIN		1	417K	20179	2247K (0)
3	TABLE ACCESS FULL	CUSTOMERS	1	50000	558	
* 4	HASH JOIN		1	417K	19621	1264K (0)
5	TABLE ACCESS FULL	EMPLOYEES	1	642	9	
* 6	TABLE ACCESS FULL	ORDERS	1	417K	19612	

〈 실행 순서 : 3 → 5 → 6 → 4 → 2 → 1 〉

위 SQL의 수행 순서는 아래와 같으며 힌트를 주지 않아도 위 실행 계획처럼 수행되지만 어떤 힌트에 의해 동작하는지 보여주기 위해서 힌트를 표현했다.

1. CUSTOMERS를 HASH 테이블로 생성(SWAP_JOIN_INPUTS(C))
2. EMPLOYEES를 HASH 테이블로 생성(LEADING(B))
3. ORDERS를 SCAN하면서 2번에 생성한 HASH TABLE SCAN
4. 3번의 결과가 SCAN되면서 1번에서 생성한 HASH TABLE SCAN

사이즈가 작은 테이블이 BUILD INPUT이 되면서 PGA 사용량이 최적화되었다. BUILD INPUT 테이블의 사이즈가 할당된 PGA 크기를 넘게 되면 실행 계획 상에서 어떻게 표시되는지 확인해 보도록 하자. PGA 할당 방식을 AUTO → MANUAL로 변경하고 HASH_AREA_SIZE를 10MB로 설정한다.

```
ALTER SESSION SET WORKAREA_SIZE_POLICY = MANUAL;
ALTER SESSION SET HASH_AREA_SIZE = 10485760;--10M로 변경

SELECT /*+ LEADING(B A C D E) USE_HASH(A C D E)
        NO_SWAP_JOIN_INPUTS(C)
        NO_SWAP_JOIN_INPUTS(D)
        NO_SWAP_JOIN_INPUTS(E)*/
     C.JOB_ID, D.GENDER, E.PRODUCT_NAME
   , SUM(B.QUANTITY) ORDER_CNT
   , SUM(A.ORDER_TOTAL) ORDER_AMT
  FROM ORDERS A, ORDER_ITEMS B
     , EMPLOYEES C, CUSTOMERS D
     , PRODUCTS E
 WHERE A.ORDER_ID = B.ORDER_ID
   AND A.EMPLOYEE_ID = C.EMPLOYEE_ID
   AND A.CUSTOMER_ID = D.CUSTOMER_ID
   AND B.PRODUCT_ID = E.PRODUCT_ID
   AND A.ORDER_DATE >= TO_DATE('20120101', 'YYYYMMDD')
   AND A.ORDER_DATE <  TO_DATE('20130101', 'YYYYMMDD')
   AND B.ORDER_DATE >= TO_DATE('20120101', 'YYYYMMDD')
   AND B.ORDER_DATE <  TO_DATE('20130101', 'YYYYMMDD')
 GROUP BY C.JOB_ID, D.GENDER, E.PRODUCT_NAME;
```

```
-----------------------------------------------------------------------------------------
| Id  | Operation            | Name        | Starts | A-Rows | A-Time      | Buffers | Used-Mem  |
-----------------------------------------------------------------------------------------
|   0 | SELECT STATEMENT     |             |    1   |  13776 | 00:01:22.24 |   105K  |           |
|   1 |  HASH GROUP BY       |             |    1   |  13776 | 00:01:22.24 |   105K  | 409K (0)  |
|*  2 |   HASH JOIN          |             |    1   |  2974K | 00:00:50.87 |   105K  | 13M (1)   |
|*  3 |    HASH JOIN         |             |    1   |  2974K | 00:00:41.79 |   105K  | 13M (1)   |
|*  4 |     HASH JOIN        |             |    1   |  2974K | 00:00:33.58 |   104K  | 13M (1)   |
|*  5 |      HASH JOIN       |             |    1   |  2974K | 00:00:26.27 |   104K  | 13M (1)   |
|*  6 |       TABLE ACCESS FULL | ORDER_ITEMS |  1   |  2974K | 00:00:09.88 |  84844  |           |
|*  7 |       TABLE ACCESS FULL | ORDERS      |  1   |   500K | 00:00:04.29 |  19612  |           |
|   8 |      TABLE ACCESS FULL  | EMPLOYEES   |  1   |    642 | 00:00:00.01 |      9  |           |
|   9 |     TABLE ACCESS FULL   | CUSTOMERS   |  1   |  50000 | 00:00:00.01 |    558  |           |
|  10 |    TABLE ACCESS FULL    | PRODUCTS    |  1   |    288 | 00:00:00.01 |     13  |           |
-----------------------------------------------------------------------------------------
```

〈 실행 순서 : 6 → 7 → 5 → 8 → 4 - 9 → 3 → 10 → 2 → 1 〉

위 SQL은 큰 데이터 건수가 BUILD INPUT이 되어 HASH 테이블이 되는 것을 보여주기 위해서 LEADING(B)를 사용했으며 EMPLOYEES, CUSTOMERS, PRODUCTS 테이블이 모두 HASH 테이블로 생성되지 않게 하기 위해서 NO_SWAP_JOIN_INPUTS 힌트를 사용했다.

1. ORDER_ITEMS의 SCAN 결과를 HASH 테이블로 생성한다. (A-Rows : 2974K 건)
2. ORDERS가 SCAN되면서 1번에서 생성된 HASH 테이블과 매핑된 결과를 HASH 테이블로 생성한다. (A-Rows : 2974K 건)
3. EMPLOYEES가 SCAN되면서 2번에서 생성된 HASH 테이블과 매핑된 결과를 HASH 테이블로 생성한다. (A-Rows : 2974K 건)
4. CUSTOMERS가 SCAN되면서 3번에서 생성된 HASH 테이블과 매핑된 결과를 HASH 테이블로 생성한다. (A-Rows : 2974K 건)
5. PRODUCTS가 SCAN되면서 4번에서 생성된 HASH 테이블과 매핑된 후 최종 결과를 리턴한다.

Used-Mem 항목에 (1)로 나타난 부분이 할당된 PGA량이 모자라게 되어 Disk Swapping이 발생했다는 의미이며 (1)은 1번 Disk Swapping이 발생했다는 의미로 이것을 ONE PASS가 발생했다고 한다. (0)일 경우에는 OPTIMAL이라고 하며 (2)부터는 MULTI PASS가 발생했다고 하며 이때부터 성능은 매우 크게 떨어지게 된다.

또한 같은 ONE PASS가 발생했다고 해도 할당 PGA량에 따라서 성능 차이는 매우 크게 나타난다. ONE PASS가 이 정도인데 MULTI PASS 발생은 성능 문제가 더 심할 것이라고 충분히 짐작될 것이다.

```
ALTER SESSION SET HASH_AREA_SIZE = 3145728;  --3MB로 변경
```

Id	Operation	Name	Starts	A-Rows	A-Time	Buffers	Used-Mem
0	SELECT STATEMENT		1	13776	00:03:36.39	105K	
1	HASH GROUP BY		1	13776	00:03:36.39	105K	352K (0)
* 2	HASH JOIN		1	2974K	00:02:46.30	105K	4976K (1)
* 3	HASH JOIN		1	2974K	00:02:29.09	105K	4916K (1)
* 4	HASH JOIN		1	2974K	00:01:54.38	104K	4933K (1)
* 5	HASH JOIN		1	2974K	00:01:20.11	104K	4728K (1)
* 6	TABLE ACCESS FULL	ORDER_ITEMS	1	2974K	00:00:03.39	84844	
* 7	TABLE ACCESS FULL	ORDERS	1	500K	00:00:06.17	19612	
8	TABLE ACCESS FULL	EMPLOYEES	1	642	00:00:00.01	9	
9	TABLE ACCESS FULL	CUSTOMERS	1	50000	00:00:00.01	558	
10	TABLE ACCESS FULL	PRODUCTS	1	288	00:00:00.01	13	

```
ALTER SESSION SET HASH_AREA_SIZE = 1048576;  --1MB로 변경
```

Id	Operation	Name	Starts	A-Rows	A-Time	Buffers	Used-Mem
0	SELECT STATEMENT		1	13776	00:11:34.45	105K	
1	HASH GROUP BY		1	13776	00:11:34.45	105K	398K (0)
* 2	HASH JOIN		1	2974K	00:11:28.87	105K	1649K (1)
* 3	HASH JOIN		1	2974K	00:09:26.82	105K	1920K (1)
* 4	HASH JOIN		1	2974K	00:06:21.27	104K	1797K (1)
* 5	HASH JOIN		1	2974K	00:02:58.21	104K	1804K (1)
* 6	TABLE ACCESS FULL	ORDER_ITEMS	1	2974K	00:00:03.44	84844	
* 7	TABLE ACCESS FULL	ORDERS	1	500K	00:00:07.68	19612	
8	TABLE ACCESS FULL	EMPLOYEES	1	642	00:00:00.01	9	
9	TABLE ACCESS FULL	CUSTOMERS	1	50000	00:00:00.01	558	
10	TABLE ACCESS FULL	PRODUCTS	1	288	00:00:00.01	13	

Buffers 항목 값은 동일하지만 할당 PGA량에 따라서 A-time(수행시간) 차이가 매우 크게 나타난 것을 볼 수 있다. Used-Mem이 줄어드는 이유는 HASH_AREA_SIZE를 줄여서 사용할 수 있는 메모리 사이즈가 작아졌기 때문이다.

다시 AUTO로 변경 후 실행 계획 통계를 확인해 보자.

```
ALTER SESSION SET WORKAREA_SIZE_POLICY = AUTO;
```

```
--------------------------------------------------------------------------------------------
| Id  | Operation            | Name        | Starts | A-Rows | A-Time      | Buffers | Used-Mem  |
--------------------------------------------------------------------------------------------
|   0 | SELECT STATEMENT     |             |      1 |  13776 | 00:00:58.50 |   105K  |           |
|   1 |  HASH GROUP BY       |             |      1 |  13776 | 00:00:58.50 |   105K  | 2202K (0) |
|*  2 |   HASH JOIN          |             |      1 |  2974K | 00:00:57.44 |   105K  |  84M (1)  |
|*  3 |    HASH JOIN         |             |      1 |  2974K | 00:00:49.24 |   105K  |  77M (1)  |
|*  4 |     HASH JOIN        |             |      1 |  2974K | 00:00:39.60 |   104K  |  32M (1)  |
|*  5 |      HASH JOIN       |             |      1 |  2974K | 00:00:28.67 |   104K  |  41M (1)  |
|*  6 |       TABLE ACCESS FULL | ORDER_ITEMS |   1 |  2974K | 00:00:08.54 |   84844 |           |
|*  7 |       TABLE ACCESS FULL | ORDERS      |   1 |   500K | 00:00:04.02 |   19612 |           |
|   8 |      TABLE ACCESS FULL | EMPLOYEES   |    1 |    642 | 00:00:00.01 |       9 |           |
|   9 |     TABLE ACCESS FULL | CUSTOMERS   |     1 |  50000 | 00:00:00.01 |     558 |           |
|  10 |    TABLE ACCESS FULL | PRODUCTS    |      1 |    288 | 00:00:00.01 |      13 |           |
--------------------------------------------------------------------------------------------
```

BUILD INPUT의 사이즈(건수 * 사용 컬럼 사이즈 합)가 크다 보니 PGA 관리 방식을 AUTO로 해서 PGA 할당량이 올라갔는데도 필자의 시스템에서는 ONE PASS가 발생했다. 하지만 메모리 사용을 더 많이 할 수 있었기 때문에 A-Time는 줄어든 것을 볼 수 있다.

이번에는 HASH JOIN의 순서를 최적으로 변경을 해보도록 하자.

```
SELECT /*+ LEADING(C A B D E) USE_HASH(A B C D E)
           SWAP_JOIN_INPUTS(D)
           SWAP_JOIN_INPUTS(E)*/
       C.JOB_ID, D.GENDER, E.PRODUCT_NAME
     , SUM(B.QUANTITY) ORDER_CNT
     , SUM(A.ORDER_TOTAL) ORDER_AMT
  FROM ORDERS A, ORDER_ITEMS B
```

```
     , EMPLOYEES C, CUSTOMERS D
     , PRODUCTS E
WHERE A.ORDER_ID = B.ORDER_ID
  AND A.EMPLOYEE_ID = C.EMPLOYEE_ID
  AND A.CUSTOMER_ID = D.CUSTOMER_ID
  AND B.PRODUCT_ID = E.PRODUCT_ID
  AND A.ORDER_DATE >= TO_DATE('20120101', 'YYYYMMDD')
  AND A.ORDER_DATE <  TO_DATE('20130101', 'YYYYMMDD')
  AND B.ORDER_DATE >= TO_DATE('20120101', 'YYYYMMDD')
  AND B.ORDER_DATE <  TO_DATE('20130101', 'YYYYMMDD')
GROUP BY C.JOB_ID, D.GENDER, E.PRODUCT_NAME;
```

Id	Operation	Name	Starts	A-Rows	A-Time	Buffers	Used-Mem
0	SELECT STATEMENT		1	13776	00:00:10.06	105K	
1	HASH GROUP BY		1	13776	00:00:10.06	105K	2209K (0)
* 2	HASH JOIN		1	2974K	00:00:08.71	105K	1201K (0)
3	TABLE ACCESS FULL	PRODUCTS	1	288	00:00:00.01	13	
* 4	HASH JOIN		1	2974K	00:00:07.45	105K	2265K (0)
5	TABLE ACCESS FULL	CUSTOMERS	1	50000	00:00:00.01	558	
* 6	HASH JOIN		1	2974K	00:00:06.03	104K	27M (0)
* 7	HASH JOIN		1	500K	00:00:01.65	19621	1250K (0)
8	TABLE ACCESS FULL	EMPLOYEES	1	642	00:00:00.01	9	
* 9	TABLE ACCESS FULL	ORDERS	1	500K	00:00:01.42	19612	
* 10	TABLE ACCESS FULL	ORDER_ITEMS	1	2974K	00:00:02.47	84844	

〈 실행 순서 : 3 → 5 → 8 → 9 → 7 → 10 → 6 → 4 → 2 → 1 〉

SQL 상의 PGA 사용량이 크게 줄어들면서 OPTIMAL(Used-Men 항목의 (0) 부분)로 수행되어 A-time 시간이 크게 개선되었다.

1. 작은 사이즈 테이블인 PRODUCTS가 BUILD INPUT이 되어 HASH 테이블로 생성됨.
2. 작은 사이즈 테이블인 CUSTOMERS가 BUILD INPUT이 되어 HASH 테이블로 생성됨.
3. 작은 사이즈 테이블은 EMPLOYEES가 BUILD INPUT이 되어 HASH 테이블로 생성됨.

4. ORDERS를 SCAN하면서 3번에서 생성된 HASH 테이블과 매핑
5. ORDER_ITEMS를 SCAN하면서 4번에서 생성된 HASH 테이블과 매핑
6. 5번의 결과가 2번에서 생성된 HASH 테이블과 매핑
7. 6번의 결과가 1번에서 생성된 HASH 테이블과 매핑하고 최종 결과를 반환한다.

위와 같이 HASH JOIN을 사용할 때는 작은 사이즈의 테이블이 BUILD INPUT이 될 수 있도록 해야 하고 가능한 한 OPTIMAL(Used-mem : (0))이 되도록 해야 한다.

HASH KEY 충돌로 인해 성능이 저하되는 원인에 대해서 알아보도록 하겠다. 아래 그림은 HASH 테이블의 구조를 임의로 표현한 것이다. 아래 그림에서 분홍색 원을 임의로 HASH BUCKEY, 파란색 삼각형을 HASH KEY라고 하겠다.

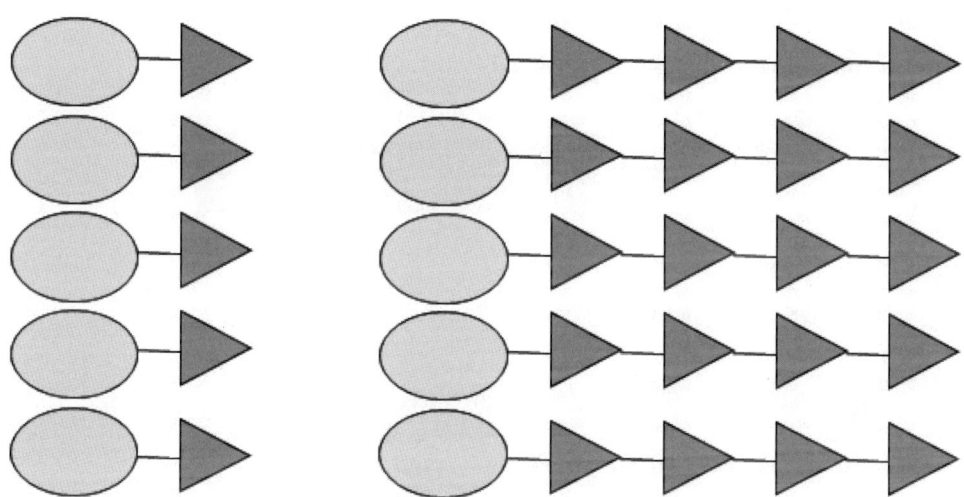

같은 컬럼 값은 같은 HASH KEY로 생성이 된다. 왼쪽처럼 하나의 BUCKET에 하나의 HASH KEY만 달려있다면 딱 1번만 ACCESS하면 되지만 오른쪽처럼 BUCKET에 HASH KEY가 여러 개 달려 있다면 HASH KEY 숫자만큼 ACCESS를 하게 돼서 성능이 떨어지게 된다.

예제 SQL을 통해서 성능이 어떻게 다르게 나타나는지 살펴보도록 하자.

- ID의 종류는 10가지이고 PK가 ID + SEQ인 테이블을 생성한다.
- 총 10,000건이 생성되도록 한다. ID는 10종류이기 때문에 같은 ID는 평균 1,000이다.

```
CREATE TABLE TMP_HASH_TEST1
NOLOGGING
AS
WITH TEMP_DATA AS (
SELECT /*+ MATERIAIZE */
       TRUNC(DBMS_RANDOM.VALUE(1,10)) ID  --ID는 0~9까지 임의로 할당함
  FROM DUAL CONNECT BY LEVEL <= 10000)
SELECT ID
     , ROW_NUMBER() OVER(PARTITION BY ID ORDER BY NULL) SEQ
     , CHR(TRUNC(DBMS_RANDOM.VALUE(1, 10)))||
       CHR(TRUNC(DBMS_RANDOM.VALUE(1, 100))) VAL
FROM TEMP_DATA;
```

[ID, SEQ]가 PK인 10000건짜리 테이블 TMP_HASH_TEST1

- TMP_HASH_TEST1과 1:N관계인 TMP_HASH_TEST2 생성
- ID, SEQ별로 20건이 생성되도록 한다.

```
CREATE TABLE TMP_HASH_TEST2
NOLOGGING
AS
SELECT ID, SEQ, RCNT
     , TRUNC(DBMS_RANDOM.VALUE(1, 10000)) AMT
  FROM TMP_HASH_TEST1,
       (SELECT ROWNUM RCNT FROM DUAL CONNECT BY LEVEL <= 20);
```

[ID, SEQ, RCNT]가 PK인 200000건짜리 테이블 TMP_HASH_TEST2

TMP_HASH_TEST1			TMP_HASH_TEST2			
ID	SEQ	VAL	ID	SEQ	RCNT	AMT
1	1	..	1	1	1	..
1	2	..	1	1	2	..
1	3	..	1	1	3	..
1	4	..	1	2	1	..
1	5	..	1	2	2	..
2	1	..	1	2	3	..
2	2	..	1	2	4	..
2	3	..	1	3	1	..
2	4	..	1	3	2	..
2	5	..	1	3	3	..

1:N 관계

테스트용 테이블을 생성 후에 아래 SQL을 통해서 HASH KEY 충돌에 의한 성능 비교를 해보도록 하자. 각각 PK가 [ID, SEQ], [ID, SEQ, RCNT]이지만 따로 생성하지는 않았다.

```
SELECT A.ID, A.VAL, SUM(B.AMT) AMT
  FROM TMP_HASH_TEST1 A, TMP_HASH_TEST2 B
 WHERE A.ID = B.ID
   AND A.SEQ LIKE B.SEQ
 GROUP BY A.ID, A.VAL;
```

```
-------------------------------------------------------------------------------------------
| Id | Operation          | Name           | Starts | A-Rows |   A-Time   | Buffers |Used-Mem |
-------------------------------------------------------------------------------------------
|  0 | SELECT STATEMENT   |                |    1   |   5705 |00:02:22.43 |   551   |         |
|  1 |  HASH GROUP BY     |                |    1   |   5705 |00:02:22.43 |   551   |1276K (0)|
|* 2 |   HASH JOIN        |                |    1   |   200K |00:02:22.32 |   551   |1438K (0)|
|  3 |    TABLE ACCESS FULL| TMP_HASH_TEST1|    1   |  10000 |00:00:00.01 |    24   |         |
|  4 |    TABLE ACCESS FULL| TMP_HASH_TEST2|    1   |   200K |00:00:00.05 |   527   |         |
-------------------------------------------------------------------------------------------
```

TMP_HASH_TEST1의 경우 24 Block, TMP_HASH_TEST2는 527 Block I/O로 매우 작음에도 HASH JOIN 부분에서 A-Time이 120초 이상이나 걸렸다. 원인은 HASH KEY의 경우는 JOIN 조건에서 '='인 경우만 생성되기 때문에 A.ID만 HASH KEY로 생성이 된다. BUCKET 하나당 약 1,000개의 HASH KEY가 달린 것이다. 따라서 후행 테이블 TMP_HASH_TEST2이 SCAN 되면서 한 건 한 건이 매번 1,000개의 HASH KEY를 ACCESS 하기 때문에 성능이 매우 떨어지게 된다.

LIKE 조건을 '='로 변경해서 성능을 확인해 보도록 하자.

```
SELECT A.ID, A.VAL, SUM(B.AMT) AMT
  FROM TMP_HASH_TEST1 A, TMP_HASH_TEST2 B
 WHERE A.ID = B.ID
   AND A.SEQ = B.SEQ
 GROUP BY A.ID, A.VAL
```

```
---------------------------------------------------------------------------------------
| Id  | Operation          | Name            | Starts | A-Rows | A-Time       | Buffers | Used-Mem   |
---------------------------------------------------------------------------------------
|   0 | SELECT STATEMENT   |                 |      1 |   5705 | 00:00:00.18  |     551 |            |
|   1 |  HASH GROUP BY     |                 |      1 |   5705 | 00:00:00.18  |     551 | 2502K (0)  |
|*  2 |   HASH JOIN        |                 |      1 |   200K | 00:00:00.12  |     551 | 1409K (0)  |
|   3 |    TABLE ACCESS FULL| TMP_HASH_TEST1 |      1 |  10000 | 00:00:00.01  |      24 |            |
|   4 |    TABLE ACCESS FULL| TMP_HASH_TEST2 |      1 |   200K | 00:00:00.03  |     527 |            |
---------------------------------------------------------------------------------------
```

PK인 ID, SEQ로 HASH KEY가 생성되면서 BUCKET당 하나의 HASH KEY가 생성되었기 때문에 실행 계획은 이전과 동일하지만 A-Time은 120초와 0.12초로 많은 차이가 나고 있다.

HASH JOIN을 사용했을 때와 NESTED LOOP JOIN을 사용했을 때 I/O 발생량이 크지가 않은 경우에 대해서 테스트를 한 결과이다.

```
SELECT /*+ LEADING(B A C) USE_HASH(A C) SWAP_JOIN_INPUTS(C) */
       B.JOB_ID, C.GENDER
     , COUNT(*) ORDER_CNT
     , SUM(ORDER_TOTAL) ORDER_AMT
  FROM ORDERS A, EMPLOYEES B, CUSTOMERS C
 WHERE A.EMPLOYEE_ID = B.EMPLOYEE_ID
   AND A.CUSTOMER_ID = C.CUSTOMER_ID
   AND A.ORDER_DATE >= TO_DATE('2012010100', 'YYYYMMDDHH24')
   AND A.ORDER_DATE <  TO_DATE('2012010103', 'YYYYMMDDHH24')
 GROUP BY B.JOB_ID, C.GENDER;
```

<SQL_ID : 51ynt1qtn6bgq>

```
---------------------------------------------------------------------------------------
| Id  | Operation           | Name      | Starts | A-Rows | A-Time     | Buffers | Used-Mem  |
---------------------------------------------------------------------------------------
|   0 | SELECT STATEMENT    |           |      1 |     44 | 00:00.01   |     753 |           |
|   1 |  HASH GROUP BY      |           |      1 |     44 | 00:00.01   |     753 | 1418K (0) |
|*  2 |   HASH JOIN         |           |      1 |    180 | 00:00.01   |     753 | 3660K (0) |
|   3 |    TABLE ACCESS FULL| CUSTOMERS |      1 |  50000 | 00:00.01   |     570 |           |
|*  4 |    HASH JOIN        |           |      1 |    180 | 00:00.01   |     182 | 1470K (0) |
---------------------------------------------------------------------------------------
```

	5	TABLE ACCESS FULL	EMPLOYEES	1	642	00:00.01	8	
	6	TABLE ACCESS BY INDEX ROWID	ORDERS	1	180	00:00.01	174	
*	7	INDEX RANGE SCAN	IX_ORDERS_N1	1	180	00:00.01	4	

```
SELECT /*+ LEADING(A B C) USE_NL(B C) */
       B.JOB_ID, C.GENDER
     , COUNT(*) ORDER_CNT
     , SUM(ORDER_TOTAL) ORDER_AMT
  FROM ORDERS A, EMPLOYEES B, CUSTOMERS C
 WHERE A.EMPLOYEE_ID = B.EMPLOYEE_ID
   AND A.CUSTOMER_ID = C.CUSTOMER_ID
   AND A.ORDER_DATE >= TO_DATE('2012010100', 'YYYYMMDDHH24')
   AND A.ORDER_DATE <  TO_DATE('2012010103', 'YYYYMMDDHH24')
 GROUP BY B.JOB_ID, C.GENDER;
<SQL_ID : 00kxypg1khqu2>
```

Id	Operation	Name	Starts	A-Rows	A-Time	Buffers	Used-Mem
0	SELECT STATEMENT		1	44	00:00.01	894	
1	HASH GROUP BY		1	44	00:00.01	894	1401K (0)
2	NESTED LOOPS		1	180	00:00.01	894	
3	NESTED LOOPS		1	180	00:00.01	714	
4	NESTED LOOPS		1	180	00:00.01	532	
5	TABLE ACCESS BY INDEX ROWID	ORDERS	1	180	00:00.01	174	
* 6	INDEX RANGE SCAN	IX_ORDERS_N1	1	180	00:00.01	4	
7	TABLE ACCESS BY INDEX ROWID	EMPLOYEES	180	180	00:00.01	358	
* 8	INDEX UNIQUE SCAN	IX_EMPLOYEES_PK	180	180	00:00.01	178	
* 9	INDEX UNIQUE SCAN	IX_CUSTOMERS_PK	180	180	00:00.01	182	
10	TABLE ACCESS BY INDEX ROWID	CUSTOMERS	180	180	00:00.01	180	

DBMS_XPLAN.DISPLAY_CURSOR는 수행 시간의 최하 단위가 0.01초이다. 0.0001초로 수행되더라도 최하 표현 단위가 0.01초이기 때문에 0.01초로 나타난다. 위 두 SQL의 성능 차이를 확인하기 위해서는 아래와 같이 GV$SQL을 통해서 확인한다.

참고로 SQL 성능 관련한 Dynamic Performance 뷰 등에 대해서는 [Part 18. Oracle 성능 분석 기본 방법론]에서 다룬다.

```sql
SELECT SQL_ID
     , PLAN_HASH_VALUE
     , PARSING_SCHEMA_NAME
     , MODULE
     , EXECUTIONS AS "실행수"
     , BUFFER_GETS
     , ROUND(BUFFER_GETS / DECODE(EXECUTIONS, 0, 1, EXECUTIONS)) AS AVG_BUFFER_GETS
     , ROUND(ROWS_PROCESSED/DECODE(EXECUTIONS, 0, 1, EXECUTIONS), 1) AS AVG_ROWS
     , ROUND(ELAPSED_TIME/1000000, 5) AS ELAPSED_TIME
     , ROUND(ELAPSED_TIME / 1000000 / DECODE(EXECUTIONS, 0, 1, EXECUTIONS), 5) AS AVG_ELAPSED_TIME
     , ROUND(CPU_TIME/1000000, 3) AS CPU_TIME
     , ROUND(CPU_TIME / 1000000 / DECODE(EXECUTIONS, 0, 1, EXECUTIONS), 5) AS AVG_CPU_TIME
  FROM GV$SQL
 WHERE SQL_ID IN ('51ynt1qtn6bgq', '00kxypg1khqu2')
```

SQL_ID	실행수	BUFFER_GETS	AVG_BUFFER_GETS	AVG_ROWS	ELAPSED_TIME	AVG_ELAPSED_TIME	CPU_TIME	AVG_CPU_TIME
00kxypg1khqu2	60	53640	894	44	0.08824	0.00147	0.037	0.00061
51ynt1qtn6bgq	50	37650	753	44	0.40767	0.00815	0.341	0.00683

동일한 SQL에 대해서 NESTED LOOP인 경우와 HASH JOIN인 경우에 대해서 각각 60회, 50회 수행시킨 결과이다. I/O 발생량은 NESTED LOOP JOIN(《SQL_ID : 00kxypg1khqu2》)이 약간 높지만 평균 CPU_TIME의 경우 0.00061초로 HASH JOIN인 경우 0.00683초의 1/10이다.

<SQL_ID : g97sk1bqrgvy3>

```
-----------------------------------------------------------------------------------
| Id | Operation        | Name | Starts | A-Rows | A-Time   | Buffers | Used-Mem |
-----------------------------------------------------------------------------------
|  0 | SELECT STATEMENT |      |      1 |     48 |00:00:01  |   1054  |          |
|  1 |  HASH GROUP BY   |      |      1 |     48 |00:00:01  |   1054  | 1417K (0)|
|* 2 |   HASH JOIN      |      |      1 |    513 |00:00:01  |   1054  | 3634K (0)|
```

```
|   3 |   TABLE ACCESS FULL          | CUSTOMERS     |   1 |  50000 |00:00.01 |   570 |           |
|*  4 |   HASH JOIN                  |               |   1 |    513 |00:00.01 |   483 | 1455K (0) |
|   5 |    TABLE ACCESS FULL         | EMPLOYEES     |   1 |    642 |00:00.01 |     8 |           |
|   6 |    TABLE ACCESS BY INDEX ROWID| ORDERS       |   1 |    513 |00:00.01 |   475 |           |
|*  7 |     INDEX RANGE SCAN         | IX_ORDERS_N1  |   1 |    513 |00:00.01 |     6 |           |
```

<SQL_ID : c3vatumkgsccj>

```
| Id | Operation                      | Name            | Starts | A-Rows | A-Time   | Buffers | Used-Mem  |
|  0 | SELECT STATEMENT               |                 |   1    |    48  | 00:00.01 |  2518   |           |
|  1 |  HASH GROUP BY                 |                 |   1    |    48  | 00:00.01 |  2518   | 1409K (0) |
|  2 |   NESTED LOOPS                 |                 |   1    |   513  | 00:00.01 |  2518   |           |
|  3 |    NESTED LOOPS                |                 |   1    |   513  | 00:00.01 |  2005   |           |
|  4 |     NESTED LOOPS               |                 |   1    |   513  | 00:00.01 |  1490   |           |
|  5 |      TABLE ACCESS BY INDEX ROWID| ORDERS         |   1    |   513  | 00:00.01 |   475   |           |
|* 6 |       INDEX RANGE SCAN         | IX_ORDERS_N1    |   1    |   513  | 00:00.01 |     6   |           |
|  7 |      TABLE ACCESS BY INDEX ROWID| EMPLOYEES      |  513   |   513  | 00:00.01 |  1015   |           |
|* 8 |       INDEX UNIQUE SCAN        | IX_EMPLOYEES_PK |  513   |   513  | 00:00.01 |   502   |           |
|* 9 |     INDEX UNIQUE SCAN          | IX_CUSTOMERS_PK |  513   |   513  | 00:00.01 |   515   |           |
| 10 |    TABLE ACCESS BY INDEX ROWID | CUSTOMERS       |  513   |   513  | 00:00.01 |   513   |           |
```

SQL_ID	실행수	BUFFER_GETS	AVG_BUFFER_GETS	AVG_ROWS	ELAPSED_TIME	AVG_ELAPSED_TIME	CPU_TIME	AVG_CPU_TIME
c3vatumkgsccj	50	125900	2518	48	0.16014	0.0032	0.125	0.0025
g97sk1bqrgvy3	60	63240	1054	48	0.5104	0.00851	0.335	0.00558

ORDERS 테이블의 ORDER_DATE 범위를 넓혀서 수행한 결과이다. HASH JOIN인 경우보다 NESTED LOOP JOIN인 경우가 I/O 발생량은 약 두 배 이상 높지만 평균 CPU_TIME은 약 1/2 더 작은 것을 확인할 수 있다.

SQL의 실행 수가 낮은 경우에는 DB 전체적으로 봤을 때 큰 영향은 없지만 실행 수가 매우 높은 경우는 DB에 주는 부하는 차이가 발생하게 된다. 예를 들어서 위 SQL이 분당 100,000만회 수행되는 SQL인 경우 HASH JOIN인 경우에는 1분당 약 558초의 CPU_TIME을 사용하고(0.00558 * 100000) NESTED LOOP JOIN인 경우에는 1분당 250초의 CPU_TIME을 사용한다. DB 성능 통계에 대해서는 [Part 18. Oracle 성능 분석 기본 방법론]에서 설명한다.

Section 03 SORT MERGE JOIN

```sql
SELECT /*+ USE_MERGE(A B) */
       A.ORDER_DATE, A.EMPLOYEE_ID, A.CUSTOMER_ID
     , B.PRODUCT_ID
     , B.UNIT_PRICE * B.QUANTITY SALES_AMT
  FROM ORDERS A,
       ORDER_ITEMS B
 WHERE A.ORDER_ID = B.ORDER_ID
   AND A.ORDER_DATE >= TO_DATE('20120701', 'YYYYMMDD')
   AND A.ORDER_DATE <  TO_DATE('20120702', 'YYYYMMDD')
   AND B.ORDER_DATE >= TO_DATE('20120701', 'YYYYMMDD')
   AND B.ORDER_DATE <  TO_DATE('20120702', 'YYYYMMDD') ;
```

```
---------------------------------------------------------------------------
| Id  | Operation                     | Name             | Starts |
---------------------------------------------------------------------------
|   0 | SELECT STATEMENT              |                  |      1 |
|   1 |  MERGE JOIN                   |                  |      1 |
|   2 |   SORT JOIN                   |                  |      1 |
|   3 |    TABLE ACCESS BY INDEX ROWID| ORDERS           |      1 |
|*  4 |     INDEX RANGE SCAN          | IX_ORDERS_N1     |      1 |
|*  5 |   SORT JOIN                   |                  |   1360 |
|   6 |    TABLE ACCESS BY INDEX ROWID| ORDER_ITEMS      |      1 |
|*  7 |     INDEX RANGE SCAN          | IX_ORDER_ITEMS_N1|      1 |
---------------------------------------------------------------------------
```

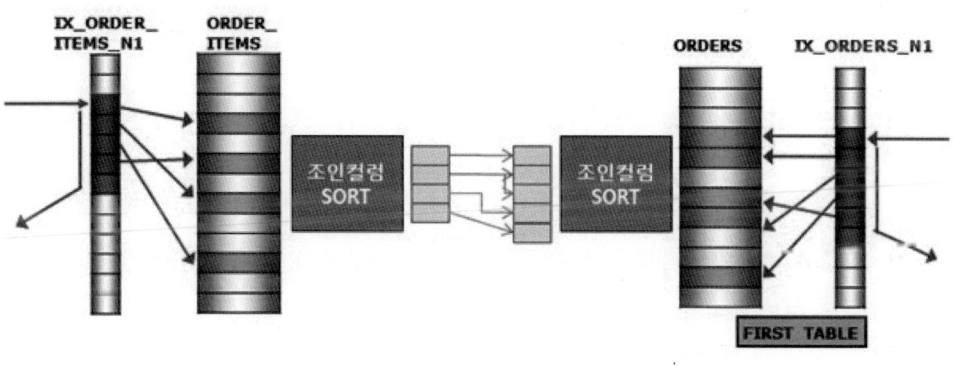

위의 그림은 위 SQL에 대한 SORT MERGE JOIN 수행을 그림으로 표현한 것이다.
위 그림을 바탕으로 SORT MERGE JOIN의 특징은 아래와 같다.

JOIN 하고자 하는 두 테이블의 JOIN COLMUN 값으로 각각 SORT를 한 후에 정렬된 컬럼값을 비교하면서 JOIN하는 방식이다. NESTED LOOPS JOIN의 JOIN 횟수에 의한 Single Block I/O가 부담스러울 때 사용할 수 있다.

SORT가 발생하기 때문에 PGA 메모리를 사용하며 JOIN 대상 건수가 많을수록 SORT 부하가 커지기 때문에 성능이 저하될 수 있다.

SORT 할 건수가 많다면 PGA 메모리 사용량은 늘어날 것이고 할당된 범위를 초과하게 되면 Disk Swapping 발생으로 성능은 더 저하된다.

JOIN되는 선행 테이블의 컬럼이 INDEX와 관련된 컬럼이라면 선행 테이블의 정렬을 피할 수 있기 때문에 SORT 부하를 줄일 수 있다.

HASH JOIN은 적은 건수의 테이블이 선행(BUILD INPUT) 테이블이 되어야 하지만 SORT MERGE JOIN의 경우 SORT를 피할 수 있는 선행 테이블이 여럿 존재한다면 사이즈가 큰 테이블이 선행 테이블이 되는 것이 유리하다. 이는 더 큰 테이블의 SORT 부하를 없애는 것이 유리하기 때문이다.

선행 테이블이 SORT를 피할 수 있으며 후행 테이블의 사이즈가 작아서 SORT 부 하가 미미할 경우 부분 범위 처리가 가능하다.

일반적으로 HASH JOIN 때문에 사용되는 경우가 미미하다. 선행(FIRST) 테이블의 정렬을 피할 수 있는 경우나 ORDER BY 컬럼이 SORT MERGE JOIN 컬럼과 일치해서 ORDER BY Operation이 제거하는 경우, HASH JOIN보다 더 적은 PGA 메모리를 사용하는 경우 사용될 수 있다.

[Section 02. HASH JOIN]에서 사용했던 SQL을 그대로 SORT MERGE JOIN 방식으로 JOIN 되도록 힌트면 변경해 보도록 하자.

```sql
SELECT /*+ USE_MERGE(A B C) */
       B.JOB_ID, C.GENDER
     , COUNT(*) ORDER_CNT
     , SUM(ORDER_TOTAL) ORDER_AMT
  FROM ORDERS A, EMPLOYEES B, CUSTOMERS C
 WHERE A.EMPLOYEE_ID = B.EMPLOYEE_ID
   AND A.CUSTOMER_ID = C.CUSTOMER_ID
   AND A.ORDER_DATE >= TO_DATE('20120101', 'YYYYMMDD')
   AND A.ORDER_DATE <  TO_DATE('20121101', 'YYYYMMDD')
 GROUP BY B.JOB_ID, C.GENDER;
```

```
----------------------------------------------------------------------------------------------
| Id  | Operation          | Name      | Starts | A-Rows |   A-Time     | Buffers | Used-Mem  |
----------------------------------------------------------------------------------------------
|   0 | SELECT STATEMENT   |           |     1  |    48  | 00:00:02.71  |  20179  |           |
|   1 |  HASH GROUP BY     |           |     1  |    48  | 00:00:02.71  |  20179  | 2479K (0) |
|   2 |   MERGE JOIN       |           |     1  |  417K  | 00:00:02.60  |  20179  |           |
|   3 |    SORT JOIN       |           |     1  |  417K  | 00:00:02.23  |  19621  |  12M (0)  |
|   4 |     MERGE JOIN     |           |     1  |  417K  | 00:00:01.97  |  19621  |           |
|   5 |      SORT JOIN     |           |     1  |   642  | 00:00:00.01  |      9  | 30720 (0) |
|   6 |       TABLE ACCESS FULL | EMPLOYEES |  1  |  642  | 00:00:00.01  |      9  |           |
|*  7 |      SORT JOIN     |           |   642  |  417K  | 00:00:01.92  |  19612  |  12M (0)  |
|*  8 |       TABLE ACCESS FULL | ORDERS |    1  |  417K  | 00:00:01.59  |  19612  |           |
|*  9 |    SORT JOIN       |           |   417K |  417K  | 00:00:00.26  |    558  | 1243K (0) |
|  10 |     TABLE ACCESS FULL | CUSTOMERS |  1  | 50000  | 00:00:00.01  |    558  |           |
----------------------------------------------------------------------------------------------
```

〈 실행 순서 : 6 → 5 → 8 → 7 → 4 → 3 → 10 → 9 → 2 → 1 〉

USE_MERGE SORT MERGE JOIN을 수행하라는 힌트이며 Operation의 SORT JOIN 부분이 JOIN을 하기 위해서 선행(FIRST) 후행(SECOND) 테이블을 SORT 하는 부분이다.

1. EMPLOYEES 테이블을 EMPLOYEE_ID로 SORT 한다.
2. ORDERS 테이블을 EMPLOYEES_ID로 SORT 한다.
3. 1, 2번의 결과를 MERGE 한다.
4. 3번의 결과 데이터를 CUSTOMER_ID로 SORT 한다.

5. CUSTOMERS 테이블을 CUSTOMER_ID로 SORT 한다.

6. 4, 5번의 결과를 MERGE 한 후 결과 데이터를 반환한다.

위와 같이 여러 개의 테이블이 JOIN에 참여할 경우 한 번은 EMPLOYEE_ID로 한 번은 CUSTOMER_ID로 JOIN 되어 JOIN 컬럼이 달라지게 된다. 그래서 JOIN 결과를 다시 SORT를 해서 MERGE JOIN 해야 되기 때문에 많은 건수 반복 SORT로 HASH JOIN보다 속도와 PGA 사용량 등 모든 면에서 불리하다.

아래는 HASH JOIN으로 수행되었을 경우의 실행 계획 통계로 SORT MERGE JOIN이 PGA 사용량이나 수행 속도에서 불리한 것을 볼 수 있다.

```
| Id | Operation         | Name      | Starts | A-Rows | A-Time     | Buffers | Used-Mem |
---------------------------------------------------------------------------------------------
|  0 | SELECT STATEMENT  |           |      1 |     48 | 00:00:01.74|   20179 |          |
|  1 |  HASH GROUP BY    |           |      1 |     48 | 00:00:01.74|   20179 | 2506K (0)|
|* 2 |   HASH JOIN       |           |      1 |   417K | 00:00:01.62|   20179 | 2245K (0)|
|  3 |    TABLE ACCESS FULL| CUSTOMERS|      1 |  50000 | 00:00:00.01|     558 |          |
|* 4 |    HASH JOIN      |           |      1 |   417K | 00:00:01.39|   19621 | 1215K (0)|
|  5 |     TABLE ACCESS FULL| EMPLOYEES|    1 |    642 | 00:00:00.01|       9 |          |
|* 6 |     TABLE ACCESS FULL| ORDERS  |      1 |   417K | 00:00:01.22|   19612 |          |
```

그렇다면 SORT MERGE JOIN은 언제 사용해야 되는 걸까?

첫 번째, 선행 테이블의 INDEX RANGE SCAN의 결과로 JOIN 컬럼의 SORT를 피할 수 있을 때 사용하면 유용하다.

<SALES 테이블 현황>
날짜 범위 : 20070101 ~ 20121231
총 건수 : 17,813,772 건
총 BLOCK 수 : 110,077 BLOCK
INDEX : IX_SALES_N1 (ORDER_DATE, EMPLOYEE_ID)

```
SELECT /*+ USE_MERGE(A B) */
       A.ORDER_DATE, B.FIRST_NAME
     , SUM(A.ORDER_QTY) ORDER_QTY
FROM SALES A, EMPLOYEES B
```

```
WHERE A.EMPLOYEE_ID = B.EMPLOYEE_ID
  AND A.ORDER_DATE = '20120305'
GROUP BY A.ORDER_DATE, B.FIRST_NAME;
```

Id	Operation	Name	Starts	A-Rows	Buffers	Used-Mem
0	SELECT STATEMENT		1	549	8339	
1	HASH GROUP BY		1	549	8339	1244K (0)
2	MERGE JOIN		1	8345	8339	
3	TABLE ACCESS BY INDEX ROWID	SALES	1	8345	8330	
* 4	INDEX RANGE SCAN	IX_SALES_N1	1	8345	32	
* 5	SORT JOIN		8345	8345	9	30720 (0)
6	TABLE ACCESS FULL	EMPLOYEES	1	642	9	

〈 실행 순서 : 4 → 3 → 6 → 5 → 2 → 1 〉

위 실행 계획에서 보면 SALES TABLE SCAN 시에 SORT JOIN Operation이 발생하지 않았다. 이는 곧 SORT가 발생하지 않았다는 뜻이 된다. IX_SALES_N1 INDEX 컬럼이 ORDER_DATE, EMPLOYEE_ID로 되어 있어 조회 조건인 ORDER_DATE = '20120305'에 대해서 EMPLOYEE_ID로 SORT가 되어 있기 때문에 SORT JOIN Operation이 발생하지 않은 것이다. 여기서 만약 아래 SQL과 같이 JOIN 테이블을 하나 더 추가하면 어떻게 될까?

```
SELECT /*+ USE_MERGE(A B C) */
       A.ORDER_DATE
     , B.FIRST_NAME
     , C.PRODUCT_NAME
     , SUM(A.ORDER_QTY) ORDER_QTY
     , SUM(A.ORDER_AMT) ORDER_AMT
  FROM SALES A, EMPLOYEES B, PRODUCTS C
 WHERE A.EMPLOYEE_ID = B.EMPLOYEE_ID
   AND A.PRODUCT_ID = C.PRODUCT_ID
   AND A.ORDER_DATE = '20120305'
 GROUP BY A.ORDER_DATE
        , B.FIRST_NAME
        , C.PRODUCT_NAME;
```

```
---------------------------------------------------------------------------------------
| Id  | Operation                     | Name         | Starts | A-Rows | Buffers | Used-Mem    |
---------------------------------------------------------------------------------------
|   0 | SELECT STATEMENT              |              |      1 |   8127 |    8352 |             |
|   1 |  HASH GROUP BY                |              |      1 |   8127 |    8352 | 1245K (0)   |
|   2 |   MERGE JOIN                  |              |      1 |   8345 |    8352 |             |
|   3 |    SORT JOIN                  |              |      1 |   8345 |    8339 |  424K (0)   |
|   4 |     MERGE JOIN                |              |      1 |   8345 |    8339 |             |
|   5 |      TABLE ACCESS BY INDEX ROWID| SALES      |      1 |   8345 |    8330 |             |
|*  6 |       INDEX RANGE SCAN        | IX_SALES_N1  |      1 |   8345 |      32 |             |
|*  7 |      SORT JOIN                |              |   8345 |   8345 |       9 | 30720 (0)   |
|   8 |       TABLE ACCESS FULL       | EMPLOYEES    |      1 |    642 |       9 |             |
|*  9 |    SORT JOIN                  |              |   8345 |   8345 |      13 | 14336 (0)   |
|  10 |     TABLE ACCESS FULL         | PRODUCTS     |      1 |    288 |      13 |             |
---------------------------------------------------------------------------------------
```

〈 실행 순서 : 6 → 5 → 8 → 7 → 4 → 3 → 10 → 9 → 2 → 1 〉

SALES 테이블 SCAN 시에는 SORT가 발생하지 않았지만 SALES 테이블과 EMPLOYEES 테이블의 JOIN 결과를 PRODUCTS와 JOIN 시에 JOIN 컬럼이 PRODUCT_ID이므로 PRDDUCT_ID로 SORT가 필요하기 때문에 SORT JOIN Operation이 발생한 것을 볼 수 있다.

두 번째, ORDER BY의 정렬을 피할 수 있을 때 SORT MERGE JOIN이 사용될 수 있다.

```
SELECT /*+ USE_MERGE(A B) INDEX(A IX_ORDERS_N1)
           INDEX(B IX_ORDER_ITEMS_N1) */
       A.ORDER_DATE, A.EMPLOYEE_ID
     , A.CUSTOMER_ID, B.PRODUCT_ID
     , B.UNIT_PRICE * B.QUANTITY SALES_AMT
  FROM ORDERS A,
       ORDER_ITEMS B
 WHERE A.ORDER_ID = B.ORDER_ID
   AND A.ORDER_DATE >= TO_DATE('20120701', 'YYYYMMDD')
   AND A.ORDER_DATE <  TO_DATE('20120702', 'YYYYMMDD')
   AND B.ORDER_DATE >= TO_DATE('20120701', 'YYYYMMDD')
   AND B.ORDER_DATE <  TO_DATE('20120702', 'YYYYMMDD')
 ORDER BY A.ORDER_ID;
```

```
-----------------------------------------------------------------------------------------
| Id  | Operation                        | Name             | Starts | A-Rows | Buffers | Used-Mem   |
-----------------------------------------------------------------------------------------
|   0 | SELECT STATEMENT                 |                  |      1 |   8304 |    8918 |            |
|   1 |  MERGE JOIN                      |                  |      1 |   8304 |    8918 |            |
|   2 |   SORT JOIN                      |                  |      1 |   1391 |    1257 | 75776  (0) |
|   3 |    TABLE ACCESS BY INDEX ROWID   | ORDERS           |      1 |   1391 |    1257 |            |
|*  4 |     INDEX RANGE SCAN             | IX_ORDERS_N1     |      1 |   1391 |       7 |            |
|*  5 |   SORT JOIN                      |                  |   1391 |   8304 |    7661 | 330K  (0)  |
|   6 |    TABLE ACCESS BY INDEX ROWID   | ORDER_ITEMS      |      1 |   8304 |    7661 |            |
|*  7 |     INDEX RANGE SCAN             | IX_ORDER_ITEMS_N1|      1 |   8304 |      25 |            |
-----------------------------------------------------------------------------------------
```

SORT MERGE JOIN에서 사용된 JOIN 컬럼이 ORDER_ID이고 ORDER BY절에서 사용한 컬럼도 ORDER_ID이므로 SORT ORDER BY Operation이 발생하지 않았다.
아래는 HASH JOIN일 경우의 실행 계획으로 SORT MERGE JOIN이 HASH JOIN에 비해서 PGA 사용량에서 더 유리한 것을 볼 수 있다.

```
-----------------------------------------------------------------------------------------
| Id  | Operation                       | Name             | Starts | A-Rows | Buffers | Used-Mem   |
-----------------------------------------------------------------------------------------
|   0 | SELECT STATEMENT                |                  |      1 |   8304 |    8918 |            |
|   1 |  SORT ORDER BY                  |                  |      1 |   8304 |    8918 | 487K  (0)  |
|*  2 |   HASH JOIN                     |                  |      1 |   8304 |    8918 | 1219K (0)  |
|   3 |    TABLE ACCESS BY INDEX ROWID  | ORDERS           |      1 |   1391 |    1257 |            |
|*  4 |     INDEX RANGE SCAN            | IX_ORDERS_N1     |      1 |   1391 |       7 |            |
|   5 |    TABLE ACCESS BY INDEX ROWID  | ORDER_ITEMS      |      1 |   8304 |    7661 |            |
|*  6 |     INDEX RANGE SCAN            | IX_ORDER_ITEMS_N1|      1 |   8304 |      25 |            |
-----------------------------------------------------------------------------------------
```

Section 04 JPPD (Join Predicate Push Down)[1]

아래 그림은 SQL의 실행 과정을 그림으로 나타낸 것이다.

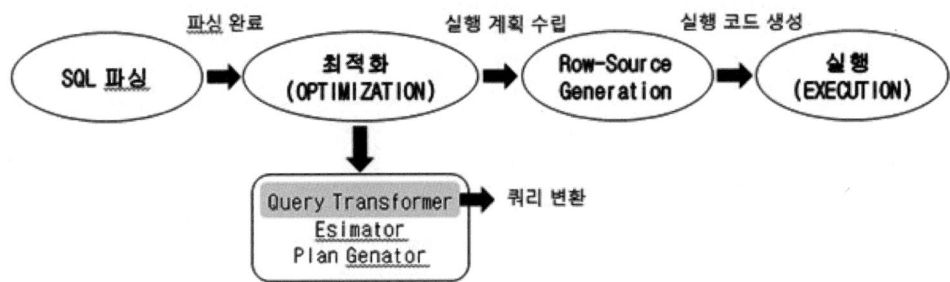

JPPD(Join Predicate Push-Down)는 Oracle 쿼리 변환의 한 종류로 NESTED LOOPS JOIN에서만 발생한다. 왜 뜬금없이 쿼리 변환에 대한 내용이 나오냐는 생각을 독자들은 할지도 모르겠지만 JPPD가 NESTED LOOPS JOIN에 대해서만 발생하고 실행 계획상에서 많이 나오는 형태의 Operation이기 때문에 JOIN 단원에서 다루게 되었다.

JPPD(Join Predicate Push-Down)라는 것은 선행 테이블과 후행 집합이 NESTED LOOPS JOIN으로 수행될 때 발생하며 여기서 후행 집합은 인라인 뷰 또는 VIEW가 되며 후행 집합과의 관계가 아래와 같을 때 발생하게 된다.

- UNION ALL VIEW & UNION VIEW
- OUTER JOIN VIEW
- 랭킹 분석 함수를 사용한 VIEW
- GROUP BY, DISTINCT 사용 VIEW
- NL SEMI/ANTI JOIN VIEW
- MULTI LEVEL VIEW

1. 참고문헌 - THE LOGICAL, BLOG SCIDB.TISTORY.COM

위의 항목에 대해서 하나씩 살펴보도록 하자.

■ UNION ALL VIEW & UNION VIEW

< ORDERS 테이블 현황>
날짜 범위 : 20080101 ~ 20121231
총 건수 : 3,000,000 건
INDEX 현황 : IX_ORDERS_N2 (EMPLOYEE_ID, ORDER_DATE)
총 BLOCK 수 : 19,791

< ORDERS_ITEMS 테이블 현황>
총 건수 : 약 18,000,000 건
INDEX 현황 : IX_ORDERS_ITEMS_PK (ORDER_ID, PRODUCT_ID)
총 BLOCK 수 : 85,277 BLOCK

< ORDERS_ITEMS_RETURN 테이블 현황>
총 건수 : 약 3,000,000건
INDEX 현황 : IX_ORDERS_ITEMS_RETURN_PK (ORDER_ID, PRODUCT_ID)
총 BLOCK 수 : 14,370 BLOCK

```sql
SELECT /*+ LEADING(A B) USE_NL(B) PUSH_PRED(B) */
       TO_CHAR(A.ORDER_DATE, 'YYYYMMDD') ORDER_DATE
     , B.PRODUCT_ID
     , SUM(UNIT_PRICE * QUANTITY) SALES_AMT
  FROM ORDERS A,
       (SELECT ORDER_ID, PRODUCT_ID, UNIT_PRICE, QUANTITY
          FROM ORDER_ITEMS
        UNION ALL
        SELECT ORDER_ID, PRODUCT_ID, UNIT_PRICE, -QUANTITY
          FROM ORDER_ITEMS_RETURN) B
 WHERE A.ORDER_ID = B.ORDER_ID
   AND A.ORDER_DATE >= TO_DATE('20120701', 'YYYYMMDD')
   AND A.ORDER_DATE <  TO_DATE('20120711', 'YYYYMMDD')
   AND A.EMPLOYEE_ID = 'E070'
 GROUP BY TO_CHAR(A.ORDER_DATE, 'YYYYMMDD')
        , B.PRODUCT_ID;
```

```
| Id   | Operation                         | Name                  | Starts | A-Rows | Buffers |
-------------------------------------------------------------------------------------------------
|   0  | SELECT STATEMENT                  |                       |    1   |  121   |  281    |
|   1  |  HASH GROUP BY                    |                       |    1   |  121   |  281    |
|   2  |   NESTED LOOPS                    |                       |    1   |  142   |  281    |
|   3  |    TABLE ACCESS BY INDEX ROWID    | ORDERS                |    1   |   20   |   22    |
|*  4  |     INDEX RANGE SCAN              | IX_ORDERS_N2          |    1   |   20   |    3    |
|   5  |    VIEW                           |                       |   20   |  142   |  259    |
|   6  |     UNION ALL PUSHED PREDICATE    |                       |   20   |  142   |  259    |
|   7  |      TABLE ACCESS BY INDEX ROWID  | ORDER_ITEMS           |   20   |  124   |  181    |
|*  8  |       INDEX RANGE SCAN            | IX_ORDER_ITEMS_PK     |   20   |  124   |   60    |
|   9  |      TABLE ACCESS BY INDEX ROWID  | ORDER_ITEMS_RETURN    |   20   |   18   |   78    |
|* 10  |       INDEX RANGE SCAN            | ORDER_ITEMS_RETURN_PK |   20   |   18   |   60    |
```

〈 실행 순서 : 4 → 3 → 8 → 7 → 10 → 9 → 5 → 2 → 1 〉

이 SQL은 주문 제품의 실제 판매 금액을 알기 위해 주문 항목과 주문 항목 테이블과 주문 항목 반품 테이블을 UNION ALL 해서 JOIN을 하고 있다.

위 실행 계획에서 보면 UNION ALL PUSHED PREDICATE라는 Operation이 나타났다. 선행 테이블의 ORDERS의 결과 건수 20건이 UNION ALL 인라인 뷰로 파고 들어가서 NESTED LOOPS JOIN으로 수행되며 각각 IX_ORDERS_ITEMS_PK, IX_ORDERS_ITEMS_RETURN_PK INDEX를 RANGE SCAN 하는 형태로 JPPD가 발생했다. 힌트가 없어도 동작을 하지만 어떤 형태로 힌트가 사용되는지 명시하기 위해서 힌트를 표현했으며 PUSH_PRED(B)가 JPPD를 발생시키라는 힌트가 된다.

만약 위 SQL이 JPPD 형태로 쿼리 변환이 발생하지 않는다면 어떻게 될까?
/*+ LEADING(A B) USE_NL(B) PUSH_PRED(B) */ 힌트를 /*+ LEADING(A B) NO_PUSH_PRED(B) */ 형태로 변경한 후에 실행 계획 통계를 확인해 보도록 하자.

```
| Id  | Operation        | Name | Starts | A-Rows | Buffers |
-------------------------------------------------------------
|  0  | SELECT STATEMENT |      |   1    |  121   |  99084  |
|  1  |  HASH GROUP BY   |      |   1    |  121   |  99084  |
|* 2  |   HASH JOIN      |      |   1    |  142   |  99084  |
```

```
|   3 |   TABLE ACCESS BY INDEX ROWID| ORDERS             |   1 |    20 |    22 |
|*  4 |     INDEX RANGE SCAN          | IX_ORDERS_N2       |   1 |    20 |     3 |
|   5 |   VIEW                        |                    |   1 |   20M | 99062 |
|   6 |    UNION-ALL                  |                    |   1 |   20M | 99062 |
|   7 |     TABLE ACCESS FULL         | ORDER_ITEMS        |   1 |   17M | 84844 |
|   8 |     TABLE ACCESS FULL         | ORDER_ITEMS_RETURN |   1 | 2997K | 14218 |
---------------------------------------------------------------------------------
```

〈 실행 순서 : 4 → 3 → 7 → 8 → 6 → 5 → 2 → 1 〉

USE_NL(B) 힌트를 제거한 이유는 JPPD가 발생하지 못했는데 후행 테이블이 NESTED LOOPS JOIN이 되면 선행 테이블 건수만큼 후행 테이블이 반복 FULL TABLE SCAN이 되기 때문이다. 독자들은 직접 테스트해 보기를 바란다.

JPPD가 발생하지 못하게 되자 ORDER_ITEMS와 ORDER_ITEMS_RETURN 테이블이 FULL SCAN 하면서 HASH JOIN 형태로 수행되었다. 이와 같은 현상이 실무에서 가끔 나타나곤 하며 이때는 JPPD가 발생할 수 있도록 튜닝을 해주어야 한다.

금년 2024년도의 경우 10g 버전을 사용하는 곳은 거의 없을 것이라고 생각한다. 필자가 근무하는 SITE의 경우도 수십 가지의 업무 DB들이 있으며 현재 최하 11g이다. 아마 1~2년 후에는 11g도 19c 이후 버전으로 모두 업그레이드될 예정이다. 하지만 10g를 사용하는 경우도 있을 거라는 생각에 내용을 정리한다. 아래 SQL은 선행 테이블이 UNION ALL로 묶인 인라인 뷰이고 옵티마이져 버전을 10g로 변경해서 테스트해 보도록 하겠다.

```sql
ALTER SESSION SET OPTIMIZER_FEATURES_ENABLE = '10.2.0.1';

SELECT /*+ LEADING(A B) USE_NL(B) PUSH_PRED(B) */
       TO_CHAR(A.ORDER_DATE, 'YYYYMMDD') ORDER_DATE
     , A.EMPLOYEE_ID
     , B.PRODUCT_ID
     , SUM(UNIT_PRICE * QUANTITY) SALES_AMT
  FROM (SELECT *
          FROM ORDERS
         WHERE ORDER_DATE >= TO_DATE('20110701', 'YYYYMMDD')
           AND ORDER_DATE <  TO_DATE('20110711', 'YYYYMMDD')
           AND EMPLOYEE_ID = 'E070'
```

```sql
       UNION ALL
      SELECT *
        FROM ORDERS
       WHERE ORDER_DATE >= TO_DATE('20120701', 'YYYYMMDD')
         AND ORDER_DATE <  TO_DATE('20120711', 'YYYYMMDD')
         AND EMPLOYEE_ID = 'E075') A,
     (SELECT ORDER_ID, PRODUCT_ID, UNIT_PRICE, QUANTITY
        FROM ORDER_ITEMS
       UNION ALL
      SELECT ORDER_ID, PRODUCT_ID, UNIT_PRICE, -QUANTITY
        FROM ORDER_ITEMS_RETURN) B
 WHERE A.ORDER_ID = B.ORDER_ID
 GROUP BY TO_CHAR(A.ORDER_DATE, 'YYYYMMDD')
        , A.EMPLOYEE_ID
        , B.PRODUCT_ID;
```

Id	Operation	Name	Starts	A-Rows	Buffers	Used-Mem
0	SELECT STATEMENT		1	248	99106	
1	HASH GROUP BY		1	248	99106	25M (0)
* 2	HASH JOIN		1	290	99106	1186K (0)
3	VIEW		1	39	44	
4	UNION-ALL		1	39	44	
5	TABLE ACCESS BY INDEX ROWID	ORDERS	1	22	25	
* 6	INDEX RANGE SCAN	IX_ORDERS_N2	1	22	3	
7	TABLE ACCESS BY INDEX ROWID	ORDERS	1	17	19	
* 8	INDEX RANGE SCAN	IX_ORDERS_N2	1	17	3	
9	VIEW		1	20M	99062	
10	UNION-ALL		1	20M	99062	
11	TABLE ACCESS FULL	ORDER_ITEMS	1	17M	84844	
12	TABLE ACCESS FULL	ORDER_ITEMS_RETURN	1	2997K	14218	

〈 실행 순서 : 6 → 5 → 8 → 7 → 4 → 3 → 11 → 12 → 10 → 9 → 2 → 1 〉

인라인 뷰에 UNION ALL이 있었지만 JPPD가 발생하지 않았다. 10g에서는 위의 실행 계획과 같이 선행 집합이 UNION 또는 UNION ALL로 묶인 인라인 뷰라면 JPPD가 발생하지 않는다. 이럴 때는 어떻게 해야 할까?

```sql
SELECT /*+ LEADING(A B) USE_NL(B) PUSH_PRED(B) */
       TO_CHAR(A.ORDER_DATE, 'YYYYMMDD') ORDER_DATE
     , A.EMPLOYEE_ID
     , B.PRODUCT_ID
     , SUM(UNIT_PRICE * QUANTITY) SALES_AMT
  FROM (SELECT /*+ NO_MERGE */ *
          FROM (
                SELECT *
                  FROM ORDERS
                 WHERE ORDER_DATE >= TO_DATE('20120701', 'YYYYMMDD')
                   AND ORDER_DATE < TO_DATE('20120711', 'YYYYMMDD')
                   AND EMPLOYEE_ID = 'E070'
                UNION ALL
                SELECT *
                  FROM ORDERS
                 WHERE ORDER_DATE >= TO_DATE('20130701', 'YYYYMMDD')
                   AND ORDER_DATE < TO_DATE('20130711', 'YYYYMMDD')
                   AND EMPLOYEE_ID = 'E075') ) A,
       (SELECT ORDER_ID, PRODUCT_ID, UNIT_PRICE, QUANTITY
          FROM ORDER_ITEMS
        UNION ALL
        SELECT ORDER_ID, PRODUCT_ID, UNIT_PRICE, -QUANTITY
          FROM ORDER_ITEMS_RETURN) B
 WHERE A.ORDER_ID = B.ORDER_ID
 GROUP BY TO_CHAR(A.ORDER_DATE, 'YYYYMMDD')
        , A.EMPLOYEE_ID
        , B.PRODUCT_ID;
```

Id	Operation	Name	Starts	A-Rows	Buffers	Used-Mem
0	SELECT STATEMENT		1	248	563	
1	HASH GROUP BY		1	248	563	25M (0)
2	NESTED LOOPS		1	290	563	
3	VIEW		1	39	44	
4	VIEW		1	39	44	
5	UNION-ALL		1	39	44	

```
|   6  |  TABLE ACCESS BY INDEX ROWID| ORDERS              |   1 |   22 |  25 |
|*  7  |    INDEX RANGE SCAN         | IX_ORDERS_N2        |   1 |   22 |   3 |
|   8  |  TABLE ACCESS BY INDEX ROWID| ORDERS              |   1 |   17 |  19 |
|*  9  |    INDEX RANGE SCAN         | IX_ORDERS_N2        |   1 |   17 |   3 |
|  10  | VIEW                        |                     |  39 |  290 | 519 |
|  11  |  UNION ALL PUSHED PREDICATE |                     |  39 |  290 | 519 |
|  12  |   TABLE ACCESS BY INDEX ROWID| ORDER_ITEMS        |  39 |  253 | 365 |
|* 13  |    INDEX RANGE SCAN         | IX_ORDER_ITEMS_PK   |  39 |  253 | 119 |
|  14  |   TABLE ACCESS BY INDEX ROWID| ORDER_ITEMS_RETURN |  39 |   37 | 154 |
|* 15  |    INDEX RANGE SCAN         | ORDER_ITEMS_RETURN_PK| 39 |   37 | 117 |
```

〈 실행 순서 : 7 → 6 → 9 → 8 → 5 → 4 → 3 → 13 → 12 → 15 → 14 → 11 → 10 → 2 → 1 〉

UNION ALL로 된 인라인 뷰를 다시 인라인 뷰로 감싸서 UNION ALL의 집합이 아닌 하나의 집합이 후행 인라인 뷰로 JOIN되는 것처럼 옵티마이저를 속인 방식이다. NO_MERGE 힌트에 의해서 위 실행계획에서 VIEW라고 표시된 부분이 한 번 더 발생했다. NO_MERGE로 동작을 하게 되면 실행 계획 Operation 항목에 VIEW라고 표시가 된다.

/*+ NO_MERGE */ 힌트를 사용하지 않는다면 옵티마이저는 MERGE를 발생시켜서 처음 UNION ALL 형태의 SQL로 변환을 하기 때문에 JPPD가 수행되지 않는다.
Operation 부분의 VIEW 부분도 1번만 나타날 것이다.

11g 이상에서는 선행 집합이 UNION ALL VIEW 또는 인라인 뷰인 경우 위와 같이 편법을 사용하지 않더라도 정상적으로 JPPD가 발생한다. 실행 계획의 Operation 항목을 보면 VIEW 부분이 한 번만 나타난 것을 볼 수 있다.

```
| Id | Operation                    | Name         | Starts | A-Rows | Buffers | Used-Mem |
|  0 | SELECT STATEMENT             |              |        |    1   |   248   |   563    |
|  1 |  HASH GROUP BY               |              |        |    1   |   248   |   563    | 1251K (0) |
|  2 |   NESTED LOOPS               |              |        |    1   |   290   |   563    |
|  3 |    VIEW                      |              |        |    1   |    39   |    44    |
|  4 |     UNION-ALL                |              |        |    1   |    39   |    44    |
|  5 |      TABLE ACCESS BY INDEX ROWID| ORDERS    |        |    1   |    22   |    25    |
|* 6 |       INDEX RANGE SCAN       | IX_ORDERS_N2 |        |    1   |    22   |     3    |
```

	7		TABLE ACCESS BY INDEX ROWID	ORDERS		1		17		19	
*	8		INDEX RANGE SCAN	IX_ORDERS_N2		1		17		3	
	9		VIEW			39		290		519	
	10		UNION ALL PUSHED PREDICATE			39		290		519	
	11		TABLE ACCESS BY INDEX ROWID	ORDER_ITEMS		39		253		365	
*	12		INDEX RANGE SCAN	IX_ORDER_ITEMS_PK		39		253		119	
	13		TABLE ACCESS BY INDEX ROWID	ORDER_ITEMS_RETURN		39		37		154	
*	14		INDEX RANGE SCAN	ORDER_ITEMS_RETURN_PK		39		37		117	

〈 실행 순서 : 6 → 5 → 8 → 7 → 4 → 3 → 12 → 11 → 14 → 13 → 10 → 9 → 2 → 1 〉

■ OUTER JOIN VIEW

```
SELECT /*+ LEADING(A B) USE_NL(B) PUSH_PRED(B) */
       TO_CHAR(A.ORDER_DATE, 'YYYYMMDD') ORDER_DATE
     , B.PRODUCT_NAME
     , SUM(UNIT_PRICE * QUANTITY) SALES_AMT
  FROM ORDERS A,
       (SELECT /*+ USE_NL(B C) */
               B.ORDER_ID, C.PRODUCT_NAME, B.UNIT_PRICE, B.QUANTITY
          FROM ORDER_ITEMS B,
               PRODUCTS C
         WHERE B.PRODUCT_ID = C.PRODUCT_ID) B
 WHERE A.ORDER_ID = B.ORDER_ID(+)
   AND A.ORDER_DATE >= TO_DATE('20120701', 'YYYYMMDD')
   AND A.ORDER_DATE <  TO_DATE('20120711', 'YYYYMMDD')
   AND A.EMPLOYEE_ID = 'E070'
 GROUP BY TO_CHAR(A.ORDER_DATE, 'YYYYMMDD'), B.PRODUCT_NAME;
```

Id	Operation	Name	Starts	A-Rows	Buffers	Used-Mem
0	SELECT STATEMENT		1	121	313	
1	HASH GROUP BY		1	121	313	1270K (0)
2	NESTED LOOPS OUTER		1	124	313	
3	TABLE ACCESS BY INDEX ROWID	ORDERS	1	20	22	

```
|*  4 |      INDEX RANGE SCAN          | IX_ORDERS_N2      |   1 |  20 |   3 |
|   5 |     VIEW PUSHED PREDICATE      |                   |  20 | 124 | 291 |
|   6 |      NESTED LOOPS              |                   |  20 | 124 | 291 |
|   7 |       NESTED LOOPS             |                   |  20 | 124 | 167 |
|   8 |        TABLE ACCESS BY INDEX ROWID| ORDER_ITEMS    |  20 | 124 | 163 |
|*  9 |         INDEX RANGE SCAN       | IX_ORDER_ITEMS_PK |  20 | 124 |  42 |
|* 10 |        INDEX UNIQUE SCAN       | IX_PRODUCTS_PK    | 124 | 124 |   4 |
|  11 |       TABLE ACCESS BY INDEX ROWID| PRODUCTS        | 124 | 124 | 124 |
```

〈 실행 순서 : 4 → 3 → 9 → 8 → 10 → 7 → 11 → 6 → 5 → 2 → 1 〉

선행 테이블과 후행 인라인 뷰와 OUTER JOIN이 되면서 JPPD Operation인 VIEW PUSHED PREDICATE(ID 5번)가 발생하고 있다.

OUTER JOIN 기호를 SQL에서 제거한 결과는 어떻게 될까? 아래 실행 계획은 위 SQL에서 (+)만 제거한 결과이다.

```
| Id  | Operation                      | Name              | Starts | A-Rows | Buffers | Used-Mem |
|-----|--------------------------------|-------------------|--------|--------|---------|----------|
|   0 | SELECT STATEMENT               |                   |    1   |  121   |  313    |          |
|   1 |  HASH GROUP BY                 |                   |    1   |  121   |  313    | 1270K (0)|
|   2 |   NESTED LOOPS                 |                   |    1   |  124   |  313    |          |
|   3 |    NESTED LOOPS                |                   |    1   |  124   |  189    |          |
|   4 |     NESTED LOOPS               |                   |    1   |  124   |  185    |          |
|   5 |      TABLE ACCESS BY INDEX ROWID| ORDERS           |    1   |   20   |   22    |          |
|*  6 |       INDEX RANGE SCAN         | IX_ORDERS_N2      |    1   |   20   |    3    |          |
|   7 |      TABLE ACCESS BY INDEX ROWID| ORDER_ITEMS      |   20   |  124   |  163    |          |
|*  8 |       INDEX RANGE SCAN         | IX_ORDER_ITEMS_PK |   20   |  124   |   42    |          |
|*  9 |     INDEX UNIQUE SCAN          | IX_PRODUCTS_PK    |  124   |  124   |    4    |          |
|  10 |    TABLE ACCESS BY INDEX ROWID | PRODUCTS          |  124   |  124   |  124    |          |
```

〈 실행 순서 : 6 → 5 → 8 → 7 → 4 → 9 → 3 → 10 → 2 → 1 〉

Operation 항목의 VIEW PUSHED PREDICATE가 사라졌다. 위 실행 계획은 인라인 뷰가 해체된 실행계획이다. 즉 VIER MERGE가 발생해서 인라인 뷰가 해체되어 아래 SQL 형태로 변환이 발생한 것이다.

```sql
SELECT /*+ LEADING(A B C) USE_NL(B C) */
       TO_CHAR(A.ORDER_DATE, 'YYYYMMDD') ORDER_DATE
     , C.PRODUCT_NAME
     , SUM(UNIT_PRICE * QUANTITY) SALES_AMT
  FROM ORDERS A,
       ORDER_ITEMS B,
       PRODUCTS C
 WHERE A.ORDER_ID = B.ORDER_ID
   AND B.PRODUCT_ID = C.PRODUCT_ID
   AND A.ORDER_DATE >= TO_DATE('20120701', 'YYYYMMDD')
   AND A.ORDER_DATE <  TO_DATE('20120711', 'YYYYMMDD')
   AND A.EMPLOYEE_ID = 'E070'
 GROUP BY TO_CHAR(A.ORDER_DATE, 'YYYYMMDD'), C.PRODUCT_NAME;
```

JPPD는 NO_MERGE 형태일 때 발생하므로 INNER JOIN 상태에서 인라인 뷰 안에 강제로 NO_MERGE 힌트를 주게 되면 어떻게 될까? 아래 실행 계획과 같이 FULL TABLE SCAN HASH JOIN으로 수행되어 많은 I/O가 발생하게 된다.

```
-----------------------------------------------------------------------------------------
| Id  | Operation                     | Name         | Starts | A-Rows | Buffers | Used-Mem |
-----------------------------------------------------------------------------------------
|   0 | SELECT STATEMENT              |              |      1 |    121 |   84879 |          |
|   1 |  HASH GROUP BY                |              |      1 |    121 |   84879 | 1251K (0)|
|*  2 |   HASH JOIN                   |              |      1 |    124 |   84879 | 1227K (0)|
|   3 |    TABLE ACCESS BY INDEX ROWID| ORDERS       |      1 |     20 |      22 |          |
|*  4 |     INDEX RANGE SCAN          | IX_ORDERS_N2 |      1 |     20 |       3 |          |
|   5 |    VIEW                       |              |      1 |    17M |   84857 |          |
|*  6 |     HASH JOIN                 |              |      1 |    17M |   84857 | 1247K (0)|
|   7 |      TABLE ACCESS FULL        | PRODUCTS     |      1 |    288 |      13 |          |
|   8 |      TABLE ACCESS FULL        | ORDER_ITEMS  |      1 |    17M |   84844 |          |
-----------------------------------------------------------------------------------------
```

〈 실행 순서 : 4 → 3 → 7 → 8 → 6 → 5 → 2 → 1 〉

■ 분석 함수를 사용한 VIEW(11g 이후)

```
SELECT /*+ LEADING(A B) USE_NL(B) PUSH_PRED(B) */
       TO_CHAR(A.ORDER_DATE, 'YYYYMMDD') ORDER_DATE
     , B.PRODUCT_NAME
     , SUM(UNIT_PRICE * QUANTITY) SALES_AMT
  FROM ORDERS A,
       (SELECT B.ORDER_ID, C.PRODUCT_NAME, B.UNIT_PRICE, B.QUANTITY
             , ROW_NUMBER() OVER(PARTITION BY B.ORDER_ID
                                 ORDER BY B.UNIT_PRICE*B.QUANTITY DESC) RNK
          FROM ORDER_ITEMS B,
               PRODUCTS C
         WHERE B.PRODUCT_ID = C.PRODUCT_ID) B
 WHERE A.ORDER_ID = B.ORDER_ID
   AND A.ORDER_DATE >= TO_DATE('20120701', 'YYYYMMDD')
   AND A.ORDER_DATE <  TO_DATE('20120711', 'YYYYMMDD')
   AND A.EMPLOYEE_ID = 'E070'
   AND B.RNK = 1
 GROUP BY TO_CHAR(A.ORDER_DATE, 'YYYYMMDD')
        , B.PRODUCT_NAME;
```

```
---------------------------------------------------------------------------------------
| Id  | Operation                         | Name             | Starts | A-Rows | Buffers | Used-Mem  |
---------------------------------------------------------------------------------------
|   0 | SELECT STATEMENT                  |                  |     1  |    20  |   313   |           |
|   1 |  HASH GROUP BY                    |                  |     1  |    20  |   313   | 1263K (0) |
|   2 |   NESTED LOOPS                    |                  |     1  |    20  |   313   |           |
|   3 |    TABLE ACCESS BY INDEX ROWID    | ORDERS           |     1  |    20  |    22   |           |
|*  4 |     INDEX RANGE SCAN              | IX_ORDERS_N2     |     1  |    20  |     3   |           |
|*  5 |    VIEW PUSHED PREDICATE          |                  |    20  |    20  |   291   |           |
|*  6 |     WINDOW SORT PUSHED RANK       |                  |    20  |   124  |   291   | 2048  (0) |
|   7 |      NESTED LOOPS                 |                  |    20  |   124  |   291   |           |
|   8 |       NESTED LOOPS                |                  |    20  |   124  |   167   |           |
|   9 |        TABLE ACCESS BY INDEX ROWID| ORDER_ITEMS      |    20  |   124  |   163   |           |
|* 10 |         INDEX RANGE SCAN          | IX_ORDER_ITEMS_PK|    20  |   124  |    42   |           |
|* 11 |        INDEX UNIQUE SCAN          | IX_PRODUCTS_PK   |   124  |   124  |     4   |           |
|  12 |       TABLE ACCESS BY INDEX ROWID | PRODUCTS         |   124  |   124  |   124   |           |
---------------------------------------------------------------------------------------
```

〈 실행 순서 : 4 → 3 → 10 → 9 → 11 → 8 → 12 → 7 → 6 → 5 → 2 → 1 〉

후행 인라인 뷰와 INNER JOIN으로 수행되었지만 인라인 뷰 안의 랭킹 분석 함수 사용으로 JPPD가 발생했다. 11g 이후 버전부터 발생하는 형태이며 ROW_NUMBER 대신에 RANK(), DENSE_RANK()를 사용해도 된다.

10g에서는 동일한 SQL에 대해서 아래 실행 계획과 같이 JPPD가 발생하지 못하고 인라인 뷰 안의 전체 건수에 대한 랭킹 분석 함수 실행으로 PGA 영역 Overflow까지 발생하면서 아래 실행 계획과 같이 많은 성능 저하가 발생한다.

Id	Operation	Name	Starts	A-Rows	Buffers	Used-Mem
0	SELECT STATEMENT		1	20	84942	
1	HASH GROUP BY		1	20	84942	1263K (0)
* 2	HASH JOIN		1	20	84942	1221K (0)
3	TABLE ACCESS BY INDEX ROWID	ORDERS	1	20	22	
* 4	INDEX RANGE SCAN	IX_ORDERS_N2	1	20	3	
* 5	VIEW		1	2992K	84920	
* 6	WINDOW SORT PUSHED RANK		1	16M	84920	97M (1)
* 7	HASH JOIN		1	17M	84857	1232K (0)
8	TABLE ACCESS FULL	PRODUCTS	1	288	13	
9	TABLE ACCESS FULL	ORDER_ITEMS	1	17M	84844	

〈 실행 순서 : 4 → 3 → 8 → 9 → 7 → 6 → 5 → 2 → 1 〉

위와 같은 성능 저하를 피하기 위해서 10g에서는 아래와 같이 SQL을 변경하면 된다. ORDERS 테이블을 JOIN이 되도록 인라인 뷰 안으로 넣는다.

```
SELECT TO_CHAR(ORDER_DATE, 'YYYYMMDD') ORDER_DATE
     , PRODUCT_NAME
     , SUM(UNIT_PRICE * QUANTITY) SALES_AMT
  FROM (
       SELECT A.ORDER_DATE
            , B.ORDER_ID, C.PRODUCT_NAME, B.UNIT_PRICE, B.QUANTITY
            , ROW_NUMBER() OVER(PARTITION BY B.ORDER_ID
                                ORDER BY B.UNIT_PRICE*B.QUANTITY DESC) RNK
         FROM ORDERS A,
              ORDER_ITEMS B,
              PRODUCTS C
```

```
            WHERE A.ORDER_ID = B.ORDER_ID
              AND B.PRODUCT_ID = C.PRODUCT_ID
              AND A.ORDER_DATE >= TO_DATE('20120701', 'YYYYMMDD')
              AND A.ORDER_DATE <  TO_DATE('20120711', 'YYYYMMDD')
              AND A.EMPLOYEE_ID = 'E070')
 WHERE RNK = 1
 GROUP BY TO_CHAR(ORDER_DATE, 'YYYYMMDD')
        , PRODUCT_NAME;
```

■ GROUP BY, DISTINCT 사용 VIEW(11g 이후)

```
SELECT /*+ LEADING(A B) USE_NL(B) PUSH_PRED(B) */
       TO_CHAR(A.ORDER_DATE, 'YYYYMMDD') ORDER_DATE
     , B.PRODUCT_NAME
     , SUM(B.SALES_AMT) SALES_AMT
  FROM ORDERS A,
       (SELECT /*+ NO_MERGE LEADING(B C) USE_NL(C) */
               B.ORDER_ID, C.PRODUCT_NAME
             , SUM(B.UNIT_PRICE*B.QUANTITY) SALES_AMT
          FROM ORDER_ITEMS B,
               PRODUCTS C
         WHERE B.PRODUCT_ID = C.PRODUCT_ID
         GROUP BY B.ORDER_ID, C.PRODUCT_NAME) B
 WHERE A.ORDER_ID = B.ORDER_ID
   AND A.ORDER_DATE >= TO_DATE('20120701', 'YYYYMMDD')
   AND A.ORDER_DATE <  TO_DATE('20120711', 'YYYYMMDD')
   AND A.EMPLOYEE_ID = 'E070'
 GROUP BY TO_CHAR(A.ORDER_DATE, 'YYYYMMDD')
        , B.PRODUCT_NAME;
```

Id	Operation	Name	Starts	A-Rows	Buffers	Used-Mem
0	SELECT STATEMENT		1	121	313	
1	HASH GROUP BY		1	121	313	1270K (0)
2	NESTED LOOPS		1	124	313	

```
|   3 |   TABLE ACCESS BY INDEX ROWID | ORDERS           |   1 |  20 |  22 |          |
|*  4 |     INDEX RANGE SCAN          | IX_ORDERS_N2     |   1 |  20 |   3 |          |
|   5 |   VIEW PUSHED PREDICATE       |                  |  20 | 124 | 291 |          |
|   6 |    SORT GROUP BY              |                  |  20 | 124 | 291 |2048  (0)|
|   7 |     NESTED LOOPS              |                  |  20 | 124 | 291 |          |
|   8 |      NESTED LOOPS             |                  |  20 | 124 | 167 |          |
|   9 |       TABLE ACCESS BY INDEX ROWID| ORDER_ITEMS   |  20 | 124 | 163 |          |
|* 10 |        INDEX RANGE SCAN       | IX_ORDER_ITEMS_PK|  20 | 124 |  42 |          |
|* 11 |       INDEX UNIQUE SCAN       | IX_PRODUCTS_PK   | 124 | 124 |   4 |          |
|  12 |      TABLE ACCESS BY INDEX ROWID | PRODUCTS      | 124 | 124 | 124 |          |
```

〈 실행 순서 : 4 → 3 → 10 → 9 → 11 → 8 → 12 → 6 → 5 → 2 → 1 〉

JPPD는 MERGE가 발생되어 인라인 뷰가 해체되면 안 되기 때문에 NO_MERGE 힌트를 썼으며 GROUP BY에 대해서도 JPPD가 발생한 것을 위 실행 계획을 통해서 볼 수 있다. GROUP BY로 인해서 인라인 뷰 바깥의 JOIN 부분인 [A.ORDER_ID = B.ORDER_ID] 가 INNER JOIN인데도 JPPD가 잘 발생하고 있다. 인라인 뷰 안에 DISTINCT가 있는 경우도 위와 동일하게 동작을 한다.

■ NL SEMI/ANTI JOIN VIEW(11g 이후)

NL SEMI/ANTI JOIN VIEW에 대한 내용은 [Part 07. 서브쿼리]에서 설명을 하도록 하겠다.

■ MULTI LEVEL VIEW(11g 이후)

```
SELECT /*+ LEADING(A B) USE_NL(B) PUSH_PRED(B) */
       TO_CHAR(A.ORDER_DATE, 'YYYYMMDD') ORDER_DATE
     , B.PRODUCT_NAME
     , SUM(SALES_AMT) SALES_AMT
  FROM ORDERS A,
       (SELECT /*+ NO_MERGE */
               ORDER_ID, PRODUCT_NAME
             , UNIT_PRICE * QUANTITY SALES_AMT
```

```sql
        FROM (
            SELECT  /*+ NO_MERGE */
                   B.ORDER_ID, C.PRODUCT_NAME
                 , B.UNIT_PRICE, B.QUANTITY
              FROM ORDER_ITEMS B,
                   PRODUCTS C
             WHERE B.PRODUCT_ID = C.PRODUCT_ID)
         WHERE UNIT_PRICE * QUANTITY > 10000) B
 WHERE A.ORDER_ID = B.ORDER_ID(+)
   AND A.ORDER_DATE >= TO_DATE('20120701', 'YYYYMMDD')
   AND A.ORDER_DATE <  TO_DATE('20120711', 'YYYYMMDD')
   AND A.EMPLOYEE_ID = 'E070'
 GROUP BY TO_CHAR(A.ORDER_DATE, 'YYYYMMDD')
        , B.PRODUCT_NAME;
```

Id	Operation	Name	Starts	A-Rows	Buffers
0	SELECT STATEMENT		1	97	289
1	HASH GROUP BY		1	97	289
2	NESTED LOOPS OUTER		1	100	289
3	TABLE ACCESS BY INDEX ROWID	ORDERS	1	20	22
* 4	INDEX RANGE SCAN	IX_ORDERS_N2	1	20	3
5	VIEW PUSHED PREDICATE		20	100	267
6	VIEW		20	100	267
7	NESTED LOOPS		20	100	267
8	NESTED LOOPS		20	100	167
* 9	TABLE ACCESS BY INDEX ROWID	ORDER_ITEMS	20	100	163
* 10	INDEX RANGE SCAN	IX_ORDER_ITEMS_PK	20	124	42
* 11	INDEX UNIQUE SCAN	IX_PRODUCTS_PK	100	100	4
12	TABLE ACCESS BY INDEX ROWID	PRODUCTS	100	100	100

〈 실행 순서 : 4 → 3 → 10 → 9 → 11 → 8 → 12 → 7 → 6 → 5 → 2 → 1 〉

위 SQL에서 NO_MERGE 힌트를 사용한 이유는 인라인 뷰가 병합되지 않고 그 형태로 유지되게 하기 위함이다. 위 실행 계획에서 보면 VIEW PUSHED PREDICATE가 있는데 아래 VIEW가 또 있다. 즉 MULTI LEVEL의 인라인 뷰에 대해서도 JPPD가 발생했다는 의미이다.

10g에서는 아래 실행계획과 같이 JPPD가 발생하지 않기 때문에 ORDER_ITEMS FULL SCAN이 발생 하는 것을 볼 수 있다.

```
---------------------------------------------------------------------------------
| Id  | Operation                        | Name          | Rows  | Bytes | Cost(%CPU)|
---------------------------------------------------------------------------------
|   0 | SELECT STATEMENT                 |               |   21  | 1617  |  19M  (1)|
|   1 |  HASH GROUP BY                   |               |   21  | 1617  |  19M  (1)|
|   2 |   NESTED LOOPS OUTER             |               |   21  | 1617  |  19M  (1)|
|   3 |    TABLE ACCESS BY INDEX ROWID   | ORDERS        |   21  |  693  |   23  (0)|
|*  4 |     INDEX RANGE SCAN             | IX_ORDERS_N2  |   21  |       |    3  (0)|
|   5 |    VIEW PUSHED PREDICATE         |               |    1  |   44  | 914K  (1)|
|*  6 |     VIEW                         |               |  890K |  62M  | 914K  (1)|
|   7 |      NESTED LOOPS                |               |  890K |  45M  | 914K  (1)|
|*  8 |       TABLE ACCESS FULL          | ORDER_ITEMS   |  890K |  18M  | 23419 (2)|
|   9 |       TABLE ACCESS BY INDEX ROWID| PRODUCTS      |    1  |   32  |    1  (0)|
|* 10 |        INDEX UNIQUE SCAN         | IX_PRODUCTS_PK|    1  |       |    0  (0)|
---------------------------------------------------------------------------------
```

참고로 옵티마이저가 잘못된 판단을 해서 JPPD로 수행되면 악성이 됨에도 불구하고 JPPD로 처리되는 경우가 아주 가끔이지만 발생한다.

어떤 SITE에서는 JPPD에 대한 기능을 아래 히든 옵티마이저 파라미터를 비활성화 시켜 놓는 경우도 있다.

_optimizer_cost_based_transformatio = off

_optimizer_push_pred_cost_based = false

JPPD로 처리가 필요한 경우에 아래와 같이 옵티마이저 힌트를 사용해주면 된다.

```
/*+ OPT_PARAM('_optimizer_cost_based_transformation' 'on')
    OPT_PARAM('_optimizer_push_pred_cost_based' 'true')
    LEADING(A B) USE_NL(B) PUSH_PRED(B) */
```

Section 05. JOIN 순서가 성능에 미치는 영향

NESTED LOOPS JOIN, HASH JOIN, SORT MERGE JOIN에 대해서 어느 정도 이해했으리라 생각한다. 이 세 가지 JOIN 방식 모두 JOIN 순서가 성능에 영향을 미치게 된다.

■ NESTED LOOPS JOIN 순서

```
SELECT /*+ INDEX(A IX_ORDERS_N1)
           LEADING(A B C D) USE_NL(B C D) */
       A.ORDER_ID, A.ORDER_DATE, A.ORDER_MODE
     , C.FIRST_NAME EMPNAME, D.CUST_FIRST_NAME
     , B.PRODUCT_ID, B.UNIT_PRICE, B.QUANTITY
  FROM ORDERS A, ORDER_ITEMS B,
       EMPLOYEES C, CUSTOMERS D
 WHERE A.ORDER_ID = B.ORDER_ID
   AND A.EMPLOYEE_ID = C.EMPLOYEE_ID
   AND A.CUSTOMER_ID = D.CUSTOMER_ID
   AND A.ORDER_DATE >= TO_DATE('20120101', 'YYYYMMDD')
   AND A.ORDER_DATE <  TO_DATE('20120102', 'YYYYMMDD') ;
```

```
-----------------------------------------------------------------------------------
| Id  | Operation                     | Name             |Starts| A-Rows | Buffers|
-----------------------------------------------------------------------------------
|   0 | SELECT STATEMENT              |                  |    1 |   7826 |  37910 |
|   1 |  NESTED LOOPS                 |                  |    1 |   7826 |  37910 |
|   2 |   NESTED LOOPS                |                  |    1 |   7826 |  30084 |
|   3 |    NESTED LOOPS               |                  |    1 |   7826 |  22932 |
|   4 |     NESTED LOOPS              |                  |    1 |   7826 |  11718 |
|   5 |      TABLE ACCESS BY INDEX ROWID| ORDERS         |    1 |   1325 |   1280 |
|*  6 |       INDEX RANGE SCAN        | IX_ORDERS_N1     |    1 |   1325 |     84 |
|   7 |      TABLE ACCESS BY INDEX ROWID| ORDER_ITEMS    | 1325 |   7826 |  10438 |
|*  8 |       INDEX RANGE SCAN        | IX_ORDER_ITEMS_PK| 1325 |   7826 |   2837 |
|   9 |     TABLE ACCESS BY INDEX ROWID| EMPLOYEES       | 7826 |   7826 |  11214 |
|* 10 |      INDEX UNIQUE SCAN        | IX_EMPLOYEES_PK  | 7826 |   7826 |   3388 |
|* 11 |    INDEX UNIQUE SCAN          | IX_CUSTOMERS_PK  | 7826 |   7826 |   7152 |
|  12 |   TABLE ACCESS BY INDEX ROWID | CUSTOMERS        | 7826 |   7826 |   7826 |
-----------------------------------------------------------------------------------
```

위 실행 계획은 문제점은 무엇이겠는가? ORDERS 테이블과 EMPLOYEES, CUSTOMERS 테이블과의 JOIN은 INDEX UNIQUE SCAN인데 1:N 관계에 있는 ORDER_ITEMS와 먼저 JOIN을 했다. 따라서 늘어난 건수를 EMPLOYEES, CUSTOMERS 테이블로 JOIN하면서 I/O 비효율이 발생하고 있다. 이런 경우는 당연히 선행 테이블과의 관계가 1쪽인 테이블을 먼저 JOIN을 하고 N쪽 테이블은 마지막에 JOIN되어야 할 것이다.

```
SELECT /*+ LEADING(A C D B) USE_NL(B C D) INDEX(A IX_ORDERS_N1) */
       A.ORDER_ID, A.ORDER_DATE, A.ORDER_MODE
     , C.FIRST_NAME EMPNAME, D.CUST_FIRST_NAME
     , B.PRODUCT_ID, B.UNIT_PRICE, B.QUANTITY
  FROM ORDERS A, ORDER_ITEMS B,
       EMPLOYEES C, CUSTOMERS D
 WHERE A.ORDER_ID = B.ORDER_ID
   AND A.EMPLOYEE_ID = C.EMPLOYEE_ID
   AND A.CUSTOMER_ID = D.CUSTOMER_ID
   AND A.ORDER_DATE >= TO_DATE('20120101', 'YYYYMMDD')
   AND A.ORDER_DATE <  TO_DATE('20120102', 'YYYYMMDD') ;
```

Id	Operation	Name	Starts	A-Rows	Buffers
0	SELECT STATEMENT		1	7826	17085
1	NESTED LOOPS		1	7826	17085
2	NESTED LOOPS		1	7826	9484
3	NESTED LOOPS		1	1325	6647
4	NESTED LOOPS		1	1325	3917
5	TABLE ACCESS BY INDEX ROWID	ORDERS	1	1325	1280
* 6	INDEX RANGE SCAN	IX_ORDERS_N1	1	1325	84
7	TABLE ACCESS BY INDEX ROWID	EMPLOYEES	1325	1325	2637
* 8	INDEX UNIQUE SCAN	IX_EMPLOYEES_PK	1325	1325	1312
9	TABLE ACCESS BY INDEX ROWID	CUSTOMERS	1325	1325	2730
* 10	INDEX UNIQUE SCAN	IX_CUSTOMERS_PK	1325	1325	1405
* 11	INDEX RANGE SCAN	IX_ORDER_ITEMS_PK	1325	7826	2837
12	TABLE ACCESS BY INDEX ROWID	ORDER_ITEMS	7826	7826	7601

Starts 항목이 1,325로 일정하게 유지가 되다가 1:N 관계의 테이블인 ORDER_ITEMS는 마지막에 JOIN함으로써 I/O(BUFFES)가 개선된 것을 볼 수 있다.

다른 형태의 SQL을 보도록 하자.

```sql
SELECT /*+ LEADING(A C D B) USE_NL(C D B) INDEX(A IX_ORDERS_N1) */
       A.ORDER_ID, A.ORDER_DATE, A.ORDER_MODE
     , C.FIRST_NAME EMPNAME, D.CUST_FIRST_NAME
     , B.PRODUCT_ID, B.UNIT_PRICE, B.QUANTITY
  FROM ORDERS A, ORDER_ITEMS B, EMPLOYEES C, CUSTOMERS D
 WHERE A.ORDER_ID = B.ORDER_ID
   AND A.EMPLOYEE_ID = C.EMPLOYEE_ID
   AND A.CUSTOMER_ID = D.CUSTOMER_ID
   AND A.ORDER_DATE >= TO_DATE('20120101', 'YYYYMMDD')
   AND A.ORDER_DATE <  TO_DATE('20120102', 'YYYYMMDD')
   AND B.PRODUCT_ID = 'P229';
```

Id	Operation	Name	Starts	A-Rows	Buffers
0	SELECT STATEMENT		1	28	9077
1	NESTED LOOPS		1	28	9077
2	NESTED LOOPS		1	28	9049
3	NESTED LOOPS		1	1325	6396
4	NESTED LOOPS		1	1325	3743
5	TABLE ACCESS BY INDEX ROWID	ORDERS	1	1325	1192
* 6	INDEX RANGE SCAN	IX_ORDERS_N1	1	1325	8
7	TABLE ACCESS BY INDEX ROWID	EMPLOYEES	1325	1325	2551
* 8	INDEX UNIQUE SCAN	IX_EMPLOYEES_PK	1325	1325	1226
9	TABLE ACCESS BY INDEX ROWID	CUSTOMERS	1325	1325	2653
* 10	INDEX UNIQUE SCAN	IX_CUSTOMERS_PK	1325	1325	1328
* 11	INDEX UNIQUE SCAN	IX_ORDER_ITEMS_PK	1325	28	2653
* 12	TABLE ACCESS BY INDEX ROWID	ORDER_ITEMS	28	28	28

위 실행 계획의 문제점은 ORDERS의 결과 건수가 EMPLOYEES, CUSTOMERS 테이블과 JOIN 후에 마지막에 ORDER_ITEMS와 JOIN되면서 28건만 남기고 필터링 되었다는 것이다. (A-Rows 확인) 이 역시 JOIN 순서가 잘못된 경우로 건수를 줄인 후에 JOIN이 되도록 JOIN 순서를 변경해 주어야 한다.

```sql
SELECT /*+ LEADING(A B C D) USE_NL(B C D) INDEX(A IX_ORDERS_N1) */
       A.ORDER_ID, A.ORDER_DATE, A.ORDER_MODE
     , C.FIRST_NAME EMPNAME, D.CUST_FIRST_NAME
     , B.PRODUCT_ID, B.UNIT_PRICE, B.QUANTITY
  FROM ORDERS A, ORDER_ITEMS B, EMPLOYEES C, CUSTOMERS D
 WHERE A.ORDER_ID = B.ORDER_ID
   AND A.EMPLOYEE_ID = C.EMPLOYEE_ID
   AND A.CUSTOMER_ID = D.CUSTOMER_ID
   AND A.ORDER_DATE >= TO_DATE('20120101', 'YYYYMMDD')
   AND A.ORDER_DATE <  TO_DATE('20120102', 'YYYYMMDD')
   AND B.PRODUCT_ID = 'P229';
```

Id	Operation	Name	Starts	A-Rows	Buffers
0	SELECT STATEMENT		1	28	3982
1	NESTED LOOPS		1	28	3982
2	NESTED LOOPS		1	28	3954
3	NESTED LOOPS		1	28	3924
4	NESTED LOOPS		1	28	3873
5	TABLE ACCESS BY INDEX ROWID	ORDERS	1	1325	1192
* 6	INDEX RANGE SCAN	IX_ORDERS_N1	1	1325	8
7	TABLE ACCESS BY INDEX ROWID	ORDER_ITEMS	1325	28	2681
* 8	INDEX UNIQUE SCAN	IX_ORDER_ITEMS_PK	1325	28	2653
9	TABLE ACCESS BY INDEX ROWID	EMPLOYEES	28	28	51
* 10	INDEX UNIQUE SCAN	IX_EMPLOYEES_PK	28	28	23
* 11	INDEX UNIQUE SCAN	IX_CUSTOMERS_PK	28	28	30
12	TABLE ACCESS BY INDEX ROWID	CUSTOMERS	28	28	28

〈 실행 순서 : 6 → 5 → 8 → 7 → 4 → 10 → 9 → 3 → 11 → 2 → 12 → 1 〉

위 실행 계획에서 A-Rows 항목의 수치를 통해 ORDERS와 ORDER_ITEMS와 JOIN 후 줄어든 28건을 후행 테이블인 EMPLOYEES, CUSTOMERS 테이블과 JOIN하고 있음을 볼 수 있다.

위와 같은 사례는 실무에서 자주 발생하는 경우이므로 주의하도록 하자.

■ HASH JOIN 순서

HASH JOIN에서의 순서는 이미 HASH JOIN 부분에서 한 번 설명했었다. 실무 환경에서 보면 Buffers(Block I/O)보다는 덜 중요하게 여기기 때문에 PGA 사용량에 대해서는 그냥 지나치는 경우가 꽤 많으므로 다시 한번 언급하고 넘어가도록 하겠다.

```
SELECT /*+ LEADING(B A C D) USE_HASH(A C D)
           NO_SWAP_JOIN_INPUTS(C) NO_SWAP_JOIN_INPUTS(D) */
       TO_CHAR(A.ORDER_DATE, 'YYYYMMDD') ORDER_DAY
     , C.FIRST_NAME EMPNAME, D.CUST_FIRST_NAME
     , SUM(B.UNIT_PRICE * B.QUANTITY) ORDER_AMT
  FROM ORDERS A, ORDER_ITEMS B, EMPLOYEES C, CUSTOMERS D
 WHERE A.ORDER_ID = B.ORDER_ID
   AND A.EMPLOYEE_ID = C.EMPLOYEE_ID
   AND A.CUSTOMER_ID = D.CUSTOMER_ID
   AND A.ORDER_DATE >= TO_DATE('20120101', 'YYYYMMDD')
   AND A.ORDER_DATE <  TO_DATE('20120201', 'YYYYMMDD')
   AND B.ORDER_DATE >= TO_DATE('20120101', 'YYYYMMDD')
   AND B.ORDER_DATE <  TO_DATE('20120201', 'YYYYMMDD')
 GROUP BY TO_CHAR(A.ORDER_DATE, 'YYYYMMDD')
        , C.FIRST_NAME, D.CUST_FIRST_NAME ;
```

Id	Operation	Name	Starts	A-Rows	Buffers	Used-Mem
0	SELECT STATEMENT			1	41850	105K	
1	HASH GROUP BY			1	41850	105K	4614K (0)

```
|*  2 |   HASH JOIN         |              |   1 |   251K|   105K|  16M (0)|
|*  3 |    HASH JOIN        |              |   1 |   251K|   104K|  16M (0)|
|*  4 |     HASH JOIN       |              |   1 |   251K|   104K|  13M (0)|
|*  5 |      TABLE ACCESS FULL| ORDER_ITEMS|   1 |   251K|  84844 |        |
|*  6 |      TABLE ACCESS FULL| ORDERS     |   1 |  42258 |  19612 |        |
|   7 |     TABLE ACCESS FULL | EMPLOYEES  |   1 |    642 |      9 |        |
|   8 |    TABLE ACCESS FULL  | CUSTOMERS  |   1 |  50000 |    558 |        |
--------------------------------------------------------------------------------
```

〈 실행 순서 : 5 → 6 → 4 → 7 → 3 → 8 → 2 → 1 〉

HASH JOIN에서 설명했던 것과 같은 형태의 실행 계획이다.

NO_SWAP_JOIN_INPUTS 힌트는 EMPLOYEES, CUSTOMERS 테이블이 BUILD INPUT이 되지 않도록 하기 위해 준 힌트이다. 필자의 시스템 환경에서는 위 힌트를 빼면 옵티마이저가 EMPLOYEES, CUSTOMERS 테이블을 BUILD INPUT으로 선택하기 때문에 NO_SWAP_JOIN_INPUTS 힌트를 넣어 일부러 악성 상태를 만들었다. 실무 환경에서는 힌트가 없더라도 위와 같은 형태로 실행 계획이 만들어지는 경우가 존재한다.

ORDERS_ITEMS을 HASH 테이블로 생성 후 ORDERS와 JOIN한 결과가 다시 HASH 테이블로 생성되기 때문에 다시 많은 건수가 HASH 테이블로 생성되어 PGA 사용 비효율이 발생하고 있다. JOIN되면서 계속 많은 건수가 HASH 테이블로 생성되고 있기 때문에 이때는 작은 사이즈의 테이블은 EMPLOYEES와 CUSTOMERS 테이블을 BUILD INPUT으로 변경해야 한다고 했었다. 개선된 형태의 SQL은 아래와 같다.

```sql
SELECT /*+ LEADING(C A B D) USE_HASH(A C D)
           SWAP_JOIN_INPUTS(D) */
       TO_CHAR(A.ORDER_DATE, 'YYYYMMDD') ORDER_DAY
     , C.FIRST_NAME EMPNAME, D.CUST_FIRST_NAME
     , SUM(B.UNIT_PRICE * B.QUANTITY) ORDER_AMT
  FROM ORDERS A, ORDER_ITEMS B, EMPLOYEES C, CUSTOMERS D
 WHERE A.ORDER_ID = B.ORDER_ID
   AND A.EMPLOYEE_ID = C.EMPLOYEE_ID
   AND A.CUSTOMER_ID = D.CUSTOMER_ID
   AND A.ORDER_DATE >= TO_DATE('20120101', 'YYYYMMDD')
```

```
       AND A.ORDER_DATE < TO_DATE('20120201', 'YYYYMMDD')
       AND B.ORDER_DATE >= TO_DATE('20120101', 'YYYYMMDD')
       AND B.ORDER_DATE < TO_DATE('20120201', 'YYYYMMDD')
 GROUP BY TO_CHAR(A.ORDER_DATE, 'YYYYMMDD')
        , C.FIRST_NAME, D.CUST_FIRST_NAME ;
```

```
-----------------------------------------------------------------------------------
| Id  | Operation            | Name        | Starts | A-Rows | Buffers | Used-Mem  |
-----------------------------------------------------------------------------------
|   0 | SELECT STATEMENT     |             |      1 |  41850 |    105K |           |
|   1 |  HASH GROUP BY       |             |      1 |  41850 |    105K | 4614K (0) |
|*  2 |   HASH JOIN          |             |      1 |   251K |    105K | 3213K (0) |
|   3 |    TABLE ACCESS FULL | CUSTOMERS   |      1 |  50000 |    558  |           |
|*  4 |    HASH JOIN         |             |      1 |   251K |    104K | 3323K (0) |
|*  5 |     HASH JOIN        |             |      1 |  42258 |  19621  | 1196K (0) |
|   6 |      TABLE ACCESS FULL| EMPLOYEES  |      1 |    642 |      9  |           |
|*  7 |      TABLE ACCESS FULL| ORDERS     |      1 |  42258 |  19612  |           |
|*  8 |     TABLE ACCESS FULL | ORDER_ITEMS|      1 |   251K |  84844  |           |
-----------------------------------------------------------------------------------
```

〈 실행 순서 : 3 → 6 → 7 → 5 → 8 → 4 → 2 → 1 〉

서브쿼리

서브쿼리도 JOIN과 마찬가지로 관계가 있는 테이블 간에 연결하는 방법이며 SQL문에서 매우 자주 등장한다. 서브쿼리에 대한 기본 개념과 사용 원리에 대해서 이번 단원에서 자세히 알아보도록 하겠다.

JOIN 단원에서 기술하기는 했지만 "TABLE ACCESS BY INDEX ROWID BATCHED" 실행 계획에서 19c부터 나타나는 실행 계획인 BATCHED Operation 부분은 임의로 생략하도록 하겠다. BATCHED가 실행 계획에 붙음으로써 옆으로 길이가 길어지기 때문에 지면 공간에 제약이 생기기 때문이다. ORDER BY에 의해서 INDEX 순서와 동일하게 정렬이 되어야 되는 경우 및 INDEX UNIQUE SCAN 등을 제외하고는 19c에서 나타나는 BATCHED 실행 계획을 지면상 생략한 것으로 여겨 주길 바란다.

Section 01. FILTER 서브쿼리
Section 02. EARLIER FILTER 서브 쿼리
Section 03. NL SEMI / ANTI JOIN
Section 04. 상관관계 서브쿼리(FILTER, NL SEMI JOIN) 활용
Section 05. HASH SEMI / ANTI JOIN
Section 06. SORT MERGE SEMI / ANTI JOIN
Section 07. 스칼라 서브쿼리
Section 08. 비 상관관계 서브쿼리

Section 01 FILTER 서브쿼리

FILTER 서브쿼리는 상관 관계 서브쿼리이다. 상관 관계 서브쿼리란 메인 쿼리의 컬럼이 서브쿼리의 JOIN절에서 참조한다. 그리고 메인 쿼리가 먼저 수행되고 서브쿼리의 JOIN 키에 해당하는 값을 받아서 수행되는 형태의 쿼리이다. 아래 SQL은 N:1 관계에서 1쪽 테이블인 EMPLOYEES가 서브쿼리로 표현된 것이다.

```
SELECT *
  FROM ORDERS A
 WHERE ORDER_DATE >= TO_DATE('20121231', 'YYYYMMDD')
   AND ORDER_DATE <  TO_DATE('20130101', 'YYYYMMDD')
   AND EXISTS (SELECT /*+ NO_UNNEST */ 1 FROM EMPLOYEES B
                WHERE A.EMPLOYEE_ID = B.EMPLOYEE_ID
                  AND B.DEPARTMENT_ID <> 'D20');
```

```
---------------------------------------------------------------------------------
| Id  | Operation                     | Name           | Starts | A-Rows |Buffers |
---------------------------------------------------------------------------------
|   0 | SELECT STATEMENT              |                |      1 |   1329 |   3295 |
|*  1 |  FILTER                       |                |      1 |   1329 |   3295 |
|   2 |   TABLE ACCESS BY INDEX ROWID | ORDERS         |      1 |   1377 |   1244 |
|*  3 |    INDEX RANGE SCAN           | IX_ORDERS_N1   |      1 |   1377 |     21 |
|*  4 |   TABLE ACCESS BY INDEX ROWID | EMPLOYEES      |    709 |    685 |   2051 |
|*  5 |    INDEX UNIQUE SCAN          | IX_EMPLOYEES_PK|    709 |    709 |   1342 |
---------------------------------------------------------------------------------
```

〈 실행 순서 : 3 → 2 → 5 → 4 → 1 〉

위 실행 계획에 나타난 것과 같이 메인 쿼리 부분인 ORDERS가 건건이 수행되면서 서브쿼리 부분인 EMPLOYEES의 A.EMPLOYEE_ID = B.EMPLOYEE_ID JOIN 조건에 공급되는 형태이며 /*+ NO_UNNEST */ 라는 힌트에 의해 실행 계획상에 FILTER라고 나타난다.

FILTER 서브쿼리는 큰 특징이 있는데 서브쿼리로 입력되는 값의 DISTINCT한 종류가 적다면 캐싱 효과로 I/O가 감소한다는 점이다. 위 실행계획에서 보면 메인 쿼리에서의 A-Row는 1,377건이지만 서브쿼리 부분의 Starts 부분이 709이다.

이렇게 나타난 이유는 서브쿼리 캐싱 효과에 의한 것이다. 즉 서브쿼리에 사용된 테이블이 건수가 적은 코드성 테이블들이라면 효과는 커질 것이다. 반대로 FILTER 서브쿼리로 공급되는 값의 종류가 많다면 메인 쿼리의 결과 건수만큼 I/O가 그대로 발생할 것이다.

이번에는 1:N 관계인 경우의 SQL을 확인해 보도록 하자.

```
SELECT *
  FROM EMPLOYEES A
 WHERE EXISTS (SELECT /*+ NO_UNNEST */ 1 FROM ORDERS B
                WHERE A.EMPLOYEE_ID = B.EMPLOYEE_ID
                  AND B.ORDER_DATE >= TO_DATE('20120501', 'YYYYMMDD')
                  AND B.ORDER_DATE <  TO_DATE('20120502', 'YYYYMMDD'));
```

Id	Operation	Name	Starts	A-Rows	A-Time	Buffers
0	SELECT STATEMENT		1	563	00:00:00.01	1941
* 1	FILTER		1	563	00:00:00.01	1941
2	TABLE ACCESS FULL	EMPLOYEES	1	642	00:00:00.01	15
* 3	INDEX RANGE SCAN	IX_ORDERS_N2	642	563	00:00:00.01	1926

〈 실행 순서 : 2 → 3 → 1 〉

메인쿼리의 EMPLOYESS 테이블 먼저 수행되며 결과 건수인 642건이 서브쿼리의 ORDERS 테이블로 공급이 되고 있다. 여기서 1:N 관계의 EXISTS 서브쿼리에서의 특징을 그림으로 표현하면 아래와 같다.

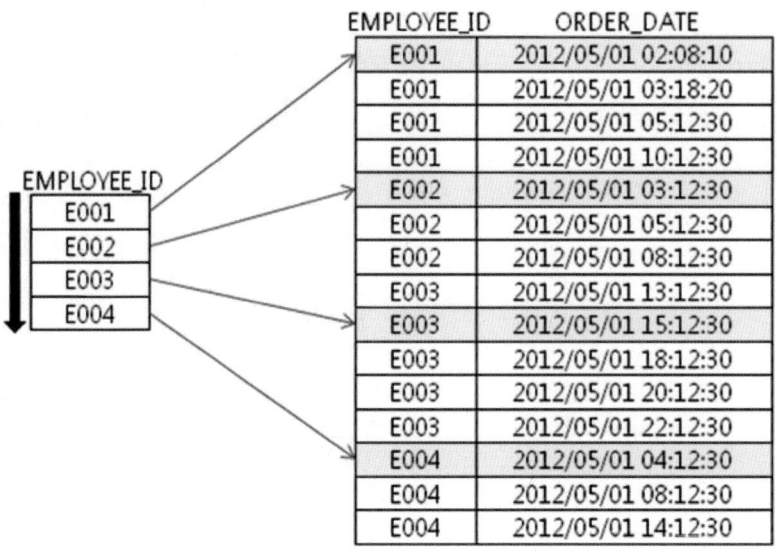

1쪽 테이블인 EMPLOYEES 테이블을 SCAN하면서 ORDRES 테이블에서 JOIN되는 결과 건수가 여러 건이라고 하더라도 JOIN에 성공하는 결과가 1건이라도 걸리면 JOIN을 멈추고 다음 행으로 넘어간다. 즉 EMPLOYEES 테이블에서 EMPLOYEE_ID 'E001'이 ORDERS로 JOIN되어 JOIN에 성공하면(음영 부분) 다음 행인 'E002'를 SCAN하며 결과적으로 ORDERS와는 4번만 JOIN하게 된다. 위 SQL에 조건 하나만 추가해 보도록 하자.

```
SELECT *
  FROM EMPLOYEES A
 WHERE EXISTS (SELECT /*+ NO_UNNEST */ 1 FROM ORDERS B
                WHERE A.EMPLOYEE_ID = B.EMPLOYEE_ID
                  AND B.ORDER_DATE >= TO_DATE('20120501', 'YYYYMMDD')
                  AND B.ORDER_DATE <  TO_DATE('20120502', 'YYYYMMDD')
                  AND B.CUSTOMER_ID = 'C09600')
```

Id	Operation	Name	Starts	A-Rows	A-Time	Buffers
0	SELECT STATEMENT		1	1	00:00:00.02	3242
* 1	FILTER		1	1	00:00:00.02	3242
2	TABLE ACCESS FULL	EMPLOYEES	1	642	00:00:00.01	10
* 3	TABLE ACCESS BY INDEX ROWID	ORDERS	642	1	00:00:00.01	3232
* 4	INDEX RANGE SCAN	IX_ORDERS_N2	642	1379	00:00:00.01	1933

B.CUSTOMER_ID = 'C09600' 조건이 없을 경우에는 A-Rows가 563건이었는데 조건이 추가 되면서 A-Rows가 1,379건이 되면서 Buffers 통계가 증가했다. 아래 그림과 같이 추가된 조건인 B.CUSTOMER_ID = 'C09600'에 만족하는 레코드가 나올 때까지 SCAN을 하기 때문이다. 즉 조건에 추가된 컬럼의 선택도가 높으면 높을수록 JOIN에 성공할 확률은 높아지기 때문에 I/O는 줄어들게 되고 선택도가 낮을수록 I/O는 증가하게 된다.

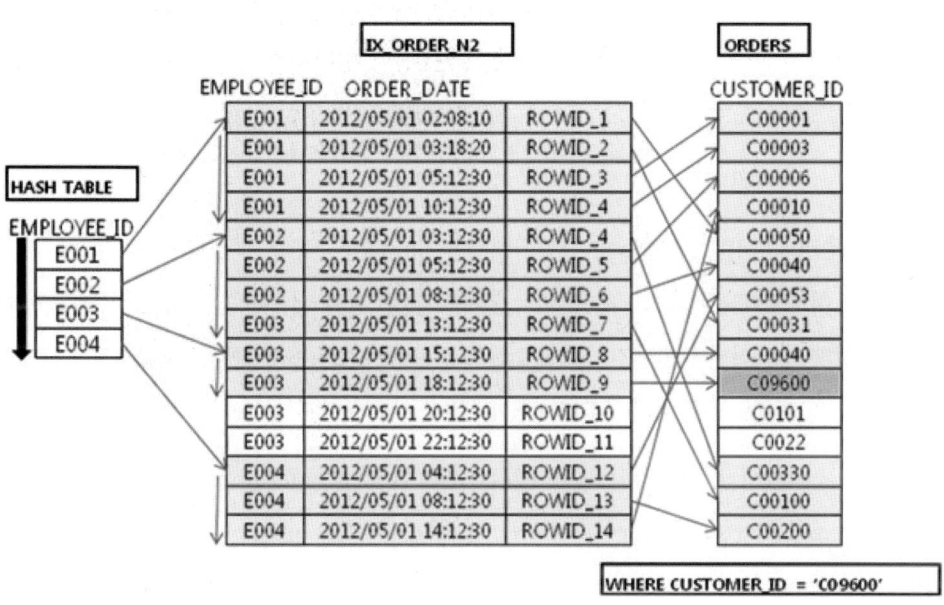

FILTER 서브쿼리에 특징에 대해서 더 자세히 살펴보도록 하자.

```
SELECT /*+ LEADING(A B C) USE_NL(B C) */
       A.ORDER_ID, A.ORDER_DATE,
       B.CUST_FIRST_NAME, A.ORDER_TOTAL
  FROM ORDERS A, CUSTOMERS B, EMPLOYEES C
 WHERE A.CUSTOMER_ID = B.CUSTOMER_ID(+)
   AND A.EMPLOYEE_ID = C.EMPLOYEE_ID
   AND A.ORDER_DATE >= TO_DATE('20120101', 'YYYYMMDD')
   AND A.ORDER_DATE < TO_DATE('20120105', 'YYYYMMDD')
   AND C.HIRE_DATE > TO_DATE('20070101', 'YYYYMMDD');
```

```
---------------------------------------------------------------------------------
| Id | Operation                      | Name           | Starts | A-Rows |Buffers|
---------------------------------------------------------------------------------
|  0 | SELECT STATEMENT               |                |      1 |   3729 | 26420 |
|  1 |  NESTED LOOPS                  |                |      1 |   3729 | 26420 |
|  2 |   NESTED LOOPS                 |                |      1 |   5445 | 20975 |
|  3 |    NESTED LOOPS OUTER          |                |      1 |   5445 | 15833 |
|  4 |     TABLE ACCESS BY INDEX ROWID| ORDERS         |      1 |   5445 |  4903 |
|* 5 |      INDEX RANGE SCAN          | IX_ORDERS_N1   |      1 |   5445 |    56 |
|  6 |     TABLE ACCESS BY INDEX ROWID| CUSTOMERS      |   5445 |   5445 | 10930 |
|* 7 |      INDEX UNIQUE SCAN         | IX_CUSTOMERS_PK|   5445 |   5445 |  5485 |
|* 8 |    INDEX UNIQUE SCAN           | IX_EMPLOYEES_PK|   5445 |   5445 |  5142 |
|* 9 |   TABLE ACCESS BY INDEX ROWID  | EMPLOYEES      |   5445 |   3729 |  5445 |
---------------------------------------------------------------------------------
```

〈 실행 순서 : 5 → 4 → 7 → 6 → 8 → 2 → 9 → 1 〉

위 SQL을 보면 EMPLOYEES 테이블의 컬럼은 SELECT절에서 사용되지 않고 있는 것을 볼 수 있으며 NESTED LOOP JOIN으로 인해서 선행 결과 건수만큼 Buffers 통계치가 발생했다. 선행 데이터가 5,445건인데 Starts가 5,445건이며 EMPLOYEES가 JOIN 시에만 발생되는 I/O가 10,587이다.(5,142 + 5,445)

EMPLOYESS 테이블은 코드성 소형 테이블이며 SELECT절에서 사용되지 않으며 전체 건수에 영향을 미치지 않는 PK JOIN이다. 어떻게 IO를 줄일 수 있을까? 앞 단원에서 배운 HASH JOIN으로도 가능하지만 초당 수백수천 번 수행되는 SQL일 경우 HASH JOIN은 CPU나 메모리 사용량이 올라가기 때문에 시스템에 좋지 않은 영향을 미칠 수 있다.

그렇다. EMPLOYEES로 JOIN되는 입력값의 DISTINCT한 종류가 적으며 SELECT절에서 사용되지 않는다면 FILTER 서브 쿼리 캐싱 효과로 I/O 개선이 가능하다. 그럼 위 SQL을 FILTER 서브쿼리로 변경을 해보자.

```
SELECT /*+ LEADING(A B) USE_NL(A B) */
       A.ORDER_ID, A.ORDER_DATE,
       B.CUST_FIRST_NAME, A.ORDER_TOTAL
  FROM ORDERS A, CUSTOMERS B
 WHERE A.CUSTOMER_ID = B.CUSTOMER_ID(+)
   AND A.ORDER_DATE >= TO_DATE('20120101', 'YYYYMMDD')
   AND A.ORDER_DATE <  TO_DATE('20120105', 'YYYYMMDD')
   AND EXISTS (SELECT /*+ NO_UNNEST */ 1 FROM EMPLOYEES C
```

```
            WHERE A.EMPLOYEE_ID = C.EMPLOYEE_ID
            AND C.HIRE_DATE > TO_DATE('20070101', 'YYYYMMDD'));
```

Id	Operation	Name	Starts	A-Rows	Buffers
0	SELECT STATEMENT		1	3729	20980
* 1	FILTER		1	3729	20980
2	NESTED LOOPS OUTER		1	5445	15833
3	TABLE ACCESS BY INDEX ROWID	ORDERS	1	5445	4903
* 4	INDEX RANGE SCAN	IX_ORDERS_N1	1	5445	56
5	TABLE ACCESS BY INDEX ROWID	CUSTOMERS	5445	5445	10930
* 6	INDEX UNIQUE SCAN	IX_CUSTOMERS_PK	5445	5445	5485
* 7	TABLE ACCESS BY INDEX ROWID	EMPLOYEES	1786	1245	5147
* 8	INDEX UNIQUE SCAN	IX_EMPLOYEES_PK	1786	1786	3361

〈 4 → 3 → 6 → 5 → 8 → 7 → 1 〉

서브쿼리 캐싱 효과로 Starts 통계 값이 5,445가 아니라 1,786으로 되었으며 실제 발생 IO도 NESTED LOOP JOIN은 10,587였는데 FILTER 서브쿼리는 5,147로 50% 이상이 감소하였다.

FILTER 서브쿼리의 특징을 다시 정리하자면 아래와 같다.

메인 쿼리가 먼저 수행되어 서브쿼리의 JOIN 컬럼에 값이 공급되는 상관관계 서브쿼리이다. SELECT절에서 사용되는 컬럼이 없고 단순 체크 조건으로만 사용되고 JOIN 컬럼으로 공급되어지는 값의 DISTINCT한 종류가 적으며 결과 집합 건수에 영향을 미치지 않을 때 사용한다면 캐싱 효과로 I/O가 개선이 된다.

FILTER 서브쿼리는 [Section 03. NL SEMI / ANTI JOIN]에 나오는 NL SEMI JOIN과 비교가 될 수 있다.

위 실행 계획 통계를 보면 비효율이 더 있다. 무엇이겠는가? 앞에 JOIN 부분에서 JOIN 순서에 대해서 언급한 적이 있다. EMPLOYEES에서 FILTER 후 줄어든 건수를 CUSTOMERS로 JOIN하는 것이 더 효율적인데 JOIN 후에 FILTER 처리를 하고 있다. 즉 JOIN 순서가 ORDERS → EMPLOYEES → CUSTOMERS가 되어야 한다.

FILTER 처리를 먼저 할 수는 없을까? 다음 장에서 이와 관련된 내용을 알아보도록 하겠다.

EARLIER FILTER 서브 쿼리

EARLIER FILTER 서브쿼리란 FILTER 서브쿼리를 상황이 허락하는 상황 안에서는 최대한 먼저 실행시킨다. FROM절에서 여러 테이블과 JOIN이 되더라도 서브쿼리와 JOIN 조건으로 연결된 테이블이 수행되면 바로 서브쿼리가 수행된다는 의미이다. 아래 예제 SQL은 FILTER 서브쿼리를 EARLIER FILTER 서브쿼리로 개선된 사례이다.

<ORDERS 테이블 INDEX 현황>
IX_ORDER_N1: ORDER_DATE

```
SELECT /*+ LEADING(A B) USE_NL(A B) */
       A.ORDER_ID, A.ORDER_DATE,
       B.CUST_FIRST_NAME, A.ORDER_TOTAL
  FROM ORDERS A, CUSTOMERS B
 WHERE A.CUSTOMER_ID = B.CUSTOMER_ID(+)
   AND A.ORDER_DATE >= TO_DATE('20120101', 'YYYYMMDD')
   AND A.ORDER_DATE <  TO_DATE('20120105', 'YYYYMMDD')
   AND EXISTS (SELECT /*+ NO_UNNEST PUSH_SUBQ */ 1
                 FROM EMPLOYEES C
                WHERE A.EMPLOYEE_ID = C.EMPLOYEE_ID
                  AND C.HIRE_DATE > TO_DATE('20070101', 'YYYYMMDD'))
```

Id	Operation	Name	Starts	A-Rows	Buffers
0	SELECT STATEMENT		1	3729	17547
1	NESTED LOOPS OUTER		1	3729	17547
* 2	TABLE ACCESS BY INDEX ROWID	ORDERS	1	3729	10050
* 3	INDEX RANGE SCAN	IX_ORDERS_N1	1	5445	56
* 4	TABLE ACCESS BY INDEX ROWID	EMPLOYEES	1786	1245	5147
* 5	INDEX UNIQUE SCAN	IX_EMPLOYEES_PK	1786	1786	3361
6	TABLE ACCESS BY INDEX ROWID	CUSTOMERS	3729	3729	7497
* 7	INDEX UNIQUE SCAN	IX_CUSTOMERS_PK	3729	3729	3768

〈 실행 순서 : 3 → 2 → 5 → 4 → 7 → 6 → 1 〉

NO_UNNEST는 서브 쿼리를 FILTER 형태로 처리하라는 힌트라고 앞 장에서 이야기했다. 여기에 PUSH_SUBQ 힌트를 주게 되면 메인 쿼리 ORDERS가 SCAN되면서 이에 연결된 서브쿼리가 바로 실행된다. 이 역시 메인 쿼리가 먼저 수행되는 상관관계 서브쿼리이며 서브쿼리 캐싱 효과 역시 그대로 동작을 한다.

위 실행 통계를 보면 ORDERS 테이블 이후에 바로 EMPLOYEES 테이블로 서브 쿼리 FILTER가 된 후에 줄어든 건수로 CUSTOMERS 테이블과 JOIN되기 때문에 Buffers 값이 줄어든 것을 볼 수 있다. 하지만 이것이 EARLIER FILTER 서브 쿼리의 전부는 아니다. INDEX 조정을 통해서 추가적인 성능 개선이 가능하다.

아래와 같이 ORDERS 테이블의 IX_ORDERS_N1 INDEX를 ORDER_DATE, EMPLOYEE_ID로 변경을 해보자.

DROP INDEX IX_ORDERS_N1;

CREATE INDEX IX_ORDERS_N1
ON ORDERS(ORDER_DATE, EMPLOYEE_ID);

INDEX를 변경한 후에 위 SQL을 그대로 수행시킨 결과의 실행 계획은 아래와 같다.

```
-----------------------------------------------------------------------------------
| Id | Operation                      | Name            | Starts | A-Rows | Buffers |
-----------------------------------------------------------------------------------
|  0 | SELECT STATEMENT               |                 |      1 |   3729 |   16021 |
|  1 |  NESTED LOOPS OUTER            |                 |      1 |   3729 |   16021 |
|  2 |   TABLE ACCESS BY INDEX ROWID  | ORDERS          |      1 |   3729 |    8524 |
|* 3 |    INDEX RANGE SCAN            | IX_ORDERS_N1    |      1 |   3729 |    5205 |
|* 4 |   TABLE ACCESS BY INDEX ROWID  | EMPLOYEES       |   1786 |   1245 |    5147 |
|* 5 |    INDEX UNIQUE SCAN           | IX_EMPLOYEES_PK |   1786 |   1786 |    3361 |
|  6 |   TABLE ACCESS BY INDEX ROWID  | CUSTOMERS       |   3729 |   3729 |    7497 |
|* 7 |    INDEX UNIQUE SCAN           | IX_CUSTOMERS_PK |   3729 |   3729 |    3768 |
-----------------------------------------------------------------------------------
```

〈 실행 순서 : 3 → 5 → 4 → 2 → 7 → 6 → 1 〉

ID 4, 5번의 실행계획 부분이 메인 쿼리보다 한 칸 안으로 들어간 것을 볼 수 있다. 이 의미는 서브쿼리 JOIN절에 해당하는 A.EMPLOYEE_ID = C.EMPLOYEE_ID 부분의 EMPLOYEE_ID 컬럼이 IX_ORDERS_N1의 INDEX에 포함이 되면서 INDEX Level 에서 서브쿼리 필터링되어 메인 쿼리인 ORDERS의 Single Block I/O가 줄어든 것이다.(10,050 → 8,524)

ID 2번 실행계획의 TABLE ACCESS BY INDEX ROWID 부분을 보면 Buffers 통계가 10,050 → 8,524로 줄어든 것을 볼 수 있다. 이것이 진정한 의미의 EARLIER FILTER 서브쿼리 핵심이다.

이 부분은 [Part 04. INDEX ACCESS PATTERN의 Section 19. INDEX FILTERING 효과]에서 SELECT절의 컬럼을 INDEX에 추가해서 테이블로 Single Block I/O 제거를 통해 성능 개선을 했던 내용과도 일맥상통한다고 볼 수 있다.

Section 03 NL SEMI / ANTI JOIN

NL SEMI JOIN 역시 메인 쿼리가 먼저 수행 후 서브쿼리가 수행되는 상관관계 서브쿼리이며 FILTER 서브쿼리와 비교가 된다. 예제를 통해서 확인해 보도록 하자.

<ORDERS 테이블 INDEX 현황>
IX_ORDERS_N2 : EMPLOYEE_ID,ORDER_DATE

```
SELECT *
  FROM EMPLOYEES A
 WHERE EXISTS (SELECT /*+ UNNEST NL_SJ */ 1 FROM ORDERS B
                WHERE A.EMPLOYEE_ID = B.EMPLOYEE_ID
                  AND B.ORDER_DATE >= TO_DATE('20120501', 'YYYYMMDD')
                  AND B.ORDER_DATE < TO_DATE('20120502', 'YYYYMMDD'));
```

```
---------------------------------------------------------------------------------
| Id | Operation            | Name         | Starts | A-Rows | A-Time      | Buffers |
---------------------------------------------------------------------------------
|  0 | SELECT STATEMENT     |              |      1 |    563 | 00:00:00.01 |    1306 |
|  1 |  NESTED LOOPS SEMI   |              |      1 |    563 | 00:00:00.01 |    1306 |
|  2 |   TABLE ACCESS FULL  | EMPLOYEES    |      1 |    642 | 00:00:00.01 |      15 |
|* 3 |   INDEX RANGE SCAN   | IX_ORDERS_N2 |    642 |    563 | 00:00:00.01 |    1291 |
---------------------------------------------------------------------------------
```

〈 실행 순서 : 2 → 3 → 1 〉

실행 계획 상에서 NESTED LOOPS SEMI로 SEMI JOIN Operation이 나타나며 옵티마이저가 아래와 같이 JOIN 형태로 쿼리 변환을 한 결과이다.

```
SELECT /*+ LEADING(A B) USE_NL(B) */ *
  FROM EMPLOYEES A, ORDERS B
 WHERE A.EMPLOYEE_ID(SEMI) = B.EMPLOYEE_ID
   AND B.ORDER_DATE >= TO_DATE('20120501', 'YYYYMMDD')
   AND B.ORDER_DATE < TO_DATE('20120502', 'YYYYMMDD');
```

위 SQL에서 EMPLOYEES와 ORDERS는 1:N이다. 1:N JOIN을 하게 되면 1*N만큼 건수가 늘어나게 된다. 서브쿼리에서는 1쪽 테이블인 EMPLOYEES 기준으로 보여주고 있는데 JOIN으로 변환되면 1*N만큼 건수가 늘어나게 되어 정합성이 틀어지게 된다. 그래서 등장한 개념이 SEMI JOIN이다. SEMI JOIN 역시 EXISTS 서브쿼리와 마찬가지로 JOIN 절에 만족하는 데이터 하나만 찾으면 다음 행으로 넘어가게 된다.(Section 01에서 그림으로 설명)

UNNEST 힌트에 의해서 EXISTS 서브쿼리의 ORDERS가 위 변환된 SQL과 같이 FROM 절로 올라가게 되며 NL_SJ 힌트에 의해 SEMI JOIN으로 수행된다. SEMI JOIN이 되기 위해서는 서브쿼리 UNNEST가 먼저 발생을 해서 FROM절로 올라가야 되기 때문에 이 두 힌트는 쌍으로 동작한다고 보면 된다.

NL SEMI JOIN에 대해서 좀 더 자세히 살펴보도록 하자.

아래 SQL은 [Section 01. FILTER 서브쿼리]에서 사용한 것이다.

```sql
SELECT /*+ LEADING(A B) USE_NL(B) */
       A.ORDER_ID, A.ORDER_DATE,
       B.CUST_FIRST_NAME, A.ORDER_TOTAL
  FROM ORDERS A, CUSTOMERS B
 WHERE A.CUSTOMER_ID = B.CUSTOMER_ID(+)
   AND A.ORDER_DATE >= TO_DATE('20120101', 'YYYYMMDD')
   AND A.ORDER_DATE <  TO_DATE('20120105', 'YYYYMMDD')
   AND EXISTS (SELECT /*+ NO_UNNEST */ 1 FROM EMPLOYEES C
                WHERE A.EMPLOYEE_ID = C.EMPLOYEE_ID
                  AND C.HIRE_DATE > TO_DATE('20070101', 'YYYYMMDD'));
```

```
-------------------------------------------------------------------------------
| Id  | Operation                     | Name         | Starts | A-Rows | Buffers |
-------------------------------------------------------------------------------
|   0 | SELECT STATEMENT              |              |      1 |   3729 |  20980 |
|*  1 |  FILTER                       |              |      1 |   3729 |  20980 |
|   2 |   NESTED LOOPS OUTER          |              |      1 |   5445 |  15833 |
|   3 |    TABLE ACCESS BY INDEX ROWID| ORDERS       |      1 |   5445 |   4903 |
|*  4 |     INDEX RANGE SCAN          | IX_ORDERS_N1 |      1 |   5445 |     56 |
```

```
|   5 |  TABLE ACCESS BY INDEX ROWID| CUSTOMERS        |  5445 |  5445 | 10930 |
|*  6 |    INDEX UNIQUE SCAN         | IX_CUSTOMERS_PK  |  5445 |  5445 |  5485 |
|*  7 |  TABLE ACCESS BY INDEX ROWID | EMPLOYEES        |  1786 |  1245 |  5147 |
|*  8 |    INDEX UNIQUE SCAN         | IX_EMPLOYEES_PK  |  1786 |  1786 |  3361 |
```

〈 실행 순서 : 4 → 3 → 6 → 5 → 8 → 7 → 1 〉

EARLIER FILTER 형태로 수행하지 않고 서브쿼리의 실행 순서를 조절할 수는 없을까? 아래 예제 SQL을 확인해 보도록 하자.

```sql
SELECT /*+ LEADING(A C@SUB B) USE_NL(B) */
       A.ORDER_ID, A.ORDER_DATE,
       B.CUST_FIRST_NAME, A.ORDER_TOTAL
  FROM ORDERS A, CUSTOMERS B
 WHERE A.CUSTOMER_ID = B.CUSTOMER_ID
   AND A.ORDER_DATE >= TO_DATE('20120101', 'YYYYMMDD')
   AND A.ORDER_DATE <  TO_DATE('20120105', 'YYYYMMDD')
   AND EXISTS (SELECT /*+ QB_NAME(SUB) UNNEST NL_SJ */ 1
                 FROM EMPLOYEES C
                WHERE A.EMPLOYEE_ID = C.EMPLOYEE_ID
                  AND C.HIRE_DATE > TO_DATE('20070101', 'YYYYMMDD'));
```

```
| Id | Operation                       | Name             | Starts | A-Rows | Buffers |
|  0 | SELECT STATEMENT                |                  |      1 |   3729 |   15893 |
|  1 |  NESTED LOOPS                   |                  |      1 |   3729 |   15893 |
|  2 |   NESTED LOOPS                  |                  |      1 |   3729 |   12164 |
|  3 |    NESTED LOOPS SEMI            |                  |      1 |   3729 |    8396 |
|  4 |     TABLE ACCESS BY INDEX ROWID | ORDERS           |      1 |   5445 |    4904 |
|* 5 |      INDEX RANGE SCAN           | IX_ORDERS_N1     |      1 |   5445 |      58 |
|* 6 |     TABLE ACCESS BY INDEX ROWID | EMPLOYEES        |   1786 |   1245 |    3492 |
|* 7 |      INDEX UNIQUE SCAN          | IX_EMPLOYEES_PK  |   1786 |   1786 |    1706 |
|* 8 |    INDEX UNIQUE SCAN            | IX_CUSTOMERS_PK  |   3729 |   3729 |    3768 |
|  9 |   TABLE ACCESS BY INDEX ROWID   | CUSTOMERS        |   3729 |   3729 |    3729 |
```

〈 실행 순서 : 5 → 4 → 7 → 6 → 3 → 8 → 2 → 9 → 1 〉

위 예제 SQL에서 보면 여러 힌트가 사용되고 있다. UNNEST는 쿼리변환을 통해 서브쿼리를 FROM절로 올리라는 의미이고 NL_SJ라는 힌트가 NL SEMI JOIN으로 수행하라는 힌트이다. 이 두 힌트는 쌍으로 작용한다고 설명한 바 있다.

NL SEMI도 FILTER 서브쿼리와 동일한 형태로 메인 쿼리가 먼저 수행되고 메인 쿼리쪽에서 서브쿼리 JOIN키로 키값이 공급되는 상관관계 서브쿼리이다.

NL SEMI JOIN의 경우, Buffer Pinning 기능을 통해 **데이터 블록 자체를 Buffer Cache에 고정(PIN)**하여 사용한다. 이러한 방식은 서브쿼리 결과를 Buffer에 캐싱하는 FILTER 방식보다 Block I/O 측면에서 더 효율적이다.

선행 데이터 건수는 5,545건인데 EMPLOYEES 테이블과 NL SEMI JOIN 시에 Starts 항목 값이 1,786인 것으로 봐서 Buffer Pinning이 동작한 것을 볼 수 있다. Buffers 값을 보면 FILTER 서브쿼리 보다 더 작다. NL SEMI JOIN이 Buffer Pinning 효과로 인해서 FILTER 서브쿼리의 사용은 제한될까? 이에 대한 부분은 뒤에서 설명하기로 한다.

NL SEMI JOIN 역시도 일반 JOIN과 마찬가지로 JOIN 순서 조절이 가능하다. 이때 이용하는 것이 쿼리 블록명이며 **QB_NAME이라는 힌트**를 통해 서브쿼리 부분에 QUERY BLOCK명을 지정해서 메인 쿼리 힌트에서 연계해서 사용한다.

QB_NAME은 QUERY BLOCK명을 지정하는 힌트이다. 서브쿼리 영역까지 제어하기 위해서 사용하며 메인 쿼리에서 **[테이블별칭@쿼리Block명] 형태로 사용**된다. QUERY BLOCK명을 지정하지 않으면 옵티마이저가 내부 룰에 의해 임의로 부여된다. /*+ LEADING(A C@SUB B) USE_NL(B) */ 힌트에 의해 ORDERS가 먼저 수행되고 서브쿼리가 NL SEMI JOIN으로 수행되고 마지막에 CUSTOMERS 테이블을 JOIN했다.

위에서 이야기했던 NL SEMI JOIN의 등장으로 FILTER 서브쿼리의 사용이 제한될까? 라는 부분에 대해서 테스트를 해보자.

아래 SQL을 보도록 하자. 아래 SQL은 위 SQL과 동일하며 JOIN 순서만 SEMI JOIN이 마지막에 수행되도록 한 것이다.

```
SELECT /*+ LEADING(A B) USE_NL(B) */
       A.ORDER_ID, A.ORDER_DATE,
       B.CUST_FIRST_NAME, A.ORDER_TOTAL
  FROM ORDERS A, CUSTOMERS B
 WHERE A.CUSTOMER_ID = B.CUSTOMER_ID(+)
   AND A.ORDER_DATE >= TO_DATE('20120101', 'YYYYMMDD')
   AND A.ORDER_DATE <  TO_DATE('20120105', 'YYYYMMDD')
   AND EXISTS (SELECT /*+ UNNEST NL_SJ */ 1
                 FROM EMPLOYEES C
                WHERE A.EMPLOYEE_ID = C.EMPLOYEE_ID
                  AND C.HIRE_DATE > TO_DATE('20070101', 'YYYYMMDD'));
```

```
-------------------------------------------------------------------------------
| Id  | Operation                      | Name            |Starts |A-Rows |Buffers |
-------------------------------------------------------------------------------
|   0 | SELECT STATEMENT               |                 |    1  |  3729 |  26421 |
|   1 |  NESTED LOOPS SEMI             |                 |    1  |  3729 |  26421 |
|   2 |   NESTED LOOPS OUTER           |                 |    1  |  5445 |  15834 |
|   3 |    TABLE ACCESS BY INDEX ROWID | ORDERS          |    1  |  5445 |   4904 |
|*  4 |     INDEX RANGE SCAN           | IX_ORDERS_N1    |    1  |  5445 |     58 |
|   5 |    TABLE ACCESS BY INDEX ROWID | CUSTOMERS       | 5445  |  5445 |  10930 |
|*  6 |     INDEX UNIQUE SCAN          | IX_CUSTOMERS_PK | 5445  |  5445 |   5485 |
|*  7 |   TABLE ACCESS BY INDEX ROWID  | EMPLOYEES       | 5445  |  3729 |  10587 |
|*  8 |    INDEX UNIQUE SCAN           | IX_EMPLOYEES_PK | 5445  |  5445 |   5142 |
-------------------------------------------------------------------------------
```

〈 실행 순서 : 4 → 3 → 6 → 5 → 8 → 7 → 1 〉

위 실행 계획을 보면 선행 데이터 건수가 5,445건인데 Starts 항목이 5,445 그대로이다. 서브쿼리 캐싱 기능 및 Buffer Pinning 기능이 전혀 동작하지 않았다. 11g에서와 마찬가지로 19c에서도 Buffer Pinning 효과가 동작하지 않았다. 그럼 이번에는 같은 SQL이 FILTER 서브쿼리 형태로 동작하도록 힌트만 변경을 해보자.

```
SELECT /*+ LEADING(A B) USE_NL(B) */
       A.ORDER_ID, A.ORDER_DATE,
       B.CUST_FIRST_NAME, A.ORDER_TOTAL
  FROM ORDERS A, CUSTOMERS B
 WHERE A.CUSTOMER_ID = B.CUSTOMER_ID(+)
```

```
        AND A.ORDER_DATE >= TO_DATE('20120101', 'YYYYMMDD')
        AND A.ORDER_DATE <  TO_DATE('20120105', 'YYYYMMDD')
        AND EXISTS (SELECT /*+ NO_UNNEST NO_PUSH_SUBQ */ 1
                    FROM EMPLOYEES C
                    WHERE A.EMPLOYEE_ID = C.EMPLOYEE_ID
                    AND C.HIRE_DATE > TO_DATE('20070101', 'YYYYMMDD'));
```

Id	Operation	Name	Starts	A-Rows	Buffers
0	SELECT STATEMENT		1	3729	20981
* 1	FILTER		1	3729	20981
2	NESTED LOOPS OUTER		1	5445	15834
3	TABLE ACCESS BY INDEX ROWID	ORDERS	1	5445	4904
* 4	INDEX RANGE SCAN	IX_ORDERS_N1	1	5445	58
5	TABLE ACCESS BY INDEX ROWID	CUSTOMERS	5445	5445	10930
* 6	INDEX UNIQUE SCAN	IX_CUSTOMERS_PK	5445	5445	5485
* 7	TABLE ACCESS BY INDEX ROWID	EMPLOYEES	1786	1245	5147
* 8	INDEX UNIQUE SCAN	IX_EMPLOYEES_PK	1786	1786	3361

〈 실행 순서 : 4 → 3 → 6 → 5 → 8 → 7 → 1 〉

NO_PUSH_SUBQ는 EARLIER FILTER 형태가 아닌 FILTER 형태로 수행시키기 위해 기술한 힌트이다. PUSH_SUBQ의 반대라고 생각하면 된다. 위에서는 힌트를 기술하지 않으면 옵티마이저가 내부적으로 PUSH_SUBQ 형태로 쿼리를 수행한다. FILTER 형태로 처리하니 서브쿼리 캐싱 기능이 동작했다.

그럼 아래와 같이 ORDERS, CUSTOMERS의 결과를 인라인 뷰로 묶은 후에 NL SEMI JOIN이 되도록 수행을 해보자.

```
SELECT A.ORDER_ID, A.ORDER_DATE,
       A.CUST_FIRST_NAME, A.ORDER_TOTAL
  FROM (
       SELECT /*+ NO_MERGE LEADING(A B) USE_NL(B) */
              A.ORDER_ID, A.ORDER_DATE,
              B.CUST_FIRST_NAME, A.ORDER_TOTAL, A.EMPLOYEE_ID
         FROM ORDERS A, CUSTOMERS B
```

```
       WHERE A.CUSTOMER_ID = B.CUSTOMER_ID(+)
         AND A.ORDER_DATE >= TO_DATE('20120101', 'YYYYMMDD')
         AND A.ORDER_DATE <  TO_DATE('20120105', 'YYYYMMDD') ) A
WHERE EXISTS (SELECT /*+ UNNEST NL_SJ */ 1
                FROM EMPLOYEES C
               WHERE A.EMPLOYEE_ID = C.EMPLOYEE_ID
                 AND C.HIRE_DATE > TO_DATE('20070101', 'YYYYMMDD'));
```

Id	Operation	Name	Starts	A-Rows	Buffers
0	SELECT STATEMENT		1	3729	19326
1	NESTED LOOPS SEMI		1	3729	19326
2	VIEW		1	5445	15834
3	NESTED LOOPS OUTER		1	5445	15834
4	TABLE ACCESS BY INDEX ROWID	ORDERS	1	5445	4904
* 5	INDEX RANGE SCAN	IX_ORDERS_N1	1	5445	58
6	TABLE ACCESS BY INDEX ROWID	CUSTOMERS	5445	5445	10930
* 7	INDEX UNIQUE SCAN	IX_CUSTOMERS_PK	5445	5445	5485
* 8	TABLE ACCESS BY INDEX ROWID	EMPLOYEES	1786	1245	3492
* 9	INDEX UNIQUE SCAN	IX_EMPLOYEES_PK	1786	1786	1706

〈 실행 순서 : 5 → 4 → 7 → 6 → 3 → 2 → 9 → 8 → 1 〉

위에서 NO_MERGE 힌트란 인라인 뷰가 우선 수행되어 결과 셋이 만들어진 후에 인라인 뷰 바깥 테이블과 JOIN이 수행되는 힌트이다. NO_MERGE의 반대는 MERGE이며 MERGE가 되면 인라인 뷰가 해체되어 바로 이전 SQL의 형태로 쿼리 변환이 발생한다.

위 실행 계획 통계를 보면 Starts 항목이 FILTER 서브쿼리일 경우와 동일하며 Buffers는 FILTER 서브쿼리보다 더 개선된 것을 볼 수 있다. 서브쿼리 캐싱 및 Buffer Pinning이 발생한 것이다. 이 의미는 MAIN 쿼리의 집합 이후에 바로 실행되는 서브쿼리이어야 NL SEMI JOIN에 의한 캐싱 및 Buffer Pinning 효과가 발생된다고 볼 수 있다.

이번에는 위와 같은 SQL의 인라인 뷰에 JOIN 컬럼인 A.EMPLOYEE_ID로 ORDER BY만 넣어보도록 하자.

```sql
SELECT A.ORDER_ID, A.ORDER_DATE,
       A.CUST_FIRST_NAME, A.ORDER_TOTAL
  FROM (
        SELECT /*+ NO_MERGE LEADING(A B) USE_NL(B) */
               A.ORDER_ID, A.ORDER_DATE,
               B.CUST_FIRST_NAME, A.ORDER_TOTAL, A.EMPLOYEE_ID
          FROM ORDERS A, CUSTOMERS B
         WHERE A.CUSTOMER_ID = B.CUSTOMER_ID(+)
           AND A.ORDER_DATE >= TO_DATE('20120101', 'YYYYMMDD')
           AND A.ORDER_DATE <  TO_DATE('20120105', 'YYYYMMDD')
         ORDER BY A.EMPLOYEE_ID) A
 WHERE EXISTS (SELECT /*+ UNNEST NL_SJ */ 1
                 FROM EMPLOYEES C
                WHERE A.EMPLOYEE_ID = C.EMPLOYEE_ID
                  AND C.HIRE_DATE > TO_DATE('20070101', 'YYYYMMDD'));
```

Id	Operation	Name	Starts	A-Rows	Buffers	Used-Mem
0	SELECT STATEMENT		1	3729	16455	
1	NESTED LOOPS SEMI		1	3729	16455	
2	VIEW		1	5445	15759	
3	SORT ORDER BY		1	5445	15759	299K (0)
4	NESTED LOOPS OUTER		1	5445	15759	
5	TABLE ACCESS BY INDEX ROWID	ORDERS	1	5445	4866	
* 6	INDEX RANGE SCAN	IX_ORDERS_N1	1	5445	21	
7	TABLE ACCESS BY INDEX ROWID	CUSTOMERS	5445	5445	10893	
* 8	INDEX UNIQUE SCAN	IX_CUSTOMERS_PK	5445	5445	5448	
* 9	TABLE ACCESS BY INDEX ROWID	EMPLOYEES	642	432	696	
* 10	INDEX UNIQUE SCAN	IX_EMPLOYEES_PK	642	642	54	

Starts 항목이 ORDER BY가 없는 경우보다 개선되었다. 또한 Starts에 나타난 642는 EMPLOYEES의 테이블의 건수와 일치한다. SEMI JOIN의 JOIN 컬럼으로 정렬했기 때문에 Buffer Pinning 효과가 극대화된 것이다.

Section 04. 상관관계 서브쿼리(FILTER, NL SEMI JOIN) 활용

[Section 01, 02]에서 설명했듯이 N:1 JOIN에서 1쪽의 테이블과 JOIN 시 DISTINCT한 값의 종류가 적을 때 사용하면 서브쿼리 캐싱 효과와 BUFFER PINNING 효과로 I/O에서 큰 이득을 본다고 설명했다. 이번 Section에서는 N:1 JOIN에서 N쪽 테이블이 서브쿼리로 들어가야 유리한 상황에 대해서 설명하려고 한다.

아래 SQL을 보도록 하자. Sample 스키마의 테이블을 이용하고 있지만 실무적으로 많은 곳에서 나타나는 성능적 문제점이기도 하다. 이는 10g에서 실행한 결과이다.

```sql
SELECT DISTINCT A.EMPLOYEE_ID, A.LAST_NAME
  FROM EMPLOYEES A, ORDERS B
 WHERE A.EMPLOYEE_ID = B.EMPLOYEE_ID
   AND A.JOB_ID = 'J04'
   AND B.ORDER_DATE >= TO_DATE('20120101', 'YYYYMMDD')
   AND B.ORDER_DATE <  TO_DATE('20120601', 'YYYYMMDD')
   AND B.ORDER_STATUS = 10;
```

Id	Operation	Name	Starts	A-Rows	Buffers	Used-Mem
1	HASH UNIQUE		1	28	19629	
* 2	HASH JOIN		1	886	19629	1024K (0)
* 3	TABLE ACCESS FULL	EMPLOYEES	1	28	9	
* 4	TABLE ACCESS FULL	ORDERS	1	20697	19620	

위 SQL의 내용은 이렇다. 1:N 관계인 EMPLOYEES 테이블과 ORDERS 테이블이 JOIN 되고 있으며 EMPLOYEES 테이블의 JOB_ID가 J04이면서 ORDERS(주문) 데이터가 6개월 범위이며 ORDERS가 10인 걸 만족하는 EMPLOYEE_ID와 LAST_NAME을 보여준다. 데이터는 EMPLOYEES 테이블이 컬럼만 보여주고 있다.

위 SQL은 1:N 관계에서 N쪽 테이블인 ORDERS와 JOIN으로 처리했기 때문에 데이터가 N쪽 데이터만큼 1쪽 테이블인 EMPLOYEES의 건수가 불어나서 DISTINCT로 UNIQUE 하게 만들어주고 있다. 이 과정에서 많은 건수가 JOIN되어 I/O 비효율이 발생했음은 물론 DISTINCT 처리하는 과정에서 PGA 사용 비효율까지 발생하고 있다.

이럴 때는 어떻게 해야 될까? 독자분들은 바로 생각이 났는가? 그렇다. 여기서 바로 서브쿼리를 이용하는 것이다. 1쪽 집합만 SELECT절에서 사용되고 있고 N쪽 테이블은 체크 조건으로만 사용되고 있으며 1:N JOIN으로 인해 집합 크기까지 늘어나고 있기 때문에 이때는 서브쿼리를 1쪽을 메인 쿼리로 하고 N쪽을 서브쿼리로 하는 것이 최적이 된다. 아래 SQL을 확인해 보도록 하자. 아래 SQL은 FILTER 처리를 한 것이다.

```
SELECT A.EMPLOYEE_ID, A.LAST_NAME
  FROM EMPLOYEES A
 WHERE EXISTS (SELECT /*+ NO_UNNEST */ 1 FROM ORDERS B
                WHERE A.EMPLOYEE_ID = B.EMPLOYEE_ID
                  AND B.ORDER_DATE >= TO_DATE('20120101', 'YYYYMMDD')
                  AND B.ORDER_DATE < TO_DATE('20120601', 'YYYYMMDD')
                  AND B.ORDER_STATUS = 10)
   AND JOB_ID = 'J04';
```

Id	Operation	Name	Starts	A-Rows	Buffers
* 1	FILTER		1	28	331
* 2	TABLE ACCESS FULL	EMPLOYEES	1	28	10
* 3	TABLE ACCESS BY INDEX ROWID	ORDERS	28	28	321
* 4	INDEX RANGE SCAN	IX_ORDERS_N2	28	244	85

1쪽 테이블인 EMPLOYEES 몇십 건을 SELECT 하면서 N쪽 테이블에서 EXISTS 서브쿼리로 처리했기 때문에 Buffers가 크게 개선된 것을 볼 수가 있다. 위 SQL은 NO_UNNEST에 의해서 서브쿼리를 FILTER로 처리한 것이다. NO_UNNEST 힌트 대신에 UNNEST NL_SJ 힌트를 주고 NL SEMI JOIN으로 수행해 보자.

```
-------------------------------------------------------------------------
| Id | Operation                     | Name         | Starts | A-Rows | Buffers |
-------------------------------------------------------------------------
|  1 | NESTED LOOPS SEMI             |              |      1 |     28 |     305 |
|* 2 |  TABLE ACCESS FULL            | EMPLOYEES    |      1 |     28 |      10 |
|* 3 |  TABLE ACCESS BY INDEX ROWID  | ORDERS       |     28 |     28 |     295 |
|* 4 |   INDEX RANGE SCAN            | IX_ORDERS_N2 |     28 |    244 |      59 |
-------------------------------------------------------------------------
```

Buffer Pinning 효과로 Buffers 값이 FILTER 서브쿼리 보다 더 줄어든 것을 확인할 수 있다. 아래는 처음에 나왔던 SQL을 19c에서 수행시킨 결과이다. 19c에서는 NL SEMI JOIN 형태로 쿼리 변환을 발생시켜서 성능을 최적화했다. EMPLOYEE_ID 컬럼이 PK임에도 불구하고 DISTINCT에 대해서 HASH UNIQUE Operation을 제거하지는 못했다.

```
SELECT DISTINCT A.EMPLOYEE_ID, A.LAST_NAME
  FROM EMPLOYEES A, ORDERS B
 WHERE A.EMPLOYEE_ID = B.EMPLOYEE_ID
   AND A.JOB_ID = 'J04'
   AND B.ORDER_DATE >= TO_DATE('20120101', 'YYYYMMDD')
   AND B.ORDER_DATE <  TO_DATE('20120601', 'YYYYMMDD')
   AND B.ORDER_STATUS = 10;
```

```
-----------------------------------------------------------------------------------
| Id | Operation                      | Name         | Starts | A-Rows | Buffers | Used-Mem |
-----------------------------------------------------------------------------------
|  0 | SELECT STATEMENT               |              |      1 |     28 |    377 |          |
|  1 |  HASH UNIQUE                   |              |      1 |     28 |    377 | 1413K (0)|
|  2 |   NESTED LOOPS SEMI            |              |      1 |     28 |    377 |          |
|* 3 |    TABLE ACCESS FULL           | EMPLOYEES    |      1 |     28 |      8 |          |
|* 4 |    TABLE ACCESS BY INDEX ROWID | ORDERS       |     28 |     28 |    369 |          |
|* 5 |     INDEX RANGE SCAN           | IX_ORDERS_N2 |     28 |    325 |     62 |          |
-----------------------------------------------------------------------------------
```

이번에는 1 : N : N 관계를 보도록 하자. 아래도 10g에서 수행시킨 결과이다.

```
SELECT DISTINCT A.DEPARTMENT_ID, A.DEPARTMENT_NAME
  FROM DEPARTMENTS A, EMPLOYEES B, ORDERS C
 WHERE A.DEPARTMENT_ID = B.DEPARTMENT_ID
```

```
       AND B.EMPLOYEE_ID = C.EMPLOYEE_ID
       AND B.JOB_ID = 'J04'
       AND C.ORDER_DATE >= TO_DATE('20120101', 'YYYYMMDD')
       AND C.ORDER_DATE <  TO_DATE('20120601', 'YYYYMMDD')
       AND C.ORDER_STATUS = 10;
```

```
-----------------------------------------------------------------------------------
| Id | Operation                     | Name             | Starts | A-Rows | Buffers | Used-Mem |
-----------------------------------------------------------------------------------
|  1 |  HASH UNIQUE                  |                  |      1 |     19 |   19659 |          |
|* 2 |   HASH JOIN                   |                  |      1 |    886 |   19659 |1056K (0) |
|  3 |    NESTED LOOPS               |                  |      1 |     28 |      39 |          |
|* 4 |     TABLE ACCESS FULL         | EMPLOYEES        |      1 |     28 |       9 |          |
|  5 |     TABLE ACCESS BY INDEX ROWID| DEPARTMENTS     |     28 |     28 |      30 |          |
|* 6 |      INDEX UNIQUE SCAN        | IX_DEPARTMENTS_PK|     28 |     28 |       2 |          |
|* 7 |    TABLE ACCESS FULL          | ORDERS           |      1 |  20697 |   19620 |          |
-----------------------------------------------------------------------------------
```

〈 실행순서 : 4 → 6 → 5 → 3 → 7 → 2 → 1 〉

위 SQL의 이전 1:N 관계의 두 테이블의 내용과 크게 다르지 않다. 이 역시 1쪽 테이블의 컬럼만 SELECT절에서 보여주는데 N 관계의 테이블과 JOIN하다 보니 N만큼 데이터가 불어나서 DISTINCT를 사용하고 있다. 첫 번째 SQL과 동일하게 FILTER 처리를 해보도록 하자.

```
SELECT A.DEPARTMENT_ID, A.DEPARTMENT_NAME
  FROM DEPARTMENTS A
 WHERE EXISTS (SELECT /*+ NO_UNNEST */ 1 FROM EMPLOYEES B, ORDERS C
                WHERE A.DEPARTMENT_ID = B.DEPARTMENT_ID
                  AND B.EMPLOYEE_ID = C.EMPLOYEE_ID
                  AND B.JOB_ID = 'J04'
                  AND C.ORDER_DATE >= TO_DATE('20120101', 'YYYYMMDD')
                  AND C.ORDER_DATE <  TO_DATE('20120601', 'YYYYMMDD')
                  AND C.ORDER_STATUS = 10);
```

```
---------------------------------------------------------------------
| Id | Operation         | Name | Starts | A-Rows | Buffers |
---------------------------------------------------------------------
|  0 | SELECT STATEMENT  |      |      1 |     19 |    346  |
|* 1 |  FILTER           |      |      1 |     19 |    346  |
```

```
|   2 |     TABLE ACCESS FULL          | DEPARTMENTS    |   1 |  27 |   4 |
|   3 |    NESTED LOOPS                |                |  27 |  19 | 342 |
|   4 |     NESTED LOOPS               |                |  27 | 198 | 157 |
|*  5 |      TABLE ACCESS BY INDEX ROWID| EMPLOYEES     |  27 |  19 | 100 |
|*  6 |       INDEX RANGE SCAN         | IX_EMPLOYEES_N1|  27 | 265 |  38 |
|*  7 |      INDEX RANGE SCAN          | IX_ORDERS_N2   |  19 | 198 |  57 |
|*  8 |     TABLE ACCESS BY INDEX ROWID| ORDERS         | 198 |  19 | 185 |
```

〈 실행 순서 : 2 → 6 → 5 → 7 → 4 → 8 → 3 → 1 〉

1쪽 테이블인 DEPARTMENTS 몇십 건을 SELECT 하면서 N쪽 테이블에서 EXISTS 서브쿼리로 처리했기 때문에 Buffers가 크게 개선된 것을 볼 수가 있다. 위 SQL은 NO_UNNEST에 의해서 서브쿼리를 FILTER로 처리한 것이다. NO_UNNEST 힌트 대신에 UNNEST NL_SJ 힌트를 주고 NL SEMI JOIN으로 수행해 보자.

```
| Id | Operation              | Name        | Starts | A-Rows | Buffers | Used-Mem   |
|  1 | NESTED LOOPS SEMI      |             |   1    |   19   |  161K   |            |
|  2 |  TABLE ACCESS FULL     | DEPARTMENTS |   1    |   27   |    4    |            |
|* 3 |  VIEW                  | VW_SQ_1     |  27    |   19   |  161K   |            |
|* 4 |   HASH JOIN            |             |  27    |  7419  |  161K   | 1026K (0)  |
|* 5 |    TABLE ACCESS FULL   | EMPLOYEES   |  27    |  756   |  243    |            |
|* 6 |    TABLE ACCESS FULL   | ORDERS      |  27    |  173K  |  160K   |            |
```

어찌 된 일인지 메인 SQL의 건수만큼 **서브쿼리를 FULL SCAN HASH JOIN**으로 수행하면서 많은 비효율이 발생하고 있다.(Buffers 161K) 서브쿼리 UNNESTING이 발생하면 서브쿼리가 FROM절로 올라간다고 했었다.

서브쿼리에서 사용된 테이블이 여러 개일 경우 FROM절로 서브쿼리가 올라가면서 VIEW로 처리된다. 이때 메인 쿼리의 결과 건수가 VIEW로 파고들어서 JOIN되는 것을 JPPD(JOIN PUSHED PREDICATE)라고 했었으며 [Part 06. JOIN의 Section 04. JPPD(Join Predicate Push Down)]에서 살펴보았다. 하지만 **10g에서는 서브쿼리에 대해서 JPPD가 발생하지 않기** 때문에 위와 같은 비효율이 발생했다. 그렇다면 11g에서 위 SQL을 동일하게 실행시켜 보자.

```
---------------------------------------------------------------------------------
| Id  | Operation                      | Name           | Starts | A-Rows |Buffers |
---------------------------------------------------------------------------------
|   0 | SELECT STATEMENT               |                |     1  |    19  |   288  |
|   1 |  NESTED LOOPS SEMI             |                |     1  |    19  |   288  |
|   2 |   TABLE ACCESS FULL            | DEPARTMENTS    |     1  |    27  |     4  |
|   3 |   VIEW PUSHED PREDICATE        | VW_SQ_1        |    27  |    19  |   284  |
|   4 |    NESTED LOOPS                |                |    27  |    19  |   284  |
|   5 |     NESTED LOOPS               |                |    27  |   198  |    99  |
|*  6 |      TABLE ACCESS BY INDEX ROWID| EMPLOYEES     |    27  |    19  |    59  |
|*  7 |       INDEX RANGE SCAN         | IX_EMPLYEES_N1 |    27  |   265  |    14  |
|*  8 |      INDEX RANGE SCAN          | IX_ORDERS_N2   |    19  |   198  |    40  |
|*  9 |     TABLE ACCESS BY INDEX ROWID| ORDERS         |   198  |    19  |   185  |
---------------------------------------------------------------------------------
```

〈 실행 순서 : 2 → 7 → 6 → 8 → 5 → 9 → 4 → 3 → 1 〉

VIEW PUSHED PREDICATE 실행계획이 나타나면서 FILTER와 비슷한 형태로 처리가 되었다. JPPD가 발생을 한 것이다. NL SEMI JOIN에 의한 BUFFER PINNING 효과로 FILTER보다 Buffers 값이 더 작은 것을 볼 수 있다.

10g에서 이런 경우는 NO_UNNEST의 FILTER 형태로 처리해야 한다. 힌트를 강제로 주지 않는다면 NO_UNNEST의 FILTER로 처리가 될 것이다.

이번에는 바로 위에서 수행했던 SQL을 19c에서 수행시켜 보자.

```
SELECT DISTINCT A.DEPARTMENT_ID, A.DEPARTMENT_NAME
  FROM DEPARTMENTS A, EMPLOYEES B, ORDERS C
 WHERE A.DEPARTMENT_ID = B.DEPARTMENT_ID
   AND B.EMPLOYEE_ID = C.EMPLOYEE_ID
   AND B.JOB_ID = 'J04'
   AND C.ORDER_DATE >= TO_DATE('20120101', 'YYYYMMDD')
   AND C.ORDER_DATE <  TO_DATE('20120601', 'YYYYMMDD')
   AND C.ORDER_STATUS = 10;
```

```
---------------------------------------------------------------------------------
| Id | Operation                        | Name             | Starts | A-Rows | Buffers | Used-Mem |
---------------------------------------------------------------------------------
|  0 | SELECT STATEMENT                 |                  |    1   |   19   |   379   |          |
|  1 |  HASH UNIQUE                     |                  |    1   |   19   |   379   |1281K (0) |
|  2 |   NESTED LOOPS SEMI              |                  |    1   |   30   |   379   |          |
|  3 |    MERGE JOIN                    |                  |    1   |   30   |    10   |          |
|  4 |     TABLE ACCESS BY INDEX ROWID  | DEPARTMENTS      |    1   |   27   |     2   |          |
|  5 |      INDEX FULL SCAN             | IX_DEPARTMENTS_PK|    1   |   27   |     1   |          |
|* 6 |     SORT JOIN                    |                  |   27   |   30   |     8   |2048 (0)  |
|* 7 |      TABLE ACCESS FULL           | EMPLOYEES        |    1   |   30   |     8   |          |
|* 8 |    TABLE ACCESS BY INDEX ROWID   | ORDERS           |   30   |   30   |   369   |          |
|* 9 |     INDEX RANGE SCAN             | IX_ORDERS_N2     |   30   |  325   |    62   |          |
---------------------------------------------------------------------------------
```

내부적으로 옵티마이저는 아래와 같이 NL SEMI JOIN 형태로 쿼리 변환을 통해서 성능 최적화를 했다. DEPARTMENT_ID가 PK이지만 DISTINCT를 제거하지는 못했다.

```sql
SELECT DISTINCT A.DEPARTMENT_ID, A.DEPARTMENT_NAME
  FROM DEPARTMENTS A, EMPLOYEES B
 WHERE A.DEPARTMENT_ID = B.DEPARTMENT_ID
   AND EXISTS (SELECT /*+ UNNEST NL_SJ */ 1 FROM ORDERS C
                WHERE B.EMPLOYEE_ID = C.EMPLOYEE_ID
                  AND B.JOB_ID = 'J04'
                  AND C.ORDER_DATE >= TO_DATE('20120101', 'YYYYMMDD')
                  AND C.ORDER_DATE <  TO_DATE('20120601', 'YYYYMMDD')
                  AND C.ORDER_STATUS = 10);
```

위 SQL을 아래와 같이 NL SEMI JOIN으로 처리하도록 변경해 보자.

```sql
SELECT A.DEPARTMENT_ID, A.DEPARTMENT_NAME
  FROM DEPARTMENTS A
 WHERE EXISTS (SELECT /*+ UNNEST NL_SJ */ 1 FROM EMPLOYEES B, ORDERS C
                WHERE A.DEPARTMENT_ID = B.DEPARTMENT_ID
                  AND B.EMPLOYEE_ID = C.EMPLOYEE_ID
                  AND B.JOB_ID = 'J04'
                  AND C.ORDER_DATE >= TO_DATE('20120101', 'YYYYMMDD')
                  AND C.ORDER_DATE <  TO_DATE('20120601', 'YYYYMMDD')
                  AND C.ORDER_STATUS = 10);
```

```
-------------------------------------------------------------------------
| Id  | Operation                      | Name          | Starts | A-Rows | Buffers |
-------------------------------------------------------------------------
|   0 | SELECT STATEMENT               |               |      1 |     19 |    6416 |
|   1 |  NESTED LOOPS SEMI             |               |      1 |     19 |    6416 |
|   2 |   TABLE ACCESS FULL            | DEPARTMENTS   |      1 |     27 |       3 |
|*  3 |   VIEW                         | VW_SQ_1       |     27 |     19 |    6413 |
|*  4 |    NESTED LOOPS SEMI           |               |     27 |    496 |    6413 |
|*  5 |     TABLE ACCESS FULL          | EMPLOYEES     |     27 |    496 |     121 |
|*  6 |     TABLE ACCESS BY INDEX ROWID| ORDERS        |    496 |    496 |    6292 |
|*  7 |      INDEX RANGE SCAN          | IX_ORDERS_N2  |    496 |   5593 |     995 |
-------------------------------------------------------------------------
```

NESTED LOOPS SEMI 실행 계획이 두 번 나타나고 있으며 19c에서는 서브쿼리의 EMPLOYEES와 ORDERS JOIN도 NL SEMI JOIN으로 아래와 같이 쿼리 변환이 발생하고 JOIN 건수가 더 증가하면서 FILTER 서브쿼리보다 I/O는 더 안 좋아졌다.

```
SELECT A.DEPARTMENT_ID, A.DEPARTMENT_NAME
  FROM DEPARTMENTS A
 WHERE EXISTS (SELECT /*+ UNNEST NL_SJ */ 1 FROM EMPLOYEES B
                WHERE A.DEPARTMENT_ID = B.DEPARTMENT_ID
                  AND B.JOB_ID = 'J04'
                  AND EXISTS (SELECT /*+ UNNEST NL_SJ */ 1 FROM ORDERS C
                               WHERE B.EMPLOYEE_ID = C.EMPLOYEE_ID
                                 AND C.ORDER_DATE >= TO_DATE('20120101', 'YYYYMMDD')
                                 AND C.ORDER_DATE <  TO_DATE('20120601', 'YYYYMMDD')
                                 AND C.ORDER_STATUS = 10));
```

11g와 같이 NL SEMI JOIN 형태의 JPPD로 처리하기 위해서는 EMPLOYEES B, ORDERS C 테이블을 INNER JOIN 형태로 처리되도록 아래와 같이 힌트를 기술한다.

```
SELECT A.DEPARTMENT_ID, A.DEPARTMENT_NAME
  FROM DEPARTMENTS A
 WHERE EXISTS (SELECT /*+ UNNEST NL_SJ LEADING(B C) USE_NL(C) */ 1
                 FROM EMPLOYEES B, ORDERS C
                WHERE A.DEPARTMENT_ID = B.DEPARTMENT_ID
                  AND B.EMPLOYEE_ID = C.EMPLOYEE_ID
```

```
            AND B.JOB_ID = 'J04'
            AND C.ORDER_DATE >= TO_DATE('20120101', 'YYYYMMDD')
            AND C.ORDER_DATE <  TO_DATE('20120601', 'YYYYMMDD')
            AND C.ORDER_STATUS = 10);
```

Id	Operation	Name	Starts	A-Rows	Buffers
0	SELECT STATEMENT		1	19	325
1	NESTED LOOPS SEMI		1	19	325
2	TABLE ACCESS FULL	DEPARTMENTS	1	27	4
3	VIEW PUSHED PREDICATE	VW_SQ_1	27	19	321
4	NESTED LOOPS		27	19	321
5	NESTED LOOPS		27	231	100
* 6	TABLE ACCESS BY INDEX ROWID	EMPLOYEES	27	19	60
* 7	INDEX RANGE SCAN	IX_EMPLOYEES_N1	27	281	14
* 8	INDEX RANGE SCAN	IX_ORDERS_N2	19	231	40
* 9	TABLE ACCESS BY INDEX ROWID	ORDERS	231	19	221

JOIN으로 처리되도록 변경을 해주니 19c에서도 11g와 마찬가지로 JPPD가 발생하면서 성능이 최적화되었다.

이번에는 NL ANTI JOIN의 대한 부분을 보자. ANTI JOIN은 서브쿼리에 NOT이 들어간 것이다. 아래 SQL을 확인해 보자.

```
SELECT A.DEPARTMENT_ID, A.DEPARTMENT_NAME
  FROM DEPARTMENTS A
 WHERE NOT EXISTS (SELECT /*+ UNNEST NL_AJ */ 1 FROM EMPLOYEES B, ORDERS C
                    WHERE A.DEPARTMENT_ID = B.DEPARTMENT_ID
                      AND B.EMPLOYEE_ID = C.EMPLOYEE_ID
                      AND B.JOB_ID = 'J04'
                      AND C.ORDER_DATE >= TO_DATE('20120101', 'YYYYMMDD')
                      AND C.ORDER_DATE <  TO_DATE('20120601', 'YYYYMMDD')
                      AND C.ORDER_STATUS = 10);
```

```
| Id  | Operation                              | Name         | Starts | A-Rows | Buffers |
|-----|----------------------------------------|--------------|--------|--------|---------|
|   0 | SELECT STATEMENT                       |              |   1    |    8   |  6416   |
|   1 |  NESTED LOOPS ANTI                     |              |   1    |    8   |  6416   |
|   2 |   TABLE ACCESS FULL                    | DEPARTMENTS  |   1    |   27   |     3   |
|*  3 |   VIEW                                 | VW_SQ_1      |  27    |   19   |  6413   |
|   4 |    NESTED LOOPS SEMI                   |              |  27    |  496   |  6413   |
|*  5 |     TABLE ACCESS FULL                  | EMPLOYEES    |  27    |  496   |   121   |
|*  6 |     TABLE ACCESS BY INDEX ROWID BATCHED| ORDERS       | 496    |  496   |  6292   |
|*  7 |      INDEX RANGE SCAN                  | IX_ORDERS_N2 | 496    | 5593   |   995   |
```

실행 계획 상에 ANTI라는 실행계획이 사용되었으며 SEMI JOIN의 부정형 버전이라고 보면 된다. ANTI JOIN에서도 위의 SEMI JOIN과 같은 형태의 쿼리 변환이 발생했다.

이 SQL도 위 SEMI JOIN SQL과 마찬가지로 서브쿼리 내 힌트를 /*+ UNNEST NL_AJ LEADING(B C) USE_NL(C) */ 로 변경해 주면 아래와 같이 JPPD로 처리가 된다.

```
| Id  | Operation                          | Name           | Starts | A-Rows | Buffers |
|-----|------------------------------------|----------------|--------|--------|---------|
|   0 | SELECT STATEMENT                   |                |   1    |    8   |   289   |
|   1 |  NESTED LOOPS ANTI                 |                |   1    |    8   |   289   |
|   2 |   TABLE ACCESS FULL                | DEPARTMENTS    |   1    |   27   |     4   |
|   3 |   VIEW PUSHED PREDICATE            | VW_SQ_1        |  27    |   19   |   285   |
|   4 |    NESTED LOOPS                    |                |  27    |   19   |   285   |
|   5 |     NESTED LOOPS                   |                |  27    |  198   |   100   |
|*  6 |      TABLE ACCESS BY INDEX ROWID   | EMPLOYEES      |  27    |   19   |    59   |
|*  7 |       INDEX RANGE SCAN             | IX_EMPLOYEES_N1|  27    |  265   |    15   |
|*  8 |      INDEX RANGE SCAN              | IX_ORDERS_N2   |  19    |  198   |    41   |
|*  9 |     TABLE ACCESS BY INDEX ROWID    | ORDERS         | 198    |   19   |   185   |
```

〈 실행 순서 : 2 → 7 → 6 → 8 → 5 → 9 → 4 → 3 → 1 〉

NL ANTI JOIN에 대한 성능 개선 활용 부분에 보도록 하자.

```
SELECT PRODUCT_ID
  FROM PRODUCTS
MINUS
SELECT PRODUCT_ID
  FROM ORDER_ITEMS
 WHERE ORDER_DATE >= TO_DATE('20120101', 'YYYYMMDD')
   AND ORDER_DATE <  TO_DATE('20120401', 'YYYYMMDD');
```

```
---------------------------------------------------------------------------------
| Id  | Operation                 | Name            | Starts | A-Rows | Buffers | Used-Mem |
---------------------------------------------------------------------------------
|   0 | SELECT STATEMENT          |                 |      1 |      0 |   49877 |          |
|   1 |  MINUS                    |                 |      1 |      0 |   49877 |          |
|   2 |   SORT UNIQUE NOSORT      |                 |      1 |    288 |       1 |          |
|   3 |    INDEX FULL SCAN        | IX_PRODUCTS_PK  |      1 |    288 |       1 |          |
|   4 |   SORT UNIQUE             |                 |      1 |    288 |   49876 | 8192 (0) |
|*  5 |    INDEX FAST FULL SCAN   | IX_ORDER_ITEMS_N2|     1 |   616K |   49876 |          |
---------------------------------------------------------------------------------
```

〈 실행 순서 : 3 → 2 → 5 → 4 → 1 〉

위 SQL은 PRODUCTS 기준으로 ORDER_TIMES의 ORDER_DATE 범위 기간 안에 발생하지 않은 제품을 찾기 위한 SQL이다. 여기서 비효율은 무엇일까? ORDER_ITEMS의 제품 아이디 발생 여부를 알기 위해서 넓은 구간 데이터를 다 읽은 것이다. 여기서 ANTI JOIN을 사용하면 이 비효율이 사라지게 된다. 아래 SQL을 확인해 보도록 하자.

```
SELECT PRODUCT_ID
  FROM PRODUCTS A
 WHERE NOT EXISTS (SELECT 1 FROM ORDER_ITEMS B
                    WHERE A.PRODUCT_ID = B.PRODUCT_ID
                      AND B.ORDER_DATE >= TO_DATE('20120101', 'YYYYMMDD')
                      AND B.ORDER_DATE <  TO_DATE('20120401', 'YYYYMMDD'));
```

```
-------------------------------------------------------------------------
| Id  | Operation          | Name            | Starts | A-Rows | Buffers |
-------------------------------------------------------------------------
|   0 | SELECT STATEMENT   |                 |      1 |      0 |    579  |
|   1 |  NESTED LOOPS ANTI |                 |      1 |      0 |    579  |
|   2 |   INDEX FULL SCAN  | IX_PRODUCTS_PK  |      1 |    288 |      1  |
|*  3 |   INDEX RANGE SCAN | IX_ORDER_ITEMS_N2|   288 |    288 |    578  |
-------------------------------------------------------------------------
```

위 SQL에서 힌트를 주지는 않았지만 Oracle 내부적으로는 UNNEST NL_AJ라는 힌트가 사용된 것이다. 적은 건수인 PRODUCTS 테이블을 SCAN하면서 ORDER_ITEMS은 EXISTS 서브쿼리에서 체크 역할만 담당했기 때문에 비효율이 사라졌다.

이번 장으로 상관관계 서브쿼리가 언제 사용되면 성능상 유리한지 이해 했으리라 생각한다. 또한 SEMI / ANTI JOIN의 경우 NL JOIN 뿐만 아니라 HASH, MERGE JOIN 형태도 제공한다. 다음 Section에서는 HASH SEMI / ANTI JOIN의 개념과 활용 방법에 대해서 설명하도록 하겠다.

Section 05 HASH SEMI / ANTI JOIN

HASH SEMI / ANTI JOIN의 경우도 HASH JOIN의 사용기준과 크게 다르지 않으며 비슷한 방식으로 수행된다고 생각하면 된다. 아래 SQL은 11g에서 수행시킨 결과이다.

```
SELECT DISTINCT A.ORDER_DATE, A.EMPLOYEE_ID, A.ORDER_TOTAL ORDER_TOTAL
  FROM ORDERS A, ORDER_ITEMS B
 WHERE A.ORDER_ID = B.ORDER_ID
   AND A.ORDER_DATE >= TO_DATE('20110601', 'YYYYMMDD')
   AND A.ORDER_DATE <  TO_DATE('20110901', 'YYYYMMDD')
   AND B.ORDER_DATE >= TO_DATE('20110601', 'YYYYMMDD')
   AND B.ORDER_DATE <  TO_DATE('20110901', 'YYYYMMDD');
```

```
-------------------------------------------------------------------------------------
| Id  | Operation            | Name        | Starts | A-Rows | Buffers | Used-Mem   |
-------------------------------------------------------------------------------------
|   0 | SELECT STATEMENT     |             |      1 |   125K |   90441 |            |
|   1 |  HASH UNIQUE         |             |      1 |   125K |   90441 | 5491K (0)  |
|*  2 |   HASH JOIN          |             |      1 |   624K |   90441 | 7592K (0)  |
|*  3 |    TABLE ACCESS FULL | ORDERS      |      1 |   125K |   19612 |            |
|*  4 |    TABLE ACCESS FULL | ORDER_ITEMS |      1 |   624K |   70829 |            |
-------------------------------------------------------------------------------------
```

ORDERS A, ORDER_ITEMS B는 1:N 관계이며 1쪽 데이터는 ORDERS의 컬럼만 보여주고 있다. 이 SQL도 NL SEMI JOIN 예제에서 본 것과 마찬가지로 1:N JOIN이며 1쪽 컬럼만 보여주고 있기 때문에 DISTINCT를 사용하고 있다. 이로 인해 HASH UNIQUE 오퍼레이션으로 PGA 메모리를 사용 비효율이 발생하고 있다. 테이블 건수가 많아질수록 HASH UNIQUE 발생 부하는 커질 것이다. 그럼 어떻게 이걸 사용해야 될까?

1쪽 집합 기준으로 보여주기 때문에 아래와 같이 NL SEMI JOIN으로 변경을 해보자.

```sql
SELECT A.ORDER_DATE, A.EMPLOYEE_ID, A.ORDER_TOTAL ORDER_TOTAL
  FROM ORDERS A
 WHERE A.ORDER_DATE >= TO_DATE('20110601', 'YYYYMMDD')
   AND A.ORDER_DATE <  TO_DATE('20110901', 'YYYYMMDD')
   AND EXISTS (SELECT /*+ UNNEST NL_SJ */ 1 FROM ORDER_ITEMS B
                WHERE A.ORDER_ID = B.ORDER_ID
                  AND B.ORDER_DATE >= TO_DATE('20110601', 'YYYYMMDD')
                  AND B.ORDER_DATE <  TO_DATE('20110901', 'YYYYMMDD'))
```

```
-------------------------------------------------------------------------------
| Id | Operation                     | Name             | Starts | A-Rows | Buffers |
-------------------------------------------------------------------------------
|  0 | SELECT STATEMENT              |                  |      1 |   125K |    172K |
|  1 |  NESTED LOOPS SEMI            |                  |      1 |   125K |    172K |
|* 2 |   TABLE ACCESS FULL           | ORDERS           |      1 |   125K |   20852 |
|* 3 |   TABLE ACCESS BY INDEX ROWID | ORDER_ITEMS      |   125K |   125K |    151K |
|* 4 |    INDEX RANGE SCAN           | IX_ORDER_ITEMS_PK|   125K |   125K |   27356 |
-------------------------------------------------------------------------------
```

HASH UNIQUE는 사라졌지만 대량 건수가 ORDER_ITEMS로 NL JOIN되면서 Single Block I/O로 인해 성능이 나빠졌다. ORDER_ITEMS는 N쪽 집합으로 입력 값(JOIN 컬럼값)에 대한 DISTINCT한 값의 종류가 많을 수 밖에 없기 때문에 서브쿼리 캐싱 및 BUFFER PINNING 효과가 나타나지 않는다. 그럼 어떻게 해야 될까? 이럴 경우에는 HASH SEMI JOIN 형태로 사용하면 된다. 아래 SQL을 확인해 보도록 하자.

```sql
SELECT A.ORDER_DATE, A.EMPLOYEE_ID, A.ORDER_TOTAL ORDER_TOTAL
  FROM ORDERS A
 WHERE A.ORDER_DATE >= TO_DATE('20110601', 'YYYYMMDD')
   AND A.ORDER_DATE <  TO_DATE('20110901', 'YYYYMMDD')
   AND EXISTS (SELECT /*+ UNNEST HASH_SJ */ 1 FROM ORDER_ITEMS B
                WHERE A.ORDER_ID = B.ORDER_ID
                  AND B.ORDER_DATE >= TO_DATE('20110601', 'YYYYMMDD')
                  AND B.ORDER_DATE <  TO_DATE('20110901', 'YYYYMMDD'));
```

```
-----------------------------------------------------------------------------
| Id | Operation          | Name        | Starts | A-Rows | Buffers | Used-Mem |
-----------------------------------------------------------------------------
|  0 | SELECT STATEMENT   |             |    1   |  125K  |  91682  |          |
|* 1 |  HASH JOIN SEMI    |             |    1   |  125K  |  91682  |7581K (0) |
|* 2 |   TABLE ACCESS FULL| ORDERS      |    1   |  125K  |  19612  |          |
|* 3 |   TABLE ACCESS FULL| ORDER_ITEMS |    1   |  624K  |  72070  |          |
-----------------------------------------------------------------------------
```

HASH JOIN의 장점과 SEMI JOIN의 장점이 합쳐져서 HASH UNIQUE 오퍼레이션도 사라지고 Random Single Block I/O에 의한 성능 부분도 개선이 되었다. HASH SEMI JOIN은 HASH JOIN과 마찬가지로 대용량 테이블 JOIN 시에 사용되며 1:N JOIN 테이블 중에서 1쪽 테이블 컬럼 기준으로만 보여줄 때 사용되면 효과적이다.

위와 동일한 SQL을 19c에서 수행시킨 결과이다.

```
SELECT DISTINCT A.ORDER_DATE, A.EMPLOYEE_ID, A.ORDER_TOTAL ORDER_TOTAL
  FROM ORDERS A, ORDER_ITEMS B
 WHERE A.ORDER_ID = B.ORDER_ID
   AND A.ORDER_DATE >= TO_DATE('20110601', 'YYYYMMDD')
   AND A.ORDER_DATE <  TO_DATE('20110901', 'YYYYMMDD')
   AND B.ORDER_DATE >= TO_DATE('20110601', 'YYYYMMDD')
   AND B.ORDER_DATE <  TO_DATE('20110901', 'YYYYMMDD');
```

```
-----------------------------------------------------------------------------
| Id | Operation          | Name        | Starts | A-Rows | Buffers | Used-Mem |
-----------------------------------------------------------------------------
|  0 | SELECT STATEMENT   |             |    1   |  125K  |   161K  |          |
|  1 |  HASH UNIQUE       |             |    1   |  125K  |   161K  |8786K (0) |
|* 2 |   HASH JOIN SEMI   |             |    1   |  125K  |   161K  |  9M (0)  |
|* 3 |    TABLE ACCESS FULL| ORDERS     |    1   |  125K  |  19611  |          |
|* 4 |    TABLE ACCESS FULL| ORDER_ITEMS|    1   | 1242K  |   141K  |          |
-----------------------------------------------------------------------------
```

EXISTS 서브쿼리를 이용한 SEMI JOIN으로 쿼리가 변환되어 최적화 된 것을 확인할 수 있다. HASH SEMI JOIN으로 쿼리 변환이 발생은 했지만 DISTINCT는 제거되지 못했다. 이와 같이 계속 11g와 19c를 같이 비교해서 보여주는 이유는 옵티마이저 버전이 올라가면서 쿼리 변환이 어떻게 발생하는지 이해하기 위함이다.

아래 SQL 부분에서 비효율 부분을 찾아보자.

```
SELECT /*+ INDEX(A IX_ORDERS_N1) LEADING(A C@SUB B) USE_HASH(B) */
       A.ORDER_ID, A.ORDER_DATE,
       B.CUST_FIRST_NAME, A.ORDER_TOTAL
  FROM ORDERS A, CUSTOMERS B
 WHERE A.CUSTOMER_ID = B.CUSTOMER_ID(+)
   AND A.ORDER_DATE >= TO_DATE('20120101', 'YYYYMMDD')
   AND A.ORDER_DATE < TO_DATE('20120105', 'YYYYMMDD')
   AND EXISTS (SELECT /*+ QB_NAME(SUB) UNNEST HASH_SJ */ 1
                 FROM EMPLOYEES C
                WHERE A.EMPLOYEE_ID = C.EMPLOYEE_ID
                  AND C.HIRE_DATE > TO_DATE('20080101', 'YYYYMMDD'));
```

Id	Operation	Name	Starts	A-Rows	Buffers	Used-Mem
0	SELECT STATEMENT		1	22741	36261	
* 1	HASH JOIN OUTER		1	22741	36261	2907K (0)
* 2	HASH JOIN SEMI		1	22741	35477	4069K (0)
3	TABLE ACCESS BY INDEX ROWID	ORDERS	1	39625	35468	
* 4	INDEX RANGE SCAN	IX_ORDERS_N1	1	39625	136	
* 5	TABLE ACCESS FULL	EMPLOYEES	1	368	9	
6	TABLE ACCESS FULL	CUSTOMERS	1	50000	784	

〈 실행 순서 : 4 → 3 → 5 → 2 → 6 → 1 〉

QB_NAME은 QUERY BLOCK명 지정해서 해당 QUERY BLOCK명을 가지고 힌트에서 사용하기 위함이라고 설명했었다. 그리고 우린 앞에서 HASH JOIN 순서의 중요성에 대해서 배웠다. HASH SEMI JOIN도 마찬가지이다. 위의 경우 사이즈가 큰 테이블이 BUILD INPUT이 되어 HASH 테이블이 생성되었다. 작은 사이즈의 테이블이 BUILD INPUT이 되어야 PGA 사용량에서 효율적이다. HASH SEMI JOIN의 순서를 올바로 조정해 보도록 하자.

```sql
SELECT /*+ INDEX(A IX_ORDERS_N1) LEADING(A C@SUB B) USE_HASH(B) */
       A.ORDER_ID, A.ORDER_DATE,
       B.CUST_FIRST_NAME, A.ORDER_TOTAL
  FROM ORDERS A, CUSTOMERS B
 WHERE A.CUSTOMER_ID = B.CUSTOMER_ID(+)
   AND A.ORDER_DATE >= TO_DATE('20120101', 'YYYYMMDD')
   AND A.ORDER_DATE <  TO_DATE('20120130', 'YYYYMMDD')
   AND EXISTS (SELECT /*+ QB_NAME(SUB) UNNEST HASH_SJ SWAP_JOIN_INPUTS(C) */ 1
                 FROM EMPLOYEES C
                WHERE A.EMPLOYEE_ID = C.EMPLOYEE_ID
                  AND C.HIRE_DATE > TO_DATE('20080101', 'YYYYMMDD'));
```

Id	Operation	Name	Starts	A-Rows	Buffers	Used-Mem
0	SELECT STATEMENT		1	22741	36261	
* 1	HASH JOIN OUTER		1	22741	36261	2888K (0)
* 2	HASH JOIN RIGHT SEMI		1	22741	35477	1200K (0)
* 3	TABLE ACCESS FULL	EMPLOYEES	1	368	9	
4	TABLE ACCESS BY INDEX ROWID	ORDERS	1	39625	35468	
* 5	INDEX RANGE SCAN	IX_ORDERS_N1	1	39625	136	
6	TABLE ACCESS FULL	CUSTOMERS	1	50000	784	

〈 실행 순서 : 3 → 5 → 4 → 2 → 6 → 1 〉

서브쿼리 안의 테이블에 SWAP_JOIN_INPUTS 힌트를 주면 서브쿼리 안의 테이블이 BUILD INPUT이 되어 HASH 테이블로 생성된다. 위에 힌트를 많이 사용했는데 힌트를 남발하라는 의미는 아니다. 수행 원리를 설명하기 위해서 힌트를 사용하고 있는 것이다.

원리를 알아야만 옵티마이저가 잘못된 실행계획을 선택해서 성능이 안 좋아졌을 때 올바르게 바로 잡을 수가 있기 때문이다. 위 SQL의 실행 순서는 이렇다. EMPLOYEES 테이블을 우선 HASH 테이블로 생성하고 ORDERS와 JOIN된 결과를 다시 HASH 테이블로 생성한다. 그리고 마지막으로 CUSTOMERS와 JOIN을 한다.

실제 실무 사례에서 수십 기가 이상 되는 테이블 JOIN에서 JOIN 순서가 잘못되어 PGA 영역을 과도하게 사용해서 성능이 저하된다. 또한 한 SESSION이 PGA를 많이 사용하다 보니 다른 SQL에도 PGA 사용량에 영향을 미치는 경우가 있었다. PGA 메모리가 모자랄 경우 ONE PASS 이상 발생으로 Disk Swapping 발생해서 HASH JOIN 성능이 저하된다.

HASH ANTI JOIN은 어떠할까? HASH ANTI JOIN 또한 HASH SEMI JOIN의 사용 기준과 다르지 않으며 서브쿼리에 NOT 연산자가 들어가는 것뿐이다. NL ANTI JOIN의 예와 마찬가지로 큰 집합과 큰 집합 사이에 MINUS 연산을 해서 보여줘야 할 때 MINUS 연산자 대신에 HASH ANTI JOIN을 사용하게 되면 PGA 사용량에서 더 효과적이다. MINUS 연산자 사용 시에는 위아래 SQL에 대해서 각각 SORT가 발생하기 때문이다.

SORT MERGE SEMI / ANTI JOIN

SORT MERGE SEMI / ANTI JOIN의 경우도 SORT MERGE JOIN의 사용 기준과 다르지 않다. 일반적으로 HASH SEMI / ANTI JOIN이 유리하지만 HASH SEMI / ANTI JOIN의 경우 "=" JOIN에서만 가능하기 때문에 부등호 JOIN이나 JOIN 컬럼이 SORT되어 SORT MERGE JOIN 시 SORT가 발생하지 않을 때 사용할 수 있다.

또한 초당 수백 회 이상 매우 자주 사용되는 SQL에서 HASH JOIN에 의한 PGA 사용량 또는 CPU 사용이 부담되어 이보다 PGA 사용량이 줄어들 수 있을 때 사용되면 유리하다. 이는 모두 SORT MERGE JOIN의 사용기준이다.

아래와 같이 FUNCTION-BASED INDEX를 생성해 보자. FUNCTION-BASED INDEX를 생성하는 이유는 ORDER_DATE가 년월일 시:분:초 단위까지 저장되어 있기 때문에 테스트를 위해서 년월일 형태로 만들기 위함이다.

```
CREATE INDEX IX_ORDERS_N3
ON ORDERS(TO_CHAR(ORDER_DATE, 'YYYYMMDD'), EMPLOYEE_ID);

SELECT /*+ LEADING(A C@SUB) */
       A.ORDER_ID, A.ORDER_DATE,
       A.ORDER_TOTAL
  FROM ORDERS A
 WHERE TO_CHAR(A.ORDER_DATE, 'YYYYMMDD') = '20120101'
   AND EXISTS (SELECT /*+ QB_NAME(SUB) UNNEST MERGE_SJ */ 1
                 FROM EMPLOYEES C
                WHERE A.EMPLOYEE_ID = C.EMPLOYEE_ID
                  AND C.HIRE_DATE > TO_DATE('20080101', 'YYYYMMDD'));
```

Id	Operation	Name	Starts	A-Rows	Buffers	Used-Mem
0	SELECT STATEMENT		1	744	1190	
1	MERGE JOIN SEMI		1	744	1190	
2	TABLE ACCESS BY INDEX ROWID	ORDERS	1	1347	1181	
* 3	INDEX RANGE SCAN	IX_ORDERS_N3	1	1347	15	
* 4	SORT UNIQUE		1347	744	9	10240 (0)
* 5	TABLE ACCESS FULL	EMPLOYEES	1	359	9	

〈 실행 순서 : 3 → 2 → 5 → 4 → 1 〉

조건절이 TO_CHAR(A.ORDER_DATE, 'YYYYMMDD') = '20120101'로 들어왔으며 하루 데이터 안에서는 EMPLOYEE_ID로 정렬이 되어 있기 때문에 MERGE SEMI JOIN 시에 ORDERS 데이터에 대한 SORT가 발생하지 않았다. 후행 테이블인 EMPLOYEES의 건수도 작기 때문에 10240(10KB)의 적은 량의 PGA만 사용했다. 만약 이게 HASH JOIN으로 수행되었다면 어떠할까?

아래는 HASH SEMI JOIN으로 수행되었을 때 실행계획이다.

Id	Operation	Name	Starts	A-Rows	Buffers	Used-Mem
0	SELECT STATEMENT		1	744	1188	
* 1	HASH JOIN SEMI		1	744	1188	1233K (0)
2	TABLE ACCESS BY INDEX ROWID	ORDERS	1	1347	1171	
* 3	INDEX RANGE SCAN	IX_ORDERS_N3	1	1347	7	
* 4	TABLE ACCESS FULL	EMPLOYEES	1	359	17	

이와 같은 경우에는 PGA 사용량에서 HASH JOIN이 불리하다. (10KB : 1233KB) 이 SQL이 종종 수행되면 SQL이면 둘 중 아무렇게나 수행되더라도 큰 영향이 없겠지만 초당 수십 수백 번 실행되는 경우라면 PGA 사용량 줄이는 것도 중요하다.

MERGE ANTI JOIN의 경우 SEMI JOIN의 부정형이며 MERGE_AJ 힌트로 동작을 한다. 추가 설명 부분은 위에서 설명해 왔던 사용기준의 내용과 크게 다르지 않다.

Section 07 스칼라 서브쿼리

스칼라 서브쿼리란 SELECT절에 사용된 서브쿼리를 말한다. 스칼라 서브쿼리가 언제 활용되면 효율적인지, 언제 사용되면 비효율인지에 대해서 알아보도록 하겠다.

아래 SQL을 확인해 보도록 하자.

```
SELECT /*+ LEADING(A B) USE_NL(B) INDEX(A IX_ORDERS_N1) */
       A.ORDER_ID, A.ORDER_DATE, B.LAST_NAME, A.ORDER_TOTAL
  FROM ORDERS A, EMPLOYEES B
 WHERE A.EMPLOYEE_ID = B.EMPLOYEE_ID(+)
   AND A.ORDER_DATE >= TO_DATE('20120101', 'YYYYMMDD')
   AND A.ORDER_DATE <  TO_DATE('20120102', 'YYYYMMDD')
```

Id	Operation	Name	Starts	A-Rows	Buffers
0	SELECT STATEMENT		1	1370	3905
1	NESTED LOOPS OUTER		1	1370	3905
2	TABLE ACCESS BY INDEX ROWID	ORDERS	1	1370	1252
* 3	INDEX RANGE SCAN	IX_ORDERS_N1	1	1370	22
4	TABLE ACCESS BY INDEX ROWID	EMPLOYEES	1370	1370	2653
* 5	INDEX UNIQUE SCAN	IX_EMPLOYEES_PK	1370	1370	1283

위 SQL은 ORDERS의 결과 건수 1,370건을 후행 테이블 EMPLOYEES로 OUTER NL JOIN을 하고 있다. EMPLOYEES 테이블의 경우 총 건수 700건 미만의 소형 테이블임에도 불구하고 선행 데이터 건수에 비례해서 I/O량이 높아진다.

EMPLOYEES 테이블이 소형 테이블이므로 에서 배운 HASH JOIN을 사용하면 되지 않겠냐고 생각하겠지만 일단 이번 장에서는 HASH JOIN은 배제하도록 한다. 또한 만약 위의 SQL이 초당 수십 수백 번씩 빈번하게 사용하는 SQL일 경우 HASH JOIN을 사용하는 것은 고려해 봐야 한다.

그렇다면 어떻게 하면 Buffers를 줄일 수 있을까? 여기서 활용할 수 있는 것이 바로 스칼라 서브쿼리이다.

아래 SQL을 확인해 보도록 하자.

```
SELECT /*+ INDEX(A IX_ORDERS_N1) */
       A.ORDER_ID, A.ORDER_DATE
     , (SELECT B.LAST_NAME FROM EMPLOYEES B
         WHERE A.EMPLOYEE_ID = B.EMPLOYEE_ID) EMPLOYEE_NAME
     , A.ORDER_TOTAL
  FROM ORDERS A
 WHERE A.ORDER_DATE >= TO_DATE('20120101', 'YYYYMMDD')
   AND A.ORDER_DATE <  TO_DATE('20120102', 'YYYYMMDD')
```

Id	Operation	Name	Starts	A-Rows	Buffers
0	SELECT STATEMENT		1	1370	1252
1	TABLE ACCESS BY INDEX ROWID	EMPLOYEES	736	736	1447
* 2	INDEX UNIQUE SCAN	IX_EMPLOYEES_PK	736	736	711
3	TABLE ACCESS BY INDEX ROWID	ORDERS	1	1370	1252
* 4	INDEX RANGE SCAN	IX_ORDERS_N1	1	1370	22

〈 실행 순서 : 4 → 3 → 2 → 1 〉

스칼라 서브쿼리의 실행 계획은 메인 쿼리의 위쪽에 위치하게 된다. (ID 1,2번) 위 실행 통계를 보면 ORDERS의 결과 건수는 1,370건이지만 스칼라 서브쿼리 수행 시의 Starts 항목은 736인 것을 볼 수 있다. 이것은 스칼라 서브쿼리 캐싱 효과 때문이다. 스칼라 서브쿼리 캐싱 효과로 EMPLOYEES와 JOIN 시 Buffers 통계 값이 절반 정도로 줄어들었다.

스칼라 서브쿼리 캐싱 효과는 FILTER 서브쿼리 캐싱 효과와 동일하다. 입력 값의 DISTINCT한 종류의 수가 적을 때 캐싱 효과는 좋아진다. 입력 값이란 스칼라 서브쿼리 내에서 메인 쿼리와 JOIN되는 컬럼 값을 말한다. 건수가 적은 코드성 테이블이 스칼라 서브쿼리에서 사용되면 캐싱 효과가 좋을 것이다.

반대로 생각해 보자. 만약 입력 값의 종류가 매우 많은 경우 스칼라 서브쿼리에서 사용되면 어떻게 될까? 스칼라 서브쿼리의 캐싱 효과는 거의 없이 아마 NL JOIN과 거의 비슷한 I/O로 발생할 것이다.

아래 SQL은 위 SQL과 동일하지만 ORDERS 테이블을 스칼라 서브쿼리 내의 JOIN 컬럼인 EMPLOYEE_ID로 정렬을 한 것이다. NO_MERGE 힌트는 ORDER BY가 먼저 수행된 후에 스칼라 서브쿼리를 호출하기 위해서이다.

```
SELECT /*+ INDEX(A IX_ORDERS_N1) */
       A.ORDER_ID, A.ORDER_DATE
     , (SELECT B.LAST_NAME FROM EMPLOYEES B
          WHERE A.EMPLOYEE_ID = B.EMPLOYEE_ID) EMPLOYEE_NAME
     , A.ORDER_TOTAL
  FROM (SELECT /*+ NO_MERGE */ A.* FROM ORDERS A
         WHERE A.ORDER_DATE >= TO_DATE('20120101', 'YYYYMMDD')
           AND A.ORDER_DATE <  TO_DATE('20120102', 'YYYYMMDD')
         ORDER BY EMPLOYEE_ID) A;
```

Id	Operation	Name	Starts	A-Rows	Buffers	Used-Mem
0	SELECT STATEMENT		1	1370	1238	
1	TABLE ACCESS BY INDEX ROWID	EMPLOYEES	575	575	605	
* 2	INDEX UNIQUE SCAN	IX_EMPLOYEES_PK	575	575	30	
3	VIEW		1	1370	1238	
4	SORT ORDER BY		1	1370	1238	71680 (0)
5	TABLE ACCESS BY INDEX ROWID	ORDERS	1	1370	1238	
* 6	INDEX RANGE SCAN	IX_ORDERS_N1	1	1370	8	

위 실행 통계를 보면 Starts 항목이 575로 Buffers 값도 더 줄어들어 캐싱 효과가 좋아진 것을 볼 수 있다. 스칼라 서브쿼리 캐싱 효과 역시 CLUSTERING FACTOR와 연관된다고 보여지는 부분이다. 이 575라는 값은 ORDERS의 ORDER_DATE 범위에 들어오는 DISTINCT한 종류의 건수가 575이기 때문에 CLUSTERING FACTOR가 가장 좋을 때 나타날 수 있는 최저치이다.

위와 같이 SQL을 작성하니 정렬에 대한 부하가 생겼다. 여기서 앞의 테스트 부분에서 만들었던 TO_CHAR(ORDER_DATE, 'YYYYMMDD'), EMPLOYEE_ID 컬럼으로 구성된 IX_ORDERS_N3 3번 INDEX를 사용할 수 있도록 조건절을 바꿔보자.

```
SELECT /*+ INDEX(A IX_ORDERS_N3) */
       A.ORDER_ID, A.ORDER_DATE
     , (SELECT B.LAST_NAME FROM EMPLOYEES B
         WHERE A.EMPLOYEE_ID = B.EMPLOYEE_ID) EMPLOYEE_NAME
     , A.ORDER_TOTAL
  FROM ORDERS A
 WHERE TO_CHAR(ORDER_DATE, 'YYYYMMDD') = '20120101';
```

```
-----------------------------------------------------------------------------
| Id | Operation                     | Name           | Starts | A-Rows | Buffers |
-----------------------------------------------------------------------------
|  0 | SELECT STATEMENT              |                |      1 |   1370 |    1216 |
|  1 |  TABLE ACCESS BY INDEX ROWID  | EMPLOYEES      |    575 |    575 |     605 |
|* 2 |   INDEX UNIQUE SCAN           | IX_EMPLOYEES_PK|    575 |    575 |      30 |
|  3 |  TABLE ACCESS BY INDEX ROWID  | ORDERS         |      1 |   1370 |    1216 |
|* 4 |   INDEX RANGE SCAN            | IX_ORDERS_N3   |      1 |   1370 |      21 |
-----------------------------------------------------------------------------
```

IX_ORDERS_N3의 경우 조회 조건인 TO_CHAR(ORDER_DATE, 'YYYYMMDD')의 다음 컬럼이 EMPLOYEE_ID이기 때문에 EMPLOYEE_ID로 정렬이 되어 있다. 이는 INDEX의 특성임을 [Part 04, Section 02. INDEX RANGE SCAN]에서 설명했었다. 따라서 이전 SQL에서 EMPLOYEE_ID로 정렬한 것과 같이 스칼라 서브쿼리 캐싱 효과가 최대로 되었다.

이것은 원리를 설명하려고 하는 것이지 이런 캐싱 효과에 맞추어 무분별하게 INDEX를 생성하라는 뜻은 아니니 주의하기 바란다. 위 ORDER BY EMPLOYEE_ID의 SQL에서 ORDER_DATE의 범위를 넓게 준다면 어떻게 될까? EMPLOYEE_ID로 정렬이 되어 CLUSTERING FACTOR가 최대이며 EMPLOYEES 테이블의 건수가 642건 이므로 Starts 항목이 642로 발생할 것이다. 직접 테스트해 보기를 바란다.

실무의 많은 SQL을 보면 입력 값(JOIN 컬럼 값)의 DISTINCT한 개수가 적은 테이블과 JOIN을 하는데 NL JOIN으로 처리해서 Buffers(Block I/O)에서 비효율이 발생하는 예를 많이 보았다. 앞으로 이런 경우가 있다면 스칼라 서브쿼리 사용을 고려해 보도록 하자.

이번에는 반대로 스칼라 서브쿼리 사용 시에 나빠지는 경우에 대해서 보도록 하겠다.

```
SELECT /*+ INDEX(A IX_ORDERS_N1) */
       A.ORDER_ID, A.ORDER_DATE
     , (SELECT B.CUST_LAST_NAME FROM CUSTOMERS B
         WHERE A.CUSTOMER_ID = B.CUSTOMER_ID) EMPLOYEE_NAME
     , A.ORDER_TOTAL
  FROM ORDERS A
 WHERE A.ORDER_DATE >= TO_DATE('20120101', 'YYYYMMDD')
   AND A.ORDER_DATE <  TO_DATE('20120201', 'YYYYMMDD')
```

Id	Operation	Name	Starts	A-Rows	Buffers
0	SELECT STATEMENT		1	42357	38392
1	TABLE ACCESS BY INDEX ROWID	CUSTOMERS	34021	34021	68468
*2	INDEX UNIQUE SCAN	IX_CUSTOMERS_PK	34021	34021	34447
3	TABLE ACCESS BY INDEX ROWID	ORDERS	1	42357	38392
*4	INDEX RANGE SCAN	IX_ORDERS_N1	1	42357	568

〈 실행 순서 : 4 → 3 → 2 → 1 〉

CUSTOMER 테이블은 약 50,000건 정도의 테이블로 사이즈는 5MB이다. 이와 같이 메인 쿼리의 결과 건수가 많아 스칼라 서브쿼리로 입력되는 DISTINCT한 종류의 가지 수가 많다 보니 캐싱 효과가 미미해서 CUSTOMERS 테이블의 사이즈가 작음에도 68,468 Block IO가 발생했다. 총 Block I/O는 68,468 + 39,392이다.

여기서는 50,000여 건의 테이블로 테스트를 했지만 사이즈는 몇십 몇백 MB로 사이즈는 크지 않으면서 건수는 많을 경우 스칼라 서브쿼리 캐싱 효과는 거의 사라질 것이다. 이런 경우는 당연히 스칼라 서브쿼리를 JOIN으로 빼내어 HASH JOIN으로 수행하는 것이 성능상 유리하다.

```sql
SELECT /*+ INDEX(A IX_ORDERS_N1) */
       A.ORDER_ID, A.ORDER_DATE
     , B.CUST_LAST_NAME
     , A.ORDER_TOTAL
  FROM ORDERS A, CUSTOMERS B
 WHERE A.CUSTOMER_ID = B.CUSTOMER_ID(+)
   AND A.ORDER_DATE >= TO_DATE('20120101', 'YYYYMMDD')
   AND A.ORDER_DATE <  TO_DATE('20120201', 'YYYYMMDD')
;
```

Id	Operation	Name	Starts	A-Rows	Buffers	Used-Mem
0	SELECT STATEMENT		1	42357	38951	
* 1	HASH JOIN RIGHT OUTER		1	42357	38951	3243K (0)
2	TABLE ACCESS FULL	CUSTOMERS	1	50000	559	
3	TABLE ACCESS BY INDEX ROWID	ORDERS	1	42357	38392	
* 4	INDEX RANGE SCAN	IX_ORDERS_N1	1	42357	568	

SQL을 OUTER JOIN으로 변경한 이유는 스칼라 서브쿼리는 메인 쿼리의 결과 건수에 영향을 미치지 않기 때문이다. 만약 ORDERS의 CUSTOMER_ID가 CUSTOMERS 테이블에 모두 존재한다고 한다면 OUTER JOIN이 아닌 INNER JOIN으로 해도 된다.

위 실행 통계를 보면 FULL SCAN HASH JOIN으로 변경이 되어 CUSTOMERS와의 JOIN 부분이 68,468 → 559 Block IO로 크게 줄었다. 대신 HASH JOIN으로 인한 PGA 메모리 사용이 3,243K 늘어나기는 했지만 OLTP 환경에서는 일반적으로 Block 크기가 8K 정도이니 8 * 줄어든 Block I/O 수로 해서 비교해 보면 많은 차이가 나는 것을 볼 수 있다.

스칼라 서브쿼리에서 사용된 테이블이 사이즈는 크지 않지만 스칼라 서브쿼리의 JOIN 컬럼에 해당하는 DISTINCT한 종류의 건수가 많은 경우에는 스칼라 서브쿼리 캐싱 효과는 발생하지 않는다. 이럴 경우 메인 쿼리의 결과 건수에 많다면 이와 비례해서 스칼라 서브쿼리에 대한 I/O가 많이 발생해서 성능 저하되는 사례가 종종 나타난다.

이번에는 반대로 1 : N 관계의 테이블에서 1쪽 테이블은 대용량 N쪽 테이블은 초대용량인 상황에서 스칼라 서브쿼리의 캐싱 효과는 없지만 성능 개선 측면에서 활용할 수 있는 사례의 SQL을 보도록 해보자.

```sql
SELECT ORDER_ID, ORDER_DATE, ORDER_TOTAL, QUANTITY
  FROM (
       SELECT /*+ LEADING(A B) USE_NL(B) INDEX(A IX_ORDERS_N1) */
              A.ORDER_ID, A.ORDER_DATE, A.ORDER_TOTAL, B.QUANTITY
            , ROW_NUMBER() OVER(PARTITION BY A.ORDER_ID ORDER BY NULL) RNK
         FROM ORDERS A, ORDER_ITEMS B
        WHERE A.ORDER_ID = B.ORDER_ID
          AND A.ORDER_DATE >= TO_DATE('20120101', 'YYYYMMDD')
          AND A.ORDER_DATE <  TO_DATE('20120105', 'YYYYMMDD') )
 WHERE RNK = 1;
```

```
---------------------------------------------------------------------------------------------
| Id  | Operation                        | Name             | Starts | A-Rows | Buffers | Used-Mem |
---------------------------------------------------------------------------------------------
|   0 | SELECT STATEMENT                 |                  |      1 |   5431 |   63304 |          |
|*  1 |  VIEW                            |                  |      1 |   5431 |   63304 |          |
|*  2 |   WINDOW SORT PUSHED RANK        |                  |      1 |  53289 |   63304 | 4141K (0)|
|   3 |    NESTED LOOPS                  |                  |      1 |  53289 |   63304 |          |
|   4 |     NESTED LOOPS                 |                  |      1 |  53289 |   15916 |          |
|   5 |      TABLE ACCESS BY INDEX ROWID | ORDERS           |      1 |   5432 |    4865 |          |
|*  6 |       INDEX RANGE SCAN           | IX_ORDERS_N1     |      1 |   5432 |      17 |          |
|*  7 |      INDEX RANGE SCAN            | IX_ORDER_ITEMS_PK|   5432 |  53289 |   11051 |          |
|   8 |     TABLE ACCESS BY INDEX ROWID  | ORDER_ITEMS      |  53289 |  53289 |   47388 |          |
---------------------------------------------------------------------------------------------
```

〈 실행 순서 : 6 → 5 → 7 → 4 → 8 → 3 → 2 → 1 〉

위 SQL에서 ORDERS와 ORDER_ITEMS의 관계는 1:N이며 ORDER_ITEMS의 처음 걸리는 QUANTITY 아무거나 하나 가져오려는 SQL이다. N쪽 테이블의 QUANTITY를 처음 걸리는 하나를 가져오지만 모두 JOIN해보고 ROW_NUMBER 분석 함수를 이용해서 가져오고 있다. N족 테이블이 초 대용량 테이블일 경우 N쪽 스스로 줄여주는 조건이 없다면 HASH JOIN은 사용할 수 없다.(초대용량 FULL SCAN 비효율 발생)

이 상황에서 개선 방안은 없는 것일까? N쪽 테이블과의 JOIN이 입력 값의 종류가 매우 많지만 이때 스칼라 서브쿼리를 사용하면 개선이 가능하다.

아래 SQL을 확인해 보자.

```sql
SELECT /*+ INDEX(A IX_ORDERS_N1) */
       A.ORDER_ID, A.ORDER_DATE, A.ORDER_TOTAL,
       (SELECT B.QUANTITY FROM ORDER_ITEMS B
         WHERE A.ORDER_ID = B.ORDER_ID
           AND ROWNUM <= 1) PRODUCTID
  FROM ORDERS A
 WHERE A.ORDER_DATE >= TO_DATE('20120101', 'YYYYMMDD')
   AND A.ORDER_DATE <  TO_DATE('20120105', 'YYYYMMDD') ;
```

```
---------------------------------------------------------------------------------
| Id  | Operation                     | Name             | Starts | A-Rows | Buffers |
---------------------------------------------------------------------------------
|   0 | SELECT STATEMENT              |                  |      1 |   5432 |    4929 |
|*  1 |  COUNT STOPKEY                |                  |   5432 |   5431 |   21727 |
|   2 |   TABLE ACCESS BY INDEX ROWID | ORDER_ITEMS      |   5432 |   5431 |   21727 |
|*  3 |    INDEX RANGE SCAN           | IX_ORDER_ITEMS_PK|   5432 |   5431 |   16296 |
|   4 |  TABLE ACCESS BY INDEX ROWID  | ORDERS           |      1 |   5432 |    4929 |
|*  5 |   INDEX RANGE SCAN            | IX_ORDERS_N1     |      1 |   5432 |      72 |
---------------------------------------------------------------------------------
```

〈 실행 순서 : 5 → 4 → 3 → 2 → 1 〉

스칼라 서브쿼리를 이용해서 ROWNUM <= 1로 처리했기 때문에 한 건만 JOIN하고 멈추게 되어 I/O 개선이 되었다.

NL JOIN에서는 Starts 항목 5,432에 ROWS가 53,289건이며 INDEX RANGE SCAN의 Buffers가 11,051인데 스칼라 서브쿼리는 16,269로 더 높다. 이는 NL JOIN에서는 INDEX Block을 Pinning 하는 효과가 있어서 Buffers 항목이 낮은 것이고 스칼라 서브쿼리의 경우는 JOIN할 때마다 INDEX Root → Branch → Leaf Block에 대한 I/O가 발생을 했기 때문에 5,432 * 3인 16,296의 I/O가 발생을 했다.

하지만 TABLE ACCESS BY INDEX ROWID에 대한 건수가 줄어들어 I/O 개선 효과가 발생했음을 볼 수 있다.(47,388 → 21,727) 게다가 PGA 사용 부분도 사라졌다. NL JOIN과 Block I/O가 극적으로 차이 나지는 않지만 실제 실무에서는 1 : N 관계가 N쪽의 숫자가 커져서 많은 성능 차이가 날 수 있기 때문에 활용 원리를 이해하는 차원에서 설명을 했다.

주의 사항으로 스칼라 서브쿼리 안에서 ROWNUM을 사용하게 되면 캐싱 효과는 사라진다.

19c에서 발생하기 시작한 스칼라 서브쿼리 관련한 쿼리 변환을 확인해 보자.

```
SELECT  EMPLOYEE_ID, FIRST_NAME, LAST_NAME
     , (SELECT SUM(ORDER_TOTAL)
          FROM ORDERS B
         WHERE B.EMPLOYEE_ID = A.EMPLOYEE_ID
           AND B.ORDER_DATE >= :V_ST_DT
           AND B.ORDER_DATE < :V_ED_DT) EMPLOYEE_NAME
  FROM EMPLOYEES A
     , DEPARTMENTS B
 WHERE A.DEPARTMENT_ID = B.DEPARTMENT_ID
   AND B.DEPARTMENT_ID >= :V_DEPARTMENT_ID;
```

```
-------------------------------------------------------------------------------------------
| Id | Operation            | Name              | Starts | A-Rows | A-Time   | Buffers | Used-Mem  |
-------------------------------------------------------------------------------------------
|  0 | SELECT STATEMENT     |                   |      1 |    111 | 00:00.09 |   19634 |           |
|* 1 | HASH JOIN RIGHT OUTER|                   |      1 |    111 | 00:00.09 |   19634 | 1612K (0) |
|  2 |  VIEW                | VW_SSQ_1          |      1 |    642 | 00:00.09 |   19619 |           |
|  3 |   HASH GROUP BY      |                   |      1 |    642 | 00:00.09 |   19619 | 1402K (0) |
|* 4 |    FILTER            |                   |      1 |   500K | 00:00.07 |   19619 |           |
|* 5 |     TABLE ACCESS FULL| ORDERS            |      1 |   500K | 00:00.07 |   19619 |           |
|  6 |  NESTED LOOPS        |                   |      1 |    111 | 00:00.01 |      15 |           |
|* 7 |   TABLE ACCESS FULL  | EMPLOYEES         |      1 |    111 | 00:00.01 |      10 |           |
|* 8 |   INDEX UNIQUE SCAN  | IX_DEPARTMENTS_PK |    111 |    111 | 00:00.01 |       5 |           |
-------------------------------------------------------------------------------------------
```

위에서 서브쿼리를 사용했지만 옵티마이저는 스칼라 서브쿼리를 OUTER JOIN으로 쿼리 변환을 했다. 19c로 전환하면서 위와 같이 서브쿼리 안에 SUM이나 MAX 함수를 사용하는 SQL이 존재했을 경우 OUTER JOIN으로 쿼리 변환이 되면서 악성 실행 계획으로 수행되는 경우가 발생하기도 한다. 필자가 근무하는 SITE에서 11g → 19c로 업그레이드한 후에 이와 같은 현상이 발생했었다.

서브쿼리가 OUTER JOIN으로 변환되는 부분도 UNNESTING 쿼리 변환이 발생하는 것이다. 따라서 아래와 같이 스칼라 서브쿼리 안에 /*+ NO_UNNEST */ 힌트를 기술해 주면 위와 같은 쿼리 변환을 막을 수 있다.

```
SELECT  EMPLOYEE_ID, FIRST_NAME, LAST_NAME
     , (SELECT /*+ NO_UNNEST */
               SUM(ORDER_TOTAL)
          FROM ORDERS B
         WHERE B.EMPLOYEE_ID = A.EMPLOYEE_ID
           AND B.ORDER_DATE >= :V_ST_DT
           AND B.ORDER_DATE <  :V_ED_DT) EMPLOYEE_NAME
  FROM EMPLOYEES A
     , DEPARTMENTS B
 WHERE A.DEPARTMENT_ID = B.DEPARTMENT_ID
   AND B.DEPARTMENT_ID >= :V_DEPARTMENT_ID;
```

Id	Operation	Name	Starts	A-Rows	A-Time	Buffers
0	SELECT STATEMENT		1	111	00:00.01	11
1	SORT AGGREGATE		111	111	00:00.01	453
* 2	FILTER		111	245	00:00.01	453
3	TABLE ACCESS BY INDEX ROWID	ORDERS	111	245	00:00.01	453
* 4	INDEX RANGE SCAN	IX_ORDERS_N2	111	245	00:00.01	227
6	NESTED LOOPS		1	111	00:00.01	15
* 7	TABLE ACCESS FULL	EMPLOYEES	1	111	00:00.01	10
* 8	INDEX UNIQUE SCAN	IX_DEPARTMENTS_PK	111	111	00:00.01	5

Section 08 비 상관관계 서브쿼리

상관관계 서브쿼리는 메인 쿼리가 먼저 수행되고 서브쿼리가 수행되는 데 반해서 비 상관관계 서브쿼리는 서브쿼리가 먼저 수행되어 메인 쿼리로 공급하는 형태를 말한다. 비 상관관계 서브쿼리가 언제 사용되면 유리한지 알아보도록 하겠다.

```
SELECT ORDER_ID, ORDER_DATE, ORDER_MODE, ORDER_TOTAL
  FROM ORDERS A
 WHERE ORDER_ID IN (SELECT ORDER_ID FROM ORDER_ITEMS B
                     WHERE ORDER_DATE >= TO_DATE('20120601', 'YYYYMMDD')
                       AND ORDER_DATE <  TO_DATE('20120602', 'YYYYMMDD')
                       AND PRODUCT_ID = 'P006');
```

```
----------------------------------------------------------------------------
| Id  | Operation                       | Name              | Starts | A-Rows | Buffers |
----------------------------------------------------------------------------
|   0 | SELECT STATEMENT                |                   |      1 |     16 |      70 |
|   1 |  NESTED LOOPS                   |                   |      1 |     16 |      70 |
|   2 |   NESTED LOOPS                  |                   |      1 |     16 |      54 |
|   3 |    TABLE ACCESS BY INDEX ROWID  | ORDER_ITEMS       |      1 |     16 |      20 |
|*  4 |     INDEX RANGE SCAN            | IX_ORDER_ITEMS_N2 |      1 |     16 |       4 |
|*  5 |    INDEX UNIQUE SCAN            | IX_ORDERS_PK      |     16 |     16 |      34 |
|   6 |   TABLE ACCESS BY INDEX ROWID   | ORDERS            |     16 |     16 |      16 |
----------------------------------------------------------------------------
```

위의 실행 계획을 보면 서브쿼리가 먼저 수행되어 메인 쿼리로 공급되는 형태이다. 서브쿼리와 연결되는(위에서 ORDER_ID)에 적절한 INDEX가 존재하고 서브쿼리의 결과가 메인 쿼리의 결과 건수를 크게 줄여주는 ACCEES 조건으로 참여할 때 효과적이다. 위의 비 상관관계 서브쿼리는 아래와 같이 SEMI JOIN과 비슷한 쿼리 변환이 발생한다.

```sql
SELECT A.ORDER_ID, A.ORDER_DATE, A.ORDER_MODE, A.ORDER_TOTAL
  FROM (SELECT ORDER_ID FROM ORDER_ITEMS
         WHERE ORDER_DATE >= TO_DATE('20120601', 'YYYYMMDD')
           AND ORDER_DATE <  TO_DATE('20120602', 'YYYYMMDD')
           AND PRODUCT_ID = 'P006') B
     , ORDERS A
 WHERE A.ORDER_ID = B.ORDER_ID;
```

위와 서브쿼리가 FROM절로 올라가서 JOIN 형태로 변환되는데 이를 서브쿼리 UNNESTING이라고 하며 서브쿼리는 FROM절의 앞에 위치하게 된다.

위의 ORDER_ITEMS의 경우는 ORDER_DATE, PRODUCTID가 PK로 되어 있어서 인라인 뷰 안에서 DISTINCT가 생략되어 SORT UNIQUE 오퍼레이션이 발생하지 않았다. 만약 메인 쿼리 : 서브쿼리가 1:N이면서 N쪽이 UNNESTING되어 FROM절로 올라가게 되면 중복된 건수만큼 데이터가 늘어나 정합성에 문제가 될 수 있다. 그래서 서브쿼리에서 공급되는 컬럼이 UNIQUE 하다는 것을 옵티마이저가 알지 못하면 SORT(HASH) UNIQUE 오퍼레이션이 발생한다. 이때 서브쿼리의 집합 크기가 크면 클수록 SORT에 의한 부하가 발생하게 되어 성능이 저하된다.

아래 SQL을 보도록 하자.

```sql
SELECT /*+ LEADING(B@SUB A) USE_NL(A) */
       PRODUCT_ID, PRODUCT_NAME, WEIGHT_CLASS
  FROM PRODUCTS A
 WHERE PRODUCT_ID IN (SELECT /*+ QB_NAME(SUB) */ PRODUCT_ID FROM ORDER_ITEMS B
                       WHERE ORDER_DATE >= TO_DATE('20120601', 'YYYYMMDD')
                         AND ORDER_DATE <  TO_DATE('20120901', 'YYYYMMDD')
                         AND QUANTITY >= 2);
```

Id	Operation	Name	Starts	A-Rows	Buffers	Used-Mem
0	SELECT STATEMENT		1	288	71119	
1	NESTED LOOPS		1	288	71119	
2	NESTED LOOPS		1	288	70831	
3	SORT UNIQUE		1	288	70825	8192 (0)
* 4	TABLE ACCESS FULL	ORDER_ITEMS	1	554K	70825	

```
|* 5 |   INDEX UNIQUE SCAN        | IX_PRODUCTS_PK |  288 |  288 |    6 |     |
|  6 |  TABLE ACCESS BY INDEX ROWID| PRODUCTS       |  288 |  288 |  288 |     |
-----------------------------------------------------------------------------------
```

위 SQL의 비효율이 무엇이겠는가? 기준 정보 성격의 코드성 소형 테이블인 PRODUCTS를 기준으로 보여주면서 서브쿼리의 많은 건수의 집합이 먼저 수행되어 SORT 발생으로 인한 비효율이 발생되고 있다. 여기서는 아래와 같이 서브쿼리 UNNESTING 발생할 때 서브쿼리의 N쪽 집합이 UNIQUE하다는 것을 보장하지 않기 때문에 DISTINCT가 생략되지 못했다. 따라서 SORT Operation이 발생한 것이다.

```sql
SELECT /*+ USE_NL(A B) */
       A.PRODUCT_ID, A.PRODUCT_NAME, A.WEIGHT_CLASS
  FROM (SELECT DISTINCT PRODUCT_ID FROM ORDER_ITEMS
         WHERE ORDER_DATE >= TO_DATE('20120601', 'YYYYMMDD')
           AND ORDER_DATE <  TO_DATE('20120901', 'YYYYMMDD')
           AND QUANTITY >= 2) B, PRODUCTS A
 WHERE A.PRODUCT_ID = B.PRODUCT_ID ;
```

이런 형태의 SQL은 앞의 비 상관관계 서브쿼리 활용 부분에서 설명했던 부분이라 비효율을 알아냈을 것이라고 생각한다. 위에서 사용한 /*+ LEADING(B@SUB A) USE_NL(A) */ 등의 힌트는 비 상관관계 서브쿼리 형태로 잘못 수행될 때 비효율을 보여주기 위해서 넣은 것이다. 힌트를 모두 제거하면 옵티마이저는 쿼리 변환을 통해 NL SEMI JOIN의 형태로 수행한다. 힌트를 모두 제거해 보도록 하자.

```sql
SELECT PRODUCT_ID, PRODUCT_NAME, WEIGHT_CLASS
  FROM PRODUCTS A
 WHERE PRODUCT_ID IN (SELECT PRODUCT_ID FROM ORDER_ITEMS B
                       WHERE ORDER_DATE >= TO_DATE('20120601', 'YYYYMMDD')
                         AND ORDER_DATE <  TO_DATE('20120901', 'YYYYMMDD')
                         AND QUANTITY >= 2);
```

```
-----------------------------------------------------------------------
| Id | Operation          | Name     | Starts | A-Rows | Buffers |
-----------------------------------------------------------------------
|  0 | SELECT STATEMENT   |          |      1 |    288 |    920  |
|  1 |  NESTED LOOPS SEMI |          |      1 |    288 |    920  |
|  2 |   TABLE ACCESS FULL| PRODUCTS |      1 |    288 |     16  |
```

```
|*  3 |    TABLE ACCESS BY INDEX ROWID| ORDER_ITEMS       |   288 |   288 |   904 |
|*  4 |       INDEX RANGE SCAN        | IX_ORDER_ITEMS_N2 |   288 |   326 |   580 |
--------------------------------------------------------------------------------
```

코드성의 소형 테이블인 PRODUCTS가 먼저 수행되면서 ORDER_ITEMS에 공급되는 확인자 형태의 NL SEMI JOIN으로 수행되었다.

이번에는 서브쿼리가 먼저 수행되고 메인쿼리로 공급되어야 하지만 메인쿼리가 먼저 수행되는 비 상관관계 서브쿼리 형태로 발생한 예를 보도록 하자.

<INDEX 현황>
IX_ORDER_ITEMS_N2 : PRODUCT_ID, ORDER_DATE

```sql
SELECT ORDER_ID, ORDER_DATE, PRODUCT_ID
     , UNIT_PRICE, QUANTITY
  FROM ORDER_ITEMS A
 WHERE ORDER_DATE >= TO_DATE('20120101', 'YYYYMMDD')
   AND ORDER_DATE <  TO_DATE('20120201', 'YYYYMMDD')
   AND PRODUCT_ID IN (SELECT /*+ NO_UNNEST */ PRODUCT_ID FROM PRODUCTS B
                       WHERE PRODUCT_NAME = 'CPU D600');
```

```
--------------------------------------------------------------------------------
| Id  | Operation                     | Name              | Starts | A-Rows |Buffers |
--------------------------------------------------------------------------------
|   0 | SELECT STATEMENT              |                   |      1 |    719 |   137K |
|*  1 |  FILTER                       |                   |      1 |    719 |   137K |
|*  2 |   TABLE ACCESS FULL           | ORDER_ITEMS       |      1 |   210K |  70833 |
|*  3 |   TABLE ACCESS BY INDEX ROWID | PRODUCTS          |  33205 |      1 |  66410 |
|*  4 |    INDEX UNIQUE SCAN          | IX_PRODUCTS_PK    |  33205 |  33205 |  33205 |
--------------------------------------------------------------------------------
```

ORDER_ITEMS의 경우 IX_ORDER_ITEMS_N2 INDEX가 PRODUCT_ID, ORDER_DATE로 구성이 되어 있으며 서브쿼리의 결과 건수가 매우 적기 때문에 서브쿼리가 먼저 수행되어 PRODUCT_ID에 값을 공급하는 것이 최적이다. 하지만 NO_UNNEST 힌트에 의해서 메인쿼리가 먼저 수행되는 FILTER 서브쿼리로 수행되면서 많은 I/O가 발생하고 있다.

NO_UNNEST 힌트가 아니라도 실무 환경에서 이와 같이 종종 발생하고 있다. 이럴 때 이런 사용 기준을 알아야 비효율 없이 SQL을 작성할 수 있다. 여기서는 힌트를 제거하면 바로 비 상관관계 서브쿼리로 실행이 되지만 실무 환경에서는 그렇지 않을 수가 있기 때문에 힌트를 통해서 제어를 해보도록 하겠다.

```
SELECT /*+ LEADING(B@SUB A) USE_NL(A) */
       ORDER_ID, ORDER_DATE, PRODUCT_ID
     , UNIT_PRICE, QUANTITY
  FROM ORDER_ITEMS A
 WHERE ORDER_DATE >= TO_DATE('20120101', 'YYYYMMDD')
   AND ORDER_DATE <  TO_DATE('20120201', 'YYYYMMDD')
   AND PRODUCT_ID IN (SELECT /*+ UNNEST QB_NAME(SUB) */ PRODUCT_ID FROM PRODUCTS B
                      WHERE PRODUCT_NAME = 'CPU D600');
```

Id	Operation	Name	Starts	A-Rows	Buffers
0	SELECT STATEMENT		1	719	743
1	NESTED LOOPS		1	719	743
2	NESTED LOOPS		1	719	27
* 3	TABLE ACCESS FULL	PRODUCTS	1	1	14
* 4	INDEX RANGE SCAN	IX_ORDER_ITEMS_N2	1	719	13
5	TABLE ACCESS BY INDEX ROWID	ORDER_ITEMS	719	719	716

PRODUCTS 테이블의 서브쿼리가 먼저 수행되어 PRODUCT_ID로 제공되면서 PRODUCT_ID, ORDER_DATE로 구성된 INDEX에 정확히 공급되어 비효율이 개선되었다.

위 서브쿼리에서는 PRODUCTS 테이블의 PK가 PRODUCT_ID이기 때문에 SORT Operation이 생략되었다.

PART 08

실행 계획 분리

이번 장에서는 반대로 UNION ALL 또는 CONCATNATION(옵티마이저가 내부적으로 UNION ALL 형태로 쿼리 변환)을 이용해서 SQL을 분리하는 방법에 알아보고자 한다.

실무에서 SQL에 조건절에 들어오는 조건식은 다양하며 최적의 성능을 위해서는 조건절에 따라서 실행 계획을 분리해서 수행해야 하는 경우가 존재하기 때문이다.

이번 단원에서 다루게 될 소주제는 아래와 같다.

Section 01. CONCATNATION을 이용한 실행 계획 분리
Section 02. UNION ALL을 이용한 실행 계획 분리

Section 01 CONCATNATION을 이용한 실행 계획 분리

CONCATNATION이란 옵티마이저가 UNION ALL 형태로 실행 계획을 분리해서 쿼리 변환하는 형태를 말한다. 예제 SQL을 통해서 자세한 내용을 살펴보도록 하자.

<EMPLOYEES 테이블 INDEX 현황>
IX_EMPLYEES_N2 : JOB_ID
IX_EMPLYEES_N3 : EMAIL
IX_EMPLYEES_N4 : LAST_NAME

<BIND 변수>
:V_JOB → J01, :V_NAME → Weiss, :V_EMAIL → BOTUVAULTN

```
SELECT * FROM EMPLOYEES E
 WHERE JOB_ID = :V_JOB
UNION ALL
SELECT * FROM EMPLOYEES E
 WHERE LAST_NAME LIKE :V_NAME||'%'
UNION ALL
SELECT * FROM EMPLOYEES E
 WHERE EMAIL = :V_EMAIL;
```

```
-----------------------------------------------------------------------------
| Id  | Operation                     | Name           | Starts | A-Rows | Buffers |
-----------------------------------------------------------------------------
|   0 | SELECT STATEMENT              |                |      1 |     42 |     16 |
|   1 |  UNION-ALL                    |                |      1 |     42 |     16 |
|   2 |   TABLE ACCESS BY INDEX ROWID | EMPLOYEES      |      1 |     35 |      5 |
|*  3 |    INDEX RANGE SCAN           | IX_EMPLYEES_N2 |      1 |     35 |      3 |
|   4 |   TABLE ACCESS BY INDEX ROWID | EMPLOYEES      |      1 |      6 |      8 |
|*  5 |    INDEX RANGE SCAN           | IX_EMPLYEES_N4 |      1 |      6 |      2 |
|   6 |   TABLE ACCESS BY INDEX ROWID | EMPLOYEES      |      1 |      1 |      3 |
|*  7 |    INDEX RANGE SCAN           | IX_EMPLYEES_N3 |      1 |      1 |      2 |
-----------------------------------------------------------------------------
```

위의 SQL은 조건 패턴별로 SQL을 각각 작성해서 UNION ALL로 묶고 있다. 위 SQL을 CONCATNATION 실행 계획으로 변경을 해보자.

```
SELECT /*+ USE_CONCAT */ *
  FROM EMPLOYEES E
 WHERE JOB_ID = :V_JOB
    OR LAST_NAME LIKE :V_NAME||'%'
    OR EMAIL = :V_EMAIL;
```

Id	Operation	Name	Starts	A-Rows	Buffers
0	SELECT STATEMENT		1	40	15
1	CONCATENATION		1	40	15
2	TABLE ACCESS BY INDEX ROWID	EMPLOYEES	1	6	9
* 3	INDEX RANGE SCAN	IX_EMPLYEES_N4	1	6	3
* 4	TABLE ACCESS BY INDEX ROWID	EMPLOYEES	1	1	3
* 5	INDEX RANGE SCAN	IX_EMPLYEES_N3	1	1	2
* 6	TABLE ACCESS BY INDEX ROWID	EMPLOYEES	1	33	3
* 7	INDEX RANGE SCAN	IX_EMPLYEES_N2	1	35	2

SQL은 OR로 묶인 하나의 SQL 형태이지만 /*+ USE_CONCAT */ 힌트에 의해서 옵티마이저가 UNION ALL 형태의 SQL 실행 계획으로 변환한다. 그런데 A-Rows를 보면 UNION ALL의 결과와 다른 것을 볼 수 있다. UNION ALL일 경우는 40건이고 USE_CONCAT를 사용했을 경우에는 40건이다. 이것은 아래와 같이 옵티마이저가 쿼리 변환을 해서 중복 데이터를 제거하기 때문이다.[1]

```
SELECT * FROM EMPLOYEES E
 WHERE JOB_ID = :V_JOB
UNION ALL
SELECT * FROM EMPLOYEES E
 WHERE LAST_NAME LIKE :V_NAME||'%'
   AND LNNVL(JOB_ID=:V_JOB)
UNION ALL
SELECT * FROM EMPLOYEES E
 WHERE EMAIL = :V_EMAIL
   AND LNNVL(JOB_ID=:V_JOB)
   AND LNNVL(EMAIL=:V_EMAIL);
```

---

1. 참고 문헌 : THE LOGICAL

결과적으로 보면 결국 위 CONCATNATION의 경우는 UNION 한 결과와 같은 것을 볼 수 있다. INDEX 현황을 동일한 상태에서 아래와 같이 조건을 하나 더 추가해 보자.

```sql
SELECT /*+ USE_CONCAT */ *
  FROM EMPLOYEES E
 WHERE JOB_ID = :V_JOB
    OR LAST_NAME LIKE :V_NAME||'%'
    OR EMAIL = :V_EMAIL
    OR (HIRE_DATE BETWEEN :V_HIRE_DATE_S AND :V_HIRE_DATE_E);
```

```
--------------------------------------------------------------
| Id | Operation          | Name      | Starts | A-Rows | Buffers |
--------------------------------------------------------------
|  0 | SELECT STATEMENT   |           |     1  |    40  |    10   |
|* 1 | TABLE ACCESS FULL  | EMPLOYEES |     1  |    40  |    10   |
--------------------------------------------------------------
```

USE_CONCAT 힌트를 기술했지만 HIRE_DATE와 관련된 INDEX가 없기 때문에 EMPLOYEES 테이블 FULL SCAN을 하고 있다. HIRE_DATE 조건에 의해 FULL SCAN을 해야 되는데 실행 계획 분리되어 다른 컬럼 조건으로 INDEX RANGE SCAN을 하게 된다면 같은 데이터 반복 ACCESS이므로 위 실행 계획은 당연한 결과라고 볼 수 있다.

[Section 02. UNION ALL을 이용한 실행 계획 분리]에서 다루기는 하겠지만 HIRE_DATE 조건이 들어올 수도 있고 들어오지 않을 수도 있는 선택적 조건이고 조회 범위가 넓은 경우라서 FULL TABLE SCAN이 유리하다고 하면 아래와 같이 분리가 가능하다.

```sql
SELECT /*+ USE_CONCAT */ *
  FROM EMPLOYEES E
 WHERE JOB_ID = :V_JOB
    OR LAST_NAME LIKE :V_NAME||'%'
    OR EMAIL = :V_EMAIL
UNION ALL
SELECT /*+ USE_CONCAT */ *
  FROM EMPLOYEES E
 WHERE HIRE_DATE BETWEEN :V_HIRE_DATE_S AND :V_HIRE_DATE_E
   AND :V_HIRE_DATE_S IS NOT NULL   -- 선택적 조건 표시(변수 값이 들어와야 수행)
```

```
---------------------------------------------------------------------------------
| Id   | Operation                      | Name            | Starts | A-Rows | Buffers |
---------------------------------------------------------------------------------
|   0  | SELECT STATEMENT               |                 |    1   |   40   |   15    |
|   1  |  UNION-ALL                     |                 |    1   |   40   |   15    |
|   2  |   CONCATENATION                |                 |    1   |   40   |   15    |
|   3  |    TABLE ACCESS BY INDEX ROWID | EMPLOYEES       |    1   |    6   |    9    |
|*  4  |     INDEX RANGE SCAN           | IX_EMPLYEES_N4  |    1   |    6   |    3    |
|*  5  |    TABLE ACCESS BY INDEX ROWID | EMPLOYEES       |    1   |    1   |    3    |
|*  6  |     INDEX RANGE SCAN           | IX_EMPLYEES_N3  |    1   |    1   |    2    |
|*  7  |    TABLE ACCESS BY INDEX ROWID | EMPLOYEES       |    1   |   33   |    3    |
|*  8  |     INDEX RANGE SCAN           | IX_EMPLYEES_N2  |    1   |   35   |    2    |
|*  9  |    FILTER                      |                 |    1   |    0   |    0    |
|* 10  |     TABLE ACCESS FULL          | EMPLOYEES       |    0   |    0   |    0    |
---------------------------------------------------------------------------------
```

위 실행 계획에서 보면 EMPLOYESS FULL TABLE SCAN 부분의 Buffers 수치가 0인 것을 볼 수 있다. 그 이유는 :V_HIRE_DATE 변수 값이 들어오지 않을 경우에는 수행되지 않기 때문이다.

<ORDERS 테이블 INDEX 현황>
IX_ORDERS_N1 : ORDER_DATE
IX_ORDERS_N2 : EMPLOYEE_ID, ORDER_DATE
IX_ORDERS_N3 : CUSTOMER_ID, ORDER_DATE

<바인드 변수 현황>
:V_ORDER_SDATE → 20120805
:V_ORDER_EDATE → 20120815
:V_EMPNO → E125
:V_CUSTNO → NULL

:V_EMPNO, :V_CUSTNO 변수 값은 OPTIONAL(선택) 이다.

```sql
SELECT A.ORDER_ID, A.ORDER_MODE, A.ORDER_DATE
     , C.FIRST_NAME EMPNAME, A.ORDER_TOTAL
  FROM ORDERS A, EMPLOYEES C
 WHERE A.EMPLOYEE_ID = C.EMPLOYEE_ID(+)
   AND A.ORDER_DATE >= TO_DATE(:V_ORDER_SDATE, 'YYYYMMDD')
   AND A.ORDER_DATE <  TO_DATE(:V_ORDER_EDATE, 'YYYYMMDD')
   AND ((:V_EMPNO  IS NOT NULL AND A.EMPLOYEE_ID = :V_EMPNO) OR
        (:V_CUSTNO IS NOT NULL AND A.CUSTOMER_ID = :V_CUSTNO))
```

```
---------------------------------------------------------------------------------
| Id  | Operation                        | Name            | Starts | A-Rows | Buffers |
---------------------------------------------------------------------------------
|   0 | SELECT STATEMENT                 |                 |      1 |      8 |      29 |
|   1 |  CONCATENATION                   |                 |      1 |      8 |      29 |
|*  2 |   FILTER                         |                 |      1 |      0 |       0 |
|   3 |    NESTED LOOPS OUTER            |                 |      0 |      0 |       0 |
|   4 |     TABLE ACCESS BY INDEX ROWID  | ORDERS          |      0 |      0 |       0 |
|*  5 |      INDEX RANGE SCAN            | IX_ORDERS_N3    |      0 |      0 |       0 |
|   6 |     TABLE ACCESS BY INDEX ROWID  | EMPLOYEES       |      0 |      0 |       0 |
|*  7 |      INDEX UNIQUE SCAN           | IX_EMPLOYEES_PK |      0 |      0 |       0 |
|*  8 |   FILTER                         |                 |      1 |      8 |      29 |
|   9 |    NESTED LOOPS OUTER            |                 |      1 |      8 |      29 |
|* 10 |     TABLE ACCESS BY INDEX ROWID  | ORDERS          |      1 |      8 |      12 |
|* 11 |      INDEX RANGE SCAN            | IX_ORDERS_N2    |      1 |      8 |       4 |
|  12 |     TABLE ACCESS BY INDEX ROWID  | EMPLOYEES       |      8 |      8 |      17 |
|* 13 |      INDEX UNIQUE SCAN           | IX_EMPLOYEES_PK |      8 |      8 |       9 |
---------------------------------------------------------------------------------
```

USE_CONCAT 힌트를 주지는 않았지만 옵티마이저가 CONCATNATION 실행 계획으로 SQL을 수행했으며 :V_CUSTNO 변수 값의 경우 들어오지 않았기 때문에 I/O(Buffers)가 발생하지 않았다.

위 INDEX 현황에서 CONCATNATION 실행 계획으로 SQL이 실행되지 않는다면 어떻게 될까?

아래 SQL을 보도록 하자.

```sql
SELECT /*+ NO_EXPAND */
       A.ORDER_ID, A.ORDER_MODE, A.ORDER_DATE
     , C.FIRST_NAME EMPNAME, A.ORDER_TOTAL
  FROM ORDERS A, EMPLOYEES C
 WHERE A.EMPLOYEE_ID = C.EMPLOYEE_ID(+)
   AND A.ORDER_DATE >= TO_DATE(:V_ORDER_SDATE, 'YYYYMMDD')
   AND A.ORDER_DATE <  TO_DATE(:V_ORDER_EDATE, 'YYYYMMDD')
   AND (((:V_EMPNO IS NOT NULL AND A.EMPLOYEE_ID = :V_EMPNO) OR
         (:V_CUSTNO IS NOT NULL AND A.CUSTOMER_ID = :V_CUSTNO));
```

```
-------------------------------------------------------------------------------
| Id  | Operation                      | Name            | Starts | A-Rows | Buffers |
-------------------------------------------------------------------------------
|   0 | SELECT STATEMENT               |                 |      1 |      8 |    2459 |
|*  1 |  FILTER                        |                 |      1 |      8 |    2459 |
|   2 |   NESTED LOOPS OUTER           |                 |      1 |      8 |    2459 |
|*  3 |    TABLE ACCESS BY INDEX ROWID | ORDERS          |      1 |      8 |    2442 |
|*  4 |     INDEX RANGE SCAN           | IX_ORDERS_N1    |      1 |   2706 |      11 |
|   5 |    TABLE ACCESS BY INDEX ROWID | EMPLOYEES       |      8 |      8 |      17 |
|*  6 |     INDEX UNIQUE SCAN          | IX_EMPLOYEES_PK |      8 |      8 |       9 |
-------------------------------------------------------------------------------
```

위와 같이 NO_EXPAND 힌트를 사용하게 되면 CONCATNAION PLAN으로 인한 실행 계획 분리가 발생하지 않는다.

실무에서 튜닝을 하다 보면 CONCATNATION PLAN으로 인한 실행 계획 분리가 발생하는 경우가 성능이 매우 나빠지는 경우도 있다. 그럴 경우에는 CONCATNATION PLAN으로 SQL이 수행되어 실행 계획 분리가 발생하지 않도록 해주어야 한다. 그때 사용할 수 있는 것이 NO_EXPAND이다.

Section 02 UNION ALL을 이용한 실행 계획 분리

바로 위에서 사용한 SQL에서 :V_CUSTNO, :V_EMPNO 두 조건 다 NULL로 들어올 경우에 대해서 조건을 추가해 보자.

<바인드 변수 현황>
:V_ORDER_SDATE → 20120805
:V_ORDER_EDATE → 20120815
:V_EMPNO → E125 또는 NULL
:V_CUSTNO → NULL

```
SELECT /*+ USE_CONCAT */
       A.ORDER_ID, A.ORDER_MODE, A.ORDER_DATE
     , C.FIRST_NAME EMPNAME, A.ORDER_TOTAL
  FROM ORDERS A, EMPLOYEES C
 WHERE A.EMPLOYEE_ID = C.EMPLOYEE_ID(+)
   AND A.ORDER_DATE >= TO_DATE(:V_ORDER_SDATE, 'YYYYMMDD')
   AND A.ORDER_DATE <  TO_DATE(:V_ORDER_EDATE, 'YYYYMMDD')
   AND (((:V_EMPNO IS NOT NULL AND A.EMPLOYEE_ID = :V_EMPNO) OR
        (:V_CUSTNO IS NOT NULL AND A.CUSTOMER_ID = :CUSTNO) OR
        (:V_CUSTNO IS NULL AND :V_EMPNO IS NULL));
```

```
-----------------------------------------------------------------------------------------
| Id | Operation                     | Name        | Starts | A-Rows | Buffers | Used-Mem |
-----------------------------------------------------------------------------------------
|  0 | SELECT STATEMENT              |             |      1 |      8 |    3823 |          |
|* 1 |  FILTER                       |             |      1 |      8 |    3823 |          |
|* 2 |   HASH JOIN OUTER             |             |      1 |      8 |    3823 | 349K (0) |
|* 3 |    TABLE ACCESS BY INDEX ROWID| ORDERS      |      1 |      8 |    3813 |          |
|* 4 |     INDEX SKIP SCAN           | IX_ORDERS_N2|      1 |   2706 |    1312 |          |
|  5 |    TABLE ACCESS FULL          | EMPLOYEES   |      1 |    642 |      10 |          |
-----------------------------------------------------------------------------------------
```

OR (:V_CUSTNO IS NULL AND :V_EMPNO IS NULL) 조건이 추가 되는 순간 USE_CONCAT 실행 계획이 있음에도 실행 계획 분리가 발생하지 않았다.

바인드 변수 :V_EMPNO, :V_CUSTNO 에 값이 들어오지 않는 경우에는 ORDER_DATE 로만 조회가 발생하는 경우가 유리하지만 값이 들어오는 경우에는 실행 계획 분리가 되는 것이 성능상 유리함에도 불구하고 실행 계획 분리가 되지 않는다. 이럴 경우에는 UNION ALL을 적절히 사용해서 실행 계획 분리가 발생하도록 해주어야 한다.

```
SELECT /*+ USE_CONCAT */
       A.ORDER_ID, A.ORDER_MODE, A.ORDER_DATE
     , C.FIRST_NAME EMPNAME, A.ORDER_TOTAL
  FROM ORDERS A, EMPLOYEES C
 WHERE A.EMPLOYEE_ID = C.EMPLOYEE_ID(+)
   AND A.ORDER_DATE >= TO_DATE(:V_ORDER_SDATE, 'YYYYMMDD')
   AND A.ORDER_DATE <  TO_DATE(:V_ORDER_EDATE, 'YYYYMMDD')
   AND (((:V_EMPNO IS NOT NULL AND A.EMPLOYEE_ID = :V_EMPNO) OR
         (:V_CUSTNO IS NOT NULL AND A.CUSTOMER_ID = :CUSTNO))
   AND NOT(:V_CUSTNO IS NULL AND :V_EMPNO IS NULL)
UNION ALL
SELECT A.ORDER_ID, A.ORDER_MODE, A.ORDER_DATE
     , C.FIRST_NAME EMPNAME, A.ORDER_TOTAL
  FROM ORDERS A, EMPLOYEES C
 WHERE A.EMPLOYEE_ID = C.EMPLOYEE_ID(+)
   AND A.ORDER_DATE >= TO_DATE(:V_ORDER_SDATE, 'YYYYMMDD')
   AND A.ORDER_DATE <  TO_DATE(:V_ORDER_EDATE, 'YYYYMMDD')
   AND (:V_CUSTNO IS NULL AND :V_EMPNO IS NULL);
```

```
---------------------------------------------------------------------------------------------
| Id   | Operation                       | Name               |Starts |A-Rows |Buffers |Used-Mem  |
---------------------------------------------------------------------------------------------
|   0  | SELECT STATEMENT                |                    |   1   |   8   |   21   |          |
|*  1  |  HASH JOIN RIGHT OUTER          |                    |   1   |   8   |   21   |1226K (0) |
|   2  |   TABLE ACCESS FULL             | EMPLOYEES          |   1   |  642  |    9   |          |
|   3  |   VIEW                          | VW_JF_SET$312909C2 |   1   |   8   |   12   |          |
|   4  |    UNION-ALL                    |                    |   1   |   8   |   12   |          |
|   5  |     CONCATENATION               |                    |   1   |   8   |   12   |          |
|*  6  |      FILTER                     |                    |   1   |   0   |    0   |          |
|   7  |       TABLE ACCESS BY INDEX ROWID| ORDERS            |   0   |   0   |    0   |          |
|*  8  |        INDEX RANGE SCAN         | IX_ORDERS_N3       |   0   |   0   |    0   |          |
|*  9  |      FILTER                     |                    |   1   |   8   |   12   |          |
|* 10  |       TABLE ACCESS BY INDEX ROWID| ORDERS            |   1   |   8   |   12   |          |
|* 11  |        INDEX RANGE SCAN         | IX_ORDERS_N2       |   1   |   8   |    4   |          |
|* 12  |      FILTER                     |                    |   1   |   0   |    0   |          |
|  13  |       TABLE ACCESS BY INDEX ROWID| ORDERS            |   0   |   0   |    0   |          |
|* 14  |        INDEX SKIP SCAN          | IX_ORDERS_N2       |   0   |   0   |    0   |          |
---------------------------------------------------------------------------------------------
```

〈 실행 순서 : 2 → 8 → 7 → 6 → 11 → 10 → 9 → 5 → 14 → 13 → 12 → 3 → 1 〉

:V_CUSTNO IS NULL AND :V_EMPNO IS NULL인 경우와 둘 중의 하나가 값이 들어 오는 경우를 각각 UNION ALL로 SQL을 분리하였더니 위와 같이 실행 계획 분리가 제대로 동작을 하였다.

위와 같은 경우는 실무에서 종종 발생하는 사례이다. 들어오는 조건 값이 필수 값으로 들어오는 경우가 있고 선택 값으로 들어오는 경우가 있으며 이럴 때 IF 문으로 분기를 해서 Dynamic SQL로 구현하는 경우가 많이 있는데 위와 같은 기법을 이용하게 되면 Static SQL로 구현이 가능하다.

Dynamic SQL로 구현하게 되면 같은 SQL이지만 특정 조건의 존재 유무에 따라서 SQL 문장 자체가 틀려지기 때문에 공유 풀에 다른 SQL_ID로 여러 개 존재해서 각각 다른 실행 계획으로 실행될 수 있으며 Static SQL로 구현하게 되면 SQL 문장이 하나이므로 하나의 SQL_ID로 하나의 실행 계획을 공유하게 된다.

PART 09

페이징 처리

여기서 말하는 표준 PAGENATION 이란 Oracle에서 ROWNUM을 이용하여 TOP N 쿼리를 효율적으로 사용하는 페이지 처리 방법을 말한다. 이번 단원에서는 효율적인 TOP N 쿼리 사용법에 대해서 알아보도록 하겠다.

Section 01. 부분 범위 처리, 전체 범위 처리
Section 02. 표준 PAGENATION 사용 방법
Section 03. 표준 PAGENATION 사용 – 최적의 INDEX 존재
Section 04. 표준 PAGENATION 사용 – 최적의 INDEX 없음
Section 05. 표준 PAGENATION 사용 – 처리 순서
Section 00. PAGING 처리 능봉
Section 07. 웹 게시판 형태에서 PAGING 처리

Section 01 부분 범위 처리, 전체 범위 처리

부분 범위 처리라는 것은 말 그대로 데이터를 일부분만 SCAN을 해서 결과 데이터를 보여줄 수 있는 방식이고 전체 범위 처리 역시 말 그대로 전체 데이터 SCAN을 해야만 결과 데이터를 보여줄 수 있는 방식을 일컫는다.

SELECT * FROM ORDERS의 경우 약 300만 건의 데이터인데 SQL을 실행하게 되면 결과 데이터가 순식간에 나오는 것을 볼 수 있다. 이것은 300만 건을 모두 SCAN 후에 결과 데이터를 반환 하는 것이 아니라 데이터를 보여주는 단위 건수(Fetch 단위 건수)가 차면 결과 데이터를 반환하기 때문이다.

아래 SQL을 예로 들어보도록 하자.

<ORDERS 테이블 현황>
총 건수: 3,000,000 건
총 BLOCK: 19,791

```
SELECT *
  FROM ORDERS
 WHERE ROWNUM <= 10;
```

```
-----------------------------------------------------------------------------
| Id | Operation          | Name   | Starts | A-Rows |   A-Time   | Buffers |
-----------------------------------------------------------------------------
|  0 | SELECT STATEMENT   |        |      1 |     10 |00:00:00.07 |       5 |
|* 1 |  COUNT STOPKEY     |        |      1 |     10 |00:00:00.07 |       5 |
|  2 |   TABLE ACCESS FULL| ORDERS |      1 |     10 |00:00:00.07 |       5 |
-----------------------------------------------------------------------------
```

위 실행 계획에서 보면 Buffers 통계가 5인 것을 볼 수 있다. 총 Block 수는 19,719인데 발생 Block 수는 5인 걸로 봐서 전체 데이터 건수를 읽은 후에 결과 데이터를 반환한 것이 아니라 일부만 SCAN 했다는 것을 알 수 있다.

부분 범위 처리 시에 특정 조건절에 의해 필터링 비율이 높아지면 높아질수록 Block I/O는 높아질 것이다. 아래 예제 SQL을 다시 확인해 보도록 하자.

```sql
SELECT *
  FROM ORDERS
 WHERE ROWNUM <= 10
   AND CUSTOMER_ID = 'C00264';
```

Id	Operation	Name	Starts	A-Rows	A-Time	Buffers	Reads
0	SELECT STATEMENT		1	10	00:00:00.74	4581	4780
* 1	COUNT STOPKEY		1	10	00:00:00.74	4581	4780
* 2	TABLE ACCESS FULL	ORDERS	1	10	00:00:00.73	4581	4780

CUSTOMER_ID로 필터링이 발생하면서 10건을 채우기 위해서 I/O가 많이 증가했다. 이번에는 INDEX SCAN의 경우에 대해서 살펴보도록 하자. 아래 예제 SQL을 보도록 하자.

<ORDERS 테이블 INDEX 현황>
IX_ORDER_N1: ORDER_DATE

```sql
SELECT *
  FROM ORDERS
 WHERE ORDER_DATE >= TO_DATE('20120101', 'YYYYMMDD')
   AND ORDER_DATE <  TO_DATE('20120103', 'YYYYMMDD')
   AND ROWNUM <= 10;
```

Id	Operation	Name	Starts	A-Rows	A-Time	Buffers
0	SELECT STATEMENT		1	10	00:00:00.01	13
* 1	COUNT STOPKEY		1	10	00:00:00.01	13
2	TABLE ACCESS BY INDEX ROWID	ORDERS	1	10	00:00:00.01	13
* 3	INDEX RANGE SCAN	IX_ORDERS_N1	1	10	00:00:00.01	4

INDEX 컬럼인 ORDER_DATE 자체가 모두 ACCESS 조건이기 때문에 부분 범위 처리 시에 딱 10건만 SCNA 해서 최소 Block I/O만 발생했다. (ACCESS 조건 FILTER 조건에 대해서는 [Part 04. INDEX ACCESS PATTERN, Section 08. INDEX ACCESS 조건, FILTER 조건]에서 설명한 바 있다.)

이번에는 필터링이 발생하는 경우에 대해서 살펴보도록 하자.

```
SELECT *
  FROM ORDERS
 WHERE ORDER_DATE >= TO_DATE('20120101', 'YYYYMMDD')
   AND ORDER_DATE <  TO_DATE('20120103', 'YYYYMMDD')
   AND ROWNUM <= 10;

SELECT *
  FROM ORDERS
 WHERE ORDER_DATE >= TO_DATE('20120101', 'YYYYMMDD')
   AND ORDER_DATE <  TO_DATE('20120103', 'YYYYMMDD')
   AND CUSTOMER_ID = 'C13292'
   AND ROWNUM <= 10;
```

Id	Operation	Name	Starts	A-Rows	A-Time	Buffers
0	SELECT STATEMENT		1	1	00:00:00.01	2424
* 1	COUNT STOPKEY		1	1	00:00:00.01	2424
* 2	TABLE ACCESS BY INDEX ROWID	ORDERS	1	1	00:00:00.01	2424
* 3	INDEX RANGE SCAN	IX_ORDERS_N1	1	2713	00:00:00.01	12

INDEX가 [IX_ORDER_N1: ORDER_DATE]이기 때문에 INDEX Level에서 2,713건을 SCAN하면서 ROWID로 테이블로 ACCESS 한 후에 CUSTOMER_ID에 의해서 1건 빼고 모두 필터링이 발생했다. ROWNUM <= 10을 기술했지만 CUSTOMER_ID = 'C13292' 조건에 의해서 결국 ORDER_DATE에 해당하는 전체 범위를 SCAN 했다.

부분 범위 처리에 대한 결론은 이렇다. 조건에 해당하는 결과 데이터 건수의 비율이 높으면 높을수록 부분 범위 처리에 대한 성능은 높아진다. 이와 반대로 조회 조건에 의해서 대부분 필터링되어 나머지 많은 부분을 SCAN 해야만 ROWNUM 조건을 만족하기 때문에 부분 범위 처리에 대한 성능은 떨어지게 된다.

SUM(), COUNT(*), 분석 함수, ORDER BY가 들어가는 경우 등 전체 데이터를 읽어야만 결과 데이터를 반환할 수 있는 경우는 부분 범위 처리가 되지 않는다. 하지만 INDEX 순서가 SORT를 피할 수 있도록 구성되어 있거나 부분 범위 처리 부분을 분리할 수 있는 경우 예외적으로 부분범위 처리가 가능하다.

Section 02 표준 PAGENATION 사용 방법

아래 SQL은 ORDER의 표준 페이징 쿼리 처리 방식을 따르지 않았을 경우의 SQL과 실행 계획을 표현한 것이다. 실무에서 튜닝을 하다가 보면 의외로 아래와 같은 경우가 종종 발생한다. CUSTOMERS 테이블과 NL JOIN은 설명을 위한 것이니 참고하기를 바란다.

<ORDERS 테이블 INDEX 현황>
IX_ORDERS_N1 : ORDER_DATE, ORDER_MODE, EMPLOYEE_ID

```
SELECT *
FROM (SELECT /*+ USE_NL(A B) */
             ROWNUM RN, A.ORDER_ID, A.ORDER_DATE,
                    B.CUST_FIRST_NAME, A.ORDER_TOTAL
        FROM ORDERS A, CUSTOMERS B
       WHERE A.CUSTOMER_ID = B.CUSTOMER_ID(+)
         AND A.ORDER_DATE >= TO_DATE('20120101', 'YYYYMMDD')
         AND A.ORDER_DATE <  TO_DATE('20120105', 'YYYYMMDD')
       ORDER BY A.ORDER_DATE, A.ORDER_MODE, A.EMPLOYEE_ID )
WHERE RN >= 1
  AND RN <= 10;
```

Id	Operation	Name	Starts	A-Rows	Buffers
0	SELECT STATEMENT		1	10	15742
* 1	VIEW		1	10	15742
2	COUNT		1	5432	15742
3	NESTED LOOPS OUTER		1	5432	15742
4	TABLE ACCESS BY INDEX ROWID	ORDERS	1	5432	4876
* 5	INDEX RANGE SCAN	IX_ORDERS_N1	1	5432	27
6	TABLE ACCESS BY INDEX ROWID	CUSTOMERS	5432	5432	10866
* 7	INDEX UNIQUE SCAN	IX_CUSTOMERS_PK	5432	5432	5434

위 SQL을 보면 ORDER BY절에 해당하는 A.ORDER_DATE, A.ORDER_MODE, A.EMPLOYEE_ID 컬럼이 그대로 INDEX 순서와 동일하기 때문에 SORT가 발생하지 않았다. 하지만 위 SQL은 부분 범위 처리를 하지 못하고 ORDERS 조회 조건에 해당하는 1,347건 전체를 읽어서 10건을 필터링하는 전체 범위 처리를 하고 있다. 이것은 표준 페이징 처리에 대한 문법을 따르지 않은 것에 있다. 사용 방법은 아래와 같다.

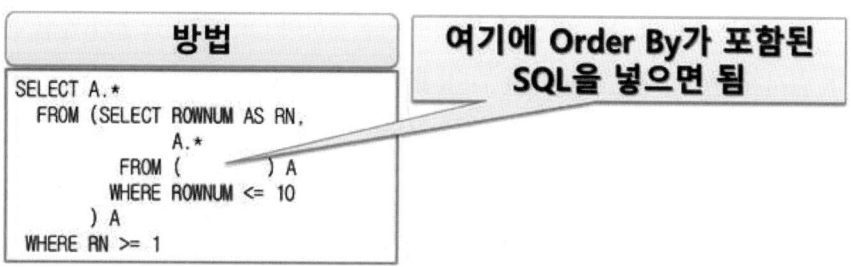

12c 이상에서는 위와 같이 사용해도 되지만 아래와 같은 기능이 추가되면서 페이징 처리를 좀 더 심플하게 할 수 있게 되었다.

ORDER BY가 포함된 SQL 문장
[OFFSET offset { ROW | ROWS }]
[FETCH { FIRST | NEXT } [{ rowcount | percent PERCENT }]
         { ROW | ROWS } { ONLY | WITH TIES }]

OFFSET :
행 제한이 시작되기 전에 건너뛸 행 수를 지정
오프셋은 숫자. 음수를 지정하면 오프셋이 0으로 처리
NULL을 지정하거나 조회가 리턴한 행 수보다 크거나 같은 수를 지정하면 0개의 행 리턴
오프셋에 분수가 포함된 경우 분수 부분이 잘림
OFFSET 지정하지 않으면 오프셋이 0이고 행 제한이 첫 번째 행으로 시작
가독성을 높이기 위해 Oracle은 ROW 또는 ROWS 둘 중 어느 것을 사용해도 동일
FIRST와 NEXT 둘 중 어느 것을 사용해도 동일

FETCH :
이것은 리턴할 행 수 또는 백분율을 지정
이 절을 지정하지 않으면 오프셋 + 1행에서 시작하여 모든 행이 반환
WITH TIES 키워드를 사용하면 쿼리에는 마지막으로 한정된 행의 정렬 키와 일치하는 모든 행도 포함

Section 03. 표준 PAGENATION 사용 - 최적의 INDEX 존재

최적의 INDEX가 존재한다는 뜻은 사용 SQL 구문에 ORDER BY가 있을 경우 ORDER BY절에 해당하는 컬럼이 INDEX 컬럼으로 모두 존재하며 ORDER BY절의 컬럼 순서와 INDEX 순서가 일치한다면 SORT ORDER BY Operation이 발생하지 않는다. 즉 부분 범위 처리가 가능하다는 의미이다.

[Section 02. 표준 PAGENATION 방법]대로 SQL을 변경해 보도록 하자.

<ORDERS 테이블 INDEX 현황>
IX_ORDERS_N1 : ORDER_DATE, ORDER_MODE, EMPLOYEE_ID

```
SELECT *
  FROM (SELECT ROWNUM RN, ORDER_ID, ORDER_DATE
             , CUST_FIRST_NAME, ORDER_TOTAL
          FROM (
                SELECT /*+ LEADING(A B) USE_NL(B) */
                       A.ORDER_ID, A.ORDER_DATE,
                       B.CUST_FIRST_NAME, A.ORDER_TOTAL
                  FROM ORDERS A, CUSTOMERS B
                 WHERE A.CUSTOMER_ID = B.CUSTOMER_ID(+)
                   AND A.ORDER_DATE >= TO_DATE('20120101', 'YYYYMMDD')
                   AND A.ORDER_DATE <  TO_DATE('20120105', 'YYYYMMDD')
                 ORDER BY A.ORDER_DATE, A.ORDER_MODE, A.EMPLOYEE_ID)
         WHERE ROWNUM <= 10)
 WHERE RN >= 1 ;
```

Id	Operation	Name	Starts	A-Rows	A-Time	Buffers
0	SELECT STATEMENT		1	10	00:00.01	36
* 1	VIEW		1	10	00:00.01	36
* 2	COUNT STOPKEY		1	10	00:00.01	36

	3	VIEW		1	10	00:00.01	36
	4	NESTED LOOPS OUTER		1	10	00:00.01	36
	5	TABLE ACCESS BY INDEX ROWID	ORDERS	1	10	00:00.01	14
*	6	INDEX RANGE SCAN	IX_ORDERS_N1	1	10	00:00.01	4
	7	TABLE ACCESS BY INDEX ROWID	CUSTOMERS	10	10	00:00.01	22
*	8	INDEX UNIQUE SCAN	IX_CUSTOMERS_PK	10	10	00:00.01	12

〈 실행 순서 : 6 → 5 → 8 → 7 → 3 → 2 → 1 〉

위 실행 계획을 보면 SORT가 발생하지 않으니 부분 범위 처리가 되어 딱 10건만 SCAN 하고 멈춘 것을 볼 수 있으며 ROWNUM <= 10 조건에 의해서 COUNT STOPKEY Operation이 발생했다. 일부분만 SCAN을 했기 때문에 I/O량도 상당히 개선되었다.

위 SQL을 12c 이후의 신규 기능으로 SQL을 작성한 사례이다.

```
SELECT /*+ LEADING(A B) USE_NL(B) */
       A.ORDER_ID, A.ORDER_DATE,
       B.CUST_FIRST_NAME, A.ORDER_TOTAL
  FROM ORDERS A, CUSTOMERS B
 WHERE A.CUSTOMER_ID = B.CUSTOMER_ID(+)
   AND A.ORDER_DATE >= TO_DATE('20120101', 'YYYYMMDD')
   AND A.ORDER_DATE <  TO_DATE('20120105', 'YYYYMMDD')
ORDER BY A.ORDER_DATE, A.ORDER_MODE, A.EMPLOYEE_ID
OFFSET 0 ROWS FETCH NEXT 10 ROWS ONLY
```

Id	Operation	Name	Starts	A-Rows	A-Time	Buffers
0	SELECT STATEMENT		1	10	00:00.01	36
* 1	VIEW		1	10	00:00.01	36
* 2	WINDOW NOSORT STOPKEY		1	10	00:00.01	36
3	NESTED LOOPS OUTER		1	10	00:00.01	36
4	TABLE ACCESS BY INDEX ROWID	ORDERS	1	10	00:00.01	14
* 5	INDEX RANGE SCAN	IX_ORDERS_N1	1	10	00:00.01	4
6	TABLE ACCESS BY INDEX ROWID	CUSTOMERS	10	10	00:00.01	22
* 7	INDEX UNIQUE SCAN	IX_CUSTOMERS_PK	10	10	00:00.01	12

〈 실행 순서 : 6 → 5 → 8 → 7 → 3 → 2 → 1 〉

SQL이 좀 더 간단해졌으며 COUNT STOPKEY Operation 대신에 분석 함수 사용 시 나타나는 실행 계획인 WINDOW NOSORT STOPKEY Operation이 나타난다. NOSORT Operation이기 때문에 SORT가 생략되어 부분 범위 처리가 되었다. 분석 함수에 대한 실행 계획은 [Part 11. 분석 함수와 실행 계획] 단원에서 자세하게 다룬다.

Section 04 표준 PAGENATION 사용 - 최적의 INDEX 없음

[Section 03. 표준 PAGENATION 사용 - 최적의 INDEX 존재]에서는 ORDER BY절과 일치하는 INDEX가 존재할 경우에 대해서 살펴보았다. 아래 SQL은 [Section 03. 표준 PAGENATION 사용 - 최적의 INDEX 존재]에서 사용한 SQL과 동일하고 INDEX 구성만 달리한 결과이다.

<ORDERS 테이블 INDEX 구성>
IX_ORDERS_N1 : ORDER_DATE

```
SELECT *
  FROM (SELECT ROWNUM RN, ORDER_ID, ORDER_DATE
             , CUST_FIRST_NAME, ORDER_TOTAL
          FROM (
                SELECT /*+ LEADING(A B) USE_NL(B) */
                       A.ORDER_ID, A.ORDER_DATE,
                       B.CUST_FIRST_NAME, A.ORDER_TOTAL
                  FROM ORDERS A, CUSTOMERS B
                 WHERE A.CUSTOMER_ID = B.CUSTOMER_ID(+)
                   AND A.ORDER_DATE >= TO_DATE('20120101', 'YYYYMMDD')
                   AND A.ORDER_DATE <  TO_DATE('20120105', 'YYYYMMDD')
                 ORDER BY A.ORDER_DATE, A.ORDER_MODE, A.EMPLOYEE_ID)
         WHERE ROWNUM <= 10)
 WHERE RN >= 1 ;;
```

```
-----------------------------------------------------------------------------------------
| Id | Operation                      | Name           | Starts | A-Rows | Buffers | Used-Mem |
-----------------------------------------------------------------------------------------
|  0 | SELECT STATEMENT               |                |      1 |     10 |   15731 |          |
|* 1 |  VIEW                          |                |      1 |     10 |   15731 |          |
|* 2 |   COUNT STOPKEY                |                |      1 |     10 |   15731 |          |
|  3 |    VIEW                        |                |      1 |     10 |   15731 |          |
|* 4 |     SORT ORDER BY STOPKEY      |                |      1 |     10 |   15731 | 2048  (0)|
|  5 |      NESTED LOOPS OUTER        |                |      1 |   5432 |   15731 |          |
|  6 |       TABLE ACCESS BY INDEX ROWID| ORDERS       |      1 |   5432 |    4865 |          |
|* 7 |        INDEX RANGE SCAN        | TX_ORDERS_N1   |      1 |   5432 |      17 |          |
|  8 |       TABLE ACCESS BY INDEX ROWID| CUSTOMERS    |   5432 |   5432 |   10866 |          |
|* 9 |        INDEX UNIQUE SCAN       | IX_CUSTOMERS_PK|   5432 |   5432 |    5434 |          |
-----------------------------------------------------------------------------------------
```

위 실행 계획에서 보면 SORT가 발생했기 때문에 전체 범위 처리가 된 것을 볼 수 있다. 즉 ORDERS의 조회 결과 건수에 해당하는 5,432건을 모두 다 읽고서 SORT ORDER BY STEOP KEY Operation 부분에서 10건만 필터링을 하고 있다.

그렇다면 [Section 02. 단원]에서 표준 페이징 처리 방식을 따르지 않은 경우와 같은 Buffers 수치가 발생하고 있는데 최적의 INDEX가 없을 경우에는 표준 방식에 얽매일 필요 없지 않냐고 반문할 수도 있겠지만 그렇지 않다. 표준 방식을 따를 경우와 따르지 않을 경우 분명히 차이점이 존재한다.

아래는 표준 방식을 따르지 않았을 경우의 실행 계획이다.

```
SELECT ORDER_ID, ORDER_DATE
     , CUST_FIRST_NAME, ORDER_TOTAL
  FROM (
       SELECT /*+ LEADING(A B) USE_NL(B) */
              ROWNUM AS RN, A.ORDER_ID, A.ORDER_DATE,
              B.CUST_FIRST_NAME, A.ORDER_TOTAL
         FROM ORDERS A, CUSTOMERS B
        WHERE A.CUSTOMER_ID = B.CUSTOMER_ID(+)
          AND A.ORDER_DATE >= TO_DATE('20120101', 'YYYYMMDD')
          AND A.ORDER_DATE <  TO_DATE('20120105', 'YYYYMMDD')
        ORDER BY A.ORDER_DATE, A.ORDER_MODE, A.EMPLOYEE_ID)
 WHERE RN >= 1 AND RN <= 10
```

Id	Operation	Name	Starts	A-Rows	Buffers	Used-Mem
0	SELECT STATEMENT		1	10	15731	
* 1	VIEW		1	10	15731	
2	SORT ORDER BY		1	5432	15731	424K (0)
3	COUNT		1	5432	15731	
4	NESTED LOOPS OUTER		1	5432	15731	
5	TABLE ACCESS BY INDEX ROWID	ORDERS	1	5432	4865	
* 6	INDEX RANGE SCAN	IX_ORDERS_N1	1	5432	17	
7	TABLE ACCESS BY INDEX ROWID	CUSTOMERS	5432	5432	10866	
* 8	INDEX UNIQUE SCAN	IX_CUSTOMERS_PK	5432	5432	5434	

SORT ORDER BY STOPKEY Operation 대신에 SORT ORDER BY가 나타나면서 PGA 사용량이 훨씬 높아진 것을 볼 수 있다.

SORT ORDER BY의 경우는 5,432건 전체를 비교하면서 SORT를 하지만 SORT ORDER BY STOPKEY의 경우는 ROWNUM <= 10에 들어온 10건만 SORT를 하게 된다. 그 원리는 아래 그림과 같이 10칸의 배열을 만들어놓고 ORDERS에서 최초 SCAN된 10건을 로딩 후 ORDER BY절의 ORDER_DATE로 SORT를 한다.

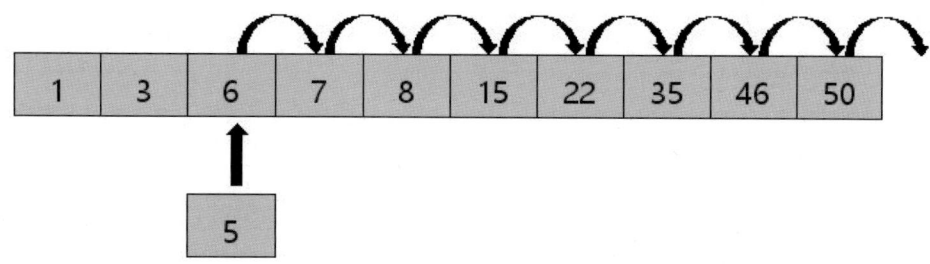

그 이후 ORDERS를 계속 SCAN하면서 배열에 저장된 맨 마지막 값이랑 비교해서 마지막 값보다 크다면 그냥 버린다. 작다면 다시 그 위에 값과 비교를 해서 순서가 맞는 위치에 INSERT 되고 맨 마지막에 있는 값은 밀려서 버려지게 된다.

위 그림을 통해 다시 설명하자면 최초 SCAN된 10건이 정렬되어 들어가고 그 이후 SCAN 값이 5라고 한다면 6부터는 한 칸씩 밀리게 되고 50은 OUT 된다. 이러한 방식으로 동작을 하기 때문에 PGA 메모리 사용량이 크게 줄어들게 된다.

위 SQL을 12c 이후의 신규 기능으로 SQL을 작성한 사례이다.

```
SELECT /*+ LEADING(A B) USE_NL(B) */
       A.ORDER_ID, A.ORDER_DATE,
       B.CUST_FIRST_NAME, A.ORDER_TOTAL
  FROM ORDERS A, CUSTOMERS B
 WHERE A.CUSTOMER_ID = B.CUSTOMER_ID(+)
   AND A.ORDER_DATE >= TO_DATE('20120101', 'YYYYMMDD')
   AND A.ORDER_DATE <  TO_DATE('20120105', 'YYYYMMDD')
 ORDER BY A.ORDER_DATE, A.ORDER_MODE, A.EMPLOYEE_ID
 OFFSET 0 ROWS FETCH NEXT 10 ROWS ONLY
```

```
| Id  | Operation                           | Name            | Starts | A-Rows | Buffers | Used-Mem   |
|-----|-------------------------------------|-----------------|--------|--------|---------|------------|
|   0 | SELECT STATEMENT                    |                 |     1  |    10  |  15874  |            |
|*  1 |  VIEW                               |                 |     1  |    10  |  15874  |            |
|*  2 |   WINDOW SORT PUSHED RANK           |                 |     1  |    10  |  15874  | 2048  (0)  |
|   3 |    NESTED LOOPS OUTER               |                 |     1  |  5483  |  15874  |            |
|   4 |     TABLE ACCESS BY INDEX ROWID BATCHED | ORDERS      |     1  |  5483  |   4906  |            |
|*  5 |      INDEX RANGE SCAN               | IX_ORDERS_N1    |     1  |  5483  |     17  |            |
|   6 |     TABLE ACCESS BY INDEX ROWID     | CUSTOMERS       |  5483  |  5483  |  10968  |            |
|*  7 |      INDEX UNIQUE SCAN              | IX_CUSTOMERS_PK |  5483  |  5483  |   5485  |            |
```

SQL이 좀 더 간단해졌으며 SORT ORDER BY STOPKEY와 COUNT STOPKEY Operation 대신에 분석 함수 사용 시 나타나는 실행 계획인 WINDOW SORT PUSHED RANK Operation이 나타난다. 분석 함수에 대한 실행 계획은 [Part 11. 분석 함수와 실행 계획] 단원에서 자세하게 다룬다.

Section 05 표준 PAGENATION 사용 - 처리 순서

[Section 04]에서 최적의 INDEX가 없을 경우 표준 페이징 처리로 수행한 실행 계획을 다시 한번 보도록 하자.

```
| Id  | Operation                      | Name            | Starts | A-Rows | Buffers | Used-Mem  |
------------------------------------------------------------------------------------------------
|   0 | SELECT STATEMENT               |                 |      1 |     10 |   15731 |           |
|*  1 |  VIEW                          |                 |      1 |     10 |   15731 |           |
|*  2 |   COUNT STOPKEY                |                 |      1 |     10 |   15731 |           |
|   3 |    VIEW                        |                 |      1 |     10 |   15731 |           |
|*  4 |     SORT ORDER BY STOPKEY      |                 |      1 |     10 |   15731 | 2048  (0) |
|   5 |      NESTED LOOPS OUTER        |                 |      1 |   5432 |   15731 |           |
|   6 |       TABLE ACCESS BY INDEX ROWID| ORDERS        |      1 |   5432 |    4865 |           |
|*  7 |        INDEX RANGE SCAN        | IX_ORDERS_N1    |      1 |   5432 |      17 |           |
|   8 |       TABLE ACCESS BY INDEX ROWID| CUSTOMERS     |   5432 |   5432 |   10866 |           |
|*  9 |        INDEX UNIQUE SCAN       | IX_CUSTOMERS_PK |   5432 |   5432 |    5434 |           |
```

위 실행 계획에서 비효율은 무엇이겠는가?

CUSTOMERS 테이블과 UNIQUE KEY OUTER JOIN을 하고 있기 때문에 ORDERS와 JOIN했을 때 결과 건수에 영향이 미치지 않는다. 하지만 위 실행 계획에서는 ORDERS 테이블 결과 건수 전체를 CUSTOMERS와 JOIN한 후에 10건만 필터링하고 있다.

이와 같이 선행 테이블과 후행 테이블 JOIN했을 경우 결과 건수에 영향을 미치지 않는 경우라면 우선 페이징 처리를 해서 건수를 줄인 후에 JOIN해야 한다.

SQL을 변경해 보도록 하자.

```
SELECT /*+ USE_NL(A B) */
       A.RN, A.ORDER_ID, A.ORDER_DATE
     , B.CUST_FIRST_NAME, A.ORDER_TOTAL
```

```
  FROM (SELECT ROWNUM RN, CUSTOMER_ID, ORDER_ID
             , ORDER_DATE, ORDER_TOTAL
          FROM (SELECT CUSTOMER_ID, ORDER_ID
                     , ORDER_DATE, ORDER_TOTAL
                  FROM ORDERS A
                 WHERE ORDER_DATE >= TO_DATE('20120101', 'YYYYMMDD')
                   AND ORDER_DATE <  TO_DATE('20120102', 'YYYYMMDD')
                 ORDER BY ORDER_DATE, ORDER_MODE)
         WHERE ROWNUM <= 10) A,
        CUSTOMERS B
 WHERE A.CUSTOMER_ID = B.CUSTOMER_ID(+)
   AND A.RN >= 1 ;
```

Id	Operation	Name	Starts	A-Rows	Buffers	Used-Mem
0	SELECT STATEMENT		1	10	1204	
1	NESTED LOOPS OUTER		1	10	1204	
* 2	VIEW		1	10	1182	
* 3	COUNT STOPKEY		1	10	1182	
4	VIEW		1	10	1182	
* 5	SORT ORDER BY STOPKEY		1	10	1182	2048 (0)
6	TABLE ACCESS BY INDEX ROWID	ORDERS	1	1347	1182	
* 7	INDEX RANGE SCAN	IX_ORDERS_N1	1	1347	6	
8	TABLE ACCESS BY INDEX ROWID	CUSTOMERS	10	10	22	
* 9	INDEX UNIQUE SCAN	IX_CUSTOMERS_PK	10	10	12	

〈 실행 순서 : 7 → 6 → 5 → 4 → 3 → 2 → 9 → 8 → 1 〉

위 실행 계획을 보면 CUSTOMERS 테이블은 건수에 영향을 미치지 않는다. 따라서 ORDERS 테이블에 대해서 페이징 처리 후에 줄어든 10건만 CUSTOMERS 테이블로 JOIN되도록 개선이 되었다. 만약 CUSTOMERS 테이블과의 JOIN이 INNER JOIN이라면 JOIN했을 때 건수가 줄어들 수 있기 때문에 위와 같이 사용하는 것은 주의를 해야 한다.

위 SQL을 12c 이후의 신규 기능으로 SQL을 작성한 사례이다.

```
  SELECT /*+ USE_NL(A B) */
         A.ORDER_ID, A.ORDER_DATE
```

```sql
     , B.CUST_FIRST_NAME, A.ORDER_TOTAL
  FROM (SELECT CUSTOMER_ID, ORDER_ID
             , ORDER_DATE, ORDER_TOTAL
          FROM ORDERS A
         WHERE ORDER_DATE >= TO_DATE('20120101', 'YYYYMMDD')
           AND ORDER_DATE <  TO_DATE('20120105', 'YYYYMMDD')
         ORDER BY ORDER_DATE, ORDER_MODE
         OFFSET 0 ROWS FETCH FIRST 10 ROWS ONLY) A,
       CUSTOMERS B
 WHERE A.CUSTOMER_ID = B.CUSTOMER_ID(+)
;
```

Id	Operation	Name	Starts	A-Rows	Buffers	Used-Mem
0	SELECT STATEMENT		1	10	4928	
1	NESTED LOOPS OUTER		1	10	4928	
* 2	VIEW		1	10	4906	
* 3	WINDOW SORT PUSHED RANK		1	10	4906	2048 (0)
4	TABLE ACCESS BY INDEX ROWID	ORDERS	1	5483	4906	
* 5	INDEX RANGE SCAN	IX_ORDERS_N1	1	5483	17	
6	TABLE ACCESS BY INDEX ROWID	CUSTOMERS	10	10	22	
* 7	INDEX UNIQUE SCAN	IX_CUSTOMERS_PK	10	10	12	

SQL이 좀 더 간단해졌으며 SORT ORDER BY STOPKEY와 COUNT STOPKEY Operation 대신에 분석 함수 사용 시 나타나는 실행 계획인 WINDOW SORT PUSHED RANK Operation이 나타난다.

Section 06 PAGING 처리 응용

아래 SQL은 ORDER_ITEMS(주문항목), ORDER_ITEMS_RETURN(주문항목반품) 테이블을 UNION ALL로 묶은 결과 건수에 대해서 페이징 처리하는 것이다. 아래 SQL도 실무에서 종종 발생하는 사례이다.

<ORDER_ITEMS 테이블 INDEX 현황>
IX_ORDER_ITEMS_N1 : ORDER_DATE

<ORDER_ITEMS_RETUNR 테이블 INDEX 현황>
IX_ORDER_ITEMS_RETUNR_N1 : RETURN_DATE

```sql
SELECT *
  FROM (
       SELECT ROWNUM RN, ORDER_TYPE, ORDER_ID
            , PRODUCT_ID, PRODUCT_NAME, ORDER_DATE
            , UNIT_PRICE, QUANTITY
         FROM (
              SELECT '주문' ORDER_TYPE, A.ORDER_ID
                   , A.PRODUCT_ID, B.PRODUCT_NAME
                   , A.ORDER_DATE
                   , A.UNIT_PRICE, A.QUANTITY
                FROM ORDER_ITEMS A
                   , PRODUCTS B
               WHERE A.PRODUCT_ID = B.PRODUCT_ID
                 AND A.ORDER_DATE >= TO_DATE('20120805', 'YYYYMMDD')
                 AND A.ORDER_DATE <  TO_DATE('20120807', 'YYYYMMDD')
              UNION ALL
              SELECT '반품' ORDER_TYPE, A.ORDER_ID
                   , A.PRODUCT_ID, B.PRODUCT_NAME
                   , A.RETURN_DATE
                   , A.UNIT_PRICE, A.QUANTITY
```

```
      FROM ORDER_ITEMS_RETURN A
         , PRODUCTS B
       WHERE A.PRODUCT_ID = B.PRODUCT_ID
         AND A.RETURN_DATE >= TO_DATE('20120805', 'YYYYMMDD')
         AND A.RETURN_DATE <  TO_DATE('20120807', 'YYYYMMDD')
       ORDER BY RETURN_DATE)
         WHERE ROWNUM <= 20)
 WHERE RN >= 1
```

```
-----------------------------------------------------------------------------------------------
| Id  | Operation                         | Name                   | Starts | A-Rows | Buffers |
-----------------------------------------------------------------------------------------------
|   0 | SELECT STATEMENT                  |                        |      1 |     20 |   13018 |
|*  1 |  VIEW                             |                        |      1 |     20 |   13018 |
|*  2 |   COUNT STOPKEY                   |                        |      1 |     20 |   13018 |
|   3 |    VIEW                           |                        |      1 |     20 |   13018 |
|*  4 |     SORT ORDER BY STOPKEY         |                        |      1 |     20 |   13018 |
|   5 |      UNION-ALL                    |                        |      1 |  13821 |   13018 |
|*  6 |       HASH JOIN                   |                        |      1 |  13348 |   12531 |
|   7 |        TABLE ACCESS FULL          | PRODUCTS               |      1 |    288 |      13 |
|   8 |        TABLE ACCESS BY INDEX ROWID| ORDER_ITEMS            |      1 |  13348 |   12518 |
|*  9 |         INDEX RANGE SCAN          | IX_ORDER_ITEMS_N1      |      1 |  13348 |      38 |
|* 10 |       HASH JOIN                   |                        |      1 |    473 |     487 |
|  11 |        TABLE ACCESS FULL          | PRODUCTS               |      1 |    288 |      13 |
|  12 |        TABLE ACCESS BY INDEX ROWID| ORDER_ITEMS_RETURN     |      1 |    473 |     474 |
|* 13 |         INDEX RANGE SCAN          | IX_ORDER_ITEMS_RETURN_N1|     1 |    473 |       4 |
-----------------------------------------------------------------------------------------------
```

〈 실행 순서 : 7 → 9 → 8 → 6 → 11 → 13 → 12 → 10 → 5 → 4 → 3 → 2 → 1 〉

SQL에서 ORDER_DATE, RETURN_DATE로 ORDER BY를 하고 있으며 이는 INDEX 컬럼에 그대로 존재를 하고 있지만 UNION ALL로 합쳐진 결과 데이터를 날짜로 ORDER BY를 해야 되기 때문에 부분 범위로 처리되지 못하고 전체 범위 처리를 해서 20건만 필터링하는 형태로 수행되고 있다.

아래 SQL을 보기 전에 어떻게 하면 부분 범위 처리를 사용해서 성능 개선이 가능할지 잠시 생각해 보기 바란다.

```sql
SELECT *
  FROM (
        SELECT ROWNUM RN, ORDER_TYPE, ORDER_ID
             , PRODUCT_ID, PRODUCT_NAME, ORDER_DATE
             , UNIT_PRICE, QUANTITY
          FROM (
                SELECT *
                  FROM (
                        SELECT *
                          FROM (
                                SELECT '주문' ORDER_TYPE, A.ORDER_ID
                                     , A.PRODUCT_ID, B.PRODUCT_NAME
                                     , A.ORDER_DATE, A.UNIT_PRICE, A.QUANTITY
                                  FROM ORDER_ITEMS A
                                     , PRODUCTS B
                                 WHERE A.PRODUCT_ID = B.PRODUCT_ID
                                   AND A.ORDER_DATE >= TO_DATE('20120805', 'YYYYMMDD')
                                   AND A.ORDER_DATE <  TO_DATE('20120807', 'YYYYMMDD')
                                 ORDER BY ORDER_DATE)
                         WHERE ROWNUM <= 20
                        UNION ALL
                        SELECT *
                          FROM (
                                SELECT '반품' ORDER_TYPE, A.ORDER_ID
                                     , A.PRODUCT_ID, B.PRODUCT_NAME
                                     , A.ORDER_DATE, A.UNIT_PRICE, A.QUANTITY
                                  FROM ORDER_ITEMS_RETURN A
                                     , PRODUCTS B
                                 WHERE A.PRODUCT_ID = B.PRODUCT_ID
                                   AND A.RETURN_DATE >= TO_DATE('20120805', 'YYYYMMDD')
                                   AND A.RETURN_DATE <  TO_DATE('20120807', 'YYYYMMDD')
                                 ORDER BY RETURN_DATE)
                         WHERE ROWNUM <= 20)
                 ORDER BY ORDER_DATE)
         WHERE ROWNUM <= 20)
 WHERE RN >= 1;
```

```
---------------------------------------------------------------------------------------
| Id  | Operation                          | Name                    | Starts | A-Rows | Buffers |
---------------------------------------------------------------------------------------
|   0 | SELECT STATEMENT                   |                         |      1 |     20 |      83 |
|*  1 |  VIEW                              |                         |      1 |     20 |      83 |
|*  2 |   COUNT STOPKEY                    |                         |      1 |     20 |      83 |
|   3 |    VIEW                            |                         |      1 |     20 |      83 |
|*  4 |     SORT ORDER BY STOPKEY          |                         |      1 |     20 |      83 |
|   5 |      VIEW                          |                         |      1 |     40 |      83 |
|   6 |       UNION-ALL                    |                         |      1 |     40 |      83 |
|*  7 |        COUNT STOPKEY               |                         |      1 |     20 |      36 |
|*  8 |         HASH JOIN                  |                         |      1 |     20 |      36 |
|   9 |          TABLE ACCESS FULL         | PRODUCTS                |      1 |    288 |      13 |
|  10 |          TABLE ACCESS BY INDEX ROWID| ORDER_ITEMS            |      1 |     20 |      23 |
|* 11 |           INDEX RANGE SCAN         | IX_ORDER_ITEMS_N1       |      1 |     40 |       3 |
|* 12 |        COUNT STOPKEY               |                         |      1 |     20 |      47 |
|  13 |         VIEW                       |                         |      1 |     20 |      47 |
|  14 |          NESTED LOOPS              |                         |      1 |     20 |      47 |
|  15 |           NESTED LOOPS             |                         |      1 |     20 |      27 |
|  16 |            TABLE ACCESS BY INDEX ROWID| ORDER_ITEMS_RETURN   |      1 |     20 |      23 |
|* 17 |             INDEX RANGE SCAN       | IX_ORDER_ITEMS_RETURN_N1|      1 |     20 |       3 |
|* 18 |            INDEX UNIQUE SCAN       | IX_PRODUCTS_PK          |     20 |     20 |       4 |
|  19 |           TABLE ACCESS BY INDEX ROWID| PRODUCTS              |     20 |     20 |      20 |
---------------------------------------------------------------------------------------
```

〈 실행 순서 : 9 → 11 → 10 → 8 → 7 → 17 → 16 → 18 → 15 → 19 → 14 → 13 → 12
→ 5 → 4 → 3 → 2 → 1 〉

위 SQL과 실행 계획을 보면 UNION ALL 위아래 SQL에 대해서 각각 페이징 처리 후에 UNION ALL로 묶인 결과 건수에서 다시 페이징 처리를 했다. ORDER BY 컬럼에 각각 INDEX가 존재하기 때문에 SORT가 발생하지 않아서 ROWNUM <= 20에 만족하는 최소 건수만 SCAN을 했다. 최종 20건만 화면에 나타내기 때문에 UNION ALL 위아래 20건씩 먼저 처리를 해서 40건을 만들더라도 결과 정합성에는 기존 SQL과 다를 바 없다.

SQL은 좀 길어졌지만 각각 SQL은 SORT가 발생하지 않아 부분 범위 처리가 될 수 있었기 때문에 I/O가 크게 개선이 되었다.

Section 07 웹 게시판 형태에서 PAGING 처리

이번 Section에서는 TOP N 쿼리를 이용해서 웹 게시판 형태의 PAGING 처리에 대해서 간략하게 알아보도록 하겠다.

〈테스트 용 테이블 생성〉

```
/************************************************************************
주문 번호 순서와 주문 일시 순서를 같게 한다. 일반적으로 주문, 게시판, 거래 등은 발생 시간 순서대로
저장된다. 이때 부여되는 인조 KEY인 주문 번호도 순서대로 저장이 되게 한다.
************************************************************************/

CREATE TABLE ORDERS_PAGING
TABLESPACE APP_DATA
AS
SELECT ROW_NUMBER() OVER(ORDER BY ORDER_DATE) ORDER_ID
     , ORDER_DATE, ORDER_MODE, CUSTOMER_ID
     , EMPLOYEE_ID, ORDER_STATUS, ORDER_TOTAL
  FROM ORDERS;
```

〈PK 및 INDEX 생성〉

```
ALTER TABLE ORDERS_PAGING
ADD CONSTRAINTS IX_ORDERS_PAGING_PK
PRIMARY KEY(ORDER_ID)
USING INDEX
TABLESPACE APP_DATA;

CREATE INDEX IX_ORDERS_PAGING_N1
ON ORDERS_PAGING(ORDER_DATE, ORDER_STATUS)
TABLESPACE APP_DATA;

CREATE INDEX IX_ORDERS_PAGING_N2
ON ORDERS_PAGING(EMPLOYEE_ID, ORDER_DATE, ORDER_STATUS)
TABLESPACE APP_DATA;
```

<바인드 변수>
:PAGE_NUM => 1
:FIND_DATE_START => NULL
:FIND_DATE_END => NULL

```
SELECT /*+ USE_NL(A B) */
       A.ORDER_ID
     , A.ORDER_DATE, A.ORDER_MODE
     , B.CUST_FIRST_NAME||'-'||B.CUST_LAST_NAME CUST_NAME
     , A.ORDER_TOTAL
  FROM (SELECT ROWNUM RNUM, ORDER_ID
             , ORDER_DATE, ORDER_MODE, CUSTOMER_ID
             , ORDER_TOTAL
          FROM (
                SELECT ORDER_ID, ORDER_DATE, ORDER_MODE
                     , CUSTOMER_ID, ORDER_TOTAL
                  FROM ORDERS_PAGING A
                 WHERE ORDER_DATE >= NVL(:FIND_DATE_START, TO_DATE('1900', 'YYYY'))
                   AND ORDER_DATE < NVL(:FIND_DATE_END, SYSDATE)
                 ORDER BY ORDER_DATE DESC)
         WHERE ROWNUM < :PAGE_NUM * 10 + 1) A
     , CUSTOMERS B
 WHERE A.CUSTOMER_ID = B.CUSTOMER_ID(+)
   AND A.RNUM >= (:PAGE_NUM - 1) * 10 + 1   ;
```

→ 한 PAGE에 10개씩 LIST를 보여주는 조건

<결과 데이터>

ORDER_ID	ORDER_DATE	ORDER_MODE	CUST_NAME	ORDER_TOTAL
3000000	2012/12/31 23:59:38	online	Guillaume-Taylor	6047
2999999	2012/12/31 23:57:56	direct	Ali-Heard	9929
2999998	2012/12/31 23:57:32	online	Denholm-Reed	20316
2999997	2012/12/31 23:56:34	direct	Amanda-Spacek	27285
2999996	2012/12/31 23:55:22	direct	Fred-Forrest	32525
2999995	2012/12/31 23:55:03	direct	Ken-Sutherland	12330
2999994	2012/12/31 23:53:55	direct	Dheeraj-Dench	12928
2999993	2012/12/31 23:52:58	online	Brian-Chapman	11409
2999992	2012/12/31 23:52:46	direct	Shyam-Prashant	7012
2999991	2012/12/31 23:50:47	direct	George-Fonda	35582

Id	Operation	Name	Starts	A-Rows	A-Time	Buffers
0	SELECT STATEMENT		1	10	00:00.01	28
1	NESTED LOOPS OUTER		1	10	00:00.01	28
* 2	VIEW		1	10	00:00.01	6
* 3	COUNT STOPKEY		1	10	00:00.01	6
4	VIEW		1	10	00:00.01	6
* 5	FILTER		1	10	00:00.01	6
6	TABLE ACCESS BY INDEX ROWID	ORDERS_PAGING	1	10	00:00.01	6
* 7	INDEX RANGE SCAN DESCENDING	IX_ORDERS_PAGING_N1	1	10	00:00.01	4
8	TABLE ACCESS BY INDEX ROWID	CUSTOMERS	10	10	00:00.01	22
* 9	INDEX UNIQUE SCAN	IX_CUSTOMERS_PK	10	10	00:00.01	12

위 실행 계획은 첫 페이지를 Loading 하는 SQL의 실행 계획이다. INDEX가 [ORDER_DATE, ORDER_STATUS]로 되어 있기 때문에 SORT ORDER BY STOPKEY가 발생하지 않아서 최적의 건수만 읽었기 때문에 비효율이 없다. 또한 JOIN I/O를 줄이기 위해서 CUSTOMER 테이블은 PAGING 처리 후에 JOIN하고 있다. /*+ INDEX_DESC(A IX_ORDERS_PAGING_N1) */ 힌트를 생략했지만 옵티마이저가 INDEX DESCENDING 실행계획을 SQL을 실행했다. 이와 같이 수행되지 않는다면 힌트를 기술해 주어야 할 것이다.

WHERE ROWNUM < :PAGE_NUM * 10 + 1, AND A.RNUM >= (:PAGE_NUM - 1) * 10 + 1 조건은 한 PAGE에 10개씩 LIST를 보여주는 조건이다.

여기서 :PAGE_NUM 바인드 변수를 1,000과 10,000으로 변경을 해보자.

<:PAGE_NUM → 1000일 경우 실행 계획>

Id	Operation	Name	Starts	A-Rows	A-Time	Buffers
0	SELECT STATEMENT		1	10	00:00.01	124
1	NESTED LOOPS OUTER		1	10	00:00.01	124
* 2	VIEW		1	10	00:00.01	102
* 3	COUNT STOPKEY		1	10000	00:00.01	102
4	VIEW		1	10000	00:00.01	102
* 5	FILTER		1	10000	00:00.01	102
6	TABLE ACCESS BY INDEX ROWID	ORDERS_PAGING	1	10000	00:00.01	102
* 7	INDEX RANGE SCAN DESCENDING	IX_ORDERS_PAGING_N1	1	10000	00:00.01	40

| 8 | TABLE ACCESS BY INDEX ROWID | CUSTOMERS | 10 | 10 |00:00.01 | 22 |
|* 9 | INDEX UNIQUE SCAN | IX_CUSTOMERS_PK | 10 | 10 |00:00.01 | 12 |

<:PAGE_NUM → 10000일 경우 실행 계획>

Id	Operation	Name	Starts	A-Rows	A-Time	Buffers
0	SELECT STATEMENT		1	10	00:00.10	985
1	NESTED LOOPS OUTER		1	10	00:00.10	985
* 2	VIEW		1	10	00:00.10	963
* 3	COUNT STOPKEY		1	100K	00:00.09	963
4	VIEW		1	100K	00:00.07	963
* 5	FILTER		1	100K	00:00.06	963
6	TABLE ACCESS BY INDEX ROWID	ORDERS_PAGING	1	100K	00:00.04	963
* 7	INDEX RANGE SCAN DESCENDING	IX_ORDERS_PAGING_N1	1	100K	00:00.02	366
8	TABLE ACCESS BY INDEX ROWID	CUSTOMERS	10	10	00:00.01	22
* 9	INDEX UNIQUE SCAN	IX_CUSTOMERS_PK	10	10	00:00.01	12

위 실행 계획에서 나타나듯이 뒤 페이지로 갈수록 A-Rows가 늘어나고 있다. 하지만 늘어나는 A-Rows량에 비해서 발생 I/O는 크게 낮다. A-Time 또한 0.1초 정도로 매우 빠르다. 이것은 CLUSTERING FACTOR가 매우 좋기 때문이다. 주문 테이블의 경우 일반적으로 주문일시 순서로 데이터가 저장되며 주문일시 컬럼으로 INDEX를 생성하게 되면 INDEX 순서와 테이블 저장 순서가 거의 비슷하기 때문에 CLUSTERING FACTOR가 매우 좋다.

위 테스트에서는 10000 PAGE를 클릭할 경우의 실행 계획을 보여주고는 있지만 실제 사용자가 10,000 PAGE까지 이동할 일은 거의 없을 것이다.

위 SQL을 12c 이후의 신규 기능으로 SQL을 작성한 사례이다.

```
SELECT /*+ LEADING(A B) USE_NL(B) */
       A.ORDER_ID
     , A.ORDER_DATE, A.ORDER_MODE
     , B.CUST_FIRST_NAME||'-'||B.CUST_LAST_NAME CUST_NAME
     , A.ORDER_TOTAL
```

```sql
  FROM (SELECT ORDER_ID, ORDER_DATE, ORDER_MODE
             , CUSTOMER_ID, ORDER_TOTAL
          FROM ORDERS_PAGING A
         WHERE ORDER_DATE >= NVL(TO_DATE(:ST_DT, 'YYYYMMDD'), TO_DATE('1900', 'YYYY'))
           AND ORDER_DATE <  NVL(TO_DATE(:ED_DT, 'YYYYMMDD'), SYSDATE)
         ORDER BY ORDER_DATE DESC
         OFFSET (:PAGE_NUM - 1) * 10 ROWS FETCH FIRST 10 ROWS ONLY) A
      , CUSTOMERS B
 WHERE A.CUSTOMER_ID = B.CUSTOMER_ID(+)
;
```

<:PAGE_NUM → 1일 경우 실행 계획>

Id	Operation	Name	Starts	A-Rows	A-Time	Buffers
0	SELECT STATEMENT		1	10	00:00:00.01	28
1	NESTED LOOPS OUTER		1	10	00:00:00.01	28
* 2	VIEW		1	10	00:00:00.01	6
* 3	WINDOW NOSORT STOPKEY		1	10	00:00:00.01	6
* 4	FILTER		1	10	00:00:00.01	6
5	TABLE ACCESS BY INDEX ROWID	ORDERS_PAGING	1	10	00:00:00.01	6
* 6	INDEX RANGE SCAN DESCENDING	IX_ORDERS_PAGING_N1	1	10	00:00:00.01	4
7	TABLE ACCESS BY INDEX ROWID	CUSTOMERS	10	10	00:00:00.01	22
* 8	INDEX UNIQUE SCAN	IX_CUSTOMERS_PK	10	10	00:00:00.01	12

<:PAGE_NUM → 10000일 경우 실행 계획>

Id	Operation	Name	Starts	A-Rows	A-Time	Buffers
0	SELECT STATEMENT		1	10	00:00:00.01	121
1	NESTED LOOPS OUTER		1	10	00:00:00.01	121
* 2	VIEW		1	10	00:00:00.01	99
* 3	WINDOW NOSORT STOPKEY		1	10000	00:00:00.01	99
* 4	FILTER		1	10000	00:00:00.01	99
5	TABLE ACCESS BY INDEX ROWID	ORDERS_PAGING	1	10000	00:00:00.01	99
* 6	INDEX RANGE SCAN DESCENDING	IX_ORDERS_PAGING_N1	1	10000	00:00:00.01	35
7	TABLE ACCESS BY INDEX ROWID	CUSTOMERS	10	10	00:00:00.01	22
* 8	INDEX UNIQUE SCAN	IX_CUSTOMERS_PK	10	10	00:00:00.01	12

SQL이 좀 더 간단해졌으며 한 페이지에 10건씩 보여주는 조건이었던 ROWNUM < :PAGE_NUM * 10 + 1, AND A.RNUM >= (:PAGE_NUM - 1) * 10 + 1 부분이 (:PAGE_NUM - 1) * 10과 같이 더 간단하게 표현되었다. WINDOW NOSORT STOPKEY Operation 발생으로 인해서 부분 범위 처리가 되었다.

이번에는 EMPLOYEE_ID와 ORDER_STAUS 조회 조건이 들어가는 경우를 살펴보자.

<바인드 변수>

```
:PAGE_NUM => 1
:FIND_DATE_START => NULL
:FIND_DATE_END => NULL
:EMPLOYEE_ID => E568


SELECT /*+ USE_NL(A B) */
       A.ORDER_ID, A.ORDER_DATE, A.ORDER_MODE
     , B.CUST_FIRST_NAME||'-'||B.CUST_LAST_NAME CUST_NAME
     , A.ORDER_TOTAL
  FROM (SELECT ROWNUM RNUM, ORDER_ID
             , ORDER_DATE, ORDER_MODE, CUSTOMER_ID
             , ORDER_TOTAL
          FROM (SELECT ORDER_ID, ORDER_DATE, ORDER_MODE
                     , CUSTOMER_ID, ORDER_TOTAL
                  FROM ORDERS_PAGING A
                 WHERE ORDER_DATE >= NVL(:FIND_DATE_START, TO_DATE('1900', 'YYYY'))
                   AND ORDER_DATE < NVL(:FIND_DATE_END, SYSDATE)
                   AND EMPLOYEE_ID = DECODE(:EMPLOYEE_ID, NULL, EMPLOYEE_ID, :EMPLOYEE_ID)
                   AND ORDER_STATUS = DECODE(:ORDER_STATUS, NULL, ORDER_STATUS, :ORDER_STATUS)
                 ORDER BY ORDER_DATE DESC)
         WHERE ROWNUM < :PAGE_NUM * 10 + 1) A
     , CUSTOMERS B
 WHERE A.CUSTOMER_ID = B.CUSTOMER_ID(+)
   AND A.RNUM >= (:PAGE_NUM - 1) * 10 + 1;
```

```
| Id  | Operation                      | Name              | Starts | A-Rows | A-Time   | Buffers | Used-Mem |
|-----|--------------------------------|-------------------|--------|--------|----------|---------|----------|
|   0 | SELECT STATEMENT               |                   |      1 |     10 | 00:00.02 |    4096 |          |
|   1 |  NESTED LOOPS OUTER            |                   |      1 |     10 | 00:00.02 |    4096 |          |
| * 2 |   VIEW                         |                   |      1 |     10 | 00:00.02 |    4074 |          |
| * 3 |    COUNT STOPKEY               |                   |      1 |     10 | 00:00.02 |    4074 |          |
|   4 |     VIEW                       |                   |      1 |     10 | 00:00.02 |    4074 |          |
| * 5 |      SORT ORDER BY STOPKEY     |                   |      1 |     10 | 00:00.02 |    4074 | 4096 (0) |
|   6 |       CONCATENATION            |                   |      1 |   4583 | 00:00.02 |    4074 |          |
| * 7 |        FILTER                  |                   |      1 |      0 | 00:00.01 |       0 |          |
| * 8 |         TABLE ACCESS BY INDEX ROWID | ORDERS_PAGING |      0 |      0 | 00:00.01 |       0 |          |
| * 9 |          INDEX RANGE SCAN      | IX_ORDERS_PAGING_N1 | 0    |      0 | 00:00.01 |       0 |          |
| *10 |        FILTER                  |                   |      1 |   4583 | 00:00.02 |    4074 |          |
|  11 |         TABLE ACCESS BY INDEX ROWID | ORDERS_PAGING |      1 |   4583 | 00:00.02 |    4074 |          |
| *12 |          INDEX RANGE SCAN      | IX_ORDERS_PAGING_N2 |    1 |   4583 | 00:00.01 |      22 |          |
|  13 |   TABLE ACCESS BY INDEX ROWID  | CUSTOMERS         |     10 |     10 | 00:00.01 |      22 |          |
| *14 |    INDEX UNIQUE SCAN           | IX_CUSTOMERS_PK   |     10 |     10 | 00:00.01 |      12 |          |
```

AND EMPLOYEE_ID = DECODE(:EMPLOYEE_ID, NULL, EMPLOYEE_ID, :EMPLOYEE_ID) 조건은 선택 조건이다. EMPLOYEE_ID 조건이 들어올 수도 있고 들어오지 않을 수도 있다. :EMPLOYEE_ID 바인드 변수가 NULL인 경우에는 IX_ORDERS_PAGING_N1 INDEX를 사용하고 NULL이 아닌 경우에는 IX_ORDERS_PAGING_N2 INDEX를 사용하도록 옵티마이저가 실행 계획 분리를 했다. 하지만 여기서는 SORT ORDER BY STOPKEY 실행계획이 나타나고 있으며 조회 조건에 해당하는 전체 데이터를 SCAN한 후에 10건만 필터링하는 비효율이 발생하고 있다. 이럴 경우에는 SQL에서 :EMPLOYEE_ID 바인드 변수 값이 들어오는 경우와 들어오지 않는 경우로 실행 계획을 분리시켜야 한다. 실행 계획 분리에 대해서는 [Part 08. 실행 계획 분리]에 정리되어 있다. 아래 SQL을 확인해 보자.

```
SELECT /*+ LEADING(A B) USE_NL(B) */
       A.ORDER_ID, A.ORDER_DATE, A.ORDER_MODE
     , B.CUST_FIRST_NAME||'-'||B.CUST_LAST_NAME CUST_NAME
     , A.ORDER_TOTAL
  FROM (SELECT ROWNUM RNUM, ORDER_ID
             , ORDER_DATE, ORDER_MODE, CUSTOMER_ID
```

```sql
              , ORDER_TOTAL
         FROM (SELECT /*+ NO_EXPAND INDEX_DESC(A IX_ORDERS_PAGING_N1) */
                      ORDER_ID, ORDER_DATE, ORDER_MODE
                    , CUSTOMER_ID, ORDER_TOTAL
                 FROM ORDERS_PAGING A
                WHERE ORDER_DATE >= NVL(:FIND_DATE_START, TO_DATE('1900', 'YYYY'))
                  AND ORDER_DATE < NVL(:FIND_DATE_END, SYSDATE)
                  AND ORDER_STATUS = DECODE(:ORDER_STATUS, NULL, ORDER_STATUS, :ORDER_STATUS)
                  AND :EMPLOYEE_ID IS NULL
                ORDER BY ORDER_DATE DESC)
        WHERE ROWNUM < :PAGE_NUM * 10 + 1) A
     , CUSTOMERS B
 WHERE A.CUSTOMER_ID = B.CUSTOMER_ID(+)
   AND A.RNUM >= (:PAGE_NUM - 1) * 10 + 1
UNION ALL
SELECT /*+ LEADING(A B) USE_NL(B) */
       A.ORDER_ID, A.ORDER_DATE, A.ORDER_MODE
     , B.CUST_FIRST_NAME||'-'||B.CUST_LAST_NAME CUST_NAME
     , A.ORDER_TOTAL
  FROM (SELECT ROWNUM RNUM, ORDER_ID
             , ORDER_DATE, ORDER_MODE, CUSTOMER_ID
             , ORDER_TOTAL
          FROM (SELECT /*+ NO_EXPAND INDEX_DESC(A IX_ORDERS_PAGING_N2) */
                       ORDER_ID, ORDER_DATE, ORDER_MODE
                     , CUSTOMER_ID, ORDER_TOTAL
                  FROM ORDERS_PAGING A
                 WHERE ORDER_DATE >= NVL(:FIND_DATE_START, TO_DATE('1900', 'YYYY'))
                   AND ORDER_DATE < NVL(:FIND_DATE_END, SYSDATE)
                   AND ORDER_STATUS = DECODE(:ORDER_STATUS, NULL, ORDER_STATUS, :ORDER_STATUS)
                   AND EMPLOYEE_ID = :EMPLOYEE_ID
                   AND :EMPLOYEE_ID IS NOT NULL
                 ORDER BY ORDER_DATE DESC)
         WHERE ROWNUM < :PAGE_NUM * 10 + 1) A
      , CUSTOMERS B
  WHERE A.CUSTOMER_ID = B.CUSTOMER_ID(+)
    AND A.RNUM >= (:PAGE_NUM - 1) * 10 + 1;;
```

Id	Operation	Name	Starts	A-Rows	A-Time	Buffers
0	SELECT STATEMENT		1	10	00:00.01	34
1	UNION-ALL		1	10	00:00.01	34
2	NESTED LOOPS OUTER		1	0	00:00.01	0
* 3	VIEW		1	0	00:00.01	0
* 4	COUNT STOPKEY		1	0	00:00.01	0
5	VIEW		1	0	00:00.01	0
* 6	FILTER		1	0	00:00.01	0
* 7	TABLE ACCESS BY INDEX ROWID	ORDERS_PAGING	0	0	00:00.01	0
* 8	INDEX RANGE SCAN DESCENDING	IX_ORDERS_PAGING_N1	0	0	00:00.01	0
9	TABLE ACCESS BY INDEX ROWID	CUSTOMERS	0	0	00:00.01	0
* 10	INDEX UNIQUE SCAN	IX_CUSTOMERS_PK	0	0	00:00.01	0
11	NESTED LOOPS OUTER		1	10	00:00.01	34
* 12	VIEW		1	10	00:00.01	12
* 13	COUNT STOPKEY		1	10	00:00.01	12
14	VIEW		1	10	00:00.01	12
* 15	FILTER		1	10	00:00.01	12
* 16	TABLE ACCESS BY INDEX ROWID	ORDERS_PAGING	1	10	00:00.01	12
* 17	INDEX RANGE SCAN DESCENDING	IX_ORDERS_PAGING_N2	1	10	00:00.01	4
18	TABLE ACCESS BY INDEX ROWID	CUSTOMERS	10	10	00:00.01	22
* 19	INDEX UNIQUE SCAN	IX_CUSTOMERS_PK	10	10	00:00.01	12

실행 계획 상에서 SORT ORDER BY STOPKEY가 사라졌으며 딱 10건만 SCAN한 것을 볼 수 있다. 따라서 I/O도 4,096 → 34로 크게 개선되었다. 실행 통계에서 Buffers가 0으로 나타나는 부분은 :EMPLOYEE_ID IS NULL 조건에 의해 실행되지 않은 것이다.

SQL에서 ORDER_STATUS = DECODE(:ORDER_STATUS, NULL, ORDER_STATUS, :ORDER_STATUS) 조건은 :ORDER_STATUS가 조회 조건으로 들어가는 경우와 들어가지 않은 경우를 표현한 것이다. NO EXPAND 힌트는 이 조건에 의해 옵티마이저에 의한 실행 계획 분리가 발생하지 않도록 준 것이다.

ORDER_STATUS 변수 값은 1~10까지 들어올 수 있다. 선택도가 1/10이기 때문에 10건 중에서 9건이 필터링되는 비효율이 발생할 것이다. 즉 1페이지의 10건을 가져오기 위해서는 약 100건을 SCAN해야 한다. 바인드 변수 [:ORDER_STATUS → 1]을 입력하고 위 SQL을 수행시킨 결과는 아래와 같다.

```
| Id   | Operation                      | Name              | Starts | A-Rows | A-Time   | Buffers |
|------|--------------------------------|-------------------|--------|--------|----------|---------|
|    0 | SELECT STATEMENT               |                   |     1  |    10  | 00:00.01 |    36   |
|    1 |  UNION-ALL                     |                   |     1  |    10  | 00:00.01 |    36   |
|    2 |   NESTED LOOPS OUTER           |                   |     1  |     0  | 00:00.01 |     0   |
| *  3 |    VIEW                        |                   |     1  |     0  | 00:00.01 |     0   |
| *  4 |     COUNT STOPKEY              |                   |     1  |     0  | 00:00.01 |     0   |
|    5 |      VIEW                      |                   |     1  |     0  | 00:00.01 |     0   |
| *  6 |       SORT ORDER BY STOPKEY    |                   |     1  |     0  | 00:00.01 |     0   |
| *  7 |        FILTER                  |                   |     1  |     0  | 00:00.01 |     0   |
| *  8 |         TABLE ACCESS FULL      | ORDERS_PAGING     |     0  |     0  | 00:00.01 |     0   |
|    9 |    TABLE ACCESS BY INDEX ROWID | CUSTOMERS         |     0  |     0  | 00:00.01 |     0   |
| * 10 |     INDEX UNIQUE SCAN          | IX_CUSTOMERS_PK   |     0  |     0  | 00:00.01 |     0   |
|   11 |   NESTED LOOPS OUTER           |                   |     1  |    10  | 00:00.01 |    36   |
| * 12 |    VIEW                        |                   |     1  |    10  | 00:00.01 |    14   |
| * 13 |     COUNT STOPKEY              |                   |     1  |    10  | 00:00.01 |    14   |
|   14 |      VIEW                      |                   |     1  |    10  | 00:00.01 |    14   |
| * 15 |       FILTER                   |                   |     1  |    10  | 00:00.01 |    14   |
|   16 |        TABLE ACCESS BY INDEX ROWID | ORDERS_PAGING |     1  |    10  | 00:00.01 |    14   |
| * 17 |         INDEX RANGE SCAN DESCENDING | IX_ORDERS_PAGING_N2 | 1 | 10 | 00:00.01 |     4   |
|   18 |    TABLE ACCESS BY INDEX ROWID | CUSTOMERS         |    10  |    10  | 00:00.01 |    22   |
| * 19 |     INDEX UNIQUE SCAN          | IX_CUSTOMERS_PK   |    10  |    10  | 00:00.01 |    12   |
```

Buffers 통계 값이 큰 차이가 없다. 이것은 ORDER_STATUS 컬럼이 IX_ORDERS_PAGING_N1, IX_ORDERS_PAGING_N2 INDEX의 맨 끝에 추가되어 있기 때문에 조회 조건에 값이 들어오게 되더라도 INDEX Level에서 필터링이 되었다. ORDER_STATUS 컬럼이 INDEX에 없었다면 테이블로 ACCESS 후 필터링이 되어야 하기 때문에 추가적인 I/O가 발생했을 것이다.

PART 10

PGA 튜닝

PGA를 사용하는 주요 Operation 정리하면 아래와 같다.
- SORT ORDER BY
- SORT ORDER BY STOPKEY
- SORT GROUP BY & HASH GROUP BY
- HASH JOIN
- HASH SEMI JOIN & HASH ANTI JOIN
- SORT MERGE JOIN
- MERGE SEMI JOIN & MERGE ANTI JOIN
- SORT UNIQUE & HASH UNIQUE

앞 단원에서 대부분 봐왔던 Operation들이다. 이번 단원에서는 PGA 사용 관점에서 설명할 것이며 앞에서 설명했던 부분의 중복되는 부분도 있을 것이다.

위 Operation 발생했을 때 실행 계획 통계의 USED-MEM 항목에 수치가 나오게 된다. 위 Operation이 발생하는 경우에 대해서 살펴보고 PGA 사용을 최소화 또는 사용 회피하는 방법에 대해서 살펴보도록 하겠다.

Section 01. SORT ORDER BY

Section 02. SORT ORDER BY & SORT ORDER BY STEOPKEY (STOPKEY)

Section 03. SORT GROUP BY & HASH GROUP BY

Section 04. SORT UNIQUE & HASH UNIQUE

Section 05. HASH JOIN, HASH SEMI JOIN & HASH ANTI JOIN

Section 06. SORT MERGE JOIN, MERGE SEMI JOIN & MERGE ANTI JOIN

SORT ORDER BY

SQL에 ORDER BY를 사용하게 되면 SORT ORDER BY Operation이 나타나게 된다. 아래 SQL을 통해서 PGA가 어떻게 사용되는지 알아보도록 하자.

```
<ORDERS INDEX 현황>
IX_ORDERS_PK : ORDER_ID
IX_ORDERS_N1 : ORDER_DATE

<EMPLOYEES INDEX 현황>
IX_EMPLOYEES_PK : EMPLOYEE_ID

<CUSTOMER INDEX 현황>
IX_CUSTOMER_PK : CUSTOMER_ID

SELECT A.ORDER_ID, A.ORDER_DATE
     , A.CUSTOMER_ID, C.CUST_LAST_NAME CUSTNAME
     , A.EMPLOYEE_ID, B.LAST_NAME EMPNAME
     , A.ORDER_TOTAL
  FROM ORDERS A
     , EMPLOYEES B
     , CUSTOMERS C
 WHERE A.EMPLOYEE_ID = B.EMPLOYEE_ID
   AND A.CUSTOMER_ID = C.CUSTOMER_ID
   AND A.ORDER_DATE >= TO_DATE('20120805', 'YYYYMMDD')
   AND A.ORDER_DATE <  TO_DATE('20120807', 'YYYYMMDD')
 ORDER BY ORDER_DATE, ORDER_ID, CUSTNAME, ORDER_TOTAL DESC;
```

Id	Operation	Name	Starts	A-Rows	Buffers	Used-Mem
0	SELECT STATEMENT		1	2706	3008	
1	SORT ORDER BY		1	2706	3008	237K (0)
* 2	HASH JOIN		1	2706	3008	1252K (0)
* 3	HASH JOIN		1	2706	2450	1187K (0)
4	TABLE ACCESS FULL	EMPLOYEES	1	642	9	
5	TABLE ACCESS BY INDEX ROWID	ORDERS	1	2706	2441	

| |* 6 | INDEX RANGE SCAN | IX_ORDERS_N1 | 1 | 2706 | 10 | |
| | 7 | TABLE ACCESS FULL | CUSTOMERS | 1 | 50000 | 558 | |

〈 실행 순서 : 4 → 6 → 5 → 3 → 7 → 2 → 1 〉

SQL문에 ORDER BY를 기술하면 Operation에 SORT ORDER BY가 나타나게 되며 Used-Mem에 PGA 사용량이 나타나게 된다. 이 SQL에서 PGA 사용량에 비효율이 있다. 독자들은 짐작해 보기 바란다.

INDEX 현황에 보면 ORDER_ID가 PK이기 때문에 ORDER_ID 뒤에 있는 컬럼은 의미가 없다. 위 SQL에서 ORDER BY절에 ORDER_ID만 기술하고 실행 계획 통계를 보도록 하자.

```
SELECT A.ORDER_ID, A.ORDER_DATE
     , A.CUSTOMER_ID, C.CUST_LAST_NAME CUSTNAME
     , A.EMPLOYEE_ID, B.LAST_NAME EMPNAME
     , A.ORDER_TOTAL
  FROM ORDERS A
     , EMPLOYEES B
     , CUSTOMERS C
 WHERE A.EMPLOYEE_ID = B.EMPLOYEE_ID
   AND A.CUSTOMER_ID = C.CUSTOMER_ID
   AND A.ORDER_DATE >= TO_DATE('20120805', 'YYYYMMDD')
   AND A.ORDER_DATE <  TO_DATE('20120807', 'YYYYMMDD')
 ORDER BY ORDER_DATE, ORDER_ID;
```

Id	Operation	Name	Starts	A-Rows	Buffers	Used-Mem
0	SELECT STATEMENT		1	2706	3008	
1	SORT ORDER BY		1	2706	3008	206K (0)
* 2	HASH JOIN		1	2706	3008	1254K (0)
* 3	HASH JOIN		1	2706	2450	1211K (0)
4	TABLE ACCESS FULL	EMPLOYEES	1	642	9	
5	TABLE ACCESS BY INDEX ROWID	ORDERS	1	2706	2441	
* 6	INDEX RANGE SCAN	IX_ORDERS_N1	1	2706	10	
7	TABLE ACCESS FULL	CUSTOMERS	1	50000	558	

PGA 사용량이 30K 정도 줄어들었다. SORT 대상 건수가 많아질수록 차이는 점점 커지며 실행 횟수가 많아질수록 그 차이는 커질 것이다. PGA 사용량을 최적화하기 위해서는 ORDER BY절에 불필요한 컬럼 사용은 피해야 한다는 것을 알 수 있다.

이번에는 SELECT절의 컬럼 수를 줄여보도록 하자.

```
SELECT A.ORDER_ID, A.ORDER_DATE
     , C.CUST_LAST_NAME CUSTNAME
     , A.ORDER_TOTAL
  FROM ORDERS A, CUSTOMERS C
 WHERE A.CUSTOMER_ID = C.CUSTOMER_ID
   AND A.ORDER_DATE >= TO_DATE('20120805', 'YYYYMMDD')
   AND A.ORDER_DATE <  TO_DATE('20120807', 'YYYYMMDD')
 ORDER BY ORDER_DATE, ORDER_ID;
```

```
---------------------------------------------------------------------------------------
| Id  | Operation                    | Name         | Starts | A-Rows | Buffers | Used-Mem |
---------------------------------------------------------------------------------------
|   0 | SELECT STATEMENT             |              |      1 |   2706 |    2999 |          |
|   1 |  SORT ORDER BY               |              |      1 |   2706 |    2999 | 142K (0) |
|*  2 |   HASH JOIN                  |              |      1 |   2706 |    2999 |1233K (0) |
|   3 |    TABLE ACCESS BY INDEX ROWID| ORDERS       |      1 |   2706 |    2441 |          |
|*  4 |     INDEX RANGE SCAN         | IX_ORDERS_N1 |      1 |   2706 |      10 |          |
|   5 |    TABLE ACCESS FULL         | CUSTOMERS    |      1 |  50000 |     558 |          |
---------------------------------------------------------------------------------------
```

PGA 사용량이 더 줄어들었다. SORT ORDER BY Operation에서 PGA 사용량은 SELECT절의 컬럼 수와 ORDER BY절의 컬럼 수가 같이 영향을 미친다는 것을 알 수 있다.

IX_ORDER_N1 INDEX 구성을 ORDER_DATE, ORDER_ID로 변경을 해보자. 독자들은 이쯤에서 눈치를 챘을 것이다. INDEX 순서가 ORDER BY절의 컬럼과 동일한 것을 보니 SORT를 대신하는 INDEX가 되겠구나 하고 말이다.

아래 실행 계획을 살펴보자.

```
---------------------------------------------------------------------------------------
| Id  | Operation                      | Name          | Starts | A-Rows | Buffers | Used-Mem  |
---------------------------------------------------------------------------------------
|   0 | SELECT STATEMENT               |               |      1 |   2706 |   3012  |           |
|   1 |  SORT ORDER BY                 |               |      1 |   2706 |   3012  | 206K (0)  |
|*  2 |   HASH JOIN                    |               |      1 |   2706 |   3012  | 1238K (0) |
|*  3 |    HASH JOIN                   |               |      1 |   2706 |   2454  | 1213K (0) |
|   4 |     TABLE ACCESS FULL          | EMPLOYEES     |      1 |    642 |      9  |           |
|   5 |     TABLE ACCESS BY INDEX ROWID| ORDERS        |      1 |   2706 |   2445  |           |
|*  6 |      INDEX RANGE SCAN          | IX_ORDERS_N1  |      1 |   2706 |     14  |           |
|   7 |    TABLE ACCESS FULL           | CUSTOMERS     |      1 |  50000 |    558  |           |
---------------------------------------------------------------------------------------
```

어찌된 일인지 SORT ORDER BY Operation이 그대로 나타나고 있다. 원인은 JOIN이 방법이 HASH JOIN인 것에 있다. ID 4번과 ID 5번의 결과가 HASH JOIN 후 그 결과 건수가 다시 HASH 테이블로 생성되어 CUSTOMERS 테이블이 SCAN 되면서 HASH 테이블과 JOIN 시 SORT가 흐트러지기 때문이다.

아래와 같이 NESTED LOOP JOIN으로 변경을 해준다면 SORT ORDER BY Operation이 사라진다.

```
SELECT /*+ LEADING(A B C) USE_NL(B C) */
       A.ORDER_ID, A.ORDER_DATE
     , A.CUSTOMER_ID, C.CUST_LAST_NAME CUSTNAME
     , A.EMPLOYEE_ID, B.LAST_NAME EMPNAME
     , A.ORDER_TOTAL
  FROM ORDERS A
     , EMPLOYEES B
     , CUSTOMERS C
 WHERE A.EMPLOYEE_ID = B.EMPLOYEE_ID
   AND A.CUSTOMER_ID = C.CUSTOMER_ID
   AND A.ORDER_DATE >= TO_DATE('20120805', 'YYYYMMDD')
   AND A.ORDER_DATE <  TO_DATE('20120807', 'YYYYMMDD')
 ORDER BY ORDER_DATE, ORDER_ID;
```

```
-------------------------------------------------------------------------------
| Id  | Operation                       | Name            | Starts | A-Rows |Buffers |
-------------------------------------------------------------------------------
|   0 | SELECT STATEMENT                |                 |      1 |   2706 |  13212 |
|   1 |  NESTED LOOPS                   |                 |      1 |   2706 |  13212 |
|   2 |   NESTED LOOPS                  |                 |      1 |   2706 |  10506 |
|   3 |    NESTED LOOPS                 |                 |      1 |   2706 |   7916 |
|   4 |     TABLE ACCESS BY INDEX ROWID | ORDERS          |      1 |   2706 |   2475 |
|*  5 |      INDEX RANGE SCAN           | IX_ORDERS_N1    |      1 |   2706 |     42 |
|   6 |     TABLE ACCESS BY INDEX ROWID | CUSTOMERS       |   2706 |   2706 |   5441 |
|*  7 |      INDEX UNIQUE SCAN          | IX_CUSTOMERS_PK |   2706 |   2706 |   2735 |
|*  8 |    INDEX UNIQUE SCAN            | IX_EMPLOYEES_PK |   2706 |   2706 |   2590 |
|   9 |   TABLE ACCESS BY INDEX ROWID   | EMPLOYEES       |   2706 |   2706 |   2706 |
-------------------------------------------------------------------------------
```

SORT ORDER BY가 사라졌다. 하지만 선행 건수만큼 Random Single Block I/O가 발생하면서 Buffers 수치는 더 안 좋아졌다. 이 단원에서는 PGA 관점에서만 설명을 하기 때문에 어떨 때 SORT ORDER BY Operation이 생략될 수 있는지 이해하기 바란다.

그렇다면 CUSTOMERS 테이블과 JOIN을 제거한다면 HASH JOIN 시에도 SORT ORDER BY가 발생하지 않을까?

```
SELECT A.ORDER_ID, A.ORDER_DATE
     , A.EMPLOYEE_ID, B.LAST_NAME EMPNAME
     , A.ORDER_TOTAL
  FROM ORDERS A
     , EMPLOYEES B
 WHERE A.EMPLOYEE_ID = B.EMPLOYEE_ID
   AND A.ORDER_DATE >= TO_DATE('20120805', 'YYYYMMDD')
   AND A.ORDER_DATE <  TO_DATE('20120807', 'YYYYMMDD')
 ORDER BY ORDER_DATE, ORDER_ID;
```

```
------------------------------------------------------------------------
| Id | Operation         | Name | Starts | A-Rows | Buffers | Used-Mem |
------------------------------------------------------------------------
|  0 | SELECT STATEMENT  |      |      1 |   2706 |    2454 |          |
|  1 |  SORT ORDER BY    |      |      1 |   2706 |    2454 | 142K (0) |
```

```
|* 2 |   HASH JOIN                   |              | 1 | 2706 | 2454 | 1209K (0)|
|  3 |    TABLE ACCESS FULL          | EMPLOYEES    | 1 |  642 |    9 |          |
|  4 |    TABLE ACCESS BY INDEX ROWID| ORDERS       | 1 | 2706 | 2445 |          |
|* 5 |     INDEX RANGE SCAN          | IX_ORDERS_N1 | 1 | 2706 |   14 |          |
```

EMPLOYEES가 BUILD INPUT이 되어 HASH 테이블로 생성된 후에 ORDERS가 ORDER_DATE, ORDER_ID INDEX를 RANGE SCAN하기 때문에 ORDER_DATE, ORDER_ID 순서대로 SCAN하고 있을 것 같음에도 19c에서도 여전히 SORT ORDER BY Operation이 발생하고 있다.

위 SQL에서 ORDER BY ORDER_DATE, ORDER_ID 문장이 기술된 경우와 생략된 경우 결과 데이터의 순서를 보면 일치하고 있는 것을 확인할 수 있다. 즉 이와 같은 경우는 SORT ORDER BY Operation이 생략되어도 결과 데이터 순서에 영향이 없다. 이 부분이 옳다는 것을 예제를 통해서 확인해 보도록 하겠다.

ORDER_DATE는 시/분/초까지 저장되어 있기 때문에 일 단위로 CUSTOMER_ID가 정렬이 잘 되는지 확인하기 위해 INDEX를 아래와 같이 생성한다.

```
CREATE INDEX IX_ORDERS_N3
ON ORDERS(TO_CHAR(ORDER_DATE, 'YYYYMMDD'), CUSTOMER_ID);

SELECT ROWNUM RCNT, A.*
  FROM (
       SELECT A.ORDER_ID, A.ORDER_DATE, A.CUSTOMER_ID
            , A.EMPLOYEE_ID, B.LAST_NAME EMPNAME
            , A.ORDER_TOTAL
         FROM ORDERS A
            , EMPLOYEES B
        WHERE A.EMPLOYEE_ID = B.EMPLOYEE_ID
          AND TO_CHAR(A.ORDER_DATE, 'YYYYMMDD') >= '20120101'
          AND TO_CHAR(A.ORDER_DATE, 'YYYYMMDD') <  '20130101'
        ORDER BY TO_CHAR(A.ORDER_DATE, 'YYYYMMDD'), A.CUSTOMER_ID) A
MINUS
SELECT ROWNUM RCNT, A.ORDER_ID, A.ORDER_DATE, A.CUSTOMER_ID
```

```
    , A.EMPLOYEE_ID, B.LAST_NAME EMPNAME
    , A.ORDER_TOTAL
 FROM ORDERS A
    , EMPLOYEES B
WHERE A.EMPLOYEE_ID = B.EMPLOYEE_ID
  AND TO_CHAR(A.ORDER_DATE, 'YYYYMMDD') >= '20120101'
  AND TO_CHAR(A.ORDER_DATE, 'YYYYMMDD') <  '20130101'
```

Id	Operation	Name	Starts	A-Rows	Buffers	Used-Mem
0	SELECT STATEMENT		1	0	898K	
1	MINUS		1	0	898K	
2	SORT UNIQUE		1	500K	449K	35M (0)
3	COUNT		1	500K	449K	
4	VIEW		1	500K	449K	
5	SORT ORDER BY		1	500K	449K	35M (0)
* 6	HASH JOIN		1	500K	449K	1242K (0)
7	TABLE ACCESS FULL	EMPLOYEES	1	642	9	
8	TABLE ACCESS BY INDEX ROWID	ORDERS	1	500K	449K	
* 9	INDEX RANGE SCAN	IX_ORDERS_N3	1	500K	1885	
10	SORT UNIQUE		1	500K	449K	35M (0)
11	COUNT		1	500K	449K	
* 12	HASH JOIN		1	500K	449K	1199K (0)
13	TABLE ACCESS FULL	EMPLOYEES	1	642	9	
14	TABLE ACCESS BY INDEX ROWID	ORDERS	1	500K	449K	
* 15	INDEX RANGE SCAN	IX_ORDERS_N3	1	500K	1885	

ORDER BY TO_CHAR(A.ORDER_DATE, 'YYYYMMDD'), A.CUSTOMER_ID가 된 후에 ROWNUM을 이용해서 순번을 매긴 SQL과 ORDER BY 없이 INDEX RANGE SCAN만 한 SQL을 MINUS 한 결과가 0건이 나온다면 ORDER BY를 생략해도 순서는 같이 것이라고 보면 될 것이다. 실행 계획을 보면 MINUS 한 결과가 0건이 나오고 있다. 따라서 위와 같은 경우는 SORT ORDER BY가 생략되어도 문제가 없다. 향후 버전에서는 위와 같은 경우 SORT ORDER BY가 생략되기를 기대해 본다.

Section 02 SORT ORDER BY & SORT ORDER BY STEOPKEY (STOPKEY)

SORT ORDER BY STOPKEY Operation은 [Part 09, Section 02. 표준 PAGENATION 사용 방법]에서 다루었던 내용이지만 다시 한번 정리를 하고 넘어가도록 하겠다.

```
<ORDERS INDEX 현황>
IX_ORDER_N1 : ORDER_DATE, ORDER_ID

SELECT *
  FROM (
        SELECT ROWNUM RN, A.*
          FROM (
                SELECT A.ORDER_ID, A.ORDER_DATE
                     , A.CUSTOMER_ID, C.CUST_LAST_NAME CUSTNAME
                     , A.EMPLOYEE_ID, B.LAST_NAME EMPNAME
                     , A.ORDER_TOTAL
                  FROM ORDERS A
                     , EMPLOYEES B
                     , CUSTOMERS C
                 WHERE A.EMPLOYEE_ID = B.EMPLOYEE_ID
                   AND A.CUSTOMER_ID = C.CUSTOMER_ID
                   AND A.ORDER_DATE >= TO_DATE('20120805', 'YYYYMMDD')
                   AND A.ORDER_DATE <  TO_DATE('20120807', 'YYYYMMDD')
                 ORDER BY ORDER_DATE, ORDER_ID) A)
 WHERE RN >= 1
   AND RN <= 20;
```

위 SQL문의 문제점은 무엇인지 상기해 보기 바란다.

```
---------------------------------------------------------------------------------------
| Id  | Operation                       | Name          | Starts | A-Rows | Buffers |Used-Mem   |
---------------------------------------------------------------------------------------
|   0 | SELECT STATEMENT                |               |      1 |     20 |   3012  |           |
|*  1 |  VIEW                           |               |      1 |     20 |   3012  |           |
|   2 |   COUNT                         |               |      1 |   2706 |   3012  |           |
|   3 |    VIEW                         |               |      1 |   2706 |   3012  |           |
|   4 |     SORT ORDER BY               |               |      1 |   2706 |   3012  | 206K (0)  |
|*  5 |      HASH JOIN                  |               |      1 |   2706 |   3012  |1262K (0)  |
|*  6 |       HASH JOIN                 |               |      1 |   2706 |   2454  |1260K (0)  |
|   7 |        TABLE ACCESS FULL        | EMPLOYEES     |      1 |    642 |      9  |           |
|   8 |        TABLE ACCESS BY INDEX ROWID| ORDERS      |      1 |   2706 |   2445  |           |
|*  9 |         INDEX RANGE SCAN        | IX_ORDERS_N1  |      1 |   2706 |     14  |           |
|  10 |       TABLE ACCESS FULL         | CUSTOMERS     |      1 |  50000 |    558  |           |
---------------------------------------------------------------------------------------
```

적절한 INDEX가 있음에도 PAGING 처리 오류로 전체 결과 건수를 SORTING 한 후에 20건을 필터링 했다. 표준 PAGING 처리 방식으로 변경을 해보자.

```
SELECT *
  FROM (
        SELECT ROWNUM RN, A.*
          FROM (
                SELECT A.ORDER_ID, A.ORDER_DATE
                     , A.CUSTOMER_ID, C.CUST_LAST_NAME CUSTNAME
                     , A.EMPLOYEE_ID, B.LAST_NAME EMPNAME
                     , A.ORDER_TOTAL
                  FROM ORDERS A
                     , EMPLOYEES B
                     , CUSTOMERS C
                 WHERE A.EMPLOYEE_ID = B.EMPLOYEE_ID
                   AND A.CUSTOMER_ID = C.CUSTOMER_ID
                   AND A.ORDER_DATE >= TO_DATE('20120805', 'YYYYMMDD')
                   AND A.ORDER_DATE <  TO_DATE('20120807', 'YYYYMMDD')
                 ORDER BY ORDER_DATE, ORDER_ID) A
         WHERE ROWNUM <= 20)
 WHERE RN >= 1;
```

```
-------------------------------------------------------------------------------------
| Id  | Operation                          | Name            | Starts | A-Rows | Buffers |
-------------------------------------------------------------------------------------
|   0 | SELECT STATEMENT                   |                 |      1 |     20 |    105  |
|*  1 |  VIEW                              |                 |      1 |     20 |    105  |
|*  2 |   COUNT STOPKEY                    |                 |      1 |     20 |    105  |
|   3 |    VIEW                            |                 |      1 |     20 |    105  |
|   4 |     NESTED LOOPS                   |                 |      1 |     20 |    105  |
|   5 |      NESTED LOOPS                  |                 |      1 |     20 |     85  |
|   6 |       NESTED LOOPS                 |                 |      1 |     20 |     64  |
|   7 |        TABLE ACCESS BY INDEX ROWID | ORDERS          |      1 |     20 |     22  |
|*  8 |         INDEX RANGE SCAN           | IX_ORDERS_N1    |      1 |     20 |      4  |
|   9 |        TABLE ACCESS BY INDEX ROWID | CUSTOMERS       |     20 |     20 |     42  |
|* 10 |         INDEX UNIQUE SCAN          | IX_CUSTOMERS_PK |     20 |     20 |     22  |
|* 11 |       INDEX UNIQUE SCAN            | IX_EMPLOYEES_PK |     20 |     20 |     21  |
|  12 |      TABLE ACCESS BY INDEX ROWID   | EMPLOYEES       |     20 |     20 |     20  |
-------------------------------------------------------------------------------------
```

NESTED LOOP JOIN으로 수행되면서 SORT ORDER BY가 발생하지 않았으며 PGA 사용 부분이 모두 사라진 것을 볼 수 있다.

위의 결과는 SORT를 대신할 최적의 INDEX가 존재하는 경우이고 IX_ORDERS_N1 INDEX 구성이 ORDER_DATE로만 되어 있다면 실행 계획이 아래와 같이 나타나게 된다.

```
-----------------------------------------------------------------------------------------------
| Id  | Operation                          | Name         | Starts | A-Rows | Buffers | Used-Mem  |
-----------------------------------------------------------------------------------------------
|   0 | SELECT STATEMENT                   |              |      1 |     20 |   3008  |           |
|*  1 |  VIEW                              |              |      1 |     20 |   3008  |           |
|*  2 |   COUNT STOPKEY                    |              |      1 |     20 |   3008  |           |
|   3 |    VIEW                            |              |      1 |     20 |   3008  |           |
|*  4 |     SORT ORDER BY STOPKEY          |              |      1 |     20 |   3008  | 6144  (0) |
|*  5 |      HASH JOIN                     |              |      1 |   2706 |   3008  | 1265K (0) |
|*  6 |       HASH JOIN                    |              |      1 |   2706 |   2450  | 1216K (0) |
|   7 |        TABLE ACCESS FULL           | EMPLOYEES    |      1 |    642 |      9  |           |
|   8 |        TABLE ACCESS BY INDEX ROWID | ORDERS       |      1 |   2706 |   2441  |           |
|*  9 |         INDEX RANGE SCAN           | IX_ORDERS_N1 |      1 |   2706 |     10  |           |
|  10 |       TABLE ACCESS FULL            | CUSTOMERS    |      1 |  50000 |    558  |           |
-----------------------------------------------------------------------------------------------
```

최적의 INDEX는 없지만 표준 PAGING 처리 방식으로 되어 있었기 때문에 SORT ORDER BY STOPKEY Operation 발생으로 인해 SORT량이 최소화되었다.

이것은 ROWNUM <= 20에 해당하는 건수를 배열로 저장해서 SORT를 처리하기 때문이라고 앞 단원에서 설명한 바 있다.

Section 03 SORT GROUP BY & HASH GROUP BY

GROUP BY절을 사용하게 되면 Operation에 SORT GROUP BY 또는 HASH GROUP BY가 나타난다. 나타나는 기준이 무엇이고 PGA 사용량의 차이는 어떻게 되는지 제어하는 힌트는 무엇인지에 대해서 알아보도록 하겠다.

```
SELECT PRODUCT_ID
     , SUM(ORDER_QTY) ORDER_QTY
     , SUM(ORDER_AMT) ORDER_AMT
  FROM SALES
 WHERE ORDER_DATE = '20120805'
 GROUP BY PRODUCT_ID;
```

```
---------------------------------------------------------------------------------------
| Id  | Operation                     | Name       | Starts | A-Rows |   A-Time   | Used-Mem |
---------------------------------------------------------------------------------------
|   0 | SELECT STATEMENT              |            |      1 |    288 |00:00:00.03 |          |
|   1 |  HASH GROUP BY                |            |      1 |    288 |00:00:00.03 | 1255K (0)|
|   2 |   TABLE ACCESS BY INDEX ROWID | SALES      |      1 |   8266 |00:00:00.02 |          |
|*  3 |    INDEX RANGE SCAN           | IX_SALES_N1|      1 |   8266 |00:00:00.01 |          |
---------------------------------------------------------------------------------------
```

GROUP BY를 하게 되면 일반적으로는 HASH GROUP BY가 나타나게 된다. HASH GROUP BY는 GROUP BY 시에 HASH 함수를 이용한 GROUP BY 방법으로 HASH 함수를 이용하기 때문에 GROUP BY 결과에 대해 정렬을 보장하지 않는다.

```
SELECT PRODUCT_ID
     , SUM(ORDER_QTY) ORDER_QTY
     , SUM(ORDER_AMT) ORDER_AMT
  FROM SALES
 WHERE ORDER_DATE = '20120805'
 GROUP BY PRODUCT_ID
 ORDER BY PRODUCT_ID;
```

```
---------------------------------------------------------------------------------
| Id | Operation                    | Name       | Starts | A-Rows | A-Time      | Used-Mem  |
---------------------------------------------------------------------------------
|  0 | SELECT STATEMENT             |            |   1    |   288  | 00:00:00.03 |           |
|  1 |  SORT GROUP BY               |            |   1    |   288  | 00:00:00.03 | 22528 (0) |
|  2 |   TABLE ACCESS BY INDEX ROWID| SALES      |   1    |  8266  | 00:00:00.03 |           |
|* 3 |    INDEX RANGE SCAN          | IX_SALES_N1|   1    |  8266  | 00:00:00.01 |           |
---------------------------------------------------------------------------------
```

ORDER BY를 사용하니 SORT GROUP BY가 나타났으며 PGA 사용량(USED-MEM 항목)은 HASH GROUP BY를 사용할 때보다 더 적게 사용하는 것을 볼 수 있다. HASH GROUP BY를 하게 되면 SORT ORDER BY Operation이 추가 발생되어야 하기 때문에 SORT GROUP BY로 수행된 것이다.

ORDER BY를 추가하지 않더라도 아래 SQL에서와 같이 /*+ NO_USE_HASH_AGGREGATION */ 힌트를 기술하면 SORT GROUP BY로 수행된다. 실행 계획은 위와 동일하다.

```
SELECT /*+ NO_USE_HASH_AGGREGATION */
       PRODUCT_ID
     , SUM(ORDER_QTY) ORDER_QTY
     , SUM(ORDER_AMT) ORDER_AMT
  FROM SALES
 WHERE ORDER_DATE = '20120805'
 GROUP BY PRODUCT_ID;
```

GROUP BY Operation에 의한 PGA 사용을 없애는 방법에 대해서 보도록 하겠다.

<SALES 테이블 INDEX 구성>
IX_SALES_N2 : ORDER_DATE, PRODUCT_ID

```
SELECT /*+ INDEX(SALES IX_SALES_N2) */
       PRODUCT_ID
     , SUM(ORDER_QTY) ORDER_QTY
     , SUM(ORDER_AMT) ORDER_AMT
  FROM SALES
```

```
WHERE ORDER_DATE = '20120805'
GROUP BY PRODUCT_ID;
```

```
-------------------------------------------------------------------------------------
| Id | Operation                    | Name       | Starts | A-Rows |   A-Time    | Buffers |
-------------------------------------------------------------------------------------
|  0 | SELECT STATEMENT             |            |   1    |   288  | 00:00:00.02 |   8288  |
|  1 |  SORT GROUP BY NOSORT        |            |   1    |   288  | 00:00:00.02 |   8288  |
|  2 |   TABLE ACCESS BY INDEX ROWID| SALES      |   1    |  8266  | 00:00:00.01 |   8288  |
|* 3 |    INDEX RANGE SCAN          | IX_SALES_N2|   1    |  8266  | 00:00:00.01 |     35  |
-------------------------------------------------------------------------------------
```

ORDER_DATE, PRODUCT_ID 컬럼으로 구성된 INDEX를 사용하게 되면 SORT GROUP BY NOSORT Operation이 나타나며 GROUP BY Operation이 생략되기 때문에 PGA를 사용하지 않는다. INDEX는 해당 컬럼으로 정렬되어 있기 때문에 위 SQL 조회 결과가 정렬되어 있어서 SORT가 필요 없는 것이다.

GROUP BY가 들어간 집계 SQL에 대한 조회가 매우 빈번하게 발생하는 환경이라고 한다면 SORT GROUP BY NOSORT Operation이 발행되도록 INDEX를 조정하는 것이 고려를 할 만하다.

INDEX 구성은 위와 같이 동일한 상태에서 아래 SQL을 확인해 보자.

```
SELECT /*+ INDEX(SALES IX_SALES_N2) */
       B.PRODUCT_NAME
     , SUM(A.ORDER_QTY) ORDER_QTY
     , SUM(A.ORDER_AMT) ORDER_AMT
  FROM SALES A, PRODUCTS B
 WHERE A.PRODUCT_ID = B.PRODUCT_ID
   AND A.ORDER_DATE = '20120805'
 GROUP BY B.PRODUCT_NAME;
```

```
---------------------------------------------------------------------------------------
| Id  | Operation                      | Name        | Starts | A-Rows | Buffers |Used-Mem  |
---------------------------------------------------------------------------------------
|   0 | SELECT STATEMENT               |             |    1   |   287  |  8263   |          |
|   1 |  HASH GROUP BY                 |             |    1   |   287  |  8263   |1270K (0) |
|*  2 |   HASH JOIN                    |             |    1   |  8266  |  8263   |1211K (0) |
|   3 |    TABLE ACCESS FULL           | PRODUCTS    |    1   |   288  |    13   |          |
|   4 |    TABLE ACCESS BY INDEX ROWID | SALES       |    1   |  8266  |  8250   |          |
|*  5 |     INDEX RANGE SCAN           | IX_SALES_N1 |    1   |  8266  |    32   |          |
---------------------------------------------------------------------------------------
```

PRODUCTS 테이블의 PRODUCT_NAME으로 GROUP BY를 하면서 HASH GROUP BY Operation 발생으로 PGA를 사용하고 있다. 이 SQL에서 SORT GROUP BY NOSORT Operation이 발생하게 할 수는 없을까? SALES와 PRODUCTS 테이블은 N : 1 관계이므로 아래와 같이 변경을 해보자.

```sql
SELECT /*+ LEADING(A B) USE_NL(B) */
       B.PRODUCT_NAME
     , A.ORDER_QTY
     , A.ORDER_AMT
  FROM (
        SELECT /*+ NO_USE_HASH_AGGREGATION
                   INDEX(SALES IX_SALES_N2) */
               PRODUCT_ID
             , SUM(ORDER_QTY) ORDER_QTY
             , SUM(ORDER_AMT) ORDER_AMT
          FROM SALES
         WHERE ORDER_DATE = '20120805'
         GROUP BY PRODUCT_ID) A
     , PRODUCTS B
 WHERE A.PRODUCT_ID = B.PRODUCT_ID
```

```
-----------------------------------------------------------------------------------------
| Id  | Operation                     | Name          | Starts | A-Rows | Buffers | Used-Mem   |
-----------------------------------------------------------------------------------------
|   0 | SELECT STATEMENT              |               |      1 |    288 |    8579 |            |
|   1 |  NESTED LOOPS                 |               |      1 |    288 |    8579 |            |
|   2 |   NESTED LOOPS                |               |      1 |    288 |    8291 |            |
|   3 |    VIEW                       |               |      1 |    288 |    8285 |            |
|   4 |     SORT GROUP BY             |               |      1 |    288 |    8285 | 22528  (0) |
|   5 |      TABLE ACCESS BY INDEX ROWID | SALES      |      1 |   8266 |    8285 |            |
|*  6 |       INDEX RANGE SCAN        | IX_SALES_N2   |      1 |   8266 |      32 |            |
|*  7 |    INDEX UNIQUE SCAN          | IX_PRODUCTS_PK|    288 |    288 |       6 |            |
|   8 |   TABLE ACCESS BY INDEX ROWID | PRODUCTS      |    288 |    288 |     288 |            |
-----------------------------------------------------------------------------------------
```

인라인 뷰() A만 따로 수행시켰을 경우에는 SORT GROUP BY NOSORT Operation 발생했지만 SORT GROUP BY NOSORT Operation이 발생하지 않았다. SORT GROUP BY NOSORT가 발생해도 상관없을 것 같은데 19c까지도 아직 지원하지 않는 듯하다.

PGA 사용량은 GROUP BY 대상 건수가 아닌 결과 건수에 비례한다. 다음 실행 계획 통계를 통해서 확인해 보도록 하자.

```sql
SELECT /*+ FULL(SALES) NO_USE_HASH_AGGREGATION */
       PRODUCT_ID
     , SUM(ORDER_QTY) ORDER_QTY
     , SUM(ORDER_AMT) ORDER_AMT
  FROM SALES
 WHERE ORDER_DATE >= '20110801'
   AND ORDER_DATE <  '20110802'
 GROUP BY PRODUCT_ID;
```

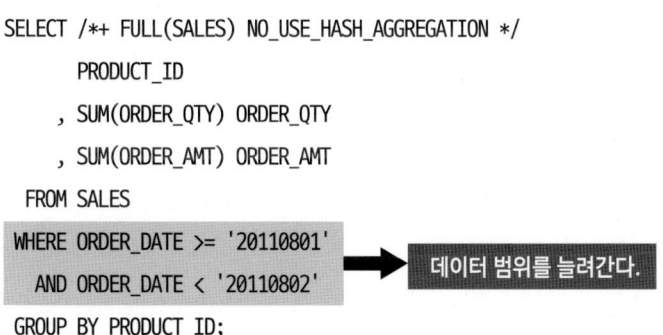

데이터 범위를 늘려간다.

```
---------------------------------------------------------------------------------
| Id  | Operation          | Name   | Starts | A-Rows |   A-Time     | Buffers | Used-Mem    |
---------------------------------------------------------------------------------
|   0 | SELECT STATEMENT   |        |      1 |    288 | 00:00:10.53  |   109K  |             |
|   1 |  SORT GROUP BY     |        |      1 |    288 | 00:00:10.53  |   109K  | 22528   (0) |
|*  2 |   TABLE ACCESS FULL| SALES  |      1 |   8036 | 00:00:10.51  |   109K  |             |
---------------------------------------------------------------------------------

---------------------------------------------------------------------------------
| Id  | Operation          | Name   | Starts | A-Rows | Buffers | Used-Mem    |
---------------------------------------------------------------------------------
|   0 | SELECT STATEMENT   |        |      1 |    288 |   109K  |             |
|   1 |  SORT GROUP BY     |        |      1 |    288 |   109K  | 22528   (0) |
|*  2 |   TABLE ACCESS FULL| SALES  |      1 |  90230 |   109K  |             |
---------------------------------------------------------------------------------

---------------------------------------------------------------------------------
| Id  | Operation          | Name   | Starts | A-Rows | Buffers | Used-Mem    |
---------------------------------------------------------------------------------
|   0 | SELECT STATEMENT   |        |      1 |    288 |   109K  |             |
|   1 |  SORT GROUP BY     |        |      1 |    288 |   109K  | 22528   (0) |
|*  2 |   TABLE ACCESS FULL| SALES  |      1 |   171K |   109K  |             |
---------------------------------------------------------------------------------
```

위 실행 계획에서 A-Rows를 보면 결과 건수가 288인 경우 조회 범위를 늘렸기 때문에 대상 건수는 8,036 → 90,230 → 171K로 상승을 하고 있지만 PGA 사용량은 22,528로 일정하다.

```
SELECT /*+ FULL(SALES) NO_USE_HASH_AGGREGATION */
       CUSTOMER_ID
     , SUM(ORDER_QTY) ORDER_QTY
     , SUM(ORDER_AMT) ORDER_AMT
  FROM SALES
 WHERE ORDER_DATE >= '20110801'
   AND ORDER_DATE <  '20110802'
 GROUP BY CUSTOMER_ID;
```

```
--------------------------------------------------------------------
| Id  | Operation          | Name  | Starts | A-Rows | Buffers | Used-Mem    |
--------------------------------------------------------------------
|   0 | SELECT STATEMENT   |       |    1   |  1192  |  109K   |             |
|   1 |  SORT GROUP BY     |       |    1   |  1192  |  109K   | 79872  (0)  |
|*  2 |   TABLE ACCESS FULL| SALES |    1   |  8036  |  109K   |             |
--------------------------------------------------------------------
```

값의 종류가 많은 CUSTOMER_ID로 GROUP BY 했을 때 대상 건수는 8,036인데 결과 건수가 1,192건일 경우는 79,872로 PGA 사용량이 상승했다. 즉 PGA 사용량은 GROUP BY 결과 건수에 비례한다. 위에서는 SORT GRUP BY에 대한 결과를 보여주고 있지만 이 것은 HASH GROUP BY도 마찬가지이다.

마지막으로 HASH GROUP BY와 SORT GROUP BY는 언제 사용되어야 유리한지 정리를 해보도록 하자.

일단 사용 빈도가 높은 온라인 조회 SQL이면서 GROUP BY 대상 건수가 적을 경우는 위의 예제에서 보았듯이 SORT GROUP BY를 사용하는 것이 PGA 사용량에서 유리하다. 사용 빈도가 높지 않다면 어떤 형태로 GROUP BY 되어도 큰 문제 없다.

GROUP BY 후에 GROUP BY 컬럼으로 ORDER BY를 하는 경우 SORT ORDER BY를 사용하는 것이 유리하다. HASH GROUP BY로 된다면 다시 ORDER BY를 위해서 SORT ORDER BY Operation이 발생하기 때문이다. 이 또한 위에서 살펴보았다.

GROUP BY 대상 건수가 많은 BATCH성 SQL일 경우는 HASH GROUP BY를 사용하는 것이 유리하다. PGA 사용량은 HASH GROUP BY가 더 사용하지만 GROUP BY 속도는 더 유리하기 때문이다.

HASH GROUP BY 시에 OPTIMAL이 아닌 ONE PASS 이상 발생으로 Disk Swapping 이 발생한다면 SORT GROUP BY를 고려한다. 만약 SORT GROUP BY도 동일하게 Disk Swapping이 발생한다면 HASH GROUP BY를 그대로 사용하면 된다.

```sql
SELECT ORDER_DATE, PRODUCT_ID, CUSTOMER_ID
     , SUM(ORDER_QTY) ORDER_QTY
FROM SALES
 WHERE ORDER_DATE >= '20120801'
   AND ORDER_DATE <  '20120820'
 GROUP BY ORDER_DATE, PRODUCT_ID, CUSTOMER_ID;
```

```
-----------------------------------------------------------------------------------
| Id | Operation              | Name  | Starts | A-Rows |   A-Time     | Buffers | Used-Mem |
-----------------------------------------------------------------------------------
|  0 | CREATE TABLE STATEMENT |       |    1   |    0   | 00:00:11.84  |  111K   |          |
|  1 |  HASH GROUP BY         |       |    1   |  154K  | 00:00:11.58  |  109K   | 11M (1)  |
|* 2 |   TABLE ACCESS FULL    | SALES |    1   |  154K  | 00:00:11.09  |  109K   |          |
-----------------------------------------------------------------------------------
```

HASH GROUP BY 시에 ONE PASS가 발생하면서 Disk Swapping이 발생하고 있다. 이 때 /*+ NO_USE_HASH_AGGREGATION */ 힌트를 사용해서 SORT GROUP BY로 변경을 해주게 되면 아래와 같이 OPTIMAL로 바뀌게 되는 경우가 있다.

```
-----------------------------------------------------------------------------------
| Id | Operation              | Name  | Starts | A-Rows |   A-Time     | Buffers | Used-Mem |
-----------------------------------------------------------------------------------
|  0 | CREATE TABLE STATEMENT |       |    1   |    0   | 00:00:10.14  |  111K   |          |
|  1 |  SORT GROUP BY         |       |    1   |  154K  | 00:00:010.94 |  109K   | 8992K (0)|
|* 2 |   TABLE ACCESS FULL    | SALES |    1   |  154K  | 00:00:010.23 |  109K   |          |
-----------------------------------------------------------------------------------
```

Section 04 SORT UNIQUE & HASH UNIQUE

SORT UNIQUE, HASH UNIQUE가 발생하는 일반적인 경우는 아래와 같으며 중복 데이터를 제거하기 위해서 발생하는 Operation이다.

- SELECT절에 DISTINCT를 사용했을 경우
- 비 상관관계 서브쿼리로 수행되는 경우
- UNION, MINUS, INTERSECT를 사용하는 경우

중복 데이터 제거를 위해 많은 건수에 대해서 SORT UNIQUE/HASH UNIQUE Operation이 발생하게 되면 PGA 사용량이 늘어나고 SORT 부하로 인해 성능에 좋지 않은 영향을 미치게 된다.

SORT UNIQUE, HASH UNIQUE의 차이는 SORT GROUP BY, HASH GROUP BY의 차이와 동일하다. 제어하는 힌트 또한 NO_USE_HASH_AGGREGATION, USE_HASH_AGGREGATION으로 동일하다.

위 항목에 대해서 하나씩 정리를 하면서 SORT UNIQUE, HASH UNIQUE가 발생하는 상태에 대해서 살펴보자. 또한 이 Operation 발생을 회피할 수 있는 방안에 대해서도 정리를 해나가도록 해보자.

■ SELECT절에 DISTINCT를 사용했을 경우

<PRODUCTS 테이블 정보>
총 건수 : 288건
INDEX : IX_PRODUCTS_PK(PRODUCT_ID)

```
SELECT DISTINCT
       B.PRODUCT_NAME, B.CATEGORY_ID, B.LIST_PRICE
  FROM SALES A, PRODUCTS B
 WHERE A.PRODUCT_ID = B.PRODUCT_ID
```

```
        AND A.ORDER_DATE >= '20120805'
        AND A.ORDER_DATE <= '20120810'
        AND A.ORDER_MODE = 'online';
```

```
---------------------------------------------------------------------------------------
| Id  | Operation                            | Name       | Starts | A-Rows | Buffers | Used-Mem |
---------------------------------------------------------------------------------------
|  0  | SELECT STATEMENT                     |            |        |   499  |  1993   |          |
|  1  |  HASH UNIQUE                         |            |    1   |   499  |  1993   | 1407K (0)|
|  2  |   NESTED LOOPS SEMI                  |            |    1   |   499  |  1993   |          |
|  3  |    TABLE ACCESS FULL                 | PRODUCTS   |    1   |   500  |    8    |          |
|* 4  |    TABLE ACCESS BY INDEX ROWID BATCHED| SALES     |   500  |   499  |  1985   |          |
|* 5  |     INDEX RANGE SCAN                 | IX_SALES_N3|   500  |   985  |  1004   |          |
---------------------------------------------------------------------------------------
```

19c에서는 아래와 같이 서브쿼리로 변환된 형태의 실행 계획으로 나타난다.

```
SELECT DISTINCT
       B.PRODUCT_NAME, B.CATEGORY_ID, B.LIST_PRICE
  FROM PRODUCTS B
 WHERE EXISTS (SELECT /*+ UNNEST NL_SJ */ 1 FROM SALES A
                WHERE A.PRODUCT_ID = B.PRODUCT_ID
                  AND A.ORDER_DATE >= '20110805'
                  AND A.ORDER_DATE <= '20120805'
                  AND A.ORDER_MODE = 'online');
```

많이 본 SQL 형태이다. [Part 7, Section 04.상관관계 서브쿼리(FILTER, NL SEMI JOIN) 활용]에서 다루었던 내용이다. 19c 이전 버전에서는 아래와 같이 실행 계획이 나타났으며 비효율 개선을 위해서 위와 같이 SQL 변경을 해주어야 했었다.

```
-----------------------------------------------------------------------------------------
| Id  | Operation            | Name     | Starts | A-Rows | A-Time       | Buffers | Used-Mem  |
-----------------------------------------------------------------------------------------
|  0  | SELECT STATEMENT     |          |    1   |   288  | 00:00:10.54  |  109K   |           |
|  1  |  HASH UNIQUE         |          |    1   |   288  | 00:00:10.54  |  109K   | 9159K (0) |
|* 2  |   HASH JOIN          |          |    1   |  1495K | 00:00:010.88 |  109K   | 1182K (0) |
|  3  |    TABLE ACCESS FULL | PRODUCTS |    1   |   288  | 00:00:00.01  |   13    |           |
|* 4  |    TABLE ACCESS FULL | SALES    |    1   |  1495K | 00:00:08.81  |  109K   |           |
-----------------------------------------------------------------------------------------
```

쿼리 변환 시에 DISTINCT가 불필요함에도 불구하고 19c의 옵티마이저는 DISTINCT에 해당하는 HASH UNIQUE Operation을 제거하지는 못했다. 향후 버전에서는 이 부분의 제거도 기대를 해본다.

■ 비 상관관계 서브쿼리로 수행되는 경우

이 내용도 [Part 7, Section 08. 비 상관관계 서브쿼리]에서 다뤘던 내용 중의 하나이다.

```
SELECT ORDER_ID, ORDER_DATE, CUSTOMER_ID , ORDER_MODE, ORDER_TOTAL
  FROM ORDERS
 WHERE ORDER_ID IN (SELECT ORDER_ID
                      FROM ORDER_ITEMS
                     WHERE PRODUCT_ID IN ('P218', 'P219'));
```

```
-----------------------------------------------------------------------------------
| Id  | Operation              | Name             | Starts | A-Rows | Buffers | Used-Mem  |
-----------------------------------------------------------------------------------
|   0 | SELECT STATEMENT       |                  |      1 |      0 |  73256  |           |
|*  1 |  HASH JOIN             |                  |      1 |   101K |  71832  | 4265K (0) |
|   2 |   SORT UNIQUE          |                  |      1 |   101K |  52217  | 2881K (0) |
|*  3 |    INDEX FAST FULL SCAN| IX_ORDER_ITEMS_PK|      1 |   102K |  52217  |           |
|   4 |   TABLE ACCESS FULL    | ORDERS           |      1 |  3000K |  19615  |           |
-----------------------------------------------------------------------------------
```

위 SQL은 서브쿼리가 먼저 수행되면서 서브쿼리가 UNNEST 되어 FROM절로 올라가는 형태의 쿼리 변환이 발생한다. 그렇기 때문에 HASH JOIN 시에 중복 데이터가 발생하지 않게 하기 위해서 Oracle 내부적으로 DISTINCT에 의한 SORT UNIQUE Operation을 사용했다. 위의 제공자 서브쿼리 형태의 SQL이 쿼리 변환한 형태는 아래와 같으며 쿼리 변환 시 데이터 정합성을 위해서 DISTINCT를 사용한 것을 볼 수 있다.

```
SELECT B.ORDER_ID, B.ORDER_DATE, B.CUSTOMER_ID
     , B.ORDER_MODE, B.ORDER_TOTAL
  FROM (SELECT DISTINCT ORDER_ID
          FROM ORDER_ITEMS
         WHERE PRODUCT_ID IN ('P218', 'P219')) A
```

```
       , ORDERS B
 WHERE A.ORDER_ID = B.ORDER_ID;
```

이럴 때는 HASH SEMI JOIN을 사용하게 되면 UNIQUE 관련 Operation이 발생하지 않는다.

아래에서는 IN () 서브쿼리 상태에서 힌트를 사용했지만 만약 IN 서브쿼리 상태에서 원하는 실행계획으로 수행되지 않는다면 EXISTS 서브쿼리로 변경해야 한다.

```
SELECT ORDER_ID, ORDER_DATE, CUSTOMER_ID
     , ORDER_MODE, ORDER_TOTAL
  FROM ORDERS
 WHERE ORDER_ID IN (SELECT /*+ UNNEST HASH_SJ */
                           ORDER_ID
                      FROM ORDER_ITEMS
                     WHERE PRODUCT_ID IN ('P218', 'P219'));
```

```
-----------------------------------------------------------------------------------
| Id  | Operation            | Name             | Starts | A-Rows | Buffers | Used-Mem |
-----------------------------------------------------------------------------------
|   0 | SELECT STATEMENT     |                  |      1 |      0 |  73012  |          |
|*  1 |  HASH JOIN RIGHT SEMI|                  |      1 |   101K |  71584  | 6601K (0)|
|*  2 |   INDEX FAST FULL SCAN| IX_ORDER_ITEMS_PK |     1 |   102K |  51969  |          |
|   3 |   TABLE ACCESS FULL  | ORDERS           |      1 |  3000K |  19615  |          |
-----------------------------------------------------------------------------------
```

SORT UNIQUE Operation이 사라졌다. 서브쿼리의 집합 사이즈가 매우 큰 SQL이라면 SORT UNIQUE에 의한 부하는 더 커지게 된다.

■ UNION을 사용하는 경우

UNION은 위 아래 같은 데이터가 존재할 경우 중복 데이터를 제거하기 위해 SORT UNIQUE 또는 HASH UNIQUE Operation을 발생시킨다. 아래 SQL을 확인해 보도록 하자.

```
SELECT '제품 주문' ORDER_TYPE
     , ORDER_ID, PRODUCT_ID, ORDER_DATE
  FROM ORDER_ITEMS
 WHERE ORDER_DATE >= TO_DATE('20120805', 'YYYYMMDD')
   AND ORDER_DATE <  TO_DATE('20120807', 'YYYYMMDD')
UNION
SELECT '제품 반품' ORDER_TYPE
     , ORDER_ID, PRODUCT_ID, RETURN_DATE
  FROM ORDER_ITEMS_RETURN
 WHERE RETURN_DATE >= TO_DATE('20120805', 'YYYYMMDD')
   AND RETURN_DATE <  TO_DATE('20120807', 'YYYYMMDD');
```

Id	Operation	Name	Starts	A-Rows	Buffers	Used-Mem
0	SELECT STATEMENT		1	13821	12993	
1	SORT UNIQUE		1	13821	12993	865K (0)
2	UNION-ALL		1	13821	12993	
3	TABLE ACCESS BY INDEX ROWID	ORDER_ITEMS	1	13348	12519	
* 4	INDEX RANGE SCAN	IX_ORDER_ITEMS_N1	1	13348	38	
5	TABLE ACCESS BY INDEX ROWID	ORDER_ITEMS_RETURN	1	473	474	
* 6	INDEX RANGE SCAN	IX_ORDER_ITEMS_RETURN_N1	1	473	4	

위 SQL은 주문 항목과 주문 항목 반품에 대한 데이터를 UNION 해서 보여주는 SQL이며 UNIQN 연산자에 의해 SORT UNIQUE가 발생하고 있다. 해당 주문 아이디에 대한 제품에 대해서 주문 일자, 반품 일자가 틀릴 것이며 ORDER_TYPE이 같을 수가 없다. 따라서 위 SQL과 아래 SQL에 대해 중복 데이터는 있을 수가 없기 때문에 UNION ALL을 사용하는 게 맞다. UNION을 사용하면 중복 제거를 위해 SORT UNIQUE가 발생하지만 UNION ALL은 그냥 위아래 데이터만 합치는 개념이기 때문에 SORT UNIQUE가 발생하지 않는다. 따라서 위아래 SQL의 집합에 중복 데이터가 없다면 UNION ALL을 사용해야 한다.

위와 같은 경우가 발생하지 않을 것 같지만 실무에서 종종 발생하는 사례이다. 특히 위아래 데이터의 건수가 많다면 SORT UNIQUE에 대한 부하는 더 커지게 된다.

아래 실행 계획은 UNION → UNION ALL로 변경한 결과이다.

```
-------------------------------------------------------------------------------------
| Id  | Operation                          | Name                   | Starts | A-Rows | Buffers |
-------------------------------------------------------------------------------------
|   0 | SELECT STATEMENT                   |                        |      1 |  13821 |   13137 |
|   1 |  UNION-ALL                         |                        |      1 |  13821 |   13137 |
|   2 |   TABLE ACCESS BY INDEX ROWID      | ORDER_ITEMS            |      1 |  13348 |   12658 |
|*  3 |    INDEX RANGE SCAN                | IX_ORDER_ITEMS_N1      |      1 |  13348 |     172 |
|   4 |   TABLE ACCESS BY INDEX ROWID      | ORDER_ITEMS_RETURN     |      1 |    473 |     479 |
|*  5 |    INDEX RANGE SCAN                | IX_ORDER_ITEMS_RETURN_N1 |    1 |    473 |       9 |
-------------------------------------------------------------------------------------
```

■ MINUS를 사용하는 경우

아래 SQL은 제품 기준 정보에서 주문 항목이 특정 날짜 구간에 주문 수량이 10개 이상 발생한 제품을 뺀 제품 기준 정보 데이터를 보여주는 SQL이다.

<ORDER_ITEMS INDEX 현황>
IX_ORDER_ITEMS_N2 : PRODUCT_ID, ORDER_DATE

```
SELECT PRODUCT_ID, PRODUCT_NAME, CATEGORY_ID
  FROM PRODUCTS
 WHERE PRODUCT_ID IN (SELECT PRODUCT_ID
                       FROM PRODUCTS
                      MINUS
                      SELECT PRODUCT_ID
                        FROM ORDER_ITEMS
                       WHERE ORDER_DATE >= TO_DATE('20120801', 'YYYYMMDD')
                         AND ORDER_DATE <  TO_DATE('20120901', 'YYYYMMDD')
                         AND QUANTITY > 0);
```

```
| Id | Operation                     | Name             | Starts | A-Rows | Buffers | Used-Mem   |
|----|-------------------------------|------------------|--------|--------|---------|------------|
|  0 | SELECT STATEMENT              |                  |   1    |    1   |  141K   |            |
|  1 |  NESTED LOOPS                 |                  |   1    |    1   |  141K   |            |
|  2 |   NESTED LOOPS                |                  |   1    |    1   |  141K   |            |
|  3 |    VIEW                       | VW_NSO_1         |   1    |    1   |  141K   |            |
|  4 |     MINUS                     |                  |   1    |    1   |  141K   |            |
|  5 |      SORT UNIQUE              |                  |   1    |  500   |    6    | 22528  (0) |
|  6 |       INDEX FAST FULL SCAN    | IX_PRODUCTS_PK   |   1    |  500   |    6    |            |
|  7 |      SORT UNIQUE              |                  |   1    |  499   |  141K   | 24576  (0) |
|* 8 |       TABLE ACCESS FULL       | ORDER_ITEMS      |   1    |  421K  |  141K   |            |
|* 9 |    INDEX UNIQUE SCAN          | IX_PRODUCTS_PK   |   1    |    1   |    2    |            |
| 10 |   TABLE ACCESS BY INDEX ROWID | PRODUCTS         |   1    |    1   |    1    |            |
```

위 실행 계획에서 보는 바와 같이 MINUS 연산을 하기 전에 중복 제거를 위해 위아래 SQL에 대해 각각 SORT UNIQUE가 발생하게 된다. 위 SQL은 기준 정보성의 소량 데이터와 이력 데이터 간의 MINUS지만 MINUS 결과 데이터 건수가 클수록 SORT UNIQUE 부하는 심해질 것이다. 위 SQL은 결국 주문 항목에서 수량이 0보다 큰 제품 아이디를 제외하고 제품 정보를 보여주고자 하는 것이므로 아래와 같이 변경이 가능하다.

```
SELECT PRODUCT_ID, PRODUCT_NAME, CATEGORY_ID
  FROM PRODUCTS A
 WHERE NOT EXISTS (SELECT 1
                     FROM ORDER_ITEMS B
                    WHERE A.PRODUCT_ID = B.PRODUCT_ID
                      AND B.ORDER_DATE >= TO_DATE('20120801', 'YYYYMMDD')
                      AND B.ORDER_DATE <  TO_DATE('20120901', 'YYYYMMDD')
                      AND B.QUANTITY > 0);
```

```
| Id | Operation                     | Name              | Starts | A-Rows | Buffers |
|----|-------------------------------|-------------------|--------|--------|---------|
|  0 | SELECT STATEMENT              |                   |    1   |    1   |   878   |
|  1 |  NESTED LOOPS ANTI            |                   |    1   |    1   |   878   |
|  2 |   TABLE ACCESS FULL           | PRODUCTS          |    1   |  288   |    13   |
|* 3 |   TABLE ACCESS BY INDEX ROWID | ORDER_ITEMS       |  288   |  288   |   865   |
|* 4 |    INDEX RANGE SCAN           | IX_ORDER_ITEMS_N2 |  288   |  288   |   578   |
```

NOT EXISTS 서브쿼리로 NESTED LOOPS ANTI JOIN으로 변경했더니 SORT UNIQUE Operation도 사라지고 소량 테이블 결과 건수만큼 서브쿼리를 실행하다 보니 Buffers 수치도 줄어들었다.

위 서브쿼리에서는 QUANTITY > 0인 결과가 대부분이라 PRODUCTS와 ORDER_ITEMS가 JOIN 후 SCAN을 금방 멈출 수 있었지만 만약 QUANTITY > 10과 같이 조건이 들어가서 대부분 필터링되는 경우라고 하면 JOIN SCAN량이 늘어나서 성능이 저하될 수 있다. 아래 실행 계획은 B.QUANTITY > 0 → B.QUANTITY > 10으로 변경해서 테스트한 결과이다. 0보다 큰 경우는 바로 조건에 만족할 확률이 높았지만 10보다 큰 경우는 조건에 만족하는 경우가 나올 확률이 낮기 때문에 더 많은 SCAN을 해야만 했다.

Id	Operation	Name	Starts	A-Rows	Buffers
0	SELECT STATEMENT		1	1	39686
1	NESTED LOOPS ANTI		1	1	39686
2	TABLE ACCESS FULL	PRODUCTS	1	288	13
* 3	TABLE ACCESS BY INDEX ROWID	ORDER_ITEMS	288	288	39673
* 4	INDEX RANGE SCAN	IX_ORDER_ITEMS_N2	288	39064	697

위 SQL에서는 기준 정보성 적은 건수의 테이블과 이력 테이블 간의 MINUS였지만 그 반대로 건수가 많은 이력 테이블과 적은 건수의 테이블 MINUS 또는 많은 건수 간의 MINUS일 경우에 대해서 보도록 하자.

주문 항목과 주문 반품 테이블을 주문 아이디로 MINUS 한 것이다. 즉 주문하고 반품하지 않은 주문 항목의 주문 아이디를 출력하는 SQL이다.

```
SELECT *
  FROM ORDER_ITEMS
 WHERE (ORDER_ID, PRODUCT_ID) IN (
                SELECT ORDER_ID, PRODUCT_ID
                  FROM ORDER_ITEMS
                 WHERE ORDER_DATE >= TO_DATE('20120101', 'YYYYMMDD')
                   AND ORDER_DATE < TO_DATE('20130101', 'YYYYMMDD')
```

```
        MINUS
       SELECT ORDER_ID, PRODUCT_ID
         FROM ORDER_ITEMS_RETURN
        WHERE RETURN_DATE >= TO_DATE('20120101', 'YYYYMMDD')
          AND RETURN_DATE <  TO_DATE('20130101', 'YYYYMMDD'));
```

```
-----------------------------------------------------------------------------------------
| Id  | Operation             | Name              | Starts | A-Rows | A-Time   | Buffers | Used-Mem |
-----------------------------------------------------------------------------------------
|   0 | SELECT TABLE STATEMENT|                   |    1   |     0  | 00:33.93 |  159K   |          |
|*  2 |  HASH JOIN            |                   |    1   | 2400K  | 00:32.58 |  144K   | 103M (1) |
|   3 |   VIEW                | VW_NSO_1          |    1   | 2400K  | 00:10.36 | 73237   |          |
|   4 |    MINUS              |                   |    1   | 2400K  | 00:010.95| 73237   |          |
|   5 |     SORT UNIQUE       |                   |    1   | 2483K  | 00:08.61 | 70836   | 92M (0)  |
|*  6 |      TABLE ACCESS FULL| ORDER_ITEMS       |    1   | 2483K  | 00:04.36 | 70836   |          |
|   7 |     SORT UNIQUE       |                   |    1   | 84258  | 00:00.74 |  2401   | 3259K (0)|
|*  8 |      TABLE ACCESS FULL| ORDER_ITEMS_RETURN|    1   | 84258  | 00:00.59 |  2401   |          |
|   9 |   TABLE ACCESS FULL   | ORDER_ITEMS       |    1   |   14M  | 00:04.69 | 70836   |          |
-----------------------------------------------------------------------------------------
```

많은 건수가 SORT UNIQUE가 발생하면서 SORT 부하로 인해 A-Time도 늘어나고 PGA도 92MB나 사용하고 있다. 또한 많은 건수 대 많은 건수가 HASH JOIN으로 수행되면서 Disk Swapping이 발생하고 있다. (103M(1))

이와 같이 많은 건수 테이블 기준으로 데이터를 보여주는 경우는 HASH ANTI JOIN으로 변경을 해주면 된다.

```
SELECT *
  FROM ORDER_ITEMS A
 WHERE ORDER_DATE >= TO_DATE('20120101', 'YYYYMMDD')
   AND ORDER_DATE <  TO_DATE('20130101', 'YYYYMMDD')
   AND NOT EXISTS (SELECT /*+ UNNEST HASH_AJ */ 1 FROM ORDER_ITEMS_RETURN B
                    WHERE A.ORDER_ID = B.ORDER_ID
                      AND A.PRODUCT_ID = B.PRODUCT_ID
                      AND B.RETURN_DATE >= TO_DATE('20120101', 'YYYYMMDD')
                      AND B.RETURN_DATE <  TO_DATE('20130101', 'YYYYMMDD'));
```

```
---------------------------------------------------------------------------------
| Id  | Operation            |Name               |Starts | A-Rows |A-Time   |Buffers |Used-Mem   |
---------------------------------------------------------------------------------
|  0  | SELECT TABLE STATEMENT|                  |   1   |    0   |00:17.66 | 88442  |           |
|* 2  | HASH JOIN RIGHT ANTI |                   |   1   | 2400K  |00:14.79 | 73242  |5056K (0)  |
|* 3  |  TABLE ACCESS FULL   |ORDER_ITEMS_RETURN |   1   | 84258  |00:00.04 |  2401  |           |
|* 4  |  TABLE ACCESS FULL   |ORDER_ITEMS        |   1   | 2483K  |00:12.91 | 70841  |           |
---------------------------------------------------------------------------------
```

적은 건수의 ORDER_ITEMS_RETURN 테이블이 BUILD INPUT이 되어 HASH 테이블로 생성되면서 PGA 사용량도 최적화되고 SORT UNIQUE로 인한 부하도 사라졌다.

■ INTERSECT를 사용하는 경우

이번에는 INTERSECT에 대해서 알아보자. INTERSECT의 경우는 두 SQL 간의 교집합을 보여주는 연산자이다. 이 연산자 역시 교집합 데이터를 출력하기 전에 각각의 SQL에 대해서 SORT UNIQUE Operation이 발생한다. 사용기준은 MINUS 연산자일 경우와 유사하다고 보면 된다. 예제 SQL을 통해서 알아보도록 하자.

```sql
SELECT PRODUCT_ID, PRODUCT_NAME, CATEGORY_ID
  FROM PRODUCTS
 WHERE PRODUCT_ID IN (
            SELECT PRODUCT_ID
              FROM PRODUCTS
            INTERSECT
            SELECT PRODUCT_ID
              FROM ORDER_ITEMS
             WHERE ORDER_DATE >= TO_DATE('20120801', 'YYYYMMDD')
               AND ORDER_DATE <  TO_DATE('20120901', 'YYYYMMDD')
               AND QUANTITY > 0);
```

```
| Id  | Operation              | Name            | Starts | A-Rows | A-Time      | Buffers | Used-Mem  |
|-----|------------------------|-----------------|--------|--------|-------------|---------|-----------|
|   0 | SELECT STATEMENT       |                 |   1    |   288  | 00:00:10.73 |  70853  |           |
| * 1 |  HASH JOIN             |                 |   1    |   288  | 00:00:10.73 |  70853  | 1204K (0) |
|   2 |   VIEW                 | VW_NSO_1        |   1    |   288  | 00:00:10.73 |  70837  |           |
|   3 |    INTERSECTION        |                 |   1    |   288  | 00:00:10.73 |  70837  |           |
|   4 |     SORT UNIQUE        |                 |   1    |   288  | 00:00:00.01 |      1  | 8192  (0) |
|   5 |      INDEX FULL SCAN   | IX_PRODUCTS_PK  |   1    |   288  | 00:00:00.01 |      1  |           |
|   6 |     SORT UNIQUE        |                 |   1    |   288  | 00:00:10.73 |  70836  | 8192  (0) |
| * 7 |      TABLE ACCESS FULL | ORDER_ITEMS     |   1    |  210K  | 00:00:10.59 |  70836  |           |
|   8 |   TABLE ACCESS FULL    | PRODUCTS        |   1    |   288  | 00:00:00.01 |     16  |           |
```

INTERSECTION Operation이 발생하기 전에 중복 제거를 위해 SORT UNIQUE가 발생했다.

MINUS일 경우에는 NOT EXISTS 서브쿼리를 이용해서 ANTI JOIN으로 변환했지만 INTERSECT일 경우는 EXISTS 서브쿼리를 이용한 SEMI JOIN으로 변환하면 된다. 위 SQL의 경우 적은 건수의 테이블 기준으로 데이터를 보여주고 있으므로 NESTED LOOPS SEMI JOIN을 이용하면 된다.

```
SELECT PRODUCT_ID, PRODUCT_NAME, CATEGORY_ID
  FROM PRODUCTS A
 WHERE EXISTS (SELECT 1 FROM ORDER_ITEMS B
                WHERE A.PRODUCT_ID = B.PRODUCT_ID
                  AND B.ORDER_DATE >= TO_DATE('20120801', 'YYYYMMDD')
                  AND B.ORDER_DATE <  TO_DATE('20120901', 'YYYYMMDD')
                  AND B.QUANTITY > 0);
```

```
| Id  | Operation                            | Name              | Starts | A-Rows | A-Time      | Buffers |
|-----|--------------------------------------|-------------------|--------|--------|-------------|---------|
|   0 | SELECT STATEMENT                     |                   |   1    |   288  | 00:00:00.01 |   885   |
|   1 |  NESTED LOOPS SEMI                   |                   |   1    |   288  | 00:00:00.01 |   885   |
|   2 |   TABLE ACCESS FULL                  | PRODUCTS          |   1    |   288  | 00:00:00.01 |    16   |
| * 3 |   TABLE ACCESS BY INDEX ROWID        | ORDER_ITEMS       | 288    |   288  | 00:00:00.01 |   869   |
| * 4 |    INDEX RANGE SCAN                  | IX_ORDER_ITEMS_N2 | 288    |   288  | 00:00:00.01 |   580   |
```

해당 SQL은 NESTED LOOPS SEMI JOIN 방식으로 수행되면서 기존 실행 계획에 있던 SORT UNIQUE 연산이 제거되었다. 이 SQL의 성능은 B.QUANTITY 조건에 따라 영향을 받는다. 위 실행에서는 B.QUANTITY > 0 조건에 해당하는 데이터가 대부분이었기 때문에 JOIN이 빠르게 성사되고 즉시 SCAN이 중단되어 I/O 발생량이 적었다.

반면, 조건이 B.QUANTITY > 10과 같이 더 좁아질 경우, 대부분의 데이터가 필터링되므로 JOIN이 성사되기까지 더 많은 SCAN이 수행되고, 이에 따라 I/O 부하가 증가하여 성능 저하가 발생할 수 있다. 이러한 현상은 MINUS 연산을 사용할 경우에도 동일하게 발생한다.

이번에는 데이터 건수가 큰 테이블 보여주는 경우를 살펴보도록 하겠다. 이것 역시 MINUS와 차이점은 ANTI JOIN 대신에 SEMI JOIN을 사용하는 것이다. 예제 SQL을 통해서 다시 한번 살펴보도록 하겠다.

```
SELECT *
  FROM ORDER_ITEMS
 WHERE (ORDER_ID, PRODUCT_ID) IN (
                SELECT ORDER_ID, PRODUCT_ID
                  FROM ORDER_ITEMS
                 WHERE ORDER_DATE >= TO_DATE('20120101', 'YYYYMMDD')
                   AND ORDER_DATE < TO_DATE('20130101', 'YYYYMMDD')
                INTERSECT
                SELECT ORDER_ID, PRODUCT_ID
                  FROM ORDER_ITEMS_RETURN
                 WHERE RETURN_DATE >= TO_DATE('20120101', 'YYYYMMDD')
                   AND RETURN_DATE < TO_DATE('20130101', 'YYYYMMDD'));
```

Id	Operation	Name	Starts	A-Rows	A-Time	Buffers	Used-Mem
0	CREATE TABLE STATEMENT			1	0	00:18.91	145K	
* 2	HASH JOIN		1	82885	00:18.84	144K	4087K (0)
3	VIEW	VW_NSO_1	1	82885	00:010.49	73242	
4	INTERSECTION		1	82885	00:010.47	73242	
5	SORT UNIQUE		1	2483K	00:010.07	70841	92M (0)
* 6	TABLE ACCESS FULL	ORDER_ITEMS	1	2483K	00:04.85	70841	
7	SORT UNIQUE		1	84258	00:00.12	2401	3259K (0)

```
|*  8 |   TABLE ACCESS FULL| ORDER_ITEMS_RETURN |    1 |  84258 |00:00.04 |   2401 |        |
|   9 |   TABLE ACCESS FULL   | ORDER_ITEMS     |    1 |   14M |00:04.79 |  70836 |        |
-------------------------------------------------------------------------------------------
```

INTERSECT 전 중복 데이터 제거하기 위해서 ORDERS_ITEMS의 약 240만 건의 많은 건수가 SORT UNIQUE 되면서 실행 시간(A-Time)와 PGA 사용량(Used-Mem) 부하가 발생했다.

이때는 HASH SEMI JOIN으로 변경을 해주면 된다.

```
SELECT *
  FROM ORDER_ITEMS A
 WHERE ORDER_DATE >= TO_DATE('20120101', 'YYYYMMDD')
   AND ORDER_DATE < TO_DATE('20130101', 'YYYYMMDD')
   AND EXISTS (SELECT 1 FROM ORDER_ITEMS_RETURN B
                WHERE A.ORDER_ID = B.ORDER_ID
                  AND A.PRODUCT_ID = B.PRODUCT_ID
                  AND B.RETURN_DATE >= TO_DATE('20120101', 'YYYYMMDD')
                  AND B.RETURN_DATE < TO_DATE('20130101', 'YYYYMMDD'));
```

```
-------------------------------------------------------------------------------------------
| Id | Operation              | Name               | Starts | A-Rows |   A-Time   | Buffers | Used-Mem |
-------------------------------------------------------------------------------------------
|  0 | SELECT TABLE STATEMENT |                    |    1   |    0   | 00:00:08.29|  74420  |          |
|* 2 | HASH JOIN RIGHT SEMI   |                    |    1   | 82885  | 00:00:08.20|  73237  | 4958K (0)|
|* 3 |  TABLE ACCESS FULL     | ORDER_ITEMS_RETURN |    1   | 84258  | 00:00:00.03|   2401  |          |
|* 4 |  TABLE ACCESS FULL     | ORDER_ITEMS        |    1   | 2483K  | 00:00:06.87|  70836  |          |
-------------------------------------------------------------------------------------------
```

HASH SEMI JOIN으로 수행되면서 SORT UNIQUE Operation이 사라졌다.

Section 05 HASH JOIN, HASH SEMI JOIN & HASH ANTI JOIN

여기서 설명하고자 하는 것은 적은 사이즈의 테이블이 BUILD INPUT이 되어 HASH 테이블로 생성되어야 한다는 것이다. 이 부분은 [Part 6, Section 02. HASH JOIN]과 [Part 7, Section 05. HASH SEMI / ANTI JOIN]에서 충분히 설명을 했으므로 그 장을 다시 한 번 참고하기를 바란다.

Section 06
SORT MERGE JOIN, MERGE SEMI JOIN & MERGE ANTI JOIN

여기서 설명하고자 하는 것은 MERGE JOIN 시 선행 테이블(FIRST TABLE)에 SORT를 대신할 만한 적절한 INDEX가 존재할 경우 SORT를 생략할 수 있는 것에 대한 것이다. 이 부분 역시 [Part 6, Section 03. SORT MERGE JOIN]과 [Part 7, Section 06. SORT MERGE SEMI / ANTI JOIN]을 PGA 튜닝 관점에서 다시 한번 읽어보기를 바란다.

PART 11

분석 함수와 실행 계획

분석 함수를 사용하게 되면 내부적으로 SORT가 발생하게 되며 PGA 튜닝의 연장이라고 보면 될 것 같다. 이번 단원에서는 분석 함수를 사용하게 되면 나타나는 실행 계획과 원리에 대해서 알아보도록 하겠다.

• 참고로 이번 단원의 내용은 오동규 선배님의 블로그인 Science of Database(https://scidb.tistory.com/)의 분석 함수 실행 계획 - 심화 과정의 내용을 참고해서 작성했다.

Section 01. WINDOW SORT
Section 02. WINDOW SORT PUSHED RANK
Section 03. WINDOW NOSORT
Section 04. WINDOW NOSORT STOPKEY
Section 05. WINDOW BUFFER
Section 06. 분석 함수 실행 계획 심화

Section 01 WINDOW SORT

RANK 함수를 사용하면 WINDOW SORT Operation이 나타나게 된다. 아래 SQL을 통해서 실행 계획과 PGA가 어떻게 사용되는지 알아보도록 하자.

```
<ORDERS INDEX 현황>
IX_ORDERS_PK : ORDER_ID
IX_ORDERS_N1 : ORDER_DATE
IX_ORDERS_N2 : EMPLOYEE_ID, ORDER_DATE
IX_ORDERS_N3 : CUSTOMER_ID, ORDER_DATE

SELECT ORDER_DATE, EMPLOYEE_ID
     , CUSTOMER_ID, ORDER_TOTAL
     , ROW_NUMBER() OVER(ORDER BY ORDER_TOTAL) AS RNK
  FROM ORDERS
 WHERE ORDER_DATE >= TO_DATE('20120101', 'YYYYMMDD')
   AND ORDER_DATE <  TO_DATE('20130101', 'YYYYMMDD')
   AND EMPLOYEE_ID = 'E025';
```

```
---------------------------------------------------------------------------------
| Id  | Operation                      | Name         | Starts | A-Rows | Buffers | Used-Mem  |
---------------------------------------------------------------------------------
|   0 | SELECT STATEMENT               |              |      1 |    815 |    762  |           |
|   1 |  WINDOW SORT                   |              |      1 |    815 |    762  |83968  (0) |
|   2 |   TABLE ACCESS BY INDEX ROWID  | ORDERS       |      1 |    815 |    762  |           |
|*  3 |    INDEX RANGE SCAN            | IX_ORDERS_N2 |      1 |    815 |      6  |           |
---------------------------------------------------------------------------------
```

SELECT절에서 RANKING 분석 함수를 사용하게 되면 Operation에 WINDOW SORT가 나타나게 되며 Used-Mem에 PGA 사용량이 나타나게 된다.

위 SQL에서 ORDER_MODE 컬럼만 SELECT절에 추가한 결과는 아래와 같다. SELECT 절에 컬럼이 하나 추가되니 Used-Mem의 사이즈가 증가한 것을 확인할 수 있다. PGA 튜닝에서 ORDER BY를 사용하는 SQL에서 SELECT절의 컬럼 수가 증가하면 PGA 사용량이 증가하는 부분과 같다.

```
-----------------------------------------------------------------------------------
| Id  | Operation                      | Name         | Starts | A-Rows | Buffers | Used-Mem    |
-----------------------------------------------------------------------------------
|   0 | SELECT STATEMENT               |              |      1 |    815 |     762 |             |
|   1 |  WINDOW SORT                   |              |      1 |    815 |     762 | 88064   (0) |
|   2 |   TABLE ACCESS BY INDEX ROWID  | ORDERS       |      1 |    815 |     762 |             |
| * 3 |    INDEX RANGE SCAN            | IX_ORDERS_N2 |      1 |    815 |       6 |             |
-----------------------------------------------------------------------------------
```

위 SQL에서 PARTITION BY절에 ORDER_MODE까지 추가한 SQL이다.

```
SELECT ORDER_DATE, EMPLOYEE_ID
     , CUSTOMER_ID, ORDER_MODE, ORDER_TOTAL
     , ROW_NUMBER() OVER(PARTITION BY ORDER_MODE ORDER BY ORDER_TOTAL) AS RNK
  FROM ORDERS
 WHERE ORDER_DATE >= TO_DATE('20120101', 'YYYYMMDD')
   AND ORDER_DATE <  TO_DATE('20130101', 'YYYYMMDD')
   AND EMPLOYEE_ID = 'E025';
```

```
-----------------------------------------------------------------------------------
| Id  | Operation                      | Name         | Starts | A-Rows | Buffers | Used-Mem   |
-----------------------------------------------------------------------------------
|   0 | SELECT STATEMENT               |              |      1 |    815 |     762 |            |
|   1 |  WINDOW SORT                   |              |      1 |    815 |     762 | 126K  (0)  |
|   2 |   TABLE ACCESS BY INDEX ROWID  | ORDERS       |      1 |    815 |     762 |            |
| * 3 |    INDEX RANGE SCAN            | IX_ORDERS_N2 |      1 |    815 |       6 |            |
-----------------------------------------------------------------------------------
```

PARTITION BY절 사용으로 PGA 사용량이 더 증가한 것을 확인할 수 있다. 분석 함수 사용 시 SELECT절의 컬럼 수와 RANK 함수 내에서 PARTITION BY와 ORDER BY에 참여하는 컬럼의 수는 PGA 사용량에 비례한다는 것을 알 수 있다.

Section 02 WINDOW SORT PUSHED RANK

위에서 처음에 사용한 SQL에서 인라인 뷰 바깥에서 RNK <= 10 FILTER 조건을 기술했다.

```
SELECT ORDER_DATE, EMPLOYEE_ID
     , CUSTOMER_ID, ORDER_TOTAL
     , RNK
  FROM (
        SELECT ORDER_DATE, EMPLOYEE_ID
             , CUSTOMER_ID, ORDER_TOTAL
             , ROW_NUMBER() OVER(ORDER BY ORDER_TOTAL) AS RNK
          FROM ORDERS
         WHERE ORDER_DATE >= TO_DATE('20120101', 'YYYYMMDD')
           AND ORDER_DATE <  TO_DATE('20130101', 'YYYYMMDD')
           AND EMPLOYEE_ID = 'E025')
 WHERE RNK <= 10;
```

Id	Operation	Name	Starts	A-Rows	Buffers	Used-Mem
0	SELECT STATEMENT		1	10	762	
* 1	VIEW		1	10	762	
* 2	WINDOW SORT PUSHED RANK		1	10	762	2048 (0)
3	TABLE ACCESS BY INDEX ROWID	ORDERS	1	815	762	
* 4	INDEX RANGE SCAN	IX_ORDERS_N2	1	815	6	

WINDOW SORT PUSHED RANK 실행 계획이 발생한 것을 확인할 수 있으며 PGA 사용량이 랭킹 함수에 대한 FILTER 조건을 사용하기 이전에는 83968 BYTE를 사용했는데 위 실행 계획에서는 2,048 BYTE만 사용된 것을 확인할 수 있다.

페이징 처리에서 정리했던 내용과 비슷하다. WINDOW SORT의 경우는 815건 전체를 비교하면서 SORT를 하지만 WINDOW SORT PUSHED RANK의 경우는 RNK <= 10에 들

어온 10건만 SORT를 하게 된다. 그 원리는 아래 그림과 같이 10칸의 배열을 만들어놓고 ORDERS에서 최초 SCAN된 10건을 로딩 후 RNK 값을 비교하면서 낮은 값을 채우는 형태로 처리하기 때문이다. RNK <= 20으로 사용했다면 PGA 사용량은 더 증가했을 것이다.

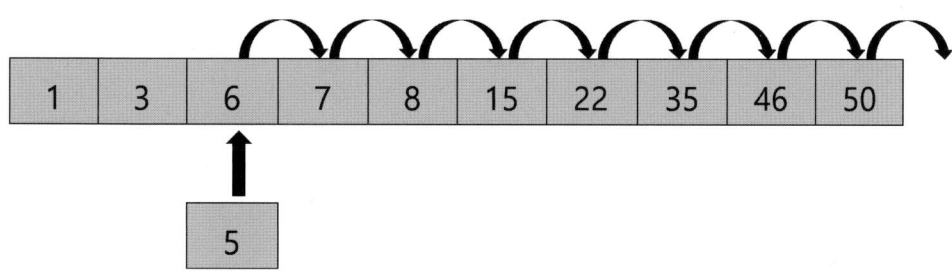

Section 03 WINDOW NOSORT

위 SQL에서 ORDER BY절을 INDEX 순서와 동일하게 ORDER_DATE를 사용했다.

<ORDERS INDEX 현황>
IX_ORDERS_N2 : EMPLOYEE_ID, ORDER_DATE

```
SELECT ORDER_DATE, EMPLOYEE_ID
     , CUSTOMER_ID, ORDER_TOTAL
     , ROW_NUMBER() OVER(ORDER BY ORDER_DATE) AS RNK
  FROM ORDERS
 WHERE ORDER_DATE >= TO_DATE('20120101', 'YYYYMMDD')
   AND ORDER_DATE <  TO_DATE('20130101', 'YYYYMMDD')
   AND EMPLOYEE_ID = 'E025'
```

```
----------------------------------------------------------------------
| Id  | Operation                     | Name         | Starts | A-Rows | Buffers |
----------------------------------------------------------------------
|   0 | SELECT STATEMENT              |              |      1 |    815 |     770 |
|   1 |  WINDOW NOSORT                |              |      1 |    815 |     770 |
|   2 |   TABLE ACCESS BY INDEX ROWID | ORDERS       |      1 |    815 |     770 |
|*  3 |    INDEX RANGE SCAN           | IX_ORDERS_N2 |      1 |    815 |      14 |
----------------------------------------------------------------------
```

INDEX 순서와 RANK 함수의 ORDER BY 순서가 동일하니 WINDOW NOSORT 실행 계획이 나타났으며 SORT가 생략되면서 PGA 사용량도 제거되었다. INDEX ACCESS PATTERN에서 ORDER BY 순서와 INDEX 순서가 동일하면 SORT ORDER BY Operation이 제거되는 원리와 같은 원리이다.

Section 04 WINDOW NOSORT STOPKEY

WINDOW NOSORT SQL에서 RANK 함수 컬럼을 인라인 뷰 바깥에서 필터링 조건으로 사용한 형태의 SQL이다.

```
<ORDERS INDEX 현황>
IX_ORDERS_N2 : EMPLOYEE_ID, ORDER_DATE

SELECT ORDER_DATE, EMPLOYEE_ID
     , CUSTOMER_ID, ORDER_TOTAL
     , RNK
  FROM (
        SELECT ORDER_DATE, EMPLOYEE_ID
             , CUSTOMER_ID, ORDER_TOTAL
             , ROW_NUMBER() OVER(ORDER BY ORDER_TOTAL) AS RNK
          FROM ORDERS
         WHERE ORDER_DATE >= TO_DATE('20120101', 'YYYYMMDD')
           AND ORDER_DATE <  TO_DATE('20130101', 'YYYYMMDD')
           AND EMPLOYEE_ID = 'E025')
 WHERE RNK <= 10;
```

```
-------------------------------------------------------------------------------
| Id  | Operation                     | Name         | Starts | A-Rows | Buffers |
-------------------------------------------------------------------------------
|   0 | SELECT STATEMENT              |              |      1 |     10 |      13 |
|*  1 |  VIEW                         |              |      1 |     10 |      13 |
|*  2 |   WINDOW NOSORT STOPKEY       |              |      1 |     10 |      13 |
|   3 |    TABLE ACCESS BY INDEX ROWID| ORDERS       |      1 |     10 |      13 |
|*  4 |     INDEX RANGE SCAN          | IX_ORDERS_N2 |      1 |     10 |       4 |
-------------------------------------------------------------------------------
```

INDEX 순서와 RANK 함수의 ORDER BY 순서가 동일하기 때문에 WINDOW NOSORT STOPKEY 실행 계획이 나타났으며 딱 10건만 SCAN하고 멈추는 부분 범위 처리로 수행되었다.

[Part 9. 페이징 처리]에서 12c부터 제공되는 기능인 OFFSET 0 ROWS FETCH NEXT 10 ROWS ONLY를 사용하면 WINDOW NOSORT STOPKEY 실행 계획이 나타났었다. 이 의미는 페이징 처리 SQL에서 OFFSET 형태로 사용하면 위 SQL과 같이 쿼리 변환이 발생하는 것이다.

Section 05 WINDOW BUFFER

WINDOW 함수의 기본 형태는 다음과 같다.

```
SUM|AVG|MAX|MIN|COUNT|STDDEV|VARIANCE|FIRST_VALUE|LAST_VALUE}
[ PARTITION BY expression [, ...] ]
[ ORDER BY expression [ ASC | DESC | USING operator ] [ NULLS { FIRST | LAST } ] [,
...] ]
[ frame_clause ]

[ frame_clause ] :
{ RANGE | ROWS } frame_start
{ RANGE | ROWS } BETWEEN frame_start AND frame_end

[frame_start] :
UNBOUNDED PRECEDING
value PRECEDING

[frame_end] :
CURRENT ROW
value FOLLOWING
UNBOUNDED FOLLOWING
```

함수명	함수 설명	함수명	함수 설명
SUM	합	STDDEV	표준편차
AVG	평균	VARIANCE	분산
MIN	최소값	FIRST_VALUE	최초값
MAX	최대값	LAST_VALUE	최종값

WINDOW BUFFER 실행 계획은 위와 같은 WINDOW 함수를 사용할 때 나타난다. 예제를 통해서 알아보도록 하겠다.

<ORDERS INDEX 현황>
IX_ORDER_N1 : ORDER_DATE, ORDER_MODE, EMPLOYEE_ID
IX_ORDER_N2 : EMPLOYEE_ID, ORDER_DATE

```sql
SELECT ORDER_DATE, EMPLOYEE_ID
     , CUSTOMER_ID, ORDER_MODE, ORDER_TOTAL
     , SUM(ORDER_TOTAL) OVER() AS ORDER_TOTAL_SUM
  FROM ORDERS
 WHERE ORDER_DATE >= TO_DATE('20120101', 'YYYYMMDD')
   AND ORDER_DATE <  TO_DATE('20120102', 'YYYYMMDD');
```

```
--------------------------------------------------------------------------------------
| Id  | Operation                     | Name        | Starts | A-Rows | Buffers | Used-Mem |
--------------------------------------------------------------------------------------
|   0 | SELECT STATEMENT              |             |      1 |   1371 |    1221 |          |
|   1 |  WINDOW BUFFER                |             |      1 |   1371 |    1221 | 102K (0) |
|   2 |   TABLE ACCESS BY INDEX ROWID | ORDERS      |      1 |   1371 |    1221 |          |
|*  3 |    INDEX RANGE SCAN           | IX_ORDERS_N1|      1 |   1371 |       9 |          |
--------------------------------------------------------------------------------------
```

```sql
SELECT ORDER_DATE, EMPLOYEE_ID
     , CUSTOMER_ID, ORDER_MODE, ORDER_TOTAL
     , SUM(ORDER_TOTAL) OVER(ORDER BY ORDER_DATE) AS ORDER_TOTAL_SUM
  FROM ORDERS
 WHERE ORDER_DATE >= TO_DATE('20120101', 'YYYYMMDD')
   AND ORDER_DATE <  TO_DATE('20120102', 'YYYYMMDD');
```

```
--------------------------------------------------------------------------------------
| Id  | Operation                     | Name        | Starts | A-Rows | Buffers | Used-Mem |
--------------------------------------------------------------------------------------
|   0 | SELECT STATEMENT              |             |      1 |   1371 |    1221 |          |
|   1 |  WINDOW BUFFER                |             |      1 |   1371 |    1221 | 102K (0) |
|   2 |   TABLE ACCESS BY INDEX ROWID | ORDERS      |      1 |   1371 |    1221 |          |
|*  3 |    INDEX RANGE SCAN           | IX_ORDERS_N1|      1 |   1371 |       9 |          |
--------------------------------------------------------------------------------------
```

첫 번째 SQL에서 ORDER_TOTAL_SUM 값은 조회된 전체 데이터 SUM이며 두 번째 SQL은 ORDER BY 순서대로 누적 SUM이며 둘 다 WINDOW BUFFER 실행 계획이 나타난다. ORDER BY절은 INDEX 순서와 동일하다. 랭킹 함수를 사용할 때는 이런 경우 WINDOW NOSORT가 발생하며 SORT를 회피했지만 WINDOW 함수 사용 부분에서는 내부적으로 SORT가 발생하며 조회 건수 및 컬럼 개수에 비례해서 SORT 부하 및 PGA 사용량이 증가한다.

아래 첫 번째 SQL은 위 SQL에서 PARTITION BY절을 추가한 것이고 두 번째 SQL은 ORDER BY절의 컬럼이 IX_ORDER_N1 INDEX 컬럼에 포함되지 않은 컬럼이 포함되었다.

<ORDERS INDEX 현황>
IX_ORDER_N1 : ORDER_DATE, ORDER_MODE, EMPLOYEE_ID
IX_ORDER_N2 : EMPLOYEE_ID, ORDER_DATE

```
SELECT ORDER_DATE, EMPLOYEE_ID
     , CUSTOMER_ID, ORDER_STATUS, ORDER_TOTAL
     , SUM(ORDER_TOTAL) OVER(PARTITION BY ORDER_MODE
                            ORDER BY ORDER_DATE) AS ORDER_TOT_SUM
  FROM ORDERS
 WHERE ORDER_DATE >= TO_DATE('20120101', 'YYYYMMDD')
   AND ORDER_DATE <  TO_DATE('20120102', 'YYYYMMDD');
```

Id	Operation	Name	Starts	A-Rows	Buffers	Used-Mem
0	SELECT STATEMENT		1	1371	1221	
1	WINDOW SORT		1	1371	1221	110K (0)
2	TABLE ACCESS BY INDEX ROWID	ORDERS	1	1371	1221	
* 3	INDEX RANGE SCAN	IX_ORDERS_N1	1	1371	9	

```
SELECT ORDER_DATE, EMPLOYEE_ID
     , CUSTOMER_ID, ORDER_MODE, ORDER_TOTAL
     , SUM(ORDER_TOTAL) OVER(ORDER BY ORDER_DATE, EMPLOYEE_ID) AS ORDER_TOT_SUM
  FROM ORDERS
 WHERE ORDER_DATE >= TO_DATE('20120101', 'YYYYMMDD')
   AND ORDER_DATE <  TO_DATE('20120102', 'YYYYMMDD');
```

Id	Operation	Name	Starts	A-Rows	Buffers	Used-Mem
0	SELECT STATEMENT		1	1371	1221	
1	WINDOW SORT		1	1371	1221	96256 (0)
2	TABLE ACCESS BY INDEX ROWID	ORDERS	1	1371	1221	
* 3	INDEX RANGE SCAN	IX_ORDERS_N1	1	1371	9	

WINDOW 함수를 사용했지만 PARTITION BY절이 추가되거나 ORDER BY절에 INDEX 컬럼이 아닌 컬럼이 기술되는 경우 WINDOW SORT 실행 계획이 나타난다.

이번에는 ORDER_DATE INDEX로 ORDER BY된 누적합에 대해서 중간 누적값을 기준으로 필터링을 할 때 부분 범위 처리가 가능한지 알아보자.

```
SELECT ORDER_DATE, EMPLOYEE_ID
     , CUSTOMER_ID, ORDER_MODE, ORDER_TOTAL
     , SUM(ORDER_TOTAL) OVER(ORDER BY ORDER_DATE) AS ORDER_TOT_SUM
  FROM (
        SELECT ORDER_DATE, EMPLOYEE_ID
             , CUSTOMER_ID, ORDER_MODE, ORDER_TOTAL
             , SUM(ORDER_TOTAL) OVER(ORDER BY ORDER_DATE) AS ORDER_TOT_SUM
          FROM ORDERS
         WHERE ORDER_DATE >= TO_DATE('20120101', 'YYYYMMDD')
           AND ORDER_DATE <  TO_DATE('20120102', 'YYYYMMDD'))
 WHERE ORDER_TOTAL_SUM < 1000000;
```

Id	Operation	Name	Starts	A-Rows	Buffers	Used-Mem
0	SELECT STATEMENT		1	218	1221	
* 1	VIEW		1	218	1221	
2	WINDOW BUFFER		1	1371	1221	102K (0)
3	TABLE ACCESS BY INDEX ROWID	ORDERS	1	1371	1221	
* 4	INDEX RANGE SCAN	IX_ORDERS_N1	1	1371	9	

ORDER BY절은 INDEX 순서와 동일하기 때문에 위와 같은 형태로 사용 시 부분 범위 처리가 될 것 같지만 전체 범위로 처리되기 때문에 조회 건수에 비례해서 SORT 부하는 증가하게 된다.

Section 06 분석 함수 실행 계획 심화

<ORDERS INDEX 현황>
IX_ORDER_N2 : EMPLOYEE_ID, ORDER_MODE, ORDER_STATUS, ORDER_DATE

ALTER SESSION SET "_optimizer_skip_scan_enabled" = false

```
SELECT ORDER_DATE, EMPLOYEE_ID
     , CUSTOMER_ID, ORDER_MODE
     , ORDER_STATUS, ORDER_TOTAL
     , TOT_SUM, RNK
  FROM (
       SELECT ORDER_DATE, EMPLOYEE_ID
            , CUSTOMER_ID, ORDER_MODE
            , ORDER_STATUS, ORDER_TOTAL
            , ROW_NUMBER() OVER(PARTITION BY EMPLOYEE_ID
                                ORDER BY ORDER_MODE, ORDER_STATUS
                                       , ORDER_DATE NULLS FIRST) AS RNK
            , SUM(ORDER_TOTAL) OVER(ORDER BY ORDER_MODE, ORDER_STATUS
                                          , ORDER_DATE, CUSTOMER_ID) AS TOT_SUM
         FROM ORDERS
        WHERE ORDER_DATE >= TO_DATE('20120101', 'YYYYMMDD')
          AND ORDER_DATE <  TO_DATE('20140101', 'YYYYMMDD')
          AND EMPLOYEE_ID = 'E025')
 WHERE RNK <= 10;
```

```
-----------------------------------------------------------------------------------------
| Id  | Operation                    | Name        | Starts | A-Rows |Buffers| Used-Mem |
-----------------------------------------------------------------------------------------
|   0 | SELECT STATEMENT             |             |      1 |     10 |   832 |          |
|*  1 |  VIEW                        |             |      1 |     10 |   832 |          |
|*  2 |   WINDOW SORT PUSHED RANK    |             |      1 |     10 |   832 |83968  (0)|
|   3 |    WINDOW SORT               |             |      1 |    815 |   832 |59392  (0)|
|   4 |     TABLE ACCESS BY INDEX ROWID| ORDERS    |      1 |    815 |   832 |          |
|*  5 |      INDEX RANGE SCAN        | IX_ORDERS_N2|      1 |    815 |    25 |          |
-----------------------------------------------------------------------------------------
```

ALTER SESSION SET "_optimizer_skip_scan_enabled" = false

부문은 테스트를 위해서 INDEX SKIP SCAN을 비활성화시킨 것이다.

분석 함수가 두 가지 형태가 사용되면서 분석 함수 실행 계획이 두 번 발생했으며 두 번의 SORT 부하가 발생했다. 개선할 부분은 없을까?

```
SELECT ORDER_DATE, EMPLOYEE_ID
     , CUSTOMER_ID, ORDER_MODE
     , ORDER_STATUS, ORDER_TOTAL
     , TOT_SUM, RNK
  FROM (
       SELECT ORDER_DATE, EMPLOYEE_ID
            , CUSTOMER_ID, ORDER_MODE
            , ORDER_STATUS, ORDER_TOTAL
            , ROW_NUMBER() OVER(PARTITION BY EMPLOYEE_ID
                                ORDER BY ORDER_MODE, ORDER_STATUS
                                       , ORDER_DATE) AS RNK
            , SUM(ORDER_TOTAL) OVER(ORDER BY ORDER_MODE, ORDER_STATUS
                                          , ORDER_DATE, CUSTOMER_ID) AS TOT_SUM
         FROM ORDERS
        WHERE ORDER_DATE >= TO_DATE('20120101', 'YYYYMMDD')
          AND ORDER_DATE <  TO_DATE('20140101', 'YYYYMMDD')
          AND EMPLOYEE_ID = 'E025')
 WHERE RNK <= 10;
```

Id	Operation	Name	Starts	A-Rows	Buffers	Used-Mem
0	SELECT STATEMENT		1	10	832	
* 1	VIEW		1	10	832	
* 2	WINDOW NOSORT		1	815	832	
3	WINDOW SORT		1	815	832	59392 (0)
4	TABLE ACCESS BY INDEX ROWID	ORDERS	1	815	832	
* 5	INDEX RANGE SCAN	IX_ORDERS_N2	1	815	25	

ORDER BY절에서 NULLS FIRST를 제거하니 RANKING 함수 부분의 정렬 순서와 INDEX 순서가 동일하기 때문에 WINDOW SORT 실행 계획이 나타나면서 SORT가 생략되었다.

```
SELECT ORDER_DATE, EMPLOYEE_ID
     , CUSTOMER_ID, ORDER_MODE
     , ORDER_STATUS, ORDER_TOTAL
     , TOT_SUM, RNK
  FROM (
       SELECT ORDER_DATE, EMPLOYEE_ID
            , CUSTOMER_ID, ORDER_MODE
            , ORDER_STATUS, ORDER_TOTAL
            , ROW_NUMBER() OVER(ORDER BY ORDER_MODE, ORDER_STATUS
                                       , ORDER_DATE) AS RNK
            , SUM(ORDER_TOTAL) OVER(ORDER BY ORDER_MODE, ORDER_STATUS
                                          , ORDER_DATE, CUSTOMER_ID) AS TOT_SUM
         FROM ORDERS
        WHERE ORDER_DATE >= TO_DATE('20120101', 'YYYYMMDD')
          AND ORDER_DATE <  TO_DATE('20140101', 'YYYYMMDD')
          AND EMPLOYEE_ID = 'E025')
 WHERE RNK <= 10;
```

Id	Operation	Name	Starts	A-Rows	Buffers	Used-Mem
0	SELECT STATEMENT		1	10	832	
* 1	VIEW		1	10	832	
2	WINDOW SORT		1	815	832	59392 (0)
3	TABLE ACCESS BY INDEX ROWID	ORDERS	1	815	832	
* 4	INDEX RANGE SCAN	IX_ORDERS_N2	1	815	25	

EMPLOYEE_ID = 'E025' 조회 조건이 있기 때문에 ROW_NUMBER() 함수에서 PARTITON BY EMPLOYEE_ID 조건 제거가 가능하다. 조건 제거 후 두 분석 삼수의 ORDER BY 순서가 같기 때문에 WINDOW SORT 실행 계획 하나만 나타난다. ORDER BY 순서와 INDEX 순서가 동일하므로 WINDOW NOSORT STOPKEY 발생으로 인한 부분 범위 처리가 가능할까?

```
SELECT ORDER_DATE, EMPLOYEE_ID
     , CUSTOMER_ID, ORDER_MODE
     , ORDER_STATUS, ORDER_TOTAL
```

```
         , TOT_SUM, RNK
    FROM (
        SELECT ORDER_DATE, EMPLOYEE_ID
             , CUSTOMER_ID, ORDER_MODE
             , ORDER_STATUS, ORDER_TOTAL
             , ROW_NUMBER() OVER(ORDER BY ORDER_MODE, ORDER_STATUS
                                        , ORDER_DATE) AS RNK
             , SUM(ORDER_TOTAL) OVER(ORDER BY ORDER_MODE, ORDER_STATUS
                                           , ORDER_DATE) AS TOT_SUM
         FROM ORDERS
         WHERE ORDER_DATE >= TO_DATE('20120101', 'YYYYMMDD')
           AND ORDER_DATE <  TO_DATE('20140101', 'YYYYMMDD')
           AND EMPLOYEE_ID = 'E025')
   WHERE RNK <= 10;
```

Id	Operation	Name	Starts	A-Rows	Buffers	Used-Mem
0	SELECT STATEMENT		1	10	832	
* 1	VIEW		1	10	832	
2	WINDOW BUFFER		1	815	832	67584 (0)
3	TABLE ACCESS BY INDEX ROWID	ORDERS	1	815	832	
* 4	INDEX RANGE SCAN	IX_ORDERS_N2	1	815	25	

SUM() 분석 함수의 ORDER BY절에 CUSTOMER_ID는 의미가 없다고 판단해서 제거를 통해 ORDER BY절을 완전히 일치시켜 보았다. 여전히 부분 범위 처리는 되지 않고 WINDOW BUFFER 실행 계획이 나타나면서 전체 범위 처리가 되고 있다.

```
SELECT ORDER_DATE, EMPLOYEE_ID
     , CUSTOMER_ID, ORDER_MODE
     , ORDER_STATUS, ORDER_TOTAL
     , TOT_SUM1, TOT_SUM2, RNK
  FROM (
        SELECT ORDER_DATE, EMPLOYEE_ID
             , CUSTOMER_ID, ORDER_MODE
             , ORDER_STATUS, ORDER_TOTAL
```

```sql
     , ROW_NUMBER() OVER(ORDER BY ORDER_MODE, ORDER_STATUS
                               , ORDER_DATE) AS RNK
     , SUM(ORDER_TOTAL) OVER(ORDER BY ORDER_MODE, ORDER_STATUS
                               , ORDER_DATE
                    ROWS UNBOUNDED PRECEDING) AS TOT_SUM1
     , SUM(ORDER_TOTAL) OVER(ORDER BY ORDER_MODE, ORDER_STATUS
                               , ORDER_DATE
                    ROWS BETWEEN UNBOUNDED PRECEDING
                           AND CURRENT ROW) AS TOT_SUM2
  FROM ORDERS
 WHERE ORDER_DATE >= TO_DATE('20120101', 'YYYYMMDD')
   AND ORDER_DATE <  TO_DATE('20140101', 'YYYYMMDD')
   AND EMPLOYEE_ID = 'E025')
WHERE RNK <= 10;
```

```
-----------------------------------------------------------------------------------
| Id  | Operation                    | Name        | Starts | A-Rows | A-Time      | Buffers |
-----------------------------------------------------------------------------------
|   0 | SELECT STATEMENT             |             |      1 |     10 |00:00:00.01  |      15 |
|*  1 |  VIEW                        |             |      1 |     10 |00:00:00.01  |      15 |
|*  2 |   WINDOW NOSORT STOPKEY      |             |      1 |     10 |00:00:00.01  |      15 |
|   3 |    TABLE ACCESS BY INDEX ROWID| ORDERS     |      1 |     10 |00:00:00.01  |      15 |
|*  4 |     INDEX RANGE SCAN         | IX_ORDERS_N2|      1 |     10 |00:00:00.01  |       5 |
-----------------------------------------------------------------------------------
```

ROWS UNBOUNDED PRECEDING은 DEFAULT 값으로 생략되어 있는 것이지만 명시적으로 기술을 해주니 WINDOW NOSORT STOPKEY 실행 계획이 발생하며 부분 범위 처리가 되는 것이 확인된다. 이 키워드는 DEFAULT 값으로 생략되어 있는 것이기 때문에 명시적으로 기술 안 하고 생략되더라도 부분 범위 처리가 되어야 될 것 같지만 현재 테스트하고 있는 버전인 19c까지는 지원이 안 되고 있다. 미래의 버전에서는 가능해지길 기대해 본다.

지금까지 분석 함수를 사용할 때 나타나는 실행 계획들에 대해서 알아보았다. 대량 건수에 대한 분석 함수의 사용은 과도한 SORT 부하가 발생하고 PGA 사용량이 OVER FLOW가 발생하게 되면 TEMP TABLESPACE를 이용한 Disk Swapping으로 인해서 성능은 대상 건수에 비례해서 크게 나빠지게 된다.

PART 12

동일 데이터 반복 ACCESS 튜닝

필자가 실무에서 튜닝 프로젝트를 진행하면서 가장 많이 접했던 튜닝 패턴 중의 하나가 같은 테이블 같은 데이터 구간을 반복해서 ACCESS 하는 패턴이다. SQL 개발할 때 같은 테이블 같은 데이터 ACCESS 하는 것은 되도록 지양해야 한다.

이번 단원에서는 위와 같이 발생하는 패턴들에 대한 종류는 어떠한 것이 있으며, 동일 테이블 동일 데이터 구간에 대해 반복 ACCESS를 피하기 위한 튜닝 방법에 대해서 정리를 할 것이다.

이번 단원에서 다룰 세부 항목은 아래와 같다.

Section 01. 서브쿼리 OR 인라인뷰를 통한 반복 ACCESS - 분석 함수 활용
Section 02. UNION ALL 반복 ACCESS - SQL 통합
Section 03. UNION ALL 반복 ACCESS - 카테시안 JOIN
Section 04. UNION ALL 반복 ACCESS - 소계 처리 함수의 활용
Section 05. UNION ALL 반복 ACCESS - WITH 문의 활용
Section 06. UPDATE 문 서브쿼리 통한 반복 ACCESS - MERGE문 활용
Section 07. MERGE 대상 테이블 반복 ACCESS

Section 01 서브쿼리 OR 인라인뷰를 통한 반복 ACCESS - 분석 함수 활용

첫 번째, MAX를 구하기 위해서 서브 쿼리를 이용해서 반복 ACCESS 되는 형태이다.

<ORDERS 테이블 현황>
데이터 범위 : 20070101 ~ 20121231
총 건수 : 3,000,000 건
총 BLOCK 수 : 19,791 BLOCK
INDEX 현황 : IX_ORDERS_N1 - ORDER_DATE

```sql
SELECT ORDER_ID, ORDER_DATE, CUSTOMER_ID, EMPLOYEE_ID
     , ORDER_MODE, ORDER_STATUS, ORDER_TOTAL
  FROM ORDERS
 WHERE ORDER_DATE >= TO_DATE('20120101', 'YYYYMMDD')
   AND ORDER_DATE <  TO_DATE('20130101', 'YYYYMMDD')
   AND (CUSTOMER_ID, ORDER_DATE) IN (
        SELECT CUSTOMER_ID, MAX(ORDER_DATE) ORDER_DATE
          FROM ORDERS A
         WHERE ORDER_DATE >= TO_DATE('20120101', 'YYYYMMDD')
           AND ORDER_DATE <  TO_DATE('20130101', 'YYYYMMDD')
         GROUP BY CUSTOMER_ID);
```

Id	Operation	Name	Starts	A-Rows	Buffers	Used-Mem
0	SELECT STATEMENT		1	49999	171K	
1	NESTED LOOPS		1	49999	171K	
2	NESTED LOOPS		1	50818	120K	
3	VIEW	VW_NSO_1	1	49999	19612	
* 4	FILTER		1	49999	19612	
5	HASH GROUP BY		1	49999	19612	9670K (0)
* 6	TABLE ACCESS FULL	ORDERS	1	500K	19612	
* 7	INDEX RANGE SCAN	IX_ORDERS_N1	49999	50818	101K	
* 8	TABLE ACCESS BY INDEX ROWID	ORDERS	50818	49999	50668	

〈 실행 순서 : 6 → 5 → 4 → 3 → 7 → 2 → 8 → 1 〉

위 SQL을 보면 해당 ORDER_DATE 구간에서 CUSTOMER_ID 별 마지막 주문 일자(ORDER_DATE)를 구하기 위해서 ORDERS 테이블을 메인쿼리에서 읽고 서브쿼리에서 반복해서 읽었다.

실무에서 비교적 자주 나타나는 튜닝 패턴으로 이러한 형태는 RANKING 분석 함수를 알고 있다면 쉽게 튜닝이 가능하다. 분석 함수를 사용해서 개선된 SQL을 확인해 보도록 하자.

```sql
SELECT ORDER_ID, ORDER_DATE, CUSTOMER_ID, EMPLOYEE_ID
     , ORDER_MODE, ORDER_STATUS, ORDER_TOTAL
  FROM (
        SELECT ORDER_ID, ORDER_DATE, CUSTOMER_ID, EMPLOYEE_ID
             , ORDER_MODE, ORDER_STATUS, ORDER_TOTAL
             , RANK() OVER(PARTITION BY CUSTOMER_ID
                           ORDER BY ORDER_DATE DESC) RNK
          FROM ORDERS A
         WHERE ORDER_DATE >= TO_DATE('20120101', 'YYYYMMDD')
           AND ORDER_DATE <  TO_DATE('20130101', 'YYYYMMDD')
       )
 WHERE RNK = 1 ;
```

```
----------------------------------------------------------------------------
| Id | Operation                 | Name   | Starts | A-Rows | Buffers | Used-Mem |
----------------------------------------------------------------------------
|  0 | SELECT STATEMENT          |        |    1   | 49999  |  19620  |          |
|* 1 |  VIEW                     |        |    1   | 49999  |  19620  |          |
|* 2 |   WINDOW SORT PUSHED RANK |        |    1   |  500K  |  19620  | 34M (0)  |
|* 3 |    TABLE ACCESS FULL      | ORDERS |    1   |  500K  |  19620  |          |
----------------------------------------------------------------------------
```

RANK() 분석 함수를 이용해서 CUSTOMER_ID 별로 ORDER_DATE가 가장 큰 순서로 RANKING을 구하고 그중에서 RNK = 1 조건으로 가장 큰 ORDER_DATE만 필터링 했다. 이렇게 하면 동일 집합 반복 SCAN은 사라진다. Buffers 항목 수치는 171K → 19,620로 개선이 된 것을 볼 수 있다. 하지만 SORT 부하는 발생한다. 만약 SORT 되는 건수가 많아서 반복 ACCESS JOIN하는 것보다 SORT 부하로 인한 성능이 더 안 좋은 경우에는 기존대로 사용하는 것이 유리할 수도 있다.

RANK 분석 함수의 종류로 RANK, DENSE_RANK, ROW_NUMBER 등이 있으며 특징은 아래와 그림과 같다.

```
REGION_ID   CUST_NBR  CUST_SALES  SALES_RANK  SALES_DENSE_RANK  SALES_NUMBER
---------   --------  ----------  ----------  ----------------  ------------
...중간생략
    7          15      1255591        10             10              10
    8          18      1253840        11             11              11
    5           2      1224992        12             12              12
    9          23      1224992        12             12              13
    9          24      1224992        12             12              14
   10          30      1216050        15             13              15
```

- RANK : 1등이 2명일때 다음은 3등이된다.
- DENSE_RANK : 1 등이 2명일때 다음은 2등이 된다.(건너뛰는 번호가 없음)
- ROW_NUMBER : 같은 점수라도 1등은 단한명이다.(일련번호 생성)

두 번째, 특정 컬럼 별로 SUM 값을 구하기 위해서 인라인 뷰를 이용해서 같은 테이블 같은 데이터 구간을 반복 ACCESS 하는 형태이다. 테이블 현황은 바로 위에서 사용한 SQL 과 동일하다.

```
SELECT TO_CHAR(A.ORDER_DATE, 'YYYYMMDD') ORDER_DATE
     , A.EMPLOYEE_ID
     , SUM(A.ORDER_TOTAL) ORDER_TOTAL
     , MAX(B.ORDER_TOTAL) MM_ORDER_TOTAL
  FROM ORDERS A,
       (SELECT TO_CHAR(ORDER_DATE, 'YYYYMM') ORDER_MM
             , EMPLOYEE_ID
             , SUM(ORDER_TOTAL) ORDER_TOTAL
          FROM ORDERS
         WHERE ORDER_DATE >= TO_DATE('20120101', 'YYYYMMDD')
           AND ORDER_DATE <  TO_DATE('20130101', 'YYYYMMDD')
         GROUP BY TO_CHAR(ORDER_DATE, 'YYYYMM')
                , EMPLOYEE_ID) B
```

월집계

```
  WHERE TO_CHAR(A.ORDER_DATE, 'YYYYMM') = B.ORDER_MM
    AND A.EMPLOYEE_ID = B.EMPLOYEE_ID
    AND A.ORDER_DATE >= TO_DATE('20120101', 'YYYYMMDD')
    AND A.ORDER_DATE <  TO_DATE('20130101', 'YYYYMMDD')
 GROUP BY TO_CHAR(ORDER_DATE, 'YYYYMMDD')
        , A.EMPLOYEE_ID;
```

→ 일집계

```
---------------------------------------------------------------------------------------
| Id | Operation            | Name   | Starts | A-Rows | A-Time      | Buffers | Used-Mem |
---------------------------------------------------------------------------------------
|  0 | SELECT STATEMENT     |        |    1   |  206K  | 00:00:00.76 |  39238  |          |
|  1 |  HASH GROUP BY       |        |    1   |  206K  | 00:00:00.76 |  39238  | 81M  (0) |
|* 2 |   HASH JOIN          |        |    1   |  500K  | 00:00:00.47 |  39238  | 24M  (0) |
|  3 |    VIEW              |        |    1   |  7704  | 00:00:00.16 |  19619  |          |
|  4 |     HASH GROUP BY    |        |    1   |  7704  | 00:00:00.16 |  19619  | 1814K(0) |
|* 5 |      TABLE ACCESS FULL| ORDERS |   1   |  500K  | 00:00:00.08 |  19619  |          |
|* 6 |    TABLE ACCESS FULL | ORDERS |    1   |  500K  | 00:00:00.10 |  19619  |          |
---------------------------------------------------------------------------------------
```

위 SQL은 EMPLOYEE_ID(사원) 별로 일 단위 주문 금액 집계를 하면서 월 주문 금액을 같이 보여주기 위한 SQL로 월별 주문 금액을 구하기 위해서 인라인 뷰를 이용해서 같은 테이블 같은 구간을 한 번 더 ACCESS 하고 있다. 이때도 역시 분석 함수를 이용하게 되면 반복 ACCESS 부분의 제거가 가능하다. 아래 SQL을 보도록 하자.

```
SELECT TO_CHAR(A.ORDER_DATE, 'YYYYMMDD') ORDER_DATE
     , A.EMPLOYEE_ID
     , SUM(A.ORDER_TOTAL) ORDER_TOTAL
     , SUM(SUM(A.ORDER_TOTAL)) OVER(PARTITION BY TO_CHAR(ORDER_DATE, 'YYYYMM')
                                               , EMPLOYEE_ID) MM_ORDER_TOTAL
  FROM ORDERS A
 WHERE A.ORDER_DATE >= TO_DATE('20120101', 'YYYYMMDD')
   AND A.ORDER_DATE <  TO_DATE('20130101', 'YYYYMMDD')
 GROUP BY TO_CHAR(ORDER_DATE, 'YYYYMMDD')
        , A.EMPLOYEE_ID
        ,TO_CHAR(ORDER_DATE, 'YYYYMM');
```

```
| Id  | Operation         | Name   | Starts | A-Rows | A-Time       | Buffers | Used-Mem |
|-----|-------------------|--------|--------|--------|--------------|---------|----------|
|   0 | SELECT STATEMENT  |        |      1 |   206K | 00:00:00.68  |   19619 |          |
|   1 | WINDOW BUFFER     |        |      1 |   206K | 00:00:00.68  |   19619 |  11M (0) |
|   2 |  SORT GROUP BY    |        |      1 |   206K | 00:00:00.57  |   19619 |  18M (0) |
|*  3 |   TABLE ACCESS FULL | ORDERS |    1 |   500K | 00:00:00.09  |   19619 |          |
```

SUM() OVER 분석 함수를 이용해서 간단하게 구한 것을 볼 수 있으며 Buffers 항목의 수치도 39,240 → 19,620으로 개선되었으며 PGA 사용량까지 개선된 것을 볼 수 있다. 중복 ACCESS는 제거되었지만 WINDOW BUFFER로 인한 부하는 발생했다. 만약 중복 ACCESS 제거보다 WINDOW BUFFER의 처리 건수가 많아서 이 부분에 대한 성능 부하가 높아진다면 기존대로 사용하는 것이 유리할 수도 있다.

PARTITION BY절에 들어가야 되는 구문은 GROUP BY절에 있어야 되기 때문에 TO_CHAR(ORDER_DATE, 'YYYYMM')를 GROUP BY에 기술해 주었다. 하지만 집계 레벨은 일 단위이기 때문에 결과 집합에는 영향을 미치지 않는다.

분석 함수에 대한 내용은 이 책에서는 튜닝 관점에서 간단하게 소개만 하고 넘어간다. 분석 함수에 대한 사용 방법은 여러 책에서 많이 소개되고 있으므로 다른 책을 통해서 꼭 학습해 볼 것을 추천한다.

Section 02 UNION ALL 반복 ACCESS - SQL 통합

동일한 테이블 같은 데이터 구간을 ACCESS하는 같은 SQL인데 특정 조건에 따라서 UNION ALL로 분리해서 반복 ACCESS 하는 경우이다. 이 경우도 실무에서 발생하는 패턴 중의 하나이다. 예제를 통해서 확인해 보도록 하자.

```sql
SELECT A.CUSTOMER_ID, A.EMPLOYEE_ID, B.PRODUCT_ID
     , SUM(B.UNIT_PRICE * B.QUANTITY) ORDER_AMT
  FROM ORDERS A, ORDER_ITEMS B, PRODUCTS C
 WHERE A.ORDER_ID = B.ORDER_ID
   AND B.PRODUCT_ID = C.PRODUCT_ID
   AND A.ORDER_DATE >= TO_DATE('20120101', 'YYYYMMDD')
   AND A.ORDER_DATE <  TO_DATE('20120102', 'YYYYMMDD')
   AND C.WEIGHT_CLASS = 1
 GROUP BY A.CUSTOMER_ID, A.EMPLOYEE_ID, B.PRODUCT_ID
UNION ALL
SELECT A.CUSTOMER_ID, A.EMPLOYEE_ID, B.PRODUCT_ID
     , SUM(B.UNIT_PRICE * B.QUANTITY * 1.1) ORDER_AMT
  FROM ORDERS A, ORDER_ITEMS B, PRODUCTS C
 WHERE A.ORDER_ID = B.ORDER_ID
   AND B.PRODUCT_ID = C.PRODUCT_ID
   AND A.ORDER_DATE >= TO_DATE('20120101', 'YYYYMMDD')
   AND A.ORDER_DATE <  TO_DATE('20120102', 'YYYYMMDD')
   AND C.WEIGHT_CLASS <> 1
 GROUP BY A.CUSTOMER_ID, A.EMPLOYEE_ID, B.PRODUCT_ID
```

Id	Operation	Name	Starts	A-Rows	Buffers	Used-Mem
0	SELECT STATEMENT		1	7930	23244	
1	UNION-ALL		1	7930	23244	
2	HASH GROUP BY		1	3646	11622	1286K (0)

```
|*  3 |    HASH JOIN                   |                 |    1 | 3646  | 11622 |1207K (0)|
|*  4 |     TABLE ACCESS FULL          | PRODUCTS        |    1 |  133  |    13 |         |
|   5 |     NESTED LOOPS               |                 |    1 | 7930  | 11609 |         |
|   6 |      NESTED LOOPS              |                 |    1 | 7930  |  3905 |         |
|   7 |       TABLE ACCESS BY INDEX ROWID| ORDERS        |    1 | 1347  |  1182 |         |
|*  8 |        INDEX RANGE SCAN        | IX_ORDERS_N1    |    1 | 1347  |     6 |         |
|*  9 |       INDEX RANGE SCAN         | IX_ORDER_ITEMS_PK | 1347 | 7930 |  2723 |         |
|  10 |      TABLE ACCESS BY INDEX ROWID| ORDER_ITEMS    | 7930 | 7930  |  7704 |         |
|  11 |   HASH GROUP BY                |                 |    1 | 4284  | 11622 |1286K (0)|
|* 12 |    HASH JOIN                   |                 |    1 | 4284  | 11622 |1210K (0)|
|* 13 |     TABLE ACCESS FULL          | PRODUCTS        |    1 |  155  |    13 |         |
|  14 |     NESTED LOOPS               |                 |    1 | 7930  | 11609 |         |
|  15 |      NESTED LOOPS              |                 |    1 | 7930  |  3905 |         |
|  16 |       TABLE ACCESS BY INDEX ROWID| ORDERS        |    1 | 1347  |  1182 |         |
|* 17 |        INDEX RANGE SCAN        | IX_ORDERS_N1    |    1 | 1347  |     6 |         |
|* 18 |       INDEX RANGE SCAN         | IX_ORDER_ITEMS_PK | 1347 | 7930 |  2723 |         |
|  19 |      TABLE ACCESS BY INDEX ROWID| ORDER_ITEMS    | 7930 | 7930  |  7704 |         |
```

〈 실행 순서 : 4 → 8 → 7 → 9 → 6 → 10 → 5 → 3 → 2 → 13 → 17 → 16 → 18 → 15
            → 19 → 14 → 12 → 11 → 1 〉

위 SQL은 C.WAIT_CLASS의 조건에 따라서 UNIT_PRICE(제품 단가) * QUANTITY(수량)의 계산식이 달라지는 경우를 UNION ALL로 나누어 사용한 예이다. 위의 실행 계획을 보더라도 동일한 실행 계획 및 실행 통계가 UNION ALL로 묶여 있음을 볼 수 있다.

이렇게 SQL을 작성하는 경우가 거의 없을 것이라 여길지 모르겠지만 실무에서 가끔 등장하는 비효율 사례 중 하나이다. 조건절이 서브쿼리가 될 수도 있고 다른 형태로 나타날 수도 있지만 기본 패턴은 위와 같다. 여기서는 위 SQL은 어떻게 개선하면 될까? 어렵지 않는 부분이기 때문에 대부분 독자들은 금방 파악했을 것이라고 생각한다. 이런 SQL은 하나로 통합 후 조건에 따라 CASE WHEN절을 사용하는 것이 정석일 것이다.

```
SELECT A.CUSTOMER_ID, A.EMPLOYEE_ID
     , B.PRODUCT_ID
     , SUM(B.UNIT_PRICE * B.QUANTITY *
           DECODE(C.WEIGHT_CLASS, 1, 1.1, 1)) ORDER_AMT
  FROM ORDERS A
```

```
       , ORDER_ITEMS B
       , PRODUCTS C
 WHERE A.ORDER_ID = B.ORDER_ID
   AND B.PRODUCT_ID = C.PRODUCT_ID
   AND A.ORDER_DATE >= TO_DATE('20120101', 'YYYYMMDD')
   AND A.ORDER_DATE <  TO_DATE('20120102', 'YYYYMMDD')
 GROUP BY A.CUSTOMER_ID, A.EMPLOYEE_ID
        , B.PRODUCT_ID;
```

Id	Operation	Name	Starts	A-Rows	Buffers	Used-Mem
0	SELECT STATEMENT		1	7930	11622	
1	HASH GROUP BY		1	7930	11622	1316K (0)
* 2	HASH JOIN		1	7930	11622	1212K (0)
3	TABLE ACCESS FULL	PRODUCTS	1	288	13	
4	NESTED LOOPS		1	7930	11609	
5	NESTED LOOPS		1	7930	3905	
6	TABLE ACCESS BY INDEX ROWID	ORDERS	1	1347	1182	
* 7	INDEX RANGE SCAN	IX_ORDERS_N1	1	1347	6	
* 8	INDEX RANGE SCAN	IX_ORDER_ITEMS_PK	1347	7930	2723	
9	TABLE ACCESS BY INDEX ROWID	ORDER_ITEMS	7930	7930	7704	

〈 실행 순서 : 3 → 7 → 6 → 8 → 5 → 9 → 4 → 2 → 1 〉

위 SQL과 같이 DECODE문을 이용해서(CASE WHEN을 사용해도 된다) C.WAIT_CLASS 가 1일 경우는 1.1을 곱해주고 그 이외에는 그대로 1을 곱하도록 해서 SQL을 하나로 통합 했다. 같은 테이블을 한 번만 ACCESS 하게 되어 Buffers와 Used-Mem이 두 배가량 개선된 것을 볼 수 있다.

Section 03. UNION ALL 반복 ACCESS - 카테시안 JOIN

[Section 02. UNION ALL 반복 ACCESS - SQL 통합]에 대한 튜닝 방법에서 카테시안 JOIN을 이용해야 되는 상황과 방법에 대해서 살펴보도록 하겠다.

카테시안 JOIN에 대한 내용에 대해서 간단히 살펴보도록 하자.

```
SELECT DEPARTMENT_ID, DEPARTMENT_NAME, MANAGER_ID, LOCATION_ID
  FROM DEPARTMENTS
 WHERE LOCATION_ID IN ('L01', 'L04');


DEPARTMENT_ID DEPARTMENT_NAME                MANAGER_ID LOCATION_ID
------------- ------------------------------ ---------- -----------
D06           IT                                    103 L01
D11           Accounting                            205 L04
```

SQL의 결과가 위와 같을 때 위 결과 데이터를 각각 2배로 늘리기 위해서는 아래 SQL과 같이 건수가 2건인 집합과 JOIN 조건 없이 사용하면 된다. 이러한 JOIN을 카테시안 JOIN 또는 카테시안 곱이라고 하며 결과 데이터의 건수는 선행 테이블 건수 * 후행 테이블 건수가 될 것이다.

```
SELECT RCNT, DEPARTMENT_ID, DEPARTMENT_NAME, MANAGER_ID, LOCATION_ID
  FROM DEPARTMENTS,
       (SELECT LEVEL AS RCNT FROM DUAL CONNECT BY LEVEL <= 2)
 WHERE LOCATION_ID IN ('L01', 'L04');


RCNT DEPARTMENT_ID DEPARTMENT_NAME                MANAGER_ID LOCATION_ID
---- ------------- ------------------------------ ---------- -----------
   1 D06           IT                                    103 L01
   1 D11           Accounting                            205 L04
   2 D06           IT                                    103 L01
   2 D11           Accounting                            205 L04
```

위 SQL 결과에서 보면 RCNT가 1, 2에 대해서 DEPARTMENTS의 결과 데이터가 각각 생겨났다.

그렇다면 위 결과에서 아래와 같이 LOCATION_ID가 'L01'인 경우만 데이터 건수를 2배로 늘리려면 어떻게 해야 될까?

```
RCNT DEPARTMENT_ID DEPARTMENT_NAME              MANAGER_ID LOCATION_ID
---- ------------- -----------------            ---------- -----------
   1 D06           IT                                  103 L01
   1 D11           Accounting                          205 L04
   2 D06           IT                                  103 L01
```

위와 같이 L01인 경우만 데이터 건수를 2배로 늘리기 위해서는 L01인 경우면 2배로 하라고 SQL에 기술을 해주면 될 것이다. 아래 SQL을 확인해 보자.

```sql
SELECT RCNT, DEPARTMENT_ID, DEPARTMENT_NAME, MANAGER_ID, LOCATION_ID
  FROM DEPARTMENTS,
       (SELECT LEVEL AS RCNT FROM DUAL CONNECT BY LEVEL <= 2)
 WHERE LOCATION_ID IN ('L01', 'L04')
   AND RCNT <= CASE WHEN LOCATION_ID = 'L01' THEN 2 ELSE 1 END;
```

위 SQL의 AND RCNT <= CASE WHEN LOCATION_ID = 'L01' THEN 2 ELSE 1 END 부분이 LOCATION_ID가 L01인 경우는 데이터를 2배로 늘려주고 그 이외에는 그대로 유지하라는 뜻으로 선택적 카테시안 JOIN이라고 일컬을 수 있다.

위 내용을 이해한 후 아래 예제를 보도록 하자. 독자들도 아래 SQL을 보고 직접 개선 방법을 생각해 보기 바란다.

<ORDERS INDEX 현황>
IX_ORDERS_N1 : ORDER_DATE

<ORDER_ITEMS INDEX 현황>
IX_ORDER_ITEMS_N1 : ORDER_DATE

```sql
SELECT TO_CHAR(A.ORDER_DATE, 'YYYYMMDD') ORDER_DAY
     , 'AAA' ORDER_TYPE, B.PRODUCT_ID
     , SUM(QUANTITY) QUANTITY
```

```sql
  FROM ORDERS A, ORDER_ITEMS B
 WHERE A.ORDER_ID = B.ORDER_ID
   AND A.ORDER_DATE >= TO_DATE('20120805', 'YYYYMMDD')
   AND A.ORDER_DATE <  TO_DATE('20120807', 'YYYYMMDD')
   AND A.ORDER_MODE IN ('online', 'direct')
   AND B.ORDER_DATE >= TO_DATE('20120805', 'YYYYMMDD')
   AND B.ORDER_DATE <  TO_DATE('20120807', 'YYYYMMDD')
 GROUP BY TO_CHAR(A.ORDER_DATE, 'YYYYMMDD'), B.PRODUCT_ID
UNION ALL
SELECT TO_CHAR(A.ORDER_DATE, 'YYYYMMDD') ORDER_DAY
     , 'BBB' ORDER_TYPE, B.PRODUCT_ID
     , SUM(QUANTITY) QUANTITY
  FROM ORDERS A, ORDER_ITEMS B
 WHERE A.ORDER_ID = B.ORDER_ID
   AND A.ORDER_DATE >= TO_DATE('20120805', 'YYYYMMDD')
   AND A.ORDER_DATE <  TO_DATE('20120807', 'YYYYMMDD')
   AND A.ORDER_MODE IN ('online')
   AND B.ORDER_DATE >= TO_DATE('20120805', 'YYYYMMDD')
   AND B.ORDER_DATE <  TO_DATE('20120807', 'YYYYMMDD')
 GROUP BY TO_CHAR(A.ORDER_DATE, 'YYYYMMDD'), B.PRODUCT_ID;
```

위 SQL은 ORDER_MODE가 ('online', 'direct')인 경우 ORDER_TYPE을 'AAA'로 집계하고 ORDER_MODE가 'online' 경우만은 'BBB'로 집계하는 SQL이다. 실행 계획을 확인해 보자.

Id	Operation	Name	Starts	A-Rows	Buffers	Used-Mem
0	SELECT STATEMENT		1	34	0 30812	
1	UNION-ALL		1	34	0 30812	
2	HASH GROUP BY		1	17	0 17464	1270K (0)
* 3	HASH JOIN		1	18	0 17464	1240K (0)
* 4	TABLE ACCESS BY INDEX ROWID	ORDERS	1	2706	0 2441	
* 5	INDEX RANGE SCAN	IX_ORDERS_N1	1	2706	0 10	
6	TABLE ACCESS BY INDEX ROWID	ORDER_ITEMS	1	16187	0 15023	
* 7	INDEX RANGE SCAN	IX_ORDER_ITEMS_N1	1	16187	0 45	
8	HASH GROUP BY		1	17	0 13348	1270K (0)
9	NESTED LOOPS		1	18	0 13348	
10	NESTED LOOPS		1	8378	0 5209	

* 11	TABLE ACCESS BY INDEX ROWID	ORDERS	1	1367	0	2441
* 12	INDEX RANGE SCAN	IX_ORDERS_N1	1	2706	0	10
* 13	INDEX RANGE SCAN	IX_ORDER_ITEMS_PK	1367	8378	0	2768
* 14	TABLE ACCESS BY INDEX ROWID	ORDER_ITEMS	8378	18	0	8139

위 SQL의 실행 계획을 보면 동일한 형태의 실행 계획이 두 번 발생한 것을 볼 수 있다. 차이점이라고 한다면 상단 실행 계획은 전통적 방식의 NESTED LOOPS JOIN이 사용된 것이고 하단은 BATCHING 방식의 NESTED LOOPS JOIN 형태로 수행된 것이다.

위 SQL에서는 ORDER_MODE가 'online'인 경우가 두 번 집계되어야 되기 때문에 UNION ALL을 사용했다. 위에서 봤던 카테시안 JOIN을 이용해서 ORDER_MODE가 'online'인 경우만 2배로 불어나도록 선택적 카테시안 JOIN을 사용해서 집계하게 되면 같은 테이블을 한 번만 ACCESS 하게 될 것이다.

```
SELECT TO_CHAR(A.ORDER_DATE, 'YYYYMMDD') ORDER_DAY
     , CASE WHEN RCNT = 2 THEN 'BBB' ELSE 'AAA' END ORDER_TYPE
     , B.PRODUCT_ID
     , SUM(QUANTITY) QUANTITY
  FROM ORDERS A, ORDER_ITEMS B
     , (SELECT LEVEL AS RCNT FROM DUAL CONNECT BY LEVEL< = 2)
 WHERE A.ORDER_ID = B.ORDER_ID
   AND A.ORDER_DATE >= TO_DATE('20120805', 'YYYYMMDD')
   AND A.ORDER_DATE < TO_DATE('20120807', 'YYYYMMDD')
   AND A.ORDER_MODE IN ('online', 'direct')
   AND B.ORDER_DATE >= TO_DATE('20120805', 'YYYYMMDD')
   AND B.ORDER_DATE < TO_DATE('20120807', 'YYYYMMDD')
   AND RCNT <= CASE WHEN A.ORDER_MODE = 'online' THEN 2 ELSE 1 END
 GROUP BY TO_CHAR(A.ORDER_DATE, 'YYYYMMDD')
     , CASE WHEN RCNT = 2 THEN 'BBB' ELSE 'AAA' END
     , B.PRODUCT_ID;
```

위 SQL과 같이 ORDER_MODE가 online인 경우만 2배로 늘렸으며 online인 경우만 RCNT가 2가 존재하기 때문에 RCNT는 2인 경우는 BBB로 그 외는 그대로 AAA로 집계하고 있다.

실행 계획은 아래와 같다.

Id	Operation	Name	Starts	A-Rows	Buffers	Used-Mem
0	SELECT STATEMENT		1	34	17463	
1	HASH GROUP BY		1	34	17463	1216K (0)
2	MERGE JOIN		1	36	17463	
3	SORT JOIN		1	18	17463	2048 (0)
* 4	HASH JOIN		1	18	17463	1231K (0)
* 5	TABLE ACCESS BY INDEX ROWID	ORDERS	1	2706	2441	
* 6	INDEX RANGE SCAN	IX_ORDERS_N1	1	2706	10	
7	TABLE ACCESS BY INDEX ROWID	ORDER_ITEMS	1	16187	15022	
* 8	INDEX RANGE SCAN	IX_ORDER_ITEMS_N1	1	16187	45	
* 9	SORT JOIN		18	36	0	2048 (0)
10	VIEW		1	2	0	
11	COUNT		1	2	0	
12	CONNECT BY WITHOUT FILTERING		1	2	0	
13	FAST DUAL		1	1	0	

위 실행 계획에서 보면 ORDERS, ORDER_ITEMS의 JOIN 결과에 대해서 건수가 2개인 집합을 이용해서 (SELECT LEVEL AS RCNT FROM DUAL CONNECT BY LEVEL〈= 2) 과 선택적 카테시안 JOIN을 하고 있는 부분이다.

ORDERS, ORDER_ITEMS 데이터를 두 번 ACCESS 하던 부분을 없애 주니 Buffers 수치가 30,812 → 17,463으로 개선된 것을 볼 수 있다.

UNION ALL 반복 ACCESS - 소계 처리 함수의 활용

요즘에는 소계를 구할 때 Oracle에 내장되어 있는 소계 처리 함수 사용 방법이 많이 보급되어 잘 알고 있기 때문에 소계를 구하기 위해서 UNION ALL로 반복 ACCESS 하는 경우는 많지 않은 것 같다. 하지만 필자가 실무에서 튜닝을 하다 보니 이와 같은 경우가 간혹 발생하는 경우가 있어서 간단하게 다루고자 한다.

```
SELECT A.CUSTOMER_ID
     , A.EMPLOYEE_ID
     , B.PRODUCT_ID
     , SUM(B.UNIT_PRICE * B.QUANTITY) ORDER_AMT
  FROM ORDERS A
     , ORDER_ITEMS B
     , PRODUCTS C
 WHERE A.ORDER_ID = B.ORDER_ID
   AND B.PRODUCT_ID = C.PRODUCT_ID
   AND A.ORDER_DATE >= TO_DATE('20120101', 'YYYYMMDD')
   AND A.ORDER_DATE <  TO_DATE('20120102', 'YYYYMMDD')
 GROUP BY A.CUSTOMER_ID, A.EMPLOYEE_ID
        , B.PRODUCT_ID
UNION ALL
SELECT '고객합' CUSTOMER_ID
     , A.EMPLOYEE_ID
     , B.PRODUCT_ID
     , SUM(B.UNIT_PRICE * B.QUANTITY) ORDER_AMT
  FROM ORDERS A
     , ORDER_ITEMS B
     , PRODUCTS C
 WHERE A.ORDER_ID = B.ORDER_ID
   AND B.PRODUCT_ID = C.PRODUCT_ID
   AND A.ORDER_DATE >= TO_DATE('20120101', 'YYYYMMDD')
   AND A.ORDER_DATE <  TO_DATE('20120102', 'YYYYMMDD')
 GROUP BY A.EMPLOYEE_ID
        , B.PRODUCT_ID
```

```
UNION ALL
SELECT '고객합' CUSTOMER_ID
     , '사원합' EMPLOYEE_ID
     , B.PRODUCT_ID
     , SUM(B.UNIT_PRICE * B.QUANTITY) ORDER_AMT
  FROM ORDERS A
     , ORDER_ITEMS B
     , PRODUCTS C
 WHERE A.ORDER_ID = B.ORDER_ID
   AND B.PRODUCT_ID = C.PRODUCT_ID
   AND A.ORDER_DATE >= TO_DATE('20120101', 'YYYYMMDD')
   AND A.ORDER_DATE <  TO_DATE('20120102', 'YYYYMMDD')
 GROUP BY B.PRODUCT_ID;
```

Id	Operation	Name	Starts	A-Rows	Buffers	Used-Mem
0	SELECT STATEMENT		1	15972	34839	
1	UNION-ALL		1	15972	34839	
2	HASH GROUP BY		1	7930	11613	1296K (0)
3	NESTED LOOPS		1	7930	11613	
4	VIEW	VW_GBC_10	1	7930	11609	
5	HASH GROUP BY		1	7930	11609	1297K (0)
6	NESTED LOOPS		1	7930	11609	
7	NESTED LOOPS		1	7930	3905	
8	TABLE ACCESS BY INDEX ROWID	ORDERS	1	1347	1182	
* 9	INDEX RANGE SCAN	IX_ORDERS_N1	1	1347	6	
* 10	INDEX RANGE SCAN	IX_ORDER_ITEMS_PK	1347	7930	2723	
11	TABLE ACCESS BY INDEX ROWID	ORDER_ITEMS	7930	7930	7704	
* 12	INDEX UNIQUE SCAN	IX_PRODUCTS_PK	7930	7930	4	
13	HASH GROUP BY		1	7754	11613	1253K (0)
14	NESTED LOOPS		1	7930	11613	
15	NESTED LOOPS		1	7930	11609	
16	TABLE ACCESS BY INDEX ROWID	ORDERS	1	1347	1182	
* 17	INDEX RANGE SCAN	IX_ORDERS_N1	1	1347	6	
18	TABLE ACCESS BY INDEX ROWID	ORDER_ITEMS	1347	7930	10427	
* 19	INDEX RANGE SCAN	IX_ORDER_ITEMS_PK	1347	7930	2723	
* 20	INDEX UNIQUE SCAN	IX_PRODUCTS_PK	7930	7930	4	
21	HASH GROUP BY		1	288	11613	1247K (0)
22	NESTED LOOPS		1	288	11613	
23	VIEW	VW_GBC_28	1	288	11609	
24	HASH GROUP BY		1	288	11609	1273K (0)

	25	NESTED LOOPS			1	7930	11609	
	26	NESTED LOOPS			1	7930	3905	
	27	TABLE ACCESS BY INDEX ROWID	ORDERS		1	1347	1182	
*	28	INDEX RANGE SCAN	IX_ORDERS_N1		1	1347	6	
*	29	INDEX RANGE SCAN	IX_ORDER_ITEMS_PK	1347	7930	2723	
	30	TABLE ACCESS BY INDEX ROWID	ORDER_ITEMS		7930	7930	7704	
*	31	INDEX UNIQUE SCAN	IX_PRODUCTS_PK		288	288	4	

위 SQL은 소계를 구하기 위해 GROUP BY 레벨에 따라서 UNION ALL로 같은 테이블 같은 데이터 구간 3번 반복 ACCESS 한 경우이다. 실행 계획을 보더라도 같은 실행 계획이 3번 반복해서 나타나고 있다.

참고로 UNION ALL의 첫 번째, 세 번째 실행 계획은 동일하지만 2번째는 약간 틀린 것을 볼 수 있다. 첫 번째, 세 번째 실행 계획의 경우 HASH GROUP BY 위에 VIEW라는 실행 계획이 나타나고 다시 그 위에 HASH GROUP BY가 또 나타난다. SQL에서는 GROUP BY를 한 번만 했는데 실행 계획상에서는 GROUP BY가 두 번이 나타나고 있다.

이것은 Oracle 11g에서 새로 추가된 쿼리 변환 기능의 한 가지이다. SQL을 작성할 때 GROUP BY가 들어가는 SQL이면 우선 GROUP BY를 통해 선행 테이블 건수를 줄인 후에 후행 테이블과 JOIN하라는 말을 들어봤을 것이다. 그 기능이 11g에서 추가된 것이다. 이 쿼리 변환과 관련된 힌트가 /*+ PLACE_GROUP_BY */이다.

이 쿼리 변환을 막고자 할 때는 첫 번째, 세 번째 SQL에 /*+ NO_PLACE_GROUP_BY */ 힌트를 기술하면 되며 그렇게 되면 두 번째 실행 계획과 동일하게 나타나게 된다.

간혹 이 쿼리 변환에 의해 불필요한 GROUP BY가 발생하는 경우가 있으므로 알아두면 좋을 것 같다고 생각했기에 기술했으니 참고하기를 바란다. 위 실행 계획에서는 최종 GROUP BY 건수와 중간에 나타난 GROUP BY 건수가 거의 비슷한 것을 볼 수 있다. 즉 이런 경우는 쿼리 변환에 의해서 불필요한 GROUP BY가 한 번 더 수행된 것이기 때문에 위 힌트를 통해 제어를 해주는 것이 유리하다.

이렇게 소계를 구할 경우 아래 SQL과 같이 GROUPING SETS를 사용해서 집계하고자 하는 레벨을 ()로 묶어주면 된다.

```sql
SELECT NVL(A.CUSTOMER_ID, '고객합') CUSTOMER_ID
     , NVL(A.EMPLOYEE_ID, '사원합') EMPLOYEE_ID
     , B.PRODUCT_ID
     , SUM(B.UNIT_PRICE * B.QUANTITY) ORDER_AMT
  FROM ORDERS A
     , ORDER_ITEMS B
     , PRODUCTS C
 WHERE A.ORDER_ID = B.ORDER_ID
   AND B.PRODUCT_ID = C.PRODUCT_ID
   AND A.ORDER_DATE >= TO_DATE('20120101', 'YYYYMMDD')
   AND A.ORDER_DATE <  TO_DATE('20120102', 'YYYYMMDD')
 GROUP BY GROUPING SETS((A.CUSTOMER_ID, A.EMPLOYEE_ID, B.PRODUCT_ID),
                       (A.EMPLOYEE_ID, B.PRODUCT_ID),
                       (B.PRODUCT_ID) );
```

Id	Operation	Name	Starts	A-Rows	Buffers	Used-Mem
0	SELECT STATEMENT		1	15972	11613	
1	SORT GROUP BY ROLLUP		1	15972	11613	424K (0)
2	NESTED LOOPS		1	7930	11613	
3	NESTED LOOPS		1	7930	11609	
4	TABLE ACCESS BY INDEX ROWID	ORDERS	1	1347	1182	
* 5	INDEX RANGE SCAN	IX_ORDERS_N1	1	1347	6	
6	TABLE ACCESS BY INDEX ROWID	ORDER_ITEMS	1347	7930	10427	
* 7	INDEX RANGE SCAN	IX_ORDER_ITEMS_PK	1347	7930	2723	
* 8	INDEX UNIQUE SCAN	IX_PRODUCTS_PK	7930	7930	4	

위 실행 계획에서 SORT GROUP BY ROLLUP이 나타나고 있다. GROUPING SETS 사용한 것을 옵티마이저가 ROLLUP으로 변환한 것이다. Buffers 수치가 34,839 →11,613 으로 개선된 것을 볼 수 있다.

Section 05 UNION ALL 반복 ACCESS - WITH 문의 활용

Section 04까지 설명한 것은 UNION ALL로 묶인 테이블이 모두 동일한 경우이다. 만약 UNION ALL로 반복 사용된 테이블이 일부만 같은 경우는 어떻게 해야 할까? 아래 SQL을 통해서 확인해 보도록 하자.

```
SELECT 'SELL' SELES_TYPE
     , C.FIRST_NAME SALES_NAME
     , SUM(B.QUANTITY) QUANTITY
  FROM ORDERS A, ORDER_ITEMS B, EMPLOYEES C
 WHERE A.ORDER_ID = B.ORDER_ID
   AND A.EMPLOYEE_ID = C.EMPLOYEE_ID
   AND A.ORDER_DATE >= TO_DATE('20120805', 'YYYYMMDD')
   AND A.ORDER_DATE <  TO_DATE('20120807', 'YYYYMMDD')
   AND A.ORDER_MODE IN ('online', 'direct')
 GROUP BY C.FIRST_NAME
UNION ALL
SELECT 'BUY' SELES_TYPE
     , C.CUST_FIRST_NAME SALES_NAME
     , SUM(B.QUANTITY) QUANTITY
  FROM ORDERS A, ORDER_ITEMS B, CUSTOMERS C
 WHERE A.ORDER_ID = B.ORDER_ID
   AND A.CUSTOMER_ID = C.CUSTOMER_ID
   AND A.ORDER_DATE >= TO_DATE('20120805', 'YYYYMMDD')
   AND A.ORDER_DATE <  TO_DATE('20120807', 'YYYYMMDD')
   AND A.ORDER_MODE IN ('online', 'direct')
 GROUP BY C.CUST_FIRST_NAME ;
```

Id	Operation	Name	Starts	A-Rows	Buffers	Used-Mem
0	SELECT STATEMENT		1	790	47955	
1	UNION-ALL		1	790	47955	
2	HASH GROUP BY		1	619	23702	2422K (0)
3	NESTED LOOPS		1	16242	23702	
4	NESTED LOOPS		1	16242	7920	
* 5	HASH JOIN		1	2706	2450	1213K (0)
6	TABLE ACCESS FULL	EMPLOYEES	1	642	9	
* 7	TABLE ACCESS BY INDEX ROWID	ORDERS	1	2706	2441	
* 8	INDEX RANGE SCAN	IX_ORDERS_N1	1	2706	10	
* 9	INDEX RANGE SCAN	IX_ORDER_ITEMS_PK	2706	16242	5470	
10	TABLE ACCESS BY INDEX ROWID	ORDER_ITEMS	16242	16242	15782	
11	HASH GROUP BY		1	171	24253	2367K (0)
12	NESTED LOOPS		1	16242	24253	
13	NESTED LOOPS		1	16242	8469	
* 14	HASH JOIN		1	2706	2999	1225K (0)
* 15	TABLE ACCESS BY INDEX ROWID	ORDERS	1	2706	2441	
* 16	INDEX RANGE SCAN	IX_ORDERS_N1	1	2706	10	
17	TABLE ACCESS FULL	CUSTOMERS	1	50000	558	
* 18	INDEX RANGE SCAN	IX_ORDER_ITEMS_PK	2706	16242	5470	
19	TABLE ACCESS BY INDEX ROWID	ORDER_ITEMS	16242	16242	15784	

위 SQL을 보면 ORDERS와 ORDER_ITEMS 테이블에 대한 부분만 공통적으로 반복 ACCESS하고 있으며 서로 각각 다른 테이블과 JOIN을 해서 결과를 구하고 있다.

이때 WITH 문을 이용해서 성능 개선이 가능하며 WITH 문은 9i부터 새로 추가된 기능이고 특징은 아래와 같다.

SQL 상에서 반복 사용되며 WHERE 조건이나 GROUP BY로 건수가 크게 줄어드는 경우 WITH절로 정의하면 효율적이다. 한 번만 읽어서 TEMP TABLESPACE에 데이터 셋으로 저장을 한 후 그 데이터 셋을 재사용한다. WITH문에서 정의되는 건수가 많으면 재사용 시 I/O도 TEMP TABLESPACE 사용량도 높아지기 때문에 주의해야 한다. 힌트로 MATERIALIZE가 사용된다. SELECT절에서 WITH절의 명칭을 두 번 이상 사용하게 되면 자동으로 MATERILIZE가 된다. MATERIALIZE가 데이터 셋을 임시 테이블 형태로 저장하는 힌트이다. INLINE 힌트는 이와 반대로 INLIVE VIEW처럼 사용된다.

그럼, 공통 데이터 ACCESS 구간을 WITH절로 정의한 SQL을 확인해 보자.

```sql
WITH TEMP_ORDER_DATA AS(
SELECT /*+ MATERIALIZE */
       A.EMPLOYEE_ID, A.CUSTOMER_ID
     , SUM(B.QUANTITY) QUANTITY
  FROM ORDERS A, ORDER_ITEMS B
 WHERE A.ORDER_ID = B.ORDER_ID
   AND A.ORDER_DATE >= TO_DATE('20120805', 'YYYYMMDD')
   AND A.ORDER_DATE <  TO_DATE('20120807', 'YYYYMMDD')
   AND A.ORDER_MODE IN ('online', 'direct')
 GROUP BY A.EMPLOYEE_ID, A.CUSTOMER_ID
)
SELECT 'SELL' SELES_TYPE
     , C.FIRST_NAME SALES_NAME
     , SUM(A.QUANTITY) QUANTITY
  FROM TEMP_ORDER_DATA A, EMPLOYEES C
 WHERE A.EMPLOYEE_ID = C.EMPLOYEE_ID
 GROUP BY C.FIRST_NAME
UNION ALL
SELECT 'BUY' SELES_TYPE
     , C.CUST_FIRST_NAME SALES_NAME
     , SUM(A.QUANTITY) QUANTITY
  FROM TEMP_ORDER_DATA A, CUSTOMERS C
 WHERE A.CUSTOMER_ID = C.CUSTOMER_ID
 GROUP BY C.CUST_FIRST_NAME  ;
```

위 SQL을 보면 UNION ALL로 반복 ACCESS하는 테이블을 WITH 문으로 정의를 했으며 WITH 문에서 정의된 이름을 아래 SELECT절에서 반복해서 사용하고 있다. WITH절의 ORDERS와 ORDER_ITEMS의 결과 셋은 TEMP TABLESPACE에 데이터 셋으로 테이블처럼 저장이 되고 그 데이터를 그대로 재사용하기 때문에 실제 ACCESS는 1번만 발생하기 때문에 I/O 측면에서 유리해졌다. 아래는 11g의 실행 계획이다.

```
| Id  | Operation                      | Name                      | A-Rows | Buffers | Used-Mem   |
|-----|--------------------------------|---------------------------|--------|---------|------------|
|   0 | SELECT STATEMENT               |                           |    790 |   24297 |            |
|   1 |  TEMP TABLE TRANSFORMATION     |                           |    790 |   24297 |            |
|   2 |   LOAD AS SELECT               |                           |      0 |   23704 | 264K (0)   |
|   3 |    HASH GROUP BY               |                           |   2703 |   23693 | 2506K (0)  |
|   4 |     NESTED LOOPS               |                           |  16242 |   23693 |            |
|   5 |      NESTED LOOPS              |                           |  16242 |    7911 |            |
| * 6 |       TABLE ACCESS BY INDEX ROWID | ORDERS                 |   2706 |    2441 |            |
| * 7 |        INDEX RANGE SCAN        | IX_ORDERS_N1              |   2706 |      10 |            |
| * 8 |       INDEX RANGE SCAN         | IX_ORDER_ITEMS_PK         |  16242 |    5470 |            |
|   9 |      TABLE ACCESS BY INDEX ROWID | ORDER_ITEMS             |  16242 |   15782 |            |
|  10 |   UNION-ALL                    |                           |    790 |     590 |            |
|  11 |    HASH GROUP BY               |                           |    619 |      22 | 1247K (0)  |
| *12 |     HASH JOIN                  |                           |   2703 |      22 | 1183K (0)  |
|  13 |      TABLE ACCESS FULL         | EMPLOYEES                 |    642 |       9 |            |
|  14 |      VIEW                      |                           |   2703 |      13 |            |
|  15 |       TABLE ACCESS FULL        | SYS_TEMP_0FD9D660F_127374 |   2703 |      13 |            |
|  16 |    HASH GROUP BY               |                           |    171 |     568 | 1216K (0)  |
| *17 |     HASH JOIN                  |                           |   2703 |     568 | 1243K (0)  |
|  18 |      VIEW                      |                           |   2703 |      10 |            |
|  19 |       TABLE ACCESS FULL        | SYS_TEMP_0FD9D660F_127374 |   2703 |      10 |            |
|  20 |      TABLE ACCESS FULL         | CUSTOMERS                 |  50000 |     558 |            |
```

위 실행 계획상에서 TEMP TABLE TRANSFORMATION Operation 부분이 WITH절로 선언된 SQL이 데이터 셋으로 생성되었다는 의미이며 Used-Mem 수치를 보면 PGA 영역 264K를 사용하고 있다. 그리고 NAME 항목의 SYS_TEMP_OFD9D66OF이 WITH 절의 데이터 셋 테이블 명이 되며 적은 건수를 SCAN하기 때문에 I/O가 매우 낮은 것을 볼 수 있다.

아래는 19c의 실행 계획이다. 11g와 다른 점은 WITH절의 데이터 셋이 메모리로 저장되어 재사용 시에 Buffers 통계값이 0인 부분과 WITH절에서 생성될 때 TEMP 세그먼트 명이 나타나는 부분이다. 만약 WITH절이 여러 개 기술되어 TEMP 세그먼트로 생성되어야 되는 SQL 로직이 발생하는 경우에는 11g에서는 밑에서 사용된 TEMP 세그먼트명이 어떤 WITH절에서 생성되었는지 추적하는 것이 쉽지 않았지만 19c에서는 생성 시 TEMP SEGMENT명이 나타나기 때문에 밑에서 사용된 WITH절 부분을 쉽게 파악할 수 있게 되었다.

Id	Operation	Name	Starts	A-Rows	Buffers	Used-Mem
0	SELECT STATEMENT		1	1549	35708	
1	TEMP TABLE TRANSFORMATION		1	1549	35708	
2	LOAD AS SELECT (CURSOR DURATION MEMORY)	SYS_TEMP_0FD9D6674_2F4A89	1	0	35127	
3	HASH GROUP BY		1	2789	35126	3530K (0)
4	NESTED LOOPS		1	27335	35126	
5	NESTED LOOPS		1	27335	8184	
* 6	TABLE ACCESS BY INDEX ROWID BATCHED	ORDERS	1	2789	2509	
* 7	INDEX RANGE SCAN	IX_ORDERS_N1	1	2789	14	
* 8	INDEX RANGE SCAN	IX_ORDER_ITEMS_PK	2789	27335	5675	
9	TABLE ACCESS BY INDEX ROWID	ORDER_ITEMS	27335	27335	26942	
10	UNION-ALL		1	1549	580	
11	HASH GROUP BY		1	615	9	1428K (0)
* 12	HASH JOIN		1	2789	9	1544K (0)
13	TABLE ACCESS FULL	EMPLOYEES	1	642	8	
14	VIEW		1	2789	0	
15	TABLE ACCESS FULL	SYS_TEMP_0FD9D6674_2F4A89	1	2789	0	
16	HASH GROUP BY		1	934	571	1408K (0)
* 17	HASH JOIN		1	2789	571	1600K (0)
18	VIEW		1	2789	0	
19	TABLE ACCESS FULL	SYS_TEMP_0FD9D6674_2F4A89	1	2789	0	
20	TABLE ACCESS FULL	CUSTOMERS	1	50000	570	

여기서는 간단하게 2개 SQL에 대한 UNION ALL을 했지만 실무에서 심한 경우에는 20번 이상 다양한 형태로 사용하는 것을 종종 보게 된다. 위 형태는 공통부분이 바로 보이지만 실무의 복잡한 SQL을 보다 보면 잘 눈에 띄지 않아 간과하고 지나가는 경우가 많으므로 이럴 경우에는 세심하게 살펴야 한다.

Section 06. UPDATE 문 서브쿼리 통한 반복 ACCESS - MERGE문 활용

이번에 살펴볼 구문은 UPDATE에 관련된 것이다.

```sql
UPDATE ORDERS A
   SET ORDER_TOTAL = (SELECT SUM(UNIT_PRICE*QUANTITY)
                        FROM ORDER_ITEMS B
                       WHERE A.ORDER_ID = B.ORDER_ID
                         AND B.PRODUCT_ID <> 'P065')
 WHERE ORDER_ID IN (SELECT ORDER_ID
                      FROM ORDER_ITEMS C
                     WHERE ORDER_DATE >= TO_DATE('20120805', 'YYYYMMDD')
                       AND ORDER_DATE <  TO_DATE('20120807', 'YYYYMMDD')
                       AND PRODUCT_ID <> 'P065');
```

위 SQL은 ORDER_ITEMS(주문 항목) 테이블의 특정 일자 구간에 있는 UNIT_PRICE * QUANTITY의 합계를 ORDERS(주문) 테이블의 ORDER_TOTAL 컬럼으로 UPDATE 하는 문장이다.

ORDER_ID는 특정 날짜 구간에만 발생하는 값이기 때문에 SET 문장의 서브 쿼리에서는 날짜 범위인 ORDER_DATE에 대한 조건을 생략한 것이다.

```
------------------------------------------------------------------------------------------
| Id  | Operation                      | Name             | Starts | A-Rows | Buffers | Used-Mem |
------------------------------------------------------------------------------------------
|   0 | UPDATE STATEMENT               |                  |      1 |      0 |   59348 |          |
|   1 |  UPDATE                        | ORDERS           |      1 |      0 |   59348 |          |
|*  2 |   HASH JOIN RIGHT SEMI         |                  |      1 |   2725 |   34642 | 1857K (0)|
|*  3 |    TABLE ACCESS BY INDEX ROWID | ORDER_ITEMS      |      1 |  16139 |   15022 |          |
|*  4 |     INDEX RANGE SCAN           | IX_ORDER_ITEMS_N1|      1 |  16187 |      45 |          |
|   5 |    TABLE ACCESS FULL           | ORDERS           |      1 |  3000K |   19620 |          |
|   6 |   SORT AGGREGATE               |                  |   2725 |   2725 |   19150 |          |
|   7 |    TABLE ACCESS BY INDEX ROWID | ORDER_ITEMS      |   2725 |  16139 |   19150 |          |
|*  8 |     INDEX RANGE SCAN           | IX_ORDER_ITEMS_PK|   2725 |  16139 |    3418 |          |
------------------------------------------------------------------------------------------
```

WHERE절에서 ORDER_ITEMS를 사용하고 ORDER_ITEMS에 해당하는 ORDER_ID를 SET절에서 UPDATE 하기 위해 다시 한번 반복해서 사용되고 있다.

어떻게 개선할 수 있을까? MERGE 문을 사용해서 ORDER_ITEMS를 한 번만 ACCESS 되도록 할 수 있다. MERGE 문의 사용 방법은 아래와 같다.

```
MERGE INTO TABLE_NAME_1 A
USING (SELECT ...
         FROM TABLE_NAME_2
         WHERE .. ) B
ON (A.JOIN_KEY = B.JOIN_KEY)
WHEN MATECH THEN
   UPDATE SET A.COL1 = B.COL2
WHEN NOT MATCH THEN
   INSERT (A.COL1, A.COL2..)
   VALUES (B.COL1, B.COL2..)
```

USING절에 UPDATE 시 참조할 SQL을 넣으면 된다.

A와 JOIN에 성공 시 UPDATE

USING ( ) B의 결과가 A와 JOIN되지 않는 결과셋은 INSERT를 한다. 10G 이후로는 UPDATE만 필요할 경우에는 이 부분을 생략해도 된다.

```
MERGE /*+ LEADING(B A) USE_NL(B A) */ INTO ORDERS A
USING (
       SELECT ORDER_ID, SUM(UNIT_PRICE*QUANTITY) ORDER_TOTAL
         FROM ORDER_ITEMS
        WHERE ORDER_DATE >= TO_DATE('20120805', 'YYYYMMDD')
          AND ORDER_DATE <  TO_DATE('20120807', 'YYYYMMDD')
          AND PRODUCT_ID <> 'P065'
        GROUP BY ORDER_ID) B
ON(A.ORDER_ID = B.ORDER_ID)
WHEN MATCHED THEN
    UPDATE SET A.ORDER_TOTAL = B.ORDER_TOTAL;
```

```
-------------------------------------------------------------------------
| Id | Operation       | Name   | Starts | A-Rows | Buffers | Used-Mem |
-------------------------------------------------------------------------
|  0 | MERGE STATEMENT |        |      1 |      0 |   20630 |          |
|  1 |  MERGE          | ORDERS |      1 |      0 |   20630 |          |
-------------------------------------------------------------------------
```

```
|   2 |     VIEW                         |                  |    1 | 2725  | 17845 |          |
|   3 |      NESTED LOOPS                |                  |    1 | 2725  | 17845 |          |
|   4 |       NESTED LOOPS               |                  |    1 | 2725  | 15120 |          |
|   5 |        VIEW                      |                  |    1 | 2725  | 15022 |          |
|   6 |         SORT GROUP BY            |                  |    1 | 2725  | 15022 | 126K (0) |
|*  7 |          TABLE ACCESS BY INDEX ROWID|ORDER_ITEMS    |    1 | 16187 | 15022 |          |
|*  8 |           INDEX RANGE SCAN       |IX_ORDER_ITEMS_N1 |    1 | 16187 |    45 |          |
|*  9 |        INDEX UNIQUE SCAN         |IX_ORDERS_PK      | 2725 | 2725  |    98 |          |
|  10 |       TABLE ACCESS BY INDEX ROWID|ORDERS            | 2725 | 2725  |  2725 |          |
-------------------------------------------------------------------------------------------------
```

MERGE문 사용으로 인해 ORDER_ITEMS를 한 번만 사용함으로써 Buffers 항목의 수치가 개선된 것을 볼 수 있다.

Section 07 MERGE 대상 테이블 반복 ACCESS

MERGE 문을 사용할 때 불필요한 JOIN을 했기 때문에 성능이 저하되는 사례이다.
아래 SQL을 보도록 하자.

```
MERGE INTO ORDERS A
USING (
      SELECT B.ORDER_ID, SUM(UNIT_PRICE*QUANTITY) ORDER_TOTAL
        FROM ORDERS A,
             ORDER_ITEMS B
       WHERE A.ORDER_ID = B.ORDER_ID
         AND A.ORDER_DATE >= TO_DATE('20120805', 'YYYYMMDD')
         AND A.ORDER_DATE <  TO_DATE('20120807', 'YYYYMMDD')
         AND B.ORDER_DATE >= TO_DATE('20120805', 'YYYYMMDD')
         AND B.ORDER_DATE <  TO_DATE('20120807', 'YYYYMMDD')
         AND B.PRODUCT_ID <> 'P065'
       GROUP BY B.ORDER_ID) B
ON(A.ORDER_ID = B.ORDER_ID)
WHEN MATCHED THEN
     UPDATE SET A.ORDER_TOTAL = B.ORDER_TOTAL;
```

Id	Operation	Name	Starts	A-Rows	Buffers	Used-Mem
0	MERGE STATEMENT		1	0	20483	
1	MERGE	ORDERS	1	0	20483	
2	VIEW		1	2678	17747	
3	NESTED LOOPS		1	2678	17747	
4	NESTED LOOPS		1	2678	15069	
5	VIEW		1	2678	14959	
6	SORT GROUP BY		1	2678	14959	126K (0)
* 7	HASH JOIN		1	13290	14959	1228K (0)
8	TABLE ACCESS BY INDEX ROWID	ORDERS	1	2706	2441	
* 9	INDEX RANGE SCAN	IX_ORDERS_N1	1	2706	10	
* 10	TABLE ACCESS BY INDEX ROWID	ORDER_ITEMS	1	13290	12518	

```
|* 11 |            INDEX RANGE SCAN           | IX_ORDER_ITEMS_N1|    1 | 13348 |    38 |        |
|* 12 |           INDEX UNIQUE SCAN           | IX_ORDERS_PK     | 2678 |  2678 |   110 |        |
|  13 |        TABLE ACCESS BY INDEX ROWID    | ORDERS           | 2678 |  2678 |  2678 |        |
---------------------------------------------------------------------------------------------------
```

MERGE문 사용 시 발생할 수 있는 상황이다. ORDERS로 MERGE가 되고 있으며 ON( )
절에서 ORDER_ID로 JOIN을 하기 때문에 ORDERS에 있는 ORDER_ID만 UPDATE가
된다. USING절에서 ORDERS와 JOIN을 해서 INNER JOIN된 ORDER_ID만 ORDERS
에 UPDATE하려는 의도이지만 ON절에서 ORDERS의 ORDER_ID와 JOIN이 되기 때문
에 불필요한 JOIN이며 아래와 같이 변경하면 된다.

```
MERGE INTO ORDERS A
USING (
       SELECT B.ORDER_ID, SUM(UNIT_PRICE*QUANTITY) ORDER_TOTAL
         FROM ORDER_ITEMS B
        WHERE B.ORDER_DATE >= TO_DATE('20120805', 'YYYYMMDD')
          AND B.ORDER_DATE <  TO_DATE('20120807', 'YYYYMMDD')
          AND B.PRODUCT_ID <> 'P065'
        GROUP BY B.ORDER_ID) B
ON(    A.ORDER_ID = B.ORDER_ID
   AND A.ORDER_DATE >= TO_DATE('20120805', 'YYYYMMDD')
   AND A.ORDER_DATE <  TO_DATE('20120807', 'YYYYMMDD'))
WHEN MATCHED THEN
     UPDATE SET A.ORDER_TOTAL = B.ORDER_TOTAL;
```

```
---------------------------------------------------------------------------------------------------
| Id  | Operation                             | Name             | Starts | A-Rows | Buffers | Used-Mem |
---------------------------------------------------------------------------------------------------
|   0 | MERGE STATEMENT                       |                  |    1   |    0   |  17695  |          |
|   1 |  MERGE                                | ORDERS           |    1   |    0   |  17695  |          |
|   2 |   VIEW                                |                  |    1   |  2678  |  14959  |          |
|   3 |    SORT GROUP BY                      |                  |    1   |  2678  |  14959  | 299K (0) |
|*  4 |     HASH JOIN                         |                  |    1   | 13290  |  14959  |1267K (0) |
|   5 |      TABLE ACCESS BY INDEX ROWID      | ORDERS           |    1   |  2706  |  2441   |          |
|*  6 |       INDEX RANGE SCAN                | IX_ORDERS_N1     |    1   |  2706  |   10    |          |
|*  7 |      TABLE ACCESS BY INDEX ROWID      | ORDER_ITEMS      |    1   | 13290  | 12518   |          |
|*  8 |       INDEX RANGE SCAN                | IX_ORDER_ITEMS_N1|    1   | 13348  |   38    |          |
---------------------------------------------------------------------------------------------------
```

USING절에 있는 ORDER_DATE를 ON절로 빼낸 후에 USING절에서의 불필요한 ORDRES 테이블과의 JOIN을 제거했다. 위에서는 성능 개선이 크게 된 것처럼 보이지는 않지만 테이블 사이즈가 큰 배치 SQL에서 대용량 테이블과 불필요한 JOIN을 하게 되면 성능이 크게 저하되므로 주의해야 한다.

PART 13

기타 응용 튜닝

이번 장에서 다룰 내용은 이제까지 학습한 원리를 바탕으로
응용하는 부분과 Oracle SQL에서 제공하는 기능을 이용해서 할 수 있는
튜닝 방법에 대해서도 소개하고자 한다.

Section 01. 여러 행 → 한 개의 행, 열로 묶기
Section 02. 한 개의 행, 열로 묶인 데이터 → 여러 행으로 분리
Section 03. 행(ROW)간의 누적 곱
Section 04. 카테시안 JOIN 응용 - 일, 주, 월 현황
Section 05. INDEX JOIN 능용
Section 06. OUTLINE 정보를 이용한 튜닝

Section 01 여러 행 → 한 개의 행, 열로 묶기

아래와 같이 하나의 주문 번호에 대해서 여러 개의 제품이 존재하기 때문에 여러 행으로 표현되는 것을 화살표 오른쪽과 같이 콤마(,)로 묶어서 하나의 행 하나의 열로 보여주는 것은 실무에서 종종 발생되는 사례이다.

주문번호	제품명
1000	제품1
1000	제품2
1000	제품3
1000	제품4
1000	제품5

→

주문번호	제품명
1000	제품1, 제품2, 제품3, 제품4, 제품5

위와 같은 형태를 표현하기 위해 아래와 같이 SQL을 사용하는 경우가 발생한다.

```
SELECT ORDER_ID
     , LTRIM(SYS_CONNECT_BY_PATH (PRODUCT_NAME, ', '), ', ') PRODUCT_NAME
     , QUANTITY
  FROM (
        SELECT A.ORDER_ID, C.PRODUCT_NAME
             , SUM(B.QUANTITY) OVER(PARTITION BY A.ORDER_ID) QUANTITY
             , ROW_NUMBER () OVER (PARTITION BY A.ORDER_ID
                                       ORDER BY C.PRODUCT_NAME) RN
             , COUNT (*) OVER (PARTITION BY A.ORDER_ID) CNT
          FROM ORDERS A, ORDER_ITEMS B, PRODUCTS C
         WHERE A.ORDER_ID = B.ORDER_ID
           AND B.PRODUCT_ID = C.PRODUCT_ID
           AND A.ORDER_DATE >= TO_DATE('20120101', 'YYYYMMDD')
           AND A.ORDER_DATE <  TO_DATE('20120401', 'YYYYMMDD')
           AND B.ORDER_DATE >= TO_DATE('20120101', 'YYYYMMDD')
           AND B.ORDER_DATE <  TO_DATE('20120401', 'YYYYMMDD'))
 WHERE LEVEL = CNT
```

```
START WITH RN = 1
CONNECT BY PRIOR ORDER_ID = ORDER_ID
       AND PRIOR RN = RN - 1;
```

이 SQL은 ROW_NUMBER 분석 함수를 이용해서 각 제품별로 순번을 매긴 후에 순환 전개 SQL문을 이용하면 주문 번호별로 LEVEL 값이 생성된다. 여기서 SYS_CONNECT_BY_PATH 함수를 이용하면 윈도우 탐색기에서 하위 단계까지 폴더 경로가 표시되듯이 ',' 값으로 구분해서 자기 레벨부터 상위 레벨까지 묶어서 보여지게 된다. 그중에서 LEVEL = CNT 즉 주문 번호의 총 건수와 LEVEL 값이 같은 것만 가져오게 되면 가장 하위 레벨에서 상위 레벨까지 표시된 값이 나오기 때문에 위 그림과 같이 데이터가 나오게 된다.

아래는 실행 계획이다.

```
| Id  | Operation                            | Name        | A-Rows | A-Time    | Buffers | Used-Mem  |
------------------------------------------------------------------------------------------------------
|   0 | SELECT STATEMENT                     |             |  123K  | 00:14.39  |  90464  |           |
|*  1 |  FILTER                              |             |  123K  | 00:14.39  |  90464  |           |
|*  2 |   CONNECT BY NO FILTERING WITH START-WITH|         |  617K  | 00:14.28  |  90464  |           |
|   3 |    VIEW                              |             |  617K  | 00:12.01  |  90464  |           |
|   4 |     WINDOW SORT                      |             |  617K  | 00:13.89  |  90464  | 51M (0)   |
|*  5 |      HASH JOIN                       |             |  617K  | 00:10.37  |  90464  | 1207K (0) |
|   6 |       TABLE ACCESS FULL              | PRODUCTS    |   288  | 00:00.01  |     13  |           |
|*  7 |       HASH JOIN                      |             |  617K  | 00:10.02  |  90451  | 6520K (0) |
|*  8 |        TABLE ACCESS FULL             | ORDERS      |  124K  | 00:02.80  |  19615  |           |
|*  9 |        TABLE ACCESS FULL             | ORDER_ITEMS |  617K  | 00:06.72  |  70836  |           |
```

위 실행 계획을 보면 ROW_NUMBER 사용으로 인한 많은 건수 WINDOW SORT 발생으로 많은 양의 PGA가 사용되고 있다. 또한 CONNECT BY.. START WITH 문 사용으로 CONNECT BY NO FILTERING WITH START-WITH Operation 발생으로 A-time에 부하가 생기고 있다.(14.28 - 12.01 = 2.27 → A-Time은 누적값이므로 뺌) 이 두 Operation을 제거하고 SQL을 간단하게 사용할 방안은 없을까?

11g부터 간단하게 사용할 수 있는 방법이 생겼다. 바로 LISTAGG 함수를 사용하면 된다.

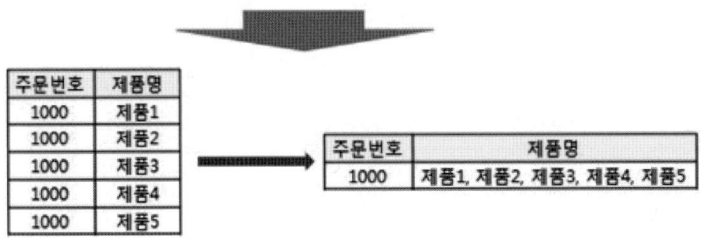

```
SELECT A.ORDER_ID
     , SUM(B.QUANTITY) QUANTITY
     , LISTAGG(PRODUCT_NAME, ', ') WITHIN GROUP (ORDER BY NULL) PRODUCT_NAME
  FROM ORDERS A, ORDER_ITEMS B, PRODUCTS C
 WHERE A.ORDER_ID = B.ORDER_ID
   AND B.PRODUCT_ID = C.PRODUCT_ID
   AND A.ORDER_DATE >= TO_DATE('20120101', 'YYYYMMDD')
   AND A.ORDER_DATE <  TO_DATE('20120401', 'YYYYMMDD')
   AND B.ORDER_DATE >= TO_DATE('20120101', 'YYYYMMDD')
   AND B.ORDER_DATE <  TO_DATE('20120401', 'YYYYMMDD')
 GROUP BY A.ORDER_ID;
```

```
---------------------------------------------------------------------------------------------
| Id | Operation          | Name        | Starts | A-Rows | A-Time      | Buffers | Used-Mem |
---------------------------------------------------------------------------------------------
|  0 | SELECT STATEMENT   |             |   1    |  123K  | 00:00:13.72 |  90464  |          |
|  1 |  SORT GROUP BY     |             |   1    |  123K  | 00:00:13.72 |  90464  | 36M (0)  |
|* 2 |   HASH JOIN        |             |   1    |  617K  | 00:00:09.76 |  90464  | 1215K (0)|
|  3 |    TABLE ACCESS FULL| PRODUCTS   |   1    |  288   | 00:00:00.01 |    13   |          |
|* 4 |    HASH JOIN       |             |   1    |  617K  | 00:00:09.48 |  90451  | 5590K (0)|
|* 5 |     TABLE ACCESS FULL| ORDERS    |   1    |  124K  | 00:00:02.68 |  19615  |          |
|* 6 |     TABLE ACCESS FULL| ORDER_ITEMS|  1    |  617K  | 00:00:06.34 |  70836  |          |
---------------------------------------------------------------------------------------------
```

CONNECT BY NO FILTERING WITH START-WITH OPEATION이 사라지면서 A-time에 대한 부하가 사라졌고 PGA량이 개선이 되었다. 또한 SQL문도 간단해진 것을 볼 수 있다.

새로운 기능이 나오면 문법으로만 볼 것이 아니라 튜닝 관점에서 어떻게 활용할 것인가 고민하는 것도 필요하다. 아무리 하찮은 기능이라고 하더라도 각각의 쓰임이 있으니 말이다.

Section 02. 한 개의 행, 열로 묶인 데이터 → 여러 행으로 분리

이번에는 13.1과 반대의 개념을 알아보도록 하자.

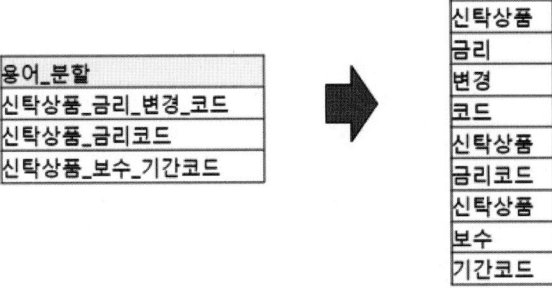

위 그림과 같이 한 컬럼에 UNDERBAR(_)를 기준으로 분할된 용어를 단어로 변경하는 예이다. 즉 한 개의 행, 열로 묶인 데이터를 여러 행으로 분리하는 것이다.

용어_분할 → 단어로 가면서 데이터 ROW 수가 늘어나고 있다. 데이터 ROW 수를 늘리기 위해서는 카테시안 JOIN을 이용하게 된다. 카테시안 JOIN에 대해서는 [PART 12. Section 02. UNION ALL 반복 ACCESS - SQL 통합]에서 다루었다. 하지만 분할된 단어 숫자가 일정하면 ROW 수를 늘리기 쉽겠지만 어떤 것은 4개, 어떤 것은 3개 등으로 그 수가 틀리다. 즉 분할된 단어 개수만큼만 데이터를 늘려주어야 한다.(선택적 카테시안 JOIN)

아래와 같이 10g에서 등장한 정규식과 카테시안 JOIN을 같이 사용하면 간단하게 변환이 가능하다.

```
WITH TEMP_DATA AS(
SELECT '01' TERM_ID, '신탁상품_금리_변경_코드' TERMS_DELIMITED FROM DUAL UNION ALL
SELECT '02' TERM_ID, '신탁상품_금리코드' FROM DUAL UNION ALL
SELECT '03' TERM_ID, '신탁상품_보수_기간코드' FROM DUAL
)
SELECT TERMS_DELIMITED
     , REGEXP_SUBSTR(TERMS_DELIMITED, '[^_]+', 1, RCNT) AS WORD_NAME
  FROM TEMP_DATA,
```

```
            (SELECT LEVEL AS RCNT FROM DUAL CONNECT BY LEVEL <= 10)
WHERE RCNT <= REGEXP_COUNT(TERMS_DELIMITED, '_') + 1
ORDER BY TERM_ID;
```

WITH문을 이용해서 Sample Data를 만들어 테스트한 SQL은 위와 같다. 기존에 특정 값에 의한 분할을 하기 위해서는 INSTR을 복잡하게 사용해야 했지만 10g에서 등장한 정규식의 REGEXP_SUBSTR을 사용하면 특정 구분 값으로 분할해서 나타내는 것이 간단해졌다.

UNDERBAR 숫자만큼 데이터를 중복해서 발생시켜야 하는데 이때 사용된 것이 REGEXP_COUNT이다. 이것은 11g에서 등장한 것으로 특정 값이 몇 번 발생했는지 반환해 주는 함수이다.

그렇다면 10G에서는 어떻게 해야 될까 REGEXP_COUNT 대신에 UNDERBAR 숫자를 계산해 주기 위해서 아래와 같이 사용하면 될 것이다.

```
LENGTH(UNDERBAR_DELIMITED) - LENGTH(REPLACE(UNDERBAR_DELIMITED, '_'))
```

해당 컬럼의 전체 길이에서 UNDERBAR(_)를 제외한 길이를 뺀 것이다.

위에 대한 개념을 이해했다면 아래 예제 SQL을 보도록 하자. 실무에서 발생한 튜닝 사례이기도 하다. (아래 STD_TERM(표준용어) 테이블도 Sample 데이터로 제공하고 있으니 아래 내용에 대해서 직접 테스트 해보기를 바란다.)

TERM_ID	TERM_NAME	TERM_UNDERBAR_DELIMITED
T000000480	계약이전전출상품명	계약_이전_전출_상품명
T000000237	계약상품연결PID	계약_상품_연결_PID
T000000918	계약상품연결코드	계약_상품_연결코드
T000001024	계약	계약_상품_연결_PID
T000000013	구매상품약어명	구매_상품_약어명
T000000699	구매상품명	구매_상품명
T000000704	구매상품수	구매_상품_수
T000000987	구매상품브랜드코드	구매_상품_브랜드_코드
T000000670	구매상품코드	구매_상품_코드
T000001050	구매	구매_상품_계약_여부
T000001051	구매	구매_상품_브랜드_코드

```sql
SELECT TERM_ID, TERM_NAME, TERM_UNDERBAR_DELIMITED
  FROM STD_TERMS X
WHERE NOT EXISTS
    (SELECT 1
       FROM STD_TERMS Y
      WHERE Y.TERM_UNDERBAR_DELIMITED LIKE '%'||X.TERM_NAME||'%'
        AND (REPLACE(Y.TERM_UNDERBAR_DELIMITED,'_','-') LIKE X.TERM_NAME||'-%' OR
             REPLACE(Y.TERM_UNDERBAR_DELIMITED,'_','-') LIKE '%-'||X.TERM_NAME OR
             REPLACE(Y.TERM_UNDERBAR_DELIMITED,'_','-') LIKE '%-'||X.TERM_NAME||'-%'));
```

STD_TERM Sample 데이터는 위와 같으며 표준 용어에 대한 데이터를 관리하고 있다. 위 데이터에서 NOT EXISTS 서브쿼리를 이용해서 분홍색 박스 부분을 제외하고 보여주는 SQL을 표현하고 있다.

Y.TERM_UNDERBAR_DELIMITED LIKE '%'||X.TERM_NAME||'%'는 MAIN SQLDPTJ '계약'이라는 값으로 조회한다고 했을 때 Y.TERM_UNDERBAR_DELIMITED 값에 계약이 들어간 데이터를 모두 JOIN해서 UNDERBAR(_) 값이 들어간 데이터가 존재하지 않는 데이터를 가져온다. 즉, 위 〈STD_TERM(표준용어) Sample 데이터 구조〉 데이터에서 음영 부분이 소거되는 것이다.

위 SQL에 대한 실행 계획을 확인해 보도록 하자.

```
--------------------------------------------------------------------------------
| Id | Operation          | Name      | Starts | A-Rows | A-Time      | Buffers |
--------------------------------------------------------------------------------
|  0 | SELECT STATEMENT   |           |      1 |    987 | 00:00:04.68 |   46550 |
|* 1 |  FILTER            |           |      1 |    987 | 00:00:04.68 |   46550 |
|  2 |   TABLE ACCESS FULL| STD_TERMS |      1 |   4731 | 00:00:00.01 |      47 |
|* 3 |   TABLE ACCESS FULL| STD_TERMS |   2889 |   1908 | 00:00:04.67 |   46503 |
--------------------------------------------------------------------------------
```

Y.TERM_UNDERBAR_DELIMITED LIKE '%'||X.TERM_NAME||'%'와 같이 메인쿼리와 서브쿼리의 JOIN 조건이 양쪽 '%'가 들어간 LIKE 조건이기 때문에 INDEX SCAN을 할 수가 없다. 따라서 FILTER 서브쿼리 형태로만 수행되어 MAIN SQL 건수만큼 서브쿼리의 테이블이 FULL TABLE SCAN을 하게 된다.

예제 SQL의 경우는 TABLE 사이즈가 작지만 테이블 사이즈가 수십 MB만 되더라도 I/O

부하가 매우 커지게 된다. 실무에서 튜닝 시에는 위와 같은 현상으로 수천만 Block I/O가 발생해서 수행시간도 1시간이 넘어가고 있었다.

어떻게 개선하면 될까? <STD_TERM(표준용어) Sample 데이터 구조> 부분에서 주황 부분의 데이터가 아래 그림과 같이 ROW로 분리가 된다면 = JOIN을 할 수가 있다. = JOIN이 된다면 HASH ANTI JOIN을 사용할 수 있어서 서브쿼리의 FULL SCAN이 1번만 발생하기 때문에 Block I/O가 매우 크게 개선된다.

MAIN 쿼리의 STD_TERMS X에서 조회된 '계약' 값이 서브쿼리의 '계약'과 JOIN에 성공하게 되면서 NOT EXISTS로 바로 필터링되기 때문에 MAIN 쿼리의 '계약' 값이 있는 ROW는 제외되는 것이다.

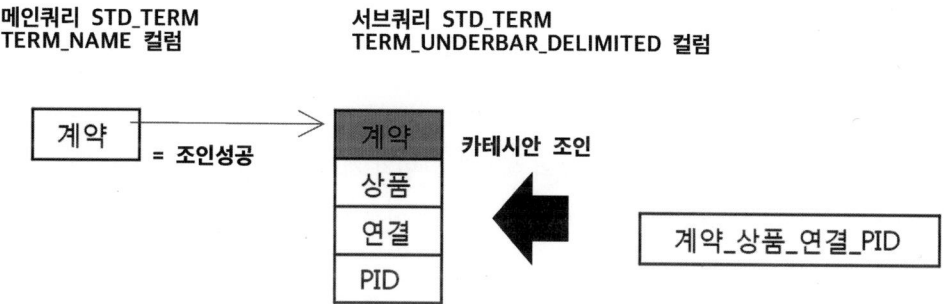

아래 개선 SQL을 살펴보자.

서브쿼리 부분을 정규식을 이용한 선택적 카테시안 JOIN을 이용해서 위와 같이 만들어 = JOIN이 되도록 만들었다.

```
SELECT TERM_ID, TERM_NAME, TERM_UNDERBAR_DELIMITED
  FROM STD_TERMS X
 WHERE NOT EXISTS
       (SELECT 1
          FROM (
                SELECT /*+ NO_MERGE */
                       REGEXP_SUBSTR(TERM_UNDERBAR_DELIMITED, '[^_]+', 1, RCNT) AS WORD
                  FROM STD_TERMS Y
                     , (SELECT LEVEL AS RCNT FROM DUAL CONNECT BY LEVEL <= 20)
```

```
          WHERE INSTR(TERM_UNDERBAR_DELIMITED, '_') > 0
            AND RCNT <= REGEXP_COUNT(TERM_UNDERBAR_DELIMITED, '_') + 1) Y
  WHERE Y.WORD = X.TERM_NAME);
```

```
-------------------------------------------------------------------------------------
| Id  | Operation                      | Name      | Starts | A-Rows | A-Time    | Buffers | Used-Mem  |
-------------------------------------------------------------------------------------
|   0 | SELECT STATEMENT               |           |      1 |    987 | 00:00.41  |    787  |           |
|*  1 |  HASH JOIN RIGHT ANTI          |           |      1 |    987 | 00:00.41  |    787  | 1816K (0) |
|   2 |   VIEW                         |           |      1 |  20234 | 00:00.39  |    740  |           |
|   3 |    NESTED LOOPS                |           |      1 |  20234 | 00:00.31  |    740  |           |
|   4 |     VIEW                       |           |      1 |     20 | 00:00.01  |      0  |           |
|   5 |      CONNECT BY WITHOUT FILTERING|         |      1 |     20 | 00:00.01  |      0  |           |
|   6 |       FAST DUAL                |           |      1 |      1 | 00:00.01  |      0  |           |
|*  7 |     TABLE ACCESS FULL          | STD_TERMS |     20 |  20234 | 00:00.31  |    740  |           |
|   8 |   TABLE ACCESS FULL            | STD_TERMS |      1 |   4731 | 00:00.01  |     47  |           |
-------------------------------------------------------------------------------------
```

JOIN이 '='로 변경이 되면서 HASH ANTI JOIN이 가능한 형태로 되어 Buffers 통계값이 크게 개선된 것을 볼 수 있다. 이 SQL의 핵심은 확인자 서브쿼리(상관관계 서브쿼리)로 수행되는 SQL에서 서브쿼리와 메인쿼리의 JOIN 조건이 양쪽 % LIKE 조건으로 수행되기 때문에 = JOIN으로 만들어주기 위한 응용 기법이라고 이해하면 되겠다.

Section 03 행(ROW)간의 누적 곱

자주 있는 일은 아니지만 행간의 누적 곱에 대한 값을 계산해야 될 경우가 있다. 행간의 SUM 값은 SUM() 함수로 Oracle에서 지원하고 있지만 행간의 곱은 지원하고 있지 않다. 그렇다 보니 실무에서 이런 연산이 필요하게 되면 복잡하게 사용하게 된다.

필자의 경우 모 전자 회사의 공장 프로젝트에서 각 제품의 각 공정별 수율(양품률)의 곱을 각 제품에 대한 수율(양품률)로 구해야 하는 경우가 있었으며 이 수율은 가장 중요한 지표로 많은 곳에서 사용하고 있었다. 과거에는 이 공정 간 누적 곱을 구하기 위해서 PL/SQL을 이용해서 복잡하게 처리되고 있었다.

이러한 행간의 곱이 어떻게 하면 간단하게 개선이 가능한지 이 책에서 사용해 온 Sample 스키마를 이용해서 설명하도록 하겠다.

아래 SQL은 각 주문 항목의 제품별 판매 수량과 반품 수량을 표현하고 1 - 반품 수량/판매 수량을 판매율로 표현했다.

```
SELECT A.PRODUCT_ID
     , SUM(A.QUANTITY) AS SALE_QTY
     , NVL(SUM(B.QUANTITY), 0) AS RTN_QTY
     , NVL(1 - SUM(B.QUANTITY) / SUM(A.QUANTITY), 1) AS SALE_RATE
  FROM ORDER_ITEMS A,
       ORDER_ITEMS_RETURN B
 WHERE A.ORDER_ID = B.ORDER_ID(+)
   AND A.PRODUCT_ID = B.PRODUCT_ID(+)
   AND A.ORDER_DATE >= TO_DATE('20120216', 'YYYYMMDD')
   AND A.ORDER_DATE <  TO_DATE('20120217', 'YYYYMMDD')
 GROUP BY A.PRODUCT_ID;
```

위 SQL 결과 데이터의 일부 데이터만 SAMPLING 했다.

PRODUCT_ID	SALE_QTY	RTN_QTY	SALE_RATE	SALE_RATE_GOB
P043	136	0	1	1
P044	132	0	1	1
P045	125	2	0.984	0.984
P046	98	4	0.959	0.943656
P047	128	0	1	0.943656
P048	150	3	0.98	0.92478288
P049	135	0	1	0.92478288

SALE_RATE가 각 제품의 판매율이 되며 SALE_RAGE_GOB이 SALE_RAGE의 누적 곱이 되며 누적 곱의 최종 결과인 하늘색 부분이 전체 판매율이 된다고 가정을 해보자.

최종 누적 곱의 값을 구하기 위해서 PL/SQL의 FOR LOOP 문을 이용해서 LOOPING을 돌면서 행간의 곱을 연산하는 예는 아래와 같다. 실무에서는 더 복잡하게 되어 있긴 했지만 아래와 같은 형태로 되어 있었다.

```
DECLARE
  N_SALE_RATE_GOB NUMBER;
BEGIN
  N_SALE_RATE_GOB := 1;

  FOR I IN (SELECT A.PRODUCT_ID
                 , SUM(A.QUANTITY) AS SALE_QTY
                 , NVL(SUM(B.QUANTITY), 0) AS RETURN_QTY
                 , NVL(1 - SUM(B.QUANTITY) / SUM(A.QUANTITY), 1) AS SALE_RATE
              FROM ORDER_ITEMS A,
                   ORDER_ITEMS_RETURN B
             WHERE A.ORDER_ID = B.ORDER_ID(+)
               AND A.PRODUCT_ID = B.PRODUCT_ID(+)
               AND A.ORDER_DATE >= TO_DATE('20120216', 'YYYYMMDD')
               AND A.ORDER_DATE < TO_DATE('20120217', 'YYYYMMDD')
             GROUP BY A.PRODUCT_ID
             ORDER BY PRODUCT_ID
            )
```

```
LOOP
    --행 간의 곱 수행
    N_SALE_RATE_GOB := N_SALE_RATE_GOB * I.SALE_RATE;

    /*****주석 처리*************************************************
    DBMS_OUTPUT.PUT_LINE(I.PRODUCT_ID||' '||I.SALE_QTY||' '||I.RETURN_QTY ||
                    ' '||I.SALE_RATE||' '||ROUND(N_SALE_RATE_GOB, 5));
    ********************************************************************/
END LOOP;

--최종 행간의 곱에 대한 값 출력
DBMS_OUTPUT.PUT_LINE(ROUND(N_SALE_RATE_GOB, 4));
END; /
```

SQL만 이용해서 간단하게 행간의 곱을 연산하는 방법은 없을까? 수학적 개념에는 아래와 같은 식이 있다.(e → 지수, ln → 자연로그)

$$e^{(\ln X)} = X$$
$$e^{(\ln X + \ln Y)} = e^{(\ln(X*Y))} = X * Y$$

Oracle에서는 지수 함수로 EXP, 로그 함수로 LN을 지원한다. 그리고 누적 합에 대한 것은 SUM() OVER() 분석 함수를 이용하면 된다. 위의 식을 Oracle 함수로 표현하면 아래와 같다.

```
EXP(LN(X)) = X
EXP(LN(X) + LN(Y) + LN(C)) = EXP(LN(X*Y*C)) = X*Y*C
LN(X) + LN(Y) + LN(C) => SUM(LN(컬럼값)) OVER(ORDER BY ..)
```

위 내용을 한줄로 표시하면 아래와 같다.

```
EXP(SUM(LN(SALE_RATE)) OVER(ORDER BY PRODUCT_ID))
```

SUM(LN(SALE_RATE) OVER(ORDER BY PRODUCT_ID) = LN(SALE_RATE1) + LN(SALE_RATE2)..가 될 것이다. 최종적으로 위 PL/SQL을 SQL로 표현한 모습은 아래와 같다.

```sql
SELECT A.PRODUCT_ID
     , SUM(A.QUANTITY) AS SALE_QTY
     , NVL(SUM(B.QUANTITY), 0) AS RETURN_QTY
     , NVL(1 - SUM(B.QUANTITY) / SUM(A.QUANTITY), 1) AS SALE_RATE
     , ROUND(EXP(SUM(LN(NVL(1 - SUM(B.QUANTITY) / SUM(A.QUANTITY), 1)))
                  OVER(ORDER BY A.PRODUCT_ID)), 4) AS SALE_RATE_GOB
  FROM ORDER_ITEMS A,
       ORDER_ITEMS_RETURN B
 WHERE A.ORDER_ID = B.ORDER_ID(+)
   AND A.PRODUCT_ID = B.PRODUCT_ID(+)
   AND A.ORDER_DATE >= TO_DATE('20120216', 'YYYYMMDD')
   AND A.ORDER_DATE <  TO_DATE('20120217', 'YYYYMMDD')
 GROUP BY A.PRODUCT_ID
 ORDER BY PRODUCT_ID;
```

```
------------------------------------------------------------------------------------------------
| Id  | Operation                     | Name              | Starts | A-Rows | Buffers | Used-Mem |
------------------------------------------------------------------------------------------------
|   0 | SELECT STATEMENT              |                   |      1 |    288 |    9806 |          |
|   1 |  WINDOW BUFFER                |                   |      1 |    288 |    9806 | 8192  (0)|
|   2 |   SORT GROUP BY               |                   |      1 |    288 |    9806 |22528  (0)|
|*  3 |    HASH JOIN OUTER            |                   |      1 |   6740 |    9806 |1368K (0) |
|   4 |     TABLE ACCESS BY INDEX ROWID| ORDER_ITEMS      |      1 |   6740 |    7405 |          |
|*  5 |      INDEX SKIP SCAN          | IX_ORDER_ITEMS_N2 |      1 |   6740 |     717 |          |
|   6 |     TABLE ACCESS FULL         | ORDER_ITEMS_RETURN|      1 |   505K |    2401 |          |
------------------------------------------------------------------------------------------------
```

PRODUCT_ID로 SORT GROUP BY Operation이 발생했으므로 ORDER BY가 있지만 SORT가 생략되었다. 복잡한 형태의 PL/SQL이 SQL의 분석 함수를 이용함으로써 단순해진 것을 볼 수 있다.

Section 04 카테시안 JOIN 응용 - 일, 주, 월 현황

실무 Report 화면 등에서 보면 일, 주, 월에 대한 집계 데이터를 보여주는 경우가 종종 발생한다. 아래 SQL은 제품별로 최근 7일, 최근 3주, 최근 3개월 데이터를 보여주기 위한 SQL이다.

```
SELECT PRODUCT_ID
     , 'M' DATE_TYPE
     , TO_CHAR(ORDER_DATE, 'YYYYMM') ORDER_DATE
     , SUM(QUANTITY * UNIT_PRICE) SALE_AMT
  FROM ORDER_ITEMS
 WHERE ORDER_DATE >= ADD_MONTHS(TRUNC(TO_DATE('20121216', 'YYYYMMDD'), 'MM'), -3)
   AND ORDER_DATE < TO_DATE('20121216', 'YYYYMMDD')
 GROUP BY PRODUCT_ID
        , TO_CHAR(ORDER_DATE, 'YYYYMM')
UNION ALL
SELECT PRODUCT_ID
     , 'W' DATE_TYPE
     , TO_CHAR(ORDER_DATE, 'IW') ORDER_DATE
     , SUM(QUANTITY * UNIT_PRICE) SALE_AMT
  FROM ORDER_ITEMS
 WHERE ORDER_DATE >= TRUNC(TO_DATE('20121216', 'YYYYMMDD'), 'IW') - 21
   AND ORDER_DATE < TO_DATE('20121216', 'YYYYMMDD')
 GROUP BY PRODUCT_ID
        , TO_CHAR(ORDER_DATE, 'IW')
UNION ALL
SELECT PRODUCT_ID
     , 'D' DATE_TYPE
     , TO_CHAR(ORDER_DATE, 'YYYYMMDD') ORDER_DATE
     , SUM(QUANTITY * UNIT_PRICE) SALE_AMT
  FROM ORDER_ITEMS
 WHERE ORDER_DATE >= TO_DATE('20121216', 'YYYYMMDD') - 7
```

```
       AND ORDER_DATE < TO_DATE('20121216', 'YYYYMMDD')
 GROUP BY PRODUCT_ID
        , TO_CHAR(ORDER_DATE, 'YYYYMMDD')
 ORDER BY PRODUCT_ID, DATE_TYPE, ORDER_DATE;
```

```
-------------------------------------------------------------------------------------------
| Id | Operation          | Name        | Starts | A-Rows |   A-Time   | Buffers |Used-Mem |
-------------------------------------------------------------------------------------------
|  0 | SELECT STATEMENT   |             |      1 |   4320 |00:00:22.91 |    212K |         |
|  1 |  UNION-ALL         |             |      1 |   4320 |00:00:22.91 |    212K |         |
|  2 |   HASH GROUP BY    |             |      1 |   1152 |00:00:07.52 |   70841 |2533K (0)|
|* 3 |    TABLE ACCESS FULL| ORDER_ITEMS|      1 |   721K |00:00:06.82 |   70841 |         |
|  4 |   HASH GROUP BY    |             |      1 |   1152 |00:00:07.94 |   70836 |2426K (0)|
|* 5 |    TABLE ACCESS FULL| ORDER_ITEMS|      1 |   183K |00:00:07.74 |   70836 |         |
|  6 |   HASH GROUP BY    |             |      1 |   2016 |00:00:07.45 |   70836 |2429K (0)|
|* 7 |    TABLE ACCESS FULL| ORDER_ITEMS|      1 |  47976 |00:00:07.35 |   70836 |         |
-------------------------------------------------------------------------------------------
```

아래는 위 SQL에 대한 데이터의 일부를 나타낸 것이다.

PRODUCT_ID	DATE_TYPE	ORDER_DATE	SALE_AMT
P001	D	20121209	61773
P001	D	20121210	32108
P001	D	20121211	41531
P001	D	20121212	41531
P001	D	20121213	58283
P001	D	20121214	35598
P001	D	20121215	32806
P001	M	201209	1261286
P001	M	201210	1320965
P001	M	201211	1330388
P001	M	201212	658563
P001	W	47	302234
P001	W	48	358772
P001	W	49	304328
P001	W	50	241857

실행 계획 통계를 보면 같은 테이블을 3번 반복해서 ACCESS 하고 있는 것을 볼 수 있다. [Part 12, Section 02. UNION ALL 반복 ACCESS - SQL 통합] 정리를 했다. 카테시안 JOIN을 이용해서 개선한 SQL은 아래와 같다.

```sql
SELECT PRODUCT_ID
     , DECODE(RCNT, 3, 'D', 2, 'W', 1, 'M') ORDER_TYPE
     , DECODE(RCNT, 3, TO_CHAR(ORDER_DATE, 'YYYYMMDD'),
                   2, TO_CHAR(ORDER_DATE, 'IW'),
                   1, TO_CHAR(ORDER_DATE, 'YYYYMM')) ORDER_DATE
     , SUM(SALE_AMT) SALE_AMT
  FROM (
        SELECT TRUNC(ORDER_DATE) ORDER_DATE
             , PRODUCT_ID
             , SUM(QUANTITY * UNIT_PRICE) SALE_AMT
          FROM ORDER_ITEMS
         WHERE ORDER_DATE >= ADD_MONTHS(TRUNC(TO_DATE('20121216', 'YYYYMMDD'), 'MM'), -3)
           AND ORDER_DATE < TO_DATE('20121216', 'YYYYMMDD')
         GROUP BY TRUNC(ORDER_DATE)
              , PRODUCT_ID) A,
       (SELECT LEVEL RCNT FROM DUAL CONNECT BY LEVEL <= 3) B
 WHERE RCNT <= CASE WHEN ORDER_DATE >= TO_DATE('20121216', 'YYYYMMDD') - 7 THEN 3
                    WHEN ORDER_DATE >= TRUNC(TO_DATE('20121216', 'YYYYMMDD'), 'IW') - 21
                    THEN 2 ELSE 1 END
 GROUP BY PRODUCT_ID
        , DECODE(RCNT, 3, 'D', 2, 'W', 1, 'M')
        , DECODE(RCNT, 3, TO_CHAR(ORDER_DATE, 'YYYYMMDD'),
                      2, TO_CHAR(ORDER_DATE, 'IW'),
                      1, TO_CHAR(ORDER_DATE, 'YYYYMM'))
 ORDER BY PRODUCT_ID, ORDER_TYPE, ORDER_DATE;
```

Id	Operation	Name	Starts	A-Rows	A-Time	Buffers
0	SELECT STATEMENT		1	4320	00:00:07.61	70836
1	HASH GROUP BY		1	4320	00:00:07.61	70836
2	NESTED LOOPS		1	40320	00:00:07.58	70836
3	VIEW		1	3	00:00:00.01	0
4	CONNECT BY WITHOUT FILTERING		1	3	00:00:00.01	0
5	FAST DUAL		1	1	00:00:00.01	0
* 6	VIEW		3	40320	00:00:07.57	70836
7	SORT GROUP BY		3	91584	00:00:07.54	70836
* 8	TABLE ACCESS FULL	ORDER_ITEMS	1	721K	00:00:06.44	70836

카테시안 JOIN 부하를 줄이기 위해서 GROUP BY를 통해 건수를 줄인 것을 볼 수 있다.

UNION ALL 조건 중에서 가장 넓은 최근 3개월 데이터를 SCAN을 1번만 하고 최근 3주에 대한 데이터는 2배로 최근 7일에 대한 데이터는 3배로 늘렸다. 이렇게 되면 최근 3주에 대한 데이터는 RCNT 값이 1, 2로 생길 것이고 최근 7일에 대한 데이터는 RCNT 값이 1, 2, 3으로 생길 것이다. 따라서 RCNT가 2인 것은 주로 집계하면 되고 3으로 된 것은 일로 집계를 하면 된다. 그리고 1인 것은 그대로 월로 집계하면 된다.

그런데 만약 아래 데이터와 같이 보여주길 원한다면 위와 같이 카테시안 JOIN을 쓸 필요는 없다.

PRODUCT_ID	D_1	D_2	..	D_7	W_0	..	W_3	M_0	..	M_3
P001	32806	35598	..	61773	241857	..	358772	658563	..	1261286
P002	85278	95763	..	100656	599742	..	624207	1436445	..	2515002
P003	58764	69222	..	90636	391926	..	440232	883452	..	1830648
P004	61155	45753	..	45300	335673	..	440769	799998	..	1726383

위 데이터에 대한 결과 SQL은 아래와 같다.

```
SELECT PRODUCT_ID
     , SUM(CASE WHEN TRUNC(ORDER_DATE, 'DD') = TO_DATE('20121216', 'YYYYMMDD')-1
             THEN SALE_AMT END) D_1
     , SUM(CASE WHEN TRUNC(ORDER_DATE, 'DD') = TO_DATE('20121216', 'YYYYMMDD')-2
             THEN SALE_AMT END) D_2
     , SUM(CASE WHEN TRUNC(ORDER_DATE, 'DD') = TO_DATE('20121216', 'YYYYMMDD')-3
             THEN SALE_AMT END) D_3
     , SUM(CASE WHEN TRUNC(ORDER_DATE, 'DD') = TO_DATE('20121216', 'YYYYMMDD')-4
             THEN SALE_AMT END) D_4
     , SUM(CASE WHEN TRUNC(ORDER_DATE, 'DD') = TO_DATE('20121216', 'YYYYMMDD')-5
             THEN SALE_AMT END) D_5
     , SUM(CASE WHEN TRUNC(ORDER_DATE, 'DD') = TO_DATE('20121216', 'YYYYMMDD')-6
             THEN SALE_AMT END) D_6
     , SUM(CASE WHEN TRUNC(ORDER_DATE, 'DD') = TO_DATE('20121216', 'YYYYMMDD')-7
             THEN SALE_AMT END) D_7
     , SUM(CASE WHEN TRUNC(ORDER_DATE, 'IW') =
```

```sql
                    TRUNC(TO_DATE('20121216', 'YYYYMMDD'), 'IW')
             THEN SALE_AMT END) W_0
     , SUM(CASE WHEN TRUNC(ORDER_DATE, 'IW') =
                    TRUNC(TO_DATE('20121216', 'YYYYMMDD'), 'IW')-7
             THEN SALE_AMT END) W_1
     , SUM(CASE WHEN TRUNC(ORDER_DATE, 'IW') =
                    TRUNC(TO_DATE('20121216', 'YYYYMMDD'), 'IW')-14
             THEN SALE_AMT END) W_2
     , SUM(CASE WHEN TRUNC(ORDER_DATE, 'IW') =
                    TRUNC(TO_DATE('20121216', 'YYYYMMDD'), 'IW')-14
             THEN SALE_AMT END) W_3
     , SUM(CASE WHEN TRUNC(ORDER_DATE, 'MM') =
                    TRUNC(TO_DATE('20121216', 'YYYYMMDD'), 'MM')
             THEN SALE_AMT END) M_0
     , SUM(CASE WHEN TRUNC(ORDER_DATE, 'MM') =
                    ADD_MONTHS(TRUNC(TO_DATE('20121216', 'YYYYMMDD'), 'MM'), -1)
             THEN SALE_AMT END) M_2
     , SUM(CASE WHEN TRUNC(ORDER_DATE, 'MM') =
                    ADD_MONTHS(TRUNC(TO_DATE('20121216', 'YYYYMMDD'), 'MM'), -2)
             THEN SALE_AMT END) M_3
     , SUM(CASE WHEN TRUNC(ORDER_DATE, 'MM') =
                    ADD_MONTHS(TRUNC(TO_DATE('20121216', 'YYYYMMDD'), 'MM'), -3)
             THEN SALE_AMT END) M_3
  FROM (
        SELECT /*+ NO_MERGE */
               TRUNC(ORDER_DATE) ORDER_DATE
             , PRODUCT_ID
             , SUM(QUANTITY * UNIT_PRICE) SALE_AMT
          FROM ORDER_ITEMS
         WHERE ORDER_DATE >= ADD_MONTHS(TRUNC(TO_DATE('20121216', 'YYYYMMDD'), 'MM'), -3)
           AND ORDER_DATE <  TO_DATE('20121216', 'YYYYMMDD')
         GROUP BY TRUNC(ORDER_DATE)
                , PRODUCT_ID)
 GROUP BY PRODUCT_ID
 ORDER BY PRODUCT_ID;
```

```
-------------------------------------------------------------------------------
| Id  | Operation            | Name        | Starts | A-Rows |   A-Time   | Buffers |Used-Mem  |
-------------------------------------------------------------------------------
|   0 | SELECT STATEMENT     |             |      1 |    288 |00:00:07.56 |   70836 |          |
|   1 |  HASH GROUP BY       |             |      1 |    288 |00:00:07.56 |   70836 |2423K (0) |
|   2 |   VIEW               |             |      1 |  30528 |00:00:07.43 |   70836 |          |
|   3 |    HASH GROUP BY     |             |      1 |  30528 |00:00:07.43 |   70836 |2528K (0) |
|*  4 |     TABLE ACCESS FULL| ORDER_ITEMS |      1 |   721K |00:00:06.77 |   70836 |          |
-------------------------------------------------------------------------------
```

함수의 수행 횟수를 줄이기 위해서 최하 단위까지 GROUP BY해서 건수를 줄인 후에 CASE WHEN 함수를 사용하고 있다.

/*+ NO_MERGE */ 힌트는 GROUP BY한 인라인 뷰가 해체되어 MERGE 되지 않도록 하기 위한 힌트이다. MERGE, NO_MERGE에 대해서는 앞 단원 중에서 설명한 바 있다.

아래 실행 계획은 위와 같이 GROUP BY를 통해 건수를 줄이지 않고 바로 CASE WHEN 함수를 사용한 경우의 실행 계획이다.

```
-------------------------------------------------------------------------------
| Id  | Operation           | Name        | Starts | A-Rows |   A-Time   | Buffers |Used-Mem  |
-------------------------------------------------------------------------------
|   0 | SELECT STATEMENT    |             |      1 |    288 |00:00:09.97 |   70836 |          |
|   1 |  HASH GROUP BY      |             |      1 |    288 |00:00:09.97 |   70836 |2754K (0) |
|*  2 |   TABLE ACCESS FULL | ORDER_ITEMS |      1 |   721K |00:00:06.15 |   70836 |          |
-------------------------------------------------------------------------------
```

Buffers 수치는 70836으로 GROUP BY를 통해 결과 건수를 줄인 후에 함수를 사용한 SQL과 동일하지만 HASH GROUP BY 부분(ID 1번) D에서 06:15 → 09.97초로 3.82초가 걸려 결과 건수를 줄인 후 CASE WHEN 함수를 사용한 경우보다 A-Time 수치가 높다. 이 부분은 바로 CASE WHEN 함수가 721K * CASE WHEN 함수 개수만큼 수행된 부하이다.

Section 05 INDEX JOIN 응용

INDEX JOIN에 대해서는 [Part 4, Section 14. INDEX JOIN]에서 다룬 바 있다. INDEX JOIN은 테이블 내에서 두 개의 INDEX를 각각 사용할 수 있는 조건이 있기 때문에 두 INDEX를 HASH JOIN해서 건수를 줄인 후에 ROWID로 Single Block I/O하는 JOIN 방법이다.

이번 Section에서 다룰 내용은 필자가 실무에서 1초당 수백 회가 수행되는 SQL 튜닝 사례를 Oracle Sample 스키마를 이용해서 재구성한 것이다.

<ORDER_ITEMS INDEX 현황>
IX_ORDER_ITEMS_N1 : ORDER_DATE, ORDER_ID, PRODUCT_ID

<ORDER_ITEMS_RETURN INDEX 현황>
IX_ORDER_ITEMS_RETURN_PK : ORDER_ID, PRODUCT_ID

```sql
SELECT A.ORDER_ID, A.PRODUCT_ID, A.ORDER_DATE
     , A.UNIT_PRICE, A.QUANTITY, B.QUANTITY
  FROM ORDER_ITEMS A,
       ORDER_ITEMS_RETURN B
 WHERE A.ORDER_ID = B.ORDER_ID
   AND A.PRODUCT_ID = B.PRODUCT_ID
   AND A.ORDER_DATE >= TO_DATE('20120805', 'YYYYMMDD')
   AND A.ORDER_DATE <  TO_DATE('20120807', 'YYYYMMDD') ;
```

Id	Operation	Name	Starts	A-Rows	Buffers	Used-Mem
0	SELECT STATEMENT		1	439	15461	
* 1	HASH JOIN		1	439	15461	1442K (0)
2	TABLE ACCESS BY INDEX ROWID	ORDER_ITEMS	1	13348	13055	
* 3	INDEX RANGE SCAN	IX_ORDER_ITEMS_N1	1	13348	66	
4	TABLE ACCESS FULL	ORDER_ITEMS_RETURN	1	505K	2406	

Part 13 _ 기타 응용 튜닝

위 SQL이 1초당 1회 이하로 수행되는 SQL이라면 I/O 값이(Buffers) 15,461 정도 되는 것은 크게 문제가 되지 않을 수도 있다. 하지만 초당 수백 회가 수행되는 경우라면 이야기는 달라진다. 동시에 같은 INDEX Block을 ACCESS하는 SESSION이 많아지므로 Hot Block에 의한 latch : cache buffer chains[1]로 인해 CPU 사용률이 높아질 수 있기 때문에 I/O를 최대한 줄이는 것이 중요하다.

위 실행 계획 통계를 보면 ORDER_ITEMS와 ORDER_ITEMS_RETURN 테이블이 JOIN 할 때 많은 건수를 읽은 후 최종 결과는 439건 빼고 모두 필터링하고 있다. ORDER_ITEMS 테이블을 13,348건 읽으면서 Single Block I/O 발생 비율이 80% 이상 차지한다. 이 80% 차지하는 I/O 부분을 줄일 수 있다면 성능 개선이 될 것이다. 실행 계획상에서는 두 테이블 INNER JOIN이 되면서 결과 건수가 대부분 필터링되고 있다. 그리고 위 SQL에서 사용하는 WHERE절의 컬럼이 ORDER_ITEMS, ORDER_ITEMS_RETURN INDEX 컬럼에 모두 존재하는 것을 볼 수 있다.

INDEX JOIN은 하나의 테이블에 있는 두 개의 INDEX를 사용하는 것이지만 이것을 응용하면 성능 개선이 가능하다. 위의 경우는 서로 다른 테이블이지만 각 각의 INDEX만 먼저 SCAN 후 JOIN해서 결과 건수를 줄인다면 ORDER_ITEMS 테이블로 Single Block I/O 발생량을 줄여줄 수 있기 때문에 성능 개선이 된다.

개선된 SQL을 보도록 하자.

```
SELECT /*+ USE_NL(Z A B) */
       A.ORDER_ID, A.PRODUCT_ID, A.ORDER_DATE
     , A.UNIT_PRICE, A.QUANTITY, B.QUANTITY
  FROM (
        SELECT /*+ NO_MERGE */
               X.ROWID X_RID, Y.ROWID Y_RID
          FROM ORDER_ITEMS X,
               ORDER_ITEMS_RETURN Y
```

---

[1] SQL문이 원하는 버퍼에 접근하기 위해서는 cache buffers chains latch를 획득하고 버퍼 헤더를 탐색하며 한 SESSION이 래치를 가지고 있는 동안 다른 SESSION에서 동일한 Block 접근할 때 다른 SESSION에서는 동일한 cache buffer chains 획득해야 되기 때문에 latch : cache buffer chains 이벤트 대기한다. 동시에 많은 SESSION이 같은 Block을 ACCESS 시에 많이 발생하게 된다.

```
        WHERE X.ORDER_ID = Y.ORDER_ID
          AND X.PRODUCT_ID = Y.PRODUCT_ID
          AND X.ORDER_DATE >= TO_DATE('20120805', 'YYYYMMDD')
          AND X.ORDER_DATE <  TO_DATE('20120807', 'YYYYMMDD') ) Z
     , ORDER_ITEMS A
     , ORDER_ITEMS_RETURN B
 WHERE Z.X_RID = A.ROWID
   AND Z.Y_RID = B.ROWID;
```

```
----------------------------------------------------------------------------------------
| Id | Operation                      | Name                  | Starts | A-Rows | Buffers | Used-Mem  |
----------------------------------------------------------------------------------------
|  0 | SELECT STATEMENT               |                       |     1  |   439  |   2704  |           |
|  1 |  NESTED LOOPS                  |                       |     1  |   439  |   2704  |           |
|  2 |   NESTED LOOPS                 |                       |     1  |   439  |   2274  |           |
|  3 |    VIEW                        |                       |     1  |   439  |   1846  |           |
|* 4 |     HASH JOIN                  |                       |     1  |   439  |   1846  | 1448K (0) |
|* 5 |      INDEX RANGE SCAN          | IX_ORDER_ITEMS_N1     |     1  | 13348  |     66  |           |
|  6 |      INDEX FAST FULL SCAN      | ORDER_ITEMS_RETURN_PK |     1  |  505K  |   1780  |           |
|  7 |    TABLE ACCESS BY USER ROWID  | ORDER_ITEMS_RETURN    |   439  |   439  |    428  |           |
|  8 |   TABLE ACCESS BY USER ROWID   | ORDER_ITEMS           |   439  |   439  |    430  |           |
----------------------------------------------------------------------------------------
```

위 실행 계획 통계를 보면 IX_ORDER_ITEMS_N1과 ORDER_ITEMS_RETURN_PK INDEX만 먼저 JOIN해서 439건으로 건수를 줄였다. 그 후 ORDER_ITEMS로 439번 Single Block I/O 함으로서 성능 부하의 80%를 차지하던 부분을 개선하였다. ROWID를 이용한 JOIN의 경우 TABLE ACCESS BY USER ROWID라는 Operation으로 나타난다.

그렇다면 WHERE 조건에 INDEX 컬럼만 사용되지 않고 다른 컬럼도 사용된다면 어떨까? 다음 SQL을 통해서 확인해 보도록 하자.

```
SELECT A.ORDER_ID, A.PRODUCT_ID, A.ORDER_DATE
     , A.UNIT_PRICE, A.QUANTITY, B.QUANTITY
  FROM ORDER_ITEMS A,
       ORDER_ITEMS_RETURN B
 WHERE A.ORDER_ID = B.ORDER_ID
```

```
            AND A.PRODUCT_ID = B.PRODUCT_ID
            AND A.ORDER_DATE >= TO_DATE('20120805', 'YYYYMMDD')
            AND A.ORDER_DATE <  TO_DATE('20120807', 'YYYYMMDD')
            AND A.UNIT_PRICE >= 500;
```

Id	Operation	Name	Starts	A-Rows	Buffers	Used-Mem
0	SELECT STATEMENT		1	38	15457	
* 1	HASH JOIN		1	38	15457	1251K (0)
* 2	TABLE ACCESS BY INDEX ROWID	ORDER_ITEMS	1	1568	13055	
* 3	INDEX RANGE SCAN	IX_ORDER_ITEMS_N1	1	13348	66	
4	TABLE ACCESS FULL	ORDER_ITEMS_RETURN	1	505K	2402	

실행 계획 통계 수치는 동일하며 결과 데이터 건수만 틀리다. 첫 번째 SQL에서 A.UNIT_PRICE 조건만 들어갔으며 이 컬럼은 INDEX 컬럼이 아니다. 이 경우도 INDEX 컬럼만 이용한 결과 건수가 크게 줄어들 수 있다면 아래와 같이 INDEX 컬럼만 이용해서 JOIN 후 UNIT_PRICE는 ROWID로 JOIN 후에 필터링을 해주면 된다.

```
SELECT /*+ USE_NL(Z A B) */
       A.ORDER_ID, A.PRODUCT_ID, A.ORDER_DATE
     , A.UNIT_PRICE, A.QUANTITY, B.QUANTITY
  FROM (SELECT /*+ NO_MERGE */
               X.ROWID X_RID, Y.ROWID Y_RID
          FROM ORDER_ITEMS X,
               ORDER_ITEMS_RETURN Y
         WHERE X.ORDER_ID = Y.ORDER_ID
           AND X.PRODUCT_ID = Y.PRODUCT_ID
           AND X.ORDER_DATE >= TO_DATE('20120805', 'YYYYMMDD')
           AND X.ORDER_DATE <  TO_DATE('20120807', 'YYYYMMDD') ) Z
     , ORDER_ITEMS A
     , ORDER_ITEMS_RETURN B
 WHERE Z.X_RID = A.ROWID
   AND Z.Y_RID = B.ROWID
   AND A.UNIT_PRICE >= 500;
```

```
| Id  | Operation                      | Name                 | Starts | A-Rows | Buffers | Used-Mem  |
|-----|--------------------------------|----------------------|--------|--------|---------|-----------|
|   0 | SELECT STATEMENT               |                      |      1 |     38 |    2309 |           |
|   1 |  NESTED LOOPS                  |                      |      1 |     38 |    2309 |           |
|   2 |   NESTED LOOPS                 |                      |      1 |     38 |    2272 |           |
|   3 |    VIEW                        |                      |      1 |    439 |    1842 |           |
| * 4 |     HASH JOIN                  |                      |      1 |    439 |    1842 | 1468K (0) |
| * 5 |      INDEX RANGE SCAN          | IX_ORDER_ITEMS_N1    |      1 |  13348 |      66 |           |
|   6 |      INDEX FAST FULL SCAN      | ORDER_ITEMS_RETURN_PK|      1 |   505K |    1776 |           |
| * 7 |    TABLE ACCESS BY USER ROWID  | ORDER_ITEMS          |    439 |     38 |     430 |           |
|   8 |   TABLE ACCESS BY USER ROWID   | ORDER_ITEMS_RETURN   |     38 |     38 |      37 |           |
```

위와 같은 튜닝 방법은 JOIN되는 테이블 간에 INDEX 컬럼만 이용해서 JOIN했을 경우 건수가 크게 줄어들어 Random Single Block I/O를 줄여줄 수 있을 때 효과적인 방법이다.

이번 장에서 학습한 내용이 자주 사용되는 방법은 아니지만 이런 방식으로 응용할 수도 있다는 것을 이해한다면 SQL 성능 최적화에 대한 확장성이 더 좋아질 것이라 생각한다.

Section 06 OUTLINE 정보를 이용한 튜닝

OUTLINE이라는 것은 Oracle 옵티마이저가 SQL 실행 계획에 대해 내부적으로 부여한 힌트들의 집합을 말한다. 이번 장에서는 실행된 SQL의 OUTLINE 정보를 이용하는 성능 개선하는 방법에 대해서 간략하게 알아보도록 하겠다.

```
<ORDERS 테이블 INDEX 현황>
IX_ORDERS_PK : ORDER_ID
IX_ORDERS_N1 : ORDER_DATE
IX_ORDERS_N2 : EMPLOYEE_ID,ORDER_DATE

SELECT B.JOB_ID, C.GENDER
     , COUNT(*) ORDER_CNT
     , SUM(ORDER_TOTAL) ORDER_AMT
  FROM ORDERS A, EMPLOYEES B, CUSTOMERS C
 WHERE A.EMPLOYEE_ID = B.EMPLOYEE_ID
   AND A.CUSTOMER_ID = C.CUSTOMER_ID
   AND A.ORDER_DATE >= TO_DATE('20120101', 'YYYYMMDD')
   AND A.ORDER_DATE < TO_DATE('20120102', 'YYYYMMDD')
 GROUP BY B.JOB_ID, C.GENDER;

SELECT *
  FROM TABLE(DBMS_XPLAN.DISPLAY_CURSOR(NULL, NULL, 'ALLSTATS LAST -ROWS +OUTLINE'))
```

```
-----------------------------------------------------------------------------------------
| Id  | Operation                     | Name         | Starts | A-Rows | Buffers | Used-Mem |
-----------------------------------------------------------------------------------------
|   0 | SELECT STATEMENT              |              |      1 |     48 |    3073 |          |
|   1 |  HASH GROUP BY                |              |      1 |     48 |    3073 | 1244K (0)|
|*  2 |   HASH JOIN                   |              |      1 |   1347 |    3073 | 1221K (0)|
|*  3 |    HASH JOIN                  |              |      1 |   1347 |    2515 | 1269K (0)|
|   4 |     TABLE ACCESS FULL         | EMPLOYEES    |      1 |    642 |       9 |          |
|   5 |     TABLE ACCESS BY INDEX ROWID| ORDERS      |      1 |   1347 |    2506 |          |
|*  6 |      INDEX SKIP SCAN          | IX_ORDERS_N2 |      1 |   1347 |    1313 |          |
|   7 |    TABLE ACCESS FULL          | CUSTOMERS    |      1 |  50000 |     558 |          |
-----------------------------------------------------------------------------------------
```

위 실행 계획에 대해서 Oracle 옵티마이저가 내부적으로 사용한 힌트의 모음은 아래와 같으며 DBMS_XPLAN.DISPLAY_CURSOR 사용 시에 +OUTLINE을 주게 되면 볼 수 있다.

```
OUTLINE Data
-------------

  /*+
      BEGIN_OUTLINE_DATA
      IGNORE_OPTIM_EMBEDDED_HINTS
      OPTIMIZER_FEATURES_ENABLE('19.1.0')
      DB_VERSION('19.1.0')
      ALL_ROWS
      OUTLINE_LEAF(@"SEL$1")
      FULL(@"SEL$1" "B"@"SEL$1")
      INDEX_RS_ASC(@"SEL$1" "A"@"SEL$1" ("ORDERS"."ORDER_DATE" "ORDERS"."ORDER_ID"))
      BATCH_TABLE_ACCESS_BY_ROWID(@"SEL$1" "A"@"SEL$1")
      FULL(@"SEL$1" "C"@"SEL$1")
      LEADING(@"SEL$1" "B"@"SEL$1" "A"@"SEL$1" "C"@"SEL$1")
      USE_HASH(@"SEL$1" "A"@"SEL$1")
      USE_HASH(@"SEL$1" "C"@"SEL$1")
      USE_HASH_AGGREGATION(@"SEL$1")
      END_OUTLINE_DATA
  */
```

위와 같은 OUTLINE 정보를 이용해서 실행 계획 조정 및 튜닝이 가능하다.

만약 SITE 정책에 따라서 특정 옵티마이저 파라미터는 비활성화 시켜놓는다면 위 OUTLINE 정보에 비활성화된 옵티마이저 파라미터 정보가 나타난다.

예제 SQL을 살펴보도록 하자. 아래 예제 SQL은 [Part 10, Section 04. SORT UNIQUE & HASH UNIQUE]에서 사용했던 예제이다.

19c에서는 아래 SQL의 경우 성능 최적화를 위해서 옵티마이저가 NL SEMI JOIN으로 쿼리 변환을 하기 때문에 OUTLINE 정보를 활용하기 위해서 11g 옵티마이서로 선환을 한 후 수행을 했다.

```
ALTER SESSION SET OPTIMIZER_FEATURES_ENABLE = '11.2.0.2';

SELECT DISTINCT
        B.PRODUCT_NAME, B.CATEGORY_ID, B.LIST_PRICE
  FROM SALES A, PRODUCTS B
 WHERE A.PRODUCT_ID = B.PRODUCT_ID
   AND A.ORDER_DATE >= '20110805'
   AND A.ORDER_DATE <= '20120805'
   AND A.ORDER_MODE = 'online'
```

Id	Operation	Name	Starts	A-Rows	Buffers	Used-Mem
0	SELECT STATEMENT		1	288	109K	
1	HASH UNIQUE		1	288	109K	1277K (0)
* 2	HASH JOIN		1	288	109K	1212K (0)
3	VIEW	VW_DTP_377C5901	1	288	109K	
4	HASH UNIQUE		1	288	109K	1218K (0)
* 5	TABLE ACCESS FULL	SALES	1	1495K	109K	
6	TABLE ACCESS FULL	PRODUCTS	1	288	13	

DISTINCT를 하나만 사용하였는데 HASH UNIQUE Operation이 두 번 나타나고 있다. 어찌된 일일까? OUTLINE 정보를 확인해 보도록 하자.

OUTLINE Data

```
  /*+
      BEGIN_OUTLINE_DATA
      IGNORE_OPTIM_EMBEDDED_HINTS
      OPTIMIZER_FEATURES_ENABLE('11.2.0.1')
      DB_VERSION('11.2.0.1')
      ALL_ROWS
      OUTLINE_LEAF(@"SEL$C19FF6E1")
      OUTLINE_LEAF(@"SEL$0E9386AA")
      PLACE_DISTINCT(@"SEL$1" "A"@"SEL$1")
      OUTLINE(@"SEL$377C5901")
```

```
            OUTLINE(@"SEL$1")
            NO_ACCESS(@"SEL$0E9386AA"  "VW_DTP_377C5901"@"SEL$377C5901")
            FULL(@"SEL$0E9386AA"  "B"@"SEL$1")
            LEADING(@"SEL$0E9386AA"  "VW_DTP_377C5901"@"SEL$377C5901"  "B"@"SEL$1")
            USE_HASH(@"SEL$0E9386AA"  "B"@"SEL$1")
            USE_HASH_AGGREGATION(@"SEL$0E9386AA")
            FULL(@"SEL$C19FF6E1"  "A"@"SEL$1")
            USE_HASH_AGGREGATION(@"SEL$C19FF6E1")
            END_OUTLINE_DATA
*/
```

위 OUTLINE 정보를 보면 PLACE_DISTINCT라는 HINT를 발견할 수 있다. 옵티마이저가 내부적으로 PLACE_DISTINCT라는 HINT를 사용해서 DISTINCT 후 건수를 줄인 후에 JOIN이 되도록 쿼리 변환을 한 것이며 이 PLACE_DISTINCT는 11g에서 나타나기 시작했다. 이와 같이 실행 계획이 자신이 생각한 대로 나오지 않았을 때 OUTLINE 정보를 이용해서 새로운 버전에서 나타나는 옵티마이저의 쿼리 변환 기능을 파악할 수가 있다. NO_PLACE_DISTINCT를 사용하면 DISTINCT가 한 번 더 수행되지 않는다.

이번에는 OUTLINE 정보를 이용해서 실행 계획을 조절하는 경우를 살펴보도록 하겠다. 아래 예제 SQL은 [Part 8, Section 01. CONCATENATION을 이용한 실행계획 분리]에서 사용했던 것이다.

<ORDERS 테이블 INDEX 현황>
IX_ORDERS_N1 : ORDER_DATE
IX_ORDERS_N2 : EMPLOYEE_ID, ORDER_DATE
IX_ORDERS_N3 : CUSTOMER_ID, ORDER_DATE

<바인드 변수 현황>
:V_ORDER_SDATE -> 20120805
:V_ORDER_EDATE -> 20120815
:V_EMPNO -> E125
:V_CUSTNO -> NULL

:V_EMPNO, :V_CUSTNO 변수 값은 OPTIONAL(선택)이다.

```sql
SELECT A.ORDER_ID, A.ORDER_MODE, A.ORDER_DATE
     , C.FIRST_NAME EMPNAME, A.ORDER_TOTAL
  FROM ORDERS A, EMPLOYEES C
 WHERE A.EMPLOYEE_ID = C.EMPLOYEE_ID(+)
   AND A.ORDER_DATE >= TO_DATE(:V_ORDER_SDATE, 'YYYYMMDD')
   AND A.ORDER_DATE <  TO_DATE(:V_ORDER_EDATE, 'YYYYMMDD')
   AND ((:V_EMPNO IS NOT NULL AND A.EMPLOYEE_ID = :V_EMPNO) OR
        (:V_CUSTNO IS NOT NULL AND A.CUSTOMER_ID = :V_CUSTNO));
```

Id	Operation	Name	Starts	A-Rows	Buffers	Used-Mem
0	SELECT STATEMENT		1	21	33	
1	CONCATENATION		1	21	33	
* 2	FILTER		1	0	0	
3	NESTED LOOPS OUTER		0	0	0	
4	TABLE ACCESS BY INDEX ROWID	ORDERS	0	0	0	
* 5	INDEX RANGE SCAN	IX_ORDERS_N3	0	0	0	
6	TABLE ACCESS BY INDEX ROWID	EMPLOYEES	0	0	0	
* 7	INDEX UNIQUE SCAN	IX_EMPLOYEES_PK	0	0	0	
* 8	FILTER		1	21	33	
* 9	HASH JOIN OUTER		1	21	33	376K (0)
* 10	TABLE ACCESS BY INDEX ROWID	ORDERS	1	21	23	
* 11	INDEX RANGE SCAN	IX_ORDERS_N2	1	21	3	
12	TABLE ACCESS FULL	EMPLOYEES	1	642	10	

CONCATENATION으로 분리된 실행계획 중에서 아래 실행계획은 HASH JOIN으로 수행되는 것을 볼 수 있다. 이 부분을 NL JOIN으로 변경하기 위해서는 OUTLINE 정보를 이용하면 된다. 위 실행 계획에 대한 OUTLINE 정보를 살펴보자.

```
/*+
    BEGIN_OUTLINE_DATA
    IGNORE_OPTIM_EMBEDDED_HINTS
    OPTIMIZER_FEATURES_ENABLE('11.2.0.1')
    DB_VERSION('11.2.0.1')
    ALL_ROWS
```

```
        OUTLINE_LEAF(@"SEL$1")
        OUTLINE_LEAF(@"SEL$1_1")
        USE_CONCAT(@"SEL$1" 8 OR_PREDICATES(4))
        OUTLINE_LEAF(@"SEL$1_2")
        OUTLINE(@"SEL$1")
        INDEX_RS_ASC(@"SEL$1_1" "A"@"SEL$1" ("ORDERS"."CUSTOMER_ID" "ORDERS"."ORDER_DATE"))
        INDEX_RS_ASC(@"SEL$1_1" "C"@"SEL$1" ("EMPLOYEES"."EMPLOYEE_ID"))
        INDEX_RS_ASC(@"SEL$1_2" "A"@"SEL$1_2" ("ORDERS"."EMPLOYEE_ID" "ORDERS"."ORDER_DATE"))
        FULL(@"SEL$1_2" "C"@"SEL$1_2")
        LEADING(@"SEL$1_1" "A"@"SEL$1" "C"@"SEL$1")
        LEADING(@"SEL$1_2" "A"@"SEL$1_2" "C"@"SEL$1_2")
        USE_NL(@"SEL$1_1" "C"@"SEL$1")
        USE_HASH(@"SEL$1_2" "C"@"SEL$1_2")
        END_OUTLINE_DATA
    */
```

옵티마이저가 분리된 실행 계획의 위쪽은 @"SEL$1_1"이라는 QUERY BLOCK명을 부여하였고 아래쪽은 @"SEL$1_2"라는 QUERY BLOCK명을 부여하였다. 그리고 위 OUTLINE 정보에 표시된 USE_HASH 부분에 의해서 CONCATNATION의 아래 실행 계획이 HASH JOIN으로 바뀐 것을 파악할 수 있다. 이 정보를 이용해서 힌트를 변경해 주면 된다. 아래 SQL에서는 USE_HASH를 USE_NL로만 변경해서 힌트를 기술했다.

```
SELECT /*+ USE_NL(@"SEL$1_2" "C"@"SEL$1_2") */
       A.ORDER_ID, A.ORDER_MODE, A.ORDER_DATE
     , C.FIRST_NAME EMPNAME, A.ORDER_TOTAL
  FROM ORDERS A, EMPLOYEES C
 WHERE A.EMPLOYEE_ID = C.EMPLOYEE_ID(+)
   AND A.ORDER_DATE >= TO_DATE(:V_ORDER_SDATE, 'YYYYMMDD')
   AND A.ORDER_DATE <  TO_DATE(:V_ORDER_EDATE, 'YYYYMMDD')
   AND ((:V_EMPNO IS NOT NULL AND A.EMPLOYEE_ID = :V_EMPNO) OR
        (:V_CUSTNO IS NOT NULL AND A.CUSTOMER_ID = :V_CUSTNO));
```

```
| Id   | Operation                      | Name            | Starts | A-Rows | Buffers |
|------|--------------------------------|-----------------|--------|--------|---------|
|   0  | SELECT STATEMENT               |                 |   1    |   21   |   54    |
|   1  |  CONCATENATION                 |                 |   1    |   21   |   54    |
|*  2  |   FILTER                       |                 |   1    |    0   |    0    |
|   3  |    NESTED LOOPS OUTER          |                 |   0    |    0   |    0    |
|   4  |     TABLE ACCESS BY INDEX ROWID| ORDERS          |   0    |    0   |    0    |
|*  5  |      INDEX RANGE SCAN          | IX_ORDERS_N3    |   0    |    0   |    0    |
|   6  |     TABLE ACCESS BY INDEX ROWID| EMPLOYEES       |   0    |    0   |    0    |
|*  7  |      INDEX UNIQUE SCAN         | IX_EMPLOYEES_PK |   0    |    0   |    0    |
|*  8  |   FILTER                       |                 |   1    |   21   |   54    |
|   9  |    NESTED LOOPS OUTER          |                 |   1    |   21   |   54    |
|* 10  |     TABLE ACCESS BY INDEX ROWID| ORDERS          |   1    |   21   |   24    |
|* 11  |      INDEX RANGE SCAN          | IX_ORDERS_N2    |   1    |   21   |    4    |
|  12  |     TABLE ACCESS BY INDEX ROWID| EMPLOYEES       |  21    |   21   |   30    |
|* 13  |      INDEX UNIQUE SCAN         | IX_EMPLOYEES_PK |  21    |   21   |    9    |
```

실행 계획이 NESTED LOOPS JOIN으로 변경된 것을 볼 수 있다. 이렇게 옵티마이저가 부여한 QUERY BLOCK명을 사용한 힌트를 사용할 때 주의할 부분이 있다. SQL이 변경되어 QUERY BLOCK명이 바뀌게 되면 HINT가 무용지물이 된다는 것이다. 단순히 아래와 같이 조건만 추가되어 QUERY BLOCK 명이 변경되지 않는다면 큰 문제는 되지 않는다.

```
SELECT /*+ USE_NL(@"SEL$1_2" "C"@"SEL$1_2") */
       A.ORDER_ID, A.ORDER_MODE, A.ORDER_DATE
     , C.FIRST_NAME EMPNAME, A.ORDER_TOTAL
  FROM ORDERS A, EMPLOYEES C
 WHERE A.EMPLOYEE_ID = C.EMPLOYEE_ID(+)
   AND A.ORDER_TOTAL > 0
   AND A.ORDER_DATE >= TO_DATE(:V_ORDER_SDATE, 'YYYYMMDD')
   AND A.ORDER_DATE <  TO_DATE(:V_ORDER_EDATE, 'YYYYMMDD')
   AND ((:V_EMPNO IS NOT NULL AND A.EMPLOYEE_ID = :V_EMPNO) OR
        (:V_CUSTNO IS NOT NULL AND A.CUSTOMER_ID = :V_CUSTNO));

SELECT *
  FROM (
```

```
SELECT /*+ USE_NL(@"SEL$1_2" "C"@"SEL$1_2") */
       A.ORDER_ID, A.ORDER_MODE, A.ORDER_DATE
     , C.FIRST_NAME EMPNAME, A.ORDER_TOTAL
  FROM ORDERS A, EMPLOYEES C
 WHERE A.EMPLOYEE_ID = C.EMPLOYEE_ID(+)
   AND A.ORDER_DATE >= TO_DATE(:V_ORDER_SDATE, 'YYYYMMDD')
   AND A.ORDER_DATE <  TO_DATE(:V_ORDER_EDATE, 'YYYYMMDD')
   AND ((:V_EMPNO IS NOT NULL AND A.EMPLOYEE_ID = :V_EMPNO) OR
        (:V_CUSTNO IS NOT NULL AND A.CUSTOMER_ID = :V_CUSTNO)) );
```

하지만 위와 같이 인라인 뷰가 추가되거나 다른 테이블이 추가될 경우 QUERY BLOCK명이 바뀌게 되어 위 힌트는 무용지물이 되어 버린다. 따라서 위와 같이 옵티마이저가 부여한 QUERY BLOCK 정보를 이용해서 튜닝할 경우에는 주의해야 한다.

PART 14

옵티마이저

사용자는 원하는 데이터를 추출하기 위해서 SQL을 사용한다.

SQL을 통해서 요구한 데이터를 효율적으로 처리하는 것을 옵티마이저가 담당하고 있다.
앞서 정리한 Section들에서 발생하는 여러 실행 계획들을 옵티마이저가 생성하는 것이다.

이번 단원에서는 옵티마이저란 무엇인지 기본적으로 알아보고
옵티마이저가 하드 파싱할 때 처리하는 과정을 TRACE를 통해서 확인하는 방법 및
기본적인 쿼리 변환의 원리에 대해서 알아본다.

이번 단원에서 다룰 세부 항목은 아래와 같다.
참고로 이번 단원의 내용은 오동규 선배님께서 쓰신 THE LOGICAL OPTIMITER를 참고했다.

Section 01. 옵티마이저란?
Section 02. 10053 TRACE
Section 03. Heuristic Query Transformation

Section 01 옵티마이저란?

■ 옵티마이저란 무엇인가?

Oracle 옵티마이저는 SQL 쿼리를 실행하는 가장 효율적인 방법을 결정하는 Oracle Database의 핵심 구성 요소이다. 주요 목표는 Oracle Database가 쿼리를 실행하기 위해 수행할 SQL에 대해서 최적의 실행 계획을 선택하는 것이다. 옵티마이저는 고려된 모든 후보의 실행 계획 중에서 비용이 가장 낮은 실행 계획을 선택하는 데 사용 가능한 통계 정보 등을 사용하여 비용을 계산한다.

■ 옵티마이저의 구성 요소

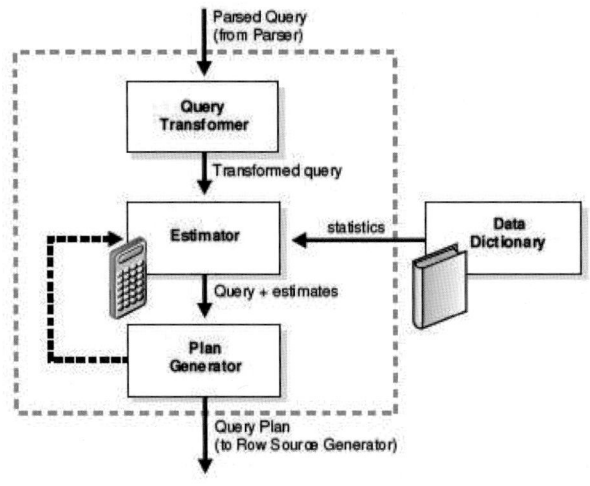

✅ Query Transformer(쿼리 변환기)

SQL 쿼리를 재구성하여 실행 효율성을 향상시킨다. 하위 쿼리 중첩 해제, 뷰 병합, 조건절 푸싱과 같은 다양한 실행 전략을 탐색하기 위해 쿼리를 다시 작성한다. 이러한 변환을 통해 쿼리의 복잡성을 줄이거나 처리를 더 쉽게 만들어 보다 효율적인 실행 계획을 수립할 수 있다.

✅ Estimator(비용 평가)

다양한 쿼리 계획을 실행하는 데 드는 비용을 계산한다. 테이블, INDEX 및 기타 개체에 대한 통계 정보를 사용하여 각 잠재적 실행 계획에 필요한 리소스(예 : CPU, I/O, 메모리)를 추정한다. 비용은 리소스 사용량을 나타내는 숫자 값이며, 비용이 낮을수록 계획이 더 효율적이라는 것을 의미한다.

✅ Plan Generator(실행 계획 생성)

실행 계획을 평가하고 가장 비용 효율적인 계획을 선택한다. 예상 비용이 가장 낮은 실행 계획이 생성된다.

✅ Row Source Generator(행 소스 생성)

Plan Generator에서 선택한 실행 계획을 Database가 수행할 수 있는 실행 가능한 단계로 변환한다. 즉 SQL과 실행 계획은 인간이 알아볼 수 있는 언어이며 이를 Database 엔진이 수행하기 위해서는 Database 엔진이 수행할 수 있는 형태의 언어로 변환이 되어야 한다.

■ 옵티마이저에 영향을 미치는 요소

✅ 통계 정보

옵티마이저는 정보에 입각한 결정을 내리기 위해 테이블 및 INDEX에 대한 통계 데이터에 크게 의존한다. 여기에는 행 수, 고유 값 수, 데이터 분포 및 Null 값 존재 여부에 대한 정보가 포함된다. 히스토그램은 열 내의 데이터 분포에 대한 자세한 정보를 제공한다. 통계 정보를 사용하여 실행 계획의 각 단계에서 처리될 행 수(카디널리티)를 추정한다. 올바른 계획을 선택하려면 정확한 카디널리티 추정이 중요하다. 즉 옵티마이저가 최대한 최적의 실행 계획을 선택하기 위해서는 정확한 통계 정보를 유지하는 것이 매우 중요하다. 히스트그램은 왜곡된 데이터 분포의 경우 최적화 프로그램이 선택성을 더 정확하게 추정하는 데 도움이 된다. 예를 들어서 DISTINCT한 값의 종류가 100가지인데 특정 몇 개 값에 전체 데이터의 90%가 몰려 있고 나머지 값은 적은 건수를 가지고 있다면 히스토그램 정보를 이용해서 낮은 건수의 값이 선택되면 INDEX를 이용하고 그 반대면 FULL TABLE

SCAN을 하도록 실행 계획을 생성한다. 필자가 근무하는 SITE의 경우는 히스토그램은 수집하지 않는다. SQL의 변수는 바인드 변수 처리를 통한 실행 계획 재사용이 원칙이기 때문이다.

✅ 시스템 리소스

CPU 및 메모리 리소스의 가용성은 최적화 프로그램의 실행 계획 선택에 영향을 미칠 수 있다. 예를 들어 메모리가 충분하면 해시 JOIN이 선호될 수 있지만 메모리가 제한된 환경에서는 NESTED LOOP가 선택될 수 있다.

✅ SQL 쿼리 구조 및 힌트

JOIN, 하위 쿼리 및 집계 사용을 포함한 SQL 쿼리의 복잡성 및 힌트 사용은 옵티마이저의 실행 계획 선택에 영향을 미칠 수 있다.

✅ 옵티마이저 모드

OPTIMIZER_MODE 매개변수(예 : ALL_ROWS, FIRST_ROWS) 설정에 따라 최적화 목표가 결정된다. 'ALL_ROWS'는 전체 처리량을 목표로 하는 반면, 'FIRST_ROWS'는 처음 몇 행의 응답 시간을 줄이는 데 중점을 둔다.

✅ 옵티마이저 파라미터

OPTIMIZER_INDEX_COST_ADJ 및 OPTIMIZER_INDEX_CACHING과 같은 파라미터는 인지된 INDEX 사용 비용을 조정하여 실행 계획에서 INDEX가 사용되는지 여부에 영향을 미칠 수 있다. 이 외에도 다양한 옵티마이저 파라미터가 존재하며 이 파라미터 설정값에 따라서 실행 계획에 영향을 미치게 된다.

✅ 스키마 디자인

INDEX 및 파티션의 존재와 디자인은 최적화 결정에 큰 영향을 미친다. 효율적인 INDEX는 전체 테이블 SCAN의 필요성을 줄일 수 있다.
기본 키 및 외래 키와 같은 제약 조건은 JOIN을 최적화하고 불필요한 작업을 제거하는 데 활용할 수 있는 데이터 관계에 대한 정보를 최적화 프로그램에 제공한다.

■ 옵티마이저의 중요성

제대로 작동하는 최적화 프로그램은 Database 성능에 매우 중요하다. 효율적인 실행 계획은 쿼리 시간과 리소스 사용량을 대폭 줄여 Database 시스템의 전반적인 성능을 향상시킬 수 있다. 간단히 말해서, 옵티마이저는 Database의 두뇌와 같으며, SQL 쿼리가 최대한 효율적으로 실행되도록 지속적으로 뒤에서 작업을 한다.

효율적인 실행 계획을 생성하는 옵티마이저의 기능은 사용 가능한 통계 정보부터 시스템 리소스 및 쿼리 구조에 이르기까지 광범위한 요소의 영향을 받는다. SQL 쿼리를 튜닝하고 Oracle Database에서 최적의 성능을 달성하려면 이러한 요소와 이러한 요소가 최적화 프로그램의 동작에 어떤 영향을 미치는지 이해하는 것이 필수적이다. 옵티마이저가 최적의 실행 계획을 생성하기 위해서는 정확한 통계 정보를 유지하고 효율적인 스키마 설계를 하는 것이 매우 중요하며 SQL의 작성 능력도 중요하다고 볼 수 있다.

10053 Trace

■ 언제 사용하는가?
옵티마이저가 하드 파싱 과정에서 수행하는 실행 계획 생성 과정을 추적.

■ 발생시키는 방법
```
ALTER SESSION SET TIMED_STATISTICS=TRUE;
ALTER SESSION SET EVENTS '10046 TRACE NAME CONTEXT FOREVER, LEVEL 12';
  --TRACE하고자 하는 SQL 문장
ALTER SESSION SET EVENTS '10046 TRACE NAME CONTEXT OFF'
```

■ Trace File 위치 검색
```
SELECT RTRIM(C.VALUE,'/')||'/'||D.INSTANCE_NAME||'_ora_'||LTRIM(TO_CHAR(A.SPID))||'.trc'
  FROM V$PROCESS A, V$SESSION B, V$PARAMETER C, V$INSTANCE D
 WHERE A.ADDR=B.PADDR
   AND B.AUDSID=SYS_CONTEXT('USERENV','SESSIONID')
   AND C.NAME='user_dump_dest'
```

	RTRIM(C.VALUE,'/')||'/'||D.INSTANCE_NAME||'_ORA_'||LTRIM(TO_CHAR(A.SPID))||'.TRC'
1	C:\USERS\CYSZE\DOWNLOADS\WINDOWS.X64_193000_DB_HOME\RDBMS\TRACE/cyszero_ora_40520.trc

■ Trace Data 발생 순서
1) DBMS 정보, OS 정보, 하드웨어 정보, SQL을 실행한 Client의 정보 출력
2) QUERY BLOCK 정보와 수행된 SQL을 PASER로부터 받아서 출력
3) 10053 EVENT에서 사용될 용어 출력

4) 옵티마이저에 관련된 서능 파라미터 출력. DEFAULT 값을 기본으로 출력하되 값이 수정된 파라미터가 있는 경우 따로 출력됨.

5) Heuristic Query Transfomation(이하 HQT) 과정이 출력

6) Bind Peeking이 수행

7) Cost Based Query Transformation(이하 CBQT) 과정이 출력

8) 시스템 통계 정보와 테이블과 INDEX 통계정보 출력

9) 테이블 단위로 최적의 ACCESS PATH와 COST를 출력

10) 최적의 JOIN 방법과 JOIN 순서 결정

11) SQL과 실행 계획 출력

12) SQL이 수행되었던 당시의 옵티마이저 관련 파라미터 정보, 최종 적용된 힌트 정보 출력

위 단계 중에서 중요한 과정은 5번, 7번 쿼리 Transfomation, 그리고 9번, 10번 Physical Optimiztion이다.

■ 10053 TRACE 예제

```
--10053 Trace 파일 생성 ON
ALTER SESSION SET EVENTS '10053 TRACE NAME CONTEXT FOREVER, LEVEL 1';

--Trace 파일 생성할 SQL 문장 실행
SELECT ORDER_ID, ORDER_DATE, PRODUCT_ID
     , UNIT_PRICE, QUANTITY
  FROM ORDER_ITEMS A
 WHERE ORDER_DATE >= TO_DATE('20120101', 'YYYYMMDD')
   AND ORDER_DATE <  TO_DATE('20120121', 'YYYYMMDD')
   AND PRODUCT_ID IN (SELECT PRODUCT_ID FROM PRODUCTS B
                       WHERE PRODUCT_NAME = 'MB - S300');

--10053 Trace 파일 생성 OFF
ALTER SESSION SET EVENTS '10046 TRACE NAME CONTEXT OFF';
```

```sql
--10053 Trace 파일 위치 및 파일명 반환
SELECT RTRIM(C.VALUE,'/')||'/'||D.INSTANCE_NAME||'_ora_'||LTRIM(TO_CHAR(A.SPID))||'.trc'
  FROM V$PROCESS A
     , V$SESSION B
     , V$PARAMETER C
     , V$INSTANCE D
 WHERE A.ADDR=B.PADDR
   AND B.AUDSID=SYS_CONTEXT('USERENV','SESSIONID')
   AND C.NAME='user_dump_dest';
```

	RTRIM(C.VALUE,'/')||'/'||D.INSTANCE_NAME||'_ORA_'||LTRIM(TO_CHAR(A.SPID))||'.TRC'
1	c:\app\cysze\diag\rdbms\orcl\orcl\trace/orcl_ora_20168.trc

1) DBMS 정보, OS 정보, 하드웨어 정보, SQL을 실행한 Client의 정보 출력

```
Oracle Database 11g Enterprise Edition Release 11.2.0.1.0 - 64bit Production
With the Partitioning, OLAP, Data Mining and Real Application Testing options
Windows NT Version V6.2
CPU                 : 8 - type 8664, 4 Physical Cores
PROCESS Affinity    : 0x0x0000000000000000
Memory (Avail/Total): Ph:1150M/8079M, Ph+PgF:5109M/19343M
Instance name: orcl
Redo thread mounted by this instance: 1
Oracle process number: 24
Windows thread id: 20168, image: ORACLE.EXE (SHAD)
```

2) QUERY BLOCK 정보와 수행된 SQL을 PASER로부터 받아서 출력

```
QUERY BLOCK SIGNATURE
---------------------
  signature (): qb_name=SEL$1 nbfros=1 flg=0
    fro(0): flg=4 objn=79784 hint_alias="A"@"SEL$1"
Registered qb: SEL$2 0x1d1f0b08 (PARSER)
---------------------
QUERY BLOCK SIGNATURE
---------------------
  signature (): qb_name=SEL$2 nbfros=1 flg=0
    fro(0): flg=4 objn=79776 hint_alias="B"@"SEL$2"
..중간 생략
*****************************************
----- Current SQL Statement for this session (sql_id=429tt8j388k6c) -----
..중간 생략
```

QUERY BLOCK은 SQL 문의 기본 구성단위이다. 각 QUERY BLOCK은 최적화 프로그램이 실행 계획을 결정할 때 별도로 고려하는 SQL 문의 일부에 해당한다. Oracle이 복잡한 SQL 쿼리, 특히 인라인 뷰를 이용한 중첩 쿼리, 하위 쿼리 또는 JOIN 및 SQL을 처리하는 방법을 분석하기 위해서 QUERY BLOCK 단위로 최적화를 시도한다. 옵티마이저는 각 Block에 대해 사용 가능한 INDEX, 통계, 데이터 분포와 같은 요소를 고려하여 가장 효율적인 실행 계획을 결정한다. 예를 들어서 아래는 한 개의 QUERY BLOCK으로 되어 있다.

```
SELECT DEPARTMENT_ID, COUNT(*)
  FROM EMPLOYEES
 GROUP BY DEPARTMENT_ID;
```

아래는 메인 쿼리와 서브 쿼리 두 개의 QUERY BLOCK으로 되어 있다.

```
SELECT EMPLOYEE_ID,
       FIRST_NAME
  FROM EMPLOYEES
 WHERE DEPARTMENT_ID = (SELECT DEPARTMENT_ID
                          FROM DEPARTMENTS
                         WHERE DEPARTMENT_NAME = 'SALES' );
```

아래는 인라인 뷰 QUERY BLOCK과 전체 메인 쿼리의 최상위 QUERY BLOCK 두 개의 QUERY BLOCK으로 되어 있다.

```sql
SELECT D.DEPARTMENT_NAME,
       E.EMPLOYEE_COUNT
  FROM DEPARTMENTS D,
       (SELECT DEPARTMENT_ID,
               COUNT(*) AS EMPLOYEE_COUNT
          FROM EMPLOYEES
         GROUP BY DEPARTMENT_ID) E
 WHERE D.DEPARTMENT_ID = E.DEPARTMENT_ID;
```

3) 10053 EVENT에서 사용될 용어 출력

```
The following abbreviations are used by optimizer trace.
CBQT - cost-based query transformation
JPPD - join predicate push-down
OJPPD - old-style (non-cost-based) JPPD
FPD - filter push-down
PM - predicate move-around
CVM - complex view merging
SPJ - select-project-join
SJC - set join conversion
SU - subquery unnesting
OBYE - order by elimination
OST - old style star transformation
ST - new (cbqt) star transformation
CNT - count(col) to count(*) transformation
JE - Join Elimination
JF - join factorization
SLP - select list pruning
DP - distinct placement
qb - query block
LB - leaf blocks
DK - distinct keys
LB/K - average number of leaf blocks per key
DB/K - average number of data blocks per key
CLUF - clustering factor
NDV - number of distinct values
.. 중간생략
```

이 단계를 통해서 쿼리 변환에 대한 용어 등에 대해서 확인할 수 있다. 11g에서 위 데이터와 19c에서의 위 데이터를 비교하면 19c에서 추가되거나 제거된 용어에 대해서 확인이 가능하다.

4) 옵티마이저에 관련된 성능 파라미터 출력

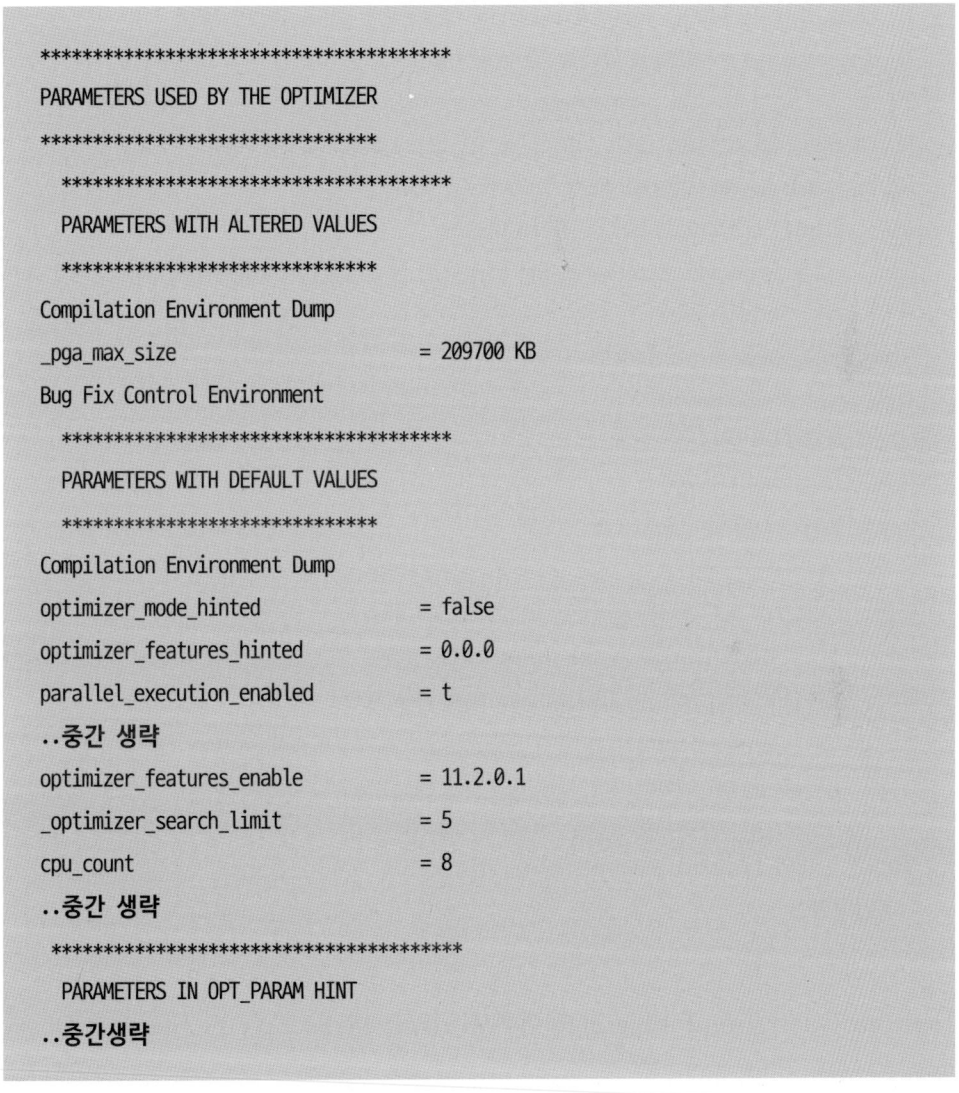

이 단계를 통해서 옵티마이저 파라미터한 정보를 확인할 수 있다. 만약 Oracle 11g에서의 위 데이터와 19c에서의 위 데이터를 비교하면 19c에서 추가되거나 제거된 옵티마이저 파라미터에 대해서 확인을 할 수 있다.

5) Heuristic Query Transfomation(이하 HQT) 과정이 출력

```
Considering Query Transformations on query block SEL$1 (#0)
************************
Query transformations (QT)
************************
JF: Checking validity of join factorization for query block SEL$2 (#0)
JF: Bypassed: not a UNION or UNION-ALL query block.
ST: not valid since star transformation parameter is FALSE
TE: Checking validity of table expansion for query block SEL$2 (#0)
TE: Bypassed: No partitioned table in query block.
CBQT: Validity checks passed for 429tt8j388k6c.
CSE: Considering common sub-expression elimination in query block SEL$1 (#0)
************************
Common Subexpression elimination (CSE)
************************
CSE: Considering common sub-expression elimination in query block SEL$2 (#0)
************************
Common Subexpression elimination (CSE)
************************
CSE:    CSE not performed on query block SEL$2 (#0).
CSE:    CSE not performed on query block SEL$1 (#0).
OBYE:   Considering Order-by Elimination from view SEL$1 (#0)
************************
Order-by elimination (OBYE)
************************
OBYE:   OBYE bypassed: no order by to eliminate.
..중간생략
```

Heuristic Query Transformation에 대해서는 [Part 14, Section 03. Heuristic Query Transformation]에서 다룬다.

6) Bind Peeking이 수행

```
*****************************************
Peeked values of the binds in SQL statement
*****************************************
```

SQL을 개발할 때 바인드 변수 작성이 원칙이다. 바인드 피킹(Bind peeking)은 옵티마이저가 SQL문 하드 파싱 과정에서 바인드 변수의 실제 값을 확인하는 Oracle의 기능이다. 관련 파라미터는 _OPTIM_PEEK_USER_BINDS이며 DEFAULT 값은 TRUE이다. 옵티마이저는 하드 파싱 중에 바인드 변수 값을 들여다보고 해당 값을 기반으로 실행 계획을 생성한다.

7) Cost Based Query Transformation(이하 CBQT) 과정이 출력

```
CBQT: Considering cost-based transformation on query block SEL$1 (#0)
*******************************
COST-BASED QUERY TRANSFORMATIONS
*******************************
FPD: Considering simple filter push (pre rewrite) in query block SEL$2 (#0)
FPD:  Current where clause predicates "B"."PRODUCT_NAME"='MB - S300'
FPD: Considering simple filter push (pre rewrite) in query block SEL$1 (#0)
FPD:  Current where clause predicates "A"."ORDER_DATE">=TO_DATE('20120101','YYYYMMDD')
AND "A"."ORDER_DATE"<TO_DATE('20120121','YYYYMMDD') AND "A"."PRODUCT_ID"=ANY (SELECT
"B"."PRODUCT_ID" FROM "PRODUCTS" "B")
OBYE:   Considering Order-by Elimination from view SEL$1 (#0)
***************************
Order-by elimination (OBYE)
***************************
OBYE:     OBYE bypassed: no order by to eliminate.
Considering Query Transformations on query block SEL$1 (#0)
**************************
Query transformations (QT)
**************************
CSE: Considering common sub-expression elimination in query block SEL$1 (#0)
**************************
Common Subexpression elimination (CSE)
..중간 생략
```

예상 비용을 기반으로 다양한 쿼리 변환을 진행한다.

8) 시스템 통계 정보와 테이블과 INDEX 통계정보 출력

```
---------------------------
SYSTEM STATISTICS INFORMATION
---------------------------
  Using NOWORKLOAD Stats
  CPUSPEEDNW: 1184 millions instructions/sec (default is 100)
  IOTFRSPEED: 4096 bytes per millisecond (default is 4096)
  IOSEEKTIM: 10 milliseconds (default is 10)
  MBRC: -1 blocks (default is 8)
***************************************
BASE STATISTICAL INFORMATION
***********************
Table Stats::
  Table: ORDER_ITEMS  Alias: A
    #Rows: 9828860  #Blks: 47104  AvgRowLen: 29.00
Index Stats::
  Index: IX_ORDER_ITEMS_N1  Col#: 3
    LVLS: 2  #LB: 25818  #DK: 990464  LB/K: 1.00  DB/K: 8.00  CLUF: 8698383.00
  Index: IX_ORDER_ITEMS_N2  Col#: 2 3
    LVLS: 2  #LB: 32700  #DK: 9776360  LB/K: 1.00  DB/K: 1.00  CLUF: 9705905.00
***********************
Table Stats::
  Table: PRODUCTS  Alias: B
    #Rows: 288  #Blks: 13  AvgRowLen: 220.00
Index Stats::
  Index: IX_PRODUCTS_PK  Col#: 1
    LVLS: 0  #LB: 1  #DK: 288  LB/K: 1.00  DB/K: 1.00  CLUF: 10.00
```

시스템 통계 정보 및 SQL에서 사용되는 테이블 및 INDEX에 통계 정보가 나타난다. 만약 통계 정보 수집이 제대로 되지 않았다면 이 단계에서 부정확한 정보를 옵티마이저에게 제공하게 되고 옵티마이저는 최적의 실행 계획을 수립하는 데 어려움을 겪을 것이다.

9) 테이블 단위로 최적의 ACCESS PATH와 COST를 출력

```
Access path analysis for PRODUCTS
***************************************
SINGLE TABLE ACCESS PATH
  Single Table Cardinality Estimation for PRODUCTS[B]
  Table: PRODUCTS  Alias: B
    Card: Original: 288.000000  Rounded: 1  Computed: 1.00  Non Adjusted: 1.00
  Access Path: TableScan
    Cost:  5.01  Resp: 5.01  Degree: 0
      Cost_io: 5.00  Cost_cpu: 155939
      Resp_io: 5.00  Resp_cpu: 155939
  Best:: AccessPath: TableScan
         Cost: 5.01  Degree: 1  Resp: 5.01  Card: 1.00  Bytes: 0
Access path analysis for ORDER_ITEMS
***************************************
..중간 생략
  Access Path: index (skip-scan)
    SS sel: 0.001532  ANDV (#skips): 14974.054921
    SS io: 14974.054921 vs. table scan io: 12759.000000
    Skip Scan rejected
  Access Path: index (FullScan)
    Index: IX_ORDER_ITEMS_N2
    resc_io: 121737.00  resc_cpu: 2843039841
    ix_sel: 1.000000  ix_sel_with_filters: 0.009173
 ***** Logdef predicate Adjustment ******
 Final IO cst 0.00 , CPU cst 50.00
..중간생략
Best:: AccessPath: TableScan
       Cost: 12954.68  Degree: 1  Resp: 12954.68  Card: 89689.63  Bytes: 0
```

통계 정보를 기반으로 여러 ACCESS PATH들에 대한 비용을 평가한다.

10) 최적의 JOIN 방법과 JOIN 순서 결정

```
OPTIMIZER STATISTICS AND COMPUTATIONS
***************************************
GENERAL PLANS
***************************************
Considering cardinality-based initial join order.
Permutations for Starting Table :0
Join order[1]:  PRODUCTS[B]#0  ORDER_ITEMS[A]#1
***************
Now joining: ORDER_ITEMS[A]#1
***************
NL Join
  Outer table: Card: 1.00  Cost: 5.01  Resp: 5.01  Degree: 1  Bytes: 21
Access path analysis for ORDER_ITEMS
  Inner table: ORDER_ITEMS  Alias: A
  Access Path: TableScan
    NL Join:  Cost: 12959.69  Resp: 12959.69  Degree: 1
      Cost_io: 12764.00  Cost_cpu: 2780174933
      Resp_io: 12764.00  Resp_cpu: 2780174933
  Access Path: index (RangeScan)
    Index: IX_ORDER_ITEMS_N1
    resc_io: 80179.00  resc_cpu: 609557488
    ix_sel: 0.009190  ix_sel_with_filters: 0.009190
    NL Join : Cost: 80226.92  Resp: 80226.92  Degree: 1
      Cost_io: 80184.00  Cost_cpu: 609713426
..중간 생략
    Best NL cost: 318.18
         resc: 318.18  resc_io: 318.00  resc_cpu: 2519959
         resp: 318.18  resp_io: 318.00  resc_cpu: 2519959
..중간 생략
```

통계 정보를 기반으로 여러 JOIN 순서 및 방법들에 대한 비용을 평가한다.

11) SQL과 실행 계획 출력

```
Starting SQL statement dump
user_id=92 user_name=APP_USER module=Orange for ORACLE DBA action=5.0.12 (Build:384,S)
sql_id=429tt8j388k6c plan_hash_value=1392776285 problem_type=3
----- Current SQL Statement for this session (sql_id=429tt8j388k6c) -----
SELECT ORDER_ID, ORDER_DATE, PRODUCT_ID
     , UNIT_PRICE, QUANTITY
  FROM ORDER_ITEMS A
 WHERE ORDER_DATE >= TO_DATE('20120101', 'YYYYMMDD')
   AND ORDER_DATE < TO_DATE('20120121', 'YYYYMMDD')
   AND PRODUCT_ID IN (SELECT PRODUCT_ID FROM PRODUCTS B
                      WHERE PRODUCT_NAME = 'MB - S300')
..중간 생략
==========
Plan Table
==========
```

Id	Operation	Name	Rows	Bytes	Cost	Time
0	SELECT STATEMENT				318	
1	NESTED LOOPS					
2	NESTED LOOPS		313	15K	318	00:00:04
3	TABLE ACCESS FULL	PRODUCTS	1	21	5	00:00:01
4	INDEX RANGE SCAN	IX_ORDER_ITEMS_N2	311		3	00:00:01
5	TABLE ACCESS BY INDEX ROWID	ORDER_ITEMS	311	9019	313	00:00:04

```
Predicate Information:
----------------------
3 - filter("PRODUCT_NAME"='MB - S300')
..중간 생략
```

12) SQL이 수행되었던 당시의 옵티마이저 관련 파라미터 정보, 최종 적용된 힌트 정보 출력

```
Optimizer state dump:
Compilation Environment Dump
optimizer_mode_hinted            = false
optimizer_features_hinted        = 0.0.0
parallel_execution_enabled       = true
parallel_query_forced_dop        = 0
parallel_dml_forced_dop          = 0
parallel_ddl_forced_degree       = 0
parallel_ddl_forced_instances    = 0
_query_rewrite_fudge             = 90
optimizer_features_enable        = 11.2.0.1
_optimizer_search_limit          = 5
cpu_count                        = 8
active_instance_count            = 1
parallel_threads_per_cpu         = 2
hash_area_size                   = 131072
bitmap_merge_area_size           = 1048576
sort_area_size                   = 65536
sort_area_retained_size          = 0
_sort_elimination_cost_ratio     = 0
_optimizer_block_size            = 8192
_sort_multiblock_read_count      = 2
_hash_multiblock_io_count        = 0
_db_file_optimizer_read_count    = 8
_optimizer_max_permutations      = 2000
pga_aggregate_target             = 1048576 KB
..중간 생략
```

Section 03 Heuristic Query Transformation

■ Heuristic Query Transformation 이란?

- 옵티마이저가 최적화를 위해서 Costing(비용 계산) 과정이 필요한 경우도 있지만 자원이 소모되는 Costing 과정을 생략하고 특정 RULE을 적용해서 최적화 진행.
- 아래와 같이 Costing을 해보지 않고 SQL을 변환시키는 것을 예로 들 수 있음.

```
SELECT COUNT(*) AS CNT
  FROM TAB1
 ORDER BY CNT
```
COUNT(*)를 하는데 ORDER BY를 해야 하는가? ORDER BY를 부하를 없애 는 가장 좋은 방법은 ORDER BY를 수행하지 않는 것. 이것이 Heuristic Rule

```
SELECT A. 고객번호, A. 고객명
  FROM 고객 A
     , 공통코드 B
 WHERE A. 고객구분코드 = B. 공통코드아이디(+)
```
공통코드아이디가 PK이고 SELECT절에서 사용되지 않으며 OUTER JOIN인데 공통코드 테이블과 JOIN이 필요할까?

- 성능 향상을 위해서 SQL을 변환시키지만 부하를 감안하여 Costing을 하지 않는 것이 Heuristic Transformation.

■ CSE(Common Subexpression Elimination)

WHERE절에서 OR 사용 시 중첩된 조건절은 제거한다.

```
SELECT *
  FROM EMPLOYEES;
 WHERE (DEPARTMENT_ID = 'D02' AND SALARY = 34800)
    OR DEPARTMENT_ID = 'D02';
```

```
| Id | Operation                      | Name          | Starts | A-Rows | A-Time     | Buffers | Reads |
|----|--------------------------------|---------------|--------|--------|------------|---------|-------|
|  0 | SELECT STATEMENT               |               |   1    |   24   | 00:00.01   |    9    |   2   |
|  1 |  TABLE ACCESS BY INDEX ROWID   | EMPLOYEES     |   1    |   24   | 00:00.01   |    9    |   2   |
|* 2 |   INDEX RANGE SCAN             | IX_EMPLYEES_N1|   1    |   24   | 00:00.01   |    3    |   2   |

Predicate Information (identified by operation id):

   2 - access("DEPARTMENT_ID"='D02')
```

위의 조건의 경우 DEPARTMENT_ID = 'D02' 값이 OR 조건으로 연결되어 있기 때문에 아래와 같이 쿼리를 변환한다.

```sql
SELECT *
  FROM EMPLOYEES
 WHERE DEPARTMENT_ID = 'D02';
```

만약 중복 조건 (DEPARTMENT_ID = 'D02' AND SALARY = 34800)이 만약 제거되지 않는다면 아래와 같이 옵티마이저는 FULL TABLE SCAN을 할 수 밖에 없어진다.

```sql
SELECT *
  FROM EMPLOYEES;
 WHERE (DEPARTMENT_ID = 'D02' AND SALARY = 34800)
    OR DEPARTMENT_ID = 'D02';
```

```
| Id | Operation          | Name      | Starts | A-Rows | A-Time        | Buffers |
|----|--------------------|-----------|--------|--------|---------------|---------|
|  0 | SELECT STATEMENT   |           |   1    |   24   | 00:00:00.01   |   10    |
|* 1 |  TABLE ACCESS FULL | EMPLOYEES |   1    |   24   | 00:00:00.01   |   10    |

Predicate Information (identified by operation id):

   1 - filter(("DEPARTMENT_ID"='D02' OR ("SALARY"=34800 AND "DEPARTMENT_ID"='D02')))
```

OR 조건이 제거되지 못하면 FULL SCAN

■ JE(Join Elimination)

직접 사용하지 않는 테이블은 SQL에서 삭제한다.

```sql
SELECT B.JOB_ID
     , SUM(A.ORDER_TOTAL) ORDER_AMT
  FROM ORDERS A, EMPLOYEES B, CUSTOMERS C
 WHERE A.EMPLOYEE_ID = B.EMPLOYEE_ID
   AND A.CUSTOMER_ID = C.CUSTOMER_ID
   AND A.ORDER_DATE >= TO_DATE('20120101', 'YYYYMMDD')
   AND A.ORDER_DATE <  TO_DATE('20120102', 'YYYYMMDD')
 GROUP BY B.JOB_ID;
```

위 SQL에서 CUSTOMERS C 컬럼은 사용되지 않았지만 실행 계획을 확인해 보면 PK JOIN이지만 JE가 발생하지 않았다.

```
| Id | Operation                     | Name            | Starts | A-Rows | A-Time     | Buffers | Used-Mem  |
-------------------------------------------------------------------------------------------------------------
|  0 | SELECT STATEMENT              |                 |     1  |    24  | 00:00.01   |   709   |           |
|  1 |  HASH GROUP BY                |                 |     1  |    24  | 00:00.01   |   709   | 1323K (0) |
|  2 |   NESTED LOOPS                |                 |     1  |   409  | 00:00.01   |   709   |           |
|* 3 |    HASH JOIN                  |                 |     1  |   409  | 00:00.01   |   298   | 1249K (0) |
|  4 |     TABLE ACCESS FULL         | EMPLOYEES       |     1  |   642  | 00:00.01   |     9   |           |
|  5 |     TABLE ACCESS BY INDEX ROWID| ORDERS         |     1  |   409  | 00:00.01   |   289   |           |
|* 6 |      INDEX RANGE SCAN         | IX_ORDERS_N1    |     1  |   409  | 00:00.01   |     5   |           |
|* 7 |    INDEX UNIQUE SCAN          | IX_CUSTOMERS_PK |   409  |   409  | 00:00.01   |   411   |           |
```

원인은 PK JOIN이기는 하지만 옵티마이저는 주문과 고객 사이의 관계에서 고객 정보에 있는 데이터만 주문에 데이터를 생성할 수 있다는 것을 알지 못하기 때문이다. 이 부분을 옵티마이저가 알도록 외부기(Foreign Key)를 생성해 주면 아래와 같이 JE가 발생하는 것을 확인할 수 있다.

```
--FK 생성
ALTER TABLE ORDERS
ADD CONSTRAINTS ORDERS_FK FOREIGN KEY(CUSTOMER_ID) REFERENCES CUSTOMERS(CUSTOMER_ID);

SELECT B.JOB_ID
     , SUM(A.ORDER_TOTAL) ORDER_AMT
  FROM ORDERS A, EMPLOYEES B, CUSTOMERS C
 WHERE A.EMPLOYEE_ID = B.EMPLOYEE_ID
   AND A.CUSTOMER_ID = C.CUSTOMER_ID
   AND A.ORDER_DATE >= TO_DATE('20120101', 'YYYYMMDD')
   AND A.ORDER_DATE <  TO_DATE('20120102', 'YYYYMMDD')
 GROUP BY B.JOB_ID;
```

Id	Operation	Name	Starts	A-Rows	A-Time	Buffers	Used-Mem
0	SELECT STATEMENT		1	24	00:00.01	298	
1	HASH GROUP BY		1	24	00:00.01	298	1342K (0)
* 2	HASH JOIN		1	409	00:00.01	298	1249K (0)
3	TABLE ACCESS FULL	EMPLOYEES	1	642	00:00.01	9	
* 4	TABLE ACCESS BY INDEX ROWID	ORDERS	1	409	00:00.01	289	
* 5	INDEX RANGE SCAN	IX_ORDERS_N1	1	409	00:00.01	5	

아래와 같이 OUTLINE Data에 ELIMINATE_JOIN(@"SEL$1" "C"@"SEL$1") 힌트가 기술된 것을 확인할 수 있다.

```
OUTLINE Data
-------------

  /*+
      BEGIN_OUTLINE_DATA
      IGNORE_OPTIM_EMBEDDED_HINTS
      OPTIMIZER_FEATURES_ENABLE('11.2.0.1')
      DB_VERSION('11.2.0.1')
      OPT_PARAM('_eliminate_common_subexpr' 'false')
      ALL_ROWS
```

```
        OUTLINE_LEAF(@"SEL$5B7CE5FC")
        ELIMINATE_JOIN(@"SEL$1" "C"@"SEL$1")
        OUTLINE(@"SEL$1")
        INDEX_RS_ASC(@"SEL$5B7CE5FC" "A"@"SEL$1" ("ORDERS"."ORDER_DATE" "ORDERS"."ORDER_
MODE" "ORDERS"."EMPLOYEE_ID"))
        FULL(@"SEL$5B7CE5FC" "B"@"SEL$1")
        LEADING(@"SEL$5B7CE5FC" "A"@"SEL$1" "B"@"SEL$1")
        USE_HASH(@"SEL$5B7CE5FC" "B"@"SEL$1")
        SWAP_JOIN_INPUTS(@"SEL$5B7CE5FC" "B"@"SEL$1")
        USE_HASH_AGGREGATION(@"SEL$5B7CE5FC")
        END_OUTLINE_DATA
    */
```

■ OE(Outer join table Elimination)

불필요한 OUTER JOIN쪽은 삭제한다. 아래 SQL은 INNER JOIN이며 ORDERS TABLE에 FK가 없기 때문에 JOIN 제거가 발생하지 않는다.

```
SELECT A.ORDER_DATE, A.ORDER_STATUS, A.ORDER_TOTAL
  FROM ORDERS A, EMPLOYEES B
 WHERE A.EMPLOYEE_ID = B.EMPLOYEE_ID
   AND A.ORDER_DATE >= TO_DATE('20120101', 'YYYYMMDD')
   AND A.ORDER_DATE <  TO_DATE('20120102', 'YYYYMMDD');

---------------------------------------------------------------------------------------------
| Id  | Operation                     | Name            | Starts | A-Rows |   A-Time   | Buffers | Reads |
---------------------------------------------------------------------------------------------
|   0 | SELECT STATEMENT              |                 |      1 |    409 |00:00:00.02 |    692  |    3  |
|   1 |  NESTED LOOPS                 |                 |      1 |    409 |00:00:00.02 |    692  |    3  |
|   2 |   TABLE ACCESS BY INDEX ROWID | ORDERS          |      1 |    409 |00:00:00.01 |    296  |    0  |
|*  3 |    INDEX RANGE SCAN           | IX_ORDERS_N1    |      1 |    409 |00:00:00.01 |     10  |    0  |
|*  4 |   INDEX UNIQUE SCAN           | IX_EMPLOYEES_PK |    409 |    409 |00:00:00.01 |    396  |    3  |
---------------------------------------------------------------------------------------------
```

OUTER JOIN으로 변경하면 OUTER TABLE 기준으로 모든 데이터가 나와야 되며 SELECT절에서 EMPLOYEES B 컬럼은 사용하지 않기 때문에 OE가 발생한다.

```sql
SELECT A.ORDER_DATE, A.ORDER_STATUS, A.ORDER_TOTAL
  FROM ORDERS A, EMPLOYEES B
 WHERE A.EMPLOYEE_ID = B.EMPLOYEE_ID(+)
   AND A.ORDER_DATE >= TO_DATE('20120101', 'YYYYMMDD')
   AND A.ORDER_DATE <  TO_DATE('20120102', 'YYYYMMDD');
```

```
| Id  | Operation                    | Name         | Starts | A-Rows | A-Time      | Buffers |
|   0 | SELECT STATEMENT             |              |   1    |   409  | 00:00:00.01 |   296   |
|   1 | TABLE ACCESS BY INDEX ROWID  | ORDERS       |   1    |   409  | 00:00:00.01 |   296   |
|*  2 |  INDEX RANGE SCAN            | IX_ORDERS_N1 |   1    |   409  | 00:00:00.01 |    10   |

OUTLINE Data
-------------
  /*+
    ..
     OUTLINE_LEAF(@"SEL$739CAFA2")
     ELIMINATE_JOIN(@"SEL$1" "B"@"SEL$1")
     OUTLINE(@"SEL$1")
     INDEX_RS_ASC(@"SEL$739CAFA2" "A"@"SEL$1" ("ORDERS"."ORDER_DATE"
             "ORDERS"."ORDER_MODE" "ORDERS"."EMPLOYEE_ID"))
     END_OUTLINE_DATA
  */
```

OUTER JOIN으로 변경 시 OE 발생함.

■ OJE(Outer Join Elimination)

의미 없는 OUTER JOIN을 INNER JOIN으로 수행한다.

아래 SQL을 보면 JOIN절은 OUTER JOIN이지만 EMPLOYEES B 조건절에는 OUTER JOIN 기호가 없기 때문에 OUTER JOIN을 INNER JOIN으로 변환했다.

```
SELECT A.ORDER_DATE, A.ORDER_STATUS, A.ORDER_TOTAL
  FROM ORDERS A, EMPLOYEES B
 WHERE A.EMPLOYEE_ID = B.EMPLOYEE_ID(+)
   AND A.ORDER_DATE >= TO_DATE('20120101', 'YYYYMMDD')
   AND A.ORDER_DATE <  TO_DATE('20120102', 'YYYYMMDD')
   AND B.DEPARTMENT_ID = 'D17';
```

AND B.DEPARTMENT_ID = 'D17' 조건에 의해서 OUTER JOIN이 INNER JOIN으로 변환되면서 선행 테이블이 EMPLOYEES 테이블이 되어 ORDERS 테이블의 [IX_ORDERS_N2 : EMPLOYEE_ID, ORDER_DATE] INDEX를 사용했다.

Id	Operation	Name	Starts	A-Rows	A-Time	Buffers
0	SELECT STATEMENT		1	18	00:00:00.01	82
1	NESTED LOOPS		1	18	00:00:00.01	82
2	NESTED LOOPS		1	18	00:00:00.01	70
* 3	TABLE ACCESS FULL	EMPLOYEES	1	28	00:00:00.01	10
* 4	INDEX RANGE SCAN	IX_ORDERS_N2	28	18	00:00:00.01	60
5	TABLE ACCESS BY INDEX ROWID	ORDERS	18	18	00:00:00.01	12

OUTLINE Data

```
  /*+
      BEGIN_OUTLINE_DATA
      IGNORE_OPTIM_EMBEDDED_HINTS
      OPTIMIZER_FEATURES_ENABLE('11.2.0.1')
      DB_VERSION('11.2.0.1')
      ALL_ROWS
      OUTLINE_LEAF(@"SEL$6E71C6F6")
      OUTER_JOIN_TO_INNER(@"SEL$1")
      OUTLINE(@"SEL$1")
      FULL(@"SEL$6E71C6F6" "B"@"SEL$1")
         INDEX(@"SEL$6E71C6F6" "A"@"SEL$1" ("ORDERS"."EMPLOYEE_ID" "ORDERS"."ORDER_DATE"))
      LEADING(@"SEL$6E71C6F6" "B"@"SEL$1" "A"@"SEL$1")
      USE_NL(@"SEL$6E71C6F6" "A"@"SEL$1")
      NLJ_BATCHING(@"SEL$6E71C6F6" "A"@"SEL$1")
      END_OUTLINE_DATA
  */
```

만약 OUTER JOIN으로 수행된다면 무조건 OUTER TABLE인 ORDERS TABLE인 ORDERS 테이블이 선행 테이블이 되어야 된다.

```sql
SELECT A.ORDER_DATE, A.ORDER_STATUS, A.ORDER_TOTAL
  FROM ORDERS A, EMPLOYEES B
 WHERE A.EMPLOYEE_ID = B.EMPLOYEE_ID(+)
   AND A.ORDER_DATE >= TO_DATE('20120101', 'YYYYMMDD')
   AND A.ORDER_DATE <  TO_DATE('20120102', 'YYYYMMDD')
   AND B.DEPARTMENT_ID(+) = 'D17';
```

```
----------------------------------------------------------------------------------------
| Id | Operation                       | Name        | Starts | A-Rows |   A-Time   | Buffers | Used-Mem |
----------------------------------------------------------------------------------------
|  0 | SELECT STATEMENT                |             |      1 |    409 | 00:00:00.01 |    305  |          |
|* 1 | HASH JOIN RIGHT OUTER           |             |      1 |    409 | 00:00:00.01 |    305  | 1230K (0)|
|* 2 | TABLE ACCESS FULL               | EMPLOYEES   |      1 |     28 | 00:00:00.01 |      9  |          |
|  3 | TABLE ACCESS BY INDEX ROWID     | ORDERS      |      1 |    409 | 00:00:00.01 |    296  |          |
|* 4 | INDEX RANGE SCAN                | IX_ORDERS_N1|      1 |    409 | 00:00:00.01 |     10  |          |
----------------------------------------------------------------------------------------
```

■ OBYE(Order By Elimination)

불필요한 ORDER BY를 제거한다.

아래 인라인 뷰에 기술된 ORDER BY절은 메인 쿼리의 GROUP BY절에 의해서 영향을 미치지 못하기 때문에 ORDER BY절이 제거되었다. 만약 ORDER BY가 제거되지 않았다면 불필요한 정렬이 발생할 것이다.

```sql
SELECT B.JOB_ID
     , SUM(A.ORDER_TOTAL) ORDER_AMT
  FROM ORDERS A
     , (SELECT EMPLOYEE_ID, JOB_ID
          FROM EMPLOYEES B
         ORDER BY EMPLOYEE_ID) B
 WHERE A.EMPLOYEE_ID = B.EMPLOYEE_ID
   AND A.ORDER_DATE >= TO_DATE('20120101', 'YYYYMMDD')
   AND A.ORDER_DATE <  TO_DATE('20120102', 'YYYYMMDD')
 GROUP BY B.JOB_ID;
```

```
| Id  | Operation                      | Name        | Starts | A-Rows | A-Time      | Buffers | Used-Mem   |
|-----|--------------------------------|-------------|--------|--------|-------------|---------|------------|
|   0 | SELECT STATEMENT               |             |   1    |    24  | 00:00:00.01 |   298   |            |
|   1 |  HASH GROUP BY                 |             |   1    |    24  | 00:00:00.01 |   298   | 1338K (0)  |
|* 2  |   HASH JOIN                    |             |   1    |   409  | 00:00:00.01 |   298   | 1245K (0)  |
|   3 |    TABLE ACCESS BY INDEX ROWID | ORDERS      |   1    |   409  | 00:00:00.01 |   289   |            |
|* 4  |     INDEX RANGE SCAN           | IX_ORDERS_N1|   1    |   409  | 00:00:00.01 |     5   |            |
|   5 |    TABLE ACCESS FULL           | EMPLOYEES   |   1    |   642  | 00:00:00.01 |     9   |            |
```

OUTLINE Data

```
/*+
    BEGIN_OUTLINE_DATA
    IGNORE_OPTIM_EMBEDDED_HINTS
    OPTIMIZER_FEATURES_ENABLE('11.2.0.1')
    DB_VERSION('11.2.0.1')
    ALL_ROWS
    OUTLINE_LEAF(@"SEL$51F12574")
    MERGE(@"SEL$73523A42")
    OUTLINE(@"SEL$1")
    OUTLINE(@"SEL$73523A42")
    ELIMINATE_OBY(@"SEL$2")
    OUTLINE(@"SEL$2")
    INDEX_RS_ASC(@"SEL$51F12574" "A"@"SEL$1" ("ORDERS"."ORDER_DATE" "ORDERS"."ORDER_MODE" "ORDERS"."EMPLOYEE_ID"))
    FULL(@"SEL$51F12574" "B"@"SEL$2")
    LEADING(@"SEL$51F12574" "A"@"SEL$1" "B"@"SEL$2")
    USE_HASH(@"SEL$51F12574" "B"@"SEL$2")
    USE_HASH_AGGREGATION(@"SEL$51F12574")
    END_OUTLINE_DATA
```

▧ DE(Distinct Elimination)

불필요한 DISTINCT를 제거한다.

SELECT절에 PK 컬럼만 사용되면서 불필요한 DISTINCT가 제거되었다.

```
SELECT DISTINCT B.EMPLOYEE_ID, C.DEPARTMENT_ID
  FROM EMPLOYEES B, DEPARTMENTS C
 WHERE B.DEPARTMENT_ID = C.DEPARTMENT_ID;
```
IX_EMPLOYEES_PK : EMPLOYEE_ID
IX_DEPARTMENTS_PK : DEPARTMENT_ID

```
| Id  | Operation          | Name               | Starts | A-Rows | A-Time      | Buffers | Reads |
-----------------------------------------------------------------------------------------------------
|  0  | SELECT STATEMENT   |                    |   1    |  642   | 00:00:00.01 |   26    |   1   |
|  1  |  NESTED LOOPS      |                    |   1    |  642   | 00:00:00.01 |   26    |   1   |
|  2  |   TABLE ACCESS FULL| EMPLOYEES          |   1    |  642   | 00:00:00.01 |   16    |   0   |
|* 3  |   INDEX UNIQUE SCAN| IX_DEPARTMENTS_PK  |  642   |  642   | 00:00:00.01 |   10    |   1   |
```

만약 1:M에서 M쪽 테이블에 PK가 사용되지 않는다면 HASH UNIQUE가 발생한다.

```
| Id  | Operation          | Name        | Starts | A-Rows | A-Time      | Buffers | Used-Mem  |
------------------------------------------------------------------------------------------------
|  0  | SELECT STATEMENT   |             |   1    |  642   | 00:00:00.01 |   12    |           |
|  1  |  HASH UNIQUE       |             |   1    |  642   | 00:00:00.01 |   12    | 1342K (0) |
|* 2  |   HASH JOIN        |             |   1    |  642   | 00:00:00.01 |   12    |  991K (0) |
|  3  |    TABLE ACCESS FULL| DEPARTMENTS|   1    |   27   | 00:00:00.01 |    3    |           |
|  4  |    TABLE ACCESS FULL| EMPLOYEES  |   1    |  642   | 00:00:00.01 |    9    |           |
```

■ CNT(COUNT(column) To COUNT(*))

COUNT(컬럼) 사용 시 해당 컬럼이 NOT NULL인 경우 COUNT(*)로 대체한다.
LAST_NAME 컬럼은 NOT NULL 컬럼이기 때문에 COUNT(LAST_NAME)이 COUNT(*)로 변환되어 INDEX만 SCAN 했다.

```
SELECT DEPARTMENT_ID, COUNT(LAST_NAME) AS CNT
  FROM EMPLOYEES
 WHERE JOB_ID = 'J01'
 GROUP BY DEPARTMENT_ID;
```
IX_EMPLYEES_N2 : JOB_ID, DEPARTMENT_ID
LAST_NAME 컬럼은 NOT NULL 컬럼

```
| Id  | Operation              | Name           | Starts | A-Rows | A-Time     | Buffers | Reads |
-----------------------------------------------------------------------------------------------
|  0  | SELECT STATEMENT       |                |   1    |   20   | 00:00.01   |    3    |   1   |
|  1  |  SORT GROUP BY NOSORT  |                |   1    |   20   | 00:00.01   |    3    |   1   |
|* 2  |   INDEX RANGE SCAN     | IX_EMPLYEES_N2 |   1    |   35   | 00:00.01   |    3    |   1   |
```

만약 LAST_NAME 컬럼이 NOT NULL 컬럼이라는 정보를 모른다면 아래 NULL 값이 존재하는 FIRST_NAME 컬럼을 COUNT 할 때와 같이 테이블로 Single Block I/O가 발생한다.

```
SELECT DEPARTMENT_ID, COUNT(FIRST_NAME) AS CNT
  FROM EMPLOYEES
 WHERE JOB_ID = 'J01'
 GROUP BY DEPARTMENT_ID;
```

```
| Id  | Operation                        | Name           | Starts | A-Rows | A-Time        | Buffers |
-------------------------------------------------------------------------------------------------------
|  0  | SELECT STATEMENT                 |                |   1    |   20   | 00:00:00.01   |    5    |
|  1  |  SORT GROUP BY NOSORT            |                |   1    |   20   | 00:00:00.01   |    5    |
|  2  |   TABLE ACCESS BY INDEX ROWID    | EMPLOYEES      |   1    |   35   | 00:00:00.01   |    5    |
|* 3  |    INDEX RANGE SCAN              | IX_EMPLYEES_N2 |   1    |   35   | 00:00:00.01   |    3    |
```

2.9 FPD(Filter Push Down)

조건절을 뷰 내부로 이동한다.

AND A.JOB_ID = 'J01' 조건이 인라인 뷰 () A 안으로 이동해서 INDEX를 사용하면서 ACCESS 조건으로 참여했다.

```
SELECT A.EMPLOYEE_ID, A.FIRST_NAME, A.EMAIL          IX_EMPLYEES_N2:JOB_ID
  FROM (SELECT /*+ NO_MERGE */
               EMPLOYEE_ID, FIRST_NAME
             , EMAIL, DEPARTMENT_ID, JOB_ID
          FROM EMPLOYEES) A              인라인 뷰가 해체되는 것을 막기 위해서 /*+
      , DEPARTMENTS B                    NO_MERGE */ 힌트 사용. 인라인 뷰 내부에
 WHERE A.DEPARTMENT_ID = B.DEPARTMENT_ID  GROUP 함수나 분석 함수 등 사용 없는 인라인
   AND A.JOB_ID = 'J01';                 뷰를 SIMPLE VIEW라고 함.
```

Id	Operation	Name	Starts	A-Rows	A-Time	Buffers
0	SELECT STATEMENT		1	35	00:00.01	9
1	NESTED LOOPS		1	35	00:00.01	9
2	VIEW		1	35	00:00.01	5
3	TABLE ACCESS BY INDEX ROWID	EMPLOYEES	1	35	00:00.01	5
* 4	INDEX RANGE SCAN	IX_EMPLYEES_N2	1	35	00:00.01	3
* 5	INDEX UNIQUE SCAN	IX_DEPARTMENTS_PK	35	35	00:00.01	4

Predicate Information (identified by operation id):
----

   4 - access("JOB_ID"='J01')
   5 - access("A"."DEPARTMENT_ID"="B"."DEPARTMENT_ID")

위 SQL은 인라인 뷰 바깥의 조회 조건이 안으로 이동하는 것으로 변환된 것이다.

```
SELECT A.EMPLOYEE_ID, A.FIRST_NAME, A.EMAIL          IX_EMPLYEES_N2:JOB_ID
  FROM (SELECT /*+ NO_MERGE */
               EMPLOYEE_ID, FIRST_NAME
             , EMAIL, DEPARTMENT_ID, JOB_ID
          FROM EMPLOYEES
         WHERE A.JOB_ID = 'J01') A
      , DEPARTMENTS B
 WHERE A.DEPARTMENT_ID = B.DEPARTMENT_ID;
```

```
| Id  | Operation                      | Name              | Starts | A-Rows | A-Time   | Buffers |
------------------------------------------------------------------------------------------------
|  0  | SELECT STATEMENT               |                   |        |    1   |     35   |00:00.01 |     9 |
|  1  |  NESTED LOOPS                  |                   |        |    1   |     35   |00:00.01 |     9 |
|  2  |   VIEW                         |                   |        |    1   |     35   |00:00.01 |     5 |
|  3  |    TABLE ACCESS BY INDEX ROWID | EMPLOYEES         |        |    1   |     35   |00:00.01 |     5 |
|* 4  |     INDEX RANGE SCAN           | IX_EMPLYEES_N2    |        |    1   |     35   |00:00.01 |     3 |
|* 5  |   INDEX UNIQUE SCAN            | IX_DEPARTMENTS_PK |    35  |     35 |00:00.01 |     4 |

Predicate Information (identified by operation id):
---------------------------------------------------
   4 - access("JOB_ID"='J01')
   5 - access("A"."DEPARTMENT_ID"="B"."DEPARTMENT_ID")
```

■ 2.10 TP(Transitive Predicate)

JOIN절을 이용하여 다른 테이블에 상수 조건을 생성한다. AND B.DEPARTMENT_ID = 'D01' 조건과 B.DEPARTMENT_ID = C.DEPARTMENT_ID 조건에 의해서 C.DEPARTMENT_ID = 'D01' 조회 조건이 추가된 형태로 쿼리 변환되었다.

```
SELECT B.EMPLOYEE_ID, B.FIRST_NAME
     , B.EMAIL, C.DEPARTMENT_NAME
  FROM EMPLOYEES B, DEPARTMENTS C
 WHERE B.DEPARTMENT_ID = C.DEPARTMENT_ID
   AND B.DEPARTMENT_ID = 'D01';

| Id  | Operation                     | Name              | Starts | A-Rows | A-Time   | Buffers |
-----------------------------------------------------------------------------------------------
|  0  | SELECT STATEMENT              |                   |        |    1   |     22   |00:00.01 |    11 |
|  1  |  NESTED LOOPS                 |                   |        |    1   |     22   |00:00.01 |    11 |
|  2  |   TABLE ACCESS BY INDEX ROWID | DEPARTMENTS       |        |    1   |      1   |00:00.01 |     2 |
|* 3  |    INDEX UNIQUE SCAN          | IX_DEPARTMENTS_PK |        |    1   |      1   |00:00.01 |     1 |
|  4  |   TABLE ACCESS BY INDEX ROWID | EMPLOYEES         |        |    1   |     22   |00:00.01 |     9 |
|* 5  |    INDEX RANGE SCAN           | IX_EMPLYEES_N1    |        |    1   |     22   |00:00.01 |     3 |

Predicate Information (identified by operation id):
---------------------------------------------------
   3 - access("C"."DEPARTMENT_ID"='D01')
   5 - access("B"."DEPARTMENT_ID"='D01')
```

■ SVM(Simple View Merging)

Simple View를 해체하여 메인 쿼리와 통합한다.

```
SELECT A.EMPLOYEE_ID, A.FIRST_NAME, A.EMAIL, B.DEPARTMENT_NAM
  FROM (SELECT EMPLOYEE_ID, FIRST_NAME
              , EMAIL, DEPARTMENT_ID, JOB_ID
          FROM EMPLOYEES
         WHERE DEPARTMENT_ID = 'D01') A
      , DEPARTMENTS B
 WHERE A.DEPARTMENT_ID = B.DEPARTMENT_ID;
```

```
| Id  | Operation                     | Name              | Starts | A-Rows | A-Time   | Buffers |
----------------------------------------------------------------------------------------------------
|  0  | SELECT STATEMENT              |                   |    1   |    22  | 00:00.01 |   11    |
|  1  |  NESTED LOOPS                 |                   |    1   |    22  | 00:00.01 |   11    |
|  2  |   TABLE ACCESS BY INDEX ROWID | DEPARTMENTS       |    1   |     1  | 00:00.01 |    2    |
|* 3  |    INDEX UNIQUE SCAN          | IX_DEPARTMENTS_PK |    1   |     1  | 00:00.01 |    1    |
|  4  |   TABLE ACCESS BY INDEX ROWID | EMPLOYEES         |    1   |    22  | 00:00.01 |    9    |
|* 5  |    INDEX RANGE SCAN           | IX_EMPLYEES_N1    |    1   |    22  | 00:00.01 |    3    |

Predicate Information (identified by operation id):
---------------------------------------------------

  2 - access("B"."DEPARTMENT_ID"='D01')
  4 - access("DEPARTMENT_ID"='D01')
```

인라인 뷰 () A의 경우 단순하게 EMPLOYESS의 정보만 나열한 것이므로 옵티마이저는 인라인 뷰를 해체하고 아래와 같이 쿼리를 변환한다. SVM과 TP(조건절 생성)이 같이 발생했다.

```
SELECT A.EMPLOYEE_ID, A.FIRST_NAME, A.EMAIL, B.DEPARTMENT_NAME
  FROM EMPLOYEES A
     , DEPARTMENTS B
 WHERE A.DEPARTMENT_ID = B.DEPARTMENT_ID
   AND A.DEPARTMENT_ID = 'D01'
   AND B.DEPARTMENT_ID = 'D01';
```

```
| Id  | Operation                     | Name              | Starts | A-Rows | A-Time    | Buffers |
|-----|-------------------------------|-------------------|--------|--------|-----------|---------|
|   0 | SELECT STATEMENT              |                   |    1   |    22  | 00:00.01  |    11   |
|   1 |  NESTED LOOPS                 |                   |    1   |    22  | 00:00.01  |    11   |
|   2 |   TABLE ACCESS BY INDEX ROWID | DEPARTMENTS       |    1   |     1  | 00:00.01  |     2   |
|*  3 |    INDEX UNIQUE SCAN          | IX_DEPARTMENTS_PK |    1   |     1  | 00:00.01  |     1   |
|   4 |   TABLE ACCESS BY INDEX ROWID | EMPLOYEES         |    1   |    22  | 00:00.01  |     9   |
|*  5 |    INDEX RANGE SCAN           | IX_EMPLYEES_N1    |    1   |    22  | 00:00.01  |     3   |

Predicate Information (identified by operation id):
---------------------------------------------------

   2 - access("B"."DEPARTMENT_ID"='D01')
   4 - access("DEPARTMENT_ID"='D01')
```

■ PM(Predicate Move Around)

WHERE 조건을 다른 뷰에 이동한다.

```
SELECT A.EMPLOYEE_ID, A.FIRST_NAME, A.EMAIL, A.DEPARTMENT_NAME, B.SALARY
   FROM (SELECT /*+ NO_MERGE INDEX(B1 IX_EMPLYEES_N1) */
              B1.EMPLOYEE_ID, B1.FIRST_NAME
            , B1.EMAIL, C1.DEPARTMENT_ID, C1.DEPARTMENT_NAME
          FROM EMPLOYEES B1, DEPARTMENTS C1
         WHERE B1.DEPARTMENT_ID = C1.DEPARTMENT_ID
           AND B1.DEPARTMENT_ID = 'D01') A
      , (SELECT /*+ NO_MERGE INDEX(B2 IX_EMPLYEES_N1) */
              C2.DEPARTMENT_ID
            , SUM(B2.SALARY) AS SALARY
          FROM EMPLOYEES B2, DEPARTMENTS C2
         WHERE B2.DEPARTMENT_ID = C2.DEPARTMENT_ID
         GROUP BY C2.DEPARTMENT_ID) B
WHERE A.DEPARTMENT_ID = B.DEPARTMENT_ID
```

인라인 뷰 () A에 AND B1.DEPARTMENT_ID = 'D01' 조건이 있고 WHERE A.DEPARTMENT_ID = B.DEPARTMENT_ID JOIN절이 있으므로 옵티마이저는 인라인 뷰 () B 내부에 C2.DEPARTMENT_ID = 'D01' W조건을 생성하는 쿼리 변환을 진행했다.

```
| Id  | Operation                      | Name             | Starts | A-Rows | Buffers | Used-Mem |
------------------------------------------------------------------------------------------------
|   0 | SELECT STATEMENT               |                  |    1   |   22   |   19    |          |
|*  1 |  HASH JOIN                     |                  |    1   |   22   |   19    | 375K (0) |
|   2 |   VIEW                         |                  |    1   |    1   |    8    |          |
|   3 |    HASH GROUP BY               |                  |    1   |    1   |    8    | 468K (0) |
|   4 |     NESTED LOOPS               |                  |    1   |   22   |    8    |          |
|*  5 |      INDEX UNIQUE SCAN         | IX_DEPARTMENTS_PK|    1   |    1   |    1    |          |
|   6 |      TABLE ACCESS BY INDEX ROWID| EMPLOYEES       |    1   |   22   |    7    |          |
|*  7 |       INDEX RANGE SCAN         | IX_EMPLOYEES_N1  |    1   |   22   |    2    |          |
|   8 |   VIEW                         |                  |    1   |   22   |   11    |          |
|   9 |    NESTED LOOPS                |                  |    1   |   22   |   11    |          |
|  10 |     TABLE ACCESS BY INDEX ROWID| DEPARTMENTS      |    1   |    1   |    2    |          |
|* 11 |      INDEX UNIQUE SCAN         | IX_DEPARTMENTS_PK|    1   |    1   |    1    |          |
|  12 |     TABLE ACCESS BY INDEX ROWID| EMPLOYEES        |    1   |   22   |    9    |          |
|* 13 |      INDEX RANGE SCAN          | IX_EMPLOYEES_N1  |    1   |   22   |    3    |          |
```

Predicate Information (identified by operation id):
----

    1 - access("A"."DEPARTMENT_ID"="B"."DEPARTMENT_ID")
    5 - access("C2"."DEPARTMENT_ID"='D01')
    7 - access("B2"."DEPARTMENT_ID"='D01')
   11 - access("C1"."DEPARTMENT_ID"='D01')
   13 - access("B1"."DEPARTMENT_ID"='D01')

> 인라인 뷰 () A의 조건이 인라인 뷰 () B에 복제 이동되는 쿼리 변환.

■ SSU(Simple Subquery Unnesting)

단순 서브쿼리를 JOIN으로 변경한다.

이 부분은 [Part 07. 서브쿼리]에서도 정리했던 내용이다. 옵티마이저는 서브쿼리를 사용하면 내부적으로 JOIN으로 쿼리 변환을 시도한다.

```
SELECT /*+ LEADING(B@SUB A) USE_NL(A) */
       PRODUCT_ID, PRODUCT_NAME, WEIGHT_CLASS
  FROM PRODUCTS A
 WHERE PRODUCT_ID IN (SELECT /*+ QB_NAME(SUB) */ PRODUCT_ID FROM ORDER_ITEMS B
                      WHERE ORDER_DATE >= TO_DATE('20120601', 'YYYYMMDD')
                        AND ORDER_DATE <  TO_DATE('20120901', 'YYYYMMDD')
                        AND QUANTITY >= 2)
```

Id	Operation	Name	Starts	A-Rows	Buffers	Used-Mem
0	SELECT STATEMENT		1	288	71119	
1	NESTED LOOPS		1	288	71119	
2	NESTED LOOPS		1	288	70831	
3	SORT UNIQUE		1	288	70825	8192 (0)
* 4	TABLE ACCESS FULL	ORDER_ITEMS	1	554K	70825	
* 5	INDEX UNIQUE SCAN	IX_PRODUCTS_PK	288	288	6	
6	TABLE ACCESS BY INDEX ROWID	PRODUCTS	288	288	288	

위 서브쿼리는 아래와 같이 JOIN으로 쿼리 변환되었다. 서브쿼리의 데이터는 PRODUCT_ID 기준으로 중복데이터가 존재하기 때문에 데이터 정합성을 위해서 쿼리 변환 시에 DISTINCT가 기술되었다. 만약 서브쿼리에서 제공되는 데이터가 UNIQUE 하다는 것으로 옵티마이저가 판단하면 DISTINCT는 기술되지 않으며 인라인 뷰는 단순히 ORDER_ITEM의 정보를 나열한 것이기 때문에 인라인 뷰를 해체하는 SVM(Simple View Merging) 쿼리 변환도 같이 발생한다.

```
SELECT /*+ USE_NL(A B) */
       A.PRODUCT_ID, A.PRODUCT_NAME, A.WEIGHT_CLASS
  FROM (SELECT DISTINCT PRODUCT_ID FROM ORDER_ITEMS
         WHERE ORDER_DATE >= TO_DATE('20120601', 'YYYYMMDD')
           AND ORDER_DATE <  TO_DATE('20120901', 'YYYYMMDD')
           AND QUANTITY >= 2) B, PRODUCTS A
 WHERE A.PRODUCT_ID = B.PRODUCT_ID
```

```
| Id | Operation                    | Name           | Starts | A-Rows | Buffers | Used-Mem |
|----|------------------------------|----------------|--------|--------|---------|----------|
|  0 | SELECT STATEMENT             |                |    1   |   288  |  71119  |          |
|  1 |  NESTED LOOPS                |                |    1   |   288  |  71119  |          |
|  2 |   NESTED LOOPS               |                |    1   |   288  |  70831  |          |
|  3 |    SORT UNIQUE               |                |    1   |   288  |  70825  | 8192  (0)|
|* 4 |     TABLE ACCESS FULL        | ORDER_ITEMS    |    1   |  554K  |  70825  |          |
|* 5 |    INDEX UNIQUE SCAN         | IX_PRODUCTS_PK |   288  |   288  |     6   |          |
|  6 |   TABLE ACCESS BY INDEX ROWID| PRODUCTS       |   288  |   288  |   288   |          |
```

■ SJ(Semi Join)

서브쿼리를 Semi Join으로 변환한다.

아래와 같은 SQL도 [Part 07. 서브쿼리]에서 정리했던 내용이다.

```sql
SELECT *
  FROM EMPLOYEES A
 WHERE EXISTS (SELECT /*+ UNNEST NL_SJ */ 1 FROM ORDERS B
                WHERE A.EMPLOYEE_ID = B.EMPLOYEE_ID
                  AND B.ORDER_DATE >= TO_DATE('20120501', 'YYYYMMDD')
                  AND B.ORDER_DATE <  TO_DATE('20120502', 'YYYYMMDD'));
```

```
| Id | Operation          | Name        | Starts | A-Rows | A-Time      | Buffers |
|----|--------------------|-------------|--------|--------|-------------|---------|
|  0 | SELECT STATEMENT   |             |    1   |   563  | 00:00:00.01 |   1306  |
|  1 |  NESTED LOOPS SEMI |             |    1   |   563  | 00:00:00.01 |   1306  |
|  2 |   TABLE ACCESS FULL| EMPLOYEES   |    1   |   642  | 00:00:00.01 |     15  |
|* 3 |   INDEX RANGE SCAN | IX_ORDERS_N2|  642   |   563  | 00:00:00.01 |   1291  |
```

```sql
SELECT /*+ LEADING(A B) USE_NL(B) */ *
  FROM ORDERS B, EMPLOYEES A
 WHERE A.EMPLOYEE_ID(SEMI) = B.EMPLOYEE_ID
   AND B.ORDER_DATE >= TO_DATE('20120501', 'YYYYMMDD')
   AND B.ORDER_DATE <  TO_DATE('20120502', 'YYYYMMDD');
```

이 외에도 다양한 쿼리 변환이 존재하지만 대표적인 것에 대해서만 정리를 했다. 이와 같이 옵타마이저는 쿼리를 최적화하는 과정에서 내부적으로 쿼리 변환을 수행하며 옵티마이저 버전이 올라갈수록 쿼리 변환이 더 다양해지고 있다.

이런 쿼리 변환 과정을 이해해야 튜닝이 가능한 경우도 있기 때문에 고급 튜너가 되기 위해서는 필요한 지식이다.

예를 들어 비효율적인 스칼라 서브쿼리를 OUTER JOIN으로 변경하는 부분의 튜닝 방법이 있다. 19c 버전으로 올라가면서 추가된 쿼리 변환 중 하나가 스칼라 서브쿼리에 MAX 등 GROUP 함수가 사용되면 스칼라 서브쿼리를 OUTER JOIN으로 무조건 변경하면서 악성 실행 계획으로 처리되는 경우가 있다.([Part 7. 서브쿼리]에서 정리함) 이런 경우 실행 계획을 통해서 쿼리가 변환되었다는 것을 확인하고 쿼리 변환이 발생하지 않도록 조절해야 한다.

Oracle 트랜잭션과 Redo Log 튜닝

이번 단원에서 다룰 세부 항목은 아래와 같다.

Section **01**. Transaction
Section **02**. Redo & Undo
Section **03**. 데이터 변경량과 Redo & Undo
Section **04**. 튜닝 실무 사례

Section 01 Transaction

■ Transaction이란?

1) DBMS에서 데이터를 다루는 논리적인 작업의 단위. 한꺼번에 처리되어야 할 작업의 단위

- Database에 INSERT, UPDATE, DELETE 등의 변경 작업을 할 때, 여러 개의 작업들을 하나의 트랜잭션 처리한다.
- A계좌에서 B계좌로 돈을 이체하는 경우에 이 업무는 A에서 돈을 빼고 B에서 돈을 더하는 2가지의 UPDATE문으로 나뉘게 된다. 그리고 이것들은 개별적으로 수행되는 것이 아니라 하나의 트랜잭션으로 묶이게 되며 하나의 트랜잭션이 실행될 때 이 2개의 SQL문이 연속적으로 실행된다.
- 트랜잭션의 완료는 Commit 또는 Rollback으로 처리한다.
- Commit을 호출하면 작업 결과를 Database에 반영하고 취소가 되는 경우 Rollback을 통해 작업 결과 취소된다.

2) Transaction의 성질

- 원자성(Atomicity) : 분리 할 수 없는 하나의 단위로 작업은 모두 완료되거나 모두 취소되어야 한다.
- 일관성(Consistency) : 사용되는 모든 데이터는 일관되어야 한다.
- 격리성(Isolation) : 접근하고 있는 데이터는 다른 트랜잭션으로부터 격리되어야 한다.
- 영속성(Durability) : 트랜잭션이 정상 종료되면 그 결과는 시스템에 영구적으로 적용한다.

■ 체인지 벡터(change vector)

1) Redo와 Undo의 핵심이며, 트랜잭션 처리 시 데이터 Block에 대한 변경을 설명하기 위한 메커니즘

2) 트랜잭션 처리 시 데이터 변경 : 데이터는 두 번 기록한다. datafile & Redo Log File

- Undo 레코드에 대한 체인지 벡터를 생성한다.
- 데이터 Block에 대한 체인지 벡터를 생성한다.

- 체인지 벡터들을 하나의 Redo 레코드로 결합한 후 로그 버퍼에 기록한다.
- 데이터 Block을 변경한다.

■ 트랜잭션 요구 사항(ACID)과 Redo와 Undo

원자성 (Atomicity)	All or Nothing, 데이터는 트랜잭션이 완료되기 전 상태이거나 완료된 상태여야 한다. Undo로 구현
일관성 (Consistency)	Database는 항상 일관된 상태를 유지해야 한다. Undo로 구현
격리성 (Isolation)	트랜잭션 수행 시 다른 트랜잭션이 연산 작업에 끼어들지 못하도록 보장해야 한다. Undo로 구현
영속성 (Durability)	Commit된 트랜잭션은 시스템 장애 이후에도 반드시 복구될 수 있어야 한다. Redo로 구현

■ 트랜잭션 처리 - UPDATE

5, 6, 7, 8을 11, 12, 13, 14로 UPDATE 했다.

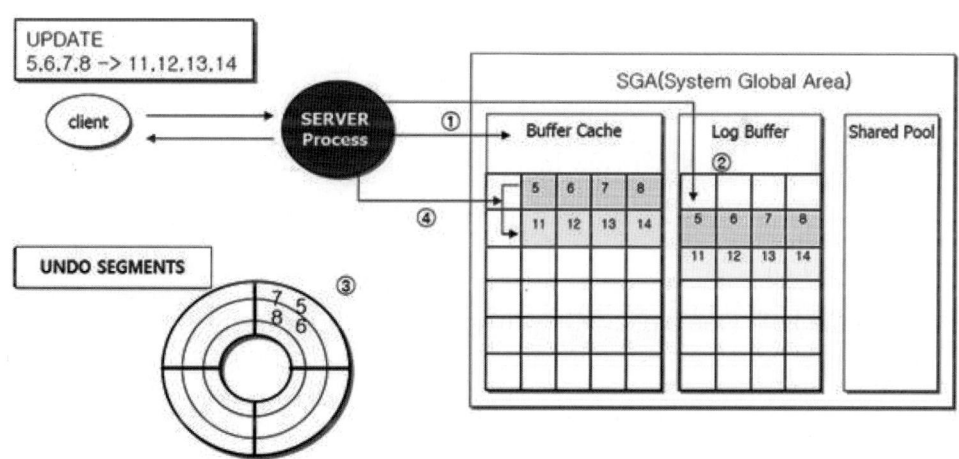

① Buffer Cache에서 해당 ROW를 찾는다. 만약 없으면 Datafile에서 읽어서 Buffer Cache의 Data Block에 Load 한다.(CACHE 후 ROW LOCK 설정)

② 변경 전 Old Image와 변경된 New Image에 대한 부분을 Log Buffer에 기록한다. (위 그림의 Log Buffer의 5, 6, 7, 8, 11, 12, 13, 14 부분)

③ Undo 세그먼트의 Undo Block에 Data Block의 Old Image를 기록한다.(5, 6, 7, 8)
④ Buffer Cache의 Data Block에 New Image를 UPDATE 한다.

■ 트랜잭션 처리 - INSERT

11, 12, 13, 14를 INSERT 했다.

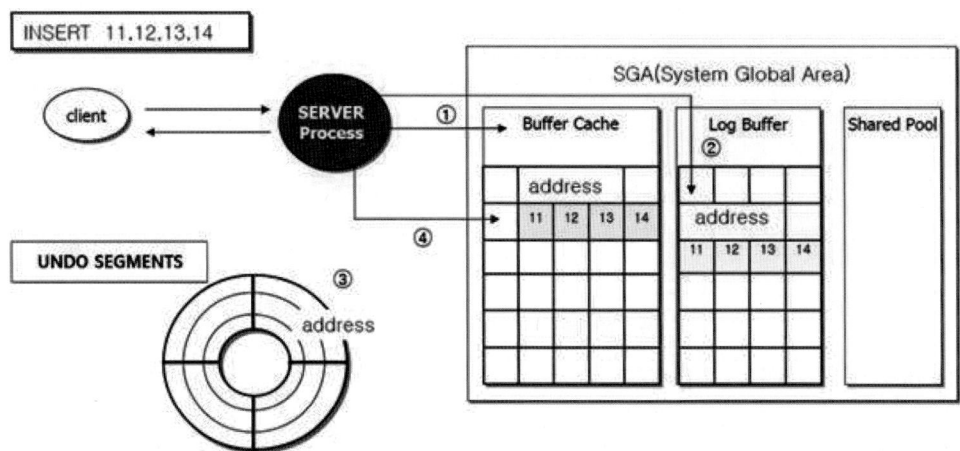

① 해당 데이터를 Buffer Cache에 Load 한다.(Load 후 PK 존재 시 ROW LOCK 설정. 다른 SESSION에서 동일 PK값을 INSERT 하는 경우 Lock 대기)
② INSERT 데이터 위치정보와 New Image를 Redo Log Buffer에 기록.
③ 대상 ROW의 위치정보를 Undo 세그먼트에 기록(Rollback 시 해당 ROW의 위치정보를 찾아가서 DELETE)
④ Buffer Cache의 Free Block에 New Image를 기록(Buffer Cache의 11, 12, 13, 14 부분)

■ 트랜잭션 처리 - DELETE

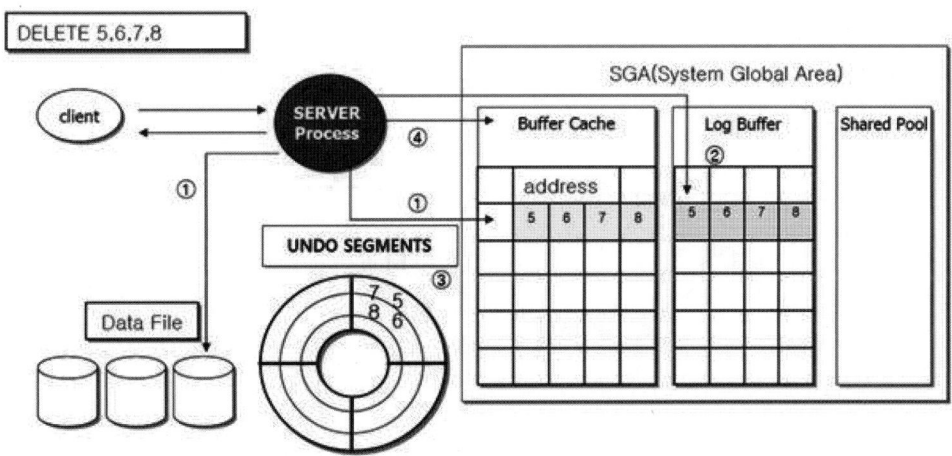

① 해당 Block을 Datafile에서 읽어서 DELETE 할 대상 ROW를 Buffer Cache에 Load 한다.(CACHE 후 ROW LOCK 설정)
② DELETE 대상 ROW를 Redo Log Buffer에 기록한다.
③ DELETE 대상 ROW를 Undo 세그먼트에 기록한다.(Rollback 시 INSERT 처리)
④ Buffer Cache의 Block에서 DELETE 처리한다. 만약 Commit 처리를 하지 않고 Rollback을 하면 Undo SEGEMTNS에 저장된 DELETE 전 데이터를 INSERT 한다.

Section 02 Redo & Undo

■ Online Redo Log Files

DB 버퍼 캐시에 가해지는 모든 변경 사항을 기록하는 파일. 대부분 DBMS는 버퍼 Block에 대한 변경 사항을 건건이 Datafile에 기록하기보다 우선 로그 파일에 Append 방식으로 빠르게 기록하는 방식을 사용한다. 그러고 나서 버퍼 Block과 Datafile 간 동기화는 적절한 수단(DBWR, Checkpoint)을 이용해 나중에 배치(Batch) 방식으로 일괄 처리한다.

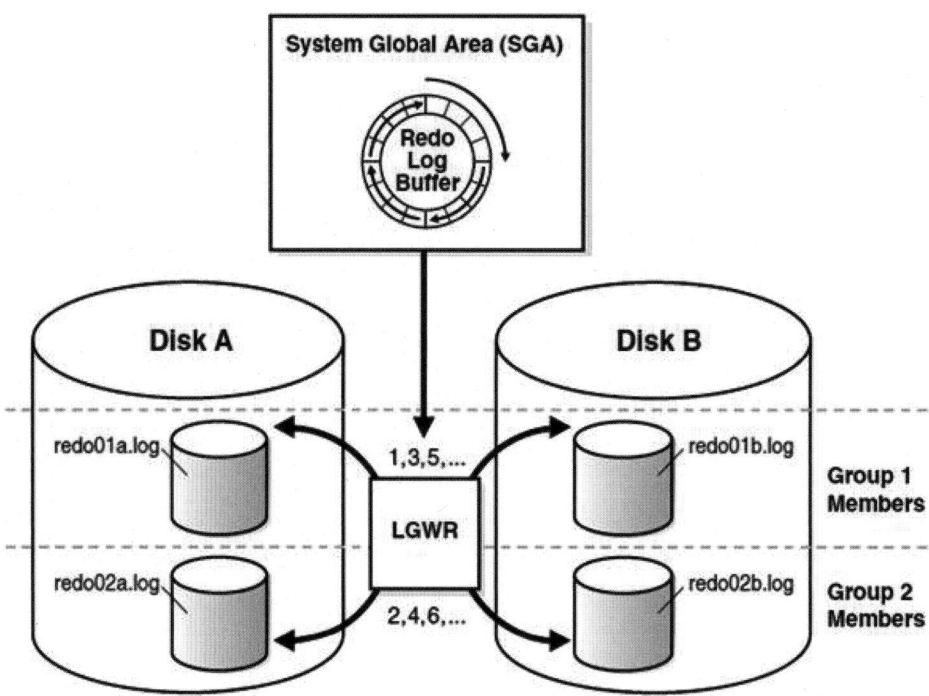

■ Redo Log의 목적

1) Database 복구

- 물리적으로 디스크가 깨지는 등의 Media Fail 발행 시 Database를 복구하기 위해서 사용되며 이때는 Archived Redo 로그를 이용한다.

2) Instance Recovery

- 트랜잭션에 대한 변경 사항은 Datafile에 저장되기 전에 Buffer Cache에 먼저 저장되며 아직 Datafile에 저장되지 않은 상태에서 DB Instance가 비정상적으로 종료되면 작업 내용이 유실되는데 이러한 트랜잭션 데이터의 유실에 대비하기 위해 Redo Log가 사용된다.
- Instance 비정상적 종료 후 시스템 재기동하면 Online Redo 로그에 저장된 기록 사항들을 읽어 들여 마지막 체크포인트 이후부터 사고 발생 직전까지 수행되었던 트랜잭션을 수행시킨다(Roll Forward 단계).
- Instance Recovery가 완료되면 Undo 데이터를 이용해 시스템 셧다운되는 지점에 Commit 하지 않았던 트랜잭션을 모두 롤백한다(Rollback 단계). Roll forward와 Rollback 단계가 모두 완료되면 Commit 되지 않은 기록 사항들은 모두 제거되어 Database는 완전히 동기화된다.

3) Fast Commit

- 트랜잭션에 의해 변경된 Buffer Block을 디스크 상의 Datafile로 기록하는 작업은 Random 액세스 방식으로 이루어지기 때문에 느리다.
- Redo Log는 APPEND 방식으로 기록하므로 매우 빠르다.
- 트랜잭션 Commit이 발생할 때마다 건건이 Datafile에 기록하기보다 우선 변경 사항을 APPEND 방식으로 Redo Log 파일에 기록하고 Buffer Cache의 데이터 Block과 Datafile 간의 동기화는 DBWR이 BATCH 방식으로 일괄 수행한다.
- 트랜잭션에 의한 갱신 내용이 Buffer Cache의 Block에만 기록되었지만 Redo Log에 먼저 기록되었으니 빠르게 Commit을 완료한다는 의미에서 Fast Commit이라고 부른다.

■ 트랜잭션과 Redo Log

1) INSERT
- 추가된 레코드에 대한 데이터.

2) UPDATE
- 변경되는 컬럼에 대한 이전 데이터. 변경되는 컬럼에 대한 현재 UPDATE 데이터.

3) DELETE
- 지워지는 Row의 모든 컬럼에 대한 데이터.

■ Undo 세그먼트

구조적으로 테이블 세그먼트와 별반 다르지 않다. 다른 점이라면 트랜잭션별로 Undo 세그먼트를 할당하고 트랜잭션에 의해서 변경되기 이전의 사항을 Undo Record 단위로 Undo 세그먼트 Block에 기록한다.

Undo retention은 트랜잭션이 완료되었어도 지정한 시간 동안은 Undo 데이터 재사용 기간을 정해두는 것이다.

■ Undo 세그먼트의 목적

1) 트랜잭션 Rollback
- 트랜잭션에 의한 변경사항을 Commit하지 않고 롤백할 때 Undo 데이터를 사용한다.

2) 트랜잭션 Recovery (Instance Recovery 시 Rollback 단계)
- Instance Crash 발생 후 Redo를 이용해 Roll Forward 단계가 완료되면 최종 Commit 되지 않은 변경사항까지 모두 복구. 이때 Commit되지 않은 트랜잭션은 모두 롤백해야 하는데 이때 Undo 데이터를 사용한다.

3) read consistency(읽기 일관성)
- Oracle은 Undo를 사용하여 읽기 일관성을 유지한다.

■ 트랜잭션과 Undo 데이터

1) INSERT
- 추가된 레코드의 ROWID가 저장된다. Rollback 시 해당 ROWID를 이용해서 추가된 데이터 DELETE 한다.

2) UPDATE
- 변경되는 컬럼에 대한 Before Image를 저장한다. Rollback 시 Before Image를 다시 UPDATE 한다.

3) DELETE
- 지워지는 Row의 모든 컬럼에 대한 Before Image를 저장한다. Rollback 시 Before Image를 다시 INSERT 한다.

■ Undo를 이용한 읽기 일관성

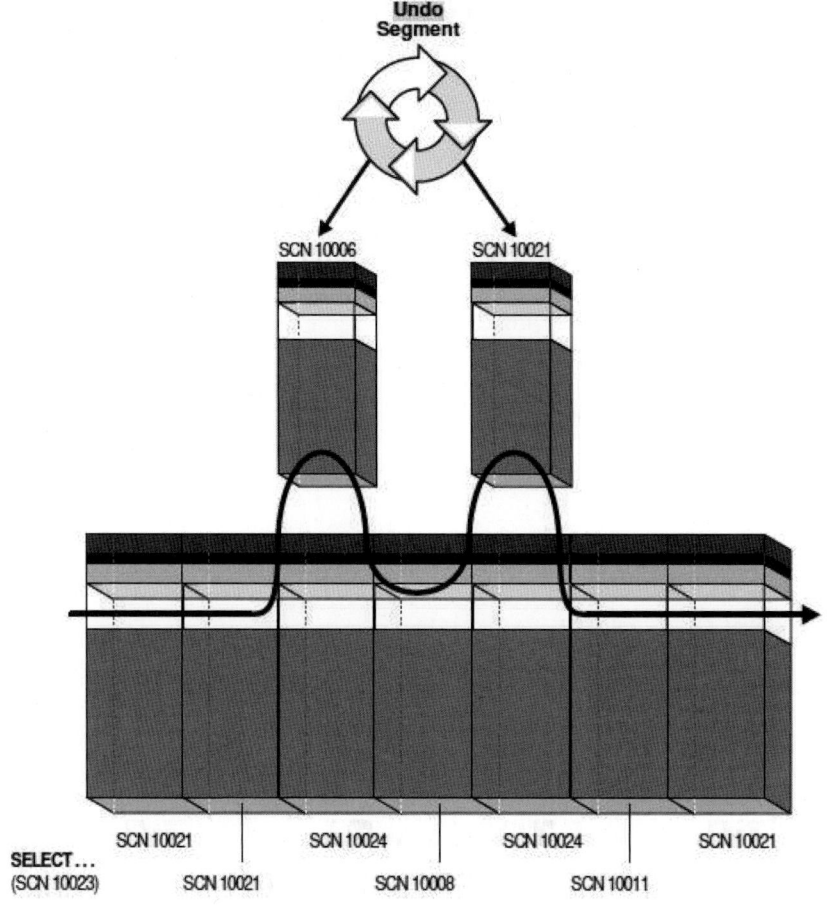

1) SCN(System Commit Number)
- 시스템 전체적으로 공유되는 Global 변수이다.
- Commit 발생 시마다 1씩 증가한다.

2) Block SCN
- Block이 마지막으로 변경된 시점 정보를 식별하기 위해서 Block 헤더에 SCN 정보를 관리.

3) SELECT 시점의 SCN이 Block의 SCN보다 낮은 경우 SELECT 시점의 SCN보다 같거나 작은 데이터를 Undo 세그먼트에서 Buffer Cache로 Loading해서 조회함으로써 SELECT 시점의 데이가 조회된다.(읽기 일관성)

위 그림에서는 Read Committed 격리 수준에서 SQL 문 수준의 일관성을 제공하기 위해 Undo 데이터를 사용하는 쿼리를 보여준다.

Database는 SCN(System Change Number)이라는 내부 순서 지정 메커니즘을 사용하여 트랜잭션의 순서를 보장한다. SELECT 문을 실행할 때 Database는 쿼리가 실행되기 시작한 시점의 SCN을 결정한다. 위 그림에서는 SELECT 시점의 SCN이 10023이다. 쿼리는 SCN 10023과 관련하여 Commit 완료된 데이터를 조회한다. 데이터 Block을 검색할 때 SQL이 실행된 시점의 SCN(10023)보다 높다면 SQL 시작 SCN까지의 데이터를 조회하기 위해서 Undo 데이터를 이용해서 SCN 10023 시점까지의 데이터를 Rollback하고 Buffer Cache로 Loading 한다.

Section 03 데이터 변경량과 Redo & Undo

■ Conventional Writing - INDEX가 없는 경우

```sql
--테이블 생성
CREATE TABLE ORDERS_REDO
AS
SELECT *
  FROM ORDERS
 WHERE 1 = 0;

--10만건 INSERT
INSERT INTO ORDERS_REDO
SELECT * FROM ORDERS WHERE ROWNUM <= 100000;

--20만건 INSERT
INSERT INTO ORDERS_REDO
SELECT * FROM ORDERS WHERE ROWNUM <= 200000;

--30만건 INSERT
DELETE ORDERS_REDO;

--각 트랜잭션 단계에서 COMMIT전 수행
SELECT S.SID, S.SERIAL#, S.USERNAME, S.PROGRAM
     , T.START_TIME, S.STATUS, T.USED_UBLK, T.USED_UREC
  FROM V$SESSION S, V$TRANSACTION T
 WHERE S.TADDR = T.ADDR
   AND S.SID = (SELECT SID FROM V$MYSTAT WHERE ROWNUM <= 1)
 ORDER BY 5 DESC, 6 DESC, 1, 2, 3, 4;
```

각 트랜잭션 단계에서 COMMIT전 수행 SQL 결과(UNDO 발생량)

DML 종류	처리 건수	SID	SERIAL#	USERNAME	PROGRAM	STATUS	USED_UBLK	USED_UREC
INSERT	100,000	4	599	APP_USER	OrangeMain.exe	ACTIVE	38	1265
INSERT	200,000	4	599	APP_USER	OrangeMain.exe	ACTIVE	75	2535
DELETE	300,000	4	599	APP_USER	OrangeMain.exe	ACTIVE	6001	300000

트랜잭션 단계별 REDO 발생량

DML 종류	처리 건수	REDO발생량(MB)
INSERT	100,000	5.6
INSERT	200,000	11.1
DELETE	300,000	84.4

■ Conventional Writing - INDEX가 존재하는 경우

```
--INDEX 생성
CREATE INDEX IX_ORDERS_REDO_N3
ON ORDERS_REDO(EMPLOYEE_ID, ORDER_DATE);
```

각 트랜잭션 단계에서 COMMIT전 수행 SQL 결과

DML 종류	처리 건수	SID	SERIAL#	USERNAME	PROGRAM	STATUS	USED_UBLK	USED_UREC
INSERT	100,000	4	599	APP_USER	OrangeMain.exe	ACTIVE	1134	99580
INSERT	200,000	4	599	APP_USER	OrangeMain.exe	ACTIVE	2289	202171
DELETE	300,000	4	599	APP_USER	OrangeMain.exe	ACTIVE	9377	600000

트랜잭션 단계별 REDO 발생량

DML 종류	처리 건수	REDO발생량(MB)
INSERT	100,000	35.0
INSERT	200,000	69.0
DELETE	300,000	144.3

INDEX 세그먼트의 경우에도 DML이 처리되므로 Redo, Undo 발생량이 증가했다.

■ Conventional Writing- NO INDEX, NOLOGGING MODE

```
ALTER TABLE ORDERS_REDO NOLOGGING;
```

각 트랜잭션 단계에서 COMMIT전 수행 SQL 결과(UNDO 발생량)

DML 종류	처리 건수	SID	SERIAL#	USERNAME	PROGRAM	STATUS	USED_UBLK	USED_UREC
INSERT	100,000	4	599	APP_USER	OrangeMain.exe	ACTIVE	38	1265
INSERT	200,000	4	599	APP_USER	OrangeMain.exe	ACTIVE	75	2535
DELETE	300,000	4	599	APP_USER	OrangeMain.exe	ACTIVE	6001	300000

트랜잭션 단계별 REDO 발생량

DML 종류	처리 건수	REDO발생량(MB)
INSERT	100,000	5.6
INSERT	200,000	11.1
DELETE	300,000	84.4

테이블의 속성을 NOLOGGING으로 바꾸더라도 Buffer Cache를 경유하는 Conventional Write에서는 Redo, Undo가 그대로 발생한다.

■ Direct Path Writing - NO INDEX, LOGGING

```
ALTER TABLE ORDERS_REDO LOGGING;

--10만건 INSERT
INSERT /*+ APPEND */ INTO ORDERS_REDO
SELECT * FROM ORDERS WHERE ROWNUM <= 100000;

--20만건 INSERT
INSERT /*+ APPEND */ INTO ORDERS_REDO
SELECT * FROM ORDERS WHERE ROWNUM <= 200000;
```

각 트랜잭션 단계에서 COMMIT전 수행 SQL 결과

DML 종류	처리 건수	SID	SERIAL#	USERNAME	PROGRAM	STATUS	USED_UBLK	USED_UREC
INSERT	100,000	4	599	APP_USER	OrangeMain.exe	ACTIVE	1	1
INSERT	200,000	4	599	APP_USER	OrangeMain.exe	ACTIVE	2	2
DELETE	300,000	4	599	APP_USER	OrangeMain.exe	ACTIVE	6001	300000

트랜잭션 단계별 REDO 발생량

DML 종류	처리 건수	redo size	REDO발생량(MB)
INSERT	100,000	5,879,156	0.1
INSERT	200,000	17,512,660	0.1
DELETE	300,000	106,000,012	84.4

/*+ APPEND */ 힌트를 이용해서 Buffer Cache를 경유하지 않고 Datafile로 Direct Path Write한 결과이다. INDEX가 없는 경우 INSERT 처리 시 Redo, Undo 발생량의 경우 데이터 건수와 상관없이 최소로 발생되었다. 하지만 DELETE의 경우에는 Redo, Undo가 동일하게 발생한 것을 확인할 수 있다.

■ Direct Path Writing - NO INDEX, NOLOGGING

```
ALTER TABLE ORDERS_REDO NOLOGGING;
```

각 트랜잭션 단계에서 COMMIT전 수행 SQL 결과

DML 종류	처리 건수	SID	SERIAL#	USERNAME	PROGRAM	STATUS	USED_UBLK	USED_UREC
INSERT	100,000	4	599	APP_USER	OrangeMain.exe	ACTIVE	1	1
INSERT	200,000	4	599	APP_USER	OrangeMain.exe	ACTIVE	2	2
DELETE	300,000	4	599	APP_USER	OrangeMain.exe	ACTIVE	6001	300000

트랜잭션 단계별 REDO 발생량

DML 종류	처리 건수	redo size	REDO발생량(MB)
INSERT	100,000	5,879,156	0.1
INSERT	200,000	17,512,660	0.1
DELETE	300,000	106,000,012	84.4

Direct Path Write 할 때 INDEX가 존재하지 않는 경우에는 NOLOGGING이든 LOGGING 이든 INSERT에 대해서는 Redo, Undo 발생량이 최소화되었다.

```
--INDEX 생성
CREATE INDEX IX_ORDERS_REDO_N3
ON ORDERS_REDO(EMPLOYEE_ID, ORDER_DATE)
NOLOGGING;
```

각 트랜잭션 단계에서 COMMIT전 수행 SQL 결과

DML 종류	처리 건수	SID	SERIAL#	USERNAME	PROGRAM	STATUS	USED_UBLK	USED_UREC
INSERT	100,000	4	599	APP_USER	OrangeMain.exe	ACTIVE	302	902
INSERT	200,000	4	599	APP_USER	OrangeMain.exe	ACTIVE	635	2603
DELETE	300,000	4	599	APP_USER	OrangeMain.exe	ACTIVE	9379	600000

트랜잭션 단계별 REDO 발생량

DML 종류	처리 건수	REDO발생량(MB)
INSERT	100,000	9.8
INSERT	200,000	29.4
DELETE	300,000	144.3

INDEX가 존재하게 되면 Direct Path Write 방식으로 INSERT를 하더라도 Redo, Undo 가 발생하지만 Conventional Write보다는 작게 발생하는 것을 확인할 수 있다. 결과적으로 INDEX의 개수 및 생성된 INDEX에 사이즈에 비례해서 Redo와 Undo가 발생하기 때문에 트랜잭션 발생량이 높은 Hot 테이블에 대해서는 INDEX를 최소화하고 공통된 ACCESS 패턴에 따라 최적의 INDEX를 설계하는 것이 Redo, Undo 발생량을 최소화하는 길이다.

Section 04 튜닝 실무 사례

SOURCE DB의 특정 기준 정보성 테이블을 TARGET DB에 주기적으로 동기화시키는 프로그램에 대한 사례이다.

1분 주기로 데이터를 동기화시키기 위해서 TARGET DB의 기준 정보성 테이블을 전체 DELETE 한 후에 SOURCE DB의 기준 정보성 테이블에서 전체 데이터를 조회해서 TARGET DB의 기준 정보 테이블로 전체 데이터를 INSERT 하는 형태로 수행되고 있었다. 즉 TARGET 테이블이 1분 주기로 전체 데이터 DELETE, INSERT가 발생하면서 전체 Redo 발생량의 10% 이상 점유하고 있었다.

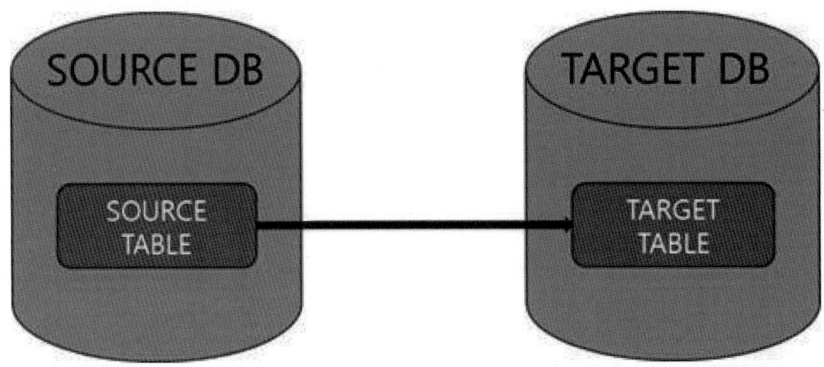

튜닝 사례 환경 구성을 위해서 아래와 같이 SOURCE_TABLE과 TARGET_TABLE을 생성했다. 같은 DB에 생성했지만 SOURCE TABLE은 REMOTE로 연결하는 SOURCE DB의 테이블로 가정한다.

```
--SOURCE TABLE 생성
CREATE TABLE SOURCE_TABLE
TABLESPACE APP_DATA
AS
```

```sql
SELECT * FROM DBA_OBJECTS
 WHERE OBJECT_ID IS NOT NULL;

ALTER TABLE SOURCE_TABLE
ADD CONSTRAINTS SOURCE_TABLE_PK PRIMARY KEY(OBJECT_ID)
USING INDEX
TABLESPACE APP_DATA;

--TARGET_TABLE 생성
CREATE TABLE TARGET_TABLE
TABLESPACE APP_DATA
AS
SELECT * FROM SOURCE_TABLE;

ALTER TABLE TARGET_TABLE
ADD CONSTRAINTS TARGET_TABLE_PK PRIMARY KEY(OBJECT_ID)
USING INDEX
TABLESPACE APP_DATA;
```

SOURCE_TABLE의 데이터 건수는 약 73,000건이며 SOURCE와 TARGET을 1분 주기로 동기화시키기 위해서 아래와 같이 전체 DELETE, INSERT로 처리하고 있다.

```sql
DELETE TARGET_TABLE;

INSERT INTO TARGET_TABLE
SELECT * FROM SOURCE_TABLE;

COMMIT;
```

위 SQL 처리 과정에서 발생하는 Redo 발생량은 아래와 같다. 1분당 약 114MB의 Redo Log가 발생하고 있으며 시간당으로는 약 6.8 GB의 Redo Log가 발생하게 된다.

작업	Redo 발생량(MB)
전체 DELETE	65
전체 INSERT	49
합계	114

Redo 발생량을 측정하기 위해서 아래 SQL을 DML문 처리 단계마다 수행시켜서 Redo 발생량의 변화량을 측정했다.

```
SELECT B.NAME
     , A.VALUE
  FROM V$MYSTAT A
     , V$STATNAME B
 WHERE A.STATISTIC# = B.STATISTIC#
   AND B.NAME = 'redo size';
```

DB에서 Redo Log 발생량이 과도하게 높게 되면 log file switch가 빈번하게 발생하게 되고 아카이브 log에도 쓰여지는 양이 높아지게 되며 트랜잭션 처리 속도에도 영향을 줄 수 있다.

SOURCE DB에 있는 SOURCE 테이블의 데이터 변화에 대해서 추적을 해보니 변경 및 삭제되는 데이터 건수는 수십 건에 불과했다. 따라서 전체 데이터 DELETE가 INSERT가 아니라 변경 및 삭제가 발생하는 데이터에 대해서만 DELETE INSERT 하는 형태로 변경했으며 이에 따라서 Redo 발생량이 99% 개선이 되었다. GLOBAL TEMPORARY 테이블을 이용했으며 개선된 SQL은 아래와 같다.

```
--중간 테이블 역할을 위해서 생성
CREATE GLOBAL TEMPORARY TABLE TEMP_TARGET_TABLE
AS
SELECT * FROM TARGET_TABLE
 WHERE 1=0;


--SOURCE에 한 개 컬럼이라도 데이터가 변경되거나 생성된 데이터 적재
INSERT INTO TEMP_TARGET_TABLE
SELECT * FROM SOURCE_TABLE;
 WHERE NOT EXISTS ( SELECT 1
                      FROM TARGET_TABLE B
                     WHERE NVL(A.OWNER, '-') = NVL(B.OWNER, '-')
                       AND NVL(A.OBJECT_NAME, '-') = NVL(B.OBJECT_NAME, '-')
                       AND NVL(A.SUBOBJECT_NAME, '-') = NVL(B.SUBOBJECT_NAME, '-')
```

```sql
                    AND A.OBJECT_ID = B.OBJECT_ID
                    AND NVL(A.DATA_OBJECT_ID, 0) = NVL(B.DATA_OBJECT_ID, 0)
                    AND NVL(A.OBJECT_TYPE, '-') = NVL(B.OBJECT_TYPE, '-')
                    AND NVL(A.CREATED, SYSDATE) = NVL(B.CREATED, SYSDATE)
                    AND NVL(A.LAST_DDL_TIME, SYSDATE) = NVL(B.LAST_DDL_TIME, SYSDATE)
                    AND NVL(A.TIMESTAMP, '-') = NVL(B.TIMESTAMP, '-')
                    AND NVL(A.STATUS, '-') = NVL(B.STATUS, '-')
                    AND NVL(A.TEMPORARY, '-') = NVL(B.TEMPORARY, '-')
                    AND NVL(A.GENERATED, '-') = NVL(B.GENERATED, '-')
                    AND NVL(A.SECONDARY, '-') = NVL(B.SECONDARY, '-')
                    AND NVL(A.NAMESPACE, 0) = NVL(B.NAMESPACE, 0)
                    AND NVL(A.EDITION_NAME, '-') = NVL(B.EDITION_NAME, '-')
                    AND NVL(A.SHARING, '-') = NVL(B.SHARING, '-')
                    AND NVL(A.EDITIONABLE, '-') = NVL(B.EDITIONABLE, '-')
                    AND NVL(A.ORACLE_MAINTAINED, '-') = NVL(B.ORACLE_MAINTAINED, '-')
                    AND NVL(A.APPLICATION, '-') = NVL(B.APPLICATION, '-')
                    AND NVL(A.DEFAULT_COLLATION, '-') = NVL(B.DEFAULT_COLLATION, '-')
                    AND NVL(A.DUPLICATED, '-') = NVL(B.DUPLICATED, '-')
                    AND NVL(A.SHARDED, '-') = NVL(B.SHARDED, '-')
                    AND NVL(A.CREATED_APPID, 0) = NVL(B.CREATED_APPID, 0)
                    AND NVL(A.CREATED_VSNID, 0) = NVL(B.CREATED_VSNID, 0)
                    AND NVL(A.MODIFIED_APPID, 0) = NVL(B.MODIFIED_APPID, 0)
                    AND NVL(A.MODIFIED_VSNID, 0) = NVL(B.MODIFIED_VSNID, 0))

--SOURCE에 한 개 컬럼이라도 데이터가 변경되거나 생성된 데이터 삭제
DELETE TARGET_TABLE
 WHERE OBJECT_ID IN (SELECT OBJECT_ID FROM TEMP_TARGET_TABLE);

--SOURCE에 한 개 컬럼이라도 데이터가 변경되거나 생성된 데이터 적재
INSERT INTO TARGET_TABLE
SELECT * FROM TEMP_TARGET_TABLE;

COMMMIT;
```

여기에서는 변경된 데이터에 대해서 직접 로직으로 처리를 했지만 참고로 Oracle : Oracle인 경우 MATERIALIZE VIEW를 이용하면 SOURCE DB와 TARGET DB에 대해서 간단하게 동기화되는 형태를 구현할 수 있다.

PART 16

파티셔닝

대용량 Database 환경에서 파티셔닝은 필수이다.
이번 단원에서는 Oracle에서 제공하는 파티셔닝 기능에 대해서 자세히 알아본다.

이번 단원에서 다룰 세부 항목은 아래와 같다.

Section 01. 개요
Section 02. 기본 개념
Section 03. 파티셔닝 유형
Section 04. 파티션 KEY 전략
Section 05. 파티셔닝 테이블의 INDEX
Section 06. 파티션 관리
Section 07. 파티션 Pruning

Section 01 개요

파티셔닝의 개념과 필요성을 소개하고, Database 관리와 성능 최적화에 있어 파티셔닝이 어떻게 기여할 수 있는지를 설명한다.

파티셔닝은 대규모 테이블이나 INDEX를 더 작은 조각(파티션)으로 나누어 관리하는 Database 기능이다. 이를 통해 Database 관리자는 더 효과적인 데이터 관리와 성능 최적화를 이룰 수 있다. Oracle Database에서 제공하는 파티셔닝 기능은 다양한 유형과 옵션을 통해 복잡한 데이터 처리 요구 사항을 충족시킬 수 있다.

■ 파티셔닝의 필요성 및 장점

• 성능 향상

Oracle 파티셔닝은 쿼리 처리를 관련 파티션으로 제한하고 데이터 SCAN을 줄이고 응답 시간을 향상시키는 파티션 정리를 활성화하여 성능을 향상시킨다. 예를 들어, 파티션 Pruning을 통해 쿼리 시 필요한 파티션만 SCAN하게 하여 전체 테이블 SCAN을 피할 수 있다. 파티션별 JOIN 및 병렬 처리를 지원하여 파티션 전체에 워크로드를 분산하고 리소스를 보다 효율적으로 활용할 수 있다. 파티션 수준의 로컬 인덱싱은 데이터 액세스 속도를 높이고, UPDATE 및 삭제와 같은 파티션별 작업은 변경 사항을 특정 파티션에 격리하여 성능에 미치는 영향을 최소화한다.

• 데이터 관리의 편의성

Oracle 파티셔닝은 전체 테이블이 아닌 개별 파티션에 대한 작업을 허용함으로써 데이터 관리 편의성을 향상시킨다. 여기에는 파티션 추가, 삭제, 분할과 같은 파티션 수준 작업을 통한 효율적인 데이터 로드, 보관 및 제거가 포함된다. 파티션별 백업 및 복구를 활성화하여 유지 관리를 단순화하고 가동 중지 시간을 줄인다. 전반적으로 파티셔닝은 효율적인 데이터 수명주기 관리를 촉진하고 데이터 처리를 비즈니스 요구 사항에 맞게 조정하며 운영 효율성을 향상시킨다.

- **가용성**

Oracle 파티셔닝은 파티션의 독립적인 관리를 활성화하여 데이터 가용성을 향상시킨다. 파티션 추가, 삭제, 병합 등의 유지 관리 작업은 전체 테이블의 가용성에 영향을 주지 않고 온라인으로 수행할 수 있다. 백업 및 복구와 같은 파티션별 작업은 가동 중지 시간을 최소화하고 대상 데이터 관리를 보장한다. 전반적으로 파티셔닝은 중단을 최소화하고 데이터에 대한 지속적인 액세스를 유지하는 원활하고 세분화된 데이터 작업을 허용함으로써 가용성을 향상시킨다.

- **확장성**

Oracle 파티셔닝은 대규모 테이블을 파티션이라는 더 작고 관리하기 쉬운 세그먼트로 나눌 수 있도록 하여 확장성을 향상시킨다. 이 구조를 사용하면 각 파티션을 개별적으로 관리, 인덱싱 및 최적화할 수 있으므로 대규모 데이터 세트를 효율적으로 처리할 수 있다. 데이터가 증가함에 따라 기존 파티션에 영향을 주지 않고 새 파티션을 쉽게 추가할 수 있으며 데이터 로드, 쿼리, 유지 관리와 같은 작업을 파티션 전체에 분산할 수 있다. 이러한 세분화된 접근 방식은 성능과 리소스 활용도를 향상시켜 데이터 볼륨이 증가함에 따라 Database의 원활한 확장을 지원하고 대규모 애플리케이션을 더 쉽게 유지 관리하고 최적화할 수 있도록 해준다.

■ 파티셔닝의 한계와 고려 사항

파티셔닝은 모든 환경에서 최적의 솔루션이 아닐 수 있으며, 잘못된 파티셔닝 설계는 성능을 저하시킬 수 있다. 적절한 파티셔닝 키 선택과 유형 결정이 중요하다. 데이터 모델링 단계에서 파티셔닝을 고려하여 설계해야 하고, 성능 테스트와 모니터링을 통해 지속적인 최적화가 필요하다.

Section 02 기본 개념

Oracle Database에서의 파티셔닝의 근본적인 개념과 핵심 구성 요소에 대해 설명한다. 이를 통해 파티셔닝의 기초를 확실히 이해하고, 파티셔닝을 효율적으로 설계하고 관리할 수 있는 기반을 마련한다.

■ 파티션이란 무엇인가?

파티션은 하나의 테이블이나 INDEX를 더 작은 논리적 단위로 나누는 것을 의미한다. 각 파티션은 독립적으로 관리될 수 있는 데이터의 부분 집합이다. 파티션을 사용하면 데이터를 더 쉽게 관리할 수 있고, 성능 최적화도 가능하다. 예를 들어, 특정 날짜 범위의 데이터를 빠르게 조회하거나, 오래된 데이터를 쉽게 아카이빙하는 등의 작업이 효율적이다. Oracle에서는 파티션을 물리적으로 별도의 세그먼트로 구현하여 각 파티션이 독립적으로 액세스 및 관리되도록 한다.

■ 파티셔닝의 기본 구성 요소

• 파티션 KEY

파티션을 나누는 기준이 되는 컬럼 또는 컬럼들의 조합이다. 파티션 KEY는 데이터가 특정 파티션에 저장될지를 결정하는 데 사용된다.

• 파티션 테이블

파티셔닝된 테이블은 하나의 논리적 엔터티로 보이지만 실제로는 여러 개의 파티션으로 구성되어 있으며 각 파티션은 논리적으로 각각 하나의 세그먼트이다.

• 파티션 INDEX

테이블뿐만 아니라 INDEX도 파티셔닝할 수 있다. 파티션 INDEX는 GLOBAL INDEX와 LOCAL INDEX로 나뉘며, 각각의 역할과 성능 특성이 다르다. LOCAL INDEX는 파티션 별로 생성되는 INDEX이고 GLOBAL INDEX는 전체 테이블 데이터를 대상으로 생성되는 INDEX이다.

■ 파티셔닝 아키텍처와 설계 고려사항

• 파티셔닝과 TABLESPACE의 관계

각 파티션은 별도의 TABLESPACE에 저장될 수 있다. 이를 통해 스토리지 장치를 최적화하고, 데이터 관리 정책을 보다 세밀하게 적용할 수 있다.

• 파티셔닝과 I/O 성능 최적화

파티셔닝을 통해 데이터 액세스 경로를 최적화하여 디스크 I/O 작업을 줄일 수 있다. 특히, 파티션 Pruning을 통해 필요한 파티션만 읽어오는 방식으로 성능을 개선할 수 있다.

• 파티셔닝과 병렬 처리(Parallel Processing)

병렬 처리를 통해 대규모 데이터 처리 시 성능을 극대화할 수 있다. 여러 파티션에 걸쳐 병렬로 쿼리를 실행하거나 데이터를 로드할 수 있다.

• 파티셔닝 키의 선택

올바른 파티션 KEY의 선택은 파티셔닝 설계에서 가장 중요한 요소 중 하나이다. 파티셔닝 키는 각 행이 저장되는 파티션을 결정하는 하나 이상의 열로 구성된다. Oracle은 파티셔닝 키를 사용하여 INSERT, UPDATE 및 삭제 작업을 적절한 파티션으로 자동으로 안내한다. 잘못된 키 선택은 성능 저하와 관리 복잡도를 증가시킬 수 있다.

• 파티셔닝 유형 결정

파티셔닝 유형(예 : RANGE, HASH, LIST등)은 데이터 특성과 사용 패턴에 따라 결정된다. 각 유형의 장단점과 적합한 사용 사례를 이해하는 것이 중요하다.

■ 언제 파티셔닝을 해야 되는가?

• 시계열 데이터의 지속적인 증가하는 대용량 데이터

로그, 거래, 센서 등 시간 순으로 누적되는 대용량 테이블의 경우, 파티셔닝은 이를 더 작고 관리 가능한 조각으로 나눠 성능을 향상시키고 유지 관리 작업을 용이하게 할 수 있다. 예를 들어 월 단위로 증가하는 사이즈가 2GB인 경우 RANGE 파티셔닝의 후보가 될 수 있다.

• 트랜잭션 경합 분산

트랜잭션이 특정 동일 Block에 집중되어 경합으로 트랜잭션 성능이 저하될 수 있는 경우 경합 분산 차원에서 파티셔닝을 고려할 수 있다.

• 데이터 관리 및 유지보수 작업의 간소화

큰 데이터셋에서 삭제 작업을 실행하는 대신 파티셔닝을 통해서 오래된 파티션을 간단히 삭제가 가능하고 파티션 단위로 작업이 가능하다.

• 성능 관점에서 파티셔닝이 효과적인 경우

WHERE절에 파티션 KEY가 포함되는 조건 쿼리가 많은 경우 파티션 Pruning으로 전체 테이블 SCAN 대신 필요한 파티션만 SCAN함으로써 응답 속도를 향상시킬 수 있다. 또한 병렬 처리 최적화가 필요한 대규모 처리 환경에서 파티션 단위로 병렬 처리를 통해서 처리 속도를 향상시킬 수 있다.

Section 03 파티셔닝 유형

Oracle은 성능을 최적화하고 데이터 관리를 개선하기 위해 테이블이나 INDEX를 더 작고 관리 가능한 조각으로 나눌 수 있는 여러 가지 파티셔닝 방식을 제공한다. 각 파티셔닝 방식은 데이터가 어떻게 분산되고 접근되어야 하는지에 따라 파티션 전략은 다르게 사용된다. 데이터를 개별 파티션에 배치하는 방식을 제어하는 세 가지 기본 데이터 분배 방법을 기본 파티셔닝 전략으로 제공하며 전략은 아래와 같다.

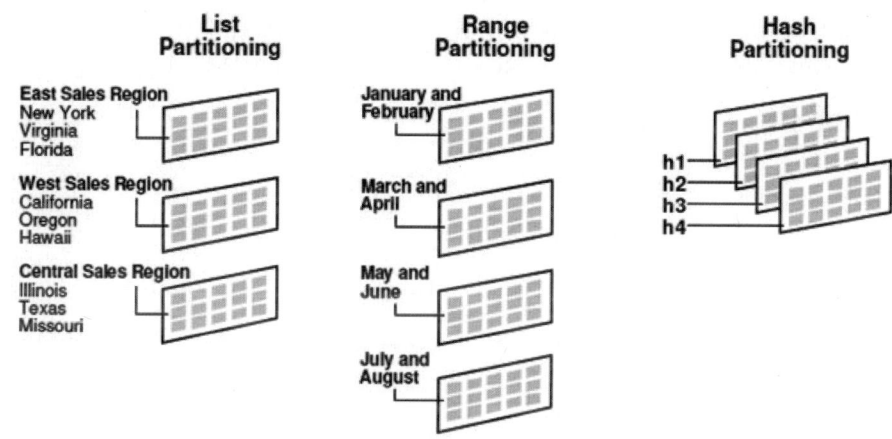

이러한 데이터 분배 방법을 사용하여 테이블은 단일 수준 파티셔닝 또는 복합 파티셔닝 테이블로 파티셔닝 할 수 있다. 각 파티셔닝 전략은 서로 다른 장점과 설계 고려 사항을 가지고 있다.

■ RANGE 파티셔닝 (Range Partitioning)

RANGE 파티셔닝은 특정 컬럼의 값이 미리 정의된 범위에 따라 데이터를 파티션으로 나누는 방식이다. 예를 들어, 날짜나 숫자 범위를 기준으로 데이터를 나눌 수 있다. 날짜별로 로그 데이터나 거래 데이터를 저장할 때 유용하며 월별 또는 분기별 데이터 를 파티셔닝할 수 있다. 데이터가 순차적으로 증가하는 경우 매우 효율적이며, 파티션 Pruning을 통해 필요한 파티션만 검색할 수 있어 쿼리 성능이 향상된다. 데이터가 특정 범위에 몰리는 경우 데이터 불균형이 발생할 수 있다. 아래는 RANGE 파티셔닝이 사용되는 일반적인 사례이다.

- **시간 기반 데이터**

시간 요소를 포함하는 대량의 데이터(예 : 날짜 또는 타임스탬프)가 있을 때 RANGE 파티셔닝이 적합하다. 데이터를 일, 월, 분기, 연도 등으로 나누어 관리할 수 있다. 예로 한 회사가 매출 데이터를 저장하는 경우, 트랜잭션 날짜에 따라 데이터를 RANGE 파티셔닝하여 특정 기간(예 : "1월의 매출", "작년의 매출")에 대한 쿼리를 효율적으로 처리할 수 있다. 날짜를 기준으로 필터링하는 쿼리는 관련 파티션만 SCAN하므로 성능이 향상된다. (파티션 Pruning) 오래된 파티션을 쉽게 아카이빙하거나 삭제할 수 있어 다른 파티션에 영향을 주지 않는다.(데이터 수명 주기 관리). 아래는 연도별로 생성된 매출 테이블의 파티셔닝 예이다.

```
CREATE TABLE SALES
(
  SALE_ID    NUMBER,
  SALE_DATE  DATE,
  AMOUNT     NUMBER
)
PARTITION BY RANGE (SALE_DATE)
(
  PARTITION P_2022 VALUES LESS THAN (TO_DATE('20230101', 'YYYYMMDD')),
  PARTITION P_2023 VALUES LESS THAN (TO_DATE('20240101', 'YYYYMMDD')),
  PARTITION P_2024 VALUES LESS THAN (TO_DATE('20250101', 'YYYYMMDD'))
);
```

- **데이터 아카이빙 및 삭제**

큰 데이터셋에서 삭제 작업을 실행하는 대신 파티셔닝을 통해서 오래된 파티션을 간단히 삭제가 가능하고 파티션 단위로 작업이 가능하다. 예로 시스템 이벤트를 저장하는 로그 테이블에서 데이터를 1년 동안 보관하고, 더 오래된 데이터는 주기적으로 삭제한다. RANGE 파티셔닝을 날짜별로 사용하면 오래된 월 또는 연도의 파티션을 쉽게 삭제할 수 있다. 오래된 데이터를 삭제할 때 간단하게 파티션을 삭제할 수 있어 작업이 단순해지며 대량 데이터 DELETE로 인한 부하가 제거된다.

- **순차적인 데이터**

자연스럽게 순서나 연속성을 가지는 데이터(예 : 일련번호)가 있을 경우 RANGE 파티셔닝을 통해 데이터를 더 효율적으로 구성할 수 있다. 예를 들어, 고객 ID나 주문 번호와 같은 숫자 기반 키로 범위 파티셔닝을 할 수 있으며 주문 관리 시스템에서 주문 번호를 기준으로 데이터를 파티셔닝하여 특정 범위의 주문을 더 빠르게 조회할 수 있다. 특정 데이터 범위를 대상으로 하는 쿼리는 파티션 Pruning으로 SCAN해야 하는 데이터 양이 줄어든다.

- **데이터 웨어하우징**

데이터 웨어하우스 환경에서 RANGE 파티셔닝은 주로 시간 기반으로 팩트 테이블(예 : 판매 실적)을 구성하는 데 사용된다. 이렇게 하면 특정 기간 또는 트렌드를 대상으로 하는 대규모 데이터셋에 대한 쿼리가 더 효율적이 된다. 예로 매일의 판매 기록을 저장하는 데이터 웨어하우스에서 날짜별로 RANGE 파티셔닝을 사용하면 특정 날짜 범위에 대한 보고와 분석이 효율적으로 이루어진다. 분석 및 보고용 쿼리 성능이 향상된다. 관련된 파티션만 쿼리하게 되어 효율적이 되고 새 시간 구간에 대한 파티션을 추가하거나 병합하는 작업이 간편해진다.

- **대규모 테이블의 성능 최적화**

데이터가 자연스럽게 범위로 나누어지는 대규모 테이블에서는 RANGE 파티셔닝이 성능 및 저장소 관리를 개선한다. 파티션 KEY에 대한 필터링을 사용하는 쿼리는 전체 테이블을 SCAN하는 대신 필요한 파티션만 SCAN할 수 있다. 예를 들어 센서 데이터를 저장하는 테이블에서 데이터를 숫자 범위(예 : 온도 또는 센서 ID)에 따라 파티셔닝할 수 있다. Oracle이 관련 없는 파티션을 제외하고 필요한 데이터만 SCAN하도록 하여 성능이 최적화된다. 매우 큰 데이터셋에 대한 스토리지 및 관리가 용이해진다.

- **롤링 윈도우 작업**

RANGE 파티셔닝은 최근 데이터만 유지해야 하는 롤링 윈도우 작업에 적합하다(예 : 최근 12개월의 데이터). 새로운 데이터가 들어오면 파티션을 추가하고, 더 이상 필요하지 않은 데이터는 간단히 삭제할 수 있다. 예로 금융 시스템에서 최근 1년간의 거래 데이터를 유지하고, 12개월 이상 된 데이터는 정기적으로 삭제하는 경우를 예로 들 수 있다.

RANGE 파티셔닝의 주요 장점은 아래와 같다.

- **파티션 Pruning**

Oracle은 쿼리의 WHERE절에 따라 관련 없는 파티션을 건너뛰어 성능을 개선할 수 있다.

- **관리 용이성**

RANGE 파티셔닝은 데이터 아카이빙, 삭제, 특정 데이터 영역의 백업 등 데이터 관리 작업을 간소화한다.

- **효율적인 쿼리**

특정 범위의 데이터를 대상으로 하는 쿼리(예 : 특정 날짜 또는 숫자 범위)는 관련된 파티션만 액세스하기 때문에 성능이 개선될 수 있다.

- **데이터 유지 관리**

파티션 추가, 병합 또는 삭제가 간단하여 대규모 테이블을 쉽게 관리할 수 있다.

■ LIST 파티셔닝

LIST 파티셔닝은 데이터가 특정한 고유한 값에 따라 논리적으로 나뉠 수 있을 때 사용된다. 이 방식은 데이터가 지역, 부서, 제품 카테고리 등과 같이 명확하게 구분되는 그룹으로 나눠지는 경우에 특히 효과적이다. 아래는 LIST 파티셔닝이 유용한 일반적인 사례이다.

- **명확한 값으로 구분된 범주형 데이터**

데이터가 명확하고 중복되지 않는 범주로 그룹화될 때 사용된다. 주로 열에 고정된 값의 집합이 있고, 이 값들이 서로 다른 범주를 나타낼 때 적합하다. 예를 들어 고객 데이터를 저장하는 테이블에서 고객이 지역별로 구분되어 있는 경우(예 : "북부", "남부", "동부", "서부"). 이 경우, LIST 파티셔닝을 통해 테이블을 이러한 지역 값에 따라 나눌 수 있다. 쿼리 성능을 향상시키는 파티션 Pruning을 사용할 수 있다. 특정 범주(예 : 지역)로 필터링하는 쿼리는 해당 파티션만 SCAN하면 된다. 아래는 고객 테이블을 지역별로 파티셔닝 한 예시이다.

```sql
CREATE TABLE CUSTOMERS (
  CUSTOMER_ID    NUMBER,
  CUSTOMER_NAME VARCHAR2(50),
  REGION         VARCHAR2(20)
)
PARTITION BY LIST (REGION) (
  PARTITION P_NORTH VALUES ('NORTH'),
  PARTITION P_SOUTH VALUES ('SOUTH'),
  PARTITION P_EAST VALUES ('EAST'),
  PARTITION P_WEST VALUES ('WEST')
);
```

- **고정된 카테고리가 있는 데이터**

파티션 KEY가 자주 변하지 않는 고정된 값의 작은 집합을 가진 열일 때 적합하다. 이는 각 카테고리가 자체 파티션으로 나타날 수 있는 범주형 데이터에서 유용하다. 제품이 "전자제품", "의류", "가구"와 같은 카테고리로 그룹화된 제품 테이블을 예로 들 수 있다. 제품 카테고리별로 LIST 파티셔닝을 하면 제품 유형에 따라 데이터를 효율적으로 조회할 수 있다. 아래는 제품 테이블을 카테고리별로 파티셔닝한 예이다.

```sql
CREATE TABLE PRODUCTS (
  PRODUCT_ID    NUMBER,
  PRODUCT_NAME VARCHAR2(50),
  CATEGORY      VARCHAR2(20)
)
PARTITION BY LIST (CATEGORY) (
  PARTITION P_ELECTRONICS VALUES ('ELECTRONICS'),
  PARTITION P_CLOTHING VALUES ('CLOTHING'),
  PARTITION P_FURNITURE VALUES ('FURNITURE')
);
```

- **지리적으로 분산된 데이터**

데이터가 지역별로 나눠져 있을 때 LIST 파티셔닝은 매우 유용하다. 이는 글로벌 비즈니스나 다중 지역 비즈니스에서 데이터가 지역별로 자주 쿼리되거나 관리될 때 유리하다. 판매 데이터를 지역별로 추적하는 판매 테이블을 예로 들 수 있다. 지리적 지역(예 : "아시아",

"유럽", "북미")을 기준으로 LIST 파티셔닝을 사용하면 지역별 데이터를 더 효율적으로 쿼리하고 관리할 수 있다. 특정 지역에 대한 쿼리는 관련된 파티션만 SCAN하므로 성능이 향상된다. 지역별로 데이터 관리나 유지 보수 작업(예 : 아카이빙)을 더 쉽게 수행할 수 있다. 아래는 판매 테이블을 지역별로 파티셔닝한 예이다.

```
CREATE TABLE SALES (
  SALE_ID    NUMBER,
  SALE_DATE  DATE,
  REGION     VARCHAR2(20),
  AMOUNT     NUMBER
)
PARTITION BY LIST (REGION) (
  PARTITION P_ASIA VALUES ('ASIA'),
  PARTITION P_EUROPE VALUES ('EUROPE'),
  PARTITION P_NORTH_AMERICA VALUES ('NORTH AMERICA')
);
```

- **사용자 정의 고정 카테고리가 있는 데이터**

카테고리가 미리 정의되어 있고 자주 변경되지 않는 경우, LIST 파티셔닝을 사용하면 효율적으로 데이터를 파티셔닝할 수 있다. 예를 들어 주문 관리 시스템에서 주문이 "높음", "중간", "낮음"과 같은 우선 순위로 구분되는 경우. 이러한 우선 순위를 LIST 파티셔닝 기준으로 사용하여 쿼리 성능을 개선할 수 있다.

- **상태 또는 유형에 따른 파티셔닝**

데이터가 "활성", "비활성"과 같은 상태나 다른 고유한 유형으로 분류되는 경우, LIST 파티셔닝을 사용하여 특정 상태의 데이터를 쉽게 관리하고 쿼리할 수 있다. 예를 들어 사용자가 계정 상태에 따라 구분된 사용자 테이블. "활성", "비활성", "정지"와 같은 상태를 기준으로 LIST 파티셔닝을 사용하면 각 상태별로 데이터를 쉽게 조회하고 관리할 수 있다. 아래는 계정 상태별로 사용자 테이블을 파티셔닝한 예이다.

```
CREATE TABLE USERS (
  USER_ID    NUMBER,
  USER_NAME  VARCHAR2(50),
```

```
    STATUS      VARCHAR2(20)
)
PARTITION BY LIST (STATUS) (
  PARTITION P_ACTIVE VALUES ('ACTIVE'),
  PARTITION P_INACTIVE VALUES ('INACTIVE'),
  PARTITION P_SUSPENDED VALUES ('SUSPENDED')
);
```

■ HASH 파티셔닝

HASH 파티셔닝은 특정 컬럼 값에 HASH 함수를 적용하여 데이터를 파티션으로 나누는 방식이다. 데이터가 균등하게 분포되도록 설계되어 있다. 데이터가 균등하게 분배되어야 하고, 특정 파티션에 과부하가 발생하지 않도록 해야 할 때 적합하다. HASH 파티셔닝은 트랜잭션이 특정 Block에 몰리게 되어 경합으로 인한 트랜잭션 성능 저하될 때 경합 분산 관점에서 사용할 수 있다. 그리고 엑사데이터에서 고르게 분산된 적절한 용량에 대해서 Smart Scan을 처리해서 Smart Scan에 대한 부하를 줄이기 위해서도 사용된다. 이 부분은 Oracle Exadata Basic에서 추가로 정리하도록 하겠다.

• 균등한 데이터 분배

데이터 분포가 고르지 않거나 예측하기 어려울 때, HASH 파티셔닝을 사용하면 행이 모든 파티션에 고르게 분배된다. 이를 통해 특정 파티션에 데이터나 쿼리가 과도하게 집중되지 않도록 한다. 예를 들어 고객 ID가 논리적인 순서 없이 무작위로 분포된 대규모 고객 테이블에서 CUSTOMER_ID 기준으로 HASH 파티셔닝을 사용하면 행이 파티션에 균등하게 분배된다. 범위나 리스트로 파티셔닝할 적절한 키가 없을 때 적합할 수 있다. 아래는 CUSTOMER_ID를 해시하여 고객 테이블을 파티셔닝한 예이다.

```
CREATE TABLE CUSTOMERS (
  CUSTOMER_ID    NUMBER,
  CUSTOMER_NAME VARCHAR2(50)
)
PARTITION BY HASH (CUSTOMER_ID)
PARTITIONS 4;    -- 4개의 파티션에 데이터를 균등하게 분배
```

- **핫 스팟(Hot Spot) 방지**

특정 파티션에 데이터나 쿼리가 집중되는 "핫 스팟"을 방지하고자 할 때 유용하다. 예를 들어, 특정 날짜나 ID 범위의 데이터가 자주 접근되는 경우, 범위 또는 LIST 파티셔닝은 데이터가 고르게 분배되지 않을 수 있다. 예를 들어 특정 시간대나 로그 유형에 대한 접근이 잦은 로그 테이블. HASH 파티셔닝을 사용하면 쿼리 부하가 균등하게 분배되어 특정 파티션에 쿼리가 집중되는 것을 방지하며 특정 파티션에 과도한 부하가 걸리는 것을 방지하여 성능 저하를 피할 수 있다. 아래는 LOG_ID를 HASH 파티션 KEY로 선정해서 TABLE을 균등하게 분배한 예이다.

```
CREATE TABLE LOGS (
   LOG_ID     NUMBER,
   LOG_DATE   DATE,
   LOG_LEVEL  VARCHAR2(20)
)
PARTITION BY HASH (LOG_ID)
PARTITIONS 6;   -- 6개의 파티션에 로그를 균등하게 분산
```

- **병렬 쿼리 처리**

쿼리를 병렬로 처리해야 할 때, HASH 파티셔닝은 데이터를 여러 파티션에 고르게 분배하여 병렬 SCAN을 가능하게 하고 성능을 향상시킨다. 대규모 팩트 테이블이 자주 쿼리되는 데이터 웨어하우스 환경에서 HASH 파티셔닝을 사용하면 병렬 쿼리의 효율성을 높일 수 있으며 여러 파티션에 걸쳐 쿼리 작업이 균등하게 분배된다.

- **균일한 작업 부하 분산**

데이터 저장과 쿼리, INSERT, UPDATE와 같은 작업 부하가 모든 파티션에 균등하게 분산되도록 해야 할 때. HASH 파티셔닝은 데이터셋의 특정 영역에 작업 부하가 집중되는 것을 방지한다. 예를 들어 사용자 활동을 저장하는 테이블에서 USER_ID를 기준으로 HASH 파티셔닝을 하면 데이터와 사용자 쿼리가 모든 파티션에 고르게 분산되어 특정 파티션이 과부하되지 않도록 한다. 읽기 및 쓰기 작업이 모든 파티션에 고르게 분산되어 특정 파티션이 병목현상을 일으키는 것을 방지하며 매우 높은 트랜잭션 환경에서 성능 부하를 분산시켜 성능을 향상시킨다. 아래는 USER_ID를 기준으로 HASH 파티셔닝하여 사용자 활동

테이블의 작업 부하를 균등하게 분산한 예이다. LOCAL INDEX가 생성되더라도 INDEX 역시 8개의 HASH 파티셔닝이 되기 때문에 높은 트랜잭션으로 인한 INDEX Contention 을 개선할 수 있다.

```
CREATE TABLE USER_ACTIVITY (
  USER_ID        NUMBER,
  ACTIVITY       VARCHAR2(100),
  ACTIVITY_DATE  DATE
)
PARTITION BY HASH (USER_ID)
PARTITIONS 8;   -- 8개의 파티션에 사용자 활동 데이터를 균등하게 분산
```

■ 복합 파티셔닝 (Composite Partitioning)

복합 파티셔닝(Composite Partitioning)은 두 가지 파티셔닝 방법을 결합해서 대용량 데이터를 더 세밀하고 유연하게 관리하고자 할 때 사용 방식이다. 예를 들어, RANGE-HASH 파티셔닝이나 RANGE-LIST 파티셔닝등을 사용할 수 있다. 대규모 데이터 웨어하우스 환경에서 여러 기준에 따라 데이터를 세분화해야 하는 경우 적합하다. 이 방법은 단일 파티셔닝 방식(예 : RANGE나 HASH)만으로는 성능이나 관리 측면에서 충 분하지 않을 때 특히 유용하다. 복합 파티셔닝을 통해 두 가지 방법의 장점을 활용하면 쿼리 성능을 향상시키고, 데이터 관리를 더 효율적으로 할 수 있다.

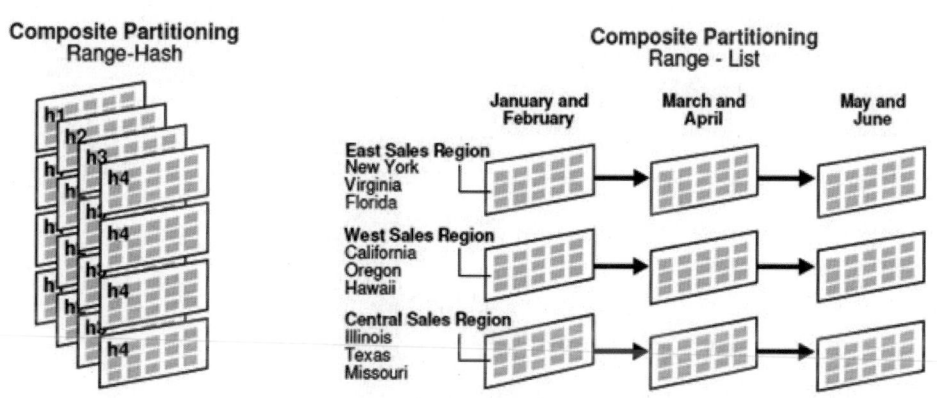

• **복합 파티셔닝이 사용되는 경우**

여러 파티셔닝 방법의 강점을 결합해서 더 복잡한 데이터 시나리오에 맞게 조정할 수 있으며 파티션 Pruning과 데이터 분포 기법을 동시에 활용해 쿼리 성능이 향상이 가능하고 데이터를 균등하게 분산시켜 성능 병목 현상을 방지할 수도 있다. 예를 들어 데이터가 시간, 지역, 고객 세그먼트 같은 여러 차원을 가지고 있을 때, 그에 맞게 파티셔닝해야 할 때, 여러 기준(예 : 시간 + 카테고리, 지역 + 제품 유형)으로 쿼리 성능을 최적화해야 할 때, 날짜 기준으로 파티셔닝하는 동시에 해시를 사용해 데이터 분포를 고르게 유지해 데이터 병목 현상을 분산시키고자 할 때, 여러 차원에 걸쳐 대용량 데이터를 효율적으로 관리해야 할 때 복합 파티셔닝이 요구 사항을 충족시켜 줄 수 있다.

• **RANGE-HASH 파티셔닝**

먼저 범위(주로 시간 또는 숫자 범위)를 기준으로 파티셔닝하고, 그 다음 각 범위별로 HASH 함수를 사용해 데이터를 고르게 분산시키는 경우, 예를 들어 시간 기반 데이터(예 : 날짜별 매출 데이터)에서 각 시간 범위 내 데이터가 균등하게 분산되도록 할 때 유용하며 많이 사용하는 복합 파티셔닝 형태이다.

아래는 매출 테이블에서 연도를 기준으로 RANGE 파티셔닝하고, 각 연도별로 CUSTOMER_ID를 HASH 함수로 나누는 방식의 예이다.

```
CREATE TABLE SALES
(
    SALE_ID      NUMBER,
    SALE_DATE    DATE,
    CUSTOMER_ID  NUMBER,
    AMOUNT       NUMBER
)
PARTITION BY RANGE (SALE_DATE)
SUBPARTITION BY HASH (CUSTOMER_ID)
SUBPARTITIONS 4
(
    PARTITION P_2022 VALUES LESS THAN (TO_DATE('20230101', 'YYYYMMDD')),
    PARTITION P_2023 VALUES LESS THAN (TO_DATE('20240101', 'YYYYMMDD')),
    PARTITION P_2024 VALUES LESS THAN (TO_DATE('20250101', 'YYYYMMDD'))
);
```

• **RANGE-LIST 파티셔닝**

데이터가 먼저 범위(주로 시간 기반)로 파티셔닝되고, 각 범위는 특정 리스트(예 : 제품 카테고리, 지역)로 세분화되는 경우, 예를 들어 시간 또는 숫자 범위로 데이터를 파티셔닝하면서도 추가로 특정 값의 리스트에 따라 데이터를 더 나누고 싶을 때 유용하다. 많이 사용하는 복합 파티셔닝 형태이다. 아래는 매출 테이블에서 날짜별로 RANGE 파티셔닝한 후, 각 날짜 범위를 지역별(예 : '북부', '남부')로 LIST 서브파티셔닝하는 경우의 예이다.

```
CREATE TABLE SALES (
  SALE_ID     NUMBER,
  SALE_DATE   DATE,
  REGION      VARCHAR2(20),
  AMOUNT      NUMBER
)
PARTITION BY RANGE (SALE_DATE)
SUBPARTITION BY LIST (REGION)
(
  PARTITION P_2023 VALUES LESS THAN (TO_DATE('20240101', 'YYYYMMDD'))
  (
    SUBPARTITION P_2023_NORTH VALUES ('NORTH'),
    SUBPARTITION P_2023_SOUTH VALUES ('SOUTH')
  ),
  PARTITION P_2024 VALUES LESS THAN (TO_DATE('20250101', 'YYYYMMDD'))
  (
    SUBPARTITION P_2024_NORTH VALUES ('NORTH'),
    SUBPARTITION P_2024_SOUTH VALUES ('SOUTH')
  )
);
```

• **LIST-HASH 파티셔닝**

먼저 특정한 리스트(예 : 제품 카테고리, 지역)를 기준으로 파티셔닝하고, 각 LIST 파티션을 HASH 함수로 서브파티셔닝해서 데이터가 고르게 분산되도록 하는 경우에 유용하다. 아래는 고객 테이블을 먼저 지역별(리스트)로 나눈 후, 각 지역 파티션을 CUSTOMER_ID HASH 함수로 서브파티셔닝하는 경우의 예이다.

```sql
CREATE TABLE CUSTOMERS
(
  CUSTOMER_ID    NUMBER,
  CUSTOMER_NAME  VARCHAR2(50),
  REGION         VARCHAR2(20)
)
PARTITION BY LIST (REGION)
SUBPARTITION BY HASH (CUSTOMER_ID)
SUBPARTITIONS 4
(
  PARTITION P_NORTH VALUES ('NORTH'),
  PARTITION P_SOUTH VALUES ('SOUTH')
);
```

• LIST-RANGE 파티셔닝

데이터를 먼저 리스트(예 : 카테고리, 지역)로 파티셔닝하고, 각 LIST 파티션을 범위(예 : 시간 또는 숫자 범위)로 서브파티셔닝한다. 특정 카테고리로 데이터를 먼저 나누고, 그 카테고리 내 데이터를 시간 또는 숫자 범위로 다시 세분화하고 싶을 때 유용하다. 아래는 제품 판매 테이블에서 데이터를 제품 카테고리(리스트)로 먼저 나누고, 각 카테고리 내 데이터를 판매 날짜(범위)로 서브파티셔닝하는 경우의 예이다. LIST와 RANGE 기준 모두에 대해 파티션 Pruning이 가능하기 때문에 쿼리 성능이 향상된다.

```sql
CREATE TABLE SALES
(
  SALE_ID     NUMBER,
  PRODUCT_ID  NUMBER,
  SALE_DATE   DATE,
  CATEGORY    VARCHAR2(20)
)
PARTITION BY LIST (CATEGORY)
SUBPARTITION BY RANGE (SALE_DATE)
(
PARTITION P_ELECTRONICS VALUES ('ELECTRONICS')
(
```

```
    SUBPARTITION P_ELEC_2023 VALUES LESS THAN (TO_DATE('20240101', 'YYYYMMDD')),
    SUBPARTITION P_ELEC_2024 VALUES LESS THAN (TO_DATE('20250101', 'YYYYMMDD'))
  ),
  PARTITION P_FURNITURE VALUES ('FURNITURE')
  (
    SUBPARTITION P_FUR_2023 VALUES LESS THAN (TO_DATE('20240101', 'YYYYMMDD')),
    SUBPARTITION P_FUR_2024 VALUES LESS THAN (TO_DATE('20250101', 'YYYYMMDD'))
  )
);
```

- **RANGE-RANGE 파티셔닝**

데이터가 먼저 한 범위로 분할되고 추가로 다른 범위로 하위 분할된다. 이는 다른 유형보다 덜 일반적이지만 분할 및 하위 분할 계층 모두에서 데이터를 더 작은 간격으로 분할해야 할 때 유용하다. 아래는 주문 테이블에서 두 가지 중요한 시간 관련 열을 파티셔닝 한 예이다.

```
CREATE TABLE ORDERS_PT (
    ORDER_ID      NUMBER,
    ORDER_DATE    DATE,
    DELIVERY_DATE DATE,
    CUSTOMER_ID   NUMBER,
    ORDER_AMOUNT  NUMBER
)
PARTITION BY RANGE (ORDER_DATE)
SUBPARTITION BY RANGE (DELIVERY_DATE)
(
    PARTITION P_ORD_202401 VALUES LESS THAN (TO_DATE('20240201', 'YYYYMMDD'))
    (
        SUBPARTITION P_OD_202401_202401 VALUES LESS THAN (TO_DATE('20240201', 'YYYYMMDD')),
        SUBPARTITION P_OD_202401_202402 VALUES LESS THAN (TO_DATE('20240301', 'YYYYMMDD'))
    ),

    PARTITION P_ORD_202402 VALUES LESS THAN (TO_DATE('20240301', 'YYYYMMDD'))
    (
        SUBPARTITION P_OD_202402_202401 VALUES LESS THAN (TO_DATE('20240201', 'YYYYMMDD')),
```

```
        SUBPARTITION P_OD_202402_202402 VALUES LESS THAN (TO_DATE('20240301', 'YYYYMMDD'))
    )
);
```

위에 정리한 복합 파티셔닝 조합 외에도 HASH-HASH, HASH-LIST, HASH-RANGE, LIST-HASH, LIST-LIST 등으로도 복합 파티셔닝이 가능하다.

■ INTERVAL 파티셔닝

RANGE 파티셔닝의 확장형으로, 데이터가 도착할 때마다 지정된 간격에 따라 자동으로 새로운 파티션이 생성된다. 월 단위 RANGE 파티션 테이블을 생성하고 향후에 시간이 지남에 따라 월 파티션이 추가되어야 할 때 파티션 ADD가 되는 JOB이 따로 수행되도록 해야 되지만 인터벌 파티션의 경우 자동으로 파티션이 추가된다. 시간이 흐르면서 지속적으로 데이터가 추가되는 경우에 적합하다(예 : 로그 또는 거래 테이블). 아래는 판매 주문 테이블을 1개월 단위 파티션으로 생성하는 예이며 2024년 2월 데이터가 INSERT 되면 2024년 02월 파티션이 자동으로 생성된다.

```
CREATE TABLE SALES_ORDERS
(
    ORDER_ID       NUMBER,
    ORDER_DATE     DATE,
    CUSTOMER_ID    NUMBER,
    ORDER_TOTAL    NUMBER
)
PARTITION BY RANGE (ORDER_DATE)
INTERVAL (NUMTOYMINTERVAL(1, 'MONTH'))
(
    PARTITION P_202401 VALUES LESS THAN (TO_DATE('20240201', 'YYYYMMDD'))
);
```

■ 가상 열 기반 파티셔닝 (Virtual Column-Based Partitioning)

물리적으로 데이터를 저장하지 않지만 Database의 다른 열 값에서 파생되는 열인 가상 열을 기반으로 파티션을 정의하는 파티셔닝 전략이다. 가상 열은 표현식을 기반으로 동적으로 계산되므로 보다 유연한 분할 전략이 가능하다. 단일 원시 열이 아닌 표현식이나 계산을 기반으로 데이터를 분할하려는 경우 가상 열 기반 분할이 좋은 옵션이다. 예를 들어 날짜 열에서 추출된 연도를 기준으로 분할하거나 여러 열에서 계산된 값(예 : 이름과 성의 연결 또는 일부 수학 연산)을 기준으로 분할해야 하는 경우이다.

아래는 SALSES 테이블에서 ORDER_DATE에서 추출된 연도별 파티셔닝 할 때 연도를 별도로 저장하지 않고 가상 컬럼 기반으로 파티셔닝 한 예이다.

```
CREATE TABLE SALES
(
  SALE_ID    NUMBER,
  ORDER_DATE DATE,
  AMOUNT     NUMBER,
  ORDER_YEAR AS (EXTRACT(YEAR FROM ORDER_DATE))
)
PARTITION BY RANGE (ORDER_YEAR)
(
  PARTITION P2020 VALUES LESS THAN ('2021'),
  PARTITION P2021 VALUES LESS THAN ('2022'),
  PARTITION P2022 VALUES LESS THAN ('2023')
);
```

아래는 ORDERS 테이블에 TOTAL_PRICE 컬럼이 존재하고 할인된 가격을 저장하지 않고 할인을 적용한 후 할인된 가격 범위를 기준으로 파티셔닝을 한 예이다.

```
CREATE TABLE ORDERS
(
 ORDER_ID    NUMBER,
 TOTAL_PRICE NUMBER,
 DISCOUNT    NUMBER,
 DISCOUNTED_PRICE AS (TOTAL_PRICE * (1 - DISCOUNT/100))
)
PARTITION BY RANGE (DISCOUNTED_PRICE)
(
 PARTITION P_LOW VALUES LESS THAN (100),
 PARTITION P_MID VALUES LESS THAN (500),
```

```
 PARTITION P_HIGH VALUES LESS THAN (1000)
);
```

가상 열 기반 분할의 이점은 아래와 같다.

• 중복 데이터 방지

파생 데이터(예 : 날짜의 연도 또는 월)에 물리적 열을 추가하는 대신 공간을 절약하고 중복 데이터 저장을 방지하는 가상 열을 사용할 수 있다.

• 분할 논리의 유연성

하위 문자열, 수학적 표현 또는 여러 열의 연결과 같은 보다 복잡한 계산을 기반으로 분할 기준을 정의할 수 있다.

• 효율적인 파티션 정리

생성된 값(예 : 연도 또는 월)을 필터링하는 쿼리는 Oracle이 관련 파티션만 SCAN하여 쿼리 성능을 크게 향상시키는 파티션 정리를 활용할 수 있다.

• 스키마 복잡성 감소

실제 데이터 열 대신 가상 열을 사용하면 스키마 복잡성을 줄이고 불필요한 스토리지를 피하는 동시에 분할의 이점을 얻을 수 있다.

Section 04 파티션 KEY 전략

잘못된 INDEX가 오히려 처리 속도에 나쁜 영향을 미치듯이 무조건 파티션을 한다고 파티션이 가지고 있는 이점을 모두 취할 수 있는 것은 아니다. 성능 향상을 위하여 액세스 유형에 따라 파티셔닝이 이루어질 수 있도록 파티션 KEY를 선정해야 한다. 즉 파티션 KEY 조건이 제대로 사용이 되어야 한다. 데이터 관리의 용이성을 위하여 이력 데이터의 경우에는 생성 주기 또는 소멸 주기가 파티션과 일치하여야 한다. 잘못 정의된 파티션 KEY의 변경은 많은 작업을 수반하기 때문에 초기 설계 시 파티션 KEY를 잘 선정해야 한다.

■ 파티션 KEY 선택을 위한 일반적인 지침

• 가장 자주 쿼리되는 열 식별

파티션 KEY는 일반적으로 쿼리 필터에서, 특히 WHERE절에서 자주 사용되는 열이어야 한다. 대부분의 쿼리가 특정 열 값을 필터링하는 경우, 그 열이 파티션 KEY로 적합하다. 이 열을 기준으로 파티셔닝하면, Oracle은 파티션 Pruning을 통해 SCAN하는 데이터를 줄여 쿼리 성능을 향상시킬 수 있다.

• 데이터의 균등 분포 보장

파티션 KEY는 모든 파티션에 데이터가 균등하게 분배되도록 선택해야 한다. 파티션 KEY가 데이터의 불균등 분포를 초래하면(예 : 특정 파티션에 데이터가 집중되는 경우), 성능 저하와 비효율적인 저장소 사용을 초래할 수 있다. 균등한 데이터 분포는 특정 파티션에 쿼리 부담이 집중되는 "핫스팟"을 방지한다. 잘 분배된 파티션 KEY는 워크로드를 균형 있게 분산시킨다.

• 미래의 데이터 성장 고려

파티션 KEY를 선택할 때 미래의 데이터 성장을 예상해야 한다. 파티셔닝 방식은 지속적인 재조직이나 과도한 유지 관리 없이 데이터 성장을 처리할 수 있을 만큼 유연해야 한다. 좋은 파티셔닝 전략은 데이터가 증가하더라도 테이블이 확장 가능하도록 하며, 복잡한 변경 작업(예 : 재파티셔닝)을 최소화할 수 있다.

• 데이터 액세스 패턴 분석

일반적인 읽기, 쓰기, 삭제 작업에서 데이터가 어떻게 액세스 되는지 분석해야 한다. 데이터가 주로 특정 범위로 액세스 되는지(예 : 시간 기반 범위), 특정 카테고리로 액세스 되는지, 또는 그 둘의 조합으로 액세스 되는지를 고려해야 한다. 파티션 KEY를 액세스 패턴과 맞추면 쿼리 성능이 크게 향상되고 리소스 소모가 줄어든다. 예를 들어, 시간 기반 데이터는 날짜별 RANGE 파티셔닝이 유리하며, 카테고리 데이터는 LIST 파티셔닝이 적합할 수 있다.

• 효율적인 데이터 유지 관리를 위한 파티션 KEY 사용

데이터 유지 관리 작업(예 : 오래된 데이터 아카이빙 또는 삭제)을 간소화할 수 있는 파티션 KEY를 선택해야 한다. 예를 들어, SALE_DATE로 파티셔닝하면 오래된 판매 기록을 쉽게 아카이브하거나 파티션을 삭제할 수 있다. 파티션 삭제, 병합, 분할과 같은 효율적인 데이터 유지 관리 작업을 통해 다운타임과 리소스 사용을 줄일 수 있다.

■ 파티셔닝 전략에 따른 파티션 KEY 선택 - RANGE 파티셔닝

RANGE 파티셔닝은 연속적인 값 범위를 기반으로 데이터를 파티셔닝한다. 이는 주로 시간 기반 데이터 또는 숫자 데이터에 사용된다.

• 파티션 KEY

시간 기반 열 : SALE_DATE, TRANSACTION_DATE, ORDER_DATE, HIRE_DATE.
숫자 열 : AGE, SALARY, AMOUNT, ID

• 사용 시기

RANGE 파티셔닝은 데이터가 자연스럽게 범위(예 : 연도별, 월별, 분기별)에 맞고, 쿼리가 특정 범위의 값을 자주 필터링할 때 적합하다.

• 예시 1 : 날짜 기반 RANGE 파티셔닝(가장 일반적임)

시간 기반 데이터에서 DATE 또는 TIMESTAMP 열이 자주 파티션 KEY로 사용된다. 아

래의 생성 사례는 매일 데이터가 INSERT되는 판매 테이블이며, 대부분의 쿼리는 날짜 범위에 기반한다. SALE_DATE가 파티션 KEY로 사용되며, 데이터는 분기별로 나뉜다. 대부분의 쿼리가 특정 기간(예 : 지난 달, 지난 분기)의 매출에 초점을 맞출 가능성이 높으므로, 이 설정을 통해 Oracle은 관련 없는 파티션을 제외하고 필요한 파티션만 SCAN할 수 있다. 특정 분기나 월의 데이터를 조회하는 쿼리가 매우 효율적입니다. 또한, 오래된 데이터 제거가 용이하다.

```
CREATE TABLE SALES
(
  SALE_ID NUMBER,
  SALE_DATE DATE,
  CUSTOMER_ID NUMBER,
  AMOUNT NUMBER
)
PARTITION BY RANGE (SALE_DATE)
(
  PARTITION P_2024_01 VALUES LESS THAN (TO_DATE('20240401', 'YYYYMMDD')),
  PARTITION P_2024_02 VALUES LESS THAN (TO_DATE('20240701', 'YYYYMMDD')),
  PARTITION P_2024_03 VALUES LESS THAN (TO_DATE('20241001', 'YYYYMMDD')),
  PARTITION P_2024_04 VALUES LESS THAN (TO_DATE('20240101', 'YYYYMMDD'))
);
```

- 예시 2 : 오래된 데이터를 관리하기 위한 날짜 기반 파티셔닝

최근 2년 동안의 로그 데이터를 보관하고, 그 이전의 데이터를 자동으로 삭제하고 싶을 때이다. LOG_DATE가 파티션 KEY로 사용되며, 데이터는 분기별로 나뉜다. 로그 시스템에서는 최근 로그(예 : 지난 달)를 자주 조회하므로, 날짜로 파티셔닝하면 쿼리 성능을 최적화할 수 있고 오래된 로그 데이터를 쉽게 삭제할 수 있다.

```
CREATE TABLE SALES
(
  SALE_ID NUMBER,
  SALE_DATE DATE,
  CUSTOMER_ID NUMBER,
  AMOUNT NUMBER
```

```
)
PARTITION BY RANGE (SALE_DATE)
(
    PARTITION SALES_Q1_2023 VALUES LESS THAN (TO_DATE('2023-04-01', 'YYYY-MM-DD')),
    PARTITION SALES_Q2_2023 VALUES LESS THAN (TO_DATE('2023-07-01', 'YYYY-MM-DD')),
    PARTITION SALES_Q3_2023 VALUES LESS THAN (TO_DATE('2023-10-01', 'YYYY-MM-DD')),
    PARTITION SALES_Q4_2023 VALUES LESS THAN (TO_DATE('2024-01-01', 'YYYY-MM-DD'))
);
```

- **RANGE 파티셔닝에 대한 추가 고려 사항**

파티션 수는 데이터 볼륨과 쿼리 패턴에 따라 신중하게 결정해야 한다. 서브파티션이 너무 적으면 충분한 세분화가 이루어지지 않고, 너무 많으면 오버헤드가 발생할 수 있다. 적절한 서브파티션 수(예 : 시간 기반 데이터의 경우 월별 서브파티션)를 설정하고, 데이터 성장과 쿼리 성능에 따라 조정할 수 있다.

예를 들어 일별 데이터 사이즈는 100MB인데 일 단위 파티션으로 나누게 되고 보관 주기가 약 2년이라고 한다면 관리되는 파티션 개수는 730개가 되고 조회 조건에 파티션 KEY가 들어오지 않는 INDEX를 조회하는 경우 730개의 파티션을 각각 ACCESS하는 오버헤드가 발생하게 된다.

■ **파티셔닝 전략에 따른 파티션 KEY 선택 - LIST 파티셔닝**

Oracle의 LIST 파티셔닝은 지정된 열의 고유한 값 목록에 따라 데이터를 여러 파티션으로 나누는 파티셔닝 전략이다. 각 파티션은 해당 열에 하나 이상의 특정 값에 대응한다. 이 방법은 데이터가 연속적인 범위가 아닌 특정한 카테고리(예 : 지역, 제품 유형, 부서)로 자연스럽게 분류되는 경우에 적합하다.

- **파티션 KEY**

LIST 파티셔닝에서는 파티션 KEY가 고유하고 유한한 값을 가져야 하며, 값들이 서로 겹치지 않아야 한다. REGION, COUNTRY, PRODUCT_CATEGORY, DEPARTMENT, STATUS와 같이 명확히 정의된 고유한 값이 있는 열이 LIST 파티셔닝에 이상적이다.

- **사용 시기**

LIST 파티셔닝은 데이터가 고유한 카테고리로 그룹화되며, 쿼리에서 자주 이 카테고리를 필터링할 때 유용하다.

- **예시 : CUSTOMERS 테이블을 REGION을 기준으로 파티셔닝하는 경우**

많은 쿼리가 지역별로 데이터를 필터링할 가능성이 높으므로(예 : "EAST 지역의 판매 내역 찾기"), LIST 파티셔닝을 통해 관련 없는 파티션을 제외하고 필요한 파티션만 조회하도록 할 수 있다.

```sql
CREATE TABLE CUSTOMERS
(
  CUSTOMER_ID NUMBER,
  NAME VARCHAR2(100),
  REGION VARCHAR2(50),
  JOIN_DATE DATE
)
PARTITION BY LIST (REGION)
(
  PARTITION EAST VALUES ('EAST'),
  PARTITION WEST VALUES ('WEST'),
  PARTITION CENTRAL VALUES ('CENTRAL')
);;
```

- **예시 : 제품 카테고리 기반 LIST 파티셔닝**

PRODUCT_CATEGORY 열을 기준으로 제품 테이블을 파티셔닝 했다. 각 파티션은 ELECTRONICS, FURNITURE, CLOTHING과 같은 특정 제품 카테고리에 대응한다. 파티션 KEY 열에 새로운 예상치 못한 값이 도입될 가능성이 있는 경우를 대비해 DEFAULT 파티션을 생성했다.

```sql
CREATE TABLE PRODUCTS
(
  PRODUCT_ID NUMBER,
  PRODUCT_NAME VARCHAR2(100),
```

```
    PRODUCT_CATEGORY VARCHAR2(50),
    PRICE NUMBER
)
PARTITION BY LIST (PRODUCT_CATEGORY)
(
    PARTITION ELECTRONICS VALUES ('ELECTRONICS'),
    PARTITION FURNITURE VALUES ('FURNITURE'),
    PARTITION CLOTHING VALUES ('CLOTHING'),
    PARTITION OTHER VALUES (DEFAULT)
);
```

■ 파티셔닝 전략에 따른 파티션 KEY 선택 - HASH 파티셔닝

HASH 파티셔닝은 Oracle에서 데이터를 선택된 파티션 KEY 열의 값을 기반으로 HASH 함수를 사용하여 여러 파티션에 분배하는 파티셔닝 전략이다. HASH 파티셔닝의 주요 목표는 값에 상관없이 데이터를 균등하게 여러 파티션에 분배해서 데이터 병목을 줄이고 리소스를 효율적으로 사용할 수 있다.

• 파티션 KEY

HASH 파티셔닝의 파티션 KEY는 다양한 고유 값을 가진 열이어야 한다. 이렇게 하면 HASH 함수가 데이터를 모든 파티션에 균등하게 분배할 수 있다. CUSTOMER_ID, ORDER_ID, SALSE_ID와 같이 많은 고유한 값을 가진 열이 HASH 파티셔닝에 이상적이며 적은 고유 값을 가진 열(예 : GENDER, STATUS)은 HASH 파티셔닝에 적합하지 않다. HASH 함수가 데이터를 고르게 분배하지 못해 데이터 불균형이 발생할 수 있으며, 이는 성능에 부정적인 영향을 미칠 수 있다.

• 사용 시기

HASH 파티셔닝은 성능 분산, 부하 분산이 필요한 경우에 적합하다. 데이터가 균일하게 분배되므로 각 파티션은 거의 동일한 양의 데이터를 포함하며, 데이터 액세스 및 병렬 처리 시 병렬 프로세스에 균등한 데이터를 분배해서 쿼리 성능이 일관되게 유지된다. 쿼리, INSERT, UPDATE, 삭제 작업이 여러 파티션에 고르게 분산되도록 하여, 쿼리 성능을 개선하고 경합을 줄이며 특정 Block에 데이터가 집중되는 병목 현상을 방지해준다.

- **예시 : SALSE 테이블을 SALE_ID을 기준으로 파티셔닝하는 경우**

SALE_ID가 파티션 KEY로 사용되고, 테이블이 8개의 파티션으로 나뉘며 Oracle의 내부 해시 알고리즘은 SALE_ID 값에 따라 데이터를 이 파티션에 분산한다.

```
CREATE TABLE SALES
(
    SALE_ID NUMBER,
    CUSTOMER_ID NUMBER,
    SALE_DATE DATE,
    AMOUNT NUMBER
)
PARTITION BY HASH (SALE_ID)
PARTITIONS 8;
```

■ 파티셔닝 전략에 따른 파티션 KEY 선택 - LIST+RANGE 복합 파티셔닝

리스트-범위 복합 파티셔닝은 Oracle에서 두 단계의 파티셔닝 전략으로, 첫 번째 단계에서는 LIST 파티셔닝을, 두 번째 단계에서는 RANGE 파티셔닝을 결합한 방식이다. 이 전략에서는 데이터가 먼저 LIST 파티션으로 나뉘고, 각 LIST 파티션 내에서 데이터가 범위 서브파티션으로 추가로 세분화된다. 데이터를 논리적으로 카테고리로 그룹화(예 : 지역, 제품 카테고리)하고 데이터를 논리적으로 카테고리로 그룹화(예 : 지역, 제품 카테고리) 하는 경우에 유용하다. 반대로 RANGE+LIST로도 가능하다.

- **파티션 KEY**

기본 LIST 파티션 KEY는 고유하고 겹치지 않는 값을 가진 열이어야 하며, 데이터를 논리적으로 그룹화할 수 있어야 한다. 이러한 값은 데이터 관리 및 쿼리 성능에 유리한 카테고리를 나타내야 한다. 예를 들어 REGION, COUNTRY, PRODUCT_CATEGORY, DEPARTMENT와 같은 열이 LIST 파티셔닝에 적합하다. 이러한 열은 데이터가 자연스럽게 나뉘는 고유한 그룹을 나타낸다.

범위 서브 파티션 KEY는 연속적인 값을 가진 열이어야 하며, 논리적인 범위로 나눌 수 있어야 한다. 이 열은 주로 범위 필터링을 하는 쿼리에 자주 사용된다. 예를 들어 SALE_

DATE, ORDER_DATE, TRANSACTION_DATE와 같은 시간 기반 열이나 AMOUNT와 같은 숫자 열이 범위 서브파티셔닝에 적합하다.

• 사용 시기

데이터가 논리적인 카테고리로 그룹화되면서, 각 그룹 내에서도 범위로 추가 분할이 필요한 경우, 쿼리가 특정 카테고리와 해당 카테고리 내에서 특정 범위를 필터링하는 경우가 많은 경우(예 : EAST 지역에서 특정 달의 판매 데이터)에 유용하다.

• 예시 1 : REGION과 SALE_DATE를 사용한 판매 데이터

REGION을 기준으로 LIST 파티셔닝을 하고, SALE_DATE를 기준으로 범위 서브파티셔닝을 적용한다. 데이터는 먼저 지역(예 : EAST, WEST)으로 나뉘고, 각 지역 내에서 판매일을 기준으로 월별로 다시 세분화된다.

REGION과 SALE_DATE에 기반한 쿼리는 이 구조에서 이점을 얻는다. LIST 파티셔닝은 데이터를 지역별로 효율적으로 관리할 수 있게 하고, 범위 서브파티셔닝은 날짜에 기반한 데이터를 효율적으로 조회할 수 있게 한다.

지역별 및 시간 기반 데이터 분석을 효율적으로 할 수 있으며, 오래된 데이터를 서브파티션을 삭제하여 쉽게 관리할 수 있다.

```
CREATE TABLE SALES
(
    SALE_ID NUMBER,
    SALE_DATE DATE,
    REGION VARCHAR2(50),
    CUSTOMER_ID NUMBER,
    AMOUNT NUMBER
)
PARTITION BY LIST (REGION)
SUBPARTITION BY RANGE (SALE_DATE)
(
    PARTITION EAST VALUES ('EAST')
    (
        SUBPARTITION EAST_JAN_2024 VALUES LESS THAN (TO_DATE('2024-02-01', 'YYYY-MM-DD')),
        SUBPARTITION EAST_FEB_2024 VALUES LESS THAN (TO_DATE('2024-03-01', 'YYYY-MM-DD')),
        SUBPARTITION EAST_MAR_2024 VALUES LESS THAN (TO_DATE('2024-04-01', 'YYYY-MM-DD'))
```

```
  ),
  PARTITION WEST VALUES ('WEST')
  (
    SUBPARTITION WEST_JAN_2024 VALUES LESS THAN (TO_DATE('2024-02-01', 'YYYY-MM-DD')),
    SUBPARTITION WEST_FEB_2024 VALUES LESS THAN (TO_DATE('2024-03-01', 'YYYY-MM-DD')),
    SUBPARTITION WEST_MAR_2024 VALUES LESS THAN (TO_DATE('2024-04-01', 'YYYY-MM-DD'))
  )
);
```

• 예시 2 : PRODUCT_CATEGORY와 SALE_DATE를 사용한 제품 판매 데이터

PRODUCT_SALES 테이블을 PRODUCT_CATEGORY를 기준으로 LIST 파티셔닝하고, 각 카테고리를 SALE_DATE를 기준으로 범위 서브파티셔닝한다. PRODUCT_SALES 테이블에서 제품 카테고리별로 데이터를 그룹화하고, 판매일을 기준으로 쿼리하는 경우 유용하다.

```
CREATE TABLE PRODUCT_SALES
(
  SALE_ID NUMBER,
  SALE_DATE DATE,
  PRODUCT_CATEGORY VARCHAR2(50),
  AMOUNT NUMBER
)
PARTITION BY LIST (PRODUCT_CATEGORY)
SUBPARTITION BY RANGE (SALE_DATE)
(
  PARTITION ELEC VALUES ('ELECTRONICS')
  (
    SUBPARTITION ELEC_202401 VALUES LESS THAN (TO_DATE('20240201', 'YYYYMMDD')),
    SUBPARTITION ELEC_202402 VALUES LESS THAN (TO_DATE('20240301', 'YYYYMMDD'))
  ),
  PARTITION CLOTH VALUES ('CLOTHING')
  (
    SUBPARTITION CLOTH_202401 VALUES LESS THAN (TO_DATE('20240201', 'YYYYMMDD')),
    SUBPARTITION CLOTH_202402 VALUES LESS THAN (TO_DATE('20240301', 'YYYYMMDD'))
  )
);
```

- **LIST-RANGE 복합 파티셔닝에 대한 추가 고려 사항**

서브파티션 수는 데이터 볼륨과 쿼리 패턴에 따라 신중하게 결정해야 한다. 서브파티션이 너무 적으면 충분한 세분화가 이루어지지 않고, 너무 많으면 오버헤드가 발생할 수 있다. 적절한 서브파티션 수(예 : 시간 기반 데이터의 경우 월별 서브파티션)를 설정하고, 데이터 성장과 쿼리 성능에 따라 조정할 수 있다.

쿼리 성능의 경우 LIST-RANGE 파티셔닝은 쿼리가 LIST 파티션 KEY와 범위 서브 파티션 KEY 모두를 필터링할 때 가장 효과적이다.

■ 파티셔닝 전략에 따른 파티션 KEY 선택 - RANGE + HASH 복합 파티셔닝

범위-해시 복합 파티셔닝은 RANGE 파티셔닝과 HASH 서브파티셔닝을 결합한 파티셔닝 전략이다. 이 전략에서는 데이터가 먼저 RANGE 파티션으로 나뉘고, 각 RANGE 파티션은 다시 해시 서브파티션으로 세분화된다. 이 방법은 두 가지 파티셔닝 방식의 장점을 결합한다. RANGE 파티셔닝은 데이터를 논리적인 범위(예 : 시간 기반 파티션)로 구성한다. 해시 서브파티셔닝은 각 RANGE 파티션 내에서 데이터를 균등하게 분배하여 데이터 병목을 방지하고 병렬 쿼리 성능을 향상시킨다. 이 복합 파티셔닝 전략은 시간 기반 데이터를 관리하면서, 각 RANGE 파티션 내에서 데이터를 고르게 분배하여 부하 분산과 쿼리 성능을 최적화하려는 대규모 데이터셋에 적합하다.

- **파티션 KEY**

기본 RANGE 서브 파티션 KEY는 연속적인 값을 가진 열이어야 하며, 논리적인 범위로 나눌 수 있어야 한다. 이 열은 주로 범위 필터링을 하는 쿼리에 자주 사용된다. 예를 들어 SALE_DATE, ORDER_DATE, TRANSACTION_DATE와 같은 시간 기반 열이나 AMOUNT와 같은 숫자 열이 RANGE 파티셔닝에 적합하다.

해시 서브 파티션 KEY는 다양한 고유 값을 가진 열이어야 하며, 각 RANGE 파티션 내에서 데이터를 균등하게 분배할 수 있어야 한다. 이는 데이터 불균형을 방지하고 쿼리 성능을 개선한다. 예를 들어 CUSTOMER_ID, ORDER_ID, EMPLOYEE_ID, PRODUCT_ID와 같이 고유 값이 많은 열이 해시 서브파티셔닝에 적합하다.

• **사용 시기**

데이터가 연속된 범위(예 : 날짜 또는 숫자 범위)에 자연스럽게 맞는 경우, 각 RANGE 파티션 내에서 데이터를 균등하게 분배하여 파티션 병목 현상을 방지해야 하는 경우, RANGE 파티셔닝의 장점(시간 기반 또는 범위 기반 쿼리)과 해시 서브파티셔닝(RANGE 파티션 내에서 부하 분산)의 장점을 결합하고자 하는 경우 유용하다.

• **예시 1 : SALE_DATE와 CUSTOMER_ID를 사용한 판매 데이터**

SALES 테이블이 SALE_DATE를 기준으로 RANGE 파티셔닝되고, 각 RANGE 파티션은 CUSTOMER_ID를 기준으로 해시 서브파티셔닝된다. 이는 각 분기별 판매 데이터가 여러 서브파티션에 균등하게 분배되어 데이터 불균형을 방지한다. SALE_DATE로 RANGE 파티셔닝하면 특정 날짜 범위에 대한 쿼리에서 불필요한 파티션을 제외할 수 있으며 CUSTOMER_ID로 해시 서브파티셔닝하면 각 분기 내에서 데이터가 균등하게 분배되어 특정 파티션이 과부하 되는 것을 방지할 수 있다. 시간 기반 파티션 내에서 부하를 균등하게 분배하고, 많은 고객을 대상으로 한 쿼리 성능을 향상시킨다.

```sql
CREATE TABLE SALES
(
  SALE_ID NUMBER,
  SALE_DATE DATE,
  CUSTOMER_ID NUMBER,
  PRODUCT_ID NUMBER,
  AMOUNT NUMBER
)
PARTITION BY RANGE (SALE_DATE)
SUBPARTITION BY HASH (CUSTOMER_ID)
SUBPARTITIONS 4
(
  PARTITION P_Q1_2023 VALUES LESS THAN (TO_DATE('20230401', 'YYYYMMDD')),
  PARTITION P_Q2_2023 VALUES LESS THAN (TO_DATE('20230701', 'YYYYMMDD')),
  PARTITION P_Q3_2023 VALUES LESS THAN (TO_DATE('20231001', 'YYYYMMDD')),
  PARTITION P_Q4_2023 VALUES LESS THAN (TO_DATE('20240101', 'YYYYMMDD'))
);
```

• 예시 2 : TRANSACTION_DATE와 ORDER_ID를 사용한 트랜잭션 데이터

TRANSACTIONS 테이블이 TRANSACTION_DATE를 기준으로 RANGE 파티셔닝되고, 각 RANGE 파티션은 TRANSACTION_ID를 기준으로 해시 서브파티셔닝된다. 이는 연도별 트랜잭션 데이터가 균등하게 분배되도록 보장한다. TRANSACTION_DATE로 RANGE 파티셔닝하면 날짜 범위 쿼리에서 성능이 최적화되고, TRANSACTION_ID로 해시 서브파티셔닝하면 각 연도 내에서 트랜잭션이 고르게 분배된다.

```
CREATE TABLE TRANSACTIONS
(
  TRANSACTION_ID NUMBER,
  TRANSACTION_DATE DATE,
  ORDER_ID NUMBER,
  AMOUNT NUMBER
)
PARTITION BY RANGE (TRANSACTION_DATE)
SUBPARTITION BY HASH (ORDER_ID)
SUBPARTITIONS 8
(
  PARTITION P_2022 VALUES LESS THAN (TO_DATE('20230101', 'YYYYMMDD')),
  PARTITION P_2023 VALUES LESS THAN (TO_DATE('20240101', 'YYYYMMDD'))
);
```

• RANGE + HASH 복합 파티셔닝에 대한 추가 고려 사항

서브파티션 수는 적절하게 설정하여 부하가 고르게 분배되도록 하면서도 복잡성을 최소화해야 한다. 서브파티션이 너무 적으면 데이터가 고르게 분배되지 않고, 너무 많으면 오버헤드가 발생할 수 있다. 예를 들어 처음에는 4개의 서브파티션으로 시작하고, 데이터 크기와 성능을 모니터링한 후 필요에 따라 서브파티션 수를 조정하는 것이 좋다. 쿼리가 특정 범위의 값을 대상으로 할 때(예 : 날짜 범위) RANGE 파티션 KEY를 사용하고 서브파티션 내 데이터가 균등하게 분배될 때, 쿼리 성능이 향상되며 병렬 처리도 더 효율적으로 수행될 수 있다. 예를 들어, 특정 분기의 판매 데이터를 조회하는 쿼리는 RANGE 파티션 KEY(SALE_DATE)를 통해 관련 없는 파티션을 Pruning하고, 서브파티셔닝 덕분에 다수의 해시 서브파티션에서 병렬로 쿼리가 실행될 수 있다.

■ 파티셔닝 전략에 따른 파티션 KEY 선택 - RANGE + RANGE 복합 파티셔닝

RANGE-RANGE 복합 파티셔닝은 Oracle에서 두 단계의 파티셔닝 전략으로, 먼저 데이터를 기본 범위로 파티셔닝한 후, 2차 범위에 따라 서브파티션으로 나누는 방식이다. 이 방식은 특히 두 가지 연속적인 범위(예 : 시간 기반 범위와 숫자 기반 범위)를 사용하여 데이터를 세분화하고자 할 때 유용하다. 이 파티셔닝 방법은 자연스럽게 연속적인 범위로 데이터를 나눌 수 있으며, 두 단계의 파티셔닝을 통해 데이터 관리를 최적화하고, 쿼리 성능을 향상시키며, 효율적인 파티션 Pruning(불필요한 파티션 제외)을 지원한다.

• 파티션 KEY

기본 RANGE 파티션 KEY는 연속적인 값을 가지고 있으며, 쿼리에서 자주 사용되는 열이어야 한다. 이 열은 데이터를 논리적으로 세분화하고, 파티션 Pruning을 통해 성능을 최적화하는 데 중요한 역할을 한다. DATE, SALE_DATE, TRANSACTION_DATE와 같은 시간 기반 열이 기본 RANGE 파티셔닝에 적합하다. 쿼리가 특정 시간 범위(예 : 지난 달, 지난 분기)로 데이터를 필터링하는 경우가 많기 때문이다. 숫자 열(예 : AGE, SALARY, AMOUNT)도 연속적인 값을 가지고 있으면 적합하다.

2차 범위 서브 파티션 KEY 역시 연속적인 값을 가지고 있어야 하며, 각 기본 파티션 내에서 데이터를 더 세분화할 수 있어야 한다. 이 열은 데이터 세분화 및 쿼리 성능 향상에 도움을 준다. AMOUNT, QUANTITY, AGE 같은 숫자 열이나, ORDER_DATE, DELIVERY_DATE 같은 시간 기반 열이 2차 RANGE 서브파티셔닝에 적합할 수 있다. 이를 통해 기본 파티션 내에서 데이터를 더 효율적으로 관리할 수 있다.

• 사용 시기

더 세밀하게 관리하고, 쿼리 성능을 향상시키고자 하는 경우에 유용할 수 있다. 데이터가 두 가지 연속적인 범위로 자연스럽게 나뉘는 경우(예 : 시간 범위와 숫자 범위, 또는 두 가지 다른 시간 범위), 쿼리가 기본 및 2차 범위 키 모두에 따라 데이터를 필터링하는 경우가 자주 발생하는 경우, 두 단계의 파티셔닝을 활용하여 데이터를 보다 정교하게 분할하고 관리할 수 있다.

• 예시 1: SALE_DATE와 AMOUNT를 사용한 판매 데이터

이 예시에서는 SALES 테이블이 SALE_DATE(예 : 분기별)로 먼저 파티셔닝되고, 각 분기별 데이터는 판매 금액(AMOUNT)에 따라 서브파티셔닝된다. 특정 날짜 범위로 데이터를 쿼리할 때 파티션 Pruning을 통해 성능을 최적화할 수 있으며, 판매 금액 범위로도 추가적으로 서브파티션을 Pruning하여 쿼리 성능을 향상시킬 수 있다.

```sql
CREATE TABLE SALES
(
    SALE_ID NUMBER,
    SALE_DATE DATE,
    CUSTOMER_ID NUMBER,
    AMOUNT NUMBER
)
PARTITION BY RANGE (SALE_DATE)
SUBPARTITION BY RANGE (AMOUNT)
(
    PARTITION P_2024Q1 VALUES LESS THAN (TO_DATE('20240401', 'YYYYMMDD'))
    (
        SUBPARTITION AMT_LOW VALUES LESS THAN (1000),
        SUBPARTITION AMT_MEDIUM VALUES LESS THAN (5000),
        SUBPARTITION AMT_HIGH VALUES LESS THAN (10000),
        SUBPARTITION AMT_PREMIUM VALUES LESS THAN (MAXVALUE)
    ),
    PARTITION P_2024Q2 VALUES LESS THAN (TO_DATE('20240701', 'YYYYMMDD'))
    (
        SUBPARTITION AMT_LOW VALUES LESS THAN (1000),
        SUBPARTITION AMT_MEDIUM VALUES LESS THAN (5000),
        SUBPARTITION AMT_HIGH VALUES LESS THAN (10000),
        SUBPARTITION AMT_PREMIUM VALUES LESS THAN (MAXVALUE)
    )
);
```

- 예시 2 : TRANSACTION_DATE와 ORDER_VALUE를 사용한 트랜잭션 데이터

TRANSACTIONS 테이블이 TRANSACTION_DATE(연도별)로 먼저 파티셔닝되고, 각 연도별 트랜잭션 데이터는 주문 금액(ORDER_VALUE)에 따라 서브파티셔닝된다. 거래 날짜와 주문 금액을 기반으로 데이터를 효율적으로 쿼리하고, 파티션 및 서브파티션 Pruning을 통해 성능을 최적화할 수 있다.

```sql
CREATE TABLE TRANSACTIONS
(
    TRANSACTION_ID NUMBER,
    TRANSACTION_DATE DATE,
    CUSTOMER_ID NUMBER,
    ORDER_VALUE NUMBER
)
PARTITION BY RANGE (TRANSACTION_DATE)
SUBPARTITION BY RANGE (ORDER_VALUE)
(
    PARTITION P_2023 VALUES LESS THAN (TO_DATE('20240101', 'YYYYMMDD'))
    (
        SUBPARTITION SMALL_ORDERS VALUES LESS THAN (500),
        SUBPARTITION MEDIUM_ORDERS VALUES LESS THAN (5000),
        SUBPARTITION LARGE_ORDERS VALUES LESS THAN (10000),
        SUBPARTITION HUGE_ORDERS VALUES LESS THAN (MAXVALUE)
    ),
    PARTITION P_2024 VALUES LESS THAN (TO_DATE('20250101', 'YYYYMMDD'))
    (
        SUBPARTITION SMALL_ORDERS VALUES LESS THAN (500),
        SUBPARTITION MEDIUM_ORDERS VALUES LESS THAN (5000),
        SUBPARTITION LARGE_ORDERS VALUES LESS THAN (10000),
        SUBPARTITION HUGE_ORDERS VALUES LESS THAN (MAXVALUE)
    )
);
```

- **RANGE + RANGE 복합 파티셔닝에 대한 추가 고려 사항**

파티션 및 서브파티션 수를 적절하게 선택하는 것이 쿼리 성능 유지에 중요하다. 파티션 및 서브 파티션 개수가 너무 적으면 데이터 세분화가 충분하지 않을 수 있으며, 너무 많으면 오버헤드가 증가할 수 있다. RANGE-RANGE 파티셔닝은 쿼리가 기본 및 2차 범위 키 모두를 필터링할 때 가장 효과적이다. 이를 통해 Oracle은 기본 범위 키를 기준으로 관련 없는 파티션을 Pruning할 수 있고 2차 범위 키를 기준으로 관련 없는 서브파티션을 추가로 Pruning할 수 있어, SCAN하는 데이터 Block 수를 줄일 수 있다. 예를 들어, 2023년 1분기에 5,000달러 이상의 판매 데이터를 조회하는 쿼리는 기본 파티션 Pruning(SALE_DATE 기반)과 서브파티션 Pruning(AMOUNT 기반)을 통해 성능을 최적화할 수 있다.

Section 05 파티셔닝 테이블의 INDEX

Oracle에서는 파티션 테이블에 대해 두 가지 주요 유형의 INDEX를 제공한다. LOCAL INDEX와 GLOBAL INDEX이다. 파티션 테이블의 INDEX 설계 전략도 [Part 05. Index 설계 전략]에서 다룬 내용과 동일하며 동일한 파티션 구조로 각 파티션의 데이터를 대상으로 생성되는 LOCAL INDEX와 전체 데이터를 대상으로 생성되는 GLOBAL INDEX로 구분이 된다.

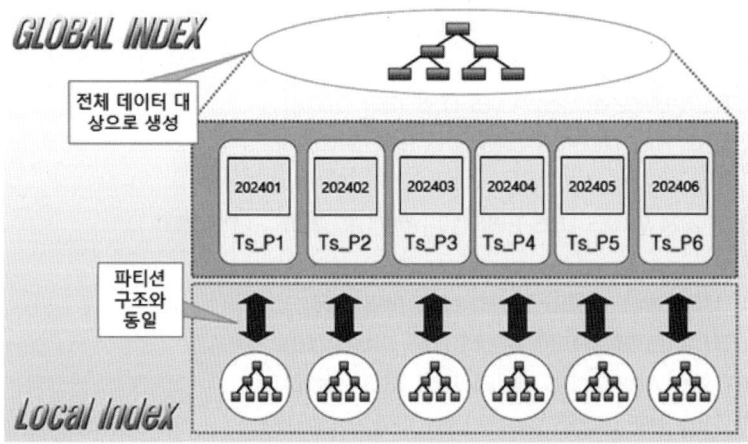

■ LOCAL INDEX (Local Index)

LOCAL INDEX는 테이블과 동일한 방식으로 파티셔닝된 INDEX이다. 즉, INDEX는 테이블 파티션에 맞춰 각 파티션으로 나뉘며, 각 INDEX 파티션은 해당 테이블 파티션에 있는 행만 인덱싱한다.

• 특징

INDEX의 각 파티션이 테이블의 파티션에 대응한다. 테이블의 파티션이 추가되거나 삭제될 때 해당 INDEX 파티션도 자동으로 추가되거나 삭제되어 관리가 쉽다. 파티션별로 INDEX 가 존재하므로, 특정 파티션에서 문제가 발생하면 그 파티션에 대한 INDEX만 재구성하면 된다. GLOBAL INDEX와 달리 전체 INDEX를 재구성할 필요가 없다. 파티션 Pruning을 포함하는 쿼리에 적합하며, 쿼리 옵티마이저가 관련된 파티션만 SCAN할 수 있다.

• **LOCAL INDEX 유형**

Prefixed INDEX와 Non-Prefixed INDEX로 구분된다. Prefixed INDEX는 파티션 KEY 컬럼이 INDEX의 선행 컬럼으로 지정되는 경우이고 NON-Prefixed INDEX는 파티션 KEY 컬럼이 INDEX의 선두 컬럼이 아니거나 존재하지 않는 경우이다.

• **로컬 Prefixed INDEX**

INDEX 구성이 파티션 KEY 컬럼이 선두인 INDEX로 아래 그림과 같다.

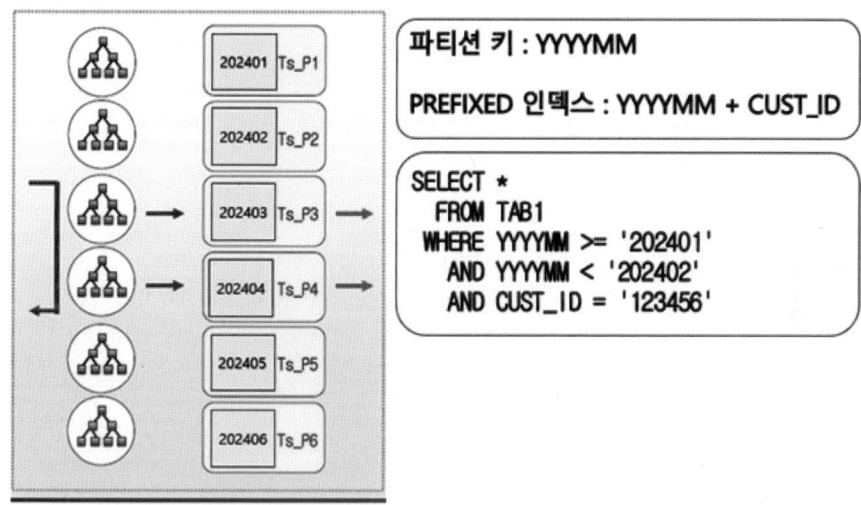

• **로컬 NON-Prefixed INDEX**

INDEX 구성이 파티션 KEY 컬럼이 선두가 아닌 INDEX로 아래 그림과 같다.

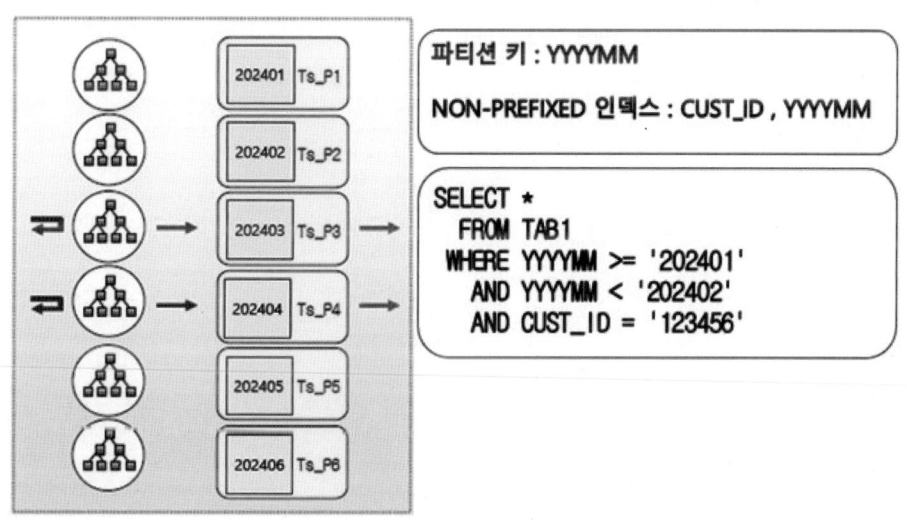

• **LOCAL INDEX 설계 전략**

INDEX가 PREFIXED, NON-PREFIXED인지가 중요한 것이 아니다. LOCAL INDEX 설계 전략도 [Part 05. INDEX 설계 전략]에서 다룬 내용과 동일하다.

• **LOCAL INDEX 생성**

LOCAL 키워드를 포함해서 생성하면 LOCAL INDEX로 생성된다.

```
CREATE TABLE ORDERS
(
    ORDER_ID        VARCHAR2(20),
    ORDER_DATE      DATE,
    ORDER_MODE      VARCHAR2(10),
    CUSTOMER_ID     VARCHAR2(20),
    EMPLOYEE_ID     VARCHAR2(20),
    ORDER_STATUS    VARCHAR2(5),
    ORDER_TOTAL     NUMBER
)
TABLESPACE APP_DATA
PARTITION BY RANGE (ORDER_DATE)
(
    PARTITION P_202406 VALUES LESS THAN (TO_DATE('20240701', 'YYYYMMDD')),
    PARTITION P_202407 VALUES LESS THAN (TO_DATE('20240801', 'YYYYMMDD')),
    PARTITION P_202408 VALUES LESS THAN (TO_DATE('20240901', 'YYYYMMDD')),
    PARTITION P_202409 VALUES LESS THAN (TO_DATE('20241001', 'YYYYMMDD')),
    PARTITION P_MAX VALUES LESS THAN (MAXVALUE)
);

ALTER TABLE ORDERS
ADD CONSTRAINTS IX_ORDERS_PK
PRIMARY KEY(ORDER_ID, ORDER_DATE)
USING INDEX
TABLESPACE APP_DATA
LOCAL;

CREATE INDEX IX_ORDERS_N1
```

```
ON ORDERS(ORDER_DATE, ORDER_MODE, EMPLOYEE_ID)
TABLESPACE APP_DATA
LOCAL;

CREATE INDEX IX_ORDERS_N2
ON ORDERS(CUSTOMER_ID, ORDER_DATE)
TABLESPACE APP_DATA
LOCAL;

CREATE INDEX IX_ORDERS_N3
ON ORDERS(CUSTOMER_ID)
TABLESPACE APP_DATA
LOCAL;
```

PK, UNIQUE INDEX 생성 시에는 무조건 파티션 KEY가 포함되어 생성되어야 하며 파티션 KEY가 누락되면 에러가 발생한다. IX_ORDERS_N1 INDEX는 LOCAL Prefixed INDEX이며 IX_ORDERS_N2, IX_ORDERS_N3은 LOCAL NON-Prefixed INDEX 이다.

IX_ORDERS_N3의 경우에는 파티션 KEY 컬럼인 ORDER_DATE가 제외되어 생성되었다.

조회 범위가 만약 ORDER_DATE 특정 월에 대한 한 달 범위로 들어온다면 IX_ORDERS_N2, IX_ORDERS_N3 INDEX 사용으로 인한 I/O 발생량은 INDEX 사이즈가 작은 IX_ORDERS_N3를 사용했을 때가 더 나을 수도 있다.

아래 예제는 특정 월 한 달을 조회 시에 IX_ORDERS_N2, IX_ORDERS_N3를 사용했을 때 I/O 발생량이다. LOCAL INDEX이기 때문에 해당 월 파티션 전체를 조회하므로 I/O 발생량이 동일함을 알 수 있다.

```
SELECT /*+ INDEX(A IX_ORDERS_N2) */
       ORDER_DATE, ORDER_STATUS, ORDER_TOTAL
  FROM ORDERS A
 WHERE ORDER_DATE >= TO_DATE('20240701', 'YYYYMMDD')
   AND ORDER_DATE < TO_DATE('20240801', 'YYYYMMDD')
   AND CUSTOMER_ID = 'C00002';
```

```
---------------------------------------------------------------------------
| Id  | Operation                          | Name         |Starts | A-Rows |Buffers |
---------------------------------------------------------------------------
|   0 | SELECT STATEMENT                   |              |    1  |   16   |   20   |
|   1 |  PARTITION RANGE SINGLE            |              |    1  |   16   |   20   |
|   2 |   TABLE ACCESS BY LOCAL INDEX ROWID| ORDERS       |    1  |   16   |   20   |
|*  3 |    INDEX RANGE SCAN                | IX_ORDERS_N2 |    1  |   16   |    4   |
---------------------------------------------------------------------------
```

```sql
SELECT /*+ INDEX(A IX_ORDERS_N3) */
       ORDER_DATE, ORDER_STATUS, ORDER_TOTAL
  FROM ORDERS A
 WHERE ORDER_DATE >= TO_DATE('20240701', 'YYYYMMDD')
   AND ORDER_DATE <  TO_DATE('20240801', 'YYYYMMDD')
   AND CUSTOMER_ID = 'C00002';
```

```
---------------------------------------------------------------------------
| Id  | Operation                          | Name         |Starts | A-Rows |Buffers |
---------------------------------------------------------------------------
|   0 | SELECT STATEMENT                   |              |    1  |   16   |   20   |
|   1 |  PARTITION RANGE SINGLE            |              |    1  |   16   |   20   |
|   2 |   TABLE ACCESS BY LOCAL INDEX ROWID| ORDERS       |    1  |   16   |   20   |
|*  3 |    INDEX RANGE SCAN                | IX_ORDERS_N3 |    1  |   16   |    4   |
---------------------------------------------------------------------------
```

그런데 만약 조회 범위가 월 전체가 아닌 7일 정도로 발생했다면 IX_ORDERS_N3의 경우는 해당 월 파티션 전체 데이터가 조회되기 때문에 당연히 IX_ORDERS_N2를 사용하는 경우에 I/O 발생량이 더 낮다.

```
---------------------------------------------------------------------------
| Id  | Operation                          | Name         |Starts | A-Rows |Buffers |
---------------------------------------------------------------------------
|   0 | SELECT STATEMENT                   |              |    1  |    1   |    5   |
|   1 |  PARTITION RANGE SINGLE            |              |    1  |    1   |    5   |
|   2 |   TABLE ACCESS BY LOCAL INDEX ROWID| ORDERS       |    1  |    1   |    5   |
|*  3 |    INDEX RANGE SCAN                | IX_ORDERS_N2 |    1  |    1   |    4   |
---------------------------------------------------------------------------
```

```
---------------------------------------------------------------------------------
| Id  | Operation                          | Name          |Starts | A-Rows |Buffers |
---------------------------------------------------------------------------------
|   0 | SELECT STATEMENT                   |               |   1   |    1   |   20   |
|   1 |   PARTITION RANGE SINGLE           |               |   1   |    1   |   20   |
|*  2 |    TABLE ACCESS BY LOCAL INDEX ROWID| ORDERS       |   1   |    1   |   20   |
|*  3 |     INDEX RANGE SCAN               | IX_ORDERS_N3  |   1   |   16   |    4   |
---------------------------------------------------------------------------------
```

■ GLOBAL INDEX

GLOBAL INDEX는 파티션 테이블의 파티션과 일치하지 않는 INDEX이다. 즉, 테이블이 어떻게 파티션되었는지에 상관없이 전체 테이블의 데이터를 인덱싱한다. GLOBAL INDEX의 전체 데이터를 대상으로 INDEX가 생성되기 때문에 파티션 DROP, TRUNCATE 등의 DDL이 발생하면 INDEX가 Broken이 되어 장애로 연결될 수 있기 때문에 사용에 주의를 해야 된다.

• GLOBAL INDEX가 사용될 경우

파티션 테이블의 파티션 개수가 많고 파티션 KEY가 들어오지 않거나 파티션 KEY 조건이 들어오더라도 많은 파티션을 ACCESS 해야 되는 실행수 높은 SQL이 존재하는 경우 GLOBAL INDEX를 고려할 수도 있다. 특히 NESTED LOOP JOIN시 후행 테이블이 파티션 개수가 많으며 JOIN 시 파티션 KEY 조건이 들어오지 않거나 JOIN되는 파티션 개수가 많은 경우 선행 데이터 건수×파티션 개수만큼 I/O 발생량이 급격히 증가하게 된다. 이런 SQL이 실행수가 높다면 GLOBAL INDEX를 고려해 볼 수도 있다.

• GLOBAL INDEX를 피해야 하는 경우

GLOBAL INDEX는 유지 관리 비용이 더 많이 든다. 파티션을 삭제하거나 TRUNCATE할 때, GLOBAL INDEX는 별도로 전체 데이터에 대한 구조이므로 INDEX가 Unusable 상태로 되어 추가적인 오버헤드가 발생할 수 있다. 예를 들어 INDEX Unusable로 인한 DML Fail 또는 INDEX 사용 불가이다. 이런 경우 INDEX를 다시 REBUILD를 해야 정상으로 동작하게 된다. 파티션 테이블의 크기가 대용량이고 접근하는 SQL 수가 많고 조회 빈도가 높은 Hot 테이블인 경우에는 이런 현상으로 인해서 장애로 연결될 수 있기 때문에 사용에 주의해야 한다. SKIP_Unusable_INDEXES 파라미터를 TRUE로 하게 되면 INDEX가 Unusable 상태이더라도 DML은 실패하지 않는다. DEFAULT 값은 FALSE이다. 필자가 근무하는 SITE에서는 INDEX가 Unusable 상태에 빠지더라도 DML은 실패하지 않도록 SKIP_UNUSABLE_INDEXES 파라미터 값이 TRUE로 설정되어 있다.

• GLOBAL INDEX 생성

파티션 테이블에서 LOCAL 키워드를 생략하면 GLOBAL INDEX로 생성이 된다.

```
CREATE TABLE ORDERS
(
  ORDER_ID        VARCHAR2(20),
  ORDER_DATE      DATE,
  ORDER_MODE      VARCHAR2(10),
  CUSTOMER_ID     VARCHAR2(20),
  EMPLOYEE_ID     VARCHAR2(20),
  ORDER_STATUS    VARCHAR2(5),
  ORDER_TOTAL     NUMBER
)
TABLESPACE APP_DATA
PARTITION BY RANGE (ORDER_DATE)
(
  PARTITION P_202406 VALUES LESS THAN (TO_DATE('20240701', 'YYYYMMDD')),
  PARTITION P_202407 VALUES LESS THAN (TO_DATE('20240801', 'YYYYMMDD')),
  PARTITION P_202408 VALUES LESS THAN (TO_DATE('20240901', 'YYYYMMDD')),
  PARTITION P_202409 VALUES LESS THAN (TO_DATE('20241001', 'YYYYMMDD')),
  PARTITION P_MAX VALUES LESS THAN (MAXVALUE)
);

ALTER TABLE ORDERS
ADD CONSTRAINTS IX_ORDERS_PK
PRIMARY KEY(ORDER_ID, ORDER_DATE)
USING INDEX
TABLESPACE APP_DATA
LOCAL;

CREATE INDEX IX_ORDERS_N1
ON ORDERS(ORDER_DATE, ORDER_MODE, EMPLOYEE_ID)
```

```
TABLESPACE APP_DATA
LOCAL;

CREATE INDEX IX_ORDERS_N2
ON ORDERS(CUSTOMER_ID)
TABLESPACE APP_DATA;
```

• 파티션 테이블 DDL과 INDEX Unusable 관계

파티션 테이블의 INDEX와 DDL 작업 시 Unusable 상태 변경에 대한 관계를 표로 정리한 것이다. LOCAL INDEX의 경우 특정 파티션이 Unusable 상태라면 해당 파티션의 INDEX만 REBUILD를 해주면 되지만 GLOBAL INDEX의 경우에는 전체 데이터에 대해서 REBUILD를 해야 한다. 월 단위 1,000만 건 12개월 보관 주기의 파티션 테이블이 존재한다고 하면 특정 파티션 DDL 작업으로 LOCAL INDEX가 Unusable이 되었다면 1,000만 건 REBUILD하면 되지만 GLOBAL INDEX의 경우는 1.2억 건에 대한 REBUILD를 해야 되기 때문에 더 큰 오버헤드가 발생한다.

작업 유형	설명	INDEX	Unusable 상태 변경
ADD	새로운 파티션 추가	LOCAL	새로 생성되므로 상관없다.
		GLOBAL	파티션만 추가되므로 상관없다.
DROP	파티션 제거	LOCAL	같이 삭제되므로 상관없다.
		GLOBAL	변경 Row가 있다면 모든 GLOBAL INDEX가 Unusable
SPLIT	하나의 파티션을 둘로 분할	LOCAL	**SPLIT된 파티션 INDEX Unusable**
		GLOBAL	변경 Row가 있다면 모든 GLOBAL INDEX가 Unusable
MERGE	하나 이상의 파티션을 병합	LOCAL	**머지되어 남는 파티션 INDEX Unusable**
		GLOBAL	변경 Row가 있다면 모든 GLOBAL INDEX가 Unusable
RENAME	명칭 변경	LOCAL	실제 변경이 없으므로 상관없다.
		GLOBAL	실제 변경이 없으므로 상관없다.
MOVE	다른 TABLESPACE로 이동	LOCAL	**MOVE된 파티션 INDEX Unusable**
		GLOBAL	**GLOBAL INDEX가 Unusable**
TRUNCATE	파티션 데이터 삭제	LOCAL	남은 Row가 없으므로 상관없다.
		GLOBAL	변경 Row가 있다면 모든 GLOBAL INDEX가 Unusable
EXCHANGE	파티션과 일반 테이블의 상호전환	LOCAL	**EXCHANGE한 파티션 INDEX Unusable**
		GLOBAL	변경 Row가 있다면 GLOBAL INDEX가 Unusable

Section 06 파티션 관리

Oracle의 파티션 테이블 유지 관리에는 파티션된 테이블의 최적 성능과 효율적인 관리를 보장하기 위한 여러 작업과 전략이 포함된다. 효과적인 유지 관리는 쿼리의 일정한 성능을 유지하고 스토리지 비용을 절감할 수 있다. 아래는 파티션된 테이블을 관리할 때 중요한 작업들의 설명이다.

작업	설명
파티션 추가(ADD)	데이터가 증가함에 따라(예 : 시간, 특정 범위, 카테고리별) 새로운 데이터를 저장할 수 있도록 새로운 파티션을 추가해야 한다.
파티션 삭제(DROP)	오래된 데이터를 제거하여 스토리지와 성능을 관리할 수 있습니다. 보통 오래되고 더 이상 필요하지 않은 데이터를 제거할 때 사용된다.
파티션 분할(SPLIT)	파티션이 너무 커지면 성능과 관리를 개선하기 위해 더 작은 파티션으로 분할할 수 있다.
파티션 병합(MERGE)	작은 파티션이 너무 많을 경우, 병합을 통해 관리가 쉬워지고 쿼리 성능이 향상될 수 있다.
파티션 이름 변경(RENAME)	파티션의 데이터를 명확하게 표현하거나 명명 규칙이 변경된 경우 파티션의 이름을 변경할 수 있다.
파티션 비우기(TRUNCATE)	파티션과 파티션 되지 않은 일반 테이블 간 데이터를 물리적으로 이동하지 않고 교환할 수 있다.
파티션 교환(EXCHANGE)	파티션의 데이터를 명확하게 표현하거나 명명 규칙이 변경된 경우 파티션의 이름을 변경할 수 있다. 파티션된 테이블에 데이터를 효율적으로 로드할 때 유용하다.
INDEX 유지 관리	LOCAL INDEX는 각 파티션별로 구성된 INDEX이며 파티션과 직접 대응되므로 관리가 용이하지만 GLOBAL INDEX는 전체 데이터에 대해 구성된 INDEX이므로 파티션을 DROP하거나 TRUNCATE할 대 INDEX를 REBUILD 해야된다.

■ RANGE 파티션 관리

```
CREATE TABLE ORDERS
(
  ORDER_ID      VARCHAR2(20),
  ORDER_DATE    DATE,
```

```sql
    ORDER_MODE      VARCHAR2(10),
    CUSTOMER_ID     VARCHAR2(20),
    EMPLOYEE_ID     VARCHAR2(20),
    ORDER_STATUS    VARCHAR2(5),
    ORDER_TOTAL     NUMBER
)
TABLESPACE APP_DATA
PARTITION BY RANGE (ORDER_DATE)
(
    PARTITION P_202406 VALUES LESS THAN (TO_DATE('20240701', 'YYYYMMDD')),
    PARTITION P_202407 VALUES LESS THAN (TO_DATE('20240801', 'YYYYMMDD')),
    PARTITION P_202408 VALUES LESS THAN (TO_DATE('20240901', 'YYYYMMDD')),
    PARTITION P_202409 VALUES LESS THAN (TO_DATE('20241001', 'YYYYMMDD')),
    PARTITION P_202411 VALUES LESS THAN (TO_DATE('20241201', 'YYYYMMDD')) ,
    PARTITION P_MAX VALUES LESS THAN (MAXVALUE)
);

ALTER TABLE ORDERS
ADD CONSTRAINTS IX_ORDERS_PK
PRIMARY KEY(ORDER_ID, ORDER_DATE)
USING INDEX
TABLESPACE APP_DATA
LOCAL;

CREATE INDEX IX_ORDERS_N1
ON ORDERS(ORDER_DATE, ORDER_MODE, EMPLOYEE_ID)
TABLESPACE APP_DATA
LOCAL;

CREATE INDEX IX_ORDERS_N2
ON ORDERS(CUSTOMER_ID, ORDER_DATE)
TABLESPACE APP_DATA;
```

- **파티션 추가(ADD)**

데이터 성장을 처리하기 위해 미래 데이터를 위한 파티션을 추가할 수 있으며 여러 파티션을 한꺼번에 추가할 수도 있다. PARTITION P_MAX VALUES LESS THAN(MAXVALUE)과 같이 MAXVALUE에 해당하는 파티션이 있는 경우에는 ADD는 불가능하며 SPLIT을 이용해서 파티션을 추가해야 한다.

```
ALTER TABLE ORDERS
ADD PARTITION P_202412 VALUES LESS THAN (TO_DATE('20250101', 'YYYYMMDD'));

ALTER TABLE ORDERS
ADD PARTITION P_202412 VALUES LESS THAN (TO_DATE('20250101', 'YYYYMMDD')),
    PARTITION P_202501 VALUES LESS THAN (TO_DATE('20250201', 'YYYYMMDD')),
    PARTITION P_202502 VALUES LESS THAN (TO_DATE('20250301', 'YYYYMMDD'))
```

- **파티션 삭제(DROP)**

더 이상 필요 없는 파티션을 제거하여 공간을 확보한다. 하나 또는 여러 파티션을 한꺼번에 삭제할 수도 있다. GLOBAL INDEX가 존재하는 경우 UPDATE GLOBAL INDEXES 키워드를 이용해서 파티션이 삭제되면서 INDEX가 같이 재구성되어 Unusable 상태에 빠지지 않게 하지만 파티션 테이블의 사이즈에 비례해서 처리 시간이 증가하기 때문에 DML Lock 대기 시간이 길어질 수 있다.

```
ALTER TABLE ORDERS
DROP PARTITION P_202406;

ALTER TABLE ORDERS
DROP PARTITION P_202406, P_202407;

ALTER TABLE ORDERS
DROP PARTITION P_202406 UPDATE GLOBAL INDEXES;
```

- **파티션 비우기(TRUNCATE)**

파티션 구조는 유지하면서 파티션 내의 데이터를 삭제한다. TRUNCATE 테이블과 같은 형태로 해당 파티션 데이터가 제거되기 때문에 Redo Undo 발생량은 최소화되며 큰 데이터라도 빠르게 삭제된다. 하나 또는 여러 파티션을 한꺼번에 삭제할 수도 있다. GLOBAL INDEX가 존재하는 경우 UPDATE GLOBAL INDEXES 키워드를 이용해서 파티션이 삭제되면서 INDEX가 같이 재구성되어 Unusable 상태에 빠지지 않게 하지만 파티션 테이블의 사이즈에 비례해서 처리 시간이 증가하기 때문에 DML LOCK 대기 시간이 길어질 수 있다.

```
ALTER TABLE ORDERS
TRUNCATE PARTITION P_202407;

ALTER TABLE ORDERS
TRUNCATE PARTITION P_202407 UPDATE GLOBAL INDEXES;

ALTER TABLE ORDERS
TRUNCATE PARTITION P_202408, P_202409;
```

- **파티션 이동(MOVE)**

MOVE 작업은 파티션을 다른 TABLESPACE로 이동하거나 물리적 저장 특성을 변경하는 데 사용된다. 주요 용도로는 단편화로 인한 빈 공간이 많을 경우 성능 향상을 위한 데이터 재구성, 성능 또는 비용 특성이 다른 TABLESPACE(예 : SSD 기반 또는 저비용 디스크)로 파티션 이동, 현재 TABLESPACE의 공간 확보 등이 있다.

아래 스크립트에서 TABLESPACE절은 기존 TABLESPACE명 또는 다른 TABLESPACE명이 될 수 있으며 COMPRESS, NOLOGGING, ONLINE, PARALLEL절은 필요한 경우 사용한다.

```
ALTER TABLE ORDERS
MOVE PARTITION P_202401 TABLESPACE APP_DATA PARALLEL 2 ONLINE COMPRESS NOLOGGING;
```

MOVE PARTITION 작업을 하게 되면 작업 중에는 해당 파티션을 사용할 수 없으며 MOVE TABLESPACE가 되면 물리적으로 ROWID가 변경되는 것이기 때문에 해당 파티션의 LOCAL INDEX의 REBUILD가 필요하다. COMPRESS, NOLOGGING, ONLINE, PARALLEL절은 필요한 경우 사용한다.

```
ALTER INDEX IX_ORDERS_PK REBUILD PARTITION P_202410
TABLESPACE APP_DATA PARALLEL 2 NOLOGGING ONLINE;

ALTER INDEX IX_ORDERS_N1 REBUILD PARTITION P_202410
TABLESPACE APP_DATA PARALLEL 2 NOLOGGING ONLINE;
```

• **파티션 교환(EXCHANGE)**

파티션과 비파티션 테이블 간 데이터를 교환하는 작업이다.

유지 관리 또는 보관을 위해 데이터를 파티션 테이블에서 이동하거나 가져올 때 파티션에 대량 데이터를 효율적으로 재구성(REORG) 및 압축할 때 사용할 수 있다. EXCHANGE 대상 테이블은 파티션 테이블과 동일한 구조이어야 된다.

MOVE PARTITION 작업을 하게 되면 작업 중에는 해당 파티션을 사용할 수 없으며 MOVE TABLESPACE가 되면 물리적으로 ROWID가 변경되는 것이기 때문에 해당 파티션의 INDEX를 사용할 수 없는 상태가 된다. 따라서 해당 파티션의 LOCAL INDEX의 REBUILD가 되어야 되기 때문에 가용성이 떨어지게 되는데 이때 사용할 수 있는 것이 파티션 EXCHANGE이다.

EXCHANGE할 때 INCLUDING INDEXES WITHOUT VALIDATION 옵션 사용으로 눈 깜짝할 사이에 EXCHANGE가 되기 때문에 가용성이 좋다.

```sql
/* 파티션 테이블과 동일한 구조로 임시 작업 테이블 생성(압축)
   Redo를 최소화하기 위해서 NOLOGGING절 사용 */
CREATE TABLE TEMP_ORDERS_P_202408
TABLESPACE APP_DATA
NOLOGGING
COMPRESS
AS
SELECT *
  FROM ORDERS PARTITION(P_202408);

ALTER TABLE TEMP_ORDERS_P_202408 LOGGING;

/* 파티션 테이블과 동일한 구조로 INDEX및 제약조건
   Redo를 최소화하기 위해서 NOLOGGING절 사용 */
ALTER TABLE TEMP_ORDERS_P_202408
ADD CONSTRAINTS IX_TEMP_ORDERS_P_202408_PK
PRIMARY KEY(ORDER_ID, ORDER_DATE)
USING INDEX
TABLESPACE APP_DATA
NOLOGGING;

CREATE INDEX IX_TEMP_ORDERS_P_202408_N1
```

```
ON TEMP_ORDERS_P_202408(ORDER_DATE, ORDER_MODE, EMPLOYEE_ID)
TABLESPACE APP_DATA
NOLOGGING;

ALTER INDEX IX_TEMP_ORDERS_P_202408_PK LOGGING;
ALTER INDEX IX_ORDERS_N1 LOGGING;

/*+ 파티션 EXCHANGE
    WITHOUT VALIDATION : 유효성 체크 생략
    WITH VALIDATION : 유효성 체크. EXCHANGE 시간이 데이터 건수에 비례해서 느려짐
    INCLUDING INDEXES : INDEX 데이터 포함해서 EXCHANGE
*/
ALTER TABLE ORDERS
EXCHANGE PARTITION P_202408 WITH TABLE TEMP_ORDERS_P_202408
INCLUDING INDEXES WITHOUT VALIDATION;
```

• **파티션 분할(SPLIT)**

기존 파티션을 두 개 이상의 작은 파티션으로 나눈다. 파티션 크기를 관리하거나 범위를 조정하기 위해 사용한다. 물리적으로 세그먼트가 분할되는 경우에는 해당 LOCAL INDEX가 Unusable이 되기 때문에 INDEX REBUILD가 필요하다. MAXVALUE에 해당하는 파티션이 존재하는 경우에는 ADD PARTITION 구문 대신에 SPLIT PARTITION 구문을 이용해서 파티션 추가가 가능하다.

```
ALTER TABLE ORDERS
SPLIT PARTITION P_202409 AT (TO_DATE('20240915', 'YYYYMMDD'))
INTO (PARTITION P_202409_H1, PARTITION P_202409_H2);

ALTER TABLE ORDERS
SPLIT PARTITION P_MAX AT (TO_DATE('20250101', 'YYYYMMDD'))
INTO (PARTITION P_202412, PARTITION P_MAX);
```

• **파티션 병합(MERGE)**

두 개의 파티션을 하나로 합칠 때 사용한다. 물리적으로 두 개의 파티션 세그먼트가 하나의 세그먼트로 합쳐지면 해당 LOCAL INDEX는 Unusable 상태가 되기 때문에 REBUILD가 필요하다.

```sql
ALTER TABLE ORDERS
MERGE PARTITIONS P_202407, P_202408 INTO PARTITION P_202407_08;
```

■ LIST 파티션(LIST PARTITION) 관리

```sql
CREATE TABLE ORDERS
(
  ORDER_ID        VARCHAR2(20),
  ORDER_DATE      DATE,
  ORDER_MODE      VARCHAR2(10),
  CUSTOMER_ID     VARCHAR2(20),
  EMPLOYEE_ID     VARCHAR2(20),
  ORDER_STATUS    VARCHAR2(5),
  ORDER_TOTAL     NUMBER
)
TABLESPACE APP_DATA
PARTITION BY LIST (ORDER_MODE)
(
  PARTITION P_ONLINE VALUES ('ONLINE'),
  PARTITION P_OFFLINE VALUES ('OFFLINE'),
  PARTITION P_OTHER VALUES ('OTHER'),
  PARTITION P_DEFAULT VALUES (DEFAULT)
);

ALTER TABLE ORDERS
ADD CONSTRAINT IX_ORDERS_PK
PRIMARY KEY (ORDER_ID, ORDER_MODE)
USING INDEX
TABLESPACE APP_DATA
LOCAL;
```

• 파티션 추가(ADD)

LIST 파티션 KEY 컬럼 값 종류 증가할 때 파티션을 추가할 수 있으며 여러 파티션을 한꺼번에 추가할 수도 있다. 위 DDL에서는 DEFAULT 파티션 영역 생성으로 인해서 ADD

문 추가는 안 되며 SPLIT으로 파티션 추가가 가능하다. DEFAULT 파티션이 없는 경우에만 ADD가 가능하다.

```
ALTER TABLE ORDERS
ADD PARTITION P_PHONE VALUES ('PHONE');

ALTER TABLE ORDERS
ADD PARTITION P_CHAT VALUES ('CHAT'),
    PARTITION P_MAIL VALUES ('MAIL');
```

- **파티션 삭제(DROP)**

더 이상 필요 없는 파티션을 제거하여 공간을 확보한다. 하나 또는 여러 파티션을 한꺼번에 삭제할 수도 있다.

```
ALTER TABLE ORDERS
DROP PARTITION P_ONLINE;

ALTER TABLE ORDERS
DROP PARTITION P_ONLINE, P_OFFLINE;
```

- **파티션 비우기(TRUNCATE)**

파티션 구조는 유지하면서 파티션 내의 데이터를 삭제한다. TRUNCATE 테이블과 같은 형태로 해당 파티션 데이터가 제거되기 때문에 Redo Undo 발생량은 최소화되며 큰 데이터라도 빠르게 삭제된다.

```
ALTER TABLE ORDERS
TRUNCATE PARTITION P_ONLINE;

ALTER TABLE ORDERS
TRUNCATE PARTITION P_ONLINE, P_OFFLINE;
```

- **파티션 이동(MOVE)**

MOVE 작업은 파티션을 다른 TABLESPACE로 이동하거나 물리적 저장 특성을 변경하는 데 사용된다. 주요 용도로는 단편화로 인한 빈 공간이 많을 경우 성능 향상을 위한 데이터 재구성, 성능 또는 비용 특성이 다른 TABLESPACE(예 : SSD 기반 또는 저비용 디스크)로 파티션 이동, 현재 TABLESPACE의 공간 확보 등이 있다.

아래 스크립트에서 TABLESPACE절은 기존 TABLESPACE명 또는 다른 TABLESPACE명이 될 수 있으며 COMPRESS, NOLOGGING, ONLINE, PARALLEL절은 필요한 경우 사용한다.

```
ALTER TABLE ORDERS
MOVE PARTITION P_ONLINE TABLESPACE APP_DATA PARALLEL 2 COMPRESS NOLOGGING;
```

MOVE PARTITION 작업을 하게 되면 작업 중에는 해당 파티션을 사용할 수 없으며 MOVE TABLESPACE가 되면 물리적으로 ROWID가 변경되는 것이기 때문에 해당 파티션의 LOCAL INDEX의 REBUILD가 필요하다. COMPRESS, NOLOGGING, ONLINE, PARALLEL절은 필요한 경우 사용한다.

```
ALTER INDEX IX_ORDERS_PK REBUILD PARTITION P_ONLINE
TABLESPACE APP_DATA PARALLEL 2 NOLOGGING ONLINE;
```

- **파티션 교환(EXCHANGE)**

파티션과 비파티션 테이블 간 데이터를 교환하는 작업이다.

유지 관리 또는 보관을 위해 데이터를 파티션 테이블에서 이동하거나 가져올 때 파티션에 대량 데이터를 효율적으로 재구성(REORG) 및 압축할 때 사용할 수 있다. EXCHANGE 대상 테이블은 파티션 테이블과 동일한 구조이어야 된다.

MOVE PARTITION 작업을 하게 되면 작업 중에는 해당 파티션을 사용할 수 없으며 MOVE TABLESPACE가 되면 물리적으로 ROWID가 변경되는 것이기 때문에 해당 파티션의 INDEX를 사용할 수 없는 상태가 된다. 따라서 해당 파티션의 LOCAL INDEX의 REBUILD가 되어야 되기 때문에 가용성이 떨어지게 되는데 이때 사용할 수 있는 것이 파티션 EXCHANGE이다. EXCHANGE할 때 INCLUDING INDEXES WITHOUT VALIDATION 옵션 사용으로 눈 깜짝할 사이에 EXCHANGE가 되기 때문에 가용성이 좋다.

```
/* 파티션 테이블과 동일한 구조로 임시 작업 테이블 생성(압축)
   Redo를 최소화하기 위해서 NOLOGGING절 사용 */
CREATE TABLE TEMP_ORDERS_P_ONLINE
TABLESPACE APP_DATA
NOLOGGING
```

```
AS
SELECT * FROM ORDERS PARTITION(P_ONLINE);

ALTER TABLE TEMP_ORDERS_P_ONLINE LOGGING;

/* 파티션 테이블과 동일한 구조로 INDEX및 제약조건
   Redo를 최소화하기 위해서 NOLOGGING절 사용 */
ALTER TABLE TEMP_ORDERS_P_ONLINE
ADD CONSTRAINT IX_TEMP_ORDERS_P_ONLINE_PK
PRIMARY KEY (ORDER_ID, ORDER_MODE)
USING INDEX
TABLESPACE APP_DATA
NOLOGGING;

ALTER INDEX IX_TEMP_ORDERS_P_ONLINE_PK LOGGING;

/*+ 파티션 EXCHANGE
    WITHOUT VALIDATION : 유효성 체크 생략
    WITH VALIDATION : 유효성 체크. EXCHANGE 시간이 데이터 건수에 비례해서 느려짐
    INCLUDING INDEXES : INDEX 데이터 포함해서 EXCHANGE
*/
ALTER TABLE ORDERS
EXCHANGE PARTITION P_ONLINE WITH TABLE TEMP_ORDERS_P_ONLINE
INCLUDING INDEXES WITHOUT VALIDATION;
```

• 파티션 분할(SPLIT)

DEFAULT 파티션이 존재하는 경우에 LIST 파티션 KEY 컬럼에 해당하는 값이 추가되는 경우에 파티션을 추가하는 데 사용한다.

```
ALTER TABLE ORDERS
SPLIT PARTITION P_DEFAULT VALUES ('APP')
INTO (PARTITION P_DEFAULT, PARTITION P_APP);
```

• 파티션 병합(MERGE)

두 개의 파티션을 하나로 합칠 때 사용한다. 물리적으로 두 개의 파티션 세그먼트가 하나의 SEGMENT로 합쳐지면 해당 LOCAL INDEX는 Unusable 상태가 되기 때문에 REBUILD가 필요하다.

```sql
ALTER TABLE ORDERS
MERGE PARTITIONS P_ONLINE, P_OFFLINE
INTO PARTITION P_DIGITAL;
```

■ LIST + RANGE 복합 파티션 관리

아래는 TEMPLATE 구문을 이용해서 서브파티션을 생성하는 스크립트이다. 서브파티션 명은 파티션명_템플릿에 지정된 명이다.

```sql
CREATE TABLE ORDERS
(
   ORDER_ID        VARCHAR2(20),
   ORDER_DATE      DATE,
   ORDER_MODE      VARCHAR2(10),
   CUSTOMER_ID     VARCHAR2(20),
   EMPLOYEE_ID     VARCHAR2(20),
   ORDER_STATUS    VARCHAR2(5),
   ORDER_TOTAL     NUMBER
)
TABLESPACE APP_DATA
PARTITION BY LIST (ORDER_MODE)
SUBPARTITION BY RANGE (ORDER_DATE)
SUBPARTITION TEMPLATE
(
   SUBPARTITION SP_202401 VALUES LESS THAN (TO_DATE('20240201', 'YYYYMMDD')),
   SUBPARTITION SP_202402 VALUES LESS THAN (TO_DATE('20240301', 'YYYYMMDD')),
   SUBPARTITION SP_202403 VALUES LESS THAN (TO_DATE('20240401', 'YYYYMMDD')),
   SUBPARTITION SP_MAX VALUES LESS THAN (MAXVALUE)
)
(
   PARTITION P_ONLINE VALUES ('ONLINE'),
   PARTITION P_OFFLINE VALUES ('OFFLINE'),
   PARTITION P_DEFAULT VALUES (DEFAULT)
);

ALTER TABLE ORDERS
ADD CONSTRAINT IX_ORDERS_PK
```

```
PRIMARY KEY (ORDER_ID, ORDER_DATE, ORDER_MODE)
USING INDEX
TABLESPACE APP_DATA
LOCAL;
```

• 파티션 추가(ADD)

LIST 파티션 KEY 컬럼 값 종류 증가할 때 파티션을 추가할 수 있으며 여러 파티션을 한꺼번에 추가할 수도 있다. 위 DDL에서는 DEFAULT 파티션 영역 생성으로 인해서 ADD 문 추가는 안 되며 SPLIT으로 파티션 추가가 가능하다. DEFAULT 파티션이 없는 경우에만 ADD가 가능하다.

LIST 파티션 추가하면 템플릿에 지정된 서브파티션이 추가된다.

```
ALTER TABLE ORDERS
ADD PARTITION P_PHONE VALUES ('PHONE');
```

각 LIST 파티션에 서브파티션을 추가하기 위해서는 MODIFY PARTITION 구문을 이용한다.

```
ALTER TABLE ORDERS
MODIFY PARTITION P_ONLINE
ADD SUBPARTITION P_ONLINE_SP_202406
VALUES LESS THAN (TO_DATE('20240701', 'YYYYMMDD'));
```

• 파티션 삭제(DROP)

더 이상 필요 없는 파티션을 제거하여 공간을 확보한다. 하나 또는 여러 파티션을 한꺼번에 삭제할 수도 있다.

```
ALTER TABLE ORDERS DROP PARTITION P_OFFLINE;
```
```
ALTER TABLE ORDERS DROP SUBPARTITION P_ONLINE_SP_202402, P_ONLINE_SP_202403;
```

• 파티션 비우기(TRUNCATE)

파티션 구조는 유지하면서 파티션 내의 데이터를 삭제한다. TRUNCATE 테이블과 같은 형태로 해당 파티션 데이터가 제거되기 때문에 Redo Undo 발생량은 최소화되며 큰 데이터라도 빠르게 삭제된다.

```
ALTER TABLE ORDERS TRUNCATE PARTITION P_OTHER;
ALTER TABLE ORDERS TRUNCATE SUBPARTITION P_ONLINE_SP_202402, P_ONLINE_SP_202403;
```

- **파티션 이동(MOVE)**

MOVE 작업은 파티션을 다른 TABLESPACE로 이동하거나 물리적 저장 특성을 변경하는 데 사용된다. 주요 용도로는 단편화로 인한 빈 공간이 많을 경우 성능 향상을 위한 데이터 재구성, 성능 또는 비용 특성이 다른 TABLESPACE(예 : SSD 기반 또는 저비용 디스크)로 파티션 이동, 압축, 현재 TABLESPACE의 공간 확보 등이 있다. MOVE의 경우는 세그먼트 단위로 가능하기 때문에 복합 파티션에서는 서브파티션 단위로 사용이 가능하다.

아래 스크립트에서 TABLESPACE절은 기존 TABLESPACE명 또는 다른 TABLESPACE명이 될 수 있으며 COMPRESS, NOLOGGING, ONLINE, PARALLEL절은 필요한 경우 사용한다.

```
ALTER TABLE ORDERS
MOVE SUBPARTITION P_ONLINE_SP_202402
TABLESPACE APP_DATA PARALLEL 2 COMPRESS NOLOGGING;
```

MOVE PARTITION 작업을 하게 되면 작업 중에는 해당 서브파티션을 사용할 수 없으며 MOVE TABLESPACE가 되면 물리적으로 ROWID가 변경되는 것이기 때문에 해당 파티션의 LOCAL INDEX의 REBUILD가 필요하다. COMPRESS, NOLOGGING, ONLINE, PARALLEL절은 필요한 경우 사용한다.

```
ALTER INDEX IX_ORDERS_PK REBUILD SUBPARTITION P_ONLINE_SP_202402
TABLESPACE APP_DATA PARALLEL 2 NOLOGGING ONLINE;
```

- **파티션 교환(EXCHANGE)**

파티션과 비파티션 테이블 간 데이터를 교환하는 작업이다.
유지 관리 또는 보관을 위해 데이터를 파티션 테이블에서 이동하거나 가져올 때 파티션에 대량 데이터를 효율적으로 재구성(REORG) 및 압축할 때 사용할 수 있다. EXCHANGE 대상 테이블은 파티션 테이블과 동일한 구조이어야 된다.

MOVE PARTITION 작업을 하게 되면 작업 중에는 해당 파티션을 사용할 수 없으며 MOVE TABLESPACE가 되면 물리적으로 ROWID가 변경되는 것이기 때문에 해당 파티션의 INDEX를 사용할 수 없는 상태가 된다. 따라서 해당 파티션의 LOCAL INDEX의 REBUILD가 되어야 되기 때문에 가용성이 떨어지게 되는데 이때 사용할 수 있는 것이 파티션 EXCHANGE이다. EXCHANGE할 때 INCLUDING INDEXES WITHOUT VALIDATION 옵션 사용으로 눈 깜짝할 사이에 EXCHANGE가 되기 때문에 가용성이 좋다.

EXCHANGE의 경우도 세그먼트 단위로 처리가 되며 복합 파티션에서는 해당 파티션에 대한 전체 서브파티션을 한꺼번에 EXCHANGE가 가능하고 서브파티션 단위로도 EXCHANGE가 가능하다.

아래는 복합 파티션의 세그먼트인 서브파티션 단위로 처리한 예이다.

```
/* 서브파티션 단위로 처리
   파티션 테이블과 동일한 구조로 임시 작업 테이블 생성(압축)
   Redo를 최소화하기 위해서 NOLOGGING절 사용 */
CREATE TABLE TEMP_ORDERS_P_ONLINE_SP_202402
TABLESPACE APP_DATA
NOLOGGING
AS
SELECT * FROM ORDERS SUBPARTITION(P_ONLINE_SP_202402);

ALTER TABLE TEMP_ORDERS_P_ONLINE_SP_202402 LOGGING;

/* 파티션 테이블과 동일한 구조로 INDEX및 제약조건
   Redo를 최소화하기 위해서 NOLOGGING절 사용 */
ALTER TABLE TEMP_ORDERS_P_ONLINE_SP_202402
ADD CONSTRAINT IX_TEMP_ORDERS_P_ONLINE_SP_202402_PK
PRIMARY KEY (ORDER_ID, ORDER_DATE, ORDER_MODE)
USING INDEX
TABLESPACE APP_DATA
NOLOGGING;

ALTER INDEX IX_TEMP_ORDERS_P_ONLINE_SP_202402_PK LOGGING;

/*++ 파티션 EXCHANGE
     WITHOUT VALIDATION : 유효성 체크 생략
     WITH VALIDATION : 유효성 체크. EXCHANGE 시간이 데이터 건수에 비례해서 느려짐
```

        INCLUDING INDEXES : INDEX 데이터 포함해서 EXCHANGE
*/
ALTER TABLE ORDERS
EXCHANGE SUBPARTITION P_ONLINE_SP_202402
WITH TABLE TEMP_ORDERS_P_ONLINE_SP_202402
INCLUDING INDEXES WITHOUT VALIDATION;

아래는 복합 파티션의 파티션에 포함된 모든 서브파티션 단위로 처리한 예이다.

/* 파티션 단위로 처리. TARGET 테이블의 서브파티션 구조로 파티션 테이블 생성
   파티션 테이블과 동일한 구조로 임시 작업 테이블 생성(압축)
     Redo를 최소화하기 위해서 NOLOGGING절 사용 */
CREATE TABLE TEMP_ORDERS_P_ONLINE
TABLESPACE APP_DATA
NOLOGGING
PARTITION BY RANGE(ORDER_DATE)
(
  PARTITION P_202401 VALUES LESS THAN (TO_DATE('20240201', 'YYYYMMDD')),
  PARTITION P_202402 VALUES LESS THAN (TO_DATE('20240301', 'YYYYMMDD')),
  PARTITION P_202403 VALUES LESS THAN (TO_DATE('20240401', 'YYYYMMDD')),
  PARTITION P_MAX VALUES LESS THAN (MAXVALUE)
)
AS
SELECT * FROM ORDERS PARTITION(P_ONLINE);

ALTER TABLE TEMP_ORDERS_P_ONLINE LOGGING;

/* 파티션 테이블과 동일한 구조로 INDEX및 제약조건 생성
   TEMP 테이블이 파티션 테이블이므로 INDEX를 LOCAL로 생성
   Redo를 최소화하기 위해서 NOLOGGING절 사용 */
ALTER TABLE TEMP_ORDERS_P_ONLINE
ADD CONSTRAINT IX_TEMP_ORDERS_P_ONLINE_PK
PRIMARY KEY (ORDER_ID, ORDER_DATE, ORDER_MODE)
USING INDEX
TABLESPACE APP_DATA
LOCAL
NOLOGGING;

ALTER INDEX IX_TEMP_ORDERS_P_ONLINE_PK LOGGING;

/*+ 파티션 단위 EXCHANGE

```
            WITHOUT VALIDATION : 유효성 체크 생략
            WITH VALIDATION : 유효성 체크. EXCHANGE 시간이 데이터 건수에 비례해서 느려짐
            INCLUDING INDEXES : INDEX 데이터 포함해서 EXCHANGE
*/
ALTER TABLE ORDERS
EXCHANGE PARTITION P_ONLINE WITH TABLE TEMP_ORDERS_P_ONLINE
INCLUDING INDEXES WITHOUT VALIDATION;;
```

- **파티션 분할(SPLIT)**

기존 파티션을 두 개 이상의 작은 파티션으로 나눈다. 파티션 크기를 관리하거나 범위를 조정하기 위해 사용한다. 물리적으로 세그먼트가 분할되는 경우에는 해당 LOCAL INDEX가 Unusable이 되기 때문에 INDEX REBUILD가 필요하다. MAXVALUE에 해당하는 파티션이 존재하는 경우에는 ADD PARTITION 구문 대신에 SPLIT PARTITION 구문을 이용해서 파티션 추가가 가능하다.

```
/* DEFAULT 파티션이 존재하는 경우 LIST 파티션 추가 */
ALTER TABLE ORDERS
SPLIT PARTITION P_DEFAULT VALUES ('APP')
INTO (PARTITION P_DEFAULT, PARTITION P_APP);

/* RANGE 서브파티션에 MAXVALUE 파티션이 존재하는 경우 서브파티션 추가 */
ALTER TABLE ORDERS
SPLIT SUBPARTITION P_ONLINE_SP_MAX AT (TO_DATE('20240501', 'YYYYMMDD'))
INTO (SUBPARTITION P_ONLINE_SP_202405, SUBPARTITION P_ONLINE_SP_MAX);
```

- **파티션 병합(MERGE)**

두 개의 파티션을 하나로 합칠 때 사용한다. 물리적으로 두 개의 파티션 세그먼트가 하나의 세그먼트로 합쳐지면 해당 LOCAL INDEX는 Unusable 상태가 되기 때문에 REBUILD가 필요하다.

```
/* 파티션 단위 병합 */
ALTER TABLE ORDERS
MERGE PARTITIONS P_ONLINE, P_OFFLINE INTO PARTITION P_ONLINE_OFF;

/* 서브파티션 단위 병합 */
ALTER TABLE ORDERS
```

```
MERGE SUBPARTITIONS P_ONLINE_SP_202401, P_ONLINE_SP_202402
INTO SUBPARTITION P_ONLINE_SP_202402;
```

■ RANGE + LIST 복합 파티션 관리

아래는 TEMPLATE 구문을 이용해서 서브파티션을 생성하는 스크립트이다. 서브파티션 명은 파티션명_템플릿에 지정된 명이다.

```
CREATE TABLE ORDERS
(
  ORDER_ID        VARCHAR2(20),
  ORDER_DATE      DATE,
  ORDER_MODE      VARCHAR2(10),
  CUSTOMER_ID     VARCHAR2(20),
  EMPLOYEE_ID     VARCHAR2(20),
  ORDER_STATUS    VARCHAR2(5),
  ORDER_TOTAL     NUMBER
)
TABLESPACE APP_DATA
PARTITION BY LIST (ORDER_MODE)
SUBPARTITION BY RANGE (ORDER_DATE)
SUBPARTITION TEMPLATE
(
  SUBPARTITION SP_202401 VALUES LESS THAN (TO_DATE('20240201', 'YYYYMMDD')),
  SUBPARTITION SP_202402 VALUES LESS THAN (TO_DATE('20240301', 'YYYYMMDD')),
  SUBPARTITION SP_202403 VALUES LESS THAN (TO_DATE('20240401', 'YYYYMMDD')),
  SUBPARTITION SP_MAX VALUES LESS THAN (MAXVALUE)
)
(
  PARTITION P_ONLINE VALUES ('ONLINE'),
  PARTITION P_OFFLINE VALUES ('OFFLINE'),
  PARTITION P_DEFAULT VALUES (DEFAULT)
);

ALTER TABLE ORDERS
ADD CONSTRAINT IX_ORDERS_PK
PRIMARY KEY (ORDER_ID, ORDER_DATE, ORDER_MODE)
```

```
USING INDEX
TABLESPACE APP_DATA
LOCAL;
```

• 파티션 추가(ADD)

LIST 파티션 KEY 컬럼 값 종류 증가할 때 파티션을 추가할 수 있으며 여러 파티션을 한 꺼번에 추가할 수도 있다. 위 DDL에서는 DEFAULT 파티션 영역 생성으로 인해서 ADD 문 추가는 안 되며 SPLIT으로 파티션 추가가 가능하다. MAXVALUE 파티션이 없는 경우에만 ADD가 가능하다.

RANGE 파티션 추가하면 템플릿에 지정된 서브파티션이 추가된다.

```
ALTER TABLE ORDERS
ADD PARTITION P_202404 VALUES LESS THAN (TO_DATE('20240501', 'YYYYMMDD'));
```

향후에 추가되는 RANGE 파티션의 서브파티션에 새로운 값에 대해서 서브파티션으로 분리하고자 하는 경우 SET SUBPARTITION TEMPLATE 구문을 이용한다.

```
ALTER TABLE ORDERS
SET SUBPARTITION TEMPLATE
(SUBPARTITION SP_ONLINE VALUES ('ONLINE'),
 SUBPARTITION SP_OFFLINE VALUES ('OFFLINE'),
 SUBPARTITION SP_PHONE VALUES ('PHONE'),
 SUBPARTITION SP_OTHER VALUES ('OTHER'),
 SUBPARTITION SP_DEFAULT VALUES (DEFAULT)
);
```

특정 RANGE 파티션에 LIST 서브파티션만 추가하는 경우에는 MODIFY PARTITION 구문을 이용한다. 이 경우에는 DEFAULT 파티션이 없는 경우에 가능하고 DEFAULT 파티션이 존재하는 경우는 SPLIT SUBPARTITION 구문을 이용해야 한다.

```
ALTER TABLE ORDERS
MODIFY PARTITION P_202403
ADD SUBPARTITION P_202403_SP_OTHER VALUES('OTHER');
```

- **파티션 교환(EXCHANGE)**

파티션과 비파티션 테이블 간 데이터를 교환하는 작업이다.

유지 관리 또는 보관을 위해 데이터를 파티션 테이블에서 이동하거나 가져올 때 파티션에 대량 데이터를 효율적으로 재구성(REORG) 및 압축할 때 사용할 수 있다. EXCHANGE 대상 테이블은 파티션 테이블과 동일한 구조이어야 된다.

MOVE PARTITION 작업을 하게 되면 작업 중에는 해당 파티션을 사용할 수 없으며 MOVE TABLESPACE가 되면 물리적으로 ROWID가 변경되는 것이기 때문에 해당 파티션의 INDEX를 사용할 수 없는 상태가 된다. 따라서 해당 파티션의 LOCAL INDEX의 REBUILD가 되어야 되기 때문에 가용성이 떨어지게 되는데 이때 사용할 수 있는 것이 파티션 EXCHANGE이다. EXCHANGE할 때 INCLUDING INDEXES WITHOUT VALIDATION 옵션 사용으로 눈 깜짝할 사이에 EXCHANGE가 되기 때문에 가용성이 좋다.

EXCHANGE의 경우도 세그먼트 단위로 처리가 되며 복합 파티션에서는 해당 파티션에 대한 전체 서브파티션을 한꺼번에 EXCHANGE가 가능하고 서브파티션 단위로도 EXCHANGE가 가능하다.

아래는 복합 파티션의 세그먼트인 서브파티션 단위로 처리한 예이다.

```sql
/* 서브파티션 단위로 처리
   파티션 테이블과 동일한 구조로 임시 작업 테이블 생성(압축)
    Redo를 최소화하기 위해서 NOLOGGING절 사용 */
CREATE TABLE TEMP_ORDERS_P_202403_SP_PHONE
TABLESPACE APP_DATA
NOLOGGING
AS
SELECT * FROM ORDERS SUBPARTITION(P_202403_SP_PHONE);

ALTER TABLE TEMP_ORDERS_P_202403_SP_PHONE LOGGING;

/* 파티션 테이블과 동일한 구조로 INDEX및 제약조건
    Redo를 최소화하기 위해서 NOLOGGING절 사용 */
ALTER TABLE TEMP_ORDERS_P_202403_SP_PHONE
ADD CONSTRAINT IX_TEMP_ORDERS_P_202403_SP_PHONE_PK
PRIMARY KEY (ORDER_ID, ORDER_DATE, ORDER_MODE)
USING INDEX
```

```sql
TABLESPACE APP_DATA
NOLOGGING;

ALTER INDEX IX_TEMP_ORDERS_P_202403_SP_PHONE_PK LOGGING;

/*+ 파티션 EXCHANGE
    WITHOUT VALIDATION : 유효성 체크 생략
    WITH VALIDATION : 유효성 체크. EXCHANGE 시간이 데이터 건수에 비례해서 느려짐
    INCLUDING INDEXES : INDEX 데이터 포함해서 EXCHANGE
*/
ALTER TABLE ORDERS
EXCHANGE SUBPARTITION P_202403_SP_PHONE
WITH TABLE TEMP_ORDERS_P_202403_SP_PHONE
INCLUDING INDEXES WITHOUT VALIDATION;
```

아래는 복합 파티션의 파티션에 포함된 모든 서브파티션 단위로 처리한 예이다.

```sql
/* 파티션 단위로 처리. TARGET 테이블의 서브파티션 구조로 파티션 테이블 생성
   파티션 테이블과 동일한 구조로 임시 작업 테이블 생성(압축)
   Redo를 최소화하기 위해서 NOLOGGING절 사용 */
CREATE TABLE TEMP_ORDERS_P_202403
TABLESPACE APP_DATA
NOLOGGING
PARTITION BY LIST(ORDER_MODE)
(
  PARTITION SP_ONLINE VALUES ('ONLINE'),
  PARTITION SP_OFFLINE VALUES ('OFFLINE'),
  PARTITION SP_PHONE VALUES ('PHONE'),
  PARTITION SP_DEFAULT VALUES (DEFAULT)
)
AS
SELECT * FROM ORDERS PARTITION(P_202403);

ALTER TABLE TEMP_ORDERS_P_202403 LOGGING;

/* 파티션 테이블과 동일한 구조로 INDEX및 제약조건 생성
   TEMP 테이블이 파티션 테이블이므로 INDEX를 LOCAL로 생성
   Redo를 최소화하기 위해서 NOLOGGING절 사용 */
ALTER TABLE TEMP_ORDERS_P_202403
ADD CONSTRAINT IX_TEMP_ORDERS_P_202403_PK
```

```
PRIMARY KEY (ORDER_ID, ORDER_DATE, ORDER_MODE)
USING INDEX
TABLESPACE APP_DATA
LOCAL
NOLOGGING;

ALTER INDEX IX_TEMP_ORDERS_P_202403_PK LOGGING;

/*+ 파티션 단위 EXCHANGE
    WITHOUT VALIDATION : 유효성 체크 생략
    WITH VALIDATION : 유효성 체크. EXCHANGE 시간이 데이터 건수에 비례해서 느려짐
    INCLUDING INDEXES : INDEX 데이터 포함해서 EXCHANGE
*/
ALTER TABLE ORDERS
EXCHANGE PARTITION P_202403
WITH TABLE TEMP_ORDERS_P_202403
INCLUDING INDEXES WITHOUT VALIDATION;
```

• 파티션 분할(SPLIT)

기존 파티션을 두 개 이상의 작은 파티션으로 나눈다. 파티션 크기를 관리하거나 범위를 조정하기 위해 사용한다. 물리적으로 세그먼트가 분할되는 경우에는 해당 LOCAL INDEX가 Unusable이 되기 때문에 INDEX REBUILD가 필요하다. MAXVALUE에 해당하는 파티션이 존재하는 경우에는 ADD PARTITION 구문 대신에 SPLIT PARTITION 구문을 이용해서 파티션 추가가 가능하다.

```
/* RANGE 파티션에 MAXVALUE 파티션이 존재하는 경우 파티션 추가 */
ALTER TABLE ORDERS
SPLIT PARTITION P_MAX AT (TO_DATE('20240501', 'YYYYMMDD'))
INTO (PARTITION P_202404, PARTITION P_MAX);

/* DEFAULT 서브파티션이 존재하는 경우 LIST 파티션 추가 */
ALTER TABLE ORDERS
SPLIT SUBPARTITION P_202403_SP_DEFAULT VALUES ('APP')
INTO (SUBPARTITION P_202403_SP_DEFAULT, SUBPARTITION P_202403_SP_APP);
```

PARTITION DROP, TRUNCATE, MOVE, MERGE 등은 LIST+RANGE 파티션과 동일하므로 생략한다.

Section 07 파티션 Pruning

파티션 Pruning은 Oracle Database에서 쿼리를 실행할 때, 필요한 데이터만 포함된 파티션을 검색하고 나머지 파티션은 건너뛰도록 최적화하는 기능이다. 파티션 Pruning은 쿼리 성능을 최적화하고 전체 테이블 SCAN을 피하여 불필요한 I/O를 줄여주는 기술이다. 이를 통해 대규모 Database 환경에서 성능을 크게 향상시킬 수 있다.

파티션 Pruning은 SQL 쿼리의 WHERE절에서 사용된 파티션 KEY를 기준으로, 쿼리가 액세스해야 하는 파티션만을 선택적으로 검색하는 기법이다. 나머지 파티션은 쿼리에서 제외되기 때문에, 데이터 검색 범위가 제한되고 성능이 향상된다. 최적의 파티션 Pruning을 위해서는 적절한 파티셔닝 전략과 파티션 KEY 선정 그리고 적절한 파티션 세그먼트 사이즈 및 파티션 개수이다.

■ PARTITION RANGE Access Pattern

ORDERS 테이블은 월 단위 RANGE 파티션이며 파티션 당 약 300만 건 총 약 3,600만 건의 테이블이다.

```
CREATE TABLE ORDERS
(
  ORDER_ID        VARCHAR2(20),
  ORDER_DATE      DATE,
  ORDER_MODE      VARCHAR2(10),
  CUSTOMER_ID     VARCHAR2(20),
  EMPLOYEE_ID     VARCHAR2(20),
  ORDER_STATUS    VARCHAR2(5),
  ORDER_TOTAL     NUMBER
)
```

```
TABLESPACE APP_DATA
PARTITION BY RANGE (ORDER_DATE)
(
  PARTITION P_202401 VALUES LESS THAN (TO_DATE('20240201', 'YYYYMMDD')),
  PARTITION P_202402 VALUES LESS THAN (TO_DATE('20240301', 'YYYYMMDD')),
  PARTITION P_202403 VALUES LESS THAN (TO_DATE('20240401', 'YYYYMMDD')),
  PARTITION P_202404 VALUES LESS THAN (TO_DATE('20240501', 'YYYYMMDD')),
  PARTITION P_202405 VALUES LESS THAN (TO_DATE('20240601', 'YYYYMMDD')),
  PARTITION P_202406 VALUES LESS THAN (TO_DATE('20240701', 'YYYYMMDD')),
  PARTITION P_202407 VALUES LESS THAN (TO_DATE('20240801', 'YYYYMMDD')),
  PARTITION P_202408 VALUES LESS THAN (TO_DATE('20240901', 'YYYYMMDD')),
  PARTITION P_202409 VALUES LESS THAN (TO_DATE('20241001', 'YYYYMMDD')),
  PARTITION P_202410 VALUES LESS THAN (TO_DATE('20241101', 'YYYYMMDD')),
  PARTITION P_202411 VALUES LESS THAN (TO_DATE('20241201', 'YYYYMMDD')),
  PARTITION P_202412 VALUES LESS THAN (TO_DATE('20250101', 'YYYYMMDD')),
  PARTITION P_MAX VALUES LESS THAN(MAXVALUE)
);

ALTER TABLE ORDERS
ADD CONSTRAINTS IX_ORDERS_PK
PRIMARY KEY(ORDER_ID, ORDER_DATE)
USING INDEX
TABLESPACE APP_DATA
LOCAL;
```

• PARTITION RANGE SINGLE

ORDER_DATE 조회 범위는 6월 파티션으로 1개의 파티션이 조회되며 실행 계획에서는 PARTITION RANGE SINGLE로 나타난다.

```
SELECT CUSTOMER_ID
     , ORDER_MODE
     , COUNT(*) AS CNT
  FROM ORDERS
 WHERE ORDER_DATE >= TO_DATE('20240601', 'YYYYMMDD')
   AND ORDER_DATE <  TO_DATE('20240701', 'YYYYMMDD')
 GROUP BY CUSTOMER_ID, ORDER_MODE
```

```
-------------------------------------------------------------------------
| Id | Operation              | Name   | Starts | A-Rows | Buffers | Used-Mem |
-------------------------------------------------------------------------
|  0 | SELECT STATEMENT       |        |   1    |  91611 |  19053  |          |
|  1 |  HASH GROUP BY         |        |   1    |  91611 |  19053  | 74M (0)  |
|  2 |   PARTITION RANGE SINGLE|       |   1    |  2965K |  19053  |          |
|  3 |    TABLE ACCESS FULL   | ORDERS |   1    |  2965K |  19053  |          |
-------------------------------------------------------------------------
```

• **PARTITION RANGE ITERATOR**

ORDER_DATE 조회 범위는 6월~8월 파티션으로 3개의 파티션이 조회되며 실행 계획에서는 PARTITION RANGE ITERATOR로 나타난다.

```
SELECT CUSTOMER_ID
     , ORDER_MODE
     , COUNT(*) AS CNT
  FROM ORDERS
 WHERE ORDER_DATE >= TO_DATE('20240601', 'YYYYMMDD')
   AND ORDER_DATE <  TO_DATE('20240901', 'YYYYMMDD')
 GROUP BY CUSTOMER_ID, ORDER_MODE
```

```
-------------------------------------------------------------------------
| Id | Operation              | Name   | Starts | A-Rows | Buffers | Used-Mem |
-------------------------------------------------------------------------
|  0 | SELECT STATEMENT       |        |   1    |  99951 |  58425  |          |
|  1 |  HASH GROUP BY         |        |   1    |  99951 |  58425  | 8582K (0)|
|  2 |   PARTITION RANGE ITERATOR|     |   1    |  9106K |  58425  |          |
|  3 |    TABLE ACCESS FULL   | ORDERS |   3    |  9106K |  58425  |          |
-------------------------------------------------------------------------
```

• **PARTITION RANGE INLIST**

ORDER_DATE 조회 범위가 IN () 조건으로 복수개가 공급이 되며 이때 PARTITION RANGE INLIST 실행 계획이 나타난다. IN 조건의 날짜는 모두 같은 월이므로 PARTITION RANGE INLIST 실행 계획이 나타났지만 PARTITION RANGE SINGLE처럼 1개 파티션이 SCAN 되었다.

```sql
SELECT CUSTOMER_ID
     , ORDER_MODE
     , COUNT(*) AS CNT
  FROM ORDERS A
 WHERE ORDER_DATE IN (TO_DATE('20240120 132339', 'YYYYMMDDHH24MISS'),
                      TO_DATE('20240120 232241', 'YYYYMMDDHH24MISS'))
 GROUP BY CUSTOMER_ID, ORDER_MODE
```

Id	Operation	Name	Starts	A-Rows	Buffers	Used-Mem
0	SELECT STATEMENT		1	2	19560	
1	HASH GROUP BY		1	2	19560	622K (0)
2	PARTITION RANGE INLIST		1	24	19560	
* 3	TABLE ACCESS FULL	ORDERS	1	24	19560	

● **PARTITION RANGE ALL**

조회 조건에 파티션 KEY가 들어오지 않을 때 PARTITION RANGE ALL 실행 계획이 나타나며 전체 파티션 SCAN이 발생한다. 만약 해당 파티션 테이블을 사용하는 많은 SQL에서 PARTITION RANGE ALL 실행 계획이 발생하는 빈도가 높다면 파티션 KEY를 잘못 설정한 것은 아닌지 검토가 필요할 수 있다.

```sql
SELECT CUSTOMER_ID
     , ORDER_MODE
     , COUNT(*) AS CNT
  FROM ORDERS
 WHERE ORDER_DATE >= TO_DATE('20240601', 'YYYYMMDD')
   AND ORDER_DATE <  TO_DATE('20240701', 'YYYYMMDD')
 GROUP BY CUSTOMER_ID
        , ORDER_MODE
```

Id	Operation	Name	Starts	A-Rows	Buffers	Used-Mem
0	SELECT STATEMENT		1	95051	230K	
1	HASH GROUP BY		1	95051	230K	73M (0)
2	PARTITION RANGE ALL		1	3590K	230K	
* 3	TABLE ACCESS FULL	ORDERS	13	3590K	230K	

• PARTITION RANGE JOIN-FILTER

STD_DATE B 테이블은 ID, ORDER_DATE 컬럼으로 구성된 테이블이다. B.ID = 10 조건에 해당하는 ORDER_DATE값이 ORDERS 테이블과 JOIN되면서 JOIN된 파티션만 SCAN 되도록 파티션 Pruning이 발생하는데 이때 PARTITION RANGE JOIN-FILTER 실행 계획이 나타나며 HASH JOIN 시에만 나타난다. 파티션 Pruning에 의해서 파티션 ID = 10에 해당하는 파티션 1개만 SCAN 되었다.

```
SELECT A.CUSTOMER_ID, A.ORDER_MODE
     , COUNT(*) AS CNT
  FROM ORDERS A, STD_DATE B
 WHERE A.ORDER_DATE = B.ORDER_DATE
   AND B.ID = 10
 GROUP BY A.CUSTOMER_ID, A.ORDER_MODE;
```

Id	Operation	Name	Starts	A-Rows	Buffers	Used-Mem
0	SELECT STATEMENT		1	1	26949	
1	HASH GROUP BY		1	1	26949	501K (0)
* 2	HASH JOIN		1	12	26949	781K (0)
3	PART JOIN FILTER CREATE	:BF0000	1	1	7384	
* 4	TABLE ACCESS FULL	STD_DATE	1	1	7384	
5	PARTITION RANGE JOIN-FILTER		1	3068K	19561	
6	TABLE ACCESS FULL	ORDERS	1	3068K	19561	

아래 SQL은 B.ID1 범위를 바인드 변수 처리한 결과이다. 바인드 변수 범위에 해당하는 ORDER_DATE가 1월 2월이기 때문에 PARTITION RANGE JOIN-FILTER 실행 계획이 나타나면서 파티션 Pruning에 의해서 2개 파티션만 SCAN 되었다.

```
SELECT A.CUSTOMER_ID, A.ORDER_MODE
     , COUNT(*) AS CNT
  FROM ORDERS A, STD_DATE B
 WHERE A.ORDER_DATE = B.ORDER_DATE
   AND B.ID >= :V_ID1   --<--- :V_ID1 : 500
   AND B.ID <  :V_ID2   --<--- :V_ID1 : 10000
 GROUP BY A.CUSTOMER_ID, A.ORDER_MODE;
```

```
----------------------------------------------------------------------------
| Id | Operation                   | Name     |Starts |A-Rows |Buffers |Used-Mem |
----------------------------------------------------------------------------
|  0 | SELECT STATEMENT            |          |   1   | 9525  | 45343  |         |
|  1 |  HASH GROUP BY              |          |   1   | 9525  | 45343  |2014K (0)|
|* 2 |   FILTER                    |          |   1   | 119K  | 45343  |         |
|* 3 |    HASH JOIN                |          |   1   | 119K  | 45343  |1489K (0)|
|  4 |     PART JOIN FILTER CREATE | :BF0000  |   1   | 9500  |  7384  |         |
|* 5 |      TABLE ACCESS FULL      | STD_DATE |   1   | 9500  |  7384  |         |
|  6 |     PARTITION RANGE JOIN-FILTER|       |   1   | 5939K | 37958  |         |
|  7 |      TABLE ACCESS FULL      | ORDERS   |   2   | 5939K | 37958  |         |
----------------------------------------------------------------------------
```

■ PARTITION (LIST, HASH) Access Pattern

실행 계획이 PARTITION RANGE SINGLE, PARTITION RANGE ITERATOR 등이 PARTITION LIST SINGLE, PARTITION HASH SINGLE, PARTITION LIST ITERATOR, PARTITION HASH ITERATOR 등으로 나타나며 원리는 동일하다.

■ 복합 PARTITION [RANGE+LIST] Access Pattern

ORDERS 테이블은 월 단위 RANGE + LIST 파티션이며 월 단위 약 300만 건이며 총 약 3,600만 건의 테이블이다.

```
CREATE TABLE ORDERS
(
  ORDER_ID        VARCHAR2(20),
  ORDER_DATE      DATE,
  ORDER_MODE      VARCHAR2(10),
  CUSTOMER_ID     VARCHAR2(20),
  EMPLOYEE_ID     VARCHAR2(20),
  ORDER_STATUS    VARCHAR2(5),
  ORDER_TOTAL     NUMBER
)
TABLESPACE APP_DATA
PARTITION BY RANGE (ORDER_DATE)
SUBPARTITION BY LIST (ORDER_MODE)
```

```sql
SUBPARTITION TEMPLATE
(
  SUBPARTITION SP_01 VALUES ('online'),
  SUBPARTITION SP_02 VALUES ('direct')
)
(
  PARTITION P_202401 VALUES LESS THAN (TO_DATE('20240201', 'YYYYMMDD')),
  PARTITION P_202402 VALUES LESS THAN (TO_DATE('20240301', 'YYYYMMDD')),
  PARTITION P_202403 VALUES LESS THAN (TO_DATE('20240401', 'YYYYMMDD')),
  PARTITION P_202404 VALUES LESS THAN (TO_DATE('20240501', 'YYYYMMDD')),
  PARTITION P_202405 VALUES LESS THAN (TO_DATE('20240601', 'YYYYMMDD')),
  PARTITION P_202406 VALUES LESS THAN (TO_DATE('20240701', 'YYYYMMDD')),
  PARTITION P_202407 VALUES LESS THAN (TO_DATE('20240801', 'YYYYMMDD')),
  PARTITION P_202408 VALUES LESS THAN (TO_DATE('20240901', 'YYYYMMDD')),
  PARTITION P_202409 VALUES LESS THAN (TO_DATE('20241001', 'YYYYMMDD')),
  PARTITION P_202410 VALUES LESS THAN (TO_DATE('20241101', 'YYYYMMDD')),
  PARTITION P_202411 VALUES LESS THAN (TO_DATE('20241201', 'YYYYMMDD')),
  PARTITION P_202412 VALUES LESS THAN (TO_DATE('20250101', 'YYYYMMDD')),
  PARTITION P_MAX VALUES LESS THAN(MAXVALUE));

ALTER TABLE ORDERS
ADD CONSTRAINTS IX_ORDERS_PK
PRIMARY KEY(ORDER_ID, ORDER_DATE, ORDER_MODE)
USING INDEX
TABLESPACE APP_DATA
LOCAL;
```

• PARTITION RANGE SINGLE + PARTITION LIST ALL

ORDER_DATE 조회 범위는 6월 파티션으로 SUBPARTITION KEY 조건은 없기 때문에 1개의 파티션과 2개의 SUBPARTITION이 조회되며 실행 계획에서는 PARTITION RANGE SINGLE과 PARTITION LIST ALL로 나타난다.

```sql
SELECT CUSTOMER_ID, ORDER_MODE
     , COUNT(*) AS CNT
  FROM ORDERS
 WHERE ORDER_DATE >= TO_DATE('20240601', 'YYYYMMDD')
   AND ORDER_DATE <  TO_DATE('20240701', 'YYYYMMDD')
 GROUP BY CUSTOMER_ID, ORDER_MODE
```

```
-------------------------------------------------------------------------
| Id  | Operation                | Name    | Starts | A-Rows | Buffers | Used-Mem  |
-------------------------------------------------------------------------
|   0 | SELECT STATEMENT         |         |      1 |  91611 |   19476 |           |
|   1 |  PARTITION LIST ALL      |         |      1 |  91611 |   19476 |           |
|   2 |   HASH GROUP BY          |         |      2 |  91611 |   19476 | 3582K (0) |
|   3 |    PARTITION RANGE SINGLE|         |      2 |  2965K |   19476 |           |
|   4 |     TABLE ACCESS FULL    | ORDERS  |      2 |  2965K |   19476 |           |
-------------------------------------------------------------------------
```

■ PARTITION RANGE ITERATOR + PARTITION LIST SINGLE

파티션 KEY ORDER_DATE 조회 범위는 6월~8월 파티션으로 3개의 파티션이 조회되며 실행 계획에서는 PARTITION RANGE ITERATOR로 나타나고 서브파티션 KEY ORDER_MODE = 'online' 조건에 의해서 PARTITION LIST SINGLE 실행 계획이 나타난다.

```
SELECT CUSTOMER_ID
     , COUNT(*) AS CNT
  FROM ORDERS
 WHERE ORDER_DATE >= TO_DATE('20240601', 'YYYYMMDD')
   AND ORDER_DATE <  TO_DATE('20240901', 'YYYYMMDD')
   AND ORDER_MODE = 'online'
 GROUP BY CUSTOMER_ID;
```

```
-------------------------------------------------------------------------
| Id  | Operation                | Name    | Starts | A-Rows | Buffers | Used-Mem  |
-------------------------------------------------------------------------
|   0 | SELECT STATEMENT         |         |      1 |  49971 |   29604 |           |
|   1 |  HASH GROUP BY           |         |      1 |  49971 |   29604 | 3553K (0) |
|   2 |   PARTITION RANGE ITERATOR|        |      1 |  4542K |   29604 |           |
|   3 |    PARTITION LIST SINGLE |         |      3 |  4542K |   29604 |           |
|   4 |     TABLE ACCESS FULL    | ORDERS  |      3 |  4542K |   29604 |           |
-------------------------------------------------------------------------
```

• PARTITION RANGE ALL + PARTITION LIST INLIST

파티션 KEY ORDER_DATE 조회 조건은 없기 때문에 PARTITION RANGE ALL 실행

계획이 나타난다. 서브파티션 KEY ORDER_MODE 조건이 IN 조건에 복수개로 들어오면서 PARTITION LIST INLIST 실행 계획이 나타나며 파티션 12개와 서브파티션 2개가 SCAN되어 총 24개의 파티션이 SCAN 되었다.

```
SELECT CUSTOMER_ID
     , COUNT(*) AS CNT
  FROM ORDERS
 WHERE ORDER_MODE IN ('online', 'direct')
 GROUP BY CUSTOMER_ID;
```

```
-------------------------------------------------------------------------------
| Id | Operation               | Name   | Starts | A-Rows | Buffers | Used-Mem |
-------------------------------------------------------------------------------
|  0 | SELECT STATEMENT        |        |      1 |  50000 |    235K |          |
|  1 |  HASH GROUP BY          |        |      1 |  50000 |    235K | 3613K (0)|
|  2 |   PARTITION RANGE ALL   |        |      1 |    36M |    235K |          |
|  3 |    PARTITION LIST INLIST|        |     13 |    36M |    235K |          |
|  4 |     TABLE ACCESS FULL   | ORDERS |     26 |    36M |    235K |          |
-------------------------------------------------------------------------------
```

• **PARTITION RANGE JOIN-FILTER + PARTITION LIST SINGLE**

STD_DATE B 테이블은 ID, ORDER_DATE 컬럼으로 구성된 테이블이다. B.ID = 10 조건에 해당하는 ORDER_DATE값이 ORDERS 테이블과 JOIN되면서 JOIN된 파티션만 SCAN되도록 파티션 Pruning이 발생하는데 이때 PARTITION RANGE JOIN-FILTER 실행 계획이 나타나며 HASH JOIN 시에만 나타난다. 서브파티션 KEY 조건 A.ORDER_MODE IN ('direct') 에 의해서 PARTITION LIST SINGLE 실행 계획이 나타난다.

```
SELECT A.CUSTOMER_ID
     , COUNT(*) AS CNT
  FROM ORDERS A, STD_DATE B
 WHERE A.ORDER_DATE = B.ORDER_DATE
   AND A.ORDER_MODE IN ('direct')
   AND B.ID = 10
 GROUP BY A.CUSTOMER_ID;
```

```
| Id  | Operation                    | Name     | Starts | A-Rows | Buffers | Used-Mem |
------------------------------------------------------------------------------------
|   0 | SELECT STATEMENT             |          |    1   |    1   |  17257  |          |
|   1 |  HASH GROUP BY               |          |    1   |    1   |  17257  | 501K (0) |
|*  2 |   HASH JOIN                  |          |    1   |   12   |  17257  | 766K (0) |
|   3 |    PART JOIN FILTER CREATE   | :BF0000  |    1   |    1   |   7384  |          |
|*  4 |     TABLE ACCESS FULL        | STD_DATE |    1   |    1   |   7384  |          |
|   5 |    PARTITION RANGE JOIN-FILTER|         |    1   | 1532K  |   9872  |          |
|   6 |     PARTITION LIST SINGLE    |          |    1   | 1532K  |   9872  |          |
|   7 |      TABLE ACCESS FULL       | ORDERS   |    1   | 1532K  |   9872  |          |
```

이 밖에 복합 파티션 테이블에서도 단일 파티션 테이블에서 나타난 파티션 Pruning 실행계획이 동일하게 나타난다.

■ 파티션 테이블 JOIN

파티션 테이블 JOIN도 일반 테이블 JOIN과 다르지 않지만 중요한 부분은 파티션 KEY를 효율적으로 이용할 수 있어야 한다. 불가피하게 파티션 KEY 조건이 들어올 수 없는 환경이라 전체 파티션 SCAN을 해야 되는 경우도 있지만 대부분 파티션 KEY가 사용될 수 있는 형태로 파티션 테이블이 설계되어야 한다. 파티션 테이블 간의 JOIN에서 파티션 Pruning이 되어 파티션 테이블 간의 JOIN이 최적화되는 것을 Partition-Wise Join(파티션 와이즈 JOIN) 이라고 한다. 결과적으로는 파티션 테이블 JOIN 시에 설계된 파티션 KEY를 사용해서 최대한 적은 파티션을 ACCESS하는 것이다.

아래의 SQL 스크립트에서 사용되는 테이블의 정보는 아래와 같다. ORDERS 테이블과 ORDER_ITEMS 컬럼은 1:N 관계이다. ORDERS에서 PK는 ORDER_ID이지만 PK를 LOCAL INDEX로 생성했기 때문에 물리적으로는 ORDER_ID + ORDER_DATE가 PK로 구성되었다. ORDER_ITEMS도 마찬가지이다.

테이블 명	ORDERS
파티션 유형	RANGE
파티션 KEY	ORDER_DATE
보관주기	월 단위 파티션 24개월

테이블 명	ORDERS_ITEMS
파티션 유형	RANGE
파티션 KEY	ORDER_DATE
보관주기	월 단위 파티션 24개월

ORDERS			ORDER_ITEMS	
ORDER_ID	PK		ORDER_ID	PK
ORDER_DATE	PK		PRODUCT_ID	PK
ORDER_MODE			ORDER_DATE	PK
CUSTOMER_ID			END_DATE	
EMPLOYEE_ID			QUANTITY	
ORDER_STATUS				
ORDER_TOTAL				

• NESTED LOOP JOIN

아래 SQL은 선행 테이블 ORDERS의 결과 건수가 ORDER_ITEMS와 NESTED LOOP JOIN으로 수행된 결과 데이터를 GROUP BY 하는 SQL이다. 논리적인 PK는 ORDER_ID이기 때문에 ORDER_ITEMS와 JOIN할 때 ORDER_ID 컬럼만 JOIN절에서 사용되었으며 이로 인해서 PARTITION RANGE ALL 실행 계획이 나타나며 NESTED LOOP JOIN의 특성상 선행 데이터가 순차적으로 SCAN되며 후행 테이블과 LOOP를 돌면서 JOIN되는 형태이기 때문에 선행 데이터 건수 * 파티션 개수만큼 I/O 발생량이 크게 증가했다.(Starts 값이 133K)

```
SELECT /*+ LEADING(A B) USE_NL(B) */
       A.ORDER_MODE, B.PRODUCT_ID
     , COUNT(*) AS CNT
     , SUM(QUANTITY) AS QUANTITY
  FROM ORDERS A
     , ORDER_ITEMS B
 WHERE A.ORDER_ID = B.ORDER_ID
   AND A.ORDER_DATE >= TO_DATE('20240101', 'YYYYMMDD')
   AND A.ORDER_DATE <  TO_DATE('20240102', 'YYYYMMDD')
 GROUP BY A.ORDER_MODE, B.PRODUCT_ID;
```

Id	Operation	Name	Starts	A-Rows	Buffers
0	SELECT STATEMENT		1	576	402K
1	HASH GROUP BY		1	576	402K
2	NESTED LOOPS		1	48286	402K
3	NESTED LOOPS		1	48286	400K

```
|   4 |    PARTITION RANGE SINGLE          |                 |      1 |   5548 |  1155 |
|*  5 |     TABLE ACCESS FULL              | ORDERS          |      1 |   5548 |  1155 |
|   6 |    PARTITION RANGE ALL             |                 |   5548 |  48286 |  399K |
|*  7 |     INDEX RANGE SCAN               | IX_ORDER_ITEMS_PK|  133K |  48286 |  399K |
|   8 |    TABLE ACCESS BY LOCAL INDEX ROWID| ORDER_ITEMS    |  48286 |  48286 |  1114 |
---------------------------------------------------------------------------------------
```

ORDER_ID로 연결된 ORDERS 테이블과 ORDER_ITEMS의 파티션 KEY인 ORDER_DATE 값이 같은 값이다. 따라서 JOIN절에 A.ORDER_DATE = B.ORDER_DATE 파티션 KEY 조건을 추가한 경우 JOIN할 때 해당 파티션 1개만 SCAN하기 때문에 I/O 발생량이 크게 차이가 나는 것을 확인할 수 있다. 만약 일단위 파티션이 되어 있기 때문에 파티션 개수가 100개가 넘어가는 경우에는 후행 파티션 테이블과 NESTED LOOP JOIN시에 파티션 KEY가 존재하지 않는다면 성능은 더 크게 악화된다.

```sql
SELECT /*+ LEADING(A B) USE_NL(B) */
       A.ORDER_MODE, B.PRODUCT_ID
     , COUNT(*) AS CNT
     , SUM(QUANTITY) AS QUANTITY
  FROM ORDERS A
     , ORDER_ITEMS B
 WHERE A.ORDER_ID = B.ORDER_ID
   AND A.ORDER_DATE = B.ORDER_DATE
   AND A.ORDER_DATE >= TO_DATE('20240101', 'YYYYMMDD')
   AND A.ORDER_DATE <  TO_DATE('20240102', 'YYYYMMDD')
 GROUP BY A.ORDER_MODE, B.PRODUCT_ID;
```

```
---------------------------------------------------------------------------------------
| Id  | Operation                          | Name            | Starts | A-Rows |Buffers|
---------------------------------------------------------------------------------------
|   0 | SELECT STATEMENT                   |                 |      1 |    576 |  5240 |
|   1 |  HASH GROUP BY                     |                 |      1 |    576 |  5240 |
|   2 |   NESTED LOOPS                     |                 |      1 |  48286 |  5240 |
|   3 |    NESTED LOOPS                    |                 |      1 |  48286 |  4126 |
|   4 |     PARTITION RANGE SINGLE         |                 |      1 |   5548 |  1155 |
|*  5 |      TABLE ACCESS FULL             | ORDERS          |      1 |   5548 |  1155 |
|   6 |     PARTITION RANGE SINGLE         |                 |   5548 |  48286 |  2971 |
|*  7 |      INDEX RANGE SCAN              | IX_ORDER_ITEMS_PK|  5548 |  48286 |  2971 |
|   8 |    TABLE ACCESS BY LOCAL INDEX ROWID| ORDER_ITEMS    |  48286 |  48286 |  1114 |
---------------------------------------------------------------------------------------
```

ORDERS 테이블은 ORDER_DATE가 파티션 KEY이고 ORDER_ITEMS는 END_DATE 컬럼이 파티션 KEY인 월 단위 RANGE 파티션 테이블이다. ORDERS와 ORDER_ITEMS 와 ORDER_ID로 JOIN된 ORDER_DATE 값은 동일함에도 END_DATE를 파티션 KEY 로 지정했다.

ORDERS	
ORDER_ID	PK
ORDER_DATE	PK
ORDER_MODE	
CUSTOMER_ID	
EMPLOYEE_ID	
ORDER_STATUS	
ORDER_TOTAL	

ORDER_ITEMS	
ORDER_ID	PK
PRODUCT_ID	PK
ORDER_DATE	
END_DATE	PK
QUANTITY	

ORDER_ITEMS 테이블의 파티션 KEY가 END_DATE이기 때문에 JOIN 조건에 NESTED LOOP JOIN 시에 전체 파티션을 반복 SCAN하면서 I/O 발생량이 크게 증가했다. (Starts 통계 값이 138K) 테이블에 날짜 컬럼이 여러 개 존재하는 경우가 있다. 실무에서 튜닝을 하다 보면 파티션 KEY를 선정할 때 ACCESS 빈도가 높은 컬럼으로 선정해야 되는데 보관 주기만 생각하다 보니 잘못 지정되는 경우가 종종 발견하며 아래 SQL과 같이 전체 파티션 SCAN으로 인해서 성능이 나빠지는 경우가 발생하게 된다.

```
SELECT /*+ LEADING(A B) USE_NL(B) */
       A.ORDER_MODE, B.PRODUCT_ID
     , COUNT(*) AS CNT
     , SUM(QUANTITY) AS QUANTITY
  FROM ORDERS A
     , ORDER_ITEMS B
 WHERE A.ORDER_ID = B.ORDER_ID
   AND A.ORDER_DATE = B.ORDER_DATE
   AND A.ORDER_DATE >= TO_DATE('20240101', 'YYYYMMDD')
   AND A.ORDER_DATE <  TO_DATE('20240102', 'YYYYMMDD')
 GROUP BY A.ORDER_MODE, B.PRODUCT_ID;
```

```
-------------------------------------------------------------------------------------------
| Id | Operation                         | Name             |Starts |A-Rows |Buffers |
-------------------------------------------------------------------------------------------
|  0 | SELECT STATEMENT                  |                  |     1 |   576 |  429K  |
|  1 |  HASH GROUP BY                    |                  |     1 |   576 |  429K  |
|  2 |   NESTED LOOPS                    |                  |     1 | 48286 |  429K  |
|  3 |    NESTED LOOPS                   |                  |     1 | 48286 |  417K  |
|  4 |     PARTITION RANGE SINGLE        |                  |     1 |  5548 |  1155  |
|* 5 |      TABLE ACCESS FULL            | ORDERS           |     1 |  5548 |  1155  |
|  6 |     PARTITION RANGE ALL           |                  |  5548 | 48286 |  416K  |
|* 7 |      INDEX RANGE SCAN             | IX_ORDER_ITEMS_PK|  138K | 48286 |  416K  |
|* 8 |    TABLE ACCESS BY LOCAL INDEX ROWID| ORDER_ITEMS    | 48286 | 48286 | 11375  |
-------------------------------------------------------------------------------------------
```

조회 조건에서 자주 사용되는 컬럼이 파티션 KEY가 아니라 사용성이 거의 없는 컬럼이 파티션 KEY인 경우 파티션 KEY를 변경해서 파티션 테이블을 재구성해야 되지만 24시간 돌아가는 시스템에서는 그 변경이 쉽지 않다. 이런 경우 날짜 데이터 간에 규칙성 확인을 통해서 파티션 KEY를 추가해 주는 방법이 있다.

아래와 같이 파티션 KEY와 조회 조건에 들어오는 컬럼과 차이를 확인했더니 최대 -30일 ~ +30일 차이가 나는 규칙성이 있었다.

```
SELECT TRUNC(ORDER_DATE - END_DATE) AS DIFF_DAY
     , COUNT(*) AS CNT
  FROM ORDER_ITEMS
 GROUP BY TRUNC(ORDER_DATE - END_DATE)
 ORDER BY 1;
```

DAY_DIFF	CNT
-30	1
-29	582555
-28	582799
-27	583138
...	...
26	583444
27	584642
28	582924
29	582873
30	2

이와 같은 경우 아래 SQL과 같이 파티션 KEY를 추가로 파티션 ACCESS 수를 크게 감소시켜서 I/O를 개선할 수 있다.

```sql
SELECT /*+ LEADING(A B) USE_NL(B) */
       A.ORDER_MODE, B.PRODUCT_ID
     , COUNT(*) AS CNT
     , SUM(QUANTITY) AS QUANTITY
  FROM ORDERS A
     , ORDER_ITEMS B
 WHERE A.ORDER_ID = B.ORDER_ID
   AND A.ORDER_DATE = B.ORDER_DATE
   AND A.ORDER_DATE >= TO_DATE('20240101', 'YYYYMMDD')
   AND A.ORDER_DATE <  TO_DATE('20240102', 'YYYYMMDD')
   AND B.END_DATE   >= TO_DATE('20240101', 'YYYYMMDD') - 31
   AND B.END_DATE   <  TO_DATE('20240102', 'YYYYMMDD') + 31
 GROUP BY A.ORDER_MODE, B.PRODUCT_ID;
```

```
-----------------------------------------------------------------------------------------
| Id  | Operation                            | Name             | Starts | A-Rows | Buffers |
-----------------------------------------------------------------------------------------
|   0 | SELECT STATEMENT                     |                  |      1 |    576 |   62863 |
|   1 |  HASH GROUP BY                       |                  |      1 |    576 |   62863 |
|   2 |   NESTED LOOPS                       |                  |      1 |  48286 |   62863 |
|   3 |    NESTED LOOPS                      |                  |      1 |  48286 |   51488 |
|   4 |     PARTITION RANGE SINGLE           |                  |      1 |   5548 |    1155 |
|*  5 |      TABLE ACCESS FULL               | ORDERS           |      1 |   5548 |    1155 |
|   6 |     PARTITION RANGE ITERATOR         |                  |   5548 |  48286 |   50333 |
|*  7 |      INDEX RANGE SCAN                | IX_ORDER_ITEMS_PK|  16644 |  48286 |   50333 |
|*  8 |    TABLE ACCESS BY LOCAL INDEX ROWID | ORDER_ITEMS      |  48286 |  48286 |   11375 |
-----------------------------------------------------------------------------------------
```

• HASH JOIN

ORDERS 테이블과 ORDER_ITEMS 테이블은 동일하게 ORDER_DATE 컬럼이 파티션 KEY인 월 단위 파티션 테이블이다. HASH JOIN 할 때 두 테이블 조건에 모두 파티션 KEY 조건을 추가했기 때문에 각각 6개의 파티션을 SCAN한 후에 JOIN을 했으며 선행 BUILD INPUT 테이블인 ORDERS이 건수 약 99만 7,000건이 HASH 테이블로 생성되면서 PGA 메모리를 64MB를 사용했다.

```
SELECT /*+ LEADING(A B) USE_HASH(B) */
       A.ORDER_MODE, B.PRODUCT_ID
     , COUNT(*) AS CNT
     , SUM(QUANTITY) AS QUANTITY
  FROM ORDERS A
     , ORDER_ITEMS B
 WHERE A.ORDER_ID = B.ORDER_ID
   AND A.ORDER_DATE >= TO_DATE('20240101', 'YYYYMMDD')
   AND A.ORDER_DATE <  TO_DATE('20240701', 'YYYYMMDD')
   AND B.ORDER_DATE >= TO_DATE('20240101', 'YYYYMMDD')
   AND B.ORDER_DATE <  TO_DATE('20240701', 'YYYYMMDD')
 GROUP BY A.ORDER_MODE, B.PRODUCT_ID;
```

```
-----------------------------------------------------------------------------------------
| Id  | Operation                | Name        |Starts| A-Rows | A-Time    | Buffers |Used-Mem |
-----------------------------------------------------------------------------------------
|   0 | SELECT STATEMENT         |             |    1 |    576 | 00:10.75  |   195K  |         |
|   1 |  HASH GROUP BY           |             |    1 |    576 | 00:10.75  |   195K  |1420K (0)|
|*  2 |   HASH JOIN              |             |    1 |    34M | 00:05.43  |   195K  |  64M (0)|
|   3 |    PARTITION RANGE ITERATOR|           |    1 |   997K | 00:00.08  |   6722  |         |
|   4 |     TABLE ACCESS FULL    | ORDERS      |    6 |   997K | 00:00.08  |   6722  |         |
|   5 |    PARTITION RANGE ITERATOR|           |    1 |    34M | 00:02.63  |   188K  |         |
|   6 |     TABLE ACCESS FULL    | ORDER_ITEMS |    6 |    34M | 00:02.59  |   188K  |         |
-----------------------------------------------------------------------------------------
```

ORDERS와 ORDER_ITEMS 테이블이 ORDER_ID로 JOIN된 ORDER_DATE 컬럼 값은 같은 값이기 때문에 파티션 KEY 조건을 ORDER_DATE 컬럼을 JOIN 조건으로 추가했다. 위의 실행 계획에서는 PARTITION RANGE ITERATOR 실행 계획이 각각 나타났지만 아래의 경우에는 한 번만 나타났는데 이것은 파티션 와이즈 JOIN으로 수행되었기 때문이다. PGA 메모리 사용량도 64MB → 12MB로 약 1/5.2 정도로 줄어든 것을 확인할 수 있는데 파티션 와이즈 JOIN으로 수행되면 파티션 단위로 쪼개서 JOIN 처리를 하기 때문에 PGA 메모리가 1개 파티션 건수만큼만 사용되기 때문이다. 즉 부모 자식 간 테이블이 동일 파티션 컬럼으로 구성된 파티션 테이블이며 동일 파티션 KEY 값으로 연결되는 경우에는 파티션 와이즈 JOIN으로 수행하는 것이 더 효율적임을 알 수 있다.

```
SELECT /*+ LEADING(A B) USE_HASH(B) */
       A.ORDER_MODE, B.PRODUCT_ID
```

```
       , COUNT(*) AS CNT
       , SUM(QUANTITY) AS QUANTITY
  FROM ORDERS A
       , ORDER_ITEMS B
 WHERE A.ORDER_ID = B.ORDER_ID
   AND A.ORDER_DATE = B.ORDER_DATE
   AND A.ORDER_DATE >= TO_DATE('20240101', 'YYYYMMDD')
   AND A.ORDER_DATE <  TO_DATE('20240701', 'YYYYMMDD')
 GROUP BY A.ORDER_MODE, B.PRODUCT_ID;
```

Id	Operation	Name	Starts	A-Rows	A-Time	Buffers	Used-Mem
0	SELECT STATEMENT		1	576	00:10.90	195K	
1	HASH GROUP BY		1	576	00:10.90	195K	1402K (0)
2	PARTITION RANGE ITERATOR		1	34M	00:05.48	195K	
* 3	HASH JOIN		6	34M	00:05.43	195K	12M (0)
4	TABLE ACCESS FULL	ORDERS	6	997K	00:00.28	6722	
5	TABLE ACCESS FULL	ORDER_ITEMS	6	34M	00:02.82	188K	

ORDERS 테이블은 일반 ORDER_DATE가 파티션 KEY이고 ORDER_ITEMS는 END_DATE 컬럼이 파티션 KEY인 월 단위 RANGE 파티션 테이블이다. ORDERS와 ORDER_ITEMS와 ORDER_ID로 JOIN된 ORDER_DATE 값은 동일함에도 END_DATE를 파티션 KEY로 지정했다. 대량 건수 JOIN을 해야 되기 때문에 HASH JOIN으로 처리했으며 ORDER_ITEMS의 파티션 KEY 조건이 없기 때문에 전체 파티션 SCAN이 발생하고 있다.

```
SELECT /*+ LEADING(A B) USE_HASH(B) */
       A.ORDER_MODE, B.PRODUCT_ID
       , COUNT(*) AS CNT
       , SUM(QUANTITY) AS QUANTITY
  FROM ORDERS A
       , ORDER_ITEMS B
 WHERE A.ORDER_ID = B.ORDER_ID
   AND A.ORDER_DATE = B.ORDER_DATE
   AND A.ORDER_DATE >= TO_DATE('20240101', 'YYYYMMDD')
   AND A.ORDER_DATE <  TO_DATE('20240701', 'YYYYMMDD')
 GROUP BY A.ORDER_MODE, B.PRODUCT_ID;
```

```
-----------------------------------------------------------------------------------------------
| Id | Operation                | Name        | Starts | A-Rows | A-Time   | Buffers | Used-Mem |
-----------------------------------------------------------------------------------------------
|  0 | SELECT STATEMENT         |             |      1 |    576 | 00:05.56 |   195K  |          |
|  1 |  HASH GROUP BY           |             |      1 |    576 | 00:05.56 |   195K  |1384K (0) |
|* 2 |   HASH JOIN              |             |      1 |  8733K | 00:04.19 |   195K  |  75M (0) |
|  3 |    PARTITION RANGE ITERATOR|           |      1 |   997K | 00:00.06 |  6722   |          |
|  4 |     TABLE ACCESS FULL    | ORDERS      |      6 |   997K | 00:00.06 |  6722   |          |
|  5 |    PARTITION RANGE ALL   |             |      1 |  8733K | 00:02.78 |   189K  |          |
|* 6 |     TABLE ACCESS FULL    | ORDER_ITEMS |     26 |  8733K | 00:02.76 |   189K  |          |
-----------------------------------------------------------------------------------------------
```

이런 경우 NL JOIN에서의 예와 마찬가지로 파티션 KEY 규칙성을 확인해서 가능하다면 아래와 같이 파티션 KEY 조건을 추가한다.

```
SELECT /*+ LEADING(A B) USE_HASH(B) */
       A.ORDER_MODE, B.PRODUCT_ID
     , COUNT(*) AS CNT
     , SUM(QUANTITY) AS QUANTITY
  FROM ORDERS A
     , ORDER_ITEMS B
 WHERE A.ORDER_ID = B.ORDER_ID
   AND A.ORDER_DATE = B.ORDER_DATE
   AND A.ORDER_DATE >= TO_DATE('20240101', 'YYYYMMDD')
   AND A.ORDER_DATE <  TO_DATE('20240701', 'YYYYMMDD')
   AND B.END_DATE   >= TO_DATE('20240101', 'YYYYMMDD') - 31
   AND B.END_DATE   <  TO_DATE('20240702', 'YYYYMMDD') + 31
 GROUP BY A.ORDER_MODE, B.PRODUCT_ID;
```

```
-----------------------------------------------------------------------------------------------
| Id | Operation                | Name        | Starts | A-Rows | A-Time   | Buffers | Used-Mem |
-----------------------------------------------------------------------------------------------
|  0 | SELECT STATEMENT         |             |      1 |    576 | 00:03.85 |  70018  |          |
|  1 |  HASH GROUP BY           |             |      1 |    576 | 00:03.85 |  70018  |1384K (0) |
|* 2 |   HASH JOIN              |             |      1 |  8733K | 00:02.54 |  70018  |  75M (0) |
|  3 |    PARTITION RANGE ITERATOR|           |      1 |   997K | 00:00.06 |  6722   |          |
|  4 |     TABLE ACCESS FULL    | ORDERS      |      6 |   997K | 00:00.06 |  6722   |          |
|  5 |    PARTITION RANGE ITERATOR|           |      1 |  8733K | 00:01.21 |  63296  |          |
|* 6 |     TABLE ACCESS FULL    | ORDER_ITEMS |      8 |  8733K | 00:01.20 |  63296  |          |
-----------------------------------------------------------------------------------------------
```

Oracle Exadata Basic

과거 2010년에 필자가 근무하던 SITE에서 Oracle Exadata 초기 버전이 업계에서 가장 빠르게 도입이 되었으며 초기에는 확산 속도가 빠르지 않았으나 어느 순간부터 빠르게 확산되면서 현재는 많은 Oracle DB들이 Exadata로 전환되어 사용되고 있다. Oracle Exadata 초기에는 트랜잭션이 집중 발생하는 업무 DB보다는 대량 데이터를 조회하는 정보계 DB에서 사용이 되었지만 현재 시점에서는 대량의 트랜잭션이 실시간으로 집중적으로 발생하고 그 대량 데이터를 조회하는 DB에서도 Exadata 사용이 확산되고 있다. 여전히 실시간으로 대량 트랜잭션이 발생하고 좁은 범위의 데이터를 매우 높은 빈도로 실행하는 SQL이 대부분인 기간계 시스템에서는 일반 Oracle DB가 주로 사용된다. 따라서 Oracle DB를 사용함에 있어서 Exadata에 대한 기본 지식은 필수가 되었다.

이번 단원에서 다루게 될 소주제는 아래와 같다.

Section 01. Exadata 개요
Section 02. 오프로딩
Section 03. STORAGE INDEX
Section 04. HCC(Hybrid Columner Compression)
Section 05. SMART FLASH CACEH
Section 06. 병렬처리
Section 07. Exadata에서 개발 시 고려 사항

Section 01 Exadata 개요

Exadata는 DB Server와 Storage Server 간의 통신을 통하여 I/O를 줄이는 Appliance로 하드웨어와 소프트웨어를 통합하여 고성능, 고가용성 및 확장성이 뛰어난 Database 서비스를 제공하는 Oracle Database 실행을 위한 포괄적인 플랫폼이다. 이는 트랜잭션(OLTP), 분석(OLAP) 및 혼합 워크로드에 대해 Oracle Database 성능을 최적화하도록 설계되었다.

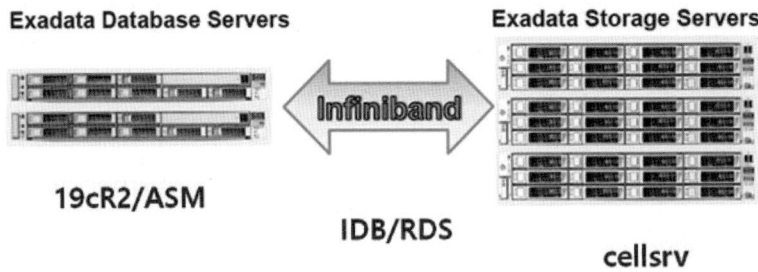

아래 그림은 X3-2 Model 기준이다. 현재 X10M까지 출시된 상태이며 버전이 높아질수록 하드웨어 성능 및 용량이 증가되고 있다.

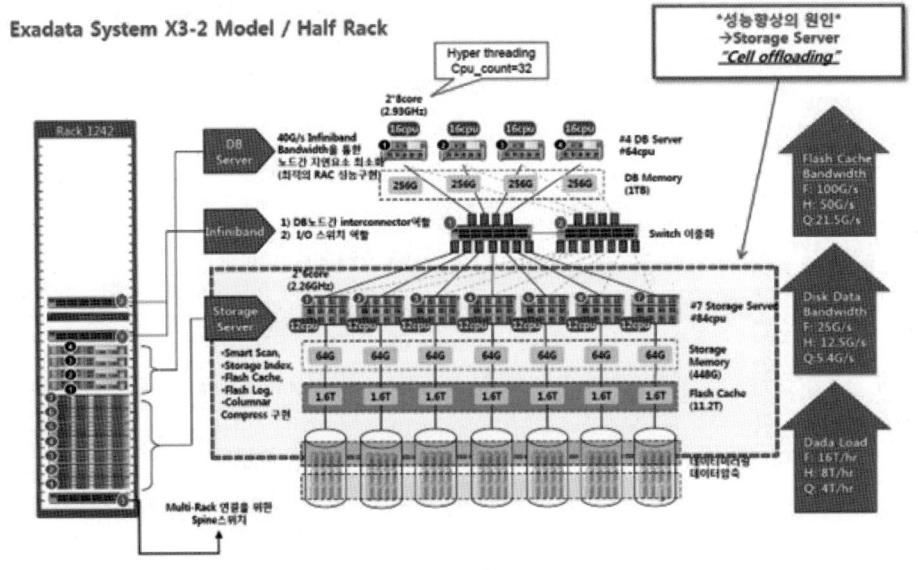

Exadata는 O/S(CPU와 Memory) 및 Storage Software를 장착한 Cell Server가 HCC, Flash Cache, STORAGE INDEX, Smart Scan을 통해 대량의 데이터를 빠르게 처리하여 전송하며, "Cell offloading" 기능을 통해 성능 극대화를 구현한다.

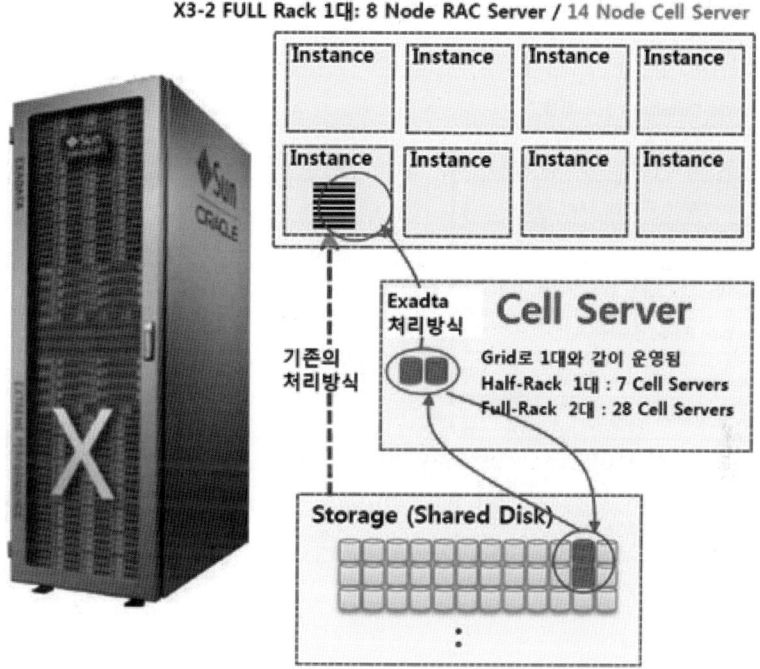

H/W와 S/W의 최적화된 결합체로 Oracle DB의 다양한 기능과 Exadata만의 기능을 결합하여 강력한 성능을 발휘한다.

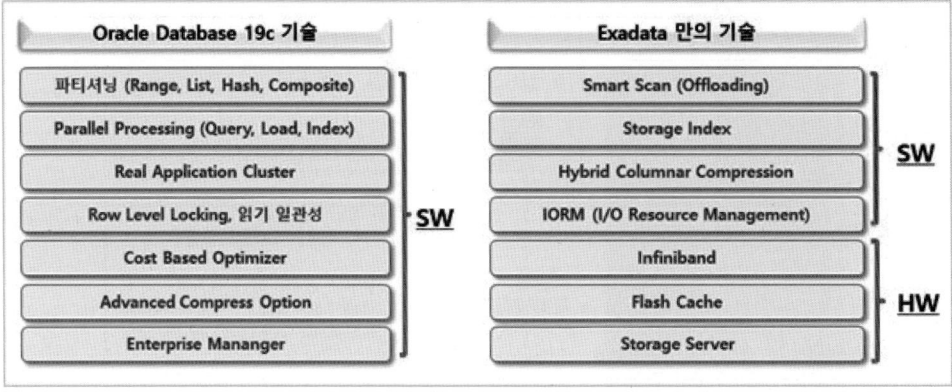

Section 02 오프로딩

■ 오프로딩 (Offloading)

1) 정의

Database 서버에서의 작업을 스토리지 계층에서 작업하는 개념으로 작업에 필요한 일의 양만 Database로 이동시키는 것이다.

2) 목적

데이터의 볼륨을 감소시키기 때문에 Database가 할 일의 양이 줄어든다. Database 서버의 CPU 사용량 감소된다. 스토리지 계층에서 디스크 액세스를 감소시킨다. 오프로딩의 주요한 목적은 실질적으로 작업할 데이터만 Database 서버에서 작업을 하는 것이다.

3) 오프로딩 VS Smart Scan

엑사데이터는 오프로딩 기능에 중점을 두었지만 Smart Scan이라는 용어가 더 유명하다. Smart Scan은 오프로딩을 위한 기술이며 SQL 구문 최적화에 중점을 둔 용어이다. 오프로딩은 Smart Scan 이외에도 심플 JOIN (블룸 필터), 함수 오프로딩 등 여러 기능을 포함하고 있다.

4) 오프로딩과 DW/OLTP

Cell offloading은 주로 대용량 데이터 처리가 필요로 하는 작업에 효과이다. OLTP의 경우, 이러한 Smart Scan의 장점을 똑같이 누릴 수 없지만, Flash Cache를 통하여 OLTP 성능 향상을 구현한다.(Single Block I/O)

5) Exadata와 DW/OLTP

Exadata는 오프로드 기반 데이터처리 성능을 극대화한 Database Machine이다. 실제 시스템 운영환경은 OLTP와 배치, 리포팅, OLAP 작업 등이 같은 시스템 환경하에 공존한다. Exadata는 고속의 대용량 Flash Cache를 사용하여 OLTP 업무 구현 및 성능 향상이 가능하여 OLTP와 배치성 업무를 동시에 수용할 수 있는 통합 Platform을 제공한다.

6) Smart Scan (SQL 구문 최적화) 및 오프로딩 주요 기능

- 컬럼 프로젝션 (Column Projection)
- Predicate 필터링
- STORAGE INDEX
- 심플 JOIN (블룸 필터)
- 함수 오프로딩

Cell Server가 이해할 수 있는 iDB protocol/command로 Cell Server가 필요한 행을 선별하여 Query를 수행한다. Smart Scan의 가장 큰 목적은 DB Server쪽으로 보내는 데이터 양을 최소화시키는 것이다. (Offloading, Smart Scan 수행)

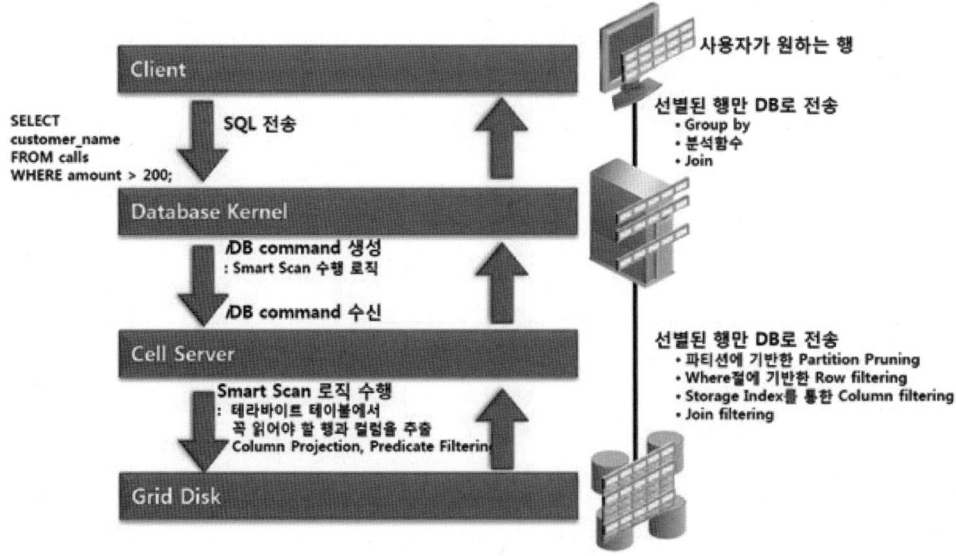

■ Smart Scan 전제 조건

1. Full Scan(Multi Block I/O)
2. Direct Path read
3. 데이터는 EXADATA Storage에 저장
4. IOT, Clustered Table 불가
5. Rowdependancies가 활성화되면 불가
6. Storage Sever가 매우 바쁠때 불가

■ Smart Scan 기능 활용

1) 컬럼 프로젝션 (Column Projection)

컬럼 프로젝션은 select절이나 JOIN 오퍼레이션에서 필요한 컬럼의 데이터만 Database 서버로 반환하는 기능이다. 즉, select절에 2개 컬럼이 있다면 100개 컬럼이 있는 SQL보다 성능이 월등히 빠르다고 생각하면 된다. 아래의 DISPLAY_CURSOR 예문을 통하여 컬럼 프로젝션에 이용된 컬럼 정보를 알 수 있다.

2) Predicate 필터링

Predicate 필터링은 where절의 조건에 의해 스토리지 서버에서 불필요한 데이터를 제거하는 기능이다. 기존의 Oracle은 Database에서 필터링 작업을 위해 Block을 읽은 후 제거하는 비효율이 존재했지만 엑사데이터는 그 작업을 스토리지에서 실행한다.

3) STORAGE INDEX

스토리지 서버의 디스크 I/O를 줄이기 위해 스토리지 영역 내 컬럼에 대한 최소값과 최대값의 메타데이터를 유지하는 Oracle Exadata의 성능 최적화 기능이다. 스토리지 계층에서 Database 계층으로 이동시킬 데이터를 찾는 시간을 최소화하는 데 목저이 있으며 최소값과 최대값에 포함되지 않으면(불필요한 영역을 SCAN하지 않음) 스토리지 서버의 불필요한 Disk I/O를 제거한다. 사용자가 생성할 수 없으며 자동으로 생성 및 유지 관리된다.

4) 심플 JOIN (블룸 필터)

스토리지 계층에서 JOIN에 필요한 데이터만 Database로 반환되는 기능이다. HASH JOIN만 가능하며 선행 데이터에서 JOIN 시 공급되는 DISTINCT한 값의 종류가 적기 때문에 후행 테이블과 JOIN하면서 JOIN KEY에 대한 값이 파고들어 가서 데이터 건수를 크게 감소시키는 경우에 유용하며 이런 경우 스토리지 계층에서 오프로딩이 발생하게 된다. 즉 Smart Scan으로 처리가 되기 때문에 성능 향상이 극대화된다. 선행 테이블에서 join filter create, 후행 테이블에서 join filter use라는 실행 계획이 나타나게 된다.

5) 함수 오프로딩

Oracle에서 제공하는 함수를 사용함에 있어 오프로딩 기능이 적용된다.
ex) MOD, TRIM, UPPER, ADD_MONTHS, CAST, TO_CHAR, …
단일 Row는 스토리지에서 오프로드 될 수 있으나 다중 Row를 반환하는 함수 또는 단일, 다중 Row 모두 가능한 함수는 확인이 필요하다. 아래의 쿼리로 확인이 가능하다.

```
SELECT DISTINCT NAME, VERSION, OFFLOADABLE FROM V$SQLFN_METADATA;
```

	NAME	VERSION	OFFLOADABLE
30	AVG	V816 Oracle	NO
31	BFILENAME	V80 Oracle	NO
32	BIN_TO_NUM	V82 Oracle	YES
33	BITAND	V6 Oracle	YES
34	CARDINALITY	V10 Oracle	NO
35	CAST	V81 Oracle	YES

■ Smart Scan을 비활성화시키는 경우

1) 단순 이용 불가

- Clustered Table, INDEX Organized Table (IOT), ROWDEPENDENCIES 활성화된 테이블 (row 단위로 SCN을 기록하는 가상 컬럼 활용)을 사용하는 경우.
- WHERE절 함수 사용 (오프로드가 가능한 함수와 불가능한 함수로 구분됨.)

- WHERE절에 사용자 정의 함수 사용
- INDEX 사용
- 한 번에 한 행씩 처리하도록 쓰여진 절차형 코드

2) Block 전송 모드로 되돌아가기

체인드 Row(Chained row)가 발생하면 헤더 부분에 Block 포인터를 가지고 있다. 이는 스토리지 셀과 통신이 불가능하며 셀 서버는 전체 Block을 그냥 Database 계층으로 반환한다.

3) 일부 오프로딩 건너뛰기

스토리지 셀에서 CPU 과부하 발생을 피하기 위해 오프로딩이 작동하지 않는다. (예 : HCC 데이터 압축해제). CPU 집약적인 작업이고 압축률이 높을수록 CPU 사용량이 늘어난다. 실행 수가 높고 조회 범위가 좁은 OLTP성 SQL인 경우에는 Smart Scan보다는 INDEX 사용하는 방향으로 고려를 해야 한다. 실행 수 높은 OLTP성 SQL이 Smart Scan으로 처리하는 경우 스토리지 서버에 부하를 증가시킬 수 있다.

■ Smart Scan 발생 확인 - SQL MONITOR

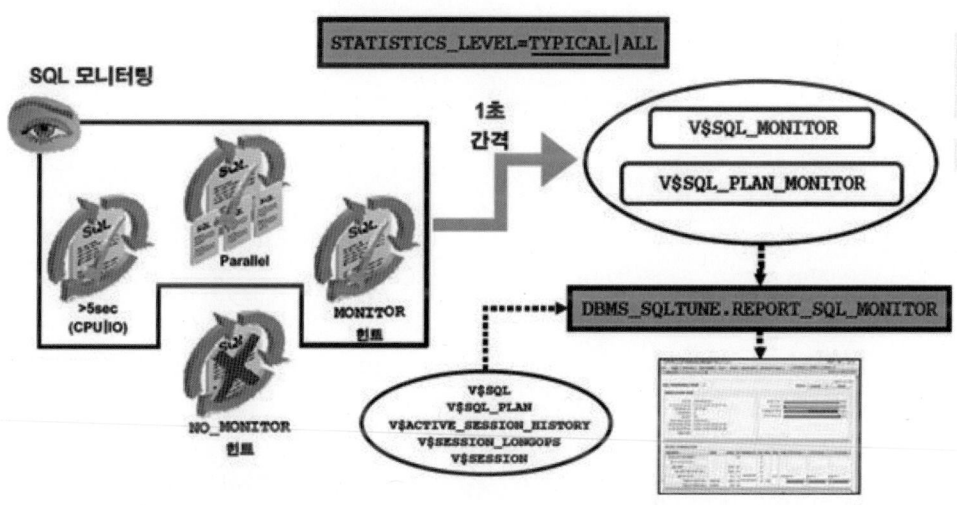

11G NEW FEATURE로 기본적으로 5초 이상 수행되는 SQL, Parallel로 수행되는 SQL, /*+ MONITOR */ 힌트가 들어간 SQL에 대해서 SQL 모니터링 성능 통계를 확인할 수 있다. 모니터링 대상이 되는 SQL은 V$SQL_MONITOR, V$SQL_PLAN_MONITOR에 관리가 되며 1초 단위로 통계 값이 갱신된다. SQL 실행 중인 상태에서 실행 계획의 어느 부분에서 성능 부하가 발생하는지 통계를 확인할 수 있다. Parallel SQL 사용 시 DBMS_XPLAN.DISPLAY_CURSOR은 성능 통계 값이 나오지 않으나 SQL_MONITOR는 각 통계 값이 나타나며 Parallel Process 별로도 통계 값이 나타난다.

```
<SESSION 1 - Orange Tool에서 수행>
SELECT /*+ MONITOR */
       SQL_ID
     , MIN(PARSING_SCHEMA_NAME) AS PARSING_SCHEMA_NAME
     , MAX(MODULE) AS MODULE
     , SUM(EXECUTIONS_DELTA) AS EXECUTIONS
     , SUM(BUFFER_GETS_DELTA) AS BUFFER_GETS
     , ROUND(SUM(ELAPSED_TIME_DELTA)/1000000, 2) AS ELAPSED_TIME
     , ROUND(SUM(CPU_TIME_DELTA)/1000000, 2) CPU_TIME
     , SUM(ROWS_PROCESSED_DELTA) AS ROW_CNT
  FROM AWR_HIST_SQLSTAT B
 WHERE SNAP_TIME >= TO_DATE('20161015', 'YYYYMMDD')
   AND SNAP_TIME <= TO_DATE('20161016', 'YYYYMMDD')   AND INSTANCE_NUMBER = 1
   AND DBID = 3880505300
 GROUP BY SQL_ID
```

```
<SESSION 2- Orange Tool에서 수행>
SELECT SQL_ID
     , STATUS
     , INST_ID
     , MODULE
     , ACTION
     , LAST_REFRESH_TIME
     , PX_MAXDOP
     , BUFFER_GETS AS BUFFERS
```

```
      , ROUND(CPU_TIME / 1000000, 5) AS CPU_TIME
      , ROUND(ELAPSED_TIME / 1000000, 5) AS ELAPSED_TIME
      , DBMS_LOB.SUBSTR(SQL_TEXT, 100, 1) AS SQL_TEXT
   FROM GV$SQL_MONITOR
 WHERE MODULE = 'Orange for ORACLE DBA '
 ORDER BY LAST_REFRESH_TIME DESC;
```

	SQL_ID	KEY	SID	STATUS	INST_ID	MODULE	ACTION	SID	LAST_REFRESH_TIME
1	8vnptbbrh03cn	6738842378594	7088	DONE (ALL	1	Orange for ORACLE DBA	5.0.6 (Build:258)	7088	2016/10/19 10:19:52
2	98u002byzsdrz	5046625263955	7088	DONE	1	Orange for ORACLE DBA	5.0.6 (Build:258)	7088	2016/10/19 10:19:26

위 SQL에서 수행한 결과를 SESSION 2에서 DBMS_SQLTUNE.REPORT_SQL_MONITOR에 SQL_ID를 입력해서 수행한 결과는 아래와 같다.

```
SELECT DBMS_SQLTUNE.REPORT_SQL_MONITOR
(SQL_ID => '8vnptbbrh03cn', report_level => 'ALL') AS TEXT FROM DUAL;

SELECT DBMS_SQLTUNE.REPORT_SQL_MONITOR
(SQL_ID => '8vnptbbrh03cn', report_level => 'ALL', TYPE => 'HTML') AS TEXT FROM DUAL;
```

```
SQL Monitoring Report

SQL Text
------------------------------
SELECT /*+ MONITOR */ SQL_ID , MIN(PARSING_SCHEMA_NAME) PARSING_SCHEMA_NAME ,
MAX(MODULE) MODULE , SUM(EXECUTIONS_DELTA) EXECUTIONS , SUM(BUFFER_GETS_DELTA)
BUFFER_GETS , ROUND(SUM(ELAPSED_TIME_DELTA)/1000000, 2) ELA_TIME , ROUND(SUM(CPU_
TIME_DELTA)/1000000, 2) CPU_TIME , SUM(ROWS_PROCESSED_DELTA) ROW_CNT FROM AWR_HIST_
SQLSTAT B WHERE SNAP_TIME >= TO_DATE('201610150000', 'YYYYMMDDHH24MI') AND SNAP_TIME
<= TO_DATE('201610160000', 'YYYYMMDDHH24MI') AND INSTANCE_NUMBER = 1 AND DBID =
3880505300
GROUP BY SQL_ID
```

아래 실행 계획에서 Cell Offload 값이 Smart Scan 비율이며 이 값이 높을수록 Smart Scan이 높게 발생했다는 의미가 된다. 과거 버전에서는 최대값이 100%였지만 최근 버전에서는 1,000% 이상도 나타날 수 있는데 HCC 압축된 데이터 부분까지 계산식에 넣는 것으로 바뀌었기 때문이다.

```
Global Information
------------------------------
    Status              :  DONE (ALL ROWS)
    Instance ID         :  1
    Session             :  APP_USER  (7088:603)
    SQL ID              :  8vnptbbrh03cn
    SQL Execution ID    :  16777216
    Execution Started   :  10/19/2016 10:19:51
    First Refresh Time  :  10/19/2016 10:19:51
    Last Refresh Time   :  10/19/2016 10:19:52
    Duration            :  1s
    Module/Action       :  Orange for ORACLE DBA /5.0.6 (Build:258)
    Service             :  mdwdb
    Program             :  OrangeMain.exe
    Fetch Calls         :  4

Global Stats
=========================================================================================
| Elapsed | Cpu     | IO       | Application | Fetch | Buffer | Read | Read  | Cell     |
| Time(s) | Time(s) | Waits(s) | Waits(s)    | Calls | Gets   | Reqs | Bytes | Offload  |
=========================================================================================
|    0.10 |    0.04 |     0.06 |        0.00 |     4 |   222K | 3488 |   3GB |   99.97% |
=========================================================================================
```

■ Smart Scan 발생 확인 - GV$SQL

GV$SQL에서 IO_CELL_Offload_ELIGIBLE_BYTES, IO_INTERCONNECT_BYTES 컬럼을 이용해서 OFFLOAD 비율을 구할 수 있다.

```
SELECT SQL_ID, PLAN_HASH_VALUE
     , LAST_ACTIVE_TIME, PARSING_SCHEMA_NAME
     , MODULE, EXECUTIONS, BUFFER_GETS
     , ROUND(ELAPSED_TIME/1000000, 1) AS ELAPSED_TIME
     , ROUND(CPU_TIME/1000000, 1) AS CPU_TIME
```

```sql
       , CASE WHEN IO_CELL_OFFLOAD_ELIGIBLE_BYTES = 0 THEN 0
              ELSE ROUND((IO_CELL_OFFLOAD_ELIGIBLE_BYTES-IO_INTERCONNECT_BYTES)/
                   IO_CELL_OFFLOAD_ELIGIBLE_BYTES, 4)
              END * 100 AS OFFLOAD_RATE
  FROM GV$SQL
 WHERE SQL_ID = '8vnptbbrh03cn'
 ORDER BY LAST_ACTIVE_TIME DESC;
```

	SQL_ID	PLAN_HASH_VALUE	LAST_ACTIVE_TIME	MODULE	EXECUTIONS	BUFFER_GETS	ELAPSED_TIME	CPU_TIME	OFFLOAD_RATE
1	8vnptbbrh03cn	3898442280	2016/10/19 10:19:52	Orange for	1	222026	0.1	0	99.97

■ Smart Scan 예제 - Column Projection

아래는 테이블의 전체 데이터를 조회하면서 SELECT절에서는 특정 컬럼만 기술했다. cell_offload_processing 파라미터를 OFF로 변경해서 Smart Scan이 동작하지 못하도록 한 결과이다. Cell Offload 통계 항목이 나타나지 않으며 37GB의 물리적 I/O가 발생하며 약 38.91초가 걸렸다.

```sql
SELECT /*+ MONITOR */
       TO_CHAR(ENDDATE, 'YYYYMM') ENDDATE
     , SITEID
     , PRODCODE
     , COUNT(*)
  FROM TB_ACTCODE_SUM
 GROUP BY TO_CHAR(ENDDATE, 'YYYYMM')
        , SITEID
        , PRODCODE

ALTER SESSION SET cell_offload_processing = false;
```

Elapsed Time(s)	Cpu Time(s)	IO Waits(s)	Application Waits(s)	Cluster Waits(s)	Other Waits(s)	Fetch Calls	Buffer Gets	Read Reqs	Read Bytes
109	105	2.37	0.00	0.00	1.18	163	2M	37879	37GB

```
------------------------------------------------------------------------------------------------
| Id | Operation                   | Name          | Starts | A-Rows | A-Time    | Buffers | Reads | Used-Mem |
------------------------------------------------------------------------------------------------
|  0 | SELECT STATEMENT            |               |      1 |  16195 | 01:48.59  |   2420K | 2420K |          |
|  1 |  HASH GROUP BY              |               |      1 |  16195 | 01:48.59  |   2420K | 2420K | 264M (0) |
|  2 |   PARTITION RANGE ALL       |               |      1 |   164M | 00:38.91  |   2420K | 2420K |          |
|  3 |    TABLE ACCESS STORAGE FULL| TB_ACTCODE_SUM|      4 |   164M | 00:25.01  |   2420K | 2420K |          |
------------------------------------------------------------------------------------------------
```

아래는 Smart Scan이 발생하도록 파라미터를 다시 활성화시킨 결과이다. 테이블의 전체 데이터를 SCAN하면서 SELECT절의 컬럼만 Cell Offload되면서 26.86초가 걸렸다. Column Projection은 SELECT절에서 조회되는 컬럼에 대해서만 Cell Offload가 발생하는 것이다.

```sql
SELECT /*+ MONITOR */
       TO_CHAR(ENDDATE, 'YYYYMM') ENDDATE
     , SITEID
     , PRODCODE
     , COUNT(*)
  FROM TB_ACTCODE_SUM
 GROUP BY TO_CHAR(ENDDATE, 'YYYYMM')
        , SITEID
        , PRODCODE

ALTER SESSION SET cell_offload_processing = true;
```

```
----------------------------------------------------------------------------------------------------------------
| Elapsed  | Cpu      | IO       | Application | Other    | Fetch | Buffer | Read  | Read  | Cell     |
| Time(s)  | Time(s)  | Waits(s) | Waits(s)    | Waits(s) | Calls | Gets   | Reqs  | Bytes | Offload  |
----------------------------------------------------------------------------------------------------------------
|    92    |    90    |   0.70   |    0.00     |   0.79   |  163  |   2M   | 42565 | 37GB  |  85.92%  |
----------------------------------------------------------------------------------------------------------------
```

```
------------------------------------------------------------------------------------------------
| Id | Operation                   | Name          | Starts | A-Rows | A-Time    | Buffers | Reads | Used-Mem     |
------------------------------------------------------------------------------------------------
|  0 | SELECT STATEMENT            |               |      1 |  16195 | 01:31.62  |   2420K | 2420K |              |
|  1 |  HASH GROUP BY              |               |      1 |  16195 | 01:31.62  |   2420K | 2420K | 12M (0)      |
|  2 |   PARTITION RANGE ALL       |               |      1 |   164M | 00:26.86  |   2420K | 2420K |              |
|  3 |    TABLE ACCESS STORAGE FULL| TB_ACTCODE_SUM|      4 |   164M | 00:13.77  |   2420K | 2420K | 5142K (0)    |
------------------------------------------------------------------------------------------------
```

■ Smart Scan 예제 - Predicate 필터링

아래 SQL은 Column Projection에서 사용한 SQL에서 WHERE 조건을 기술했으며 Cell Offload 파라미터를 비활성화한 경우와 활성화한 경우를 비교한 결과이다. WHERE 조회 조건에 의해 적은 건수가 조회되는데 Predicate 필터링이 Cell Offload로 동작하면서 Smart Scan 성능이 크게 증가한 것을 확인할 수 있다.

```
SELECT /*+ MONITOR */
       TO_CHAR(ENDDATE, 'YYYYMM') ENDDATE
     , SITEID, PRODCODE
     , COUNT(*)
  FROM TB_ACTCODE_SUM
 WHERE ENDDATE >= TO_DATE('20160615', 'YYYYMMDD')
   AND ENDDATE <  TO_DATE('20160616', 'YYYYMMDD')
   AND PRODCODE = 'L8550EP1'
   AND ACTCODE = 'EVENTOUT'
 GROUP BY TO_CHAR(ENDDATE, 'YYYYMM'), SITEID, PRODCODE
```

ALTER SESSION SET cell_offload_processing = false;

Elapsed Time(s)	Cpu Time(s)	IO Waits(s)	Application Waits(s)	Fetch Calls	Buffer Gets	Read Reqs	Read Bytes
12	2.41	9.31	0.00	2	551K	8616	8GB

Id	Operation	Name	Starts	A-Rows	A-Time	Buffers	Reads	Used-Mem
0	SELECT STATEMENT		1	7	00:12.14	550K	550K	
1	HASH GROUP BY		1	7	00:12.14	550K	550K	3728K (0)
2	PARTITION RANGE SINGLE		1	39	00:12.13	550K	550K	
* 3	TABLE ACCESS STORAGE FULL	TB_ACTCODE_SUM	1	39	00:12.13	550K	550K	

ALTER SESSION SET cell_offload_processing = true

Elapsed Time(s)	Cpu Time(s)	IO Waits(s)	Application Waits(s)	Fetch Calls	Buffer Gets	Read Reqs	Read Bytes	Cell Offload
0.34	0.17	0.18	0.00	2	551K	8616	8GB	99.99%

```
| Id  | Operation                   | Name          | Starts | A-Rows | A-Time   | Buffers | Reads | Used-Mem   |
|-----|-----------------------------|---------------|--------|--------|----------|---------|-------|------------|
|   0 | SELECT STATEMENT            |               |      1 |      7 | 00:00.31 |   550K  |  550K |            |
|   1 |  HASH GROUP BY              |               |      1 |      7 | 00:00.31 |   550K  |  550K | 3738K (0)  |
|   2 |   PARTITION RANGE SINGLE    |               |      1 |     39 | 00:00.31 |   550K  |  550K |            |
| * 3 |    TABLE ACCESS STORAGE FULL| TB_ACTCODE_SUM|      1 |     39 | 00:00.31 |   550K  |  550K | 5142K (0)  |
```

■ Smart Scan 예제 - 심플 JOIN (블룸 필터)

아래는 선행 기준 정보 테이블의 조회 조건 A.INCH = '82'에 해당하는 124건의 PRODCODE 가 후행 테이블과 JOIN되고 있으며 JOIN FILTER에 대한 실행 계획이 나타나지 않도록 관련 파라미터를 비활성화한 것과 JOIN FILTER 실행 계획이 나타나도록 관련 파라미터를 활성화한 결과를 비교한 것이다. DEFAULT 값은 활성화이다. JOIN FILTER 실행 계획이 나타나지 않은 경우에는 후행 테이블 TB_ACTCODE_SUM에서 1억 6,400만 건이 조회 되었지만 JOIN FILTER 실행 계획이 나타난 경우에는 Cell Offload가 발생하면서 60,676 건만 조회되어 Smart Scan 성능이 크게 향상되어 성능이 크게 좋아진 것을 확인할 수 있다. 어떤 상황에서는 이 실행 계획이 나타나도록 SQL의 로직을 변경해야 되는 경우도 있으니 참고하기 바란다.

```sql
SELECT /*+ MONITOR LEADING(A B) USE_HASH(B) */
       TO_CHAR(ENDDATE, 'YYYYMM') AS ENDDATE
     , B.EQPCD, B.RWTYPE, B.GLASTATE
     , B.GRADE, B.LOCSITE
     , COUNT(*)
  FROM TB_STD_PRODCODE A
     , TB_ACTCODE_SUM B
 WHERE A.PRODCODE = B.PRODCODE
   AND A.INCH = '82'
 GROUP BY TO_CHAR(ENDDATE, 'YYYYMM')
```

```
ALTER SESSION SET "_bloom_predicate_pushdown_to_storage" = false;
```

| Elapsed | Cpu | IO | Application | Cluster | Other | Fetch | Buffer | Read | Read | Cell |
Time(s)	Time(s)	Waits(s)	Waits(s)	Waits(s)	Waits(s)	Calls	Gets	Reqs	Bytes	Offload
59	58	1.16	0.00	0.00	0.07	7	2M	46428	37GB	76.80%

Id	Operation	Name	Starts	A-Rows	A-Time	Buffers	Reads	Used-Mem
0	SELECT STATEMENT		1	586	00:59.12	2420K	2420K	
1	HASH GROUP BY		1	586	00:59.12	2420K	2420K	169M (0)
* 2	HASH JOIN		1	19513	00:59.01	2420K	2420K	5137K (0)
* 3	TABLE ACCESS STORAGE FULL	TB_STD_PRODCODE	1	124	00:00.03	164	82	
4	PARTITION RANGE ALL		1	164M	00:30.14	2420K	2420K	
5	TABLE ACCESS STORAGE FULL	TB_ACTCODE_SUM	4	164M	00:16.61	2420K	2420K	5142K (0)

```
ALTER SESSION SET cell_offload_processing = true;
```

| Elapsed | Cpu | IO | Application | Cluster | Fetch | Buffer | Read | Read | Cell |
Time(s)	Time(s)	Waits(s)	Waits(s)	Waits(s)	Calls	Gets	Reqs	Bytes	Offload
2.99	1.54	1.84	0.00	0.00	7	2M	37915	37GB	99.96%

Id	Operation	Name	Starts	A-Rows	A-Time	Buffers	Reads	Used-Mem
0	SELECT STATEMENT		1	586	00:02.99	2420K	2420K	
1	HASH GROUP BY		1	586	00:02.99	2420K	2420K	169M (0)
* 2	HASH JOIN		1	19513	00:02.87	2420K	2420K	4166K (0)
3	JOIN FILTER CREATE	:BF0000	1	124	00:00.03	164	124	
* 4	TABLE ACCESS STORAGE FULL	TB_STD_PRODCODE	1	124	00:00.03	164	124	
5	JOIN FILTER USE	:BF0000	1	60676	00:02.81	2420K	2420K	
6	PARTITION RANGE ALL		1	60676	00:02.81	2420K	2420K	
* 7	TABLE ACCESS STORAGE FULL	TB_ACTCODE_SUM	4	60676	00:02.80	2420K	2420K	5142K (0)

Section 03 STORAGE INDEX

■ STORAGE INDEX란 무엇인가?

Oracle Exadata에서 제공하는 성능 최적화 기능으로, Database에서 쿼리를 실행할 때 불필요한 디스크 I/O를 줄여주는 역할을 한다. STORAGE INDEX는 데이터를 저장한 각 스토리지 서버에 자동으로 생성되며, 데이터 Block에 대한 최소값과 최대값의 메타데이터를 유지한다. 이를 통해 쿼리가 검색 범위에 포함되지 않는 데이터 Block을 읽지 않고도 효율적으로 작업을 수행할 수 있다.

■ STORAGE INDEX 아키텍처

STORAGE INDEX는 Oracle Exadata의 스토리지 서버에 배치되어 작동. Database 서버와는 독립적으로 운영되며, 데이터를 저장한 각 스토리지 서버가 STORAGE INDEX를 관리한다. 이러한 구조는 데이터 검색 시 스토리지 서버 단계에서 불필요한 데이터 Block 접근을 차단하여 Database 서버의 부하를 줄이는 데 기여한다. 아래 그림은 STORAGE INDEX에 대한 부분을 그림으로 표현한 것이다. Storage 서버에서 데이터 조회 시에 불필요한 I/O SCAN을 제거하는 역할을 한다.

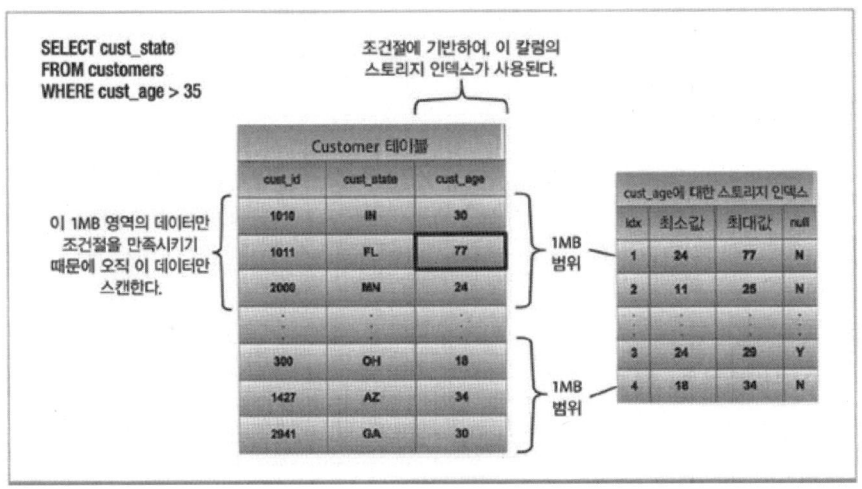

- 각 컬럼의 최소값과 최대값에 대한 값에 대한 정보(INDEX)를 스토리지의 메모리에 저장 관리된다.
- 일반적으로 테이블당 최대 8개 컬럼에 1MB당 한 개의 INDEX를 유지한다.
- 조회 조건에 INDEX값(최소, 최대값)이 들어오지 않으면 I/O가 발생되지 않는다.
- STORAGE INDEX의 관리는 자동적(Automatic)이고 투명(Transparent)하다.
- idx의 1은 최소값 24, 최대값 77로 cust_age > 35를 만족시키므로 읽어봐야 한다. 나머지 idx 2, 3, 4 모두 cust_age > 35보다 작은 최소 최대값을 가지므로 읽어보지 않아도 된다. 이런 작동 방식은 파티션 Pruning과 비슷하다.

■ STORAGE INDEX 작동 방식

1) STORAGE INDEX는 쿼리를 실행할 때 불필요한 데이터 Block을 읽지 않도록 최적화하는 역할을 한다. 이는 쿼리 조건에 따라 각 스토리지 영역의 메타데이터(최소값 및 최대값)를 확인하고, 쿼리 조건과 관련 없는 영역을 제외하는 방식으로 동작한다.

2) 작동 과정은 아래와 같다.
- Database 서버가 클라이언트의 쿼리를 수신한다.
- Exadata 스토리지 서버로 작업을 위임한다.(Smart Scan 호출)
- 스토리지 서버는 각 스토리지 영역의 최소/최대 값을 참조하여 쿼리 조건과 관련된 영역만 검색한다. (STORAGE INDEX 활용)

3) 사용되는 환경을 이해하는 것이 가장 효율적이다.
- Smart Scan
- 최소 하나 이상의 조건절
- 조건절에서 사용되는 비교 연산자 (=, 〈, 〉, BETWEEN, 〉=, 〈=, IN, IS NULL, IS NOT NULL)

4) STORAGE INDEX를 사용할 수 있는 경우
- 다중 컬럼 조건절(=, 〈, 〉, BETWEEN, 〉=, 〈=, IN, IS NULL, IS NOT NULL)
- JOIN
- 병렬처리
- HCC
- Bind 변수 사용

- 파티션
- 서브쿼리

4) STORAGE INDEX 사용이 불가능한 경우
- CLOB
- 부정형 비교 (!= 또는 <>)
- 와일드카드(LIKE '%')
- WHERE절에 사용자 정의 함수 사용. 일부 내장함수도 사용 불가

5) 디스크에 영구 보관되지 않고 cellsrv 프로그램이 재시작될 때마다 STORAGE INDEX를 재생성한다.

6) 최초의 Smart Scan (CTAS, Direct Path Read 포함) 되는 동안 8개 컬럼만 포함하여 생성된다.

■ STORAGE INDEX 사용 예

아래 SQL은 STORAGE INDEX가 사용된 경우와 사용되지 않은 경우를 비교한 결과이다. STORAGE INDEX에 대한 사용 통계는 시스템 성능 통계(V$SYSSTAT, V$SESSSTAT, V$MYSTAT)의 cell physical IO bytes saved by storage INDEX(V$STATNAME) 통계를 통해서 확인할 수 있다. STORAGE INDEX가 사용되면 Storage 서버에서 I/O가 SKIP 되면서 수행시간이 개선되는 것을 확인할 수 있다.

```
SELECT /*+ MONITOR */
       SHIFT, EQPCD
     , COUNT(*)
  FROM TB_ACTCODE_SUM
 WHERE ENDDATE >= TO_DATE('20160615', 'YYYYMMDD')
   AND ENDDATE <  TO_DATE('20160616', 'YYYYMMDD')
 GROUP BY SHIFT, EQPCD;
```

ALTER SESSION SET "_kcfis_storageidx_disabled" = true; -- STORAGE INDEX 끄기

| Elapsed | Cpu | IO | Application | Fetch | Buffer | Read | Read | Cell |
Time(s)	Time(s)	Waits(s)	Waits(s)	Calls	Gets	Reqs	Bytes	Offload
0.79	0.55	0.24	0.00	135	551K	8616	8GB	99.72%

Id	Operation	Name	Starts	A-Rows	A-Time	Buffers	Reads	Used-Mem
0	SELECT STATEMENT		1	13385	00:00:00.75	550K	550K	
1	HASH GROUP BY		1	13385	00:00:00.75	550K	550K	9605K (0)
2	PARTITION RANGE SINGLE		1	1276K	00:00:00.53	550K	550K	
* 3	TABLE ACCESS STORAGE FULL	TB_ACTCODE_SUM	1	1276K	00:00:00.43	550K	550K	5142K (0)

ALTER SESSION SET "_kcfis_storageidx_disabled" = false; -- STORAGE INDEX 켜기

| Elapsed | Cpu | IO | Application | Cluster | Fetch | Buffer | Read | Read | Cell |
Time(s)	Time(s)	Waits(s)	Waits(s)	Waits(s)	Calls	Gets	Reqs	Bytes	Offload
0.49	0.48	0.01	0.00	0.00	135	550K	8620	8GB	99.73%

Id	Operation	Name	Starts	A-Rows	A-Time	Buffers	Reads	Used-Mem
0	SELECT STATEMENT		1	13385	00:00.48	550K	550K	
1	HASH GROUP BY		1	13385	00:00.48	550K	550K	9614K (0)
2	PARTITION RANGE SINGLE		1	1276K	00:00.25	550K	550K	
* 3	TABLE ACCESS STORAGE FULL	TB_ACTCODE_SUM	1	1276K	00:00.14	550K	550K	5142K (0)

STORAGE INDEX 사용 통계	회피 사이즈
cell physical IO bytes saved by storage INDEX	8309 MB

Section 04 HCC (Hybrid Columner Compression)

■ Oracle 저장 구조

Oracle 기본 아키텍처에서 Oracle 저장 구조에 대해서 다루었지만 Exadata의 HCC의 이해를 위해서 한 번 더 정리하였다.

아래는 Oracle 기본 아키텍처에서 다루었던 데이터 Block에 대한 내용이다.

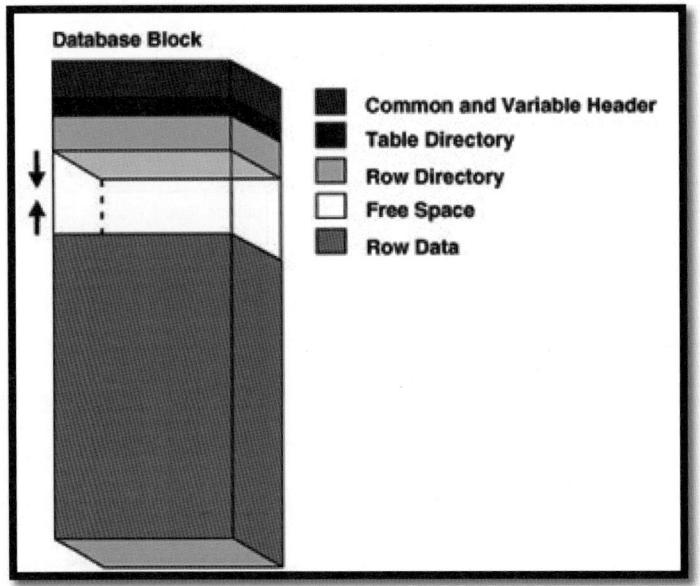

Oracle은 데이터를 Block 구조로 저장한다.

- Common and Variable Header : Block의 헤더(기본 정보 저장)
- Table Directory : row들이 속하는 table에 대한 정보 저장
- Row Directory : row 정보를 저장(Row 위치값 포함)
- Free space : UPDATE 시 사용하기 위해 미리 예약된 공간(PCTFREE)
- Row Data : 실제 Row 데이터 저장

아래는 Oracle 기본 아키텍처에서 다루었던 Row 포멧에 그림과 내용이다.

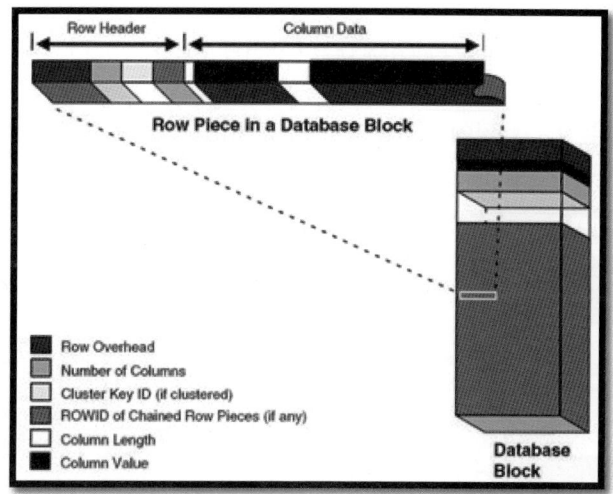

하나의 데이터를 Block은 여러 Row를 저장한다.
- Row Overhead : Row의 전반적인 정보를 저장. (Flag Byte : K(cluster key), D(deleted row), Lock Byte 등
- Number of Columns : 컬럼 개수 저장
- Cluster Key ID : 클러스터 Key일 경우
- ROWID of Chained Row Pieces : Chaine이 발생했을 경우
- Column Length : 컬럼 길이 저장
- Column Value : 컬럼 값 저장

아래는 Oracle 기본 아키텍처에서 다루었던 Row Chaining에 그림과 내용이다.

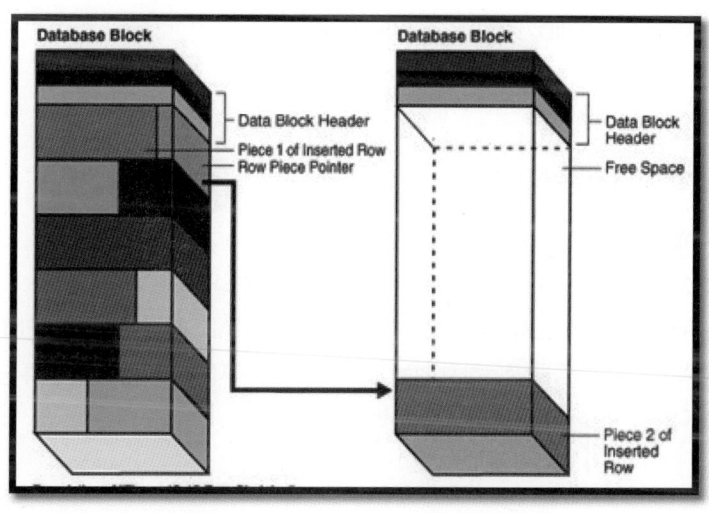

- INSERT 시 Row Chaining이 발생할 수 있다.
- Row 데이터가 하나 이상의 청크(Chunk)에 저장될 수 있는데 그것을 Row 조각(Row Piece)라고 한다.
- Row 헤더에 다른 Row 조각(Row Piece)에 대한 포인터를 포함하고 있다.

아래는 Oracle 기본 아키텍처에서 다루었던 Row Migration에 그림과 내용이다.

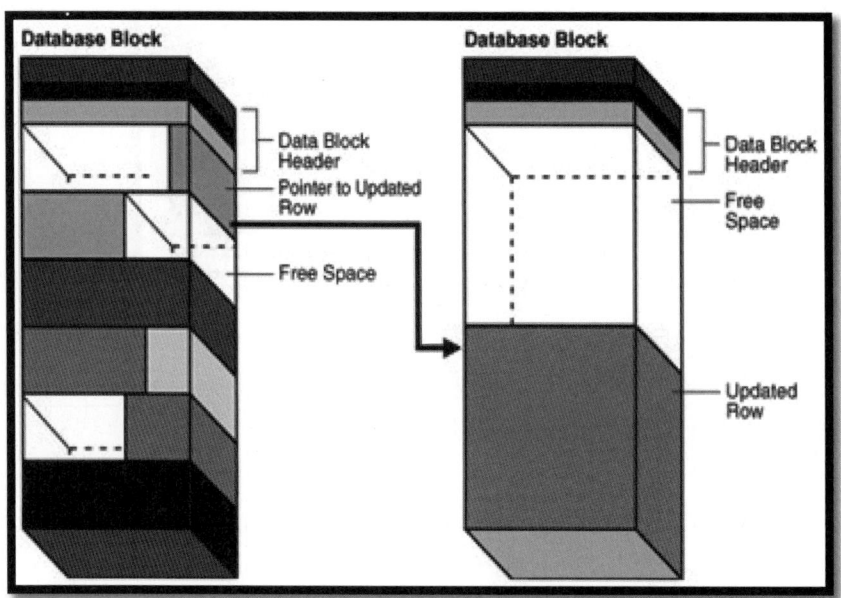

- UPDATE 시 Row Migratin이 발생할 수 있다.
- UPDATE 시 PCTFREE 공간이 부족할 경우 해당 Row를 새로운 Block으로 이동시킨다.
- Row 이동 시 원래 Block에서 Row를 안전히 제거하지는 않으며, 새롭게 재배치된 Row에 대한 참조 주소를 남겨두어 원래 ROWID가 찾아올 수 있도록 한다.

■ Oracle 압축메커니즘 종류

| BASIC Compress
- Oracle 9i 버전에서 처음 등장하였고, Oracle 11g 엔터프라이즈의 기본 기능.
- Direct Path Write로 적재되는 데이터만 압축한다.(CREATE TABLE AS 또는 APPEND 힌트 사용)
- Direct Path Write 메커니즘을 사용하지 않는 insert는 압축되지 않고 저장되며 압축 단위는 Block 단위로 압축된다.

- BASIC 압축 명령어

      CREATE TABLE TABLE_NAME.... COMPRESS;
      ALTER TABLE TABLE_NAME.... COMPRESS;
      ALTER TABLE TABLE_NAME.... NOCOMPRESS;

| OLTP Compress

- Oracle 11g 버전에서 처음 등장.
- Direct Path Write뿐 아니라 모든 오퍼레이션에 대한 데이터 압축을 진행한다.
- OLTP 압축은 PCTFREE 사이즈를 각 Block에 10% 여유 공간을 두어 미래 UPDATE가 가능하도록 한다.
- OLTP 압축 명령어

      CREATE TABLE TABLE_NAME.... COMPRESS FOR OLTP;
      ALTER TABLE TABLE_NAME.... COMPRESS FOR OLTP;
      ALTER TABLE TABLE_NAME.... NOCOMPRESS;

OLTP COMPRESS의 압축 절차는 아래와 같다. 연속적인 단계별로 압축을 진행하며 Block 사용률이 PCTFREE에 도달하면 자동 압축된다. DELETE에 의해 Block 내 빈 공간이 생기면 추후 압축의 결과 연속된 Free Space 영역이 늘어나게 된다.

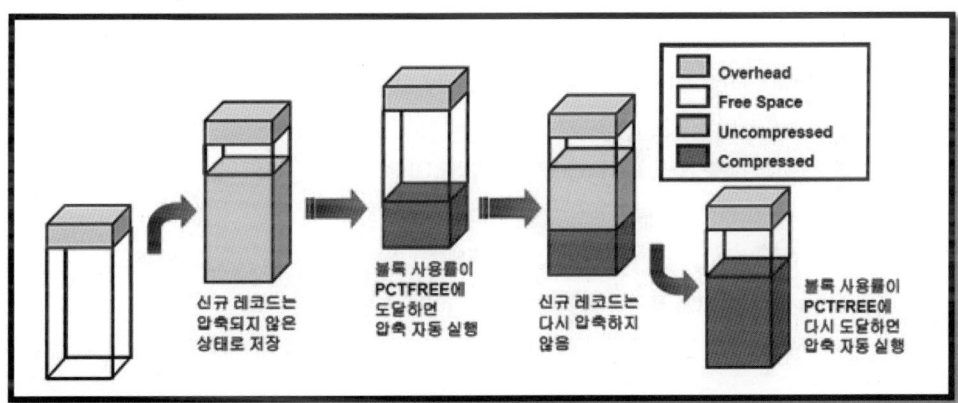

| HCC(Hybrid Columnar Compression)

- Exadata 스토리지에 저장된 테이블에서만 사용 가능하다.
- Basic 압축과 마찬가지로 Direct Path Write 사용 시에 HCC 포맷으로 압축된다.
- Conventional Insert와 UPDATE를 사용하면 OLTP 압축 포맷으로 레코드가 저장된다.

압축유형	TERM_NAME	예상 압축율
QUERY LOW	LZO 압축 알고리즘을 사용한다. 가장 낮은 압축률을 제공하지만, 압축 및 압축해제 작업을 위해 최소한의 CPU를 필요로 한다. 이 알고리즘은 압축보다는 속도를 극대화할 수 있도록 치적화되었다.	4x
QUERY HIGH	ZLIB(gzip) 압축 알고리즘을 사용한다.	6x
ARCHIVE LOW	ZLIB(gzip) 알고리즘을 사용하지만, QUERY HIGH보다 더 높은 압축 레벨이다. 그러나 데이터에 따라 압축률이 QUERY HIGH 보다 놓지 않을 수 있다.	7x
ARCHIVE HIGH	Bzip2 압축 알고리즘을 사용한다. 이것은 사용 가능한 가장 높은 레벨의 압축이면서, 가장 CPU 집약적이다. 압축 시간은 종종 QUERY HIGH, ARCHIVE LOW보다 몇 배 느리다. 데이터 압축에 필요한 시간은 상대적으로 덜 중요하지만 심각한 공간 부족을 겪는 상황에 유용한 압축 방식이다.	12x

HCC Syntax

- 테이블 생성 시 정의하는 경우

  CRATE TABLE TABLE_NAME …. COMPRESS FOR QEURY HIGH;

- 테이블 전체의 정의만 변경하는 경우

  ALTER TABLE TABLE_NAME COMPRESS FOR QUERY HIGH;

- 테이블 전체의 정의와 데이터까지 변경하는 경우

  ALTER TABLE TABLE_NAME MOVE COMPRESS FOR QUERY HIGH PARALLEL 32;

- 테이블의 특정 파티션의 정의만 변경하는 경우

  ALTER TABLE TABLE_NAME MODIFY PARTITION PART_NAME COMPRESS FOR QUERY HIGH;

- 테이블의 특정 파티션의 정의와 데이터까지 변경하는 경우

  ALTER TABLE TABLE_NAME MOVE PARTITION PART_NAME COMPRESS FOR QUERY HIGH PARALLEL 32;

- 테이블의 특정 서브파티션의 정의만 변경하는 경우

  ALTER TABLE TABLE_NAME MODIFY SUBPARTITION SUBPART_NAME COMPRESS FOR QUERY HIGH;

- 테이블의 특정 서브파티션의 정의와 데이터까지 변경하는 경우

  ALTER TABLE TABLE_NAME MOVE SUBPARTITION SUBPART_NAME COMPRESS FOR QUERY HIGH PARALLEL 32

HCC 메커니즘

- HCC의 Block은 압축 유닛(Compression Unit) 혹은 CU라고 하는 논리적인 구조로 결합되어 있다.
- CU 단위로 행을 묶는 컬럼압축방식을 사용한다.
- 하나의 CU는 여러 개의 Oracle Block으로 이루어져 있다. (보통 32K or 64K가 됨.)
- CU에 데이터 저장 시 Row 단위로 저장하지 않고, 압축 유닛 내에서 칼럼 베이스로 다시 데이터를 구성한다. 이것은 진정한 칼럼 지향 저장 방식은 아니며, 칼럼 지향과 Row 지향을 혼합한 방식이다.

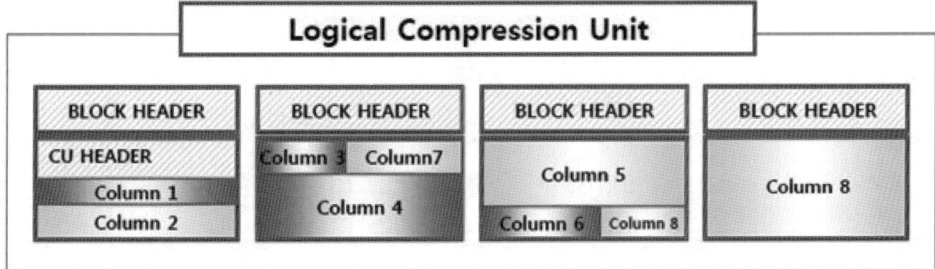

■ HCC의 성능 - 적재 성능

약 8,600MB 데이터 적재 성능을 표로 정리한 것이다(예시이며 상황에 따라 수치는 달라진다). 압축 시 압축률 및 시간을 고려하였을 때 최적은 QUERY HIGH, ARCHIVE LOW 압축 방법이다. 압축 테이블에 데이터를 적재하는 경우 평소보다 많은 CPU 자원을 사용한다.

압축 방식	사이즈(MB)	압축률	적재시간(초)	적재속도 비율
NONE	8616		54	
OLTP	2008	4.29	236	4.37
BASIC	1824	4.72	232	4.3
QUERY LOW	936	9.21	122	2.26
QUERY HIGH	472	17.25	243	4.5
ARCHIVE LOW	464	17.57	306	5.67
ARCHIVE HIGH	408	21.12	1024	17.96

■ HCC의 성능 - 쿼리 성능

```
SELECT TO_CHAR(ENDDATE, 'YYYYMM') AS ENDDATE
     , PRODCODE
     , EQPCD
     , COUNT(*) AS CNT
  FROM TB_ACTCODE_SUM_COM
 WHERE ACTCODE = 'EVENTOUT'
 GROUP BY TO_CHAR(ENDDATE, 'YYYYMM')
        , PRODCODE
        , EQPCD;
```

압축 방식	사이즈(MB)	압축률	수행 시간(초)	수행 시간 비율	비고
NONE	8616		4.2		
OLTP	2008	4.29	7.87	1.87	
BASIC	1824	4.72	7.99	1.9	
QUERY LOW	936	9.21	4.4	1.05	
QUERY HIGH	472	17.25	8.54	2.03	용량이 작아서 Smart Scan 발생 안함
ARCHIVE LOW	464	17.57	8.64	2.06	용량이 작아서 Smart Scan 발생 안함
ARCHIVE HIGH	408	21.12	15	3.57	용량이 작아서 Smart Scan 발생 안함

압축으로 인하여 읽어야 하는 Block의 수를 줄여줬지만 OLTP, BASIC의 경우 수행시간이 약 2배 가까이 증가했다. QUERY LOW인 경우 압축 전과 성능 차이가 거의 없었다. QUERY HIGH인 경우 Smart Scan이 발생했다면 LOW인 경우보다 성능은 더 좋았을 것이다. 압축률과 쿼리 성능을 고려했을 때는 QUERY HIGH가 최적임을 알 수 있다. 압축률, 쿼리 성능, 적재 속도를 다 같이 고려했을 때는 QUERY LOW가 밸런스가 괜찮다.

아래 표는 CPU 집약적인 작업인 통계정보 생성 쿼리 실행한 결과이다.(전문가를 위한 Oracle 엑사데이터에서 발췌) CPU 사용량은 일반 테이블일 경우보다 많이 사용하였다. 압축으로 인하여 읽어야 하는 Block의 수를 줄여줘서, 쿼리 수행시간은 큰 차이가 발생하지 않았다.

테이블명	압축 방법	압축률	수행 시간	수행 시간율
TAB				
TAB__NONE		1	00:12.1	1
TAB_OLTP	OLTP	1.4	00:12.8	1.05
TAB_BASIC	BASIC	1.6	00:12.6	1.04
TAB_HCC1	QUERY LOW	4	00:14.2	1.17
TAB_HCC2	QUERY HIGH	45.6	00:14.9	1.23
TAB_HCC3	ARCHIVE LOW	45.6	00:14.2	1.17
TAB_HCC4	ARCHIVE HIGH	55.9	00:21.3	1.76

I/O 집약적인 작업인 쿼리 실행한 결과이다. (전문가를 위한 Oracle 엑사데이터 발췌) 압축으로 인한 데이터 Block 수의 감소로 인하여 처리 속도가 향상되었다. 압축률이 강한 ARCHIVE HIGH 압축은 압축 해제 작업으로 인해 다른 압축 방식보다 처리시간이 증가하였다.

테이블명	압축 방법	압축률	수행 시간	수행 시간율
TAB				
TAB__NONE		1	00:06.2	1
TAB_OLTP	OLTP	1.4	00:05.8	0.93
TAB_BASIC	BASIC	1.6	00:05.3	0.85
TAB_HCC1	QUERY LOW	4	00:03.6	0.57
TAB_HCC2	QUERY HIGH	45.6	00:03.4	0.55
TAB_HCC3	ARCHIVE LOW	45.6	00:03.4	0.54
TAB_HCC4	ARCHIVE HIGH	55.9	00:04.8	0.77

■ HCC의 성능 - 테이블 용량과 성능과의 관계

Smart Scan의 기본 조건은 Direct Path Read이다. 조회되는 세그먼트의 사이즈가 작은 경우 Serial Process로 처리하는 경우 Direct Path Read가 발생하지 않을 수 있다. 이런 경우에는 /*+ PARALLEL(2) */ 힌트를 통해서 강제로 Direct Path Read가 발생하게 해야 한다. 참고로 히든 파라미터 _SMALL_TABLE_THRESHOLD 값이 Serial Process SCAN 시 Direct Path Read를 발생시키는 사이즈 기준이 된다. 예제를 통해서 살펴보도록 하자.

OWNER	SEGMENT_NAME	SEGMENT_TYPE	PARTITION_NAME	SIZES (MB)	합 (MB)
STAGE	TB_ACTCODE_SUM	TABLE PARTITION	P_20160417	64	
STAGE	TB_ACTCODE_SUM	TABLE PARTITION	P_20160418	64	
STAGE	TB_ACTCODE_SUM	TABLE PARTITION	P_20160419	64	
STAGE	TB_ACTCODE_SUM	TABLE PARTITION	P_20160420	64	448
STAGE	TB_ACTCODE_SUM	TABLE PARTITION	P_20160421	64	
STAGE	TB_ACTCODE_SUM	TABLE PARTITION	P_20160422	64	
STAGE	TB_ACTCODE_SUM	TABLE PARTITION	P_20160423	64	
STAGE	TB_ACTCODE_SUM	TABLE PARTITION	P_20160424	64	
STAGE	TB_ACTCODE_SUM	TABLE PARTITION	P_20160425	64	
STAGE	TB_ACTCODE_SUM	TABLE PARTITION	P_20160426	64	

Global Stats

```
=======================================================================================
| Elapsed | Cpu     | IO       | Cluster  | Other    | Fetch | Buffer | Read | Read  |
| Time(s) | Time(s) | Waits(s) | Waits(s) | Waits(s) | Calls | Gets   | Reqs | Bytes |
=======================================================================================
|    2.39 |    1.94 |     0.37 |     0.03 |     0.04 |   378 |  11511 |  173 | 135MB |
=======================================================================================
```

Smart Scan 발생 안함

OWNER	SEGMENT_NAME	SEGMENT_TYPE	PARTITION_NAME	SIZES (MB)	합 (MB)
STAGE	TB_ACTCODE_SUM	TABLE PARTITION	P_20160417	64	
STAGE	TB_ACTCODE_SUM	TABLE PARTITION	P_20160418	64	
STAGE	TB_ACTCODE_SUM	TABLE PARTITION	P_20160419	64	
STAGE	TB_ACTCODE_SUM	TABLE PARTITION	P_20160420	64	512
STAGE	TB_ACTCODE_SUM	TABLE PARTITION	P_20160421	64	
STAGE	TB_ACTCODE_SUM	TABLE PARTITION	P_20160422	64	
STAGE	TB_ACTCODE_SUM	TABLE PARTITION	P_20160423	64	
STAGE	TB_ACTCODE_SUM	TABLE PARTITION	P_20160424	64	
STAGE	TB_ACTCODE_SUM	TABLE PARTITION	P_20160425	64	
STAGE	TB_ACTCODE_SUM	TABLE PARTITION	P_20160426	64	

Global Stats *Smart Scan 발생*

```
| Elapsed | Cpu     | IO       | Other    | Fetch | Buffer | Read | Read  | Cell    |
| Time(s) | Time(s) | Waits(s) | Waits(s) | Calls | Gets   | Reqs | Bytes | Offload |
|   1.20  |   1.12  |   0.05   |   0.02   |  401  | 10493  |  216 | 154MB | 81.58%  |
```

Single Process(병렬 처리를 위한 PARALLEL 힌트 기술하지 않았을 시)로 처리 시에 448MB를 SCAN하는 경우에는 Direct Path Read가 발생하지 않아서 Smart Scan이 발생하지 않았고 512MB를 SCAN하는 경우에는 Direct Path Read가 발생해서 Smart Scan이 발생했다. Direct Path Read가 발생하지 않아서 Smart Scan이 발생하지 않는 경우 PARALLEL(2) 힌트를 기술해서 강제로 Direct Path Read가 발생하게 하면 Smart Scan이 발생하게 된다. 병렬 처리로 FULL TABLE SCAN을 처리하는 경우에는 Direct Path Read가 발생한다.

아래 표는 TB_ACTCODE_SUM 테이블을 HCC로 압축한 결과이다.

OWNER	SEGMENT_NAME	파티션 명	SIZE(MB) (압축X)	SIZE(MB) QUERY FOR HIGH
STAGE	TB_ACTCODE_SUM_C	P_201606	4480	608
STAGE	TB_ACTCODE_SUM_C	P_201607	4728	640
STAGE	TB_ACTCODE_SUM_C	P_201608	5808	664
STAGE	TB_ACTCODE_SUM_C	P_201609	4408	680
STAGE	TB_ACTCODE_SUM_C	P_201610	4848	448

아래 SQL은 10월 파티션을 조회한 결과로 압축된 448MB SCAN 시 Direct Path Read 가 발생하지 않아서 Smart Scan이 발생하지 않았다.

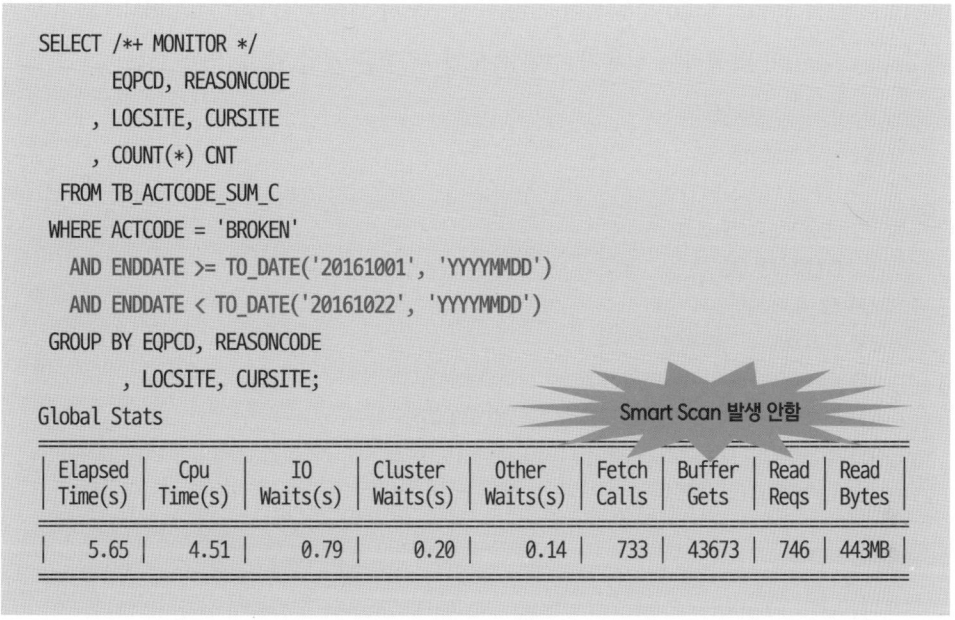

아래 SQL은 10월 파티션을 조회한 결과로 압축된 680MB SCAN 시 Direct Path Read 가 발생하면서 Smart Scan이 발생했다.

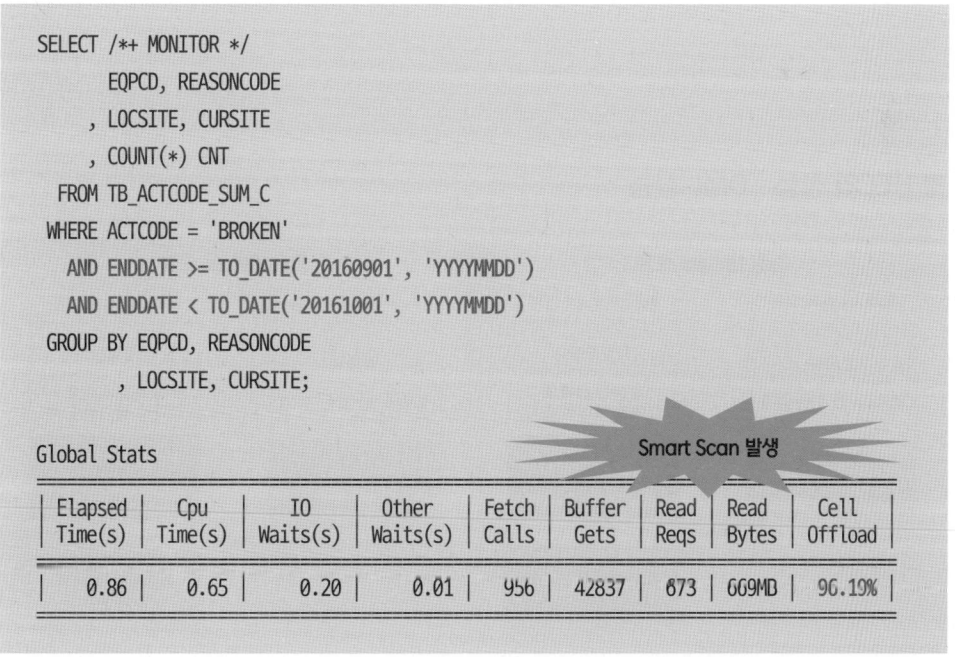

아래 SQL은 10월 파티션을 조회한 결과로 압축되지 않은 테이블 4,408MB가 SCAN 되었으며 Direct Path Read가 발생하면서 Smart Scan이 발생했다. 압축되어 448MB가 SCAN 되면서 Smart Scan이 발생하지 않은 경우보다 압축되지 않은 4,408MB SCAN 되며 Smart Scan이 발생하는 경우가 수행 속도가 더 좋은 것을 알 수 있다.

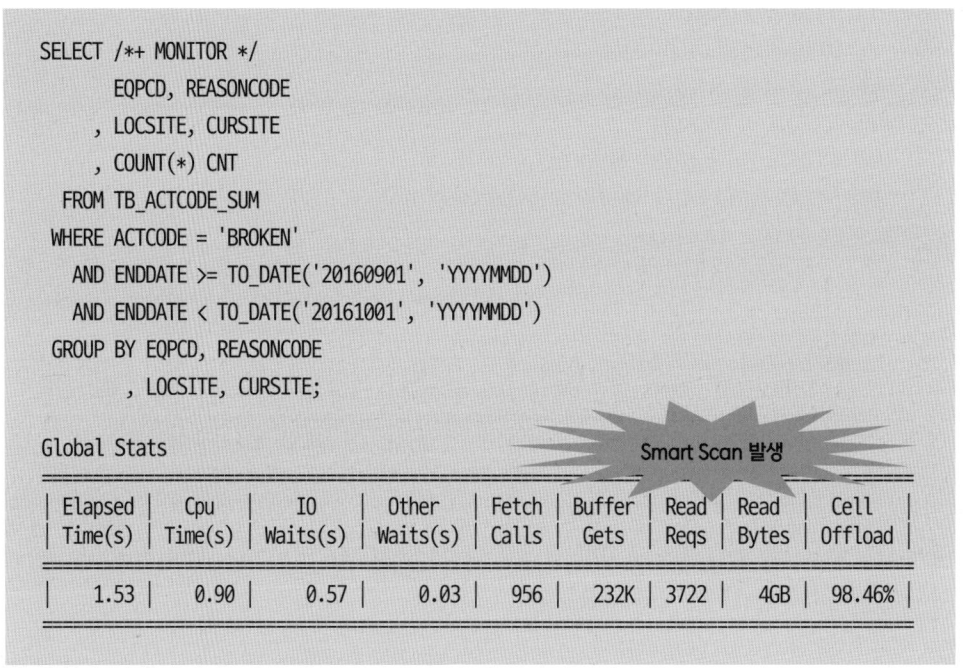

■ HCC의 성능 - DML 성능

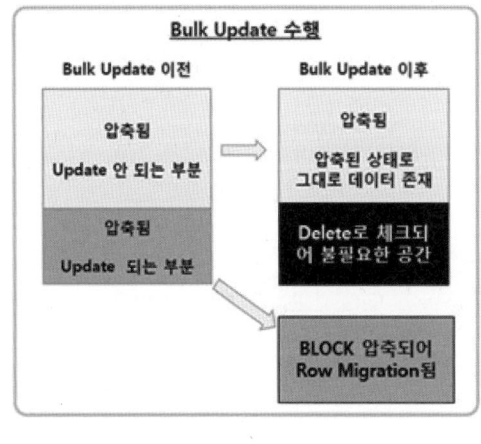
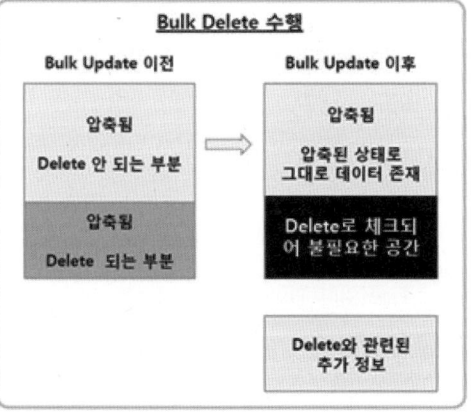

위 그림은 HCC로 압축된 테이블에 DML을 수행했을 때 해당 Row가 어떻게 처리되는지 표현한 것이다. UPDATE는 DELETE INSERT 방식으로 처리되며 Row Migration된 레코드는 새로운 Block으로 이주(Row Migration) 시 Block Compression 압축 방식으로 Down Grade 되어 저장된다. UPDATE 후에 DELETE로 체크되는 부분은 공간을 반납할 수 없다. UPDATE 및 DELETE 되는 동안에는 Compression Unit 단위로 Lock이 걸린다. Parallel UPDATE 및 Parallel DELETE 수행 시에는 전체 테이블에 Lock이 걸린다.

HCC로 압축된 테이블을 아래와 같이 UPDATE문을 수행했다.

```
UPDATE /*+ PARALLEL(2) MONITOR */ TB_ACTCODE_SUM_C
   SET AREAID = LOWER(AREAID)
     , REASONCODE = LOWER(REASONCODE)
 WHERE ENDDATE >= TO_DATE('2016090301', 'YYYYMMDDHH24')
   AND ENDDATE <  TO_DATE('2016090302', 'YYYYMMDDHH24')
   AND ACTCODE = 'EVENTOUT'
   AND PRODCODE = ' B7215L52'
   AND EQPCD = 'CBFDE17';
```

위 SQL을 수행한 결과 ROWID가 아래와 같이 변경되었다.

ACTCODE	LOCSITE	CURSITE	PROCODE	UPDATE 전 ROWID	UPDATE 후
EVENTOUT	LAB1	LAB1	B7215L52	ABkU8dAGhAACcmYAIL	ABkU8dAEOAAEbKhABe
EVENTOUT	LAB1	LAB1	B7215L52	ABkU8dAGhAACcmcAHi	ABkU8dAEOAAEbKhABf

UPDATE 후 DBMS_COMPRESSION.GET_COMPRESSION_TYPE을 이용해서 압축 유형을 확인한다.

```
SELECT ACTCODE, LOCSITE, CURSITE, PROCODE, ROWID AS RID
     , DBMS_COMPRESSION.GET_COMPRESSION_TYPE('APP_USER', TB_ACTCODE_SUM_C',ROWID) AS COM_TYPE
  FROM TB_ACTCODE_SUM_C
 WHERE ENDDATE >= TO_DATE('2016090301', 'YYYYMMDDHH24')
   AND ENDDATE <  TO_DATE('2016090302', 'YYYYMMDDHH24')
   AND ACTCODE = 'EVENTOUT'
   AND PRODCODE = 'B7215L52'
```

압축구분	설명
1	NO COMPRESSION
2	OLTP
4	HCC QUERY HIGH
8	HCC QUERY LOW
16	HCC ARCHIVE HIGH
32	HCC ARCHIVE LOW
64	BLOCK

아래의 데이터는 DBMS_COMPRESSION.GET_COMPRESSION_TYPE('APP_USER', TB_ACTCODE_SUM_C ',ROWID) AS COM_TYPE 의 결과 값이다. UPDATE 후에 압축 유형이 HCC QUERY HIGH에서 Block으로 변경되었다.

ACTCODE	LOCSITE	CURSITE	PROCODE	RID	COM_TYPE
EVENTOUT	LAB1	LAB1	B7215L52	ABKUSdAGhAACcOCAFE5	4
EVENTOUT	LAB1	LAB1	B7215L52	ABKUSdAGhAACcOCAFE6	4
EVENTOUT	LAB1	LAB1	B7215L52	ABKUSdAGhAACcOCADD	4
EVENTOUT	LAB1	LAB1	B7215L52	ABKUSdAGhAACckiADb	4
EVENTOUT	LAB1	LAB1	B7215L52	ABKUSdAGhAACckiADc	4
EVENTOUT	LAB1	LAB1	B7215L52	ABkU8dAEOAAEbKhABe	64
EVENTOUT	LAB1	LAB1	B7215L52	ABkU8dAEOAAEbKhABf	64

아래 SQL은 압축되지 않은 테이블 TB_ACTCODE_SUM 테이블을 Bulk로 UPDATE 한 결과이다. 958K Block I/O가 발생했으며 수행시간은 약 10초이다.

```
UPDATE /*+ PARALLEL(2) MONITOR */ TB_ACTCODE_SUM
   SET AREAID = LOWER(AREAID)
     , REASONCODE = LOWER(REASONCODE)
 WHERE ENDDATE >= TO_DATE('2016090400', 'YYYYMMDDHH24')
   AND ENDDATE < TO_DATE('2016090500', 'YYYYMMDDHH24')
   AND ACTCODE = 'EVENTOUT';
```

```
==================================================
| Elapsed |Buffer | Read  | Read  | Cell    |
| Time(s) | Gets  | Reqs  | Bytes | Offload |
==================================================
|   10    | 958K  | 25736 | 10GB  | 97.52%  |
==================================================

Parallel Execution Details (DOP=2 , Servers Allocated=2)
------------------------------------------------------------------------------
|  Name          | Type  |Server#| Elapsed |Buffer | Read  | Read  | Cell    |
|                |       |       | Time(s) | Gets  | Reqs  | Bytes | Offload |
------------------------------------------------------------------------------
| PX Coordinator | QC    |       |   10    | 310K  | 15606 | 244MB | NaN%    |
|                |       |       |         |       |       |       |         |
| p000           | Set 1 |   1   |  0.20   | 304K  |  4746 |  5GB  | 99.86%  |
| p001           | Set 1 |   2   |  0.21   | 345K  |  5384 |  5GB  | 99.87%  |
------------------------------------------------------------------------------
```

SQL Plan Monitoring Details (Plan Hash Value=2781793483)

Id	Operation	Name	Rows (Actual)	Read Reqs	Read Bytes	Cell Offload
0	UPDATE STATEMENT					
1	UPDATE	TB_ACTCODE_SUM	0	15606	244MB	
2	PX COORDINATOR		305K			
3	PX SEND QC (RANDOM)	:TQ10000	305K			
4	PX BLOCK ITERATOR		305K			
5	TABLE ACCESS STORAGE FULL	TB_ACTCODE_SUM	305K	10130	10GB	99.87%

아래 SQL은 HCC 압축된 테이블 TB_ACTCODE_SUM_C 테이블을 Bulk로 UPDATE 한 결과이다.

```
UPDATE /*+ PARALLEL(2) MONITOR */ TB_ACTCODE_SUM_C
   SET AREAID = LOWER(AREAID)
     , REASONCODE = LOWER(REASONCODE)
 WHERE ENDDATE >= TO_DATE('2016090400', 'YYYYMMDDHH24')
   AND ENDDATE <  TO_DATE('2016090500', 'YYYYMMDDHH24')
   AND ACTCODE = 'EVENTOUT';
```

Elapsed Time(s)	Buffer Gets	Read Reqs	Read Bytes	Cell Offload
34	2M	5213	737MB	74.55%

Parallel Execution Details (DOP=2 , Servers Allocated=2)

Name	Type	Server#	Elapsed Time(s)	Buffer Gets	Read Reqs	Read Bytes	Cell Offload
PX Coordinator	QC		30	2M	1557	24MB	NaN%
p000	Set 1	1	3.36	76666	3408	546MB	84.00%
p001	Set 1	2	0.53	10748	248	167MB	54.55%

```
SQL Plan Monitoring Details (Plan Hash Value=333101975)

| Id | Operation                | Name            | Rows     | Read | Read  | Cell    |
|    |                          |                 | (Actual) | Reqs | Bytes | Offload |
======================================================================================
|  0 | UPDATE STATEMENT         |                 |          |      |       |         |
|  1 |  UPDATE                  | TB_ACTCODE_SUM_C |     0   | 1555 | 24MB  |         |
|  2 |   PX COORDINATOR         |                 |   305K   |   2  | 32768 |         |
|  3 |    PX SEND QC (RANDOM)   | :TQ10000        |   305K   |      |       |         |
|  4 |     PX BLOCK ITERATOR    |                 |   305K   |      |       |         |
|  5 |      TABLE ACCESS STORAGE FULL | TB_ACTCODE_SUM_C | 305K | 3656 | 713MB | 77.12% |
```

위의 결과를 보면 2M Block I/O가 발생했는데 일반 테이블을 UPDATE 했을 때보다 약 2배 정도 I/O가 더 발생했다. 수행시간은 약 34초이며 일반 테이블보다 약 3배 이상 처리 시간이 더 소요된 것을 알 수 있다. HCC 압축된 테이블은 경우 UPDATE 시 부하가 더 발생하는 원인은 HCC로 압축된 데이터가 압축 해제되는 오버헤드가 발생하기 때문이다.

HCC 압축 테이블에서 데이터를 UPDATE하려면 UPDATE하려는 행이 포함된 압축 유닛을 해제하고 데이터를 수장한 후 압축 유닛 전체를 다시 압축한다. 이 과정은 일반 테이블의 UPDATE처럼 행을 직접 수정하는 방식보다 많은 시간이 소요된다. 또한 위 그림과 같이 Row Movement가 발생하기 때문에 추가적인 I/O와 처리 시간이 소요된다. 따라서 HCC 테이블은 빈번한 UPDATE에는 적합하지 않다.

아래 표는 TB_ACTCODE_SUM 테이블이 압축되기 전과 후의 사이즈이며 HCC로 압축된 테이블이 약 30만 건 Bulk UPDATE 한 후의 사이즈이다.

SEGMENT_NAME	SEGMENT_TYPE	PARTITION_NAME	NO 압축	QUERY HIGH	BULK UPDATE 후
TB_ACTCODE_SUM	TABLE PARTITION	P_201606	8616	608	608
TB_ACTCODE_SUM	TABLE PARTITION	P_201607	9376	640	640
TB_ACTCODE_SUM	TABLE PARTITION	P_201608	9760	664	664
TB_ACTCODE_SUM	TABLE PARTITION	P_201609	10136	672	696

Bulk UPDATE 후 Row Movement가 발생했으며 DBMS_COMPRESSION.GET_COMPRESSION_TYPE 패키지를 이용해서 압축 유형이 다운그레이드 된 것을 확인할 수 있다.

ACTCODE	LOCSITE	CURSITE	PROCODE	RID	COM_TYPE
EVENTOUT	LAB1	LAB1	B7215L52	ABkU8dAEMAAHcNAAA	64
EVENTOUT	LAB1	LAB1	B7215L52	ABkU8dAEMAAHcNAAB	64
EVENTOUT	LAB1	LAB1	B7215L52	ABkU8dAEMAAHcNAAC	64
EVENTOUT	LAB1	LAB1	B7215L52	ABkU8dAEMAAHcNAAD	64
EVENTOUT	LAB1	LAB1	B7215L52	ABkU8dAEMAAHcNAAE	64
EVENTOUT	LAB1	LAB1	B7215L52	ABkU8dAEMAAHcNAAF	64
EVENTOUT	LAB1	LAB1	B7215L52	ABkU8dAEMAAHcNAAG	64
EVENTOUT	LAB1	LAB1	B7215L52	ABkU8dAEMAAHcNAAH	64
EVENTOUT	LAB1	LAB1	B7215L52	ABkU8dAEMAAHcNAAI	64
EVENTOUT	LAB1	LAB1	B7215L52	ABkU8dAEMAAHcNAAJ	64
EVENTOUT	LAB1	LAB1	B7215L52	ABkU8dAEMAAHcNAAK	64
EVENTOUT	LAB1	LAB1	B7215L52	ABkU8dAEMAAHcNAAL	64

위에서 HCC로 압축된 테이블을 Bulk UPDATE 처리한 후 조회한 결과이다. Row Mirgration 되었지만 Smart Scan은 정상적으로 잘 발생하는 것을 확인할 수 있다.

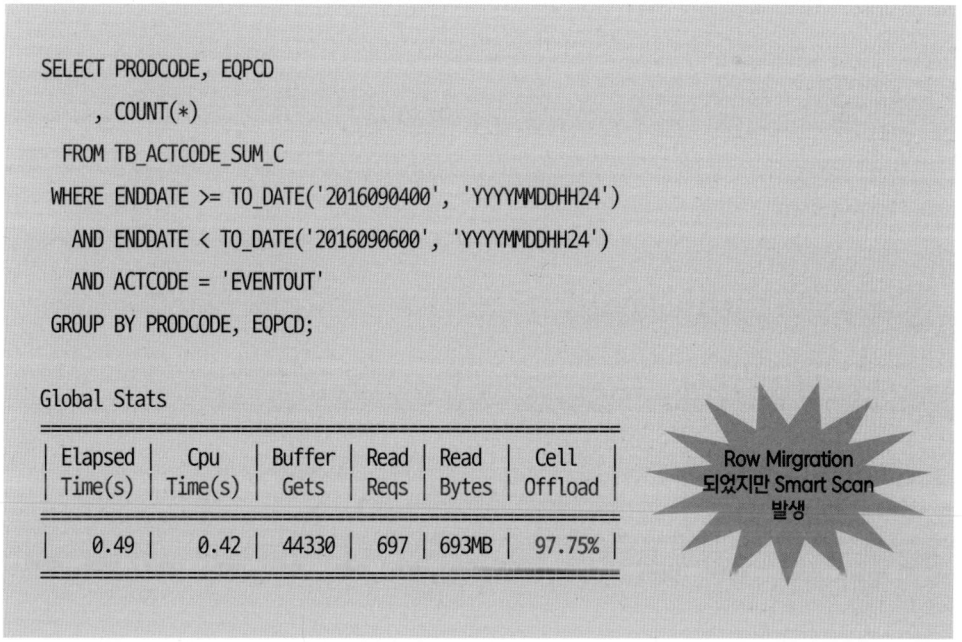

```
SELECT PRODCODE, EQPCD
     , COUNT(*)
  FROM TB_ACTCODE_SUM_C
 WHERE ENDDATE >= TO_DATE('2016090400', 'YYYYMMDDHH24')
   AND ENDDATE <  TO_DATE('2016090600', 'YYYYMMDDHH24')
   AND ACTCODE = 'EVENTOUT'
 GROUP BY PRODCODE, EQPCD;

Global Stats
==========================================================
| Elapsed | Cpu     | Buffer | Read | Read  | Cell    |
| Time(s) | Time(s) | Gets   | Reqs | Bytes | Offload |
==========================================================
|   0.49  |   0.42  | 44330  | 697  | 693MB | 97.75%  |
==========================================================
```

Row Mirgration 되었지만 Smart Scan 발생

```
SQL Plan Monitoring Details (Plan Hash Value=4074761758)

| Id | Operation                | Name           | Rows    | Read | Read  | Cell    |
|    |                          |                | (Actual)| Reqs | Bytes | Offload |
|  0 | SELECT STATEMENT         |                | 18341   |      |       |         |
|  1 | HASH GROUP BY            |                | 18341   |      |       |         |
|  2 | PARTITION RANGE SINGLE   |                | 618K    |      |       |         |
|  3 | TABLE ACCESS STORAGE FULL| TB_ACTCODE_SUM_C| 618K   | 697  | 693MB | 97.75%  |
```

아래 두 SQL은 압축되지 않은 TB_ACTCODE_SUM 테이블과 HCC로 압축된 TB_ACTCODE_SUM_C에 대해서 Bulk DELETE를 처리한 결과이다. DELETE의 경우도 HCC로 압축된 테이블이 일반 테이블보다 더 높은 부하가 발생한다. HCC로 압축된 테이블에서 행을 삭제하려면, 해당 행이 포함된 압축 유닛을 먼저 압축 해제를 하고 해제된 데이터에서 삭제할 행을 식별하고 제거한 후 압축 유닛을 다시 압축해야 한다.

이 과정에서 더 높은 I/O가 발생하고 처리 시간이 증가한다. 따라서 HCC로 압축된 테이블의 경우 파티션 테이블로 관리를 하고 DELETE 하고자 하는 대상 파티션을 DROP 하는 형태로 관리하는 방향으로 하는 것이 좋다.

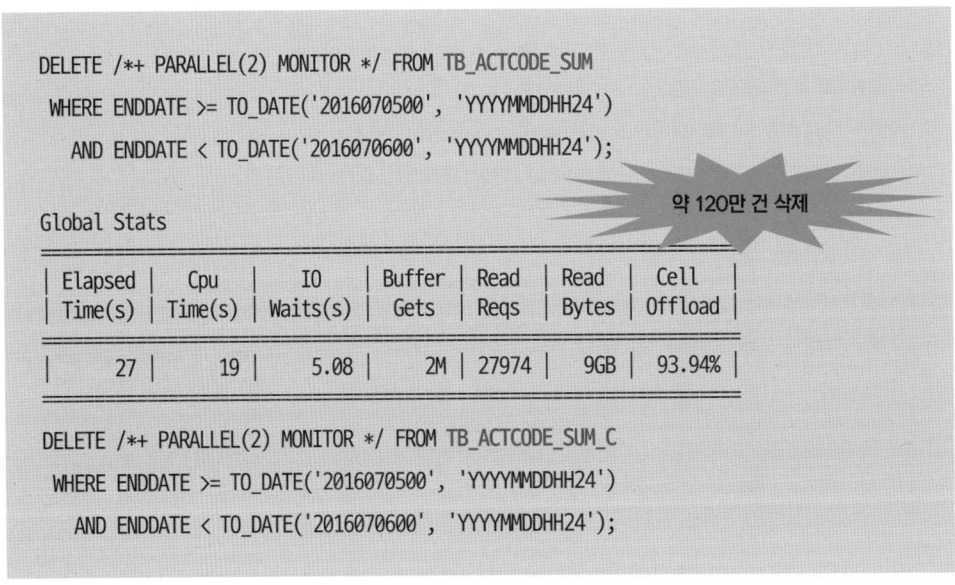

```
Global Stats
=========================================================================
| Elapsed | Cpu     | IO       | Buffer | Read | Read  | Cell    |
| Time(s) | Time(s) | Waits(s) | Gets   | Reqs | Bytes | Offload |
=========================================================================
|      32 |      30 |     0.53 |   2.6M | 1912 | 654MB |  95.61% |
=========================================================================

SQL Plan Monitoring Details (Plan Hash Value=3379154639)
===============================================================================================
| Id |        Operation          |     Name       |  Rows    | Read | Read  | Cell    |
|    |                           |                | (Actual) | Reqs | Bytes | Offload |
===============================================================================================
|  0 | DELETE STATEMENT          |                |          |      |       |         |
|  1 |  DELETE                   | TB_ACTCODE_SUM_C |     0  | 1274 | 20MB  |         |
|  2 |   PX COORDINATOR          |                |    1.2M  |      |       |         |
|  3 |    PX SEND QC (RANDOM)    | :TQ10000       |    1.2M  |      |       |         |
|  4 |     PX BLOCK ITERATOR     |                |    1.2M  |      |       |         |
|  5 |      TABLE ACCESS STORAGE FULL | TB_ACTCODE_SUM_C |   1.2M | 638 | 634MB | 98.61% |
===============================================================================================
```

아래 표는 HCC로 압축된 TB_ACTCODE_SUM_C 테이블에서 120만 건 삭제 후 Commit 전에 Rollback한 결과이다. DELETE 후에 Rollback 처리 시 INSERT 되는 과정에서 다시 HCC로 압축된 것을 확인할 수 있다.

SEGMENT_NAME	PARTITION_NAME	NO 압축	QUERY HIGH	BULK UPDATE	120만 건 DELETE	120만 건 ROLLBACK
TB_ACTCODE_SUM	P_201606	8616	608	608	608	608
TB_ACTCODE_SUM	P_201607	9376	640	640	640	640
TB_ACTCODE_SUM	P_201608	9760	664	664	664	664
TB_ACTCODE_SUM	P_201609	10136	672	696	696	696

	ACTIVITY	OWNINGSITE	CURRENTSITE	PROCESSID	RID	COM_TYPE
1	TrackOut	L8AFAB	L8AFAB	L8315H1A	ABj9G7AGhAACAlAAg2	4
2	TrackOut	L8AFAB	L8AFAB	L8315H13	ABj9G7AGhAACAlAAg3	4
3	TrackOut	L8AFAB	L8AFAB	L8315H13	ABj9G7AGhAACAlAAg4	4
4	TrackOut	L8AFAB	L8AFAB	L8315H13	ABj9G7AGhAACAlAAg5	4
5	TrackOut	L8AFAB	L8AFAB	L8315H13	ABj9G7AGhAACAlAAg6	4
6	TrackOut	L8AFAB	L8AFAB	L8315H13	ABj9G7AGhAACAlAAg7	4
7	TrackOut	L8AFAB	L8AFAB	L8315H13	ABj9G7AGhAACAlAAg8	4

■ 대용량 실시간 적재 데이터 HCC로 압축

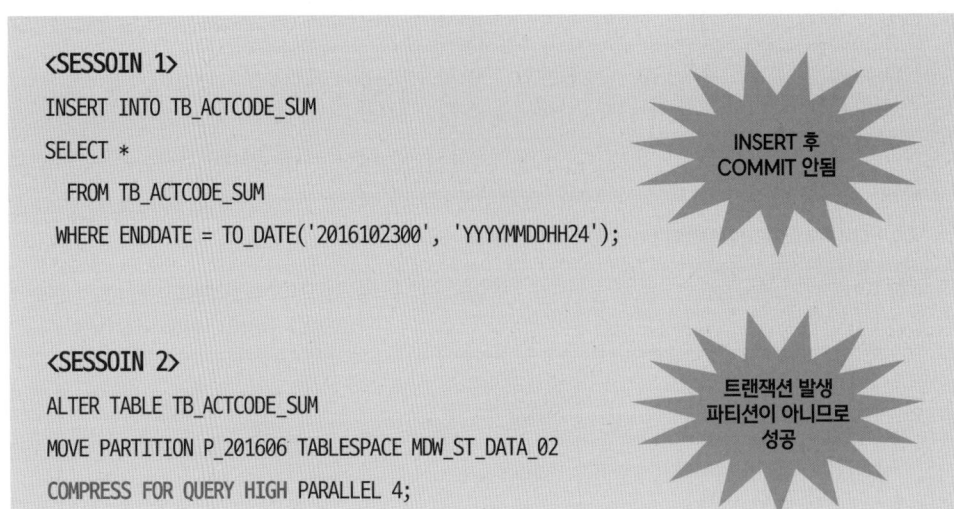

SEGMENT_NAME	SEGMENT_TYPE	PARTITION_NAME	SIZES(MB)
TB_ACTCODE_SUM	TABLE PARTITION	P_201606	640
TB_ACTCODE_SUM	TABLE PARTITION	P_201607	9376
TB_ACTCODE_SUM	TABLE PARTITION	P_201608	9760
TB_ACTCODE_SUM	TABLE PARTITION	P_201609	10136

위 예제는 NO INDEX TABLE에 대한 예이다. INDEX가 존재하지 않는 경우는 현재 트랜잭션이 발생하지 않는 과거 파티션에 대해서 MOVE PARTITION .. TABLESPACE 문장을 이용해서 HCC로 압축할 수 있으며 트랜잭션이 발생하지 않는 과거 파티션이므로 Lock이 발생하지 않는다.

INDEX가 존재하는 경우에는 MOVE TABLESPACE를 처리하면 물리적으로 저장된 위치가 바뀌기 때문에 INDEX가 Unusable 상태로 되어 사용할 수 없게 된다. 그렇다면 INDEX가 존재하는 경우에는 트랜잭션이 발생하지 않는 과거 파티션에 대해서 어떻게 HCC로 압축해야 할까?

〈SESSOIN 1〉에서 10월 파티션에 트랜잭션 처리가 된 후에 아직 트랜잭션 완료 처리가 되지 않았다.

```
<SESSOIN 1>
INSERT INTO TB_ACTCODE_SUM
SELECT *
  FROM TB_ACTCODE_SUM
 WHERE ENDDATE = TO_DATE('2016102300', 'YYYYMMDDHH24');
```

INSERT 후 COMMIT 안됨

다른 SESSION에서 트랜잭션이 활성화되어 있는 경우 아래와 같이 과거 파티션에 대해서 CREATE TABLE AS로 압축하고자 하는 파티션의 데이터를 HCC로 압축하면서 중간 테이블을 생성한다. HCC로 압축된 테이블이 생성되면 원본 테이블과 동일한 구조로 INDEX를 생성한 후에 해당 월 파티션을 EXCHANGE 해주면 과거 파티션에 대한 HCC 압축이 완료된다.

```
<SESSOIN 2>
CREATE TABLE TEMP_TB_ACTCODE_SUM
TABLESPACE MDW_ST_DATA_02
NOLOGGING
COMPRESS FOR QUERY HIGH          → CTAS로 데이터 복사하면서 COMPRESS
PARALLEL 4
AS
SELECT /*+ PARALLEL(4) */ *
  FROM TB_ACTCODE_SUM PARTITION(P_201609);

CREATE INDEX TEMP_TB_ACTCODE_SUM_IX01
ON TEMP_TB_ACTCODE_SUM(PRODCODE, EQPCD, ENDDATE)
TABLESPACE MDW_ST_DATA_02
NOLOGGING                        → TARGET 테이블과 동일한 구조의 INDEX 생성
PARALLEL 4;

ALTER TABLE TEMP_TB_ACTCODE_SUM NOPARALLEL LOGGING;
ALTER INDEX TEMP_TB_ACTCODE_SUM_IX01 NOPARALLEL LOGGING;

ALTER TABLE TB_ACTCODE_SUM EXCHANGE PARTITION P_201609
WITH TABLE TEMP_TB_ACTCODE_SUM INCLUDING INDEXES
WITHOUT VALIDATION;              → TARGET 테이블과 PARTIION 통째로 데이터 교환
```

트랜잭션 발생 파티션이 아니므로 성공

이전 예제는 과거 파티션에 대해서 HCC로 압축하는 것이었다면 아래의 경우에는 데이터를 여러 SESSION에서 동시에 INSERT하면서 HCC로 압축하는 예제이다. INSERT 시 압축하기 위해서는 Direct Path Write 방식으로 INSERT를 해야 되며 /*+ APPEND */ 힌트에 의해서 이와 같이 처리된다.

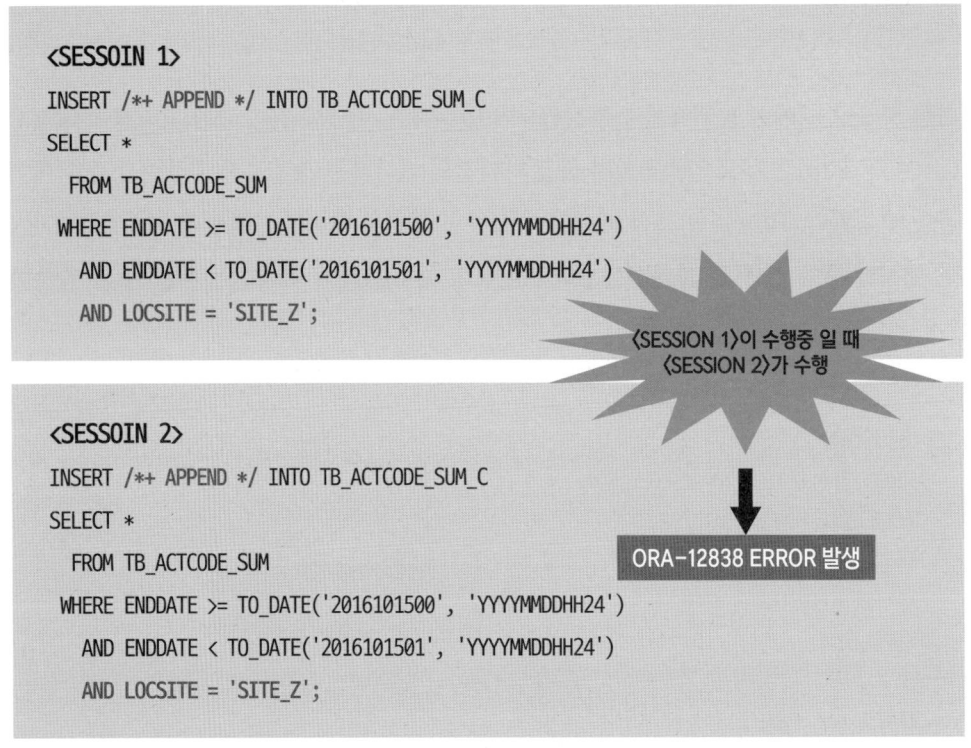

동시 SESSION에서 APPEND 힌트를 사용하면 LOCK이 발생하며 위와 같은 에러가 발생하게 된다. 여러 SESSION에서 동시에 APPEND 힌트를 사용해도 Lock 없이 저장하기 위해서는 어떻게 해야 될까? LIST+RANGE 복합 파티션 테이블을 이용해서 이 문제를 해결할 수 있다.

```
CREATE TABLE TB_ACTCODE_SUM_CS
TABLESPACE MDW_ST_DATA_02
COMPRESS FOR QUERY HIGH
PARTITION BY LIST(LOCSITE)
SUBPARTITION BY RANGE(ENDDATE)
(PARTITION P_L01 VALUES('SITE_Z')
```

```
    (SUBPARTITION P_L01_201606 VALUES LESS THAN(TO_DATE('20160701', 'YYYYMMDD')),
     SUBPARTITION P_L01_201607 VALUES LESS THAN(TO_DATE('20160801', 'YYYYMMDD')),
     SUBPARTITION P_L01_201608 VALUES LESS THAN(TO_DATE('20160901', 'YYYYMMDD')),
     SUBPARTITION P_L01_201609 VALUES LESS THAN(TO_DATE('20161001', 'YYYYMMDD'))),
    PARTITION P_L02 VALUES('SITE_B')
    (SUBPARTITION P_L02_201606 VALUES LESS THAN(TO_DATE('20160701', 'YYYYMMDD')),
     SUBPARTITION P_L02_201607 VALUES LESS THAN(TO_DATE('20160801', 'YYYYMMDD')),
     SUBPARTITION P_L02_201608 VALUES LESS THAN(TO_DATE('20160901', 'YYYYMMDD')),
     SUBPARTITION P_L02_201609 VALUES LESS THAN(TO_DATE('20161001', 'YYYYMMDD'))),
    ...)
AS
SELECT *
  FROM TB_ACTCODE_SUM
 WHERE 1 = 0
```

LIST + RANGE 파티션 테이블

위와 같이 LOCSITE + ENDDATE가 파티션 KEY인 LIST+RANGE 파티션 테이블을 생성했다. 〈SESSION 1〉, 〈SESSION 2〉에서 PARTITION FOR 구분을 이용해서 각각 다른 LIST 파티션을 기술하고 동시에 처리 시 LOCK 없이 처리된다.

```
<SESSOIN 1>
INSERT /*+ APPEND */ INTO TB_ACTCODE_SUM_CS PARTITION FOR('SITE_Z')
SELECT *
  FROM TB_ACTCODE_SUM
 WHERE ENDDATE >= TO_DATE('2016101500', 'YYYYMMDDHH24')
   AND ENDDATE <  TO_DATE('2016101501', 'YYYYMMDDHH24')
   AND LOCSITE = 'SITE_Z';
```

```
<SESSOIN 2>
INSERT /*+ APPEND */ INTO TB_ACTCODE_SUM_CS PARTITION FOR('SITE_B')
SELECT *
  FROM TB_ACTCODE_SUM
 WHERE ENDDATE >= TO_DATE('2016101500', 'YYYYMMDDHH24')
   AND ENDDATE <  TO_DATE('2016101501', 'YYYYMMDDHH24')
   AND LOCSITE = 'SITE_B';
```

〈SESSION 1〉이 수행중 일 때 〈SESSION 2〉가 수행 → 성공

HCC 압축에 대해서 정리하면 아래와 같다.

- 데이터의 액세스 패턴(읽기 중심, 쓰기 중심, 보관 등)에 따라 적절한 압축 유형을 선택한다.

- 파티셔닝 테이블을 사용한다. 파티션 테이블을 사용하면 각 파티션에 대해 별도로 압축을 적용할 수 있다. 파티셔닝을 통해 관리 및 성능을 개선하고, 파티션 단위로 압축을 유지 및 관리할 수 있다.

- UPDATE, DELETE 등의 DML 작업이 거의 발생하지 않는 테이블을 대상으로 한다. HCC는 읽기 위주(Read-Mostly) 워크로드에 최적화되어 있다. 자주 UPDATE되거나 삭제되는 데이터에서는 압축 해제 및 재압축 과정으로 인해 성능 저하가 발생할 수 있다. 자주 UPDATE되거나 삭제되는 데이터에는 HCC 대신 OLTP 압축이나 비압축 방식을 고려한다.

- 한 테이블이나 파티션에서 여러 종류의 압축을 사용하는 것을 피한다. 혼합 압축 유형은 성능 저하를 초래할 수 있다.

- HCC는 디스크 I/O를 줄이고 저장 공간을 절약하지만, 데이터 압축을 해제해야 하는 쿼리에서는 CPU 사용량이 증가할 수 있다. 그러나 읽기 중심 워크로드(데이터 웨어하우스 또는 분석 환경)에서는 쿼리 성능이 향상된다.

- HCC는 저장 공간을 최대 10배 이상 줄일 수 있으며, 특히 잘 변하지 않는 이력 데이터 또는 분석용 데이터에 적합하다.

Section 05 SMART FLASH CACHE

■ **ESFC(Exadata Smart Flash Cache) 개요**

아래 그림은 스토리지 서버에 장착된 스마트 플래시 카드에 대한 것으로 표시된 용량은 엑사데이터 버전이 낮은 버전일 때의 용량이며 엑사데이터의 버전이 올라가면서 용량 및 성능은 지속적으로 증가하고 있다.

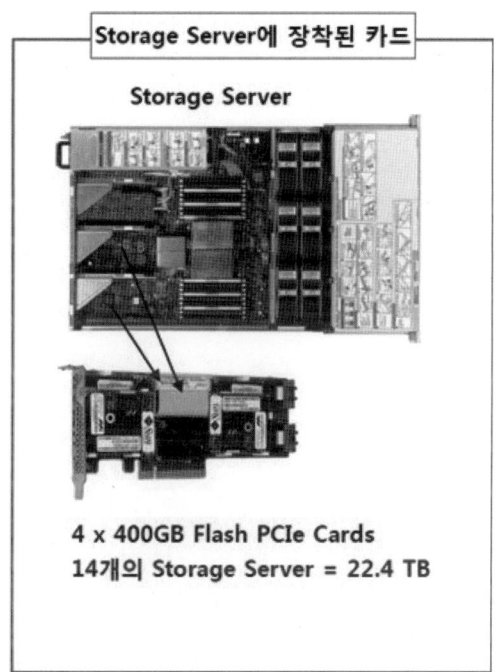

스마트 플래시 캐시는 Exadata X2 버전부터 OLPT 업무의 INDEX SCAN 향상을 위해 제공되기 시작했다. 고성능 플래시 스토리지를 활용해 Database 작업을 가속화하며. 디스크 I/O 지연 시간을 줄이고, 쿼리 응답 시간을 단축하며, 자주 액세스되는 데이터를 플래시 메모리에 캐싱함으로써 전체 Database 성능을 최적화한다. INDEX SCAN FULL TABLE SCAN 및 Smart Scan에서도 성능 향상 효과 발생하며 주요 특징은 아래와 같다.

| **자동 데이터 캐싱**

ESFC는 자주 사용되는 "핫 데이터"를 자동으로 플래시 메모리에 캐싱하여 별도의 튜닝 없이도 성능을 향상시킨다.

| **지능형 데이터 배치**

"핫 데이터"와 "콜드 데이터"를 구분하여 자주 액세스되는 데이터는 플래시 스토리지에, 덜 사용되는 데이터는 디스크에 저장한다. 이를 통해 플래시 스토리지를 효율적으로 활용한다.

| **쓰기 모드**

데이터가 디스크에 먼저 기록되고 플래시에 캐싱된다. 데이터 무결성을 보장한다(Write-Through Mode). 데이터가 플래시에 먼저 기록된 후 디스크로 저장된다. 쓰기 성능을 극대화한다(Write-Back Mode).

| **확장성**

Oracle 파티셔닝 기능은 대용량 테이블을 파티션이라는 더 작고 관리하기 쉬운 세그먼트로 나누어 확장성을 높인다. 이 구조를 사용하면 각 파티션을 독립적으로 관리 및 저장소에 배치할 수 있어, ESFC는 파티션 단위로도 핫/콜드 데이터 구분 및 캐싱 전략을 적용할 수 있다.

■ ESFC를 통해서 데이터 읽기

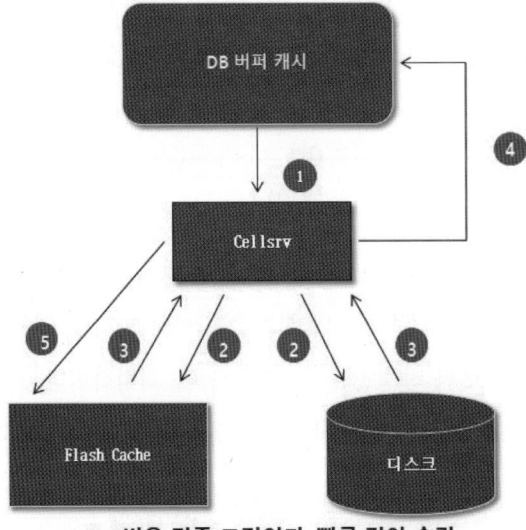

2, 3번은 경주 조건이다. 빠른 것이 승리

플래시 캐시에 캐시되어 있을 경우에는 ① → ② → ③ → ④와 같이 동작하고 플래시 캐시에 캐시되어 있지 않을 경우에는 ① → ② → ③ → ④ → ⑤와 같이 동작한다.

① 읽기 I/O 요청을 받는다.
② Flash Cache 와 디스크에 병렬 읽기 수행한다.
③ Flash Cache에서는 IN-MEMORY HASH 테이블을 통해서 요청한 데이터가 캐시되어 있는지 확인하고, 디스크에서도 요청한 데이터가 있는지 확인하여 읽는다.
④ Flash Cache와 디스크 중, 먼저 읽힌 요청 결과를 DB로 보낸다.
⑤ Flash Cache에 캐싱되어 있지 않을 경우, 메타데이터로부터 I/O 정보를 받아서 캐싱 여부 판단한다.

■ **ESFC를 통해 데이터 쓰기 - Write-through**

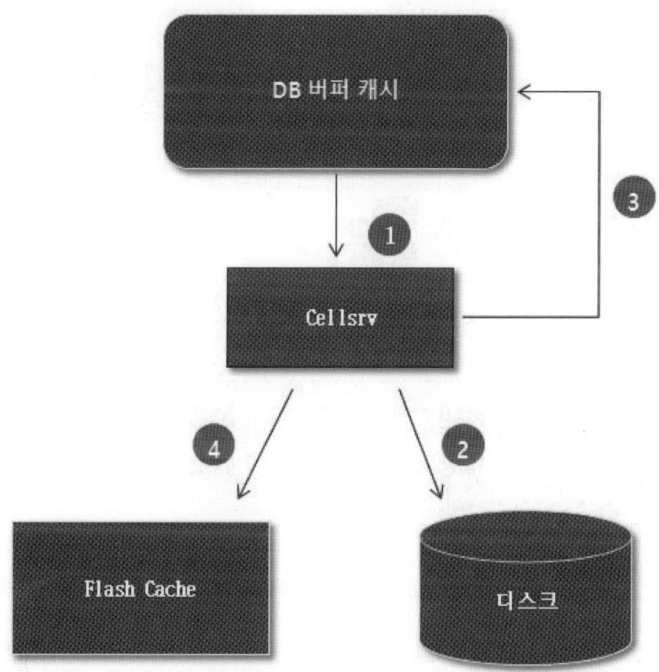

① Cellsrv는 버퍼 캐시에 존재하는 데이터에 대해서 쓰기 I/O 요청을 받는다.
② Cellsrv는 디스크에 쓰기 작업 수행한다.
③ 쓰기 요청 결과를 DB로 보낸다.
④ 동일한 데이터가 Flash Cache에 기록된다. 이를 통해 후속 읽기 작업 중에 최근에 기록되었거나 자주 액세스하는 데이터에 더 빠르게 액세스할 수 있다.

ESFC를 통해 데이터 쓰기 - Write-back

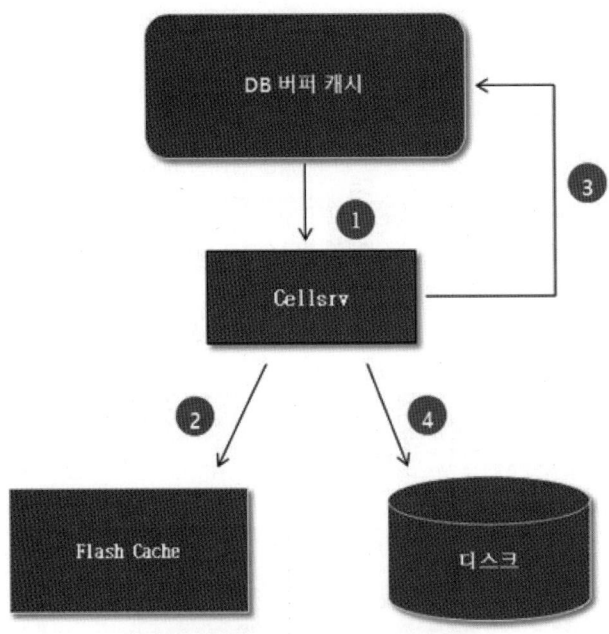

① Cellsrv는 버퍼 캐시에 존재하는 데이터에 대해서 쓰기 I/O 요청을 받는다.
② Cellsrv는 Flash Cache에 쓰기 작업을 수행한다.
③ Flash Cache에서의 쓰기 요청 결과를 DB로 보낸다.
④ 백그라운드에서 디스크에 쓰기 작업을 수행한다.

Write-back 모드는 Flash Cache에 먼저 쓰기 작업을 하며 백그라운드에서 디스크에 쓰기 작업을 진행하기 때문에 쓰기 집중적인 작업의 애플리케이션 환경에서 좋은 해결책이 될 수 있다. Write-back 모드는 기본값이 비활성화이다. 쓰기 성능을 크게 향상시킬 수 있지만 Flash Cache에 쓰여진 데이터가 디스크에 기록되지 않은 상태에서 하드웨어 오류 시 잠재적인 정합성 위험이 발생할 수도 있다. 요약하자면, Write-back 모드는 상당한 성능 이점을 제공하지만 데이터 내구성과 안정성을 우선시하기 위해 기본적으로 비활성화되어 있다. 워크로드 요구 사항과 조직의 위험 허용 범위에 따라 이를 활성화하는 것을 신중하게 고려해야 한다.

Write-back 모드는 아래 명령어로 활성화가 가능하다.

```
ALTER CELL flashCacheMode=WriteBack;
```

■ 스마트 플래시 캐시 캐싱 방식

Exadata Smart Flash Cache(ESFC)는 지능형 캐싱 알고리즘을 활용하여 가장 자주 또는 최근에 액세스된 데이터를 플래시 메모리에 저장하며 캐싱 정책은 아래와 같다.

| 기본 정책(Default Policy)

모든 데이터가 캐싱 대상이 되며 기본값(DEFAULT)이다.

| 사용자 정의 정책

특정 객체(예 : 테이블, INDEX, TABLESPACE)를 항상 캐싱하도록 설정(KEEP 정책)하거나 캐싱하지 않도록 설정(NONE 정책)할 수 있다. 만약 KEEP으로 설정되면 CELL_FLASH_CACHE가 DEFAULT로 설정된 테이블에 의해 캐시에서 밀려나지 않으며 최대 80%까지 KEEP으로 캐시가 가능하다. KEEP이라고 하더라도 객체가 DROP, TRUNCATE 되는 경우, 객체가 24시간 동안 사용되지 않은 경우, DEFAULT로 DOWNGRADE 되는 경우에는 캐시에서 사라진다.

아래는 KEEP MODE로 생성하는 스크립트이다. STORAGE절에 CELL_FLASH_CACHE KEEP절을 기술했으며 NONE으로 기술하면 스마트 플래시 캐시로 캐싱되지 않는다.

```
CREATE TABLE SALES_DATA
(
  SALE_ID       NUMBER(10) PRIMARY KEY,
  CUSTOMER_ID   NUMBER(10),
  PRODUCT_ID    NUMBER(10),
  SALE_DATE     DATE,
  SALE_AMOUNT   NUMBER
)
TABLESPACE USERS
STORAGE (CELL_FLASH_CACHE KEEP);
```

| 캐싱 우선순위

KEEP Object가 DEFAULT 오브젝트보다 높은 우선순위를 가진다. 이를 통해 중요한 데이터나 자주 액세스되는 데이터가 캐시에 항상 유지될 수 있도록 한다.

| 캐싱 결정기준

Object 크기, Object 접근 빈도, 게시된 데이터의 접근 빈도, SCAN 유형에 따라서 캐싱을 결정할 수 있다.

■ 스마트 플래시 로그(Smart Flash Log)

스마트 플래시 로그는 Oracle Exadata에서 플래시 스토리지 계층을 활용하여 Redo Log 쓰기 성능을 최적화하는 기능이다. Redo Log는 Database의 변경 사항을 기록하여 데이터의 내구성(Durability)과 장애 복구(Recovery)를 보장하는 중요한 구성 요소이다.

스마트 플래시 로그는 트랜잭션이 많은 환경(예 : 금융 시스템, 전자상거래 플랫폼 등)에서 병목현상이 되는 Redo Log 쓰기 작업을 가속화한다. 저지연 플래시 스토리지를 활용하여 Redo 데이터를 기록하는 데 필요한 시간을 단축하여 Database 성능을 향상시킨다. Exadata Storage Server 소프트웨어에 의해 자동으로 관리되며 사용자가 별도로 구성하거나 유지 보수할 필요가 없다.

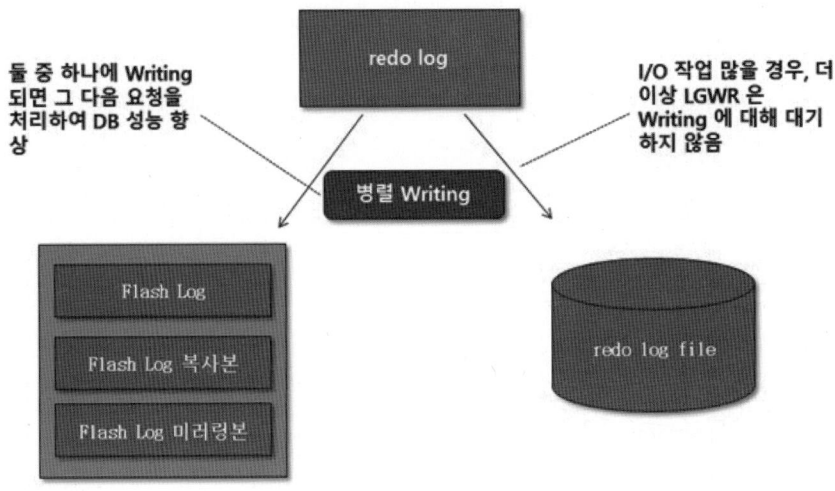

| 작동 방식

Flash Log(Smart Flash Log)와 디스크 기반 Redo Log에 동시에 데이터를 기록한다. Database는 플래시 또는 디스크 중 더 빠르게 쓰기가 완료된 작업의 응답을 대기하여 지연 시간을 최소화한다. Redo 데이터는 플래시와 디스크 모두에 기록되어 내구성을 보장한다. 만약 플래시 로그가 사용할 수 없거나 문제가 발생하면, 시스템은 자동으로 디스크 기반 Redo Log로 전환하여 데이터 손실 없이 지속적으로 운영된다.

| Smart Flash Log의 이점

플래시 스토리지는 기존 디스크보다 훨씬 빠르므로 Redo Log 쓰기가 더 빨리 완료되고, 트랜잭션 Commit 시간이 단축된다. Redo Log 쓰기 속도가 빨라지면서 Database가 초당 더 많은 트랜잭션을 처리할 수 있다. 이는 특히 OLTP(Online Transaction Processing) 워크로드에 유리하다. 플래시 캐시에 문제가 생겨도 데이터가 디스크 기반 Redo Log에 기록되므로 데이터 손실 위험이 없다. Smart Flash Log는 투명하게 작동하며, 애플리케이션이나 최종 사용자는 이를 위해 별도의 변경 작업을 수행할 필요가 없다.

■ ESFC 성능 테스트 - Smart Scan

테이블 명	CELL_FLASH_CACHE 속성
TB_ACTCODE_SUM_N	NONE
TB_ACTCODE_SUM_K	KEEP
TB_ACTCODE_SUM_D	DEFAULT

아래 SQL은 CELL_FLASH_CACHE 속성이 NONE, KEEP인 테이블에 대해서 Smart Scan으로 처리한 예이다. KEEP으로 설정된 경우에 같은 사이즈 같은 구조의 테이블이지만 Smart Scan 성능이 더 좋은 것을 확인할 수 있다.

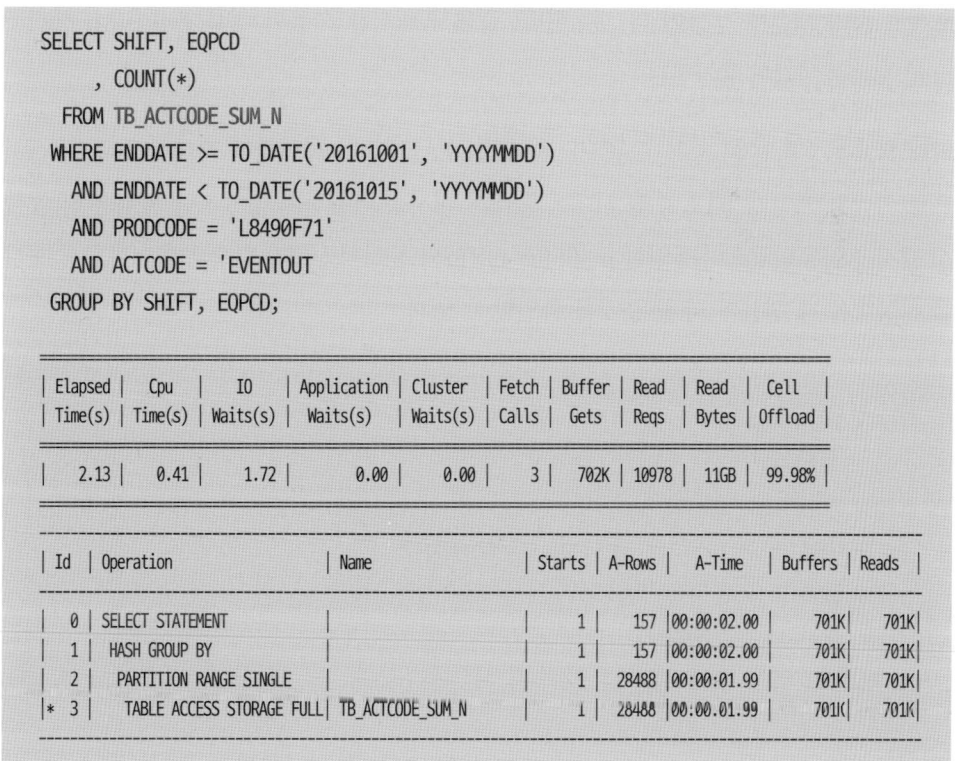

```
SELECT SHIFT, EQPCD
     , COUNT(*)
  FROM TB_ACTCODE_SUM_K
 WHERE ENDDATE >= TO_DATE('20161001', 'YYYYMMDD')
   AND ENDDATE <  TO_DATE('20161015', 'YYYYMMDD')
   AND PRODCODE = 'L8490F71'
   AND ACTCODE = 'EVENTOUT'
 GROUP BY SHIFT, EQPCD;
```

cell flash cache read hits => 344

Elapsed Time(s)	Cpu Time(s)	IO Waits(s)	Application Waits(s)	Cluster Waits(s)	Fetch Calls	Buffer Gets	Read Reqs	Read Bytes	Cell Offload
0.78	0.26	0.52	0.00	0.00	3	702K	10978	11GB	99.98%

일반적으로 Smart Scan은 일반적으로 ESFC를 무시하고 디스크에서 직접 읽지만 오 CELL_FLASH_CACHE 속성을 KEEP으로 지정하면 Smart Scan도 플래시 캐시에서 읽으려고 하기 때문에 성능이 더 개선된다. 플래시 캐시를 사용한 경우 cell flash cache read hits 통계값이 증가한다.

아래 SQL은 CELL_FLASH_CACHE 속성이 DEAFULT인 테이블에 대해서 Smart Scan으로 처리된 예이다. 최초 수행 시에는 플래시 캐시를 이용하지 않았지만 재수행 시 플래시 캐시가 이용되었으며 동일한 BUFFER_GETS와 물리적 I/O가 발생했지만 플래시 캐시를 사용했을 때 성능이 더 좋은 것을 확인할 수 있다.

```
SELECT SHIFT, EQPCD
     , COUNT(*)
  FROM TB_ACTCODE_SUM_D
 WHERE ENDDATE >= TO_DATE('20161001', 'YYYYMMDD')
   AND ENDDATE <  TO_DATE('20161015', 'YYYYMMDD')
   AND PRODCODE = 'L8490F71'
   AND ACTCODE = 'EVENTOUT'
 GROUP BY SHIFT, EQPCD;
```

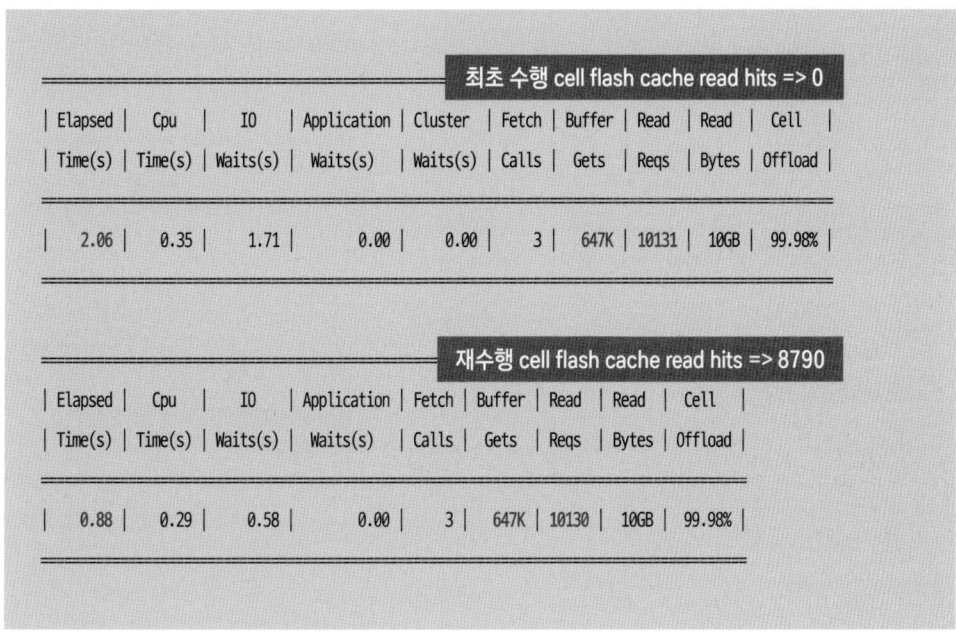

위의 예제는 FULL TABLE SCAN 시 Smart Scan이 발생하는 경우이지만 Smart Scan 이 발생하지 않는 경우의 FULL TABLE SCAN도 플래시 캐시가 사용될 때 수행 속도가 더 개선된다.

■ ESFC 성능 테스트 - INDEX SCAN

아래 SQL에서 사용되는 테이블은 CELL_FLASH_CACHE 속성도 NONE고 INDEX의 CELL_FLASH_CACHE 속성도 NONE인 경우의 테스트 결과이다. 테이블은 압축되지 않은 테이블이다. 물리적 I/O(Reads)가 15442 Block이 발생하면서 약 30초 정도의 시간이 걸렸다.

테이블 명	CELL_FLASH_CACHE 속성
TB_ACTCODE_SUM_N	NONE

INDEX 명	INDEX 컬럼	CELL_FLASH_CACHE 속성
TB_ACTCODE_SUM_N_IX01	PRODCODE, ENDDATE	NONE

```
SELECT /*+ MONITOR INDEX(A TB_ACTCODE_SUM_N_IX01) */
       SHIFT, EQPCD
     , COUNT(*)
  FROM TB_ACTCODE_SUM_N A
 WHERE ENDDATE >= TO_DATE('20161001', 'YYYYMMDD')
   AND ENDDATE <  TO_DATE('20161015', 'YYYYMMDD')
   AND PRODCODE = 'L8490F71'
   AND ACTCODE = 'EVENTOUT'
 GROUP BY SHIFT, EQPCD
```

cell flash cache read hits => 0

```
------------------------------------------------------------------------------------------------
| Id  | Operation                           | Name              | Starts | A-Rows |  A-Time    | Buffers | Reads |
------------------------------------------------------------------------------------------------
|   0 | SELECT STATEMENT                    |                   |      1 |    157 | 00:30.60  |   16196 | 15442 |
|   1 |  HASH GROUP BY                      |                   |      1 |    157 | 00:30.60  |   16196 | 15442 |
|   2 |   PARTITION RANGE SINGLE            |                   |      1 |  28488 | 00:30.59  |   16196 | 15442 |
|*  3 |    TABLE ACCESS BY LOCAL INDEX ROWID| TB_ACTCODE_SUM_N  |      1 |  28488 | 00:30.59  |   16196 | 15442 |
|*  4 |     INDEX RANGE SCAN                | TB_ACTCODE_SUM_N_IX01 |  1 |   145K | 00:00.19  |     283 |   283 |
------------------------------------------------------------------------------------------------
```

```
---------------------------------------------------------------------------------
| Elapsed | Cpu     | IO       | Cluster  | Fetch | Buffer | Read  | Read   |
| Time(s) | Time(s) | Waits(s) | Waits(s) | Calls | Gets   | Reqs  | Bytes  |
---------------------------------------------------------------------------------
|      31 |    1.35 |       29 |     0.66 |     3 |  16196 | 15233 | 241MB  |
---------------------------------------------------------------------------------
```

아래는 위와 동일한 테이블을 HCC로 압축한 테이블이다. INDEX Level → TABLE Level로 Single Block I/O하는 부분(실행 계획의 ID 3)에서 I/O 발생량이 더 높으며 성능도 좀 더 느린 것을 확인할 수 있다. 이것은 HCC 압축을 풀면서 발생하는 현상이다.

테이블 명	CELL_FLASH_CACHE 속성
TB_ACTCODE_SUM_NC	NONE

INDEX 명	INDEX 컬럼	CELL_FLASH_CACHE 속성
TB_ACTCODE_SUM_NC_IX01	PRODCODE, ENDDATE	NONE

```
SELECT /*+ INDEX(A TB_ACTCODE_SUM_NC_IX01) */
       SHIFT, EQPCD
     , COUNT(*)
  FROM TB_ACTCODE_SUM_NC A
 WHERE ENDDATE >= TO_DATE('20161001', 'YYYYMMDD')
   AND ENDDATE <  TO_DATE('20161015', 'YYYYMMDD')
   AND PRODCODE = 'L8490F71'
   AND ACTCODE  = 'EVENTOUT'
 GROUP BY SHIFT, EQPCD
```

HCC 압축

```
| Id | Operation                           | Name                | Starts | A-Rows | A-Time   | Buffers | Reads |
|  0 | SELECT STATEMENT                    |                     |   1    |   157  | 00:34.49 |  21061  | 19497 |
|  1 |  HASH GROUP BY                      |                     |   1    |   157  | 00:34.49 |  21061  | 19497 |
|  2 |   PARTITION RANGE SINGLE            |                     |   1    |  28488 | 00:34.48 |  21061  | 19497 |
|* 3 |    TABLE ACCESS BY LOCAL INDEX ROWID| TB_ACTCODE_SUM_NC   |   1    |  28488 | 00:34.48 |  21061  | 19497 |
|* 4 |     INDEX RANGE SCAN                | TB_ACTCODE_SUM_NC_IX01 | 1   |  145K  | 00:00.13 |    283  |   283 |

| Elapsed | Cpu     | IO       | Cluster  | Fetch | Buffer | Read | Read  |
| Time(s) | Time(s) | Waits(s) | Waits(s) | Calls | Gets   | Reqs | Bytes |
|  34.49  |  1.63   |  32.67   |   0.34   |   3   | 21061  | 19463| 258MB |
```

아래 테이블은 CELL_FLASH_CACHE 속성은 NONE고 INDEX의 CELL_FLASH_CACHE 속성의 경우 KEEP인 경우의 테스트 결과이다.

물리적 I/O(Reads)가 15,458 Block으로 NONE(TB_ACTCODE_SUM_N 테이블)인 경우와 비슷하게 발생했지만 수행 속도는 3.01초로 크게 빨라진 것을 확인할 수 있다.

테이블 명	CELL_FLASH_CACHE 속성
TB_ACTCODE_SUM_K	NONE

INDEX 명	INDEX 컬럼	CELL_FLASH_CACHE 속성
TB_ACTCODE_SUM_K_IX01	PRODCODE, ENDDATE	KEEP

```
SELECT /*+ MONITOR INDEX(A TB_ACTCODE_SUM_K_IX01) */
       SHIFT, EQPCD
     , COUNT(*)
  FROM TB_ACTCODE_SUM_K A
 WHERE ENDDATE >= TO_DATE('20161001', 'YYYYMMDD')
   AND ENDDATE <  TO_DATE('20161015', 'YYYYMMDD')
   AND PRODCODE = 'L8490F71'
   AND ACTCODE  = 'EVENTOUT'
 GROUP BY SHIFT, EQPCD
```

cell flash cache read hits => 15478

Id	Operation	Name	Starts	A-Rows	A-Time	Buffers	Reads
0	SELECT STATEMENT		1	157	00:03.03	16217	15458
1	HASH GROUP BY		1	157	00:03.03	16217	15458
2	PARTITION RANGE SINGLE		1	28488	00:03.02	16217	15458
* 3	TABLE ACCESS BY LOCAL INDEX ROWID	TB_ACTCODE_SUM_N	1	28488	00:03.01	16217	15458
* 4	INDEX RANGE SCAN	TB_ACTCODE_SUM_N_IX01	1	145K	00:00.16	282	282

Elapsed Time(s)	Cpu Time(s)	IO Waits(s)	Cluster Waits(s)	Fetch Calls	Buffer Gets	Read Reqs	Read Bytes
3.32	1.26	1.54	0.52	3	16217	15215	242MB

아래 테이블은 HCC로 압축된 테이블이며 CELL_FLASH_CACHE 속성은 KEEP이고 INDEX의 CELL_FLASH_CACHE 속성의 경우 KEEP인 경우의 INDEX RANGE SCAN에 대한 테스트 결과이다. HCC로 압축하지 않은 TB_ACTCODE_SUM_K 테이블을 INDEX RANGE SCAN으로 처리한 것보다 INDEX Level → TABLE Level로 Random Single Block I/O 하는 부분(실행 계획의 ID 3)에서 I/O 발생량이 더 높으며 성능도 좀 더 느린 것을 확인할 수 있다. 이것은 HCC 압축을 풀면서 발생하는 현상이다.

테이블 명	CELL_FLASH_CACHE 속성
TB_ACTCODE_SUM_KC	KEEP

INDEX 명	INDEX 컬럼	CELL_FLASH_CACHE 속성
TB_ACTCODE_SUM_KC_IX01	PRODCODE, ENDDATE	KEEP

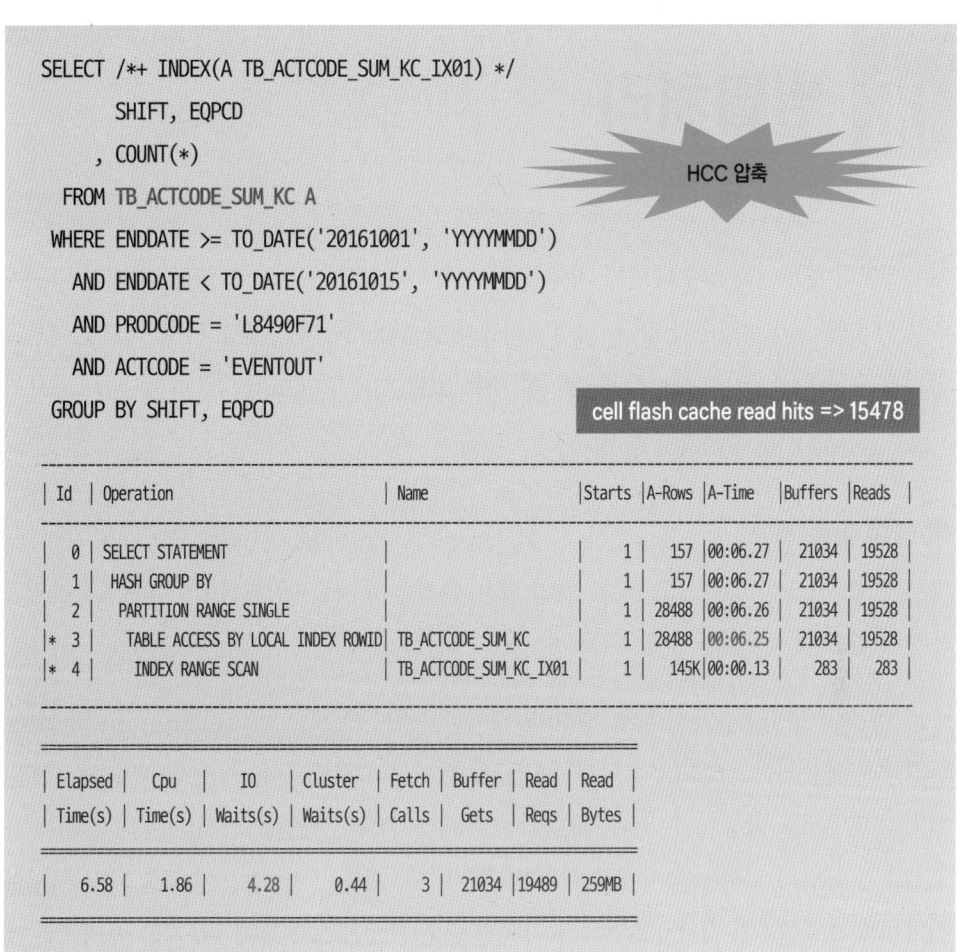

ESFC는 STORAGE 서버 내에서 수행되는 Disk I/O의 효율성을 높여 I/O 성능을 향상시키며 Single Block I/O 성능 향상이 되고 Smart Scan 성능도 좋아질 수 있다.

Default로 생성 시 자주 사용되는 Object의 데이터는 거의 항상 ESFC에 상주하게 되기 때문에 일반적으로는 Default를 고려한다. 다른 데이터 범위에 대해서 INDEX SCAN이 빈번하게 사용되어야 될 경우 KEEP Option을 고려할 수 있다. Smart Scan이 되지 않는 작은 사이즈 FULL SCAN이 종종 발생하는 Object의 경우 KEEP을 고려할 수 있다.

Section 06 병렬처리

엑사데이터에서는 대용량 데이터 처리를 하는 경우가 많고 Smart Scan을 위해서 병렬처리를 이용해야 되는 경우가 많다. 병렬처리를 잘못 사용하는 경우 SQL이 더 비효율적으로 처리될 수도 있고 DB의 부하를 증가시킬 수도 있다.

■ 병렬 실행 개요

병렬 실행(Parallel Execution)은 단일 SQL 문장을 실행할 때 여러 CPU와 I/O 자원을 동시에 활용하여 작업을 수행함으로써 응답 시간을 크게 단축시키는 기술이다.

주로 대용량 데이터 집약적 작업, 데이터 웨어하우스나 DSS(Decision Support System) 환경에서 사용되며, INDEX 생성이나 대규모 테이블 생성과 같은 스키마 유지보수 작업, 배치 처리에서도 활용할 수 있다. 하나의 프로세스가 모든 작업을 처리하는 대신 여러 프로세스가 작업의 일부를 동시에 처리하는 방식이다. 예를 들어, 연간 총매출 계산 작업에서 4개의 프로세스가 각각 1분기씩 처리하면 단일 프로세스가 전체 4분기를 처리하는 것보다 성능 향상이 크게 나타난다.

병렬 실행은 대규모 테이블 SCAN, JOIN, 파티셔닝된 INDEX SCAN, 대용량 INDEX 생성, 물리적 테이블 생성(물리화된 뷰 포함) 및 대량의 INSERT, 수정, 병합, 삭제 작업의 성능을 크게 개선한다.

■ 병렬 실행 적용 시기와 비적용 시기

| 적용해야 할 경우

대규모 데이터 처리, 복잡한 분석 쿼리, INDEX 생성 등과 같이 작업 단위가 크고, 시스템의 CPU, I/O, 메모리 등 여유 자원이 충분할 때 병렬 실행을 통해 처리 시간을 단축할 수 있다.

예를 들어 대형 테이블에서 수백수천만 데이터를 SCAN하거나 JOIN을 처리하는 보고서나 분석 쿼리, 대용량 테이블의 INDEX 생성 대용량 데이터 로딩 작업, 실행 시간이 중요하며 주기적으로 수행되는 배치 작업 등에서 병렬 처리를 사용하면 수행 효율이 높아질 수 있다. CPU와 I/O 부하가 높고 자원이 부족한 시점에 병렬 처리를 사용하면 DB의 부하를 더 가중시킬 수 있고 병목이 발생할 수 있으므로 주의는 필요하다.

적용하지 말아야 하는 경우

소량의 데이터나 짧은 응답 시간이 필요한 OLTP 트랜잭션, 그리고 이미 자원이 포화된 환경에서는 병렬 실행의 오버헤드가 이점을 상쇄하거나 오히려 성능을 저하시킬 수 있으므로 직렬 실행이 적합하다.

예를 들어 소규모 테이블에서 수십 수백건을 조회하는 간단한 SQL문, INDEX를 이용해서 좁은 범위를 처리하는 경우, 동시에 많은 사용자가 짧은 응답 시간을 요구하는 온라인 SQL에서는 병렬 처리를 위한 프로세스 할당 및 오버헤드가 발생하기 때문에 병렬처리는 비효율적이다. 그리고 CPU 사용률 높고 I/O 부하가 높아서 시스템 자원이 포화 상태인 상태에서 병렬 처리를 사용하면 병목이 발생하고 부하는 더 증가하기 때문에 오히려 성능 저하를 유발할 수 있다.

■ 병렬 처리 사용 예

대규모 데이터 집약적 쿼리

```sql
SELECT /*+ PARALLEL(4) */
       TO_CHAR(ORDER_DATE, 'YYYYMM') AS YYYYMM
     , COUNT(*) AS CNT
  FROM ORDER_ITEMS
 WHERE ORDER_DATE >= TO_DATE('20240101', 'YYYYMMDD')
   AND ORDER_DATE <  TO_DATE('20240601', 'YYYYMMDD')
 GROUP BY TO_CHAR(ORDER_DATE, 'YYYYMM');
```

| INDEX 생성

```sql
CREATE INDEX IX_ORDER_ITEMS_N1
ON ORDER_ITEMS(ORDER_DATE)
TABLESPACE APP_DATA
LOCAL
PARALLEL 4;
```

| 테이블 생성과 대량 데이터 적재

```sql
CREATE TABLE ORDER_ITEMS_TMP
TABLESPACE APP_USER
PARALLEL 4
NOLOGGING
AS
SELECT /*+ PARALLEL(4) */ *
  FROM ORDER_ITEMS
 WHERE ORDER_DATE >= TO_DATE('20240101', 'YYYYMMDD')
   AND ORDER_DATE <  TO_DATE('20240601', 'YYYYMMDD');
```

| 배치 처리 작업 (대량 데이터 적재)

기본적으로 DML 작업은 병렬 실행이 비활성화되어 있으므로, 병렬 DML을 사용하려면 SESSION 차원에서 명시적으로 활성화해야 한다. ALTER SESSION ENABLE PARALLEL DML 명령이나 ENABLE_PARALLEL_DML 힌트를 통해, 해당 DML 문장이 병렬로 처리될 수 있도록 Oracle 옵티마이저에 지시한다.

```sql
INSERT /*+ ENABLE_PARALLEL_DML PARALLEL(4) APPEND */ INTO ORDER_ITEMS
SELECT /*+ PARALLEL(4) */
       ORDER_ID
     , PRODUCT_ID
     , ORDER_DATE
     , ORDER_DATE + DBMS_RANDOM.VALUE(-30, 30) AS END_DATE
     , QUANTITY
  FROM ORDER_ITEMS_SRC2
```

아래의 실행 계획 두 가지는 ENABLE PARALLEL DML을 사용하지 않은 경우와 사용한 경우의 차이이다. 실행 계획을 확인해 보면 PX COORDINATOR 위치가 다른 것을 볼 수 있으며 ENABLE PARALLEL DML을 사용하지 않은 경우에는 DML이 병렬 처리가 되지 않기 때문에 처리 속도가 더 느린 것을 확인할 수 있다.

Duration : 6초
Global Stats

Elapsed Time(s)	Cpu Time(s)	Other Waits(s)	Buffer Gets	Read Reqs	Read Bytes	Write Reqs	Write Bytes
18	14	3.25	257K	3063	1GB	497	494MB

Parallel Execution Details (DOP=4 , Servers Allocated=4)
SQL Plan Monitoring Details (Plan Hash Value=1795957412)

Id	Operation	Name	Execs	Rows (Actual)
0	INSERT STATEMENT		1	2
1	LOAD AS SELECT	ORDER_ITEMS_TMP	1	2
2	PX COORDINATOR		5	12M
3	PX SEND QC (RANDOM)	:TQ10000	4	12M
4	OPTIMIZER STATISTICS GATHERING		4	12M
5	PX BLOCK ITERATOR		4	12M
6	TABLE ACCESS FULL	ORDER_ITEMS	71	12M

Duration : 1초
Global Stats

Elapsed Time(s)	Cpu Time(s)	Buffer Gets	Read Reqs	Read Bytes	Write Reqs	Write Bytes
7.13	6.04	257K	3045	1GB	558	494MB

Parallel Execution Details (DOP=4 , Servers Allocated=4)
SQL Plan Monitoring Details (Plan Hash Value=558127448)

Id	Operation	Name	Execs	Rows (Actual)
0	INSERT STATEMENT		5	8
1	PX COORDINATOR		5	8
2	PX SEND QC (RANDOM)	:TQ10000	4	8
3	LOAD AS SELECT (HYBRID TSM/HWMB)	ORDER_ITEMS_TMP	4	8
4	OPTIMIZER STATISTICS GATHERING		4	0
5	PX BLOCK ITERATOR		4	12M
6	TABLE ACCESS FULL	ORDER_ITEMS	71	12M

대량 데이터 UPDATE/삭제

```
DELETE /*+ ENABLE_PARALLEL_DML PARALLEL(4) */ ORDERS
WHERE ORDER_DATE >= TO_DATE('20240101', 'YYYYMMDD')
  AND ORDER_DATE < TO_DATE('20240601', 'YYYYMMDD')
  AND ORDER_STATUS = 10;

UPDATE /*+ ENABLE_PARALLEL_DML PARALLEL(4) */ ORDERS
   SET ORDER_STATUS = 7
WHERE ORDER_DATE >= TO_DATE('20240101', 'YYYYMMDD')
  AND ORDER_DATE < TO_DATE('20240601', 'YYYYMMDD')
  AND ORDER_STATUS = 10;
```

대규모 데이터 집약적 쿼리

대규모 데이터 처리, 복잡한 분석 쿼리, INDEX 생성 등과 같이 작업 단위가 크고, 시스템의 CPU, I/O, 메모리 등 여유 자원이 충분할 때 병렬 실행을 통해 처리 시간을 단축할 수 있다.

예를 들어 대형 테이블에서 수백수천만 데이터를 SCAN하거나 JOIN을 처리하는 보고서나 분석 쿼리, 대용량 테이블의 INDEX 생성 대용량 데이터 로딩 작업, 실행 시간이 중요하며 주기적으로 수행되는 배치 작업 등에서 병렬 처리를 사용하면 수행 효율이 높아질 수 있 다. CPU와 I/O 부하가 높고 자원이 부족한 시점에 병렬 처리를 사용하면 DB의 부하를 더 가중시킬 수 있고 병목이 발생할 수 있으므로 주의는 필요하다.

■ 병렬 처리 작동 원리
| SQL 문장 병렬 실행
파싱 및 최적화 단계에서 SQL 문장이 병렬 실행 대상으로 결정되면, 다음 단계가 진행된다.

쿼리 코디네이터(QC 또는 PX 코디네이터)는 사용자 SESSION(또는 쉐도우 프로세스)이 병렬 실행을 조정하는 역할을 맡는다. 코디네이터는 필요한 수의 병렬 실행 서버(PX 서버)를 할당받아 각 서버가 작업의 일부를 수행하도록 한다. SQL 문장은 테이블 전체 SCAN, 정렬(ORDER BY) 등 여러 작업으로 분할되어 각각 병렬로 수행된다. 각 PX 서버가 처리한 결과를 모아, 병렬로 실행할 수 없는 작업(예 : SUM() 같은 집계 함수의 최종 합산)은 코디네이터가 수행된다. 조합된 결과가 사용자에게 반환한다

| Producer/Consumer(생산자/소비자) 모델

병렬 실행은 생산자(Producer) 와 소비자(Consumer) 모델을 사용한다.

생산자 PX 서버 : 다음 연산에 사용할 데이터를 생성
소비자 PX 서버 : 생산자로부터 전달받은 데이터를 활용하여 JOIN, 정렬, 집계 등의 작업을 수행

각 병렬 작업은 PX 서버 세트로 실행되며, 이 세트 내의 서버 수를 병렬도(Degree of Parallelism, DOP)라고 한다. 데이터 플로우 작업(DFO) 은 PX 서버 세트의 기본 작업 단위로, 하나의 DFO 내에서는 내부 연산 병렬성(intra-operation parallelism), 여러 DFO 사이에는 연산 간 병렬성(inter-operation parallelism) 이 존재한다. 예를 들어

```
SELECT /*+ PARALLEL(4) */ * FROM EMPLOYEES ORDER BY LAST_NAME;
```

의 실행 계획에서, 테이블 전체 SCAN과 정렬 작업이 각각 4개의 PX 서버로 분산되며, 생산자와 소비자 작업이 동시에 진행되어 총 8개의 PX 시비기 시용될 수 있다.

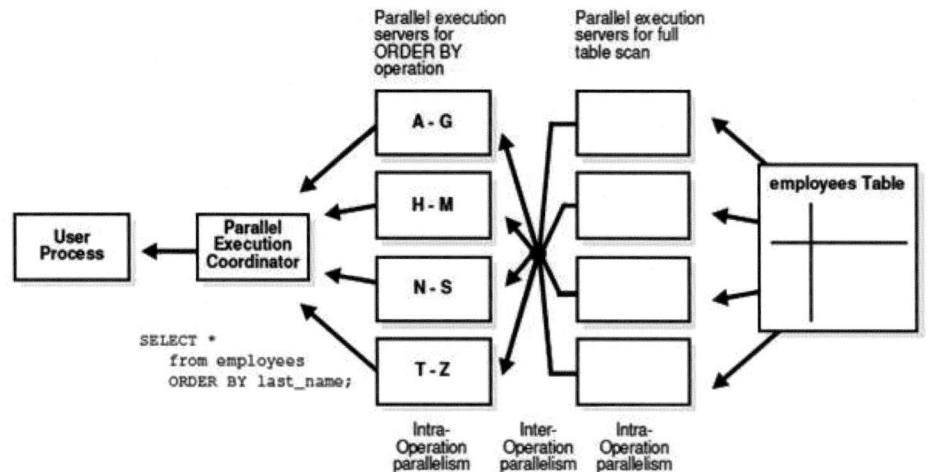

| Granule

Granule은 병렬 처리의 기본 작업 단위이다. Oracle은 테이블 SCAN, INDEX 생성 등의 연산을 여러 개의 작은 작업 단위(Granule)로 나누어, 각 PX 서버가 한 번에 한 Granule 씩 처리하도록 한다. Granule의 수와 크기는 병렬도(DOP)에 따라 결정되며, 각 PX 서버에 작업이 균등하게 분배되도록 설계된다.

데이터를 처리할 때 Block 기반 Granule과 파티션 기반 Granule로 처리가 되며 파티션 기반 Granule은 파티션 테이블인 경우에 사용되며 최대 병렬도는 파티션 수에 의해 제한된다. 이는 Oracle Database의 내부적인 결정 사항이며 사용자가 그 크기나 종류를 직접 선택할 수는 없다.

실행 계획에서는 "PX BLOCK ITERATOR" (Block 단위 Granule) 또는 "PX PARTITION RANGE" (파티션 기반 Granule) 라는 표시로 확인할 수 있다.

파티션 기반 Granule의 경우는 때는 Granule 개수가 테이블과 INDEX의 파티션 구조에 의해 정적으로 결정되므로 Block 기반 Granule처럼 유연하지는 못하다. 파티션 기반 Granule은 병렬도보다 파티션 개수가 상당히 많을 때가 유용하다(대략 조회되는 파티션 개수가 병렬도의 3배 이상). 파티션 개수보다 많은 병렬도를 지정할 수 없다는 것도 단점이다.

```sql
SELECT /*+ PARALLEL(4) */
       TO_CHAR(ORDER_DATE, 'YYYYMM') AS YYYYMM
     , COUNT(*) AS CNT
  FROM ORDER_ITEMS A
 WHERE ORDER_DATE >= TO_DATE('20230101', 'YYYYMMDD')
   AND ORDER_DATE <  TO_DATE('20230501', 'YYYYMMDD')
 GROUP BY TO_CHAR(ORDER_DATE, 'YYYYMM');
```

Parallel Execution Details (DOP=4 , Servers Allocated=8)
SQL Plan Monitoring Details (Plan Hash Value=2519534331)

Id	Operation	Name	Execs	Rows (Actual)	Read Bytes
0	SELECT STATEMENT		9	8	
1	PX COORDINATOR		9	8	
2	PX SEND QC (RANDOM)	:TQ10001	4	8	
3	HASH GROUP BY		4	8	
4	PX RECEIVE		4	25	
5	PX SEND HASH	:TQ10000	4	25	
6	HASH GROUP BY		4	25	
7	PX BLOCK ITERATOR		4	12M	
8	TABLE ACCESS FULL	ORDER_ITEMS	56	12M	494MB

Parallel Execution Details (DOP=4 , Servers Allocated=8)
SQL Plan Monitoring Details (Plan Hash Value=2519534331)

Id	Operation	Name	Execs	Rows (Actual)
0	SELECT STATEMENT		9	8
1	PX COORDINATOR		9	8
2	PX SEND QC (RANDOM)	:TQ10001	4	8
3	HASH GROUP BY		4	8
4	PX RECEIVE		4	25
5	PX SEND HASH	:TQ10000	4	25
6	HASH GROUP BY		4	25
7	PX PARTITION RANGE ITERATOR		4	12M
8	TABLE ACCESS FULL	ORDER_ITEMS	56	12M

■ **데이터 분배 방법 (Distribution Methods)**

병렬 처리로 JOIN되는 테이블 간에는 파티션 구성, 데이터 크기 등에 따라서 병렬 JOIN을 위한 데이터 분배 방식이 달라질 수 있으며 대표적인 데이터 분배 방식은 아래와 같다.

방법	설명	권장 상황
HASH	데이터를 해시 알고리즘으로 균등 분배	데이터 양이 크고 균등하게 분배될 필요
BROADCAST	작은 테이블을 모든 프로세스에 복제	대용량 테이블과 작은 테이블 간 JOIN
PARTITION	파티션 단위로 병렬 프로세스에 할당	파티션된 테이블을 효율적으로 처리
NONE	데이터 재분배를 하지 않음	현재 데이터 위치를 유지하고 싶을 때

SQL에서 분배 방식을 조정하는 힌트는 PQ_DISTRIBUTE 힌트이며 사용 형태는 아래와 같다.

/*+ PQ_DISTRIBUTE(테이블별칭, OUTER_DISTRIBUTION, INNER_DISTRIBUTION) */

OUTER_DISTRIBUTION은 쿼리 수행 결과를 외부 병렬처리 단계로 보낼 때 사용하는 분배 방법이고 INNER_DISTRIBUTION은 내부적으로 데이터를 분배하는 방법 (데이터를 읽거나 내부 병렬 단계로 전달할 때)이다. A와 B 테이블이 OUTER JOIN을 하게 되면 A가 선행 테이블이 되는 데 분배 방식도 같다고 생각하면 된다.

각 분배 방식에 따라서 SQL 사용 예를 정리해 보자.

| /*+ PQ_DISTRIBUTE(INNER TABLE, BROADCAST, NONE) */

OUTER 테이블을 BROADCAST 한다. OUTER 테이블이 상당히 작은 경우, INNER 쪽에 작은 크기의 OUTER TABLE를 다 뿌려서 JOIN 하는 방식이다. 만약 반대로 동작하는 경우 큰 비효율 발생하므로 주의가 필요하다. 작은 건수와 대량 건수가 JOIN될 때 주로 분배되는 방식이다.

아래 SQL에서 적은 건수인 PRODUCTS 테이블이 BROADCAST 되도록 했으며 CATEGORY_ID = '01' 조건에 해당하는 건수는 15건이지만 EXECS 값이 4이고 Row는 60인 것을 확인할 수 있다. PARALLEL(4)를 지정했기 때문에 PRODUCTS 조회 결과인 15건이 4개의 병렬 프로세스에 복제되어 JOIN되기 때문에 60건으로 표현된 것이다. 4개의 병렬프로세스의 처리시간 합계는 8.2초이지만 체감 시간은 2초이다(Duration : 2초). JOIN FILTER 실행 계획이 생성되는 경우는 HASH JOIN 시에 선행 테이블에서 후행 테이블로 JOIN되는 컬럼의 건수가 적은 경우에 나타날 수 있으며 후행 테이블에 해당 값이 파고 들어가면서 SCAN되는 건수를 줄여주는 역할을 한다.

엑사데이터에서 Smart Scan으로 처리되는 경우에는 Cell Offload율을 크게 증가시켜서 Smart Scan 효율을 더 좋게 만든다. 두 번째 실행 계획에서와 같이 JOIN FILTER 실행 계획이 나타나지 않는 경우에는 ORDER_ITEMS 테이블 SCAN 시에 7,000만 건이 SCAN 된다. JOIN FILTER 실행 계획이 나타나는 경우에는 200만 건만 SCAN된 것을 확인할 수 있다.

```
SELECT /*+ PARALLEL(4) LEADING(A B) USE_HASH(B)
           PQ_DISTRIBUTE(B BROADCAST NONE) */
       A.PRODUCT_NAME
     , COUNT(*) AS CNT
     , SUM(B.QUANTITY * A.LIST_PRICE) AS AMT
  FROM PRODUCTS A
     , ORDER_ITEMS B
 WHERE A.PRODUCT_ID = B.PRODUCT_ID
   AND B.ORDER_DATE >= TO_DATE('20240101', 'YYYYMMDD')
   AND B.ORDER_DATE <  TO_DATE('20240301', 'YYYYMMDD')
   AND A.CATEGORY_ID = '01'
 GROUP BY A.PRODUCT_NAME;
```

Duration : 2초
Global Stats

Elapsed Time(s)	Cpu Time(s)	IO Waits(s)	Fetch Calls	Buffer Gets	Read Reqs	Read Bytes
8.20	7.55	0.01	1	379K	6005	3GB

Parallel Execution Details (DOP=4 , Servers Allocated=8)
SQL Plan Monitoring Details (Plan Hash Value=3604591936)

```
| Id | Operation              | Name        | Execs | Rows     | Read  | Mem   |
|    |                        |             |       | (Actual) | Bytes | (Max) |
|----|------------------------|-------------|-------|----------|-------|-------|
| 0  | SELECT STATEMENT       |             | 9     | 10       |       | .     |
| 1  | PX COORDINATOR         |             | 9     | 10       |       | .     |
| 2  | PX SEND QC (RANDOM)    | :TQ10001    | 4     | 10       |       | .     |
| 3  | HASH GROUP BY          |             | 4     | 10       |       | 3MB   |
| 4  | PX RECEIVE             |             | 4     | 2M       |       | .     |
| 5  | PX SEND HASH           | :TQ10000    | 4     | 2M       |       | .     |
| 6  | HASH JOIN              |             | 4     | 2M       |       | 4MB   |
| 7  | JOIN FILTER CREATE     | :BF0000     | 4     | 60       |       | .     |
| 8  | TABLE ACCESS FULL      | PRODUCTS    | 4     | 60       |       | .     |
| 9  | JOIN FILTER USE        | :BF0000     | 4     | 2M       |       | .     |
| 10 | PX BLOCK ITERATOR      |             | 4     | 2M       |       | .     |
| 11 | TABLE ACCESS FULL      | ORDER_ITEMS | 60    | 2M       | 3GB   | .     |
```

```
| Id | Operation              | Name        | Execs | Rows     | Read  | Mem   |
|    |                        |             |       | (Actual) | Bytes | (Max) |
|----|------------------------|-------------|-------|----------|-------|-------|
| 0  | SELECT STATEMENT       |             | 9     | 10       |       | .     |
| 1  | PX COORDINATOR         |             | 9     | 10       |       | .     |
| 2  | PX SEND QC (RANDOM)    | :TQ10001    | 4     | 10       |       | .     |
| 3  | HASH GROUP BY          |             | 4     | 10       |       | 3MB   |
| 4  | PX RECEIVE             |             | 4     | 2M       |       | .     |
| 5  | PX SEND HASH           | :TQ10000    | 4     | 2M       |       | .     |
| 6  | HASH JOIN              |             | 4     | 2M       |       | 5MB   |
| 7  | TABLE ACCESS FULL      | PRODUCTS    | 4     | 60       |       | .     |
| 8  | PX BLOCK ITERATOR      |             | 4     | 70M      |       | .     |
| 9  | TABLE ACCESS FULL      | ORDER_ITEMS | 60    | 70M      | 3GB   | .     |
```

만약 옵티마이저가 큰 건수의 테이블을 BROADCAST하게 된다면 아래와 같이 성능이 크게 나빠지게 된다. ORDER_ITEMS가 BROADCAST가 되면서 병렬도인 4개의 병렬 프로세스에 7,000만 건을 복제하기 때문에 실행 계획에 2억 8,000만 건이 나타나는 것을 확인할 수 있다. 이와 같은 현상이 발생하는 경우 위와 같은 힌트를 통해서 분배 방식을 조정해 주어야 한다.

Duration : 15초
Global Stats

Elapsed Time(s)	Cpu Time(s)	Fetch Calls	Buffer Gets	Read Reqs	Read Bytes	Write Reqs	Write Bytes
72	69	1	379K	6165	3GB	160	39MB

Parallel Execution Details (DOP=4 , Servers Allocated=8)
SQL Plan Monitoring Details (Plan Hash Value=1772180615)

Id	Operation	Name	Execs	Rows (Actual)	Read Bytes	Mem (Max)	Temp (Max)
0	SELECT STATEMENT		9	10		.	.
1	PX COORDINATOR		9	10		.	.
2	PX SEND QC (RANDOM)	:TQ10002	4	10		.	.
3	HASH GROUP BY		4	10		3MB	.
4	PX RECEIVE		4	2M		.	.
5	PX SEND HASH	:TQ10001	4	2M		.	.
6	HASH JOIN BUFFERED		4	2M	39MB	23MB	44MB
7	PX BLOCK ITERATOR		4	15		.	.
8	TABLE ACCESS FULL	PRODUCTS	6	15		.	.
9	PX RECEIVE		4	280M		.	.
10	PX SEND BROADCAST	:TQ10000	4	280M		.	.
11	PX BLOCK ITERATOR		4	70M		.	.
12	TABLE ACCESS FULL	ORDER_ITEMS	60	70M	3GB	.	.

ORDER_ITEMS가 OUTER 테이블이 되어 OUTER JOIN이 되는 경우에는 PRODUCTS 테이블이 적은 건수이기 때문에 BUILD INPUT으로 하는 경우 무조건 PRODUCTS 테이블이 BROADCAST가 된다. 힌트에서 PQ_DISTRIBUTE(B BROADCAST NONE)와 같이 변경해도 (B BROADCAST NONE)으로 수행되며 JOIN FILTER는 생성되지 않는다.

```
SELECT /*+ PARALLEL(4) USE_HASH(A B) SWAP_JOIN_INPUTS(B)
           PQ_DISTRIBUTE(B BROADCAST NONE) */
       A.PRODUCT_NAME
     , COUNT(*) AS CNT
```

```sql
     , SUM(B.QUANTITY * A.LIST_PRICE) AS AMT
  FROM PRODUCTS A
     , ORDER_ITEMS B
 WHERE A.PRODUCT_ID(+) = B.PRODUCT_ID
   AND B.ORDER_DATE >= TO_DATE('20240101', 'YYYYMMDD')
   AND B.ORDER_DATE <  TO_DATE('20250101', 'YYYYMMDD')
   AND A.CATEGORY_ID(+) = '01'
 GROUP BY A.PRODUCT_NAME;
```

Duration : 9초
Global Stats

Elapsed Time(s)	Cpu Time(s)	Other Waits(s)	Fetch Calls	Buffer Gets	Read Reqs	Read Bytes
27	21	5.52	1	379K	6005	3GB

Parallel Execution Details (DOP=4 , Servers Allocated=8)
SQL Plan Monitoring Details (Plan Hash Value=3664191597)

Id	Operation	Name	Execs	Rows (Actual)	Read Bytes	Mem (Max)
0	SELECT STATEMENT		9	11		.
1	PX COORDINATOR		9	11		.
2	PX SEND QC (RANDOM)	:TQ10001	4	11		.
3	HASH GROUP BY		4	11		3MB
4	PX RECEIVE		4	70M		.
5	PX SEND HASH	:TQ10000	4	70M		.
6	HASH JOIN RIGHT OUTER		4	70M		5MB
7	TABLE ACCESS FULL	PRODUCTS	4	60		.
8	PX BLOCK ITERATOR		4	70M		.
9	TABLE ACCESS FULL	ORDER_ITEMS	60	70M	3GB	.

| /*+ PQ_DISTRIBUTE(INNER TABLE, HASH, HASH) */

JOIN 컬럼에 대해서 OUTER 및 INNER 모두 HASH로 데이터를 분산해서 처리한다. OUTER와 INNER 둘 다 대용량으로 처리하는 경우에 유리하다.

아래 SQL에서 ORDERS와 ORDER_ITEMS 테이블은 ORDER_DATE가 파티션 KEY인 월 단위 파티션 테이블이다. ORDERS 테이블과 1년 범위 약 200만 건과 약 7,000만 건인 ORDER_ITEMS가 병렬 JOIN하면서 ORDERES 테이블이 200만으로 건수가 많기 때문에 분배 방식을 HASH HASH로 지정했다. HASH JOIN 시에 실행 계획이 HASH JOIN BUFFERED로 나타나고 있으며 이 부분에서 전체 성능 부하의 50%를 차지하고 있는 것을 확인할 수 있다.

HASH JOIN BUFFERED는 병렬 환경에서 수행되는 해시 JOIN에서 나타나는 실행 계획으로, 빌드(Build) 단계의 결과(일반적으로 건수가 후행 테이블보다 적은 선행 테이블)를 메모리에서 바로 처리하지 않고 일단 임시 영역에 Buffering한 후, Probe 단계(건수가 많은 대용량 후행 테이블)가 준비된 이후에 비로소 메모리에 로딩하여 HASH JOIN을 수행하는 방식이다.

HASH JOIN BUFFERED 가 발생하는 이유는 두 테이블 모두 병렬로 읽기 때문에 빌드 테이블이 Probe 테이블보다 먼저 처리되어도, 프로브 테이블의 데이터가 준비될 때까지 대기해야 할 경우, 메모리 부족이나 PGA 설정값의 제한으로 인해 빌드 테이블(선행 테이블)을 전부 메모리에 올릴 수 없을 경우와 데이터 도착 속도의 차이로 인해 데이터의 일시적 버퍼링이 불가피한 상황에서 발생하게 된다.

아래 SQL의 경우에는 빌드 테이블인 ORDERS의 결과 건수가 200만 건으로 많기 때문에 PGA Overflow가 발생하면서 TEMP TABLESPACE를 약 3GB Write가 발생하는 Disk Swapping 현상이 발생하면서 성능이 더 느려진 것이다.

```sql
SELECT /*+ PARALLEL(4) LEADING(A B) USE_HASH(B)
           PQ_DISTRIBUTE(B HASH HASH) */
       A.ORDER_MODE, B.PRODUCT_ID
     , COUNT(*) AS CNT
     , SUM(QUANTITY) AS QUANTITY
  FROM ORDERS A
     , ORDER_ITEMS B
 WHERE A.ORDER_ID = B.ORDER_ID
   AND A.ORDER_DATE = B.ORDER_DATE
   AND A.ORDER_DATE >= TO_DATE('20240101', 'YYYYMMDD')
   AND A.ORDER_DATE <  TO_DATE('20250101', 'YYYYMMDD')
 GROUP BY A.ORDER_MODE, B.PRODUCT_ID;
```

Duration : 22초
Global Stats

Elapsed Time(s)	Cpu Time(s)	Other Waits(s)	Fetch Calls	Buffer Gets	Read Reqs	Read Bytes	Write Reqs	Write Bytes
92	88	3.69	2	394K	16490	5GB	10237	2GB

Parallel Execution Details (DOP=4 , Servers Allocated=8)
SQL Plan Monitoring Details (Plan Hash Value=4095319631)

Id	Operation	Name	Execs	Rows	Read Bytes	Temp (Max)	Activity (%)
0	SELECT STATEMENT		9	576		.	1.22
1	PX COORDINATOR		9	576		.	
2	PX SEND QC (RANDOM)	:TQ10003	4	576		.	
3	HASH GROUP BY		4	576		.	10.98
4	PX RECEIVE		4	70M		.	3.66
5	PX SEND HASH	:TQ10002	4	70M		.	7.32
6	HASH JOIN BUFFERED		4	70M	2GB	3GB	50.00
7	JOIN FILTER CREATE	:BF0001	4	2M		.	1.22
8	PART JOIN FILTER CREATE	:BF0000	4	2M		.	1.22
9	PX RECEIVE		4	2M		.	
10	PX SEND HYBRID HASH	:TQ10000	4	2M		.	1.22
11	STATISTICS COLLECTOR		4	2M		.	
12	PX BLOCK ITERATOR		4	2M		.	
13	TABLE ACCESS FULL	ORDERS	68	2M	103MB	.	
14	PX RECEIVE		4	70M		.	8.54
15	PX SEND HYBRID HASH	:TQ10001	4	70M		.	7.32
16	JOIN FILTER USE	:BF0001	4	70M		.	
17	PX BLOCK ITERATOR ADAPTIVE		4	70M		.	
18	TABLE ACCESS FULL	ORDER_ITEMS	60	70M	3GB	.	7.32

아래 실행 계획은 동일 SQL에 대해서 분배 방식만 PQ_DISTRIBUTE(B BROADCAST NONE)로 바꾼 것이다. HASH JOIN BUFFERED 실행 계획 대신에 HASH JOIN 실행 계획이 사용되었으며 TEMP TABLESPACE WRITE도 1GB로 WRITE 부하가 더 줄어들어 분배 방식을 HASH HASH로 할 때보다 성능이 더 나은 것을 확인할 수 있다. HASH JOIN

BUFFERED 실행 계획은 병렬 JOIN할 때 분배 방식이 HASH HASH인 경우에만 나타나며 빌드 테이블(선행 테이블) 데이터 건수와 병렬도에 따라서 분배 방식을 선택하는 것이 필요하다.

Duration : 12초
Global Stats
==
| Elapsed | Cpu | IO | Other | Fetch | Buffer | Read | Read | Write | Write |
| Time(s) | Time(s) | Waits(s) | Waits(s) | Calls | Gets | Reqs | Bytes | Reqs | Bytes |
==
| 54 | 50 | 0.04 | 3.91 | 2 | 394K | 16518 | 4GB | 10265 | 1GB |
==

Parallel Execution Details (DOP=4 , Servers Allocated=8)
SQL Plan Monitoring Details (Plan Hash Value=937768384)
==
| Id | Operation | Name | Execs | Rows | Read | Temp |
| | | | | (Actual) | Bytes | (Max) |
==
0	SELECT STATEMENT		9	576		.
1	PX COORDINATOR		9	576		.
2	PX SEND QC (RANDOM)	:TQ10002	4	576		.
3	HASH GROUP BY		4	576		.
4	PX RECEIVE		4	70M		.
5	PX SEND HASH	:TQ10001	4	70M		.
6	HASH JOIN		4	70M	1GB	1GB
7	PART JOIN FILTER CREATE	:BF0000	4	8M		.
8	PX RECEIVE		4	8M		.
9	PX SEND BROADCAST	:TQ10000	4	8M		.
10	PX BLOCK ITERATOR		4	2M		.
11	TABLE ACCESS FULL	ORDERS	68	2M	103MB	.
12	PX BLOCK ITERATOR ADAPTIVE		4	70M		.
13	TABLE ACCESS FULL	ORDER_ITEMS	60	70M	3GB	.
==

| /*+ PQ_DISTRIBUTE(B PARTITION NONE) */

ORDERS 테이블과 ORDER_ITEMS 테이블은 파티션 KEY가 ORDER_DATE로 동일한 월 단위 파티션이지만 앞의 SQL에서 분배 방식을 HASH HASH로 처리하면서 HASH JOIN BUFFERED로 인해서 성능 저하가 발생했었다. ORDERS 테이블과 ORDER_ITEMS 테

이블은 파티션 KEY와 구조가 동일하기 때문에 이때는 분배 방식을 PARTITION 방식으로 처리하면 파티션 와이즈 JOIN이 되기 때문에 성능이 최적화된다. 앞의 BROADCAST나 HASH로 분배하는 경우에는 선행 데이터 건수 전체가 BUILD INPUT이 되어 PGA 메모리에 생성되면서 PGA Overflow가 발생하기 때문에 TEMP TABLESPACE WRITE 부하가 발생했다.

동일 파티션 구조인 두 테이블이 JOIN될 때 파티션 와이즈 JOIN이 발생하면 각 파티션 단위로 돌아가면서 JOIN 처리가 되기 때문에 PGA 메모리 Overflow가 발생하지 않았다. 아래 SQL에서 ORDERS 테이블의 조회 범위는 1년이며 12개의 파티션에서 200만 건 조회된다. 월 단위로는 약 20만 건 이하인데 파티션 와이즈 JOIN으로 처리되면 내부적으로는 20만 건 단위로 처리가 되기 때문에 PGA Overflow가 발생하지 않았다. 동일한 파티션 구조의 대용량 테이블을 병렬 JOIN하는 경우에는 분배 방식을 PARTITION으로 사용하는 것이 효율적임을 알 수 있다.

```
SELECT /*+ PARALLEL(4) LEADING(A B) USE_HASH(B)
           PQ_DISTRIBUTE(B PARTITION NONE) */
       A.ORDER_MODE, B.PRODUCT_ID
     , COUNT(*) AS CNT
     , SUM(QUANTITY) AS QUANTITY
  FROM ORDERS A
     , ORDER_ITEMS B
 WHERE A.ORDER_ID = B.ORDER_ID
   AND A.ORDER_DATE = B.ORDER_DATE
   AND A.ORDER_DATE >= TO_DATE('20240101', 'YYYYMMDD')
   AND A.ORDER_DATE <  TO_DATE('20250101', 'YYYYMMDD')
 GROUP BY A.ORDER_MODE, B.PRODUCT_ID;
```

Duration : 9초
Global Stats

Elapsed Time(s)	Cpu Time(s)	IO Waits(s)	Concurrency Waits(s)	Other Waits(s)	Fetch Calls	Buffer Gets	Read Reqs	Read Bytes
41	39	0.02	0.00	2.20	2	394K	6206	3GB

Parallel Execution Details (DOP=4 , Servers Allocated=8)
SQL Plan Monitoring Details (Plan Hash Value=150267169)

Id	Operation	Name	Execs	Rows (Actual)	Read Bytes	Mem (Max)
0	SELECT STATEMENT		9	576		.
1	PX COORDINATOR		9	576		.
2	PX SEND QC (RANDOM)	:TQ10002	4	576		.
3	HASH GROUP BY		4	576		6MB
4	PX RECEIVE		4	70M		.
5	PX SEND HASH	:TQ10001	4	70M		.
6	HASH JOIN		4	70M		151MB
7	PART JOIN FILTER CREATE	:BF0000	4	2M		.
8	PX RECEIVE		4	2M		.
9	PX SEND PARTITION (KEY)	:TQ10000	4	2M		.
10	PX BLOCK ITERATOR		4	2M		.
11	TABLE ACCESS FULL	ORDERS	68	2M	103MB	.
12	PX PARTITION RANGE AND		4	70M		.
13	TABLE ACCESS FULL	ORDER_ITEMS	12	70M	3GB	.

Section 07 Exadata에서 개발 시 고려사항

■ 일반 DB VS Exadata 비교 요약

기능	표준 Oracle DB	Oracle Exadata
일반적인 SCAN 방식	INDEX를 이용한 Random Single Block I/O 방식이 많이 사용되며 SCAN 최적화가 제한적임.	FULL TABLE SCAN & Direct Path Read 방식을 활용한 Smart Scan으로 쿼리 성능을 최적화함.
INDEX 생성	Access Path 분석을 통해 최적의 INDEX 설계가 필요함.	Smart Scan을 고려하여 INDEX 설계 필요. HCC로 압축된 INDEX RANGE SCAN은 일반 테이블보다 안 좋을 수 있음.
대용량 데이터 처리	대용량 데이터를 처리할 때 처리 속도가 느림.	대용량 데이터를 매우 빠르게 처리하며, 분석 작업 및 대규모 워크로드에 적합함.
압축	기본 압축(Basic Compression)만 지원하며, 범위와 효율성이 제한적임.	HCC(Hybrid Columnar Compression)를 지원하여 저장 효율과 성능을 크게 향상시킴.
스마트 플래시 캐시	성능 향상을 위한 내장 캐싱 메커니즘이 없음.	Random Single Block I/O and Write 속도를 향상시키는 스마트 캐싱을 활용함.
파티셔닝	대규모 Database에서 관리, 성능 최적화, 확장성을 위해 필수적임.	대규모 Database에서 관리, 성능 최적화, 확장성을 위해 필수적임.
병렬 처리	특정한 경우에만 병렬 처리를 사용함.	Smart Scan을 위한 Direct Path Reads를 위해서 병렬처리를 해야 할 경우가 자주 발생함.

■ Exadata에서 SQL 개발 고려 사항 정리

1. Smart Scan 적극 활용

- Smart Scan은 데이터를 스토리지 서버에서 직접 처리하여 성능을 향상시키는 Exadata의 핵심 기능 중 하나로 Smart Scan을 사용하기 위해서 FULL TABLE SCAN & Direct Path Read가 발생하는 형태로 사용한다.
- SELECT *와 같은 불필요한 전 컬럼 조회를 피하고 필요한 컬럼만 지정한다.

2. 파티셔닝

- 데이터 적재와 엑세스 패턴을 고려한 파티션 전략 수립한다.
- Smart Scan 시 전체 파티션 SCAN이 아닌 파티션은 Pruning이 발생하도록 파티셔닝 설계 및 SQL 사용한다.
- Smart Scan I/O를 고려한 파티셔닝 분할 전략이 필요하다. 예를 들어 50GB에 대해서 Smart Scan이 발생하는 것보다 10GB에 대해서 Smart Scan이 발생하는 것이 성능도 좋으며 스토리지 서버의 I/O 부하도 감소한다.

3. 압축

- HCC (Hybrid Columnar Compression)은 기록용 데이터나 잘 변경되지 않는 데이터를 압축하여 저장 공간을 줄이고 쿼리 성능을 향상시킨다.
- 각 파티션/테이블 단위 적절한 압축방법을 사용한다.
- 자주 UPDATE되는 데이터나 OLTP 워크로드에는 압축/압축 해제 오버헤드로 인해 적합하지 않다.

4. INDEX 설계 전략

- INDEX는 잘못 사용되는 경우 다량의 Single Block I/O 발생의 원인이며 Smart Scan 사용이 불가하다.
- INDEX는 별도의 공간을 점유하며 Redo, Undo 추가 발생 부하 및 DML 성능에도 영향을 주며 부하도는 INDEX 개수에 비례한다.
- 매우 실행 수가 높으며 좁은 범위의 SCAN가 좁은 범위이지만 실행 수가 낮은 경우, 넓은 범위를 처리하는 경우 등 Smart Scan으로 처리해야 되는 경우와 INDEX가 꼭 필요

한 경우에 대한 분석을 통해 최소 INDEX로 다양한 조회 조건을 커버할 수 있는 최적의 INDEX 설계가 필요하다.
- 조회 빈도가 낮은 좁은 범위 데이터 조회는 INDEX 생성보다는 Smart Scan 고려한다.

5. ESFC(Exadata Smart Flash Cash)
- I/O의 성능 개선.
- DEFAULT를 기본으로 하고 사용 빈도 패턴 등을 고려해서 KEEP 고려한다.

6. 행 단위 처리(Row-by-Row Processing) 지양
- PL/SQL 루프와 같은 행 단위 처리를 피한다.
- 사용자 정의 함수 및 스칼라 서브쿼리 사용도 건 단위로 처리되며 Smart Scan으로 최적화가 되지 않으므로 사용을 지양한다.
- JOIN 방식에서 NESTED LOOP JOIN은 선행 데이터 건수만큼 후행 테이블이 건 단위로 LOOP를 돌면서 JOIN되는 형태이므로 Smart Scan을 최적화하기 위해서는 가능하다면 HASH JOIN으로 처리한다.
- 집합 기반 SQL(Set-Based SQL)로 재작성하여 Exadata의 Smart Scan을 사용할 수 있는 형태로 SQL 작성이 필요하다.

7. 병렬 쿼리 최적화
- Exadata의 높은 처리량을 활용하기 위해 적절한 병렬 처리를 사용이 필요하다. 병렬 처리를 과도하게 사용하면 리소스 경합이 발생할 수 있으므로 주의는 필요하다.
- Smart Scan은 Direct Path Read로 처리되어야 하는데 Serial로 처리 시 Direct Path Reads로 처리되지 않아 Smart Scan이 발생하지 않는 경우 병렬처리를 사용할 수 있다. 병렬처리는 Direct Path Read로 수행된다.

8. OLTP 워크로드 고려
- 쓰기 집약적이고 적은 건수가 조회되는 OLTP 테이블의 경우 HCC 사용 지양한다.
- HCC의 경우는 저장구조가 32KB CU(Compress Unit) 단위이고 LOCK이 CU LEVEL로 발생한다(Row Level Lock 아님).

- HCC로 압축된 테이블의 경우 INDEX RANGE SCAN에 의한 Single Block I/O 시 CU 단위로 발생하며 압축 해제로 인한 CPU 시간을 더 사용할 수 있다.

PART 18

Oracle 성능 분석 기본 방법론

Oracle Database의 성능을 분석하고 개선하기 위해서는 전체 시스템 자원과 SQL 실행 상황을 종합적으로 살펴야 한다. 성능 저하 문제를 해결하기 위해서는 어디에서 병목이 발생하는지 정확히 파악하는 것이 핵심이다. 이번 단원에서는 Oracle 기본 성능 분석의 전반적인 방법론과 핵심 개념을 다룬다.

Section 01. 성능 분석 방법론 개요
Section 02. 핵심 성능 데이터 이해
Section 03. 성능 분석 유틸리티
Section 04. 기본적 성능 분석

Section 01 성능 분석 방법론 개요

■ **성능 분석 방법론 개요**

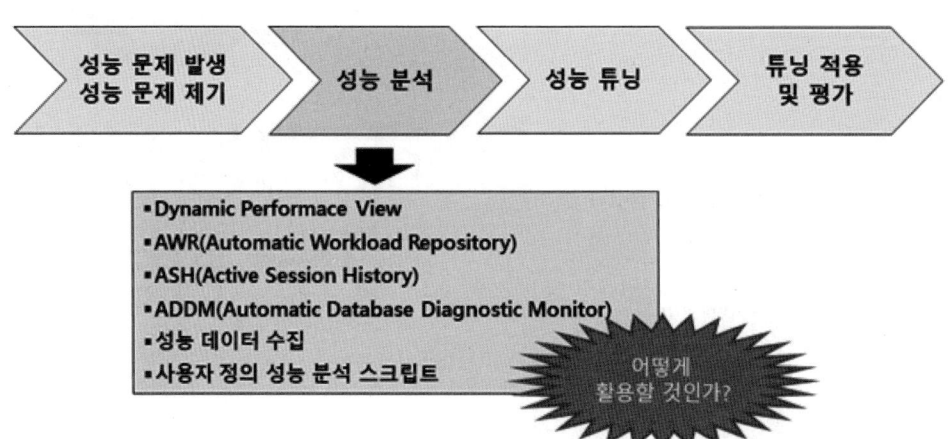

위 그림은 Database 성능 분석 및 튜닝을 위한 흐름도를 나타낸다. 각 단계에 대한 설명은 아래와 같다.

① **성능 문제 발생 / 성능 문제 제기**

이 초기 단계에서는 시스템 내에 성능 문제가 존재한다는 것을 인식한다. Database나 애플리케이션 성능에 영향을 미칠 수 있는 문제가 식별되고 문서화된다.

② **성능 분석**

- **Dynamic Performance View (동적 성능 뷰)**

  Oracle Database의 성능과 상태에 대한 실시간 모니터링 및 뷰를 제공한다.

- **AWR (Automatic Workload Repository, 자동 작업 로드 저장소)**

  Oracle Database의 성능 통계를 수집, 처리 및 유지 관리한다. AWR 보고서는 시간이 지남에 따라 Database 성능을 분석하는 데 유용하다.

- **ASH (Active Session History, 활성 SESSION 기록)**

  활성 SESSION을 캡처하고 각 SESSION의 작업을 보여주는 SESSION 수준 정보를 제공한다. 특정 시간 동안의 성능을 이해하는 데 유용하다.

- **ADDM (Automatic Database Diagnostic Monitor, 자동 Database 진단 모니터)**
  WR 데이터를 분석하여 성능 문제를 감지하고 성능 개선을 위한 권장 사항을 제공한다.

- **성능 데이터 수집**
  CPU 사용량, 메모리, 디스크 I/O 등 성능 분석을 위한 다양한 성능 통계 데이터를 수집하는 것을 의미한다.

- **사용자 정의 성능 분석 스크립트**
  다양한 측면의 성능은 분석하기 위해 사용자가 만든 맞춤 스크립트이다.

③ **성능 튜닝**

분석을 통해 문제를 식별한 후, 성능 개선을 위해 튜닝 방법을 적용한다. 이 단계에서는 병목 현상이나 식별된 문제를 해결하기 위해 여러 가지 방법을 사용한다.

④ **튜닝 적용 및 평가**

튜닝을 수행한 후, 변경 사항이 시스템에 적용된다. 그 후에 성능을 모니터링하고 평가하여 문제가 해결되었고 성능이 개선되었는지 확인한다.

■ **성능 분석 로드맵**

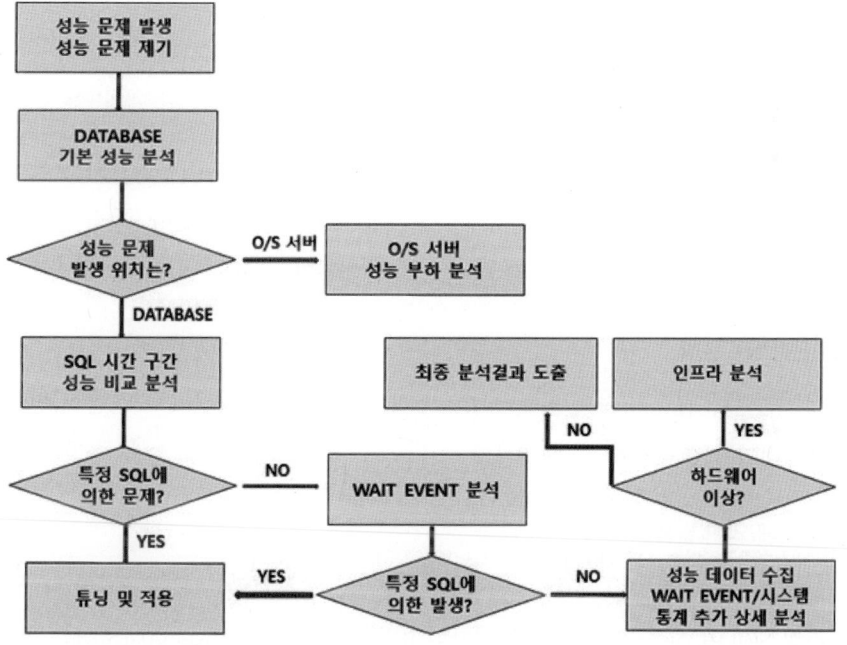

- **성능 문제 발생 / 성능 문제 제기**

성능 문제가 존재함을 인식하는 초기 단계로, 추가 분석의 필요성을 인지하는 단계이다.

- **Database 기본 성능 분석**

Database 내에서 기본 성능 분석을 수행하여 문제에 대한 초기 정보를 수집하는 단계이다.

- **성능 문제 발생 위치는?**

성능 문제가 발생한 위치나 원인을 결정하는 단계로 Database인지 Database가 아닌 OS Level 위치인지 파악하기 위한 단계이다. DBMS에서 성능 문제가 발생하면 거의 대부분 DBMS에서의 성능 문제이나 아주 가끔이지만 DBMS가 아닌 OS Level에서 성능 문제가 발생하는 경우도 있다.

- **O/S 서버 성능 부하 분석**

문제의 원인이 운영 체제 수준에 있다고 판단되면, OS 서버의 부하 분석을 수행하여 성능에 영향을 미치는 리소스 제한이나 문제를 파악한다.

- **SQL 성능 분석**

문제의 원인이 Database 내부에 있다면, 정상인 구간과 성능 문제가 발생한 같은 간격 동안 SQL의 CPU_TIME이나 실행시간, I/O를 비교하고 해당 SQL의 부하도를 분석한다.

- **특정 SQL에 의한 문제?**

성능 문제가 특정 SQL 쿼리로 인한 것인지 여부를 확인하는 단계이다. 특정 SQL 쿼리가 원인으로 확인되면, 성능 향상을 위해 해당 SQL을 튜닝하고 조정한다. 특정 SQL의 원인이 아니라고 판단되면 WAIT EVENT 분석으로 진행된다.

- **WAIT EVENT 분석**

특정 SQL 쿼리가 원인이 아니면, Database의 다양한 대기 이벤트로 인한 지연을 확인하기 위해 대기 이벤트 분석을 수행한다.

- **특정 SQL에 의한 발생?**

대기 이벤트 동안 특정 SQL 쿼리가 문제를 일으키는지 확인하는 결정 지점이다. 예를 들어 그 특정 SQL이 성능이 나빠진 것은 아니지만 그 SQL이 가벼운 트랜잭션을 발생시킨

후에 장기간 Commit 또는 Rollback 되지 않아서 장기 INACTIVE SESSION이 장기 미완료 트랜잭션 상태로 남아 있는 경우 엑사데이터 스토리지 서버에 이상 상태가 발생하면서 Smart Scan이 동시 다발적으로 느려지는 현상이 발생한 사례가 있다. 장기 트랜잭션 미완료 INACTIVE SESSION을 Kill 하면서 Smart Scan 성능이 정상으로 돌아왔다.

- 하드웨어 이상?

이 지점에서는 문제가 하드웨어와 관련이 있는지 여부를 판단한다. 하드웨어 문제가 의심될 경우 인프라 팀에서 하드웨어 FAULT 및 병목 현상은 없는지 추가 분석을 하게 된다.

- 최종 분석결과 도출

모든 조사가 끝난 후, 최종 분석 결과를 도출하여 문제의 원인을 요약하고 정리한다.

■ 성능 튜닝 목표

Oracle DBMS 성능 튜닝의 목표는 리소스 사용을 최적화하고, 응답 시간을 줄이며, Database 작업의 전체 효율성을 높이는 것이다. 성능 튜닝을 효과적으로 수행하면 병목 현상을 줄이고 현재 워크로드를 원활히 처리하며, 향후 확장에 대비할 수 있다. 아래는 Oracle DBMS 성능 튜닝의 주요 목표와 설명이다.

- 응답 시간 최소화

성능 튜닝의 주요 목표는 쿼리 및 트랜잭션이 완료되는 시간을 줄이는 것이다. 응답 시간이 짧아지면 사용자 입장에서 효율적으로 느끼게 된다.

- 처리량 최대화

처리량은 Database가 단위 시간당 처리할 수 있는 트랜잭션 또는 작업의 수를 의미한다. 높은 처리량은 성능 저하 없이 더 많은 워크로드를 처리할 수 있음을 나타낸다.

- 리소스(CPU, 메모리, 디스크 I/O) 효율적 사용

튜닝은 시스템의 CPU, 메모리, I/O 용량을 최적으로 사용하여 Database가 과도한 리소스 소비 없이 효율적으로 운영되도록 한다.

- **잠금 경합 감소 및 동시성 향상**

다중 사용자 환경에서 높은 동시성을 유지하여 여러 사용자가 동시에 Database에 접근할 수 있도록 한다.

- **SQL 실행 계획 최적화**

효율적인 SQL 실행 계획은 최소한의 리소스를 사용하여 쿼리를 처리하고 성능을 높인다.

- **디스크 I/O 효율화**

디스크 읽기 및 쓰기 작업을 최소화하여 성능을 향상시킨다. I/O 작업은 메모리 작업보다 느리기 때문에 I/O 작업이 많은 경우 성능 저하를 초래할 수 있다.

- **확장성 및 미래 성장 대비**

현재 워크로드뿐 아니라 향후 워크로드 증가에도 대비할 수 있도록 성능 튜닝을 수행한다.

- **대기 이벤트 효율화**

latch: cache buffers chains, buffer busy wait, enq: TX - row lock contention과 같은 대기 이벤트를 줄여 병목 현상을 방지하고 원활한 운영을 지원한다.

- **DML 작업의 Redo 및 Undo 생성 최소화**

Redo 및 Undo 생성은 트랜잭션 무결성에 필수적이지만, 과도한 생성은 성능 저하를 유발할 수 있기 때문에 과도하게 발생하는 부분이 없는지 확인 및 효율화를 한다.

Section 02 핵심 성능 데이터 이해

1. 시간 모델 - V$SYS_TIME_MODEL

COLUMN 명	DATATYPE	설 명
STAT_ID	NUMBER	
STAT_NAME	VARCHAR2(64)	STAT명
VALUE	NUMBER	소비한 총 시간(1/1000000초). DB Start후 누적값

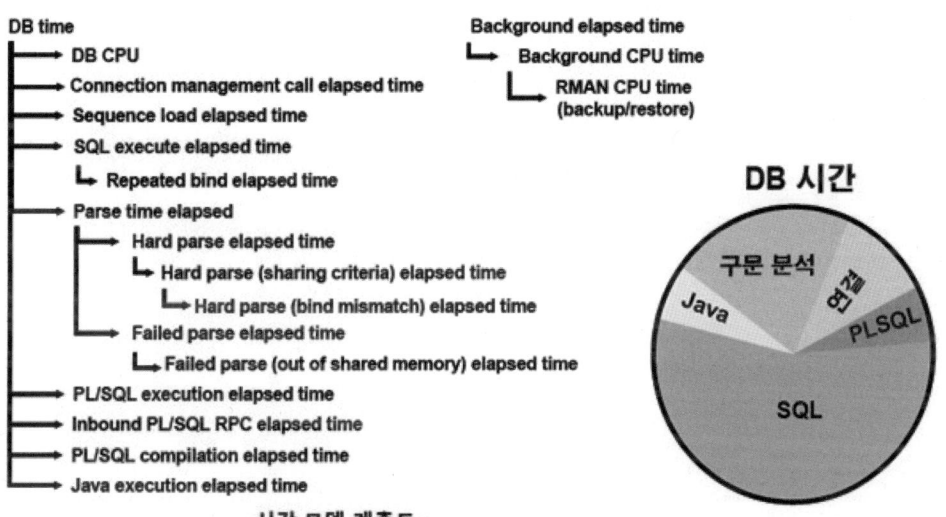

<시간 모델 계층도>

STAT명	설 명
DB time	Database에 접속한 모든 사용자 프로세스들이 소진한 시간. WAIT EVENT에 의해 발생한 시간 + CPU 시간 + I/O 시간. Background Process가 소비한 시간은 포함하지 않는다. User SESSION 4개가 동시 수행되고 10분 동안 모두 10분씩 수행되었다면 DB time은 40분이 됨.
DB CPU	Database 접속한 모든 사용자 프로세스들이 Oracle 코드를 실행하면서 사용한 CPU 시간. Background Process가 소비한 CPU 시간은 포함하지 않는다.
background elapsed time	DB Background Process에 의해서 소비된 시간

background cpu time	DB Background Process에 의해서 소비된 CPU 시간
sequence load elapsed time	Data Dictionary로부터 Next SEQUENCE를 얻기 위해 보낸 시간 Cache가 되어 있다면 Cache를 다 소비하게 되었을 때 이 시간이 증가한다.
parse time elapsed	SQL문이 파싱하는데 보낸 시간으로 소프트 파싱과 하드 파싱 시간을 모두 포함한다.
hard parse elapsed time	하드 파싱하는데 보낸 시간
sql execute elapsed time	SQL문이 수행된 시간으로 쿼리의 결과가 Fetch되는데 보낸 시간도 포함된다.
connection management call elapsed time	SESSION 연결 및 연결 해제 호출을 수행하는데 소요된 시간
failed parse elapsed time	구문 분석 오류로 실패한 SQL 파싱을 수행하는데 소요된 시간
failed parse (out of shared memory) elapsed time	공유 메모리 부족으로 실패한 SQL 파싱을 수행하는데 소요된 시간
hard parse (sharing criteria) elapsed time	SQL 캐시의 기존 커서를 공유할 수 없어서 하드 파싱이 발생한 경우 SQL 하드 파싱을 수행하는데 소요된 시간
hard parse (bind mismatch) elapsed time	바인드 유형 또는 바인드 크기가 SQL 캐시의 기존 커서와 일치하지 않아 하드 파싱이 발생한 경우 SQL 하드 파싱을 수행하는데 소요된 경과 시간
PL/SQL execution elapsed time	PL/SQL 인터프리터가 수행하는 데 보낸 시간
PL/SQL compilation elapsed time	PL/SQL 컴파일러가 수행하는 데 보낸 시간
Java execution elapsed time	Java VM을 실행하는데 소요된 경과 시간
repeated bind elapsed time	재바인딩에 소요된 경과 시간
RMAN cpu time (backup/restore)	RMAN 백업 및 복원 작업에 소요된 CPU 시간

시간 모델은 Oracle Database가 내부적으로 시간이 소요된 부분을 개괄적으로 보여주는 통계의 집합이며 Top Down 형태로 성능 분석한다. 일반적으로 DB_CPU, sql execute elapsed time 또는 PL/SQL execution elapsed time 값이 DB_TIME의 대부분을 차지한다. 성능이 저하되면 DB_TIME은 무조건 증가하기 때문에 성능 문제 진단 시 유용하게 사용될 수 있으며 아래와 같은 상황에서 DB_TIME이 증가할 가능성이 크다.

- 시스템 부하 증가(접속한 사용자 수 증가, 사용자 콜 증가, 트랜잭션 규모 증가)
- I/O 성능의 저하(I/O 시간 증가하면 대기 시간도 증가하고 DB_TIME도 당연히 증가)
- 애플리케이션(SQL) 성능 저하
- CPU 리소스 고갈
- 경합에 의한 대기 시간 증가
- 악성 SQL 증가
- 하드 파싱 증가

2. 시스템 통계 - V$SYSSTAT

COLUMN 명	DATATYPE	설 명
STATISTIC#	NUMBER	Statistic number
NAME	VARCHAR2(64)	시스템 통계명
CLASS	NUMBER	시스템 통계 GLASS(하단 그림 참조)
VALUE	NUMBER	시스템 통계값(DB Start후 누적 값)
STAT_ID	NUMBER	식별자

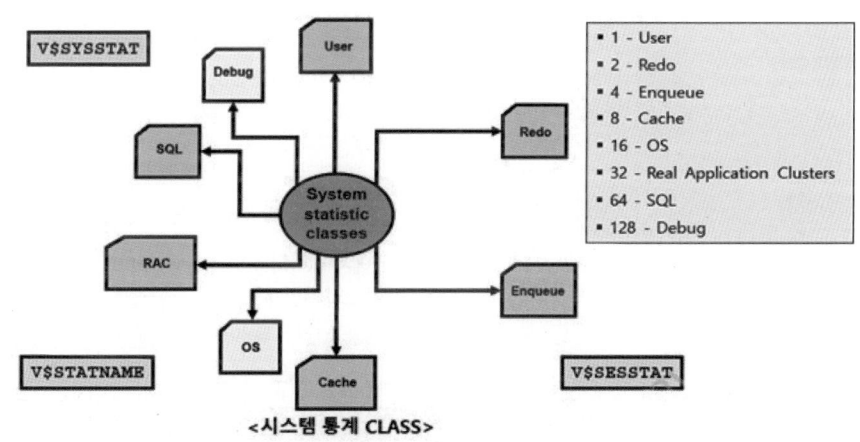

<시스템 통계 CLASS>

STAT명	설 명
user commits	Database의 사용자 commit 수. 사용자 트랜잭션 속도를 직접적으로 반영하므로 중요한 성능 지표이다. Database 컨텍스트에서의 commit은 Database 트랜잭션의 성공적인 결론을 의미하며 트랜잭션 중에 이루어진 모든 변경 사항이 영구적으로 저장되도록 보장한다. 이 프로세스에는 Database에 대한 변경 사항을 기록하는 Redo Log 항목을 디스크에 쓰는 작업이 포함된다.

user rollbacks	사용자가 Rollback 문을 수동으로 실행하거나 사용자 트랜잭션 중에 오류가 발생한 횟수이다.
session logical reads	"db block gets"와 "consistent gets"의 합은 Database Block의 총 논리적 읽기 수를 나타낸다. 이러한 논리적 읽기는 버퍼 캐시나 프로세스의 개인 메모리에서 올 수 있다. physical reads 값이 포함된다.
user calls	로그인, 구문 분석, 가져오기 또는 실행과 같은 사용자 호출 수이다. 활동을 결정할 때 RPI 호출에 대한 사용자 호출의 비율은 사용자가 Oracle에 보내는 요청 유형의 결과로 생성되는 내부 작업의 양을 나타낸다.
recursive calls	사용자 및 시스템 수준 모두에서 생성된 재귀 호출 수이다. Oracle은 내부 처리에 사용되는 테이블을 유지 관리한다. Oracle은 이러한 테이블을 변경해야 할 때 내부적으로 내부 SQL 문을 생성하고, 이는 다시 재귀 호출을 생성한다.
recursive cpu usage	사용자가 아닌 호출(recursive calls)에 사용된 총 CPU 시간이다. 사용자 호출에 사용된 CPU 시간을 확인하려면 "이 SESSION에서 사용된 CPU"에서 이 값을 뺀다.
db block gets	Current Block이 요청된 횟수이다. Current Block 요청 수가 많다는 것은 높은 트랜잭션 비율이나 데이터 수정 활동으로 인해 최신 데이터에 자주 액세스한다는 의미일 수 있다.
consistent gets	block rollback과 block cleanout 모두 필요한 읽기 일관성의 Block 수이다. consistent gets은 일관성 모드에서 Block을 검색하는 논리적 읽기. 즉 Block은 쿼리의 SCN(시스템 변경 번호)에 의해 결정된 시점을 반영. block rollback은 Oracle이 일관된 가져오기를 만족시키기 위해 Block을 이전 버전으로 재구성해야 할 때 발생한다. block cleanout은 Oracle이 Block을 정리하고 일관성을 보장하기 위해 Commit된 것으로 표시해야 할 때 발생한다.
physical reads	디스크에서 읽은 총 데이터 Block 수이다.
physical reads direct	physical reads direct는 디스크에서 데이터를 읽어 올 때, 데이터 Block이 버퍼 캐시를 거치지 않고 직접 프로세스의 개인 메모리(Private Memory)로 읽혀진 횟수를 나타낸다. 이는 주로 대용량 데이터 작업이나 특정 작업에서 발생한다.
db block changes	Database Block이 변경된 횟수를 나타내는 통계이다. 이는 Database Block의 내용을 수정하는 모든 작업을 포함한다. 여기에는 INSERT, UPDATE, DELETE와 같은 데이터 조작 언어(DML) 작업뿐만 아니라 INDEX 생성, 테이블 구조 변경 등 다양한 작업이 포함된다.
consistent changes	Oracle이 쿼리를 충족하기 위해 데이터 Block의 읽기 일관성 버전을 재구성해야 했던 횟수를 나타낸다. 이 프로세스에는 실행 취소 데이터를 데이터 Block에 적용하여 쿼리의 SCN(시스템 변경 번호)을 기반으로 특정 시점의 상태로 되돌리는 작업이 포함된다.

physical writes	메모리에서 디스크에 쓴 데이터 Block 수를 나타낸다. 이 측정 단위는 Oracle이 데이터 변경 사항을 디스크에 영구적으로 저장하기 위해 쓰기 작업을 수행한 횟수를 나타낸다.
physical writes direct	Database Block이 버퍼 캐시를 거치지 않고 직접 디스크에 쓰여진 횟수를 나타내는 통계이다. 이러한 직접 쓰기 작업은 주로 대용량 데이터 작업이나 특정 작업에서 발생한다.
redo size	Database에서 생성된 Redo 데이터의 총량(BYTE)을 나타낸다. Redo 데이터에는 Database에 대한 변경 사항을 다시 실행하거나 재구성하는 데 필요한 정보가 포함된다. 이 정보는 Database 복구 프로세스에 중요하며 오류 발생 시 데이터 무결성과 일관성을 보장한다.
undo change vector size	트랜잭션이 시작되면 변경 전 데이터를 Undo에 기록하는데 Undo에 기록하는 과정에서도 Redo가 생성된다. 이때의 통계값이다.
transaction rollbacks	성공적으로 Rollback된 트랜잭션의 수이다.
workarea executions - optimal	PGA 사용 Operation시 할당된 PGA 내에서 처리한다.
workarea executions - onepass	PGA 사용 Operation 시 할당된 PGA Overflow로 Disk Swapping 1회 발생한다.
workarea executions - multipass	PGA 사용 Operation 시 할당된 PGA Overflow로 Disk Swapping 수회 발생한다.
parse time cpu	구문 분석(하드 및 소프트)에 사용된 총 CPU 시간(10밀리초)이다.
parse time elapsed	구문 분석에 대한 총 경과 시간(10밀리초)이다. 이 통계에서 "parse time cpu"를 빼면 구문 분석 리소스에 대한 총 대기 시간을 결정한다.
parse count (total)	총 구문 분석 호출 수(하드 및 소프트)이다.
parse count (hard)	하드 파싱 호출 수이다.
execute count	SQL 문을 실행한 총 호출 수(user and recursive)이다.

3. 대기 시간 - V$SYSTEM_EVENT

Oracle의 "DB_TIME = CPU 시간 + 대기 시간"이고 DB_TIME이 증가 또는 급증이 발생하면 성능 문제가 발생한 것으로 간주할 수 있다. DB_TIME이 증가하는 원인은 CPU 시간이 증가가 원인이 될 수도 있고 CPU 시간은 증가하지 않았는데 대기 시간만 급증할 수도 있다. 대기 시간에 대한 분석을 하는 Dynamic Performance View 가 V$SYSTEM_EVENT이며 구조는 아래와 같다.

COLUMN 명	DATATYPE	설 명
EVENT	VARCHAR2	WAIT EVENT 명
TOTAL_WAITS	NUMBER	총 대기수
TOTAL_TIMEOUTS	NUMBER	TIMEOUT 발생수
TIME_WAITED	NUMBER	대기 시간(1/100초)
AVERAGE_WAIT	NUMBER	평균 대기 시간(1/100초)
TIME_WAITED_MICRO	NUMBER	대기 시간(1/1000000초)
TOTAL_WAITS_FG	NUMBER	FOREGROUD SESSION에 의한 대기수
TOTAL_TIMEOUTS_FG	NUMBER	FOREGROUD SESSION에 의한 TIMEOUT 발생수
TIME_WAITED_FG	NUMBER	FOREGROUD SESSION에 의한 대기 시간(1/100초)
AVERAGE_WAIT_FG	NUMBER	FOREGROUD SESSION에 의한 평균 대기 시간(1/100초)
TIME_WAITED_MICRO_FG	NUMBER	FOREGROUD SESSION에 의한 대기 시간(1/1000000초)
EVENT_ID	NUMBER	WAIT EVENT 식별자
WAIT_CLASS_ID	NUMBER	WAIT EVENT CLASS 식별자
WAIT_CLASS#	NUMBER	WAIT EVENT CLASS 번호
WAIT_CLASS	VARCHAR2	WAIT EVENT CLASS 명

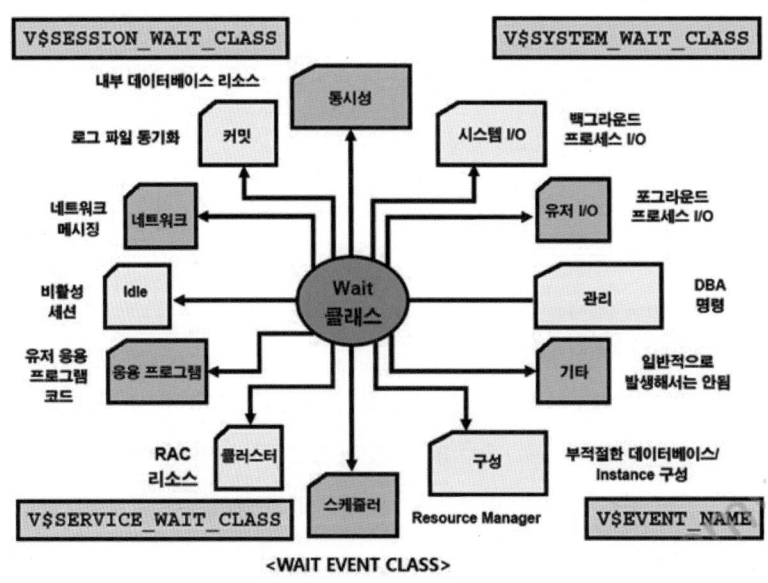

<WAIT EVENT CLASS>

CLASS	설 명
Application	사용자가 작성한 Application 부적절한 로직으로 인한 대기 (예 : Lock)
Configuration	DB 또는 Instance의 부적절한 구성에 의한 대기 (예 : log file size, shared pool size 작게 설정 등)
Administrative	다른 User가 대기하도록 하는 DBA 명령 등에 의한 대기
Concurrency	동시 자원 경합에 의한 대기
Commit	Commit 후 Redo Log 쓰기 확인을 위한 대기
Idle	SQL*Net message from client와 같은 비활성 SESSION과 관련된 대기
Network	네트워크를 통해 전송할 데이터에 대한 대기(예 : SQL*Net more data to dblink)
User I/O	사용자 I/O에 의한 대기
System I/O	background process I/O에 의한 대기(예 : DBWR wait)
Cluster	RAC에서 클러스터 node 간 경합에 의한 대기
Other	일반적으로 시스템에서 발생하지 않는 대기

아래는 각 WAIT EVENT CLASS 및 각 CLASS에 속하는 주요 WAIT EVENT에 대한 설명이다. 여기서는 각 WAIT EVENT에 대해서 자세하게 다루지는 않는다. 자세하게 정리하려면 많은 지면이 필요하기 때문이다. 하지만 자주 발생하는 WAIT EVENT에 대한 학습은 필수이니 꼭 자세하게 스터디를 해보기를 바란다.

Application

Oracle의 Application 대기 이벤트 클래스는 애플리케이션 관련 문제로 인해 발생하는 대기 이벤트를 나타낸다. 이러한 이벤트는 애플리케이션 내의 경합, 주로 Lock이나 사용자 정의 동기화 메커니즘으로 인해 발생할 수 있다. 일반적인 Application 대기 이벤트의 원인은 비효율적인 애플리케이션 코드, 과도한 잠금, INDEX의 부재 등이 있을 수 있다. 아래는 Application 대기 이벤트 클래스에 속하는 주요 대기 이벤트와 각 이벤트에 대한 간단한 설명 및 예시이다.

- **enq: TX - row lock contention**
  한 SESSION이 다른 SESSION이 이미 잠근 행을 UPDATE 또는 삭제하려고 할 때 발생하는 대기 이벤트이다. 여러 SESSION이 동일한 행을 수정하려고 할 때 자주 발생한다. 아래와 같이 SESSION 1이 행을 UPDATE 중일 때 SESSION 2가 동일한 행을 UPDATE하려고 시도하면 SESSION 1이 작업을 완료하고 잠금을 해제할 때까지 대기하게 된다.

```
-- SESSION 1
UPDATE orders SET status = 'SHIPPED' WHERE order_id = 100;

-- SESSION 2
UPDATE orders SET status = 'CANCELED' WHERE order_id = 100; --  LOCK 대기
```

- **enq: TM - contention**

    enq: TM - contention은 테이블 수준(TM) 잠금과 관련된 대기 이벤트로, 특정 DML(Data Manipulation Language) 작업 중에 발생할 수 있다. 이 경합은 주로 애플리케이션에서 테이블 수준의 잠금이 필요할 때 발생하며, 일반적으로 제약 조건이나 DDL(Data Definition Language) 및 DML 작업이 서로 충돌할 때 나타난다. DDL 작업(예 : 열 추가, 테이블 구조 변경)은 트래픽이 적은 시간이나 유지보수 시간에 스케줄링하여 DML 작업과의 잠금 충돌을 피하는 것이 좋다.

- **enq: RO - fast object reuse**

    enq: RO - fast object reuse 대기 이벤트는 SESSION이 삭제되거나 잘린(dropped or truncated) 객체(예 : 테이블 또는 INDEX)를 재사용하기 위해 대기할 때 발생한다. 빠른 객체 재사용(fast object reuse)은 삭제 또는 잘린 객체의 공간을 즉시 해제하지 않고 빠르게 재사용할 수 있도록 하여 성능을 개선하려는 Oracle의 기능이다. 그러나 여러 SESSION이 동시에 동일한 객체를 액세스하거나 재사용하려고 할 때 이 대기 이벤트가 발생할 수 있다. 예를 들어 동시 성이 매우 높은 테이블을 빈번하게 TRUNCATE 하면 Oracle이 다른 SESSION에 영향을 주지 않고 공간을 안전하게 재사용할 수 있도록 조정해야 하므로 fast object reuse 대기 이벤트가 발생할 수 있다.

Concurrency

Concurrency 대기 클래스는 여러 SESSION이 동시에 공유 리소스에 액세스하려고 할 때 발생하는 리소스 경합과 관련된 이벤트를 포함한다. 이러한 이벤트는 주로 잠금이나 래치(latch)를 기다리는 동안 발생하며, Oracle은 이를 사용하여 동시 접근을 관리하고 데이터 무결성을 유지한다. Concurrency 대기가 많으면 공유 리소스에 대한 경합이 증가했음을 나타내며, 제대로 관리하지 않으면 성능 문제가 발생할 수 있다.

- **latch: cache buffers chains**

    cache buffers chains 래치 경합은 여러 Oracle 프로세스가 동시에 동일한 데이터 Block에 접근하려 할 때 발생한다.

    많은 SESSION이 자주 동일한 데이터 Block에 접근(예 : 자주 참조되는 "핫 Block")할 경우, 모든 SESSION이 해당 체인에 대한 래치를 획득하려 하여 경합이 발생한다.

    최적화되지 않은 SQL 쿼리, 특히 동일한 데이터 Block을 반복적으로 접근하는 쿼리는 래치 경합을 유발할 수 있다.

작은 버퍼 캐시 크기는 동일한 캐시 버퍼에 대한 접근 빈도를 높여 래치 경합을 초래할 수도 있다.
일반적으로 이 WAIT EVENT가 다발하는 경우 동일 Block을 ACCESS하는 실행 수 높은 SQL들이 많은 경우가 일반적이다. 비효율적인 SQL 쿼리를 재작성하여 핫 Block에 대한 반복 접근을 줄인다.

- **latch: shared pool**

공유 풀(Shared Pool)은 Oracle의 시스템 SGA의 일부로, SQL 및 PL/SQL 실행에 필수적인 공유 메모리 구조를 저장한다. latch: shared pool은 여러 SESSION이 동시에 Shared Pool을 할당받으려고 할 때 발생할 수 있으며 이 의미는 하드 파싱이 빈번하게 발생하고 있다는 의미가 될 수 있다. Shared pool을 재사용 할 수 있도록 꼭 필요한 경우가 아니면 소프트 파싱으로 처리되도록 한다.

- **enq: TX - index contention**

enq: TX - index contention 대기 이벤트는 여러 트랜잭션이 동일한 INDEX 항목에 동시에 접근하거나 수정하려고 할 때 발생하는 INDEX 관련 경합을 나타낸다. 이 경합은 트랜잭션이 INDEX에 대한 접근을 기다리면서 성능에 영향을 미칠 수 있다. 테이블에 INSERT가 발생하게 되면 테이블에 생성된 INDEX에도 INSERT가 되는데 INDEX는 SORT가 되어 들어가야 되기 때문에 꽉 찬 INDEX Block에 INSERT 시 INDEX Block Split이 발생하게 된다. 예를 들어 초당 1,000건씩 INSERT되는 테이블에 UPDATE_TIME 컬럼이 있다면 이 컬럼 값은 1초에 1,000건 같은 INDEX Block에 INSERT되기 때문에 Block Split이 빈번하게 발생하게 되고 해당 경합이 발생할 수 있다. 이런 경우 INSERT 시 비슷한 값이 서로 다른 Block에 분산되도록 HASH PARTITION. INDEX 사용 여부 체크 후 INDEX 삭제 및 INDEX 순서 및 변별력 높은 컬럼 추가를 통해서 HOT Block을 분산 또는 제거할 수 있다.

- **library cache lock**

Oracle에서 Library Cache에 저장된 객체에 대한 접근을 관리하기 위한 대기 이벤트이다. Library Cache는 시스템 전역 영역(SGA)의 공유 풀에 포함되며, 파싱된 SQL문, PL/SQL 코드 및 실행 계획을 저장한다. 여러 SESSION이 동일한 Library Cache 객체에 접근하거나 수정하려고 할 때 library cache lock이 발생한다. Library Cache Lock이 주로 발생하는 이유는 동시 DDL 작업(두 개 이상의 SESSION이 동일한 객체 (예 : 테이블, 패키지를 동시에 수정)이 발생하는 경우에 발생할 수 있다. 하드 파싱이 높게 발생하기 때문에 새로운 SQL 문을 파싱하여 Library Cache에 저장하는 과정에서 Library Cache 대기 시간이 증가할 수 있다. 따라서 실행 수 또는 트랜잭션 수가 매우 높은 피크 시간 동안에는 DDL 작업을 줄이고 SQL 문을 재사용할 수 있도록 바인드 변수 처리를 통해 소프트 파싱을 하도록 한다.

- **cursor: pin S wait on X**

cursor: pin S wait on X의 경우도 파싱 관련 경합이다. 주로 SESSION이 다른 SESSION이 점유하고 있는 특정 커서(Cursor)에 대해 S(Share) 잠금을 얻기 위해 대기하고 있을 때 발생한다. 여기서 잠금을 얻지 못하게 되는 주요 원인은 동시에 여러 SESSION이 동일한 커서나 SQL문을 처리하고자 할 때 충돌이 발생하기 때문이다. 따라서 실행 수 또는 트랜잭션 수가 매우 높은 피크 시간 동안에는 DDL 작업을 줄이고 SQL문을 재사용할 수 있도록 바인드 변수 처리를 통해 소프트 파싱을 하도록 한다. 과거에 필자가 근무하던 SITE에서 하드 파싱 시간이 급증하면서 cursor: pin S wait on X 대기 시간이 급증한 적이 있는데 특정 SQL이 바인드 변수 처리가 되었음에도 커서가 공유되지 못하고 Child Cursor를 계속 생성해 내는 버그가 있었던 적도 있었다.

- **buffer busy waits**

    buffer busy waits는 SESSION이 버퍼 캐시에서 데이터 Block에 접근하려 하지만, 해당 Block이 이미 다른 SESSION에 의해 "사용 중"이라 대기해야 하는 상황을 의미한다.

    여러 SESSION이 동일한 Block을 읽거나 수정하려고 할 때, 여러 SESSION이 같은 데이터 Block의 행을 UPDATE하려고 시도할 때 SESSION이 동일한 리프 Block에 데이터를 INSERT하려 할 때 발생할 때, 테이블이나 INDEX와 같은 세그먼트에서 동시 작업이 많을 때 세그먼트 메타데이터 Block에 대한 경합이 발생할 수 있다. 따지고 보면 동시에 많은 SESSION에서 같은 Block에 ACCESS 하려는 HOT Block에 대한 경합이다. 이런 경우 동일 Block에 ACCES하는 것을 최소화하기 위해서 SQL 튜닝을 수행하고 SQL 튜닝으로도 안될 정도로 HOT Block이 발생하는 구조라면 물리적으로 분산할 수 있는 방법들을 이용해야 한다.(예를 들어 HASH 파티셔닝 등).

User I/O

User I/O 클래스는 Database의 I/O(입출력) 작업과 관련된 대기 이벤트들을 포함하는 대기 클래스이다. 이 클래스에 속한 대기 이벤트는 주로 사용자가 직접 요청한 데이터를 디스크에서 읽거나 쓰는 작업이 필요한 경우 발생한다. User I/O 클래스 대기는 일반적으로 디스크에서 데이터를 읽어와 메모리 버퍼 캐시에 적재하거나 데이터를 디스크에 기록할 때 발생하며 이러한 대기 시간의 급격한 증가는 애플리케이션 성능에 직접적인 영향을 미친다.

- **db file sequential read**

    INDEX RANGE SCAN 등에 의한 물리적 Single Block I/O가 발생할 때 나타나는 WAIT EVENT이다. 일반적으로 발생하는 WAIT EVENT이며 SQL 튜닝으로 불필요 또는 과도한 Single Block I/O를 최소화함으로써 효율화가 가능하다.

- **db file scattered read**

    FULL TABLE SCAN 등에 의한 물리적 MULTI Block I/O가 발생할 때 나타나는 WAIT EVENT이다. 일반적으로 발생하는 WAIT EVENT이며 SQL 튜닝으로 비효율적인 또는 과도한 FULL TABLE SCAN을 최소화함으로써 효율화가 가능하다.

- **direct path read**

    direct path read 대기 이벤트는 데이터가 버퍼 캐시를 거치지 않고 디스크에서 직접 읽혀 메모리로 로드되는 경우 발생하는 대기 이벤트이다. direct path read 이벤트는 대규모 데이터 처리가 필요한 상황에서 자주 발생하며, 특히 대량 데이터 로드, 병렬 쿼리 등에서 많이 나타난다. FULL TABLE SCAN 또는 INDEX FAST FULL SCAN 처리할 때 발생하며 테이블 사이즈가 일정 이상인 경우에 direct path read를 하게 된다. 대규모 데이터 SCAN을 발생시키는 SQL 쿼리를 최적화하여 필요한 데이터만 조회할 수 있도록 SQL 튜닝을 통해서 효율화가 가능하며 대량 건수가 무조건 SCAN되어야 되는 구조라고 한다면 파티셔닝을 통해서 SCAN하는 양을 줄임으로써 효율화도 가능하다. PARALLEL 힌트 사용으로 병렬처리가 되면 direct path read가 발생한다.

- **direct path read temp**

  direct path read temp 대기 이벤트는 임시 TABLESPACE(Temporary Tablespace)에서 데이터를 읽는 작업 중 발생하는 대기 이벤트이다. 이 이벤트는 주로 임시 공간을 사용하는 대용량 작업이나 정렬(SORT) 작업에서 발생하며, 데이터가 버퍼 캐시를 거치지 않고 디스크에서 직접 읽히는 직접 경로 I/O를 수행할 때 나타난다. 대량의 데이터가 정렬되는 경우, HASH JOIN 또는 SORT MERGE JOIN 시에 메모리에서 처리할 수 없는 대량 건수의 데이터가 임시 TABLESPACE에 저장되고, 이후 이 데이터가 다시 읽힐 때 direct path read temp 대기가 발생할 수 있다. 정렬이나 대량 건수 JOIN 작업이 많은 SQL 쿼리를 최적화하여 임시 TABLESPACE 사용량을 줄임으로써 이 WAIT EVENT의 효율화가 가능하다.

- **direct path write**

  direct path write 대기 이벤트는 데이터가 버퍼 캐시를 거치지 않고 디스크에 직접 기록되는 경우 발생하는 대기 이벤트이다. INSERT 시에 APPEND 힌트를 사용할 때 direct path write로 처리된다.

- **direct path write temp**

  direct path write temp 대기 이벤트는 임시 Temporary Tablespace에 데이터를 직접 기록하는 작업 중 발생하는 대기 이벤트이다. 이 이벤트는 대규모 데이터 쓰기 작업이나 정렬, 해시 JOIN 등의 대규모 연산을 수행할 때 임시 데이터가 필요할 때 발생하며, 데이터를 버퍼 캐시를 거치지 않고 디스크에 직접 기록한다. PGA 메모리가 부족한 현상 때문이라면 PGA 사이즈를 키운다. 임시 데이터를 많이 발생시키는 SQL을 튜닝해서 필요한 데이터만 가져오고, 정렬 및 JOIN 작업을 줄여 임시 TABLESPACE 사용을 최소화한다.

- **read by other session**

  read by other session 대기 이벤트는 한 SESSION이 요청한 Block을 다른 SESSION이 이미 읽고 있어, 그 Block이 버퍼 캐시에 로드될 때까지 기다리는 상황을 나타내는 대기 이벤트이다. 이 이벤트는 데이터가 디스크에서 버퍼 캐시로 로드되는 동안 다른 SESSION이 이미 해당 데이터를 읽고 있어서 대기해야 할 때 발생한다. 주로 여러 SESSION이 동일한 Block에 동시에 접근할 때 나타나며, 과도한 read by other session 대기는 시스템 성능에 영향을 줄 수 있다. 일반적으로 동시에 여러 SESSION 여러 SQL들이 같은 Block에 ACCESS하면서 불필요하게 많은 Block을 SCAN이 발생하는 경우에 발생할 수 있으며 SQL 튜닝에 의해서 I/O 최적화에 의해서 효율화가 가능하다.

| Cluster

Oracle Real Application Clusters (RAC) 환경과 관련된 대기 이벤트를 포함한다. RAC 환경에서는 여러 Database Instance가 하나의 Database를 공유하여, Instance를 추가함으로써 수평 확장이 가능하다. 하지만 이러한 환경에서 데이터 일관성을 유지하기 위해 Instance 간 데이터 접근 및 조정이 필요하며, 이로 인해 Cluster 대기 클래스와 관련된 대기 이벤트가 발생한다. Cluster 대기 클래스는 특히 캐시 퓨전(Cache Fusion) 기술을 통해 Instance 간 데이터 공유 및 동기화를 관리한다. DB Level에서의 I/O 발생량이 증가하면 같은 형태로 Cluster Event도 증가하는 경향이 있다.

- **gc buffer busy**

  GLOBAL(RAC) 버전의 buffer busy wait/read by other session이다. 같은 Instance의 다른 SESSION이 다른 Instance로부터 block을 전송받고 있는 경우 전송이 끝날 때까지 해당 wait event 대기한다. 다른 Instance에 의해 해당 block이 전송 중이라면 전송이 끝나고 사용될 때까지 해당 wait event 대기한다. gc buffer busy도 buffer busy wait와 마찬가지로 hot block에 의해 주로 발생한다. HOT Block 분산(HASH 파티셔닝) 또는 서로 다른 Node에서 수행되어 Block 전송에 의한 경합이므로 같은 Node에서 수행되도록 하고 QL 튜닝을 통해서 Logical I/O를 최대한 줄인다.

- **gc cr/ current block busy**

  Block을 인터커넥트를 통해 전송받는 과정에서 경합이 발생할 때, 즉 변경 중인 Block을 전송 요청하는 경우(update 중이거나 select에 의해 Buffer Cache로 적재 중)
  Block 변경 후 Commit 되지 않은 block 전송 요청하는 경우 LGWR에 대한 Redo flush 발생 시 해당 대기 시간이 증가한다. 예를 들어 실행 수가 높은 UPDATE, DELETE 또는 대량 데이터 UPDATE, DELETE가 NOde1에서 발생하고 Node2에서는 DML이 발생한 Block을 Select하는 경우에 발생할 수 있다.

4. CPU 사용률 - V$OSSTAT

테이블 구조는 아래와 같다.

COLUMN 명	DATATYPE	설 명
STAT_NAME	NUMBER	STAT 명
VALUE	VARCHAR2(64)	OST STAT 값
OSSTAT_ID	NUMBER	OS STAT 식별자
COMMENTS	NUMBER	설명
CUMULATIVE	NUMBER	누적값 여부(YES/NO)

주요 STAT에 대한 설명은 다음과 같다.

OS STAT 명	OS STAT 설명
NUM_CPUS	사용 중인 CPU 수
IDLE_TIME	idle 상태로 보낸 CPU 시간 (1/100초)
BUSY_TIME	busy 상태로 보낸 CPU 시간 (1/100초), USER_TIME + SYS_TIME이나 약간 오차는 있음.
USER_TIME	user code 실행으로 보낸 CPU 시간 (1/100초)
SYS_TIME	kernel code 실행으로 보낸 CPU 시간 (1/100초)
IOWAIT_TIME	I/O 대기로 보낸 시간 (1/100초)

- CPU 사용률 = BUSY_TIME / (IDLE_TIME + BUSY_TIME)
- 누적값이며 해당 구간의 CPU 사용률을 구하기 위해서는 현재 시간의 값과 이전 시간의 값의 차이를 구해야 함.

5. SQL 성능 - V$SQL

SQL의 성능 통계에 대해서 확인할 수 있는 Dynamic Performance View이며 해당 컬럼에 대한 설명은 아래와 같다.

COLUMN 명	설명
SQL_ID	SQL 식별자. SQL 문장에 종속적인 값으로 문장이 한 글자라도 바뀌면 SQL_ID는 바뀜.
SHARABLE_MEM	child cursor가 사용하는 공유 메모리양을 나타냅니다. 바이트 단위로 측정
PERSISTENT_MEM	child cursor의 수명 동안 사용되는 고정된 메모리양을 바이트 단위
RUNTIME_MEM	child cursor를 실행하는 동안 필요한 고정된 메모리양
SORTS	child cursor에 대해 수행된 정렬 수
LOADED_VERSIONS	컨텍스트 힙이 로드되었는지 여부를 나타내며 '1'은 로드됨을 나타내고 '0'은 로드되지 않음을 나타낸다.
OPEN_VERSIONS	child cursor가 잠겨 있는지 여부를 나타낸다. '1'은 잠겨 있음을 나타내고 '0'은 잠겨 있지 않음을 나타낸다.
USERS_OPENING	SQL 문장을 수행하는 User의 수
FETCHES	SQL 문장과 연관된 Fetch 수
EXECUTIONS	SQL 실행 수. ARRAY 프로세싱으로 처리되는 경우 여러 번 실행이 1회 실행으로 나타난다.

PX_SERVERS_EXECUTIONS	병렬 실행 서버에서 수행된 총 실행 수를 나타낸다. SQL 문이 병렬로 실행된 횟수를 보여줍니다. 값 '0'은 명령문이 병렬로 실행된 적이 없음을 나타낸다.
END_OF_FETCH_COUNT	커서가 Library Cache로 가져온 이후 완전히 실행된 횟수를 계산한다. 커서가 완전히 실행될 때만 값이 증가합니다. 즉, 커서에 의해 생성된 모든 행을 가져오거나 실행이 성공적으로 완료되었음을 의미한다. 실행 실패로 인해 또는 커서가 닫히거나 다시 실행되기 전에 처음 몇 개의 행만 인출되는 경우 부분 실행의 경우 값이 증가하지 않는다. 정의에 따르면 'END_OF_FETCH_COUNT'는 'EXECUTIONS' 열의 값보다 작거나 같아야 한다.
USERS_EXECUTING	현재 SQL 문을 실행 중인 사용자 수
LOADS	해당 객체가 로딩되었거나 다시 로딩된 횟수
FIRST_LOAD_TIME	상위 커서(Parent Cursor)가 생성된 시간의 타임 스탬프
INVALIDATIONS	이 하위 커서(Child Cursor)가 무효화된 횟수
PARSE_CALLS	이 하위 커서에 대해 수행된 파싱(parse) 호출 횟수
DISK_READS	물리적 I/O 발생량(Block 수)
DIRECT_WRITES	TEMP TABLESPACE에 쓴 Block 수
BUFFER_GETS	LOGICAL I/O 발생량(Block 수)
APPLICATION_WAIT_TIME	enq:tx-row lock contention 과 같은 lock에 의한 대기시간(1/1000000초)
CONCURRENCY_WAIT_TIME	buffer busy wait 같은 CONCURRENCY CLASS 대기 시간(1/1000000초)
CLUSTER_WAIT_TIME	gc buffer busy 와 같은 CLUSTER CLASS의 대기 시간(1/1000000초)
USER_IO_WAIT_TIME	db file sequential reads, db file sccatered reads 와 같은 I/O CLASS의 대기 시간
PLSQL_EXEC_TIME	마이크로초 단위로 측정된 PL/SQL 실행 시간
JAVA_EXEC_TIME	마이크로초 단위로 측정된 Java 실행 시간
ROWS_PROCESSED	SQL 문에서 반환된 총 행 수
COMMAND_TYPE	실행된 SQL 명령 유형을 나타내는 Oracle 명령 유형 정의(예 : SELECT, INSERT, UPDATE, DELETE).
OPTIMIZER_MODE	ALL_ROWS, FIRST_ROWS 등의 옵티마이저 모드
OPTIMIZER_COST	옵티마이저 프로그램에서 계산한 쿼리 비용
OPTIMIZER_ENV	SQL 문을 구문 분석할 때 적용되는 최적화 환경 설정
OPTIMIZER_ENV_HASH_VALUE	옵티마이저 환경에 대한 Hash value
PARSING_USER_ID	이 child cursor가 수행된 USER_ID

PARSING_SCHEMA_ID	이 child cursor가 수행된 SCHEMA_ID
PARSING_SCHEMA_NAME	이 child cursor가 수행된 SCHEMA 명
KEPT_VERSIONS	DBMS_SHARED_POOL 패키지를 사용하여 이 하위 커서가 캐시에 고정된 상태로 유지되도록 표시되었는지 여부를 나타낸다.
ADDRESS	이 cursor의 상위 핸들 주소
TYPE_CHK_HEAP	이 child cursor에 대한 유형 검사 힙에 대한 설명이다.
HASH_VALUE	Library Cache 안에 있는 상위 문장의 HASH값
OLD_HASH_VALUE	이전 SQL 해시 값
PLAN_HASH_VALUE	실행계획에 종속적인 값으로 실행계획이 바뀌면 값도 변한다.
CHILD_NUMBER	일반적으로 같은 SQL에 대해서는 Library Cache에서 실행 계획을 공유하지만 같은 SQL 문장임에도 공유하지 못하는 경우 child cursor를 추가로 Library Cache에 생성하는데 같은 SQL에 대해서 여러 cursor가 생성되는 경우 붙는 일련번호. 이 숫자가 너무 높다면 이상 유무 점검 필요하다.
SERVICE	Service name
SERVICE_HASH	SERVICE 컬럼에 나열된 이름에 대한 해시 값
MODULE	SQL 문이 처음 구문 분석되었을 때 실행 중이던 모듈명. 이는 DBMS_APPLICATION_INFO.SET_MODULE을 호출하여 설정
MODULE_HASH	MODULE 컬럼에 나열된 모듈의 해시 값
ACTION	SQL 문이 처음 구문 분석되었을 때 실행 중이던 ACTION명. 이는 DBMS_APPLICATION_INFO.SET_ACTION을 호출하여 설정
ACTION_HASH	ACTION 컬럼에 나열된 모듈의 해시 값
SERIALIZABLE_ABORTS	트랜잭션이 직렬화에 실패하여 커서당 ORA-08177 오류가 발생한 횟수
OUTLINE_CATEGORY	만약 커서의 구성 중에 OULINE이 적용된 경우 OUTLINE에 대한 category가 표시된다.
CPU_TIME	SQL이 사용한 CPU 시간(1/1000000초)
ELAPSED_TIME	SQL 수행 시간(1/1000000초)
OUTLINE_SID	OUTLINE SESSION 식별자
CHILD_ADDRESS	child cursor의 주소
SQLTYPE	이 문에 사용된 SQL 언어의 버전
REMOTE	커서가 원격 매핑되었는지(Y) 또는 매핑되지 않았는지(N)를 나타낸다.

OBJECT_STATUS	커서의 상태 : • VALID - 유효하고 오류 없이 승인 • VALID_AUTH_ERROR - 유효하며 승인 오류가 있지만 승인 • VALID_COMPILE_ERROR - 유효하며 컴파일 오류가 있지만 승인 • VALID_UNAUTH - 유효하며 승인되지 않았음. • INVALID_UNAUTH - 유효하지 않으며 승인되지 않았음. • INVALID - 유효하지 않고 승인되지 않았지만 타임스탬프를 유지
LITERAL_HASH_VALUE	이 측정 항목은 시스템 생성 바인드 변수로 대체되고 CURSOR_SHARING이 사용될 때 일치되는 리터럴의 해시 값을 나타낸다. 이는 전체 SQL 문의 해시 값이 아니라는 점에 유의하는 것이 중요하다. 'CURSOR_SHARING'을 사용하지 않는 경우 이 측정 항목의 값은 '0'
LAST_LOAD_TIME	SQL이 마지막으로 하드 파싱된 시간
IS_OBSOLETE	커서가 사용되지 않는지(Y) 또는 사용되지 않는지(N)를 나타낸다. 하위 커서 수가 너무 많으면 이런 일이 발생할 수 있다.
IS_BIND_SENSITIVE	바인딩에 SENSITIVE(Y) 또는 NOT SENSITIVE(N) 여부를 나타낸다. 조건자 선택성을 계산할 때 최적화 프로그램이 바인드 변수 값 중 하나를 피킹하고 바인드 변수 값의 변경으로 인해 최적화 프로그램이 다른 계획을 생성할 수 있는 경우 쿼리는 바인드에 SENSITIVE한 것으로 간주된다.
IS_BIND_AWARE	커서가 바인딩을 인식하는지(Y) 또는 바인딩하지 않는지(N) 여부를 나타낸다. 확장된 커서 공유를 사용하도록 표시된 쿼리는 바인드 인식으로 간주된다. 쿼리는 이미 바인드 감지로 표시한다.
IS_SHAREABLE	커서를 공유할 수 있는지(Y) 또는 공유할 수 없는지(N)를 나타낸다.
CHILD_LATCH	커서를 보호하는 하위 래치 번호이다. 이 열은 더 이상 사용되지 않으며 이전 버전과의 호환성을 위해 유지한다.
SQL_PROFILE	이 SQL문에 사용된 SQL profile이 있는 경우
SQL_PATCH	이 SQL문에 사용된 SQL_PATCH이 있는 경우
SQL_PLAN_BASELINE	이 SQL문에 사용된 SQL_PLAN_BASELINE이 있는 경우
PROGRAM_ID	Program identifier
PROGRAM_LINE#	Program line number
LAST_ACTIVE_TIME	SQL이 마지막으로 수행된 시간
BIND_DATA	Bind data
TYPECHECK_MEM	Typecheck memory
IO_CELL_OFFLOAD_ELIGIBLE_BYTES	Exadata 스토리지 시스템에서 필터링할 수 있는 I/O 바이트 수

IO_INTERCONNECT_BYTES	Oracle Database와 스토리지 시스템 간에 교환되는 I/O 바이트 수
PHYSICAL_READ_REQUESTS	디스크에서 읽은 바이트 수
PHYSICAL_READ_BYTES	물리적 쓰기 I/O 요청 수
PHYSICAL_WRITE_REQUESTS	물리적 쓰기 I/O 요청 수
PHYSICAL_WRITE_BYTES	디스크에 쓴 바이트 수
OPTIMIZED_PHY_READ_REQUESTS	Database Smart Flash Cache의 물리적 읽기 I/O 요청 수
LOCKED_TOTAL	child cursor가 잠긴 총 횟수
PINNED_TOTAL	child cursor가 pin된 총 횟수
IO_CELL_UNCOMPRESSED_BYTES	Exadata 셀로 오프로드되는 압축되지 않은 바이트 수(압축 해제 후 크기)
IO_CELL_OFFLOAD_RETURNED_BYTES	Smart Scan에 대해서만 Exadata 셀에서 반환되는 바이트이다. 다른 Database I/O 작업에 대한 바이트는 포함되지 않는다.

5. ASH(Active Session History)

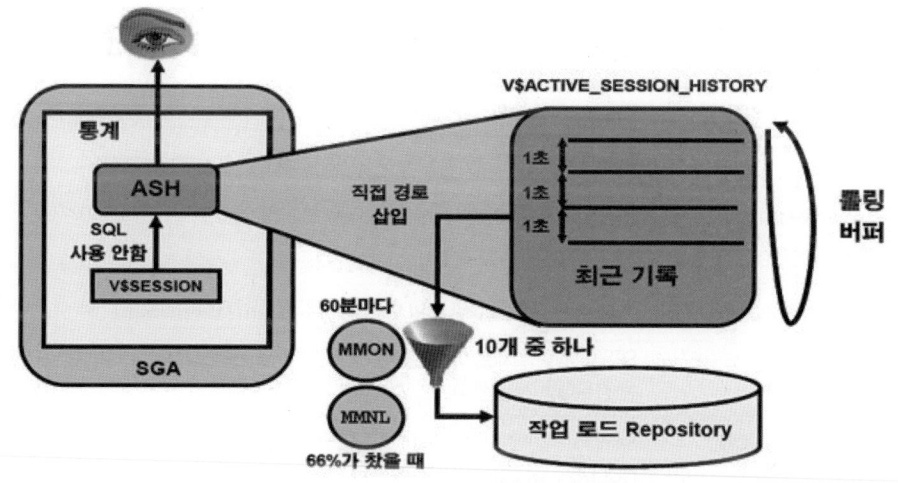

- V$SESSION에서만 1초 단위로 정보 Sample 추출. SQL을 사용하지 않고 추출함.
- AWR 수집 주기마다 MMON Process에 의해 1/10 비율로 수집됨.
- ASH 메모리는 Shared Pool의 5% 또는 SGA_TARGET의 5%를 초과할 수 없음.
- 주요 Sampling 데이터
- SQL문의 SQL 식별자, 객체 번호와 파일 번호 및 Block 번호, 대기 이벤트 식별자 및 파라미터
- SESSION 식별자 및 SESSION 일련번호, 모듈, 프로그램 및 MACHINE 정보
- 트랜잭션 아이디, PGA 및 TEMP TABLESPACE 사용량 등

해당 컬럼에 대한 설명은 아래와 같다.

COLUMN 명	설 명
SAMPLE_ID	각 Sample에 대한 고유 식별자
SAMPLE_TIME	SESSION 활동이 기록된 시간
SESSION_ID	Sample 시간에 활성 SESSION의 SESSION 식별자
SESSION_SERIAL#	SESSION의 일련번호로, SESSION_ID와 함께 SESSION을 고유하게 식별하는 데 사용
USER_ID	Sample 시간에 활동 중이던 Database 사용자의 ID
SQL_ID	Sample 시간에 실행 중인 SQL 문장의 식별자
IS_SQL_CHILD	이 Sample이 자식 커서에 해당하는지 나타낸다.(1이면 true, 0이면 false)
SQL_CHILD_NUMBER	SQL 문장의 자식 번호(같은 SQL 텍스트에 여러 자식 커서가 있는 경우)
SQL_PLAN_HASH_VALUE	SQL 문장의 실행 계획의 해시 값
FORCE_MATCHING_SIGNATURE	비슷하지만 리터럴이 일치하지 않는 SQL 문장을 일치시키기 위해 Oracle이 생성하는 서명
EVENT	Sample 시간에 SESSION이 대기 중이거나 마지막으로 대기했던 이벤트
EVENT_ID	대기 이벤트의 ID
WAIT_CLASS	대기 이벤트의 클래스, 예를 들어 User I/O, Application, Concurrency 등
WAIT_CLASS_ID	대기 클래스의 숫자 식별자
WAIT_TIME	Sample 시간에 SESSION이 이벤트를 대기한 시간 (마이크로초)
TIME_WAITED	SESSION이 실제로 이벤트를 기다린 시간 (Sampling 기간 동안 이벤트가 완료된 경우에만 사용된다).
BLOCKING_SESSION_STATUS	Sample 시간에 SESSION이 차단되었는지 나타낸다. 값으로는 VALID, NO HOLDER, GLOBAL, NOT IN WAIT 등이 있다.
BLOCKING_SESSION	Sample 시간에 이 SESSION을 차단하는 SESSION의 ID

BLOCKING_SESSION_SERIAL#	차단 SESSION의 일련번호로, BLOCKING_SESSION과 함께 차단 SESSION을 고유하게 식별하는 데 사용된다.
BLOCKING_INSTANCE	RAC 환경에서 차단 SESSION의 Instance 번호
BLOCKING_HANGCHAIN_INFO	SESSION이 차단 상황에 있는 경우 차단 체인에 대한 정보
CURRENT_OBJ#	SESSION이 현재 작업 중인 객체의 ID
CURRENT_FILE#	현재 Database 객체가 포함된 파일 번호
CURRENT_BLOCK#	파일 내의 현재 객체의 Block 번호
CURRENT_ROW#	현재 작업의 Block 내 행 번호
TOP_LEVEL_CALL#	상위 레벨의 Oracle 호출 번호로, 작업 유형(예 : SELECT, INSERT)을 나타낸다.
CONSUMER_GROUP_ID	SESSION이 속한 리소스 소비자 그룹의 식별자
XID	SESSION이 트랜잭션 중인 경우의 트랜잭션 식별자
REMOTE_INSTANCE#	SESSION이 분산되어 있는 경우 원격 RAC Database의 Instance 번호
QC_INSTANCE_ID	SESSION이 병렬 처리에 관련된 경우 쿼리 조정자의 Instance ID
QC_SESSION_ID	쿼리 조정자의 SESSION ID
SQL_OPCODE	SQL 문장의 작업 코드 (예 : SELECT, UPDATE).
SQL_PLAN_LINE_ID	실행 계획에서 실행 중인 SQL에 해당하는 라인의 ID
SQL_PLAN_OPERATION	실행 계획에서 작업의 이름 (예 : TABLE ACCESS, HASH JOIN)
SQL_PLAN_OPTIONS	실행 계획에서 작업의 추가 옵션
SERVICE_HASH	SESSION이 활성화된 서비스의 해시 값
SESSION_TYPE	SESSION이 백그라운드 SESSION인지 포어그라운드 SESSION인지 나타낸다.
COMMAND_TYPE	SQL 명령 유형 (예 : 2는 INSERT, 3은 SELECT)
SESSION_STATE	SESSION의 현재 상태 : ON CPU, WAITING, 또는 IDLE
TIME_MODEL	Sampling된 활동에 대한 시간 모델로, CPU 또는 대기 시간의 세분화된 측정을 제공한다.
IN_CONNECTION_MGMT	Sample 시간에 SESSION이 연결 관리 중이었는지 (YES) 나타낸다.
IN_PARSE	SESSION이 파싱 모드에 있었는지 (YES) 나타낸다.
IN_HARD_PARSE	SESSION이 하드 파싱을 수행 중이었는지 (YES) 나타낸다.
IN_SQL_EXECUTION	SESSION이 SQL 실행 모드에 있었는지 (YES) 나타낸다.
IN_PLSQL_EXECUTION	SESSION이 PL/SQL 코드를 실행 중이었는지 (YES) 나타낸다.
IN_JAVA_EXECUTION	SESSION이 Java 코드를 실행 중이었는지 (YES) 나타낸다.
IN_BIND	SESSION이 SQL 실행의 바인딩 단계에 있었는지 (YES) 나타낸다.

IN_CURSOR_CLOSE	SESSION이 커서 종료 단계에 있었는지 (YES) 나타낸다.
PLSQL_ENTRY_OBJECT_ID	SESSION이 PL/SQL을 실행 중일 때 PL/SQL 객체의 ID
PLSQL_ENTRY_SUBPROGRAM_ID	PL/SQL 진입 지점의 하위 프로그램 ID
CON_ID	다중 테넌트 (CDB) 환경에서 SESSION의 컨테이너 ID
SQL_TRACE	Sample 시간에 SESSION에 대해 SQL 추적이 활성화되었는지 나타낸다.
SESSION_EDITION_ID	SESSION이 실행 중인 에디션 ID (에디션 기반 재정의와 관련 있음).

6. AWR(Automatic Workload Repository)

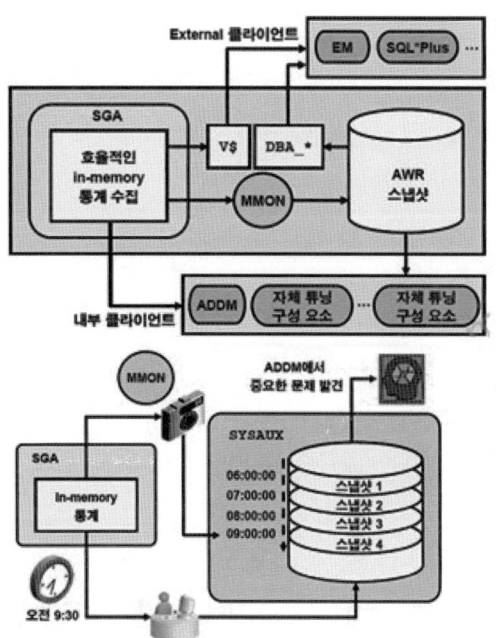
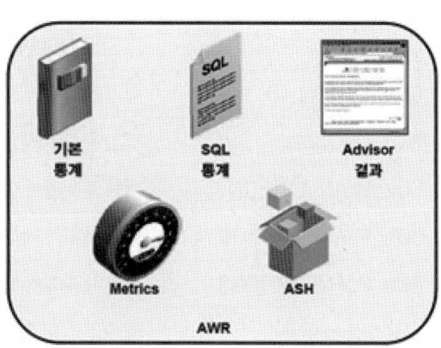

- 성능 문제의 효율적인 분석을 위해서 성능 통계를 디스크에 유지 관리하기 위한 서비스
- 메모리에 저장된 통계는 MMON Process에 의해서 주기적으로 디스크에 전송되어 저장됨.
- 다양한 성능 통계 Snapshot 데이터를 관리. DBA_HIST_로 시작되는 딕셔너리 뷰를 통해서 ACCESS 가능함.
- ASH의 경우는 1/10 SAMPLEING으로 AWR로 수집됨.

- ADDM(Automatic Database Diagnostic Monitor) Report에서 성능 통계 정보들을 모두 이용해서 성능 문제를 진단함.
- 기본 1시간 단위 SNAPSHOT이며 최소 10분 단위까지 조정하는 것이 가능함. 정확한 성능 분석을 위해서 10분 단위 수집 권고

성능 분석할 때 주요하게 사용되는 AWR 데이터는 아래와 같다.

DICTIONARY VIEW 명	설 명
DBA_HIST_SNAPSHOT	AWR 수집된 SNAPSHOT 시간 정보 관리되며 AWR 시간 구간 조회시 항상 JOIN되는 데이터
DBA_HIST_SQLSTAT	SQL 성능통계 GV$SQL의 SNAPSHOT 데이터
DBA_HIST_OSSTAT	OS 성능 통계 GV$OSSTAT의 SNAPSHOT 데이터
DBA_HIST_SYS_TIME_MODEL	시간 모델 성능 통계 GV$SYS_TIME_MODEL의 SNAPSHOT 데이터
DBA_HIST_SYSSTAT	시스템 성능 통계 GV$SYSSTAT의 SNAPSHOT 데이터
DBA_HIST_SYSTEM_EVENT	대기 시간 성능 통계 GV$SYSTEM_EVENT의 SNAPSHOT 데이터
DBA_HIST_ACTIVE_SESS_HISTORY	GV$ACTIVE_SESSION_HISTORY의 1/10 Sampling 저장 데이터

Section 03 성능 분석 유틸리티

■ AWR Report

| AWR Report 생성 권한

AWR Report를 생성하기 위해서는 아래 권한이 필요하다.

- EXECUTE ON DBMS_WORKLOAD_REPOSITORY -- AWR, ASH Report를 사용할 수 있는 권한
- ADVISOR -- ADDM Report 사용할 수 있는 권한

| AWR Report 생성 - Orange Tool 이용

Orange라는 SQL 개발툴에서 AWR을 생성하는 방법이다. 다른 SQL 개발툴에서도 기능을 비슷한 형태로 지원할 것이라고 생각한다.

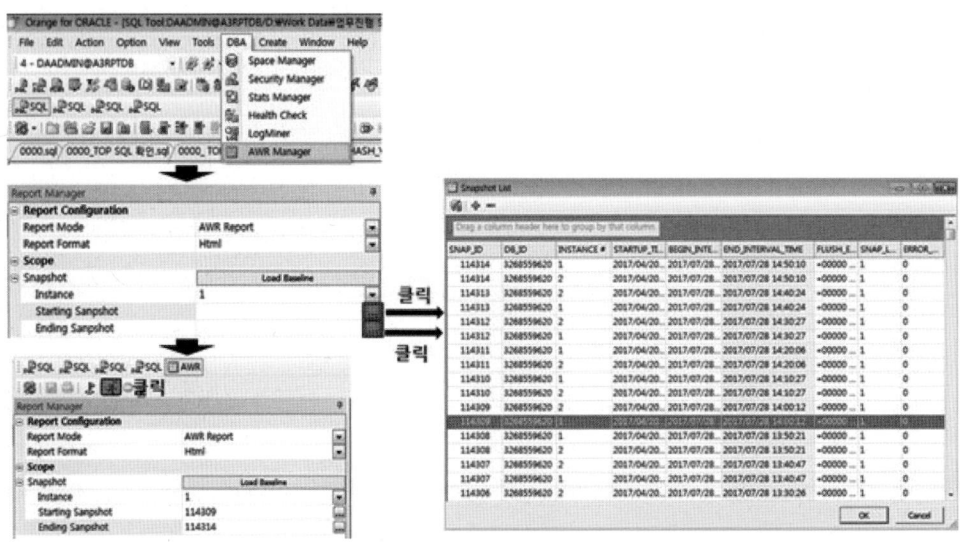

| AWR Report 생성 - 스크립트 이용

Oracle에서 제공하는 패키지인 DBMS_WORKLOAD_REPOSITORY를 이용하는 방법이다.

```
SELECT OUTPUT
  FROM (SELECT INSTANCE_NUMBER, DBID, MIN(SNAP_ID) MIN_SNAP_ID, MAX(SNAP_ID) MAX_
SNAP_ID
         FROM SYS.WRM$_SNAPSHOT
        WHERE END_INTERVAL_TIME >= TO_DATE('201707281400', 'YYYYMMDDHH24MI')
          AND END_INTERVAL_TIME < TO_DATE('201707281450', 'YYYYMMDDHH24MI')
          AND INSTANCE_NUMBER = 1
        GROUP BY INSTANCE_NUMBER, DBID),
       TABLE(DBMS_WORKLOAD_REPOSITORY.AWR_REPORT_HTML(DBID, INSTANCE_NUMBER,
                                                     MIN_SNAP_ID, MAX_SNAP_ID))
```

위의 결과는 아래와 같이 나타나며 HTML로 저장하면 웹화면으로 Report가 출력된다.

AWR Report 내용

위 결과의 내용을 복사해서 HTML로 저장한 파일을 열면 아래와 같은 형태의 Report가 나타난다. AWR Report는 DB의 종합 검진표로 생각하면 될 것 같다.

AWR Report가 현재 DB에 대한 성능 지표에 대한 정보를 제공하지만 DB에 잇슈가 발생하게 되면 AWR Report를 이용해서 빠르게 문제점을 파악하는 것은 쉽지 않다. 빠르게 문제점을 파악하기 위해서는 Normal한 상황과의 비교 및 각 성능 통계에 대한 Trend 데이터가 필요하다. 따라서 필자는 필드에서 근무 시에 AWR Report를 현재는 거의 사용하지 않는다. 직접 대부분 Script를 만들어서 문제 발생 시에 정형화된 주요 성능 지표에 대한 Trend 및 정상 구간과의 비교 분석을 통해 문제점을 추적한다.

11g에서는 선택한 시간 구간에 대한 Report만을 제공했다. 12c부터는 정상 시간 구간과 문제 발생 시간 구간을 선택해서 Report를 선택하면 정상 구간과 비교된 결과를 통해 문제 발생 구간에서 어떤 성능 통계가 증가했는지 파악이 가능해지기는 했지만 Report 생성 시간이 오래 걸리고 파악하는 데 시간이 걸리는 관계로 직접 작성한 Script들을 이용한다.

AWR Report에서는 주요한 성능 지표들을 대부분 제공한다. AWR Report에 나오는 성능 지표를 이해하는 것은 필요하다. AWR에서 제공되는 성능 지표를 이용해서 해당 성능 지표의 Trend 및 비교 분석하는 부분을 직접 Script로 작성해서 이용할 수 있다. 따라서 AWR Report에서 제공하는 아래의 성능 지표들에 대해서 익히는 관점에서 AWR Report를 스터디하는 것이 필요하다고 생각한다.

이번 단원에서 AWR Report에서 제공하는 성능 지표에 대해서는 간단하게 설명하고 넘어가도록 하겠다. 지표에 대한 부분은 GPT 등을 이용한 검색을 통해서 학습이 가능할 것으로 본다.[PART 18, Section 04. 기본 성능 분석]에서 살펴볼 내용들이 AWR Report의 성능 지표들을 기반으로 만들어진 Script이다.

이 정보는 Database Instance와 환경에 대한 기본 정보를 제공하며, 스냅샷 구간 동안의 SESSION 수와 시간 경과에 대한 정보를 보여준다.

DB Name	DB Id	Instance	Inst num	Startup Time	Release	RAC
orcl	861809679	orcl	1	17-4월 -17 11:04	11.2.0.4.0	YES

Host Name	Platform	CPUs	Cores	Sockets	Memory (GB)
a3mosdb1	AIX-Based Systems (64-bit)	40	10		151.00

	Snap Id	Snap Time	Sessions	Cursors/Session	Instances
Begin Snap:	124943	31-7월 -17 07:00:06	1659	.9	2
End Snap:	124961	31-7월 -17 10:00:36	1705	.9	2
Elapsed:		180.50 (mins)			
DB Time:		2,672.65 (mins)			

위에서의 조회 범위 시간 구간에서 Database가 트랜잭션, 메모리, CPU, I/O를 발생량 등 전반적인 성능 지표를 확인할 수 있다. 좀 더 정확한 판단을 위해서는 정상인 경우에의

성능 통계 기준이 있어야 하며 정상인 경우와 비교했을 때 조회 시점에 해당 지표가 어떻게 변화되었는지 비교를 통해서 성능 변화를 확인할 수 있다. 아래에 나오는 성능 지표들 대부분이 그렇다고 볼 수 있다.

Report Summary

Load Profile

	Per Second	Per Transaction	Per Exec	Per Call
DB Time(s):	14.8	0.0	0.00	0.00
DB CPU(s):	5.6	0.0	0.00	0.00
Redo size (bytes):	4,307,600.1	9,528.5		
Logical read (blocks):	1,417,962.1	3,136.6		
Block changes:	12,515.1	27.7		
Physical read (blocks):	5,618.7	12.4		
Physical write (blocks):	963.6	2.1		
Read IO requests:	3,824.9	8.5		
Write IO requests:	408.6	0.9		
Read IO (MB):	43.9	0.1		
Write IO (MB):	7.5	0.0		
Global Cache blocks received:	118.9	0.3		
Global Cache blocks served:	7.4	0.0		
User calls:	18,498.1	40.9		
Parses (SQL):	8,635.6	19.1		
Hard parses (SQL):	2.5	0.0		
SQL Work Area (MB):	63.3	0.1		
Logons:	2.9	0.0		
Executes (SQL):	20,324.3	45.0		
Rollbacks:	127.7	0.3		
Transactions:	452.1			

Instance Efficiency Percentages (목표 100%) 섹션의 항목과 각 항목에 대한 설명이다.

Instance Efficiency Percentages (Target 100%)

Buffer Nowait %:	99.99	Redo NoWait %:	100.00
Buffer Hit %:	99.61	In-memory Sort %:	100.00
Library Hit %:	100.12	Soft Parse %:	99.97
Execute to Parse %:	57.51	Latch Hit %:	99.99
Parse CPU to Parse Elapsd %:	41.95	% Non-Parse CPU:	98.25

Buffer Nowait %: 99.99

Database가 버퍼를 기다리지 않고 즉시 접근할 수 있었던 비율을 나타낸다. 높은 값은 버퍼 대기 현상이 거의 없음을 의미한다.

Redo NoWait %: 100.00

Redo 로그를 기록할 때 대기 없이 바로 접근한 비율을 나타낸다. 100%는 대기 없이 모든 작업이 완료되었음을 의미한다.

Buffer Hit %: 99.61

데이터가 버퍼 캐시에 존재하여 디스크에서 직접 읽을 필요가 없었던 비율을 나타낸다. 높은 값은 데이터가 주로 캐시에서 조회되었음을 나타내며, 캐싱이 잘 이루어지고 있음을 의미한다.

In-memory Sort %: 100.00

정렬 작업이 메모리 내에서 이루어진 비율을 나타낸다. 100%는 모든 정렬이 메모리에서 처리되었음을 의미하며, 디스크를 사용하는 정렬이 없었음을 나타낸다.

Library Hit %: 100.12

Library Cache에서 SQL이 발견된 비율을 나타낸다. 100% 이상은 대부분의 SQL이 공유 SQL 영역에서 발견되어 재사용되고 있음을 의미한다.

Soft Parse %: 99.97

SQL 문이 하드 파싱 없이 소프트 파싱으로 처리된 비율을 나타낸다. 높은 값은 하드 파싱을 피하고 CPU를 절약했음을 의미한다.

Execute to Parse %: 57.51

SQL이 구문 분석을 건너뛰고 실행된 비율을 나타낸다. 낮은 값은 SQL 문이 자주 구문 분석되고 있음을 의미할 수 있으며, 비효율적인 SQL 실행으로 인해 CPU 부하가 증가할 가능성이 있다.

Latch Hit %: 99.99

래치 대기 없이 바로 접근한 비율을 나타낸다. 높은 값은 래치 대기 현상이 거의 없음을 의미한다.

Parse CPU to Parse Elapsed %: 41.95

구문 분석에 사용된 CPU 시간 대비 구문 분석에 걸린 총 시간을 나타낸다. 낮은 값은 구문 분석 중 CPU 외의 대기 시간이 있었음을 나타낼 수 있다.

% Non-Parse CPU: 98.25

CPU 시간 중 구문 분석을 제외한 나머지 비율을 나타낸다. 높은 값은 대부분의 CPU 시간이 실제 SQL 실행에 사용되었음을 의미한다.

주요 대기 이벤트와 각 대기 이벤트가 Database 성능에 미치는 영향을 보여준다. 각 이벤트의 비율이 높을수록 해당 이벤트가 성능에 미치는 영향이 크다.

Top 10 Foreground Events by Total Wait Time

Event	Waits	Total Wait Time (sec)	Wait Avg(ms)	% DB time	Wait Class
DB CPU		60.2K		37.5	
db file sequential read	39,146,090	15.8K	0	9.9	User I/O
log file sync	3,529,455	9303.7	3	5.8	Commit
gc cr grant 2-way	17,237,033	3111.5	0	1.9	Cluster
db file scattered read	1,963,429	1135.3	1	.7	User I/O
gc current grant 2-way	4,040,535	748	0	.5	Cluster
enq: TX - row lock contention	2,972	716.5	241	.4	Application
gc buffer busy acquire	769,816	657.1	1	.4	Cluster
gc cr multi block request	1,608,953	604.1	0	.4	Cluster
read by other session	698,582	548.6	1	.3	User I/O

Wait Classes by Total Wait Time

Wait Class	Waits	Total Wait Time (sec)	Avg Wait (ms)	% DB time	Avg Active Sessions
DB CPU		60,184		37.5	5.6
User I/O	42,010,687	17,604	0	11.0	1.6
Commit	3,529,491	9,304	3	5.8	0.9
System I/O	4,266,056	6,549	2	4.1	0.6
Cluster	24,924,742	5,391	0	3.4	0.5
Application	9,971	721	72	.4	0.1
Network	115,516,929	394	0	.2	0.0
Concurrency	611,193	216	0	.1	0.0
Other	530,953	64	0	.0	0.0
Configuration	1,668	13	8	.0	0.0
Administrative	3	0	30	.0	0.0

아래 통계는 조회 구간의 각 섹션의 CPU 사용, I/O 프로필, 메모리 통계 정보를 제공합니다. 각 항목은 Database 및 호스트 시스템의 자원 사용량과 효율성을 평가하는 데 도움이 된다.

Host CPU

CPUs	Cores	Sockets	Load Average Begin	Load Average End	%User	%System	%WIO	%Idle
40	10		13.80	17.93	28.7	5.0	1.9	66.4

Instance CPU

%Total CPU	%Busy CPU	%DB time waiting for CPU (Resource Manager)
14.1	42.0	0.0

IO Profile

	Read+Write Per Second	Read per Second	Write Per Second
Total Requests:	4,972.2	3,889.8	1,082.4
Database Requests:	4,233.5	3,824.9	408.6
Optimized Requests:	0.0	0.0	0.0
Redo Requests:	666.9	4.4	662.4
Total (MB):	74.0	49.2	24.9
Database (MB):	51.4	43.9	7.5
Optimized Total (MB):	0.0	0.0	0.0
Redo (MB):	13.0	4.3	8.7
Database (blocks):	6,582.4	5,618.7	963.6
Via Buffer Cache (blocks):	6,518.3	5,582.2	936.1
Direct (blocks):	64.1	36.5	27.5

Memory Statistics

	Begin	End
Host Mem(MB):	154,624.0	154,624.0
SGA use (MB):	10,927.3	10,927.3
PGA use (MB):	5,624.7	5,750.8
% Host Mem used for SGA+PGA:	10.70	10.79

아래 정보는 캐시 크기 및 공유 풀 사용률을 보여주며, SQL 실행과 관련된 메모리 사용 비율도 나타낸다.

Cache Sizes

	Begin	End		
Buffer Cache:	6,144M	6,144M	Std Block Size:	8K
Shared Pool Size:	4,012M	4,004M	Log Buffer:	13,440K

Shared Pool Statistics

	Begin	End
Memory Usage %:	88.86	88.63
% SQL with executions>1:	85.02	82.76
% Memory for SQL w /exec>1:	75.45	72.68

Report들의 상위 항목에 대한 하위 성능 통계 리스트이다.

Main Report
- Report Summary
- Wait Events Statistics
- SQL Statistics
- Instance Activity Statistics
- IO Stats
- Buffer Pool Statistics
- Advisory Statistics
- Wait Statistics
- Undo Statistics
- Latch Statistics
- Segment Statistics
- Dictionary Cache Statistics
- Library Cache Statistics
- Memory Statistics
- Streams Statistics
- Resource Limit Statistics
- Shared Server Statistics
- init.ora Parameters

RAC Statistics
- RAC Report Summary
- Global Messaging Statistics
- Global CR Served Stats
- Global CURRENT Served Stats
- Global Cache Transfer Stats
- Interconnect Stats
- Dynamic Remastering Statistics

Wait Events Statistics
- Time Model Statistics
- Operating System Statistics
- Operating System Statistics - Detail
- Foreground Wait Class
- Foreground Wait Events
- Background Wait Events
- Wait Event Histogram
- Wait Event Histogram Detail (64 msec to 2 sec)
- Wait Event Histogram Detail (4 sec to 2 min)
- Wait Event Histogram Detail (4 min to 1 hr)
- Service Statistics
- Service Wait Class Stats

아래 성능 통계 항목은 다양한 Database 활동에 소요된 시간을 절대 시간(초)과 총 Database 시간(DB Time)의 백분율로 보여준다. 이 보고서는 SQL 실행 시간이 작업 부하를 지배하며, 그다음으로 DB CPU 시간이 많다는 것을 나타낸다. SQL 튜닝을 통해서 Database 성능을 개선하면 SQL 실행시간 및 DB CPU 시간이 줄어든다. DB CPU 시간이 감소하면 CPU 사용률도 감소한다.

Time Model Statistics
- Total time in database user-calls (DB Time): 160358.8s
- Statistics including the word "background" measure background process time, and so do not contribute to the DB time statistic
- Ordered by % or DB time desc, Statistic name

Statistic Name	Time (s)	% of DB Time
sql execute elapsed time	135,486.48	84.49
DB CPU	60,183.71	37.53
parse time elapsed	3,212.18	2.00
PL/SQL execution elapsed time	1,990.58	1.24
hard parse elapsed time	647.09	0.40
connection management call elapsed time	119.32	0.07
PL/SQL compilation elapsed time	17.28	0.01
hard parse (sharing criteria) elapsed time	13.12	0.01
failed parse elapsed time	1.12	0.00
sequence load elapsed time	0.52	0.00
repeated bind elapsed time	0.35	0.00
hard parse (bind mismatch) elapsed time	0.10	0.00
DB time	160,358.80	
background elapsed time	8,008.13	
background cpu time	1,015.50	

아래 성능 통계는 운영 체제 통계로, CPU 사용량, 메모리, I/O 대기 시간 및 네트워크 구성과 관련된 지표를 보여준다. 시스템 부하, CPU 사용량, 메모리 용량 및 네트워크 구성을 평가하는 데 도움이 된다. 높은 I/O 대기 시간이나 CPU 대기 시간은 병목 현상을 나타낼 수 있으며, 높은 바쁜 시간은 CPU가 완전히 활용되고 있음을 나타낸다.

Operating System Statistics

- *TIME statistic values are diffed. All others display actual values. End Value is displayed if different
- ordered by statistic type (CPU Use, Virtual Memory, Hardware Config), Name

Statistic	Value	End Value
AVG_BUSY_TIME	363,408	
AVG_IDLE_TIME	718,512	
AVG_IOWAIT_TIME	20,164	
AVG_SYS_TIME	53,136	
AVG_USER_TIME	309,760	
BUSY_TIME	14,557,769	
IDLE_TIME	28,762,315	
IOWAIT_TIME	828,210	
SYS_TIME	2,146,409	
USER_TIME	12,411,360	
LOAD	14	18
OS_CPU_WAIT_TIME	17,599,200	
PHYSICAL_MEMORY_BYTES	162,135,015,424	
NUM_CPUS	40	
NUM_CPU_CORES	10	
NUM_LCPUS	40	
NUM_VCPUS	10	
GLOBAL_RECEIVE_SIZE_MAX	4,194,304	
GLOBAL_SEND_SIZE_MAX	4,194,304	
TCP_RECEIVE_SIZE_DEFAULT	16,384	
TCP_RECEIVE_SIZE_MAX	9,223,372,036,854,775,807	
TCP_RECEIVE_SIZE_MIN	4,096	
TCP_SEND_SIZE_DEFAULT	16,384	
TCP_SEND_SIZE_MAX	9,223,372,036,854,775,807	
TCP_SEND_SIZE_MIN	4,096	

아래 성능 통계는 여러 스냅샷에 대한 시스템 리소스 활용도에 대한 시계열 보기를 제공한다. AWR이 10분 단위의 스냅샷이기 때문에 10분 단위로 OS 성능 통계가 출력되었다. 각 시간 간격에 대한 CPU 사용량, 시스템 로드 및 유휴 시간과 관련된 다양한 측정 항목을 표시한다. 이 표는 시간이 지남에 따라 시스템의 CPU 리소스가 어떻게 사용되고 있는지 이해하는 데 도움이 된다. 로드 및 %busy 열은 시스템의 수요와 활동 수준을 표시하고, %idle은 사용되지 않은 상태로 남아 있는 자원을 나타낸다. 높은 %iowait 값은 잠재적인 I/O 병목 현상을 나타낼 수 있지만 이 보고서에서는 이 값이 상당히 낮아 최소한의 I/O 지연을 나타낸다. 이 상세 보기는 리소스 사용량의 패턴이나 최고치를 식별하는 데 도움이 되며 성능 문제를 진단하거나 시간 경과에 따른 워크로드 추세를 이해하는 데 유용할 수 있다.

Operating System Statistics - Detail

Snap Time	Load	%busy	%user	%sys	%idle	%iowait
31-7월 07:00:06	13.80					
31-7월 07:10:21	16.19	32.09	27.23	4.87	67.91	2.01
31-7월 07:20:45	16.19	31.60	26.91	4.69	68.40	1.70
31-7월 07:30:01	13.42	31.51	26.76	4.75	68.49	1.87
31-7월 07:40:19	16.05	32.84	27.99	4.85	67.16	1.83
31-7월 07:50:37	16.29	32.07	27.56	4.51	67.93	1.58
31-7월 08:00:01	16.50	32.95	28.25	4.70	67.05	1.65
31-7월 08:10:16	15.73	35.48	30.39	5.09	64.52	2.15
31-7월 08:20:31	16.73	33.62	28.71	4.92	66.38	1.88
31-7월 08:30:02	17.48	33.55	28.36	5.19	66.45	2.13
31-7월 08:40:11	14.92	32.80	27.84	4.97	67.20	1.98
31-7월 08:50:29	16.11	32.72	27.84	4.88	67.28	1.84
31-7월 09:00:50	17.80	33.35	28.41	4.94	66.65	1.83
31-7월 09:10:03	20.09	36.26	30.80	5.46	63.74	2.25
31-7월 09:20:18	15.25	35.14	29.95	5.19	64.86	2.07
31-7월 09:30:39	18.09	34.45	29.45	5.00	65.55	1.92
31-7월 09:40:05	16.62	35.98	30.71	5.26	64.02	1.96
31-7월 09:50:18	13.79	34.06	29.19	4.87	65.94	1.59
31-7월 10:00:36	17.93	34.63	29.53	5.10	65.37	2.21

Foreground Wait Class 섹션에서는 Database에서 발생한 다양한 대기 이벤트에 대한 세부 정보를 제공한다. 대기 이벤트는 프로세스가 리소스를 기다려야 했던 기간을 나타내며 이를 분석하면 잠재적인 병목 현상이나 성능 문제를 식별하는 데 도움이 된다.

Foreground Wait Class

- s - second, ms - millisecond - 1000th of a second
- ordered by wait time desc, waits desc
- %Timeouts: value of 0 indicates value was < .5%. Value of null is truly 0
- Captured Time accounts for 58.6% of Total DB time 160,358.80 (s)
- Total FG Wait Time: 33,791.70 (s) DB CPU time: 60,183.71 (s)

Wait Class	Waits	%Time -outs	Total Wait Time (s)	Avg wait (ms)	%DB time
DB CPU			60,184		37.53
User I/O	41,983,516	0	17,584	0	10.97
Commit	3,529,455	0	9,304	3	5.80
Cluster	24,891,678	0	5,383	0	3.36
Application	9,931	0	721	73	0.45
Network	115,432,655	0	394	0	0.25
Concurrency	557,621	0	201	0	0.13
System I/O	548,854	0	154	0	0.10
Other	84,959	7	38	0	0.02
Configuration	1,659	0	13	8	0.01
Administrative	3	0	0	30	0.00

아래 섹션에서는 기간 동안 발생한 특정 대기 이벤트에 대한 자세한 통계를 제공한다. 이러한 대기 이벤트를 분석하면 Database가 어디에서 대기 시간을 소비했는지 파악하는 데 도움이 되며, 이는 성능 병목 현상을 나타낼 수 있다.

높은 대기 이벤트, 특히 db file sequential read와 log file sync의 대기 시간을 줄일 수 있다면 I/O 및 트랜잭션 대기 시간이 줄어들어 Database 성능을 향상시킬 수 있다. 여기에는 쿼리 최적화, 인덱싱 전략 개선 또는 Commit 관련 프로세스 조정이 포함될 수 있다.

Foreground Wait Events

- s - second, ms - millisecond - 1000th of a second
- Only events with Total Wait Time (s) >= .001 are shown
- ordered by wait time desc, waits desc (idle events last)
- %Timeouts: value of 0 indicates value was < .5%. Value of null is truly 0

Event	Waits	%Time-outs	Total Wait Time (s)	Avg wait (ms)	Waits /txn	% DB time
db file sequential read	39,146,090	0	15,807	0	8.00	9.86
log file sync	3,529,455	0	9,304	3	0.72	5.80
gc cr grant 2-way	17,237,033	0	3,111	0	3.52	1.94
db file scattered read	1,963,429	0	1,135	1	0.40	0.71
gc current grant 2-way	4,040,535	0	748	0	0.83	0.47
enq: TX - row lock contention	2,972	0	717	241	0.00	0.45
gc buffer busy acquire	769,816	0	657	1	0.16	0.41
gc cr multi block request	1,608,953	0	604	0	0.33	0.38
read by other session	698,582	0	549	1	0.14	0.34
gc current block 2-way	1,083,782	0	212	0	0.22	0.13
SQL*Net more data to client	6,909,649	0	192	0	1.41	0.12
control file sequential read	548,410	0	153	0	0.11	0.10
enq: TX - index contention	70,453	0	103	1	0.01	0.06
SQL*Net message to client	107,343,549	0	103	0	21.92	0.06
SQL*Net more data from client	1,179,457	0	99	0	0.24	0.06
db file parallel read	67,084	0	38	1	0.01	0.02
direct path write temp	15,199	0	33	2	0.00	0.02
buffer busy waits	120,328	0	28	0	0.02	0.02
cursor: pin S	19,746	0	27	1	0.00	0.02
library cache: mutex X	188,372	0	23	0	0.04	0.01
enq: FB - contention	47,853	0	23	0	0.01	0.01
gc current multi block request	48,949	0	22	0	0.01	0.01
gc cr block 2-way	68,235	0	17	0	0.01	0.01

아래 섹션에는 Database의 백그라운드 프로세스와 관련된 대기 이벤트가 나열되어 있다. 백그라운드 대기는 백그라운드에서 실행 중인 프로세스(예 : log writers 또는 I/O 프로세스)가 리소스를 기다려야 할 때 발생한다. 이러한 이벤트는 특히 중요한 백그라운드 작업이 지연되는 경우 전체 Database 성능에 영향을 미칠 수 있다.

Background Wait Events

- ordered by wait time desc, waits desc (idle events last)
- Only events with Total Wait Time (s) >= .001 are shown
- %Timeouts: value of 0 indicates value was < .5%. Value of null is truly 0

Event	Waits	%Time-outs	Total Wait Time (s)	Avg wait (ms)	Waits /txn	% bg time
log file parallel write	2,934,090	0	4,358	1	0.60	54.41
db file parallel write	351,568	0	997	3	0.07	12.45
Log archive I/O	1,809	0	502	278	0.00	6.27
log file sequential read	4,602	0	398	86	0.00	4.97
db file async I/O submit	346,958	0	98	0	0.07	1.23
control file sequential read	68,143	0	26	0	0.01	0.32
control file parallel write	9,594	0	16	2	0.00	0.20
db file sequential read	18,489	0	15	1	0.00	0.19
os thread startup	340	0	14	42	0.00	0.18
LGWR wait for redo copy	100,055	0	8	0	0.02	0.10
DFS lock handle	26,534	100	7	0	0.01	0.09
Disk file operations I/O	8,067	0	3	0	0.00	0.04
gc current block 2-way	15,062	0	3	0	0.00	0.04
enq: WF - contention	349	0	3	9	0.00	0.04
gcs log flush sync	1,291	1	2	1	0.00	0.02
direct path write	576	0	1	2	0.00	0.02
gc current grant 2-way	6,079	0	1	0	0.00	0.01
gc cr grant 2-way	5,835	0	1	0	0.00	0.01
CGS wait for IPC msg	97,688	100	1	0	0.02	0.01
gc current block busy	365	0	1	2	0.00	0.01
latch free	305	0	1	2	0.00	0.01
row cache lock	1,653	0	1	0	0.00	0.01

아래 섹션은 다양한 시간 간격에 따른 대기 이벤트 분포를 보여준다. 히스토그램 형식은 여러 대기 이벤트가 일반적으로 걸리는 시간에 대한 분포도이며 아래 성능 통계에서는 대부분이 1밀리초 이하인 것을 알 수 있다.

Wait Event Histogram

- Units for Total Waits column: K is 1000, M is 1000000, G is 1000000000
- % of Waits: value of .0 indicates value was < .05%; value of null is truly 0
- % of Waits: column heading of <=1s is truly <1024ms, >1s is truly >=1024ms
- Ordered by Event (idle events last)

Event	Total Waits	% of Waits						
		<1ms	<2ms	<4ms	<8ms	<16ms	<32ms	<=1s	>1s
ADR block file read	48	68.8	27.1	4.2					
ADR block file write	15	53.3	26.7	13.3	6.7				
ADR file lock	18	100.0							
ARCH wait for archivelog lock	147	100.0							
CGS wait for IPC msg	97.7K	100.0	.0						
CSS initialization	233				87.1	12.9			
CSS operation: action	665	35.3	59.5	4.5	.6				
DFS lock handle	28.3K	97.7	1.7	.5	.1		.0		
Disk file operations I/O	92.5K	99.5	.2	.0	.2	.1	.0	.0	
IPC send completion sync	588	98.1	1.4	.5					
KJC: Wait for msg sends to complete	6621	100.0	.0						
LGWR wait for redo copy	100.1K	99.0	.6	.3	.1	.0	.0		
Log archive I/O	1809	6.6	.8	1.4	1.0	.1	1.9	88.2	
PX Deq: Signal ACK EXT	152	97.4	2.0	.7					
PX Deq: Signal ACK RSG	152	97.4		.7	2.0				
PX Deq: Slave Session Stats	344	99.4	.6						
PX Deq: reap credit	7968	100.0							
SQL*Net break/reset to client	6856	91.4	3.9	2.2	1.2	9	.4	.0	
SQL*Net message to client	107.3M	100.0	.0	.0	.0	.0	.0		
SQL*Net more data from client	1179.5K	98.9	.5	.3	.2	.1	.0	.0	.0

위의 섹션에서는 1밀리초에서 1초까지의 범위였다면 아래 섹션은 2초에서 2분까지의 범위 그리고 4분에서 1시간 동안 발생한 대기 이벤트 분포도이다.

```
Wait Event Histogram Detail (4 sec to 2 min)

 • Units for Total Waits column: K is 1000, M is 1000000, G is 1000000000
 • Units for % of Total Waits: s is 1024 milliseconds (approximately 1 second) m is 64*1024 milliseconds (approximately 67 seconds or 1.1 minutes)
 • % of Total Waits: total waits for all wait classes, including Idle
 • % of Total Waits: value of .0 indicates value was <.05%; value of null is truly 0
 • Ordered by Event (only non-idle events are displayed)

                                      % of Total Waits
Event                  Waits 4s to 2m  <2s  <4s  <8s  <16s  <32s  <1m  <2m  >=2m
enq: TX - row lock contention    35   98.8  .1   .5   .6

Wait Event Histogram Detail (4 min to 1 hr)

No data exists for this section of the report.
```

SQL 통계라는 제목의 AWR 보고서 섹션에는 Database의 SQL 문을 다양한 성능 측정 기준에 따라 분석하고 정렬하는 다양한 방법이 나열된다. SQL ordered by Elapsed Time의 경우는 실행 시간 기준으로 정렬된 TOP SQL LIST이며 SQL ordered by CPU Time의 경우는 CPU TIME 기준으로 정렬된 TOP SQL LIST이다. 논리적 I/O 발생량, 물리적 I/O 발생량, 실행 수 기준 등 다양한 형태의 TOP SQL Report가 제공된다. SQL 통계 항목별 LIST를 모두 나열하기에는 지면이 길어지기 때문에 몇 가지만 Sample로 추가했으며 여기에 나열된 주요 SQL 문은 튜닝 후보군이며 튜닝을 통해서 전체 Database의 성능 부하를 줄이고 SQL의 I/O 및 CPU 시간, 응답시간 등의 개선을 할 수 있다.

```
SQL Statistics

 • SQL ordered by Elapsed Time
 • SQL ordered by CPU Time
 • SQL ordered by User I/O Wait Time
 • SQL ordered by Gets
 • SQL ordered by Reads
 • SQL ordered by Physical Reads (UnOptimized)
 • SQL ordered by Executions
 • SQL ordered by Parse Calls
 • SQL ordered by Sharable Memory
 • SQL ordered by Version Count
 • SQL ordered by Cluster Wait Time
 • Complete List of SQL Text
```

SQL ordered by Elapsed Time

- Resources reported for PL/SQL code includes the resources used by all SQL statements called by the code.
- % Total DB Time is the Elapsed Time of the SQL statement divided into the Total Database Time multiplied by 100
- %Total - Elapsed Time as a percentage of Total DB time
- %CPU - CPU Time as a percentage of Elapsed Time
- %IO - User I/O Time as a percentage of Elapsed Time
- Captured SQL account for 42.7% of Total DB Time (s): 160,359
- Captured PL/SQL account for 0.2% of Total DB Time (s): 160,359

Elapsed Time (s)	Executions	Elapsed Time per Exec (s)	%Total	%CPU	%IO	SQL Id	SQL Module	SQL Text
6,321.82	30	210.73	3.94	51.95	0.56	gmnugw7s1f7nbr	JDBC_THIN_EZDFS_ENGINE_NODE1	SELECT /*+ INDEX(PEA2 MC_PRP_E...
6,197.30	31	199.91	3.86	52.59	0.42	9azjk7w5dwkbk	JDBC_THIN_EZDFS_ENGINE_NODE3	SELECT /*+ INDEX(PEA2 MC_PRP_E...
4,019.49	18,975	0.21	2.51	42.03	0.00	gc83ymxw6vhk0	JDBC_THIN_EZDFS_ENGINE_NODE7	SELECT /*+ APP=RTD RULENAME=LT...
2,839.69	2,415	1.18	1.77	46.24	0.00	ctf37uxr3kv0z	JDBC Thin Client	...F...
2,808.81	38,178	0.07	1.75	51.27	0.00	9yx9n59h77t90	JDBC_THIN_EZDFS_ENGINE_NODE3	SELECT /*+ APP=RTD RULENAME=GL...
2,712.76	91	29.81	1.69	23.37	41.21	8k93yz97nxpkn	JDBC_THIN_EZDFS_ENGINE_NODE2	SELECT /*+ INDEX(PEA2 MC_PRP_E...
2,520.93	90	28.01	1.57	24.87	42.64	7vc1rcyzn1nb8	JDBC_THIN_EZDFS_ENGINE_NODE1	SELECT /*+ INDEX(PEA2 MC_PRP_E...
2,339.15	3,767	0.62	1.46	44.87	0.00	647jdqzmq182j	JDBC_THIN_EZDFS_ENGINE_NODE7	SELECT /*+ LEADING(L C) INDEX(...
2,003.69	37,950	0.05	1.25	44.84	0.00	2q9p3ya8vfg9h	JDBC_THIN_EZDFS_ENGINE_NODE8	SELECT /*+ INDEX(MC MC_EQP_RQ...
1,986.01	722	2.75	1.24	48.45	0.04	bc1dvv5x8c9gr	JDBC_THIN_EZDFS_ENGINE_NODE3	SELECT /*+ INDEX (ES MC_EQP_SP...
1,771.85	2,025	0.87	1.10	46.90	0.34	0f7dxau9np0ks	JDBC Thin Client	...F...
1,680.50	1,399	1.20	1.05	42.42	0.15	17y0tb9bxfwxh	JDBC_THIN_EZDFS_ENGINE_NODE2	WITH MAIN_TAB_ORGAS (--ROWD...
1,658.56	121,937,947	0.00	1.03	40.88	0.00	fhag7z43mbc61	JDBC_THIN_EZDFS_ENGINE_NODE3	SELECT FROMDATE || '220000 FR...

SQL ordered by Version Count

- Only Statements with Version Count greater than 20 are displayed

Version Count	Executions	SQL Id	SQL Module	SQL Text
429	181	f5x3crdb1d0gf	SQL*Plus	SELECT ROUND((B.CNT/A.CNT)*.*...
427	181	4rpj6huwax7mq	SQL*Plus	SELECT ROUND((B.CNT/A.CNT)*.*...
426	181	cvkt1upv9t15k	SQL*Plus	SELECT ROUND((B.CNT/A.CNT)*.*...
396	181	a6budh4r161xm	SQL*Plus	SELECT ROUND((B.CNT/A.CNT)*.*...
392	181	4sj3sk2dw0sw7	SQL*Plus	SELECT ROUND((B.CNT/A.CNT)*.*...
392	181	bh7asga6trkyr	SQL*Plus	SELECT ROUND((B.CNT/A.CNT)*.*...
390	181	9hd79dwjnvnqj	SQL*Plus	SELECT ROUND((B.CNT/A.CNT)*.*...
390	181	c0v4fj777tj7d	SQL*Plus	with a as (select object_id f...
388	180	056u6tu2p33aj	SQL*Plus	SELECT ROUND((B.CNT/A.CNT)*.*...
350	181	0aaxwh743gq1s	SQL*Plus	SELECT ROUND((B.CNT/A.CNT)*.*...
344	181	cpw3zxtzj52a8	SQL*Plus	SELECT ROUND((B.CNT/A.CNT)*.*...
33	21,940	da6tgvmfmx2pg	JDBC_THIN_EZDFS_ENGINE_NODE2	INSERT INTO MSS_EQP_SCHED_REAS...
21	11,115	616djswkpdsbz	JDBC_THIN_EZDFS_ENGINE_NODE3	INSERT INTO MSS_SELECT_HIST(CA...

SQL ordered by Cluster Wait Time

- %Total - Cluster Time as a percentage of Total Cluster Wait Time
- %Clu - Cluster Time as a percentage of Elapsed Time
- %CPU - CPU Time as a percentage of Elapsed Time
- %IO - User I/O Time as a percentage of Elapsed Time
- Only SQL with Cluster Wait Time > .005 seconds is reported
- Total Cluster Wait Time (s): 5,391
- Captured SQL account for 38.4% of Total

Cluster Wait Time (s)	Executions	%Total	Elapsed Time(s)	%Clu	%CPU	%IO	SQL Id	SQL Module	SQL Text
339.87	136	6.30	1,093.93	31.07	12.95	41.81	3dc4dxh34316p	JDBC_THIN_EZDFS_ENGINE	SELECT /*+ FULL(RP) */ RP.RECL...
306.75	91	5.69	2,712.76	11.31	23.37	41.21	8k93yz97nxpkn	JDBC_THIN_EZDFS_ENGINE_NODE2	SELECT /*+ INDEX(PEA2 MC_PRP_E...
300.04	90	5.57	1,453.88	20.64	10.73	66.13	9rx2h6bhxhc1g	XbizworkTaskHost.exe	DELETE /*+ APP=SCHEDULER OBJID...
288.59	90	5.35	2,520.93	11.45	24.87	42.64	7vc1rcyzn1nb8	JDBC_THIN_EZDFS_ENGINE_NODE1	SELECT /*+ INDEX(PEA2 MC_PRP_E...
99.31	6	1.84	281.72	35.25	11.11	45.52	6x0cy37d1jr3a	JDBC_THIN_EZDFS_ENGINE	SELECT RP.REDFENAMESPACENAME...
75.33	180	1.40	430.20	17.51	13.50	64.89	056u6tu2p33aj	SQL*Plus	SELECT ROUNU(6.CNT/A.CNT))*...
74.74	929,512	1.39	886.68	8.43	24.52	32.96	cvnkh7p7ubjak	COMPmgr	INSERT INTO mc_mat_Hist (OBJE...

Instance 활동 통계라는 제목의 AWR 보고서 섹션은 Instance 수준 활동 통계의 다양한 하위 섹션 통계가 제공된다. Key Instance Activity Stats(주요 Instance 활동 통계)는 일반적으로 Instance의 전반적인 활동과 상태를 요약하는 중요한 지표가 포함된다. 주요 통계에는 CPU 사용량, I/O 작업, 메모리 사용량 및 작업 부하 관련 지표에 대한 데이터가 포함될 수 있다. Other Instance Activity Stats(기타 Instance 활동 통계)에는 Instance 성능 및 리소스 활용도에 대한 유용한 정보를 제공하는 추가 Instance 수준 통계가 포함된다.

Instance Activity Statistics

- Key Instance Activity Stats
- Other Instance Activity Stats
- Instance Activity Stats - Absolute Values
- Instance Activity Stats - Thread Activity

Key Instance Activity Stats

- Ordered by statistic name

Statistic	Total	per Second	per Trans
db block changes	135,540,626	12,515.07	27.68
execute count	220,115,481	20,324.25	44.96
gc cr block receive time	2,286	0.21	0.00
gc cr blocks received	74,676	6.90	0.02
gc current block receive time	24,558	2.27	0.01
gc current blocks received	1,212,622	111.97	0.25
logons cumulative	31,839	2.94	0.01
opened cursors cumulative	221,566,734	20,458.25	45.25
parse count (total)	93,525,126	8,635.59	19.10
parse time elapsed	250,741	23.15	0.05
physical reads	60,851,940	5,618.73	12.43
physical writes	10,436,374	963.64	2.13
redo size	46,652,127,248	4,307,600.07	9,528.48
session cursor cache hits	8,653,548	799.02	1.77
session logical reads	15,356,799,262	1,417,962.13	3,136.56
user calls	200,337,640	18,498.07	40.92
user commits	3,513,566	324.42	0.72
user rollbacks	1,382,504	127.65	0.28
workarea executions - onepass	0	0.00	0.00
workarea executions - optimal	3,760,283	347.20	0.77

Other Instance Activity Stats

- Ordered by statistic name

Statistic	Total	per Second	per Trans
CCursor + sql area evicted	380	0.04	0.00
CPU used by this session	5,811,604	536.61	1.19
CPU used when call started	5,746,434	530.59	1.17
CR blocks created	1,213,871	112.08	0.25
Cached Commit SCN referenced	17,182	1.59	0.00
Commit SCN cached	516,527	47.69	0.11
DBWR checkpoint buffers written	485,519	44.83	0.10
DBWR checkpoints	177	0.02	0.00
DBWR fusion writes	6,258	0.58	0.00
DBWR object drop buffers written	45	0.00	0.00
DBWR tablespace checkpoint buffers written	31,507	2.91	0.01
DBWR transaction table writes	17,998	1.66	0.00
DBWR undo block writes	3,225,192	297.80	0.66
DFO trees parallelized	85	0.01	0.00
Effective IO time	15,947,610	1,472.51	3.26
HSC Heap Segment Block Changes	13,913,547	1,284.70	2.84
Heap Segment Array Inserts	1,529,959	141.27	0.31
Heap Segment Array Updates	19,372	1.79	0.00
IPC CPU used by this session	72	0.01	0.00
LOB table id lookup cache misses	0	0.00	0.00
Number of read IOs issued	25,532	2.36	0.01

IO 통계 섹션은 Database 관리자가 Database의 I/O 활동을 분석하여 어떤 작업, 파일 유형, TABLESPACE 또는 개별 파일이 I/O 작업 부하에 가장 큰 영향을 미치는지에 분석할 수 있는 통계가 제공된다. 이 정보는 잠재적인 I/O 병목 현상을 식별 및 해결하고, 스토리지 사용량을 최적화하고, 전체 Database 성능을 향상시키는 데 유용하다.

IOStat by Function summary(기능별 IOStat 요약)에서는 읽기, 쓰기, 다양한 유형의 I/O 작업 등 기능별로 분류된 I/O 통계를 제공한다.

IOStat by Filetype summary(파일 형식별 IOStat 요약)에서는 I/O 통계를 Datafile, 로그 파일 및 제어 파일과 같은 파일 형식별로 분류한다.

IOStat by Function/Filetype summary(함수/파일 형식별 IOStat 요약)에서는 함수와 파일 형식 범주를 결합하여 I/O 활동에 대한보다 세부적인 보기를 제공한다.

Tablespace IO Stats(TABLESPACE IO 통계)에서는 TABLESPACE별 I/O 통계를 제공하여 가장 많은 I/O 활동을 생성하는 TABLESPACE를 확인할 수 있다.

File IO Stats(파일 IO 통계)에서는 파일 수준의 자세한 I/O 통계를 제공한다.

IO Stats

- IOStat by Function summary
- IOStat by Filetype summary
- IOStat by Function/Filetype summary
- Tablespace IO Stats
- File IO Stats

IOStat by Function summary

- 'Data' columns suffixed with M,G,T,P are in multiples of 1024 other columns suffixed with K,M,G,T,P are in multiples of 1000
- ordered by (Data Read + Write) desc

Function Name	Reads: Data	Reqs per sec	Data per sec	Writes: Data	Reqs per sec	Data per sec	Waits: Count	Avg Tm(ms)
Buffer Cache Reads	461.1G	3816.74	43.598M	0M	0.00	0M	41.1M	0.10
Others	55.5G	64.72	5.25M	93.6G	12.68	8.853M	663.2K	0.05
LGWR	28M	0.21	.003M	91.6G	662.74	8.66M	2937.8K	0.88
DBWR	0M	0.00	0M	77.3G	405.77	7.312M	0	
Direct Reads	3G	6.74	.285M	7M	0.09	.001M	0	
Direct Writes	0M	0.00	0M	293M	1.10	.027M	0	
Streams AQ	0M	0.00	0M	0M	0.00	0M	37	0.41
TOTAL:	519.7G	3888.41	49.136M	262.8G	1082.37	24.852M	44.7M	0.15

IOStat by Filetype summary

- 'Data' columns suffixed with M,G,T,P are in multiples of 1024 other columns suffixed with K,M,G,T,P are in multiples of 1000
- Small Read and Large Read are average service times, in milliseconds
- Ordered by (Data Read + Write) desc

Filetype Name	Reads: Data	Reqs per sec	Data per sec	Writes: Data	Reqs per sec	Data per sec	Small Read	Large Read
Data File	462.4G	3825.57	43.718M	77.4G	406.92	7.322M	318.43	0.19
Log File	45.6G	4.43	4.309M	91.5G	662.44	8.655M	0.74	23.57
Archive Log	0M	0.00	0M	91.2G	8.63	8.621M		
Control File	9.7G	56.93	.914M	506M	2.77	.047M	0.03	3.14
Temp File	2.2G	2.67	.205M	2.2G	1.65	.206M	0.07	0.12
TOTAL:	519.8G	3889.60	49.146M	262.8G	1082.41	24.851M	313.54	1.26

IOStat by Function/Filetype summary

- 'Data' columns suffixed with M,G,T,P are in multiples of 1024 other columns suffixed with K,M,G,T,P are in multiples of 1000
- Ordered by (Data Read + Write) desc for each function

Function/File Name	Reads: Data	Reqs per sec	Data per sec	Writes: Data	Reqs per sec	Data per sec	Waits: Count	Avg Tm(ms)
Buffer Cache Reads	461.1G	3816.50	43.596M	0M	0.00	0M	41.1M	0.10
Buffer Cache Reads (Data File)	461.1G	3816.50	43.596M	0M	0.00	0M	41.1M	0.10
Others	55.5G	64.71	5.247M	93.6G	12.67	8.848M	654.3K	0.04
Others (Archive Log)	0M	0.00	0M	91.2G	8.63	8.618M	0	
Others (Log File)	45.6G	4.39	4.308M	0M	0.00	0M	825	0.22
Others (Control File)	9.6G	56.76	.911M	457M	2.48	.042M	614.8K	0.04
Others (Data File)	302M	3.56	.028M	2G	1.57	.187M	38.6K	0.04
LGWR	28M	0.21	.003M	91.6G	662.73	8.66M	2650	0.06
LGWR (Log File)	0M	0.04	0M	91.5G	662.44	8.655M	848	0.09
LGWR (Control File)	28M	0.17	.003M	50M	0.29	.005M	1802	0.04
DBWR	0M	0.00	0M	77.3G	405.81	7.313M	0	
DBWR (Data File)	0M	0.00	0M	77.3G	405.81	7.313M	0	
Direct Reads	3G	6.74	.285M	7M	0.09	.001M	0	
Direct Reads (Data File)	3G	6.74	.285M	7M	0.09	.001M	0	
Direct Writes	0M	0.00	0M	293M	1.10	.027M	0	
Direct Writes (Data File)	0M	0.00	0M	293M	1.10	.027M	0	
Streams AQ	0M	0.00	0M	0M	0.00	0M	37	0.41
Streams AQ (Data File)	0M	0.00	0M	0M	0.00	0M	37	0.41
TOTAL:	519.6G	3888.17	49.132M	262.8G	1082.40	24.848M	41.7M	0.10

Tablespace IO Stats

- ordered by IOs (Reads + Writes) desc

Tablespace	Reads	Av Rds/s	Av Rd(ms)	Av Blks/Rd	1-bk Rds/s	Av 1-bk Rd(ms)	Writes	Writes avg/s	Buffer Waits	Av Buf Wt(ms)
FRD_MGMT_DAT	11,888,931	1,098	0.39	1.03	99,186	1095.77	0	9	3,030	0.53
FAB_SSD_DAT	6,757,032	624	0.39	2.80	152,770	495.39	0	14	37,722	0.40
FAB_ETC_IDX	4,628,298	427	0.33	1.00	357,992	427.35	0	33	6,022	0.47
FAB_CUST_IDX	4,283,497	396	0.37	1.00	125,141	395.51	0	12	783,585	0.53
FAC_MAC_MAT_IDX	2,742,428	253	0.46	1.00	1,138,036	253.22	0	105	20,530	0.34
FAB_CUST_DAT	2,870,331	265	0.47	2.46	62,154	234.13	0	6	719,885	1.04

File IO Stats

- ordered by Tablespace, File

Tablespace	Filename	Reads	Av Rds/s	Av Rd(ms)	Av Blks/Rd	1-bk Rds/s	Av 1-bk Rd(ms)	Writes	Writes avg/s	Buffer Waits	Av Buf Wt(ms)
FAB_CUST_DAT	/dev/vxrdsk/mos_odg01/rlvol18	168,203	16	0.47	2.26	14	0.44	3,365	0	37,732	0.89
FAB_CUST_DAT	/dev/vxrdsk/mos_odg01/rlvol24	107,250	10	0.52	2.84	9	0.48	1,130	0	36,773	1.16
FAB_CUST_DAT	/dev/vxrdsk/mos_odg01/rlvol26	37,785	3	0.52	4.10	3	0.47	1,575	0	23,443	1.12
FAB_CUST_DAT	/dev/vxrdsk/mos_odg01/rlvol27	46,860	4	0.51	4.06	3	0.44	2,451	0	35,050	1.00
FAB_CUST_DAT	/dev/vxrdsk/mos_odg01/rlvol28	89,998	8	0.44	2.60	7	0.41	1,767	0	31,617	1.03
FAB_CUST_DAT	/dev/vxrdsk/mos_odg01/rlvol29	79,545	7	0.43	1.81	7	0.42	1,331	0	8,413	0.75
FAB_CUST_DAT	/dev/vxrdsk/mos_odg01/rlvol30	69,527	6	0.43	2.23	6	0.41	683	0	8,955	1.10
FAB_CUST_DAT	/dev/vxrdsk/mos_odg01/rlvol47	45,498	4	0.43	1.27	4	0.42	684	0	1,215	0.36

Advisory Statistics 섹션에서는 Database의 다양한 메모리 및 복구 관련 매개변수를 최적화하는 데 도움이 될 수 있는 각 하위 Advisory 보고서 및 권장 사항에 대해 확인할 수 있다. 각 Advisory 통계에 대해서 확인하기 위해서는 Oracle에서 Advisory 관련 파라미터를 활성화시켜야 아래의 보고서가 확인이 가능하다.

Advisory Statistics

- Instance Recovery Stats
- MTTR Advisory
- Buffer Pool Advisory
- PGA Aggr Summary
- PGA Aggr Target Stats
- PGA Aggr Target Histogram
- PGA Memory Advisory
- Shared Pool Advisory
- SGA Target Advisory
- Streams Pool Advisory
- Java Pool Advisory

PGA Memory Advisory

- When using Auto Memory Mgmt, minimally choose a pga_aggregate_target value where Estd PGA Overalloc Count is 0

PGA Target Est (MB)	Size Factr	W/A MB Processed	Estd Extra W/A MB Read/Written to Disk	Estd PGA Cache Hit %	Estd PGA Overalloc Count	Estd Time
1,250	0.13	525,836,197.25	112,530,776.48	82.00	2,435,998	190,512,647,139
2,500	0.25	525,836,197.25	112,512,616.76	82.00	2,435,565	190,507,227,595
5,000	0.50	525,836,197.25	115,287.70	100.00	0	156,963,649,104
7,500	0.75	525,836,197.25	115,287.70	100.00	0	156,963,649,104
10,000	1.00	525,836,197.25	52,581.52	100.00	0	156,944,935,228
12,000	1.20	525,836,197.25	52,515.98	100.00	0	156,944,915,669
14,000	1.40	525,836,197.25	52,515.98	100.00	0	156,944,915,669
16,000	1.60	525,836,197.25	52,515.98	100.00	0	156,944,915,669
18,000	1.80	525,836,197.25	52,515.98	100.00	0	156,944,915,669
20,000	2.00	525,836,197.25	52,515.98	100.00	0	156,944,915,669
30,000	3.00	525,836,197.25	52,515.98	100.00	0	156,944,915,669
40,000	4.00	525,836,197.25	52,515.98	100.00	0	156,944,915,669
60,000	6.00	525,836,197.25	52,515.98	100.00	0	156,944,915,669
80,000	8.00	525,836,197.25	52,515.98	100.00	0	156,944,915,669

Wait Statistics(대기 통계) 섹션에서는 두 가지 유형의 대기 이벤트, 즉 버퍼 대기와 큐에 넣기 활동에 대한 자세한 통계가 제공된다. 대기 통계는 SESSION이 리소스를 기다려야 했던 영역을 나타내기 때문에 Database 내의 지연이나 병목 현상을 이해하는 데 필요하다.

Buffer Wait Statistics(버퍼 대기 통계)에서는 캐시에 있는 데이터 버퍼에 접근하기 위해 기다려야 할 때 발생하는 버퍼 대기에 대한 통계를 제공한다. 이터 Block에 대한 높은 경합이나 비효율적인 버퍼 사용으로 인해 버퍼 대기가 발생할 수 있다.

Enqueue는 Database의 공유 리소스에 대한 액세스를 제어하는 잠금이다. **Enqueue Activity** 성능 통계는 소스에 대해 동시에 잠금을 획득하려고 시도할 때 발생하는 Enqueue 경합으로 인한 대기에 대한 정보를 제공한다.

Wait Statistics

- Buffer Wait Statistics
- Enqueue Activity

Buffer Wait Statistics

- ordered by wait time desc, waits desc

Class	Waits	Total Wait Time (s)	Avg Time (ms)
data block	1,706,608	1,235	1
undo header	6,562	1	0
2nd level bmb	889	1	1
undo block	5,857	1	0
segment header	312	0	0
1st level bmb	910	0	0

Enqueue Activity

- only enqueues with waits are shown
- Enqueue stats gathered prior to 10g should not be compared with 10g data
- ordered by Wait Time desc, Waits desc

Enqueue Type (Request Reason)	Requests	Succ Gets	Failed Gets	Waits	Wt Time (s)	Av Wt Time(ms)
TX-Transaction (row lock contention)	3,024	3,024	0	2,972	717	241.14
TX-Transaction (index contention)	138,438	138,424	0	70,455	106	1.50
FB-Format Block	95,601	95,601	0	47,922	26	0.55
TC-Tablespace Checkpoint	57	57	0	20	5	235.70
WF-AWR Flush	389	389	0	349	3	9.51
RO-Multiple Object Reuse (fast object reuse)	420	420	0	96	0	4.86
CF-Controlfile Transaction	26,328	26,321	7	374	0	0.79

아래 섹션은 래치 관련 성능 데이터에 대한 자세한 통계에 대해서 제공한다. 래치는 Oracle Database의 공유 메모리 구조를 보호하고 데이터 일관성을 보장하는 데 사용되는 경량 직렬화 메커니즘이다. Database 성능에 영향을 미칠 수 있는 잠재적인 경합 문제를 식별하려면 래치 활동을 모니터링하는 것이 필요하다.

Latch Activity에서는 래치 사용 및 래치와 관련된 경합에 대한 개요를 제공한다.

Latch Sleep Breakdown에서는 래치를 획득하기 전에 SESSION이 "휴면"(대기)해야 했던 래치 대기의 분석을 표시한다. 빈번한 절전 모드는 경합을 나타낼 수 있으며, 이는 래치 수요가 높고 프로세스가 액세스를 자주 기다리는 것을 나타낸다.

Latch Miss Sources에서는 래치 미스의 소스를 식별한다. 래치 미스는 SESSION이 래치를 획득하려고 시도했지만 다른 SESSION이 이미 래치를 보유하고 있기 때문에 실패할 때 발생한다. 누락의 원인을 알면 특정 영역을 조정하는 데 도움이 될 수 있다.

Mutex Sleep Summary에서는 래치와 유사하지만 공유 리소스에 대한 액세스를 보다 세부적으로 제어하는 데 사용되는 뮤텍스(상호 배제) SLEEP에 대한 정보를 제공한다. 뮤텍스는 SQL 문 구문 분석과 같은 특정 작업에 자주 사용된다. MUTEX SLEEP을 모니터링하면 이러한 영역에서 경합이 있음을 알 수 있다.

Parent Latch Statistics에서는 리소스 그룹에 대한 액세스를 제어할 수 있는 상위 수준 래치인 상위 래치에 대한 통계를 제공한다. 상위 래치 통계를 분석하면 Database의 상위 수준 구조에 대한 전반적인 경합을 이해하는 데 도움이 된다.

Child Latch Statistics에서는 상위 래치 내에서 더욱 세분화된 래치인 하위 래치에 대한 통계를 제공한다. 하위 래치 통계는 경합이 발생할 수 있는 광범위한 래치 그룹 내의 특정 영역을 식별하는 데 도움이 된다.

Latch Statistics

- Latch Activity
- Latch Sleep Breakdown
- Latch Miss Sources
- Mutex Sleep Summary
- Parent Latch Statistics
- Child Latch Statistics

Latch Activity

- "Get Requests", "Pct Get Miss" and "Avg Slps/Miss" are statistics for willing-to-wait latch get requests
- "NoWait Requests", "Pct NoWait Miss" are for no-wait latch get requests
- "Pct Misses" for both should be very close to 0.0

Latch Name	Get Requests	Pct Get Miss	Avg Slps /Miss	Wait Time (s)	NoWait Requests	Pct NoWait Miss
AQ deq hash table latch	90	0.00		0	0	
AQ dequeue bm counter latch	2,526	0.00		0	0	
ASM db client latch	9,568	0.00		0	0	
ASM map operation hash table	90	0.00		0	0	
ASM network state latch	172	0.00		0	0	
AWR Alerted Metric Element list	401,419	0.00		0	0	

Latch Sleep Breakdown

- ordered by misses desc

Latch Name	Get Requests	Misses	Sleeps	Spin Gets
cache buffers chains	27,044,802,605	2,609,084	140,522	2,471,506
gc element	262,012,269	432,494	9,908	423,136
row cache objects	91,626,223	150,734	319	150,418
ges resource hash list	138,741,735	146,062	3,043	143,021
DML lock allocation	1,037,571,820	143,523	921	142,602
redo allocation	9,575,058	90,354	1,240	89,115

Latch Miss Sources

- only latches with sleeps are shown
- ordered by name, sleeps desc

Latch Name	Where	NoWait Misses	Sleeps	Waiter Sleeps
DML lock allocation	ktadmc	0	850	247
DML lock allocation	ktaiam	0	57	438
DML lock allocation	ktaidm	0	23	245
KJC message pool free list	kjcsmpav: allocate a msg buffer	0	7	8
KJC message pool free list	kjcspfmbq: free vector of msg buffers	0	1	0
KJCT flow control latch	kjctcsnd: send normal message	0	120	151
KJCT flow control latch	kjcts_sqenq: queue a message	0	39	19
KJCT flow control latch	kjcts_sedeqv2: dequeue a vector of msgs	0	18	3
KJCT flow control latch	kjctssqmg: adjust send tickets	0	11	7
KJCT flow control latch	kjctr_updatetkt: update ticket info	0	6	14

Mutex Sleep Summary

- ordered by number of sleeps desc

Mutex Type	Location	Sleeps	Wait Time (ms)
Library Cache	kglget1 1	75,643	0
Library Cache	kgllkdl1 85	59,919	0
Library Cache	kglpnal2 91	20,822	0
Cursor Pin	kksfbc [KKSCHLFSP2]	15,893	0
Library Cache	kglpin1 4	13,335	0
Library Cache	kglpndl1 95	13,293	0
Library Cache	kglpnal1 90	9,133	0
Cursor Pin	kksLockDelete [KKSCHLPIN6]	7,895	0
Cursor Pin	kksfbc [KKSCHLPIN1]	3,334	0
Cursor Pin	kkslce [KKSCHLPIN2]	439	0
Library Cache	kglhdgn2 106	148	0
Library Cache	kgllkc1 57	105	0

아래 섹션은 Database 세그먼트와 관련된 다양한 통계를 제공한다. Database 세그먼트는 데이터를 저장하는 테이블, INDEX, 파티션과 같은 개체이다. 세그먼트 통계를 모니터링하면 높은 I/O, 경합 또는 잠금과 같은 Database의 특정 세그먼트 또는 영역과 관련된 성능 문제를 식별하는 데 도움이 될 수 있다. 각 세그먼트 별로 아래와 같이 여러 하위 통계가 제공된다.

Segment Statistics

- Segments by Logical Reads
- Segments by Physical Reads
- Segments by Physical Read Requests
- Segments by UnOptimized Reads
- Segments by Optimized Reads
- Segments by Direct Physical Reads
- Segments by Physical Writes
- Segments by Physical Write Requests
- Segments by Direct Physical Writes
- Segments by Table Scans
- Segments by DB Blocks Changes
- Segments by Row Lock Waits
- Segments by ITL Waits
- Segments by Buffer Busy Waits
- Segments by Global Cache Buffer Busy
- Segments by CR Blocks Received
- Segments by Current Blocks Received

아래 섹션에서는 Database 개체(예 : 테이블, INDEX, 사용자)에 대한 메타데이터 정보를 저장하는 Dictionary Cache의 사용 및 성능에 대한 세부 정보를 제공한다. Dictionary Cache 성능을 모니터링하면 Database가 성능에 영향을 미칠 수 있는 메타데이터를 검색하는 방식의 비효율성을 식별하는 데 도움이 될 수 있다. 통계는 단일 Instance Database에 대한 사전 캐시 통계와 클러스터 환경(RAC: Real Application Clusters)에 대한 두 섹션으로 제공된다.

Dictionary Cache Statistics

- Dictionary Cache Stats
- Dictionary Cache Stats (RAC)

Dictionary Cache Stats

- "Pct Misses" should be very low (<2% in most cases)
- "Final Usage" is the number of cache entries being used

Cache	Get Requests	Pct Miss	Scan Reqs	Pct Miss	Mod Reqs	Final Usage
dc_awr_control	211	11.85	0		11	1
dc_files	200,716	0.00	0		0	257
dc_global_oids	8,195,181	0.00	0		0	61
dc_histogram_data	20,932	6.36	0		0	826
dc_histogram_defs	518,090	0.86	0		2,147	2,565
dc_object_grants	1,699	3.88	0		0	72
dc_objects	11,499,572	0.03	0		281	2,556
dc_profiles	60,735	0.00	0		0	1
dc_rollback_segments	80,276	0.00	0		0	1,003
dc_segments	1,009,591	0.48	0		424	3,366
dc_sequences	600	10.00	0		600	14
dc_tablespaces	4,998,164	0.00	0		0	21
dc_users	4,081,000	0.00	0		0	42
global database name	41,216	0.00	0		0	2
outstanding_alerts	306	100.00	0		0	17

Dictionary Cache Stats (RAC)

Cache	GES Requests	GES Conflicts	GES Releases
dc_awr_control	47	25	0
dc_global_oids	57	0	14
dc_histogram_defs	4,447	0	3,916
dc_objects	2,850	14	1,837
dc_segments	5,720	15	4,626
dc_sequences	1,198	22	33
dc_users	17	0	9
global database name	1	0	0
outstanding_alerts	612	306	0

아래 섹션은 Oracle Database 공유 풀의 핵심 구성 요소인 Library Cache에 대한 자세한 통계에 대한 하위 통계를 제공한다. Library Cache는 구문 분석된 SQL 문, PL/SQL 코드 및 실행 계획을 저장하므로 Database가 다시 구문 분석하지 않고도 이러한 객체를 재사용할 수 있으므로 성능이 향상된다. 구문 분석 오버헤드를 줄이고 SQL 실행 시간을 개선하려면 Library Cache를 효율적으로 관리하는 것이 필수적이다.

Library Cache Statistics

- Library Cache Activity
- Library Cache Activity (RAC)

Library Cache Activity

- "Pct Misses" should be very low

Namespace	Get Requests	Pct Miss	Pin Requests	Pct Miss	Reloads	Invali-dations
ACCOUNT_STATUS	90,111	0.00	0		0	0
APP CONTEXT	1	100.00	228	0.44	0	0
BODY	46,764	0.25	4,116,563	0.00	13	0
CLUSTER	589	1.19	595	1.18	0	0
DBLINK	90,966	0.00	0		0	0
EDITION	31,370	0.00	62,068	0.00	0	0
INDEX	35,934	0.03	35,934	1.09	380	0
OBJECT ID	81	100.00	0		0	0
QUEUE	2,164	0.00	2,345	0.00	0	0
SCHEMA	32,610	0.04	0		0	0
SQL AREA	8,691,365	2.67	220,830,667	-0.14	105,512	1,002

Library Cache Activity (RAC)

Namespace	GES Lock Requests	GES Pin Requests	GES Pin Releases	GES Inval Requests	GES Invali-dations
ACCOUNT_STATUS	90,111	0	0	0	0
BODY	0	4,116,523	4,116,523	0	0
CLUSTER	595	595	595	0	0
DBLINK	90,966	0	0	0	0
EDITION	31,370	31,370	31,370	0	0
INDEX	35,934	35,934	35,934	0	0
QUEUE	1,082	2,345	2,345	0	0
SCHEMA	30,779	0	0	0	0
TABLE/PROCEDURE	319,090	21,883,443	21,883,443	0	0
TRANSFORMATION	1,082	1,082	1,082	0	0
TRIGGER	0	1,519	1,519	0	0

아래 섹션은 Oracle Database Instance 내 메모리 사용량의 다양한 측면에 대한 세부 정보를 제공한다. 메모리 통계를 모니터링하면 메모리 리소스가 할당 및 활용되는 방식을 식별할 수 있으므로 Database 관리자는 성능 향상을 위해 메모리 할당을 최적화할 수 있다. Memory Statistics 섹션은 관리자가 Database 내에서 메모리가 할당, 사용 및 조정되는 방식을 이해하는 데 도움이 된다. 동적 구성 요소, 크기 조정 작업 및 개별 프로세스 메모리 사용량을 모니터링함으로써 Database 관리자는 메모리 할당 비효율성을 식별할 수 있다. SGA 및 PGA를 적절하게 조정하고 높은 메모리 사용량 프로세스를 해결하면 Database

성능과 안정성이 크게 향상될 수 있다.

SGA Breakdown Difference 섹션은 시간 경과에 따른 SGA 할당의 차이를 표시하여 특정 구성 요소에 대한 메모리 할당의 변경 사항을 강조 표시한다. 이를 통해 추세를 파악하고 성능 최적화를 위해 메모리 배포 조정이 필요한지 판단할 수 있다.

Memory Statistics

- Memory Dynamic Components
- Memory Resize Operations Summary
- Memory Resize Ops
- Process Memory Summary
- SGA Memory Summary
- SGA breakdown difference

Memory Dynamic Components

- Min/Max sizes since instance startup
- Oper Types/Modes: INitializing, GROw, SHRink, STAtic, IMMediate, DEFerred
- ordered by Component

Component	Begin Snap Size (Mb)	Current Size (Mb)	Min Size (Mb)	Max Size (Mb)	Oper Count	Last Op Typ/Mod
ASM Buffer Cache	0.00	0.00	0.00	0.00	0	STA/
DEFAULT 16K buffer cache	0.00	0.00	0.00	0.00	0	STA/
DEFAULT 2K buffer cache	0.00	0.00	0.00	0.00	0	STA/
DEFAULT 32K buffer cache	0.00	0.00	0.00	0.00	0	STA/
DEFAULT 4K buffer cache	0.00	0.00	0.00	0.00	0	STA/
DEFAULT 8K buffer cache	0.00	0.00	0.00	0.00	0	STA/
DEFAULT buffer cache	6,144.00	6,144.00	6,144.00	6,144.00	0	IN/
KEEP buffer cache	0.00	0.00	0.00	0.00	0	STA/
PGA Target	10,016.00	10,016.00	10,016.00	10,016.00	0	STA/
RECYCLE buffer cache	0.00	0.00	0.00	0.00	0	STA/
SGA Target	0.00	0.00	0.00	0.00	0	STA/
Shared IO Pool	0.00	0.00	0.00	0.00	0	STA/
java pool	224.00	224.00	224.00	224.00	0	STA/
large pool	224.00	224.00	224.00	224.00	0	STA/

Process Memory Summary

- B: Begin Snap E: End Snap
- All rows below contain absolute values (i.e. not diffed over the interval)
- Max Alloc is Maximum PGA Allocation size at snapshot time
- Hist Max Alloc is the Historical Max Allocation for still-connected processes
- ordered by Begin/End snapshot, Alloc (MB) desc

Category	Alloc (MB)	Used (MB)	Avg Alloc (MB)	Std Dev Alloc (MB)	Max Alloc (MB)	Hist Max Alloc (MB)	Num Proc	Num Alloc
B Other	4,581.50		2.76	3.01	56	56	1,660	1,660
Freeable	941.56	0.00	0.98	0.80	12		965	965
SQL	69.35	57.51	0.04	0.66	19	1,003	1,628	1,109
PL/SQL	38.83	12.18	0.02	0.03	0	0	1,660	1,659
E Other	4,702.99		2.76	2.97	56	56	1,706	1,706
Freeable	956.44	0.00	0.96	0.80	12		995	995
SQL	51.94	36.99	0.03	0.27	7	1,003	1,675	1,172
PL/SQL	44.89	16.29	0.03	0.07	2	2	1,706	1,706

SGA Memory Summary

SGA regions	Begin Size (Bytes)	End Size (Bytes) (if different)
Database Buffers	6,442,450,944	
Fixed Size	2,256,624	
Redo Buffers	13,762,560	
Variable Size	4,999,610,640	

SGA breakdown difference

- ordered by Pool, Name
- N/A value for Begin MB or End MB indicates the size of that Pool/Name was insignificant, or zero in that snapshot

Pool	Name	Begin MB	End MB	% Diff
java	free memory	224.00	224.00	0.00
large	PX msg pool	15.63	15.63	0.00
large	free memory	208.38	208.38	0.00
shared	ASH buffers	80.00	80.00	0.00
shared	Checkpoint queue	160.02	160.02	0.00
shared	KGLH0	461.10	467.31	1.35
shared	KGLHD	91.59	88.57	-3.30
shared	KGLNA	95.72	88.10	-7.96
shared	KKSSP	108.84	111.74	2.66
shared	SQLA	1,153.41	1,158.29	0.42

아래 섹션은 RAC(Real Application Clusters) 환경과 관련된 성능 지표를 제공한다. 이러한 통계는 관리자가 Instance 간 통신, 리소스 공유 및 전반적인 클러스터 효율성을 모니터링하고 최적화하는 데 도움이 될 수 있다. RAC 환경의 Instance 간 통신, 글로벌 캐시 전송, 상호 연결 성능, 메시징 통계와 같은 지표를 모니터링하면 경합 지점을 식별하고 클러스터 성능을 최적화하는 데 도움이 된다. 이러한 측면을 조정하면 통신 오버헤드를 줄이고 데이터 액세스 효율성을 향상시키며 RAC 환경의 전반적인 성능을 향상시킬 수 있다.

RAC Statistics

- RAC Report Summary
- Global Messaging Statistics
- Global CR Served Stats
- Global CURRENT Served Stats
- Global Cache Transfer Stats
- Interconnect Stats
- Dynamic Remastering Statistics

Global Messaging Statistics

Statistic	Total	per Second	per Trans
acks for commit broadcast(actual)	3,705	0.34	0.00
acks for commit broadcast(logical)	4,978	0.46	0.00
broadcast msgs on commit(actual)	2,406,990	222.25	0.49
broadcast msgs on commit(logical)	2,934,053	270.91	0.60
broadcast msgs on commit(wasted)	506,023	46.72	0.10
dynamically allocated gcs resources	0	0.00	0.00
dynamically allocated gcs shadows	0	0.00	0.00
flow control messages received	338	0.03	0.00
flow control messages sent	48	0.00	0.00
gcs apply delta	0	0.00	0.00

Global CR Served Stats

Statistic	Total
CR Block Requests	13,011
CURRENT Block Requests	57,037
Data Block Requests	13,011
Undo Block Requests	1
TX Block Requests	43,592
Current Results	68,915
Private results	2

Global CURRENT Served Stats

- Pins = CURRENT Block Pin Operations
- Flushes = Redo Flush before CURRENT Block Served Operations
- Writes = CURRENT Block Fusion Write Operations

Statistic	Total	% <1ms	% <10ms	% <100ms	% <1s	% <10s
Pins	3	100.00	0.00	0.00	0.00	0.00
Flushes	313	21.41	76.36	2.24	0.00	0.00
Writes	6,258	1.29	9.44	85.94	2.65	0.67

Global Cache Transfer Stats

- Global Cache Transfer Stats
- Global Cache Transfer Times (ms)
- Global Cache Transfer (Immediate)
- Global Cache Times (Immediate)

Global Cache Transfer Stats

- Immediate (Immed) - Block Transfer NOT impacted by Remote Processing Delays
- Busy (Busy) - Block Transfer impacted by Remote Contention
- Congested (Congst) - Block Transfer impacted by Remote System Load
- ordered by CR + Current Blocks Received desc

		CR				Current			
Inst No	Block Class	Blocks Received	% Immed	% Busy	% Congst	Blocks Received	% Immed	% Busy	% Congst
2	data block	18,395	87.35	12.58	0.07	1,128,807	99.88	0.03	0.09
2	Others	7,255	99.71	0.26	0.03	83,741	99.95	0.02	0.03
2	undo header	48,550	99.77	0.21	0.02	253	97.63	2.37	0.00
2	undo block	482	99.79	0.21	0.00	0			

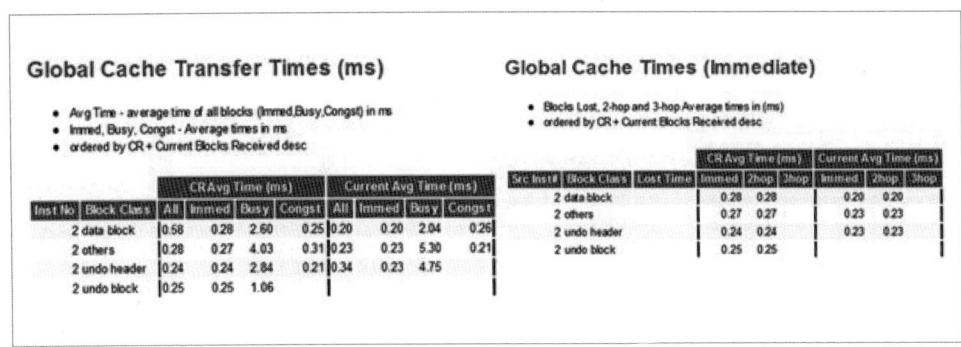

■ ASH Report

| ASH Report 생성 - Orange Tool 이용

필자가 주로 사용하는 Orange Tool에서 ASH Report를 생성하는 방법이다. 다른 툴에서도 비슷한 기능을 제공할 것이다.

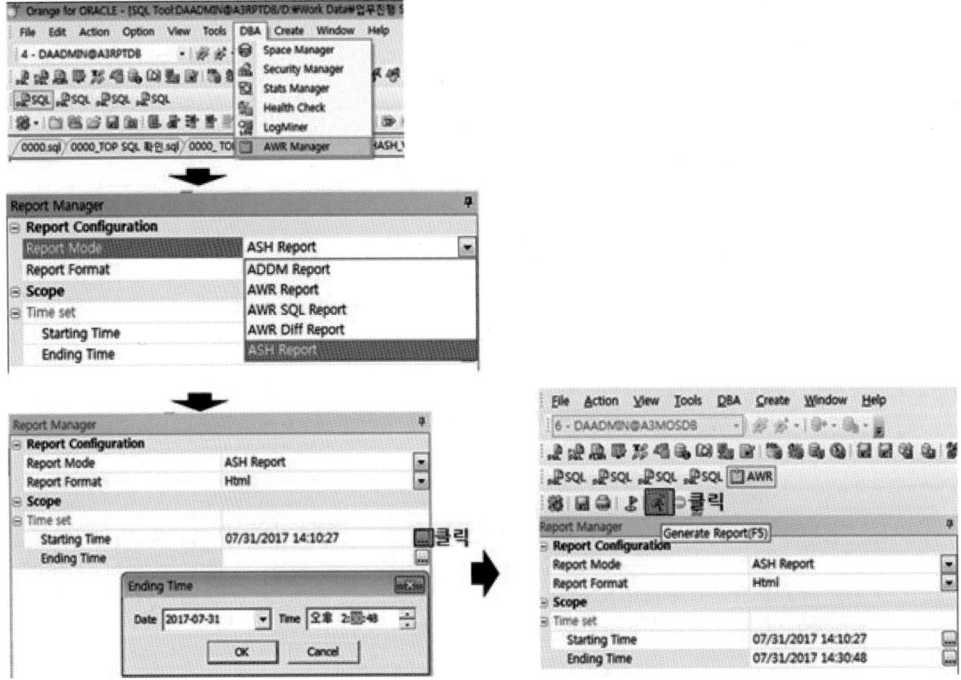

| ASH Report 생성 - 스크립트 이용

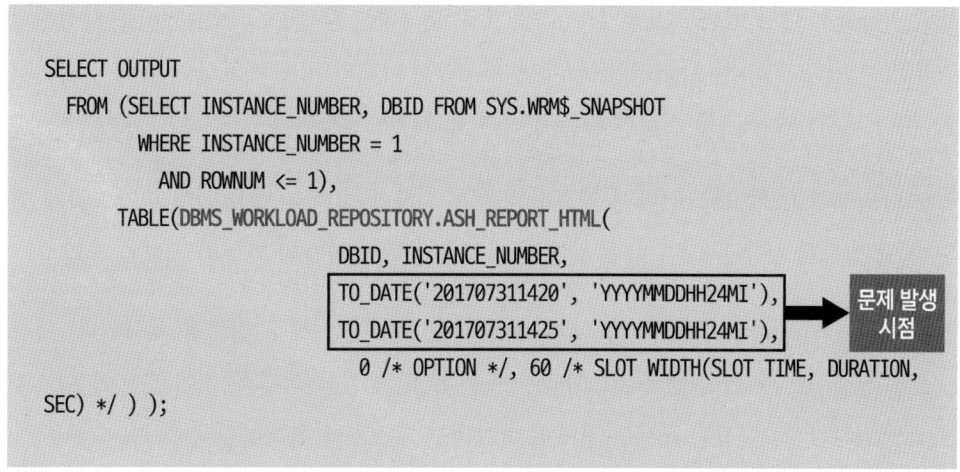

위의 결과는 아래와 같이 나타나며 HTML로 저장하면 웹화면으로 Report가 출력된다.

| ASH Report 내용

ASH Report는 [Section 02. 핵심 성능 데이터 이해]에서 설명했던 GV$ACTIVE_SESSION_HISTORY 데이터를 이용한 Report이다.

ASH Report도 문제 발생 구간과 정상 구간의 비교가 되어야 되고 Trend를 이용하는 것이 문제점 파악이 용이하기 때문에 필자는 Report에서 제공하는 지표에 대해서 직접 Script를 직성해서 이용한다.

ASH Report에 나오는 성능 지표를 이해하는 것이 필요하다. ASH에서 제공되는 성능 지표를 이용해서 해당 성능 지표의 Trend 및 비교 분석하는 부분을 직접 Script로 작성해서 이용할 수 있다. 따라서 ASH Report에서 제공하는 아래의 성능 지표들에 대해서 익히는 관점에서 ASH Report를 스터디 하는 것이 필요하다고 생각한다.

이번 단원에서 ASH Report에서 제공하는 성능 지표에 대한 자세한 설명은 간단하게 했다. 지표에 대한 부분은 GPT 등을 이용한 검색을 통해서 학습이 가능할 것으로 본다.

아래 섹션은 Database 내 워크로드의 소스와 유형에 대한 세부 정보를 제공한다. 가장 많은 로드를 생성하는 구성 요소, 사용자 또는 SQL 유형을 식별하는 데 도움이 되므로 Database 관리자는 성능 문제를 정확히 찾아내고 리소스를 최적화할 수 있다.

Load Profile

- Top Service/Module
- Top Client IDs
- Top SQL Command Types
- Top Phases of Execution
- Top Remote Instances

Top Service/Module

Service	Module	% Activity	Action	% Action
A3MOS_SVC	JDBC_THIN_EZDFS_ENGINE_NODE3	10.55	UNNAMED	10.55
	JDBC_THIN_EZDFS_ENGINE_NODE2	10.17	UNNAMED	10.17
	JDBC_THIN_EZDFS_ENGINE_NODE1	8.59	UNNAMED	8.59
	JDBC Thin Client	8.15	UNNAMED	8.15
	JDBC_THIN_EZDFS_ENGINE_NODE9	7.27	UNNAMED	7.27

Top SQL Command Types

- 'Distinct SQLIDs' is the count of the distinct number of SQLIDs with the given SQL Command Type found over all the ASH samples in the analysis period

SQL Command Type	Distinct SQLIDs	% Activity	Avg Active Sessions
SELECT	707	82.14	12.75
INSERT	56	3.40	0.53
UPDATE	28	1.83	0.28
DELETE	9	1.42	0.22

Top Phases of Execution

Phase of Execution	% Activity	Avg Active Sessions
SQL Execution	85.08	13.21
Parse	1.81	0.28
PLSQL Execution	1.23	0.19

Top Remote Instances

Wait Class	% Wait Class	Remote Instance#	% Activity
Cluster	3.61		3.40

아래 섹션에는 Database 작업 부하에 크게 기여하는 SQL 문이 표시된다. 여기에는 상위 이벤트 및 상위 행 소스가 포함된 SQL에 대한 세부 정보가 포함되어 있어 Database 관리자가 가장 많은 리소스를 소비하거나 가장 많은 대기 시간을 유발하거나 비효율적인 액세스 패턴을 갖는 쿼리를 식별하는 데 도움이 된다. ASH 보고서의 상위 SQL 섹션에는 활동이 많고 대기 이벤트가 많고 특정 행 소스가 있는 SQL 문이 강조 표시되어 대상 최적화가 가능하다. 이러한 영향력이 큰 쿼리를 처리함으로써 Database 관리자는 CPU 소비를 줄이고, 쿼리 효율성을 향상시키며, 전체 Database 로드를 줄일 수 있다.

Top SQL

- Top SQL with Top Events
- Top SQL with Top Row Sources
- Top SQL using literals
- Top Parsing Module/Action
- Complete List of SQL Text

Back to Top

Top SQL with Top Events

SQL ID	PlanHash	Sampled # of Executions	% Activity	Event	% Event	Top Row Source	% RwSrc	SQL Text
gmnugw7a17nbr	1981290324	1	4.46	CPU + Wait for CPU	4.42	INDEX - RANGE SCAN	4.27	SELECT /*+ INDEX(PEA2 MC_PRP_E...
9azik7w5dwkbk	1981290324	2	3.15	CPU + Wait for CPU	3.13	INDEX - RANGE SCAN	3.02	SELECT /*+ INDEX(PEA2 MC_PRP_E...
ctt37uxr3kv0z	1761802409	62	2.61	CPU + Wait for CPU	2.61	TABLE ACCESS - BY INDEX ROWID	2.27	F...
8k93yz97nxpkn	3629731025	3	2.06	CPU + Wait for CPU	0.96	TABLE ACCESS - BY LOCAL INDEX ROWID	0.40	SELECT /*+ INDEX(PEA2 MC_PRP_E...
9yx9n59h77t90	3283777972	86	1.79	CPU + Wait for CPU	1.79	INDEX - RANGE SCAN	1.42	SELECT /*+ APP=RTD RULENAME=GL...

Back to Top SQL
Back to Top

Top SQL with Top Row Sources

SQL ID	PlanHash	Sampled # of Executions	% Activity	Row Source	% RwSrc	Top Event	% Event	SQL Text
gmnugw7a17nbr	1981290324	1	4.46	INDEX - RANGE SCAN	4.27	CPU + Wait for CPU	4.27	SELECT /*+ INDEX(PEA2 MC_PRP_E...
9azik7wouwklub	1081990174	2	3.15	INDEX - RANGE SCAN	3.02	CPU + Wait for CPU	3.02	SELECT /*+ INDEX(PEA2 MC_PRP_E...
ctt37uxr3kv0z	1761802409	62	2.61	TABLE ACCESS - BY INDEX ROWID	2.27	db file sequential read	2.27	F...
8k93yz97nxpkn	3629731025	3	2.06	TABLE ACCESS - BY LOCAL INDEX ROWID	1.42	db file sequential read	0.77	SELECT /*+ INDEX(PEA2 MC_PRP_E...
9yx9n59h77t90	3283777972	86	1.79	INDEX - RANGE SCAN	1.42	CPU + Wait for CPU	1.42	SELECT /*+ APP=RTD RULENAME=GL...

Top SQL using literals

No data exists for this section of the report.

Back to Top SQL
Back to Top

Top Parsing Module/Action

No data exists for this section of the report.

Back to Top SQL
Back to Top

Complete List of SQL Text

Top Java Workload

No data exists for this section of the report.

Back to Top

Top Call Types

Call Type	Count	% Activity	Avg Active Sessions
V8 Bundled Exec	2,436	50.77	7.88
FETCH	2,025	42.21	6.55
COMMIT	102	2.13	0.33

Top PL/SQL Procedures

- 'PL/SQL entry subprogram' represents the application's top-level entry-point(procedure, function, trigger, package initialization or RPC call) into PL/SQL.
- 'PL/SQL current subprogram' is the pl/sql subprogram being executed at the point of sampling. If the value is 'SQL', it represents the percentage of time spent executing SQL for the particular pl/sql entry subprogram

PL/SQL Entry Subprogram	% Activity	PL/SQL Current Subprogram	% Current
A3FAB.FN_CHECKDATE_FROM	1.81	SQL	1.54

아래 섹션은 Sampling된 기간 동안 Database 작업 부하에 가장 많이 기여한 SESSION에 대한 세부 정보를 제공한다. 영향력이 큰 SESSION을 식별함으로써 Database 관리자는 특정 사용자 또는 프로세스를 최적화하는 데 집중하여 로드를 줄이고 성능을 향상시킬 수 있다. 이 섹션은 Database의 워크로드에 가장 많이 기여하는 SESSION을 식별한다. 활동 비율이 높거나 상당한 대기 이벤트(예 : CPU 대기 또는 로그 파일 대기)가 있는 SESSION에 집중함으로써 Database 관리자는 튜닝을 위해 특정 사용자나 애플리케이션을 타겟팅할 수 있다. 여기에는 쿼리 최적화, 트랜잭션 빈도 감소 또는 리소스 할당 개선을 통해 CPU 및 I/O 병목 현상을 줄이는 작업이 포함될 수 있다.

Top Sessions

- '# Samples Active' shows the number of ASH samples in which the session was found waiting for that particular event. The percentage shown in this column is
- 'XIDs' shows the number of distinct transaction IDs sampled in ASH when the session was waiting for that particular event
- For sessions running Parallel Queries, this section will NOT aggregate the PQ slave activity into the session issuing the PQ. Refer to the 'Top Sessions running PC

Sid, Serial#	% Activity	Event	% Event	User	Program	# Samples Active	XIDs
1175,31773	4.46	CPU + Wait for CPU	4.42	A3FAB	JDBC_THIN_EZDFS_ENGINE_NODE1	212/309 [69%]	0
4537, 1	2.17	log file parallel write	1.96	SYS	oracle@a3mosdb1 (LGWR)	94/309 [30%]	0
1159,19681	1.73	CPU + Wait for CPU	1.69	A3FAB	JDBC_THIN_EZDFS_ENGINE_NODE3	81/309 [26%]	0
6632,43541	1.69	CPU + Wait for CPU	1.19	A3FAB	JDBC_THIN_EZDFS_ENGINE_NODE2	57/309 [18%]	0
5124,22165	1.46	CPU + Wait for CPU	1.46	A3FAB	JDBC_THIN_EZDFS_ENGINE_NODE3	70/309 [23%]	0

Top Blocking Sessions

- Blocking session activity percentages are calculated with respect to waits on enqueues, latches and "buffer busy" only
- '% Activity' represents the load on the database caused by a particular blocking session
- '# Samples Active' shows the number of ASH samples in which the blocking session was found active.
- 'XIDs' shows the number of distinct transaction IDs sampled in ASH when the blocking session was found active.

Blocking Sid (Inst)	% Activity	Event Caused	% Event	User	Program	# Samples Active	XIDs
4537, 1(1)	4.29	log file sync	4.29	SYS	oracle@a3mosdb1 (LGWR)	104/309 [34%]	0

Top Sessions running PQs

No data exists for this section of the report.

아래 섹션은 가장 많은 활동이나 대기를 생성하는 Database 개체, 파일 및 래치에 대한 정보를 제공한다. 이 데이터는 리소스 경합을 줄이거나 I/O 성능을 향상시키기 위해 최적화가 필요할 수 있는 Database 내의 특정 영역을 식별하는 데 유용하다.

Top Objects/Files/Latches

- Top DB Objects
- Top DB Files
- Top Latches

Back to Top

Top DB Objects

- With respect to Application, Cluster, User I/O and buffer busy waits only.

Object ID	% Activity	Event	% Event	Object Name (Type)	Tablespace
115455	2.50	db file sequential read	1.90	A3FAB.MC_LOT_HIST.P_201707 (TABLE PARTITION)	PRD_MGMT_DAT
16209	1.17	db file sequential read	0.90	A3FAB.MC_PRP_EQP_ARRG (TABLE)	FAB_SSD_DAT

Back to Top Objects/Files/Latches
Back to Top

Top DB Files

No data exists for this section of the report.

Back to Top Objects/Files/Latches
Back to Top

아래의 섹션은 시간 기반의 Database 활동 분석을 제공한다. 이 Report는 분석 기간 중 특정 시간대에 걸쳐 가장 중요한 이벤트를 표시하므로 관리자가 로드가 높은 기간이나 특정 병목 현상이 발생한 기간을 식별하는 데 도움이 된다.

Top Latches

No data exists for this section of the report.

Back to Top Objects/Files/Latches
Back to Top

Activity Over Time

- Analysis period is divided into smaller time slots
- Top 3 events are reported in each of those slots
- 'Slot Count' shows the number of ASH samples in that slot
- 'Event Count' shows the number of ASH samples waiting for that event in that slot
- '% Event' is 'Event Count' over all ASH samples in the analysis period

Slot Time (Duration)	Slot Count	Event	Event Count	% Event
14:20:39 (21 secs)	411	CPU + Wait for CPU	315	6.57
		db file sequential read	48	1.00
		log file sync	14	0.29
14:21:00 (1.0 min)	1,032	CPU + Wait for CPU	794	16.55
		db file sequential read	116	2.42
		log file sync	50	1.04
14:22:00 (1.0 min)	935	CPU + Wait for CPU	710	14.80
		db file sequential read	101	2.11
		log file sync	42	0.88
14:23:00 (1.0 min)	829	CPU + Wait for CPU	615	12.82
		db file sequential read	90	1.88
		log file sync	48	1.00
14:24:00 (1.0 min)	809	CPU + Wait for CPU	651	13.57
		db file sequential read	66	1.38
		log file sync	25	0.52
14:25:00 (48 secs)	782	CPU + Wait for CPU	586	12.21
		db file sequential read	81	1.69
		log file sync	27	0.56

■ ADDM(Database Diagnostic Monitor) Report

| ADDM Report 생성 – Orange Tool 이용

필자가 주로 사용하는 Orange Tool에서 ADDM Report를 생성하는 방법이다. 다른 툴에서도 비슷한 기능을 제공할 것이다.

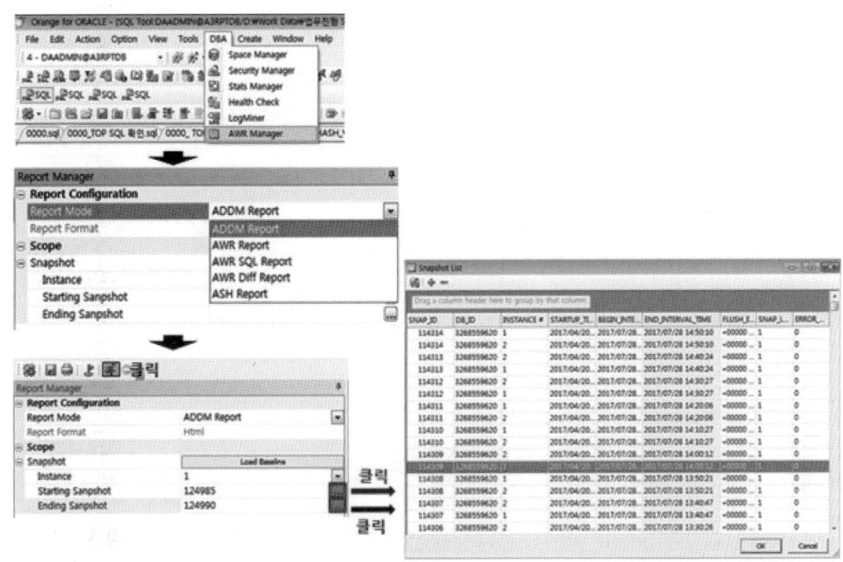

| ADDM Report 생성 – 스크립트 이용

```
DECLARE
  V_TASK_NAME VARCHAR2(60);
  N_DBID NUMBER;
  N_INST_ID NUMBER;
  N_ST_SNAP_ID NUMBER;
  N_ED_SNAP_ID NUMBER;
BEGIN
  SELECT DBID, INSTANCE_NUMBER, MIN(SNAP_ID) MIN_SNAP_ID, MAX(SNAP_ID) MAX_SNAP_ID
    INTO N_DBID, N_INST_ID, N_ST_SNAP_ID, N_ED_SNAP_ID
    FROM SYS.WRM$_SNAPSHOT
    WHERE END_INTERVAL_TIME >= TO_DATE('201707311400', 'YYYYMMDDHH24MI')
      AND END_INTERVAL_TIME <  TO_DATE('201707311430', 'YYYYMMDDHH24MI')         ← 문제 발생 시점
      AND INSTANCE_NUMBER = 1
    GROUP BY INSTANCE_NUMBER, DBID;

  --DBMS_ADDM.ANALYZE_DB(V_TASK_NAME, N_ST_SNAP_ID, N_ED_SNAP_ID, N_DBID);   --DB전체를 대상
  DBMS_ADDM.ANALYZE_INST(V_TASK_NAME, N_ST_SNAP_ID,  N_ED_SNAP_ID, N_INST_ID, N_DBID);  --INSTANCE대상
END;
```

위 스크립트 이용해서 ADDM Report를 생성하고 아래 스크립트를 이용해서 출력한다.

```sql
SELECT DBMS_LOB.SUBSTR(RPT_VAL, 2000, 1)
     , DBMS_LOB.SUBSTR(RPT_VAL, 2000, 2001)
     , DBMS_LOB.SUBSTR(RPT_VAL, 2000, 4001)
     , DBMS_LOB.SUBSTR(RPT_VAL, 2000, 6001)
     , DBMS_LOB.SUBSTR(RPT_VAL, 2000, 8001)
     , DBMS_LOB.SUBSTR(RPT_VAL, 2000, 10001)
     , DBMS_LOB.SUBSTR(RPT_VAL, 2000, 12001)
     , DBMS_LOB.SUBSTR(RPT_VAL, 2000, 14001)
     , DBMS_LOB.SUBSTR(RPT_VAL, 2000, 16001)
     , DBMS_LOB.SUBSTR(RPT_VAL, 2000, 18001)
     , DBMS_LOB.SUBSTR(RPT_VAL, 2000, 20001)
     , DBMS_LOB.SUBSTR(RPT_VAL, 2000, 22001)
     , DBMS_LOB.SUBSTR(RPT_VAL, 2000, 24001)
     , DBMS_LOB.SUBSTR(RPT_VAL, 2000, 26001)
     , DBMS_LOB.SUBSTR(RPT_VAL, 2000, 28001)
     , DBMS_LOB.SUBSTR(RPT_VAL, 2000, 30001)
     , DBMS_LOB.SUBSTR(RPT_VAL, 2000, 32001)
     , DBMS_LOB.SUBSTR(RPT_VAL, 2000, 34001)
     , DBMS_LOB.SUBSTR(RPT_VAL, 2000, 36001)
     , DBMS_LOB.SUBSTR(RPT_VAL, 2000, 38001)
     , DBMS_LOB.SUBSTR(RPT_VAL, 2000, 40001)
  FROM (SELECT DBMS_ADDM.GET_REPORT(TASK_NAME) RPT_VAL
          FROM (SELECT TASK_NAME
                  FROM USER_ADDM_TASKS
                 WHERE BEGIN_TIME >= TO_DATE('201707311400', 'YYYYMMDDHH24MI')
                   AND END_TIME  < TO_DATE('201707311430', 'YYYYMMDDHH24MI')
                 ORDER BY LAST_MODIFIED DESC)
         WHERE ROWNUM <= 1);
```

CLOB TYPE으로 리턴 되며 간혹 잘리는 현상이 있기 때문에 위에서 DBMS_LOG로 잘라서 표현

문제 발생 시점

ADDM Report의 내용

Oracle은 정기적으로(기본값은 매시간) 생성되는 AWR(Automatic Workload Repository) 스냅샷을 통해 성능 데이터를 수집한다. ADDM은 이 데이터를 분석하여 성능 문제를 식별한다.

ADDM Report도 문제 발생 구간과 정상 구간의 비교가 되어야 좀 더 정확한 분석이 가능하고 Trend를 이용하는 것이 문제점 파악이 용이하기 때문에 필자는 Report에서 제공하는 지표에 대해서 직접 Script를 작성해서 이용한다.

ADDM Report에 나오는 성능 지표를 이해하는 것은 필요하다. ADDM에서 제공되는 성능 지표를 이용해서 해당 성능 지표의 Trend 및 비교 분석하는 부분을 직접 Script로 작성해서 이용할 수 있다. ADDM Report에서 제공하는 아래의 성능 지표들에 대해서 익히는 관점에서 ADDM Report를 스터디 하는 것은 필요하다고 생각한다.

아래 Report 내용에서 보면 해당 SNAPSHOT 구간의 최상위 SQL문이 나타나며 작업의 점유율이 높다면 튜닝 대상이 될 수 있다.

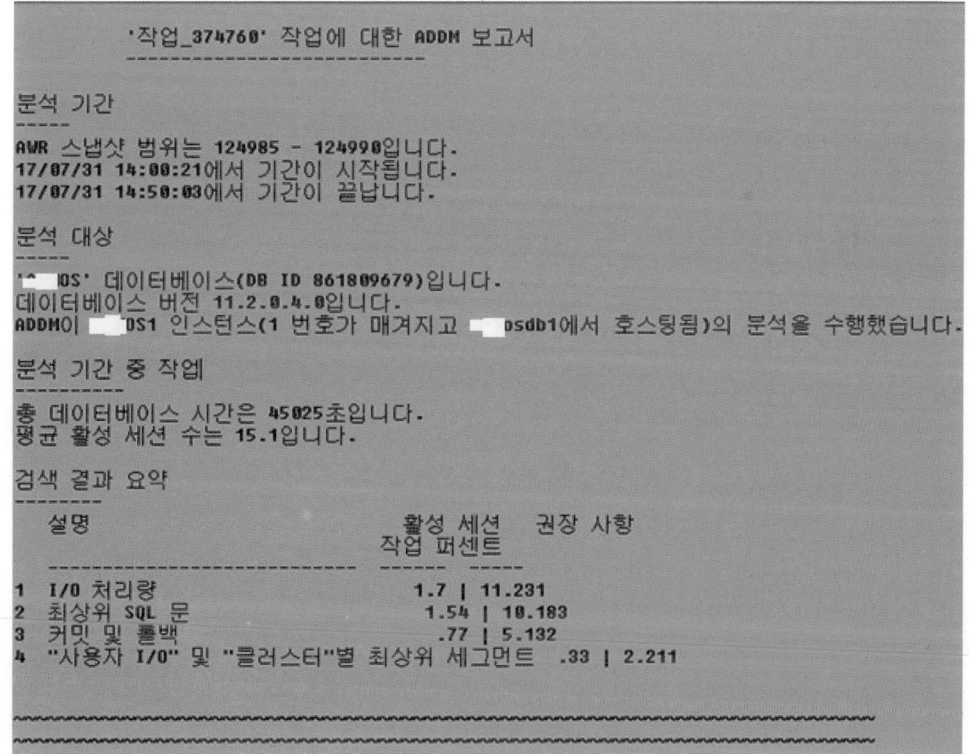

검색 결과 및 권장 사항

검색 결과 1: I/O 처리량
영향은 1.7개의 활성 세션, 총 작업의 11.23%입니다.

I/O 하위 시스템의 처리량이 예상보다 매우 낮았습니다.

　　권장 사항 1: 호스트 구성
　　예상 이익은 1.7개의 활성 세션, 총 작업의 11.23%입니다.
　　작업
　　　　I/O 하위 시스템의 처리량을 늘리는 것을 고려하십시오. Oracle 권장 솔루션은 SAME 방식을 사용하여 모든 데이터 파일을
　　　　분할하는 것입니다. 향상된 성능을 위해 디스크 수를 늘려야 할 수도 있습니다.
　　근거
　　　　분석 기간 동안 평균 데이터 파일 I/O 처리량은 읽기의 경우 45 M/초이고 쓰기의 경우 7.1 M/초였습니다. 단일 블록
　　　　읽기에 대한 평균 응답 시간은 0.39밀리초였습니다.

　　검색 결과를 이끈 증상:

　　　　대기 클래스 "사용자 I/O"가 상당한 데이터베이스 시간을 소비했습니다.
　　　　영향은 1.7개의 활성 세션, 총 작업의 11.23%입니다.

검색 결과 2: 최상위 SQL 문
영향은 1.54개의 활성 세션, 총 작업의 10.18%입니다.

상당한 데이터베이스 시간을 소비하는 SQL 문이 발견되었습니다. 이러한 명령문은 성능 향상을 위한 좋은 기회를 제공합니다.

　　권장 사항 1: SQL 튜닝
　　예상 이익은 .6개의 활성 세션, 총 작업의 3.98%입니다.
　　작업
　　　　SELECT 문(SQL_ID "gmnugw7s17nbr")에 대해 SQL 튜닝 권고자를 실행하십시오.
　　관련 객체
　　　　SQL_ID가 gmnugw7s17nbr인 SQL 문입니다.
　　　　　　SELECT /*+ INDEX(　　　　　　　　IX03)　　　　　ILENAME=
　　　　　　　　　　　　　　　*/
　　　　　　SUB_LOT_ID

검색 결과 3: 커밋 및 롤백
영향은 .77개의 활성 세션, 총 작업의 5.13%입니다.

COMMIT 및 ROLLBACK 작업을 수행하는 동안 "로그 파일 동기화" 이벤트에 대한 대기가 상당한 데이터베이스 시간을 소비했습니다.

　　권장 사항 1: 응용 프로그램 분석
　　예상 이익은 .77개의 활성 세션, 총 작업의 5.13%입니다.
　　작업
　　　　트랜잭션 크기를 늘려 COMMIT 작업 수를 감소시킬 수 있는지 확인하기 위해 응용 프로그램 로직을 조사합니다.
　　근거
　　　　응용 프로그램은 분당 25440개의 트랜잭션(트랜잭션당 평균 리두 크기: 9938바이트)을 수행했습니다.
　　권장 사항 2: 호스트 구성
　　예상 이익은 .77개의 활성 세션, 총 작업의 5.13%입니다.
　　작업
　　　　온라인 리두 로그 파일에 대한 I/O 성능을 향상시킬 수 있는 가능성을 조사합니다.
　　근거
　　　　온라인 리두 로그 파일에 대한 평균 쓰기 크기는 15K였고 쓰기당 평균 시간은 1밀리초였습니다.
　　근거
　　　　리두 로그 파일에 대한 총 I/O 처리량이 읽기의 경우 초당 4.2 M, 쓰기의 경우 초당 8.4 M였습니다.
　　근거
　　　　리두 로그 I/O 처리량 분포: 0% = RMAN 및 복구, 66% = 로그 쓰기 장치, 0% = 아카이버, 0% =
　　　　Streams AQ, 33% = 기타 모든 작업

　　검색 결과를 이끈 증상:

　　　　대기 클래스 "Commit"가 상당한 데이터베이스 시간을 소비했습니다.
　　　　영향은 .77개의 활성 세션, 총 작업의 5.13%입니다.

```
검색 결과 4: "사용자 I/O" 및 "클러스터"별 최상위 세그먼트
영향은 .33개의 활성 세션, 총 작업의 2.21W%입니다.
-----------------------------------------
   많은 "사용자 I/O" 및 "클러스터" 대기의 원인이 되는 개별 데이터베이스 세그먼트가 발견되었습니다.

   권장 사항 1: 세그먼트 튜닝
      예상 이익은 .33개의 활성 세션, 총 작업의 2.21W%입니다.
   -----------------------------------------
   작업
         ID 115455을(를) 사용하는 데이터베이스 객체의 I/O와 관련된 응용 프로그램 로직을 조사하십시오.
   관련 객체
            ID 115455을(를) 사용하는 데이터베이스 객체입니다.

   검색 결과를 이끈 증상:
   ---------------
      대기 클래스 "사용자 I/O"가 상당한 데이터베이스 시간을 소비했습니다.
      영향은 1.7개의 활성 세션, 총 작업의 11.23W%입니다.

~~~~~~~~~~~~~~~~~~~~~~~~~~~~~~~~~~~~~~~~~~~~~
~~~~~~~~~~~~~~~~~~~~~~~~~~~~~~~~~~~~~~~~~~~~~

           추가 정보
           -----

기타 정보
-----
대기 클래스 "Application"은 데이터베이스 시간을 많이 소비하지 않았습니다.
대기 클래스 "Concurrency"는 데이터베이스 시간을 많이 소비하지 않았습니다.
대기 클래스 "Configuration"은 데이터베이스 시간을 많이 소비하지 않았습니다.
CPU가 인스턴스 병목 지점이 아닙니다.
대기 클래스 "Network"는 데이터베이스 시간을 많이 소비하지 않았습니다.
클러스터 상호 접속의 네트워크 대기 시간이 1밀리초의 허용 한도 내에 있습니다.
세션 접속 및 접속 해제 호출은 데이터베이스 시간을 많이 소비하지 않았습니다.
SQL 문의 하드 구문 분석은 데이터베이스 시간을 많이 소비하지 않았습니다.

분석 기간의 99% 동안 데이터베이스의 유지 관리 창이 활성 상태입니다.
```

Section 04 기본적 성능 분석

■ 성능 문제 및 장애 발생 전 징후

- **CPU 사용률 증가**

   일반적으로 CPU 사용률 증가는 Session Logical Reads 및 DB_TIME, SQL 실행 시간, DB_CPU 시간 증가를 동반한다. DB_TIME = DB CPU 시간 + 대기 시간으로 CPU 사용률은 증가하지만 DB_TIME이 증가하지 않고 SYS_TIME만 증가하는 경우 OS Level에서의 분석이 필요하다.
   CPU 사용률 = BUSY_TIME/(BUSY_TIME+IDLE)이며 BUSY_TIME = SYS_TIME + USER_TIME으로 일반적으로 SYS_TIME이 크게 증가하는 경우는 드물지만 필자가 근무한 SITE에서 USER_TIME에 비해서 SYS_TIME이 몇 배 높은 경우가 발생해서 분석 결과 디스크 커널 LEVEL에서의 설정이 비효율적으로 되어 있던 부분이 있었다.

- **DB TIME 증가**

   DB_TIME = CPU 시간 + 대기 시간으로 DB의 부하가 증가하게 되면 DB_TIME도 같이 증가한다.

- **특정 WAIT EVENT 또는 동시다발적 WAIT EVENT 대기 시간이 증가**

   예로 log file sync 대기 시간이 크게 증가했는데 트랜잭션 발생량 증가도 아니고 Redo Log 발생량 증가도 아니라면 log file sync 평균 대기 시간이 증가했다는 의미가 되고 이로 인해서 트랜잭션 처리 속도는 떨어지게 되며 평균 대기 시간의 큰 증가는 Redo Log File이 위치하는 Disk의 성능 잇슈 또는 해당 Disk 위치에 부하를 줄만한 무제가 발생한 것이다. BUG에 의한 WAIT EVENT 증가 및 하드웨어 FAULT로 인한 WAIT EVENT 증가 현상도 발생할 수 있다.

- **ACTIVE SESSION 수가 크게 증가**

   특정 WAIT EVENT가 크게 증가하거나, 또는 악성 SQL에 의해 SESSION 수가 크게 증가하는 경우, BUG로 인한 동시다발적 WAIT EVENT 들의 증가 등 발생 시 ACTIVE SESSION 수는 크게 증가한다.

- **Redo 및 Undo 생성량 증가**

   과도한 Redo, Undo의 증가는 log file sync 대기 증가 및 아카이브 로그 발생량이 크게 증가할 수 있으며 이로 인해 DML 처리 성능에 영향을 받을 수 있다.

- **하드 파싱 증가**

   높은 하드 파싱률은 CPU와 메모리에 부담을 주며, parse count (hard) 값이 높으면 바인드 변수를 사용하는 것이 효과적이다.

- **TEMP TABLESPACE 경합**

  대량 건수 SORT 또는 HASH JOIN 시 대량 건수가 HASH 테이블로 생성되어 TEMP TABLESPACE FULL이 발생하는 경우 TEMP TABLESPACE 경합에 의해 SQL 실행이 중단될 수 있다.

■ 기본 성능 분석 Trend

아래 표는 기본 성능 분석 Trend에서 사용하는 AWR 딕셔너리 뷰에 대한 설명이다. AWR은 최대 14일이 보관 주기이며 10분 단위의 SNAPSHOT 데이터이므로 최대 14일까지의 10분 단위 Trend를 확인할 수 있다.

사용 AWR DICTIONARY	성능 통계명	설 명
DBA_HIST_ SNAPSHOT	DBID	각 AWR Data 간의 JOIN 컬럼
	SNAP_ID	각 AWR Data 간의 JOIN 컬럼
	INSTANCE_NUMBER	각 AWR Data 간의 JOIN 컬럼
	END_INTERVAL_TIME	조회 구간
DBA_HIST_ OSSTAT	CPU_USE_RATE	busy 상태로 보낸 CPU 시간 (1/100초), USER_TIME + BUSY_TIME이나 약간 오차는 있음.
	IDLE_TIME	idle 상태로 보낸 CPU 시간 (1/100초)
	USER_TIME	user code 실행으로 보낸 CPU 시간(1/100초)
	SYS_TIME	kernel code 실행으로 보낸 CPU 시간(1/100초)
	IOWAIT_TIME	I/O 대기로 보낸 시간(1/100초)
DBA_HIST_ SYS_TIME_ MODEL	DB time	Database 접속한 모든 사용자 프로세스들이 소진한 시간 WAIT EVENT에 의해 발생한 시간 + CPU 시간 + I/O 시간 Background Process가 소비한 시간은 포함하지 않는다. User SESSION 4개가 동시 수행되고 10분 동안 모두 10분씩 수행되었다면 DB time은 40분이 됨.
	sql execute elapsed time	SQL문이 수행된 시간으로 쿼리의 결과가 Fetch 되는데 보낸 시간도 포함된다.
	DB CPU	Database 접속한 모든 사용자 프로세스들이 Oracle 코드를 실행하면서 사용한 CPU 시간. Background Process가 소비한 CPU 시간은 포함하지 않는다.

DBA_HIST_SYS_TIME_MODEL	parse time elapsed	하드 파싱하는데 보낸 시간
	hard parse elapsed time	SQL문이 수행된 시간으로 쿼리의 결과가 Fetch 되는데 보낸 시간도 포함된다.
	failed parse elapsed time	SESSION 연결 및 연결 해제 호출을 수행하는데 소요된 시간
DBA_HIST_SYSSTAT	STAT_NAME	STAT명
	VALUE	각 STAT에 대한 값
	아래는 사용되는 STAT_NAME이다.	
	session logical reads	DB 내에서 처리된 모든 LOGICAL I/O 발생량
	physical reads	DB 내에서 처리된 모든 PHYSICAL I/O 발생량
	execute count	DB 내에서 처리된 모든 SQL의 실행 수
	user commits	트랜잭션 수 = user_commits + user_rollbacks
	user rollbacks	
	parse count (total)	파싱 수
	parse count (hard)	하드파싱 수

DBA_HIST_OSSTAT, DBA_HIST_SYS_TIME_MODEL, DBA_HIST_SYSSTAT의 컬럼 값은 누적값이므로 현재 값과 이전 값의 차이를 구해서 DELTA값을 구해야한다.

아래 차트는 위 AWR 딕셔너리 뷰를 통해서 생성한 최근 7일의 성능 Trend 차트이다.

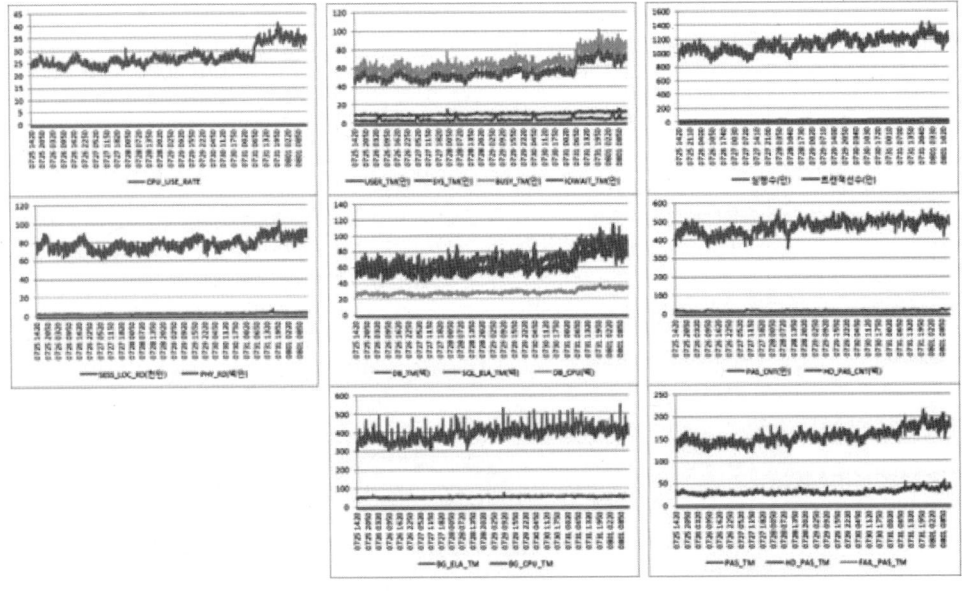

일반적으로 위의 성능 지표들은 상관관계를 갖는다. CPU 사용률이 증가하면 DB_TIME, DB_CPU시간, SQL시간 Session Logical I/O 등이 증가한다. 만약 DB CPU 시간은 증가하지 않았는데 DB_TIME만 증가했다면 [DB_TIME = DB CPU 시간 + 대기 시간] 이므로 대기 시간이 증가한 것이라고 판단할 수 있으며 이런 경우 WAIT EVENT 연계해서 상세 분석을 하게 된다.

CPU 사용률이 증가했지만 I/O 발생량, DB_TIME, DB CPU 시간, SQL 시간 등이 증가하지 않았다면 DB Level에서의 성능 문제는 아닐 수 있다. 이런 경우 OS Level에서 점검이 필요하다.

필자가 근무하는 SITE에서 특정 DB에서 CPU 사용률은 계속 점진적으로 증가를 하고 있었고 DB_TIME이나 Session Logical Reads는 증가하지 않는데 CPU 시간에 영향을 준 것은 OSSTAT부분의 SYS_TIME이 지속적으로 증가하고 있었다. 일반적으로 USER_TIME이 SYS_TIME보다 훨씬 높은 것이 정상인데 이때는 이와는 반대로 SYS_TIME이 지속적으로 계속 증가하는 현상이 발생되고 있었다. 인프라와 연계해서 분석한 결과 DISK Level에서의 속성이 다른 DB와 차이가 있는 것을 찾아냈으며 그 부분을 해결하고 CPU 사용률은 뚝 떨어졌다. 차트의 OSSTAT 통계인 SYS_TIME, USER_TIME, BUSY_TIME 등을 통해서 이런 부분을 확인할 수 있다.

OLTP 시스템에서 실행 수 및 트랜잭션 수가 크게 증가하는 경우에도 DB_TIME, DB_CPU시간, SQL시간 Session Logical I/O 등이 같이 증가하며 CPU 사용률이 증가하는 경향이 발생하게 된다.

CPU 사용률 또는 DB_TIME, DB_CPU 등 급증 또는 점진적 증가 부분이 보인다면 이 부분을 시작 시간과 종료 시간으로 해서 〈SQL 시간 구간 성능 비교〉 부분으로 바로 연계가 되며 자원 사용률이 정상인 구간과 나빠진 구간에서 어떤 SQL이 추가로 수행되었는지 그 SQL의 DB 내 부하 점유율은 어떻게 되는지 바로 파악이 가능하며 바로 SQL 수행 이력과도 연계가 될 수 있다.

차트의 모양이 주기적 또는 비주기적으로 급증하는 형태라면 CPU 사용률이 높은 구간에 내해서민 TOP SQL 및 가 SQL들의 DB 부하 점유율 LIST로 연계가 될 수 있다. 예를 들어 5일 00:00~7일 00:00 사이에 매 정각마다 CPU 사용률이 50% 이상 급증하는 형태라면 이때 구간에서 CPU 사용률이 50% 이상인 구간만 TOP SQL LIST가 추출되도록 하는 것이다.

필자가 근무하는 SITE에서 CHILD CURSOR가 급증하는 문제로 인해서 한쪽 NODE의 DB가 다운되는 장애가 발생한 적이 있으며 이때 징후는 DOWN 발생 전부터 HARD 파싱 시간과 하드 파싱에 대한 실패 시간이 점진적으로 급증했다는 것이다. 이 부분은 버그로 판정되었으며 특정 히든 파라미터를 비활성화하는 것으로 처리했었다. 이와 관련된 차트 부분이 PAS_TM 등이다.

■ WAIT EVENT 성능 Trend

위의 기본 성능 Trend 데이터와 연계해서 확인해야 될 부분으로 WAIT EVENT에 대한 성능 Trend이다. 위의 기본 성능 통계 Trend로부터 TOP DOWN 형태로 확인할 수 있다. 아래의 AWR 딕셔너리 뷰를 이용해서 WAIT EVENT 관련된 Trend 데이터들을 생성할 수 있다.

사용 AWR DICTIONARY	성능 통계명	설 명
DBA_HIST_SNAPSHOT	DBID	각 AWR Data 간의 JOIN 컬럼
	SNAP_ID	각 AWR Data 간의 JOIN 컬럼
	INSTANCE_NUMBER	각 AWR Data 간의 JOIN 컬럼
	END_INTERVAL_TIME	조회 구간
DBA_HIST_SYSTEM_EVENT	WAIT_CLASS	각 WAIT EVENT는 그룹으로 묶이는데 그룹 단위가 CLASS이다. Application, Cluster, User I/O, Concurrency, Commit, Network, Configuration, Administrative, Other CLASS로 나뉘며 해당 CLASS별로 다양한 WAIT EVENT가 존재한다.
	TOTAL_WAITS	대기수
	TIME_WAITED_MICRO	대기시간(1/1000000초)
	평균 대기 시간	TIME_WAITED_MICRO/TOTAL_WAITS/1000 (millisecond : 1/1000초)

DBA_HIST_SYSTEM_EVENT의 컬럼 값도 누적 값이므로 현재 값에서 이전 값을 뺀 DELTA 값을 구해서 사용해야 한다.

아래 차트는 위 AWR 딕셔너리 뷰를 통해서 생성한 최근 7일의 성능 Trend 차트이다.

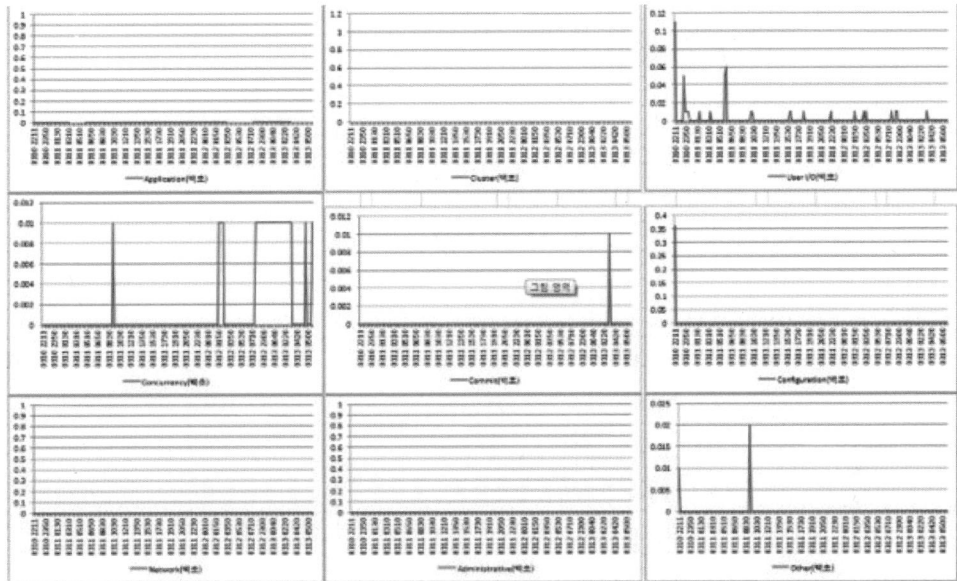

필자의 LOCAL DB에 설치된 Oracle에서 생성한 데이터를 이용해서 차트를 그렸기 때문에 값이 매우 낮다.

DB 성능 이상이 발생할 수 있는 징후 중의 하나가 특정 또는 여러 WAIT EVNNT가 점진적 또는 급증하는 것이며 WAIT EVENT CLASS → WAIT EVENT CLASS 내 WAIT EVENT 들의 시간 구간 비교 → 특정 WAIT EVENT TREND 형태로 분석하는 형태이다.

앞 차트에서 특정 WAIT EVENT CLASS인 User I/O CLASS의 대기 시간이 점진적 또는 급증한 경우 문제의 시간 범위 구간과 정상인 구간의 시간 범위를 비교하는 데이터를 아래와 같이 생성할 수 있다.

EVENT_NAME	20180310 2330 ~ 20180311 0010			20180309 2330 ~ 20180310 0010		
	대기수	대기 시간(초)	평균 대기 시간(밀리초)	대기수	대기 시간(초)	평균 대기 시간(밀리초)
db file sequential read	18391	5.404	0.294	60	0.023	0.386
Disk file operations I/O	33	0.052	1.568	20	0.017	0.83
db file scattered read	64	0.025	0.385	0	0	0
direct path write	31	0.004	0.143	6	0.002	0.401
local write wait	7	0.002	0.356	0	0	0
direct path read	1	0	0.492	0	0	0

위 결과에서 만약 db file sequential read WAIT EVENT의 대기 시간 및 평균 대기 시간이 급증했다면 이 WAIT EVENT 만의 Trend를 아래와 같이 확인할 수 있다.

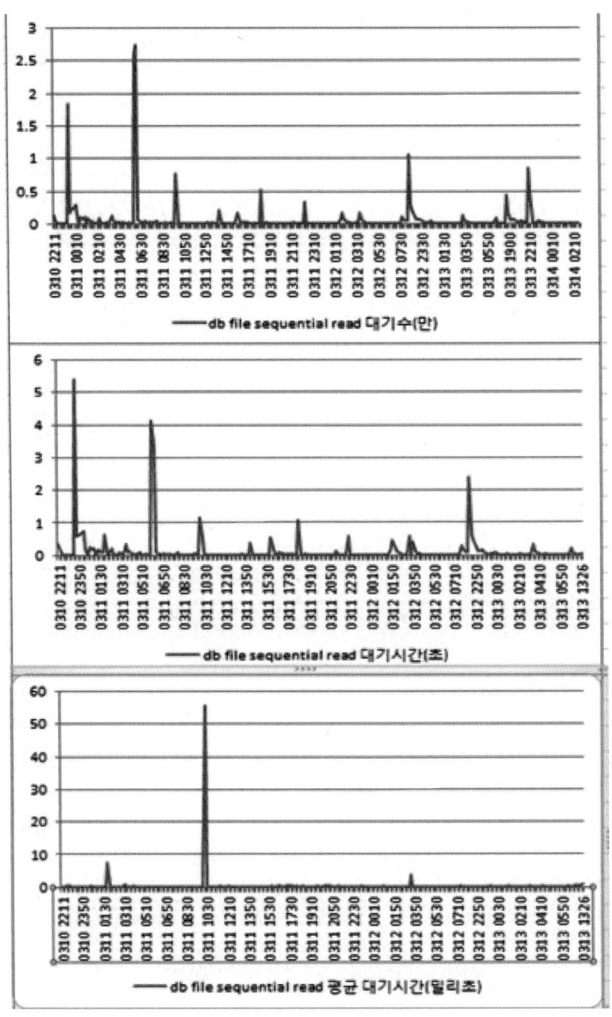

■ SQL 성능 통계

위의 기본 성능 Trend 데이터와 연계해서 확인해야 될 부분으로 SQL에 대한 성능 통계이다. DB 성능 문제가 유발되면 성능 문제를 유발 시킨 SQL은 없는지 바로 찾아내야 한다. 예를 들어서 CPU 사용률이 급증하는 현상이 발생하면 같이 확인해야 될 부분이 SQL에 대한 부분이다.

아래의 AWR 딕셔너리 뷰를 이용해서 SQL에 대한 성능 분석을 할 수 있다.

사용 AWR DICTIONARY	성능 통계명	설 명
DBA_HIST_SNAPSHOT	DBID	각 AWR Data 간의 JOIN 컬럼
	SNAP_ID	각 AWR Data 간의 JOIN 컬럼
	INSTANCE_NUMBER	각 AWR Data 간의 JOIN 컬럼
	END_INTERVAL_TIME	조회 구간
DBA_HIST_SQLSTAT	SQL_ID	SQL_ID, 문장에 종속적인 값
	PLAN_HASH_VALUE	PLAN_HASH_VALUE, 실행 계획에 종속적인 값
	PARSING_SCHEMA_NAME	파싱되어 수행되는 스키마 명
	MODULE	모듈명
	EXECUTIONS_DELTA	실행수
	ROWS_PROCESSED_DELTA	결과건수
	BUFFER_GETS_DELTA	논리적 I/O 발생량(Block 수)
	DISK_READS_DELTA	물리적 I/O 발생량(Block 수)
	ELAPSED_TIME_DELTA	수행시간 (1/1000000 : 마이크로세컨드)
	CPU_TIME_DELTA	CPU 시간 (1/1000000 : 마이크로세컨드)
	APWAIT_DELTA	Application 대기시간 (1/1000000 : 마이크로세컨드)
	CCWAIT_DELTA	Concurrency 대기시간 (1/1000000 : 마이크로세컨드)
	CLWAIT_DELTA	Cluster 대기시간 (1/1000000 : 마이크로세컨드)
	IOWAIT_DELTA	User I/O 대기시간 (1/1000000 : 마이크로세컨드)
	DIRECT_WRITES_DELTA	TEMP TABLESPACE WRITE수(Block 수)
	IO_OFFLOAD_ELIG_BYTES_DELTA	Smart Scan의 Cell Offload로 필터링된 용량
	IO_INTERCONNECT_BYTES_DELTA	인터커넥트를 통해 전송된 용량

PLAN_HASH_VALUE	SQL_ID	PARSING_SCHEMA_NAME	MODULE	20180401 1200 ~ 20180401 1600						20180331 1200 ~ 20180331 1600					
				실행수	BUFFER_GETS	ELA_TIME	CPU_TIME	AVG_ROWS	DISK_READS	실행수	BUFFER_GETS	ELA_TIME	CPU_TIME	AVG_ROWS	DISK_READS
3356033240	95xrhwfdnxut8, 1ympbh5c4tydf, byj7qx9s7hpmw외 13 개 SQL_ID가 더 존재	APP_USER		134455	825343994	10292.41	10283.9	9	2174						
799433833	bbp824sgyu5jr, axj7fturq72xb	APP_USER		16539	101564325	1246.86	1245.59	10	1075	16219	99574693	1214.86	1213.73	9	496
2272436670	gj2s21an46fyp	APP_USER		249	391979	7.51	7.51	1293	0	223	344250	6.44	6.27	1268	19
279562019	a4at84gh3pyz7	APP_USER		250	367006	7.25	7.25	1205	0	249	371667	7.14	7.14	1227	0
3067926460	4aamxgfrgu7b8	APP_USER		17202	1926942	5.81	5.57	1	0	16047	1797585	5.19	5.16	1	0
2623000555	867v9x2kvk5ja	APP_USER		16585	1857907	5.58	5.46	1	0	14651	1628733	4.82	4.82	1	0
3068554376	1m2bntx35gckz	APP_USER		16100	1803700	5.38	5.07	1	0	15919	1783416	5.16	4.66	1	0
4249225877	9rg2w8cxtk5ts	APP_USER		16341	1881881	5.3	5.18	1	1	16598	1884381	5.32	5.23	1	0
585332579	7qw6fky7h3unn	APP_USER		249	385976	4.88	4.43	1276	0	250	361771	5.06	4.6	1188	1
480698584	83jpuhkpyqvug	APP_USER		17203	980821	4.49	3.98	1	0	16047	914948	3.96	3.96	1	0
2694099131	bunssq950snhf	SYS		25	246	4.17	4.17	8	2	25	157	4.28	4.28	8	2
4114444309	fkncajd09fuzt	APP_USER		16101	918058	4.15	4.15	1	0	15918	907573	3.9	3.6	1	0
495890036	a32czgx8qrnxt6	APP_USER		16290	1156120	3.88	3.88	1	0	15969	1107459	3.69	3.69	1	0
	TOTAL			283,878	939,214,286	11,601	11,589	3,809	3,252	272,457	899,330,726	10,973	10,964	3,717	5,471

CPU 사용률 등 증가 구간과 정상 구간을 비교해서 CPU 사용률이 증가 시에 어떤 SQL이 어느 정도의 부하로 추가 수행되었는지 확인할 수 있으며 여기서 PLAN_HASH_VALUE 클릭을 통해서 수행 이력 및 SQL 확인이 바로 가능하다.

위 데이터는 PLAN_HASH_VALUE 기준으로 표현된 것이며 하나의 PLAN_HASH_VALUE 에 여러 SQL이 나온다는 이야기는 다이나믹 SQL일 확률이 높다는 의미가 되며 PLAN_HASH_VALUE 기준과 SQL_ID 기준으로 확인하는 화면이 같이 필요하다.

과거 일주일 전 대비 실행 수는 거의 비슷하게 발생하지만 평균 BUFER_GETS이 일주일전 대비 10배 이상 증가해서 성능 부하가 10배 이상 증가하는 경우도 가끔 발생하며 이런 SQL 을 사전에 캐치를 하는 것이 성능 장애 예방을 하는 것이 될 수 있다. TOP SQL로 올라오는 SQL이 일주일 전 동일 구간 대비 자원 사용률이 증가했다면 튜닝 대상이 된다.

아래 데이터는 TOP SQL 및 TOP SQL에 대한 RESOURCE 점유율 데이터이다.

20180324 0000 ~ 20180401 0000														
PLAN_HASH_VALUE	SQL_ID	PARSING_SCHEMA_NAME	MODULE	EXECUTIONS	BUFFER_GETS	AVG_BUFFER_GETS	DISK_READS	ELAPSED_TIME	AVG_ELAPSED_TIME	AVG_ROWS	CPU_TIME	Logical I/O 점유율	SQL Elapsed_Time 점유율	CPU_TIME 점유율
3356033240	95xrhwfdnxut8, 1ympbh5c4tydf, byj7qx9s7hpmw외 13 개 SQL_ID가 더 존재	APP_USER		70578	433206110	6138	672	5374.953	0.0762	9.2	5371	87.60%	44.15%	46.67%
799433833	bbp824sgyu5jr, axj7fturq72xb	APP_USER		8620	52937326	6141	349	646.284	0.0750	9.5	646	10.70%	5.31%	5.61%
279562019	a4at84gh3pyz7	APP_USER		130	194673	1497	0	3.874	0.0298	1230.5	4	0.04%	0.03%	0.03%
2272436670	gj2s21an46fyp	APP_USER		129	207526	1609	0	3.922	0.0304	1323.1	4	0.04%	0.03%	0.03%
2623000555	867v9x2kvk5ja	APP_USER		8813	987253	112	0	2.966	0.0003	1	3	0.20%	0.02%	0.03%
4249225877	9rg2w8cxtk5ts	APP_USER		8660	998727	115	0	2.813	0.0003	1	3	0.20%	0.02%	0.03%
3068554376	1m2bntx35gckz	APP_USER		8312	931223	112	0	2.777	0.0003	1	3	0.19%	0.02%	0.03%
3067926460	4aamxgfrgu7b8	APP_USER		8986	1006610	112	0	3.041	0.0003	1	3	0.20%	0.02%	0.03%
												99.17%	49.60%	52.46%

이 데이터를 통해서 문제의 구간에만 사용된 SQL이 성능 부하를 크게 유발하는 SQL인지 확인이 가능하다. 이렇게 발견된 SQL은 수행 이력 조회 및 [Part 03. 성능 튜닝 도구 및 실행 계획 분석]에서 학습했던 GV$SQL_MONITOR 등을 이용해서 SQL의 수행 중인 통계를 확인할 수도 있고 성능 튜닝 도구 등을 활용해서 긴급 튜닝을 진행해야 한다.

그리고 추가적으로 성능 장애 예방을 위해서 운영되는 DB들의 TOP SQL을 상시로 확인하여 RESOURCE 점유율이 높은 SQL은 바로 튜닝을 진행해야 한다.

■ 트랜잭션 및 I/O 성능 통계 Trend

성능 문제 발생 시에 트랜잭션 및 I/O 성능 통계에 대한 부분도 확인할 수 있다. 아래의 AWR 딕셔너리 뷰를 이용해서 WAIT EVENT 관련된 Trend 데이터들을 생성할 수 있다.

사용 AWR DICTIONARY	성능 통계명	설 명
DBA_HIST_SNAPSHOT	DBID	각 AWR Data 간의 JOIN 컬럼
	SNAP_ID	각 AWR Data 간의 JOIN 컬럼
	INSTANCE_NUMBER	각 AWR Data 간의 JOIN 컬럼
	END_INTERVAL_TIME	조회 구간
DBA_HIST_SYSTEM_EVENT	WAIT_CLASS	각 WAIT EVENT는 그룹으로 묶이는데 그룹 단위가 CLASS이다. Application, Cluster, User I/O, Concurrency, Commit, Network, Configuration, Administrative, Other CLASS로 나뉘며 해당 CLASS별로 다양한 WAIT EVENT가 존재한다.
	EVENT_NAME	WAIT EVENT 명
	TOTAL_WAITS	대기수
	TIME_WAITED_MICRO	대기시간(1/1000000초)
	평균 대기 시간	TIME_WAITED_MICRO/TOTAL_WAITS/1000 (millisecond : 1/1000초)
	아래는 사용 EVENT_NAME	
	db file sequential read	single block i/o 내기 시간

	db file scattered read	multi block i/o 대기 시간
	log file sync	log file sync 대기 시간
	db file parallel write	db file write 대기 시간
	enq: TX - row lock contention	lock 대기 시간
	cell single block physical read	Exadata에서 single block i/o 대기 시간
	cell multiblock physical read	Exadata에서 multi block i/o 대기 시간
	cell smart table scan	Exadata에서 Smart Scan 대기 시간
DBA_HIST_SYSSTAT	STAT_NAME	STAT명
	VALUE	각 STAT에 대한 값
	아래는 사용되는 STAT_NAME	
	execute count	DB 내에서 처리된 모든 LOGICAL I/O 발생량
	user commits	트랜잭션수 = user_commits + user_rollbacks
	user rollbacks	
	redo size	파싱수
	db block changes	하드파싱수

위 딕셔너리 뷰를 이용해서 아래와 같이 최근 7일~14일 간의 트랜잭션 및 I/O 성능 통계 Trend 차트를 생성할 수 있다.

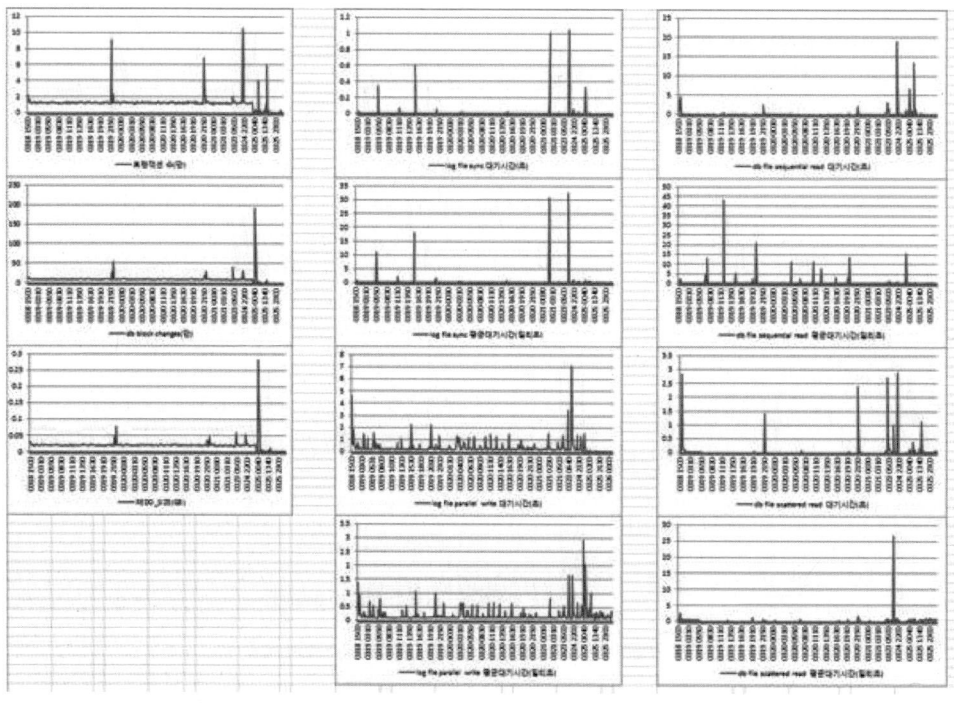

위 차트를 통해서 트랜잭션 발생량 및 트랜잭션 처리 성능, 그리고 I/O에 대한 성능 Trend를 확인할 수 있다.

예로 트랜잭션 성능이 떨어지는 경우 위 차트에서 log file sync 대기 시간이 크게 증가하는 경향이 있으며 Redo Log File이 위치한 Disk에 경합이 발생거나 이상이 발생하게 되면 트랜잭션 수는 증가가 없는데 log file sync 평균 대기 시간의 상승으로 인해서 log file sync 대기 시간이 크게 증가하게 된다. 필자가 근무하는 SITE에서도 갑자기 트랜잭션 처리가 느린 현상이 발생하는 것을 다음 단원에 나오는 ASH TOP WAIT EVENT 및 트랜잭션 성능 통계 Trend를 통해서 빠르게 캐치해서 분석한 적이 있다. 일반적으로 log file sync 평균 대기 시간이 10밀리초 이하면 양호한 것으로 판단한다.

트랜잭션 발생량에 비해서 Redo 사이즈가 너무 높은 경우 아카이브 로그파일로 복사하는 부하가 증가하게 되고 아카이브 로그파일을 백업하기 위한 디스크 용량이 매우 커지게 된다. 위 차트를 통해서 Redo 사이즈가 지나치게 높거나 갑자기 높아지는 것을 확인할 수 있으며 Redo 발생량이 10분당 20GB 가까이 발생하는 DB 등 여러 DB에 대해서 Redo 사용량이 지나치게 높은 원인 분석 및 개선을 통해서 크게 Redo 튜닝을 통해 Redo 발생량을 낮추어 개선하기도 한다.

db file sequential read와 db file scattered read는 I/O 관련 성능 통계 Trend를 확인하기 위한 것으로 평균 대기 시간이 10밀리초 이하면 양호한 것으로 판단을 한다.

■ ASH TREND & ASH TOP 5 WAIT EVENT TREND

CPU 사용률이 증가하든지 WAIT EVENT가 증가하든지 DB의 부하가 증가해서 성능 문제가 발생하면 ACTIVE SESSION 수도 크게 증가하게 된다. 아래의 Dynamic Performance View를 이용해서 ACTIVE SESSION TREND, TOP 5 WAIT EVENT TREND, TOP 5 SQL TREND 등을 10초 단위 분 단위, 10분 단위 등으로 생성힐 수 있다.

사용 AWR DICTIONARY	성능 통계명	설 명
GV$ACTIVE_ SESSION_ HISTORY	INST_ID	Instance 아이디
	SAMPLE_TIME	1초단위의 시간
	SESSION_TYPE	FOREGROUND, BACKGROUND 구분, BACKGROUND의 경우 BACKGROUND Process임
	EVENT	WAIT EVENT 명
	SQL_ID	SQL_ID
	SQL_PLAN_HASH_VALUE	PLAN_HASH_VALUE

위 데이터를 이용해서 아래와 같이 Trend 데이터를 생성할 수 있으며 아래는 분 단위로 집계된 데이터이다.

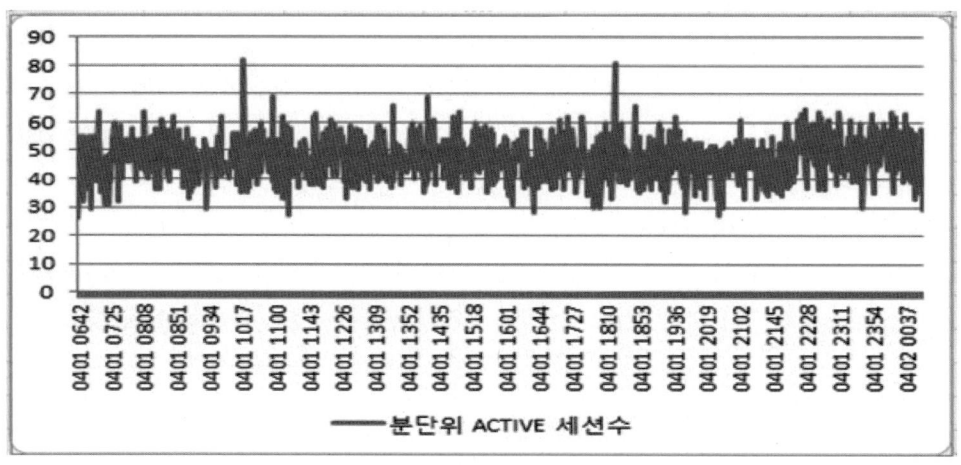

위 차트는 GV$ACTIVE_SESSION_HISTORY를 이용한 것이며, 일반적으로 DB 부하가 증가하게 된다면 ACTIVE SESSION 수는 증가하게 된다. ASH는 1초 단위 수집이기 때문에 1초에 100개 SESSION이라면 1초 동안 약 100초 이상의 시간을 사용한 것이며 1,000개라면 1,000초 이상의 시간을 사용한 개념이 되기 때문에 CPU 사용률 및 자원 사용률이 증가한다면 일반적으로 ACTIVE SESSION 수도 같이 증가하게 된다.

GV$ACTIVE_SESSION_HISTORY는 보관 주기가 ASH Buffer 사이즈이므로 짧으며 1/10 Sampling으로 AWR 데이터인 DB_HIST_ACTIVE_SESS_HISTORY로 수집이 되며 약 일주일간 Trend를 그리는 경우 AWR 데이터를 이용하고 1/10 Sampling이므로

*10을 해주면 실제 발생한 ACTIVE SESSION 수에 근접한다.

위 차트는 분 단위로 표시했지만 7일 장기로 Trend를 그리는 경우 10분 단위, 1시간 단위 등으로 그리는 것이 확인이 용이할 수도 있다. ACTIVE SESSION 수가 급증하는 경우 TOP 5 WAIT EVENT TREND를 통해서 어떤 WAIT EVENT 발생에 의해서 부하가 증가하는지 확인할 수 있다.

10분 단위 TOP 5 WAIT EVENT TREND

샘플시간	순위	EVENT	점유율	세션수	총세션수
0401 070	1		96.5%	469	486
0401 070	2	db file sequential read	0.2%	1	486
0401 070	3	log file parallel write	0.0%	0	486
0401 070	4	control file sequential read	0.0%	0	486
0401 071	1		96.5%	408	423
0401 071	2	Disk file operations I/O	0.0%	0	423
0401 071	3	log file parallel write	0.0%	0	423
0401 072	1		97.2%	450	463
0401 072	2	null event	0.2%	1	463
0401 073	1		96.4%	461	478
0401 073	2	log file parallel write	0.0%	0	478
0401 073	3	control file sequential read	0.0%	0	478
0401 074	1		97.2%	477	491
0401 074	2	log file parallel write	0.0%	0	491
0401 075	1		97.6%	485	497
0401 075	2	jobq slave wait	0.2%	1	497
0401 080	1		98.1%	503	513
0401 080	2	control file parallel write	0.0%	0	513
0401 081	1		97.0%	451	465
0401 081	2	log file parallel write	0.0%	0	465
0401 081	3	control file sequential read	0.0%	0	465
0401 082	1		96.9%	436	450
0401 082	2	null event	0.2%	1	450
0401 082	3	control file sequential read	0.0%	0	450
0401 083	1		97.3%	507	521
0401 083	2	log file parallel write	0.0%	0	521
0401 083	3	control file sequential read	0.0%	0	521
0401 084	1		97.1%	468	482
0401 084	2	log file parallel write	0.0%	0	482
0401 084	3	control file parallel write	0.0%	0	482
0401 085	1		96.4%	487	505
0401 085	2	control file parallel write	0.0%	0	505
0401 090	1		96.5%	441	457
0401 090	2	control file parallel write	0.0%	0	457
0401 090	3	control file sequential read	0.0%	0	457

1시간 단위 TOP 5 WAIT EVENT TREND

샘플시간	순위	EVENT	점유율	세션수	총세션수
0401 04	1		95.5%	2752	2916
0401 04	2	null event	0.3%	10	2902
0401 04	3	log file parallel write	0.0%	0	2908
0401 05	1		97.5%	2750	2846
0401 05	2	os thread startup	0.0%	0	2832
0401 06	1		95.4%	2679	2830
0401 06	2	db file sequential read	0.7%	20	2794
0401 06	3	control file sequential read	0.4%	10	2813
0401 06	4	log file parallel write	0.0%	0	2815
0401 07	1		98.3%	2807	2826
0401 07	2	null event	0.4%	10	2849
0401 08	1		96.5%	2773	2888
0401 08	2	log file parallel write	0.0%	0	2869
0401 08	3	control file parallel write	0.0%	0	2890
0401 09	1		96.1%	2704	2837
0401 09	2	control file sequential read	0.0%	0	2830
0401 10	1		98.2%	2737	2793
0401 11	1		95.0%	2650	2795
0401 11	2	db file sequential read	0.4%	10	2785
0401 12	1		96.7%	2893	3014
0401 12	2	log file parallel write	0.0%	0	2982
0401 13	1		98.3%	2813	2822
0401 13	2	control file parallel write	0.0%	0	2830
0401 14	1		96.1%	2694	2841
0401 15	1		98.6%	2799	2859
0401 15	2	log file parallel write	0.0%	0	2886
0401 16	1		96.4%	2695	2777
0401 17	1		96.9%	2804	2905
0401 17	2	Streams AQ: qmn coordinator idl	0.0%	0	2885
0401 18	1		97.5%	2693	2778
0401 18	2	db file sequential read	0.4%	10	2760
0401 19	1		0.9744	2648	2723
0401 20	1		0.9632	2608	2747
0401 20	2	control file parallel write		0	2726
0401 21	1		0.9743	2656	2739
0401 21	2	log file parallel write		0	2717

왼쪽은 GV$ACTIVE_SESSION_HISTORY에서 오른쪽은 AWR에서 추출한 데이터로 운영환경에서는 TOP 5가 모두 표시되며 일반적인 상황에서는 TOP 1이 NULL인 경우가 대부분이다.

이 데이터를 통해서 ACTIVE SESSION 수가 급증 시에 어떤 WAIT EVENT가 증가하는지 Trend를 확인할 수 있으며 이때 경합을 발생시키는 WAIT EVENT가 TOP 1로 올라오게 된다.

위 Trend에서 총 SESSION 수가 급증했다면 급증했을 때 같이 급증한 WAIT EVENT가 있는지 확인음 할 수 있다. 위 데이터에서 EVENT 컬럼이 아닌 SQL_ID로 집계하면 SQL_ID 기준으로 TOP 5 SQL TREND 데이터를 생성할 수 있다.

PART 19

튜닝 실무 사례

지금까지 여러 튜닝 원리와 패턴에 대해서 학습해 왔다.
이제 마무리 단원이다. 마무리 단원에서는 지금까지 학습한 개념이
실무에서는 어떤 방법으로 적용되어 튜닝되는지
확인을 통해 좀 더 튜닝에 대한 이해를 돕고자 했다.

여기서 정리한 SQL들은 필자가 실무에서 튜닝했던 사례를 이용한 것이다.
기본 원리와 패턴만 이해하고 있다면 어렵지 않게 접근할 수 있을 거라 생각한다.
매우 복잡하고 긴 SQL도 하나씩 풀어내다 보면 대부분 기본 해법은 동일함을 알게 된다.

Section 01. 관련단원 - 4. INDEX ACCESS 패턴
Section 02. 관련단원 - 4. INDEX ACCESS 패턴
Section 03. 관련단원 - 6. JOIN
Section 04. 관련단원 - 6. JOIN(JPPD)
Section 05. 관련단원 - 7. 서브쿼리
Section 06. 관련단원 - 6. JOIN, 7. 서브쿼리, 12. 동일데이터 반복 ACCESS 튜닝
Section 07. 관련단원 - 8. 실행 계획 분리
Section 08. 관련단원 - 6. JOIN, 8. 실행 계획 분리
Section 09. 관련단원 - 7. 서브쿼리, 10. PGA튜닝
Section 10. 관련단원 - 6. JOIN, 7. 서브쿼리, 10. PGA 튜닝
Section 11. 관련단원 - 12. 동일 데이터 반복 ACCESS 튜닝
Section 12. 관련단원 - 5. INDEX ACCESS 패턴, 9. 페이징 처리
Section 13. 관련단원 - 9. 페이징 처리, 7. 서브쿼리
Section 14. 관련단원 - 6. JOIN
Section 15. 관련단원 - 6. JOIN(JPPD)
Section 16. 관련단원 - 7. 서브쿼리

Section 01 관련단원 - 4. INDEX ACCESS 패턴

<외화수표일별 테이블 INDEX 현황>

IX_외화수표일별_N1: 중앙회조합구분코드, 매입추심구분코드, 거래일자, 사무소코드

<바인드 변수 현황>

:b0 -> 20120403

<원본 SQL>

```
SELECT T3.사무소코드, T3.외화수표거래번호, T3.대표고객번호
     , T3.고객번호, T3.계리세목코드, T2.신규일자
     , T2.입금예정일자, T3.통화코드
     , T3.외화잔액, T2.환율변동회차, T2.외환상태코드
FROM 외화수표매입 T2 ,
     (
       SELECT T1.사무소코드 ,T1.외화수표거래번호 ,T1.대표고객번호 ,
              T1.고객번호 ,T1.계리세목코드 ,T1.통화코드 ,
              SUM(T1.외화잔액) 외화잔액
         FROM 외화수표일별 T1
        WHERE T1.중앙회조합구분코드='1'
          AND T1.거래일자 LIKE (:B0||'%')
        GROUP BY T1.사무소코드 ,T1.외화수표거래번호 ,T1.대표고객번호 ,
                 T1.고객번호 ,T1.계리세목코드 ,T1.통화코드) T3
WHERE T2.외화수표거래번호=T3.외화수표거래번호;
```

<원본 실행 계획>

```
---------------------------------------------------------------------------------------------
| Id | Operation                      | Name            | Starts | A-Rows |   A-Time    |Buffers|
---------------------------------------------------------------------------------------------
|  1 | NESTED LOOPS                   |                 |      1 |    524 |00:02:18.08  | 103K  |
|  2 |  VIEW                          |                 |      1 |    524 |00:02:17.52  | 102K  |
|  3 |   HASH GROUP BY                |                 |      1 |    524 |00:02:17.52  | 102K  |
|  4 |    TABLE ACCESS BY INDEX ROWID | 외화수표일별     |      1 |   2913 |00:02:17.48  | 102K  |
|* 5 |     INDEX RANGE SCAN           | IX_외화수표일별_N1|     1 |   2913 |00:02:17.12  | 101K  |
---------------------------------------------------------------------------------------------
```

```
|   6  | TABLE ACCESS BY INDEX ROWID | 외화수표매입      | 524 | 524 |00:00:00.55| 1581 |
|*  7  |  INDEX UNIQUE SCAN          | PK_외화수표매입   | 524 | 524 |00:00:00.48| 1055 |
```

<문제점>

IX_외화수표일별_N1 INDEX 컬럼은 [중앙회조합구분코드, 매입추심구분코드, 거래일자, 사무소코드]로 되어 있으나 조회 조건은 중앙회조합구분코드= AND 거래일자 LIKE로 들어오면서 중간 조건인 매입추심구분코드가 누락되어 중앙회조합구분코드 이후 조건은 필터 조건으로만 참여한다.

즉, 중앙회조합구분코드='1' 조건에 해당하는 모든 데이터를 가져와서 거래일자 LIKE (:B0||'%') 조건에 해당하는 데이터만 필터링하기 때문에 넓은 범위의 INDEX Block을 SCAN한다.(2,913건을 SCAN하면서 101K Block을 ACCESS하고 있다)

위 내용 부분에 대한 부분은 INDEX ACCESS 조건 FILTER 조건에서 학습했던 내용이다. 기억이 나지 않는다면 해당 부분을 다시 한 번 읽어보기 바란다. INDEX에서 중간 조건인 [매입추심구분코드]의 경우는 구분코드라는 명칭으로 봤을 때 DISTINCT한 값의 종류가 적은 값이라는 걸 추측할 수 있다. 이런 상황에서 어떻게 개선이 가능한지 독자들은 한 번 추측해 보기 바란다.

<튜닝 내용>

실제로 [매입추심구분코드] 컬럼의 DISTINCT한 값의 종류는 2이다. 이럴 때 INDEX SKIP SCAN을 이용하면 [매입추심구분코드] 뒤의 INDEX 컬럼인 거래일자 LIKE 조건이 ACCESS 조건처럼 사용되어 INDEX SCAN 범위를 크게 줄여줄 수 있다.

<튜닝 후 SQL>

```
SELECT T3.사무소코드, T3.외화수표거래번호, T3.대표고객번호
     , T3.고객번호, T3.계리세목코드 ,T2.신규일자
     , T2.입금예정일자, T3.통화코드
     , T3.외화잔액, T2.환율변동회차, T2.외환상태코드
  FROM 외화수표매입 T2 ,
       (
        SELECT /*+ INDEX_SS(T1 IX_외화수표일별_N1) */
T1.사무소코드 ,T1.외화수표거래번호 ,T1.대표고객번호 ,
```

```
         T1.고객번호 ,T1.계리세목코드 ,T1.통화코드 ,
       SUM(T1.외화잔액) 외화잔액
  FROM 외화수표일별 T1
  WHERE T1.중앙회조합구분코드='1'
    AND T1.거래일자 LIKE (:B0||'%')
  GROUP BY T1.사무소코드 ,T1.외화수표거래번호 ,T1.대표고객번호 ,
           T1.고객번호 ,T1.계리세목코드 ,T1.통화코드) T3
WHERE T2.외화수표거래번호=T3.외화수표거래번호;
```

<튜닝 후 실행 계획>

```
----------------------------------------------------------------------------------
| Id | Operation                       | Name            |Starts |A-Rows| A-Time    |Buffers|
----------------------------------------------------------------------------------
|  1 |  NESTED LOOPS                   |                 |   1   |  524 |00:00:00.62|  2590 |
|  2 |   VIEW                          |                 |   1   |  524 |00:00:00.61|  1011 |
|  3 |    HASH GROUP BY                |                 |   1   |  524 |00:00:00.61|  1011 |
|  4 |     TABLE ACCESS BY INDEX ROWID | 외화수표일별    |   1   | 2913 |00:00:00.58|  1011 |
|* 5 |      INDEX SKIP SCAN            | IX_외화수표일별_N1|   1 | 2913 |00:00:00.22|    33 |
|  6 |   TABLE ACCESS BY INDEX ROWID   | 외화수표매입    |  524  |  524 |00:00:00.01|  1579 |
|* 7 |    INDEX UNIQUE SCAN            | PK_외화수표매입 |  524  |  524 |00:00:00.01|  1055 |
----------------------------------------------------------------------------------
```

<정리>

원본 실행 계획과 비교를 해본다면 INDEX SCAN 부분에서 103424(101K * 1024) → 33 으로 크게 줄어든 것을 볼 수 있다.

관련단원 - 4. INDEX ACCESS 패턴

<카드환불내역 INDEX 현황>

카드환불내역_PK : 거래일자, 카드번호, 승인거래고유번호
카드환불내역_IX1 : 작업일자, 처리여부

<바인드 변수 현황>

:시작일 -> 20120612
:종료일 -> 20120612
:카드번호 -> NULL
:결제계좌번호 -> NULL
:처리여부 -> NULL
:거래일자 -> NULL
:승인거래고유번호 -> NULL

<원본 SQL>

```
SELECT /*+TB_CS_AZ_CH_CHK_FRDM_VS0001*/ *
  FROM (
       SELECT *
         FROM 카드환불내역
        WHERE 작업일자 BETWEEN :시작일 AND :종료일
          AND 카드번호 LIKE :카드번호||'%'
          AND 결제계좌번호 LIKE :결제계좌번호||'%'
          AND 처리여부 LIKE :처리여부||'%'
        ORDER BY 거래일자, 카드번호, 승인거래고유번호
       )
 WHERE 거래일자||카드번호||승인거래고유번호 >
       NVL(:거래일자,'0')||NVL(:카드번호,'0')||NVL(:승인거래고유번호,'0')
   AND ROWNUM < 101 ;
```

<원본 실행 계획>

```
-------------------------------------------------------------------------------
| Id  | Operation                    | Name          | A-Rows | A-Time      |Buffers |
-------------------------------------------------------------------------------
|*  1 |  COUNT STOPKEY               |               |   100  |00:00:33.77  |  357K  |
|   2 |   VIEW                       |               |   100  |00:00:33.77  |  357K  |
|*  3 |    TABLE ACCESS BY INDEX ROWID| 카드환불내역  |   100  |00:00:33.77  |  357K  |
|*  4 |     INDEX FULL SCAN          | 카드환불내역_PK|  417K  |00:00:09.24  |  3901  |
-------------------------------------------------------------------------------
```

<문제점>

조회 조건 [작업일자]에 해당하는 적절한 INDEX [카드환불내역_IX1]가 존재하나 옵티마이저가 ORDER BY를 피하기 위해서 부적절한 INDEX인 [카드환불내역_PK]가 INDEX FULL SCAN 되었다. ORDER BY 순서가 카드환불내역_PK INDEX 순서와 일치한다. 이로 인해 전체 INDEX Block을 SCAN하면서 INDEX의 SCAN 건수인 417K(A-Rows)만큼 RANDOM I/O 발생 후 필터링하는 비효율이 발생하고 있다.

위와 같이 INDEX FULL SCAN이 발생을 하면 전체 INDEX Block을 SCAN하면서 INDEX전체건수에 대해서 RANDOM I/O가 발생하기 때문에 부적절한 실행 계획은 아닌지 확인이 필요하다.

<튜닝 내용>

적절한 INDEX 카드환불내역_IX1를 사용하도록 힌트를 기술한다.

<튜닝 후 SQL>

```
SELECT /*+TB_CS_AZ_CH_CHK_FRDM_VS0001*/ *
  FROM (
       SELECT /*+ INDEX(카드환불내역   카드환불내역_IX1) *
         FROM 카드환불내역
        WHERE 작업일자 BETWEEN :시작일 AND :종료일
          AND 카드번호 LIKE :카드번호||'%'
          AND 결제계좌번호 LIKE :결제계좌번호||'%'
          AND 처리여부 LIKE :처리여부||'%'
        ORDER BY 거래일자, 카드번호, 승인거래고유번호
       )
 WHERE 거래일자||카드번호||승인거래고유번호 >
```

```
      NVL(:거래일자,'0')||NVL(:카드번호,'0')||NVL(:승인거래고유번호,'0')
  AND ROWNUM < 101 ;
```

<튜닝 후 실행 계획>

Id	Operation	Name	A-Rows	A-Time	Buffers
* 1	COUNT STOPKEY		100	00:00:00.06	20
2	VIEW		100	00:00:00.06	20
* 3	SORT ORDER BY STOPKEY		100	00:00:00.06	20
* 4	TABLE ACCESS BY INDEX ROWID	카드환불내역	427	00:00:00.06	20
* 5	INDEX RANGE SCAN	카드환불내역_IX1	427	00:00:00.06	8

<정리>

적절한 INDEX를 사용함으로써 Buffers가 365568(357K * 1024) → 20으로 개선된 것을 볼 수 있다.

한 가지 덧붙이자면 A-Rows의 건수는 427건인데 Buffers는 20인 걸로 봐서 이 INDEX는 CLUSTERING FACTOR가 양호하다는 것을 알 수 있다. 만약 좋지 않다면 A-Rows 건수만큼 Buffers 통계치가 발생했을 것이다.

Section 03 관련단원 - 6. JOIN

<테이블 사이즈 현황>

신청기본 -> 4 MB
접수처리기본 -> 187 MB
여신고객기본 -> 192 MB
개인사업자내역 -> 1 MB

<원본 SQL>

```
SELECT T1.여신심사접수번호, T1.여신심사접수일련번호
     , T1.여신신청일자, T1.처리일자, T1.실명번호
     , T2.소매여부, T2.신용조사기업식별번호
  FROM (
         SELECT A.여신심사접수번호, A.여신심사접수일련번호
              , A.여신신청일자, A.처리일자 ,C.실명번호
              , NVL(B.투자금융유형코드,0) 투자금융유형코드
           FROM 접수처리기본 A
              , 신청기본 B
              , 여신고객기본 C
          WHERE A.여신심사진행상태코드 IN ('E42','E43','E98','E99')
            AND A.기업여신상담번호=B.기업여신상담번호(+)
            AND A.여신심사접수번호=C.여신심사접수번호
            AND A.여신심사접수일련번호=C.여신심사접수일련번호
            AND A.처리일자<=:B0
            AND A.중앙회조합구분코드 IN ('1','5')) T1,
         개인사업자내역 T2
 WHERE T1.실명번호=T2.신용조사기업식별번호(+) ;
```

<원본 실행 계획>

Id	Operation	Name	Starts	A-Rows	A-Time	Buffers
1	NESTED LOOPS OUTER		1	421K	00:01:07.86	2095K
2	NESTED LOOPS		1	421K	00:01:03.65	1616K

	3	NESTED LOOPS OUTER			1	421K	00:00:32.46	347K
	4	INLIST ITERATOR			1	421K	00:00:29.08	111K
*	5	TABLE ACCESS BY INDEX ROWID	접수처리기본		4	421K	00:00:28.67	111K
*	6	INDEX RANGE SCAN	접수처리기본_IX1		4	492K	00:00:04.14	5685
	7	TABLE ACCESS BY INDEX ROWID	신청기본		421K	2738	00:00:02.81	235K
*	8	INDEX UNIQUE SCAN	신청기본_PK		421K	2738	00:00:01.65	233K
	9	TABLE ACCESS BY INDEX ROWID	여신고객기본		421K	421K	00:00:30.44	1268K
*	10	INDEX UNIQUE SCAN	여신고객기본_PK		421K	421K	00:00:07.40	847K
	11	TABLE ACCESS BY INDEX ROWID	개인사업자내역		421K	54077	00:00:03.63	479K
*	12	INDEX UNIQUE SCAN	개인사업자내역_P		421K	54077	00:00:02.28	425K

<문제점>

선행 테이블인 [접수처리기본]에서 42만 건 이상의 많은 건수가 후행 테이블들과 41만 번 이상 NL JOIN이 되면서(Starts 통계) 많은 Random Single Block I/O로 인해 성능이 저하 되었다.

<튜닝 내용>

각 테이블들의 사이즈 현황을 보면 사이즈가 매우 작은 편임. 많은 건수가 NL JOIN 되면서 Single Block I/O 부하가 심하고 JOIN 되는 테이블 사이즈가 작으므로 FULL TABLE SCAN 해시(HASH) JOIN으로 SQL이 실행되도록 힌트를 기술한다.

<튜닝 후 SQL>

```
SELECT /*+ USE_HASH(T1 T2)
T1.여신심사접수번호, T1.여신심사접수일련번호
      , T1.여신신청일자, T1.처리일자, T1.실명번호
      , T2.소매여부, T2.신용조사기업식별번호
  FROM (
        SELECT /*+ USE_HASH(A B C) */
A.여신심사접수번호, A.여신심사접수일련번호
        , A.여신신청일자, A.처리일자 ,C.실명번호
        , NVL(B.투자금융유형코드,0) 투자금융유형코드
    FROM 접수처리기본 A
       , 신청기본 B
       , 여신고객기본 C
   WHERE A.여신심사진행상태코드 IN ('E42','E43','E98','E99')
```

```
            AND A.기업여신상담번호=B.기업여신상담번호(+)
            AND A.여신심사접수번호=C.여신심사접수번호
            AND A.여신심사접수일련번호=C.여신심사접수일련번호
            AND A.처리일자<=:B0
            AND A.중앙회조합구분코드 IN ('1','5')) T1,
        개인사업자내역 T2
  WHERE T1.실명번호=T2.신용조사기업식별번호(+) ;
```

<튜닝 후 실행 계획>

Id	Operation	Name	Starts	A-Rows	A-Time	Buffers	Used-Mem
* 1	HASH JOIN RIGHT OUTER		1	421K	00:00:06.17	51736	1517K (0)
2	TABLE ACCESS FULL	개인사업자내역	1	8686	00:00:00.01	92	
* 3	HASH JOIN RIGHT OUTER		1	421K	00:00:05.30	51644	1313K (0)
4	TABLE ACCESS FULL	신청기본	1	1561	00:00:00.01	412	
* 5	HASH JOIN		1	421K	00:00:04.45	51232	35M (0)
* 6	TABLE ACCESS FULL	접수처리기본	1	421K	00:00:01.26	23620	
7	TABLE ACCESS FULL	여신고객기본	1	570K	00:00:00.57	27612	

<정리>

FULL SCAN HASH JOIN으로 변경해서 실행 시간이 01:07.86 → 00:06.17로 Block I/O(BUFFER_GETS)가 2,095,000 → 51,736로 줄어든 것을 볼 수 있다. 이와 같은 방법은 테이블 건수가 얼마 안 되는 작은 사이즈의 테이블인데 많은 건수가 NL JOIN 되는 경우에 사용하는 방법이다. 만약에 JOIN 되는 테이블 사이즈가 수GB 이상이라면 때에 따라 상황을 고려해야 할 것이다.

Section 04 관련단원 - 6. JOIN(JPPD)

<V_처리내역 VIEW 안의 TABLE INDEX 현황>
SCHEMA1.처리내역 테이블 -> 처리내역_IX1 : 설명, 처리내역_PK : 처리아이디
SCHEMA2.처리내역 테이블 -> 처리내역_IX1 : 설명, 처리내역_PK : 처리아이디

<원본 SQL>
```
SELECT A.인덱스ID, B.상태
     , TO_CHAR(B.완료시간,'YYYYMMDDHH24MISS') 완료시간
  FROM 메타기본 A,
       (SELECT B.고객아이디, B.처리아이디, B.상태,
               B.완료시간, B.설명
          FROM (
                SELECT 처리아이디
                  FROM BPM_이력전송
                 WHERE 변경시간 BETWEEN TO_DATE(:JobDate, 'YYYYMMDD')
                   AND TO_DATE(:JobDate, 'YYYYMMDD')+1
                 GROUP BY 처리아이디) A,
                V_처리내역  B
         WHERE A.처리아이디 = B.처리아이디
           AND B.설명 LIKE 'TLN%' ) B
 WHERE A.인덱스ID = B.고객아이디;
```

```
* V_처리내역 VIEW SOURCE
SELECT *
FROM SCHEMA2.처리
UNION ALL
SELECT *
FROM SCHEMA2.처리;
```

<원본 실행 계획>

```
| Id   | Operation                      | Name        | Starts | A-Rows | A-Time   | Buffers | Used-Mem   |
|------|--------------------------------|-------------|--------|--------|----------|---------|------------|
| * 1  | HASH JOIN                      |             |   1    |   105  | 05:26.06 | 2129K   | 1217K (0)  |
| * 2  |  HASH JOIN                     |             |   1    |   105  | 04:31.85 | 2006K   | 1468K (0)  |
|   3  |   VIEW                         |             |   1    |   105  | 00:00.30 |  102    |            |
|   4  |    HASH GROUP BY               |             |   1    |   105  | 00:00.30 |  102    |            |
| * 5  |     FILTER                     |             |   1    |   108  | 00:00.29 |  102    |            |
|   6  |      TABLE ACCESS BY INDEX ROWID | 이력전송    |   1    |   108  | 00:00.29 |  102    |            |
| * 7  |       INDEX RANGE SCAN         | 이력전송_IX1 |   1    |   108  | 00:00.06 |   10    |            |
|   8  |   VIEW                         | V_처리      |   1    | 8359K  | 20:28.83 | 2006K   |            |
|   9  |    UNION-ALL                   |             |   1    | 8359K  | 20:28.83 | 2006K   |            |
|  10  |     TABLE ACCESS BY INDEX ROWID | 처리내역    |   1    | 81853  | 00:04.11 | 26538   |            |
| * 11 |      INDEX RANGE SCAN          | 처리내역_IX1 |   1    | 81853  | 00:03.78 |  1183   |            |
|  12  |     TABLE ACCESS BY INDEX ROWID | 처리내역    |   1    | 8277K  | 20:08.54 | 1979K   |            |
| * 13 |      INDEX RANGE SCAN          | 처리내역_IX1 |   1    | 8277K  | 02:04.17 | 44965   |            |
|  14  |  INDEX FAST FULL SCAN          | 메타기본_PK |   1    |  11M   | 00:45.14 |  123K   |            |
```

<문제점>

선행 인라인 뷰 ( ) A 부분의 결과 건수가 108건으로 적으며 V_처리내역 VIEW의 SOURCE 테이블의 각 테이블에 JOIN 컬럼인 [처리아이디]에 INDEX가 존재한다. 하지만 선행 인라인 뷰 ( ) A의 결과 건수가 V_처리내역 VIEW로 파고들어 가지 못했다. 별개로 설명 LIKE 조건이 V_처리내역 VIEW로 침투해 들어가서 [설명] 컬럼 INDEX RANGE SCAN으로 인해 많은 Single Block I/O 발생 후 HASH JOIN 되면서 성능이 저하되고 있다.

<튜닝 내용>

선행 인라인 뷰 ( ) A의 결과 건수가 [V_처리]로 침투되어 JOIN 될 수 있도록 한다. 이것을 JPPD(JOIN PREDICATE PUSH DOWN)라고 설명했었으며 [V_처리] VIEW가 UNION ALL로 되어 있으므로 JPPD가 발생할 수 있는 조건이 된다.

JPPD는 NL JOIN일 경우에만 발생하기 때문에 인라인 뷰 ( ) A와 V_처리내역 VIEW와 JOIN 시 USE_NL(A B) 힌트를 기술해 준다. PUSH_PRED(B) 힌트까지 기술해 줘도 되지만 생략해도 옵티마이저는 JPPD로 실행 계획을 수립한다. PUSH_PRED 힌트는 JPPD 발생 힌트이다.

<튜닝 후 SQL>

```
SELECT /*+ USE_NL(A B) */
       A.인덱스ID, B.상태
     , TO_CHAR(B.완료시간,'YYYYMMDDHH24MISS') 완료시간
  FROM 메타기본 A,
       (SELECT /*+ NO_MERGE USE_NL(A B) */
               B.고객아이디, B.처리아이디, B.상태,
               B.완료시간, B.설명
          FROM (
                SELECT 처리아이디
                  FROM 비피엠_이력전송
                 WHERE 변경시간 BETWEEN TO_DATE(:JobDate, 'YYYYMMDD')
                   AND TO_DATE(:JobDate, 'YYYYMMDD')+1
                 GROUP BY 처리아이디) A,
               V_처리내역 B
         WHERE A.처리아이디 = B.처리아이디
           AND B.설명 LIKE 'TLN%' ) B
 WHERE A.인덱스ID = B.고객아이디;
```

<튜닝 후 실행 계획>

Id	Operation	Name	Starts	A-Rows	A-Time	Buffers
1	NESTED LOOPS		1	105	00:00:00.02	1155
2	VIEW		1	105	00:00:00.01	837
3	NESTED LOOPS		1	105	00:00:00.01	837
4	VIEW		1	105	00:00:00.01	102
5	HASH GROUP BY		1	105	00:00:00.01	102
* 6	FILTER		1	108	00:00:00.01	102
7	TABLE ACCESS BY INDEX ROWID	이력전송	1	108	00:00:00.01	102
* 8	INDEX RANGE SCAN	이력전송_IX1	1	108	00:00:00.01	10
9	VIEW	V_처리내역	105	105	00:00:00.01	735
10	UNION ALL PUSHED PREDICATE		105	105	00:00:00.01	735
* 11	TABLE ACCESS BY INDEX ROWID	처리내역	105	105	00:00:00.01	420
* 12	INDEX UNIQUE SCAN	처리내역_PK	105	105	00:00:00.01	315
* 13	TABLE ACCESS BY INDEX ROWID	처리내역	105	0	00:00:00.01	315
* 14	INDEX UNIQUE SCAN	처리내역_PK	105	0	00:00:00.01	315
* 15	INDEX UNIQUE SCAN	메타기본_PK	105	105	00:00:00.01	318

<정리>

위 사례는 JPPD에 대한 내용으로 JPPD는 NL JOIN 상황에서만 발생한다. [V_처리내역] VIEW가 UNION ALL로 되어 있기 때문에 JPPD에 대한 실행 계획이 UNION ALL PUSHED PREDICATE Operation으로 나타나고 있음을 볼 수 있다. JPPD에 의해 선행 인라인 뷰 ()A의 결과 건수 105건이 V_처리내역 VIEW로 침투해서 I/O가 2,180,096 → 1,155로 개선되었으며 실행 시간 또한 326.06 → 00.02으로 크게 개선된 것을 볼 수 있다. 덤으로 HASH JOIN으로 인한 PGA 사용 부분도 사라졌다.

Section 05 관련단원 - 7. 서브쿼리

<바인드 변수 현황>
:결제일자 -> 20120523
:카드고객번호 -> 140039480
:계좌번호 -> '%'
:nx_회원사회원번호 -> 112000697556001
:nx_rowid -> AABmFZAHdAAEgEbAAJ

<테이블 사이즈 현황>
고객기본   - 3829 MB
댠순 통합코드 내역 - 24 MB

<단순통합코드내역 INDEX 현황>
단순통합코드내역_PK : 단순코드, 단순유형코드
단순통합코드내역_IX2 : 단순코드, 단순유형코드, 단순코드명

<원본 SQL>
```
SELECT E.RID, E.회원사회원번호, E.카드번호
     , E.출금금액, E.은행코드, E.결제계좌
     , E. 단순코드명 은행명, E.소지자카드고객번호, E.고객명
  FROM (
         SELECT A.ROWID RID, A.회원사회원번호, A.카드번호
                A.출금금액합계, A.결제신은행코드
                A.계좌번호, B.단순코드명
                C.소지자카드고객번호, D.고객명
           FROM 청구서내역 A,
                단순통합코드 B,
                카드기본 C,
                고객기본 D
          WHERE A.결제일자 = :결제일자
            AND A.카드고객번호 = :카드고객번호
            AND A.계좌번호 = DECODE( TRIM(:계좌번호), '%', A.계좌번호, :계좌번호 )
```

Part 19_튜닝 실무 사례

```
            AND B.단순유형코드 = 'REP_NBNK_C'
            AND A.결제신은행코드 = B.단순코드(+)
            AND A.카드번호 = C.카드번호(+)
            AND C.소지자카드고객번호 = D.카드고객번호(+)
            AND ( (A.회원사회원번호 > :nx_회원사회원번호) or
                  (A.회원사회원번호 = :nx_회원사회원번호 and A.rowid >= :nx_rowid))
        ORDER BY A.회원사회원번호 ASC, A.결제일자 DESC, A.회원사회원번호) E
WHERE ROWNUM <= 501;
```

<원본 실행 계획>

Id	Operation	Name	Starts	A-Rows	Buffers
* 1	COUNT STOPKEY		1	501	5256
2	VIEW		1	501	5256
3	NESTED LOOPS OUTER		1	501	5256
4	NESTED LOOPS OUTER		1	501	3252
5	NESTED LOOPS		1	501	1248
6	PARTITION RANGE SINGLE		1	501	235
* 7	TABLE ACCESS BY LOCAL INDEX ROWID	청구서내역	1	501	235
* 8	INDEX RANGE SCAN	청구서내역_IX3	1	1000	19
* 9	INDEX RANGE SCAN	단순통합코드_IX2	501	501	1013
10	PARTITION RANGE ITERATOR		501	501	2004
11	TABLE ACCESS BY LOCAL INDEX ROWID	카드기본	501	501	2004
* 12	INDEX UNIQUE SCAN	카드기본_PK	501	501	1503
13	PARTITION RANGE ITERATOR		501	501	2004
14	TABLE ACCESS BY LOCAL INDEX ROWID	고객기본	501	501	2004
* 15	INDEX UNIQUE SCAN	고객기본_PK	501	501	1503

<문제점>

위 SQL에서 특별한 문제점은 없는 것처럼 보인다. 하지만 더 개선이 가능하다. [단순통합코드] 테이블과의 [A.결제신은행코드 = B.단순코드(+)] JOIN은 INPUT값의 DISTINCT한 값의 종류가 적다. 즉 JOIN되는 [A.결제신은행코드]의 값의 종류 수가 적다는 뜻이다.

또한 [고객기본] 테이블은 3829MB로 사이즈가 크고 값의 종류가 매우 많기는 하지만 [A.카드고객번호 = :카드고객번호]와 같이 조건 값이 들어오고 있다. 그렇기 때문에 JOIN 절인 [C.소지자카드고객번호 = D.카드고객번호(+)]에서의 값의 종류는 매우 적을 것이다.

이와 같이 INPUT값의 DISTINCT한 값의 종류가 적을 때 I/O를 줄이기 위해 사용하는 방법이 있었다.

<튜닝 내용>

[단순통합코드내역] 테이블과 [고객기본] 테이블과의 JOIN이 UNIQUE KEY OUTER JOIN이고 JOIN되는 값의 종류가 매우 적기 때문에 스칼라 서브쿼리로 변경한다. 그러면 스칼라 서브쿼리 캐싱 효과로 I/O가 크게 줄어들게 된다.

[단순통합코드내역] 테이블과의 JOIN은 INDEX UNIQUE SCAN이 아닌 INDEX RANGE SCAN으로 실행계획에 나오지만 INDEX현황을 보면 JOIN 컬럼이 PK인 것을 알 수 있다. [단순통합코드내역_IX2]를 사용한 이유는 SELECT절에서 사용하는 [단순코드명] 컬럼이 INDEX에 존재해서 INDEX만 SCAN할 수 있기 때문이다. 이렇게 되면 TABLE ACCESS 하는 Single Block I/O가 사라지게 된다.

<튜닝 후 SQL>

```
SELECT E.RID, E.회원사회원번호, E.카드번호
     , E.출금금액, E.은행코드, E.결제계좌
     , (SELECT B.단순코드명 FROM 단순통합코드 B
         WHERE B.단순유형코드 = 'REP_NBNK_C'
           AND E.결제신은행코드 = B.단순코드) AS 은행명
     , E.소지자카드고객번호
     , (SELECT D.고객명 FROM 고객기본 D
         WHERE E.소지자카드고객번호 = D.카드고객번호) AS 고객명
  FROM (
        SELECT A.ROWID RID, A.회원사회원번호, A.카드번호
               A.출금금액합계, A.결제신은행코드
               A.계좌번호, B.단순코드명
               C.소지자카드고객번호
          FROM 청구서내역 A,
               카드기본 C
         WHERE A.결제일자 = :결제일자
           AND A.카드고객번호 = :카드고객번호
           AND A.계좌번호 = DECODE( TRIM(:계좌번호), '%', A.계좌번호, :계좌번호 )
           AND A.카드번호 = C.카드번호(+)
           AND ( (A.회원사회원번호 > :nx_회원사회원번호) or
                 (A.회원사회원번호 = :nx_회원사회원번호 and A.rowid >= :nx_rowid))
```

```
            ORDER BY A.회원사회원번호 ASC, A.결제일자 DESC, A.회원사회원번호) E
WHERE ROWNUM <= 501;
```

<튜닝 후 실행 계획>

Id	Operation	Name	Starts	A-Rows	Buffers
* 1	INDEX RANGE SCAN	단순통합코드_IX2	1	1	3
2	PARTITION RANGE SINGLE		1	1	4
3	TABLE ACCESS BY LOCAL INDEX ROWID	고객기본	1	1	4
* 4	INDEX UNIQUE SCAN	고객기본_PK	1	1	3
* 5	COUNT STOPKEY		1	501	2239
6	NESTED LOOPS		1	501	2239
7	VIEW		1	501	235
8	PARTITION RANGE SINGLE		1	501	235
* 9	TABLE ACCESS BY LOCAL INDEX ROWID	청구서내역	1	501	235
* 10	INDEX RANGE SCAN	청구서내역_IX3	1	1000	19
11	PARTITION RANGE ITERATOR		501	501	2004
12	TABLE ACCESS BY LOCAL INDEX ROWID	카드기본	501	501	2004
* 13	INDEX UNIQUE SCAN	카드기본_PK	501	501	1503

<정리>

스칼라 서브쿼리 캐싱 효과에 의해서 [단순통합코드] 테이블과 [고객기본] 테이블과의 JOIN I/O가 거의 사라진 것을 볼 수 있다. 이것은 JOIN되는 값의 종류가 1가지(Starts통계 1)이기 때문에 매우 크게 감소한 것이다.

만약 데이터 건수는 많은데 스칼라 서브쿼리에서 사용하는 테이블과의 JOIN 컬럼값의 종류가 매우 다양하다면 스칼라 서브쿼리 캐싱효과가 거의 없기 때문에 결과 건수만큼 I/O가 발생을 한다. 이때에는 스칼라 서브쿼리에서 참조하는 테이블 사이즈 상황에 따라서 위와는 반대로 스칼라 서브쿼리 → FROM절로 빼내서 JOIN 형태로 변경을 해주어야 하는 경우도 있으니 참고하기 바란다. 이와 관련된 실무 사례는 생략하겠다.

주제와는 다른 이야기이긴 하지만 [청구서내역] 테이블의 [청구서내역_IX3] INDEX가 최적으로(ORDER BY절과 일치) 구성되어 있었기 때문에 [SORT ORDER BY] Operation이 나타나지 않았다.

Section 06 관련단원 - 6. JOIN, 7. 서브쿼리, 12. 동일 데이터 반복 ACCESS 튜닝

<바인드 변수 현황>
:B0 -> 20120401

<테이블 사이즈 현황>
계좌기본 -> 21 MB ,   고유계정대잔액상세 -> 21991 MB
거래내역 -> 286 MB,   플랜정보기본 -> 28 MB

< 거래내역 INDEX 현황> : 계좌번호에 대해서 여러 개의 거래내역PID가 관리된다.
거래내역_PK -> 거래내역PID
거래내역_IX4 -> 계좌번호, 수신입금지급구분코드

<원본 SQL>
```
SELECT A.개설사무소코드
     , SUBSTR(A.퇴직연금플랜코드, 5, 1) 퇴직연금플랜DSC
     , A.퇴직연금플랜코드, A.계좌번호, B.가입자수
  FROM 계좌기본 A, 고유계정대잔액상세 B
     , 거래내역 C, 플랜정보기본 D
 WHERE A.플랜정보기본 = B.플랜정보기본
   AND A.계좌번호 = C.계좌번호
   AND A.퇴직연금플랜코드 = D.퇴직연금플랜코드
   AND D.퇴직연금등록상태코드 = '01'
   AND D.퇴직연금플랜구분코드 = '1'
   AND A.수신계좌상태코드 = '01'
   AND A.신규일자 < (SUBSTR(:B0,1,4)||'0101')
   AND B.기준일자 = :B0
   AND C.거래내역PID=(SELECT MAX(거래내역PID)
                      FROM 거래내역 WHERE (계좌번호=C.계좌번호));
```

<원본 실행 계획>

Id	Operation	Name	Starts	A-Rows	A-Time	Buffers
* 1	FILTER		1	2776	02:09.72	1809K
2	NESTED LOOPS		1	78188	02:00.99	1752K
3	NESTED LOOPS		1	530K	01:52.95	692K
4	NESTED LOOPS		1	24507	01:27.95	160K
* 5	TABLE ACCESS BY INDEX ROWID	계좌기본	1	24507	00:01.40	62434
6	INDEX FULL SCAN	계좌기본_IX2	1	69286	00:00.83	351
7	TABLE ACCESS BY INDEX ROWID	고유계정대잔액상세	24507	24507	01:26.50	98057
* 8	INDEX UNIQUE SCAN	고유계정대잔액상세_IX2	24507	24507	01:23.84	73550
9	TABLE ACCESS BY INDEX ROWID		24507	530K	00:24.46	531K
* 10	INDEX RANGE SCAN	거래내역_IX4	24507	530K	00:19.46	51740
* 11	TABLE ACCESS BY INDEX ROWID	플랜정보기본	530K	78188	00:07.41	1060K
* 12	INDEX UNIQUE SCAN	플랜정보기본_PK	530K	530K	00:03.87	530K
13	SORT AGGREGATE		2776	2776	00:08.65	57196
* 14	TABLE ACCESS BY INDEX ROWID	거래내역	2776	77673	00:08.55	57196
* 15	INDEX RANGE SCAN	거래내역_IX4	2776	78188	00:01.29	5945

<문제점>

첫 번째, SQL 로직으로 봤을 때 [거래내역] 테이블과 JOIN은 한 번만 하면 되는데 ACNO에 해당하는 MAX(TRBRK_PID)를 찾아오기 위해 TB_NB_SV_RH_TR 두 번 SCAN하는 비효율 발생하고 있으며 FILTER 서브쿼리 형태로 수행되고 있다(ID 13, 14, 15번)

이 MAX(거래내역PID) 서브쿼리는 [거래내역] 테이블과 JOIN 시 데이터가 530,000건으로 늘어나기 때문에 필터링하기 위해서 넣은 것이다. INDEX 현황을 보면 [거래내역] 테이블의 PK는 거래내역PID이며 [계좌번호]에 대해서 여러 개의 [거래내역PID]가 존재하기 때문에 서브쿼리를 이용해서 중복을 제거한 것이다.

또한 [거래내역] 테이블은 SELECT절에서는 사용되지 않고 있으며 필터링을 위한 용도로만 JOIN이 되고 있다.(ID 9, 10)

두 번째, JOIN 순서가 잘못되어 불필요한 I/O가 발생을 하고 있다. [플랜정보기본] 테이블과 많은 건수가 JOIN된 후에 [거래내역] 테이블과 JOIN되면서 90% 가까이가 버려지는 것을 실행 계획상에서 볼 수 있다(ID 9의 A-Rows와 ID 13의 A-Rows 비교)

세 번째, [플랜정보기본] 테이블의 경우 사이즈가 15MB로 초소형 사이즈의 테이블이다. 이 테이블이 NL JOIN의 후행 테이블로 참여하면서 선행 테이블의 결과 건수인 530K건 (53만 건) JOIN이 발생하고 있다.

<튜닝 내용>

첫 번째, [거래내역] 테이블의 경우 SELECT절에서는 사용하지 않고 WHERE절에서만 사용되고 있으므로 **EXISTS 서브쿼리로 변경한다. 이때 SEMI JOIN을 이용**한다면 Buffer Pinning 효과로 I/O 또한 감소하는 효과를 볼 수 있다.

그리고 EXISTS 서브쿼리의 경우 메인쿼리:서브쿼리가 1:N일 때 결과 건수는 1쪽이 된다. EXISTS 서브쿼리 쪽에서는 만족하는 JOIN 결과가 한 건만 있으면 빠져나온다. 이와 같이 중복 데이터를 제거하기 위한 **MAX(거래내역PID)를 가져오는 서브쿼리는 제거가 가능**하다.

두 번째 JOIN 순서 조정을 한다. [플랜기본정보]테이블과의 JOIN은 선행 데이터가 필터링을 통해 줄어든 후에 가장 마지막으로 JOIN되도록 순서를 조정한다.

세 번째, [플랜정보기본] 테이블의 경우 사이즈가 15MB로 초소형 사이즈 이므로 FULL TABLE SCAN HASH JOIN이 되도록 힌트를 기술한다.

<튜닝 후 SQL>

```
SELECT /*+ LEADING(D A) USE_HASH(A) */
       A.개설사무소코드
     , SUBSTR(A.퇴직연금플랜코드, 5, 1) 퇴직연금플랜DSC
     , A.퇴직연금플랜코드
     , A.계좌번호
     , B.가입자수
  FROM 계좌기본 A, 고유계정대잔액상세 B
     , 플랜정보기본 D
 WHERE A.플랜정보기본 = B.플랜정보기본
   AND A.퇴직연금플랜코드 = D.퇴직연금플랜코드
   AND D.퇴직연금등록상태코드 = '01'
   AND D.퇴직연금플랜구분코드 = '1'
   AND A.수신계좌상태코드 = '01'
```

```
        AND A.신규일자 < (SUBSTR(:B0,1,4)||'0101')
        AND B.기준일자 = :B0
        AND EXISTS (SELECT /*+ NL_SJ */ 1 FROM 거래내역 C WHERE A.계좌번호=C.계좌번호);
```

<튜닝 후 실행 계획>

```
-------------------------------------------------------------------------------------
| Id  | Operation                         | Name              | Starts |A-Rows |A-Time    | Buffers |
-------------------------------------------------------------------------------------
|   1 | NESTED LOOPS                      |                   |      1 |  2776 |00:24.18  |   32367 |
|   2 |  NESTED LOOPS SEMI                |                   |      1 |  2776 |00:07.94  |   19234 |
|*  3 |   HASH JOIN                       |                   |      1 |  2776 |00:02.16  |   13650 |
|*  4 |    TABLE ACCESS FULL              | 플랜정보기본       |      1 |  3032 |00:00.93  |    3345 |
|*  6 |    TABLE ACCESS BY INDEX ROWID    | 계좌기본           |      1 | 24507 |00:01.13  |   12305 |
|*  7 |     INDEX RANGE SCAN              | 계좌기본_IX4       |      1 | 65620 |00:00.82  |     232 |
|*  8 |   INDEX RANGE SCAN                | 거래내역_IX4       |   2776 |  2776 |00:05.77  |    5584 |
|   9 |  TABLE ACCESS BY INDEX ROWID      | 고유계정대잔액상세  |   2776 |  2776 |00:16.23  |   11133 |
|* 10 |   INDEX UNIQUE SCAN               | 고유계정대잔액상세_U2 | 2776 | 2776 |00:16.01  |    8357 |
-------------------------------------------------------------------------------------
```

<정리>

이 SQL은 JOIN의 원리, 서브쿼리의 원리, 동일 중복 테이블 ACCESS 해소 방안 등을 이해해야 해결할 수 있는 문제이다. 이와 같은 내용을 반영한 후 I/O가 1,852,416(1,809K) → 32,367로 95% 이상이 개선된 것을 볼 수 있다.

MAX(거래내역PID)를 가져오기 위해서 사용하던 서브쿼리가 제거되자 [거래내역] 테이블에서는 [계좌번호] 컬럼만 사용하고 있다. 이 컬럼은 INDEX만 읽으면 되기 때문에 TABLE ACCESS BY INDEX ROWID Operation이 제거되어 Single Block I/O가 사라진 것을 실행 계획상에서 확인할 수 있다. 또한 [거래내역] 테이블이 EXISTS 서브쿼리의 NL SEMI JOIN으로 수행되어 BUFFER PINNING 효과에 의해 I/O가 51,740 → 5,584로 약 90% 정도가 개선되었다.(원본 실행 계획의 ID 10번과 개선 실행 계획의 ID 9번 비교)

만약 WHERE절에서만 [거래내역] 테이블이 사용되는 것이 아니라 SELECT절에 참조하고 있는 컬럼이 있었다면 [Part 12. 동일 데이터 반복 ACCESS 튜닝] 부분에서 다루었던 분석함수를 이용했어야 할 것이다. 하지만 EXISTS 서브쿼리의 특성상 1:N 관계에서 1쪽 집합 기준으로 보여지기 때문에 이 부분이 필요가 없었던 것이다.

관련단원 - 8. 실행 계획 분리

<바인드 변수>

:B0 -> 1
:B0 -> 2
:B1 -> 70_____
:B1 -> NULL
:B2 -> NULL
:B4 -> 1000452658
:B4 -> NULL

<경영체등록내역 테이블 INDEX 현황>

경영체등록내역_PK ->   경영주실명번호
경영체등록내역_N1 ->   경영체등록번호

<원본 SQL>

```
SELECT A.경영체등록번호
     , A.경영주실명번호
     , A.경영주명
     , B.경영체종사원명
  FROM 경영체등록내역 A
     , 경영체종사원등록내역 B
 WHERE A.삭제여부 = '0'
   AND B.삭제여부 = '0'
   AND A.경영체등록번호 = B.경영체등록번호
   AND ('T'=DECODE(:B0, '1', 'F', 'T') OR
        A.경영주실명번호 = :B1 OR
        A.경영주실명번호 = :B2)
   AND ('T'=DECODE(:B0, '2', 'F', 'T') OR
        A.경영체등록번호 = :B4)
 ORDER BY 5   ;
```

<SQL특징>

바인드 변수 :B0값이 '2'인 경우는 바인드 변수 :B1, :B2에 값이 들어와서 [A.경영주실명번호 = :B1 OR A.경영주실명번호 = :B2] 조건만 실행이 되고 :B0값이 '1'인 경우는 :B4에 값이 들어와서 A.경영체등록번호 = :B4 조건으로만 SQL이 실행된다

위 SQL은 바인드 변수 :B1, :B2만 들어오고 :B4는 NULL이 들어오는 경우와 :B4는 들어오지만 :B1, :B2는 NULL이 들어오는 경우에 대해서 결과 데이터를 나오게 하려는 의도의 SQL이다. 하지만 각 조건을 AND문으로 연결하고 있기 때문에 결과 집합이 NULL이 나오지 않도록 하기 위해서 'T'=DECODE(:B0, '1', 'F', 'T'), 'T'=DECODE(:B0, '1', 'F', 'T') 문장을 각각 OR로 연결해 놓은 것으로 확인되었다.

<원본 실행 계획>

```
--------------------------------------------------------------------------------
| Id  | Operation                    | Name              |Starts |A-Rows |Buffers|
--------------------------------------------------------------------------------
|   0 | SELECT STATEMENT             |                   |    0  |    0  |    0  |
|*  1 |  TABLE ACCESS BY INDEX ROWID | 경영체종사원등록내역 |    1  |    2  | 24169 |
|   2 |   NESTED LOOPS               |                   |    1  |    4  | 24167 |
|*  3 |    TABLE ACCESS FULL         | 경영체등록내역     |    1  |    1  | 24163 |
|*  4 |    INDEX RANGE SCAN          | 경영체등록내역_IX1 |    1  |    2  |    4  |
--------------------------------------------------------------------------------
```

<문제점>

[경영체등록내역] 테이블에 조건으로 들어오고 있는 [경영주실명번호], [경영체등록번호] 컬럼에 각각 INDEX가 존재하고 있으며 두 조건이 모두 PK이고 PK에 가까움에도 불구하고 INDEX를 사용하지 못하고 FULL TABLE SCAN을 하고 있다.

<튜닝 내용>

각 조건에 따라서 사용하는 INDEX가 다르므로 실행 계획 분리가 필요하다. 바인드 변수 :B1, :B2에 값이 들어오면 [경영체등록내역_PK] INDEX를 사용하고 :B4에 값이 들어오면 [경영체등록내역_N1] INDEX를 사용하도록 SQL을 변경해 준다.

<튜닝 후 SQL>

SELECT /*+ USE_CONCAT */
A.경영체등록번호

```
       , A.경영주실명번호
       , A.경영주명
       , B.경영체종사원명
  FROM 경영체등록내역 A
       , 경영체종사원등록내역 B
 WHERE A.삭제여부 = '0'
   AND B.삭제여부='0'
   AND A.경영체등록번호 = B.경영체등록번호
   AND ((:B4 IS NOT NULL AND  A.경영체등록번호=:B4) OR
       ((:B1 IS NOT NULL OR :B2 IS NOT NULL) AND A.경영주실명번호 IN(:B1,:B2)))
```

<튜닝 후 실행 계획>

Id	Operation	Name	Starts	A-Rows	Buffers
0	SELECT STATEMENT		1	2	10
1	CONCATENATION		1	2	10
* 2	FILTER		1	2	10
3	NESTED LOOPS		1	2	10
* 4	TABLE ACCESS BY INDEX ROWID	경영체등록내역	1	1	4
* 5	INDEX UNIQUE SCAN	경영체등록내역_PK	1	1	3
* 6	TABLE ACCESS BY INDEX ROWID	경영체종사원등록내역	1	2	6
* 7	INDEX RANGE SCAN	경영체종사원등록내역_IX1	1	2	4
* 8	FILTER		1	0	0
* 9	TABLE ACCESS BY INDEX ROWID	경영체종사원등록내역	0	0	0
10	NESTED LOOPS		0	0	0
11	INLIST ITERATOR		0	0	0
* 12	TABLE ACCESS BY INDEX ROWID	경영체등록내역	0	0	0
* 13	INDEX RANGE SCAN	경영체등록내역_IX1	0	0	0
* 14	INDEX RANGE SCAN	경영체종사원등록내역_IX1	0	0	0
* 15	FILTER		1	0	0
* 16	TABLE ACCESS BY INDEX ROWID	경영체종사원등록내역	0	0	0
17	NESTED LOOPS		0	0	0
18	INLIST ITERATOR		0	0	0
* 19	TABLE ACCESS BY INDEX ROWID	경영체등록내역	0	0	0
* 20	INDEX RANGE SCAN	경영체등록내역_IX1	0	0	0
* 21	INDEX RANGE SCAN	경영체종사원등록내역_IX1	0	0	0

<정리>

개선 SQL 부분에서 변경된 조건 부분의 OR 조건으로 연결한 것은 Oracle이 내부적으로 쿼리 변환을 통해 UNION ALL 형태의 실행계획으로 분리되도록 하는 것임을 [Part 08. 실행 계획 분리]에서 다루었던 것이다.

개선 SQL에서 /*+ USE_CONCAT */ 힌트를 사용하긴 했지만 생략을 하더라도 동일한 실행 계획으로 수립하게 된다.

만약 위와 같이 사용을 했는데 CONCATNATION Operation의 실행 계획 분리가 발생하지 않는 다면 아래와 같이 UNION ALL을 이용해서 실행 계획 분리를 해야 한다.

```
SELECT A.경영체등록번호
     , A.경영주실명번호
     , A.경영주명
     , B.경영체종사원명
  FROM 경영체등록내역 A
     , 경영체종사원등록내역 B
 WHERE A.삭제여부 = '0'
   AND B.삭제여부='0'
   AND A.경영체등록번호 = B.경영체등록번호
   AND (:B4 IS NOT NULL AND  A.경영체등록번호=:B4)
UNION ALL
SELECT A.경영체등록번호
     , A.경영주실명번호
     , A.경영주명
     , B.경영체종사원명
  FROM 경영체등록내역 A
     , 경영체종사원등록내역 B
 WHERE A.삭제여부 = '0'
   AND B.삭제여부='0'
   AND A.경영체등록번호 = B.경영체등록번호
   AND ((:B1 IS NOT NULL OR :B2 IS NOT NULL) AND A.경영주실명번호 IN(:B1,:B2))
```

다음 실무 사례에서는 다른 응용된 형태의 UNION ALL을 이용한 실행 계획 분리에 대해서 확인해 보도록 하겠다.

관련단원 - 6. JOIN, 8. 실행 계획 분리

<바인드 변수 현황>
:사업장코드 -> 8808990167909
:상품코드 -> NULL
:상품명 -> 고추
:매출단가유형코드 -> 01

:사업장코드 -> 8808990167909
:상품코드 -> NULL
:상품명 -> NULL
:매출단가유형코드 -> 01

[:사업장코드]는 항상 들어오지만 [:상품명]은 들어올 수도 들어오지 않을 수도 있다.

<취급상품기본 테이블 INDEX 현황>
취급상품기본_PK -> 사업장코드, 상품코드, 계약구분코드,
                   과세구분코드, 구매사업방식코드

<상품기본 테이블 INDEX 현황 >
상품기본_PK -> 상품코드
상품기본_IX1 -> 상품명,상품코드

<취급상품매출단가 테이블 INDEX 현황 >
취급상품매출단가_PK -> 사업장코드, 상품코드, 계약구분코드,
                       과세구분코드, 구매사업방식코드, 매출단가유형코드

<원본 SQL>
```
SELECT *
  FROM (
       SELECT /*+ NO_MERGE LEADING(B) USE_NL(A E) */
              A.ROWID RID_A
            , B.ROWID RID_B
```

```
              , E.ROWID RID_E
         FROM 취급상품기본 A
              , 상품기본 B
              , 취급상품매출단가 E
         WHERE A.상품코드 = B.상품코드
           AND A.사업장코드  = :사업장코드
           AND 0 = NVL(:상품코드,0)
           AND A.사업장코드 = E.사업장코드
           AND A.상품코드 = E.상품코드
           AND A.계통계약구분코드 = E.계통계약구분코드
           AND A.과세구분코드 = E.과세구분코드
           AND A.구매사업방식코드 = E.구매사업방식코드
           AND B.상품명 LIKE :상품명||'%'
           AND E.매출단가유형코드 = :매출단가유형코드) X
     , 취급상품기본 A
     , 상품기본 B
     , 취급상품매출단가 E
 WHERE A.ROWID = X.RID_A
   AND B.ROWID = X.RID_B
   AND E.ROWID = X.RID_E;
```

<원본 실행 계획>

Id	Operation	Name	Starts	A-Rows	A-Time	Buffers
0	SELECT STATEMENT		1	19	00:00:00.34	59088
1	NESTED LOOPS		1	19	00:00:00.34	59088
2	NESTED LOOPS		1	19	00:00:00.34	59072
3	NESTED LOOPS		1	19	00:00:00.27	59057
4	VIEW		1	19	00:00:00.22	59040
* 5	FILTER		1	19	00:00:00.22	59040
6	NESTED LOOPS		1	19	00:00:00.22	59040
7	NESTED LOOPS		1	19	00:00:00.22	58981
* 8	INDEX RANGE SCAN	상품기본_IX1	1	36150	00:00:00.04	209
* 9	INDEX RANGE SCAN	취급상품기본_PK	36150	19	00:00:00.17	58772
* 10	INDEX UNIQUE SCAN	취급상품매출단가_PK	19	19	00:00:00.01	59
11	TABLE ACCESS BY USER ROWID	취급상품기본	19	19	00:00:00.05	17
12	TABLE ACCESS BY USER ROWID	취급상품매출단가	19	19	00:00:00.07	15
13	TABLE ACCESS BY USER ROWID	상품기본	19	19	00:00:00.01	16

<원본 SQL 및 실행 계획 설명>

1초당 약 10회씩 매우 빈번하게 수행되는 SQL로 실제 SQL은 길어서 문제가 되는 부분만 잘라냈다.

이 SQL은 각 테이블로의 Single Block I/O를 줄이기 위해서 INDEX끼리 JOIN해서 결과 건수를 줄인 후에 줄어든 결과 건수에 대해서만 ROWID를 이용해서 각 테이블로 ACCESS하고 있다.

[원본 실행 계획] 부분의 표시 부분을 보면 NESTED LOOPS JOIN할 때 INDEX끼리만 우선 JOIN을 하고 ROWID를 이용해서 JOIN을 하기 때문에 [TABLE ACCESS BY USER ROWID] 실행 계획이 나타나는 것을 볼 수 있다. 이와 같이 INDEX끼리만 JOIN이 가능한 이유는 WHERE절의 각 JOIN컬럼들이 각 테이블의 INDEX에서 모두 존재하기 때문이다.

<문제점>

비록 INDEX끼리만 JOIN을 하고 있지만 선행 테이블의 결과 건수(36,150건)가 많기 때문에 후행 테이블로 36,150번 JOIN이 발생하면서 많은 Single Block I/O가 발생을 하고 있다. 그 이후 [B.상품명 LIKE :상품명||'%'] 조건에 의해서 19건만 남기고 모두 필터링 되고 있다. (실행 계획의 ID 9 부분)

특히 LEADING(B) USE_NL(A E) 힌트로 [상품기본_IX1]이 먼저 SCAN되도록 고정했기 때문에 OPTIONAL 바인드 변수인 [:상품명]이 NULL로 들어올 경우 더 큰 I/O 발생으로 문제가 될 수 있다.(대부분의 경우 [:상품명] 바인드 변수가 발생하고 있었으며 간혹 들어 오지 않는 경우가 있었다).

JOIN 순서를 [취급상품기본_PK]가 선행 테이블이 되도록 바꾼다 해도 [사업장코드 = :사업장코드] 조건으로 조회된 결과 건수만큼 [상품기본_IX1] INDEX와 NESTED LOOP JOIN되면서 [B.상품명 LIKE :상품명||'%']으로 필터링이 발생할 것이다.

<튜닝 내용>

이 SQL에서는 [A.사업장코드 = :사업장코드]와 [B.상품명 LIKE :상품명||'%'] 조건이 모두 결과 건수를 줄여주는 조건이며 [:상품명] 바인드 변수는 간혹 NULL로 들어올 수 있다.

[:사업장코드]와 [:상품명]이 둘 다 조건이 들어오는 경우에는 각각 두 테이블의 INDEX를 사용해서 SORT MERGE JOIN을 사용하는 것이 유리하며 [:사업장코드]만 들어오는 경우에는 [취급상품기본] 테이블이 선행되도록 해야 한다. 즉 [:상품코드] 바인드 변수에 따라서 실행 계획이 분리되어야 한다.

여기서 HASH JOIN 대신에 SORT MERGE JOIN을 사용한 이유는 FIRST(선행) 테이블의 경우 SORT를 대신하는 INDEX가 존재하고 [B.상품명 LIKE :상품명||'%'] 해당하는 건수가 크지 않기 때문에 PGA 사용량 및 CPU 사용량 유리하기 때문이다.(이 예제에서 사용한 변수값 [고추]는 가장 많은 건수를 가지는 경우를 테스트하기 위해서 사용했다. HASH JOIN의 경우는 HASH 함수를 사용한 연산에 의한 JOIN이기 때문에 SORT MERGE JOIN보다 CPU를 좀 더 사용한다.)

<튜닝 후 SQL>
```
SELECT *
  FROM (
        SELECT /*+ LEADING(A B E) USE_NL(B E) */
               A.ROWID RID_A
             , B.ROWID RID_B
             , E.ROWID RID_E
          FROM 취급상품기본 A
             , 상품기본 B
             , 취급상품매출단가 E
         WHERE A.상품코드 = B.상품코드
           AND A.사업장코드 = :사업장코드
           AND 0 = NVL(:상품코드,0)
           AND A.사업장코드 = E.사업장코드
           AND A.상품코드 = E.상품코드
           AND A.계통계약구분코드 = E.계통계약구분코드
           AND A.과세구분코드 = E.과세구분코드
           AND A.구매사업방식코드 = E.구매사업방식코드
           AND :상품명 IS NULL
           AND E.매출단가유형코드 = :매출단가유형코드
        UNION ALL
        SELECT /*+ LEADING(A B) USE_HASH(B) USE_NL(E) */
```

```
             A.ROWID RID_A
           , B.ROWID RID_B
           , E.ROWID RID_E
        FROM 취급상품기본 A
           , 상품기본 B
           , 취급상품매출단가 E
       WHERE A.상품코드 = B.상품코드
         AND A.사업장코드 = :사업장코드
         AND 0 = NVL(:상품코드,0)
         AND A.사업장코드 = E.사업장코드
         AND A.상품코드 = E.상품코드
         AND A.계통계약구분코드 = E.계통계약구분코드
         AND A.과세구분코드 = E.과세구분코드
         AND A.구매사업방식코드 = E.구매사업방식코드
         AND (:상품명 IS NOT NULL AND B.상품명 LIKE :상품명||'%')
         AND E.매출단가유형코드 = :매출단가유형코드   ) X
    , 취급상품기본 A
    , 상품기본 B
    , 취급상품매출단가 E
 WHERE A.ROWID = X.RID_A
   AND B.ROWID = X.RID_B
   AND E.ROWID = X.RID_E;
```

<튜닝 후 실행 계획>

--바인드 변수가 모두 들어왔을 경우

Id	Operation	Name	Starts	A-Rows	Buffers	Used-Mem
0	SELECT STATEMENT		1	19	343	
1	NESTED LOOPS		1	19	343	
2	NESTED LOOPS		1	19	328	
3	NESTED LOOPS		1	19	312	
4	VIEW		1	19	295	
5	UNION-ALL		1	19	295	
6	VIEW		1	0	0	
* 7	FILTER		1	0	0	
8	NESTED LOOPS		0	0	0	
9	NESTED LOOPS		0	0	0	

	* 10	INDEX RANGE SCAN	취급상품기본_PK	0	0	0
	* 11	INDEX UNIQUE SCAN	상품기본_PK	0	0	0
	* 12	INDEX UNIQUE SCAN	취급상품매출단가_PK	0	0	0
	* 13	FILTER		1	19	295
	14	NESTED LOOPS		1	19	295
|* 15	HASH JOIN		1	19	236	1355K (0)
	* 16	INDEX RANGE SCAN	취급상품기본_PK	1	2320	26
	* 17	INDEX RANGE SCAN	상품기본_IX1	1	36157	210
	* 18	INDEX UNIQUE SCAN	취급상품매출단가_PK	19	19	59
	19	TABLE ACCESS BY USER ROWID	취급상품기본	19	19	17
	20	TABLE ACCESS BY USER ROWID	상품기본	19	19	16
	21	TABLE ACCESS BY USER ROWID	취급상품매출단가	19	19	15

--바인드 변수가 [:사업장코드]만 들어왔을 경우

Id	Operation	Name	Starts	A-Rows	Buffers
0	SELECT STATEMENT		1	2279	9018
1	NESTED LOOPS		1	2279	9018
2	NESTED LOOPS		1	2279	6955
3	NESTED LOOPS		1	2279	5085
4	VIEW		1	2279	3032
5	UNION-ALL		1	2279	3032
6	VIEW		1	2279	3032
* 7	FILTER		1	2279	3032
8	NESTED LOOPS		1	2279	3032
9	NESTED LOOPS		1	2320	2394
* 10	INDEX RANGE SCAN	취급상품기본_PK	1	2320	47
* 11	INDEX UNIQUE SCAN	상품기본_PK	2320	2320	2347
* 12	INDEX UNIQUE SCAN	취급상품매출단가_PK	2320	2279	638
* 13	FILTER		1	0	0
14	NESTED LOOPS		0	0	0
* 15	HASH JOIN		0	0	0
* 16	INDEX RANGE SCAN	취급상품기본_PK	0	0	0
* 17	INDEX RANGE SCAN	상품기본_IX1	0	0	0
* 18	INDEX UNIQUE SCAN	취급상품매출단가_PK	0	0	0
19	TABLE ACCESS BY USER ROWID	취급상품기본	2279	2279	2053
20	TABLE ACCESS BY USER ROWID	상품기본	2279	2279	1870
21	TABLE ACCESS BY USER ROWID	취급상품매출단가	2279	2279	2063

<정리>

이번 실무 사례는 두 테이블로 들어오는 조건이 둘 다 범위를 줄여줄 수 있으며 JOIN 컬럼과 조건 컬럼이 모두 INDEX에 존재하기 때문에 INDEX끼리만 JOIN을 해서 Single Block I/O를 줄여주는 사례이다. JOIN에 대한 부분과 실행 계획 분리에 대한 부분을 이해하고 있다면 쉽게 접근 가능한 실무 예제이다.

이 경우는 JOIN 컬럼과 조건 컬럼이 모두 INDEX에 존재했기 때문에 응용할 수 있는 사례였다. 하지만 이런 상황을 만들기 위해서 JOIN 컬럼과 조건 컬럼에 무분별하게 INDEX를 만들면 안 되며 여러 가지 상황을 고려해야 한다.

Section 09 관련단원 - 7. 서브쿼리, 10. PGA튜닝

<바인드 변수 현황>
:1 -> SFSS9310, :2 -> 56

<GCCOM_임직원정보 INDEX현황>
GCCOM_임직원정보_IX3 -> 사무소코드

<상담사인원장, 사용인, GMCOM_임직원정보>
개인번호, 사용인 채널 코드, 개인번호에 각각 INDEX 존재함

<원본 SQL>
```
SELECT A.게시판ID, A.게시물번호, A.제목, A.내용
     , A.수정구분, A.수정자, A.수정일시, B.코드ID
     , B.코드명, B.상세코드ID, B.상세코드명
     , C.사용자명, D.사무소명
  FROM 게시판 A INNER JOIN
       게시판관리 E
    ON A.게시판ID = E.게시판ID   LEFT OUTER JOIN
       공통코드 B
    ON A.분류상세코드ID = B.상세코드ID
   AND E.분류코드ID = B.코드ID   LEFT OUTER JOIN
       (SELECT A.개인번호       AS "사용자ID"
             , A.상담사이름     AS "사용자명"
             , A.사무소코드
          FROM 상담사인사원장 A
         WHERE A.사용구분 = '1'
         UNION
        SELECT B.사용인채널코드
             , B.성명
             , B.지점코드
          FROM 사용인 B
```

```
          WHERE B.사용구분 = '1'
         UNION
        SELECT C.개인번호
              , C.성명
              , H.사무소코드
          FROM GMCOM_임직원정보 C LEFT OUTER JOIN
               GCCOM_임직원정보   H
            ON H.ONLCD = C.ONLCD )    C
    ON A.입력자 = C.사용자ID INNER JOIN
       GCCOM_임직원정보 D
    ON C.사무소코드 = D.사무소코드
 WHERE A.수정구분 <> 'D'
   AND A.게시판ID = :1
   AND A.게시물번호 = :2 ;
```

<원본 SQL 설명>

[상담사인사원장], [사용인], [GMCOM_임직언정보] 테이블에서 [C.사용인] 컬럼을 가져오기 위한 SQL이며 이 세 개의 테이블에 동일한 데이터가 존재하기 때문에 UNION을 사용해서 중복을 제거하고 있다.

<원본 실행 계획>

Id	Operation	Name	Starts	A-Rows	Buffers	Used-Mem
0	SELECT STATEMENT		1	1	20948	
* 1	HASH JOIN		1	1	20948	1635K(0)
2	TABLE ACCESS FULL	GCCOM_임직원정보	1	8611	504	
* 3	HASH JOIN		1	1	20444	388K (0)
4	NESTED LOOPS OUTER		1	1	8	
5	VIEW		1	1	5	
6	NESTED LOOPS		1	1	5	
7	TABLE ACCESS BY INDEX ROWID	게시판관리	1	1	2	
* 8	INDEX UNIQUE SCAN	게시판관리_UIX1	1	1	1	
* 9	TABLE ACCESS BY INDEX ROWID	게시판	1	1	3	
* 10	INDEX UNIQUE SCAN	게시판_UIX1	1	1	2	
11	TABLE ACCESS BY INDEX ROWID	공통코드	1	1	3	
* 12	INDEX UNIQUE SCAN	공통코드_UIX1	1	1	2	
13	VIEW		1	289K	20436	

```
|   14 |     SORT UNIQUE              |                      |  1 |  289K | 20436 | 32M (0) |
|   15 |     UNION-ALL                |                      |  1 |  289K | 20436 |         |
| * 16 |     TABLE ACCESS FULL        | 상담사인사원장        |  1 |  1960 |   504 |         |
| * 17 |     TABLE ACCESS FULL        | 사용인                |  1 |  3165 | 13555 |         |
| * 18 |     HASH JOIN RIGHT OUTER    |                      |  1 |  284K |  6377 | 1544K (0) |
|   19 |      INDEX FAST FULL SCAN    | GCCOM_임직원정보_IX5 |  1 |  8611 |    77 |         |
|   20 |      TABLE ACCESS FULL       | GMCOM_임직원정보     |  1 |  284K |  6300 |         |
```

<문제점>

[게시판 관리], [게시판]의 JOIN된 결과 건수가 1건으로 매우 적다. 이 결과 건수가 후행 인라인 뷰 ()C로 침투되지 못했다(JPPD발생 안함) 그래서 인라인 뷰 ()C가 별도로 실행되어 UNION으로 인한 SORT 발생으로 PGA가 32M가 사용되고 있다.

[상담사인사원장], [사용인], [GMCOM_임직언정보] 테이블에 [A.입력자 = C.사용자ID] JOIN절에 해당하는 컬럼에 적절한 INDEX 존재한다.

그리고 [GCCOM_임직원정보] 테이블의 JOIN 컬럼인 [사무소코드]에 적절한 INDEX가 있음에도 FULL TABLE SCAN을 하고 있다.

<튜닝 내용>

[상담사인사원장], [사용인], [GMCOM_임직언정보] 테이블에서 [C.사용자명] 컬럼만을 가져오고 있으며 JOIN 컬럼에 적절한 INDEX가 존재한다. 그리고 이 세 개의 테이블이 UNION으로 묶인 이유는 중복 데이터가 있기 때문인데 이 세 테이블 중에서 걸리는 하나의 정보만 가져올 수 있으면 UNION을 제거함으로써 PGA 사용 부분을 제거가 가능하다.

바로 COALESCE 함수를 이용해서 스칼라 서브쿼리로 변경하면 된다. COALESCE 함수를 사용하게 되면 아래 테스트 SQL의 결과와 같이 최초 NULL이 아닌 INPUT 값을 반환한다.

COALESCE 사용에 대한 결과는 아래와 같으며 NULL이 아닌 최초의 값을 반환하고 있다.

```
SELECT COALESCE(NULL, NULL, 'A') FROM DUAL => 'A'
SELECT COALESCE('B', NULL, 'A') FROM DUAL => 'B'
SELECT COALESCE(NULL, 'C', 'A') FROM DUAL => 'C'
```

이 부분을 응용해서 UNION으로 묶인 단위 SQL을 COALESCE에 스칼라 서브쿼리로 넣어주면 NULL이 아닌 최초 쿼리에 해당하는 값을 가져오기 때문에 UNION이 제거된다.

[GCCOM_임직원정보 D]과 JOIN 컬럼인 [C. 사무소코드 = D.사무소코드]에 적절한 INDEX가 존재하며 [D.사무소명] 컬럼만 SELECT절에서 사용하고 있기 때문에 스칼라 서브쿼리로 변경한다.

<튜닝 후 SQL>
```
SELECT 게시판ID, 게시물번호, 제목, 내용
     , 수정구분, 수정자, 수정일시, 코드ID
     , 코드명, 상세코드ID, 상세코드명,
     , TRIM(SUBSTRB(USR_VALUE, 1, 30)) 사용자명,
      (SELECT D.사무소코드
         FROM GCCOM_임직원정보 D
        WHERE SUBSTRB(USR_VALUE, 31) = D.사무소코드) 사무소명
  FROM (
       SELECT A.게시판ID, A.게시물번호, A.제목, A.내용
            , A.수정구분, A.수정자, A.수정일시, B.코드ID
            , B.코드명, B.상세코드ID, B.상세코드명
            , COALESCE(
                     (SELECT RPAD(상담사이름, 30, ' ')||사무소코드
                        FROM 상담사인사원장 B
                       WHERE B.사용구분 = '1'
                         AND A.입력자 = B.개인번호),
                     (SELECT RPAD(성명, 30, ' ')||사무소코드
                        FROM 사용인 B
                       WHERE B.사용구분 = '1'
                         AND A.입력자 = B.사용인채널코드),
                     (SELECT  RPAD(C.성명, 30, ' ')||H.사무소코드
                        FROM GMCOM_임직원정보 C LEFT OUTER JOIN
                             GCCOM_임직원정보  H
                          ON H.온라인코드 = C.온라인코드
                       WHERE A.입력자 = C.개인번호 )
                      ) USR_VALUE
         FROM 게시판 A INNER JOIN
              게시판관리 E
           ON A.게시판ID = E.게시판ID  LEFT OUTER JOIN
```

```
            공통코드 B
       ON A.분류상세코드ID = B.상세코드ID
      AND E.분류코드ID = B.코드ID
    WHERE A.수정구분 <> 'D'
      AND A.게시판ID = :1
      AND A.게시물번호 = :2 ) A;;
```

<튜닝 후 실행 계획>

Id	Operation	Name	Starts	A-Rows	Buffers
0	SELECT STATEMENT		1	1	0 19
* 1	TABLE ACCESS BY INDEX ROWID	GCCOM_임직원정보	1	0	0 2
* 2	INDEX UNIQUE SCAN	GCCOM_임직원정보_UIX1	1	0	0 2
* 3	TABLE ACCESS BY INDEX ROWID	사용인	1	0	0 3
* 4	INDEX UNIQUE SCAN	사용인_UIX1	1	0	0 3
5	NESTED LOOPS OUTER		1	1	0 6
6	TABLE ACCESS BY INDEX ROWID	GMCOM_임직원정보	1	1	0 4
* 7	INDEX UNIQUE SCAN	GMCOM_임직원정보_UIX1	1	1	0 3
* 8	INDEX RANGE SCAN	GCCOM_임직원정보_IX5	1	1	0 2
9	TABLE ACCESS BY INDEX ROWID	GCCOM_임직원정보	1	1	0 3
* 10	INDEX RANGE SCAN	GCCOM_임직원정보_IX3	1	1	0 2
11	VIEW		1	1	0 19
12	NESTED LOOPS OUTER		1	1	0 8
13	VIEW		1	1	0 5
14	NESTED LOOPS		1	1	0 5
15	TABLE ACCESS BY INDEX ROWID	게시판관리	1	1	0 2
* 16	INDEX UNIQUE SCAN	게시판관리_UIX1	1	1	0 1
* 17	TABLE ACCESS BY INDEX ROWID	게시판	1	1	0 3
* 18	INDEX UNIQUE SCAN	게시판_UIX1	1	1	0 2
19	TABLE ACCESS BY INDEX ROWID	공통코드	1	1	0 3
* 20	INDEX UNIQUE SCAN	공통코드_UIX1	1	1	0 2

<정리>

COALESCE 함수를 이용한 스칼라 서브쿼리로 SQL 변환을 통해서 PGA 사용량이 개선이 크게 되었고 Block I/O(Buffers)도 크게 개선되었다. 이 패턴의 경우는 PGA 튜닝 부분에서 다루지 않았지만 COALESCE 함수만 알고 있고 스칼라 서브쿼리 부분을 이해하고 있다면 해결 가능한 문제이다.

Section 10 관련단원 - 6. JOIN, 7. 서브쿼리, 10. PGA 튜닝

<펀드분개장 INDEX현황>

펀드분개장_IX1 -> 내부펀드코드, 작업일자, 종목코드
펀드분개장_PK -> 작업일자, 내부펀드코드, 종목코드, 거래코드,
매매처기관코드, 운용지시일련번호

< 펀드정보 INDEX 현황>

펀드정보_PK ->   펀드코드
펀드정보_IX3 -> 운용사코드, 펀드코드, 적용시작일자, 적용종료일자

<원본 SQL>

```
SELECT DISTINCT
       B.펀드코드, B.펀드한글명
  FROM 펀드분개장 A, 펀드정보 B
 WHERE A.내부펀드코드 = B.내부펀드코드
   AND A.작업일자 >= B.적용시작일자
   AND A.작업일자 <= B.적용종료일자
   AND A.작업일자 >= '20120601'
   AND A.작업일자 <= '20120601'
   AND B.운용사코드 LIKE '210%'
 ORDER BY 1;;
```

<SQL설명>

[펀드정보] 테이블과 [펀드분개장] 테이블을 JOIN해서 SELECT절에서는 [펀드정보] 테이블의 컬럼만 보여주고 있으며 [펀드정보] : [펀드분개장]이 1:N이기 때문에 JOIN 시에 중복 데이터가 발생해서 DISTINCT를 사용하고 있다.

<원본 실행 계획>

```
| Id  | Operation                      | Name        | Starts | A-Rows | Buffers | Used-Mem    |
|   0 | SELECT STATEMENT               |             |     1  |    52  |  167K   |             |
|   1 |  SORT UNIQUE                   |             |     1  |    52  |  167K   | 6144  (0)   |
|*  2 |   HASH JOIN                    |             |     1  |  1600  |  167K   | 1848K (0)   |
|   3 |    PARTITION RANGE SINGLE      |             |     1  |  7886  |  167K   |             |
|*  4 |     INDEX RANGE SCAN           | 펀드분개장_PK |     1  |  7886  |  167K   |             |
|   5 |    TABLE ACCESS BY INDEX ROWID | 펀드정보     |     1  |   171  |  158    |             |
|*  6 |     INDEX RANGE SCAN           | 펀드정보_IX3 |     1  |   171  |   24    |             |
```

<문제점>

SELECT절에는 [펀드정보] 테이블의 컬럼만 가져오고 있으며 52건을 추출하기 위해서 [펀드분개장] 테이블의 조건에 해당하는 데이터와 모두 JOIN 후에 1:N 관계 JOIN이며 1쪽 기준으로만 SELECT가 되기 때문에 중복 데이터 발생으로 DISTINCT를 사용하고 있다.

<개선 사항>

[펀드정보] 테이블의 PK 컬럼 기준으로만 보여주고 있다. [펀드분개장] 테이블과 1:N 관계의 JOIN이며 JOIN 컬럼에 INDEX가 존재하므로 [펀드분개장] 테이블을 EXISTS 서브쿼리를 사용한 NL SEMI JOIN 형태로 변경한다. SEMI JOIN이 Buffer Pinning 효과 때문에 FILTER 서브쿼리보다 I/O 측면에서 더 좋다.

<튜닝 후 SQL>

```
SELECT B.펀드코드, B.펀드한글명
  FROM 펀드정보 B
 WHERE EXISTS (SELECT /*+ UNNEST NL_SJ */ 1
                 FROM 펀드분개장 A
                WHERE A.내부펀드코드 = B.내부펀드코드
                  AND A.작업일자 >= B.적용시작일자
                  AND A.작업일자 <= B.적용종료일자
                  AND A.작업일자 >= '20120601'
                  AND A.작업일자 <= '20120601')
   AND B.운용사코드 LIKE '210%'
 ORDER BY 1;
```

<튜닝 후 실행 계획>

```
---------------------------------------------------------------------------
| Id  | Operation                     | Name        | Starts | A-Rows | Buffers |
---------------------------------------------------------------------------
|   0 | SELECT STATEMENT              |             |      1 |     52 |    891 |
|   1 |  NESTED LOOPS SEMI            |             |      1 |     52 |    891 |
|   2 |   TABLE ACCESS BY INDEX ROWID | 펀드정보    |      1 |    171 |    160 |
|*  3 |    INDEX RANGE SCAN           | 펀드정보_IX3|      1 |    171 |     26 |
|   4 |   PARTITION RANGE SINGLE      |             |    171 |     52 |    731 |
|*  5 |    INDEX RANGE SCAN           | 펀드분개장_IX1|   171 |     52 |    731 |
---------------------------------------------------------------------------
```

<정리>

[펀드정보] 테이블의 결과 건수 52건이 EXISTS 서브쿼리로 SEMI JOIN 형태로 수행되어 I/O가 크게 개선되었다(171008 → 891).

EXISTS 서브쿼리는 1:N 관계에서 N쪽이 서브쿼리로 되었을 경우 아래 그림과 같이 JOIN에 성공하는 건 수 하나만 만족하면 빠져나오기 때문에 SELECT절에 적은 건수의 1쪽 테이블 기준으로만 출력할 때 사용하면 효과적이다.

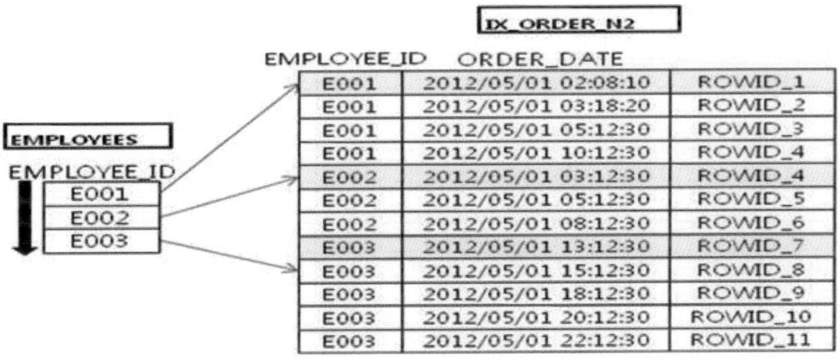

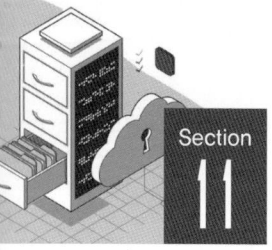

Section 11 관련단원 - 12. 동일 데이터 반복 ACCESS 튜닝

<바인드 변수>
:B0 -> 201203

<원본 SQL>
```
SELECT X.평점표ID STG_MKIX_ID
     , X.처리구분_취급기준 LA_INSP_RQ_C
     , X.과목 LA_SBJC
     , , ..생략
     , COUNT(*) 건수
  FROM (
        SELECT A.평점표ID
             , '10' 평점단위구분코드
             , (TRUNC((A.ASS평점/10))* 10) 평가점수
             , A.취급기준
             , ..생략
          FROM ASS심사결과내역 A
             , 접수처리기본 B
             , 여신상품기본 C
         WHERE A.평점산정일자 LIKE (:B0||'%')
           AND A.심사구분코드 IN (1,5)--심사구분코드
           AND (A.심사접수번호, A.심사접수일련번호,
                A.대표고객번호, A.등록일련번호) IN
               (SELECT 심사접수번호, 심사접수일련번호
                     , 대표고객번호 ,MAX(등록일련번호)
                  FROM ASS심사결과내역
                 WHERE 평점산정일자 LIKE (:B0||'%')
                   AND 평점산정일자>='20111219'
                   AND 심사구분코드 IN (1,5)
                 GROUP BY 심사접수번호 ,심사접수일련번호 ,대표고객번호)
           AND A.평점표ID IN ('2100','2101','2200','2201','2202','2203')
           AND A.심사접수번호=B.심사접수번호(+)
           AND A.심사접수일련번호=B.심사접수일련번호(+)
           AND A.심사접수번호=C.심사접수번호(+)
           AND A.심사접수일련번호=C.심사접수일련번호(+)) X
```

```sql
GROUP BY X.평점표ID, X.처리구분_취급기준, X.과목
       , X.조합원구분, X.담보그룹, X.평점단위구분코드, X.평가점수
UNION
SELECT X.평점표ID
     , X.처리구분_취급기준
     , X.과목
     , ..생략
     , TO_NUMBER(X.등급)
     , COUNT(*)
  FROM (
       SELECT A.STG_MKIX_ID 평점표ID
            , '99' 평점단위구분코드
            , A.ASS_GRD_IDVDC 등급
            , A.LA_INSP_RQ_C 처리구분_취급기준
            , ..생략
         FROM ASS심사결과내역 A
            , 접수처리기본 B
            , 여신상품기본 C
        WHERE A.평점산정일자 LIKE (:B0||'%')
          AND A.심사구분코드 IN (1,5)--심사구분코드
          AND (A.심사접수번호, A.심사접수일련번호,
               A.대표고객번호, A.등록일련번호) IN
              (SELECT 심사접수번호, 심사접수일련번호
                    , 대표고객번호 ,MAX(등록일련번호)
                 FROM ASS심사결과내역
                WHERE 평점산정일자 LIKE (:B0||'%')
                  AND 평점산정일자>='20111219'
                  AND 심사구분코드 IN (1,5)
                GROUP BY 심사접수번호 ,심사접수일련번호 ,대표고객번호)
          AND A.평점표ID IN ('2100','2101','2200','2201','2202','2203')
          AND A.심사접수번호=B.심사접수번호(+)
          AND A.심사접수일련번호=B.심사접수일련번호(+)
          AND A.심사접수번호=C.심사접수번호(+)
          AND A.심사접수일련번호=C.심사접수일련번호(+)) X
 GROUP BY X.평점표ID, X.처리구분_취급기준, X.과목
        , X.조합원구분, X.담보그룹, X.평점단위구분코드, TO_NUMBER(X.등급);
```

<SQL 설명>

SQL이 길어서 불필요한 부분은 [..생략]으로 표시하고 제거를 했다.

[심사접수번호, 심사접수일련번호, 대표고객번호]컬럼에 해당하는 MAX(등록일련번호)의 데이터를 가져오기 위해서 [ASS심사결과내역] 테이블을 MAX() 서브쿼리를 이용해서 두 번 반복 ACCESS 하고 있다.

SELECT절의 참조 컬럼만 다르게 해서 [ASS심사결과내역], [접수처리기본], [여신상품기본] 테이블의 동일한 데이터 구간을 UNION 위아래에서 반복해서 사용하고 있다.

<원본 실행 계획>

Id	Operation	Name	Starts	A-Rows	Buffers	Used-Mem
1	SORT UNIQUE		1	209K	9569K	20M (0)
2	UNION-ALL		1	209K	9569K	
3	HASH GROUP BY		1	127K	4784K	4452K (1)
4	NESTED LOOPS OUTER		1	408K	4784K	
5	NESTED LOOPS OUTER		1	408K	3155K	
6	NESTED LOOPS		1	408K	1525K	
7	VIEW	VW_NSO_1	1	419K	268K	
8	HASH GROUP BY		1	419K	268K	6270K (1)
* 9	TABLE ACCESS FULL	ASS심사결과내역	1	532K	268K	
* 10	TABLE ACCESS BY INDEX ROWID	ASS심사결과내역	419K	408K	1257K	
* 11	INDEX UNIQUE SCAN	ASS심사결과내역_PK	419K	419K	838K	
12	TABLE ACCESS BY INDEX ROWID	접수처리기본	408K	404K	1629K	
* 13	INDEX UNIQUE SCAN	접수처리기본_PK	408K	404K	1224K	
14	TABLE ACCESS BY INDEX ROWID	여신상품기본	408K	404K	1629K	
* 15	INDEX UNIQUE SCAN	여신상품기본_PK	408K	404K	1224K	
16	HASH GROUP BY		1	82254	4784K	4021K (1)
17	NESTED LOOPS OUTER		1	408K	4784K	
18	NESTED LOOPS OUTER		1	408K	3155K	
19	NESTED LOOPS		1	408K	1525K	
20	VIEW	VW_NSO_2	1	419K	268K	
21	HASH GROUP BY		1	419K	268K	6263K (1)
* 22	TABLE ACCESS FULL	ASS심사결과내역	1	532K	268K	
* 23	TABLE ACCESS BY INDEX ROWID	ASS심사결과내역	419K	408K	1257K	
* 24	INDEX UNIQUE SCAN	ASS심사결과내역_PK	419K	419K	838K	
25	TABLE ACCESS BY INDEX ROWID	접수처리기본	408K	404K	1629K	
* 26	INDEX UNIQUE SCAN	접수처리기본_PK	408K	404K	1224K	

| 27 | TABLE ACCESS BY INDEX ROWID | 여신상품기본 | 408K | 404K | 1629K | |
| * 28 | INDEX UNIQUE SCAN | 여신상품기본_PK | 408K | 404K | 1224K | |

<문제점>

[심사접수번호, 심사접수일련번호, 대표고객번호]컬럼에 해당하는 MAX(등록일련번호)의 데이터를 가져오기 위해서 [ASS심사결과내역] 테이블을 MAX() 서브쿼리를 이용해서 두 번 반복 ACCESS 하고 있다.

SELECT절의 참조 컬럼만 다르게 해서 [ASS심사결과내역], [접수처리기본], [여신상품기본] 테이블의 동일한 데이터 구간을 UNION 위아래에서 반복해서 사용하고 있다.

<튜닝 내용>

MAX() 서브쿼리 대신에 RANK() 분석 함수를 사용해서 [ASS심사결과내역] 테이블을 한 번만 ACCESS 하도록 한다.

WITH절을 이용해서 반복 사용 구간을 TEMPORARY에 저장한 후 재사용하도록 SQL을 변경한다.

<튜닝 후 SQL>

```
WITH TEMP_DATA AS(
SELECT /*+ MATERIALIZE */
       A.평점표ID, A.ASS평점, A.취급기준
     , CASE WHEN A.여신과목코드 IN('316', '020')
            THEN (SELECT BS계정코드 FROM 여신상품기본 C
                   WHERE A.심사접수번호=C.심사접수번호
                     AND A.심사접수일련번호=C.심사접수일련번호) END BS계정코드
     , ..생략
  FROM (SELECT /*+ FULL(A) */
               ..생략
             , RANK() OVER(PARTITION BY 심사접수번호
                                      , 심사접수일련번호
                                      ,대표고객번호
                              ORDER BY 등록일련번호 DESC) RNK
          FROM ASS심사결과내역 A
```

```
              WHERE 평점산정일자 LIKE (:B0||'%')
                AND 평점산정일자>='20111219'
                AND 심사구분코드 IN (1,5) ) A, 접수처리기본 B
       WHERE A.RNK = 1
         AND 평점표ID IN ('2100','2101','2200','2201','2202','2203')
         AND A.심사접수번호=B.심사접수번호(+)
         AND A.심사접수일련번호=B.심사접수일련번호(+))
SELECT X.평점표ID STG_MKIX_ID
     , X.처리구분_취급기준 LA_INSP_RQ_C
     , X.과목 LA_SBJC
     , , ..생략
     , COUNT(*) MNTR_TOT_CN
  FROM (SELECT A.평점표ID
             , '10' 평점단위구분코드
             , (TRUNC((A.ASS평점/10))* 10) 평가점수
             , A.취급기준
             , ..생략
          FROM TEMP_DATA) X
 GROUP BY X.평점표ID, X.처리구분_취급기준, X.과목
        , X.조합원구분, X.담보그룹, X.평점단위구분코드, X.평가점수
UNION
SELECT X.평점표ID STG_MKIX_ID
     , X.처리구분_취급기준 LA_INSP_RQ_C
     , X.과목 LA_SBJC
     , ..생략
     , TO_NUMBER(X.등급) STG_ASS_MKS
     , COUNT(*) MNTR_TOT_CN
  FROM (SELECT A.STG_MKIX_ID 평점표ID
             , '99' 평점단위구분코드
             , A.ASS_GRD_IDVDC 등급
             , A.LA_INSP_RQ_C 처리구분_취급기준
             , ..생략
          FROM TEMP_DATA) X
 GROUP BY X.평점표ID, X.처리구분_취급기준, X.과목
        , X.조합원구분, X.담보그룹, X.평점단위구분코드, TO_NUMBER(X.등급);
```

<튜닝 후 실행 계획>

```
------------------------------------------------------------------------------------------------
| Id  | Operation                      | Name                | Starts | A-Rows | Buffers | Used-Mem   |
------------------------------------------------------------------------------------------------
|   1 | TEMP TABLE TRANSFORMATION      |                     |      1 |   209K |   2019K |            |
|   2 |  LOAD AS SELECT                |                     |      1 |      1 |   2015K | 519K (0)   |
|   3 |   NESTED LOOPS OUTER           |                     |      1 |   408K |   1897K |            |
|*  4 |    VIEW                        |                     |      1 |   408K |    268K |            |
|*  5 |     WINDOW SORT PUSHED RANK    |                     |      1 |   532K |    268K | 60M (0)    |
|*  6 |      TABLE ACCESS FULL         | ASS심사결과내역     |      1 |   532K |    268K |            |
|   7 |    TABLE ACCESS BY INDEX ROWID | 접수처리기본        |   408K |   404K |   1629K |            |
|*  8 |     INDEX UNIQUE SCAN          | 접수처리기본_PK     |   408K |   404K |   1224K |            |
|   9 |  SORT UNIQUE                   |                     |      1 |   209K |    4193 | 20M (0)    |
|  10 |   UNION-ALL                    |                     |      1 |   209K |    4193 |            |
|  11 |    HASH GROUP BY               |                     |      1 |   127K |    2098 | 5048K (1)  |
|  12 |     VIEW                       |                     |      1 |   408K |    2098 |            |
|  13 |      TABLE ACCESS FULL         | SYS_TEMP_0FD9D6850  |      1 |   408K |    2098 |            |
|  14 |    HASH GROUP BY               |                     |      1 |  82133 |    2095 | 4277K (1)  |
|  15 |     VIEW                       |                     |      1 |   408K |    2095 |            |
|  16 |      TABLE ACCESS FULL         | SYS_TEMP_0FD9D6850  |      1 |   408K |    2095 |            |
------------------------------------------------------------------------------------------------
```

<정리>

MAX() 서브쿼리를 RANK() 함수로 변환해서 [ASS심사결과내역] 테이블을 한 번만 ACCESS하도록 변경하고 [ASS심사결과내역], [접수처리기본], [여신상품기본] 동일 구간 ACCESS 부분을 WITH절로 정의를 했다.

/*+ MATERIALIZE */ 힌트는 TEMP 테이블로 데이터 셋을 저장하라는 힌트로 SELECT절에서 WITH절이 하위 SELECT절에서 두 번 이상 사용되면 기본적으로 /*+ MATERIALIZE */ 방식으로 실행되므로 생략 가능하지만 일부러 표현했다.

RANK() 분석 함수 사용으로 PGA 사용량이 생겼지만 중복 ACCESS 구간을 제거해서 I/O가 9,569K → 2,019K로 약 4배 이상 개선이 되었다.

참고로 [여신상품내역] 테이블을 WITH절에서 스칼라 서브쿼리로 사용한 이유는 특정 조건에서만 SELECT절에서 사용되고 있었기 때문에 특정 조건일 경우만 JOIN되도록 해서 I/O를 줄이기 위해서입니다.

Section 12 관련단원 - 5. INDEX ACCESS 패턴, 9. 페이징 처리

<바인드 변수 현황>
:B1 -> 20120523

<일자관리 테이블 INDEX 현황>
일자관리_PK -> 제로인기준일자

<원본 SQL>
```
SELECT CASE WHEN 제로인휴일구분 = '0'
            THEN 제로인기준일자
            ELSE 제로인익영업일 END AS 주첫번째일자
  FROM 일자관리
 WHERE ZEROIN_BAS_DT = (SELECT MAX(제로인기준일자)
                         FROM 일자관리
                        WHERE 제로인기준일자 <= :B1
                          AND 제로인요일구분 = '2');
```

<SQL설명>
하루에 200,000번 이상 매우 빈번하게 수행되는 SQL임. [일자관리] 테이블에서 특정 조건에 부합하는 MAX(제로인기준일자)의 데이터를 가져오기 위해서 MAX() 서브쿼리를 이용

<원본 실행 계획>

Id	Operation	Name	Starts	A-Rows	Buffers
1	PARTITION RANGE SINGLE		1	1	592
2	TABLE ACCESS BY LOCAL INDEX ROWID	일자관리	1	1	2
* 3	INDEX UNIQUE SCAN	일자관리_PK	1	1	1
4	SORT AGGREGATE		1	1	590
5	PARTITION RANGE ITERATOR		1	334	590
* 6	TABLE ACCESS BY LOCAL INDEX ROWID	일자관리	8	334	590
* 7	INDEX RANGE SCAN	일자관리_PK	8	2336	8

<문제점>

[제로인기준일자] 컬럼이 PK INDEX이지만 [제로인기준일자 <= :B1 AND 제로인요일구분 = '2'] 조건으로 인해서 INDEX FULL SCAN (MIN/MAX) 실행계획이 나타나지 못함. 이로 인해서 [제로인기준일자 <= :B1 AND 제로인요일구분 = '2'] 조건에 해당하는 모든 범위를 SCAN 후에 MAX값을 찾는 비효율이 발생하고 있다.

<튜닝 내용>

[제로인기준일자] 컬럼이 PK INDEX이기 때문에 표준 PAGENATION의 TOP N 쿼리 방식을 이용해서 SQL을 변경한다. [제로인기준일자 <= :B1 AND 제로인요일구분 = '2'] 조건에 해당하는 결과 건수 비율이 매우 높기 때문에 사용할 수 있는 방법이다.

[제로인기준일자] 컬럼에 INDEX가 있기 때문에 SORT가 발생하지 않아 PK INDEX를 역순으로 SCAN 후 ROWNUM <= 1을 사용하면 기준일자가 가장 큰 경우만 SCAN하고 멈추도록 할 수 있다.

<튜닝 후 SQL>

```
SELECT CASE WHEN 제로인휴일구분 = '0'
            THEN 제로인기준일자
            ELSE 제로인익영업일 END AS 주첫번째일자
  FROM (
        SELECT 제로인기준일자, 제로인휴일구분, 제로인익영업일
          FROM 일자관리
         WHERE 제로인기준일자 <= :B1
           AND 제로인요일구분 = '2'
         ORDER BY 제로인기준일자 DESC)
 WHERE ROWNUM < =1 ;
```

<튜닝 후 실행 계획>

Id	Operation	Name	Starts	A-Rows	Buffers
* 1	COUNT STOPKEY		1	1	4
2	PARTITION RANGE ITERATOR		1	1	4
3	VIEW		1	1	4
* 4	TABLE ACCESS BY LOCAL INDEX ROWID	일자관리	1	1	4
* 5	INDEX RANGE SCAN DESCENDING	일자관리_PK	1	3	1

<정리>

INDEX_DESC 힌트를 생략하더라도 [ORDER BY 제로기준일자 DESC]에 의해서 INDEX RANGE SCAN DESCENDING이 발생했으며 ORDER BY 컬럼에 INDEX가 존재하기 때문에 SORT ORDER BY STOPKEY가 발생하지 않아 딱 3건만 SCAN 후 멈출 수 있었기 때문에 590 → 4로 I/O가 크게 개선되었다.

참고로 만약 [제로인기준일자 <= :B1 AND 제로인요일구분 = '2'] 조건에 해당하는 비율이 매우 낮게 되면 이 조건에 만족하는 데이터가 나올 때까지 SCAN을 해야 되기 때문에 I/O가 늘어나게 된다.

Section 13 관련단원 - 9. 페이징 처리, 7. 서브쿼리

<방카전문정보 테이블 현황>

사이즈 -> 0.1MB

총 건수 -> 73건

<원본 SQL>

```
SELECT *
  FROM (
        SELECT INNER_TABLE.*, ROWNUM AS ROW_SEQ
          FROM (
                SELECT A.진행일자
                     , A.진행시간
                     , B.전문명
                     , ..생략
                  FROM 알람로그 A, 방카전문정보 B
                 WHERE A.TX코드 = B.전문코드 (+)
                   AND A.진행일자 BETWEEN :1 AND :2
                   AND A.진행시간 BETWEEN :3 AND :4
                   AND A.로그포인트 = :5
                 ORDER BY 로그ID DESC, 진행일자 DESC
                     , 진행시간, TX코드, 로그포인트) INNER_TABLE
         WHERE ROWNUM <= :6 * :7     )
 WHERE ROW_SEQ >= (:8 - 1) * :9 + 1;
```

<원본 실행 계획>

Id	Operation	Name	Starts	A-Rows	Buffers	Used-Mem
0	SELECT STATEMENT		1	20	25402	
* 1	VIEW		1	20	25402	
* 2	COUNT STOPKEY		1	20	25402	
3	VIEW		1	20	25402	

Part 19 _ 튜닝 실무 사례

```
|*  4|      SORT ORDER BY STOPKEY           |              |     1 |    20 | 25402 | 802K (0)|
|   5|        NESTED LOOPS OUTER            |              |     1 | 16201 | 25402 |         |
|   6|         PARTITION RANGE ITERATOR     |              |     1 | 16201 |  9274 |         |
|   7|          TABLE ACCESS BY LOCAL INDEX ROWID|알람로그  |     2 | 16201 |  9274 |         |
|*  8|           INDEX RANGE SCAN           |알람로그_UIX1 |     2 | 16201 |   842 |         |
|   9|         TABLE ACCESS BY INDEX ROWID  |방카전문정보  | 16201 | 16124 | 16128 |         |
|* 10|          INDEX UNIQUE SCAN           |방카전문정보_UIX1| 16201 | 16124 |    4 |         |
```

<문제점>

페이징 처리를 통해 최종적으로는 20건만 추출하는 SQL이다. [방카전문정보] 테이블과 JOIN은 INDEX UNIQUE SCAN OUTER JOIN이다. [알람로그]의 결과 건수 전체가 [방카전문정보] 테이블과 모두 JOIN 후에 페이징 처리를 통해 20건만 가져오고 있다.

<개선 사항>

[방카전문정보] 테이블과의 JOIN은 UNIQUE KEY OUTER JOIN이므로 전체 결과 건수에 영향을 미치지 못한다. 따라서 [알람로그] 테이블을 이용해서 먼저 페이징 처리를 통해 20건만 추출한 후 이 줄어든 건수가 [방카전문정보] 테이블과 JOIN되도록 SQL을 변경한다. 이때 [방카전문정보]의 전체 건수가 73건으로 매우 건수가 적으며 SELECT절에서 참조하는 컬럼은 하나이기 때문에 스칼라 서브쿼리를 이용한다.(스칼라 서브쿼리 캐싱 효과)

<튜닝 후 SQL>

```
SELECT 진행일자
     , 진행시간
     , (SELECT B.전문명 FROM 방카전문정보 B
         WHERE C.TX코드 = B.전문코드) AS 전문명,
     , ..생략
  FROM (
        SELECT INNER_TABLE.*, ROWNUM AS ROW_SEQ
          FROM (
                SELECT 진행일자
                     , 진행시간
                     , ..생략
                  FROM 알람로그 A
                 WHERE 진행일자 BETWEEN :1 AND :2
```

```
                    AND 진행시간 BETWEEN :3  AND :4
                    AND 로그포인트  = :5
                 ORDER BY 로그ID DESC, 진행일자 DESC
                        , 진행시간, TX코드, 로그포인트) INNER_TABLE
            WHERE ROWNUM <= :6  * :7      )
WHERE ROW_SEQ >= (:8 - 1) * :9 + 1 ;
```

<튜닝 후 실행 계획>

```
----------------------------------------------------------------------------------
| Id  | Operation                          | Name            |Starts|A-Rows|Buffers|Used-Mem |
----------------------------------------------------------------------------------
|  0  | SELECT STATEMENT                   |                 |   1  |  20  | 9274  |         |
|  1  |  TABLE ACCESS BY INDEX ROWID       | 방카전문정보    |   4  |   2  |   4   |         |
|* 2  |   INDEX UNIQUE SCAN                | 방카전문정보_UIX1|  4  |   2  |   2   |         |
|* 3  |  VIEW                              |                 |   1  |  20  | 9274  |         |
|* 4  |   COUNT STOPKEY                    |                 |   1  |  20  | 9274  |         |
|  5  |    VIEW                            |                 |   1  |  20  | 9274  |         |
|* 6  |     SORT ORDER BY STOPKEY          |                 |   1  |  20  | 9274  |16384(0) |
|  7  |      PARTITION RANGE ITERATOR      |                 |   1  |16201 | 9274  |         |
|  8  |       TABLE ACCESS BY LOCAL INDEX ROWID| 알람로그    |   2  |16201 | 9274  |         |
|* 9  |        INDEX RANGE SCAN            | 알람로그_UIX1   |   2  |16201 |  842  |         |
----------------------------------------------------------------------------------
```

<정리>

ORDER BY절에 해당하는 최적의 INDEX가 없기 때문에 페이징 처리 시에 SORT ORDER BY STEOPKEY Operation이 발생하고 있다. 하지만 [방카전문정보] 테이블과의 JOIN이 UNIQUE KEY OUTER JOIN이며 건수가 매우 적기 때문에 [알람로그] 테이블을 우선 페이징 처리 후에 인라인 뷰 바깥에서 스칼라 서브쿼리를 사용했다.

Section 14 관련단원 - 6. JOIN

<바인드 변수>

:1 -> A04_01

:2 -> C4801

:SYS_B_0 -> TT_%

<원본 SQL>

```
SELECT E.MOD_NAME,
       A.ST_NAME,
       C.ALI,
       A.TAR,
       ...
       C.GRA,
       C.EP_YN,
       D.MOD_NAME,
       D.MOD_PROP
  FROM TB_EQ_RT_RS A,
       TB_EQQ_RT_RS B,
       TB_PAR_ST_RS C,
       TB_EQ_MT_RS D,
       TB_EQ_MT_PP E
 WHERE A.EQ_RP_RWID=B.RWID
   AND A.PRM_RWID = C.RWID
   AND B.EQP_RAWID= D.RWID
   AND D.EQP_RAWID= E.RWID
   AND E.MODU_NAME = :1
   AND B.RP_ID = :2
   AND B.RP_ID NOT LIKE :SYS_B_0
 ORDER BY A.ST_NAME, C.ALI ;
```

<원본 실행 계획>

Id	Operation	Name	Starts	A-Rows	A-Time	Buffers
0	SELECT STATEMENT		1	2	00:02.93	268K
1	SORT ORDER BY		1	2	00:02.93	268K
* 2	TABLE ACCESS BY LOCAL INDEX ROWID	TB_EQ_RT_RS	1	2	00:02.93	268K
3	NESTED LOOPS		1	614K	00:01.88	53591
4	NESTED LOOPS		1	116K	00:00.23	2391
5	NESTED LOOPS		1	2	00:00.01	9
6	NESTED LOOPS		1	1	00:00.01	6
7	TABLE ACCESS BY INDEX ROWID	TB_EQ_MT_PP	1	1	00:00.01	3
* 8	INDEX UNIQUE SCAN	IDX_TB_EQ_MT_PP_UK2	1	1	00:00.01	2
9	TABLE ACCESS BY INDEX ROWID	TB_EQ_MT_RS	1	1	00:00.01	3
* 10	INDEX UNIQUE SCAN	UK_TB_EQ_MT_RS	1	1	00:00.01	2
11	TABLE ACCESS BY INDEX ROWID	TB_EQQ_RT_RS	1	2	00:00.01	3
* 12	INDEX RANGE SCAN	UK_TB_EQQ_RT_RS	1	2	00:00.01	2
13	PARTITION HASH ALL		2	116K	00:00.19	2382
14	TABLE ACCESS FULL	TB_PAR_ST_RS	22	116K	00:00.15	2382
15	PARTITION HASH ITERATOR		116K	498K	00:01.23	51200
* 16	INDEX RANGE SCAN	IDX_RCPDATA_PARAM	116K	498K	00:00.70	51200

<문제점>

JOIN 순서 및 JOIN 방법 비효율로 많은 건수가 NLJOIN으로 수행된 후에 마지막에 대부분 필터링 되는 비효율 발생하고 있다.(JOIN 순서 : E → D → B → C → A)

<개선 사항>

JOIN 순서 및 방법 조정하기 위해서 아래 힌트 기술.

/*+ LEADING(E D B A C) USE_NL(D B A) USE_HASH(C) */

(JOIN 순서 : E → D → B → A → C)

<튜닝 후 SQL>

SELECT /*+ LEADING(E D B A C) USE_NL(D B A) USE_HASH(C) */   --<--- 힌트 기술
        E.MOD_NAME,
        A.ST_NAME,
        C.ALI,
        A.TAR,

```
       ...
       C.GRA,
       C.EP_YN,
       D.MOD_NAME,
       D.MOD_PROP
  FROM TB_EQ_RT_RS A,
       TB_EQQ_RT_RS B,
       TB_PAR_ST_RS C,
       TB_EQ_MT_RS D,
       TB_EQ_MT_PP E
 WHERE A.EQ_RP_RWID=B.RWID
   AND A.PRM_RWID = C.RWID
   AND B.EQP_RAWID= D.RWID
   AND D.EQP_RAWID= E.RWID
   AND E.MOD_NAME = :1
   AND B.RP_ID = :2
   AND B.RP_ID NOT LIKE : SYS_B_0
 ORDER BY A.ST_NAME, C.ALI ;
```

<튜닝 후 실행 계획>

Id	Operation	Name	Starts	A-Rows	A-Time	Buffers
0	SELECT STATEMENT		1	2	00:00.07	1207
1	SORT ORDER BY		1	2	00:00.07	1207
* 2	HASH JOIN		1	2	00:00.07	1207
3	TABLE ACCESS BY LOCAL INDEX ROWID	TB_EQ_RT_RS	1	2	00:00.01	16
4	NESTED LOOPS		1	5	00:00.01	15
5	NESTED LOOPS		1	2	00:00.01	9
6	NESTED LOOPS		1	1	00:00.01	6
7	TABLE ACCESS BY INDEX ROWID	TB_EQ_MT_PP	1	1	00:00.01	3
* 8	INDEX UNIQUE SCAN	IDX_TB_EQ_MT_PP_UK2	1	1	00:00.01	2
9	TABLE ACCESS BY INDEX ROWID	TB_EQ_MT_RS	1	1	00:00.01	3
* 10	INDEX UNIQUE SCAN	UK_TB_EQ_MT_RS	1	1	00:00.01	2
11	TABLE ACCESS BY INDEX ROWID	TB_EQQ_RT_RS	1	2	00:00.01	3
* 12	INDEX RANGE SCAN	UK_TB_EQQ_RT_RS	1	2	00:00.01	2
13	PARTITION HASH ITERATOR		2	2	00:00.01	6
* 14	INDEX RANGE SCAN	UK_TB_EQ_RT_RS	2	2	00:00.01	6
15	PARTITION HASH ALL		1	58049	00:00.05	1191
16	TABLE ACCESS FULL	TB_PAR_ST_RS	11	58049	00:00.03	1191

<정리>

JOIN 관련 튜닝에서 일반적으로 나오는 JOIN 순서에 대한 튜닝 사례이다. NL JOIN으로 여러 테이블이 JOIN되는 과정에서 많은 건수가 JOIN되고 후행 테이블과 JOIN되면서 건수가 크게 줄어든 경우라면 JOIN 순서를 의심해 봐야 된다.

관련단원 - 6. JOIN(JPPD)

<원본 SQL>

```
SELECT MS.SLP_NO SLP_NO
     , ...
  FROM TB_RETURN_SLP MS,
       (SELECT SLP_NO ,
               MA_CODE ,
               SUM(MA_QTY) MA_QTY ,
               AS_CODE ,
               STP ,
               MA_TPE ,
               PR_CODE
          FROM TB_RETURN_SHT
         GROUP BY SLP_NO,
               MA_CODE,
               AS_CODE,
               STE,
               MA_TPE,
               PR_CODE ) MST
 WHERE :SYS_B_12=:SYS_B_13
   AND MS.SLP_NO = MST.SLP_NO(+)
   AND MS.FROMS = :SYS_B_14
   AND NVL(MS.FROMSLN, :SYS_B_15) =:SYS_B_16
   AND MS.REG_DATE BETWEEN TO_DATE(:SYS_B_17, :SYS_B_18) AND TO_DATE(:SYS_B_19, :SYS_B_20)
   AND MS.SLP_STAT LIKE :SYS_B_21
   AND MS.SLP_TPE LIKE :SYS_B_22
   AND MST.MA_CDE LIKE :SYS_B_23
   AND MST.MA_TPE LIKE :SYS_B_24
 ORDER BY MS.SLP_NO DESC, MST.MA_CDE, MST.MA_QTY ;
```

<원본 실행 계획>

```
| Id  | Operation                       | Name              | Starts | A-Rows | A-Time   | Buffers | Used-Mem  |
|   0 | SELECT STATEMENT                |                   |    1   |   701  | 00:04.24 |  20632  |           |
|   1 |  TABLE ACCESS BY INDEX ROWID    | ZSMASA04          |   14   |    14  | 00:00.01 |     32  |           |
|*  2 |   INDEX UNIQUE SCAN             | ZSMASA04_UNIQUE_PK|   14   |    14  | 00:00.01 |     16  |           |
|   3 |  TABLE ACCESS BY INDEX ROWID    | CT_NLSDATA        |    3   |     3  | 00:00.01 |      8  |           |
|*  4 |   INDEX UNIQUE SCAN             | CT_NLSDATA_PK     |    3   |     3  | 00:00.01 |      5  |           |
|   5 |  TABLE ACCESS BY INDEX ROWID    | CT_NLSDATA        |    3   |     3  | 00:00.01 |      8  |           |
|*  6 |   INDEX UNIQUE SCAN             | CT_NLSDATA_PK     |    3   |     3  | 00:00.01 |      5  |           |
|   7 |  SORT AGGREGATE                 |                   |  275   |   275  | 00:00.04 |   1071  |           |
|   8 |   TABLE ACCESS BY INDEX ROWID   | TB_RETURN_SHT     |  275   |  7700  | 00:00.03 |   1071  |           |
|*  9 |    INDEX RANGE SCAN             | TB_RETURN_SHT_IDX1|  275   |  7700  | 00:00.02 |    632  |           |
|  10 |  SORT ORDER BY                  |                   |    1   |   701  | 00:04.24 |  20632  | 118K (0)  |
|* 11 |   HASH JOIN                     |                   |    1   |   701  | 00:04.19 |  19513  | 1269K (0) |
|* 12 |    TABLE ACCESS BY INDEX ROWID  | TB_RETURN_SLP     |    1   |   276  | 00:00.09 |   4038  |           |
|* 13 |     INDEX RANGE SCAN            | TB_RETURN_SLP_IDX2|    1   | 27463  | 00:00.01 |     81  |           |
|  14 |    VIEW                         |                   |    1   | 91900  | 00:04.02 |  15475  |           |
|  15 |     SORT GROUP BY               |                   |    1   | 91900  | 00:03.97 |  15475  | 11M (0)   |
|* 16 |      FILTER                     |                   |    1   |  607K  | 00:01.74 |  15475  |           |
|* 17 |       TABLE ACCESS BY INDEX ROWID| TB_RETURN_SHT    |    1   |  607K  | 00:01.45 |  15475  |           |
|* 18 |        INDEX RANGE SCAN         | TB_RETURN_SHT_IDX3|    1   |  607K  | 00:00.58 |   2544  |           |
```

<문제점>

선행 테이블 TB_RETURN_SLP MS의 조회 조건에 해당하는 결과 건수는 적지만(276건) 인라인 뷰 ( ) MST에서 전체 데이터에 대해서 GROUP BY가 발생했으며 TB_RETURN_SLP MS와 JOIN 후에 대부분 버리는 성능 비효율이 발생했다. 이에 더해서 많은 건수 GROUP BY로 인해서 PGA 메모리 GROUP BY 대상 건수만큼 발생하고 있습니다. TB_RETURN_SHT 테이블의 사이즈가 시간이 지날수록 커지는 구조이기 때문에 점진적으로 I/O량 증가로 성능이 점진적으로 나빠지는 구조이다.

<개선 사항>

선행 데이터 건수가 적고 MS.SLP_NO = MST.SLP_NO(+)와 같이 인라인 뷰 ( )와 OUTER JOIN을 하고 있으며 JOIN 컬럼에 INDEX가 존재한다. 이 조건은 JPPD가 발생할 수 있는 조건이다 따라서 선행 테이블 TB_RETURN_SLP의 결과 건수만 인라인 뷰 ( ) MST 안으로 파고 들어가서 JOIN되는 형태로 변경하기 위해서 아래 힌트 기술.

```
     /*+ OPT_PARAM('_optimizer_cost_based_transformation' 'on')
         OPT_PARAM('_optimizer_push_pred_cost_based' 'true')
         LEADING(MS MST) USE_NL(MST) INDEX(MS TB_RETURN_SLP_IDX6) */
```

<튜닝 후 SQL>

```
SELECT /*+ OPT_PARAM('_optimizer_cost_based_transformation' 'on')
           OPT_PARAM('_optimizer_push_pred_cost_based' 'true')
           LEADING(MS MST) USE_NL(MST) INDEX(MS TB_RETURN_SLP_IDX6) */
       MS.SLP_NO SLP_NO
     , ...
  FROM TB_RETURN_SLP MS,
       (SELECT SLP_NO ,
               MA_CODE ,
               SUM(MA_QTY) MA_QTY ,
               AS_CODE ,
               STP ,
               MA_TPE ,
               PR_CODE
          FROM TB_RETURN_SHT
         GROUP BY SLP_NO,
               MA_CODE,
               AS_CODE,
               STE,
               MA_TPE,
               PR_CODE) MST
 WHERE :SYS_B_12=:SYS_B_13
   AND MS.SLP_NO = MST.SLP_NO(+)
   AND ...
   AND MS.SLP_STAT LIKE :SYS_B_21
   AND MS.SLP_TPE LIKE :SYS_B_22
   AND MST.MA_CDE LIKE :SYS_B_23
   AND MST.MA_TPE LIKE :SYS_B_24
 ORDER BY MS.SLP_NO DESC, MST.MA_CODE, MST.MA_QTY ;
```

<튜닝 후 실행 계획>

Id	Operation	Name	Starts	A-Rows	A-Time	Buffers	Used-Mem
0	SELECT STATEMENT		1	733	00:00.06	2814	
1	TABLE ACCESS BY INDEX ROWID	ZSMASA04	14	14	00:00.01	435	
* 2	INDEX UNIQUE SCAN	ZSMASA04_UNIQUE_PK	14	14	00:00.01	94	
3	TABLE ACCESS BY INDEX ROWID	CT_NLSDATA	3	3	00:00.01	8	
* 4	INDEX UNIQUE SCAN	CT_NLSDATA_PK	3	3	00:00.01	5	
5	TABLE ACCESS BY INDEX ROWID	CT_NLSDATA	3	3	00:00.01	8	
* 6	INDEX UNIQUE SCAN	CT_NLSDATA_PK	3	3	00:00.01	5	
7	SORT AGGREGATE		289	289	00:00.02	1089	
8	TABLE ACCESS BY INDEX ROWID	TB_RETURN_SHT	289	8151	00:00.01	1089	
* 9	INDEX RANGE SCAN	TB_RETURN_SHT_IDX1	289	8151	00:00.01	645	
10	SORT ORDER BY		1	733	00:00.06	2814	118K (0)
11	NESTED LOOPS		1	733	00:00.04	1274	
* 12	TABLE ACCESS BY INDEX ROWID	TB_RETURN_SLP	1	291	00:00.01	180	
* 13	INDEX RANGE SCAN	TB_RETURN_SLP_IDX6	1	291	00:00.01	4	
14	VIEW PUSHED PREDICATE		291	733	00:00.04	1094	
15	SORT GROUP BY		291	733	00:00.04	1094	2048 (0)
* 16	FILTER		291	8151	00:00.03	1094	
* 17	TABLE ACCESS BY INDEX ROWID	TB_RETURN_SHT	291	8151	00:00.02	1094	
* 18	INDEX RANGE SCAN	TB_RETURN_SHT_IDX1	291	8151	00:00.01	649	

<정리>

선행 테이블과 후행 인라인 뷰가 JOIN될 때 선행 데이터 건수가 적은 건수가 후행 인라인 뷰에 파고 들어가서 JOIN되는 JPPD(Join Predicate Push Down)에 대한 사례이다. 힌트에 보면 OPT_PARAM('_optimizer_cost_based_transformation' 'on')와 OPT_PARAM('_optimizer_push_pred_cost_based' 'true') 힌트를 기술했는데 필자가 근무했던 SITE의 Oracle DB에서는 _optimizer_cost_based_transformation 옵티마이저 파라미터와 _optimizer_push_pred_cost_based 옵티마이저 파라미터를 비활성화했기 때문에 기술한 것이다. 이 파라미터는 DEFAULT 값은 활성화이며 비활성화되는 경우 JPPD가 발생하지 않기 때문에 이 옵티마이저 힌트를 같이 기술한 것이다.

관련단원 - 7. 서브쿼리

<원본 SQL>

```sql
SELECT LT_ID,
       MA_ID,
       ORI_STP_ID,
       SUBSTR(MA_LC_ID, 0, 8) MA_LC_ID
  FROM TB_MA_HST A
 WHERE 1 = 1
   AND OCR_TIME >= TO_CHAR(SYSDATE - 3/24, 'YYYYMMDD HH24')||'0000'
   AND OCR_TIME <  TO_CHAR(SYSDATE, 'YYYYMMDD HH24')||'0000'
   AND ..
   AND (EQP_ID, ORI_STP_ID, LT_ID) IN
       (SELECT EQP_ID,
               ORI_STP_ID,
               LT_ID
          FROM TB_LT_HST A
         WHERE 1 = 1
           AND OCR_TIME >= TO_CHAR(SYSDATE - 1/24, 'YYYYMMDD HH24')||'0000'
           AND OCR_TIME <  TO_CHAR(SYSDATE, 'YYYYMMDD HH24')||'0000'
           AND OCR_NAME = 'TrackOut'
           AND SUBSTR(EQP_ID, 3, 3) IN (SELECT ITEM_ID
                                          FROM TB_DES_INF
                                         WHERE GROUP_ID = 'DB_DES_MONIT' ))
   AND OCR_NAME = 'compOut'
   AND LOT_TYPE = 'S'
```

<원본 실행 계획>

```
| Id   | Operation                            | Name          | Starts | A-Rows | A-Time    | Buffers |
|   0  | TEMENT                               |               |    1   |     0  | 00:56.34  |  2960K  |
|   1  | E CONVENTIONAL                       |               |    1   |     0  | 00:56.34  |  2960K  |
|*  2  |                                      |               |    1   |     0  | 00:56.34  |  2960K  |
...
|   6  | S                                    |               |    1   |     6  | 00:56.34  |  2960K  |
|   7  | US                                   |               |    1   |     6  | 00:56.33  |  2959K  |
|   8  | NUS                                  |               |    1   |    42  | 00:56.30  |  2958K  |
|   9  | ORT UNIQUE                           |               |    1   |   818  | 00:55.90  |  2954K  |
|* 10  | FILTER                               |               |    1   |   933  | 00:55.89  |  2954K  |
|* 11  | FILTER                               |               |    1   | 21697  | 00:55.81  |  2945K  |
|  12  |   NESTED LOOPS                       |               |    1   | 21697  | 00:55.80  |  2945K  |
|  13  |    NESTED LOOPS                      |               |    1   |    76  | 00:00.01  |   212   |
|  14  |     PARTITION RANGE ITERATOR         |               |    1   |   330  | 00:00.01  |   208   |
|  15  |      TABLE ACCESS BY LOCAL INDEX ROWID| TB_LT_HST    |    1   |   330  | 00:00.01  |   208   |
|* 16  |       INDEX RANGE SCAN               | TB_LT_HST_IX03|    1   |   330  | 00:00.01  |     7   |
|* 17  |     INDEX UNIQUE SCAN                | TB_DES_INF_PK |   330  |    76  | 00:00.01  |     4   |
|  18  |    PARTITION RANGE ITERATOR          |               |   76   | 21697  | 00:55.79  |  2945K  |
|* 19  |     TABLE ACCESS BY LOCAL INDEX ROWID| TB_MA_HST     |   76   | 21697  | 00:55.78  |  2945K  |
|* 20  |      INDEX SKIP SCAN                 | TB_MA_HST_IX01|   76   |   16M  | 00:12.84  |   362K  |
...
```

<문제점>

TB_MA_HST 테이블의 OCR_TIME 컬럼과 TB_LT_HST 테이블의 OCR_TIME 컬럼 조건의 범위는 약 3시간 정도의 좁은 범위로 들어오고 있으며 각각 INDEX가 존재하고 있다. 메인 쿼리와 서브쿼리의 JOIN 순서 및 방법이 비효율적으로 수행되면서 대량 I/O 발생으로 성능이 저하되었다.

<튜닝 내용>

TB_MA_HST 테이블의 OCR_TIME 컬럼과 TB_LT_HST 테이블의 OCR_TIME 컬럼 조건의 범위는 약 3시간 정도의 좁은 범위로 들어오고 있으며 각각 INDEX가 존재하므로 각가 INDX를 사용해서 HASH SEMI JOIN이 되도록 /*+ UNNEST HASH_SJ SWAP_JOIN_INPUTS(A) */ 힌트를 기술했다.

<튜닝 후 SQL>

```
SELECT LT_ID,
       MA_ID,
       ORI_STP_ID,
       SUBSTR(MA_LC_ID, 0, 8) MA_LC_ID
  FROM TB_MA_HST A
 WHERE 1 = 1
   AND OCR_TIME >= TO_CHAR(SYSDATE - 3/24, 'YYYYMMDD HH24')||'0000'
   AND OCR_TIME <  TO_CHAR(SYSDATE, 'YYYYMMDD HH24')||'0000'
   AND ..
   AND (EQP_ID, ORI_STP_ID, LT_ID) IN
       (SELECT /*+ UNNEST HASH_SJ SWAP_JOIN_INPUTS(A) */
               EQP_ID,
               ORI_STP_ID,
               LT_ID
          FROM TB_LT_HST A
         WHERE 1 = 1
           AND OCR_TIME >= TO_CHAR(SYSDATE - 1/24, 'YYYYMMDD HH24')||'0000'
           AND OCR_TIME <  TO_CHAR(SYSDATE, 'YYYYMMDD HH24')||'0000'
           AND OCR_NAME = 'TrackOut'
           AND SUBSTR(EQP_ID, 3, 3) IN (SELECT ITEM_ID
                                          FROM TB_DES_INF
                                         WHERE GROUP_ID = ' DB_DES_MONIT' ))
   AND OCR_NAME = 'compOut'
   AND LOT_TYPE = 'S'
```

<튜닝 후 실행 계획>

Id	Name	Starts	A-Rows	A-Time	Buffers	Used-Mem
0	EMENT		1	0	00:01.39	54112	
1	CONVENTIONAL		1	0	00:01.39	54112	
* 2			1	0	00:01.39	54112	
3			1	6	00:01.38	53334	
4	DER BY		1	6	00:01.38	53334	2048 (0)
5			1	6	00:01.38	53334	

```
|   6|                                          |              |   1 |     6 |00:01.38 | 53334  |         |
|   7|S                                         |              |   1 |     6 |00:01.38 | 53322  |         |
|   8|US                                        |              |   1 |    42 |00:01.35 | 51972  |         |
|   9|RT UNIQUE                                 |              |   1 |   818 |00:00.95 | 47525  |5776  (0)|
|* 10|ILTER                                     |              |   1 |   933 |00:00.95 | 47525  |         |
|* 11|FILTER                                    |              |   1 | 21697 |00:00.88 | 38995  |         |
|  12|  NESTED LOOPS                            |              |   1 | 21697 |00:00.87 | 38995  |         |
|* 13|   HASH JOIN SEMI                         |              |   1 | 47754 |00:00.72 | 38991  |1259K (0)|
|  14|    PARTITION RANGE ITERATOR              |              |   1 |   330 |00:00.01 |   208  |         |
|  15|     TABLE ACCESS BY LOCAL INDEX ROWID    | TB_LT_HST    |   1 |   330 |00:00.01 |   208  |         |
|* 16|      INDEX RANGE SCAN                    | TB_LT_HST_IX03|  1 |   330 |00:00.01 |     7  |         |
|  17|    PARTITION RANGE ITERATOR              |              |   1 |  188K |00:00.56 | 38783  |         |
|* 18|     TABLE ACCESS BY LOCAL INDEX ROWID    | TB_MA_HST    |   1 |  188K |00:00.48 | 38783  |         |
|* 19|      INDEX RANGE SCAN                    | TB_MA_HST_IX01|  1 |  221K |00:00.16 |  4802  |         |
|* 20|   INDEX UNIQUE SCAN                      | TB_DES_INF_PK| 47754| 21697|00:00.10 |     4  |         |
...
```

<정리>

위의 SQL은 서브쿼리가 먼저 수행되어 메인쿼리로 공급되는 비 상관관계 서브쿼리로 수행되었으며 NESTED LOOP JOIN으로 처리되면서 대량 I/O가 발생한 사례이다. TB_MA_HST와 TB_LT_HST의 OCR_TIME 컬럼에 각각 INDEX가 존재하며 각각 조회 범위를 줄여주는 형태이므로 각각 INDEX를 이용해서 조회된 건수를 HASJ SEMI JOIN으로 처리되도록 해준 사례이다.

참·고·문·헌

- 오동규. THE LOGICAL OPTIMIZER
- 오동규. HTTP://SCIDB.TISTORY.COM
- 조시형. 오라클 성능 고도화 원리와 해법 II
- ORACLE. Oracle Database 19c database-concepts
- ORACLE. Oracle Database 19c vldb-and-partitioning-guide
- ORACLE. Oracle Database Performance Tuning Ed
- ORACLE. Oracle Database 19c performance-tuning-guide
- ORACLE. Exadata_교육자료
- Osborne Kerry(김주현 역). 전문가를 위한 오라클 엑사데이터